西安年鉴

XI'AN YEARBOOK

2020

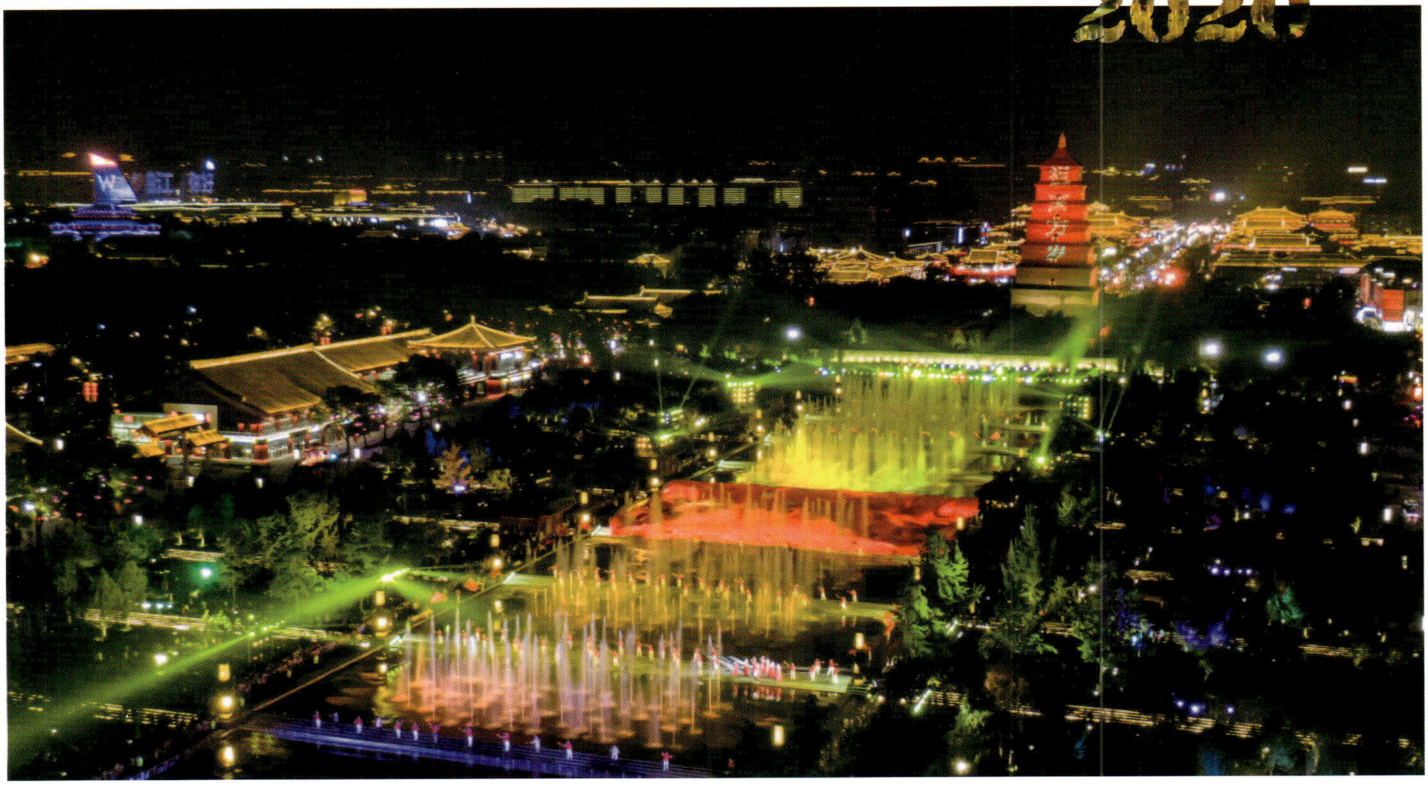

西安市人民政府主办　　西安市地方志办公室编

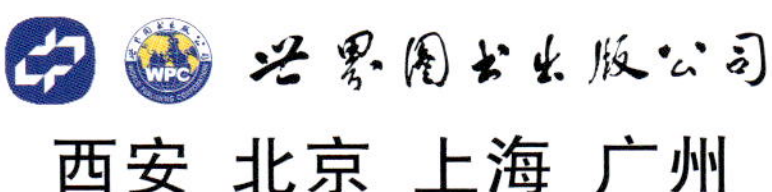

西安 北京 上海 广州

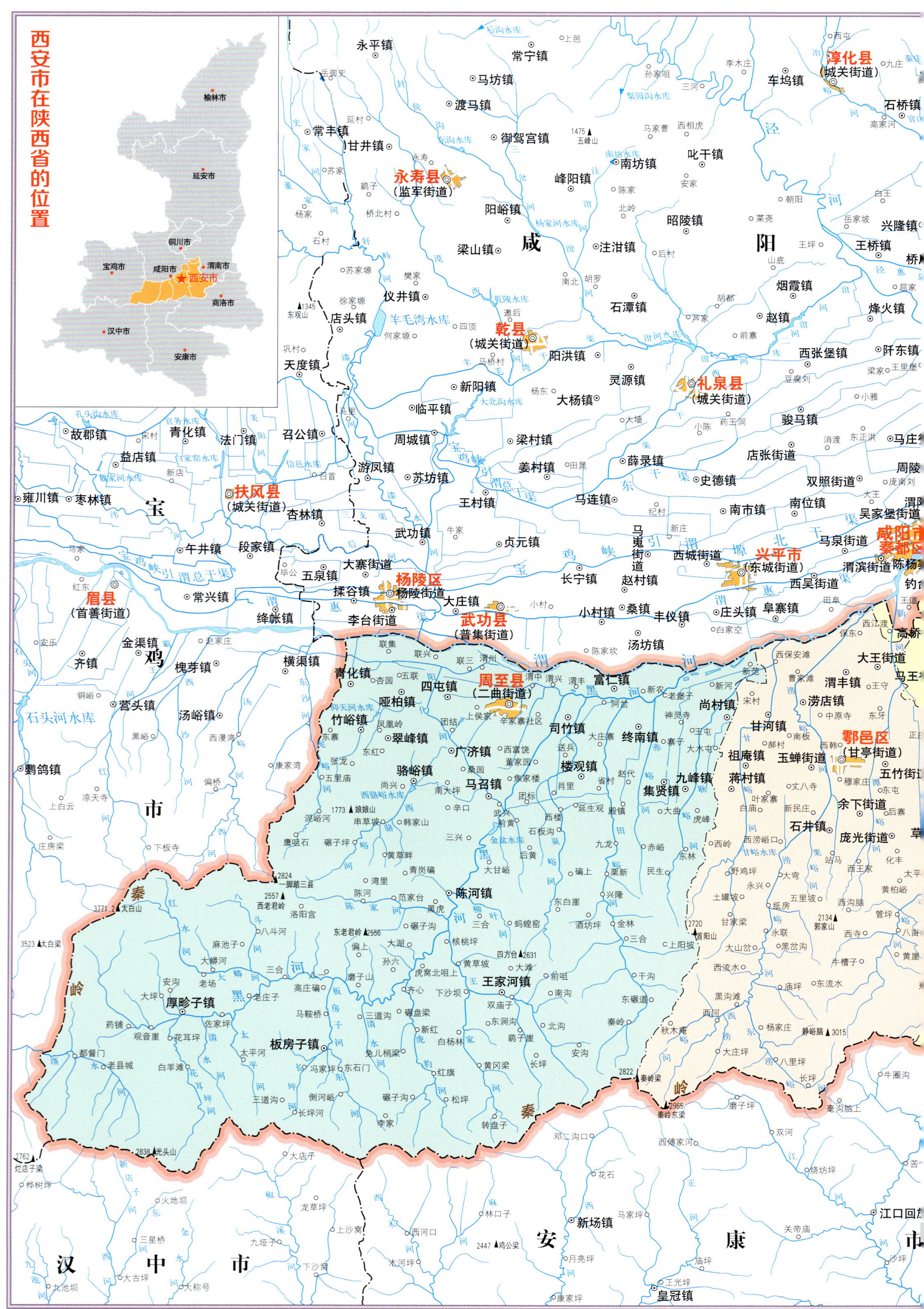

西安市在陕西省的位置
榆林市
延安市
铜川市
宝鸡市
咸阳市
渭南市
西安市
商洛市
汉中市
安康市
咸阳
宝鸡市
汉中市
安康市
永寿县
乾县
淳化县
礼泉县
扶风县
杨陵区
武功县
兴平市
眉县
周至县
鄠邑区
秦岭

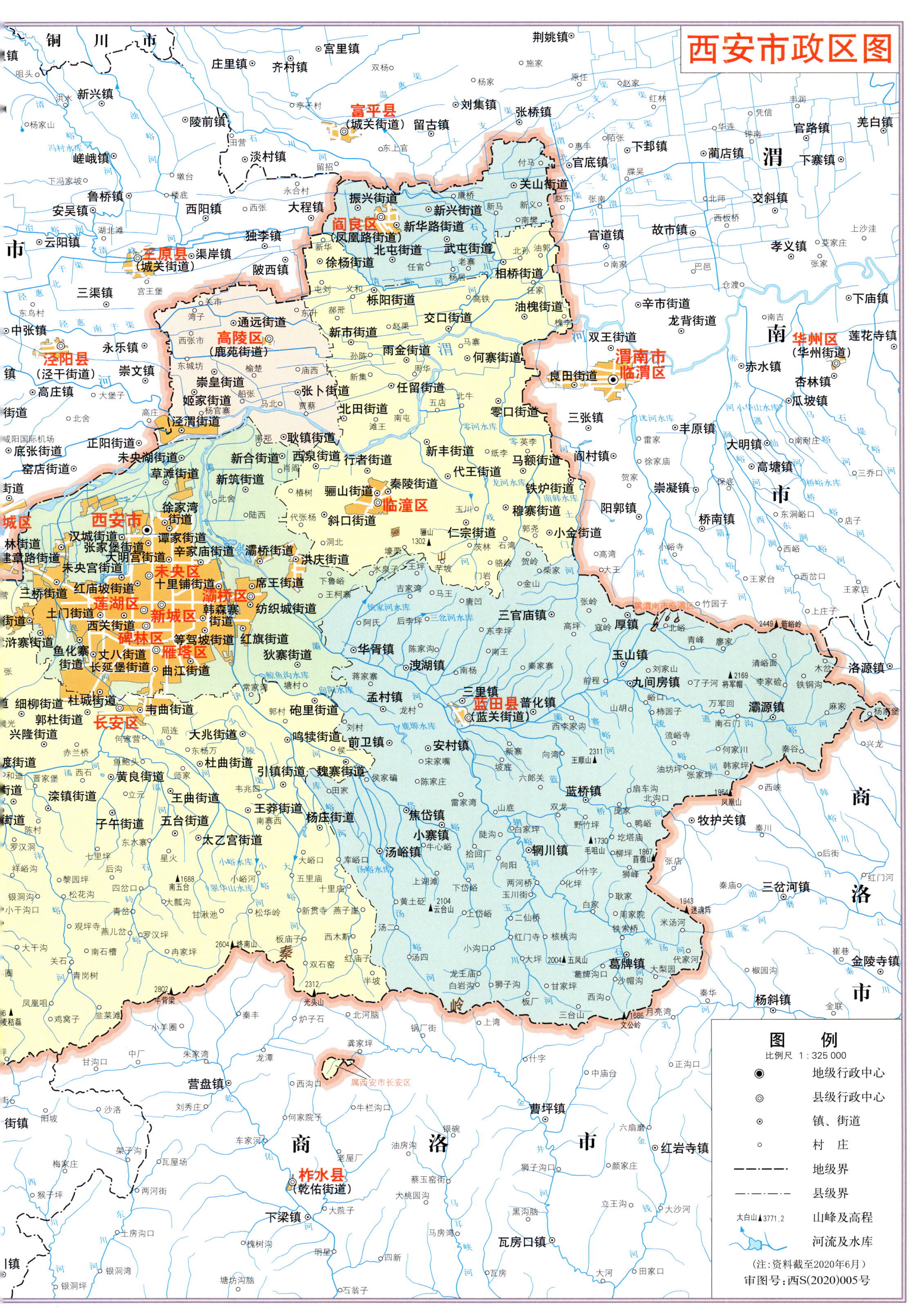
西安市政区图
图 例
比例尺 1 : 325 000
地级行政中心
县级行政中心
镇、街道
村 庄
地级界
县级界
太白山▲3771.2
山峰及高程
河流及水库
（注：资料截至2020年6月）
审图号：西S(2020)005号
西安市
未央区
莲湖区
新城区
碑林区
雁塔区
灞桥区
长安区
临潼区
阎良区
（凤凰路街道）
高陵区
（鹿苑街道）
蓝田县
（蓝关街道）
富平县
（城关街道）
三原县
（城关街道）
泾阳县
（泾干街道）
渭南市
临渭区
华州区
（华州街道）
柞水县
（乾佑街道）
属西安市长安区
铜 川 市
渭 南 市
商 洛 市
秦 岭
渭河
灞河
浐河
泾河
石川河
清河
振兴街道
新兴街道
新华路街道
北屯街道
武屯街道
徐杨街道
关山街道
相桥街道
栎阳街道
交口街道
油槐街道
通远街道
新市街道
雨金街道
何寨街道
崇皇街道
张卜街道
姬家街道
泾渭街道
任留街道
北田街道
零口街道
耿镇街道
正阳街道
未央湖街道
底张街道
窑店街道
草滩街道
新合街道
西泉街道
行者街道
新丰街道
马额街道
代王街道
秦陵街道
骊山街道
铁炉街道
穆寨街道
斜口街道
仁宗街道
小金街道
新筑街道
徐家湾街道
谭家街道
汉城街道
张家堡街道
大明宫街道
辛家庙街道
灞桥街道
洪庆街道
未央宫街道
十里铺街道
席王街道
三桥街道
红庙坡街道
韩森寨街道
纺织城街道
土门街道
西关街道
红旗街道
等驾坡街道
鱼化寨街道
丈八街道
长延堡街道
曲江街道
狄寨街道
细柳街道
杜城街道
韦曲街道
砲里街道
郭杜街道
兴隆街道
大兆街道
鸣犊街道
前卫镇
杜曲街道
引镇街道
魏寨街道
黄良街道
滦镇街道
王曲街道
王莽街道
杨庄街道
子午街道
五台街道
太乙宫街道
华胥镇
洩湖镇
孟村镇
三里镇
普化镇
安村镇
三官庙镇
厚镇
玉山镇
九间房镇
灞源镇
蓝桥镇
焦岱镇
小寨镇
汤峪镇
辋川镇
葛牌镇
庄里镇
齐村镇
宫里镇
刘集镇
留古镇
张桥镇
荆姚镇
淡村镇
大程镇
独李镇
渠岸镇
陂西镇
三渠镇
新兴镇
陵前镇
嵯峨镇
鲁桥镇
安吴镇
西阳镇
云阳镇
中张镇
永乐镇
崇文镇
高庄镇
下邽镇
官底镇
官道镇
故市镇
蔺店镇
官路镇
羌白镇
下寨镇
交斜镇
孝义镇
辛市街道
龙背街道
双王街道
良田街道
下庙镇
赤水镇
杏林镇
瓜坡镇
莲花寺镇
三张镇
丰原镇
阎村镇
大明镇
高塘镇
崇凝镇
阳郭镇
桥南镇
洛源镇
牧护关镇
三岔河镇
金陵寺镇
杨斜镇
营盘镇
曹坪镇
红岩寺镇
下梁镇
瓦房口镇
箭峪岭
王顺山
终南山
首阳山
牛背梁
光头山
文公岭
草链岭
月亮湾

西安经济技术开发区
西安现代农业综合开发区
咸阳北站
石桥
福银高速公路
G70
渭河
咸阳市
西宝客运专线
六村堡
六村堡街道
汉长安城横门遗址
汉长安城遗址
感业寺庙
汉城街道
直城门
建章路街道
建章
汉长安城遗址
汉长安城遗址-后城阁
汉长安城未央宫前殿遗址
汉长安城遗址-章城门
讲武殿城门遗址
唐代驿道遗址
建章宫遗址
市职工大学
车辆厂医院
西安车辆厂
西安高铁
地铁1号线
G312
三桥街道
三桥
后围寨
三桥医院
连霍高速公路
G30
枣园街道
丝绸之路群雕
桃园路街道
未央宫街道
大兴
西安邮政转运局
秦阿房宫遗址
阿房宫遗址前殿
红光路
石桥
王寺街道
镐京遗址
阿房宫
地铁5号线
漳浒寨街道
鱼化寨街道
地铁3号线
土门街道
劳动公园
环城西路街道
西关正街
西关街道
丰庆公园
张家村街道
太白路
西安外事学院
文八街道
木塔寺遗址
长延堡街道
电子城街道
奥林匹克公园
陕西宾馆
省体育训练中心
高新区管委会
唐长安城延福坊遗址公园
丈八
河池寨
G5
西高新
里花水
南三环
西安西站
市政府
朱宏路
朱宏路
地铁4号线
西安北站
机场高速公路
北二环
西三环
西二环

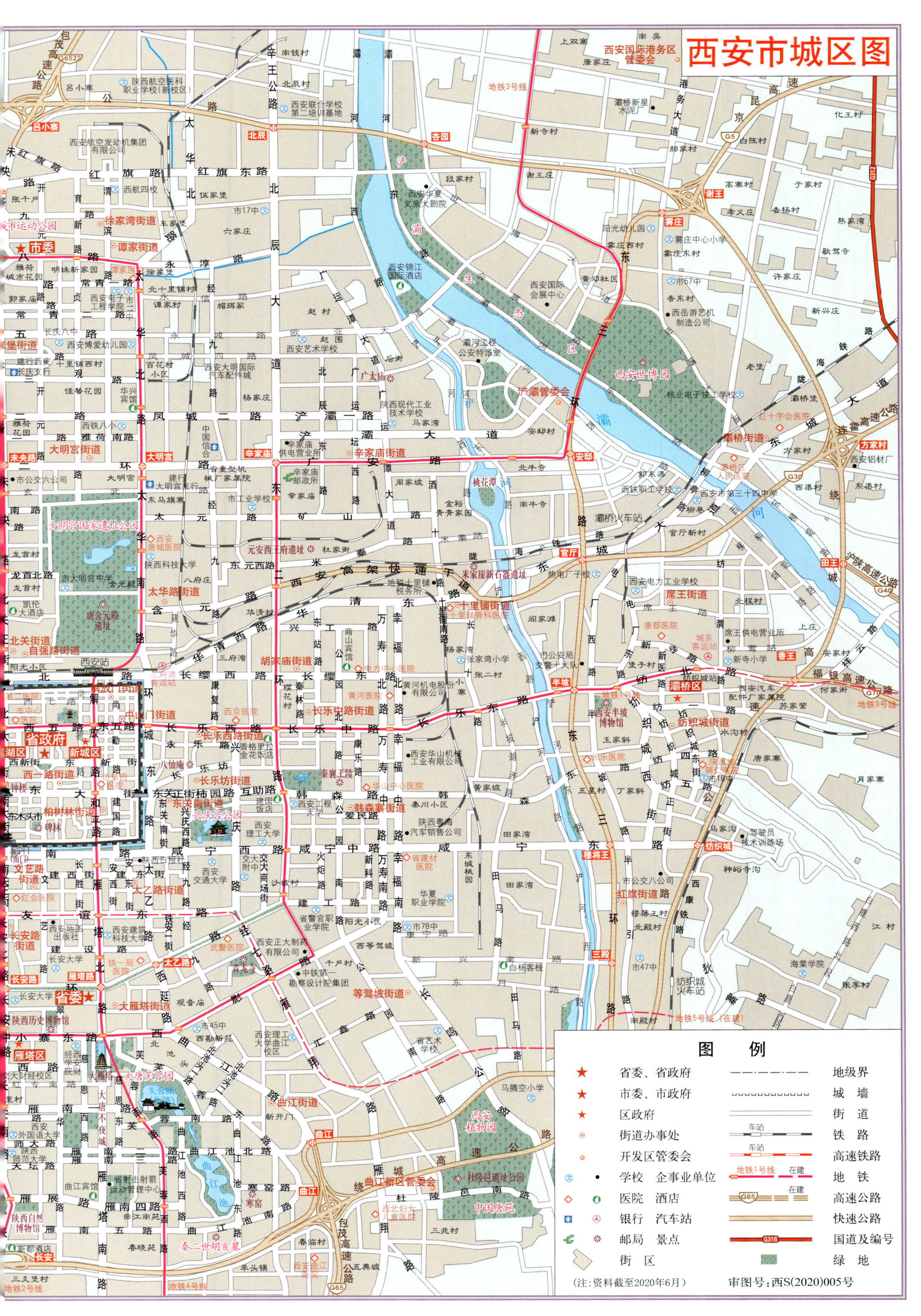
西安市城区图
图 例
省委、省政府
市委、市政府
区政府
街道办事处
开发区管委会
学校 企事业单位
医院 酒店
银行 汽车站
邮局 景点
街 区
地级界
城 墙
街 道
铁 路
高速铁路
地 铁
高速公路
快速公路
国道及编号
绿 地
车站
地铁1号线
在建
G65
G310
(注：资料截至2020年6月)
审图号：西S(2020)005号
省政府
市委
省委
西安站
西安世博园
大明宫国家遗址公园
大唐芙蓉园
曲江池
西安植物园
兴庆宫公园
浐灞管委会
曲江新区管委会
西安国际港务区管委会
地铁3号线
地铁5号线（在建）
地铁2号线
地铁4号线
地铁9号线
西安高架快速干道
沪陕高速公路
福银高速公路
西安绕城高速公路

01 XI'AN'S TITLES
荣耀西安

全国副省级城市	1994年			
国家卫生城市	2008年			
综合性国家高新技术产业基地	2008年			
国家园林城市	2009年			
中国最具文化底蕴城市	2009年			
中国最具幸福感城市	2009年	2012年	2013年	2014年
	2015年	2017年	2018年	2019年
海外高层次人才创新创业基地	2009年			
全国社会治安综合治理优秀城市	1997年	2001年	2005年	2009年
中国国际形象最佳城市	2010年			
十大中国最关爱民生城市	2010年			
中国十大创新型城市	2011年	2012年		
国家知识产权示范城市	2012年			
全国双拥模范城市	1988年	1992年	1996年	2000年
	2004年	2008年	2012年	2016年
中国形象最佳城市	2013年			
中国十佳品牌会展城市	2013年			
中国最具投资吸引力城市	2013年			
国家下一代互联网示范城市	2013年			
中国领军智慧城市	2014年			
中国最具文化软实力城市	2014年			
全球最具发展潜力新兴城市	2014年			
中国十大区域性金融中心城市	2014年			
最佳国内旅游城市	2014年			

中国十大影响力会展城市	2014年	
国家电子商务示范城市	2014年	
国家跨境贸易电子商务服务试点城市	2014年	
国家现代服务业综合试点城市	2014年	
国家食品安全示范城市	2014年	
国家质量强市示范城市	2014年	2016年
中国最佳营商环境十大城市	2014年	
全国文明城市	2015年	2017年
国家系统推进全面创新改革试验区	2015年	
国家自主创新示范区（西安高新区）	2015年	
国家森林城市	2016年	2017年
中国旅游城市数字资产榜Top10	2016年	
全国科普示范区（西安新城区）	2016年	
国家全域旅游示范区（西安临潼区）	2016年	
中国最具投资潜力城市	2017年	
国家食品安全示范城市	2017年	
国家中心城市	2018年	
中国全面小康特别贡献城市	2018年	
中国书店之都	2018年	
全球最具发展潜力新兴城市	2018年	
全国十大正能量城市	2018年	
东亚文化之都	2019年	
中国国际化营商环境建设标杆城市	2019年	
外籍人才眼中最具吸引力的中国城市	2019年	
2019国际物流大通道建设突出贡献城市	2019年	
国家公交都市建设示范城市	2019年	
国家文化和科技融合示范基地十强城市	2019年	
夜间经济十强城市	2019年	

02 RAW DATA OF XI'AN 数字西安

土地面积	10108平方千米
年末常住人口	1020.35万人
生产总值	9321.19亿元
第一产业增加值	279.13亿元
第二产业增加值	3167.44亿元
第三产业增加值	5874.62亿元
人均GDP	92256元
进出口总值	3243.06亿元
旅游业总收入	3146.05亿元
全体居民人均可支配收入	34064元
城镇常住居民人均可支配收入	41850元
农村常住居民人均可支配收入	14588元
地方财政一般预算收入	702.56亿元
地方财政一般预算支出	1247.99亿元
全社会总用电量	418.5亿千瓦·时
全社会货物运输总量	27426.43万吨
全社会旅客运输总量	26314.61万人次
房屋施工面积	17475.02万平方米
房屋竣工面积	1057.69万平方米
商品房销售面积	2638.69万平方米
金融机构人民币存款余额	23066.85亿元
金融机构人民币贷款余额	22264.12亿元
普通高等学校	63所
普通中学	469所
全年申请专利量	72377件
医院床位数	7.25万张
卫生技术人员数	11.22万人
全市公共供水总量	70878.83万立方米
城乡居民人民币储蓄存款余额	9553.29亿元
城镇居民人均消费支出	28140元
农村居民人均消费支出	12561元
实际利用外商直接投资	70.57亿美元
城镇非私营单位就业人员年平均工资	92359元

03 MUST-SEE DESTINATIONS 西安印象

1 西安护城河
（西安日报社 提供）

2 西安城墙新春灯会
（西安日报社 提供）

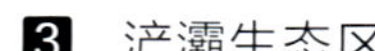

3 浐灞生态区

4 秦岭北麓景色（西安日报社 提供）

5 灞河景色

6 渼陂湖

04 MAJOR EVENTS 年度大事

1 2019年，西安市扎实开展“不忘初心、牢记使命”主题教育。全市检视剖析问题43725个，完成整改25528个，其中民生领域完成整改问题8741个。图为新城区中山门街道组织在职党员到党史长廊参观学习（西安日报社 提供）

2 2019年6月12日，国家发展和改革委员会正式批复《西安市城市轨道交通第三期建设规划（2019—2024年）》。规划涵盖西安市、咸阳市和西咸新区，包括5条新建线路和2条延伸线路。图为9月26日，西安地铁一号线2期正式开通运营，部分市民试乘、体验（西安日报社 提供）

3 2019年5月12日凌晨，从韩国首尔起飞的KE325全货机降落在西安咸阳国际机场，此航班搭载的68吨三星出口产品在完成40吨的卸机后，又满载货物，继续飞往越南河内，标志着陕西首条第五航权航线首尔—西安—河内全货运航线正式开通（西安日报社 提供）

4 2019年10月10日，西安市发布《关于加快新时代教育改革发展建设教育强市的实施意见》和《西安市基础教育提升三年行动计划（2019—2021》，新建、改扩建中小学、幼儿园430所，增加学位38.95万个。图为10月28日，曲江新区第五小学开工仪式现场（西安日报社 提供）

5 2019年7月2日，在由中国民营经济国际合作商会、《环球时报》联合主办的“2019中国国际化营商环境高峰论坛暨《中国城市营商环境投资评估报告》发布会”上，西安市被评为“中国国际化营商环境建设标杆城市”。图为9月7日，长安区举办的共商营商·政企联袂会现场（西安日报社 提供）

6 2019年6月，中国西部科技创新港科创基地项目建设完成并实现交付。中国西部科技创新港是教育部和陕西省共建的国家级项目，由西安交通大学与西咸新区联合建设。位于西咸新区沣西新城，新西宝高速线以北新河三角洲交汇处，占地面积333.33公顷，总投资逾200亿元。图为创新港风貌

7 2019年1月11日，国家发展和改革委员会批复《西安咸阳国际机场三期扩建工程项目建议书》。该项目总投资471.4亿元，是西北民航有史以来最大的基础设施项目。图为西安咸阳国际机场南三指廊外景（西安日报社 提供）

8 2019年9月11日，国家发展和改革委员会、交通运输部联合印发《关于做好2019年国家物流枢纽建设工作的通知》，确定首批国家物流枢纽建设名单，西安陆港型国家物流枢纽等23个物流枢纽入选。图为全国首批出口二手车搭载中欧班列“长安号”从西安港新筑车站发车，奔向波兰马拉舍维奇（西安日报社 提供）

9 2019年3月26—28日，“东亚文化之都”中国西安活动年盛大举行。西安与日本东京都丰岛区、韩国仁川广域市共同当选为2019“东亚文化之都”。图为开幕式现场表演场景（市文旅局 提供）

10 2019年1月31日，西安市与香港立讯有限公司签订合作协议，立讯全球研发中心、消费电子制造基地、汽车电子制造基地3个项目正式落户西安阎良国家航空高技术产业基地。图为航空产业基地景色

05 HOT TOPICS 年度热词

1 **“西安年·最中国”**：2019年，西安市春节假期接待游客1652.39万人次，比上年增长30.16%；实现旅游收入144.78亿元，增长40.35%。图为2月18日，多国外交官来到周至，感受关中民俗，体验特色“中国年”

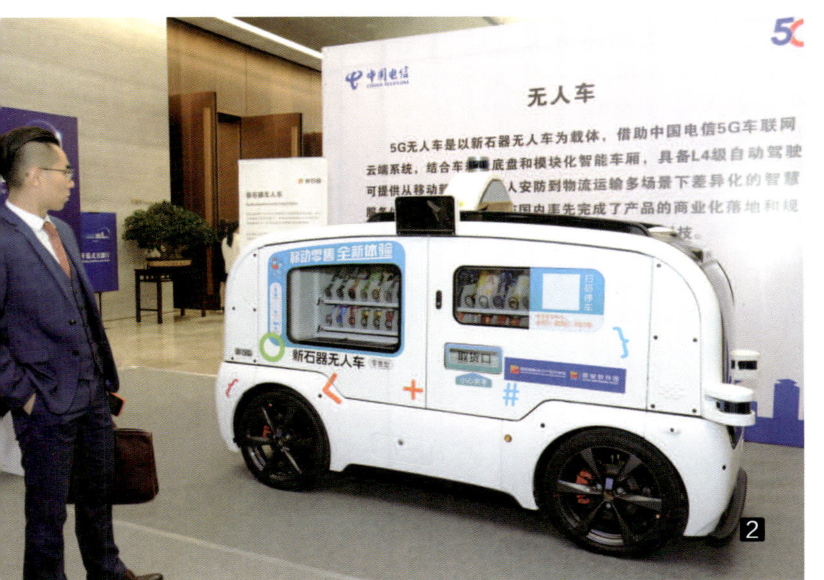

2 **“硬科技之都”**：2019年，西安市深入实施创新驱动发展战略，深化科技体制改革，优化区域创新生态，激发创新主体活力，加快硬科技产业发展，聚力打造丝路科创中心、全球“硬科技之都”。图为无人车技术展示（西安日报社 提供）

3 **“垃圾分类”**：2019年5月20日，西安市城市管理委员会印发《西安市2019年生活垃圾分类工作实施方案》。9月1日起，西安正式进入生活垃圾分类“强制时代”，如果没有按照规定扔垃圾或有相应的处罚。图为社区干部向群众讲解垃圾分类知识（西安日报社 提供）

4 **“扫黑除恶”**：“扫黑除恶”专项斗争开展以来，西安公安紧盯“一年治标、二年治本、三年治根”目标，坚持“有黑必扫、有恶必除、有伞必打、有腐必反、有乱必治”的原则，提升政治站位，强化工作措施，全警动员，攻坚克难，彻底铲除滋生涉黑恶问题的土壤。图为7月7日，西咸新区泾河新城扫黑办主办的“出重拳、扫黑恶、保平安”“扫黑除恶”系列宣讲活动暨文艺汇演现场（西安日报社 提供）

5 **“三改一通一落地”**：2019年，西安市以迎接“十四运”为契机，进一步统筹城市规划建设管理各个方面，发挥政府、社会、市场、市民等各方力量，扎扎实实推进全市老旧小区、城中村（棚户区）、背街小巷改造提升和断头路打通、架空线落地以及城市建设管理事权下放工作，不断提高西安国家中心城市治理能力和水平。图为改造后的老旧小区

6 **“15分钟便民服务圈”**：2019年，西安市聚焦群众美好生活需要，全力办好“新民生实事”，市民从居住地出发，步行15分钟（距离1.2千米），即可满足出行、购物、健身、休闲、阅读、教育、养老、餐饮、办事等方面的基本需求，打造城市社区“15分钟便民服务圈”。图为税务工作人员为市民演示“综合办税自助终端”系统（西安日报社 提供）

7 **“西安生态日”**：2019年2月1日，西安市第十六届人民代表大会常务委员会第十九次会议决定，自2019年起将每年的2月15日设立为“西安生态日”。“西安生态日”每年将设立一个主题，并围绕主题设计活动内容，围绕蓝天、碧水、净土三大保卫战，科学确定主题，精心组织活动，大力宣传推广，让生态理念深入人心、绿色生活成为习惯。图为西咸新区沣东新城昆明池·七夕公园

8 **“十百千万”产业扶贫工程**：2019年，西安市持续推进“十百千万”产业扶贫工程（建设10个重点产业园区；扶持100个合作社；培育1000名农村乡土专家；带动10000户贫困户脱贫），实施项目39个，带动贫困户4405户。图为扶贫重点产业园区（市扶贫办 提供）

9 **“房住不炒”**：2019年，西安市坚持“房住不炒”定位，出台房地产精准调控政策，加大保障性住房供应力度，新建、筹集保障房4.02万套

“三中心”建设

1 西安奥林匹克体育中心主体育场（西安日报社 提供）

2 西安丝路国际会议中心（康新凯 提供）

3 西安丝路国际展览中心（康新凯 提供）

2019欧亚经济论坛

4 2019年9月10—12日，2019欧亚经济论坛在西安举办（市博览中心 提供）

5 2019年9月11日，2019欧亚经济论坛第七届丝绸之路经济带城市圆桌会在西安召开（市外办 提供）

6 来宾在2019欧亚经济论坛现场交流

7 2019年1月9—13日，第三届“一带一路”国际时尚周在西安举办。图为开幕式现场（西安日报社 提供）

8 2019年3月19日，“最中国·看西安——2019文化旅游活动全球邀约”启动仪式在西安举行（市文旅局 提供）

9 2019年10月20日，2019西安（阳光城）国际马拉松赛在永宁门广场鸣枪开跑

10 2019年7月18日，首列“冀西欧”国际货运班列从石家庄高邑县冀中南智能港集装箱场站驶出，整列41车集装箱货物到达西安港新筑车站后集结中转，再搭乘中欧班列“长安号”向德国汉堡进发（西安日报社 提供）

11 2019年9月27日，由西安直飞塔什干航线开通（西安日报社 提供）

07 INVESTMENT PROMOTION 招商引资

西安国际创业大会

1 2019年6月11日，以“文化链接科技，赋能创新西安”为主题的2019西安国际创业大会暨全球INS大会在西安曲江国际会议中心举行（西安日报社 提供）

2 “创客嘉年华”上展示的各种文创产品及高科技项目（西安日报社 提供）

3 “创客嘉年华”上新一代智能机器人亮相（西安日报社 提供）

第三届西商大会

4 2019年12月27日，第三届西商大会在西安召开（西安日报社 提供）

5 第三届西商大会优化营商环境座谈会

6 第三届西商大会文化产业与城市发展主题论坛

第四届丝绸之路国际博览会暨中国东西部合作与投资贸易洽谈会

7 2019年5月11—15日，第四届丝绸之路国际博览会暨中国东西部合作与投资贸易洽谈会在西安举行。图为开幕式场景

8 在第四届丝博会上，观众体验文创产品创作

9 第四届丝博会商洛市展台

第六届中国国际通用航空大会

10 2019年10月17—21日，2019第六届中国国际通用航空大会在西安举行

11 航空工业展示区

12 航天科技展示区

13 西安航空基地展示区

14 飞行模拟体验区

08 ECOLOGICAL CONSERVATION 生态建设

1 2019年3月，雁塔区在浐河大寨路桥举办以“扫黑除恶清四乱，携手保护母亲河”为主题的宣传活动，通过设置展板、发放宣传册、现场讲解等方式宣传生态环保理念，并组织群众向浐河投放鱼苗500余尾，用行动改善和保护浐河水生态（西安日报社 提供）

2 秦岭国家植物园科普馆通过多媒体展示丰富多样的秦岭植物，宣传保护秦岭的重要性（西安日报社 提供）

3 2019年11月16日，“物尽其用，尽善尽美”环保主题绘画展览在西安市青少年宫一楼展厅开幕。展出作品140幅，号召人们积极践行环保理念，共建“美丽西安”（西安日报社 提供）

4 2019年11月，中建钢构有限公司西安分公司党支部组织党员、青年志愿者来到秦岭北麓太平峪，开展“青年志愿者绿色环保行”活动。志愿者们沿着山路捡拾废弃生活垃圾，并向附近村民及游客宣传秦岭生态环境保护的法规、条例，以实际行动践行“绿水青山就是金山银山”的理念（西安日报社 提供）

5 2019年2月，西安公共交通集团新采购的比亚迪K9纯电动车投运。公交集团全年采购新能源车辆1082辆（市城投集团 提供）

6 2019年9月25日，秦岭国家植物园开展的主题为“保护秦岭北麓生态·植物科普进校园”宣讲活动走进鄠邑区光明小学。30位小学生拿起画笔，在长达10米的画布上勾勒“秦岭四宝”及美丽的秦岭景色，表达对秦岭的热爱之情（西安日报社 提供）

7 西安高新技术产业开发区陕西乾疆建筑垃圾资源化利用项目（市城管局 提供）

8 西安市第三污水处理厂提标改造工程（市水务集团 提供）

9 西安浐灞生态区生态绿道（市城管局 提供）

10 蓝田县峪口治理成果（市农业农村局 提供）

11 西安曲江新区青年森林公园（市城管局 提供）

1 2019年7月27—30日，第29届全国图书交易博览会在西安举办。图为在永宁门举办的迎宾诵读活动（西安日报社 提供）

2 2019年8月8—12日，韩国济州特别自治道道立舞蹈团赴西安市开展为期5天的文化交流活动。图为交流演出现场（市文旅局 提供）

3 新华书店曲江书城（西安日报社 提供）

4 2019年6月18日，陕西科技大学中国轻工业博物馆被命名为“陕西省青年教育基地”（市文物局 提供）

09 PUBLIC CULTURE 公共文化

5 2019年5月10日，由中共西安市委宣传部指导、西安广播电视台主办的2019“唐诗之城”主题活动开幕式在西安广电大剧院举行（西安日报社 提供）

6 2019年11月13日，西安市2019年千场戏剧惠民演出活动到永兴坊表演（西安日报社 提供）

7 2019年5月26日，西安市妇女联合会等单位举行“百童书家训 墨宝传家风”活动（市妇联 提供）

8 非物质文化遗产——皮影戏进景区（周至县 提供）

10 LIVEHOOD PROGRAMS 社会民生

脱贫攻坚

1 2019年10月17日，新城区在蓝田县小寨镇蔡岩村举行结对帮扶活动。图为村中帮扶企业生产的石磨面粉等产品（西安日报社 提供）

2 2019年，西安曲江新区创新性地推出“西安扶贫超市”，通过“政府+企业+贫困户”的模式，以“消费就是扶贫”的理念，直接从贫困户手中收购特色农产品，通过实体店和网店进行销售，进一步实现精准扶贫，开启精准扶贫的“西安模式”。图为“西安扶贫超市”大唐不夜城店（市扶贫办 提供）

3 爱心企业助力帮扶贫困户就业（市扶贫办 提供）

4 蓝田县玉山镇安置社区（市扶贫办 提供）

5 2019年8月27日，西安市出租汽车管理处、西安出租汽车协会发布“西安出租车新型服务监督卡”，乘客只需扫一扫“西安出租车智慧码”，即可实现行程实时查询、服务评价与投诉、车费支付等多种功能（西安日报社 提供）

6 2019年11月14日，西安市主城区首个智慧型全民健身园区——长乐公园全民健身园区正式开园。图为市民在长乐公园智慧型全民健身园区健身（西安日报社 提供）

7 2019年9月25日，西安国际医学中心医院全面开诊

5

6

7

8 2019年2月17日，西安市总工会组织开展全市千名劳模迎新春赏灯会活动（市总工会 提供）

9 2019年9月12日，西安市红十字会在子悦优家西安尚品幼儿园开展纪念第20个“世界急救日”亲子急救课堂活动（市红十字会 提供）

10 2019年10月17日，西安市司法局在蓝田县洩湖镇马王村安装公共法律服务自助终端（市司法局 提供）

11 2019年5月15日，西安市金融工作局举办“西安市防范和打击非法集资现场宣传日”活动（市金融工作局 提供）

12 2019年8月25日，西安市红十字会联合三秦都市报社开展2019陕西阳光助学活动。图为助学金发放仪式暨优秀学子报告会（市红十字会 提供）

13 2019年6月，西安市残疾人联合会康复中心在灞桥区组织残疾人辅助器具个性化适配活动（市残联 提供）

14 灞桥区狄寨街道金星农村片区化中心社区（市农业农村局 提供）

西安市地方志编纂委员会

西安年鉴编辑部

编辑说明

一、《西安年鉴》是西安市人民政府主办、西安市地方志办公室承编的地方信息资料性文献。1993 年创刊，每年编辑一卷。《西安年鉴（2020）》为第二十八卷。

二、《西安年鉴(2020)》坚持辩证唯物主义的立场、观点和方法，以马克思列宁主义、毛泽东思想、邓小平理论、“三个代表”重要思想、科学发展观和习近平新时代中国特色社会主义思想为指导，旨在准确、科学、权威、系统地记载 2019 年西安地域内政治、经济、文化和社会发展的基本情况，为社会各界读者了解和研究西安提供基本的信息资料。自 2017 卷起，《西安年鉴》同时出版有英文版。

三、本卷年鉴采用分类编辑法，大部分栏目设“类目—分目—条目”3 个层次，部分类目设有二级分目。全卷共有类目 35 个、分目 178 个、二级分目 9 个、条目 1562 个。不同层次的标题、字体、字号和版式设计有明显区别；有些内容较多的条目，文内用楷体标出相应的层次。

四、本卷年鉴记述的地域范围一般以 2019 年西安市行政区划为界，一些发生在外地，但与西安关系密切的信息亦予以收录。区域名称“西安市”“西安”指西安市和所辖各区（县），“城三区”指新城、碑林、莲湖 3 个区，“城六区”指新城、碑林、莲湖、灞桥、未央、雁塔 6 个区。

五、本卷年鉴所载录的内容和数据一般限于 2019 年，分别由西安地域内各有关部门、区（县）、开发区和行业提供，并经撰稿单位负责人审定。其中，主要数据采用西安市统计局提供的快报数据，引用时请注意。

六、本卷年鉴正文涉及的单位名称和文件名称，在条目中首次出现一般采用全称，再次出现的则采用习惯简称；需要解释的名词，除“特载”类目在正文后集中注释外，一般采取括注形式。

七、本卷年鉴有目录、索引 2 种检索途径，目录在卷前，索引在卷尾。

八、本卷同时出有电子版，可登陆西安地方志网（网址：http://xadfz.xa.gov.cn）免费浏览下载。

目　录

特　载

大事记

西安概貌

中国共产党西安市委员会

西安市人民代表大会

西安市人民政府

中国人民政治协商会议西安市委员会

纪检监察

民主党派·工商联

群众团体

法　治

军　事

城市建设与管理

综　述

自然资源和规划

城市管理

公共事业

城中村（棚户区）改造

开发区建设

西咸新区

农业和农村经济

工业·建筑业

信息产业

交通运输·邮政快递

商贸服务业·会展业

旅 游 业

综 述

旅游市场开发

旅游产品

旅游行业管理

经济管理与监督

宏观经济管理

经济体制改革

国有资产监督管理

市场监督管理

审 计

财政・税务

金融业

房地产业

教育

科学研究和技术服务

出版传媒

文化艺术

体 育

医疗卫生

社会民生

区（县）概况

人　物

附　录

索　引

特载
责任编辑
姚文东
西安年鉴
2020
XI'AN YEARBOOK

在市委十三届十次全会第一次全体会议上的讲话

中共陕西省委常委、西安市委书记 王 浩

（2020年1月3日）

这次市委全会的主要任务是：以习近平新时代中国特色社会主义思想为指导，深入贯彻党的十九大和十九届二中、三中、四中全会精神，认真落实中央经济工作会议和省委十三届六次全会部署，总结2019年工作，安排部署2020年任务，动员全市上下全面落实习近平总书记追赶超越定位和“五个扎实”要求，坚定不移贯彻新发展理念，不忘初心、牢记使命，干在实处、走在前列，推动西安创新发展、绿色发展、高质量发展，奋力开创建设国家中心城市新局面，加快建设具有历史文化特色的国际化大都市步伐。

一、2019年市委常委会主要工作

2019年，市委常委会高举习近平新时代中国特色社会主义思想伟大旗帜，团结带领全市广大党员干部群众，全面贯彻落实党中央和省委决策部署，紧扣追赶超越定位和“五个扎实”要求，推动各项工作取得新进展新成效。

*一是扎实开展“不忘初心、牢记使命”主题教育。*紧扣主线、聚焦主题、贯彻总要求，围绕具体目标，把学习教育、调查研究、检视问题、整改落实贯穿始终，先后组织市委中心组理论学习14次，召开主题教育推进会、市委主题教育领导小组会、座谈会等19次，统筹推进两批主题教育。派出巡回指导组、督导组开展督导，组织开好专题民主生活会，扎实抓好专项整治，全市共检视剖析问题43725个，完成整改25528个，其中民生领域完成整改8741个。

*二是保持经济平稳健康发展。*预计全年生产总值增长7%左右；地方一般公共预算收入突破700亿元、税收占比82.7%，规模以上工业增加值增长6%左右，社会消费品零售总额增长6%左右，实际利用外资增长11%；接待海内外游客突破3亿人次，旅游业总收入超过3100亿元。先后召开大力发展“三个经济”、建设先进制造业强市动员大会，分别出台了21条和22条支持政策，着力构建“6+5+6+1”现代产业体系。投资80亿美元的三星二期项目正式启动，比亚迪智能终端产业园、三一重工产业园等重大项目开工建设，中兴二期、吉利新能源汽车等项目进展顺利。

*三是全面深化改革扩大开放。*全面完成机构改革任务，调整设置党政机构54个，新组建调整市委议事协调机构11个。深化“放管服”改革，扎实推进“一网通办”，市级政务服务事项网上可办率达到90.35%。对外开放迈出新步伐，西安咸阳机场货邮吞吐量突破38万吨，增速居全国机场首位，新开通国际航线19条、累计开通88条，中欧班列长安号开行2133列，是去年的1.7倍，开行量、重载率、货运量居全国前列。举办欧亚经济论坛、第三届西商大会等重大活动，西安对外影响力增强，当选世界城地组织联合主席城市。

*四是有效提升城市规划建设管理水平。*全运会“三中心”场馆主体竣工，周边配套设施建设加快推进。城市轨道交通三期建设全面启动，地铁二号线二期、八号线开工建设，一号线二期开通运营，通车里程达到132千米。强力推进“三改一通一落地”，完成93个老旧小区改造，打通53条断头路，启动19个城中村、棚户区和24条示范背街小巷改造工作。新增城市绿地面积969.8万平方米，建成绿道351.5公里。高陵、蓝田、鄠邑、西咸4个生活垃圾无害化处理项目点火运行。

*五是着力保障和改善民生。*预计城乡居民人均可支配收入分别增长8%和9%以上。实施建设教育强市三年行动计划，第一批54所新建学校开工建设。城镇新增就业14.5万人，通过第三轮国家卫生城市复审验收。在全省群众满意度调查中，我市较2018年提升10.35个百分点。坚决打好脱贫攻坚战，全市累计减少贫困户6.87万户24.23万人，291个贫困村退出，周至县顺利摘帽，贫困发生率降至0.23%。深入推进扫黑除恶专项斗争，侦办涉黑案件16件、恶势力犯罪集团案件44件，打击涉恶团伙126个，立案查处“保护伞”294件1147人，公众安全感达到94.58%。

*六是持续加强文化建设。*落实意识形态工作责任制，加强报刊、广播电视、网络媒体等阵地建设。大力弘扬社会主义核心价值观，“车让人、人守规”经验在全省推广。加大文物保护力度，新增全国重点文物保护单位7处、博物馆12座，2个项目入选2019“考古中国”重要成果。大力弘扬革命传统，举办庆祝西安解放70周年座谈会。召开全市文化旅游融合发展大会，制定了22条落实措施和12条支持政策，确定了实施文旅融合项目带动、加快文化产业园区发展、推动文旅产品转型升级等27项重点工作。举办第29届全国图书交易博览会、中国网络诚信大会，城市文化影响力进一步提升。

*七是全力抓好秦岭生态环境保护。*扎实推进违建别墅整治后续工作，修订《西安市秦岭生态环境保护条例》，持续实施7类专项整治，加快推进生态修复，初步建立秦岭保护长效机制。完成中央和省委环保督察反馈问题、省委秦岭生态环境保护专项巡视反馈问题整改和骊山违建问题整治工作。坚决打好蓝天、碧水、净土、青山保卫战，强力推进铁腕治霾，2019年优良天数225天，退出全国168个重点城市后20位。制定全域治水碧水兴城、全市河湖水系治理保护三年行动计划，启动“85316”工程，沣河中央湿地公园等58个治理项目开工建设，主城区黑臭水体基本消灭。

*八是有序推进民主法治建设。*支持和保证人大及其常委会依法履行职责，地方立法和人大监督有效加强。支持政协依法依章程开展工作，召开市委政协工作会议，制定出台《关于新时代加强和改进政协工作的实施意见》。持续巩固壮大爱国统一战线，工会、共青团、妇联等群团组织作用充分发挥，侨务工作取得新进展。统筹推进法治西安建设，全面依法治市制度体系基本形成。

*九是全面加强党的建设。*深入开展新时代干部担当作为专项调研，树立正确的选人、用人导向。着力提升基层党组织组织力，分类整顿395个软弱涣散基层党组织，农村、社区“一肩挑”比例分别达到89.0%和100%。强化政治巡察，扎实做好巡察整改“后半篇”文章。持续巩固发展反腐败斗争压倒性胜利，处置问题线索5697件、立案3190件、处分3095人、移

送检察机关127人。落实“基层减负年”各项要求，市委发文减少46%、会议减少40%、督检考事项减少72.3%，查处形式主义、官僚主义问题324件，党纪政务处分536人。

十是进一步理清追赶超越的思路举措。深入学习贯彻习近平新时代中国特色社会主义思想和习近平总书记来陕视察重要讲话、对西安工作的重要指示批示精神，在深入调查研究、充分听取意见建议、全面分析优势短板和机遇挑战的基础上，进一步理清落实追赶超越定位和“五个扎实”要求的思路举措和工作目标：坚定不移贯彻新发展理念，低调务实不张扬、埋头苦干，聚焦国家中心城市建设，着力构建“6+5+6+1”的现代产业体系，大力发展“三个经济”，推进绿色发展建设生态西安，全力迎接十四运加快国家中心城市建设，优化营商环境，推进重大项目建设，着力发展实体经济建设先进制造业强市，扎实加强文化建设促进文化旅游融合发展，扎实保障和改善民生建设教育强市，深入实施乡村振兴战略，促进城乡融合发展，大力推进军民融合发展，强化人才队伍建设及科技创新。围绕十项重点工作，先后召开8次动员大会进行安排部署，以重点工作率先突破推动追赶超越和高质量发展。

在总结成绩的同时，我们也分析了存在的问题和不足：经济总量小，低于副省级城市平均规模3300多亿元；经济结构不优，二产占比31%，先进制造业占工业比重57.1%，规模以上工业增加值不到副省级城市平均规模的1/2，生产性服务业增速慢、占比小；经济运行下行压力大，“三驾马车”增速放缓，支撑发展的新动能培育不足；各级干部新发展理念树得还不够牢，追赶超越的紧迫感还不强，作风还不够扎实；民生短板问题比较集中，义务教育阶段学位缺口较大，基层医疗服务能力薄弱，城市生活垃圾容量接近极限；城市规划建设管理水平还不够高，一些领域和区域职责不明、管理缺失、权责利不统一，交通拥堵等问题还比较突出；基层党组织服务功能不强，城市社区党建相对薄弱，党组织政治引领作用有待提升；全面从严治党政治责任落实不够有力，不担当不作为等形式主义、官僚主义依然存在，群众身边的腐败问题易发、多发，反腐败斗争压倒性胜利尚需持续巩固等。对这些问题，我们要高度重视、下功夫解决。

二、提高政治站位，树牢“四个意识”，坚定“四个自信”，做到“两个维护”

全市各级党组织和广大党员干部要坚持用习近平新时代中国特色社会主义思想武装头脑、指导实践、推动工作，不折不扣贯彻习近平总书记重要指示批示和党中央决策部署，真正在思想上、政治上、行动上同以习近平同志为核心的党中央保持高度一致，始终保持西安工作正确的政治方向。

第一，要在坚决做到“两个维护”上提高政治站位。坚决维护习近平总书记党中央的核心、全党的核心地位，坚决维护党中央权威和集中统一领导，是推动新时代中国特色社会主义不断发展前进的根本政治保证。我们要深刻认识到，“两个维护”的内涵是特定的、统一的，维护习近平总书记核心地位，对象是习近平总书记而不是其他任何人；维护党中央权威和集中统一领导，对象是党中央而不是其他任何一级党组织。“两个维护”在本质上是一体的，维护习近平总书记核心地位，就是维护党中央权威和集中统一领导；维护党中央权威和集中统一领导，首先要维护习近平总书记核心地位。全市各级党组织和广大党员干部要进一步提高政治站位，把坚决做到“两个维护”作为首要政治任务，真正体现在坚决贯彻习近平总书记重要讲话精神和党中央决策部署的实际行动上，真正体现在落实习近平总书记追赶超越定位和“五个扎实”要求的具体举措上，真正体现在坚定不移贯彻新发展理念、推动高质量发展、加快国家中心城市建设步伐的工作成效上。

第二，要在对党绝对忠诚上提高政治站位。忠诚是我们党与生俱来的红色基因，是党员干部不可缺少的政治灵魂。没有对党的绝对忠诚，没有对以习近平同志为核心的党中央的绝对忠诚，党员干部就会丢了“魂”，工作就会迷了“向”。对党忠诚，不是抽象的而是具体的，不是有条件的而是无条件的，必须体现到对党的信仰的忠诚上、对党组织的忠诚上、对党的理论和路线方针政策的忠诚上，决不搞任何形式的“低级红”“高级黑”。对党忠诚，是绝对的忠诚，是全心全意的忠诚，不是三心二意的忠诚；是言行一致的忠诚，不是说一套做一套，不是做两面人、搞两面派；是始终如一的忠诚，不是顺境时忠诚、逆境时就不忠诚；是无怨无悔的忠诚，泰山压顶不弯腰，虽九死而不悔。我们要始终牢记自己的第一身份是共产党员、第一职责是为党工作，以在党爱党、在党言党、在党忧党、在党为党的实际行动，彰显对党绝对忠诚的政治品格。要深刻汲取秦岭北麓违建别墅问题教训，坚决整治形形色色的形式主义、官僚主义，决不允许在贯彻党中央的决策部署上不在乎、装样子、做选择、搞变通，决不允许空泛表态、敷衍塞责、有令不行、有禁不止，决不允许弄虚作假、阳奉阴违。

第三，要在严格遵守党的政治纪律和政治规矩上提高政治站位。习近平总书记强调，政治纪律是最重要、最根本、最关键的纪律，遵守党的政治纪律是遵守党的全部纪律的重要基础。全市各级党组织和广大党员干部，要始终绷紧政治纪律和政治规矩这根弦，坚持“五个必须”，严防“七个有之”。要增强政治敏锐性和政治鉴别力，在原则问题上、大是大非问题上必须立场坚定、旗帜鲜明，严守纪律底线，不准散布违背党的理论路线方针政策的言论，不准发表违背党中央决定的言论，不准制造、传播政治谣言及丑化党和国家形象的言论。要严格按规矩办事，坚决执行组织纪律和请示报告制度，决不能自行其是、我行我素。

第四，要在坚决贯彻习近平总书记重要指示批示精神上提高政治站位。习近平总书记对西安非常关怀、特别关心，多次在外事活动中推介西安，在西安举办主场外交，先后13次就西安工作作出重要指示批示。特别是2015年2月，习近平总书记来陕视察重要讲话中提出的追赶超越定位和“五个扎实”要求，是新发展理念在陕西和西安的具体化，是西安最鲜明的工作主题、最精准的目标指引。我们要把思想和行动统一到习近平总书记追赶超越定位和“五个扎实”要求上来，统一到习近平总书记重要指示批示精神上来，进一步凝聚力量、更新观念、完善思路、创新方法，扎扎实实抓好贯彻落实，不负总书记的重托和期望。

同志们，我们要旗帜鲜明讲政治，永远铭记、永远感恩习近平总书记对西安的深切关怀，以绝对忠诚、拥戴核心的实际行动回报习近平总书记和党中央的深情厚爱，真正把树牢“四个意识”、坚定“四个自信”、做到“两个维护”转化为加快追赶超越的政治自觉、思想自觉和行动自觉，确保习近平新时代中国特色社会主义思想在西安落地生根、开花结果。

三、坚定不移贯彻新发展理念，全力推进国家中心城市建设，加快建成具有历史文化特色的国际化大都市

新发展理念深刻回答了新时代实现什么样的发展、怎样实现发展的一系列重大问题，为推动高质量发展指明了方向和路径。我们要以新发展理念引领国家中心城市和具有历史文化特色的国际化大都市建设。

第一，坚定不移贯彻新发展理念，坚持走高质量发展之路。我们要坚持以创新为第一动力、协调为内在要求、绿色为鲜明底色、开放为必由之路、共享为根本目的，走稳走实走好新时

代西安高质量发展之路。

一是聚力创新发展。创新是高质量发展的第一动力。西安是一座具有创新基因、创新资源、创新优势、创新潜力的城市，要坚持把创新放在突出位置，以创新引领发展。要不断加大招才引智力度，壮大创新型人才队伍，以人才带动创新。要用好全面创新改革试验区、国家自主创新示范区、“一带一路”综合试验区等国家重大改革创新平台，推动科技和经济紧密结合、创新成果和产业发展紧密对接，构建创新引领的现代产业体系。要优化创新创业环境，着力提升高校院所众创空间、双创基地等载体质量，打造以企业为主体、市场为导向、产学研深度融合的创新创业体系。要创新城市发展方式，完善城市治理体系，激发创新活力，建设创新之城。

二是聚力协调发展。协调是高质量发展的内在要求。要推动城乡协调发展，统筹好空间规模产业三大结构、规划建设管理三大环节、改革科技文化三大动力、生产生活生态三大布局、政府社会市民三大主体，不断增强发展的整体性和协调性。要引领区域协调发展，持续推进西咸、富阎一体化发展，建立基础设施互联互通、生态环境共建共治、主要产业协同发展、重大项目统筹布局、公共服务逐步共享的一体化发展体制，培育建设大西安都市圈。要深化与关中平原城市群城市的合作，积极推进交通互联、产业互动、资源开放、服务共享，增强西安“三中心二高地一枢纽”的辐射带动能力，打造引领关中平原城市群和西北地区高质量发展的区域增长极。

三是聚力绿色发展。绿色是高质量发展最鲜明的底色。要认真践行习近平生态文明思想，深入落实习近平总书记在黄河流域生态保护和高质量发展座谈会上的重要讲话精神，深刻汲取秦岭北麓违建别墅问题教训，加快建设内陆生态文明建设先行区。要牢固树立“绿水青山就是金山银山”的理念，坚持生态优先、绿色发展的导向，不以破坏环境为代价搞所谓发展，不走粗放式发展的老路子。要尊重自然山水风貌，统筹推进“山水林田湖草”系统治理，坚持以水定城、以水定地、以水定人、以水定产，构建全域治水、碧水兴城新格局，打造“山青、水净、坡绿、天蓝”的生态西安。

四是聚力开放发展。开放是高质量发展的必由之路。西安是古丝绸之路起点，自古以来就具有开放发展的特质。“一带一路”建设、新时代推进西部大开发形成新格局再次将西安推到了对外开放的前沿位置。要深入贯彻落实中央对外开放政策，发挥“一带一路”重要节点和门户枢纽作用，深度融入“一带一路”大格局，打造国家向西开放的战略支点。要着力搭建开放合作载体平台，加快构建立体化综合交通体系，依托自贸区、“一带一路”综合试验区、临空经济示范区等高层次平台，畅通向西开放、向东合作通道，形成陆空内外联动、东西双向互济的开放格局。要着力构建开放型经济体系，大力发展枢纽经济、门户经济、流动经济，在更大范围、更高层次上提升对外开放水平，建设开放之城。

五是聚力共享发展。共享是高质量发展的根本目的。要坚持以人民为中心的发展思想，不断满足市民群众的新期待，让市民群众过上更加幸福美好的生活。要充分尊重人民群众主体地位，坚持人民城市人民建、人民城市人民管、人民城市为人民，最大限度发动人民群众的力量，真正实现城市共治共管、共建共享。要坚持民有所呼、我有所行，解决好教育、医疗、环境、交通、住房、就业、养老等人民群众普遍关心的问题，让改革开放、高质量发展的成果惠及全体市民，建设幸福城市。

第二，准确把握国家中心城市的内涵特征，进一步明确西安发展的坐标和方向。2018年1月9日，国务院正式批复《关中平原城市群发展规划》，明确提出建设西安国家中心城市，建设周期是2017年到2035年。

国家中心城市是中国城镇体系规划设置的最高梯队，是居于国家战略要津、肩负国家使命、引领区域发展、参与国际竞争、代表国家形象的现代化大都市。国家中心城市具有五大特征：一是国家组织经济活动和配置资源的中枢；二是国家综合交通和信息网络枢纽；三是国家科教、文化、创新中心；四是具有国际影响力和竞争力；五是国家城市体系中综合实力最强的“塔尖城市”。同时，国家中心城市具有五大功能：综合服务功能、产业集群功能、物流枢纽功能、开放高地功能和人文凝聚功能。

《规划》对关中平原城市群的战略定位是：打造向西开放的战略支点、引领西北地区发展的重要增长极、以军民融合为特色的国家创新高地、传承中华文化的世界级旅游目的地、内陆生态文明建设先行区。

西安是关中平原城市群核心城市、西北地区龙头城市、“一带一路”重要节点和门户城市，我们必须肩负起建设大西安、带动大关中、引领大西北的历史使命，推进关中平原城市群早日建成具有国际影响力的国家级城市群。

《规划》对西安的战略要求是：打造西部地区重要的经济中心、对外交往中心、丝路科创中心、丝路文化高地、内陆开放高地、国家综合交通枢纽，建成具有历史文化特色的国际化大都市。

建设国家中心城市、建成具有历史文化特色的国际化大都市，是中央赋予西安的重大政治任务，是新时代西安发展的新定位、新坐标。我们必须跳出西安看西安、站在全国看西安，以更宽广的视野来谋划国家中心城市建设，使西安在全国区域发展格局和国家治理体系中的地位更加凸显。

第三，充分认识西安发展的基本特征和优势机遇，坚定建设国家中心城市的信心决心。当前，西安发展的主要特征：一是国家中心城市建设开局良好，“三中心二高地一枢纽”的六维支撑体系加快构建，但辐射带动能力还不强，作为省会城市和关中平原城市群的核心城市，城市首位度长期在2.25左右，是九个国家中心城市中唯一GDP没有过万亿的城市，城市能级亟须提升；二是引领西北地区发展的重要增长极正在形成，要素集聚能力不断增强，但现代产业体系的“四梁八柱”还没有搭建起来，现代产业集群功能不强，只有汽车产业规模以上工业总产值突破1000亿元，全市过百亿企业只有8家，加快新旧动能转换、结构优化升级、全面提升产业发展水平是我们的首要任务；三是国家综合交通枢纽地位凸显，承东启西、连接南北的交通体系基本建成，但枢纽优势没有完全转化为发展优势，要素聚集功能较为单一，现代物流、现代金融等发展与枢纽地位不相匹配，推动综合枢纽建设由追求速度规模向质量效益转变是现实要求；四是科教创新基础实力雄厚，研发投入强度和技术合同交易额位居副省级城市前列，但科技创新成果就地转化率只有30%左右，产学研用一体化的发展体制和平台还不健全，构建具有西安特色的创新驱动发展体系、建设创新型城市还需要做大量工作；五是历史文化优势加速释放，旅游人数和收入快速增长，但文化和旅游深度融合不够，高品质文化旅游产品供给不足，推动文化旅游产业转型升级势在必行；六是开放步伐不断加快，对外交往日益频繁，但开放合作层次不高，经济外向度不到40%，提升开放平台、做强开放载体、健全开放体制、构建开放产业体系是我们的主攻方向；七是国防军工实力居全国前列，军民融合发展潜力巨大，但军民融合产业规模小、军转民企业块头小、本地配套率不足，在民参军怎么参进去、军转民怎么接得住接得好上还需精准用力；八是自然生态日益向好，生产生活环境不断改善，但生态系统十分脆弱，环境资源约束加剧，人均水资源量不足全国水平的1/7，

大气环境污染情况严峻，重污染天气多发频发，环境容量接近极限，推进绿色发展、建设生态西安必须摆在更加突出位置；九是城市功能不断完备，城市面貌持续改善，但城市规划建设管理品质不优，与国家中心城市定位不相匹配，推进市域治理体系和治理能力现代化是当务之急；十是保障和改善民生取得新进展，城乡居民可支配收入增速高于GDP增速，但教育、医疗、环境、交通、住房等民生领域欠账较多、短板突出，解决好市民群众普遍关心的突出问题、提升群众的获得感幸福感安全感是我们的重要责任。

建设国家中心城市，我们面临良好机遇：一是“一带一路”建设带来的重大机遇；二是新时代推进西部大开发形成新格局带来的重大机遇；三是关中平原城市群建设带来的重大机遇；四是推动黄河流域生态保护和高质量发展带来的重大机遇。同时，我们还拥有巨大优势：底蕴深厚的历史文化、优质富集的旅游资源、全国一流的科教实力、基础雄厚的国防军工、得天独厚的地理区位、四通八达的枢纽交通、创新涌动的研发高地、门类齐全的产业体系、依山带水的生态环境、千载难逢的政策机遇。这些机遇和优势，是人无我有、人有我优的强大竞争力，是西安加快国家中心城市建设步伐的底气所在、潜力所在、希望所在。

建设国家中心城市，是当前和今后一个时期西安发展最突出的特征、最鲜明的主题、最重要的任务。我们必须准确把握西安发展的时代坐标、使命担当和历史机遇，科学确定阶段性目标。

2020年，高质量全面建成小康社会，“十三五”规划圆满收官，全运会攻坚任务基本完成，十项重点工作取得关键突破，国家中心城市建设迈出坚实步伐。地区生产总值增长7.5%左右，规模以上工业增加值增长8%，全社会固定资产投资增长8%，城乡居民人均可支配收入分别增长8%和9%。

到2022年，大西安都市圈一体化发展体制更加成熟，城市综合承载能力和辐射带动能力明显提升，综合经济实力和发展活力明显增强，城市能级实现明显跃升，基本具备国家中心城市的功能特征。建设先进制造业强市取得突破性进展，规模以上先进制造业总产值年均增长15%以上，形成5个以上千亿级支柱产业；大力发展“三个经济”成效明显，“三个经济”总产值占GDP比重20%以上，中欧班列“长安号”开行质量稳居全国前列；文化旅游融合发展的产业体系基本形成，文化产业和旅游业增加值占GDP比重15%以上，旅游业总收入突破5000亿元。

到2035年，西部经济中心、丝路科创中心、对外交往中心、丝路文化高地、内陆开放高地、国家综合交通枢纽“三中心二高地一枢纽”六维支撑体系更加稳固，全面建成国家中心城市和具有历史文化特色的国际化大都市。

同志们，加快国家中心城市建设步伐，建成具有历史文化特色的国际化大都市，充分体现了党中央和省委对西安发展的战略要求，集中表达了全市人民的共同愿望，全面展示了西安的美好前景，我们要牢牢扭住这一宏伟目标，披荆斩棘、攻坚克难，坚持不懈、坚定不移地为之奋斗！

四、聚焦追赶超越定位和“五个扎实”要求，以十项重点工作突破推动高质量发展

2020年是全面建成小康社会和“十三五”规划的收官之年；是迎全运加快国家中心城市建设的攻坚之年；是十项重点工作的突破之年。做好今年工作的总体要求是：以习近平新时代中国特色社会主义思想为指导，全面贯彻党的十九届四中全会、中央经济工作会议和省委十三届六次全会精神，紧扣追赶超越定位和“五个扎实”要求，坚持稳中求进工作总基调，坚定不移贯彻新发展理念，坚持以供给侧结构性改革为主线，坚决打赢三大攻坚战，全力抓好十项重点工作，着力构建“6+5+6+1”现代产业体系，统筹推进稳增长、促改革、调结构、惠民生、防风险、保稳定，全面加快国家中心城市和具有历史文化特色的国际化大都市建设步伐。

第一，大力发展“三个经济”。全面落实省委、省政府大力发展“三个经济”的部署要求，在构建开放型经济体系、推动形成全方位对外开放新格局中当先锋、做示范。

一是加快建设辐射能力强大的立体化综合交通网络。全面启动西安咸阳国际机场三期扩建、地铁三期及城际铁路项目建设，协调推进外环高速南段、京昆高速阎良至涝峪口段等高速公路建设以及西延、西武、西渝等高铁建设，加快西安火车站改扩建、高铁北站配套提升、新筑铁路综合物流中心建设，确保今年底国际客运航线达到80条、全货运航线达到30条，陆港集装箱吞吐量达到30万标箱，航空货运量达到42万吨，地铁累计通车里程突破200千米。二是加快打造多元化国际化开发开放平台。进一步做强陆港型国家物流枢纽，做大临空经济示范区，做好自由贸易试验区，强力推进国际商事法律服务示范区、国际产能合作园建设，持续扩大欧亚经济论坛、丝博会、西商大会影响力，临空经济规模突破170亿元，举办各类展会300场以上。三是加快壮大“三个经济”支撑产业集群。深化互联网、大数据、区块链和人工智能技术应用，大力引进培育龙头企业，加快构建以现代物流、现代金融、数字经济、文化旅游、科技创新、康养体育为支撑的产业集群。今年国家级高新技术企业突破3700家，金融机构超过190家，金融业增加值达到970亿元，数字经济规模达到3500亿元，举办重大体育赛事40场以上。

第二，推进绿色发展，建设生态西安。坚定不移走生态优先、绿色发展之路，建设“山青、水净、坡绿、天蓝”的生态西安。

一是全面推进秦岭生态保护。编制完成《西安市秦岭生态环境保护规划》，持续整治秦岭“五乱”现象，建设数字秦岭综合服务平台和网格化管理系统，做到整治到位不留尾巴、修复到位不留空白、保护到位不留缝隙。二是铁腕推进治污减霾。加快优化能源结构、产业结构、布局结构，构建绿色交通体系，全面管控面源污染。今年，PM2.5浓度控制在50微克/立方米以下，空气质量排名退出全国168个重点城市后30位。三是系统推进全域治水碧水兴城。聚焦水生态、水环境、水安全，按照“治用保引管”思路，系统推进“85316”水系综合治理，今年主要河流消除劣Ⅴ类，渭河西安段水质稳定达到Ⅳ类，护城河水质提升达到地表水Ⅲ类标准，完成70%污水处理厂提标改造，加快实现河河相连、河湖相通、碧水长流、鱼翔浅底的总体目标。四是强力推进城市增绿。启动渭河、灞河、沣河和关中环线西安段“三河一山”超级环线绿廊和护城河绿廊建设，新建绿道不少于100千米，新增城市绿地不少于600万平方米。严格推行城市生活垃圾分类处理，确保高陵、蓝田、鄠邑、西咸4个生活垃圾无害化处理项目全负荷投产运行，城市生活垃圾无害化处理率达到100%。

第三，全力迎接“十四运”，加快国家中心城市建设。办好全运会是西安的重大政治任务和历史机遇，要以此为契机全面提升城市规划建设管理水平，做到只留经典、不留遗憾。

一是加快场馆建设。严格按照时间节点倒排工期，加快推进22个场馆、西安全运村、赛事指挥和新闻中心建设，全面启动会展中心二期项目建设，确保奥体中心、会议中心、会展中心在2020年7月1日前试运行。二是加快基础设施提升改造。

在2021年5月前完成77条线路、127条道路提升改造；抓好水电气热等配套设施建设，推进330kV供电线路迁改，确保与主场馆同步建成同步使用；全面启动"三路一广场"改扩建工程，全力推进五号线一期二期、六号线一期、九号线及十四号线等4条地铁线路建设，确保十四号线2021年6月实现通车运营。三是加快打造重点片区。启动灞河生态廊道建设，打造东部生态轴；加快推进西安中央文化商务区建设，强化城市设计和风貌管控，突出产业特色，打造城市新地标；高标准编制完成高铁新城片区规划，启动一批基础配套设施项目建设；加快推进小雁塔片区综合改造，打造重要的唐文化展示区和丝路文化交流基地；推进三学街历史文化街区建设，打造大碑林文化圈和博物馆群落。

第四，优化营商环境，推进重大项目建设。项目建设是追赶超越的头等大事，营商环境是追赶超越的重要保障。要不断优化提升营商环境，以更多大项目好项目支撑追赶超越。

一是牢固树立"以项目看发展论英雄"理念。一切围着项目转、一切盯着项目干，全力以赴抓好368个市级重点项目建设，推动"要素向大项目聚焦、政策向大项目聚焦、服务保障向大项目聚焦"，以深化工程项目审批制度改革为突破口，解决制约重大项目建设的突出问题，确保一季度新开工项目达到30%以上，二季度达到80%以上。二是打造最优营商环境。深化"放管服"改革，持续推进"一张网、一扇门、一次办"工作，大力推行"双随机、一公开"监管，市、区两级政务服务事项网上可办率达90%以上、"一网通办"率达80%以上，着力打造审批项目最少、收费标准最低、办事效率最高、服务水平最优的"四最"西安品牌。三是强化招商引资、招才引智。把"双招双引"作为追赶超越的关键一招，坚持招大引强、招新引高，主动对接世界500强、国内500强及有实力的大企业大集团，大力引进高层次的产业创新团队和优秀企业家队伍。四是强化督导考核。建立重点项目"指挥部"，落实好"一月一调度、一季一观摩"制度，对重点项目进行多方位、全覆盖观摩考核，严格兑现奖惩，真正做到"以项目看发展论英雄"。

第五，着力发展实体经济，建设先进制造业强市。实体经济是追赶超越的基石，制造业是实体经济的主体。要聚焦产业强、企业强、创新强、品牌强、融合强"五强"目标，加快建设先进制造业强市。

一是加快构建"6+5+6+1"现代产业体系。"6"就是做强电子信息制造、汽车、航空航天、高端装备、新材料新能源、生物医药等6大支柱产业；"5"就是做大人工智能、机器人、5G技术、增材制造（3D打印）、大数据与云计算等5大新兴产业；"6"就是做优现代金融、现代物流、研发设计、检验检测认证、软件和信息服务、会议会展等6大生产性服务业；"1"就是推进文化和旅游产业深度融合。二是加快打造现代产业集群。围绕"6+5+6+1"产业体系，打造龙头引领、协作紧密、配套完善的现代产业集群。①打造电子信息产业集群，重点开发高端芯片、智能手机、新型电子元器件等产品，到2022年产业规模达到3000亿元以上；②打造汽车产业集群，积极推进关键零部件研发生产，提高本地配套率，到2022年汽车产能达到200万辆以上，规模以上工业总产值达到2000亿元以上；③打造航空航天产业集群，重点发展飞机制造、航空发动机、航天动力、北斗应用等，到2022年工业总产值达到1000亿元以上；④打造高端装备产业集群，发展全国领先的超特高压输配电设备、大型工业风机、工程机械、轨道交通等，到2022年规模以上工业总产值达到1000亿元以上；⑤打造新材料、新能源产业集群，重点发展稀有金属合金材料、超导材料、复合材料、太阳能光伏、风能装备，到2022年规模以上工业总产值达到1000亿元以上；⑥打造生物医药产业集群，重点发展新型药物、生物医学材料和医疗器械，到2022年规模以上工业总产值达到500亿元以上；⑦打造新兴产业集群，着力培育和发展人工智能、5G技术、增材制造（3D打印）、机器人、大数据与云计算等，到2022年新兴产业主营业务收入达到1000亿元以上；⑧打造生产性服务业集群，重点发展现代金融、现代物流、研发设计、检验检测认证、软件和信息服务、会议会展等，到2022年生产性服务业总收入达到5000亿元以上。三是加快打造3大产业带。打造以高新区为引领的南部高新技术产业带，以曲江新区为引领的中部文化旅游产业带，以经开区为引领的北部先进制造业产业带，真正做出特色、做出优势、做出竞争力。

第六，扎实加强文化建设，促进文化旅游融合发展。历史文化是西安最独特的资源。要扎实加强文化建设，传承好历史文脉，推进文旅产业供给侧结构性改革，打造中华文明的根脉城市和传承中华文化的世界级旅游目的地。

一是拓展文旅融合发展新空间，重点发展"一核两极三板块"，即：隋唐长安城文旅融合核心发展区，曲江高新经开"文化＋旅游＋科技"增长极、港务浐灞"体育＋旅游＋会展"增长极，临潼秦风唐韵板块、西咸秦汉文化板块、山水生态休闲板块等，打造西安文化旅游新地标。二是增强文旅融合发展新动力，树立"保护文物也是政绩"的理念，全面加强历史遗址、重点文保单位、特色街区等科学保护和合理利用，把西安打造成"看千年中国"的"天然历史博物馆"。三是塑造美丽古都新形象，精心设计城市宣传口号，办好"中国年·看西安""西安年·最中国"等系列品牌文旅活动，提升西安的知名度、美誉度和影响力。四是精心培育文旅融合发展新业态，促进文化旅游与教育、科技、工业、体育、康养等深度融合，推出一批吸引力强、参与性强、体验度高的文旅新产品。五是营造文旅融合发展新环境，加快建设文旅产业发展智慧信息平台，打造智慧城市、智慧景区、智慧交通，让游客一部手机玩转西安。

第七，扎实保障和改善民生，建设教育强市。增进民生福祉是发展的根本目的。要坚持以人民为中心的发展思想，更加注重保障和改善民生，建设人民满意的幸福城市。

一是办好人民满意教育。围绕"建设教育强市"目标，持续用力落实《关于加快新时代教育改革发展建设教育强市的实施意见》和《基础教育提升三年行动计划（2019—2021年）》，确保到2021年新建、改扩建中小学幼儿园430所，新增学位38.95万个。今年新建、改扩建中小学幼儿园170所，新增学位16.44万个，全市普惠性幼儿园占比达80%以上，基本消除义务教育阶段大班额。深入实施"名校＋""名师＋""名校长＋"工程，实现义务教育公办学校质量提升全覆盖。二是扎实推进"三改一通一落地"。落实领导包抓制度，确保2021年6月前完成绕城高速以内80%以上老旧小区、42个城中村（棚户区）、599条背街小巷的改造，58条断头路的打通，完成89条主城区道路253.8公里架空线缆落地等。同时，坚持建管并重、权责利相统一，将市级城市建设管理事权有序下放到主城区和开发区。三是坚决打赢脱贫攻坚战。重点解决好实现"两不愁三保障"面临的突出问题，确保剩余5424户8769人在册贫困人口全部如期高质量脱贫。认真抓好中央脱贫攻坚专项巡视"回头看"反馈问题整改。健全长效机制，狠抓产业、就业、金融、科技、文化"五大扶贫"，严格执行教育扶贫、健康扶贫、兜底扶贫等保障性政策，巩固提升脱贫质量。四是持续健全社会保障体系。把稳就业作为重中之重，确保城镇新增就业

14万人左右，城镇登记失业率控制在4%以内。坚持“房住不炒”的定位，着力稳地价稳房价稳预期，加大保障性住房建设力度，保持房地产市场平稳健康发展。实施主城区交通优化提升三年行动计划，完善中心城区路网结构，新建城市快速路65公里，改善市民交通出行环境。统筹做好养老、医疗等其他民生保障工作。

第八，深入实施乡村振兴战略，促进城乡融合发展。实施乡村振兴战略是新时代做好“三农”工作的总抓手。要以产业、人才、文化、生态、组织“五个振兴”为方向，立足实际、选准路径、统筹推进，加快推动城乡融合发展。

一是优化城乡结构布局。坚持城乡统一规划，完善镇街国土空间统一规划、县域村庄布局规划，今年实现行政村规划全覆盖；编制完成全市《“十四五”农业农村发展规划》，进一步优化现代特色农业布局。二是扎实推进特色现代农业建设。构建完善特色现代农业产业体系、生产体系、经营体系，到2021年全市第一产业增加值超过280亿元。三是持续整治人居环境。深入推进“百村示范，千村整治”工作，今年累计建成示范村400个以上；全面加快农村生活垃圾、污水、厕所工程建设，农村生活垃圾无害化处理率不低于80%，生活污水有效治理行政村比例达到60%，建设无害化卫生户厕12.5万座以上。四是深化农村综合改革。全力支持西咸接合片区建设国家城乡融合发展试验区，以整市推进农村集体产权制度改革试点为抓手，以省级农村改革试验区建设为契机，着力壮大农村集体经济。

第九，大力推进军民融合发展。军民融合是强军之策、兴国之举。推进军民融合发展是国家赋予西安的重大改革创新任务，我们要围绕产业链布局创新链，围绕创新链培育产业链，推动军工、科技资源优势向创新优势、产业优势转化，打造以军民融合为特色的国家创新高地、军民深度融合发展的西安样板。

一是深化“军转民”“民参军”。围绕参得进、转得出、接得住“三大要求”，瞄准航空、航天、兵器、军工电子和新兴产业“五大领域”，以大型飞机、航空发动机、载人航天等国家重大科技专项为牵引，推动军工单位跨地区跨行业跨所有制开放合作，鼓励引导高校、企业和地方科研院所参与科研生产与协作配套，提高地方对国防科技工业的服务保障能力，增强军工经济对地方发展的辐射带动作用。二是搭建军民融合新平台。发挥军工基地多、陇海通道沿线军工企业密集优势，集中布局一批军民融合产业园，打造以西安为中心、横贯关中平原的军民融合产业带。用好军民融合发展基金，加大对重大军工项目、“民参军”项目的扶持力度。三是抓好重点项目提高配套率。加强与军工单位联系对接，深入研究破解制约军工单位本地配套的关键环节和问题，全力提高本地配套率。建设军民融合重点项目库，未来三年确保每年抓好300个以上军民融合项目，军民融合固定资产投资年均增速保持在15%以上。

第十，强化人才队伍建设及科技创新。科技创新是第一动力，人才是第一资源。坚持把人才资源开发放在科技创新最优先位置，靠人才加快新旧动能转换、以科技创新推动产业发展壮大。

一是壮大创新人才队伍。依托西安交大、西工大、西安光机所等驻地高校院所，引进一批创新创业能力强、实际贡献突出的科技人才和科创团队，探索建立市校产学研人才培养示范基地。落实“双招双引”联动工作机制，同步促进人才项目双落地。二是培育创新主体。支持驻市高校院所、重点企业联合建设新型研发机构、重点实验室、工程技术研究中心等创新平台。扶持科技型企业快速发展，搭建融资担保机构、知识产权服务机构等各类科技金融服务平台，解决企业发展不同阶段的融资难问题。三是促进高校院所科技成果就地转化。制定《西安市加快促进高校院所科技成果就地转化行动方案》，提升科技成果转化源动力。创新市校融合发展机制，推动市校科技人才资源全面对接，共享融合发展创新成果。四是优化人才发展环境。加大高层次人才个税奖励力度，畅通高层次人才住房、医疗、子女教育等绿色通道，让各类人才安心创新创业、舒心工作生活。

五、大力推进市域社会治理体系和治理能力现代化，加快建设人民满意城市

党的十九届四中全会《决定》，是新时代坚持和完善中国特色社会主义制度、推进国家治理体系和治理能力现代化的政治宣言和行动纲领，为我们在新时代推进市域社会治理体系和治理能力现代化提供了根本遵循。

推进市域社会治理体系和治理能力现代化是加快国家中心城市建设的关键要件和应有之义。我们要按照中央和省委的决策部署，积极开展市域社会治理现代化城市试点，确保2022年基本实现试点目标要求，创造可复制、可推广的“西安经验”，为全省、全国城市社会治理作出西安贡献。

第一，充分认识推进市域社会治理能力现代化的重要性、紧迫性。习近平总书记指出：经济持续健康发展、社会持续安全稳定是中国创造的“两大奇迹”。我们要深刻认识到，良好的社会治理、稳定的社会环境是经济社会高质量发展的基本前提和关键保障，两者相辅相成、互为支撑。当前，我市社会治理仍然停留在“大城市、小治理”的水平上，与中央和省委的要求还有较大差距，与建设国家中心城市的目标定位不相适应，与人民群众的期待不相匹配。一是治理理念、治理方式、治理能力还相对滞后；二是党建引领作用发挥不充分，基层党建与社会治理“两张皮”问题还比较突出；三是治理体制机制不够顺畅，市与区（县）、开发区之间责权利不统一，区（县）与开发区之间管理重叠交叉，区与区之间缺乏有效衔接等。这些问题都是我市社会治理中的难点痛点，我们必须坚持问题导向、目标导向、效果导向，从具体工作抓起，从突出问题改起，切实转变社会治理方式，推动城市发展与市域社会治理良性互动。

第二，统筹“规划建设管理”三大环节。习近平总书记指出：“一个城市要综合考虑城市功能定位、文化特色、建设管理等多种因素来制定规划。”我们要从建设国家中心城市的定位、延续城市历史文脉的文化特色、满足人民群众对宜居城市的需求出发，坚持世界眼光、国际标准、西安特色，抓紧编制国土空间规划，同步完成城市控制性详规，做到“一本规划、一张蓝图、一个平台”。要坚持“一张图规划、一盘棋建设”，先谋后动、不谋不动，对看准了、有把握的，要坚定不移干下去，而且必须干好。对于没有看准、把握不大的，要先保护好、控制住，绝不能一哄而上。要逐步完善国家中心城市功能，加强重点区域的规划建设管理，在空间布局、建筑风貌、历史文化遗产保护、生态建设、产业发展上，延续城市历史文脉，体现西安城市特色。

第三，理顺市域社会治理体制机制。发挥党委推进市域社会治理总揽全局、协调各方的制度优势，健全完善党委领导的体制机制，将推进市域社会治理现代化试点列入党委重要日程，认真研究解决有关重大问题，推动市域社会治理融入市域经济社会发展全过程，贯穿规划、决策、执行、监督各领域、各环节。发挥政府主导作用，完善各部门之间信息互通、资源共享、工作联动的协调机制，实现市域社会治理资源整合、力

量融合、功能聚合、手段综合。要完善社会协同机制，科学界定政府与社会边界，大力培育社会组织，拓宽社会组织发展空间，完善政府购买服务机制，让社会组织承接起政府简政放权的具体事务，实现政府和社会的良性互动。要充分发挥各级社会治理和平安建设领导小组及其办公室的职能作用，统筹好相关部门的资源力量，形成问题联治、工作联动、平安联创的良好局面。

第四，革新社会治理方式手段。坚持共建共治共享，注重联动融合、开放共治，建设人人有责、人人尽责、人人享有的市域社会治理共同体。发挥自治基础作用，推进和规范基层自治组织建设，用好自治章程、村规民约、居民公约，让群众的事情群众办。发挥法治保障作用，用好市级立法权，围绕市域社会治理急需、人民美好生活必备的制度需求，构建市域社会治理法律规范体系；要严格规范公正文明执法司法，用法治规范社会行为，引领社会风尚。发挥德治教化作用，把社会主义核心价值观融入市域社会治理的各方面、全过程；注重发挥家庭家教家风在社会治理中的重要作用，深入开展“崇廉尚德•好家风润西安”系列活动，发挥身边榜样的示范作用，用身边人、身边事传递社会正能量。要发挥科技支撑作用，突出政务服务和社会治理功能，建优建强“城市大脑”，拓展应用场景，织密织细城市运行“感知网”，让城市更聪明，治理更精致，群众更方便。

第五，把握市域社会治理重点任务。各级党委主要负责人是防范重大风险的第一责任人，要始终绷紧维护社会安全稳定这根弦，不能有一丁点的马虎放松。要加大社会安全稳定的考核权重，切实压实各级领导责任。要结合学习新时代“枫桥经验”，整合基层党建、综治、城管、社保、环保、民政等网格，实现人财物统筹管理，推进“多网合一”，打造“全科网格”。总结推广莲湖区“萤火虫”志愿服务经验做法。要纵深推进扫黑除恶专项斗争，彻底铲除黑恶势力滋生土壤。要打造“打防管控”一体的社会治安防控新格局，健全道路交通、建筑施工、消防、食品药品等领域安全防范管理机制，加强对寄递物流、危爆物品等行业监管，严防重特大事故发生。健全市、区（县）、镇街三级应急综合指挥平台，构建实战化、扁平化、合成化应急管理处置模式。

六、全面加强党的建设，锻造忠诚干净担当的干部队伍

今年是收官年、攻坚年、突破年，各项任务十分艰巨。我们必须深入贯彻新时代党的建设总要求，锻造忠诚干净担当的干部队伍，以过硬作风担当作为、决战决胜。

第一，坚持干在实处、走在前列。追赶超越不进则退、慢进也是退，特别是要在2035年全面建成国家中心城市和具有历史文化特色的国际化大都市，任务艰巨、时不我待，我们一天也耽误不起，必须以只争朝夕、不负韶华的精神，以开局就是决战、起步就是冲刺的良好状态，按下快进键、跑出加速度，确保把每一项工作干出成效、干成一流。

第二，营造风清气正的政治生态。严肃查处赵正永、魏民洲等严重违纪违法问题，充分体现了以习近平同志为核心的党中央坚定不移推进全面从严治党的鲜明态度和有腐必反、有贪必肃的坚定立场。我们要清醒认识到，赵正永、魏民洲等严重破坏了陕西和西安的发展环境，严重污染了陕西和西安的政治生态，必须从政治上、思想上、纪律上、作风上、工作上全面彻底肃清其流毒影响。要以赵正永、魏民洲、冯新柱、钱引安等为反面典型强化警示教育，让全市党员干部经受一次严肃的党内政治生活锤炼。要以党的政治建设为统领，全面加强思想建设、组织建设、作风建设、纪律建设和制度建设，切实解决一些单位学习贯彻习近平新时代中国特色社会主义思想不深入、不扎实，贯彻落实党中央决策部署不主动、不严肃，党建工作弱化、虚化、软化、边缘化等问题，着力营造风清气正的政治生态。

第三，锻造忠诚干净担当的干部队伍。要认真践行新时代党的组织路线，坚持好干部标准，统筹做好选育用管工作。一是把政治标准放在第一位，首先看是否忠诚于习近平总书记、忠诚于党和人民，是否具有坚定理想信念，是否树牢“四个意识”、坚定“四个自信”、做到“两个维护”，政治上不过关，一票否决。二是树立重担当重实干重实绩的鲜明导向，要制定“三到三看三破”选用干部办法，到基层、到一线、到现场，看实绩、看潜绩、看担当，破潜规则、破隐形台阶、破论资排辈；要建立“四个一线”机制，坚持干部在一线培养、一线推优、一线考察、一线使用，特别是要在推进十项重点工作中发现识别、培养使用干部，把那些敢于担当、善于攻坚、长于落实的好干部选出来、用起来，把那些脚上沾泥、身上出汗的好干部选出来、用起来，把专家型、复合型的好干部选出来、用起来，果断调整坐而论道、投机取巧、无所作为的干部，形成能者上、庸者让、劣者汰的良性循环。三是从严从实管理干部。要建立管思想、管作风、管工作、管纪律的从严管理制度，做到真管真严、敢管敢严、长管长严。要综合运用平时考核、年度考核、专项考核、任期考核四种方式，以平时考核为主，实现干部考核经常化、制度化。要坚持实事求是，规范问责、精准问责。各级党组织要为担当者担当、对负责者负责，在严管的同时鼓励创新、宽容失误，坚持“三个区分开来”，切实保护干部干事创业的积极性。

第四，建设服务型基层党组织。在农村和社区党建方面，要打造“民有所呼、我有所行”基层党建品牌，全面落实村“两委”一肩挑，全面推行网格化党建，深入开展整治村霸、蝇贪、宗族恶势力和基层黑恶势力等专项斗争，着力推动基层便民服务站点功能扩容、服务升级，积极开展代缴代办代理等便民服务。在机关党建方面，要开展“三服务一建设”活动，服务企业、服务人才、服务基层，建设“三表率一模范”机关。在学校党建方面，要切实解决党建工作力度和党组织功能发挥层层递减的问题；统筹推进其他领域党建，推动基层组织全面进步、全面过硬。

第五，深入推进党风廉政建设和反腐败斗争。一是坚决整治群众身边的腐败和作风问题。聚焦脱贫攻坚决战决胜、扫黑除恶专项斗争三年目标、贯彻落实中央八项规定及其实施细则、反对形式主义官僚主义，深化监督执纪问责。二是开展突出问题专项整治治理。集中整治教育医疗、生态保护、营商环境等领域损害群众和企业利益的问题，推进景观亮化工程过度化等“政绩工程”“面子工程”专项整治，强化历史文化遗产保护等领域腐败和作风问题治理，扎实开展人防系统腐败问题专项治理。三是坚定不移推进反腐败斗争。坚决查处政治问题和经济问题相互交织的腐败案件，强化对“关键少数”和审批监管、执法司法、工程建设、资源开发、金融信贷等重点领域权力运行的制约监督。四是一体推进纪检监察“三项改革”。推动纪律检查体制、监察体制和纪检监察机构改革工作取得实效，打造忠诚、干净、有担当的纪检监察铁军。

同志们，新时代赋予新使命，新征程呼唤新作为。让我们高举习近平新时代中国特色社会主义思想伟大旗帜，牢记嘱托再前进、低调务实不张扬、埋头苦干开新局，全面加快西安国家中心城市和具有历史文化特色的国际化大都市建设步伐，奋力谱写新时代追赶超越新篇章。

政府工作报告

——在西安市第十六届人民代表大会第五次会议上

西安市人民政府市长　李明远

（2020年5月17日）

各位代表：

现在，我代表西安市人民政府，向大会报告工作，请予审议。请各位政协委员和其他列席人员提出意见。

一、2019 年工作回顾

过去一年，面对多年未有的复杂局面和严峻形势，我们在市委的坚强领导下，高举习近平新时代中国特色社会主义思想伟大旗帜，以习近平总书记对陕西及西安工作系列重要指示批示精神统揽全局，紧扣追赶超越定位和“五个扎实”要求，坚持低调务实不张扬、埋头苦干，谋划启动十项重点工作，统筹做好稳增长、促改革、调结构、惠民生、防风险、保稳定，确保了经济社会平稳健康发展，西安国家中心城市建设全面迈入提质增效、突破攻坚的新阶段！

我们主要做了以下工作。

（一）全力以赴稳增长，经济综合实力跃升新量级。地区生产总值突破 9000 亿元、达到 9321.19 亿元，增长 7.0%，增速分别高于全国、全省 0.9 和 1.0 个百分点，经济总量提前一年实现“十三五”目标。财政总收入突破 1500 亿元、达到 1533.89 亿元，一般公共预算收入 702.56 亿元，税收占比 82.7%。三星二期、比亚迪智能终端、三一西安产业园等重大工业项目开工建设，中兴二期、吉利新能源汽车等项目进展顺利，规模以上工业总产值突破 6000 亿元，增加值增长 6.9%，增速在 9 个国家中心城市中排名第二。新增规模以上工业企业 205 家、产值超百亿元企业 1 家，三星电子产值首超 500 亿元。772 个市级重点项目完成投资 4632 亿元、超年计划 15.8%。全社会固定资产投资增长 1.1%，其中基础设施投资增长 11.4%、高技术制造业投资增长 15.7%。全市金融机构本外币存贷款余额分别增长 9.8% 和 12.8%，西部超导、铂力特成为科创板首批上市企业，新增上市挂牌企业 16 家，在全国 31 个金融中心综合竞争力排名中西安升至第 11 位。新增大型商业综合体 14 个，电商交易额突破 4300 亿元，社会消费品零售总额增长 6.0%。全年粮食产量 139.9 万吨、蔬菜产量 378.6 万吨。

（二）全面深化改革创新，转型发展新动能持续增强。顺利通过国家全面创新改革试验三年系统评估，12 项改革经验在全国复制推广。自贸试验区改革新增创新案例 84 个，形成 7 项国家级创新成果。持续深化“放管服”改革，推进“最多跑一次”数字化转型，工程建设项目审批系统上线运行，市级政务服务事项网上可办率超过 90%，企业开办时间压缩至 2 天，新增市场主体 88.3 万个、增长 62.6%，获评中国国际化营商环境建设标杆城市。全面落实减税降费政策，共为企业减免税费 220.56 亿元。积极做好民营中小企业账款清欠工作，共清理欠款 31.92 亿元。扎实推进国资国企改革，完成 112 家全民所有制企业公司制改制，市属经营性国有资产实现集中统一监管。深入推进农村改革，“房地一体”农村不动产权籍调查及确权登记工作有序推进，基本完成全国农村集体产权制度改革整市推进试点。

以新旧动能转换促进产业转型升级，确定了以六大支柱产业、五大新兴产业、六大生产性服务业和文化旅游产业为主体框架的现代产业体系，战略性新兴产业产值增长 9.6%、高新技术产业产值增长 14.9%，占规模以上工业比重分别达到 42.5% 和 26.3%。深化拓展科技大市场功能，全市技术合同交易额 1364 亿元、增长 32.6%。中国西部科技创新港建成投用，华为中国区运营商总部落户西安，新增国家级高新技术企业 1053 家、市级以上企业技术中心 19 个，万人发明专利拥有量突破 40 件，19 个通用项目荣获 2019 年度国家科学技术奖、1 个专用项目获国家科技进步一等奖。新增两院院士 5 名，引进培养各类人才 37.73 万人，累计建成市级以上科技企业孵化器、众创空间 276 个，各类众创载体累计入孵企业 4 万余家，带动就业 40 余万人，入选“外籍人才眼中最具吸引力的中国城市”榜单前十。西咸新区创新城市发展成效突出，富阎一体化加速推进，关中协同创新发展更加紧密，在国家创新型城市创新能力排名中西安位列西部第一。

（三）大力发展“三个经济”，高水平对外开放迈出坚实步伐。中欧班列“长安号”覆盖 45 个国家和地区，全年开行 2133 列、增长 70%，开行量、重载率、货运量稳居全国前列。新开通 19 条国际客运航线、9 条全货运航线，首条第五航权客货运航线通航，西安咸阳国际机场货邮吞吐量达到 38 万吨，增速居全国十大枢纽机场首位。西安航空口岸过境免签停留时间延长至 144 小时，航空基地综合保税区封关运行，空港综合保税区成功获批，西安获评 2019 国际物流大通道建设突出贡献城市、入选首批国家物流枢纽建设名单。积极应对贸易摩擦影响，着力稳外贸、稳外资，进出口总值完成 3243 亿元、占全省 92.2%，实际利用外资 70.57 亿美元、增长 11.1%，引进内资 3443 亿元、增长 10.5%，新设外商投资企业 237 家。全方位扩大国际合作交流，成功举办欧亚经济论坛、全球硬科技创新大会、全球创投峰会、中国国际通航大会等大型展会活动，承办国际大会及会议协会（ICCA）认定的国际会议数量位列全国第四。新增 3 个国际友好城市，成功当选世界城市和地方政府组织联合主席城市，在服务国家总体外交中做出了西安贡献。

（四）扎实推进基础设施补短板行动，城市功能品质显著提升。以迎接“十四运”为契机，掀起城市基础设施建设热潮，全年完成城建投资 826 亿元。“三中心”场馆主体竣工，周边配套设施建设加快推进。强力推进“三改一通一落地”，改造老旧小区 93 个、225.3 万平方米，打通断头路 53 条，完成架空线缆落地 226 千米，累计建成综合管廊 79.6 千米。幸福路地区综合改造进展顺利，西安火车站北广场及周边市政配套项目全面开工。轨道交通三期建设规划获批实施，地铁一号线二期、北客站至机场城际铁路建成运营，地铁八号线、二号线二期开工建设。西延路与西影路立交全线通车。新建公共停车位2.08万个，更新新能源公交车1939辆，新开通线路51条，成功创建国家公交都市示范城市。新型智慧城市建设加快推进，新建5G基站4000个，荣获2019中国智慧城市创新示范奖。生态西安建设扎实有效，建成绿道492.4公里，新建、改造提升口袋公园和绿地广场141个，新增城市绿地1353.1万平方米。新增装配式建筑710万平方米，540个绿色建筑项目通过评审。全域推行生活垃圾分类，4个生活垃圾无害化处理项目投入运行，彻底改变了我市生活垃圾仅靠填埋处理的历史。

*（五）集中力量打好“三大攻坚战”，重点任务取得突破性进展。*加强重大风险防范化解，全市政府债务风险总体可控。严厉打击非法集资等涉众型经济犯罪行为，守住了不发生系统性区域性金融风险的底线。扎实推进精准脱贫，聚焦“两不愁三保障”，认真整改中央巡视、成效考核和国家巡查反馈问题，累计减贫6.87万户、24.23万人，291个贫困村退出，周至县脱贫摘帽，全市贫困发生率降至0.23%。建立四级联动防返贫监测预警机制，已脱贫户实现稳定增收。突出重点、系统治理，坚决打好污染防治攻坚战。强力推进铁腕治霾，全年优良天数225天、较上年增加10天，退出全国168个重点城市后20位，万元GDP能耗同比下降4.8%。实施全域治水碧水兴城三年行动计划，沣河中央湿地公园等58个治理项目开工建设，新增水生态面积2561亩、湿地4566亩。大力控源截污，主城区黑臭水体基本消灭。加强土壤污染源头管控，持续改善土壤环境质量，固体废弃物综合处理场建设顺利推进。

特别是，我们认真贯彻落实习近平总书记关于秦岭生态环境保护重要指示批示精神，深刻汲取秦岭违建事件教训，不断加大依法保护力度，巩固专项整治成果。扎实整改省委专项巡视反馈问题，加快建立长效保护机制，修订《西安市秦岭生态环境保护条例》。持续推进“五乱”整治，依法拆除关闭农家乐1194户、整改提升1615户，完成子午峪、小峪、汤峪、辋峪4个峪口峪道综合整治任务，建立2个智能峪口保护站，努力还秦岭以宁静、和谐、美丽。

*（六）聚力推进文化旅游融合发展，“文化西安”品牌影响力不断扩大。*成功举办“东亚文化之都”西安活动年和世界文化旅游大会、第8届西安国际戏剧节、第29届全国书博会、西安国际马拉松赛等活动，话剧《柳青》荣获第十二届中国艺术节“文华大奖”，周至县集贤镇获评“中国民间文化艺术之乡”。实体书店数量排名全国第四。新增全国重点文物保护单位6处、博物馆12座，北里王汉代积沙墓和焦村十六国大墓入选2019“考古中国”重要成果。净增规模以上文化企业116家，入选国家文化和科技融合示范基地十强城市。

文旅融合品牌效应日益凸显，临潼区成为国家首批全域旅游示范区，大唐不夜城入选全国首批高品位步行街试点。《长恨歌》《梦长安》《驼铃传奇》等主题演艺广受好评，曲江“不倒翁”燃爆全网，“打卡西安”成为旅游热点，全年接待海内外游客总数突破3亿人次，旅游业总收入3146亿元，分别增长21.7%和23.1%，获评全球20个热门旅游目的地和全国夜间经济十强城市。

*（七）实打实解决民生难题，群众有了更多获得感。*聚焦“七有”目标，以“15分钟便民服务圈”建设为抓手，扎实做好各项民生工作。城乡居民人均可支配收入分别增长8.1%和9.8%。城镇新增就业16.12万人，城镇登记失业率3.27%。启动教育强市三年行动计划，新建、改扩建中小学和幼儿园175所、新增学位10.08万个，组建市级“名校+”教育联合体132个、区（县）级772个，惠及学生97万人。建成各类医联体49个，西安国际医学中心等31家新建医院开诊运行。扎实开展国家组织药品集中采购和使用试点，全年为群众节省医药费用2.59亿元，特困供养人员报销比例达100%。城乡居民基础养老金标准提高至每人每月168元，新建养老服务机构229个、新增床位7504张。坚持“房住不炒”定位，出台房地产精准调控政策，加大保障性住房供应力度，新建、筹集保障房4.02万套。完成18个棚户区改造项目回迁安置，3.4万名群众搬进新家。实施165个美丽村庄建设项目，农村人居环境明显改观。城乡低保连续十年提标，分别提高至每人每月700元和500元，全年支出社会救助资金7.94亿元，惠及25.8万名困难群众。积极做好猪肉、蔬菜等重要商品保供稳价工作，居民消费价格同比上涨2.7%。严格落实安全生产各项规定，狠抓源头治理，生产安全事故起数和死亡人数实现“双下降”。深入推进扫黑除恶专项斗争，建设更高水平“平安西安”，公众安全感达到94.58%。顺利通过第三轮国家卫生城市复审，连续8年被评为中国最具幸福感城市。

*（八）践初心担使命，政府自身建设更加有力有效。*认真开展“不忘初心、牢记使命”主题教育，狠抓教育医疗、生态保护、营商环境等领域突出问题整治。扎实开展习近平总书记重要指示批示落实情况“回头看”，坚持“以案促改”，不断强化政府系统党员干部纪律观念和规矩意识。深入开展法治政府示范创建，全市依法行政工作水平持续提升。政府机构改革任务全面完成。落实“基层减负年”各项要求，市政府文件、会议分别减少50.1%和43.5%。自觉接受市人大及其常委会法律监督、工作监督和市政协民主监督，共办理人大代表建议507件、政协提案822件，办复率100%。“12345”市民热线共受理工单178万余件，回复率达99%以上。全年查处欠薪案件724起，为1489名农民工讨回辛苦钱。大力支持国防和军队建设，积极做好双拥共建和退役军人服务保障。顺利完成第四次经济普查。国家安全、人民防空、民族宗教、防震减灾、妇女儿童、普法宣传、审计、档案、侨务、气象、残疾人等工作取得新进步。

各位代表！在刚刚过去的几个月里，我们国家经历了一场世所罕见的重大疫情灾难。党中央高度重视，习近平总书记亲自指挥、亲自部署，提出“坚定信心、同舟共济、科学防治、精准施策”的总要求，部署打响疫情防控的人民战争、总体战、阻击战。

面对突如其来的疫情，我们在市委的坚强领导下，认真学习贯彻习近平总书记重要讲话和重要指示批示精神，迅速落实中央应对疫情工作领导小组和省疫情防控工作领导小组指令，始终把人民群众生命安全和身体健康放在第一位，统筹推进疫情防控和经济社会发展，奋力夺取“双胜利”。

——我们迅速成立全市疫情防控指挥部，果断启动重大突发公共卫生事件一级响应，建立每日研判、调度工作机制。率先制定流行病学调查链长制，对每一个病例追踪溯源，有效控制传染源，切断传播途径。及时发布权威信息，回应群众关切，稳定社会情绪。

——我们严格落实“四早”防控要求和“四集中”救治原则，调集最强的医疗资源，确定3家定点医院、46个发热门诊，设立1200张标准救治床位，组建6个市级会诊专家组，对确诊病患“一人一专班”，做到应收尽收、应治尽治。同时按照平战结合、有备无患的思路，组织精干力量，仅用14天时间建成西安公共卫生中心应急院区，为打赢抗疫阻击战提供了有力保障。全市3800多名白衣卫士不畏艰险、义无反顾冲上救治防控一线，同时间赛跑、与病魔较量，历时64天实现本地确诊病例“清零”。

——我们按照“外防输入、内防扩散”策略，采取一切可以采取的措施、动员一切可以动员的力量、调动一切可以调用的资源，把机场、高铁站、火车站、高速路口等作为阻击疫情的第一道防线，把社区（村组）作为疫情防控的坚强堡垒，在疫情出现后，果断关闭全市各类公共场所、停开长途客运，最大限度减少人群聚集。全市公安民警、社区工作人员和志愿者坚守一线、严盯死守，3万多名机关干部下沉社区参加抗疫，研发推行西安“一码通”，全力推进联防联控、群防群控、技防智控，共同筑起了疫情防控人民战争的“铜墙铁壁”。

——我们始终把民生保障和防护物资供应作为重中之重。加强市场动态监测，重点做好粮油、肉类、蔬菜等重要商品的保供稳价和政府收储、投放，强化水电气热等城市“生命线”守护，尽最大努力降低疫情对市民生活的影响。同时针对疫情初期市场上防护、消杀物资告急的局面，千方百计抓生产、抓调拨、抓采购，严厉打击哄抬物价、囤积居奇等违法犯罪行为，保证市场平稳、供需平衡。

——我们积极响应党中央号召，筹集213吨医疗防护用品和生活物资专列送抵武汉，486名医护人员奔赴援鄂抗疫最前线，助力打赢武汉保卫战。

患难见真情，在我们抗疫关键时期，61个国际友好城市、国际机构致电慰问，9个国际友好城市、社团企业、国际友人捐赠了250万元防疫物资，为我们战胜疫情增添了信心和力量。我们铭记于心、投桃报李，利用世界城市和地方政府组织平台，向国外城市分享抗疫经验、捐赠抗疫物资，在守望相助中建立起更加深厚的国际友谊。

疫情防控形势平稳向好后，我们因时因势调整工作着力点和应对措施，强化“外防输入、内防反弹”，推动分区、分级精准复工、复产，出台实施系列援企惠企政策，深入开展“一对一”帮扶，以最快速度恢复正常生产生活秩序。特别是从3月23日起，西安被列入12个进京国际航班第一入境点城市后，我们主动担当、统筹资源、严格流程、闭环管控，截至5月15日24时，共分流航班21架次，隔离留观4362人，筛查确诊患者56例已治愈52例、在院治疗4例，无症状感染者13例已全部解除隔离，为降低首都疫情输入性风险做出了西安贡献。

各位代表！过去一年及疫情发生以来，我市取得的发展成绩和抗疫成果实属不易。这是习近平新时代中国特色社会主义思想科学指引的结果，是省委、省政府和市委坚强领导的结果，是市人大及其常委会和市政协监督支持的结果，是全市上下团结一心、砥砺奋斗的结果。在此，我代表市政府，向全市人民，向市人大代表和政协委员，向各民主党派、工商联、人民团体和社会各界人士，向所有关心支持西安发展的各级单位、广大企业，解放军、武警部队官兵、消防救援队伍指战员，以及海内外同胞、侨胞、友人，表示衷心的感谢！特别要向为抗疫做出突出贡献的广大医护人员，向奋战在防控一线的公安民警、基层干部、社区工作人员和志愿者，致以最崇高的敬意！

各位代表！疫情对我市经济社会发展带来前所未有的冲击，加之当前疫情还在全球蔓延，外部环境不利因素增多，经济下行压力进一步加大，企业特别是中小企业经营尤为困难，“六稳”“六保”任务更加艰巨繁重。同时我们深知，西安发展还面临不少问题：对标国家中心城市定位，我市在经济体量、开放程度等方面仍有较大差距，辐射带动作用发挥不充分；城市规划建设管理水平不够高，安全生产基层基础还比较薄弱，公共卫生应急管理能力仍需加强；教育、住房、交通、医疗、养老、生态等方面，群众还有不满意的地方；一些干部服务意识不强、工作作风不实、担当精神不够，形式主义、官僚主义不同程度存在。我们一定直面问题和挑战，努力化危为机，认真做好工作，不负人民重托！

二、2020年总体要求和主要目标

2020年是全面建成小康社会和“十三五”规划的收官之年，是迎全运加快国家中心城市建设的攻坚之年，也是十项重点工作的突破之年。做好今年工作，意义深远、任务艰巨、责任重大。

4月20日至23日，在统筹推进疫情防控和经济社会发展的关键时期，习近平总书记亲临陕西考察并发表重要讲话，这是新时代陕西、西安追赶超越发展进程中具有里程碑意义的一件大事，充分体现了习近平总书记对陕西、对西安工作的高度重视、亲切关怀。习近平总书记重要讲话，高瞻远瞩、定向领航，为我们全面夺取疫情防控和经济社会发展“双胜利”、加快建设国家中心城市指明了前进方向、提供了根本遵循，是我们做好一切工作的重要纲领和行动指南，极大地增强了我们追赶超越的信心和决心。我们要坚决把思想和行动统一到习近平总书记的重要讲话精神上来，不负殷切嘱托，强化使命担当，努力在新时代各项工作中取得新气象新作为。

今年市政府工作的总体要求是：以习近平新时代中国特色社会主义思想为指导，认真学习贯彻习近平总书记来陕考察重要讲话重要指示和党的十九大、十九届二中、三中、四中全会精神，紧扣新时代追赶超越“五项要求”，全面落实省委、省政府和市委安排部署，坚持稳中求进工作总基调，坚持新发展理念，坚持以供给侧结构性改革为主线，完善常态化疫情防控机制，扎实做好“六稳”工作，全面落实“六保”任务，坚决打赢“三大攻坚战”，全力抓好十项重点工作，全面加快国家中心城市建设，确保全面建成小康社会和“十三五”规划圆满收官。

目前，国内疫情虽然得到控制，但国外疫情蔓延势头尚未遏制，全球产业链、供应链受到严重冲击，未来发展还存在许多不确定性，但越是形势严峻复杂，越需要我们保持定力、坚定信心、克难奋进。按照市委目标不变、任务不减、标准不降的要求，我们仍根据市委十三届十次全会确定的目标安排部署全年工作，力争实现今年经济社会发展的主要预期目标：地区生产总值增长7.5%左右；规模以上工业增加值增长8%；全社会固定资产投资增长8%；城乡居民人均可支配收入与经济发展同步增长；保持物价总体平稳；主要污染物排放总量削减完成省上下达任务。

做好今年工作，需要把握好以下几个方面：

坚持高质量发展。全面落实新发展理念，加快转变经济发展方式，推动经济结构优化，促进新旧动能转换，做实、做强、做优实体经济特别是制造业，稳定产业链和供应链，着力解决发展不平衡、不充分问题，确保经济实现量的合理增长和质的稳步提升。积极践行“两山”理念，更加重视和解决环境问题，全力打赢污染防治攻坚战，推动绿色发展，建设生态西安。

坚持全面创新改革。以全面创新改革试验区为牵引，以推动创新资源开放共享为突破，实施创新驱动发展战略，推动质量变革、动力变革、效率变革和技术、平台、政策、机制“四大创新”。坚持围绕产业链部署创新链、围绕创新链布局产业链，促进科技、金融、产业、人才有机结合，推进军民融合深度发展。不断深化“放管服”改革，激发市场主体创业、创富、创新、创造活力。

坚持深度融入国家战略。抢抓共建“一带一路”、新时代推进西部大开发形成新格局、黄河流域生态保护和高质量发展重大战略机遇，发挥好自由贸易试验区和“一带一路”综合试验区的先行示范作用，建设中欧班列（西安）集结中心，加快形成面向中亚、南亚、西亚国家的通道、商贸物流枢纽、重要产业和人文交流基地，构筑内陆地区效率高、成本低、服务优的国际贸易通道。更加注重抓好大保护、大开放、大治理，促进西安与关中平原城市群各城市的交流合作，推动区域协调、联动、融合发展。

坚持重点突破整体推进。围绕“办一届精彩圆满的体育盛会”目标，举全市之力做好全运会筹备工作。全力推进十项重点工作，补短板、强弱项、扬优势、增后劲，努力在产业、民生、环保和基础设施等领域谋划实施一批重大项目，带动和活跃发展全局，促进整体工作提升。

坚持以人民为中心。始终把人民群众的获得感、幸福感、安全感作为衡量政府工作的重要标尺，坚决打赢脱贫攻坚战，全力办好十方面惠民实事，实行台账管理，切实解决群众生活中的热点、难点问题，让政策更接地气、干部更具情怀、城市更有温度，努力让人民满意。

三、2020 年重点工作任务

（一）聚焦办好“十四运”，全面提升城市发展能级

着力增强国家中心城市辐射带动作用。把握发展要素向大城市和城市群集聚的趋势，围绕建设“三中心两高地一枢纽”，增强城市对经济和人口的承载力。牵头建立关中平原城市群市长联席会议机制，探索中心城市引领城市群发展新模式。加快西安—咸阳一体化进程，支持富阎融合发展，推动西安都市圈建设。

高质量做好国土空间规划。统筹产业体系、生态保护、公共交通等综合布局，高水平编制全市国土空间总体规划，同步推进重点片区详细规划和专项规划，完善城市设计管控体系。科学划定“三区三线”，编制完成综合交通体系规划、“三河一山”绿道规划，促进产城一体、实现“三生”融合。

加快构建综合交通枢纽。抓好“四主一辅”铁路客运枢纽体系和火车站北广场及周边市政配套项目建设，加快实施机场三期等重大工程。协力推进西银、西延、西十、西康高铁项目和外环高速南段等高速路项目建设。全面实施地铁三期规划，开工建设十、十五、十六号线，确保五号线、六号线一期、九号线建成运营，十四号线实现“三通”。开展中心城区交通优化提升三年行动，年内建成公交场站 10 处、公共停车位不少于 2 万个，新增公交车辆 1000 辆，新开通和调整公交线路 60 条以上。

聚力城市基础设施建设。扎实推进“三改一通一落地”，启动 36 个城中村（棚户区）拆除提升，改造提升老旧小区 1100 个、背街小巷 342 条，打通断头路 38 条，高标准完成架空线缆落地年度任务。强化城市能源安全保障，建成 330 千伏奥体变电站等 12 项输变电工程和西南郊水厂引水工程，加快西安液化天然气应急储备调峰项目一期工程。抢抓国家政策机遇，加速布局 5G、物联网、人工智能、工业互联网等新基建项目，年内新建 5G 基站 9000 个。全年城建投资突破 1000 亿元。

提升城市精细化智能化管理水平。整合基层资源，落实落细网格化管理。抓好智慧城市运行管理中心建设，建强城市智慧“大脑”，积极拓展智能服务形态和应用场景。统筹做好城市绿化、美化、洁化等工作，全面完成违法建筑整治。进一步加强物业市场监管，业主委员会覆盖率达到 60% 以上。

高标准做好“十四运”筹备工作。加快 24 个场馆、西安全运村等建设，启动会展中心二期项目，确保会议中心、会展中心、奥体中心 7 月 1 日前试运行。抓好“三中心”周边环境提升和综合配套。推进全运惠民，广泛开展群众性体育运动和“迎全运盛会、展文明风采”等主题实践活动。

（二）紧盯“五强”目标，加快建设先进制造业强市

着力打造千亿级先进制造业产业集群。依托三星、陕汽、西飞、西电、西部超导、杨森等龙头企业，做强电子信息制造、汽车、航空航天、高端装备、新材料新能源、生物医药等 6 大支柱产业，年内实现规模以上先进制造业总产值 3200 亿元以上。依托华为、中兴、铂力特等龙头企业，做大人工智能、机器人、5G 技术、增材制造、大数据与云计算等 5 大新兴产业，年内主营业务收入达到 350 亿元以上。同时，做优现代金融、现代物流、研发设计、检验检测认证、软件和信息服务、会议会展等 6 大生产性服务业，年内总收入达到 3000 亿元以上。设立“市长特别奖”，对先进制造业发展做出突出贡献的优秀企业家、先进个人和团体予以奖励。

强化重大工业项目支撑。突出抓好三星二期、比亚迪智能终端、西沃纯电动客车扩能等先进制造业项目，确保三星二期第一阶段、隆基单晶电池、奕斯伟硅产业基地项目实现量产，吉利新能源汽车项目完成联调联试。支持华为鲲鹏生态项目加快建设，努力把华为鹤鸣湖基地打造成世界一流产业基地。实施 100 个市级以上重点技改项目。全年工业投资增长 9% 以上。

推动先进制造业和现代服务业深度融合。大力推广“陕鼓模式”，支持制造企业由设备提供商向系统集成服务商转型。完善提升西安工业云平台。加快构建以现代物流、现代金融等为支撑的服务体系，年内引进培育 4A 级以上物流企业 38 家；加快丝绸之路金融中心建设，持续推进“龙门行动”计划，年内新增上市公司 5 家，金融机构突破 190 家。实施大企业大集团扶持计划，建立“中小微企业培育库”，年内新增规模以上制造业企业 120 家以上。

不断提升工业集中发展区承载能力。进一步明确各开发区、各工业集中区的主导产业定位，打造一批有代表性和影响力的现代产业园区，推动差异化发展。支持县域工业园区创新发展，着力提升集群化、特色化、品牌化水平。加快园区内基础设施、标准厂房和产业集群配套建设，推动园区集约、循环、高质量发展。

（三）坚持创新驱动发展，建设丝路科创中心

建设高水平创新平台。支持高校院所、企业研发平台创建国家重点实验室和国家技术创新中心，年内培育省级以上重点实验室、工程技术研究中心等创新平台 10 家，新增企业技术中心 20 个。举办各类创业大赛、创新挑战赛等活动，探索建立“以赛代评”机制，推动各类“双创”载体提质增效。

打造硬科技创新品牌。加强以关键核心技术为特征的硬科技系统研究，积极参与国家标准制定，支持高新区建设硬科技创新示范区和中央创新区。依托高校、科研院所和西咸、高新、经开等重点板块，加快在航空航天、光电芯片、新材料新能源、智能制造、人工智能等领域，建设一批硬科技创新研究、产业发展聚集区，培育引进一批硬科技企业。继续办好全球硬科技创新大会、全球程序员节和全球创投峰会，建设国家新一代人工智能创新发展试验区，争创国家数字经济示范区。

推进产学研协同创新。大力推广“一院一所”模式，创新市校（院所）融合发展机制，推动科技人才资源紧密对接。鼓励企业与高校院所联合设立前沿科技研究院、开放实验室、产业技术创新联盟等，建立科技成果转化股权激励机制。实施“技术市场 +”工程，年内新增国家高新技术企业 1000 家，全市技术市场合同交易额突破 1400 亿元。扎实做好国家知识产权运营试点。

深化科技金融有机融合。积极搭建“科技 + 金融”服务平台，设立中小微企业风险补偿融资担保基金。支持建设丝路（前

海）园。优化科技信贷风险管理，全年为中小型科技企业融资450亿元以上，鼓励和支持硬科技企业挂牌上市。

（四）深入推进改革开放，增强发展动力和活力

着力抓好重点领域改革。深化国资国企改革，提升市属经营性国有资产集中统一监管水平，积极推进混合所有制改革。剥离国有企业办社会职能，实现退休人员社会化管理。深化专项资金管理和零基预算改革，增强各级财政保障基本民生、工资发放和机构运转能力。持续开展互联网金融专项整治，严厉打击非法金融活动，确保不发生系统性区域性金融风险。

大力推进民营经济发展。严格落实市场准入负面清单，吸引民营企业参与重大规划、重大项目、重大工程、重大活动。建立清理和防止拖欠民营企业账款长效机制，完善民营企业全生命周期服务模式和链条。构建亲清新型政商关系，弘扬企业家精神，增强企业家信心。

推进更高水平对外开放。大力发展“三个经济”，建设陆港型国家物流枢纽，推动长安号运贸结合、高频高质运行。做大国家临空经济示范区，扩展第五航权航线，积极申建空港型国家物流枢纽。加快自贸试验区制度创新及成果复制，推进“证照分离”改革全覆盖。高水平建好西安领事馆区，加快欧亚经济综合园、中俄丝路创新园等国际产能合作项目建设，积极拓展产品、技术、服务出口新市场。加快建设国家级“一带一路”国际商事法律服务示范区，建好国际医院、国际社区等，增强对外资、外企、外籍人才的吸引力。

（五）促进消费升级，建设国际消费中心城市

积极促进消费回补和潜力释放。精心组织购物美食节等系列促销活动，大力促进新能源汽车等大宗消费。鼓励引导网上娱乐、在线办公、远程诊疗等新消费，推进跨境电商线上综合服务平台上线运行。积极搭建消费新场景，促进传统百货店、购物中心、大型体育场馆、闲置工业厂区，向消费体验中心、休闲娱乐中心、体育健身中心、文化时尚中心等新型载体转变，支持发展社区养老、医疗陪护、家政、托幼等服务消费。

优化消费空间布局。高起点修编全市商业网点规划，完善“三中心”、高铁新城等重点片区的商业配套，构建布局合理、层次分明、保障有力、功能健全的商业服务体系。大力发展首店经济，积极培育社区商业。繁荣都市时尚夜游经济，打造高品质夜间经济聚集区。

提升消费环境品质。启动国家文化和旅游消费示范市建设，实施西安老字号复兴工程，振兴“西安饭庄”“德发长”“同盛祥”等餐饮品牌。加快钟楼·大南门、小寨等商圈提档升级，支持高品质酒店、特色民宿建设。优化境外旅客购物离境退税服务，促进国际消费便利化。健全市场监管和消费维权体系，营造安全放心的消费市场。

（六）扎实加强文化建设，叫响做实“千年古都·常来长安”文旅品牌

加大文物保护力度。严格执行西安历史文化名城保护规划，扎实做好大雁塔、汉长安城等历史遗址和重点文保单位的科学保护。突出抓好小雁塔世界遗产环境提升，启动实施顺城巷、三学街历史文化街区、易俗文化旅游片区改造。推进博物馆之城建设，加快“三馆”改扩建，启动西安革命历史博物馆建设和半坡博物馆周边改造，年内建成博物馆6座。推进西安鼓乐、秦腔、剪纸等非遗资源活化利用，不断提升西安文化品牌影响力。

大力推进文旅融合发展。坚持空间带动，形成“一核两极三板块”发展格局，打造西安文化旅游新地标。实施品牌引领，促进文化旅游与科技、康养、会展等深度融合，着力打造“八大文旅融合新品牌”。强化产业支撑，加快建设一批集演艺、休闲、电竞、文创产品开发于一体的重点文旅产业园区，打造文旅融合新业态。深化文旅国际交流合作，借助丝路旅游合作联盟等平台，讲好中国故事“西安篇章”。

积极创建国家全域旅游示范市。抓好西安城墙·碑林等4个5A级景区服务创优，支持大明宫国家遗址公园创建5A级景区、华夏文旅等创建4A级景区，支持长安、碑林、蓝田创建国家全域旅游示范区。丰富旅游产品供给，精心办好“中国年·看西安”等系列品牌文旅活动，真正使西安这座千年古都和文化瑰宝成为中外游客的向往之地、首选之地、乐游之地。

加强公共文化产品和服务供给。持续推进“书香之城”建设，开辟更多群众喜闻乐见的阅读天地。大力推进“音乐之城”建设，发挥西安音乐学院等平台和人才优势，加强城市主题音乐、流行音乐创作与传播，推动莲湖“老城根”、雁塔“大师之路”等主题音乐街区建设。实施文艺精品工程，全年推出5部以上精品力作，弘扬中华优秀传统文化、革命文化、社会主义先进文化，培育社会主义核心价值观，更好满足人民群众精神文化生活需要。

（七）深入实施乡村振兴战略，推进城乡融合发展

全面决战决胜脱贫攻坚。瞄准突出问题精准施策，确保剩余在册贫困群众高质量脱贫退出。完善防止返贫监测和帮扶机制，加强易地扶贫搬迁后续扶持，多措并举巩固脱贫成果。强化产业就业扶贫，支持贫困村发展壮大村集体经济，拓宽贫困群众可持续增收渠道。做好陕南8个深度贫困县对口帮扶工作。持续推进全面脱贫和乡村振兴有效衔接，促进农业强、农村美、农民富。

大力发展特色现代农业。推动“菜篮子”增产提质，稳定生猪生产，加强粮食安全，保障重要农产品有效供给。大力培育乡土人才，完善科技特派员制度，健全面向农户的社会化服务体系。壮大农业发展力量，新增市级农业龙头企业15家、家庭农场100个、农民专业合作社300个。加强农产品品牌培育，争创国家级名牌2个、省级名牌4个。

推进城乡基本公共服务均等化。大力发展县域经济，扎实推动以县城为主要载体的新型城镇化建设，并和美丽宜居乡村建设有机融合、相得益彰。抓好农村人居环境整治工作，推进“百村示范、千村整治”，累计建成示范村400个以上。改造提升农村电网，完善城乡基础设施一体化建设和管护机制。总结推广鄠邑、长安、阎良、蓝田“四好农村路”经验，争创全国示范。加强村规民约建设，培育文明新乡风。

深化农村综合改革。健全城乡融合发展体制机制，支持西咸新区和高陵、阎良开展国家城乡融合发展试验区工作。深入推进农村集体产权制度改革，年底前完成宅基地和集体建设用地使用权确权登记工作。积极推进农村金融改革，落实好各项涉农保险政策。深化供销社综合改革，打造为农服务综合平台。

（八）坚决打好污染防治攻坚战，推动绿色发展

当好秦岭生态卫士。严格执行秦岭生态环境保护条例，制定《西安市秦岭生态环境保护规划》。深入整治“五乱”，加快实施生态系统修复，大力营造水源涵养林，持续开展峪口峪道综合治理、“小水电”整治和矿山治理修复。建成数字秦岭监管平台，落实好长效保护机制，让秦岭的美景永驻、青山常在、绿水长流。

打好蓝天保卫战。建立“散乱污”企业长效管理机制，启动三环内高排放企业搬迁或退出，实施热电厂污染物总量与排

放浓度“双减排”。推进绿色物流转运中心建设，开展道路、工地扬尘专项整治，严格管控非道路移动机械、露天焚烧和餐饮油烟，依法淘汰老旧高排放机动车。加强联防联控，做好重污染天气应对。

打好碧水保卫战。扎实开展全域治水碧水兴城行动，加快实施河湖水系107项治理工程，做好饮用水源地环境保护。完成主城区雨污混接、错接点改造，建成区污水实现全收集全处理。巩固提升黑臭水体整治成效，年内主要河流消除劣Ⅴ类，渭河西安段水质稳定达到Ⅳ类。

打好净土保卫战。全面实施土壤污染防治行动计划，强化土壤污染管控和修复，耕地土壤环境质量点位达标率不低于81%。继续推进生活垃圾分类，加快高陵、蓝田、沣西新城三个餐厨垃圾处理场建设，固体废弃物综合处理场建成投用，城市生活垃圾无害化处理率达到100%。

着力提升城市绿色容量。以渭河、沣河、灞河和环山公路为重点，启动超级环线和护城河绿廊建设，新增城市绿道不少于100公里、绿地面积不少于600万平方米。开工建设7座城市公园，新建和改造提升绿地广场、口袋公园不少于100座。支持周至、蓝田打造全国生态样板县。

（九）坚持服务就是生产力，着力打造市场化法治化国际化营商环境

突出服务和保障重点项目。推动生产要素、政策支持、服务保障向大项目聚焦，抓好453个市级重点项目建设，确保全年完成投资2800亿元以上。进一步优化项目结构，围绕新基建、老旧小区改造、冷链物流、公共卫生等政策导向和短板需求，策划实施一批新项目大项目，增强重点项目的支撑带动作用。

持续抓好“放管服”改革。落实落细各项减税降费政策措施，继续实行收费项目清单式管理。推进“互联网＋监管”，实施“双随机、一公开”，实现跨部门联合监管全覆盖和联合抽查常态化。打造“数字政府”，完善优化“i西安”功能，建成全市政务服务“好差评”系统，加快实现“一扇门、一张网、一次办”。

精准做好“双招双引”。紧盯“三个500强”“独角兽”“隐形冠军”等企业实施精准招商，争取更多总部经济、高水平研发机构和产业链配套企业落户西安。建立高层次人才梯次引育模式，采取“一事一议”的办法，面向全球吸引高精尖人才和领军团队；依托高校院所、重点实验室等平台，合作共建人才培养基地，订单式培养紧缺人才，为高质量发展提供有力保障。

（十）扎实办好惠民实事，持续增进民生福祉

全力稳定就业。落实降低社会保险费率和阶段性减免企业养老、失业、工伤保险单位缴费措施，加大援企稳岗力度。做好高校毕业生、农民工、退役军人等重点群体就业工作，城镇新增就业14万人左右，城镇登记失业率控制在4%以内。实施职业技能提升行动，开展各类补贴性职业技能培训12万人次以上。严格落实《保障农民工工资支付条例》，确保农民工辛苦劳动后不再辛酸讨薪。

办好人民满意教育。落实好学校复课后各项防护措施，确保师生健康安全。坚持教育优先战略，积极实施教育强市三年行动，推进城乡义务教育一体化发展，年内新建、改扩建中小学幼儿园170所，新增学位16.4万个。深化教育人事制度改革，深入推进“名校+”“名师+”“名校长+”工程，全面提升教育教学质量。落实中高考和职业教育改革方案，继续办好高等教育和特殊教育。

推进健康西安建设。完善重大疫情防控救治体系，加强农村、社区等基层防控能力建设，优化各级公共卫生机构职能，广泛开展爱国卫生运动。加快西安公共卫生中心，以及红会医院高铁新城院区、儿童医院经开院区、中医医院南院区等医院建设，增加优质医疗资源供给。推进药品集中采购使用、分组付费、基金监管3项国家级试点，探索构建“价值医保”体系。

加强多层次社保体系建设。深入实施全民参保计划。健全多层次养老服务体系，建成各类养老机构156个、新增养老床位6400张。落实“房住不炒”要求，逐步形成以公租房、共有产权房、政策性租赁住房为主的住房保障体系，年内建设和筹集保障性住房2万套。继续完善“1+N”社会救助体系，做好困难群众关爱帮扶工作。

提升社会治理水平。坚持和发展新时代“枫桥经验”，切实把矛盾化解在基层。深化扫黑除恶专项斗争，构建打防管控一体的社会治安防控新格局。加强应急管理能力体系建设，健全道路交通、建筑施工、消防、食品药品等领域安全防范管理机制，强化对寄递物流、危爆物品等行业监管，严防重特大事故发生，争创国家安全发展示范城市。加强国防动员、人民防空和后备力量建设，做好退役军人服务管理工作，争创全国双拥模范城“九连冠”。落实“七五”普法规划，做好第七次人口普查，推进民族、宗教、外事、气象、地方志等工作，支持工会、共青团、妇联、侨联、科协、残联、慈善等事业发展。

各位代表！系统谋划、科学编制“十四五”规划，是今年一项极为重要的工作。要坚持以习近平新时代中国特色社会主义思想为指导，以习近平总书记来陕考察重要讲话精神为统领，贯彻新发展理念，高水平编制好“十四五”规划。请各位代表、政协委员积极建言献策，共同为西安追赶超越高质量发展贡献智慧和力量。

四、建设人民满意的服务型政府

坚持正确政治方向。认真学习贯彻习近平总书记来陕考察重要讲话精神，自觉用习近平新时代中国特色社会主义思想武装头脑、指导实践、推动工作，增强“四个意识”、坚定“四个自信”、做到“两个维护”。坚持把党的领导落实到政府工作的方方面面，确保中央和省委、市委各项决策部署落到实处、取得实效。

提升政府治理能力。严格依法行政，自觉运用法治思维和法治方式深化改革、推动发展。坚持科学、民主、依法决策，健全法律顾问参与决策制度，严格遵守重大行政决策法定程序。自觉接受人大法律监督和工作监督、政协民主监督、纪委监委监督和社会舆论监督。全面推进政务公开标准化、规范化、常态化。

营造干事创业氛围。严格落实中央八项规定及其实施细则精神，力戒形式主义、官僚主义，持续为基层减负，全面整治“庸懒散慢虚粗”问题。树立政府过“紧日子”思想，大力压减一般性支出，市级“三公经费”安排较上年减少19%。整合优化事务保障资源，创建节约型机关。大力弘扬“创新、一流、务实、高效、担当”作风，不断提升政府执行力。

树好清正廉洁形象。坚持用延安精神、西迁精神教育广大党员干部，滋养初心、淬炼灵魂。时刻把纪律和规矩挺在前面，认真履行全面从严治党主体责任和“一岗双责”，从源头上规范权力、遏制腐败。加大审计监督力度，坚决查纠损害群众利益的行为。始终把群众观念根植于心，全心全意当好人民的勤务员。

各位代表！新机遇促动新发展，新使命开启新征程。让我们更加紧密地团结在以习近平同志为核心的党中央周围，在省委、省政府和市委的坚强领导下，不忘初心、牢记使命，只争朝夕、真抓实干，奋力谱写西安新时代追赶超越新篇章！

大事记

责任编辑
姚文东

西安年鉴
2020
XI'AN YEARBOOK

1月

1日 即日起西安市三环以内（含三环路）所有区域全天24小时禁止机动车鸣喇叭。

2日 2018年度国防科技工业十大新闻和十大创新人物（团队）揭晓。西北工业大学自主水下航行器团队入选“十大创新人物（团队）”。

△大型情景剧《三秦印象·我的长安城》在三秦大剧院上演。

△18时起启动重污染天气橙色预警（Ⅱ级应急响应）。

2—3日 中国共产党西安市第十三届委员会第八次全体会议举行。审议通过中共西安市委《关于深刻汲取秦岭北麓违建别墅问题教训 彻底肃清魏民洲等流毒和恶劣影响 全面净化修复政治生态的决定》《关于加快推进新型智慧城市建设的决定》，并讨论《西安市全面推进政务服务“一网通办”的行动方案》。

4日 由西安市地下铁道有限责任公司和西安市消防救援支队联合打造的“消防主题地铁专列”，在西安地铁二号线上线运营，这是我国西北地区首个以消防为主题的地铁专列。

△西安市公安局600余名民警在南门广场举行“决战决胜 2019扫黑除恶誓师大会”。

△西安交通大学第一附属医院长安区医院揭牌，并全面开诊。

5日 据《西安日报》报道，“2018中国科学年度新闻人物”评选结果揭晓，中国科学院西安光学与精密机械研究所研究员赵卫当选。

△全国铁路实施新的列车运行图，中国铁路西安局集团有限公司增开西安北至杭州东高铁1对。

6日 据《西安日报》报道，教育部公布“2018年国家级教学成果奖获奖项目名单”，陕西省本科高校获奖数量居全国第三，获奖数量和一等奖数量均为历届最多。

8日 2018年度国家科学技术奖在北京揭晓，陕西7所高校的19个项目入选。其中，西安交通大学8个项目入选，西北工业大学、西北农林科技大学、西安电子科技大学、长安大学、西安科技大学均入选2个项目，陕西中医药大学入选1个项目。

△“2019中国书店大会暨2018时代出版·中国书店年度致敬盛典”在北京举行，西安市获“2018书店之都”称号。

△西安市确认浐灞华夏文旅产业聚集区等3个服务业聚集区为第六批市级服务业综合改革试点聚集区。

△由西安中铁工程装备有限公司制造组装的首台“中铁420号”盾构机在中铁西北高端装备产业园地下空间装备产业化中心下线。

9—13日 第三届“一带一路”国际时尚周在西安举行。

10日 首届“禧福祥杯”《小说选刊》最受读者欢迎小说奖颁奖典礼在西安举行，莫言、吴克敬等获“最受读者欢迎小说奖”。

11日 西安市第十六届人民代表大会常务委员会第十八次会议举行。

△国家发展和改革委员会批复西安咸阳国际机场三期扩建工程项目建议书。该项目总投资471.4亿元，是西北民航有史以来最大的基础设施项目。

△长安学与丝绸之路高层论坛暨《丝路物语》书系首发式在西安举行。

△中美心血管协作医院在西安交通大学第一附属医院成立。

12日 中国开放发展与合作高峰论坛暨第八届环球总评榜发布典礼在北京举行。西安市获“2018中国国际营商环境标杆城市”“2018中国最具投资吸引力城市”“2018绿色发展和生态文明建设十佳城市”“2018中国优化人才创新创业环境十佳城市”4项大奖。

△西安市人民政府与西安音乐学院签署战略合作协议，推进“音乐之城”建设。

13日 中共西安市委、西安市人民政府召开全市机构改革动员大会，对机构改革工作进行动员部署，标志着全市机构改革工作进入全面实施阶段。改革后，全市设置党政机构54个。其中，党委机构16个（纪检监察机关1个、工作机关15个），政府办公厅和政府工作部门38个。

△在新华网主办的“第六届旅游业融合与创新论坛”上，西咸新区沣东新城“昆明池·七夕公园”获“首批全国生态旅游胜地”称号；西安浐灞生态区获“首批全国生态旅游胜地”“首批文旅融合特色地标”称号。

14日 据《西安日报》报道，西北工业大学的“魅影”太阳能无人机在靖边无人机试验测试基地完成冬季长航时飞行试验。

△“国际汉语教师证书”西安认证中心成立暨项目推广研讨会在西安建筑科技大学召开。

15日 据《西安日报》报道，中国科学院地球环境研究所西安城市生态环境观测研究站高新区城市绿地观测系统建成运行。

△西安火车站改扩建工程首次联锁设备换装施工完成，标志着西安火车站改扩建工程进入主体工程实施阶段。

△西安市建设“东亚文化之都”专家研讨会暨“‘西安年’与中国传统文化”专家研讨会在西安举行。

17日 西安“一带一路”贸易之家开馆仪式在陕西自贸区浐灞功能区举行。

19日 “梦回长安——百万校友回归”活动总结大会在西安市举行。

△西安丝路石墨烯创新中心签约暨西安石墨烯产业技术创新战略联盟揭牌仪式在西安高新技术产业开发区举行。

20日 由新华网主办的“第五届绿色发展峰会”在北京召开。西安市获“2018绿色发展示范城市”和“2018首批生态型城市”称号；西安浐灞生态区获“生态文明建设典范开发区”称号。

22—23日 中国共产党西安市第十三届纪律检查委员会第四次全体会议举行。

25日 西安海关隶属关中海关在西安出口加工区A区揭牌开关。

△西安北站南广场公交场站启用，108路、266路、360路、362路、4路公交车从此发车。

△西安市2019年文化、科技、卫生“三下乡”集中服务活动在临潼区北田街道尖角村举行。

26日 西安码商集市开市，曲江“大悦城”成为全球首个刷脸支付商圈。

28日 绿地丝路全球贸易港暨西安高新区系列项目集中开工仪式举行。

△西安市举行“大棚房”问题专项清理整治行动彻底排查台账及承诺书递交仪式。

△西安市出租车管理处颁发首批705张“网络预约出租汽车驾驶员证”，标志着西安市网约车驾驶员被纳入监管。

29日 大唐不夜城·现代唐人街开街盛典暨国家高品位步行街试点揭牌仪式在西安曲江新区举行。

30日 即日起200辆“中国红”比亚迪纯电动双层客车陆续投放到西安市

284 路、608 路、609 路、19 路、25 路、603 路 6 条公交线路。

31日 西安市秦岭生态环境保护管理局举行挂牌仪式。

2月

1日 西安市第十六届人民代表大会常务委员会第十九次会议召开。会议决定自 2019 年起，将每年的 2 月 15 日设立为“西安生态日”。

△ 9 点 10 分，海南航空 HU7137 次航班降落在西安咸阳国际机场，这是 A350 宽体机型首次进入西安市场营运。

△西安市出台《村级美丽党建工作规范》，并将其发布为地方标准，标志着西安市村级党组织标准化建设步入全新阶段。

12日 陕西省教育厅下发《关于公布 2019 年度陕西高等学校科学技术奖励成果的通知》（陕教〔2019〕40 号），评出授奖成果 195 项，其中一等奖 88 项、二等奖 81 项、三等奖 24 项、科普奖 2 项。

△西安 3D 打印特色小镇项目签约仪式在高新国际会议中心举行。

14日 中国建筑业协会公布 2018—2019 年度第一批中国建设工程“鲁班奖”（国家优质工程）获奖项目名单，其中陕西省入选的分别是：浐灞文化中心、西安交通大学材料科研与基础学科大楼、渭南职业技术学院图书馆、中国移动高新基地生产指挥中心综合研发楼、陕西柠条塔煤矿（18.00Mta）建设工程、西安电子科技大学南校区综合体育馆、陕西大剧院 7 项工程。

△西安市首家含民宿经营的专业合作社——云台山农民专业合作社在鄠邑区成立。

14—17日 中国人民政治协商会议西安市第十四届委员会第三次会议在陕西宾馆举行，会期 3 天半。

15—18日 西安市第十六届人民代表大会第四次会议在陕西大会堂举行。会议选举李明远为西安市人民政府市长；卢凯、李宁君为西安市第十六届人民代表大会常务委员会副主任。

22日 中国高校创新人才培养研讨会暨 2018 年度全国高校学科竞赛排行榜发布会在浙江理工大学举行。西安交通大学以竞赛获奖数量 78 项，获奖总分 99.68 分的成绩位居“全国高校学科竞赛排行榜”第二位，并在同期公布的“全国高校 2014—2018 年竞赛 5 年排行榜”中由第十三位上升至第八位。

25日 西安市新城区人民法院依法公开开庭审理被告人韩某某等 8 人非法高利放贷、暴力讨债涉黑案件。该案系扫黑除恶专项斗争开展以来，陕西省公安厅挂牌督办的 1 号案件，也是陕西省首例“套路贷”涉黑案件。

26—27日 全国关心下一代工作委员会办公室工作座谈会在西安召开。

27日至3月2日 西安市举办 2019“西安年·大使行”活动。巴林、牙买加、阿尔巴尼亚、加蓬、厄瓜多尔、苏里南、萨摩亚、智利、伊朗、日本、越南 11 个国家的驻华使节参观了秦始皇帝陵博物院、大唐芙蓉园、大明宫国家遗址公园、大唐不夜城、大唐西市博物馆、关中民俗艺术博物院和老钢厂设计创意产业园，参加了大唐迎宾礼，体验了活字印刷、华阴老腔，还走进了西安国际港务区、西安高新技术产业开发区、西安浐灞生态区等开发区听取推介汇报，了解西安的创新、发展成就。

28日 中共中央宣传部、中央精神文明建设指导委员会办公室在北京召开全国学雷锋志愿服务工作暨岗位学雷锋活动推进会。陕西历史博物馆志愿服务团队等 5 个西安市全国“最美志愿服务”先进典型获表彰。

△住房和城乡建设部“农村危房改造脱贫攻坚三年行动农户档案信息检索系统”现场培训会在西安召开，陕西省农村危房改造信息监管平台得到住建部推广应用。

△西安高新技术产业开发区与兰桂坊集团举行签约仪式。

3月

1日 西安银行登陆上海证券交易所主板，成为西北地区首家 A 股上市银行。

△即日起，西安市启用新版《西安市免疫规划疫苗接种知情同意告知书》。

2日 “2019 欢乐春节·国风秦韵——西安鼓乐专场音乐会”在日本大阪富林田市举办。

4日 西安市 2018 年度学雷锋志愿服务“四个最美（最佳）”先进典型表彰暨 2019 年学雷锋志愿服务集中行动启动仪式在高陵区通远街道何村中心广场举行。

5日 中国航天科技集团有限公司第四研究院 200 吨推力的先进固体发动机地面热试车获得成功。

8日 第二届大西安农民节（农历二月初二）在长安区开幕。

△西安地铁单日客流创历史新高，首次突破 300 万人次大关，全线网客运量 312.10 万人次，比 2018 年增长 45.70%。

9—10日 根据著名作家路遥同名小说改编的方言版话剧《人生》全国巡演活动在西安拉开帷幕。

11日 2019 意大利国际合作博览会暨“一带一路”展会西安市推介会在西安创新设计中心举行。

△西安消费者协会发布西安市 2018 年十大消费维权案例。

△由来自中国、白俄罗斯、德国、哈萨克斯坦、蒙古、波兰、俄罗斯 7 国铁路部门专家组成的联合工作组赴西安国际港务区进行考察调研，并召开专家工作组会议，针对各国在铁路运输领域开展深度合作、推动中欧班列（长安号）更多线路开行展开交流探讨。

15日 西安市公安局交通管理局、西安市生态环境局、西安市交通运输局联合发布通告，决定在西安市相关区域实施工作日机动车尾号限行交通管理措施。

△即日起，西安地铁通过调整线网运行图，进一步缩短行车间隔，提升地铁运能，满足市民搭乘地铁的出行需求。

△ 2019 世界超级模特大赛陕西赛区赛事在西安曲江 W 酒店启动。

16日 西安市天然气价格改革方案实施，西安居民用气一阶销售气价由每立方米 1.98 元调整为 2.07 元。

△据《西安日报》报道，中国科学院西安光学精密机械研究所超透镜（metalens）实现左、右旋圆偏振光在三维空间任意位置的聚焦，对基于超透镜的光学成像研究具有重要意义。

18日 由共青团西安市委、西安市教育局、西安市互联网信息办公室主办，西安话剧院有限责任公司承办的校园网络文明话剧《震惊》公益巡演启动仪式在曲江第一中学举行。

△在由国家卫生健康委员会和中央广播电视总台联合制作的“2018 寻找最美医生”大型公益活动颁奖晚会上，陕西省人民医院重症医学科主任医师尹贻明入选 2018“最美医生”。

19日 “最中国·看西安——2019 文化旅游活动全球邀约”启动仪式举行。

21日 清河、零河水库段长制启动仪式在清河河堤举行。

21—23日 “向西·驱动力”大西安引才行动——2019 西安春季赴京引才活动在清华大学、北京大学举行。

22日 鄠邑区人民法院、鄠邑区人民检察院、公安鄠邑分局、生态环境鄠邑分局建立西安市首个环境保护执法联动机制。

△由中国航空工业集团有限公司与通航国际（西安）飞机技术有限公司合作研发的国内具有自主知识产权的轻型多用途通航飞机——“小鹰—700”飞机，在阎良航空工业试飞中心机场首飞。

24日　2019年“文明旅游为文化陕西加分”启动仪式暨新版《长恨歌》首演活动在临潼华清宫举行。

△中国航天科技集团有限公司第六研究院研制的500吨级液氧煤油发动机燃气发生器——涡轮泵联动试验取得成功。

25日　首列西安—宁波、西安—青岛的陆海联运班列从西安港始发。

26—28日　“东亚文化之都”中国西安活动年启动活动举行。西安与日本东京都丰岛区、韩国仁川广域市共同当选为2019“东亚文化之都”。

27日　西安谢赫特曼诺奖新材料研究院在西安高新技术产业开发区揭牌，成为陕西省第一家自然科学领域的诺贝尔奖研究院。

△中国（陕西）—白俄罗斯经贸合作暨中白工业园推介会在西安浐灞生态区举办。

△人力资源社会保障部公示“第四批全国创业孵化示范基地”名单，西安创新设计中心上榜。

28日　陕西自贸试验区西安区域智库成立。

△中国—巴基斯坦友好省市合作论坛在北京召开，西安市代表现场签署西安市与木尔坦市发展友好城市意向书。

29日　“西安地铁三号线问题电缆案”在西安市中级人民法院一审公开宣判。法院判处被告单位陕西奥凯电缆有限公司犯生产、销售伪劣产品罪，单位行贿罪，数罪并罚，决定执行罚金人民币3050万元；被告人陕西奥凯电缆有限公司法定代表人王志伟被判处无期徒刑。

△据《西安日报》报道，西安市红会医院借助3D打印技术，为一位骶骨粉碎性骨折的患者实施骶神经调节手术，在西北地区属首例。

29—31日　2019西安丝绸之路国际旅游博览会举行。本届博览会以“创新发展·品质文旅”为主题，设置国际展区、国内展区、陕西展区、消费展区、文化展区、旅游商品展区、温泉展区以及航空航线展区、房车露营展区、体育旅游展区等特色展区，展会面积4万平方米。吸引43个国家和地区的参展商与买家代表，国内31个省（区、市）文化和旅游部门的代表、参展商、买家参会。项目推介会有45个项目签约，金额389.5亿元。

30日　2019西安国际摄影月在大唐不夜城步行街开幕。

△西安建筑科技大学举行高延性混凝土应用技术发布会。

△北京大学西安新材料创新中心开园及签约仪式在未央大厦举行。

4月

1日　即日起，《西安市城市道路和停车场机动车停车服务收费标准》执行。

2日　中央电视台《新闻联播》栏目以《朱继洲：赤子心　西迁情》为题，报道西安交通大学朱继洲等一大批知识分子和青年学生在祖国最需要的时候响应号召，用自己的青春年华铸就了胸怀大局、无私奉献、弘扬传统、艰苦创业的“西迁精神”。

△首个位于西部的国家级博士后创新平台——中国西部海外博士后创新示范中心在西安交通大学西部科技创新港启动。

△西安电子科技大学人工智能学院2支学生队伍获得2019IEEE GRSS数据融合竞赛3D点云分类挑战赛冠、亚军。

3日　“春风万里，绿食有你”全国绿色食品宣传月在西安市启动。

△西安市市场监督管理局在西安经济技术开发区政务服务中心启动企业登记身份管理实名验证系统。

△西安市公安局出入境管理局为3名外国留学生颁发实习签证，这是西安市首批颁发的外国留学生实习签证。

△据《西安日报》报道，西安交通大学机械结构强度与振动国家重点实验室通过将电场控制液体图形化与逐层叠加过程相结合，建立水凝胶三维打印系统。

5—7日　西安交通大学学生航模队参加在洛杉矶举办的2019SAE国际航空设计大赛（SAE International Aero Design West），获得微型组别飞行总分单项冠军，并再次以总分第一的成绩夺得世界总冠军。

6—8日　2019年全国空手道锦标赛系列赛在西安举行，这是陕西首次举办空手道项目全国大赛。

8日　“柳青精神”教育基地在长安区开工建设。项目投资金额3.8亿元，包括修葺柳青墓园、柳青故居，建设陕西文学馆（柳青博物馆）、柳青干部培训中心、柳青剧院以及创业公园（乡村双创中心）等，计划2020年12月建成。

8—11日　由中国交通运输协会联合西安市人民政府共同主办的第十六届中国国际物流节暨第九届中国西部国际物流产业博览会在西安举行。本届展会规模3.5万平方米，预设展位1500个。

9日　陕西省科技创新大会暨科学技术奖励大会在陕西大会堂举行。西安交通大学陶文铨、西安西电变压器有限责任公司宓传龙获得2018年度陕西省科学技术最高成就奖。“标准化模块化立方体卫星技术及应用”等39项科学技术成果获得陕西省科学技术一等奖；“碎软低渗煤层的煤层气高效抽采关键技术及装备”等107项科学技术成果获得陕西省科学技术二等奖；“压裂返排液处理与再利用技术研究与应用”等114项科学技术成果获得陕西省科学技术三等奖。

10日　2019物流全球论坛·城市峰会在西安曲江国际会议中心举行。

△2019互联网+智能交通新趋势大会在曲江国际会展中心举行。

△国际著名硬科技孵化器HAX（西安）揭牌仪式在西安高新技术产业开发区举行。

10—13日　第十四届中国球宿根花卉研讨会在西安植物园举行。全国50余家单位的150多名专家、学者参加研讨会。

11日　零时起，全国铁路实施新的列车运行图。调图后，中国铁路西安局集团有限公司增开日常动车组列车7对，高峰期动车组列车25.5对，管内开行旅客列车总数达到346.5对，创历史新高。

△全国城市停车治理工作现场会在西安召开，推广西安构建城市停车管理共治体系的经验做法。

△西安市公示首届“诚信西商”标杆企业10个、首届“诚信西商”优秀企业100个。

12日　西安交通大学第二附属医院在大明宫院区成立全国首家医疗机构医学人工智能研究院、大数据算法与分析技术国家工程实验室——智慧医疗创新中心。

△西安市市场监管局在曲江政务服务中心举办“智慧监管”平台上线运行暨执法装备配发仪式。

14日　B737-400F货机从西安咸阳国际机场起飞，西安至莫斯科全货运航线开通，这是陕西首条由外国航空公司执飞的全货运航线。

15日　英国自然杂志子刊《Nature

Ecology & Evolution》(《自然—生态与演化》)在线发表西北工业大学与中国科学院联合攻关研究结果,首次发现狮子鱼为适应超深渊而产生的形态变化,揭示其适应超深渊的遗传基础,解析脊椎动物适应深海极端环境的机制。

18—23日 “2019西安国际时尚周”在西安举行。

19—21日 2019年第四届能源金融国际学术会议在西安举行。来自中国、澳大利亚、英国、奥地利、日本、新加坡、马来西亚、印度、伊朗、印度尼西亚、孟加拉国等国家的100余名专家学者,就能源价格与金融市场稳定、能源环境与绿色金融、气候变化与能源定价、能源市场金融化等能源金融领域的热点问题进行探讨。

20日 “一带一路”陕西西安(三星)•2019城墙国际马拉松赛在南门城墙上开跑。来自中国、美国、韩国等28个国家和地区的5000名跑者参加。

22日 西安市与英国克罗伊登市签署发展友好城市关系意向书。

23—28日 2019年亚洲摔跤锦标赛在西安电子科技大学远望谷体育馆举行。来自亚洲28个国家和地区的320多名专业摔跤运动员参加角逐。

25日 2019中俄丝路工业与科技创新论坛在西咸新区沣东新城中俄丝路创新园举办。

△在上海召开的第六届亚洲燃气轮机聚焦GTF2019会议上,西安铂力特增材技术股份有限公司获得第六届亚洲燃气轮机聚焦“年度卓越3D打印企业”。

26日 西安市教育局公布《西安市2019年民办学校初中招生入学工作方案》,西安市民办初中招生仍实行“电脑随机派位+面谈”的方式,电脑随机派位与面谈招生比例仍为4∶6。

26—27日 西安国家民用航天产业基地国际孵化器公司入孵企业西安空天引擎科技有限公司制造的“炎驭一号”液体火箭发动机推力室实施热试车,创造了国内民营商业航天单台推力室单次热试车时长的纪录。

26—29日 2019航空航天文化嘉年华暨中国国际模型博览会第三届涡喷节在西安国家民用航天产业基地通用机场举办。

27日 2019赛季亚太机器人世界杯CoSpace西安选拔赛举行,共有来自深圳、东莞、洛阳、郑州、西安等地的48支队伍170余名选手参与比赛。

28日 2019中国整合医学大会在西安举行。会议邀请83名两院院士、181名大学校长、3000多名医院院长共同交流综合医院未来发展方向与目标,共同研究整合医学的临床诊疗方法,共同推进整合医学指导下相关技术发展,超过2万名代表现场参会。

29日 第六届国际商协会投资与贸易洽谈会在西安举行。国内各地驻西安商协会代表、境外驻西安商务机构代表、西安国际商会会员代表、西安市知名企业家代表等150余人参会。

△第十五届“中国青年女科学家奖”颁奖典礼在北京举行。来自西安的女科学家杨慧和袁媛获奖。

5月

1日 即日起,陕西省统一调整提高失业保险金类区及标准。新城区、碑林区、莲湖区、灞桥区、未央区、雁塔区、阎良区、临潼区、长安区、高陵区执行一类区标准,鄠邑区、蓝田县、周至县执行二类区标准。

3日 在美国加利福尼亚州帕萨迪纳市政礼堂举行的第四十六届美国日间创意艺术艾美奖颁奖典礼上,中国驻纽约旅游办事处组织拍摄的西安旅游体验片获“美国杰出旅行与探险节目艾美奖”;美国公共电视台PBS著名旅游节目主持人萨曼莎•布朗(Samantha Brown)也因实景主持该节目获得“杰出主持人艾美奖”。

6日 全球儿童安全组织(中国)(Safe Kids China)在西安的首个“儿童安全教育基地”在雁塔区艺林小学启动。

7日 西安市第十六届人民代表大会常务委员会第二十一次会议通过西安市与俄罗斯圣彼得堡市、西班牙瓦伦西亚市、尼泊尔布托市、韩国安东市、突尼斯迦太基市结为友好城市。

△陕西省人民政府网站发布公告,2018年陕西省23个贫困县退出贫困县序列,周至县位列其中。这标志着西安市所有贫困县脱贫摘帽。

8日 全国首家校园扶贫无人超市——西北大学京东无人超市扶贫主题店在长安校区开业。

8—10日 第十届全球秦商大会在陕西宾馆召开。来自海外20多个国家和地区以及全国31个省(市、自治区)的1300余名代表参加。

9日 庆祝西安儿童艺术剧院成立60周年暨2019西安国际儿童戏剧展演开幕式活动举行。

9—15日 “2019‘中国菜’艺术节暨陕菜国际美食文化节”活动在西安曲江大唐不夜城新唐人街举行。

10日 《西安市旅游条例》公布。

△西安市2019年全国城市节约用水宣传周启动。

△西安市各区(县)教育局在区(县)政府网站公布辖区学区划分范围。

11日 《2019中国城市营商环境指数评价报告》发布。在全国经济总量前100个城市营商环境指数排名中,西安位居第十位。

△陕西科技大学与英国阿尔斯特大学合办的陕西科技大学阿尔斯特学院在西安揭牌。

11—15日 第四届丝绸之路国际博览会暨中国东西部合作与投资贸易洽谈会在西安举行。25个国家(地区)的200余家境外企业和23个省(区、市)的2000余家企业参展,展销、展示各类特色产品2万余种。期间,举办主旨论坛、重要会议、投资促进活动等65项经贸合作交流活动和11场重要会见活动,还配套举办文化、旅游、艺术、美食等活动。参会人数达25万人次,吸引10.5万名专业观众参观洽谈。举办3场集中签约仪式,签订合同项目65个,涉及教育、医疗、现代农业、智能制造、能源化工等多个领域,总投资1151.09亿元。各代表团签订利用外资项目合同总投资额115.27亿美元,其中外资额84.95亿美元;签订国内联合项目合同总投资额14768.53亿元;高新技术成果交易合同额70亿元。

12日 从韩国首尔起飞的KE325全货机降落在西安咸阳国际机场。此航班在货物卸机后,又满载货物,继续飞往越南河内。标志着陕西首条第五航权航线,首尔—西安—河内全货运航线开通。

△第二届中国(陕西)自由贸易试验区发展论坛在西安举办。

16日 中电太极(集团)有限公司西安研发中心在西安高新技术产业开发区揭牌成立。

17日 据《西安日报》报道,西安市红会医院脊柱外科团队实施全球首例3D打印人工颈椎间盘置换术获成功。

19—21日 第三届国际奶山羊产业发展大会暨千亿羊乳产业发展高峰论坛在阎良区举行。阎良区获“世界羊乳之都”称号。

20日 在“520,我们爱公益!”2019届陕西520公益季颁奖典礼上,西安市获“2019年全国十大正能量城市”奖杯。

△西北人民革命大学旧址博物馆揭

牌仪式在高陵区通远街道西北人民革命大学旧址举行。

△首届全国民办教育董事长校长大会在西安召开，来自全国各地民办教育的800余名代表参会。

21日 腾讯研究院发布《数字中国指数报告（2019）》，西安以8.9927的分数位列“数字中国总指数城市百强”第十一位；在市级增速排名中，西安位列第三位。

24—27日 全国第二届“书香三八·嘉年华”读书成果展示活动在西安举行。

24日 据《西安日报》报道，国家输配电装备产业计量测试中心和国家航天动力产业计量测试中心获得国家市场监督管理总局批准在西安筹建。

25日 2019年度全国深化医改经验推广会暨中国卫生发展高峰会议在西安召开。

28日 首趟中欧班列“长安号”（西安—明斯克）跨境电商出口专列从西安港新筑车站始发。

△即日起，西安市使用新版《商品房买卖合同》。

30日 《全国科技创新百强指数报告2019》发布，西安交通大学位居全国科技创新高校30强第六位。

31日 2019年“世界无烟日”宣传活动在西安市举行。活动现场，世界卫生组织授予西安市人民政府“2019年世界无烟日奖”。

6月

2日 第十六届中国文化艺术政府奖——“文华大奖”揭晓。由中共西安市委宣传部指导，西安演艺集团西安话剧院创排的大型原创话剧《柳青》获奖。

3日 西安市首个城市医疗集团——陕西省人民医院碑林区医疗集团成立。

6日 “2019年世界认可日”检验检测发展与服务论坛在西咸新区沣东新城举行，来自国内及瑞士、德国等的知名检验检测认证机构的百余名代表参加。

10日 华为云（西北）联合创新中心在西安国家民用航天产业基地启动。

13日 在国家主席习近平和吉尔吉斯斯坦总统热恩别科夫的共同见证下，西安市市长李明远和奥什市市长萨雷巴绍夫互相交换友好城市关系协议书，双方正式缔结为友好城市。奥什市成为西安市第三十四个国际友好城市。

14日 2019年度“阿尔伯特·爱因斯坦世界科学奖”揭晓。西安电子科技大学校友、该校先进材料与纳米科技学院名誉院长兼首席科学家，中国科学院外籍院士、欧洲科学院院士王中林获奖，并成为35年来首位获此荣誉的华人科学家。

△《西安市志（1991—2010）》终审会在中共西安市委党校召开。

15日 西安轨道集团联合中国银联陕西分公司开通“西安地铁App”银联信用卡支付乘车功能。

18日 中华人民共和国海关总署发布公告，西安咸阳国际机场进口肉类指定监管场地获批。

20日 凌晨2：00，加拿大当地时间6月19日14：00，位于西安的中国科学院国家授时中心与加拿大托特（THOTH TECHNOLOGY）公司GNSS卫星联测任务启动，验证各国GNSS卫星信号的全球服务性能。

21日 西咸新区泾河新城与华为技术有限公司就加快数字经济发展签订战略合作协议，共同打造陕西首个5G产业应用示范试点区。

24日 西安交通大学医学院第一附属医院张玉顺教授团队完成全球首例“完全可降解PFO封堵器”植入术。

25日 晚7时30分，“爱上大西安 毕业不别离 2019西安大学生毕业盛典”在西安城墙永宁门举行。

27日 西安市首家按照PPP模式运营的市民书馆——长安·莲书馆暨莲湖区互联网+企业服务双创基地揭牌仪式在莲湖区市民中心举行。

28日 西安市住房保障工作领导小组办公室下发通知，自7月1日起，全面停止经济适用住房、限价商品房购房资格审核，同时开展共有产权房购房资格审核。

△2019（第五届）中国海归创业大赛全国说明会暨海归人才创新创业沙龙在北大科技园西安新材料创新中心举行。

△西安曲艺团有限公司在西安揭牌成立。

29日 在深圳市举办的“融时代 创无限——2019创意共享大会暨创新创意超级杯盛典”上，西安市获得“2019创新创意超级杯营商环境创新大奖”。

△在第十五届中国青年科技奖颁奖会上，西北工业大学王海鹏、西安光学精密机械研究所袁媛获“中国青年科技奖”；西安交通大学赵立波获“中国青年科技奖特别奖项”。

30日 第一届未来信息通信及智能应用技术论坛暨先进通信技术专门委员会成立仪式在西安邮电大学举行。

7月

1日 13点30分，四川航空3U8649航班从西安咸阳国际机场飞往日本静冈，标志着西安直飞静冈航线开通。至此，西安咸阳国际机场国际通航点达到57个，国际航线达到71条。

2日 国家发展改革委网站发布关于《西安市城市轨道交通第三期建设规划（2019—2024年）》的批复，同意西安市城市轨道交通第三期建设规划建设一号线三期、二号线二期、八号线、十号线一期、十四号线、十五号线一期、六号线一期7个项目，总长150千米。

△在2019中国国际化营商环境高峰论坛暨《中国城市营商环境投资评估报告》发布会上，西安市获“中国国际化营商环境建设标杆城市”。

3日 在第十九届中国国际运输与物流博览会暨2019世界科技物流大会上，西安市获“2019国际物流大通道建设突出贡献城市”。

5日 中华遗嘱库西安商业遗嘱服务中心在西安成立。

6日 由西安港始发，满载机械设备、家用电器的中欧班列长安号（西安—巴库），经过17天长途跋涉，跨越里海，抵达阿塞拜疆首都巴库的苏姆盖特站。

6—13日 第十六届法国电影展映西安站观影活动举行。

8日 西安咸阳国际机场单日航班起降首次突破千次大关，达到1009架次，标志着西安咸阳国际机场成为全国第七个单日航班起降突破1000架次的机场。

12日 2019年全国博士后生物多样性保护与生态文明建设论坛在西安举行。

13—14日 “健康中国·丝绸之路”第二届“正义杯”传统武术精英大赛在西安财经大学长安校区体育馆举行。来自中国、俄罗斯、伊拉克等国家和地区的144支代表队的1800余名运动员参赛。

15日 西安国家民用航空产业基地综合保税区（一期）通过联合预验收组预验收。

18日 首列“冀西欧”国际货运班列从石家庄高邑县冀中南智能港集装箱场站驶出，整列41车集装箱货物到达西安港新筑车站后集结中转，再搭乘中欧班列“长安号”向德国汉堡进发。

18—21日 WCG（世界电子竞技大赛）2019世界总决赛在西安曲江新区举行。中国选手获10枚奖牌，其中金牌4枚。

19日 全国首批出口二手车搭载中

欧班列“长安号”从西安港新筑车站发车，奔向波兰马拉舍维奇，标志着国家二手车出口贸易启动。

△西安交通大学以中国西部科技创新港为平台，率先实现四网融合，建成中国高校首个“智慧学镇5G校园”。

△即日起，西安公共交通总公司开通337路公交车。

△西安国际医学中心投用。

19—22日 2019年第四届“丝绸之路”全国国际象棋棋协大师赛在西安举行。来自全国24个省（市、区）的近500名选手参赛。

20日 首届“西安市最美书店”表彰大会在西安高新技术产业开发区都市之门举行。

21日 首届国际青少年无人机科学营及挑战赛在西安举行。来自山东、江苏、浙江、河南、河北等12个省（市、区）的117名青少年学生，和来自俄罗斯、匈牙利、泰国、马来西亚等7个“一带一路”签署国的30名青少年学生参赛。

22日 西安铂力特增材技术股份有限公司和陕西西部超导材料科技股份有限公司成为全国科创板首批上市公司在上海证券交易所上市。

25日 在2019年中国地理信息产业大会上，公布“2019中国地理信息产业优秀工程奖”名单，“西安市民情大数据地图信息系统”获金奖。

26日 全国退役军人工作会议召开。西安市的王新发、李新建、史志辉、张亚峰4名退役军人被表彰为“全国模范退役军人”。

27—30日 第二十九届全国图书交易博览会在西安举办。吸引市民读者41.2万人次，馆配和民营订货总收入20650万元，零售图书总计51.2万册（套），营销总收入2192万元。

是月 西北工业大学航海学院自主水下航行器团队研制出中国首款滑扑一体自主变形仿生柔体潜航器。

8月

1日 到访的伦敦金融城金融服务业委员会主席安德鲁·马斯登与西安市人民政府签署“西安市与伦敦金融城城市间友好合作关系框架协议书”。

△即日起，西安市开展生活垃圾分类实操试点工作。

△“浪潮2019云数智中国行”技术与应用峰会在西安市举行。

2日 第十四届全国运动会会徽和吉祥物在西安发布，全运会官网上线。

6日 中国共产党西安市第十三届委员会第九次全体会议举行。

8日 西安航空基地综合保税区（一期）通过国家验收。

△即日起，西安新开135路公交，同时调整156路公交。

8—10日 在第十二届全国大学生节能减排社会实践与科技竞赛中，西安交通大学获全国特等奖1项、成果转化金奖1项（全国第一名）、一等奖5项、二等奖2项、三等奖4项，获奖数量居全国高校第一。

9—10日 第二届全国发电侧储能技术与应用高层研讨会在西安市召开。

13日 西安至法门寺城际铁路与银西高铁接轨方案获得中国国家铁路集团有限公司批复。

△在第二届全国青年运动会体校组女子花剑团体决赛中，西安市体育运动学校黄芊芊、陈诗琳、黄梓妍和傅莹莹夺得陕西省历史上首枚全国大赛击剑项目团体金牌。

△由中国航天科技集团公司第六研究院第十一研究所和中国石化销售有限公司华南分公司联合研制的全球首台智能化伸缩式无摩擦球阀，在中国石化销售华南分公司中山输油站投用。

13—14日 “东亚文化之都”工作交流会在西安举办。“东亚文化之都”历届当选城市和候选城市代表、专家代表、文化和旅游部国际交流与合作局相关人员等100余人参会。

15—17日 第十四届中国西安国际科学技术产业博览会暨硬科技产业博览会在西安曲江国际会展中心举行。全国650余家科技企业参展。

16日 2019年国家自然科学基金申请项目评审结果揭晓。陕西高校立项数2188项，立项金额10.4亿元，继续排名第六位。

17日 12时11分，首次由位于西安的中国航天科技集团公司第四研究院完成火箭全箭总装任务的运载火箭捷龙一号遥一火箭在酒泉卫星发射中心点火起飞，将3颗卫星送入预定轨道。

17—18日 2019世界名校赛艇冠军赛暨第三届西安昆明池国际名校赛艇对抗赛在西咸新区沣东新城昆明池举行。30支名校赛艇队参加比赛。

20日 “建设内陆自由贸易港 打造对外开放新高地”圆桌论坛在西安举办。

22—25日 第七届中国西部国际茶产业博览会暨紫砂、陶瓷、茶具用品展在西安曲江国际会展中心举行。

23日 《科学》杂志在线发表西安交通大学与深圳大学、美国约翰霍普金斯大学的合作论文——《超低噪声与漂移的相变异质结存储器》，破解神经元计算协同性瓶颈。

25日 中国中央宣传部统一部署、国家广播电视总局主办的“庆祝新中国成立70周年优秀电视剧百日展播活动启动仪式”举行。国家广播电视总局遴选出86部优秀电视剧作品作为献礼中华人民共和国成立70周年的重点剧目。其中，西安曲江影视集团立项出品的《寻找北极星》、联合出品的电视剧《了不起的儿科医生》入选。

28日 由中国东方航空执飞的西安—迪拜航线开航。

△由中国报业协会党报分会组织专家评选出的“全国党报媒体融合创新单位”“全国党报优秀融媒体平台”2个奖项同时颁发，西安报业传媒集团获“全国党报媒体融合创新单位”称号；“西安发布”获“全国党报优秀融媒体平台”称号。

28—30日 2019全球创投峰会在西安举行。会议发布《西安市加快推进科技创新型企业“科创板”上市的扶持政策》《2019年中国城市科技金融发展指数》《西安高新区生态系统生产总值》。同时，宣布“陕西先导光电集成创投基金”募资完成，标志着国内首支专注于光电芯片领域的基金成立。

29日 西影电影艺术体验中心、胶片电影工业馆在西影电影圈子开馆。

30日 西安直飞里斯本航线开通。

△幸福航空首条干线航线西安—哈尔滨首航。

9月

1日 即日起，西安市机动车停放服务中心在全市道路公共停车泊位实施“智慧停车 自助缴费”全新收费模式。

3日 据西安新闻网报道，中央批准王浩任中共陕西省委委员、常委，西安市委书记。

4日 中国铁路西安局集团有限公司西安机务段在全球范围内首次在铁路机车上应用5G技术。

4—6日 大韩民国驻西安总领事馆和西安市人民政府共同主办的“第五届西安·韩国周”在西安举行。

6日 在世界城地组织亚太区理事会上，一致同意西安市连任世界城地组织亚太区理事会成员。

△在北京召开的新能源公交高品质线路交流会上，西安市公共交通总公司获“我的公交我的城”突出贡献单位称号；西安市公共交通总公司235路获“新能源公交高品质线路”称号。

7日 西安交大—米兰理工联合设计学院，西安交大—米兰理工联合创新中心在中国西部科技创新港揭牌。

7—21日 第六届丝绸之路国际艺术节在西安、延安、铜川等地举行。本届艺术节期间，10余万名观众走进剧场观看演出，开、闭幕式及文艺演出网络直播点击量突破1350万次，微信、微博等新媒体阅读量突破500万人次。

8日 全国首家考古专题类博物馆——陕西考古博物馆在西安破土动工。

△西北首家“村民直卖”新零售店落地周至县。

10日 菲迪克2019年工程项目奖颁奖仪式在墨西哥举行。西（安）成（都）高铁项目获“全球杰出工程奖”。

10—12日 2019欧亚经济论坛在西安举行。本届论坛主题为“共建‘一带一路’：高水平合作，高质量发展”，设开幕式暨全体大会及10个平行分会，举办各项活动25项。

15日 “一带一路”2019陕西国际铁人三项赛暨铁人三项世界锦标赛资格赛在西安浐灞生态区举行。来自全球40个国家和地区的千余名选手参赛。

16日 在第三届绿色出行峰会上，“支付宝”公布“全国十大绿色出行城市”，西安位居首位。

17日 西安市退役军人事务局联合西安市司法局举行西安市退役军人法律援助站揭牌仪式。

19日至12月20日 西安市开展“西安老字号”和“西安名吃”评审认定工作，分别认定50家“西安老字号”与50个“西安名吃”。

20日 西北首家真舱航服培训中心——环球空服开业庆典在曲江环球中心举行。

20—22日 第二届全国中学生网络安全竞赛决赛暨夏令营在西安电子科技大学南校区远望谷体育馆举行。经过激烈比拼，40名优秀学生进入本次决赛。

21日 2019国际智能无人系统大会在西安召开。

△西安国家民用航空产业基地、清华大学合作暨300MN等温锻项目签约仪式在西安举行。

21—22日 第二届中国认知计算与混合智能学术大会（CCHI 2019）在西安举行。

23日 西安市与马来西亚沙巴州亚庇市签署友好合作谅解备忘录。

24日至11月14日 “古城新造，数智未来”——2019阿里巴巴诸神之战全球创客大赛（西安赛区）在西安举行。15个项目团队经过激烈角逐，最终陕西欧卡电子智能科技有限公司的“欧卡无人船”项目获得冠军。

26日 世界电压等级最高、输送容量最大、单体GIL最长的苏（苏州）—通（南通）GIL综合管廊工程投运。西安交通大学电气工程学院教授彭宗仁团队助力解决核心技术问题。

△上午10时，西安地铁一号线二期开通运营。

△“新光奖”中国西安第八届国际原创动漫大赛颁奖典礼在陕西阳光丽都大剧院举行。

27日 在塞尔维亚第二十六届苏博蒂察国际儿童戏剧节闭幕式上，西安儿童艺术剧院创作并演出的《二十四个奶奶》获“最佳剧目奖”；主演杜芳、欧阳宏媛获“最佳表演奖”。

29日 12时30分，西安北至机场城际轨道项目开通运营。

10月

1日 即日起，西安市行政区域内禁止使用高排放非道路移动机械。

11日 在重庆召开的国际甲醇汽车及甲醇燃料应用大会上，西安市获“乔治·奥拉甲醇经济杰出贡献奖”。

11—13日 2019西安国际骨科学术大会在西安曲江国际会议中心举行。大会邀请19位国外顶尖骨科大家、11位国内骨科泰斗、124位国内著名医院管理专家和103位国内知名骨科专家出席，参会代表共千余人。

16—20日 “宝冶杯”第十三届全国大学生结构设计竞赛在西安建筑科技大学举行。

16日 第四届中国创新挑战赛（西安）技术融合专题赛在西安索菲特人民大厦举办。

17—21日 2019第六届中国国际通用航空大会在西安市、渭南市同期举办。

19—21日 2019中国国际石墨烯创新大会在西安市举行。来自全球30多个国家和地区的石墨烯领域知名专家及企业家代表参会。

20日 2019西安国际马拉松赛举办。来自中国、日本、美国、新加坡、韩国、马来西亚、法国等30个国家和地区的3万名选手参赛。

22—25日 2019世界文化旅游大会在西安举行，《中国入境旅游企业联盟合作白皮书》、陕西／西安入境游线路同期发布。

23日 华顿经济研究院在沪发布“2019年中国百强城市排行榜”。西安市综合分值为61.12分，排名第十七位。

△中国航天科技集团第六研究院西安航天动力研究所研制的首台脉冲微弧推进系统在轨点火成功，并完成首次在轨功能测试和推力标定。

24—25日 2019第三届全球程序员节在西安举行。

△2019国际清洁能源投融资大会在西安市举行。来自德国、俄罗斯、美国、加拿大、法国、日本等10多个国家和地区，超过400位能源与投资领域的嘉宾参会。

25日 在杭州云栖大会现场，阿里巴巴达摩院揭晓第二届青橙奖获奖名单，西安交叉信息核心技术研究院金融科技和监管科技研究中心领衔教授唐平中获奖。

25—27日 2019中国智能机器人格斗大赛在杭州举行。西安交通大学参赛团队获得大赛一等奖6项、二等奖3项、三等奖2项，包揽仿人体感格斗冠、亚军，轮式格斗进入4强，创参赛以来最好成绩。

26—27日 2019第九届中国智能产业高峰论坛在西安举行。

27日 西安咸阳国际机场新增至衢州、松原、承德、徐州、库车、莎车、博乐7个城市的航班。

28—29日 西安市第十六届人民代表大会常务委员会第二十七次会议举行。会议表决通过《西安市养老服务促进条例》、市人大常委会关于修改《西安市道路交通安全条例》的决定等。

30日 西安电子科技大学国家级大学生创新创业计划项目成员，西电创新创业实验班雷清扬、韩翔宇、陈炜坤3位同学在项目结题后，拿到全国高校首个基于区块链技术的大学生创新创业实践证书。

△2019全球硬科技创新大会在西安市举行。大会发布《2019中国硬科技发展白皮书》及《西安高新区创新发展指数2019》。

△2019首届丝路全球商学院发展论坛在西安召开。

△中法科技与文化融合产业发展峰会在西安举办。在本次峰会上，西安智

能制造与数字经济产业联盟揭牌成立。

31日 西安地铁八号线、二号线二期工程建设项目开工仪式在地铁八号线大白杨站举行。

31日至12月15日 首届“和平精英”电竞职业联赛在西安举行。

11月

1日 新舟700飞机10101中机身在航空工业西安飞机工业（集团）有限责任公司下架。

3—4日 第四届全国中小学（幼儿园）品质课程研讨会在河南省郑州市举行，西安市被授予“全国品质课程实验区”称号。

4日 第十六届国际遗传工程机器设计竞赛（iGEM）在美国波士顿闭幕，西北大学代表队（NWU-China团队）获金奖。

6日 首趟中欧班列长安号（西安—安卡拉）专列抵达土耳其安卡拉。

8日 西安航空基地综合保税区封关运行。

8—9日 2019年“一带一路”西安历史文化国际学术研讨会在西安举行。

12日 西安市人民政府和韩国大田市政府举行座谈会，共同签署发展友好城市关系意向书。

14日 西安市人民政府和摩洛哥非斯市签署《建立友好城市关系协议书》，结为国际友好城市。

17日 2019西安灞河国际半程马拉松赛在西安浐灞生态区举行，1万名国内外选手参赛。

19—21日 2019绿色港口发展大会暨中国港口协会安全与环境专业委员会年会在西安举行。

20日 在西安铁路局管内的西安北、渭南北、大荔3个车站开通电子客票业务。

23日 2019华山论剑·网络安全大会在西安召开。

24日 2019第五届全国密码技术竞赛决赛在北京邮电大学举行。由西安电子科技大学网络与信息安全学院学生许力文、孔若伊和王屹晨组成的参赛队伍，以第一名的成绩获得国家特等奖。

25日 “2019中国最具幸福感城市”榜单在广州揭晓，西安再次获得“2019中国最具幸福感城市”称号。

△西安市与中兴通讯签署深化5G战略合作框架协议。

27日 西安市发布支持“三个经济”发展的21条政策。

△布鲁塞尔—西安、西安—德里国际全货运航线开通。

27—29日 “丝路西安行——2019外媒记者看西安”主题采访活动举行。

28日 中国民航提升中转旅客服务体验推进会在西安咸阳国际机场召开。全国民航系统56家单位的115位代表参加会议。

△西安市公安局阎良分局凌云路派出所被公安部命名为全国首批“枫桥式公安派出所”。

29日 “新经济，新未来——2019西安人工智能产业项目交流洽谈会”在广州举办。

△西安中华文化学院在西安社会主义学院挂牌成立。

△第五届柳青文学奖颁奖典礼在西安举行。《多湾》《风从场上过》《从某一个词语开始》等15部优秀作品获奖。

是月 陕西省首台“证照快易通”在西安国际港务区政务服务中心试运行。

是月 西安市第四医院开展首例角膜内皮移植（DSAEK）手术获得成功。

12月

1日 即日起，西安航空口岸实施部分国家外国人过境144小时免办签证政策。

2日 2019中国网络诚信大会在西安召开。大会现场发布2019年度中国网络诚信十大新闻；举行“平台经济领域信用建设合作机制”启动仪式；发布《西安倡议》，签署《共同抵制网络谣言承诺书》。

△日海智能西北总部项目签约仪式在西咸新区举行。

4日 西安市住房公积金综合服务平台以“优秀”等级通过住房和城乡建设部验收。

6日 “一带一路”金融法律合作签约仪式暨中国西部金融争议解决论坛在西安举行。

7日 金奈—西安、西安—孟买2条国际货运航线开通。

10日 三星电子芯片项目二期第二阶段80亿美元投资启动。

△西咸智慧集团和中国电信西咸事业部战略合作签约仪式暨西咸新区5G智慧公交首发仪式在西咸新区能源金贸区举行。

13日 中华人民共和国70年纪录片盛典在西安举行。

13日至2020年1月 第十八届西安国际音乐节举行。

15日 澳门特别行政区与国家航天局签署澳门首颗科学与技术试验卫星——“澳科一号卫星”相关合作协定。由西北工业大学联合论证与研制的这颗卫星，也是世界唯一利用中低倾角轨道监测南大西洋异常区（SAA）地磁场与空间环境的科学探测卫星。

17日 陕西首条第五航权客运航线——叶卡捷琳堡—西安—普吉航线开通。

19日 中国（深圳）综合开发研究院发布第十一期“中国金融中心指数（CDI•CFCI）”。在全国31个金融中心的排名中，西安金融综合竞争力位列第十一位，较上年提升2位；在金融政策支持、金融人才聚集、金融生态环境3个方面，西安分别列全国第六位、九位、十位。

20日 由西安国家民用航天产业基地管委会和京东云共同主办的京东航天数字经济示范园直播基地成立发布会暨企业座谈会在西安召开。

21日 区块链中国大会暨链改及分布式存储峰会在西安召开。大会现场举行西北区块链产业基地揭牌仪式。

24日 首列中欧班列“厦西欧”（厦门—西安—塔什干）城际班列在厦门市东孚站发车。

△西安高新技术产业开发区交叉信息核心技术研究院的“启明910”人工智能加速芯片在西安研发成功。

25日 西安市为进一步深化“放管服”改革，加快政府职能转变，决定取消、承接和下放80项行政事权。

△西安经济技术开发区国际医院项目开工仪式在泾渭新城举行。

27日 第三届西商大会举行。海内外嘉宾500余人参会。大会发布“2019西安民营企业100强榜单”，颁发“2019十佳金纽带商会奖”“2019十佳扶贫之星西商奖”“2019十佳双创西商奖”“2019十佳先进制造业西商奖”“2019十佳杰出西商奖”5个奖项。

30日 西安市消防救援支队挂牌成立。

△西安—布达佩斯、西安—伊斯坦布尔航线开通。

31日 西安—努尔苏丹航线开通。

是月 中国科学院西安光学精密机械研究所瞬态光学与光子技术国家重点实验室阿秒研究团队取得重要进展，在攻克了一系列阿秒脉冲产生与测量关键技术基础上，在实验上首次获得了159as的孤立阿秒脉冲测量结果。

是月 西咸新区第三水厂全面运营。

（冯冠杰）

西安概貌

责任编辑
曹毅强

基本情况

◆历史沿革 西安古称长安，位于中国内陆腹地黄河流域中部关中盆地，是中华民族和东方文明的发源地之一。早在100万年前，蓝田古人类就在这里建造了聚落；7000年前的仰韶文化时期，这里已经出现了城垣雏形。西安有3100多年的建城史和1100多年的国都史，先后有西周、秦、西汉、东汉、新、西晋（愍帝）、前赵、前秦、后秦、西魏、北周、隋、唐13个王朝在此建都，又为赤眉、绿林、大齐（黄巢）、大顺（李自成）等农民起义政权都城。自西汉起，西安就成为中国与世界各国进行经济、文化交流和友好往来的重要城市。“丝绸之路”就是以长安为起点，西至古罗马。西安是闻名世界的历史名城，与罗马、雅典、开罗齐名，也是中国六大古都中建都历史最长的一个，长安文化代表着中华文化的主干。“西安”之名称，始于明代。元至元九年（1272），元世祖封三子忙哥剌（la，音“腊”）为安西王，镇守这里，改京兆府为安西路。元皇庆元年（1312），改安西路为奉元路。明洪武二年（1369），改奉元路为西安府，府城简称西安，名称一直沿用至今。

历史上，西安也是地方行政机关——州、郡、府、路、省和长安、咸宁两县的治所。1911年辛亥革命爆发后，西安是全国最早响应的省会城市之一。20世纪20年代，随着西安现代工商业的发展和城市人口的增加，诞生并逐步形成了不同于历史上任何行政建制的新型地方行政建制，即市级建制。民国十六年（1927）11月25日，陕西省政府议决设立西安市。民国十九年（1930）11月8日，陕西省政府撤销西安市建制，辖区复归长安县。民国二十一年（1932）3月5日，国民党确定长安为陪都，定名西京，并成立西京筹备委员会，但西京市政府始终未成立，后西京筹备委员会撤销。民国三十三年（1944）9月1日，西安市政府正式成立，为陕西省辖市。民国三十六年（1947）8月1日，西安市升格为国民政府行政院直辖市，为全国12个院辖市之一。

民国二十五年（1936）12月12日，这里发生了震惊中外的“西安事变”。事变之后，设在西安的国民革命军第八路军驻陕办事处，为延安革命根据地输送了大批青年知识分子和军需物资。党和国家领导人周恩来、邓小平、叶剑英等都曾在此领导过革命斗争。1949年5月20日西安解放。之后，西安是中央西北局和西北行政委员会所在地，中央人民政府的直辖市；1954年6月改为省辖市；1984年10月被国务院列为计划单列市；1992年被批准为内陆开放城市；1994年被批准为全国综合配套改革试点城市和副省级城市；2018年被确定为国家中心城市。

西安以强大的科技实力、门类齐全的工业体系和日益成熟的城市服务体系成为中国重要的科研、高等教育、国防科技工业和高新技术产业基地及辐射北方中西部地区的金融、科技、教育、旅游、商贸中心。

西安建都朝代表

朝代	首都名称	首都地点	起止年份	前后历时
西周	丰镐	西安市 长安区境	武王元年（前1046） 至幽王十一年（前771）	276年
秦	栎阳	西安市 阎良区武屯镇	秦献公二年（前383） 至孝公十二年（前350）	178年
	咸阳	西安市 未央区境	秦孝公十二年（前350） 至子婴元年（前206）	
西汉	长安	西安市 未央区境	汉高祖元年（前206） 至孺子初始元年（8）	214年
新	长安	西安市 未央区境	王莽始建国元年（9） 至地皇四年（23）	15年
东汉 （献帝）	长安	西安市 长安区境	东汉初平元年（190） 至兴平二年（195）	6年
西晋 （愍帝）	长安	西安市 未央区境	西晋建兴元年（313） 至建兴四年（316）	4年
前赵	长安	西安市 未央区境	前赵光初二年（319） 至光初十二年（329）	11年
前秦	长安	西安市 未央区境	前秦皇始元年（351） 至太安元年（385）	35年
后秦	长安	西安市 未央区境	后秦建初元年（386） 至永和二年（417）	32年
西魏	长安	西安市 未央区境	西魏大统元年（535） 至西魏恭帝三年（557）	23年
北周	长安	西安市 未央区境	北周闵帝元年（557） 至静帝大定元年（581）	25年
隋	大兴	西安市区	隋开皇元年（581） 至大业十四年（618）	38年
唐	长安	西安市区	唐武德元年（618） 至天授元年（690）	272年
	长安	西安市区	唐神龙元年（705） 至天祐元年（904）	
合　计				1129年

注：根据2000年11月9日夏商周断代工程正式公布的《夏商周年表》和最近历史研究成果对西安十三朝建都起止年份和前后历时进行了修订。

◆地理

位置、面积　西安市位于黄河流域中部关中盆地，东经107°40′—109°49′和北纬33°42′—34°45′之间。东以零河和灞源山地为界，与华县、渭南市、商州区、洛南县相接；西以太白山地及青化黄土台塬为界，与眉县、太白县接壤；南至北秦岭主脊，与佛坪县、宁陕县、柞水县分界；北至渭河，东北跨渭河，与咸阳市区、杨凌区和三原、泾阳、兴平、武功、扶风、富平等县（市）相邻。辖境东西长204千米，南北宽116千米。总面积10108平方千米，其中市区面积3582平方千米。

地质　西安市的地质构造兼跨秦岭地槽褶皱带和华北地台两大单元。距今1.3亿年前燕山运动时期产生横跨境内的秦岭北麓大断裂，自距今约300万年前第三纪晚期以来，大断裂以南秦岭地槽褶皱带新构造运动极为活跃，山体北仰南俯剧烈降升，造就秦岭山脉。与此同时，大断裂以北属于华北地台的渭河断陷继续沉降，在风积黄土覆盖和渭河冲积的共同作用下形成渭河平原。

地貌　西安市境内海拔差异悬殊位居全国各城市之冠。巍峨峻峭、群峰竞秀的秦岭山地与坦荡舒展、平畴沃野的渭河平原界线分明，构成西安市的地貌主体。秦岭山脉主脊海拔2000—2800米，其中西南端太白山峰巅海拔3867米，是大陆中部最高山峰。渭河平原海拔400—700米，其中东北端渭河河床最低处海拔345米。西安城区便建立在渭河平原的二级阶地上。

◆自然资源

河流、水资源　西安地区自古有“八水绕长安”之美称。市区东有灞河、浐河，南有潏河、滈河，西有沣河、沣河，北有渭河、泾河，此外还有黑河、石川河、涝河、零河等较大河流。其中绝大多数属黄河流域的渭河水系。渭河横贯西安市境内约150千米，年径流量25亿立方米。西安地下水储量估算，总计19.91亿立方米。还另辟有较理想的水源基地。2001年12月，黑河水利枢纽主体工程建成，每年向西安供水4亿立方米，形成日供水能力120万吨，加上地下水资源，市区日供水能力172万吨，基本满足城市生产生活用水。

土壤　西安市土壤分布形成南北两个差异明显的区域，北部的渭河平原以黄褐土、褐土为代表，南部的秦岭山地以黄棕壤、棕壤为代表。据1980—1986年土壤普查，全市有12个土类24个土壤亚类50个土属，计181个土种。土壤类型的复杂多样，为区内农作物的多品种组合提供了有利条件。

动植物　西安的自然植被未遭受第四纪大陆冰川直接侵袭，尚保留若干第三纪古老的孑遗植物，如银杏、水青树、连香、马甲子等。秦岭山地从高海拔向低海拔垂直分布有高山灌丛草甸、针叶林、针阔叶混交林和落叶阔叶林等自然植被类型。自然植被中野生植物资源丰富，计有野生植物138科681属2224种，为中国种子植物的重要基因库之一。渭河平原主要为大田农作物、蔬菜、果园和城市绿化等栽培植物类型。野生动物资源主要分布在秦岭山地，有兽类55种、鸟类177种，包括有大熊猫、金丝猴、扭角羚秦岭亚种、鬣羚、大鲵、黑鹳、白冠长尾雉、血雉、金鸡等珍稀动物。为保护自然生态系统和珍稀动植物资源，境内已建立3个国家级自然保护区。

矿产资源　西安境内地层发育复杂，构造类型多样，为各种矿产资源的形成提供了有利条件。已发现的矿产资源共47种，其中金属矿产21种、非金属矿产22种、能源矿产2种、其他矿产2种。大部分金属和非金属矿产分布在南部秦岭山区。秦岭以北平原地区具有良好的储存地热水的地质条件，仅城区可以开发的地热面积约780平方千米，地下热水可采储量5.39亿立方米。　　　　（鲁　夫）

◆气候　西安市属暖温带半湿润大陆性季风气候，冷暖干湿四季分明。冬季寒冷、风小、多雾、少雨雪；春季温暖、干燥、多风、气候多变；夏季炎热多雨，伏旱突出，多雷雨大风；秋季凉爽，气温速降，秋淋明显。年平均气温13.1℃—14.3℃，最冷1月平均气温-1.2℃—0.5℃，最热7月平均气温26.5℃—27.0℃，年极端最低气温-21.2℃（蓝田1991年12月28日），年极端最高气温43.4℃（长安1966年6月19日）。年降水量528.3—716.5毫米，由北向南递增，7月、9月为2个明显降水高峰。年日照时数1595.6—2035.8小时。西安市区常年盛行东北风，周至、鄠邑、长安为西风，高陵、临潼为东北偏东风，蓝田为东风。年内主要气象灾害有干旱、高温、大风、沙尘、雷电、冰雹、暴雨、低温冻害、连阴雨、雾和霾。

·气候特点及评价·

2019年，西安市年平均气温14.5℃，较历年（1981—2010年）均值偏高0.6℃，冬季正常略偏低，春季偏高，夏季、秋季正常略偏高。降水量686.6毫米，较历年均值偏多1成，分布不均。冬季、夏季正常偏多，春季偏少，秋季偏多。全年灾害性天气多发，主要有雾和霾、干旱、高温、低温、暴雨、冰雹、大风、沙尘等。冬季气温偏低，降雪天气较多，雨雪冰冻天气使交通运输受阻；春季首场透雨出现时间较常年偏晚，出现明显阶段性旱情，出现大风天气1天4站次；初夏汛雨出现时间较常年偏早，强度偏强，国家气象站出现暴雨日4天10站次；夏季有15天中伏旱，出现高温日34天147站次；华西秋雨出现日期较常年偏早，强度偏强。

气温　2019年平均气温13.4℃—15.3℃，灞桥最低，泾河最高。与历年同期（1981—2010年）相比，周至偏低0.2℃，其余区（县）偏高0.1℃—1.2℃，西安市区偏高0.9℃（图1）。全市年平均气温14.5℃，较常年均值偏高0.6℃，为1961年以来第7偏高年份（图2）。年极端最高气温40.6℃（7月27日西安市区）；年极端最低气温-11.4℃（1月1日周至、蓝田），西安市区-7.5℃（1月17日）。由各月来看，3月平均气温显著偏高，4月、11月、12月偏高，1月、8—10月正常略偏高，7月持平，2月、6月正常略偏低。由各季节来看，全市冬季正常略偏低，春季偏高，夏季、秋季正常略偏高。

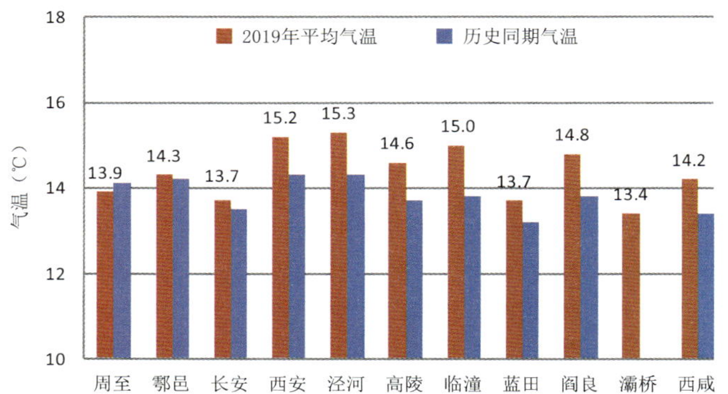

图1　西安市2019年年平均气温与历年对比图

注：灞桥2013年建局，无历史资料

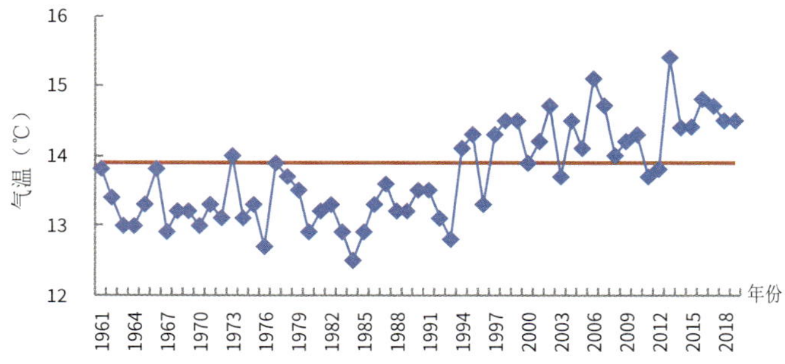

图2　西安市1961年来逐年平均气温变化曲线

冬季（2018年12月至2019年2月）平均气温0.1℃—2.1℃，与历年同期比较，临潼、阎良、西咸偏高0.2℃—0.4℃，泾河持平，其余区（县）偏低0.1℃—0.9℃；全市平均气温1.3℃，较历年同期偏低0.3℃，属正常略偏低年份。春季（3—5月）平均气温15.1℃—17.0℃，与历年同期比较，全市均偏高，偏高0.8℃—2.3℃；全市平均气温16.1℃，较历年同期偏高1.5℃，为1961年以来历史同期第7偏高年。其中3月、4月全市平均气温11.3℃、16.8℃，较历年同期偏高2.8℃、1.8℃，均为1961年以来历史同期第5偏高年。夏季（6—8月）平均气温24.1℃—26.6℃，与历年同期比较，蓝田、鄠邑、长安、周至偏低0.1℃—0.8℃，其余区（县）偏高0.5℃—0.8℃；全市平均气温25.8℃，较历年同期偏高0.2℃，属正常略偏高年份。秋季（9—11月）平均气温13.0℃—14.9℃，与历年同期比较，周至偏低0.4℃，鄠邑持平，其余区（县）偏高0.1℃—

0.9℃；全市平均气温14.1℃，较历年同期偏高0.4℃，属正常略偏高年份。其中，11月平均气温8.1℃，较历年同期偏高1.2℃，为1961年以来历史同期第8偏高年。

降水　2019年降水总量501.8—810.9毫米，高陵最少，蓝田最多。与历年同期比较，高陵偏少1成，西安市区、泾河、阎良基本持平，其余区（县）偏多1—3成（图3）。日最大降水量103.3毫米（8月9日蓝田），西安市区日最大降水量65.2毫米（9月14日）。全市年平均降水量686.6毫米，较历年同期偏多1成（图4）。由各月来看，4月、6月、9月降水量显著偏多，1月偏多，8月正常略偏多，2月、10月持平，3月、5月、7月、11月偏少，12月显著偏少。由各季节来看，冬季、夏季正常略偏多，春季偏少，秋季偏多。

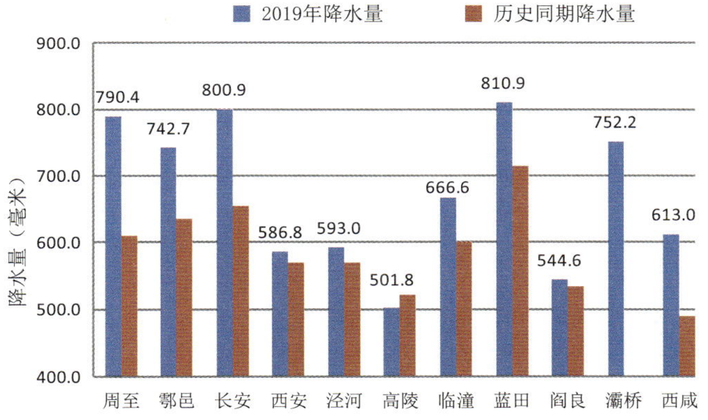

图3　西安市2019年年降水量与历年对比图

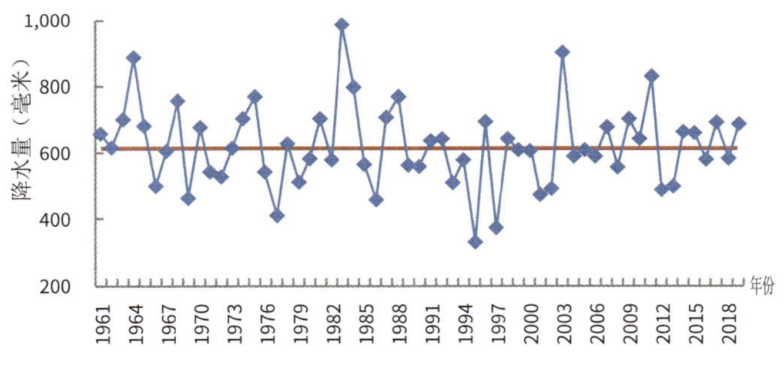

图4　西安市1961年来逐年降水量变化曲线

冬季(2018年12月至2019年2月)降水量14.6—39.2毫米，与历年同期相比，蓝田、高陵、泾河、阎良偏少1—3成，临潼、西咸基本持平，其余区（县）偏多1—7成；全市平均降水量26.6毫米，较历年同期偏多1成，属正常略偏多年份。春季（3—5月）降水量65.9—154.3毫米，与历年同期相比，周至偏多2成，鄠邑基本持平，其余区（县）偏少1—4成。全市平均降水量103.7毫米，较历年同期偏少2成，属偏少年份。夏季（6—8月）降水量193.3—375.1毫米，与历年同期相比，西安市区、阎良、高陵偏少1—2成，鄠邑、泾河基本持平，其余区（县）偏多1—3成。全市平均降水量289.3毫米，较历年同期偏多1成，属正常略偏多年份。其中，6月全市月平均降水量108.1毫米，较历年同期偏多5成，为1961年以来历史同期第10偏多年。秋季（9—11月）降水量223.5—324.5毫米，与历年同期相比，全市均偏多，偏多3—6成。全市平均降水量270.4毫米，较历年同期偏多近5成，为1961年以来历史同期第11偏多年。其中，9月全市平均降水量191.4毫米，较历年同期偏多9成，是1961年以来历史同期第9偏多年。

日照　2019年总日照时数1655.1—1841.4小时，周至最少，临潼最多。与历年同期相比，泾河偏多155.0小时，其余区（县）偏少49.7—275.7小时（图5）。全市平均日照时数1754.4小时，与历年同期相比偏少95.0小时，属正常略偏少年份。

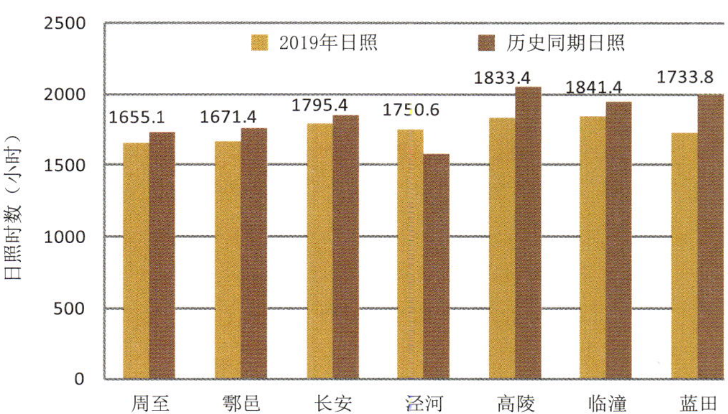

图5　西安市2019年年日照时数与历年对比图

·重要天气气候事件·

雾霾　2019年，西安市出现大雾53天114站次。11月最多，为11天18站次。从空间分布来看，周至最多，为23天；高陵次之，为22天；蓝田16天；临潼、西安市区各15天；长安14天；鄠邑9天。

2019年，西安市出现霾97天292站次。1—4月、11—12月较多，6—7月、9月无霾天气出现。从空间分布来看，西安市区71天，蓝田60天，高陵52天，周至50天，临潼46天，长安10天，鄠邑3天。

主要冷空气、降雪　1月30—31日，西安市城区及北部区（县）出现小雨或雨夹雪天气，积雪深度0—1厘米，南部山区出现小到中雪天气，积雪深度2—9厘米。2月6—8日，全市出现中等及以上强度冷空气过程，大部分区（县）降温幅度在6℃—8℃。2月，出现4次降雪过程，其中9—10日出现范围大、强度强的降雪天气，过程降水量3.4—5.7毫米，强降雪出现在9日夜间到10日中午。本次降雪使2月上旬平均降水量（4.3毫米）较常年同期（1.9毫米）偏多1.3倍，为2015年以来最多。3月，西安市出现2次强冷空气天气过程（21—23日、30—31日）。11月，西安市出现4次不同等级的冷空气天气过程，为10—11日、13—14日、17—18日、24—25日。12月1—3日、17—20日、30—31日西安市出现3次大范围冷空气过程，17—20日出现大范围中等强度冷空气，最低气温为-5.2℃—2.5℃；30—31日，泾河、临潼、高陵出现中等强度冷空气，最低气温为-8.1℃—3.8℃。

首场透雨、初夏汛雨和秋雨　4月20—21日，西安市出现2019年首场透雨，出现日期较常年（4月11日）偏晚。初夏汛雨开始时间为6月26日，较常年（6月30日）偏早，7月18日结束，历时23天；汛雨区平均降水量78.7毫米，较常年同期偏多近1成，综合强度为偏强。秋雨于9月9日开始，10月11日结束，出现9月9—20日、10月1—11日2个多雨期；秋雨期平均降水量222.9毫米，较常年秋雨量偏多7成，是1981年以来仅次于1983年、1984年、2003年、2011年、2017年的第6偏多年，秋雨时长达32天，较常年秋雨时长（24天）偏长8天，较常年偏早5天，秋雨期时长为1981年以来第11高值年，秋雨综合强度指数0.69，与1966年、1981年、

1982 年、1984 年、2011 年接近，属偏强等级。

干旱 春季阶段性旱情明显，3 月 1 日至 4 月 19 日，全市平均降水量 20.2 毫米，与常年同期（51.9 毫米）比较偏少 61.1%，属异常偏少年份，是 1981 年以来第 5 偏少年份。高温少雨导致大部分地区干旱持续发展，对农业生产造成较大影响。5 月 9—30 日，全市平均降水量 16.1 毫米，与常年同期（46.2 毫米）比较偏少 6 成多，属异常偏少年份，西安市从东部开始出现旱情，截至 5 月 30 日，东北部区（县）出现中度旱情，中部区（县）出现轻度旱情，不利于夏粮籽粒灌浆。

8 月 10—24 日，出现伏旱，其间全市平均气温 27.9℃，较常年同期（25.1℃）偏高 2.8℃，平均降水量 14.5 毫米，伏旱持续 15 天，强度指数为 1.0，为中伏旱。

高温 2019 年，全市国家气象站监测到≥ 35℃的高温日 34 天 147 站次。其中，5 月 4 天 18 站次、6 月 7 天 29 站次、7 月 13 天 62 站次、8 月 10 天 38 站次。从空间分布来看，高陵 27 天，临潼 26 天，西安 24 天，长安、蓝田 21 天，鄠邑 18 天，周至 10 天。

大风、浮尘、尘卷风天气 2 月 7 日，周至出现浮尘天气。4 月，全市国家气象站出现大风天气 1 天 4 站次，出现在 15 日，其中蓝田最大，极大风速达 23.4 米 / 秒（9 级），长安 21.1 米 / 秒（9 级），鄠邑 19.1 米 / 秒（8 级），泾河 18.7 米 / 秒（8 级）。5 月 12 日，周至、蓝田、长安、高陵出现浮尘天气；6 日，周至出现尘卷风天气。

暴雨、冰雹 6 月，区域自动站出现暴雨日 4 天 9 站次，日最大降水量为 27 日周至富仁（94.2 毫米）。7 月，区域自动站出现大暴雨日 2 天 2 站次，分别为 22 日周至板房子 158.1 毫米、29 日周至终南 121.2 毫米；出现暴雨日 4 天 16 站次。29 日，临潼出现冰雹天气。8 月 9 日，蓝田出现暴雨（24 小时降水量≥ 50.0 毫米），日最大降水量 103.3 毫米，小时最大降水量 57.4 毫米；区域站出现暴雨日 4 天 32 站次，最大日降水量为周至板房子 132.7 毫米。9 月，国家气象站出现暴雨日 3 天（10 日、14 日、15 日）9 站次，日最大降水量为 69.8 毫米（14 日泾河），其中 14 日全市出现暴雨天气；区域站出现暴雨日 5 天（9 日、10 日、14 日、15 日、17 日）150 站次，大暴雨 1 天（14 日）4 站次，日最大降水量为 131.3 毫米（周至终南镇，14 日）。

• 气候影响及评价 •

气候对农果业的影响 1 月，冬小麦处于越冬期；2 月，冬小麦陆续返青，中西部区（县）出现轻到中旱，未适时冬灌区苗情偏弱，不利于秋播作物安全越冬和返青生长。1 月上旬的低温天气及全月的持续寡照不利于设施农业生产，导致处于光热需求旺盛阶段的设施蔬果生长缓慢，中、下旬气温偏高，热量条件适宜设施蔬果生长，2 月，设施蔬菜冬春茬处于开花结果至成熟采摘期，持续低温寡照降低设施蔬果光合速率，致使作物生长慢、着色差，不利于产量和品质的形成。

3 月上旬，猕猴桃处于树液流动期，气温上升较快，气象条件对果树生长较为有利；中、下旬冬小麦进入返青—拔节期；经济林果处于花期，高温、少雨、干旱对正处于需水关键期的农作物及经济林果不利。4 月上旬，高温少雨、旱情持续，对小麦拔节孕穗和经济林果生长不利；中旬，出现首场透雨，利于冬小麦抽穗扬花、经济林果春梢生长和幼果细胞分裂。5 月上、中旬，冬小麦处于灌浆乳熟期，前期底墒较好，利于春播作物出苗生长及小麦籽粒灌浆；下旬，冬小麦处于成熟收获期，高温少雨，各区（县）出现不同程度的旱情，不利于小麦后期灌浆。

6 月，降水偏多，适宜经济林果果实膨大和幼梢生长，大于 35℃的高温天气持续时间短，对果实膨大、树叶生长影响不大；上旬高温少雨，利于冬小麦收获晾晒；19—20 日和下旬的降水，利于春播作物苗期生长和夏播作物出苗生长。7 月，经济林果处于果实膨大期，上、中旬，晴朗少雨适宜过湿田块散湿和病虫防治；下旬，出现 4 天高温天气不利于果实生长，易发生果实日灼；综合气象条件基本适宜秋收作物生长。8 月上旬，气象条件利于夏玉米抽雄和猕猴桃等果实膨大生长；中旬，天气晴热，无有效降水，出现 3—7 天 35℃以上的高温，土壤失墒迅速，不适宜果实膨大，易导致果实日灼、干枯落叶等生理性病害发生，但前期底墒较好，气象条件对夏玉米灌浆影响不大；下旬，降水偏多，气温明显回落，果园高温热害风险解除，气象条件利于果树生长及夏玉米灌浆生长。

9 月上旬，气温偏高，光照充足，土壤墒情适宜，利于夏玉米灌浆和猕猴桃等果实膨大；中旬，秋粮处于乳熟期，出现持续阴雨天气，土壤过湿，不利于农作物生长和猕猴桃等经济林果成熟收获；下旬，天气晴好，光热资源充沛，利于过湿田块降渍散墒、夏玉米灌浆—成熟、石榴等果实着色和猕猴桃提质增效。10 月上、中旬，阴雨寡照导致部分成熟秋粮收晒困难，已收秋粮晾晒不充分，部分出现霉变，整地播种受阻，秋收秋种进度偏慢，部分已出苗小麦生长缓慢，苗体瘦弱；下旬，天气晴好，利于秋播作物出苗及苗期生长；总体气象条件对石榴等经济林果果实着色和糖分积累生长不利，但充足的降水利于果树秋梢生长。11 月上旬，冬小麦处于苗期，高温少雨，底墒充足，气象条件对秋播作物生长有利；中、下旬，冬小麦处于分蘖期，气温偏高，土壤墒情较好，总体气象条件利于小麦生长；上、中旬，天气晴好，气温偏高，光照资源较好，底墒良好，利于设施蔬果生长；下旬，多小雨或雨夹雪天气，光照资源欠佳，对处于开花期、苗期的设施蔬菜生长不利。

12 月，冬小麦处于分蘖—越冬期，秋冬茬设施蔬果处于结果期，冬春茬蔬果处于苗期—开花期。高温少雨，日照充足，土壤墒情适宜，利于部分弱苗苗情转化升级及冬小麦冬前分蘖生长、形成壮苗和安全越冬，利于设施蔬果生长发育。

气候对交通及居民生活的影响 2 月，全市出现 4 次较大范围的雨雪天气，气温偏低，雨雪冰冻天气致使高速公路被迫封闭，西安咸阳国际机场多个航班延误，给春运及城市交通、电力、供热、供水、农产品供应和群众生活等均造成较大影响。特别是 2 月 9—10 日，正值春节返程高峰期，雨雪冰冻给春运、自驾出行、旅游探亲及节日返程造成较大影响。

7 月 29 日，周至、蓝田出现强降雨天气过程，区域自动站出现大暴雨 1 站次，暴雨 12 站次，日最大降雨量为 121.2 毫米（周至终南）。降水导致蓝田县厚镇张岭村受灾，因灾死亡人数 2 人。

8 月，西安市强对流天气多发，对人民群众生产、生活造成一定的不利影响。据西安市民政局统计，暴雨洪涝天气造成蓝田、周至一般损坏房屋 48 户 132 间，农作物受灾面积 67.067 公顷，直接经济损失 590.5 万元。

9 月 8—19 日，西安市出现持续降雨天气，多站次出现暴雨、大暴雨，降水导致周至黑河金盆水库超汛限水位，14 日 20 时，水位达 592.88 米；西安西三环、北三环先后出现积涝，积水面积达 2000 平方米，水深 60 厘米至 20 厘米；周至山区段共发生大型导致交通中断的塌方 4 处，塌方 7000 立方米。根据西安市民政局调查得知：西安市临潼区、周至县、蓝田县多地受灾，全市受灾人口30722人，农作物受灾面积1862.65公顷，农作物绝收面积1243.93公顷，直接经济损失3159.28万元。

（全丽娜）

◆**行政区划** 中华人民共和国成立后，西安市的行政隶属关系和行政区划设置有过几次较大的变动和调整。1949年5月20日西安解放，属陕甘宁边区辖市；1950年改由西北军政委员会领导，1953年1月27日，西北军政委员会改由西北行政委员会管辖，西安市属西北行政委员会；1953年3月12日，改为中央直辖市，为全国12个中央直辖市之一；1954年6月19日，改为省辖市。

中华人民共和国成立初期，西安市设12个区，其中城区8个、郊区4个，城区未设立街道行政建制，郊区下设有19个乡。1954年，调整行政区划，将12个区和部分新划入的乡镇合并调整为9个区，定名为新城区、碑林区、莲湖区、长乐区、雁塔区、阿房区、未央区、草滩区、灞桥区。1957年4月撤销长乐、未央两区建制，市辖区减为7个。1958年11月，将长安、蓝田、临潼、鄠县划归西安市。1960年，撤销莲湖、碑林、新城区建制。1961年8月，将蓝田、临潼、鄠县划出。1962年，恢复新城、碑林、莲湖区建制。1965年撤销灞桥、雁塔、阿房、未央区建制，辖地合并为一个郊区，市辖区减为4个。1966年6月，将临潼县所属阎良镇划归西安市组建为阎良区，将咸阳市（县级市）划归西安市。1966年11月，新城、碑林、莲湖、阎良区更名为东风、向阳、红卫、东红区，1972年恢复原名。1971年11月，经国务院批准，又将咸阳市划出。1980年3月，撤销西安市郊区，恢复灞桥、未央、雁塔区建制。1983年10月，经国务院批准，将渭南地区所属蓝田、临潼县和咸阳地区所属户县、周至县（1964年9月10日，陕西省人民委员会报国务院批准，将鄠县改为户县，盩厔改为周至）、高陵县划归西安市，西安市共辖新城、碑林、莲湖、灞桥、未央、雁塔、阎良7区，长安、蓝田、临潼、周至、户县、高陵6县。1997年8月5日，经国务院批准，撤销临潼县，设立临潼区。2002年6月2日，经国务院批准撤销长安县，设立长安区后，西安市共辖9区4县。2014年12月13日，《国务院关于同意陕西省调整西安市部分行政区划的批复》公布；2015年8月4日，高陵“撤县设区”，并正式挂牌，从此结束了2365年的县制历史。2016年12月23日，根据《国务院关于同意陕西省调整西安市部分行政区划的批复》（国函〔2016〕188号），陕西省人民政府发布《关于同意西安市调整部分行政区划的批复》，同意撤销户县，设立西安市鄠邑区，西安市行政区划由10区3县变为11区2县。截至2019年年底，西安市有129个街道、43个镇、1115个社区和2064个行政村（以上数字均含西咸新区），有7个国家级开发区（西安高新技术产业开发区、西安经济技术开发区、西安曲江新区、西安浐灞生态区、西安阎良国家航空高技术产业基地、西安国家民用航天产业基地、西安国际港务区），并代管一个国家级新区，即西咸新区。（齐　铭）

◆**人口** 2019年，西安市常住人口1020.35万人，比2018年年末净增加19.98万人。出生人口12.45万人，出生率为12.32‰；死亡人口5.59万人，死亡率为5.53‰；自然增长率为6.79‰。城镇人口761.28万人，占常住人口比重（常住人口城镇化率）74.61%；农村人口259.07万人，占25.39%。

（朱晓航）

◆**民族** 2019年，西安市有52个民族成分（没有怒族、德昂族、独龙族、珞巴族），少数民族常住人口9.56万人，占西安市常住人口的1.1%，占陕西省少数民族总人口的半数以上。人口超过1万人的少数民族有回族（6.53万人）、满族（1.08万人）。人口过1000人的少数民族有6个，分别是蒙古族、藏族、壮族、土家族、苗族、维吾尔族。在公安部门有登记的少数民族流动人口82502人。各区（县）均有少数民族分布，新城、碑林、莲湖、雁塔4区少数民族人口相对集中，形成大分散小聚集的格局。有12所民族教育学校。其中幼儿园3所、小学4所、中学2所、职业学校1所，内地藏族班、维吾尔族班各1所。中小学少数民族学生17200多人。其中回族学生10184人、满族学生2240人、蒙古族学生1023人、土家族学生595人、藏族学生549人、维吾尔族学生327人、其他少数民族学生2282人。有少数民族企业114家，个体工商户2141家，从业人员2万余人，年生产销售额近40亿元。全国“十三五”少数民族特需商品定点生产企业2家，清真牛羊肉定点屠宰企业4家。有少数民族市人大代表19人、市政协委员25人。

◆**宗教** 2019年，西安市经政府登记设立的宗教活动场所459所（含从咸阳划归西咸新区27处）（佛教138所、道教35所、伊斯兰教27所、天主教100所、基督教159所）；备案的民间信仰场所2599所；备案的宗教教职人员1918人（佛教741人、道教252人、伊斯兰教120人、天主教531人、基督教274人）；信教群众约45.8万人（佛教17万人、道教6万人、伊斯兰教6.8万人、天主教6万人、基督教10万人）；宗教团体26个（市级6个，区县级20个），另有带有宗教性质的社会团体2个；宗教活动场所文物保护单位27处（国家级重点文物保护单位9处、省级重点文物保护单位11处、市级重点文物保护单位5处、县级2处）。2月2日，西安市民族事务委员会召开全体干部大会，宣布“西安市民族事务委员会（市宗教事务局）”更名为“西安市民族宗教事务委员会”。（延　续）

国民经济和社会发展

◆**经济概况** 2019年，西安市实现地区生产总值（GDP）9321.19亿元，比2018年增长7.0%。工业增加值1868.86亿元，增长6.6%，其中规模以上工业增加值增长6.9%。全社会固定资产投资增长1.1%，其中固定资产投资（不含农户）增长1.1%。社会消费品零售总额增长6.0%，其中限额以上企业（单位）消费品零售额增长0.2%。地方财政一般公共预算收入702.56亿元，增长2.6%，其中税收收入580.75亿元，增长4.3%。地方财政一般公共预算支出1247.99亿元，增长8.3%。全年全市居民人均可支配收入34064元，增长8.5%，其中城镇常住居民人均可支配收入41850元，增长8.1%；农村常住居民人均可支配收入14588元，增长9.8%。截至年底，金融机构人民币存款余额23066.85亿元，增长10.1%；金融机构人民币贷款余额22264.12亿元，增长12.8%。

◆**农业生产** 2019年，西安市粮食总产量139.90万吨，比2018年下降1.6%；蔬菜产量378.58万吨，增长1.3%；水果产量97.18万吨，增长9.0%。粮食种植面积273140公顷，下降2.3%；蔬菜种植面积71813公顷，与上年持平；瓜果种植面积9820公顷，下降1.3%；油料种植面积3106.67公顷，增长1.1%；棉花种植面积80公顷，增长31.1%。

◆**工业和建筑业** 2019年，西安市完成工业增加值1868.86亿元，比2018年增长6.6%，其中规模以上工业增加值增长6.9%；规模以上工业企业主营业务收入5740.80亿元，增长7.7%；实现利润总额298.70亿元，下降16.7%。

西安市完成建筑业增加值1358.48亿元，增长9.1%。全年房地产开发投资下降2.1%。房屋施工面积17475.02万平方米，增长8.9%；房屋竣工面积1057.69万平方米，增长8.2%。

◆**交通运输和邮政电信** 2019年，西安市货物运输总量2.74亿吨，比2018年增长3.8%；货物运输周转量519.01亿吨公里，与2018年持平。旅客运输总量2.63亿人次，增长1.0%；旅客运输周转量387.51亿人千米，增长6.9%。截至年底，全市机动车保有量359.42万辆，比2018年年末增长12.3%，其中私人汽车保有量308.26万辆，增长10.3%。

邮政业务总收入79.44亿元，比2018年增长28.8%。电信业务总收入146.53亿元，下降2.5%。截至年底，全市固定电话用户250.08万户，移动电话用户1711.37万户，固定互联网宽带接入用户438.65万户。 （田旭鹏）

◆**会展业** 2019年，西安市举办规模以上会议和展览活动283场，其中展览活动196个，重大会议和特色节庆活动87个。创造社会综合经济效益约320亿元，共有24200多个单位参展，专业观众380多万人次，普通观众超过1980万人次。全市规模以上展会活动增速达17.8%。主要引进或支持举办了欧亚经济论坛、丝绸之路国际博览会、全球硬科技大会、中国国际通用航空大会、世界职业教育大会、西安国际马拉松赛、世界文化旅游产业大会等国际、国内知名展会活动，展会签单交易额超过166亿元。全年展会接待观众58万人次，全年办展面积18万平方米，累计与1878个家装行业知名品牌签约合作。根据国际大会与会议协会（ICCA）发布的2018国际协会会议排名，西安位列北京、上海、杭州之后，排名中国城市第4名，成为全球100强会议目的地城市。6月，西安市获“中国十大会展名城”“中国最佳会展目的地城市”称号。 （张佳祥）

◆**国内贸易** 2019年，西安市全社会消费品零售总额突破5000亿元，比2018年增长6.0%，其中限额以上企业（单位）消费品零售额增长0.2%。全年电商交易总额达到4300亿元，增长20%。出台《西安国际消费中心城市创建实施方案》，启动创建国际消费中心城市。加快推进商业基础设施建设，新开业商业综合体14个，新增商业面积125万平方米。举办2019“中国菜”艺术节暨陕菜国际美食文化节，评选产生首批51家“西安名吃”、42家“西安老字号”。出台《关于商贸领域提质升级促消费稳增长若干措施》，鼓励发展总部经济、首店经济，全年新增限额以上批发和零售业、住宿和餐饮企业451家。打造夜间经济聚集区、开发夜经济消费场所和消费产品，大型商业综合体夜间消费达全天消费的60%。在首届中国夜间经济论坛上，西安获全国“夜间经济十强城市”、大唐不夜城荣获“游客最喜爱的十大商业街区及网红步行街”。建成“市级电商示范镇”30个、“市级电商示范村”63个，新建县级电商服务中心2个，实现涉农区（县）电商服务中心全覆盖。全市新增品牌连锁便利店350家，“放心早餐”新增服务网点40个，肉菜追溯体系建设覆盖148家节点单位。 （朱晓航）

◆**对外经济** 2019年，西安市进出口总值3243.06亿元，比2018年下降1.8%，其中出口1730.21亿元，下降11.6%；进口1512.85亿元，增长12.4%。在进出口总值中，加工贸易进出口2030.88亿元，下降7.7%，占进出口总值的62.6%；一般贸易进出口657.65亿元，增长9.1%，占进出口总值的20.3%。主要进口商品包括机电产品、精炼铜、矿砂、医药品等，主要出口商品包括机电产品、单晶硅片、有机化学品等。全年实际使用外资70.57亿美元，增长11.1%。新设境外投资企业36家，增资企业13家，增资额2.46亿美元，中方协议投资额2.68亿美元，对外承包工程完成营业额30.15亿美元，新签合同额38.19亿美元。其中“一带一路”国家完成营业额占比47.96%，新签合同额占比52.59%，新派各类劳务人员10295人，年末在外人数14916人。 （彭　磊）

◆**金融** 截至2019年年底，西安市金融机构本外币存款余额23340.84亿元，比上年末增长9.8%；本外币贷款余额22436.65亿元，增长12.8%。全年证券市场各类证券交易总额45228.64亿元，比上年增长37.5%。年末，全市拥有境内上市公司37家，新增5家，上市总股本615.18亿股，总市值5667.12亿元。有保险机构67家；保费收入523.13亿元，增长9.3%；全年支付各类赔款给付142.37亿元，增长8.8%。 （田旭鹏）

◆**教育** 2019年，西安市有高等教育学校75所，其中普通高等学校63所，成人高等学校12所。各类高等教育在校学生137.36万人，毕业生39.68万人。印发《关于加快新时代教育改革发展　建设教育强市的实施意见》和《西安市基础教育提升三年行动计划（2019—2021年）》，计划3年内完成新建、改扩建中小学幼儿园430所，增加学位38.95万个。全市财政教育支出201.83亿元，增幅28.4%，占一般公共预算比重为16.1%。全年安排项目学校271所，总投资9.5亿元，完成186所。全市有普惠性幼儿园1552所，普惠性幼儿园覆盖率达84%。下拨特殊教育专项经费3700万元，建成高陵区特殊教育学校并于秋季开学。全市建档立卡贫困户302名残障学生义务教育实现全覆盖。在全国“一师一优课，一课一名师”活动中，西安市入选“部级优课”220个，连续2年入选数量位列全国副省级城市第1。西安铁路职业技术学院入选“省级职业院校‘双高计划’建设单位”；西安市浐灞第一中学被国务院授予“全国民族团结进步模范集体”荣誉称号。

◆**科技** 2019年，西安市有国家级高新技术企业3673家，比2018年增加1053家。全年技术市场合同交易额1364亿元。全年专利申请量72377件，其中发明专利申请量29297件。全年新增“小巨人企业”320家、科技型中小企业4145家、市级工程技术研究中心23家。支持建设市级重点实验室24个。科技金融服务企业超过1500家，560家共获得科技贷款25.03亿元；西部创新港投入运营，西安文化科技创业城产业园成功获批国家级文化和科技融合示范基地。成功引入紫光展锐与西安交通大学共建人工智能联合实验室，协调引入深圳中国科技开发院在经开区建立5G加速器。累计建成市级以上科技企业孵化器、众创空间276个，其中国家备案的双创空间58个，国家级孵化器24个。西部超导材料科技股份有限公司、西安铂力特增材技术股份有限公司2家企业首批登陆科创板上市；航空类企业西安三角防务股份有限公司上市创业板，总规模1亿元的“陕西省中兴创新投资基金”成功落地。

◆**体育** 2019年，西安市全力推进体育场馆建设，西安奥体中心体育场、体育馆和跳水馆主体建设基本完成。第十四届全国运动会全运村项目全面开工，西安市体育训练中心建设全面启动。先后开展群众性体育活动600余项次，经常参加体育运动的人数占全市总人口的48.5%。加快“15分钟便民健身圈”建设，制订《“一带一路”世界赛事名城建设三年行动计划》，先后举办2019西安国际马拉松赛、“一带一路”2019陕西国际铁人三项赛暨铁人三项世界锦标赛资格赛西安站比赛等14项国际和全国性体育赛事。完成了186个农民体育工程、72个社区全民健身路径、10个多功能运动场、4个全民健身园区、5个室内健身房、4个区县级国民体质监测与科学指导站建设。全市新增社会体育指导员1958人。西安市培养输送的运动员参加国际、国内比赛获得金牌31枚、银牌36枚、铜牌49枚。

◆旅游、文化　2019年，西安市共接待海内外游客3.01亿人次，比2018年增长21.71%。旅游业总收入3146.05亿元，增长23.14%。入选2020年全球20个热门旅游目的地、全国十大热门旅游城市、十大最安全旅游城市，获IAI国际旅游营销金奖。北里王汉代积沙墓、鼎润新城项目十六国大墓2个考古发掘项目入选2019“考古中国”重要成果。临潼区入选首批国家全域旅游示范区、蓝田县入选全省旅游示范县。

成功举办2019年“西安年·最中国”12大主题251项系列活动。签署《2019东亚文化之都共同宣言》，发起成立关中平原城市群文化旅游合作联盟。建成智慧图书馆12个、农村文化礼堂116个、社区书屋100家，全面完成2413个基层综合性文化服务中心建设，全市公共图书馆、文化馆覆盖率达到100%，“三馆一站”免费开放达到100%。话剧《柳青》获第十二届中国艺术节“文华大奖”。西安鼓乐入选国家级非遗代表性项目优秀实践案例。周至县集贤镇获评“中国民间文化艺术之乡”。

◆卫生　2019年，西安市印发《推进健康西安建设的决定》《健康西安2030行动规划》，以提高人民健康为核心，积极推进健康西安建设，全方位、全周期维护和保障人民健康。西安市人民医院、西安红会医院高铁新城院区、西安儿童医院经开院区等9个市级重点项目、3个国家区域医疗中心建设稳步推进。药品采购入库到位金额共计1.1亿元，完成国家约定量的452.7%。全市公立医疗机构全年药品、医用耗材采购合计79.22亿元，为群众节省费用7.08亿元。深化医联体内涵建设，建成各类医联体49个。15个县区级医疗机构与76个乡镇卫生院（社区卫生服务中心）组建了县域医共体，全市覆盖范围达62%。基层医疗服务能力明显提升，成立家庭医生工作室3075个、建立签约服务团队1591个、拥有“家庭医生”4301人，签约居民207.5万人、重点人群签约146.6万人、重点人群签约率54.7%。出台《西安市促进互联网+医疗健康发展实施方案》，推进“智慧医疗”App二期项目本地化建设，“城市一账通”覆盖22家城市公立医院，注册50余万人，线上交易金额7018.1万元。无卡化就医模式获得全国电子健康卡普及应用“优秀案例”奖。打造城市社区“15分钟就医圈”，新增医疗卫生机构48家，新建预防接种门诊94家。充分发挥中医药服务能力，建成中医学术流派、名中医传承工作室37个。对口帮扶县级医院13家、镇卫生院（卫生服务中心）84家，长期驻点帮扶医务人员有327人。全年贫困人口出院2.89万人次。

◆环境保护　2019年，西安市优良天数225天，空气质量优级天数达到41天，空气质量综合指数改善幅度在全国168个城市中位列第22位。完成减排项目138个，8个省级重点减排考核项目建成投运。碳排放强度同比降低4.4%。搬迁或关停7家重污染企业，分类整治771户“散乱污”企业。制订《西安市贯彻落实中央生态环境保护督察“回头看”及大气污染防治专项督察反馈意见整改方案》，组织开展涉水、涉气、“散乱污”等企业专项检查，立案查处各类环境违法行为974起，共处罚款5618万元。编制《推进绿色发展，建设“生态西安”实施方案》，明确2020—2021年全市生态环境治理的主要目标与框架。黑河水源地环境保护管理总站被生态环境部授予全国生态文明领域的最高奖项“中国生态文明奖先进集体”称号。

◆城市建设　2019年，西安市城建计划安排总投资812亿元，累计完成826亿元，占全年的101.72%。地铁五号线、六号线、九号线等轨道交通项目完成投资174.95亿元，占全年的125.77%。城市快速路、综合管廊和“海绵城市”等17个市级重点项目完成投资103.92亿元，占全年的110.6%。西延路与西影路立交、新兴南路地面段建成通车。打通断头路53条。完成老旧小区改造225.3万平方米，超额完成12.7%。开工建设公共停车位2.08万个，超额完成4%。全年完成建筑业总产值4514.38亿元，增长15.8%。实现增加值1358.5亿元，现价增速12.2%。全年市政基础设施完成投资380亿元。（解清敏）

◆全域治水　2019年，西安市编制完成《全域治水　碧水兴城　黄河流域西安市河湖水系保护治理三年行动方案（2019—2021年）》，形成“治、用、保、引、管”的治水新思路。组织召开“西安市河湖水系保护治理三年行动动员会暨重大项目集中开工仪式”，58个重点项目集中开工。灞河、新河、沣河综合治理全面提速，涝河渼陂湖水系生态区（一期）完成驳岸建设，新渭沙湿地公园、幸福河生态公园建成开园。全年治理滩区152.2公顷，新增水生态面积107.73公顷、湿地面积304.4公顷。开展“携手清四乱　保护母亲河”专项行动，整治河湖“四乱”问题1020个，清理垃圾60万余立方米，拆除违法建筑21万余平方米。完成黑河、泾河等7条流域面积1000平方千米以上河流划界工作。创建省级节水型城市通过验收，21项创建指标全部达标，获“陕西省节水型城市”称号。城市、县城污水集中处理量8.72亿立方米，污水处理率分别达到96.8%和84%。

◆就业与社会保障　2019年，西安市开展西安市职业技能提升行动，全年职业技能培训58786人。组织“西纳英才、安心乐业”巡回招聘活动、第三届中国西安留学回国人才招聘节等活动，引进培养各类人才37.73万人。截至年末，全市城镇基本医疗保险参保人数598.30万人；基本养老保险参保人数719.04万人，其中城镇企业职工养老保险参保人数442.69万人；失业保险参保人数219.99万人；工伤保险参保人数266.89万人；职工生育保险参保人数252.68万人；农村新型合作医疗参保人数435.31万人。

◆安全生产　2019年，西安市发生各类生产安全事故319起，死亡190人。其中，交通运输和仓储业事故290起，死亡158人；工矿商贸事故28起，死亡31人；农林牧渔业事故1起，死亡1人。印发《西安市安全生产与自然灾害风险辨识报告管理办法（暂行）》和《西安市安全生产与自然灾害风险监测预警管理办法（暂行）》。开展道路交通、危险化学品、建设工程、城市消防、非煤矿山安全5项攻坚行动，排查安全隐患33825项，完成整治32728项。打击严重违法、违规行为6850起，整顿

企业819家，暂扣、吊销“企业许可证”16家。开展安全隐患集中交办工作，整治隐患5批次1050项。（朱晓航）

◆西安全面创新改革试验区建设 截至2019年，西安全面创新改革试验区17项国家授权改革任务全面完成，累计上报改革经验68条，国家累计推广经验56条，累计被国家采纳12条，上报改革经验数质量和国家采纳数量均居8个试验区域前列。2019年，上报37条创新改革经验，其中“银行与专业投资机构建立市场化长期性合作机制支持科技创新型企业”“政银保联动授信担保提供科技型中小企业长期集合信贷机制”等5条举措被国家采纳并向全国推广，占第三批国家经验总数20条的四分之一，成为国家深化全面创新改革的重要支撑。

◆西安高新区国家自主创新示范区建设 2019年，西安高新技术产业开发区不断深化科技创新体制改革，“西安高新区与西安光机所一体化发展”被纳入中共西安市委员会重大改革事项，西安科技大市场服务体系模式被国家发展和改革委员会列入“全面创新改革百佳案例”；25项改革成果被纳入“陕西省自贸区改革案例”。加快硬科技创新示范区建设步伐，全年获批国家科技重大专项、国家重点研发计划43项；获批国际标准12项、国家（国军）标准和行业标准105项。推动重点实验室、工程技术中心和企业创新中心等创新型研发平台建设，全年获批9个国家级平台、89个省级平台。推进创新要素融合，鼓励企业联合高校院所共建新型研发机构，先后建立清华交叉信息核心技术研究院、陕西半导体先导技术中心、增材制造国家创新中心、陕西光电子集成电路先导技术研究院等新型研发机构40余家。全年专利申请量40879件，其中发明专利申请量18095件，专利授权量16937件。打造全链条式创业孵化体系，双创载体累计141家，总面积超过700万平方米，其中国家级孵化器14家、“众创空间”77家，累计在孵和毕业企业4000余家。全年引进和培养55名全球顶尖人才、460名产业领军人才和4685名高端专业技术人才；设立院士工作站15个、博士后工作站（创新基地）74个。成立西安高新金融控股有限公司，设立150亿元的首善高新产业并购基金，增强金融体系服务实体经济的能力。加快“走出去”步伐，在美国硅谷、以色列特拉维夫、瑞典斯德哥尔摩等国家和地区设立8个离岸创新中心、4个科技服务站。

◆陕西自由贸易试验区西安区域建设 2019年，西安市人民政府出台《关于深化中国（陕西）自由贸易试验区西安区域改革创新若干措施的通知》。紧贴企业需求进行改革创新，新增创新案例84个，形成全国首家商业银行保理公司国际保理美元融资业务等7项国家级创新成果，其中“通丝路——跨境电子商务人民币业务服务平台”等3项在全国复制推广。“全城通港”“政策兑现进大厅”等14个“创新案例”在陕西省复制推广。新增市场主体16038家，注册资本1156.4亿元，外向型产业加速集聚，产业活力持续释放。（张佳祥）

◆深化“放、管、服”改革 2019年，西安市按照“市级统筹、重心下移、权责对等”要求，推进资源规划、城管、住建等部门取消、承接和下放事权80项。全力建设“一网通办”平台，建成人口、法人、电子证照等7大基础数据库，累计归集数据53.8亿条，开发数据服务接口260个、电子证照32个，制定规范性文件13项。建成全市“一网通办”总门户，585个高频事项上线运行，市级政务服务事项网上可办率超过90%，群众办事材料精简60%以上。开发“i西安”政务服务App，107项企业和群众密切相关的服务事项实现“掌上办”。大力推进“只进一扇门”，建成市、区（县、开发区）、镇（街）、村（社区）四级政务服务机构3615个，新增市、区两级政务服务大厅面积10.36万平方米。加快建设“15分钟政务服务圈”，推动行政审批事项向市（区）集中、公共服务事项向镇（街）延伸、便民服务事项向社区下沉，全市首批31个镇（街）、34个社区试点工作全面展开，企业群众办事加快实现“就近办”。按照“一件事跑一次”的思路，出台全市《公民个人办事事项清单》，梳理完成自然人和法人政务服务“生命树”模型（企业从注册到注销、个人从出生到终老），在全市全面实行公章免费刻制，政务服务事项实现“最多跑一次”占比达到90%以上。

◆乡村振兴 2019年，西安市印发《西安市深入实施乡村振兴战略促进城乡融合发展三年行动方案》，确定38项具体工作任务，全力推进农业农村事业发展。印发《西安市特色现代农业六大工程规划（2019—2021年）》《关于扎实推进特色现代农业六大工程助力产业脱贫夯实乡村振兴基础的实施方案》，全力推进特色现代农业发展。粮食总产量达139.90万吨，蔬菜总产量达378.58万吨，水果产量达到97.17万吨；新增12个畜禽养殖标准化示范场，全市肉、蛋、奶总产量分别达到5.14万吨、5.39万吨和12.37万吨，水产品总产量达1.36万吨。切实抓好农产品质量安全监管，完成定量检测3224批次，定性检测16.26万批次，检测合格率保持在97.2%以上，新增绿色、有机农产品认证15个。全年农村居民人均可支配收入达到14588元，比2018年增长9.8%。第一产业增加值增长4.3%。实施19个“幸福新农村示范村”建设，推进104个“农村片区化中心社区”建设。全市开展村庄清洁行动的行政村达到100%。生活垃圾集中收集覆盖率达到99%，无害化处理率达到70%。生活污水有效治理和有效管控的行政村分别达到208个和342个。户厕改造12.62万户，全面完成户厕改造和公厕建设任务。（彭　磊）

政治文明建设

◆社会主义民主法治建设 2019年，中国共产党西安市委员会支持和保证人大及其常委会依法履行职责，地方立法和人大监督有效加强。支持政协依法依章程开展工作，召开市委政协工作会议，制定出台《关于新时代加强和改进政协工作的实施意见》。持续巩固壮大爱国统一战线，工会、共青团、妇联等群团组织作用充分发挥，侨务工作取得新进展。统筹推进“法治西安”建设，全面依法治市制度体系形成。（石康桥）

◆法治建设 2019年，西安市人民政府常务会议集体学法6次，修订、完善《西安市国际化大都市建设促进条例（草案）》《西安市社会养老服务促进条例（草案）》《西安市道路交通安全条例（草案）》《西安市秦岭生态环境保护条例（草案）》《西安市水污染防治条例（草案）》《西安市生活垃圾分类管理条例（草案）》《西安市查处车辆非法客运若干规定（草案）》地方性法规7部，《西安市机动车车身广告设置管理办法（修正案）》《西安市生活饮用水二次供水管理和卫生监督规定（修正草案）》《西安市国有土地上房屋征收与补偿办法（修正草案）》《西安市秦岭生态环境保护管理办法（草案）》政府规章4项。“一带一路”服务机制与自由贸易区国际商事法律服务能力和综合需求对话论坛成功举办，推进北京“一带一路”商事调解中心落户西安国际港务区。建成西安市“12348”公共法律服务指挥中心和“12348”西安法网。新城区、莲湖区被中共陕西省委、陕西省人民政府评为“陕西省建设法治政府示范区”；莲湖区国家级法治政府创建工作通过中央全面依法治国委员会办公室全面审查考核。（朱晓航）

◆政务信息公开　2019年，西安市各级行政机关通过政府网站、政府公报、政务微博、政务微信等渠道主动发布各类信息388736条。西安市人民政府网站主动发布各类信息53346条，发布西安市人民政府、西安市人民政府办公厅各类文件142件。对营商环境、大气污染防治、《中华人民共和国个人所得税法》等涉及面广、社会关注度高的政策、法规进行解读。全年发布政策解读190条，开展各类征集调查18次，开展“在线访谈”6期。依法、依规开展政府信息依申请公开工作，全年各级行政机关收到政府信息公开申请5632件，2018年结转至2019年政府信息公开申请213件，办结政府信息公开申请5620件（其中225件按规定结转至2020年继续办理），总体办结率96.2%。办理政府信息公开行政复议案件198件，各级法院审理全市各级行政机关政府信息公开行政诉讼案件345件。（彭　磊）

◆“12345”市民热线　2019年，西安“12345”市民热线呼入总数1678405个，接通数为1619072个，接通率达到96%；产生“工单”1789489件，回复1777144件，回复率99%。在市级以上媒体发表200余篇宣传工作成效的稿件，1000余位市民通过来电、来信、送锦旗的方式，对热线服务提出表扬和肯定。国务院办公厅督查室和安徽合肥、山西太原等30余家单位来西安市调研学习热线建设经验。“12345”运营中心获第八届“西安青年五四奖章集体奖”。（张佳祥）

精神文明建设

◆概况　2019年，西安市精神文明建设工作坚持以培育和践行社会主义核心价值观为主线，贯彻落实《新时代公民道德建设实施纲要》《新时代爱国主义教育实施纲要》，大力弘扬民族精神和时代精神，深入实施“尚德西安”道德实践系统工程。深化群众性精神文明创建活动，大力提升市民文明素质和城市文明程度，着力实施“城市文明综合提升工程”。深入推进群众性精神文明创建活动，积极推进建设新时代文明实践中心试点工作，稳步推进农村精神文明建设，推进“学雷锋”志愿服务制度化、深化诚信制度化建设，为西安市建设国家中心城市和国际化大都市提供良好的社会环境。截至年底，西安市在全国志愿服务信息系统平台注册志愿者人数124.79万人，占陕西省的46.2%；注册志愿团体4539个，占陕西省的五分之一；记录服务时长达1902.59万小时，约占陕西省的70%。

◆群众性精神文明创建　2019年，西安市印发《西安市精神文明建设指导委员会关于2018年全国文明城市年度测评结果通报反馈问题的整改方案》，组织开展全市集中整改行动。西安市精神文明建设指导委员会办公室召开西安市精神文明建设指导委员会会议、提升群众满意度专题会等会议，积极推动精神文明创建重点工作。制定印发《2019年创文实地督导工作指要》，常态开展创建“文明城市”实地督导工作，全年印发“创文整改通知书”425份，发现问题1227个，联合国家统计局西安调查队开展全市创建“文明城市”模拟测评，促进创建“文明城市”问题及时解决。组织各项重点活动，不断提升城市文明程度，切实推动“‘车让人、人守规’文明交通实践行动”再上新台阶；持续开展公益广告宣传专项督导检查，全面落实公益广告宣传任务；多措并举，部门联动，持续深化文明旅游、文明餐桌工作常态长效开展；加快推进《西安市文明行为促进条例》的贯彻实施。以中共西安市委、西安市人民政府名义通报表彰2018年度市级各类精神文明先进集体。将文明交通、垃圾分类等重点工作纳入年度精神文明先进集体测评体系。召开全市中央、省级文明单位集体约谈暨培训会。联合各区（县）、开发区检查省级以上文明单位，加强省级以上文明单位属地管理责任。

◆未成年人思想道德建设　2019年，西安市精神文明建设指导委员会办公室持续开展“我的中国梦”各类主题教育实践活动，评选表彰西安市“美德少年”20人；推荐上榜陕西“美德少年”6人，提名2人；推荐全国孝心（美德）少年1人。组织开展以“我和我的祖国”为主题的“向国旗敬礼”等系列主题教育实践活动；设立西安市心理健康教育辅导中心，举办全市未成年人心理健康师资培训；举办西安市首届校园心理剧大赛。举办全省乡村学校少年宫建设管理培训班。7月下旬，集中开展校园周边环境整治活动。策划创作关心关爱未成年人健康成长主题公益广告，运用户外广告、地铁车厢视屏等形式进行展示宣传。

◆公民思想道德建设　2019年，西安市精神文明建设指导委员会办公室印发《西安市身边好人评选推荐办法》，常态化发布“西安好人”和推荐“中国好人”“陕西好人”。上榜“西安好人”52人、“陕西好人”22人、“中国好人”10人。组织中华人民共和国成立70周年专项慰问和春节走访慰问活动，发放慰问金近23万元。组织全市省级先进典型代表方阵参加陕西省庆祝中华人民共和国成立70周年文艺晚会和升国旗仪式。全年举办21期“道德讲堂”示范活动，开展第五届“西安市道德模范”评选、表彰活动。

◆农村精神文明建设　2019年，西安市精神文明建设指导委员会办公室下发《关于扎实开展2019年美丽乡风建设助力全市农村人居环境整治暨脱贫攻坚工作的通知》《西安市“美丽人家”建设三年（2019—2021年）行动方案》《关于进一步做好村规民约和居民公约工作的通知》等指导性文件，安排部署促进乡风文明建设工作。开展“好媳妇、好婆婆”“孝顺儿女”“明白老人”评选活动、“十星级文明户”评选挂牌和悬挂家风、家训等“美丽乡风”建设活动，共20172户被评为“十星级文明户”。组织召开全市精神文明建设现场观摩会，重点交流以花园乡村建设带动乡风文明经验。指导长安区、蓝田县开展新时代文明实践中心试点工作，为全市下一步根据中央、陕西省要求全面推开新时代文明实践中心建设提供经验借鉴，倡导涉农区（县）、开发区结合实际谋划各自新时代文明实践中心建设工作。

◆志愿服务　2019年，西安市精神文明建设指导委员会办公室全面启动30个新时代文明实践志愿服务示范社区试点建设，围绕“迎接十四运”、“西安生态日”、秦岭野生动植物保护及垃圾分类等中共西安市委、西安市人民政府重点工作，开展各类生态环境保护宣传实践活动2345场次，参与人数逾20万人次。开展“我示范　跟我学——志愿服务深化文明城市创建”

主题志愿服务实践活动，组织开展清洁环境、扶贫帮困等活动1000余场次，参与人数超过5万人次。围绕元旦、春节及“‘3•5’学雷锋日”等重要节点，开展各类志愿服务活动，参与人数38万余人次。在第6个“全国扶贫日”期间，组织志愿者进村入户，开展志愿服务活动84场次。西安市获“全国十大正能量城市”称号；西安市7名志愿者、6个组织、4个项目、3个社区受到陕西省表彰；2名志愿者获“全国百名生态环保志愿者”称号，3名志愿者获“陕西十大公益大使”称号。

◆诚信制度化建设 2019年，西安市精神文明建设指导委员会办公室及时召开诚信建设制度化工作联席会，研究推进诚信建设制度化工作。协调组织相关职能部门，围绕“诚信建设”专项治理19项重点领域，召开“集中治理诚信缺失突出问题 提升全社会诚信水平”建设新闻发布会3场，联合发布“黑名单”1次，涉及信息100条。

◆“我们的节日”主题活动 2019年，西安市精神文明建设指导委员会办公室围绕春节、元宵、清明、端午、七夕、中秋、重阳7个重要传统节日，组织开展市级示范活动36场、区（县）层面活动1000多场次，参与人数超过10万人次。活动受到《人民日报》、《经济日报》、《陕西日报》、《西安日报》、新华社、陕西广播电视台等多家中央、陕西省、西安市媒体的高度关注。

◆网络精神文明建设 2019年，西安市精神文明建设指导委员会办公室做好网络媒体建设，完成中央、陕西省文明网稿件报送任务。网站、微博、微信做到每日更新、每日发布，展示西安市精神文明建设工作情况。组织全市网络文明传播活动，全年开展活动28次，约有4000万人次通过文明西安微博、微信公众号参与活动。 （史 帆）

生态文明建设

•综 述•

◆概况 2019年，西安市生态环境系统牢固树立“绿水青山就是金山银山”的绿色发展理念，紧盯追赶超越目标，践行“五个扎实”要求，不折不扣落实中央、中共陕西省委员会、中共西安市委员会关于打好污染防治攻坚战的决策部署，以强烈的使命担当推进蓝天、碧水、净土、青山四大保卫战，全市生态环境质量持续改善。1月，根据中共西安市委员会、西安市人民政府印发的《西安市机构改革实施方案》，将西安市环境保护局的职责，西安市发展和改革委员会的应对气候变化和减排职责，西安市国土资源局的监督防止地下水污染职责，西安市水务局的编制水功能区划、排污口设置管理、流域水环境保护职责，西安市农业林业委员会的监督指导农业面源污染治理职责等整合，组建西安市生态环境局，作为市政府工作部门。整合组建区生态环境分局、县生态环境局，为西安市生态环境局派出机构。不再保留西安市环境保护局。1月31日，按照中共西安市委深化机构改革工作要求，西安市生态环境局召开西安市环境保护干部大会暨市生态环境局挂牌成立仪式。全年空气质量优良天数225天。二氧化硫年平均浓度为9微克／立方米，二氧化氮年平均浓度为48微克／标立方米。可吸入颗粒物（PM10）年平均浓度为96微克／标立方米，细颗粒物（PM2.5）年平均浓度为57微克／标立方米。全市集中式饮用水源地的水质达标率为100%。区域环境噪声等效声级均值为55.8分贝，道路交通噪声等效声级均值为70.5分贝。

◆大气环境质量 2019年，西安市空气质量优良天数225天，比2018年增加10天，空气质量综合指数5.81，比2018年改善4.6%。空气质量优级天数达到41天，刷新2018年创下的年度优级天数30天的历史最佳纪录，其中9月空气质量取得“十一连优”，刷新2014年创下的“五连优”纪录。环境空气质量6项指标平均浓度分别为：细颗粒物（PM2.5）57微克／立方米，与上年持平；可吸入颗粒物（PM10）96微克／立方米，下降8.1%；二氧化硫9微克／立方米，下降35.7%；二氧化氮48微克／立方米，下降5.9%；一氧化碳1.7毫克／立方米，下降19.0%；臭氧8小时浓度166微克／立方米，升高1.2%。空气质量6项指标“两升四降”，西安市空气质量退出全国168个重点城市排名后20位，空气质量综合指数改善幅度位列全国第22位。

◆水环境质量 2019年，西安市3个国考断面（灞河灞河口断面、灞河三郎村断面、渭河新丰镇大桥断面）和14个省考断面（含3个国考断面）均达到考核标准。6月，西安市黑河水源地环境保护管理总站被授予全国生态文明领域的最高奖项“中国生态文明奖先进集体”称号，成为西北地区唯一获此荣誉的单位。西安市生态环境局对全市13条河流的33个断面、排污渠系的2个断面、景观娱乐用水的4个断面进行监测。监测结果显示：全市13条河流的33个监测断面中，有15个监测断面达到Ⅱ类水质，占监测断面的45.45%；有8个监测断面达到Ⅲ类水质，占监测断面的24.24%；有6个监测断面达到Ⅳ类水质，占监测断面的18.18%；其余4个监测断面均为劣Ⅴ类水质，占监测断面的12.12%。所有监测断面中，渭河的所有5个监测断面、浐河的所有3个监测断面、灞河的所有4个监测断面、沣河的所有4个监测断面、潏河的杜曲监测断面和滈入潏监测断面、涝河的雁秋门监测断面和农场西站监测断面、黑河的所有3个监测断面、涝河的涝河入渭监测断面、太平河的太平河入涝监测断面、泾河的西铜桥监测断面和马东村监测断面、石川河的石川河入渭监测断面水质达到其功能区划分类别，其余监测断面水质均未达到其功能区划分类别。排污渠系的2个监测断面中，贾家滩断面符合《地表水环境质量标准（GB3838—2002）》Ⅳ类标准，水质类别为Ⅳ类水质；西兴隆断面超过《地表水环境质量标准（GB3838—2002）》Ⅳ类标准，为Ⅴ类水质。景观娱乐用水包括昆明湖、渼陂湖、兴庆湖湖心和荆峪沟4个断面，景观娱乐用水除兴庆湖断面有2次氨氮值不达标外，其余断面均达到其功能区划分类别。西安市主要城市饮用水源地水质监测方面，黑河地表水源地每月监测62项，均达到《地表水环境质量标准（GB3838—2002）》的Ⅲ类标准（水温、总氮和粪大肠菌群不参与评价）；浐灞、沣渭和渭滨地下水源地每月监测39项，均达到《地下水质量标准（GB/T14848—2017）》的Ⅲ类标准。与上年监测结果相比，渭河、浐河、灞河、沣河、潏河、新河、临河、太平河、泾河、石川河水质状况有所好转，综合污染指数较上年同期分别下降10.35%、6.91%、10.13%、9.11%、19.10%、13.78%、25.15%、19.52%、10.24%、4.73%，尤其涝河水质状况明显好转，综合污染指数与上年同期相比大幅下降，下降了59.16%。黑河、涝河水质状况有所下降，综合污染指数较上年同期分别上升1.60%、6.76%。2019年河流水质污染状况由重至轻依次为：新河>临河>涝河>泾河>太平河＞潏河＞浐河＞石川河＞灞河＞黑河＞沣河＞渭河＞涝河。西安市河流的主要污染物依次为：氨氮、总磷、生化需氧量、化学需氧量、高锰酸盐指数，其污染分担率分别为：13.42%、10.17%、9.32%、11.92%、9.81%，上述5项主要污染物的污染负荷为54.64%，其他占45.36%。

◆声环境质量 2019年4月16日，经西安市人民政府审定，西安市生态环境局印发《西安市声环境功能区划方案》。在城市建成区不断扩大，机动车保有量快速增长的情况下，不断加强城市声环境管理，全市声环境质量整体水平保持平稳状态。

城市功能区声环境质量 全市功能区噪声监测点为陕西宾馆、建筑科技大学、东六路、省气象局、钟楼、汉庭连锁酒店丝绸群雕店（原高压电瓷厂）、四医大贵宾楼（原搪瓷厂）、西五路8个点位，分别代表5个类型区域，其中陕西宾馆代表特殊住宅区；建筑科技大学代表居民文教区；东六路、省气象局、钟楼代表居住、商业、工业混杂区；汉庭连锁酒店丝绸群雕店代表工业集中区；四医大贵宾楼和西五路代表交通干线道路两侧区。每季度监测一次，全年监测4次。对西安市功能区噪声进行例行监测，结果见下表、图6和图7。

西安市2019年功能区噪声定期监测统计

功能区	特殊住宅区		居民文教区		居住、商业、工业混杂区		工业集中区		交通干线道路两侧区	
	昼间	夜间	昼间	夜间	昼间	夜间	昼间	夜间	昼间	夜间
2018年	***52***	***46***	***57***	***49***	56	***52***	59	54	68	***64***
2019年	48	***43***	51	45	54	49	59	54	68	***64***
国标	50	40	55	45	60	50	65	55	70	55

注：栏目中倾斜加粗字体的噪声值属于超标。

西安市2019年道路交通噪声监测结果

时间	Leq	平均车流量（辆/小时）	平均路宽（米）	总路长（千米）	测点数（个）
2018年	69.8	2548	36.5	202.10	155
2019年	70.5	2396	36.5	202.10	155

由上表可知，全市功能区噪声监测5个区域中，昼间噪声5个功能区均达标；夜间噪声有3个功能区达标，而受施工和车辆噪声影响，特殊住宅区和交通干线道路两侧区的夜间噪声超标，分别超过标准3分贝和9分贝。5个功能区中噪声最低的是特殊住宅区夜间噪声，最高的是交通干线道路两侧区的昼间噪声。

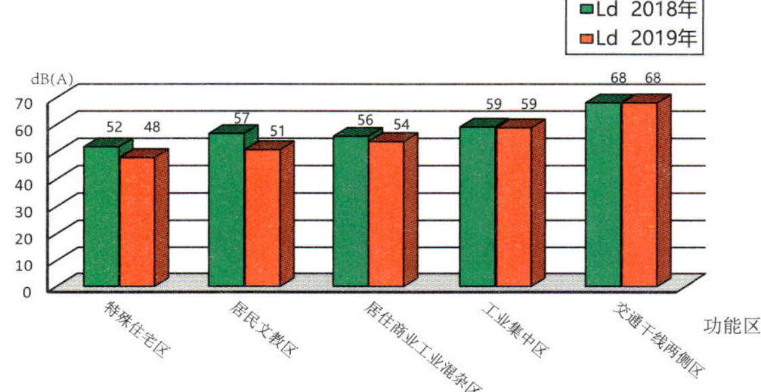

图6 西安市2019年昼间噪声与上年变化比较

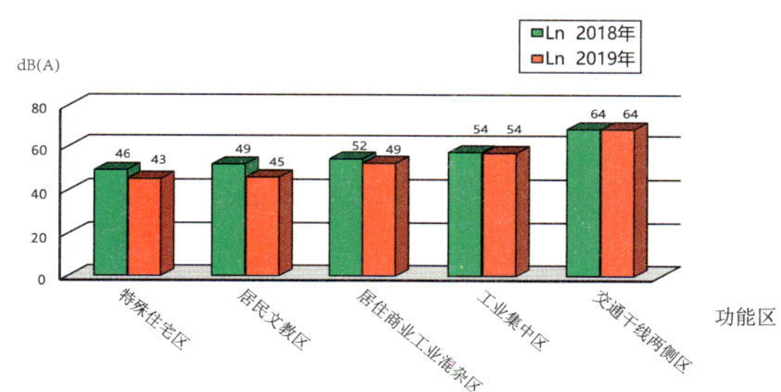

图7 西安市2019年夜间噪声与上年变化比较

从图6、图7可看出：与2018年相比，特殊住宅区的昼间和夜间噪声分别低于上年4分贝和3分贝；居民文教区昼间和夜间噪声均低于2018年，分别下降6分贝和4分贝；混杂区昼间和夜间噪声分别低于2018年2分贝和3分贝；工业集中区和交通干线道路两侧区的昼间和夜间噪声均与上年持平。从污染程度趋势来看特殊住宅区、居民文教区和混杂区均有所减轻，其余2个功能区的噪声污染程度基本稳定。功能区噪声与上年相比，除个别区域受建筑施工影响噪声污染状况超标外，功能区噪声污染程度整体减轻。与国标相比，5个功能区中昼间噪声均达标，夜间有3个功能区达标。

道路交通声环境质量 全市道路交通噪声网格布点为155个，实测点位为155个，监测道路总长202.10千米，平均路宽36.5米，平均车流量为2396辆/小时，道路交通噪声等效声级为70.5分贝。2019年平均车流量比2018年减少了152辆/小时，道路交通噪声高于上年0.7分贝，按照道路交通噪声环境质量等级划分强度等级属于三级，总体水平评价为一般，变化趋势为污染程度稳定。

区域声环境质量 2019年全市区域环境噪声网格布点200个，实测200个，昼间平均等效声级为55.8分贝，低于2018年0.3分贝，按照城市区域环境质量等级划分强度等级属于三级，总体水平评价为一般，变化趋势为污染程度稳定。

◆生态环境规划 2019年7月，中共西安市委员会、西安市人民政府印发《关于全面加强生态环境保护坚决打好污染防治攻坚战的实施意见》，对“蓝天、碧水、净土、青山四大保卫战”提出指导意见及主要目标。西安市生态环境局成立西安市“十四五”生态环境保护规划编制领导小组，筹划“十四五”规划编制准备工作。

◆环境法制建设 2019年，西安市生态环境局严格规范环境行政执法行为。按照合法、合理、程序正当的要求，严格规范行政处罚、行政许可等行政执法行为，遵守回避、公开、告知、陈述申辩、听证、司法救济等各项行政程序制度，建立健全环境行政执法责任制等相关规章制度，严格按照法定程序行使权力、履行职责，做到公正执法、文明执法。认真贯彻落实中共中央办公厅、国务院办公厅《关于省以下环保机构监测监察执法垂直管理制度改革试点工作的指导意见》的部署要求，垂直管理改革有关工作稳步推进。根据西安市人民代表大会常务委员会和西安市人民政府立法计划，按程序完成《西安市扬尘污染防治条例》《西安市大气污染防治条例》立法工作。代西安市人民政府起草《西安市水污染防治条例（草案）》，已通过市政府常务会审议，并报市人大审议。在加强对企业环境监管的同时，针对污染防治的重点领域、重点地区、重点时段和重点任务，分类指导、精准施策、依法监管，严格禁止生态环境监管“一刀切”。全面落实“双随机一公开”抽查制度强化环境监管，动态更新全市环境行政执法人员信息和被检查企业名单，将全市164家重点排污单位，2700余家一般排污单位纳入随机抽查系统。制定审批办事指南和办事流程并实行网上信息公开，从建设项目的申报到行政审批和验收，明确办事程序、办理条件、申请资料、办事流程、办理地点及时限，方便群众办事。加大宣传环境信用体系建设，通过建立信息公开共享平台将企业项目信息和信用信息向社会公开，方便社会监督。

◆环境执法监察　2019年，西安市生态环境局组织开展涉水、涉气、“散乱污”等企业专项检查，立案查处各类环境违法行为为974起，罚款5618万元。严格执行《中华人民共和国环境保护法》及其配套办法，实施按日计罚1件，罚款140万元；查封、扣押215件；停产限产60家；约谈企业77家次；移送涉嫌环境污染犯罪案件20起，拘留14人，有力地打击环境违法行为。快速、妥善处置11起突发环境事件，未造成环境污染。

◆环境宣传教育　2019年，西安市生态环境局围绕“绿色春节”“西安生态日”“地球一小时”“世界水日”“生物多样性日”“环境日”等主题开展进企业、进社区、进学校、进机关、进村庄、进广场活动。开展环保设施和城市污水、垃圾处理设施向公众开放现场观摩活动，激发全民保护水资源、节约用水的强烈意识。联合多部门开展夏季禁止在饮用水水源地游泳等行为宣传教育活动，倡导保护水源。与西安广播电视台联合开展“美丽中国，我是行动者”大型生态环境系列主题宣传活动，倡导保护生态环境绿色理念。通过《中国环境报》、《陕西日报》、《三秦都市报》、《华商报》、《西安日报》、《西安晚报》、陕西广播电视台、西安广播电视台、人民网、新华网、凤凰网等报纸、媒体等，宣传报道西安生态环境新闻稿件6000余条。

◆生态环境保护督察　2019年，西安市全力推进中央生态环境保护督察“回头看”及大气污染防治专项督察反馈问题整改工作。2018年11月3日至12月3日，中央第二生态环境保护督察组对陕西省第一轮中央环境保护督察整改情况开展“回头看”，针对大气污染防治统筹安排专项督察。2019年5月13日，督察组向陕西省正式反馈了督察意见。为全面贯彻中央和陕西省决策部署，切实抓好环保督察反馈问题的整改落实工作，根据《陕西省贯彻落实中央生态环境保护督察“回头看”及大气污染防治专项督察反馈意见整改方案》（陕字〔2019〕94号），西安市生态环境局牵头制订《西安市贯彻落实中央生态环境保护督察“回头看”及大气污染防治专项督察反馈意见整改方案》，并于7月29日以中共西安市委、西安市人民政府名义印发执行。同时，充分发挥西安市生态环境保护督察整改工作领导小组办公室的牵头作用，强化日常调度，规范验收销号，协调相关单位压实整改责任，督促问题加快整改进度。截至年底，涉及西安市的21个反馈问题中，7个牵头整改问题完成整改任务，14个配合整改问题均按照省级牵头部门要求持续推进整改。

◆大气污染防治　2019年，西安市生态环境局对7户高污染、高耗能企业进行整治，全部按照时间节点完成关停和技术改造工作。压减西安西京水泥有限责任公司产能30万吨。检查全市17个重点建设县域工业集中区21户化工企业，未发现环保违规、违法行为。开展全市煤炭产能排查，未发现原煤生产和煤炭加工企业。

工业企业错峰生产　印发《西安市2019年工业企业“夏防期”错峰生产方案》和《关于全市汽修行业喷烤漆业务实行错时生产的通告》，确定289家企业、1196家汽修企业在“夏防期”进行错峰生产、错时作业。下发《关于摸排2019—2020年冬防期重点行业错峰生产企业清单的通知》，建立“冬防期”错峰生产工业企业台账，涉及14个区（县、开发区），共173户企业。

产业结构调整　制订《西安市淘汰落后产能工作方案》，组织市级职能部门对全市各区（县）、开发区淘汰落后产能工作开展情况进行4轮次督导检查，召开3次联席会议。2018年“散、乱、污”企业余量550户，完成整治518户，精准剔除32户，新增摸排253户，完成整治253户，完成率100%。

工业污染治理　赴杭州、福州、厦门等地学习调研园区循环化改造经验、做法，西安市7个省级以上园区完成园区循环化改造方案并上报陕西省发展和改革委员会。西安市比亚迪汽车有限公司及陕西重型汽车有限责任公司在国发平台国控重点污染源自动监控系统上录入企业信息并完成联网。48家符合发证条件的重点涉气企业、事业单位全部完成“排污许可证”核发，完成率107%。完成西安蓝田尧柏水泥有限公司大气污染防治设施升级改造工作。全市排查无组织排放工业企业217家，其中10家需治理企业完成治理。大唐灞桥热电厂、大唐鄠邑第二热电厂达到石膏雨、有色烟羽治理标准。集中整治全市18家企业21台燃煤工业炉窑，其中取缔2家，拆除1家，综合治理18家，完成率100%。印发《西安市2019年挥发性有机物污染治理专项方案》，完成6家涉挥发性有机物企业有机废气治理，检查涉挥发性有机物企业185家，实施走航监测2次，完成率100%。完成燃气锅炉低氮改造1544台。完成长安区西安近代化学研究所（204所）2台6蒸吨燃煤锅炉拆改工作，完成率100%。

煤炭管控和清洁能源替代　开展洁净煤煤质专项检查，印发《西安市完善高污染燃料禁燃区工作实施方案》。散煤治理计划改造10.9万户，完成改造14.7万户，完成率135%。7个地热能供热项目均已完工，具备条件的新建建筑采用地热能供暖比率100%。完成陕西明德集中供热有限责任公司和西安西联供热有限公司12台燃煤锅炉超低排放改造工作。全市完成农作物秸秆机械化综合利用面积27.16万公顷，农作物秸秆机械化综合利用率为95.85%，示范区内秸秆机械化综合利用率为100%。完成智能电表改造109.8万户，完成率100%。完成7个区（县）1094户农村居住建筑保温化改造试点项目建设。

机动车污染防治　完成5套固定式遥感监测设备安装调试及试运行。检测机动车87429辆，查处超标车5229辆。申报非道路移动机械27823台。开展柴油货车绕行西咸北环线管控联合检查工作，检测柴油货车13468辆，查处超标车106辆。淘汰高排放老旧车54128辆。

扬尘污染治理　整治完成砂石场、石灰场和砖瓦厂扬尘污染治理59宗，完成率100%。有露天矿山3家，其中2家企业长期停产，剩余1家企业正常生产。严格落实重污染天气应急响应停产减排等措施，无违反资源环境法律、法规、规划和污染环境、破坏生态、乱采滥挖等现象。全市39家工业企业物料堆场防尘措施均落实到位。全市工地实行“红、黄、绿”挂牌管理，符合安装条件出土、拆迁工地全部安装在线监测和视

频监控系统，建设工地扬尘在线监测仪和视频监控实现联网及数据上传。降尘量考核纳入月度考核。

应急减排　完成2个工业园区挥发性有机物环境质量自动监测站建设方案确认。每月向社会公布各区（县）、开发区及镇（街、开发区片区）空气质量排名情况。组织开展秸秆禁烧巡查、“黑加油站点”整治督导检查、夏防期有机废气专项检查、冬防期涉煤污染和重污染天气应急减排清单执行情况等专项执法工作。

◆**水污染防治**　2019年，西安市按照国务院“水十条”和陕西省人民政府“2019年碧水保卫战”工作部署，印发《西安市2019年碧水保卫战实施方案》，重点从工业水污染防治、城镇生活污水治理、农业农村水污染治理、水资源节约保护、水生态环境保护、加强水环境管理等方面明确15项重点工作任务和24条具体措施。围绕中共西安市委员会治水目标和《西安市2019年碧水保卫战实施方案》工作要求，西安市生态环境局每月将国考断面、水污染补偿考核断面、河长制考核断面水质情况报市级河长，并通报至各区（县）、开发区和市级部门。针对部分河流指标超标问题，组织排查原因、采取措施。每月对全市19条河湖44个断面水质情况统计、研判，定期联合西安市河湖长制领导小组办公室等单位现场督办、跟踪解决影响河流水质相关问题。每月根据河湖断面水质监测数据对各区（县）、开发区进行考核。根据西安市渭河流域河流断面实际，联合西安市财政局修订《西安市渭河流域水污染补偿实施方案》，细化方案内容，压实治水主体责任，促进西安市水环境质量提升，指导、督促做好影响断面水质达标的施工报备工作。按照核查、监测、分类、溯源、通告、整治工作要求，开展排污口排查整治工作，通过航拍、徒步核查等方式对重点河流排污口实行核实和登记编号。

◆**水源地保护**　2019年，西安市组织水务、城管、交通、农业等部门，对黑河金盆水库等9个市级地表水水源地85个环境问题进行“回头看”，督促纳入生态环境部2019年整治清单的蓝田灞河县级水源地加快整治进度，定期核实生活污水收集和管网铺设工程进度，切实巩固水环境整治成效。西安市生态环境局启动“农村万人千吨饮用水水源地保护区”划分工作，调查研究部分水源地水质超标问题，开展水源地环境问题摸底排查和整治工作。开展县级及以上集中式饮用水水源地调查评估工作，为环境管理提供科学指导。继续强化地下水饮用水水源地水质科研项目工作，并做好部分水源地水质超标问题的协调处置工作。

◆**黑臭水体整治**　2019年，西安市生态环境局全力推进黑臭水体整治。2018年11月16日晚，生态环境部通报西安市黑臭水体整治典型案例之后，西安市研究制订《西安市黑臭水体整治整改攻坚工作总体方案和六个黑臭水体专项整治整改方案》《西安市2018年黑臭水体排查工作方案》《关于做好全市黑臭水体整治整改的宣传工作方案》，成立西安市黑臭水体整治整改攻坚工作领导小组，下设西安市黑臭水体整治整改攻坚作战指挥部，在西安市生态环境局设立指挥部办公室，建立市、区（县）两级联动、强力推进的工作机制。西安市生态环境局先后完成黑臭水体整治效果评估、黑臭水体水质交叉监测、生态环境部调研、黑臭水体环境保护专项行动等节点工作。推动全市21处城市黑臭水体按照截源控污、底泥治理、垃圾清运、生态修复的技术路线，开展沿线雨污管网排查、污水处理厂扩建、增设临时污水处理设施、修建污水调蓄池、垃圾清理、环境整治、生态修复等多项工程，对沿河污水直排、污水处理能力不足、污泥处置不及时、雨水口晴天排污、内源污染等问题进行综合治理。根据陕西省生态环境厅通报，西安市建成区21处黑臭水体均消除黑臭，达到初见成效的标准，黑臭水体周边居民满意度明显提升。

◆**土壤污染防治**　2019年，西安市生态环境局调查土壤污染重点企业361家，对21块建设用地开展土壤环境调查。在陕西省率先启动重点行业企业用地调查采样工作，生态环境部土壤调查技术组对西安市信息采集质量给予充分肯定和较高评价。全年全市强化土壤污染源监管，动态更新土壤污染重点监管单位105家。严格建设用地准入管理，建立部门联动监管机制，落实土壤环境调查评估制度。实施农用地分类管控，完成耕地质量类别划定省级下达的目标任务，西安市土壤环境质量总体安全可控。

◆**建设项目环境管理**　2019年，西安市生态环境局审批各类建设项目环评文件1423件。其中，环境影响报告书38件，环境影响报告表1391件，完成环境影响登记表备案12571件；审批核发辐射安全许可证134件。审批核发危险废物经营许可证8件；审批核发建设项目（固体废物污染防治设施）竣工环保验收1034件。依据原环境保护部《排污许可管理办法（试行）》《固定污染源排污许可分类管理名录（2017版）》规定，按照生态环境部、陕西省生态环境厅要求，全市核发排污许可证1574家，进行企业排污许可信息登记2181家。

◆**污染减排**　2019年，西安市生态环境局以改善环境质量为核心，持续推进污染减排工作。西安市第九污水厂三期一阶段扩建5万吨／日、西安滋川水质净化有限公司二期扩建1.5万吨／日全部如期建成投运。实施城镇生活污水处理项目30个，实施规模化畜禽养殖场治理项目7个。渭北供热公司煤改气等6个大气重点减排项目全部按期建成。顺利完成西联供热、明德供热电子城站、咸阳沣河集中供热（西咸）及咸阳化学工业公司（西咸）共计14台燃煤锅炉超低排放改造；对1525台燃气锅炉实施低氮改造，164台锅炉已拆改为其他清洁能源。完成6户高耗能、高排放企业关停或技改（关停4户，技改2户），压减西京水泥有限责任公司水泥产能，实施西京水泥和蓝田尧柏水泥熟料生产线产能置换。落实监管责任，摸清企业排污现状，对全市33个重点减排项目的建设进度、减排设施运行管理及减排档案规范情况进行现场检查，按月调度重点减排项目进展情况，定期通报污染物总量减排进展及存在问题。全年完成减排项目188个，8个省级重点减排考核项目建成投运。化学需氧量、氨氮、二氧化硫、氮氧化物经预测分别完成全年目标任务的116%、107%、114%和103%。碳排放强度比上年降低4.4%，完成全年目标任务的116%。

◆**核与辐射安全监管**　2019年，西安市有重点核技术应用单位20家，辐射源共计1180个（Ⅰ、Ⅱ、Ⅲ、Ⅳ、Ⅴ类分别是236个、48个、9个、117个、770个）；有射线装置持证单位400家，59家闲置的318枚放射性废物全部上交陕西省城市放射性废物库安全收贮。西安市生态环境局对核与辐射利用单位的持证情况进行检查，始终将标准化建设贯穿到辐射管理全过程，不断强化辐射利用单位主体责任，对违反国务院《放射性同位素与射线装置安全和防护条例》等法律、法规的行为，坚决予以查处，并在媒体曝光。全年检查辐射工作单位68家、重点核技术应用单位25家，处罚9家，缴纳罚款28.8万元。

◆环境科研 2019年，西安市环境科研部门完成各级各类科研任务12项。其中，“西安市李家河水库水源地污染源调查及水质保障对策研究”获得第七届西安科技调研成果奖二等奖；“西安市医疗废物及医疗废水处理处置现状调查研究”获得第七届西安科技调研成果奖三等奖；“高新区臭氧前体物（VOCs及氮氧化物）源排放调查及减排措施研究”获得第七届西安科技调研成果三等奖。与日本环境卫生中心、亚洲大气环境研究所合作开展“中日改善大气环境城市间协作项目”，学习日方先进技术经验，破解西安市大气污染难题。依托“一市一策”课题，与西安建筑科技大学合作开展“VOCs废气处理技术集成与应用示范”，为科学精准治污提供技术支持。对西安市臭氧污染进行长期观测、分析、评估，完成“臭氧污染成因初步解析及对策研究”课题。编制完成《西安市集中式饮用水源地环境状况评估报告》，完成“黑河、李家河水源地规范化建设现状调查研究”和“黑河藻毒素研究”课题。完成《西安市饮用水源地达标建设规划》和“城市饮用水源地信息化管理系统建设”“城市地下饮用水源地保护区重新核准”研究，为强化水源地管理，保障饮用水安全奠定基础。编制完成《西安市环境保护“十三五”规划中期评估报告》，修订完成《大西安生态环境保护规划》《污染防治攻坚战实施意见》，为西安市生态文明建设描绘蓝图、指引方向。

◆环境质量监测 2019年，西安市生态环境局建设覆盖全市17条河流的40座地表水质自动监测站（包括2座改造站）、202座国标三参数（PM2.5、PM10、O3）网格化空气质量微型自动监测站、8套企业污染源（有机废气）在线监测系统和西安智慧环保指挥中心应用平台的“智慧环保项目”自动监测体系网络。组织各区（县）对全市空气质量自动监测站网络进行优化。协调撤销阎良区国控空气质量自动监测站点位，新增鄠邑区文体局和高陵区无线电监控中心国控空气质量自动监测站点位。完成40个地表水月监测、16个水源地全分析、32个千吨万人农村水源地监测、20个污水厂全分析、全市3个点位11个监测项目的降水监测工作。每月完成25个点位的降尘、6个点位碱片监测工作。完成25家县级以上水源地、4个试点农村村庄20个点位土壤监测、3个点位酸雨监测。协同陕西省环境监测站完成土壤13个国控点采样工作。完成城市区域声环境质量监测192个、城市道路交通声环境质量监测152个、城市功能区声环境质量监测8个，应急监测任务7次。印发《西安市深化环境监测改革提高环境监测数据质量的实施方案》，对25家环境机构开展监测数据质量专项监督检查，对承担环境监测任务的第三方检测机构开展2轮专项检查。完成60家重点监测企业自行监测专项检查，推进重点排污企业监督性监测和自行监测信息公开工作。在全省生态环境监测专业技术人员大比武中西安市生态环境局环境监测站获得集体二等奖；西安市生态环境局莲湖分局、西安市生态环境局高新分局获得集体三等奖。

◆第二次全国污染源普查 西安市第二次全国污染源普查工作从2017年9月开始启动，西安市人民政府成立了西安市第二次全国污染源普查领导小组，领导小组办公室设在西安市环境保护局。2018年1月，西安市人民政府办公厅印发《西安市第二次全国污染源普查工作方案》，全市20个区（县）、开发区第二次全国污染源普查机构同步设立开展工作。全市各级污染源普查机构于2018年3月开始全面开展污染源清查摸排，2018年7月底完成清查建库，2018年11月底完成入户调查，同步做好污染源普查质量控制工作。2019年，开展普查数据核算与审核、汇总、核查工作。5月底，完成污染物产、排污量核算工作；7月底，完成数据核算市级质量核查工作；8月，完成省级和国家质量核查；12月，完成普查各项数据核实定库。12月下旬，部署全市各区（县）、开发区的普查市级验收工作，计划2020年5月前，依次完成第二次全国污染源普查的市级、省级和国家级验收，分级发布污染源普查公报；2020年下半年，完成第二次全国污染源普查数据和档案移交工作，做好污染源普查成果的开发利用。通过开展第二次全国污染源普查工作，摸清西安市各类污染源基本信息，各类污染源的数量、结构和分布状况，全市各区域、各行业污染物产生、排放和处理等情况，建立、健全重点污染源档案、污染源信息数据库和环境统计平台，将为西安市环境管理和服务综合决策提供技术支撑。

（吴 静）

•秦岭生态环境保护•

◆概况 2019年，西安市以习近平新时代中国特色社会主义思想为指导，全面贯彻中国共产党第十九次全国代表大会和十九届二中、三中、四中全会精神，深入学习领会习近平关于秦岭生态环境保护的重要指示、批示精神，牢固树立“四个意识”，坚决做到“两个维护”，进一步提高政治站位，强化“绿水青山就是金山银山”的理念，认真贯彻落实中共陕西省委和陕西省人民政府决定，深刻汲取秦岭北麓西安境内违建别墅问题教训，巩固和拓展专项整治成效，举一反三建立长效机制，加大保护力度，推动绿色发展，把秦岭生态环境保护工作当作全市的头等大事，摆在更加突出位置。

◆秦岭北麓违建专项整治 2019年，西安市在秦岭北麓违建专项整治转入后续工作后，继续保留西安市秦岭北麓违建专项整治工作领导小组办公室，统筹推进后续整治工作。由西安市秦岭生态环境保护管理局牵头，按照“业务精、能力强、素质高”的标准抽调专人，成立后续整治工作专班，集中驻点与西安市秦岭北麓违建专项整治工作领导小组办公室合署办公，市级相关部门和沿山6区（县）、西安高新技术产业开发区，按照各自职责持续抓好违建整治后续工作。截至年底，违建别墅专项整治16项尾留任务全部完成，实现“六个彻底”（资金追缴彻底、入户调查彻底、拆除违建彻底、垃圾清运彻底、复耕复绿彻底和土地收回、处罚、没收非法所得彻底），全面完成陕西省、西安市整治方案明确的各项任务。在“举一反三”放大整治效应方面，11项后续工作完成9项，其余2项正在进行收尾工作。

◆中央、陕西省生态环境保护督察反馈问题整改 2019年，中共西安市委员会、西安市人民政府印发《贯彻落实中央生态环境保护督察“回头看”及大气污染防治专项督察反馈意见整改方案》《关于落实省委第一巡视组反馈意见的整改方案》，中共西安市委秦岭生态环境保护管理委员会、西安市秦岭北麓专项别墅整治工作领导小组印发《省秦岭生态环境保护工作落实情况“回头看”检查反馈问题及市委巡察反馈意见整改方案》，明确了任务，夯实了责任。中央环保督察“回头看”反馈的5个秦岭生态环境保护方面的问题，完成瑞德宝尔矿山手续注销、主矿区覆土复绿和设备拆除，其余4项整改正按方案推进。中共陕西省委专项巡视指出的7个方面20个问题，完成整改12个、接近完成5个、正在推进3个。陕西省秦岭生态环境保护工作“回头看”反馈的3大类32个问题，完成整改28个，正在推进4个。

◆秦岭生态保护长效机制建设 2019年3月15日，中共西安市委员会办公厅、西安市人民政府办公厅印发《西安市秦岭生态环境保护长效机制工作实施方案》（市办字〔2019〕53号），紧扣“长远上规范”的总要求，遵照“全覆盖，不遗漏”和“分层次，分阶段，有重点”的原则，从依法治山、规划控山、网格管山、常态巡山、铁腕护山5个方面构建了82项任务。截至年底，完成71项，按计划推进11项。《西安市秦岭生态环境保护条例》修编完成草案，于10月12日经西安市人民政府第24次常务会议讨论通过，报西安市人民代表大会常务委员会审议。规划制定方面，制定《西安市秦岭生态环境保护规划纲要》。

◆秦岭北麓综合整治 2019年，西安市秦岭生态环境保护管理局加快推进“拉网式”和“曝光台”问题整治。“拉网式”排查发现的3035个疑似点位，整治销号3033个，拆除违建面积190.94万平方米，恢复植绿315.05公顷，复耕104.67公顷。“曝光台”交办的2035个问题线索，整治销号2034个；列入全省秦岭突出环境问题台账的51个乱搭乱建问题（含“拉网式”排查整治）完成整治50个；17个乱排、乱放问题已完成整治；实施沿山农村污水公共管网建设，新开工建设57个村级处理站（秦岭北麓污水处理厂站达到241个），加快完善配套垃圾收集设施，按照“村收集—镇转运—区处理”的模式对垃圾进行集中处理；关停矿山矿权和生态恢复治理方面，保留的14个矿权，除蓝田尧柏水泥矿间歇性生产外，其余13个均处于关停状态，制订《西安市矿山综合整治工作方案》，明确2020年年底前自然保护区范围内矿权全部退出，秦岭地区剩余矿权力争全部退出；严厉打击破坏秦岭野生动物、植物违法犯罪行为，通过开展大宣传、厘清大底数、构筑大网络等措施，坚持以依法打击为中心，以查源头、断链条、打团伙、端窝点为手段，先后开展联合执法354次，侦办涉及野生动植物案件99起，刑拘66人，批捕46人，移诉32人，震慑作用明显。

“农家乐”专项整治 对排查出的2809户“农家乐”开展专项整治，拆除违建“农家乐”284户，关闭910户，整改提升1615户，整治率达到100%。

峪口峪道综合治理 以提升环境、修复生态为目标，完成子午峪、小峪、汤峪、辋峪4个峪口峪道综合整治示范建设，建成子午峪、小峪2个智能峪口保护站。

河道清“四乱”（乱占、乱采、乱堆、乱建） 以修复水生态为目标，对秦岭保护区内的河道违建全部进行拆除。小水电站拆除、完成生态修复9座，断电、脱网2座。

环山路沿线围墙牌匾整治 以提升环山路周边景观形象为目标，拆墙、透绿34483.6米，拆除门头牌匾125块，清理横幅、条幅、布幔436条，拆除户外广告、灯箱83处、门楼1处。

秦岭北麓规范全域网格化管理和“数字秦岭”建设 按照《西安市秦岭北麓生态环境保护地域网格化管理实施办法》，

2019年9月25日，西安市农家乐整治领导小组检查临潼区“农家乐”整治情况

建立覆盖全域的秦岭保护四级网格管理体系，落实网格员1112人，招聘专职网格员288人，并经过专门培训后上岗。运行以来，日常巡查检查23085次，发现、上报、处置“五乱”（乱搭乱建、乱砍滥伐、乱采乱挖、乱排乱放、乱捕乱猎）及其他破坏秦岭生态环境问题258个，达到“常态巡山、网格管山，全覆盖、无盲区”的目标。在推动落实网格化管理的同时，启动“数字秦岭”建设，完成项目可研、立项批复和初步设计工作。

◆秦岭生态红线和水源地保护区划定 2019年，西安市秦岭生态环境保护管理局制定《西安市生态保护红线勘界定标试点方案》，完成长安区、鄠邑区勘界定标试点工作，埋设界桩416个、标识牌12个，建成“生态保护红线台账数据库”，并完成信息入库工作。制定《关于加强秦岭北麓西安段饮用水水源保护的实施办法》，划定黑河金盆水库、石砭峪水库、田峪、沣峪、就峪、甘峪水库、李家河水库、岱峪水库、灞河9处水源地保护区。

◆秦岭环境保护宣传 2019年，西安市秦岭生态环境保护管理局充分运用报纸、广播、电视、网络等媒体平台，坚持以习近平生态文明思想为指导，深入宣传习近平对秦岭生态环境保护工作的重要批示、指示精神和中共中央关于生态文明建设的决策部署，在新华社等中央、陕西省、西安市媒体刊发各类稿件400余篇。12月1日修订后的《陕西省秦岭生态环境保护条例》施行后，在沿山6区（县）、西安高新技术产业开发区组织开展形式多样的宣传、贯彻活动，包括专题讲座7场次、志愿者活动2次，印发《陕西省秦岭生态环境保护条例》宣传折页1000册、宣传画5万份。（任举旗）

中国共产党西安市委员会
责任编辑
曹毅强
西安年鉴
2020
XI'AN YEARBOOK

综　述

◆概况　2019年，中国共产党西安市委员会坚持以习近平新时代中国特色社会主义思想为指引，深入贯彻中国共产党第十九届中央委员会第二次全体会议、中国共产党第十九届中央委员会第三次全体会议、中国共产党第十九届中央委员会第四次全体会议精神，认真落实中央经济工作会议和中国共产党陕西省第十三届委员会第六次全体会议部署，动员全市上下全面落实习近平"追赶超越"定位和"五个扎实"要求，坚定不移贯彻新发展理念，加快国家中心城市建设步伐，不忘初心、牢记使命，干在实处、走在前列，奋力推动西安创新发展、绿色发展、高质量发展，各项工作取得新进展、新成效。

◆"不忘初心、牢记使命"主题教育　2019年，中国共产党西安市委员会紧扣主线、聚焦主题、贯彻总要求，围绕具体目标，把学习教育、调查研究、检视问题、整改落实贯穿始终，先后组织中共西安市委中心组理论学习14次，召开主题教育推进会、市委主题教育领导小组会、座谈会等19次，统筹推进2批主题教育。派出巡回指导组、督导组开展督导，组织开好专题民主生活会，扎实抓好专项整治，全市检视剖析问题43725个，完成整改25528个，其中民生领域整改问题8741个。

◆深化改革，扩大开放　2019年，中国共产党西安市委员会全面完成机构改革任务，调整设置党政机构54个，新组建调整中共西安市委议事协调机构11个。深化"放、管、服"改革，扎实推进"一网通办"，市级政务服务事项网上可办率达到90.35%。对外开放迈出新步伐，西安咸阳国际机场货邮吞吐量突破38万吨，增速居全国机场首位；新开通国际航线19条，累计开通88条；中欧班列"长安号"开行2133列，是2018年的1.7倍，开行量、重载率、货运量居全国前列。举办欧亚经济论坛、第三届西商大会等重大活动，西安对外影响力增强，当选世界城地组织联合主席城市。

◆城市建设管理　2019年，西安市承办的第十四届全国运动会"三中心"场馆主体竣工，周边配套设施建设加快推进。城市轨道交通三期建设全面启动，地铁二号线二期、八号线开工建设，一号线二期开通运营，通车里程达到132千米。推进"三改一通一落地"，完成93个老旧小区改造，打通53条断头路，启动19个城中村、棚户区和24条示范背街小巷改造工作。新增城市绿地面积969.8万平方米，建成绿道351.5千米。高陵、蓝田、鄠邑、西咸4个生活垃圾无害化处理项目点火运行。

◆保障和改善民生　2019年，中国共产党西安市委员会实施"建设教育强市三年行动计划"，第一批54所新建学校开工建设。城镇新增就业14.5万人，通过第三轮国家卫生城市复审验收。在全省群众满意度调查中，比2018年提升10.35个百分点。坚决打好脱贫攻坚战，全市累计减少贫困户6.87万户24.23万人，291个贫困村退出，周至县顺利摘帽，贫困发生率降至0.23%。深入推进扫黑除恶专项斗争，侦办涉黑案件16件、恶势力犯罪集团案件44件，打击涉恶团伙126个，立案查处"保护伞"294件1147人，公众安全感达到94.58%。

◆文化建设　2019年，中国共产党西安市委员会落实意识形态工作责任制，加强报刊、广播电视、网络媒体等阵地建设。大力弘扬社会主义核心价值观，"车让人、人守规"经验在全省推广。加大文物保护力度，新增全国重点文物保护单位7处、博物馆12座，2个项目入选2019"考古中国"重要成果。大力弘扬革命传统，举办庆祝西安解放70周年座谈会。召开全市文化旅游融合发展大会，制定22条落实措施和12条支持政策，确定实施文旅融合项目带动、加快文化产业园区发展、推动文旅产品转型升级等27项重点工作。举办第29届全国图书交易博览会、中国网络诚信大会，城市文化影响力进一步提升。

◆秦岭生态环境保护　2019年，中国共产党西安市委员会扎实推进违建别墅整治后续工作，修订《西安市秦岭生态环境保护条例》，持续实施7类专项整治，加快推进生态修复，初步建立秦岭保护的长效机制。完成中央和中共陕西省委环保督察反馈问题、中共陕西省委秦岭生态环境保护专项巡视反馈问题整改和骊山违建问题整治工作。坚决打好蓝天、碧水、净土、青山保卫战，强力推进铁腕治霾，全年优良天数225天，退出全国168个重点城市后20位。制订全域治水碧水兴城、全市河湖水系治理保护三年行动计划，启动"85316"工程，沣河中央湿地公园等58个治理项目开工建设，主城区黑臭水体得以消灭。

◆民主法治建设　2019年，中国共产党西安市委员会支持和保证人大及其常委会依法履行职责，地方立法和人大监督有效加强。支持政协依法依章程开展工作，召开中共西安市委政协工作会议，制定出台《关于新时代加强和改进政协工作的实施意见》。持续巩固壮大爱国统一战线，工会、共青团、妇联等群团组织作用充分发挥，侨务工作取得新进展。统筹推进法治西安建设，全面依法治市制度体系基本形成。

◆党的建设　2019年，中国共产党西安市委员会深入开展新时代干部担当作为专题调研，树立正确的选人、用人导向。着力提升基层党组织组织力，分类整顿395个软弱涣散基层党组织，农村、社区"一肩挑"比例分别达到89.0%和100%。强化政治巡察，扎实做好巡察整改"后半篇"文章。持续巩固发展反腐败斗争压倒性胜利，处置问题线索5697件、立案3190件、处分3095人、移送检察机关127人。落实"基层减负年"各项要求，中共西安市委发文减少46%，会议减少40%，督检考事项减少72.3%，查处形式主义、官僚主义问题324件，党纪政务处分536人。

◆"追赶超越"　2019年，中国共产党西安市委员会深入学习贯彻习近平新时代中国特色社会主义思想，在深入调查研究、充分听取意见建议、全面分析优势短板和机遇挑战的基础上，进一步理清落实追赶超越定位和"五个扎实"要求的思路举措和工作目标：坚定不移贯彻新发展理念，低调务实不张扬、埋头苦干，聚焦国家中心城市建设，着力构建"6+5+6+1"的现代产业体系，大力发展"三个经济"，推进绿色发展建设生态西安，全力迎接第十四届全国运动会，加快国家中心城市建设，优化营商环境推进重大项目建设，着力发展实体经济建设先进制造业强市，扎实加强文化建设促进文化旅游融合发展，扎实保障和改善民生建设教育强市，深入实施乡村振兴战略促进城乡融合发展，大力推进军民融合发展，强化人才队伍建设及科技创新。围绕"十项重点工作"，先后召开8次动员大会进行安排部署，以重点工作率先突破推动追赶超越和高质量发展。

◆中国共产党西安市第十三届委员会第八次全体会议　2019年1月2—3日在陕西宾馆举行。全会高举习近平新时代中国特色社会主义思想伟大旗帜，全面贯彻中国共产党第十九次全国代表大会和十九届二中、三中全会及习近平对西安工作系列重要指示批示精神，紧扣“追赶超越”和“五个扎实”要求，认真落实中央经济工作会议、中央农村工作会议和中国共产党陕西第十三届委员会第四次全体会议要求，总结2018年工作，分析形势任务，研究部署政治建设、新型“智慧城市”建设和2019年工作，达到了统一思想、坚定信心、凝聚力量的目的。全会审议通过中共西安市委《关于深刻汲取秦岭北麓违建别墅问题教训彻底肃清魏民洲等流毒和恶劣影响 全面净化修复政治生态的决定》《关于加快推进新型智慧城市建设的决定》，讨论《西安市全面推进政务服务“一网通办”的行动方案》。全会充分肯定中共西安市委常委会一年来着重抓的5件大事：一是深入学习贯彻习近平新时代中国特色社会主义思想和党的十九大精神；二是全面彻底整治秦岭北麓违建别墅问题；三是扎实推进三大攻坚战；四是全面部署加快国家中心城市建设；五是大力开展“营商环境”提升年活动，大力发展民营经济。高度评价推进的9项工作：一是加快推动高质量发展；二是狠抓主导产业培育；三是加大基础设施投资力度；四是充分释放创新潜力；五是全面深化重点领域改革；六是面向“一带一路”提速对外开放；七是加强宣传思想文化工作；八是全力保障和改善民生；九是深入推进全面从严治党。全会强调，要抢抓深化供给侧结构性改革带来加快新旧动能转换、宏观政策逆周期调节带来加大基础设施投资、促进区域协调发展带来加快国家中心城市建设、推进新时代改革开放带来加力非公有制经济发展、培育发展国内市场带来加强保障和改善民生等“五个加”新机遇，开展“追赶超越”攻坚年、“营商环境”提升年、“作风建设”强化年等“三个年”活动。重点抓好9方面任务：一是聚焦全面小康高水平，全力打赢污染防治、精准脱贫、防范化解重大风险三大攻坚战；二是聚焦秦岭保护高标准，坚定不移学习贯彻习近平生态文明思想，走生态优先、绿色发展路子，全力争创国家生态文明建设示范区；三是聚焦经济发展高质量，优先发展先进制造业和现代服务业，抓实制造业、创新驱动、现代金融、人力资源、产业集群，全力构建具有竞争力的现代产业体系；四是聚焦要素集聚高功能，抓重要功能板块、重大交通工程、重点整治工作集聚高端要素，全力加快国家中心城市建设；五是聚焦“一带一路”高定位，围绕“五通”（政策沟通、设施联通、贸易畅通、资金融通、民心相通）、融入“五路”（和平之路、繁荣之路、开放之路、创新之路、文明之路），打造“三个经济”发展示范、自贸试验区升级版，建设中外合作产业园，创新国际人文交往模式，全力扩大对外开放；六是聚焦追赶超越高效率，全力提升营商环境，深化“最多跑一次”、国资国企等重点领域改革，激发民营经济发展活力，助推高质量发展；七是聚焦文化旅游高品质，围绕世界文化之都、世界旅游时尚之都定位，深化书香、音乐、博物馆之城建设，打造会展、赛事、文创名城，全力建设世界一流旅游目的地；八是聚焦城乡融合高起点，加大农村人居环境整治力度，构建现代农业生产经营体系，探索城乡融合发展新模式，全力打造乡村振兴西安样板；九是聚焦美好生活高期待，办好人民满意教育，推进“健康西安”建设，强化基本民生保障，打造“15分钟系列便民服务圈”，推进住有宜居，全力办好民生实事。市级领导同志，西咸新区管委会主任，西安文理学院党委书记、院长；市级部门及市属单位主要负责同志；党的关系在市上的省属部门党员主要负责人；不是市委委员、市委候补委员的区（县）、开发区、西咸新区各新城负责同志，各镇（街）党（工）委书记；西安市中国共产党第十九次全国代表大会代表；中国共产党西安市第十三次党代会基层一线代表；部分专家学者；优秀企业家代表等列席会议。

◆全市机构改革大会 2019年1月13日，中共西安市委员会召开全市机构改革大会，中共陕西省委常委、中共西安市委书记王永康在全市机构改革动员大会上强调，要深入学习贯彻习近平关于深化党和国家机构改革的重要论述，加快推进全市机构改革工作，着力构建系统完备、科学规范、运行高效的机构职能体系，为加快建设国家中心城市和国际化大都市提供有力体制机制保障。西安市人民代表大会常务委员会主任胡润泽，中国人民政治协商会议西安市委员会主席岳华峰出席。中共西安市委副书记韩松主持。中共西安市委常委吕健、卢凯、钟洪江、王琳等参加。中共西安市委常委、市委秘书长杨晓东宣读《西安市机构改革实施方案》。有关市级领导，市级部门、各区（县）、西咸新区、各开发区主要负责人参加会议。

◆中国共产党西安市第十三届委员会第九次全体会议 2019年8月6日在陕西宾馆举行。全会深入学习贯彻习近平新时代中国特色社会主义思想，全面落实7月30日中央政治局会议和中国共产党陕西省第十三届委员会第五次全体会议精神，总结上半年工作，分析形势，安排部署下半年任务，并审议有关事项，达到了统一思想、明确方向、提振信心、凝聚力量的目的。全会指出，上半年全市经济呈现“总体平稳、动能增强、结构趋优、质效提升”的态势，“稳”的基础牢固，“进”的动力充足，“增”的潜力巨大，“压”的隐忧不容忽视，要正确看待理性分析，增强信心保持定力。做好下半年经济工作，要坚持稳中求进工作总基调，坚持以供给侧结构性改革为主线，坚持新发展理念、推动高质量发展，坚持推进改革开放，围绕中国共产党陕西省第十三届委员会第五次全体会议安排部署，紧盯稳增长首要任务，着力补短板、强弱项、激活力、抓落实，统筹推进改革发展稳定各项工作，确保圆满完成全年目标任务。全会强调，

2019年8月6日，中国共产党西安市第十三届委员会第九次全体会议召开

要深入学习贯彻习近平来陕视察重要讲话精神，聚焦“追赶超越”定位和“五个扎实”要求，抢抓新时代推进西部大开发形成新格局的重大机遇和基础设施补短板等重大政策，加快推动高质量发展，具体要抓好10个方面工作：一是聚力创新驱动，培育发展新动能；二是聚焦工业稳增长，做大做强实体经济；三是稳定市场预期，推动消费升级；四是深入推进改革，释放改革红利；五是着力扩大开放，加快国际化步伐；六是建好管好城市，提升城市品质；七是以决战决胜姿态，坚决打赢“三大攻坚战”；八是践行“两山”理念，共建、共享生态文明；九是不断优化营商环境，增强城市竞争力；十是坚持以人民为中心，持续增进民生福祉。全会号召，全市各级党组织和广大党员干部要高举习近平新时代中国特色社会主义思想伟大旗帜，更加紧密地团结在以习近平同志为核心的党中央周围，在中共陕西省委的坚强领导下，低调务实不张扬，埋头苦干抓落实，用实际行动和工作实绩庆祝新中国成立70周年。市级领导同志，西咸新区管委会主任，西安文理学院院长；市级部门及市属单位主要负责人；党的关系在市上的省属部门党员主要负责同志；不是中共西安市委委员、市委候补委员的区（县）、开发区、西咸新区各新城负责人，各镇（街）党（工）委书记；西安市中国共产党第十九次全国代表大会代表；中国共产党西安市第十三次党代会基层一线代表；优秀企业家代表等列席会议。

◆全市教育大会 2019年10月10日，中共西安市委员会召开全市教育大会。分析研究全市教育工作形势任务，安排下一步总体工作，印发《关于加快新时代教育改革发展建设教育强市的实施意见》和《西安市基础教育提升三年行动计划（2019—2021）》。中共陕西省委常委、市委书记王浩主持并讲话，强调要深入学习贯彻习近平在全国教育大会上的重要讲话精神，认真落实全省教育大会部署，全面贯彻党的教育方针，坚决落实教育优先发展战略，努力办好人民满意教育，建设教育强市。西安市人民代表大会常务委员会主任胡润泽、中国人民政治协商会议西安市委员会主席岳华峰出席。中共西安市委副书记、西安市人民政府市长李明远与各区（县）、开发区和相关市级部门签订“三年行动计划重点任务目标责任书”并讲话；中共陕西省委教育工作委员会书记董小龙到会指导并讲话；中共西安市委副书记韩松就《实施意见》和《三年行动计划》进行说明。西安市教育局、西安市财政局、西安市自然资源和规划局、西安市住房和城乡建设局及雁塔区、西安经济技术开发区、西安浐灞生态区、西安高新技术产业开发区8家单位做了表态发言。中共西安市委常委，市人大常委会副主任，市人民政府副市长，市政协副主席，各区（县）、开发区党政主要负责人、分管领导及教育局局长，中共西安市委教育工作领导小组成员单位和市级有关部门主要负责人，部分中小学校长、幼儿园园长及教师代表等参加会议。

◆迎全运加快国家中心城市建设工作大会 2019年10月22日，中共西安市委员会召开迎全运加快国家中心城市建设工作大会，中共陕西省委常委、西安市委书记王浩出席并讲话，强调要深入学习贯彻习近平在中央城市工作会议上的重要讲话精神，全面落实“追赶超越”定位和“五个扎实”要求，抓住承办第十四届全国运动会的重大机遇，坚持世界眼光、国际标准、西安特色，全面提升城市规划建设管理水平，加快国家中心城市建设步伐。西安市人民政府市长李明远主持会议，并与各区（县）、开发区和相关市级部门签订项目工作目标责任书。中国人民政治协商会议西安市委员会主席岳华峰、中共西安市委副书记韩松出席。中共西安市委常委、西安市人民政府副市长王琳就《关于办好第十四届全运会加强城市规划建设管理加快国家中心城市建设步伐实施意见》和《项目工作方案》讨论稿进行说明。西安市资源规划局、西安市住房和城乡建设局、西安市城市管理局、西安市公安局及西安浐灞生态区、西安国际港务区、西安曲江新区和长安区8家单位做了表态发言。市级领导，市级各部门、各人民团体、市属高校和企业、部分党的关系在市上的省属部门主要负责人，各区（县）、开发区、西咸新区各新城和镇街党政主要负责人等700余人参加会议。

（*石康桥*）

中共西安市委常务委员会

（以2019年年底在职为准）

书　　记　王　浩
副 书 记　李明远　韩　松
常　　委　赵　敏　卢力群　胡　泽
　　　　　钟洪江　王　琳　杨晓东
　　　　　张　琳　马希良
秘 书 长　杨晓东

市深化改革领导小组办公室副主任
　　　　　何　元
副秘书长　张友社　丁　恒　方家平
　　　　　陈晓军　孙怀国　陈　哲
　　　　　蒋　炜

市委工作机构

中共西安市委办公厅
纪检组组长　郝生旺

中共西安市委组织部（市委非公有制经济组织和社会组织工作委员会、市公务员局、市人才工作局）
部　　长　赵　敏
副 部 长　张　涌　李继红（女）
　　　　　梁晚晴（女，兼）
　　　　　张传时
部务委员　张　勇　李新霞（女）
纪检组长　王清山

中共西安市委宣传部〔市新闻出版局（市版权局）、市政府新闻办〕
部　　长　张　琳
副 部 长　蒋少宁　关相林　廉宏伟
　　　　　董兆为　刘新锋
纪检组长　聂　虹（女）

中共西安市委统一战线工作部（市政府侨务办公室、市委台湾工作办公室、市政府台湾事务办公室）
部　　长　杨广亭
副 部 长　张少纯　孙杏娟（女）
纪检组长　马小莉（女）

中共西安市委政法委员会
书　　记　韩　松（兼）
副 书 记　丁　恒　孙永涛
纪检组长　喻惠霞（女）

中共西安市委政策研究室
副 主 任　李传顺　孙怀国

中共西安市委网络安全和信息化委员会办公室（市互联网信息办公室）
主　　任　边雅妮（女）
副 主 任　张晓宁　袁永君

中共西安市委军民融合发展委员会办公室
主　　任　张　驰
副 主 任　施　萍（女）　彭新宁

中共西安市委外事工作委员会办公室
主　　任　强　盛

中共西安市委机构编制委员会办公室

主　　任　梁晚晴（女）
副 主 任　张忠芳　苏立群（满）
机构编制督查专员　顾　蕾（女）

中共西安市直属机关工作委员会

书　　记　杨晓东（兼）
常务副书记　张爱萍（女）
副 书 记　张军利　刘培宏
纪工委书记　白望绪（女）

中共西安市委巡察工作领导小组办公室

主　　任　陈　武
副 主 任　任昆明
正局级巡察专员　杨振堂
副局级巡察专员　闫省平　王晓临　强海滨　杨瑞云（女）

中共西安市委老干部工作局

局　　长　李继红（女）
副 局 长　汪虎乾　陈世祥
西安老年大学校长　毕　锟

中共西安市委平安建设工作办公室

主　　任　丁　恒（兼）
副 主 任　蒙　斌

中共西安市委机要和保密局（市国家保密局）

局　　长　王晓军

中共西安市委党校（市行政学院、西安社会主义学院）

校（院）长　韩　松
常务副校（院）长　张鹏飞
副校（院）长　史晓英　范建军　徐　来

中共西安市委党史研究室

主　　任　刘伯雅
副 主 任　张　瑞

西安报业传媒集团（西安日报社）

党委书记、董事长、社长　张　哲
党委副书记、总编辑、副社长　张更武
党委副书记　缑发世
副 总 编　牛延平　尤凌波　程建设　杨志宏
纪检组长　初亚莉（女）

西安市档案馆

馆　　长　崔　林
副 馆 长　黄海绒（女）　吴立民

组　织

◆概况　2019年，中共西安市委员会组织部坚持以习近平新时代中国特色社会主义思想为指导，全面贯彻新时代党的建设总要求和党的组织路线，树牢“四个意识”，坚定“四个自信”，做到“两个维护”，以党的政治建设为统领，聚焦全市“十项重点工作”，认真组织实施“不忘初心、牢记使命”主题教育，扎实推进党的组织体系建设，着力培养忠诚、干净、担当的高素质干部，广泛集聚爱国奉献的各方面优秀人才，切实推进目标责任考核提质增效，不断提高新时代组织工作质量，全面完成年度各项目标任务。截至年底，全市有党的基层组织20140个，其中党委880个、党总支1051个、党支部18209个；有党员494911人，其中女党员171218人。

◆“不忘初心、牢记使命”主题教育　2019年，中共西安市委员会组织部精心筹划部署，按照中央部署和中共陕西省委、西安市委要求，成立主题教育领导小组及其工作机构，组织召开全市主题教育工作会议，印发实施方案和12个专项整治工作方案等指导性文件，确保2个批次47万余名党员教育走深走实。强化示范带动，制定《中共西安市委常委班子主题教育“1+2”工作方案》，举办中共西安市委常委班子主题教育专题学习会和市级四大班子集中学习研讨会17次；紧紧扭住检视问题和整改落实，高标准召开专题民主生活会。全面统筹推进，按照“四个贯穿始终”要求，配发学习资料46万余册，轮训全市基层党组织书记24105人次，调查研究确定调研课题12428个，检视问题、列入问题清单43725个，整改落实解决民生领域问题8741个。推行读书班、“政治生日”，开展百名书记“坚守初心担使命”访谈、“追寻先辈足迹、传承红色基因”西安党史资料展等特色载体活动。《新闻联播》《人民日报》等新闻媒体报道西安市主题教育做法。

◆严肃党内政治生活　2019年，中共西安市委员会组织部认真落实《关于加强党的政治建设的意见》，稳妥推进全市党的建设制度改革，《村级美丽党建工作规范》等高质量党建工作制度相继出台。严格执行《关于新形势下党内政治生活的若干准则》，全年召开中共西安市委常委班子民主生活会3次，指导各级党组织开展专题组织生活会和民主评议党员。从严从实开展书记抓基层党建述职评议考核，推动全面从严治党向纵深发展。深刻汲取秦岭北麓西安境内违建别墅问题教训，集中观看《一抓到底正风纪》专题片，扎实开展习近平重要指示、批示精神的贯彻落实和中央级巡视督查督导反馈意见整改“回头看”专项督查考核，推动“讲政治”落到具体、融入日常。扎实开展“讲政治、敢担当、改作风”专题教育，结合“爱我秦岭”“进万家门、访万家情、解万家难、暖万家心”活动，推动秦岭生态环境保护和民生问题整改，广大党员干部政治自觉进一步强化。

◆干部教育培训　2019年，中共西安市委员会组织部印发《2018—2022年西安市干部教育培训规划》，重点推进“习近平新时代中国特色社会主义思想全员学习培训计划”等10个重点培训项目。依托“一体两翼”平台（“一体”指以市委党校（行政学院）为主渠道的干部教育培训主阵地；“两翼”指以西安文理学院为代表的高校培训基地群，以西安广播电视大学为代表的网络培训基地），开展“打造西安铁军，提升八种本领”等各类培训120余期，培训干部、企业家16000余人次。严格落实中央、陕西省143个班次751人次调训任务。积极探索“互联网+”干部教育网络学习，完成干部网络学习293万学时。发布9个系列130期微课，总点击量近15万人次。

◆干部队伍建设　2019年，中共西安市委员会组织部实施“高素质干部培养”工程，建设忠诚、干净、担当干部队伍。

机构改革转隶　根据全市机构改革部署，向中共西安市委常委会报批干部任免事项2批次，任命43个市级部门领导班子及其市管干部。审核2418名涉及转隶单位干部身份，规范有序完成转隶工作。组织实施全市公务员职务与职级并行制度，完成30个部门176名一级调研员晋升。加强公务员工作，2019年考试录用1078人，登记备案1587人，业务培训2176人。

干部调整配备　深入贯彻《党政领导干部选拔任用工作条例》，严格落实考准、考实干部政治表现办法。坚持在秦岭北麓违建专项整治、“三大攻坚战”、“十项重点工作”等重大任务中识别考察干部，跟踪掌握领导班子运行和领导干部履职情况。全年共向中共西安市委常委会报批干部任免14次266人，向西安市人民代表大会、中国人民政治协商会议西安市委员会做人事安排说明21人次。在13个区（县）、西咸新区和7个开发区、103个市级部门开展市管领导班子和领导干部担当作为专题调研，摸清干部情况，为中共西安市委选人、用人提供第一手资料。

巡视整改　统筹推进“干部不担当不作为”专项整治和“不敢为不愿为”巡视整改工作，深入实施“三项机制”。全市各级党组织运用“三项机制”调整干部1305人，其中鼓励激励1168人、容错纠错3人、能上能下134人。加大关心关爱力度，严格落实干部带薪休假制度。出台《干部监督举报查核工作规程》，探索为受到不实反映的干部澄清正名。修订市管干部因私出国（境）政策，调整部分干部管理和任职备案有关程序，从优秀村干部中考试录用公务员，表彰97名“优秀处级干部”和88名“最美公务员”，激发干事创业内生动力。

年轻干部培训和选调生工作　强化年轻干部教育培训和实践历练，安排62人到青干班、年轻干部“励志筑梦”等各类培训班学习提高，选派抽调75人赴国家部委、沿海地区、重点项目开阔视野、实践锻炼。及时规范西安市干部挂职工作，规范和取消挂职7项354人次。做好选调生工作，全年接收“双一流”高校选调生170人，分批选调56人参加各类培训，抽调90人参与年度目标考核、招录选调生等重要工作。

干部监督管理　2019年，中共西安市委员会组织部认真贯彻落实全国、全省干部监督工作会议精神，组织召开全市干部监督工作会议。牵头做好全市56名省管副厅级以上干部配偶、子女及其配偶经商办企业集中规范工作。完成2019年度领导干部报告个人有关事项工作，全市实际报告12162人，报告率99.97%，重点查核2223人。用好巡视巡察成果和“12380”举报平台，共受理各类举报件273件，办结240件。清理“违规兼职”和县乡借调干部565人、“吃空饷”13人。积极推进干部人事档案数字化和专项审核全覆盖，完成数字化档案12500余册。提升市管领导干部信息系统服务质量，实时更新维护1000余名市管领导干部个人信息。

◆基层党组织建设　2019年，中共西安市委员会组织部不断完善基层党组织政治功能。结合机构改革，新设、撤销、合并党组织56个，调整理顺5个党组织设置和隶属关系。持续开展非公有制经济组织和社会组织“评星晋级、争创双强”“双联双送双促”等活动，出台《全市非公有制经济组织和社会组织党组织防瘫预警机制》，新建党组织354个，总数达到3013个，组织覆盖率超过81.8%，工作覆盖率动态保持100%。试行市级机关党组织建设质量标准体系，开展国有企业党的建设突出问题专项治理，推行公立医院党委领导下的院长负责制，落实高校党建重点任务，基层党组织政治功能有效增强。全面提升基层党组织组织力。认真落实《中国共产党支部工作条例（试行）》，扎实开展扫黑除恶专项斗争，分类整顿软弱涣散基层党组织395个。开展村（社区）“两委”班子成员“回头看”“大起底”，累计清理不符合条件“两委”干部719人。实行村（社区）党组织书记区（县、开发区）备案管理，全面推行“两委”负责人“一肩挑”，全市农村“一肩挑”比例89.2%、社区100%。举办全市农村、社区党组织书记示范培训班2期。建立组织系统涉黑涉恶线索受理、移交、调查工作机制，全面完成中央督导组交办的446条线索复核任务。切实抓好发展党员和党员教育管理。提高新发展党员政治标准，坚持发展计划向青年农民、产业工人等群体倾斜，着力解决“13个贫困村近两年未发展年轻党员”问题。严格党员政治审查，通报2起违规发展党员典型案例。加快蓝田葛牌镇红25军军部纪念馆等5个党性教育基地建设，盘活用好党史资源。规范市管党费划拨使用程序，加大老党员、困难党员等党内关爱帮扶力度。利用新媒体平台做好宣传教育，“西安党建网”每日浏览量突破3000次，“西安组工”公众号关注人数超过10万人次。探索推进党建引领基层治理。深化党建引领脱贫攻坚“四大行动”，从严管理第一书记，激励关爱脱贫攻坚一线干部，统筹推进脱贫攻坚整改工作，坚决打赢脱贫攻坚战。推广“联村党委”做法，全市建立联村党委48个，覆盖206个村，带动14274名农民致富增收。印发《全市加强城乡接合部基层党建工作实施意见》，表彰54个“美丽党建”标准化建设示范村、“十佳最美村书记”。加强和改进城市基层党建工作，推行街道行政体制改革、社区工作者职业体系建设试点，全年创建55个“‘五化’标杆社区党组织”，打造62个具有西安特色的“红色会客厅”。

◆人才工作　2019年，中共西安市委员会组织部实施“优秀人才集聚”工程，激发人才创新创造活力。构建人才工作新格局。以推进落实市委“十项重点工作”为切入点，研究制订西安市《人才队伍建设及科技创新行动计划（2020—2022年）》，提出统筹人才引育、促进成果转化等21项政策措施，打造更加积极开放有效的人才队伍建设及科技创新“西安模式”。调整中共西安市委人才工作领导小组成员单位，印发《2019年人才工作要点》，实施5个方面20项人才工作重点任务。优化整合人才支持政策，探索建立联席会议、年度述职等机制，不断强化人才工作牵头抓总、统筹指导和督导考核。拓展人才引进新方式。加大招才引智工作力度，先后聘任31名“招才大使”和“校园引才特使”，设立6家海归人才驿站和招才引智工作站，全年引进培养高层次人才35人，全市高层次人才已达303人。组织企事业单位赴16个城市31所知名高校开展巡回招聘，举办第三届中国西安留学回国人才招聘节等活动35场。激励市场主体招贤纳才，全年新增人力资源服务机构597家，发放“西安伯乐奖”455万元。推动人才队伍新发展。发挥高端人才引领作用，新建院士工作站27个、博士后创新基地7个。评选表彰100名科教文卫领域“西安之星”、50名践行“西迁精神”优秀代表、100名“西安工匠”“西安工匠之星”以及“十佳科技人物”，举办“全国科技工作者日”主题系列活动及院士大讲堂，营造尊才爱才的社会氛围。策划实施“逐梦绽放与西安共成长”2019年大学生系列活动，牵头组织“诗里长安诗歌吟诵会”、毕业（开学）盛典等重大活动，吸引更多青年人才留在西安、融入西安。提升人才服务新水平。深入开展“弘扬爱国奋斗精神、建功立业新时代”2019年系列主题活动，举办各类活动26次，参与人数2万余人。落实好人才工作“六个一”（提供一份医疗“绿卡通”、定制一张“旅游年卡”、赠阅一份“党报”、组织一场专场文艺演出、开展一次集中宣传、设立一部服务热线）礼遇和“六个一”（开展一次集中慰问、通报一次全市经济社会发展情况、上门征求一次意见建议、邀请解决一个重大难题、召开一次专题协调会议、开展一次问题回访）联系服务机制，不断增强高层次人才成就感、归属感和获得感。统筹抓好人才服务保障，加快推进市级人才公寓建设，完成2.1万套大学生人才公租房流转分配，向3500余人发放货币化补贴504万元。组织370名高层次人才开展健康体检，协调解决8名高层次人才子女入学难题，全力解决人才干事创业后顾之忧。

◆目标考核　2019年，中共西安市委员

会组织部实施“考核质量提升”工程，推动目标考核提质增效。健全完善考核制度机制。紧扣“追赶超越”定位和“五个扎实”要求，按照《党政领导干部考核工作条例》等要求，制定《西安市目标责任考核工作规定》，进一步加强和规范全市年度目标责任考核工作。聚焦全市“十项重点工作”，出台《2019年度目标责任考核实施办法》《西安市“十项重点工作”考核办法》，建立分级考核、每月调度、一线查访等工作机制，推动目标任务高效落实、创新突破。着力构建高质量发展指标体系。对标中央和中共陕西省委、西安市委高质量发展部署，打造全市高质量发展指标体系2.0版，科学设置高质量发展和监测指标70多项，结合实际确定差异化指标。贯彻落实中央“基层减负年”精神，制定《年度目标责任考核指标准入和退出办法》，严把考核指标“准入关”，对指标退出标准作出明确规定。开展全市督查、检查、考核、清理、规范工作，审核压缩2019年考核事项计划67.8%，清理合并“一票否决”事项及“责任状”27.8%，切实为基层减负松绑。推动考核方式向精细化转变。强化过程管理，坚持“红、黄、绿”三色预警提醒、月度分析、季度研判等制度，有力推动省、市考各项目标任务完成。在关键时间节点开展集中考核督导3次，为年底考核提供参考依据。按照考核精细化管理要求，分类整理归档考核单位日常工作动态，建立精准考核工作台账。完成5批次公众满意度电话访问调查，2019年度全省社会评价调查，全市群众满意度比2018年度提高10.35%，提升幅度为历年最高。

（田　雨）

宣　传

◆概况　2019年，西安市宣传思想文化战线坚持以习近平新时代中国特色社会主义思想为指导，认真贯彻落实中央部署和中共陕西省委、中共西安市委要求，树牢“四个意识”，坚定“四个自信”，做到“两个维护”，紧紧围绕中心、服务大局，紧扣使命任务，坚持守正创新，勇于担当作为，为扎实加强文化建设，加快国家中心城市和具有历史文化特色的国际化大都市建设提供有力思想舆论保证和良好精神文化条件。

◆理论宣传　2019年，中国共产党西安市委员会宣传部围绕深入学习贯彻习近平新时代中国特色社会主义思想和习近平对西安工作重要批示指示精神，组织中共西安市委中心组集体学习15次，制定印发《区县委、西咸新区和开发区党工委理论学习中心组学习指导意见》《市直机关党委（党组）理论学习中心组学习指导意见》，编发《西安市党委（党组）理论学习中心组学习要点》12期，宣讲13100余场，直接听众106.8万人次。组织开展“我和我的祖国——我们都是追梦人”群众宣讲，吸引1500余名干部群众参加，宣讲2500余场，直接听众19.8万人次。《人民日报内参》以《西安创新宣讲方式促理论进基层》为题，重点介绍西安市宣讲工作经验。

◆中华人民共和国成立70周年系列活动　2019年，中国共产党西安市委员会宣传部制定印发《关于庆祝中华人民共和国成立70周年活动安排的意见》，策划举办西安市“奋斗新时代　阔步新征程”主题系列新闻发布会，召开西安解放70周年座谈会，举办西安解放70周年图片展，制作播出西安成就宣传片、70年70秒宣传短视频，全面展示中华人民共和国成立70年来西安经济社会发展的历史性变革和成就。广泛开展“我和我的祖国”“你好新时代”等群众性主题教育活动，举办“我爱祖国”学生书信征集、“坚定文化自信，讲好西安故事”演讲及征文大赛、“大爱谱华章，仁心铸伟业”主题宣讲大赛，展现人民群众的获得感、幸福感、安全感。大力倡导国庆新民俗，开展300多场“国庆吃面·国泰民安”活动，将国庆“黄金周”打造为“爱国活动周”。精心营造社会公共环境，在街头巷尾广泛悬挂国旗，举办主题灯光秀，全方位展示西安“国庆红”，受到中央媒体的广泛关注，展现了西安加快发展、砥砺奋进的良好形象。

◆新闻舆论引导　2019年，中国共产党西安市委员会宣传部深入宣传习近平新时代中国特色社会主义思想，认真做好中国共产党第十九届中央委员会第四次全体会议和“不忘初心　牢记使命”主题教育等宣传报道。聚焦主题，策划开展系列宣传报道，在《人民日报》头版头条、中国广播电视总台《新闻联播》等中央、陕西省主流媒体刊发稿件3392篇（条）。圆满承办2019中国网络诚信大会，在全国营造“网络诚信看西安”的浓厚氛围。依托第二届“一带一路”国际合作高峰论坛、亚洲文明对话大会等重大会议，以及欧亚经济论坛、第四届丝绸之路国际博览会、2019西安国际马拉松赛、2019世界文化旅游大会和2019年世界通航大会等平台，开展城市形象宣传推广，策划举办“丝路西安行——2019外媒记者看西安”“丝路上的西安”等主题外宣采访活动，对外展示西安的良好形象。西安市连续8年获“中国最具幸福感城市”，群众满意度年度测评提升幅度居陕西省第一。紧紧围绕中共西安市委、西安市人民政府中心工作，围绕重大主题、重要活动发布权威信息，全年举办新闻发布会66场次（省级平台3场），创历史新高，被中共陕西省委宣传部、陕西省人民政府新闻办表彰为“2019年度新闻发布工作先进单位”。统筹推进市、区（县）融媒体中心建设，建成西安广播电视台“长安云”平台和8个区（县）融媒体中心。妥善处置西安骊山别墅、利之星奔驰、“小升初素质考核零分”、“喝风辟谷公司”获双创补贴等突发事件，科学研判，主动发声，积极引导，舆情平稳有序。发挥主流媒体作用，有效管控自媒体，及时召开新闻通气会、碰头会、协调会，召开新闻舆论工作座谈会，邀请中央驻陕和省级主流媒体研讨交流。

◆社会主义核心价值观和精神文明建设　2019年，中国共产党西安市委员会宣传部建立全市社会主义核心价值观联席会议制度，持续推动社会主义核心价值观“六进两融入”（“六进”：进机关、农村、企业、社区、网络、校园；“两融入”：融入日常生活、融入法治西安建设）活动。先后举办“时代楷模”“三秦楷模”“全国道德模范”先进事迹报告会和“最美奋斗者”进社区宣讲活动，承办“红船精神万里行”西安站图片展、“让烈士回家”暨红岩精神陕西行活动。配合中国广播电视总台制作《社会主义核心价值观传播篇》视频公益广告，在中国广播电视总台16个频道和新媒体平台全年持续播出。深入推进各类群众性精神文明建设创建活动，443个先进集体被中共西安市委、西安市人民政府命名表彰。组织召开全市公益广告宣传、文明旅游、文明餐桌现场会，持续开展“我们的节日”等主题实践活动。西安市“车让人·人守规”经验在全省推广，被中共陕西省委精神文明建设指导委员会办公室推荐参加中央精神文明建设指导委员会办公室、中国文明网开展的“精神文明创建品牌故事”网上征集活动。大力开展先进典型选树宣传学习活动，贠恩凤、汪勇等4人获“最美奋斗者”称号；西安交通大学“西迁人”爱国奋斗先进群体、国家测绘地理信息局第一大地测量队荣获“最美奋斗者”集体称号；地铁北大街站被中共中央宣传部命名为“全国岗位学雷锋示范点”；徐立平、石志光获“第七届全国道德模范提名奖”；1人被中共中央宣传部表彰为“最美支边人物”；赵泽华入选“全国最美孝心少年”；丁雨滋等6人获“陕西省美德少年”。推出“西安好人”52人、“陕西好人”23人，11人入选“中国好人榜”。评选表彰第五届“西安市道德模范”。

◆文艺、文化工作 2019年，中国共产党西安市委员会宣传部大力实施“名城、名家、名作”工程，出台《西安市优秀文艺创作成果奖励办法》和《西安市重大精品创作扶持办法》，有力推进文艺精品创作生产。话剧《柳青》获第16届文华大奖；《音乐家》《西京故事》等9部作品获全省“五个一工程”优秀作品奖，中共西安市委宣传部获“组织工作奖”。电视剧《共和国血脉》《密查》《兰桐花开》分别在中国广播电视总台一套和八套黄金时段播出；纪录片《西迁纪》、广播剧《祖国知道我》、动画片《漫赏秦腔》等19部作品登陆中国广播电视总台和中央人民广播电台；儿童剧《二十四个奶奶》获第26届苏博蒂察国际儿童戏剧节“最佳剧目大奖”；秦腔《司马迁》和《喜迁莺》分别荣获第三十三届“田汉戏剧奖”剧本一等奖和三等奖；《疯狂斗牛场》等3部电影在全国院线上映。成功举办中国广播电视总台《2019春节戏曲晚会》《唱响新时代》特别节目和2019西安·南京双城灯会，在中国广播电视总台多个频道播出。组织开展“西安年·最中国”系列文化活动1801场，“写春联、送春联”活动1311次，戏剧惠民演出1500余场。实施“农村电影放映工程”，放映公益电影36036场。征集《西安印象》歌曲500余首，评选出《大秦岭》《望长安》等32首优秀作品。实体书店数量达到2391家，位居全国第4位。樊登书店、汉唐书城·城市驿站等5家书店获“年度主题书店”“年度社区书店”等荣誉称号。成功举办第29届全国图书交易博览会，吸引参展单位1234家，营销总收入2192万元，签约合作项目金额60亿元，参展规模、收入均创历届书博会之最。

◆文旅融合发展 2019年，中国共产党西安市委员会宣传部进一步落实经营性文化事业单位转企改制政策，加强文化领域社会组织建设，推动西安报业传媒集团和国有文化企业深化改革，推进农村文化礼堂和县级文化馆、图书馆总分馆制建设，深化“农家书屋”改革、创新提升服务效能。制定《西安市关于加强文化建设促进文化旅游融合发展的实施意见》《西安市加强文化建设促进文化旅游产业融合发展三年行动方案》，推进文化旅游产业深度融合。加强文化市场主体建设，全年净增规模以上文化企业116家，超省考目标任务26家；规模以上文化企业总数达到602家，占全省的38.99%；全年完成规模以上文化企业营收683.1亿元，占全省营收总额的63.8%；规模以上文化企业营收增长率17.5%，超省考目标任务2.5个百分点。全市“第四次全国经济普查”规模以下文化单位总数达到26201个，标识率10.9%，超省考目标任务1.9个百分点。新上市级文化产业重点项目28个，其中4个项目投资在10亿元以上，5个项目入选省级重点项目建设计划，长安唐村文学艺术产业园开工建设，四海唐人街未央产业园建成开业。曲江文化产业投资（集团）有限公司连续8年获“全国文化企业30强”，西安文化科技创业城产业园获“国家文化和科技融合示范基地”称号，西安文化和科技融合示范基地入选“国家文化和科技融合示范基地（集聚类）10强”榜单。（史　帆）

统一战线

◆概况 2019年，中国共产党西安市委员会统一战线工作部在中共西安市委的坚强领导下，在中共陕西省委统战部的关心指导下，全市统一战线坚持以习近平新时代中国特色社会主义思想为指导，认真贯彻落实习近平关于加强和改进统一战线工作的重要思想，围绕中共西安市委决策部署和工作思路，紧扣“追赶超越”定位和“五个扎实”要求，重引导、凝共识，展优势、聚合力，圆满完成年度工作任务。

◆多党合作和政治协商 2019年，中国共产党西安市委员会统一战线工作部组织市级各民主党派、西安市工商业联合会负责人和无党派人士代表赴汉中，开展暑期谈心活动；制订《市委2019年度政党协商计划》，并就“两会”人事安排、党风廉政建设和反腐败斗争、经济社会发展、《西安市秦岭生态环境保护条例》、《大西安生态绿色空间体系规划》等召开协商会、座谈会、通报会10次，以知情明政促进有效参政；围绕中国共产党西安市委员会、西安市人民政府中心工作，组织市级民主党派深入开展调研，形成76份调研报告，中国农工民主党西安市委员会《联动治霾》获中国农工民主党中央委员会调研报告一等奖；制订民主监督计划，举办民主监督培训会，组织市级民主党派就脱贫攻坚、河湖长制等工作开展10余次专项民主监督，支持市级民主党派围绕全市重点工作开展自选民主监督，以问题导向促进工作落实，在履职尽责中发挥新型政党制度效能。

◆非公经济统战工作 2019年，中国共产党西安市委员会统一战线工作部出台《关于推动民营经济高质量发展的若干意见》，从减轻企业税费负担、优化金融服务、营造公平竞争环境等7个方面，提出了30条具体措施。市级各部门、各区（县）、开发区根据责任分工，相继制定更加具体的配套措施和实施细则，全市出台的配套政策、实施细则共计143个，从政策层面营造良好环境；坚持每月开展走进商会、走进民营企业、走进军民融合企业和企业家沙龙活动，全年走访企业100多家，梳理诉求50多项，并移交相关部门办理；同时，还联合西安市金融工作局、西安市司法局、西安市国有资产监督管理委员会、西安工商业联合会等单位陆续举办了政银企融资对接会、“深化律师服务、助推民企发展”专项行动、深化国企民企合作推进会等活动；与西北大学签署合作协议，联合建立西安新生代企业家培训基地，先后举办5批次培训班，组织20名优秀民营企业家赴英国剑桥大学、60名新生代企业家赴深圳大学进行高层次培训等，从素质层面服务做大做强；研究制定《西安市工商联深化改革方案》，分解改革任务，明确责任时限，并指导各区（县）工商联做好深化改革工作，确保各项改革任务的落实。同时，对工商联所属商会改革工作进行安排部署，从活力层面激励发展动力，在亲清关系中发挥服务经济发展效能。

◆民族宗教工作 2019年，中国共产党西安市委员会常委会先后2次研究宗教工作议题，1次市委中心组学习宗教工作内容，以中共西安市委名义印发《关于省宗教工作督查反馈意见的整改方案》，中共西安市委统战工作领导小组4次召开专题会议，研究部署推进中央、省宗教工作督查反馈问题整改和“回头看”工作等，形成“党委重视、部门配合、合力推动”的良好局面。全年先后56次前往330个点位进行实地督导检查，抽调35人组成10个工作小组，开展调研暗访；按照“回头看”工作要求，对

2018年秦岭北麓违建专项整治中有建设情况的46个宗教活动场所，特别是25个存在拆除任务的进行重点监查，指导相关区（县）对秦岭北麓涉及的96个宗教活动场所和1112个民间信仰场所逐一复查、核查，确保全覆盖、不遗漏；围绕乱设功德箱、燃烧“高香大蜡”借教敛财、二维码捐赠等佛道教商业化等专项治理；落实宗教工作“三级网络两级责任制”、宗教场所“四进”活动等，扎实开展宗教工作反馈问题整改，上半年向相关区（县）、开发区和宗教活动场所反馈发现问题75个；下半年向区（县）下发《宗教工作督查整改“回头看”存在问题反馈书》41份。

◆党外知识分子工作　2019年，中国共产党西安市委员会统一战线工作部举办第三届西安海归创业大赛，吸引近百支来自全国信息技术领域的海归项目团队参赛，其中30支队伍参加复赛路演，10个项目进入决赛，3个项目与创投基金签订投资意向协议；成立中共西安市委统战部海归小镇建设项目推进小组，召开4次会议，为西安发展吸引海外人才；召开新生代企业家联谊会常务理事会暨长安区分会成立大会，增选领导班子，整合工作资源，建立轮值会长制度，在增强合作交流中，为经济建设献计出力；制定《关于推动我市新的社会阶层人士统战工作实践创新基地第三批重点项目建设的方案》，在巩固2018年2个实践基地的基础上，重点打造长安双创中心和碑林中社组织服务联盟2个实践创新基地。

◆港澳台侨统战工作　2019年，中国共产党西安市委员会统一战线工作部积极协调香港嘉诺撒培德学校与西安市新城区明欣小学缔结姊妹学校，协调香港医疗卫生交流团与西安市多家医院进行座谈交流，开展“同行丝路、西安足迹”香港中学生交流活动，并与中国香港跳绳体育联会，在西安市经济技术开发区第一中学举办“跃动陕港、跳绳体育文化交流”活动；协助澳门西安商会在西安设立联络处，组织澳门西安商会参加清明黄帝陵祭祖大典及考察交流、助学公益活动等；与陕西省台湾事务办公室、中国广播电视总台海峡飞虹中文网联合拍摄《我们都是炎黄子孙》MV歌曲，增进国家认同；组织《台湾导报》等13家媒体参加“两岸媒体联合采访报道组”，宣传推介西安；在“西安事变”纪念馆和西安曲江社区服务中心设立“西安市海峡两岸交流基地”“西安市海峡两岸社区交流基地”，搭建工作平台；加强与有关部门协作，协调解决台胞劳动就业、社会保险、购房待遇等现实问题，落实惠台政策；组织210余名台商参加招商引资推荐会，加强经贸交流；协助台湾各类参访考察团27批800余人在西安市考察，推动对台交流；涵养海外侨务工作资源，新增设菲律宾亚太交流协会、芬兰华商总会、捷克中东欧经贸联合商会、瑞典瑞华贸易促进会4个“西安市海外侨务工作联络点”。截至年底，全市共有21个“西安市海外侨务工作联络点”。

◆党外人士培训和安排　2019年，中国共产党西安市委员会统一战线工作部认真贯彻落实《西安市党外干部队伍建设五年规划（2018—2022）》，紧紧抓住党外代表人士发现、培养、使用和管理等环节，实施“雏鹰计划”，建立完善100名优秀年轻党外后备干部名单。举办20期培训班，培训1000多人次，选调60人次参加了中央、陕西省各类培训。推荐了20名党外干部作为区县、开发区、市级部门和法院、检察院领导班子建议安排人选。协助九三学社西安市委员会完成届中补选主委工作。落实《社会主义学院条例》，在西安市社会主义学院加挂西安中华文化学院牌子，并为西安市社会主义学院设立第一副院长，增设1名党外副院长。

◆统战宣传信息调研　2019年，中国共产党西安市委员会统一战线工作部充分利用西安统一战线微信平台、《西安统战情况交流》、《统战信息专报》等载体，坚持质量关、时效关，及时采编、报送工作中的特点、亮点和经验做法。全年发布微信140期，编辑《西安统战情况交流》13期、《统战信息专报》15期。《中国统一战线》专题报道西安市工作4篇，《朋友》专题报道21篇，《西安日报》报道39篇。向中央统一战线工作部《统战工作》推荐稿件4稿，第48期刊登《西安把联企帮企护企贯穿服务民营企业发展全过程》稿件；向中央统一战线工作部和中共陕西省委统战部上报各类信息74条，采用53条；中央统一战线网站采用西安市稿件23篇；向中共陕西省委统战部推荐5篇重点调研课题，较好地宣传了西安市统战工作。（陆　艳）

政策研究

◆概况　2019年，中国共产党西安市委员会政策研究室坚持以习近平新时代中国特色社会主义思想为指导，以深入开展“不忘初心　牢记使命”主题教育为主线，紧盯西安市“十项重点工作”和市委主要领导关注点，着力在“强化文稿服务、提升调研质量、促进改革创新、发挥智库作用”上下功夫，以文辅政、调查研究、深化改革和信息服务迈出新步伐，作风建设和工作质量取得新成效，较好地发挥了智囊团和参谋助手作用。

◆建言献策　2019年，中国共产党西安市委员会政策研究室紧紧围绕中共西安市委“追赶超越”工作要求，全力服务中共西安市委中心工作，起草完成中共西安市委重大决策性文件8份，办结中共西安市委主要领导批示件和交办事项71件，牵头起草中共西安市委领导讲话稿50余篇，多次得到中共西安市委主要领导的批示和肯定。

起草完成市委全会有关文件　在广泛征求意见的基础上，起草完成中共西安市委《关于加快推进新型智慧城市建设的决定》，经中国共产党西安市第十三届委员会第八次全体会议通过后印发全市执行，为促进全市供给侧结构性改革、推动高质量发展起到了重要作用。起草完成中共西安市委《关于深入贯彻党的十九届四中全会精神　高质量推进市域治理体系和治理能力现代化的工作方案（送审稿）》，经中共西安市委常委会研究，拟提请中国共产党西安市第十三届委员会第十次全体会议审议。

起草完成市委出台政策文件　根据中共西安市委安排，研究制定中共西安市委《关于推动民营经济高质量发展的若干意见》《关于推进全市开发区高质量发展的实施意见》《关于加快我市对外开放发展的工作建议方案》《关于新时代加强和改进政协工作的实施意见》《关于新时代加强人大工作和建设的意见》等重要文件，为全市“追赶超越”提供政策保障和智力支撑。

起草完成市委领导各类综合文稿　牵头起草中共西安市委主要领导在全市教育大会、重点项目推进会、迎全运加快建设国家中心城市工作大会上的讲话，以及关于大力发展“三个经济”、加快建设先进制造业强市、全市文化和旅游融合发展等方面的多篇重要讲话，发挥了强有力的参谋助手作用。

起草完成市委财经委重要文件　全市机构改革后，中共西安市委政策研究室增加了工作职能。为更好履职尽责，中共西安市委财经工作委员会办公室积极向中共陕西省委财经工作委员会办公室和其他副省级城市学习经验，筹备召开市委财经委领导小组第一次会议，审议通过《工作规则》《中共西安市委财经工作委员会办公室工作细则》和《2019年财经工作要点》。组织召开半年经济运行情况分析专题会，起草有关研究报告，为全市经济稳增长、促发展建言献策。

◆**调查研究** 2019年，中国共产党西安市委员会政策研究室围绕全市加快国家中心城市建设、推动高质量发展，紧盯“十项重点工作”和人民群众关注的热点、难点问题开展调研，形成各类调研报告和理论文章54篇，其中有9篇获得中共西安市委主要领导批示，3篇被吸收转化到中共西安市委、西安市人民政府出台的政策文件或行动方案中，“三个经济”“营商环境”“科技创新”“教育改革”“全域旅游”等30余篇报告作为相关部门制定工作实施意见的重要参考，调研报告成果转化率创历年之最。

紧盯市委领导关注点开展调研 根据中共西安市委主要领导批示要求，深入区（县）、开发区和市级有关部门开展调研，形成《关于落实追赶超越定位和“五个扎实”要求的调研报告》《关于西安市营商环境的调研报告》《关于推进“三个经济”发展情况的调研报告》《我市区县主导产业发展情况的调查》《当前我市开发区发展存在的问题与建议》等专题报告。《山丹丹花开红艳艳——西安市丹阳联村摆脱贫困的实践与探索》《西安国际化建设的思考与研究》等多篇报告在中共陕西省委内刊简报上刊发。

紧紧围绕全市“十项重点工作”开展调研 主动参与全市“十项重点工作”有关文件的起草。为推进落实，牵头与西安市人民政府相关部门合作，围绕文化旅游产业、区（县）龙头产业、制造业、生产性服务业、现代产业体系等9个方面重点内容开展调研，呈报的《“三河一山”绿色生态廊道调研报告》《西安市科技创新发展情况调研报告》《西安现代产业体系调研报告》等5份调研报告，得到了中共西安市委主要领导的批示，《西安市文化旅游产业发展的调研报告》提交中共西安市委专题会议研究。

紧密结合“不忘初心、牢记使命”主题教育开展调研 配合市委主题教育制定《西安市第一批“不忘初心、牢记使命”主题教育调查研究工作安排》《西安市委常委在“不忘初心、牢记使命”主题教育中开展调查研究的工作方案》，做好中共西安市委常委调研报告梳理汇总工作。围绕百姓关注的社区治理、教育改革、便民服务圈等问题开展调研，积极为提升市民群众幸福感建言献策。

◆**深化改革** 2019年，中国共产党西安市委员会全面深化改革领导小组办公室深入聚焦改革重点领域和关键环节，立足市情抓创新，自主改革求突破，倾力打造各领域改革成果亮点，“放管服”改革、机构改革、农业农村改革、国企国资改革等“国字号”改革任务稳步推进；“推进区域协同发展”“重点企业联系机制”“税银企”“全城通港”等17项改革创新成果在全国或全省复制推广；“跨境电商改革”“融媒体改革”“文艺院团改革”等11个案例在全国各类经验交流会上获得广泛好评。

认真学习领会中共中央全面深化改革委员会、中共陕西省委全面深化改革委员会、中共西安市委全面深化改革委员会历次会议精神，全面梳理中国共产党第十八次全国代表大会和中国共产党第十九次全国代表大会改革任务规划，对接中共陕西省委改革任务部署，突出针对性、协调性、自主性，大幅缩减日常性、事务性改革事项，系统谋划9个领域75项年度改革任务。其中，持续推进11项，承接中央、省改革新任务30项，自主改革34项，明确21项拟出台的重要文件和22项领导领衔的重大改革项目。按照中央、陕西省机构改革统一部署，成立中共西安市委全面深化改革委员会，进一步加强党对改革工作的领导和统筹协调力度。对专项小组进行优化整合，小组数量由15个精简至9个，重新修订中共西安市委改革委员会工作规则、专项小组工作规则和办公室工作细则，明确委员会、专项小组、改革办的机构设置、职责任务、会议制度等重要事项，进一步简化工作程序。严格落实中共、陕西省关于规范精减督察考核、进一步为基层减负的要求，减少考核频次，完善督察办法，注重用好改革信息化系统，加强省、市、区（县）三级联动和日常进度监控，实现改革进度一键报送。组织各专项小组，各区（县）、开发区依据本领域、本地区改革任务推进实际，分层次自主进行专项督察，并报中共西安市委全面深化改革委员会办公室备案。全年各领域、各区（县）开展督察23次，有力推动机构改革、营商环境、农村综合改革试验、城市综合管理等一批重点改革落实。积极总结各领域改革成效、改革经验，先后组织开展2018年度全市优秀改革案例评选、全省优秀改革案例遴选推荐。向中国经济体制改革杂志社报送西安市16项改革案例，西安曲江新区推动文艺院团改革入围“2019中国改革年度案例”。围绕贯彻落实中国共产党第十九届中央委员会第四次全体会议精神，对西安市创新社会治理改革经验进行梳理总结，遴选出18篇具有代表性的改革案例，报送中共陕西省委全面深化改革委员会办公室。

◆**内刊编辑** 2019年，中国共产党西安市委员会政策研究室不断改进《今日西安》的封面设计、栏目设置、内容编排和视觉效果，坚持每期根据中共西安市委重要工作部署开展主题策划，先后围绕“纪念新中国成立70周年”“扎实开展不忘初心、牢记使命主题教育”“办好人民满意教育 建设教育强市”等选题组稿并深入报道。增设《西安榜样》《基层札记》等反映西安历史文化特色的栏目，丰富刊物内容、扩大刊物的影响力，全年编发《今日西安》12期。围绕“一网通办”“优化营商环境”“发展全域旅游”“推进特色现代农业”等重点工作，编发《调研参阅》21期，刊载有关研究报告供全市各级领导参阅。（郑 凯）

机构编制

◆**概况** 2019年，中国共产党西安市委员会机构编制委员会办公室紧扣“追赶超越”定位和“五个扎实”要求，以深入开展“不忘初心、牢记使命”主题教育活动为主线，以持续巩固和深化机构改革为重点，以落实西安市“十项重点工作”为突破口，突出重点，主动对标，创新管理，强化作风，推动机构编制各项工作落地落实。

◆**机构改革** 2019年，中国共产党西安市委员会机构编制委员会办公室贯彻落实中国共产党第十九届中央委员会第三次全体会议做出的深化党和国家机构改革重大决策部署，高站位谋划、高标准要求、高质量落实，全市机构改革工作顺利完成。

坚持党对机构改革工作的全面领导 将全面坚持和加强党的领导作为改革的根本遵循和首要任务，在各领域、各环节、各方面围绕全面加强党的领导做出制度安排和职能配置保障。新组建和调整11个党委议事协调机构；进一步优化组织、宣传、统战、政法等部门职能配置，加强归口协调职能，突出党委的核心职能、统筹职能、协调职能，从职能上确保党委的领导更加坚强有力；进一步健全和深化党的纪律检查和国家监察体制，实现党内监督和国家监察全覆盖。

坚持优化、协同、高效原则　全面融入“对标对表”和“因地制宜”2个关键要素，2次赴中央机构编制委员会办公室、20多次赴中共陕西省委机构编制委员会办公室进行汇报沟通，制订出较为科学合理、符合西安实际的改革方案，聚焦强化秦岭生态环境保护，优化营商环境，提升金融风险防范化解能力，推进军地资源共享互赢等，因地制宜设置机构。改革后，市级设置党政机构54个，包括中共西安市委工作机关16个，西安市人民政府办公厅和工作部门38个。在职能配置方面，以科学规范制定“三定”规定为宗旨，调整优化党委部门和政府部门，尤其是政府综合部门和行业部门，以及市和区（县）之间职责关系，加强职能的深度融合。市本级调整优化职责300余项，明确部门职责分工近40项。市、区（县）机构改革同步推进，在机构设置、职能配置上完成基本对应。初步构建上下贯通、执行有力的机构职能体系。

坚持“先立后破、不立不破”原则　坚持谋定而后动，抓好机构挂牌组建、人员转隶、制定“三定”规定等改革关键环节和各项配套保障的有机衔接。密切建立与相关各部门的协调配合机制，完成44个市级部门2000多人的转隶和1870人的下划工作，印发市级58个部门的“三定”规定，出台关于机构改革党组织设置、改革纪律、涉改人员身份过渡、国有资产管理、档案移交管理、办公用房调配等若干改革配套文件，确保各项工作有章可循、平稳推进。

坚持各项改革统筹推进　同步推进承担行政职能的事业单位改革，采取“三个一批”（回归一批、整合一批、规范一批）的方式实施事业单位行政职能剥离工作，开展事业单位名称清理规范。根据中央和中共陕西省委关于5大领域综合执法体制改革的有关要求，研究拟定《西安市综合执法体制改革意见》，在中央和中共陕西省委的统一部署下推进实施。统筹推进人大、政协和群团组织等其他相关领域改革，改革整体效应更加凸显。

坚持严肃机构编制纪律　在改革过程中，坚持把纪律规矩挺在前面，严格落实中央和中共陕西省委关于机构设置、编制管理、领导职数核定的有关规定。对合署办公机构、挂牌机构、议事协调结构、临时机构和派出机构进行规范管理，杜绝擅自设立机构、擅自增加编制、擅自配备职务等不规范情况的发生。结合实际，内部挖潜，加大机构编制整合规范和统筹调配力度。

持续巩固和提升机构改革成果　对市级部门和各区（县）改革完成情况、“三定”规定落实情况进行2轮调研评估，进一步促进部门间和部门内部的职能优化协同高效，真正构建起系统完备、科学规范、运行高效的机构职能体系；积极推进街道体制机制改革，在完成市与区（县）2级党政机构改革的基础上，按照先行试点、再全面推开的思路，研究制定《西安市深化街道体制机制改革指导意见》，确定在莲湖区、雁塔区先行试点；优化职能配置，调整加强中共西安市纪律检查委员会、西安市监察委员会派驻机构设置。对派驻机构在党内监督职能基础上赋予监察职能，实现纪检、监察职能全覆盖，监督形式由单独派驻监督为主改为以综合派驻监督为主。

◆秦岭生态环境保护管理体制建设　2019年，中国共产党西安市委员会机构编制委员会办公室坚决贯彻落实习近平关于秦岭生态环境保护重要指示批示精神，把秦岭保护工作作为一项重大的政治任务抓好抓实。结合本轮机构改革，设立西安市秦岭生态环境保护管理局，在沿山6区（县）专门设立机构，进一步强化党委对秦岭保护工作的统一管理，健全秦岭生态环境保护责任体系；围绕中共陕西省委第一巡视组向西安市反馈的秦岭生态环境保护职责界定不明晰的问题，先后制订印发《秦岭北麓生态环境保护责任清单制定工作分工方案》《秦岭北麓生态环境保护责任清单》，会同西安市资源规划局制定印发《区县自然资源规划部门统一领导和管理林业工作管理方式和工作机制的意见》，对29个市级部门和沿山6区（县）应承担的监管职能和责任进行明确，明晰秦岭生态环境保护工作各相关单位的监管职能。

◆教育机构编制保障　2019年，中国共产党西安市委员会机构编制委员会办公室紧紧围绕加快推进教育强市建设要求，优化编制资源配备，突出保障现实需要，坚决把中共西安市委的决策部署落实到位。联合组织、教育、财政等部门深入开展调研论证，制定印发《关于统一全市中小学教职工编制标准的实施意见》，进一步加强全市中小学机构编制管理的规范化、科学化和标准化建设；制定印发《关于加强完善开发区教育管理机构的意见》，就加快推进开发区教育管理体制改革，理顺开发区与行政区教育管理事权提出具体意见；研究制定《西安市关于保障教育改革发展建立事业编制周转池的实施意见》，切实通过推进编制管理改革创新，内部挖潜，为西安市基础教育改革发展提供有力的机构编制保障。

◆优化营商环境　2019年，中国共产党西安市委员会机构编制委员会办公室加快开展最多跑一次（数字化转型）改革工作，完成高频民生事项的梳理、标准化论证工作，修订完善《西安市政务服务事项目录》，优化市级政务服务事项管理平台的目录清单、实施清单的创建流程，为实现政务服务同标准办理、无差别受理夯实工作基础；推进相对集中许可权改革，组建西安市行政审批服务局，为深化行政管理体制改革探索经验。在市级相关部门开展涉审中介服务事业单位的调查摸底工作，研究规范行政机关所属事业单位开展的中介服务，进一步优化提升全市营商环境。

◆推动机构编制法定化　2019年，中国共产党西安市委员会机构编制委员会办公室结合宣传贯彻《中国共产党机构编制工作条例》，提高机构编制管理规范化科学化法治化水平。会同中共西安市委组织部印发贯彻落实意见，加大宣传力度，开展征文活动，在中共西安市委、西安市人民政府院内进行为期半个月的宣传展板展出，并对照《条例》梳理政策规定，拟定《中国共产党西安市委员会机构编制委员会工作规则》和《中国共产党西安市委员会机构编制委员会办公室工作细则》，确保各项制度与《条例》有机衔接；结合机构编制日常工作，强化机构编制管理。完成机构编制实名制数据库的实时更新和年报统计工作，同步推进社会信用代码赋码工作，全面完成雁塔、长安、鄠邑等区（县）托管西安高新技术产业开发区150家党政群机关和事业单位的管理工作，进一步加大“双随机，一公开”实地核查的工作力度；结合机构编制监督检查，严肃机构编制纪律。组织开展区（县）治污减霾工作机构编制管理、“三集中，三到位”改革落实情况专项督查，巡查问题线索的督办等专项检查工作；向区（县）和市级部门下发《机构编制问题督办单》，进一步推进全市机构编制问题整改推进审批联动工作；综合运用机构编制跟踪问效、联合检查、专项督查等多种方式不断加大事中、事后监管力度，持续加大机构编制纪律的宣传并做好机构编制的举报受理工作。　（贾　赛）

外　事

◆概况　2019年，西安市外事工作认真学习贯彻习近平新时代中国特色社会主义思想和外交思想，聚焦中国共产党第十九次全国代表大会提出的新使命新目标新要求，坚持全市外事工作服务于国家总体外交、服务于“一带一路”建设、服务于全市经济社会发展，紧紧围绕“追赶超越”目标，积极探索服务“三个经济”，加强总体谋划，协调推进各领域对外工作，圆满完成了外事工作目标任务。全年接待重要外宾105批次1502人次，组织接待港、澳代表团15批907人次。

◆重大外事活动 2019年，西安市始终坚持把外事工作放在党和国家工作大局中去谋划、推动和落实。切实加强党对外事工作的集中统一领导，严格外事归口管理。严格因公出国、对外交往、涉外宣传报道等的规范管理，外事工作的规范水平进一步提升。

配合国家高访任务 按照外交部统一安排，在国家主席习近平和外方国家领导人的共同见证下，西安市人民政府市长李明远和吉尔吉斯斯坦奥什市市长萨雷巴绍夫互相交换友好城市关系协议书；中国驻尼泊尔大使侯艳琪代表西安市与尼泊尔布特瓦尔市交换友好城市关系协议书，中国西安市与尼泊尔布特瓦尔市缔结友好城市被写入《中尼联合声明》，西安市的国际影响力日益提升。

西安当选世界城地组织联合主席城市 根据国家总体外交需要，在中共中央组织部、外交部、中国人民对外友好协会的指导下，西安市积极努力、全力争取，11月16日，西安作为中国和亚太区唯一代表，成功当选世界城地组织联合主席城市，西安市人民政府市长李明远当选世界城地组织联合主席。西安此次成功当选具有开创性，在西安历史上属首次。

举办2019年“中国年·大使行”活动和“东亚文化之都”中国西安活动 2019年“中国年·大使行”活动先后分4个批次，邀请22个国家的驻华使节来西安体验见证中国优秀传统文化和改革开放成果。“东亚文化之都”中国西安活动贯穿2019年全年，以8大主题、数十项异彩纷呈的活动，从多角度展现西安的古韵风华，奏响中、日、韩3国文化交流合作的乐章。

举办第七届丝绸之路经济带城市圆桌会 邀请19个国家的20个友好城市及友好交流城市代表、3个驻西安总领事馆代表、东干族代表、国际顾问专家等外宾共计120人参加会议。围绕“聚焦互联互通，实现互利共赢”会议主题，就推进互联互通与加强城市间合作，深入交换意见，达成广泛共识。

召开第二届西安市国际专家顾问团圆桌会 邀请来自意大利、新加坡、美国、法国、德国、塞尔维亚、瑞典、日本8个国家的16位国际知名学者、专家、企业总裁作为新一届国际专家顾问团成员，共聚西安，利用智力优势、资源优势、身份优势为“大西安”建设献言献策，助力经济发展。

对外交流与合作 科学合理制订年度出访计划，务实推进计划落实，将出访重点放在俄罗斯、哈萨克斯坦、吉尔吉斯斯坦、菲律宾、马来西亚、巴基斯坦、尼泊尔等“一带一路”沿线重点国家，在经贸、教育、旅游、文化等领域寻求合作机遇。市领导出访19批67人次，局级及以下出访377批1463人次。33个团组252人次赴友好城市和友好交流城市进行交流访问，45批233人次友好城市和友好交流城市团组来西安市访问，与各友好城市和友好交流城市的交流往来日益密切。

◆国际友好城市工作 2019年，西安市加强与“一带一路”沿线地区、“中欧班列”节点城镇、东南亚经济发达城市的友好交流。新增吉尔吉斯奥什、尼泊尔布特瓦尔、摩洛哥非斯市3对友好城市，同法国亚眠市等19个城市签署发展友好交流城市意向书。截至年底，西安市国际友好城市已达30个国家36对城市，国际友好交流城市39个国家76对城市。高陵区和俄罗斯戈尔诺乌拉尔区缔结国际友好交流区，成为西安市国际友好区（县）正式合作第一例。

◆涉外管理与服务 2019年，西安市改进教学科研、国有企业人员因公临时出国管理工作，促进对外交流合作。将教学科研、国企人员出国与党政机关工作人员因公出国分别对待、区别管理，及时精简报批材料，提高审批效率，为教学科研、国有企业人员出国开展学术、经贸交流合作提供便利。批准教学科研8批52人次，学术交流41批113人次，国有企业71批455人次。积极与泰国、韩国、柬埔寨、马来西亚驻西安市总领事馆开展交流合作，先后与各总领馆合作举办“第五届西安·韩国周”活动、“2019年泰国风情节”活动等多项文化经贸活动。积极宣传推介西安市领馆区，白俄罗斯、意大利、土耳其、加拿大等30个国家在西安设立签证中心，市民出行更加便利。进一步优化涉外环境，制定《西安市国际语言环境建设年工作方案》和《西安市公共双语标识英文翻译规则》，筹建“爱上西安”App平台。举办“安全文明出境游宣传月”活动，在地铁、机场、广场、公园组织开展各类宣传活动。大力推介APEC商务旅行卡，全年为企业申办APEC商务旅行卡151张，为西安市企业出国洽谈项目提供了便利。

（范鹏军）

侨务

◆概况 2019年，西安市侨务工作部门以习近平新时代中国特色社会主义思想为指导，认真学习贯彻中国共产党第十九次全国代表大会及十九届二中、三中、四中全会精神，以习近平关于侨务工作的重要论述为根本遵循，围绕中心，服务大局，全年工作稳中有进。深入开展调查研究，征求近70名老归侨侨眷的意见建议，走访10余家企业，与20多位企业负责人座谈交流，发放调查表50份，检视整改问题22项，出台长效机制4项。为促进西安建设发展做出了积极贡献。新聘3名海外委员。考察推荐60名归侨侨眷参加陕西省第八次归侨侨眷代表大会，其中9人当选委员。在陕西省第八次归侨侨眷代表大会上，西安文理学院侨联被评为全省侨联系统先进单位；西安市归国华侨联合会文化交流部部长申沛衡被评为全省侨联系统先进工作者。

◆亲商助企 2019年4月初，西安市归国华侨联合会邀请61名海内外侨商参加第四届丝绸之路国际博览会暨中国东西部合作与投资贸易洽谈会，组织英国陕西商会、法国陕西总商会、美国陕西总商会部分海外嘉宾到西咸新区和部分侨资企业参观考察。先后2次邀请白俄罗斯布列米诺集团代表团到西安国际港务区就租赁物流仓储，开通西安—白俄罗斯奥尔沙之间的中欧班列和奥尔沙在西安的铁路货站，对接商检、报关、货物收发站等业务进行协商交流，并签订正式合作协议。6月24日，组织部分侨商代表参加新城区2019年重点项目专项推介座谈活动。全力协调陕西唐风丝韵文化旅游发展有限公司、环球医生西安国际医疗门诊部等侨资企业在西安注册落地。研究推荐15名新侨加入西安市侨商会，组织近20人次会员分别参加由中国侨商联合会在北京、天津、哈尔滨组织的经贸交流活动。在11月18日召开的中国侨商联合会会员代表大会上，田长校当选副会长，雷宁当选常务副会长，西安市侨商会当选团体理事单位。

◆**为侨服务** 2019年，西安市侨务工作部门利用网站宣传《中华人民共和国宪法》和《中华人民共和国归侨侨眷权益保护法》，组织协调3起归侨侨眷和侨商维权相关事宜。先后4次召开专题会，推进侨商维权事宜妥善解决。协调西安市法律援助中心为1名侨眷提供免费法律援助。元旦和春节期间，走访慰问归侨侨眷129人，发放慰问金近10万元。

◆**交流联谊** 2019年9月，西安市举办西安地区侨界庆祝中华人民共和国成立70周年暨西安市归国华侨联合会成立60周年活动，来自陕西省归国华侨联合会及区（县）、部分高校的归侨侨眷代表和侨商代表80余人参加活动。11月，西安市归国华侨联合会组织部分侨界政协委员、区（县）分管侨联的负责人到丽水、青田、厦门、泉州等地侨务部门考察调研。3月，举办侨界讲堂，邀请全国人大代表崔荣华传达全国“两会”精神。邀请5位侨界专家学者参加“乙亥年2019‘西安年·最中国’”开街仪式。组织38名海内外华侨华人参加“清明公祭轩辕黄帝典礼”。支持音乐故事片《半个月亮爬上来》的海内外宣发，获批2019年西安市宣传文化发展专项资金50万元。支持陕西省归国华侨联合会做好2019海外华裔青少年中国“寻根之旅”夏令营活动，协调近2600人登上西安城墙。上报“诗经里”为中国华侨国际文化交流基地。推选410篇优秀作文参加第二十届世界华人学生作文大赛，报送76幅作品参加第四届世界华侨华人摄影展。8月，西安市侨商会在紫阳县开展向贫困大学生献爱心活动，21名侨商向17名贫困大学生捐赠学费8.5万元。推动“侨爱心光明行”活动在西安展开，协助爱尔眼科进社区开展眼病筛查，让侨界群众受益得实惠。

◆**自身建设** 2019年3月，西安市归国华侨联合会召开十一届三次全委（扩大）会，传达中央、陕西省侨联全委会议和中共西安市委十三届八次全会精神，安排部署2019年度工作，新聘3名海外委员。考察推荐60名归侨侨眷参加陕西省第八次归侨侨眷代表大会，其中9人当选委员。认真组织“讲政治、敢担当、改作风”专题教育，聚焦专题学习、警示教育、查摆问题、严肃开展批评和自我批评、抓好整改落实5项任务，处以上领导干部政治觉悟显著提高，担当意识大幅增强，工作作风明显改进。周密组织“不忘初心、牢记使命”主题教育，在领导领学15次，组织学习研讨8次，参观见学烈士陵园、陕西省档案馆、八路军办事处纪念馆、张学良将军公馆的基础上，深入开展调查研究，征求近70名老归侨侨眷的意见、建议，走访10余家企业，与20多位企业负责人座谈交流，发放调查表50份，检视整改问题22项，出台长效机制4项。扎实开展“作风强化年”、违规收送礼金专项整治工作、集中整治形式主义官僚主义工作、全市干部作风问题排查工作、作风纪律宣传月，筑牢党员干部思想防线。（李新磊）

西安市归国华侨联合会第十一届委员会

副主席 肖王民 戴慧敏 禹燕（女） 陈振茂 常建国 陈婧（女） 杜强 邱慧灵

秘书长 肖王民（兼）

老干部工作

◆**概况** 2019年，中国共产党西安市委员会老干部工作局深入学习贯彻习近平新时代中国特色社会主义思想和中国共产党第十九次全国代表大会及十九届二中、三中、四中全会精神，扎实开展“不忘初心、牢记使命”主题教育，积极配合中共西安市委巡察工作，始终以习近平关于老干部工作的重要指示为遵循，紧紧围绕全市中心工作，积极服务追赶超越大局，组织引导全市广大离退休干部为西安建设国家中心城市贡献智慧力量，全年圆满完成各项目标任务。截至年底，西安市有离退休干部99982人，其中离休干部1903人。

◆**离退休干部党的建设** 2019年，中国共产党西安市委员会老干部工作局始终把讲政治摆在首位，引导离退休干部永远听党话、跟党走。按照中共西安市委主要领导批示要求，向全市11378名副处（县）级以上离退休干部传达中共中央和中共西安市委关于秦岭北麓违建别墅专项整治情况的通报；举办全市离退休干部全国“两会”、中共十九届四中全会精神辅导报告会和西安市情政情通报会，引导老同志树牢“四个意识”、坚定“四个自信”、做到“两个维护”。重视思想建设，开办6期全市离退休干部“古城金秋”大讲堂；向副省级及2015年以后退休的副市级老领导传达中共中央、中共陕西省委、中共西安市委“不忘初心、牢记使命”主题教育工作会精神，发放《西安市扫黑除恶专项斗争应知应会手册》《西安市扫黑除恶专项斗争典型案例汇编》等学习材料；组织市局级离退休干部赴西安高新技术产业开发区开展“助力追赶超越 点赞大西安 看发展变化”参观考察活动，参观考察创业咖啡街区、城市客厅、西安法士特汽车传动有限公司、西安高新国际会议中心等重点项目建设情况，赴西安阎良国家航空高技术产业基地开展“庆国庆 迎重阳”参观考察活动，参观考察中国飞机强度研究所、三角防务股份有限公司、翔辉航空科技有限公司等企业，引导老同志做习近平新时代中国特色社会主义思想的坚定实践者。举办1期全市离退休干部党支部书记、委员和党务工作者示范培训班；召开“五好”示范党支部创建工作推进会，评选出全市首批18个基层离退休干部党组织“五好”示范党支部，拍摄制作《夕阳辉映党旗红》专

2019年4月3日，中共西安市委老干部工作局邀请全国人大代表孙维为离退休干部作全国“两会”精神辅导报告

题片，展示离退休干部党建阶段性成果；选取莲湖、长安的15个社区，启动“发挥离退休干部优势促进城市基层党建”工作试点，摸排3088人次，动员1617名离退休干部到社区报到，新组建党支部8个、临时党支部9个、党小组16个，新增参与活动的老干部党员652人，打造并叫响39个党建品牌，充分激发了老干部党员融入社区发挥正能量的积极性。

◆**离退休干部服务管理** 2019年，中国共产党西安市委员会老干部工作局始终以老干部需求为导向，牢固树立精准理念，努力把服务做到老同志心里。指导全市各单位依托多种平台载体为离休干部送关怀、送服务、送学习、送活力、送健康、送温暖。示范先行，从局负责人到普通干部，每人对接服务3名以上老干部、老红军。开展重大节日走访慰问。配合完成市级领导春节、国庆走访慰问老干部工作，为69名市级老领导和全市2186名离休干部定制并发放“荣誉牌”；为全市离休干部发放中华人民共和国成立70周年纪念章；赴上海、杭州等地慰问易地安置离休干部7人次。提升市级离退休干部服务管理水平。组织市级老领导分3批赴三亚、长沙、临潼健康疗养，适时组织老同志参观毛泽东纪念馆、湖南省博物馆等，进一步传承红色基因，弘扬革命精神；建立《市级离退休干部重大事项报告备案制度》，掌握市级老领导参加重要活动、家庭变故、个人住院等信息，及时跟进服务。做好离休干部经费保障和困难帮扶。审核市属企业离休人员医疗统筹经费6768万元，拨付公用经费、特需经费165.35万元；持续做好困难帮扶，为172名生活困难企业离休干部遗属救助214万余元，为75名特殊困难离退休干部及遗属救助46.9万元，对890位特困离休干部和无工作遗属救助26.7万元。积极解决老干部反映强烈的问题。全年接待来访老干部220余人次，处理上访件8件，办理中共陕西省委组织部、西安市委组织部转办件1件。针对部分离休干部反映看病不便、老干部教育活动阵地不足的问题，积极协调西安市卫生健康委员会等部门，探索制定《西安市离休干部定点医疗机构优先就医实施办法》，争取为离休干部开通就医绿色通道；赴长春、成都调研学习，向中共西安市委呈报《关于加强我市老干部活动中心建设的报告》，积极推进西安老年大学西大街新校址改造工程，争取早日实现“均衡布局，错位发展”的老年学习教育活动新格局。

◆**发挥离退休干部作用** 2019年，中国共产党西安市委员会老干部工作局深入贯彻中共中央组织部老干部局“增添正能量•共筑中国梦”、中共陕西省委老干部局“点赞陕西发展、助力追赶超越”主题活动要求，在全市开展“晚霞耀古城”活动，搭建平台载体，引导广大离退休干部为西安实现追赶超越献智出力。依托志愿团队和“五老”平台发挥作用。以西安老年大学、西安市老干部活动中心志愿团队和各级关工委老干部、老战士、老专家、老教师、老劳模的“五老”队伍为平台，组织老同志参与校园管理、公益服务、慰问演出，成功举办“我和我的祖国——腾飞中国，辉煌70年”庆“六一”文艺演出、全市中小学生清明节祭奠英烈、“我是国旗护旗手”庆国庆文艺汇演、“腾飞中国，辉煌70年”青少年文学创作大赛、“为爱阅读”朗读大赛、“我的书屋，我的梦”少年儿童阅读等“腾飞中国，辉煌70年”爱国主义教育系列活动，命名挂牌35家“全市关心下一代教育基地”，持续开展“新时代•新关爱”大手拉小手千人帮扶活动，组织广大“五老”挖掘本地红色资源，编写宣讲读本，深入街道（乡镇）、社区（村）、学校和企业，为青少年讲好中国故事，传播好中国声音。选树离退休干部先进典型。逐级推荐、民主择优，向中央、陕西省推荐离退休干部先进集体7个、先进个人20人，西安市莲湖区桃园路街道劳动一坊社区离退休干部党支部获“全国离退休干部先进集体”荣誉称号；在全市选树39个先进集体和73名先进个人典型，引导老同志自觉见贤思齐，争做时代先锋。

◆**老年教育** 2019年，西安老年大学坚持“政治建校、质量强校、文化兴校”，培育市老年大学的拳头产品，形成摄影、摄影后期制作、钢琴、葫芦丝、民族舞等品牌专业，古典文学、朗诵、色彩等精品课堂，带动各专业、各学科教学质量上台阶，不断满足广大老年人精神文化新需求。坚持开门办学和校外教学辅导站建设，西大街校址建设完成规划用地和土地证审批，正在推动建设项目审批，在大明宫遗址公园、城市运动公园等3处开办20个教学辅导站。开展形式多样的教学教研活动，以教学公开课、经验交流会、作业作品展等为载体，以多种形式促进教学。发挥志愿者服务队作用，引导学员志愿者参与校园秩序维护、上下课执勤、习惯养成、校园安全巡逻等工作，服务教学管理。培养学员自我服务、自我管理，充分发挥临时党支部、学委会、班委会职能作用，提高教学管理水平。办好西安老年大学“艺术节”“文化周”特色活动，不断深化教学改革，推动西安老年大学现代化、规范化发展。全市建立38所分校，其中区（县）老年大学13所，企事业单位和民办分校25所。全年总校开设40多门专业，515个教学班，学员15302人次，比2018年增长近3%；全市在校学员13万人次。

◆**老干部活动** 2019年，中国共产党西安市委员会老干部工作局组织全市广大离退休干部以庆祝中华人民共和国成立70周年为主题，开展系列庆祝活动，唱响时代主旋律。在全市离退休干部中开展“我看新中国成立70周年新成就”专题调研、“最难忘的新中国记忆”征文、“历史见证——口述西安”史料征集活动，引导广大老干部畅谈建国70年沧桑巨变，形成《我看新中国成立70周年新成就》专题调研报告，编印发行《难忘的新中国记忆•西安卷》，4篇文稿入选《“历史见证——口述西安”第五辑》。开展“一颗红心永向党，说句话儿给党听”2019年心愿征集活动，经验做法在中共中央组织部《情况交流》刊发。举办书画摄影展和文艺展演。9月10日，在西安市规划展馆举办西安市离退休干部“盛赞成就•聚焦发展•喜看变化”书画摄影展，展出离退休干部书画、摄影作品360余幅；9月25日，在广电大剧院举办西安市离退休干部庆祝中华人民共和国成立70周年文艺展演，全市广大离退休干部和老干部工作人员通过网络、电视台和刻录光盘收看节目录播，引发强烈共鸣。以西安老年大学、西安市老干部活动中心、西安市关心下一代工作委员会为阵地开展庆祝活动。西安老年大学通过“校园艺术节”精彩节目巡演、“校园文化周”各类比赛、讲座、公开课等，西安市老干部活动中心通过举办10余场次文娱赛事、策划举办诗歌会、创作100米书画长卷等形式，西安市关心下一代工作委员会通过开展“腾飞中国，辉煌70年”爱国主义教育系列活动，献礼中华人民共和国70华诞，激发广大离退休干部和青少年的民族自豪感和爱国热情。

（薛　丹）

党史征编

◆**概况** 2019年，中国共产党西安市委员会党史研究室围绕中共西安市委工作中心，团结拼搏，锐意进取，按照“聚焦主业追赶超越补短板，创新拓展助推大西安“红色文化之城”建设，奋力构建“‘大西安、大党史’工作格局”的工作指导思想，全面贯彻中国共产党第十九次全国代表大会及十九届三中、四中全会精神，积极围绕庆祝中华人民共和国成立70周年和纪念西安解放70周年重大党史节点，展示好西安党史遗址群、树好西安“红色文化之城”形象，坚持“党史姓党”根本原则，坚持政治建室、研究立室、依规治室，切实发挥以史鉴今、资政育人作用，不断提高党史工作科学化水平，服务西安“追赶超越”。对照《中共陕西省委党史工作规划》，研究制定下发《西安市委2019—2022党史工作规划》。全年编辑出版党史图书7册，组织党史“七进”宣讲65场次，组织纪念西安解放70周年座谈会，举办“纪念西安解放70周年图片展”、“手绘西安”图画展、“辉煌岁月——西安解放70周年”巡回展、“追寻先辈足迹、传承红色基因”党史资料展等。与西安电视台合作，完成《解放西安》专题片拍摄，并顺利播出。

◆党史图书编辑出版 2019年，中国共产党西安市委员会党史研究室编辑出版7册党史图书，为全市深入开展党史学习和“不忘初心、牢记使命”主题教育提供鲜活教材。

《西安解放画册》 该画册分挺进关中、西安解放、保卫西安3部分，收录了300余幅珍贵历史图片，以图文并茂的方式，全方位、多角度、多层次再现了70年前第一野战军和西安党组织及各界人民群众解放西安、建立人民政权、保卫胜利果实的宏大历史画卷。2019年5月印刷出版。

《西安执政纪实（2018）》 该书以时间顺序为主线，对2018年中共西安市委做出的重大决策、重要会议、重大活动、特色亮点等资料进行收录和汇集。全书21万字，2019年8月印刷出版。

《西安砥砺奋进70年》 该书分道路探索、改革开放、同心筑梦、辉煌成就4部分，记录展示了中华人民共和国成立70周年来，中共西安市委带领全市人民励精图治、开拓创新、埋头苦干，坚定不移走中国特色社会主义道路，大力发展社会主义市场经济，奋力谱写社会主义现代化建设事业的辉煌篇章。全书6万余字，收录珍贵历史图片200余幅，2019年9月印刷出版。

《历史见证——口述西安（第五辑）》 该书以中华人民共和国成立70周年来各个历史阶段为时代背景，记录整理包括曾经的中共西安市委领导、市级各部门及区（县）各流域领导干部等20位亲历者口述资料，从不同角度讲述和记录西安在历史变迁中发生的历历往事和珍贵瞬间。全书10万余字，2019年9月印刷出版。

《信仰之光——大学生书写党史故事》 组织大学生撰写党史红色故事，该书汇集了西安在校大学生撰写的20篇党史故事。全书9万余字，2019年11月印刷出版。

《党委工作纪事（2018卷）》 该书收集记录全市各级党组织在中共西安市委领导下开展工作情况。全书90余万字，2019年12月印刷出版。

《西安三大革命遗址群调研报告集》 积极整合党史专家和院校科研力量共同组成课题组，挖掘丰富党史宣教资源，围绕西安党史三大革命遗址群汇集形成调研报告集。全书19余万字，2019年12月印刷出版。

◆党史研究 2019年，中国共产党西安市委员会党史研究室牢固树立和创造性贯彻落实“五大发展理念”，坚持“一突出、两跟进”基本要求，不断深化中国特色社会主义时间段历史研究。完成《中共西安历史（第三卷）》初稿，按照中央党史和文献研究院要求，正在续写2002—2012年段内容。结合“不忘初心、牢记使命”主题教育，深入区（县）和开发区开展党史基本著作编写指导帮带，积极组织力量审稿并逐一提出修改意见。举办党史三卷、开发区史编写工作培训会。截至年底，区（县）党史一、二卷基本著作编写任务完成，正在启动三卷的编写工作。撰写庆祝中华人民共和国成立70周年《西安市经济社会发展综述》资政文章。

◆党史宣传教育 2019年，中国共产党西安市委员会党史研究室围绕宣讲中国共产党第十九次全国代表大会精神、宣传推介西安“三大遗址群”、庆祝中华人民共和国成立70周年、纪念西安解放70周年、服务全市主题教育开展等积极开展党史宣教活动，突出西安特色，讲好“西安故事”。

围绕庆祝中华人民共和国成立70周年和纪念西安解放70周年开展系列活动。召开纪念西安解放70周年座谈会；举办“纪念西安解放70周年图片展”、“辉煌岁月——西安解放70周年”巡回展、“手绘西安”图画展等；编辑出版《西安砥砺奋进70年》《西安解放画册》；与西安电视台合作，完成《解放西安》专题片拍摄和播出。在《西安日报》刊发纪念文章17篇。

围绕“三大遗址群”开展重点宣传和推介。加强中共西安历史展览馆资料补充、完善，累计接待各界人士20万人次；继续深化“西安八办”精神研究，弘扬西安“八办精神”，发挥“八办”党史教育基地作用；开展西安红色经典故事进网络活动，组织大学生撰写红色故事20篇，上传网络后受到广泛好评；积极与西安市文学艺术界联合会沟通协作，邀请年轻作家开展西安红色历史小说、报告文学、散文、随笔、诗歌等大创作。

把握机遇，在主题教育中积极发挥作用。把开展“不忘初心、牢记使命”主题教育作为推进党史宣教工作，发挥党史工作职能作用的重要机遇，积极主动作为，发挥功效，推动全市党史工作发展。围绕主题教育及时开展学习资料整理、图片展览、宣传教育，举办“追寻先辈足迹、传承红色基因”党史资料展；收集整理西安党史11位历史人物事迹，在《西安日报》刊发文章，宣扬先辈初心；在“西安党史”微信公众平台上推出了“不忘初心、牢记使命——做一名优秀的共产党员”为主题的系列专刊；积极服务全市区（县）“红色会客厅”建设工作，发挥党史工作功效，主动开展展陈内容设置、资料审定等工作。

◆革命遗址保护及党史教育基地建设 2019年，中国共产党西安市委员会党史研究室对全市党史教育基地和革命遗迹遗址进行了广泛调研，指导区（县）加强革命遗迹遗址保护和开发利用以及场馆提升建设工作，主动丰富主题教育学习实践基地建设，发挥好党史纪念场馆育人功效。中共高陵历史纪念馆、西北人民革命大学旧址博物馆、蓝田葛牌镇区苏维埃政府纪念馆、红二十五军军部旧址、灞源革命纪念馆、中共蓝田特别支部纪念馆、汪锋故居等党史纪念场馆积极承接组织全市的主题教育参观和学习实践活动，凸显了党史教育基地作用。阎良区结合自身实际，积极挖掘红色资源，北屯街道历史文化展示馆作为西安市第一个街道级红色文化街区建设项目已经建成，并投入使用。临潼区正在新建王泰吉烈士纪念馆，并对许权中纪念馆进行改造提升。

◆区（县）党史工作 2019年，中国共产党西安市委员会党史研究室落实室领导和处室联系区（县）工作制度，通过以会代训、实地参观学习、挂钩区（县）

帮带等形式，具体指导和推动区（县）抓好党史基本著作和区（县）党委工作纪事编纂、在中小学校设立党史辅导员、革命遗址保护等大项党史工作任务，区（县）党史工作稳中有进。（李德军）

党校工作

◆概况 2019年，中共西安市委党校（西安市行政学院）、西安社会主义学院深入学习领会全国党校（行政学院）校（院）长会议精神，贯彻落实《中国共产党党校（行政学院）工作条例》《社会主义学院工作条例》，坚持党校姓党，聚焦主业主责，锐意改革创新，全面从严治校，圆满完成中共西安市委、西安市人民政府交办任务，各项事业取得新进展。全年举办各类培训班104期，7400余人次。其中，中共西安市委党校（西安市行政学院）开设主体班次32期，培训干部2242人次；举办其他培训25期243人次，对外培训班35期，培训学员4432人次。西安社会主义学院举办各类班次12期，培训学员491人次。

◆教育培训 2019年，中共西安市委党校（西安市行政学院）在培训中，始终将习近平新时代中国特色社会主义思想和中国共产党第十九次全国代表大会及十九届二中、三中、四中全会精神作为重点教学内容，设置“不忘初心，牢记使命”“认真学习贯彻《中国共产党章程》”“中国共产党的奋斗历程与基本经验”“党员干部应做坚定理想信念的表率”等专题课程，在教学中保证理论教育和党性教育不低于70%。按照培训计划，开设市管领导干部进修班、青年干部培训班、优秀科级干部培训班、习近平新时代中国特色社会主义思想研修班、“打造西安铁军、提升八种本领”专题研究班、全市女干部能力建设培训班、处级公务员任职培训班、新提拔市管干部“延安精神”专题培训班、全市处级领导干部习近平新时代中国特色文化建设专题研讨班，以及建设国际化大都市研讨班、西安旅游产业发展专题研讨班、社会治理现代化专题研讨班、生态文明专题研讨班等班次，助力推动西安“十项重点工作”。西安社会主义学院开设第五期民革党务骨干培训班、第四期民盟新盟员培训班、第五期民进骨干会员培训班、第五期农工党骨干党员暨新党员培训班、全市新的社会阶层代表人士培训班、第五期九三学社骨干社员暨新社员培训班、全市留学人员代表人士培训班、第三期致公党培训班等班次。11月29日，西安社会主义学院同时加挂西安中华文化学院牌子。“把党的政治建设摆在首位 增强推进党的政治建设的自觉性和坚定性”“习近平总书记关于全面依法治国的重要论述”2个专题课程入选中共陕西省委组织部“好课程”；“以《大学》之道修为政之德”在全省党校教学竞赛中获得二等奖。邀请中共中央党校、西安交通大学、西北大学等学校的知名专家、教授来“周三大讲堂”讲课，全年举办40余期。全年录制发布“党校微课”3个系列36期，总点击量近7万人次。网络学院新增学员3336人。

◆科研咨政 2019年，中共西安市委党校（西安市行政学院）组织申报各级、各类课题8批次132项，立项课题99项；公开发表论文、理论文章87篇，其中核心期刊4篇，《陕西日报》《西安日报》刊登28篇；出版专著3部。各类科研咨政成果先后获得全省党校系统科研成果奖30项、省级各部门科研成果奖26项。组织开展各类学术研讨活动7次，组织教研人员参加中共中央党校及各级学术研讨会20余次。组织召开第二届关中平原城市群党校系统区域发展研讨会，全市党校系统“乡村振兴”助推精准扶贫理论研讨会等，研讨成果先后在西安电视台、《西安日报》、《三秦都市报》及校园门户网站等媒体刊登报道。全年编纂16期《咨政快讯》，其中《西安高质量发展的六点建议》获中共西安市委主要领导批示。2名人员参加学习贯彻中共十九届四中全会精神西安市委宣讲团。编撰完成《西安社会科学》4期。

◆学员管理 2019年，中共西安市委党校（西安市行政学院）严格落实中央“八项规定”精神和中共中央组织部《关于在干部教育培训中进一步加强学员管理的规定》，严格执行请销假制度、考勤制度和班主任跟班制度，采取分级考勤、电子打卡、电子屏公布等方式，督查学员认真参加学习。坚持学员课前课后列队，每周二、周四早操。在各主体班开展党性教育，组织学习新修订的《中国共产党章程》。在嘉兴南湖、武汉中共五大会址、延安等红色教育基地开展重温入党誓词活动；观看江姐、孔繁森、焦裕禄、王进喜等先进人物视频；开展辩论赛、“春之声·歌颂祖国歌颂党”、“我爱你 中国”庆祝新中国成立70周年师生文艺汇演活动、“颂唱国歌、国际歌”、“入党誓词的演变”、“红船精神”等主题党性教育微课堂。

◆主题教育 2019年，中共西安市委党校（西安市行政学院）在全市“不忘初心、牢记使命”主题教育中，紧紧围绕主题教育内容，积极筹备“学习习近平新时代中国特色社会主义思想 坚守共产党人的初心”“不忘初心 牢记使命 加强党的政治建设”“不忘初心 回望中共辉煌历程”等12个“菜单式”教学课题，全市各级部门按需培训，效果突出。面向全市涉贫区（县）的街（镇），选派25名专家、教授开展以智力助力精准扶贫、送教下基层活动。组织28名专家、教授积极参与西安广播电视台《融媒体大直播》栏目《初心的故事》互动访谈，共录制33期。坚持把问题导向贯穿于学习教育、调查研究、检视问题、整改落实各项措施之中，通过学原著、读原文、悟原理，专家讲授、观看辅导录像等方式加强理论学习。教师节前夕，对在党校从教30年、工作30年教职工和在上级评选竞赛中获奖教师进行表彰奖励。以建校70周年为契机，以“构筑精神高地、点亮信仰之光”为主题，开展建校70周年暨教师节表彰和70年辉煌历程书画展、观影等系列活动，设置“英模人物先进事迹走廊”“红色精神谱系走廊”和“红色文化展室”，“红色校园”氛围日趋浓厚。配合完成中共西安市委第三巡察组对市委党校的专项巡察工作。

◆队伍建设 2019年，中共西安市委党校（西安市行政学院）严格落实《公务员职务与职级并行规定》，完成非领导参公人员首次职级套转工作。引进博士研究生1人、硕士研究生2人，同时，推荐6名教师参评全省党校教师系列高级职称，对29名专业技术人员进行岗位晋级。全年外派市级部门、基层区（县）锻炼12人。制定《中共西安市委党校推进“用学术讲政治”工作方案》，举办全市党校系统中青年教师“用学术讲政治”专题培训班和全市党校系统青年教师能力素质提升专题培训班。

◆区（县）党校工作 2019年，中共西安市委党校（西安市行政学院）多次组织召开区（县）党校常务副校长座谈会，举行现场教学示教活动，及时推广区（县）党校好做法、好经验。举办西安市区（县）委党校第四期精品课程竞赛，全年组织区（县）党校教师31人次来市委党校听课学习。（宋 阳）

西安市人民代表大会

综　述

◆**概况**　2019年，西安市人民代表大会及其常务委员会在中共西安市委员会的坚强领导下，全面贯彻中国共产党第十九次全国代表大会和十九届二中、三中、四中全会精神，坚持党的领导、人民当家做主、依法治国有机统一，坚持以人民为中心的发展思想，围绕中心、服务大局、依法履职，为助力西安追赶超越、民主法治建设发挥地方国家权力机关的作用。

◆**西安市人民代表大会会议**　2019年西安市人民代表大会召开会议1次。

西安市第十六届人民代表大会第四次会议　2019年2月15—18日在陕西宾馆召开。会议听取和审议西安市人民政府代市长李明远做的西安市人民政府工作报告；审查和批准西安市2018年国民经济和社会发展计划执行情况与2019年国民经济和社会发展计划草案的报告，批准了西安市2019年国民经济和社会发展计划；审查和批准了西安市2018年预算执行情况和2019年预算草案的报告，批准西安市2019年市级预算；听取和审议西安市人民代表大会常务委员会主任胡润泽做的西安市人民代表大会常务委员会工作报告，西安市中级人民法院院长李洪涛做的西安市中级人民法院工作报告，西安市人民检察院检察长张民生做的西安市人民检察院工作报告。会议做出关于西安市人民政府工作报告的决议、关于西安市2018年国民经济和社会发展计划执行情况与2019年国民经济和社会发展计划的决议、关于西安市2018年预算执行情况和2019年预算的决议、关于西安市人民代表大会常务委员会工作报告的决议、关于西安市中级人民法院工作报告的决议、关于西安市人民检察院工作报告的决议、关于设立西安市第十六届人民代表大会社会建设委员会、变更内务司法委员会名称的决定；表决通过关于接受刘春雁、秦鸿学辞去市十六届人大常委会副主任职务请求的决定；选举李明远为西安市人民政府市长，卢凯、李宁君为西安市第十六届人民代表大会常务委员会副主任，李德文为秘书长，贾养勋为委员；通过了市十六届人大监察司法委员会、社会建设委员会组成人员，贾养勋为监察司法委员会主任委员，马拴银等12人为监察司法委员会委员；蔡全发为社会建设委员会主任委员，王延平等12人为社会建设委员会委员。

2019年2月15—18日，西安市第十六届人民代表大会第四次会议召开

◆**西安市人大常委会会议**　2019年，西安市第十六届人民代表大会常务委员会召开会议11次。

西安市第十六届人大常委会第十八次会议　2019年1月11日举行。会议听取和审议了市十六届人大常委会代表资格审查委员会关于个别代表的代表资格的报告，审议并表决通过西安市人大常委会关于许可周至县公安局对西安市第十六届人大代表牛建斌采取强制措施的决定；补选赵刚、方光华为省十三届人大代表；表决通过了人事事项。

西安市第十六届人大常委会第十九次会议　2019年2月1日举行。会议审议西安市人民政府关于提请审议设立“西安生态日”的议案，市人大常委会主任会议关于提请审议《西安市人民代表大会常务委员会关于调整西安市第十六届人民代表大会第四次会议召开时间的决定（草案）》的议案、《西安市人民代表大会常务委员会关于李明远为西安市人民政府代理市长的决定（草案）》的议案，西安市第十六届人民代表大会第四次会议议程（草案）、主席团和秘书长建议名单（草案）、列席人员名单（草案），西安市人民代表大会常务委员会工作报告（审议稿）；听取和审议了市十六届人大常委会代表资格审查委员会关于部分代表的代表资格的报告；表决通过西安市人民代表大会常务委员会关于设立“西安生态日”的决定、关于调整西安市第十六届人民代表大会第四次会议召开时间的决定，西安市第十六届人民代表大会第四次会议主席团和秘书长名单（草案）、列席人员名单及西安市人民代表大会常务委员会工作报告。

会议决定任命李明远为西安市人民政府副市长，并表决通过其为西安市人民政府代理市长的决定；决定任命马鲜萍为西安市人民政府副市长；决定免去李元的西安市人民政府副市长职务。

西安市第十六届人大常委会第二十次会议　2019年2月26日举行。会议听取了西安市人民政府关于机构改革工作情况的说明并表决通过人事事项。

西安市第十六届人大常委会第二十一次会议　2019年5月6日举行，会期2天。会议审议市人大教科文卫委员会关于提请审议《西安市社区教育促进条例（草案）》的议案，西安市人民政府关于提请审议西安市与俄罗斯圣彼得堡市等7个城市结为国际友好城市的议案、市人大民宗侨外委关于该议案审议结果的报告及相关决议（草案）；听取和审议了市人大常委会执法检查组检查西安市实施《中华人民共和国环境保护法》《中华人民共和国土壤污染防治法》情况的报告，西安市人民政府关于2018年审计工作报告反映问题整改情况的报告、关于西安市开展“大棚房”问题专项整治工作情况的报告、关于优化提升营商环境工作情况的报告以及西安市人民检察院副检察长同振魁的述职报告；会议还分别审议了西安市人民政府关于市人大常委会执法检查组检查全市实施《中华人民共和国城乡规划法》《陕西省城乡规划条例》《西安市城乡规划条例》情况报告的研究处理情况报告、关于市人大常委会执法检查组检查西安市实施《陕西省秦岭生态环境保护条例》《西安市秦岭生态环境保护条例》情况报告的研究处理情况报告，关于市十六届人大常委会第十五次会议对第十次村民委员会换届选举工作、城乡社区治理工作、西安市硬科技产业发展情况报告审议意见的研究处理情况报告并对上述5个报告进行了满意度测评；会议对西安市优化营商环境工作情况进行了专题询问。会议分别做出西安市人民代表大会常务委员会关于进一步优化提升营商环境的决议，西安市与俄罗斯圣彼得堡市、比利时布鲁塞尔首都大区、摩尔多瓦基希讷乌市、西班牙瓦伦西亚市、尼泊尔布托市、韩国安东市、突尼斯迦太基市结为友好城市的7个决议；表决通过了人事事项。

西安市第十六届人大常委会第二十二次会议 2019年5月10日举行。会议审议西安市人大常委会主任会议关于提请审议《西安市人民代表大会常务委员会关于接受吕健辞去陕西省第十三届人民代表大会代表职务请求的决议（草案）》的议案，听取和审议了市第十六届人大常委会代表资格审查委员会关于个别代表的代表资格的报告，表决通过了西安市人民代表大会常务委员会关于接受吕健辞去陕西省第十三届人民代表大会代表职务请求的决议。

西安市第十六届人大常委会第二十三次会议 2019年5月17日举行。会议审议西安市人大常委会主任会议关于提请审议《西安市人大常委会关于许可西安市公安局临潼分局对西安市第十六届人大代表张鹏采取强制措施的决定（草案）》的议案，表决通过西安市人大常委会关于许可西安市公安局临潼分局对西安市第十六届人大代表张鹏采取强制措施的决定。

西安市第十六届人大常委会第二十四次会议 2019年5月30日举行。会议审议西安市人大常委会主任会议关于提请审议《西安市人民代表大会常务委员会关于接受吕健辞去西安市人民政府副市长职务的请求的决定（草案）》的议案，表决通过西安市人民代表大会常务委员会关于接受吕健辞去西安市人民政府副市长职务的请求的决定。

西安市第十六届人大常委会第二十五次会议 2019年6月27日举行。会议审议《西安市社区教育促进条例（草案修改稿）》及市人大法制委关于该条例（草案）审议结果的报告，西安市人民政府关于审议授予张月娥、毕大卫、菲利普·马为“西安市荣誉市民”称号的议案、市人大民族宗教侨务外事委员会对西安市人民政府关于审议授予张月娥、毕大卫、菲利普·马为“西安市荣誉市民”称号议案审议结果的报告及相关决定（草案），市人大常委会主任会议关于提请审议《西安市人民代表大会代表建议、批评和意见处理办法（修订草案）》的议案；听取和审议西安市人民政府关于陕西自贸试验区西安区域建设情况的报告、关于2018年环境状况和环境保护目标完成情况的报告，西安市中级人民法院关于执行认罪认罚从宽制度情况的报告，西安市人民检察院关于执行认罪认罚从宽制度情况的报告以及西安市工业和信息化局局长李初管、西安市扶贫开发办公室主任张友社的述职报告；会议还审议西安市中级人民法院关于市十六届人大常委会第十七次会议对“基本解决执行难”工作情况报告审议意见的研究处理情况报告、西安市人民检察院关于市十六届人大常委会第十七次会议对加强民事诉讼和执行活动法律监督工作情况报告审议意见的研究处理情况报告并对上述2个报告进行了满意度测评；会议对西安市环境污染防治工作情况进行了专题询问。会议表决通过《西安市社区教育促进条例》，提请陕西省人大常委会批准，分别做出了西安市人民代表大会常务委员会关于全面加强生态环境保护依法推动打好污染防治攻坚战的决议，西安市人民代表大会常务委员会关于授予张月娥、毕大卫、菲利普·马为“西安市荣誉市民”称号的3个决定、关于接受朱文斌辞去西安市第十六届人民代表大会常务委员会委员职务的请求的决定，会议还表决通过了西安市人民代表大会代表建议、批评和意见处理办法和人事事项。

西安市第十六届人大常委会第二十六次会议 2019年8月29日举行。会议传达学习中共中央总书记习近平对地方人大及其常委会工作的重要指示和全国人民代表大会常务委员会委员长栗战书在纪念地方人大设立常委会40周年座谈会上的讲话；审议西安市人民政府关于提请审议《西安市社会养老服务促进条例（草案）》、关于提请审议《西安市道路交通安全条例修正案（草案）》2个议案及市人大常委会主任会议关于提请审议《西安市人民代表大会常务委员会关于许可西安市公安局长安分局对西安市第十六届人大代表王小卫采取强制措施的决定（草案）》的议案；听取和审议西安市十六届人大常委会代表资格审查委员会关于个别代表的代表资格的报告，西安市人民政府关于2019年上半年国民经济和社会发展计划执行情况的报告、关于2018年决算草案和2019年上半年预算执行情况的报告、关于2018年度市级预算执行和其他财政收支的审计工作报告、关于西安市义务教育均衡发展情况的报告、关于西安市开展河湖长制工作情况的报告，市人大财经委关于2018年决算草案的审查结果报告以及西安市卫生健康委员会主任刘顺智、西安市中级人民法院副院长杜豫苏的述职报告；会议还听取和审议了常委会分组审议情况，审议西安市人民政府关于市人大常委会执法检查组检查西安市实施《中华人民共和国环境保护法》《中华人民共和国土壤污染防治法》情况报告的研究处理情况报告、关于市十六届人大常委会第二十一次会议对全市开展“大棚房”问题专项清理整治情况报告审议意见的研究处理情况报告，并对上述2个报告进行满意度测评；会议对全市义务教育均衡发展情况进行了专题询问。会议分别做出了西安市人民代表大会常务委员会关于深入推进义务教育均衡发展的决议，关于批准2018年决算的决议以及关于许可西安市公安局长安分局对西安市第十六届人大代表王小卫采取强制措施的决定；会议表决通过人事事项，决定免去高枭的西安市人民政府副市长职务，决定任命王琳为西安市人民政府副市长。

西安市第十六届人大常委会第二十七次会议 2019年10月28—29日举行。会议审议《西安市社会养老服务促进条例（草案修改稿）》及市人大法制委关于该条例（草案）审议结果的报告、西安市人民代表大会常务委员会关于修改《西安市道路交通安全条例》的决定（草案）及市人大法制委关于该条例修正案（草案）审议结果的报告、西安市人民政府关于提请审议《西安市秦岭生态环境保护条例（修订草案）》《西安市水污染防治条例（草案）》2个议案、西安市人民政府关于2018年度国有资产管理情况的综合报告；听取和审议西安市十六届人大常委会代表资格审查委员会关于个别代表的代表资格的报告，市人大常委会执法检查组检查全市实施《中华人民共和国食品安全法》情况的

2019 年 10 月 28—29 日，西安市十六届人大常委会第二十七次会议召开

报告、检查西安市实施《陕西省秦岭生态环境保护条例》《西安市秦岭生态环境保护条例》情况的报告、检查西安市实施《中华人民共和国城乡规划法》情况的报告，西安市人民政府关于全市扫黑除恶专项斗争情况的报告、关于行政机关负责人出庭应诉情况的报告、关于 2018 年度金融企业国有资产管理情况的专项报告、关于 2019 年新增地方政府债券收支安排及预算调整方案草案的报告，西安市中级人民法院关于扫黑除恶专项斗争情况的报告、西安市人民检察院关于扫黑除恶专项斗争情况的报告以及西安市城市管理局局长李平伟、西安市商务局局长吕恒军的述职报告。会议还听取和审议常委会分组审议情况，审议了西安市中级人民法院关于市十六届人大常委会第二十五次会议对执行认罪认罚从宽制度情况报告审议意见的研究处理情况报告、西安市人民检察院关于市十六届人大常委会第二十五次会议对执行认罪认罚从宽制度情况报告审议意见的研究处理情况报告、西安市人民政府关于市十六届人大常委会第二十五次会议对陕西自贸试验区西安区域建设情况报告审议意见的研究处理情况报告，并对上述 3 个报告进行了满意度测评。会议表决通过《西安市养老服务促进条例》，做出西安市人民代表大会常务委员会关于修改《西安市道路交通安全条例》的决定，提请陕西省人民代表大会常务委员会批准。会议还做出关于批准 2019 年新增地方政府债券收支安排及预算调整方案的决议。

西安市第十六届人大常委会第二十八次会议　2019 年 12 月 26—27 日举行。会议审议《西安市秦岭生态环境保护条例（修订草案修改稿）》及市人大法制委关于该条例（修订草案）审议结果的报告、《西安市水环境保护条例（草案修改稿）》及市人大法制委关于该条例（草案）审议结果的报告、西安市人民政府关于提请审议《西安市生活垃圾分类管理条例（草案）》、关于提请审议授予任伯均、罗宾•史蒂芬•吉尔班克为“西安市荣誉市民”称号 2 个议案；市人大常委会主任会议关于提请审议《西安市人民代表大会常务委员会关于召开西安市第十六届人民代表大会第五次会议的决定（草案）》、关于提请审议《西安市人民代表大会常务委员会专题询问办法（修订草案）》、关于提请审议《西安市人民代表大会常务委员会关于西安市第十六届人民代表大会代表预留名额分配的决定（草案）》、关于提请审议《西安市人民代表大会常务委员会关于接受程涛辞去陕西省第十三届人民代表大会代表职务的决议（草案）》、关于提请审议《西安市人民代表大会常务委员会关于接受李利民辞去西安市第十六届人民代表大会常务委员会委员职务的请求的决定（草案）》5 个议案；西安市中级人民法院、市人大常委会代联委关于西安市第十六届人民代表大会第四次会议以来代表建议、批评和意见办理情况的报告；听取和审议市人大教科文卫委关于西安市第十六届人民代表大会第四次会议主席团交付审议的第 1 号议案审议结果的报告、市人大城建环资委关于西安市第十六届人民代表大会第四次会议主席团交付审议的第 3 号议案审议结果的报告、市人大社会建设委关于西安市第十六届人民代表大会第四次会议主席团交付审议的第 2 号议案审议结果的报告；市政府关于西安市第十六届人民代表大会第四次会议以来代表建议、批评和意见办理情况的报告、关于交通拥堵治理工作情况的报告、关于西安市“15 分钟便民服务圈”工作开展情况报告、关于西安市生活垃圾分类管理工作情况的报告以及市人大常委会法工委关于市十六届人大以来备案审查工作情况的报告。会议还听取和审议常委会分组审议情况，审议市政府关于市十六届人大常委会第二十六次会议对西安市开展河湖长制工作情况报告审议意见的研究处理情况报告，并对该报告进行满意度测评。会议表决通过《西安市秦岭生态环境保护条例》和《西安市水环境保护条例》，提请省人大常委会批准，做出西安市人民代表大会常务委员会关于授予任伯均为“西安市荣誉市民”称号的决定、关于授予罗宾•史蒂芬•吉尔班克为“西安市荣誉市民”称号的决定、关于西安市第十六届人民代表大会代表预留名额分配的决定、关于召开西安市第十六届人民代表大会第五次会议的决定、关于接受李利民辞去西安市第十六届人民代表大会常务委员会委员职务的请求的决定以及关于接受程涛辞去陕西省第十三届人民代表大会代表职务的决议、关于进一步加强和促进城市交通拥堵治理工作的决议。会议还表决通过西安市人民代表大会常务委员会专题询问办法。

（赵　航）

人大主要工作和重大活动

◆**监督工作**　2019 年，西安市人民代表大会常务委员会突出监督重点，围绕追赶超越定位、“五个扎实”要求，“三大攻坚战”“三个经济”“十项重点工作”大局，着力在促进经济高质量发展、改善民生、城市建设和管理、环境保护、“平安西安”建设等方面加大监督力度，推动中共中央决策部署和中共陕西省委、中共西安市委部署要求落到实处。

加强司法监督　听取和审议“一府两院”关于扫黑除恶专项斗争情况的报告和西安市中级人民法院、西安市人民检察院关于执行认罪认罚从宽制度情况的报告。听取和审议行政机关负责人出庭应诉情况的报告，推进行政机关提高应诉能力、健全制度机制，推进法治政府建设。对律师法开展执法检查，促进建立律师执业的良好环境。全年受理群众来信来访1600多件次，按程序转交有关机关和单位处理。

助力经济持续健康发展　听取和审议国有资产管理综合报告、金融企业国有资产管理报告，推进国资国企改革、国有资产监管、国有经济高质量发展。听取和审议陕西自贸试验区西安区域建设情况的报告，推进体制机制创新，促进出台31项支持措施。听取和审议优化提升营商环境工作情况的报告，开展专题询问。

着力打好“蓝天、碧水、净土、青山保卫战”　听取和审议2018年环境状况和环境目标完成情况的报告，开展专题询问。开展环境保护法执法检查，邀请专家参与，随机抽查131个点位。视察大气污染防治工作情况，跟踪检查2018年发现污染问题整改情况，明察暗访点位69个。开展水污染防治法执法检查，设立举报电话、举报信箱，对300余名执法人员和企业负责人进行法律知识问卷测试，引入第三方评估法律实施情况。开展土壤污染防治法执法检查，检查土壤污染重点监管企业和疑似污染地块8处，提出加快编制防治规划、强化农业面源污染治理等建议。开展《西安市湿地保护条例》执法检查，实地察看黑河、泾渭湿地自然保护区和浐灞国家湿地公园，针对检查中发现的问题，建议加快编制保护规划、正确处理城市发展与湿地保护的关系、健全湿地保护长效机制。开展《陕西省秦岭生态环境保护条例》《西安市秦岭生态环境保护条例》执法检查，每季度对秦岭生态环境保护工作进行视察，检查点位225个，抽查38个村镇的网格化管理情况，强调要健全保护机制、加快编制保护规划、加快生态保护和修复、加大秦岭生态环境保护力度。听取和审议“河湖长制”工作情况报告，对农村污水治理和专项资金使用绩效情况进行视察，建议加强部门协作、强化工作措施、推进河湖系统治理、加快污水源头治理。

聚力打赢脱贫攻坚战　对长安区、周至县、蓝田县打赢脱贫攻坚战三年行动方案和年度脱贫任务完成情况进行视察，对鄠邑区、周至县脱贫攻坚进行调研，实地查看11个贫困村的贫困户及6个重点扶贫项目，提出严格落实精准扶贫核心指标、壮大集体经济、支持农村产业发展等建议。

聚焦民生热点问题　教育方面，听取和审议义务教育均衡发展情况的报告，开展专题询问，强调要优先发展教育、深化改革创新、提高义务教育质量。食品安全方面，开展食品安全法执法检查，紧盯食品“三小”行业安全隐患，现场检查、随机暗访镇街食品监管机构、食品生产经营单位，检查点位150多个，提出加大监管力度、加强检验检测工作、提高监管能力等建议。群众生活方面，听取和审议城市社区“15分钟便民服务圈”建设进展情况的报告，提出强化统筹引导、提高建设水平、与共享经济互相融合等建议，视察城市集中供热情况，建议提高供热质量、保证群众温暖过冬，围绕群众看病难、看病贵、看病烦开展调研，建议在降药价、提医保、管医院上下功夫，优化医疗资源配置，切实提升基层医疗水平。

高度关注城乡规划和城市管理　开展《中华人民共和国城乡规划法》和《陕西省城乡规划条例》《西安市城乡规划条例》执法检查，检查点位107个，提出完善各类专项规划等建议。听取和审议城市交通拥堵治理情况的报告，开展专题询问。听取和审议生活垃圾分类管理情况的报告，提出健全垃圾分类处理体系等建议。听取和审议开展“大棚房”问题专项清理整治工作情况的报告，推动专项整治、建立长效机制，坚决遏制农地非农化。开展城市民族工作条例执法检查，建议加快民族街区基础设施建设、改善人居环境、促进少数民族特色经济和文化事业发展。视察“三中心”建设情况，建议夯实建设责任、强化工程质量，为全运会成功举办创造条件。持续视察铁路“三化”和“三改”工作，建议加快规划编制、统筹推进、全面提升城市形象。

◆**决定重大事项**　2019年，西安市人民代表大会常务委员会依法行使决定权，认真讨论决定重大事项。

审查财政预决算　听取和审议计划执行、预算执行、审计整改和审计工作等报告，依法批准决算，推动人大预算审查监督重点向支出预算和政策拓展，推进重点支出向“三大攻坚战”、重大项目建设、重要民生事项等方面倾斜。

做出有关决议　认真贯彻落实中共中央和中共陕西省委、中共西安市委《关于健全人大讨论决定重大事项制度、各级政府重大决策出台前向本级人大报告的实施意见》，围绕义务教育均衡发展、生态环境保护、优化营商环境、交通拥堵治理等重点工作，常委会分别做出了《关于深入推进义务教育均衡发展的决议》《关于进一步加强生态环境保护工作的决议》《关于进一步优化提升营商环境的决议》和《关于进一步加强和促进城市交通拥堵治理工作的决议》。

选举任免　坚持党管干部原则与人大依法选举任免相统一，确保党委推荐的人选通过法定程序成为国家机关工作人员。全年依法任免国家机关工作人员113人。强化干部任后监督，常委会听取了7名任命干部的履职情况报告，不断强化任命干部的宪法意识、人大意识、公仆意识。

促进城市对外交流　做出西安市与俄罗斯圣彼得堡市等7个城市结为国际友好城市的决议和授予张月娥女士等5位国际友好人士“西安市荣誉市民”称号的决定。

◆**联系人大代表和人民群众**　2019年，西安市人民代表大会常务委员会积极创新代表工作，全力服务保障代表依法履职，充分发挥代表主体作用。

代表活动　组织6000余名市、区（县）、镇三级人大代表开展“营商环境我监督”主题活动，提出建议230余条。组织代表开展专题调研和集中视察，常委会主任定期接待代表65人次，邀请90名市人大代表列席市人大常委会会议，邀请600余人次人大代表参加常委会执法检查、视察调研、旁听评议法院庭审等工作，组织160余人次人大代表参加专业代表小组活动。

代表建议督办　向社会公开代表建议内容，修订代表建议处理办法，规范建议办理程序。采取重点督办、定期催办、跟踪督办、绩效评估等方式，督办代表建议落实。对7个单位办理的5件代表建议进行绩效评估。在督办“关于进一步加强我市出租车行业管理的建议”中，督促相关部门制定完善18条措施，规范出租汽车运营。截至年底，516件代表建议全部办结，做到“件件有答复、事事有回音”。

代表培训和履职宣传　开设“代表学习大讲堂”，定期邀请专家学者做专题讲座，培训代表630人次。完善代表履职App平台，丰富“代表学习在线”内容，增强学习的针对性。150余名人大代表走进《人大之声》广播栏目，讲述履职故事，介绍履职经验，展现履职风采。

西安人大常委会组成人员赴浙江大学进行履职培训

健全激励约束机制 建立市、区（县）、镇三级人大代表履职清单，进一步规范代表履职。对49名履职优秀的市人大代表进行表彰。124名市人大代表向原选举单位述职，接受监督。

◆人大自身建设 2019年，西安市人民代表大会常务委员会坚持以政治建设为统领，持之以恒抓作风，不断提高履职能力。

抓能力提升 组织常委会组成人员及机关干部100多人次分别赴全国人民代表大会培训中心、浙江大学参加履职培训，举办专家学者报告会，开展领导带头讲人大、中层干部谈履职，强化思想理论武装，拓展思维视野，提高履职本领。

抓机制创新 明确年度工作清单、季度重点工作。围绕“十项重点工作”，充分发挥人大代表、区（县）人大和专门委员会、工作委员会作用，打好监督“组合拳”。持续开展“三法两条例”执法检查，对照法律、法规列出检查清单，直奔点位去、对准清单查、紧盯问题改。围绕优化提升营商环境、环境保护、义务教育均衡发展、城市交通拥堵治理等方面，听取审议专项工作报告、开展专题询问、做出决议“三位一体”推进工作。建立审议意见在常委会全体会议通报制度，提高常委会审议质量。

抓基层基础 加强对区（县）人大工作的指导，深化基层人大规范化建设，组织镇、街人大负责人培训，在雁塔区、高陵区、鄠邑区分别召开代表工作室规范化建设、规范性文件备案审查工作、预算联网监督工作现场推进会，召开开发区人大工作推进会，提高基层人大工作水平。

抓作风锤炼 全面落实“中央八项规定”精神，求真务实，狠抓落实，切实改进文风、会风、工作作风，力戒形式主义、官僚主义，始终保持激情干事、认真干事、用心干事、创新干事，打造忠诚干净担当的人大干部队伍。

（赵　航）

西安市第十六届人民代表大会
常务委员会

主　　任　胡润泽
副 主 任　卢　凯　韩宝生
　　　　　王凤萍（女）　薛振虎
　　　　　李宁君
秘 书 长　李德文
副秘书长　韩　强　贺简政　贾砚平
　　　　　赵生龙　张庆东
委　　员　于海夫　马文宝（回）
　　　　　马　震　王延宏　王武平
　　　　　王晓萍（女）　王浩公
　　　　　牛　犁　孔令国　史鹤亭
　　　　　白世峰　朱文斌　乔安涛
　　　　　刘铁泉　严鉴铂
　　　　　李　军（女）　李利民（女）
　　　　　李英才　李　炎　李顺德
　　　　　杨　军　杨宗科　张　宁
　　　　　张建学　张春莹（女）
　　　　　张钢胜　张爱萍（女）
　　　　　陈光德　赵　卫　郝定均
　　　　　姜长智　贾养勋
　　　　　崔荣华（女）　惠敏莉（女）
　　　　　雷英杰　解少波　蔡全发
　　　　　鲜选玉　颜学柏　戴宏科
　　　　　魏大宝珠（女）

市人大常委会办公厅
主　任　韩　强

市人大监察司法委员会
主任委员　贾养勋

市人大法制委员会
主任委员　牛　犁

市人大财政经济委员会
主 任 委 员　李英才
副主任委员　杨　宁

市人大教育科学文化卫生委员会
主 任 委 员　张　宁
副主任委员　屈胜文

市人大城乡建设环境资源保护委员会
主任委员　李　炎

市人大民族宗教侨务外事委员会
主任委员　张钢胜

市人大社会建设委员会
主任委员　蔡全发

市人大常委会法制工作委员会
主　任　牛　犁（兼）
副主任　王海安

市人大常委会预算工作委员会
主　任　李英才（兼）
副主任　姚　远

市人大常委会农业农村工作委员会
主　任　史鹤亭
副主任　郭海顺

市人大常委会人事代表联络工作委员会
主　任　解少波
副主任　王雨涵　赵喜莲

市人大常委会研究室
主　任　王武平
副主任　王晓萍

西安市人民政府

综　述

◆**市政府全体会议**　2019年，西安市人民政府召开全体会议1次。2月11日，代市长李明远主持召开市政府第五次全体会议，讨论拟提请西安市第十六届人民代表大会第四次会议审议的《政府工作报告（讨论稿）》《西安市2018年国民经济和社会发展计划执行情况与2019年国民经济和社会发展计划（草案）》和《西安市2018年财政预算执行情况和2019年财政预算安排意见（草案）》。

◆**市政府常务会议**　2019年，西安市人民政府召开常务会议33次（2019年第1次至第33次）。

第一次常务会议　1月11日召开。集体学习《习近平谈治国理政（第二卷）》的《树立“绿水青山就是金山银山”的强烈意识》和《推动形成绿色发展方式和生活方式》2篇文章。审议《西安市秦岭北麓生态环境保护三年（2019—2021年）行动计划》。审议并原则通过《西安市秦岭北麓生态环境保护地域网格化管理的实施办法》《西安市村镇规划管理规定》《关于加强镇政府服务能力建设的实施意见》《关于加强和完善城乡社区治理的实施意见》《浐河三年（2018—2020年）专项整治计划实施方案》《西安市第三污水处理厂提标扩容工程方案》《品质西安架空线缆落地提升工程PPP项目（一期）实施方案》《西安市公共交通安全员配备工作方案》《西安市城区道路和停车场机动车停车服务收费标准》《西安市地铁五号线一期，六号线一、二期工程3个PPP项目实施方案》。审议并原则同意《关于对六座人行天桥进行命名的请示》。

第二次常务会议　1月18日召开。审议并原则通过《西安市2018年国民经济和社会发展计划执行情况与2019年国民经济和社会发展计划草案的报告》《西安市加快经济发展方式转变实施意见》《打造城市社区“15分钟便民服务圈”总体方案》《西安市文化旅游万亿级产业发展规划（2018—2021年）》《西安市人民政府关于促进民宿发展三年行动方案（2019—2021年）》《西安市人民政府关于促进民宿发展若干扶持政策措施》《西安市安居建设管理集团有限公司组建方案》《西安市乡村振兴战略实施规划（2018—2022年）》《西安市历史文化名城保护规划》《三学街历史文化街区保护规划》《西安七贤庄历史文化街区保护规划》《西安市人民政府办公厅贯彻落实国务院办公厅〈关于对真抓实干成效明显地方进一步加大激励支持力度的通知〉的工作方案》。审议并原则同意《关于进一步加强城市地下空间规划建设工作的请示》《关于西安市2018年财政预算执行情况和2019年财政预算安排意见的请示》《关于报送2019年度立法计划建议项目的请示》《关于高新区托管周至县部分区域管理方案和高新区托管周至县部分区域移交工作方案的请示》《关于现役义务兵免费乘坐市内公共交通有关问题的请示》《西安市公安局关于申报集体二等功的请示》。

第三次常务会议　1月24日召开。传达学习习近平在省部级主要领导干部坚持底线思维着力防范化解重大风险专题研讨班开班式上的重要讲话精神，安排部署贯彻落实工作。审议并原则通过《西安市关于培育和发展住房租赁市场的实施意见》《西安市疫苗使用和预防接种提升工作方案(2018—2020年)》《关于进一步加大财政教育投入的意见》《关于支持区县教育发展若干财政政策的意见》《西安市2050空间发展战略规划》《梁家滩·西安国际社区控制性详细规划》《西安丝路国际金融中心核心区控制性详细规划》《曲江大道转盘改造工程十字平交方案》《西安市工业企业旧厂区改造利用实施办法》。审议并原则同意西安市城中村（棚户区）改造事务中心《关于莲湖区杨家围墙村、曲江大明宫杨家庄村棚户区改造项目成本核算改造综合用地有关问题的请示》。审议《幸福新城核心区控制性详细规划》。

第四次常务会议　2月18日召开。审议并原则通过《西安市绿色循环发展三年行动方案（2019—2021年）》《西安市关于健全生态保护补偿机制实施意见》《西安市生态环境损害赔偿制度改革工作实施办法（试行）》《西安市秦岭生态环境保护长效机制工作实施方案》《关于全面加强秦岭生态环境保护工作的决定》《关于支持市属高校改革和发展的实施意见》《西安市关于防范化解政府隐性债务风险的实施意见》《西安市政府隐性债务风险应急处置预案（试行）》《关于设立西安市“一带一路”外国留学生奖学金的请示》《关于进一步做好棚户区改造有关工作的通知》《西安市贯彻落实中、省深化审评审批制度改革鼓励药品理疗器械创新的实施方案》。审议《西安市第十污水处理厂高峰应急调水方案》《西安市污泥安全处置工作实施方案》。

第五次常务会议　2月25日召开。听取西安市人民政府领导班子成员重点工作汇报。

第六次常务会议　2月27日召开。传达学习国务院总理李克强在听取对《政府工作报告》意见建议时的讲话，并研究西安市贯彻落实意见。研究西安市大气污染防治工作。审议并原则通过《〈西安市户外广告设置管理条例〉实施细则》《西安市装备制造业产业发展规划（2019—2021年）》《西安市“十三五”易地扶贫搬迁旧宅基地复垦规划》《关于积极有效利用外资推动经济高质量发展的实施意见》《关于审定2018年度西安市总部企业资格及奖励意见的请示》《保障城市轨道交通安全运行实施意见》《2018年西安市交通发展年报》。

第七次常务会议　3月25日召开。传达学习习近平和李克强关于江苏响水“3•21”爆炸事故的重要指示批示，通报西安市近期多起安全事故，分析研判安全生产形势，安排部署安全生产工作。传达学习习近平关于巡视工作的重要批示精神、中央第四专项巡视组向陕西省反馈问题及会议精神、中央陕西省脱贫攻坚专项巡视整改工作电视电话会议精神，听取西安市脱贫攻坚整改工作进展情况汇报，安排相关工作。审议并原则通过《西安市2019年政府工作报告任务分解意见》《西安市2019年重点建设项目计划》《关于全面加强生态环境保护坚决打好污染防治攻坚战的实施意见》《西安市2019“营商环境提升年”活动实施方案》《西安市公共安全视频图像信息系统管理办法》《2019中国东亚文化之都·西安活动年实施方案》《2019西安国际时尚周总体方案》和中共西安市委外事工作委员会办公室关于《西安市与韩国安东市、俄罗斯圣彼得堡市、比利时布鲁塞尔首都大区、西班牙瓦伦西亚市、尼泊尔布托市、摩尔多瓦基希讷乌市、突尼斯迦太基市等7个城市建立友好城市关系的请示》。审议《西安市践行“两山理念”加快创建国家生态文明建设示范区的实施方案》《西安市城市污水处理设施建设攻坚方案》。

第八次常务会议　4月1日召开。组织法制学习，西北政法大学行政法学院教授彭涛以《国家治理结构转型中干部法治思维的养成》为题，进行专题辅导。审议并原则通过《2019年西安市城市建设维护项目投资计划》《贯彻落实省政府办公厅聚焦企业关切进一步推动优化营商环境政策落实任务分解方案》《关于鼓励社会力量兴办教育促进民办教育健康发展的实施办法》。审议并原则同意《西安市领导干部自然资源资产离任审计结果利用暂行办法》、西安浐灞生态区4个片区规划调整及酒十路南段交通优化方案。

第九次常务会议　4月16日召开。传达学习全省四大保卫战攻坚推进大会精神，听取西安市2018—2019年秋冬季大气污染综合治理攻坚行动开展情况汇报，审议并原则通过《西安市四大保卫战2019年度实施方案及工作任务清单》。听取西安市开展“大棚房”问题专项清理整治行动领导小组关于全市“大棚房”问题专项清理整治行动的情况汇报，研究下一步工作。传达学习全省农业农村和脱贫攻坚工作会议精神，研究西安市贯彻落实意见。审议并原则通过《西安市集中供热条例实施细则》《西安市生活垃圾分类管理办法》《西安火车站北广场综合改造项目及周边市政道路设计方案》。审议并原则同意《西安西沃客车有限公司增资扩股方案》《市城管局、市资源规划局关于研究确定市固体废弃物综合处置场选址的请示》《市国资委关于审批太华路—北二环立交广场P+R地下停车场PPP项目实施方案的请示》《市外办关于西安市与保加利亚大特尔诺沃市、瑞典吕勒奥市、荷兰代尔夫特市、芬兰科沃拉市等4个城市建立友好城市关系的请示》。

第十次常务会议　4月22日召开。传达学习中共中央政治局4月19日会议精神和陕西省人民政府4月17日常务会议精神，听取西安市发展和改革委员会、西安市统计局、西安市工业和信息化局、西安市财政局等部门有关工作汇报，研究分析西安市一季度经济运行情况，安排部署下一步重点工作。听取全市2019年一季度安全生产工作情况汇报，安排部署下一步安全生产重点工作。审议《西安国际化大都市建设促进条例（草案）》。

第十一次常务会议　5月15日召开。传达学习习近平在国家综合性消防救援队伍授旗仪式上的训词精神，听取西安市消防支队关于消防工作、西安市自然资源和规划局关于森林防火工作的汇报，安排部署相关工作。安排部署城中村（棚户区）改造工作。集体学习《地方党政领导干部食品安全责任制规定》，研究西安市贯彻落实措施。审议并原则通过《关于划定禁止使用高排放非道路移动机械区域的通告》《秦岭北麓主要峪口峪道生态环境综合治理工作实施方案》《幸福路北延伸工程方案》《第二十九届全国图书交易博览会总体方案》《西安市残疾少年儿童康复救助实施方案》。

第十二次常务会议　5月27日召开。组织法制学习，西安市统计局局长张民伟以《防惩统计造假　切实依法治统》为题开展专题讲座，重点传达学习中国共产党第十八次全国代表大会以来习近平关于统计工作的重要指示、批示，结合2018—2019年通报曝光的统计违纪、违法案例和西安市工作实际，解读《中华人民共和国统计法》和国务院《中华人民共和国统计法实施条例》，国家监察委员会、人力资源和社会保障部、国家统计局《统计违法违纪行为处分规定》，以及《关于深化统计管理体制改革提高统计数据真实性的意见》《统计违纪违法责任人处分处理建议办法》《防范和惩治统计造假弄虚作假督察工作规定》等法律、法规和中央文件精神，并对贯彻落实习近平重要指示、批示进一步提升统计数据质量提出意见建议。听取市重点行业领域“扫黑除恶”专项整治工作情况汇报，研究下一步工作。听取西安市消防安全委员会办公室关于全省消防安全大检查专项督查情况的报告，并安排相关工作。审议并原则通过《西安市建筑物外立面保持整洁管理规定》《西安市地下综合管廊有偿使用收费管理实施意见》。审议并原则同意《关于举办“2019全球创投峰会”的请示》《关于开展雨污水管网及排水用户全面普查工作的通知》。审议《西安市矿业权退出补偿办法》。

第十三次常务会议　6月17日召开。传达学习习近平关于信访工作重要批示精神，听取西安市信访工作情况汇报，安排部署相关工作。听取西安市苏陕扶贫协作与经济合作情况汇报，审议并原则通过《西安市苏陕扶贫协作与经济合作2019年工作实施方案》《关于全面实施预算绩效管理的实施意见》《西安市市级财政资金分配暂行规定》《西安市市级财政专项资金管理办法》《西安市清洁能源取暖试点城市建设工作方案（2018—2021年）》《关于坚持农业农村优先发展　奋力开拓“三农”发展新局面的实施意见》。

第十四次常务会议　6月26日召开。传达学习全省秦岭生态环境保护工作“回头看”暨违建别墅问题清查整治专项行动部署电视电话会议精神，研究西安市贯彻落实意见。审议并原则通过《西安市违建别墅问题清查整治专项行动工作方案》《西安国际消费中心城市创建实施方案》《2019市财政预算内基本建设投资计划安排意见》《西安市城市道路命名导则》。审议并原则同意《市资源规划局关于调整市处理房屋办证遗留问题领导小组的请示》。

第十五次常务会议　7月8日召开。组织法制学习，西安市人民政府副市长王勇以《放松管制　加强监管　提高效益激发活力　依法更好发挥政府投资作用》为题，对国务院《政府投资条例》做了深入解读。审议并原则通过《西安市人民政府工作规则（修订草案）》《西安市人民政府关于进一步深化工程建设项目审批制度改革的实施方案（送审稿）》。审议并原则同意《西铜高速城市段快速路元朔路立交工程方案》《西安奥体片区与会展片区控制性详细规划》。

第十六次常务会议　7月18日召开。分析研判上半年经济形势，听取上半年安全生产工作汇报，安排部署下一步工作。审议并原则通过《2019年市级水利维护建设资金项目投资计划》《西安市贯彻落实中央生态环境保护督察“回头看”及大气污染防治专项督察反馈意见整改方案（送审稿）》。听取全市打击整治破坏秦岭野生动植物资源违法犯罪专项行动进展情况汇报。审议并原则同意《市住建局、市财政局关于落实支持建筑业高质量发展财税措施的请示》。

第十七次常务会议　7月29日召开。传达学习《中共中央、国务院关于深化教育教学改革全面提高义务教育质量的意见》《国务院关于印发国家职业教育改革实施方案的通知》。传达学习习近平对民政工作重要指示和第十四次全国民政会议、第二十一次全省民政会议精神，研究西安市贯彻落实意见。听取临潼区人民政府、西安曲江新区管委会关于骊山违建问题整治情况汇报。审议并原则通过《西安市绿道规划设计导则》《西安八水绿道专项规划》《西安城墙—古都绿道专项规划》。审议并原则同意《关于加快提升公办中小学办学质量的若干意见》。审议《大西安绿道体系规划》。

第十八次常务会议　8月13日召开。传达学习李克强在防汛抗旱工作会议上的讲话和陕西省人民政府第十六次常务会议精神。审议并原则通过《西安建设“一带一路”综合试验区实施方案（2019—2021年）》《西安市社会养老服务促进条例（草案）》《省委秦岭生态环境保护专项巡视反馈意见的整改方案》《西安市教育设施布局专项规划（2018—2021年）》。

第十九次常务会议　8月21日召开。审议并原则通过《〈西安市道路交通安全条例〉修正案（草案）》。

第二十次常务会议　8月28日召开。审议并原则通过《西安市人民政府关于修改〈西安市机动车车身广告设置管理办法〉的决定（草案）》《利君集团有限公司资产重组方案》《2019世界文化旅游大会总体方案》《西安市加快推进科技创新型企业科创板上市扶持政策》。审议并原则同意《新河综合治理（2019—2020年）实施方案》《关于建立完善长效机制落实最严格耕地保护制度的意见》、西安市轨道交通集团有限公司《关于西安地铁五号线一期、六号线、九号线车站和车辆基地命名的请示》。书面审议并原则同意西安市自然资源和规划局《关于过渡期内城市总体规划实施意见的请示》。

第二十一次常务会议　9月12日召开。传达学习习近平在甘肃省武威市古浪县考察调研易地扶贫搬迁工作时的重要指示精神、全国发改系统易地扶贫搬迁工作现场会精神、陕西省脱贫攻坚领导小组会议精神、全省政府易地扶贫搬迁旧宅腾退增减挂钩工作座谈会精神、全省贫困县县委书记脱贫攻坚工作座谈会精神、全省易地扶贫搬迁工作政策培训暨整改工作推进会议精神以及全省脱贫攻坚“三比一提升”视频会议精神。审议并原则通过《凤城八路连接杏渭路通道方案》、《西安市城市轨道交通运营服务成本规制办法（试行）》、《大西安区域医学检验中心PPP项目实施方案》、《西安市应急指挥中心平台二期升级改造项目建设方案》、《西安市政府投资信息化项目管理办法》、西安市发展和改革委员会《关于统一规划体系更好发挥规划战略导向作用的意见》、西安市生态环境局《关于深化环境监测改革提高环境监测数据质量的实施方案》。

第二十三次常务会议　9月29日召开。审议并原则通过《关于加快新时代教育改革发展　建设教育强市的实施意见》《西安市基础教育提升三年行动计划》《关于区县资源规划部门统一领导和管理林业工作管理方式和工作机制的意见（试行）》。审议并原则同意西安市财政局《关于调整2019年全市财政收入预算的请示》。

第二十四次常务会议　10月12日召开。集中学习习近平在庆祝中华人民共和国成立70周年大会上的重要讲话。组织法制学习，西北政法大学教授陈娟丽以《秦岭野生动物的法律保护》为题进行专题辅导。审议并原则通过《西安市高质量推进市级重点项目建设实施意见（试行）》《西安市秦岭生态环境保护条例（修订草案）》。审议西安市自然资源和规划局《关于推进处理基本符合条件住宅项目验收遗留问题的实施意见》。听取西安市秦岭北麓违建别墅清查整治（核）专班关于全市违建别墅整治工作开展情况汇报、西安阎良国家航空高技术产业基地管委会关于2019中国国际通用航空大会筹备工作进展情况汇报、全市重点行业领域“扫黑除恶”专项斗争乱象治理工作情况汇报。审议并原则同意西安市发展和改革委员会《关于报送西安市举办2019关中平原城市群市长联席会议有关事宜的请示》。

第二十五次常务会议　10月17日召开。传达学习李克强来陕考察和在部分省政府主要负责人经济形势座谈会上的重要讲话精神，以及陕西省人民政府第23次常务会精神，研究贯彻落实工作。审议并原则通过《西安市水污染防治条例（草案）》、《关于贯彻新发展理念加快国家中心城市建设凝心聚力办好十四运的实施意见》、《西安市迎全运加快国家中心城市建设工作实施方案》、西安市财政局《关于完善国有金融资本管理工作实施方案》。审议《西安市生活垃圾分类管理条例（草案）》。听取西安市科技局关于2019西安全球硬科技创新大会筹备情况汇报。

第二十六次常务会议　10月28日召开。分析研判前三季度经济形势，安排部署下一步重点工作。审议并原则通过《西安市架空线落地工作实施方案》《西安市消防救援人员职业保障和社会优待暂行意见》《西安市查处车辆非法客运若干规定（草案）》。审议并原则同意西安市民政局《关于撤销鄠邑区祖庵等6个镇建制设立相应街道的请示》。

第二十七次常务会议　11月4日召开。传达学习陕西省安全生产委员会有关会议精神，听取西安市安全生产委员会办公室关于西安市2019年三季度安全生产情况汇报，安排部署相关工作。听取西安市审计局关于2018年度市级预算执行和其他财政收支情况审计结果的汇报。传达学习全国“扫黑除恶”专项斗争第二次推进会精神，听取西安市公安局、西安市金融工作局关于重点行业领域“扫黑除恶”专项斗争开展情况的汇报。

第二十八次常务会议　11月19日召开。组织法制学习，西安市人民政府法律顾问王小涛以《提升市场主体活力和社会创造力》为题，对《优化营商环境条例》做了解读。审议并原则通过《西安市老旧小区改造工作实施方案》《西安市背街小巷提升改造实施方案》《西安市城中村（棚户区）改造提升工作方案》《西安市断头路打通工作实施方案》。听取西安市自然资源和规划局关于全省违建别墅电视电话会议精神和西安市违建别墅整治情况汇报。审议西安市水务局《引汉济渭鲸鱼沟调蓄工程规划》。

第二十九次常务会议　11月26日召开。传达学习《李克强总理在研究分析当前经济形势和部署下一步经济工作时的讲话》《李克强总理在国家能源委员会第一次会议上的讲话》。审议并原则通过《全面贯彻新发展理念　加快国家中心城市建设　推进枢纽经济门户经济流动经济发展工作方案（2020—2022年）》《西安市2020年重点建设项目计划》《西安市天然气调峰设施建设实施方案》《关于加快建设先进制造业强市的实施意见》《西安市城镇污水处理提质增效三年行动实施方案（2019—2021年）》《西安市深入实施乡村振兴战略促进城乡融合发展工作三年行动方案(2019—2021年)》《西安市秦岭生态环境保护工作方案（2019—2021年）》。审议《市属经营性国有资产集中统一监管改革方案》。

第三十次常务会议　12月3日召开。组织法制学习，西安铁路运输中级人民法院党组成员、副院长古晓，以《加强执法监督　促进法治政府建设》为题，进行专题辅导。通报中共西安市委第十三届委员会第九次全体会议涉及2019年下半年重点工作落实情况。审议并原则通过《西安市推进绿色发展·建设“生态西安”实施方案》《西安市关于加强文化建设促进文化旅游融合发展的实施意见》《西安市加强文化建设促进文化旅游产业融合发展三年行动方案（2020—2022年）》《西安市扩大有效投资考核奖惩办法（修订版）》《西安市生活垃圾分类管理条例（草案修改稿）》《西安市2019—2020年采暖季补贴方案》。审议并原则同意西安市民政局、西安市财政局《关于提高西安市城乡低保标准的请示》、中共西安市委外事工作委员会办公室《关于授予三星（中国）半导体有限公司董事长任伯均等2人“西安市荣誉市民”称号的请示》。

第三十一次常务会议　12月9日召开。审议并原则通过《西安市全面推行相对集中行政许可权改革工作实施方案》《黄河流域西安市主要河湖水系保护治理三年行动方案（2019—2021年）》《市属经营性国有资产集中统一监管改革方案》。

第三十二次常务会议　12月23日召开。传达汾渭平原大气污染防治协作小组第二次全体会议精神，研究西安市贯彻落实意见。传达学习中共西安市委政协工作会议精神。审议并原则通过《西安市优化营商环境推进重大项目建设三年行动方案（2020—2022年）》《西安市2020年重点建设项目考核办法》《西安市2020年市级重点项目观摩测评实施方案》《西安市产业用地指南(2019年版)》

《关于印发〈进一步完善商品房预售管理制度强化房地产市场监管的若干意见〉的通知》《西安市关于规范住房租赁市场管理的实施意见》《关于修改〈西安市国有土地上房屋征收与补偿办法〉的决定》《西安市整合城乡居民基本医疗保险制度实施办法（暂行）》《关于落实省纪委监委秦岭北麓西安境内违建别墅问题专项整治“回头看”检查反馈问题的整改工作方案》《西安市水务系统企业划转与加强监管实施方案》。审议《西安市推进幸福宜居社区建设实施方案（2020—2021年）》《西安市“15分钟便民服务圈”建设标准及目标（试行）》。传达学习全国畜牧业工作会议和全国大中城市“菜篮子”产品保供座谈会主要精神，研究西安市贯彻落实意见。

第三十三次常务会议　12月31日召开。传达学习中央第四巡视组对陕西省开展脱贫攻坚专项巡视“回头看”见面沟通会议精神，学习2017年4月11日娄勤俭在中共陕西省委常委会研究脱贫攻坚工作时的讲话，听取西安市脱贫攻坚工作情况汇报。审议并原则通过《西安历史文化名城保护规划（2019—2035年）》《小雁塔保护规划》《全市2020年经济社会发展目标任务建议方案》。

（田旭鹏）

◆**重要决定及举措**　2019年，西安市人民政府实施以下重要决定及举措。

实施“龙门行动”计划　全力助力企业登陆科创板，发布遴选科创板上市企业征集令，储备科创板上市后备企业230家。邀请中信建投、中金公司、国泰君安等券商来访，召开企业科创板上市推介会，并针对拟登陆科创板企业开展遴选、分层、辅导、推荐，确保企业信息及时更新。制定发布《西安市加快推进科技创新型企业科创板上市扶持政策》，成立推动企业科创板上市工作专班，建立企业上市“绿色服务通道”。持续推动企业上市挂牌。帮助西安炬光科技有限公司、陕西美能燃气股份有限公司等协调解决贷款操作、工商、社保等问题。落实《西安市加快金融业发展的若干扶持办法（暂行）》，兑现企业上市奖励资金2195万元。全市新增上市企业5家（西安银行、三角防务、西部超导、铂力特、天瑞汽车内饰），新三板挂牌企业6家。组织2019全球丝路创投联盟年会暨专家恳谈会，发布2019年中国城市科技金融发展指数、“2019西安未来之星TOP100”及“西安龙门榜TOP20”榜单，并对获奖企业进行颁奖。

加快先进制造业发展　出台《关于加快建设先进制造业强市的实施意见》，从优化产业布局、强化创新驱动、加大招商引资、提升营商环境等方面，明确了推进先进制造业发展的6个路径、12项重点任务和22条支持政策。举办“西安市加快建设先进制造业动员大会”。先进制造业支柱产业发展良好，汽车产业生产汽车40.31万辆，总产值1154.48亿元，比2018年增长5%；电子信息制造产业规模以上企业总产值1102.41亿元，增长23.5%；装备制造业增加值增长9.3%。

启动“国际消费中心城市”创建　出台《西安国际消费中心城市创建实施方案》，积极争取商务部支持西安市创建“国际消费中心城市”。加快推进商业基础设施建设，新开业商业综合体14个，新增商业面积125万平方米。大唐不夜城步行街改造提升工作顺利推进，首届全国步行街改造提升工作现场会在西安市召开。老城根Gpark列入省级步行街改造提升试点，白鹿仓特色商业街区等成为第三批“西安市示范特色商业街区”。

促进全域旅游发展　出台《西安市促进全域旅游发展的实施意见》，提出到2020年成功创建“全域旅游示范市”。把旅游业培育成为全市经济社会发展的战略性支柱产业，接待海内外游客3.2亿人次以上，旅游总收入突破3600亿元。以创建“全域旅游示范市”为目标，大力提升旅游景区和基础设施服务水平，推出丝路之旅、山水之旅、红色之旅、休闲之旅等精品旅游线路、串联旅游精品资源；推动大明宫创建AAAAA级景区，茯茶镇、昆明池、华夏文旅景区创建AAAA级景区；新开工建设高品质酒店5家，新增旅行社7家，新改建旅游厕所115座；评选推出“十佳最美乡村民宿”。临潼区入选首批“国家全域旅游示范区”；蓝田县入选“全省旅游示范县”。

生活垃圾分类　9月1日起，施行《西安市生活垃圾分类管理办法》，强化分类车辆配备，统一清运车辆标识，加大执法查处力度，定期公布典型案例，强力推进分类工作开展。市级财政一次性投入2500万元，为各区（县）配备分类垃圾桶28812个、有害垃圾运输车辆42辆。印发《西安市生活垃圾分类投放指南》等宣传制品，深入开展“生活垃圾分类宣讲进高校活动”，举办生活垃圾分类培训班30余场次，创建“市级生活垃圾分类示范单位”274个。加快推进生活垃圾无害化处理项目建设，蓝田、高陵、西咸、鄠邑项目分别于10月和12月中旬点火运行并接收处理垃圾，灞桥项目确定建设单位。建成投用第二渗滤液处理厂产能提升项目、渗滤液预处理池项目和15万方调节池项目，启动蓝田、高陵、沣西新城3个餐厨垃圾处理项目建设。加快推进西安市固体废弃物综合处置场一期工程，项目用地落实，项目可研、环评和社会稳定评估报告获批复和备案，完成招标及施工准备，正在进行搬迁和清表。持续改造提升已有生活垃圾压缩站，加强对《小型生活垃圾压缩式转运站运行规范》执行情况检查，组织开展生活垃圾收运管理百日大整治。

开展亲商助企　2019年，西安市5524名亲商助企干部下企业11560人次。活动开展以来，全市助企干部累计下企业85418人次，收集上报各类问题6556个，解决5810个，正在解决746个，办结率88.63%。

全面推进“健康西安”建设　成立西安市健康西安建设工作委员会，印发《推进健康西安建设的决定》《健康西安2030行动规划》，协力推动工作模式从“以治病为中心”向“以健康为中心”转变。全市每1000人卫生技术人员达到11.23人，孕产妇死亡率、婴儿死亡率、出生缺陷发生率维持在较低水平。全力组织“国家卫生城市”复审工作，高分通过全国爱国卫生运动委员会办公室对西安市的暗访评估，城乡环境持续改善，全市“国家卫生镇”达到20%。控烟宣传、执法活动有效开展，世界卫生组织授予西安市“2019年世界无烟日奖”。

公务用车改革管理　减少公务用车1600辆、司勤867人。完成32家涉改市级机关和13个区（县）的公务用车编制调整。坚持问题导向，严肃督导整改，顺利完成公务用车专项治理，排查出超编运行、车改时保留进口车辆、“五定一核算”落实不到位和违规使用公车4方面问题，并督导整改。完成公务用车“全省一张网”信息化平台建设和标识化喷涂。

坚决整改中央环保督察“回头看”反馈问题　制订《西安市贯彻落实中央生态环境保护督察“回头看”及大气污染防治专项督察反馈意见整改方案》，协调督促各责任单位狠抓整改落实。7个牵头整改问题均完成整改任务；14个配合整改问题均按照省级牵头部门要求，持续推进整改。

大力发展“三个经济”　围绕西安市“十项重点工作”，成立工作专班，研究制订《全面推进枢纽经济门户经济流动经济发展工作方案（2020—2022年）》，召开全市大力发展“三个经济”工作大会，出台21条支持政策，安排77个“三个经济”重点项目，总投资

5905亿元。通过纳入目标考核和建立信息月报制度，形成上下联动、横向协调，统筹推进、合力攻坚抓“三个经济”的工作机制，掀起发展“三个经济”热潮，“三个经济”年度19项指标全面超额完成。

推进“互联网+”政务服务深度融合 推进政务服务“一网通办”。超过300个高频事项集中上线，累计上线高频事项585个。加强政务事项标准化建设，确认全市政务服务事项实施清单7266项，建成全市统一标准化事项库。39个市级部门及13个区（县）、7个开发区完成事项配置，上线事项5092个。市级政务服务事项网上可办率91.9%。完成一体化在线服务平台建设，“i西安”政务服务App上线运行，推出121项服务事项。“一网通办”总门户上线实测，累计注册量28.3万人次，累计办件量超161万件，累计办结量超144万件。政务服务“好差评”系统和电子监察系统初步建成。建成全省首家网上中介服务平台，出台《西安市网上中介服务超市暂行管理办法》，实现中介机构信息发布、公开选取、结果公示、服务评议网上全流程管理，进驻中介机构306家，提供中介服务事项72项。西安市网上中介服务超市建设经验在全省推广。

积极融入“一带一路”大格局 积极推进“一带一路”国际、国内合作，印发《西安建设“一带一路”综合试验区实施方案（2019—2021年）》。中欧班列“长安号”开行2133列，为2018年的1.7倍；运送货物180.2万吨，为2018年的1.5倍。西安咸阳国际机场货邮吞吐量突破38万吨，增长21.5%，增速居全国机场首位。新开通16条国际客运航线、7条国际货运航线。支持西安爱菊粮油工业集团有限公司加快“北哈州—阿拉山口—国际港务区”“三位一体”建设，累计完成投资1.5亿元。

全力推进第十四届全国运动会筹备工作 成立第十四届全国运动会西安市执行委员会，由中共西安市委主要领导和西安市人民政府主要领导担任总指挥。市区内77条线路和127条道路综合提升工程全面启动，9个方面54项城市规划设计重点任务整体推进。对照陕西省重点筹备工作计划所列的238条具体任务，结合西安市工作实际，印发《第十四届全国运动会西安市执委会部门2020年工作要点》，对全年重点任务予以明确。作为十四运会的主要承办城市，西安市内有22个十四运会场馆建设项目，其中由西安市负责建设的项目有西安奥体中心“一场两馆”、全运村和西安体育训练基地，改造项目有西安城市运动公园体育馆和秦岭国际高尔夫俱乐部。截至年底，西安奥体中心“一场两馆”主体结构均封顶，完成室内装修，中央地库和柳林路下穿遂道主体完成80%以上，建设速度名列全省25个新建场馆建设项目第一名。备战训练扎实开展，通过跨省引进、跨界选才、跨项共建等方式，引进高级教练员13人、运动员115人。在年度国际和全国比赛中获得冠军10余项次。“全运惠民工程”全面实施，全力打造“15分钟便民健身圈”，建成大明宫全民健身园区等24个“全民健身亮点示范工程”和4170个“农民体育健身工程”、1854个“社区全民健身路径工程”、40余个多功能运动场和一批全民健身绿道。 （石敬才　张佳祥）

西安市人民政府

（以2019年年底在职为准）

市　　长　李明远
副 市 长　王　琳　王　勇（挂职）
　　　　　强小安　杨广亭　徐明非
　　　　　肖西亮　马鲜萍（女）
秘 书 长　陈长春
副秘书长　王西京　王　伟　杨国胜
　　　　　张选民　黄晓华　樊军荣

市政府办公厅和政府组成部门

市政府办公厅（市政府参事室）
党组书记　陈长春
主　　任　王建东
副 主 任　张选民
纪检组长　王群友

市发展和改革委员会（市粮食局和物资储备局、市物流业发展办公室）
主　　任　邢　欣（女）
副 主 任　赵寅科　冉红斌
　　　　　魏　峰（挂职）

市教育局
局　　长　姜建春
副 局 长　赵春平　闫秀斌　王　纲
总 督 学　王小虎
市教育考试中心主任　张锋善
纪检组长　唐世广

市科学技术局（市外国专家局、市硬科技产业发展局）
局　　长　李志军
副 局 长　任　晖　楼文晓
　　　　　段学超（挂职）

市工业和信息化局
局　　长　李初管
副 局 长　张兴华　王　平（挂职）

市民族宗教事务委员会
主　　任　李永奇
副 主 任　李海林　平　丽（女，回）
　　　　　王　胜
纪检组长　刘凯军

市公安局
局　　长　肖西亮
副 局 长　高　威　赵亚平
政治部主任　连　智
纪检组长　杜育峰

市民政局
局　　长　三碧辉
副 局 长　李改草（女）　朱友明
　　　　　孔　宏
纪检组长　党　浩

市司法局
局　　长　张华俊
党组书记　赵　夏
副 局 长　史　伟　张兴平　王安军
纪检组长　焦　军
政治（警务）部主任　孙雅玮

市财政局
局　　长　李西宁
副 局 长　王　琦　阎金平
纪检组长　庄　军
西安投资控股公司董事长　巩宝生
西安投资控股公司总经理　赵　泉

市人力资源和社会保障局
局　　长　贾轶昊
副 局 长　杨　庆　冯　莉（女）
　　　　　王晓杰　李　强（挂职）
市人才服务中心主任　巩　军
纪检组长　贺学军

市自然资源和规划局（市林业局）
局　　长　冯　涛
副 书 记　焦莉丽（女）
副 局 长　赵定安　王学超　王　刚

市生态环境局
局　　长　刘　军
党委副书记　郑西胜
副 局 长　张炳淳　王　韬　李　博
　　　　　易　兰（女，挂职）

市住房和城乡建设局（市轨道交通建设办公室）
局　长（主　任）　苗宝明
副局长（副主任）　杨根民　高省安
贾　强　张彦庆

市城市管理和综合执法局
局　　长　李平伟
副 局 长　龚坚城　吴雪萍（女）
张军刚　董埃孝　王　军
纪检组长　周教育

市交通运输局
局　　长　张　健
副 局 长　张永民　李斌科　尤　骁
王　伟（兼）　马壮林（挂职）
西安交通投资集团有限公司董事长
杜文艺

市水务局
局　　长　吕　强
副 局 长　贺乐军　刘　博　王　俊
赵晓光（挂职）

市农业农村局
局　　长　倪广天
副 局 长　苏新耀　李岁会

市商务局〔中国（陕西）自由贸易试验区西安管理委员会〕
局　　长　吕恒军
副 局 长　吴慧娟（女）　陈建锋
麻晓勤（女）
中国（陕西）自贸区西安管委会
专职副主任　李群刚

市投资合作局
局　　长　黄瑜晖（女）
副 局 长　景政彬　杜岩岫

市文化和旅游局（市文物局）
局　　长　王庆华（女）
副 局 长　康立峰　余亚军
马立军（回，挂职）
周　立（女，挂职）
徐　杨（挂职）

市卫生和健康委员会
主　　任　刘顺智
副 主 任　薛林莉（女）　王红艳（女）
荣　亮　吕永鹏

市退役军人事务局
局　　长　惠应吉
副 局 长　季建斌　闫亚林

市应急管理局
局　　长　黄会强
副 局 长　张　钧　段胜利
刘　超（挂职）
纪检组长　王学军

市审计局
局　　长　徐琳茹（女）
副 局 长　马少民　王建军
总审计师　贺成志
纪检组长　白丽萍（女，裕固）

市国有资产监督管理委员会
主　　任　刘三民
党委副书记　任晓今（女）
副　主　任　胡建新　王立安　李宏军
白宏伟（挂职）
纪 检 组 长　王　鹏

市市场监督管理局（市知识产权局）
局　　长　陈吉利
党委副书记　谢　莹（女）
副　局　长　兰东明　冯　赵　吴　繁
丁景玺

市体育局
局　　长　马　锐（回）
副 局 长　徐　岗　邵　芳（女）

市统计局
局　　长　张民伟
副 局 长　秦来生　李　红（女）

市政府研究室
主　　任　崔玉凤（女）
副 主 任　左　东　刘新社

市人民防空办公室
主　　任　唐　宁
副 主 任　连拥军　邱卫华
纪检组长　谢　巍

市信访局
副 局 长　张　蔚　王增武

市医疗保障局
局　　长　张　军
副 局 长　王晓东　张群力（女）

市扶贫开发办公室
主　　任　张友社
副 主 任　朱玉荣（女）　李英杰

市行政审批服务局
局　　长　段重利
副 局 长　张新鳌　邓晓宇（挂职）
解丹蕊（女，挂职）
赵雪琴（女，挂职）

市大数据资源管理局（市新经济产业发展局）
局　　长　刘　军
副 局 长　张伟明

市金融工作局
副 局 长　王　丽（女）　李　鹏
庞　波（挂职）

市秦岭生态环境保护管理局
局　　长　邢宏锋

直属事业机构

市地方志办公室
主　　任　姚敏杰
副 主 任　张　帜

市社会科学院（市社科联）
院　长（主　席）　高东新
副院长（副主席）　张永强

市地震局
局　　长　汪　涛
副 局 长　邢晴汉

西安住房公积金管理中心
主　　任　刘晓民
副 主 任　马　涛（回）
总会计师　张林军
纪检组长　王佩生

市机关事务服务中心
主　　任　高继平
副 主 任　吴鹏飞　张宝林　徐海民
纪检组长　骞智峰

市博览事务中心
主　　任　王国根（兼）
副 主 任　闫　勇　张云平

市城中村（棚户区）改造事务中心
主　　任　刘　强
副 主 任　李根成　袁海林

西安广播电视台
台　　长　惠　毅
党委副书记　刘晓林

副 台 长 赵和平 解 炜
纪检组长 王 钊
广电产业集团总经理 王 阳

派出机构

陕西省西咸新区开发建设管理委员会
党工委书记 岳华峰（兼）
主 任 康 军
副 主 任 李肇娥（女） 刘优军
徐军前 亢振峰
陈 辉 姚海军
赵 孝（满，挂职）
纪工委书记 姜志华
西咸建设开发公司董事长 周 东
沣东新城管委会主任 柳 政
空港新城管委会主任 贺 键
秦汉新城管委会主任 杨占文
沣西新城管委会主任 刘宇斌
泾河新城管委会主任 张宏伟
沣东新城管委会副主任 寻心乐（挂职）
沣西新城管委会副主任 高 健（挂职）

西安高新技术产业开发区管理委员会
党工委书记 钟洪江（兼）
主 任 齐海兵
副 主 任 牛 恺 韩红丽（女）
顾海文 杨 华
王海若（女） 祝鹏翘
张 煜（挂职）
纪工委书记 王宽让
西安高新综合保税区管委会专职副主任
史康度
西安高科（集团）公司董事长 贾长舜
西安高科（集团）公司总经理 杜万坤

西安经济技术开发区管理委员会
党工委书记 玉苏甫江·麦麦提
（维吾尔，兼）
主 任 钱虎威
党工委副书记 苏俊良
副 主 任 邓选印 陈 迪
蔺建文 张 俊
刘明利 张水利
李 清（挂职）
张战辉（挂职）
刘 齐（挂职）
纪工委书记 邹晓刚
西安经发集团董事长 彭晓晖

西安曲江新区管理委员会
主 任 姚立军
党工委副书记 孙 超
西安演艺（集团）有限公司董事长、
党委书记 寇雅玲（女）

副 主 任 常文芝 陈共德（瑶）
王小育 顾育英（女）
但华喜 葛淑英（女）
李耀杰
张邯玥（女，挂职）
卢 渊（挂职）
纪工委书记 王胜彦
曲江文化产业投资（集团）有限公司
董事长 李铁军
西安演艺（集团）有限公司董事长
寇雅玲（女）
西安演艺（集团）有限公司总经理
樊大可

西安浐灞生态区管理委员会
党工委书记 杨六齐
主 任 门 轩
副 主 任 王公理 丁学俊 黄秦政
谢慧莹（女）
邹晓鹏（女，挂职）
纪工委书记 贾振东
浐灞河发展有限公司董事长 樊彦平
浐灞河发展有限公司总经理 曹兆民

西安阎良国家航空高技术产业基地（陕西航空经济技术开发区）管理委员会
党工委书记 王 琳（兼）
主 任 姚 涌
党工委副书记 郭凤鹏
副 主 任 仝秀丽（女） 杜崇壮
崔 庆 王建飞
王 伟（挂职）
西安航空城建设发展（集团）有限公司
总经理 张立伟

西安国家民用航天产业基地（陕西航天经济技术开发区）管理委员会
党工委书记 钟洪江（兼）
党工委副书记 逯雁春（女）
副 主 任 王 斌 史晓峰
刘顺利 赵 舰
张 营 贺延光
蒋 阳 李 雷（挂职）
郭敏怡（挂职）
纪工委书记 李超来
西安航天城投资发展集团公司
总经理 冯 霈

西安国际港务区管理委员会
主 任 孙艺民
党工委副书记 陈 博
副 主 任 李 翔 苏国峰
苗 吉 杨 袆（女）
纪工委书记 王东伟
西安国际陆港投资发展集团有限公司
总经理 屈锦薇（女）

其他单位

市供销合作联社
党组书记（副主任） 高 伟
主 任 肖 琦（女）
副 主 任 肖 刚 成 斌

市物资总公司
副总经理 刘军安 雷春龙
纪委书记 戴 之

市工业合作联社
副主任 段忠明 杨希军

西安工业资产经营有限公司
董 事 长 金 辉
党委副书记 吴 农
副总经理 陈 红（女） 任广斌
胡治刚
纪委书记 常以卓

市机电化工国有资产管理公司（市轻纺建材国资管理公司）
总 经 理 刘健伟
副总经理 郑惠杰 赵长利
郭 梅（女）
纪委书记 王少华

西安城市基础设施建设投资集团有限公司
总 经 理 马胜利
副总经理 高满石 徐 龙 孔建辉
工会主席 傅 丽（女）
纪委书记 桑中玲（女）

西安建工（集团）有限责任公司
董 事 于 玮 张效智

西安水务（集团）有限责任公司
董 事 长 石卫平
副总经理 王禄仕 周文汉 陈大为
总工程师 张西前
工会主席 金战捷
纪委书记 张大为

西安银行股份有限公司
董 事 长 郭 军
行 长 陈国红
副 行 长 王 欣 李富国 张成喆
狄 浩
监 事 长 刘志顺
工会主席 李文琦（女）
纪委书记 扈广杰
董事会秘书 石小云（女）
董 事 巩宝生（兼）

（市委组织部）

决策服务

◆**概况** 2019年，西安市人民政府研究室深入学习贯彻习近平新时代中国特色社会主义思想和中国共产党第十九次全国代表大会及十九届二中、三中、四中全会及习近平重要批示指示精神，紧扣“追赶超越”和“五个扎实”要求，紧贴中共西安市委、西安市人民政府重要决策部署，高标准、高质量、高起点组织“不忘初心 牢记使命”主题教育活动，认真组织课题研究，积极参与重要决策，圆满完成年度任务。全年对相关部门拟出台的文件进行政策性审核130余份，及时办结省、市人大建议、政协提案3件。全年编辑发行《西安发展研究》37期、《经济观察》6期。

◆**服务重要决策** 2019年，西安市人民政府研究室完成中共西安市委、西安市人民政府领导的相关文稿及交办的重要任务。高标准完成中共西安市委领导交办任务，提交《西安与成都发展的比较分析》《当前我市开发区发展存在的问题与建议》2篇报告，受到领导批示、肯定。服务政府主要领导，完成西安市人民政府主要领导参加全国“两会”相关建议5项、在全省贯彻落实习近平民营企业座谈会重要讲话精神工作推进现场会上的发言、在全省庆祝中华人民共和国成立70周年主题发布会上的新闻发布稿、在世界城地组织亚太区理事会上的主旨发言、在南非德班召开的世界城地组织会议开幕式和闭幕式上的讲话等重要文稿。完成《中共西安市委财经委员会关于西安市2019年上半年经济形势分析报告》，起草西安市人民政府主要领导在市政府第16次常务会研究分析上半年经济形势时的讲话。完成西安市人民政府主要领导调研报告《关于加快构建西安现代产业体系的调查研究》。完成西安市人民政府领导接受新华社《大国之约》采访的谈话稿。完成《西安构建世界文化大都市指标体系研究》，并报分管副市长。参与起草2019年《政府工作报告》，牵头起草2020年《政府工作报告》，完成2018年度民生工作报告。围绕中共西安市委“十项重点工作”，提出2020年西安市经济、社会发展总体思路和工作安排。牵头起草《西安市打造城市社区“15分钟便民圈”总体方案》和“1+10”分方案，并由中共西安市委办公厅、西安市人民政府办公厅印发实施。牵头做好水务体制改革，协调西安市水务局、西安市国有资产监督管理委员会、西安市财政局等部门共同调研完成《西安市水务系统企业划转与加强监管实施方案》。落实西安市人民政府领导指示，牵头组织西安市发展和改革委员会、西安市财政局、西安市金融工作局研究讨论《关于做好地方政府专项债券发行及项目配套融资工作的通知》精神，结合西安实际，提出西安市抢抓机遇、落地见效的措施建议等。

◆**调查研究** 2019年，西安市人民政府研究室聚焦西安市经济、社会发展的重点、难点开展调查研究。完成《发挥西安国家中心城市作用 引领关中平原城市群发展路径研究》《关于西安市开展智慧城市建设的调研报告》《西安市住宅小区物业服务与管理情况的调研报告》《以服务型制造为抓手加快推动先进制造业和现代服务业深度融合发展的对策建议》及“城中村”拆迁安置与产城融合、解决民生重点领域结构性问题、加快推进西安“一带一路”国际商事法律服务示范区建设、新经济产业发展对策、消费市场发展、乡村民宿发展等领域调研报告10项。其中，《加快推进西安“一带一路”国际商事法律服务示范区建设的研究》《关于西安市开展智慧城市建设的调研报告》得到西安市人民政府主要领导的批示；《西安市住宅小区物业服务与管理情况的调研报告》得到西安市人民政府领导的批示。与陕西省政府研究室共同开展的《西安国际港务区“长安号”班列运行及产业聚集调研》，得到陕西省人民政府主要领导的批示。

◆**课题研究** 2019年，西安市人民政府研究室联系西安实际，坚持问题导向，开展课题研究。完成《实施开发区带动战略促进区县协同发展研究》《西安经济社会发展指标体系报告》《西安硬科技发展研究》《西安市优化提升营商环境的调研报告》《关于上半年我市房地产市场运行情况的调研报告》《关于我市企业获得电力的调研报告》等13篇课题研究报告。

◆**营商环境调研问效** 2019年，西安市人民政府研究室先后赴西安市政务服务大厅及雁塔、碑林、高陵、蓝田政务大厅进行访谈，并对营商环境18个领域进行函调问效，完成《2019年上半年我市优化提升营商环境现状与对策建议》《以新理念新模式优化中西部地区的营商环境——西安市优化营商环境的探索与启示》《西安市优化提升营商环境的调研报告》等调研报告和建议。

◆**与国务院发展研究中心共建经济运行监测合作机制** 2019年，西安市人民政府研究室按照西安市人民政府要求，牵头落实西安市与国务院发展研究中心共建经济运行监测合作机制。协调组织西安市发展和改革委员会、西安市统计局等11个部门成立西安市经济运行监测合作机制专项小组，甄选300家企业，开展企业生产经营状况调研，完成《西安市企业三季度生产经营状况抽样问卷调查报告》。

◆**区域经济合作** 2019年10月，在甘肃兰州召开的陇海兰新经济促进会第十六次年会暨融入“一带一路”建设推动绿色可持续发展论坛，受西安市人民政府主要领导委托，西安市人民政府分管副市长到会讲话，并主持论坛，来自陇海兰新经济带沿线36个城市的160余位代表参加会议，并形成发展共识。以“农业产业化和旅游业的联动发展”为主题，在渭南市蒲城县组织召开陇海兰新经济促进会秘书处2019年主任办公会议。

（蒋正平）

行政审批

◆**概况** 2019年，西安市行政审批服务局围绕深化“放、管、服”改革和打造“审批项目最少、收费标准最低、办事效率最快、服务水平最优”的营商环境，紧扣“一网、一门、一次”改革（“一网”：一网通办；“一门”：只进一扇门；“一次”：最多跑一次），从企业和群众最关心的领域和事项做起，行政审批和政务服务各项目标任务全面完成。在“不忘初心、牢记使命”主题教育中，通过“七个为什么”大讨论，引导党员干部坚守初心，把握方向，中央第五指导组到西安市行政审批局调研并听取工作汇报。在全国营商环境评价中，西安市被国家发改委评为“全国政务服务改革标杆城市”；在2019中国国际数字政务博览会上被授予“全国政务服务创新先进单位”称号；西安市“15分钟政务服务圈”建设工作获评“2019年度全省十大优秀审批服务案例”特等奖。

◆**行政审批制度改革** 2019年，西安市行政审批服务局深化相对集中行政许可权改革。根据《西安市机构改革实施方案》，新组建西安市行政审批服务局，作为市政府工作部门，并于2月1日挂牌成立，主要负责行政审批制度改革、相对集中行政许可权改革工作，统筹推进全市政务服务体系建设和“互联网+政务服务”工作，规范全市行政审批和政务服务行为，优化营商环境。按照“市级统筹、重心下移、权责对等”要求，在市级层面做实“三集中、三到位”（部门行政审批职能向一个内设机构集中，审批内设机构向政务大厅集中，审批服务事项向政务服务网集中，做到事项进驻大厅到位、审批授权窗口到位、电子监察到位），西安市政务大厅进驻部门44个，涉及审批服务事项394项，其中行政许可事项174项。在全市所有区（县）、开发区设立行政审批服务局，要求行政审批权统一向行政审批局集中，各区（县）、开发区共计划转事项2222个。推进资源规划、城管、住建等部门取消、承接和下放事权80项。

进一步完善制度建设　出台《西安市推进“互联网+政务服务”深度融合打造一流营商环境的实施意见》《西安市全面推进“一网通办”加快数字化转型行动方案》等系列文件。审核11个区（县）和3个市属开发区《相对集中行政许可权改革实施方案》，上报西安市人民政府批复《新城区等十四区县、开发区开展相对集中行政许可权改革实施方案》。制订《西安市全面推行相对集中行政许可权改革工作实施方案》，经中共西安市委员会、西安市人民政府同意，并报陕西省人民政府审定。

加快全市统一标准化事项库建设　启动新一轮事项标准化梳理和开发。制订《政务服务事项库融合建设实施方案》和《政务服务事项基本目录及实施清单要素标准》，加快建设“全市统一标准化事项库”。完成目录清单、实施清单、事项要素录入工作，重新梳理确认市、区（县）政务服务事项5930项，实施清单6285项。

◆“互联网+”政务服务　2019年，西安市行政审批服务局以“一网通办”改革为引领，全面推进“互联网+”政务服务深度融合，扎实开展高频事项梳理论证，做到同一事项在全市范围内标准统一、材料统一、流程统一，585个事项实现全市“一网通办”。其中，市场准入类217项，民生保障类79项，房屋交易类31项，公安交通司法类230项，工程建设类28项。

持续优化西安政务服务网功能　建成“一网通办”总门户，完成总门户全部子功能点开发，实现事项数据、人员账号融合互通，并于11月4日上线实测，累计注册量超28.3万人次，累计办件量超161万件，累计办结量超144万件，平均办结率91.7%。开发建成“i西安”政务服务App，首批推出121项服务事项，具备办事指南、事项办理、办事地图、办件查询、电子证照、用户中心等功能，实现“掌上移动办”。

加快政务数据归集，推进数据资源共享　搭建完成政府数字化转型“133N”体系（1个政务云平台、3大支撑体系、3大保障体系和N个应用系统）框架，政务云平台建成并稳定运行，以数据资源目录、交换、治理、共享、开放5大平台和人口、法人、电子证照、办事材料、信用信息、宏观经济、自然资源和空间地理7大基础数据库为主要内容的数据平台已经建成，并初步形成13个标准规范。全市累计归集数据53.8亿条，开发完成包含“二代居民身份证”、“营业执照”、户籍信息等260个数据服务接口、32个电子证照材料。编制《网办事项办事材料编制规范》《政务大厅标准化服务指南》，制定出台《西安市政务数据资源共享管理办法》《西安市电子证照管理暂行办法》《西安市电子印章管理暂行办法》等规范性文件，为数据资源整合共享夯实制度保障。

建成全省首家网上中介服务平台　7月，建成西安市“网上中介服务超市”并测试运行，实现中介机构信息发布、公开选取、结果公示、服务评议的网上全流程管理，已进驻中介机构306家。制定出台《西安市网上中介服务超市暂行管理办法》，确定中介服务事项92项，并在网上中介服务超市公布。西安市网上中介服务超市建设经验在全省推广。

◆审批服务便利化　2019年，西安市行政审批服务局推动实体大厅规范化建设。在市、区（县、开发区）、镇（街）、村（社区）四级政务（便民）服务大厅（站）全覆盖的基础上，加快各级“实体大厅提升工程”建设，碑林区、灞桥区、阎良区、西安经济技术开发区等新政务大厅投入使用，雁塔区、周至县、蓝田县、国际港务区、浐灞生态区政务大厅正在装修或建设中。结合实际，制定出台《西安市基层便民服务中心（站）标准化建设指导意见》，从建设目标、机构设置、场所建设、运行模式、标识系统、设施设备、制度建设等方面提出建设标准，镇（街）、社区（村）1731个便民服务中心（站）场地建设面积达到要求，场地功能趋于综合化、多样化，可办事项逐步增加。

加快“15分钟政务服务圈”建设　制订出台《关于打造城市社区“15分钟政务服务圈”的实施方案》，完成31个镇（街）、34个社区试点，评选出22个“15分钟政务服务圈示范镇街”和“15分钟政务服务圈示范社区”，在全市范围内树立了标杆。新建17个政务服务便利店，将政务服务向企业聚集区和居民小区延伸。制定《西安市基层便民服务中心标准化建设指导意见》，形成《西安市公民个人办事事项清单》，50%公民事项可在镇（街）、社区办理。新建17个群众身边的政务服务便利店，将政务服务向企业聚集区和居民小区延伸。加强与银行、邮政、物业等第三方机构的合作，全市70个邮政网点可办理交管业务，240个银行网点可办理公积金业务。

推动24小时自助政务服务　在市、区（县、开发区）两级政务大厅全部设立自助服务区，并在企业、居民密集区引入人社、工商、税务、便民缴费等自助服务设备，实现企业群众办事“24小时不打烊”。利用“24小时自助信包箱”，满足企业群众“家门口办事”需求。

推行“一窗受理，集成服务”改革　主动学习厦门、沈阳等工程建设项目审批制度改革先进经验，结合西安实际，推行“前台综合受理、后台分类审批、统一窗口出件”的受审分离模式，制订《西安市推行“一窗受理、集成服务”加快无差别全科受理改革实施方案》《西安市“一窗受理、集成服务”政务服务改革实施细则》，西安市政务大厅工程建设领域实现180个事项“无差别全科受理”，72%事项实现“一窗受理，集成服务”。

做优、做实代办、帮办服务　积极完善代办服务工作机制，出台《西安市投资项目审批代办服务实施办法》，进一步明确代办服务的原则、范围、体系、流程和监督考核等内容，促进代办工作规范化、程序化。全市代办机构代办工程建设项目306个，办结246个，涉及审批事项709个，办结581个。治污减霾“煤改洁”管线审批“绿色通道”受理项目123个，办结项目109个，涉及审批事项327个，解决17266个小区住户用气问题。

◆审批监督管理　2019年，西安市行政审批服务局建立政务服务“改革体验官”制度。聘请“两代表一委员”、媒体记者、企业家代表、专家学者等组成改革体验团，定期展开体验监督活动，并积极组织全国知名高校信息化和公共管理领域专家，通过观摩、研讨等形式围观西安市行政审批改革，主动为“一网通办”“最多跑一次”改革等找问题、找堵点，促进改革提质增效。严格办理时限承诺制和限时办结制，加强电子监察和管理监督，电子监察系统显示各部门所有审批事项均按承诺时限办结，无超期或拖拉现象。通过电话回访、全程跟办、问卷调查等形式，对进驻部门已办件情况进行调查，及时处理发现的问题，服务态度不好、一次性告知不清楚等问题显著减少，群众满意度达到99%以上。西安市政务大厅平均日接待群众1500人次，全年各窗口办理政务服务事项12.6万余件，比2018年增加19.8%。评选“优秀窗口”24个、“先进个人”120人次；各进驻部门窗口收到感谢信、锦旗18次。

（曹雪鹏）

2019年8月20日，西安市应急管理局组织向安康市援助救灾物资

应急管理

◆**概况**　2019年，西安市应急管理局坚持以习近平新时代中国特色社会主义思想为指导，深入学习贯彻中国共产党第十九次全国代表大会及十九届二中、三中、四中全会精神，习近平来陕视察重要讲话和对应急管理工作重要批示指示，抢抓全市应急管理事业开局破题的历史机遇，扎实落实中央、陕西省、西安市重大决策部署，统筹推进安全生产、应急指挥及防灾、减灾、救灾各方面工作，全市安全生产和防灾减灾形势整体稳定向好。2月1日，根据《中共西安市委、西安市人民政府关于印发＜西安市机构改革实施方案＞的通知》（市字〔2019〕7号）、《中共西安市委办公厅、西安市人民政府办公厅关于印发＜西安市应急管理局职能配置内设机构和人员编制规定＞的通知》（市字〔2019〕77号）等文件，新组建的西安市应急管理局挂牌成立。全年西安市发生各类生产安全事故319起，死亡190人。其中，交通运输和仓储业事故290起，死亡158人；工矿、商贸事故28起，死亡31人；农林牧渔业事故1起，死亡1人，未发生重大和特别重大事故。

◆**安全生产监督管理**　2019年，西安市应急管理局在全市开展危险作业、检维修作业、外包作业安全生产专项执法行动，从严从重查处各类违法、违规行为。在民爆物品、危险化学品和烟花爆竹等7个领域，开展安全生产集中执法行动。组织开展道路交通、危险化学品、建设工程、城市消防、非煤矿山安全5项攻坚行动，排查安全隐患33825项，完成整治32728项，打击严重违法、违规行为6850起，整顿企业819家，暂扣、吊销“企业许可证”16家。组织开展安全隐患集中交办工作，全年整治隐患5批次1050项。协调西安市人民政府21个安全生产督导组每月包抓督导区（县）、开发区安全生产工作。全年开展督导206次，检查企业412家，整改隐患616项。经西安市人民政府同意，对21个区（县、开发区）全面开展安全生产巡查，督促落实属地领导责任、部门监管责任和企业主体责任。

◆**应急指挥体系建设**　2019年，西安市应急管理局启动市级应急指挥中心平台二期升级改造项目。建立灾害应急预案管理、突发事件应急响应、灾害现场救援协调、灾害应急联动4项制度，完成《西安市重污染天气应急预案》等3个市级专项应急预案修编工作，指导全市做好应急预案的修订和评估工作。开展应急救援力量资源普查，全面掌握非煤矿山、油气田、油气管道、隧道、地震、地质灾害、森林消防、防汛抗旱等行业领域应急力量，认真选聘应急管理专家，召开全市应急联动机制工作会议，协调军地构建“全灾种”救援队伍体系。协同陕西省应急管理厅和相关行业主管部门、区（县）人民政府，多层次、多批次组织开展生产安全事故救援、防汛应急救援演练活动150余次（自然灾害类40余次、安全生产类80余次、其他类30余次），参演人员1万余人次。

◆**防灾、减灾、救灾**　2019年，西安市应急管理局持续开展双重预防机制建设，组织市级管控企业风险点、危险源信息采集，绘制分布图，建立信息台账，编制工作手册。协调理顺机构改革后，各灾情、灾种管理部门工作职责，制定《西安市减灾委员会办公室关于印发＜西安市自然灾害灾情会商研判工作制度＞的通知》。与相关企业签订应急救灾物资供应、运输等协议，推进避难场所能力提升建设。举办社区综合防灾、减灾，灾情管理，基层风险管控等多种业务培训，充实基层骨干力量。灞桥区被国家减灾委员会办公室列为“国家首批综合减灾示范县（区）试点”和“国家灾害综合风险普查试点”；全市有22个社区被评为“全省综合减灾示范社区”，其中4个被评为“全国综合减灾示范社区”。成功处置年初冰冻雨雪灾害、蓝田县“3·25”森林火灾以及黑河金盆水库泄洪、石砭峪水库泄洪、渭河洪峰过境、“11·25”引镇液化天然气储运中心泄漏等险情。

◆**安全文化推广普及**　2019年，西安市应急管理局围绕“防风险、除隐患、遏事故”主题，深入开展“安全生产月”系列活动，举办主题晚会及“安全生产大讲堂”，组织深入基层“七进”活动，西安安全之声艺术团开展安全文艺演出100余场。深化与《中国应急管理报》、西安电视台等主流媒体合作，在《西安日报》《西安晚报》开设专栏，宣传报道西安应急管理事业发展建设情况。积极发挥微博、微信公众号、抖音短视频等新媒体的传播力，持续进行群众安全知识普及。开通西安地铁四号线“安全文化专列”，争取全国安全文化演示系统落户，加快西安市综合减灾科普馆建设，致力营造城市安全文化氛围。

（王骁　张笑瑜）

人力资源

◆规范管理事业单位岗位运行　2019年，西安市人力资源和社会保障局开展岗位分级聘用调研，全面签订聘用合同，依法规范事业单位人事管理工作。适度调整专业技术比较集中的单位中级、高级岗位的结构比例，打通专技、工勤与管理岗位之间的转岗聘用通道。有序推进事业单位分类招聘，为各类事业单位招聘工作人员4033人，其中市级单位888人、区（县）2723人、开发区管委会及公办学校422人。首次参加人力资源和社会保障部全国统一命题联考，计划招聘2307人，6万余名考生报名。组织开展高层次急需紧缺特殊人才招聘、校园招聘、县及县以下医学类本科毕业生定向招聘、博士专项招聘、用人单位自主招聘、开发区管委会招聘等多种渠道进行人才补充。

◆人才队伍建设　2019年，西安市人力资源和社会保障局始终把人才资源作为第一资源，创新理念，拓宽渠道，努力引进培养更多人才，全面落实西安市各项人才引进和培养政策，加强人才队伍建设。

招才引智　组织西安地区重点单位先后赴北京、上海、南京、武汉、长沙、深圳等16个城市的31所知名院校，举办35场引才招聘推介宣讲活动，收取各类人才简历16025份，其中博士人才简历1335份、硕士人才简历13337份。8月，举办2019西安海归人才暨博士硕士研究生专场招聘会，提供博士、硕士、本科学历的各类岗位2293个；邀请30余家西安地区重点单位与博士团成员成功举办“2019高端人才西安行”，200余名博士参加对接交流。截至年底，西安市新审批人力资源服务机构634家，从业人员达1.2万人；累计认定D类人才11046人、E类人才37775人；新设立7家博士后创新基地，新聘任15名“招才大使”、16名“引才特使”，设立首批“西安海归人才驿站”3家；引进培养各类人才37.73万人。

高层次人才队伍建设　增设博士后创新基地7家，引进博士13人。落实“放、管、服”改革，向区（县）和市级有关部门下放本区域、部门档案托管人员中级、初级职称认定权限，向大型企业下放高级、中级职称和高级、中级技能人才评审权，鼓励行业协学会等社会力量参与人才评价工作。组织专家智力帮扶，先后组织35名医疗、农业、教育、科技类专家赴区（县），开展35场培训服务活动，培训4711人。深入推进D、E类人才分类认定，完成D、E类人才认定系统升级。截至年底，全市新增认定D、E类人才48821人。首次开展“专家助百企、专家引百才、专家带百徒”活动，128名专家“助百企”105家、“引百才”72人、“带百徒”423人。

职业技能提升　11月，联合西安市财政局印发《职业技能提升行动实施方案（2019—2021年）》（市人社发〔2019〕23号），计划通过聚焦重点群体，开展职业技能培训；聚焦增加培训供给，激发培训主体积极性；聚焦提升培训质量，加强培训服务管理；聚焦完善职业培训补贴制度，强化政府引导激励；聚焦运行安全，强化资金监管等重要措施。截至年底，西安市开展职业技能培训58796人，就业培训41220人，创业培训15057人，岗位技能提升培训2177人，建档立卡贫困劳动力职业技能培训332人。12月，举办“2019西安十佳工匠之星暨西安工匠表彰大会”，对从1300多名从事技术技能岗位工作的候选者中评选出的10名“工匠之星”和90名“西安工匠”进行表彰。“5515工程”（每年重点建设5家高技能人才培训基地、5家技能大师工作室，重点培养10名首席技师和5500名高技能人才）有序推进，评审出5家“西安市高技能人才基地”、5家“技能大师工作室”和10名“首席技师”。（蔚国刚）

2019年8月23—25日，第三届中国西安留学回国人才招聘节在西安举行。图为招聘会现场

文史工作

◆概况　2019年，西安市人民政府办公厅充分发挥文史馆员、研究员独特优势，积极开展文史研究、艺术创作、文化交流等各项活动，为西安文化事业的繁荣、发展做出了贡献。截至年底，西安市有文史馆员56人、研究员66人。

◆文史研究和整理　2019年，西安市人民政府办公厅结合西安实际，积极开展文史研究和整理工作。编辑出版《记忆老西安（第一卷）》，讲述古城西安的老人物、老街巷和历史旧事、民俗风情。编印内刊《西安文史研究》4期，全年刊发反映陕西西安历史人物及遗迹的文章56篇。

◆馆员参政议政　2019年，西安市人民政府办公厅发挥馆员、研究员独特智力优势，组织馆员韩保全等人，就小雁塔区域改造考察调研，撰写建言报告《请给小雁塔留下一片净土　植一片绿荫》，上报西安市人民政府，得到西安市人民领导的批示、肯定，并转西安曲江新区等有关部门研究参考。

◆馆员对外交流　2019年，西安市人民政府办公厅积极开展对外文化交流活动，为宣传西安悠久的历史文化和展示西安当代文化建设辉煌成就发挥了重要作用。5月，组织馆员参加广西壮族自治区文史馆举办的“中华文化八桂行”活动，提交4幅参展书画作品，并就凭祥如何加快跨境旅游发展做了大会交流发言。7月，组织馆员参加宁夏回族自治区文史馆召开的第三届贺兰雅集文化交流活动，并提交3幅参展书画作品。9月，组织馆员参加中央文史馆和沈阳市文史馆联合举办的“文史风华·首届全国市级文史研究馆文化交流活动”，提交20幅参展书画作品和1篇论文进行了交流。10月，组织馆员赴北京参加中央文史研究馆举办的第六届国学论坛，并提交专题论文《文化的前后左右》。11月，组织馆员参加中央文史馆和广东省文史馆联合主办的“中华文化四海行——走进广东”大型文化活动和中央文史馆举办的“祖国放怀——庆祝中华人民共和国成立70周年第六届文史翰墨诗书画展”，提交4幅参展作品。为中央文史研究馆主编的《全国文史研究馆馆员履职录》一书，分别撰写《喜好文史终为乐》《我写〈咥在西安〉》《我的十年文史馆员经历》等文章，被中央文史馆收入书中出版。

◆馆员统战联谊 2019年，西安市人民政府办公厅开展形式多样的馆员活动，联谊交友，凝心聚力，增添共同奋斗的强大力量。在加强日常走访的同时，利用传统节日和馆员生病住院、祝寿等时节及时登门拜访、看望慰问，把党和政府的关怀送到馆员、研究员身边。同时了解馆员、研究员的所思、所想、所求，解决他们工作、生活中的困难和问题，征求他们对中共西安市委、西安市人民政府和文史工作的意见和建议。5月，组织馆员、研究员40余人，赴三原县泾惠渠灌溉管理局、泾阳县郑国渠遗址等地开展考察调研活动。7月，组织馆员、研究员50余人，赴宜君县开展采风、调研活动，考察孟姜女哭泉遗址和战国魏长城遗址等。为馆员研究员开展活动搭建平台，协助马继忠、李圯、严肃3位馆员举办个人书画展。

◆“丹青绘盛世 翰墨颂祖国”书画展 2019年9月26—28日，西安市人民政府办公厅为庆祝中华人民共和国成立70周年，弘扬中华优秀传统文化，助力西安追赶超越发展，在陕西亮宝楼艺术博物馆举办庆祝中华人民共和国成立70周年书画展。展出70多位文史馆员、研究员及书画名家创作的书法、绘画作品140余幅。通过描绘祖国壮美山河，风土人情，展现中华人民共和国成立70年来取得的辉煌成就和人民群众奋发向上的精神风貌，表达艺术家们热爱党、热爱祖国、热爱人民的深厚感情，赢得社会各界的广泛赞誉。在书画展的基础上，还编印了《书画展作品集》。（樊　军）

信　访

◆概况 2019年，西安市信访工作以习近平关于加强和改进人民信访工作重要思想为统揽，围绕做好中华人民共和国成立70周年期间信访保障的工作主线，坚持“事有人管、事要解决”目标导向，持续深化阳光信访、责任信访、法治信访机制，全面加强信访基础建设，扎实推进信访矛盾化解攻坚战，形成“以责任落实推动解决问题、以规范程序提升工作效能、以完善机制强化源头防范”的工作模式，圆满完成年度各项目标任务。

◆领导干部接访、约访、下访 2019年，西安市按中央有关规定协调落实各级领导干部接访、下访工作。全年16名市级领导干部参与接访、下访、约访活动28次，接访、下访、约访群众24批24人次；区（县）负责人245人参与接访、下访、约访活动2428次，包抓化解信访事项913件次。

◆信访积案化解 2019年，西安市成立以分管副市长任组长的西安市信访矛盾化解攻坚战领导小组，推动形成领导主抓、靠前指挥、带头包案的常态化工作机制。全年纳入信访矛盾化解攻坚战的信访事项307件，全部按期办结（其中中央、陕西省交办123件，化解118件，化解率96%）；西安市信访事项复查复核委员会受理、调查、答复信访事项284件。

◆中央信访工作督察反馈意见整改 2019年，西安市按照中央信访工作第一督察组反馈意见和要求，推动落实区（县、开发区）信访局长（机构负责人）兼任同级中共党委或政府办公室副主任；4件中央督办信访事项整改任务扎实推进、取得实效。

◆信访基础业务提升 2019年，西安市坚决落实习近平关于加强信访工作联席会议机制的重要批示精神，调整西安市信访工作联席会议成员单位；指导西咸新区和7个开发区组建本级信访工作联席会议，加强信访工作统筹领导和突出信访问题化解工作。在全市开展“信访基础业务全面提升年”活动，对基层信访干部开展全方位、全覆盖、跟进式培训指导，培训650人次，全面提升全市信访干部的业务水平。指导区（县）信访局分级开展信访基础业务比武竞赛活动，以赛促学，以学促训。在陕西省信访局组织的全省信访基础业务比武竞赛中，西安市获团体一等奖，5名参赛选手全部被表彰为“陕西省信访基础业务标兵”。全市网上信访“四率一占比”明显提高，网上信访事项及时受理率99.96%，按期办结率99.53%，群众满意率98.21%，群众满意度参评率68.02%，网上投诉占信访总量的67.97%。

◆市民投诉 2019年，西安市信访局投诉受理处收到网上投诉信访事项14027件，办结14027件。其中，国家信访局国家投诉受理办公室网上转送信访投诉事项6383件，办结6383件；陕西省信访局网上投诉受理平台转送信访投诉事项4611件，办结4611件；西安市信访局网上投诉受理平台收到信访投诉事项2617件，办结2617件；国家信访局、陕西省信访局交办网上信访投诉事项416件，办结416件。

◆信访法治化建设 2019年，西安市信访局开展信访法治化宣传活动。创建进京上访人员“双交办、双考核、双问责”工作机制，压实协调化解问题和属地稳定工作责任；印发《非正常上访是违法行为专项宣传内容》，梳理32种违法犯罪上访行为，树立“非正常上访是违法行为”的舆论导向。落实诉访分离制度，将780件涉法、涉诉事项引导至司法途径解决。

◆重大活动、会议信访保障 2019年，西安市信访局先后参与完成全国、陕西省、西安市“两会”和“一带一路”国际合作高峰论坛、中央领导在陕视察、2019欧亚经济论坛、中央扫黑除恶专项督导组来陕督导、西安国际马拉松赛等15项重要会议、重大活动和敏感节点期间的信访保障任务。扎实开展“扫黑除恶”专项斗争工作，按程序办理陕西省交办的“扫黑除恶”信访件9293件、西安市扫黑除恶专项斗争领导小组办公室交办的“扫黑除恶”信访件348件，有力推进“扫黑除恶”工作不断深入开展。

◆信访制度机制创新 2019年，西安市创建运行“四个统一”（统一管理、要求、指挥、调度）和“三个集中”（集中办公、住宿、就餐）驻京劝返工作新机制，深化完善首接首办、重点提醒、专项督办、追责问责、满意度评价跟踪督办等机制，提升信访事项化解率和信访群众满意率。国家信访局到西安市驻京劝返工作组驻地巡视检查，对西安市劝返新机制、队伍管理和党建引领等举措给予充分肯定。

（市信访局）

中国人民政治协商会议西安市委员会

责任编辑
曹毅强

综　述

◆**概况**　2019年，中国人民政治协商会议西安市第十四届委员会及其常务委员会，坚持以习近平新时代中国特色社会主义思想为指导，深入贯彻落实中国共产党第十九次全国代表大会和十九届二中、三中、四中全会精神，深入学习贯彻习近平关于加强和改进人民政协工作的重要思想，深入学习贯彻中央和中共陕西省委、西安市委政协工作会议精神，增强“四个意识”，坚定“四个自信”，做到“两个维护”，紧扣“追赶超越”定位和“五个扎实”要求，坚持发扬民主与增进团结相互贯通、建言资政和凝聚共识双向发力，充分发挥专门协商机构作用，为全面加快国家中心城市和具有历史文化特色的国际化大都市建设做出政协贡献。

2019年2月14—17日，中国人民政治协商会议西安市第十四届委员会第三次会议召开

◆**中国人民政治协商会议西安市第十四届委员会第三次会议**　2019年2月14—17日在陕西宾馆召开，会期3天半。应出席委员569人，实到528人。会议审议批准中国人民政治协商会议西安市第十四届委员会主席岳华峰代表政协西安市第十四届委员会常务委员会所做的工作报告和中国人民政治协商会议西安市第十四届委员会副主席张建政代表政协西安市第十四届委员会常务委员会所做的提案工作情况报告；列席西安市第十六届人民代表大会第四次会议开幕式，听取并赞同西安市人民政府工作报告、西安市中级人民法院工作报告、西安市人民检察院工作报告及其他报告；选举庞阿平为政协西安市第十四届委员会秘书长，选举问向荣、定纪平为政协西安市第十四届委员会常务委员。会议期间，委员们通过小组讨论、大会发言、提交提案、界别联组讨论等形式，围绕推动西安市经济高质量发展、加强生态文明建设、保障和改善民生等问题展开协商讨论，召开3次界别联组座谈，形成8个方面98项意见建议，围绕《政府工作报告》提出40条意见建议，中共西安市委、西安市人民政府有关领导到会与委员们共商西安发展大计。大会编发简报17期，收到大会发言材料42篇，材料内容围绕统筹推进“五位一体”总体布局和协调推进“四个全面”战略布局，紧扣“追赶超越”定位和“五个扎实”要求，重点就加快大西安国际化进程、补齐“十大短板”“聚焦三六九、振兴大西安”的各项目标任务提出意见建议。其中，市级各民主党派、工商联26篇，市政协各专门委员会8篇，委员个人8篇。

◆**市政协常委会会议**　2019年，中国人民政治协商会议西安市第十四届委员会把助力中共西安市委决策部署落地、落实作为履职主攻方向，围绕“追赶超越”定位和“五个扎实”要求，紧扣全市“十项重点工作”，坚持发扬民主与增进团结相互贯通、建言资政和凝聚共识双向发力，围绕中心、服务大局，充分发挥专门协商机构作用，召开6次常委会议。

1月31日，召开政协西安市第十四届委员会常务委员会第十五次会议，会期1天。会议听取中共西安市委有关人事问题的说明，决定接受问向荣辞去政协西安市第十四届委员会秘书长、办公厅主任职务，接受赵长春辞去政协西安市第十四届委员会委员、常委职务，接受焦维发辞去政协西安市第十四届委员会委员，增补庞阿平、张旗为政协西安市第十四届委员会委员。会议决定，组建市政协农业和农村委员会，将市政协经济委员会联系农业界和研究“三农”问题等职责调整到市政协农业和农村委员会；将市政协文史资料委员会更名为文化文史和学习委员会，科教文卫体委员会承担的联系文化艺术界等相关工作调整到文化文史和学习委员会，将市政协科教文卫体委员会更名为教科卫体委员会。会议决定，任命庞阿平为政协西安市第十四届委员会办公厅主任；任命邓福喜为农业和农村委员会主任；任命纪刚为教科卫体委员会主任；任命曹永辉（女）为文化文史和学习委员会主任；任命张旗为提案委员会副主任。会议听取西安市人民政府办公厅党组副书记王建东关于市政府系统提案办理情况的通报。审议通过政协西安市第十四届委员会常务委员会工作报告（草案）以及报告人；审议通过政协西安市第十四届委员会常务委员会关于十四届二次会议以来提案工作情况的报告（草案）以及报告人；审议通过政协西安市第十四届委员会各专委会2018年工作报告；审议通过政协西安市委员会2019年工作要点；审议通过政协西安市第十四届委员会第三次会议建议议程、日程、决定等；审议通过关于授权主席会议确定政协西安市第十四届委员会常务委员会第十五次会议未尽事宜的决定。会议审议通过《政协西安市委员会委员履职工作规则》。

3月22日，召开政协西安市第十四届委员会常务委员会第十八次会议，会期半天。传达学习全国“两会”精神。

6月20日，召开政协西安市第十四届委员会常务委员会第十九次会议，会期1天。会议专题协商“加快培育壮大规上工业企业，推动西安经济高质量发展”问题，邀请工业和信息化部原部长、党组书记李毅中围绕加快建设制造强国，提升工业供给能力作专题辅导讲座；听取西安市人民政府副市长马鲜萍关于西安市规上工业发展情况的通报；听取市政协经济委员会主任杨明瑞就“加快培

2019年6月20日，中国人民政治协商会议西安市第十四届委员会常务委员会第十九次会议召开

育壮大规上工业企业，推动西安经济高质量发展问题”专题调研情况的说明；听取中国人民政治协商会议高陵区委员会副主席张护安，市政协常委、中国民主同盟西安市委副主委李煦，市政协常委、中国民主建国会西安市委专职副主委王季，市政协委员、西安迈朴资本合伙人王旭鹏做大会交流发言。会议审议通过《加大公办教育力度，提升公办教育质量，促进我市基础教育均衡发展》专题调研报告。会议决定，接受褚祝利辞去政协西安市第十四届委员会社会法制和民族宗教委员会副主任职务，接受张志文辞去政协西安市第十四届委员会人口资源环境委员会副主任职务，接受周爱全、王利民辞去政协西安市第十四届委员会委员、常委职务。

9月29日，召开政协西安市第十四届委员会常务委员会第二十次会议，会期1天。会议传达学习中央政协工作会议暨庆祝中国人民政治协商会议成立70周年大会精神。会议专题协商“加大公办教育力度，提升公办教育质量，促进我市基础教育均衡发展”问题，听取中共西安市委常委、西安市人民政府党组成员马希良关于西安市基础教育工作情况的通报；听取市政协教科卫体委员会主任纪刚就“加大公办教育力度，提升公办教育质量，促进我市基础教育均衡发展”专题调研情况的说明；听取市政协委员、西安第八保育院院长王梅，市政协常委、中国民主促进会西安市委员会副主委陈宏，市政协委员、西安市第八十五中校长吴保印，市政协委员、西安欧亚学院副校长张军宏做大会交流发言。会议审议通过《加大公办教育力度，提升公办教育质量，促进我市基础教育均衡发展》专题调研报告。会议决定，接受田高社辞去政协西安市第十四届委员会委员、常委职务。（王　涛）

政协主要工作和重大活动

◆调研视察　2019年，中国人民政治协商会议西安市第十四届委员会围绕全市工作重点、群众生产生活难点堵点、社会治理焦点，按照年度协商工作计划，选择38个重点议题，坚持调研于协商之前，精心组织开展120次专题调研和视察活动，参与委员1300余人次，先后向中共西安市委、西安市人民政府提交意见建议260条，圆满完成全年目标任务。经济委员会围绕“关于培育壮大规上工业企业，推动西安经济高质量发展”“推进民营企业创新发展”“加快西安旅游经济发展”“增加我市农民收入”“全面提升城市环境品质”“加快创新引领推进我市中小企业发展”等课题开展专题调研；围绕“西咸新区战略性新兴产业发展基金”和“西安地铁建设”开展专项视察。其中，《关于加快培育壮大规上工业企业，推动西安经济高质量发展的调研报告》《关于赴青岛围绕全面提升城市环境品质考察学习的报告》《关于加快西安旅游经济发展的调研报告》获“2019年全省政协系统优秀调研成果奖”。中共陕西省委常委、西安市委书记王浩在《关于赴青岛围绕全面提升城市环境品质考察学习的报告》上批示：“很有价值！请各常委、副市长阅研，也分送各区委书记、区长阅研。市政协可继续学习杭州、厦门的好做法，为我市全面学习而用。”农业和农村委员会围绕西安市“加快推进美丽乡村建设”专题，深入高陵、蓝田、长安等区（县）进行调研，通过入户走访群众，查看村容村貌、环境卫生设施，视察农村人居环境综合整治等方面，向西安市人民政府提出《加快推进我市美丽乡村建设的六点建议》。围绕“两不愁，三保障”组织委员赴周至县和西咸新区进行调研视察农业农村和脱贫攻坚工作，就实施乡村振兴战略、创新城乡融合发展向周至县和西咸新区提出意见建议，得到周至县和西咸新区积极回应并予以采纳。其中，《关于西安持续推进脱贫攻坚工作的建议》《关于加强我市水源地建设的建议》《乡亲们眼里的扶贫工作短板及建议》受到市级有关部门一致好评，部分意见建议得到采纳和落实。人口资源环境委员会联合中国人民政治协商会议陕西省委员会和沿山六区（县）政协，围绕秦岭北麓拆违复绿情况组织专题调研和视察40余次，实地查看各类整治点位220余处，召开情况通报暨座谈会40余次，两级政协委员参加650余人次，提出意见建议160余条，反馈整治问题情况1272处，形成《关于围绕秦岭北麓拆违复绿情况专项视察的报告》和《问题反馈统计图册》，中共陕西省委常委、西安市委书记王浩批示“请明远、广亭、市直有关部门和相关区（县）党政主要负责同志阅，对存在的问题务必‘清零’，修复和保护的建议认真研究和落实。”围绕“视察沣河、滗河入渭口水污染治理”“第五、第七污水处理厂建设”“污泥无害化处理和利用设施建设”开展专项视察，有关跨区域流域协调共治、黑臭河整治、长效机制建立的建议得到相关部门采纳。港澳台侨和外事委员会围绕“推进丝路金融中心建设”“历史文化名村建设”“充分发挥友好城市作用、助力‘一带一路’建设”“互联网+政务服务发展情况”等课题开展专题调研8次，与省政协、市级部门、区（县）政协联合调研5次，提出意见建议50余条。《关于我市互联网+政务服务工作进展情况暨提升外商投资自由化便利化水平的调研报告》《充分发挥友好城市作用，助力“一带一路”建设的调研报告》《关于我市台商投资企业发展情况的视察报告》《关于我市留学回国人员创新创业情况的视察报告》等7份调研视察报告报送中共西安市委。其中，《关于提升优化营商环境，助力西安追赶超越发展的调研报告》荣获全省政协系统优秀调研成果奖。中共西安市委副书记、西安市人民政府市长李明远在《关于我市充分发挥友好城市作用助力“一带一路”建设的调研报告》上批示：“请市外办阅研。在今后的工作中吸纳其中的建议。”社会法制和民族宗教委员会围绕“关于推进农村文化振兴问题”“城中村和棚户区改造项目拆迁安置情况”“社会组织建设情况”“落实城市修补，治理城市‘小边角’，增加公共设施”等课题开展专题调研，形成《关于我市农村文化振兴的调研报告》《关于西安市城中村和棚户区改造项目回迁安置情况的调研报告》《关于加强我市社会组织建设的调研报告》《关于治理城市“小边角”增加公共设施的调研报告》《加强秦岭区域宗教场所管理助力秦岭生态环境保护的调研报告》《关于我市少数民族流动人口服务与管理工作调研报告》《西安媒体融合发展调研报告》《关于加快民营企业支持政策落地的调研报告》等专题调研报告。围绕西安市部分区（县）高速公路“三化”整治、平安西安建设暨社会治安综合治理、民族教育、宗教场所管理、扫黑除恶专项斗争和市场监督管理等领域开展专项视察并形成视察报告。教科卫体委员会围绕“加大公办教育力度，提升公办教育质量，促进我市基础教育均衡发展”课题开展专题调研，形成《关于加大公办教育力度提升公办教育质量促进我市基础教育均衡发展的调研报告》。围绕“健全完善基层医疗卫生服务体系，推进全科医生队伍建设”“我市青少年视力健康情况及如何有效防控儿童青少年近视”“深化农村集体产权制度改革情况”等课题开展专题调研。围绕“我市学校食堂食品安全监管工作情况”“我市加强全民健身设施建设、推动全民健身活动开展情况”开展专项视察。文化文史和学习委员会围绕“我市会议会展中心建设”“中国博物馆协会西安培训中心建设”“我市公共图书馆建设”“我市农民股份经济合作社发展问题”等课题开展专题调研，组织撰写调研报告报送市委。

◆协商议政 2019年，中国人民政治协商会议西安市第十四届委员会始终把协商放在重要位置，围绕全市工作重点、群众生产生活难点堵点、社会治理焦点制订年度协商工作计划，选择38个重点议题，组织开展协商活动。组织召开1次全体会议、2次专题议政性常委会议、7次专门委员会对口协商会议、5次重点提案办理协商会议，完善以全体会议为龙头，以常委会议、对口协商会、提案办理协商会为重点的协商议政格局。第二季度，围绕“加快培育壮大规上工业企业，推动西安经济高质量发展”问题，召开政协西安市第十四届委员会常务委员会第十九次会议进行专题协商。三季度，围绕“加大公办教育力度，提升公办教育质量，促进我市基础教育均衡发展”问题，召开政协西安市第十四届委员会常务委员会第二十次会议进行专题协商。各专门委员会认真组织开展对口协商活动，经济委员会围绕“推进民营企业创新发展”组织对口协商，协调部分委员与西安市工业和信息化局、西安市科技局、西安市工商业联合会有关人员组成联合调研组，分别赴西安高新技术产业开发区、西安经济技术开发区12家企业进行调研和协商座谈。农业和农村委员会围绕“加快推进农村集体经济发展”组织对口协商，协调西安市发展和改革委员会、西安市科技局、西安市民政局、西安市财政局、西安市自然资源和规划局、西安市农业农村局、西安市金融工作局有关部门人员到会，通报工作情况并与委员进行深入交流。人口资源环境委员会围绕社会养老问题，组织委员走访西安市民政局，深入街办、社区，视察养老工作开展情况和居家养老现状，赴6个区（县）现地观摩15家养老场所和机构，组织问卷调查500余份，召开4次协商座谈会，邀请委员和社区群众代表，与西安市人民政府分管部门面对面交流，现场解答问题、听取意见建议。港澳台侨和外事委员会围绕“我市国际教育发展情况、提升外商投资自由化便利化水平”专题，同省政协、市级部门、民主党派、区（县）政协合作，组织召开月度协商座谈会，并通过电视电话会议参加中国人民政治协商会议陕西省委员会、中国致公党陕西省委员会组织的远程协商会议，协调解决调研中发现的具体问题。社会法制和民族宗教委员会围绕机动车尾号常态化限行和《西安市社区教育促进条例（草案）》组织专题立法协商会议，围绕《西安市水环境保护条例（征求意见稿）》组织专题对口协商会议，听取委员意见和建议，完善相关立法文件。教科卫体委员会围绕“健全完善基层医疗卫生服务体系”开展对口协商，围绕“看病难”问题，组织委员深入市区、街道基层医疗单位实地查看并座谈交流，赴成都、深圳2市考察，召开对口协商座谈会，中共西安市委常委、西安市人民政府党组成员马希良在《关于健全完善基层医疗卫生服务体系推进全科医生队伍建设的调研报告》上批示：“请有关部门认真研究，拿出解决问题的具体办法，由卫健委协调研究汇总，加强与各有关部门沟通会商。”文化文史和学习委员会围绕关于

2019年5月8日，省、市政协委员围绕“秦岭植被建设与保护情况”开展联合专题调研

2019 年 6 月 27 日，中国人民政治协商会议西安市委员会召开协商座谈会，围绕 7 件有关“促进 3 岁以下婴幼儿照护服务发展”的提案进行专题协商督办

做好西安市非物质文化遗产保护利用工作，组织委员赴一线实地开展调研，并邀请相关专家和市级相关部门，与委员进行深入交流座谈，提出对策建议，撰写专题报告报送市委。提案办理协商会。6 月 27 日，召开协商座谈会，围绕 7 件有关“促进 3 岁以下婴幼儿照护服务发展”的提案进行专题协商，这次协商座谈会是推进提案办理协商、落实“五位一体”督办机制的探索和尝试。8 月 1 日，召开“车让人·人守规”提案办理协商座谈会，这次协商座谈会是探索形成常态化、多层次、各方面有序参与协商议政格局的重要举措。9 月 3 日，召开“社区养老服务驿站与社区卫生服务站深度融合”提案办理协商座谈会，这次协商座谈会使提案办理协商和“五位一体”督办机制逐渐完善，进一步体现政协在建言资政和凝聚共识双向发力方面的优势作用。此外，由市政协各分管副主席领衔，各专门委员会分别围绕 36 件民生类提案，组织协调有关专家、政协委员、群众代表和市级相关部门召开重点提案办理协商会议。

◆民主监督 2019 年，中国人民政治协商会议西安市第十四届委员会坚持把民主监督作为政协履行职能的重要内容，聚焦民生领域突出问题开展协商式监督，在保障和改善民生上精准发力、跟踪问效。组织委员 410 人次担任特约监督员、行风评议员，有效发挥政协民主监督作用。不断强化秦岭生态环境保护集体民主监督职能，组织委员认真学习习近平关于西安工作重要批示指示精神，贯彻落实陕西省、西安市关于秦岭北麓违建专项整治工作会议精神和中共西安市委创建国家生态文明建设示范区的决定，出台《关于落实习近平总书记重要批示指示精神加强秦岭生态环境保护集体民主监督实施方案》《政协委员对秦岭生态环境保护开展视察调研的实施办法》，联合秦岭北麓六区（县）政协，组织两级政协委员 650 人次，围绕秦岭北麓拆违复绿工作开展 42 次联动视察，实地查看 220 处整改点位，反馈 1272 处整治情况，提出 160 条建议。围绕黑河保护、黑臭水体治理持续开展视察调研，紧盯黑河“清四乱”任务，每月开展黑河巡查，针对省河湖长办督办问题，协调召开周至县与西安市水务局工作衔接会议，督促河堤景观石的按期清运。围绕脱贫攻坚等涉农工作，市政协领导包抓农村人居环境“百村示范、千村整治”工作，对长安区 12 个村驻村联户扶贫、“四支队伍”进行督导指导，深入一线为脱贫攻坚献计出力。围绕 2018 年“优化营商环境三级政协联动专题民主监督”中发现问题的整改落实情况，与省、市、区（县）政协开展联合民主监督调研，先后前往西安高新技术产业开发区、西安浐灞生态区、西安曲江新区等区域，走访西安市公安局和西安市教育局等职能单位，深入工厂、学校与 60 多家中小企业和民营企业负责人进行座谈，撰写专题调研报告报送中国人民政治协商会议陕西省委员会和中共西安市委。

◆提案办理 2019 年，中国人民政治协商会议西安市第十四届委员会以习近平新时代中国特色社会主义思想为指导，深入贯彻习近平总书记关于加强和改进人民政协工作的重要思想，聚焦全面推进高质量发展，紧扣中共西安市委、西安市人民政府中心工作和人民群众普遍关心的民生问题，深入调查研究，积极建言献策，共提交提案 875 件。经审查，立案 848 件，其中，委员提案 666 件，民主党派和工商联提案 161 件，有关人民团体提案 6 件，界别、小组提案 1 件，专门委员会提案 14 件。经与提案者协商，未予立案的 27 件提案，已转送有关部门研究参考。在经济发展方面，围绕构建现代产业体系、优化营商环境、支持民营经济发展、大力发展“三个经济”等方面提出提案 138 件，占立案总数的 16.27%；在城市治理方面，围绕筹备第十四届全国运动会、提升城市规划建设管理水平、增强国家中心城市承载能力等方面提出提案 309 件，占立案总数的 36.44%；在文旅融合发展方面，围绕推进文化产业供给侧改革、促进文旅产业深度融合发展、加强传统文化保护等方面提出提案 93 件，占立案总数的 10.97%；在保障和改善民生方面，围绕教育、医疗、食品安全、就业、脱贫攻坚等诸多民生问题提出提案 253 件，占立案总数的 29.83%；在生态治理方面，围绕秦岭生态保护，扎实推进蓝天、碧水、净土、青山保卫战等方面提出提案 55 件，占立案总数的 6.49%。截至年底，提案已全部办复。提案工作坚持创新发展思路，积极探索推动提案工作提质增效的方式方法，坚持面向党政部门和社会公开征集提案线索、编发《提案参考选题》《政协提案目录》，严格立案审查“转、并、撤”工作，推动实施《关于提高提案质量的意见》，改进委员履职考核方式，全年评选优秀提案 72 件、先进承办单位 13 个。深入推进《西安市政协提案“五位一体”督办办法》落实见效，不断促进“五位一体”督办机制趋于完善，提案办理工作水平持续提升。

◆全面深化改革 2019 年，中国人民政治协商会议西安市第十四届委员会按照新时代加强人民政协制度建设的新要求，认真落实中共西安市委全面深化改革委员会民主法制领域专项小组安排部署的发挥人民政协作为协商民主重要渠道作用；健全政协委员联络机构，完善委员联络制度；发挥各级政协政治协商、民主监督、参政议政作用，以制度建设为突破口，持续推动建章立制、确保做到管常管长，先后制定出台4份文件，其中包含代拟并以中共西安市委名义下发的1份文件。主要包括：为认真学习贯彻习近平关于加强和改进人民政协工作的重要思想，加强委员履职服务与管理，提高委员履职积极性和主动性，印发《政协西安市委员会委员履职工作规则（试行）》（市政协发〔2019〕4号）；为贯彻落实《中共中央办公厅关于加强新时代人民政协党的建设工作的若干意见》，围绕加强“政协党组成员联系中共党员委员、中共党员委员联系非中共党员委员”工作，印发《关于市政协党组成员联系中共党员委员、中共党员委员联系非中共党员委员工作的意见》（市政协党字〔2019〕25号）和《市政协党员委员联系党外委员的安排意见》（市政协党字〔2019〕29号）2份文件；为深入学习贯彻中央政协工作会议暨庆祝中国人民政治协商会议成立70周年大会精神，深入贯彻落实中央《关于新时代加强和改进人民政协工作的意见》（中发〔2019〕40号），按照中共西安市委安排部署，代拟《中共西安市委关于新时代加强和改进政协工作的实施意见》，经中共西安市委政协工作会议审议通过，并以中共西安市委名义印发执行（市字〔2019〕112号）。

◆**政协其他工作**　2019年，中国人民政治协商会议西安市第十四届委员会认真贯彻落实中央和中共陕西省委、中共西安市委安排部署的各项工作任务，积极配合完成中国人民政治协商会议全国委员会、中国人民政治协商会议陕西省委员会以及其他省、市政协之间合作交流项目。3月3—14日，中国人民政治协商会议西安市委员会党组书记、主席岳华峰赴京参加中国人民政治协商会议第十三届委员会第二次会议；5月20—21日，岳华峰赴京参加全国地方政协工作经验交流会；9月20日，岳华峰赴京参加中央政协工作会议；7月24—25日，中国人民政治协商会议西安市委员会副书记、副主席吴键，研究室主任任莉娟赴京参加庆祝人民政协成立70周年理论研讨会暨中国人民政协理论研究会换届会议。全年组织2次理论研讨交流活动，征集理论文章60余篇。8月23日，召开全市政协工作经验交流会，传达学习全国政协召开的地方政协工作经验交流会和理论研讨会精神，交流西安市政协工作经验，进一步统一思想、把准方向、明确路径，推动新时代地方政协事业健康发展，为推动人民政协制度更加成熟更加定型、发挥好专门协商机构作用做出贡献。12月18日，召开中共西安市委政协工作会议，深入学习贯彻中国共产党第十九届中央委员会第四次全体会议和中共中央总书记习近平在中央政协工作会议暨庆祝中国人民政治协商会议成立70周年大会上的重要讲话精神，部署新时代加强和改进人民政协工作，推动西安市政协事业不断开创新局面。市政协十四届三次全会期间，在中央、陕西省、西安市各级媒体和网站发稿335篇。全年在各级主流媒体刊发稿600余篇，其中，《人民政协报》14篇，《陕西日报》3篇，《各界导报》77篇，《华商报》18篇，《三秦都市报》6篇，《西安日报》和《西安晚报》共221篇。编发《西安政协》12期，用稿410余篇、图片100余幅，共50余万字。为庆祝人民政协成立70周年及西安市政协成立70周年，在会刊《西安政协》开辟《我与人民政协》专栏，制作播出5集电视专题片《风雨同舟　协力筑梦》。全年向中国人民政治协商会议全国委员会和中国人民政治协商会议陕西省委员会报送社情民意信息29篇，其中5篇被全国政协采用，3篇被省政协采用。承办全国政协“大道同行——从‘五一口号’到协商建国重要史事回顾展”西安巡展，接待省、市参展单位（团体）140个，共50万余人次。以市政协史料馆为阵地，举办“西安政协发展历程展”，接待市、区（县）政协和党派团体、外地政协等22批308人次。编撰出版《西安十三朝》简明历史文化通俗读本，共50余万字、253幅图。编辑出版《人民政协70年——西安政协记忆》文史资料图书，征集文稿135篇，采用68篇。向全国政协报送《西安脱贫攻坚纪实》《西安海外侨胞和归侨侨眷投身祖国建设》稿件42篇，共14.37万字。团结联谊。组织130余位政协委员先后深入界别群众，宣讲中共十九届四中全会和全国“两会”精神、中央政协工作会议精神，解读全市十项重点工作，着力把党的主张转化为社会各界的共识。定期走访市级民主党派、工商联，先后4次召开市政协与区（县）政协、市级民主党派、工商联秘书长联席会议。定期赴市基督教堂和天主教堂、清真寺等宗教场所走访慰问，促进民族团结、宗教和睦。加强同党外知识分子、非公有制经济人士、新的社会阶层人士的沟通联系，港澳委员先后5次开展慈善公益活动、3次发起招商推介活动。开展庆祝中华人民共和国成立70周年和人民政协成立70周年系列活动，增进各党派团体、各族各界人士对中国共产党和中国特色社会主义的政治认同、思想认同、理论认同、情感认同。

（王　涛）

中国人民政治协商会议
西安市第十四届委员会

主　　席　岳华峰
副 主 席　吴　键　李佐成（九三）
　　　　　张　宁　张建政
　　　　　王欢畅（工商联）
　　　　　李改草（女，无党派）
　　　　　王国根（农工）　汪文展
秘 书 长　庞阿平（2月任）
副秘书长　严　石　任立新
　　　　　张雪琴（女，民盟）
　　　　　蔺孝民

市政协办公厅
主　　任　庞阿平（兼）

市政协研究室
主　　任　任莉娟（女）

委员工作委员会
主　　任　夏俊山

提案委员会
主　　任　樊　华

经济委员会
主　　任　杨明瑞

农村和农业委员会
主　　任　邓福喜（2月任）

人口资源环境委员会
主　　任　张　轶

港澳台侨和外事委员会
主　　任　郭艳文（女）

社会法制和民族宗教委员会
主　　任　李健彪（回）

科教卫体委员会
主　　任　纪　刚

文化文史和学习委员会
主　　任　曹永辉（女）

纪检监察

责任编辑
曹毅强

综　述

◆**概况**　2019年，西安市各级纪检监察机关在中共陕西省纪律检查委员会和中共西安市委的坚强领导下，坚持稳中求进工作总基调，忠实履行《中国共产党章程》和《中华人民共和国宪法》赋予的职责，不松劲，不停步，再出发，圆满完成各项工作任务。全年中共西安市纪律检查委员会向全市各级党组织发出纪律检查建议书和监察建议书122份，督促整改，严格执行《中国共产党问责条例》对专项斗争工作推进不力的9个党组织、173名党员领导干部问责。加强巡察工作，组织开展3轮巡察，对30个党组织进行巡察，发现问题345个，移交问题线索230个。

◆**中国共产党西安市第十三届纪律检查委员会第四次全体会议**　2019年1月22—23日召开。全会回顾总结2018年纪检监察工作，安排部署2019年任务。审议通过中共西安市委常委、市纪律检查委员会书记、市监察委员会主任卢力群代表西安市纪律检查委员会常委会所做的《强化政治引领　忠诚履职担当　推动新时代西安纪检监察工作高质量发展》的工作报告。中共陕西省委常委、西安市委书记王永康出席全会并做讲话。

◆**加强党的政治建设**　2019年，中共西安市纪律检查委员会常委会扎实开展“不忘初心、牢记使命”主题教育，跟进学习中共中央总书记习近平最新重要讲话、指示精神和中国共产党第十九届中央委员会第四次全体会议精神，做到常学常新、知行合一、学用相长。协助中共西安市委出台《关于严明政治纪律，坚决破除形式主义、官僚主义，全面落实管党、治党责任的措施》，推动开展“讲政治、敢担当、改作风”专题教育。检查考核党风廉政建设责任制落实情况，督促各级完善“两个责任”清单，组织党委（党组）书记向上级纪委全会述责、述廉，压实管党、治党政治责任。出台《市管干部廉政档案规范管理办法》，为1132名市管干部建立廉政档案。修订《市管干部廉政档案规范管理办法》《中共西安市纪律检查委员会机关党风廉政意见回复工作规定》，建立集体研判会商制度，严把选人、用人政治关、廉洁关。

◆**秦岭北麓违建别墅问题整治后续工作**　2019年，中共西安市纪律检查委员会贯彻落实习近平生态文明思想，进一步强化政治纪律和政治规矩意识，扎实推进秦岭北麓违建别墅问题整治后续工作。运用第一种形态（《中国共产党党内监督条例》提出党内监督要运用“四种形态”，第一种形态的方式主要有8种：警示提醒、告诫约谈、主体责任人谈话、民主生活会、批评教育、诫勉谈话、责令检查、党内通报批评）处理256人，党纪政务处分120人，涉嫌犯罪移送检察机关29人。聚焦“七个有之”（《习近平关于党风廉政建设和反腐败斗争论述摘编》：一些人无视党的政治纪律和政治规矩，为了自己的所谓仕途，为了自己的所谓影响力，搞任人唯亲、排斥异己的有之，搞团团伙伙、拉帮结派的有之，搞匿名诬告、制造谣言的有之，搞收买人心、拉动选票的有之，搞封官许愿、弹冠相庆的有之，搞自行其是、阳奉阴违的有之，搞尾大不掉、妄议中央的也有之）问题，严肃查处违反政治纪律的人和事，立案54件，处分58人。扎实开展统计领域数字造假、人防系统腐败、历史文化遗产保护领域问题专项整治，严肃查处骊山违建项目、秦始皇陵控建范围拟建酒店等突出问题。

◆**纪检监察体制改革**　2019年，中共西安市纪律检查委员会、西安市监察委员会全面落实“两为主”（查办腐败案件以上级纪委领导为主；各级纪委书记、副书记的提名和考察以上级纪委会同组织部门为主）要求，严格执行重大事项请示报告制度，全年向陕西省纪律检查委员会、陕西省监察委员会和中共西安市委请示报告工作和事项361件次；规范开发区托管镇（街）纪工委书记（监察组组长）、副书记（副组长）提名考察程序，推动双重领导体制落实。对纪委、监委参与的临时议事协调机构进行清理规范，对纪委书记、纪检组长专职、专责情况督导检查，持续深化纪检监察机关职能、方式、作风的转变。

监察体制改革　制定线索管理、留置措施审批、职务犯罪案件协助配合等制度，加强与检察机关等方面的沟通衔接，推动执纪、执法同向发力。发挥反腐败协调小组作用，加强与司法、执法、审计机关协同配合，不断提升反腐败工作合力。总结碑林区、未央区、周至县、蓝田县试点经验，推动监察职能向基层延伸，全市所有镇（街）监察组完成组建挂牌，实现对187个镇（街）、2993个村（社区）行使公权力人员的监察监督全覆盖。

纪检监察机构改革　将中共西安市纪律检查委员会原55个派驻纪检组优化整合为30个纪检监察组，赋予监察权限，实施“人、财、物”收归机关统一管理。出台实施意见，分类施策推进市管企业、市管金融企业、市属院校纪检监察体制改革工作。　　　　　　　　　　（王小红）

纪检监察主要工作

◆**强化监督执纪**　2019年，中共西安市纪律检查委员会、西安市监察委员会做实日常监督。围绕中共西安市委“十项重点工作”，成立专项监督检查办公室，整合全系统力量，采取多项措施主动跟进监督。强化信访监督，升级改造“12388”电话举报系统；聚焦民生领域、违反“中央八项规定”精神以及重点区（县）、部门，开展信访举报专题分析和研判预警，发挥“晴雨表”作用。精准运用监督执纪“四种形态”，批评教育和处理9665人次。其中，第一种形态6441人次，占66.6%；第二种形态2626人次，占27.2%。监督执纪实现由“惩治极少数”向“管住大多数”转变。在全市推行“同志式”谈话，镇（街）谈话室设置实现全覆盖，全年开展“同志式”谈话9865人次。实施精准有力问责。对全市问责类案件进行抽查，对问责泛化、简单化问题进行复核。严格落实容错、纠错标准，积极容错、纠错，先后为1158名干部澄清正名，激发干部干事创业热情。

◆**纠治群众身边腐败和作风问题**　2019年，中共西安市纪律检查委员会、西安市监察委员会牵头开展漠视侵害群众利益问题专项整治，集中整治教育医疗、食品药品安全、房产销售、惠农领域等6个方面的23项突出问题；督促职能部门公布举报方式，及时通报阶段性整治成果，全市曝光典型问题101起。

深化扶贫领域腐败和作风问题专项治理　督促抓好中央脱贫攻坚专项巡视、成效考核反馈问题整改，健全稳定脱贫长效机制。组织开展“冯新柱案”以案促改“回头看”，对弄虚作假、简单“一兜了之”等问题进行重点整治，坚决纠正扶贫领域形式主义、官僚主义问题。全年查处扶贫领域腐败和作风问题153件，党纪政务处分189人。

强化“扫黑除恶”专项斗争监督执纪问责　发布通告敦促党员干部和公职人员向组织主动交代问题。严肃查处于小鹿、兰东明等领导干部充当“官伞”问题；胡建华、弋鸣等充当“警伞”问题；葛七宝、高建民等村组干部涉黑、涉恶腐败、把持基层政权问题。全年立案查处涉黑、涉恶腐败及“保护伞”问题294件1147人；查处“保护伞”问题40件207人。

强化生态环保、营商环境等领域监督执纪问责　积极参与“大棚房”和违建别墅问题整治，追责问责73人。全年

查处生态环保和营商环境领域问题 1125 件，党纪政务处分 1889 人。

◆纠治“四风” 2019 年，中共西安市纪律检查委员会、西安市监察委员会深入落实“中央八项规定”精神，紧盯年节假期，组织在全市开展违规公务接待问题专项治理，坚决防止“四风”反弹回潮。全年查处违反“中央八项规定”精神问题 215 件，党纪政务处分 356 人，通报曝光典型案件 162 起。

集中整治形式主义、官僚主义 对“庸、懒、散、慢、虚”问题精准画像，列出 6 个方面 29 类负面清单，并督促全市各级党组织和领导干部带头对照检查。对全市动辄签订“责任书”问题及设立“一票否决”事项集中清理，坚决纠正文山会海，督查考核过多、过频现象。全年查处形式主义、官僚主义问题 324 件，党纪政务处分 536 人。

坚决整治违规收送礼金等歪风 集中开展违规收送礼金问题专项整治，全市 1.7 万名党员干部自查、自纠，并报告情况，10.1 万名党员干部公开做出“决不收送礼金承诺”。开展领导干部利用名贵特产、特殊资源谋取私利问题专项整治，深入排查“定制酒”“天价烟”背后的“四风”问题，督促各级干部立行、立改。

◆违纪、违法案件查处 2019 年，中共西安市纪律检查委员会、西安市监察委员会始终保持惩治腐败高压态势。全市纪检监察机关受理信访举报 15538 件，处置问题线索 5697 件，立案 3190 件，党纪政务处分 3095 人，涉嫌犯罪移送检察机关 127 人；严肃查处和红星、田党生、张永潮、杨安定等领导干部严重违纪、违法问题。加强审查调查规范化建设，新建 1 处留置场所，改建 2 处谈话场所；在全市开展办案安全大排查、大整改，明确审查、调查纪律要求，划定安全底线。

全力保障中共中央纪律检查委员会重大案件查处 坚持边实践、边探索、边完善，制定搜查、股权冻结流程等 4 类 18 项制度，配合执行查询、搜查、扣押等任务 2165 次，使用法律文书 1200 余份，探索形成搜查、扣押、提取等工作的“西安样本”，得到中共中央纪律检查委员会负责人充分肯定。

扎实做好以案促改 成立“以案促改”工作领导小组及办公室，出台《关于印发西安市以案促改工作办法(试行)》的通知。聚焦秦岭北麓违建别墅问题，在全市开展“警示教育”和以案促改。持续开展“纪律教育学习宣传月”活动，组织拍摄《田党生、张永潮、和红星忏悔录》《张永潮严重违纪、违法案警示录》，指导创作廉政教育现代戏《芝麻开花》、话剧《柳青》，巡演 72 场次，6.3 万名党员干部受到教育。通过多种形式，在全市启动“崇廉尚德·好家风润西安”系列活动，产生良好社会反响。新城区、鄠邑区、蓝田县、西安经济技术开发区创新廉政教育载体，开展形式多样的教育活动，营造崇廉、尚德浓厚氛围。

◆巡察监督 2019 年，中共西安市纪律检查委员会、西安市监察委员会坚守政治巡察定位。突出“两个维护”根本任务，巩固秦岭北麓违建别墅问题专项整治成果，对长安区、蓝田县、周至县 3 个区（县）开展秦岭生态环境保护专项巡察。紧盯选人、用人和意识形态工作，对常规巡察的 22 个党组织开展专项检查。加强对区（县）巡察工作指导，各区（县）巡察党组织 294 个，发现问题 3386 个，移交问题线索 469 件。西安市巡察工作做法，在全省巡视巡察工作会上做了经验介绍。

做实、做细巡察整改 对中国共产党西安市第十三届委员会前 3 轮巡察整改情况进行“回头看”，督促第四、第五轮巡察和联动巡察的 40 个党组织整改问题 1556 个，完善各类规章制度 867 个，问责 432 人，追缴违规、违纪资金 1116 万元。

加强巡察工作规范化建设 出台《关于建立全市巡察上下联动监督网的实施办法（试行）》的通知。推动建立巡察上下联动监督网，实现市（县）巡察工作“一体谋划、一体推进”。完善区（县）巡察机构设置，各区（县）常设 2—3 个巡察组，增加巡察机构编制 74 个。完善巡察组评估打分、巡察纪律作风后评估、优秀巡察干部通报等制度，不断提高巡察工作公信力。（王小红）

重大违纪违法案件

◆赵正永接受调查 2019 年 1 月 15 日，中央纪律检查委员会、国家监察委员会发布信息：中共陕西省委原书记赵正永涉嫌严重违纪、违法，正接受中央纪委、国家监委纪律审查和监察调查。2012 年 12 月至 2016 年 3 月，赵正永担任中共陕西省委书记。2016 年 4 月至 2018 年 3 月，任第十二届全国人民代表大会内务司法委员会副主任委员。

◆钱引安获刑 14 年 2019 年 12 月 10 日，广东省广州市中级人民法院公开宣判中共陕西省委原常委、秘书长钱引安受贿案，对被告人钱引安以受贿罪判处有期徒刑 14 年，并处罚金人民币 500 万元；对钱引安受贿所得赃款及其孳息予以追缴，上缴国库。钱引安当庭表示服从判决，不上诉。经审理查明：2001—2017 年，被告人钱引安利用担任陕西省长安县人民政府县长、陕西省西安市长安区人民政府区长、中共长安区委书记、中共西安市雁塔区委书记、西安市人民政府副市长、陕西省宝鸡市人民政府市长、中共宝鸡市委书记等职务上的便利，或者利用职权、地位形成的便利条件，通过其他国家工作人员职务上的行为，为相关单位和个人在项目承揽、工程推进、职务晋升等事项上提供帮助，直接或通过他人非法收受相关单位和个人给予的财物，折合人民币 6313 万余元。

◆吕健接受调查 2019 年 6 月 14 日，中共陕西省纪律检查委员会、陕西省监察委员会发布消息：经中共陕西省委批准，陕西省纪委、监委对中共西安市委原常委，西安市人民政府原常务副市长、党组副书记吕健严重违纪违法问题进行立案审查调查。经查，吕健违反政治纪律和政治规矩，缺乏政治担当，对习近平总书记批示精神执行不坚决、不彻底；违反中央八项规定精神，长期借用私营企业主的车辆；违反廉洁纪律，收受可能影响公正执行公务的礼金、礼品，利用职权为身边人员谋取利益；违反工作纪律，违规决策将秦岭北麓长安境内违建别墅项目作为重点建设项目推进实施。违反国家法律法规，利用职务上的便利，为他人谋取利益并非法收受财物，涉嫌受贿犯罪。2017 年 2 月 24 日，西安市第十六届人民代表大会第一次会议，吕健当选为陕西省西安市人民政府副市长。2019 年 5 月 10 日，西安市第十六届人民代表大会常务委员会第二十二次会议决定接受吕健辞去陕西省第十三届人民代表大会代表职务。（秦 声）

中国共产党西安市第十三届纪律检查委员会

书　　记　卢立群
副 书 记　赵晓林　李堪社　王　勇　李红雨（女）
常务委员　陈　武　万青平　孙宝锋　何　林（女）　王　雷　杨　帆

西安市监察委员会

主　　任　卢立群
副 主 任　赵晓林　李堪社　王　勇　李红雨（女）
委　　员　万青平　孙宝锋　何　林（女）　王　雷　杨　帆　王清宇

民主党派·工商联

责任编辑
曹毅强

中国国民党革命委员会西安市委员会

◆**概况**　2019年，中国国民党革命委员会西安市委员会有社会和法制工作委员会、教科文卫工作委员会、祖国统一工作委员会、妇女工作委员会和经济建设与社会发展委员会5个专门工作委员会，8个区级工作委员会，2个总支，5个直属支部，共102个支部。截至年底，党员总数1860人，平均年龄53.8岁，其中大专及以上学历者1676人，占党员总数的90.1%；具有中高级专业技术职称的627人，占党员总数的33.7%。党员中有191人次分别担任全国、省、市、区（县）的人大代表或政协委员。其中，担任西安市人民代表大会常务委员会副主任1人，担任区（县）级人大常委会副主任3人，担任区（县）级政协副主席5人。全年发展新党员127人，平均年龄38岁。

◆**参政议政**　2019年，中国国民党革命委员会西安市委员会采取“上下联动、横向联合”的机制，加强与中国国民党革命委员会陕西省委员会、中国人民政治协商会议西安市委员会专门委员会的合作，充分发挥民革市委会专委会的平台作用，围绕农村田园综合体建设、中医药传承和发展、餐饮食品安全问题，破解西安市民营企业融资困境等重点课题开展调研4次，向中国国民党革命委员会陕西省委员会和中共西安市委统战部报送重点调研报告8篇。聚焦“我市规上企业发展”和“改善台商投资环境”等议题，组织政协委员参加市政协各专委会的专题调研。接待福州、南京、毕节、广西等地民革组织，就“‘村改居’和‘城中村’改造”“推动农业现代化发展”“脱贫攻坚民主监督”“全面提升产业链发展”等课题开展联合调研。选派民革党员参加中共西安市委、西安市人民政府召开的协商座谈会，提出10余条建议。举办社情民意信息员培训会、调研报告研讨会和提案工作推进会，向民革省委会、市政协提交社情民意信息24条，获民革省委会“参政议政工作先进集体”和“反映社情民意信息工作先进集体”称号；2人获得民革省委会“参政议政先进个人”称号；11人获“反映社情民意信息先进个人”称号。《关于我市垃圾分类存在问题及对策》等5份调研报告获得中共西安市委统战部“优秀调研成果二等奖”；《关于西安市推广建立非遗文化展示集群的建议》等2份调研报告获得“优秀调研成果优秀奖”。全市各级组织和党员中的人大代表、政协委员共向全国、省、市、区“两会”提交提案、建议378件。其中，向中国人民政协协商会议提交提案6件；向全国人民代表大会提交建议2件；向中国人民政治协商会议陕西省委员会提交提案4件；向中国人民政治协商会议西安市委员会提交集体提案14件；个人提案83件。在中国人民政治协商会议西安市第十四届委员会第三次会议上，做了《强化意识、多措并举，全力推进我市农产品品牌发展》的大会发言，提交《关于优化我市营商环境的几点建议》等3份大会发言材料，有3位委员做了界别组专题发言；《关于我市“行政效能革命”存在问题的几点建议》等3件集体提案及3件个人提案被评为中国人民政治协商会议西安市第十四届委员会第二次会议以来“优秀提案”；《关于着力解决我市招商引资重大项目落地问题的几点建议》等4件提案作为中共西安市委常委阅批、领衔督办的重点提案。与西安市人民政府22家单位开展沟通和座谈，完成14件集体提案的答复接待。

◆**民主监督**　2019年，中国国民党革命委员会西安市委员会履行参政党职责，开展民主监督工作。根据中共西安市委统战部关于常态化开展河段长制专项民主监督工作要求，制定《关于“清河河长制”民主监督工作实施方案》，成立工作组先后3次赴临潼清河郭杨村5千米的河段，就“河长制”落实情况开展巡查调研和民主监督，向中共西安市委统战部提交专项调研报告，归纳提出3条建议。按照中共西安市委统战部《2019年市级民主党派民主监督工作计划》要求，参加中共西安市委统战部“脱贫攻坚”民主监督工作培训会，制定《关于民主监督鄠邑区脱贫攻坚工作实施方案》，召开由中共鄠邑区委、鄠邑区人民政府各单位参加的脱贫攻坚民主监督情况通报会，全面听取脱贫攻坚工作情况。组织机关干部、民革党员分组赴11个镇、29个村，走访72户贫困户，围绕“安全用水”“教育扶贫”“兜底保障”等方面进行调查。通过走访交流、查阅台账等方式，坚持民主监督与解决问题相结合，发现问题13个，归纳提出8条建议，撰写调研报告12份，圆满完成脱贫攻坚民主监督任务。根据中共市委统战部的工作安排，选派机关干部赴杨庄街道开展精准扶贫工作，助力脱贫攻坚工作。

◆**海外联谊**　2019年，中国国民党革命委员会西安市委员会秉持“两岸一家亲”的理念，持续办好元宵节、中秋节“三胞”亲属座谈会。5月，接待台湾工商业联合会代表团一行21人，就促进西安、台湾两地的文化、经济交流进行座谈。6月，接待台中市农会秘书长、企业家龚家弘，促进“南果北种”等农业项目在西安成功签约落地。台联文商支部发挥优势，与台北故宫博物院开展两岸文化交流。在陕西省台湾工作办公室、中共西安市委统战部、西安市台湾工作的全力支持下，举办的“第二届两岸（西安—台湾）青年双创交流活动”被列为国务院台湾工作办公室、陕西省台湾工作办公室年度重点对台交流项目，陕西省台办给予部分经费支持。6月底，台湾青年发展基金会董事长连胜文率领台湾工商业界的青年企业家、青年民意代表一行33人，进行为期4天的“第二届两岸（西安—台湾）青年双创交流活动”。交流活动受到中国国民党革命委员会陕西省委员会、中共西安市委、西安市人民政府、中国人民政治协商会议西安市委员会等方面高度重视，民革陕

2019年6月28日至7月1日，中国国民党革命委员会西安市委员会接待由台湾青年发展基金会董事长连胜文率领的台湾青发会交流访问团一行33人，并开展“第二届两岸（西安—台湾）青年双创交流活动”

西省委会主委李晓东、西安市政协主席岳华峰、中共西安市委统战部部长史晓红分别与连胜文一行进行会见座谈；20多家主流媒体报道本次活动，《团结报》专版进行报道。

◆社会服务 2019年，中国国民党革命委员会西安市委员会利用春节、“六一”儿童节、“八一”建军节和重阳节等节日开展扶贫帮困、普法义诊、节日慰问、敬老爱幼、公益文化活动等社会服务工作。各级组织和党员在脱贫攻坚领域直接投入资金和物资折款累计10余万元，引进各类扶贫投入折款2万元，实施大型扶贫项目7个，资助贫困学生25人。开展“博爱·牵手”活动20次，捐款、捐物共计12万元，受益党员群众近600人次。在高陵区、长安区、鄠邑区等地开展关爱抗战老兵活动，慰问抗战老兵40余人次，赠送价值15余万元的慰问品。为潼关县安乐镇留翎村捐资1.8万元修建蓄水引水入户工程，解决800余人、23个贫困户的吃水、用水问题，该村树碑“饮水思源民革帮扶”。春节期间，慰问80岁以上老党员138人。国庆节前夕，赶赴中华人民共和国成立前参加革命工作的5名老党员家中，为他们佩戴“庆祝新中国成立70周年纪念章”，送去组织的慰问。妇女工作委员会、碑林区工作委员会、曲江新区总支在六一儿童节期间，分别到大兆街道幼儿园、西安心心特殊儿童发展中心开展慰问活动，送去慰问金和学习生活用品。新城区工作委员会在国庆节及重阳节前夕慰问孤寡老人。全年各级组织共开展关爱残障、留守儿童和空巢老人活动10次。积极发挥党员的专业特长，对各界群众开展法律咨询和普法活动36场次，受益群众达数百人。长安区工作委员会到杨庄街办开展“送温暖、送文化、送健康、送法律”活动；社会和法制工作委员会举办“扫黑除恶”专项斗争法律讲座。市委会在贫困村、老年社区、大型企业、义务教育学校等地开展医疗义诊活动，受益群众近千余人。市委会在临潼区开展“种下绿色希望、共建美丽临潼”植树活动；慰问港务区慈恩老年公寓孤寡老人，送去价值1.3万元的日用品和书画作品。中山书画院开展文化下乡活动，为村民书写140多副春联。

◆组织建设 2019年1月4—5日，中国国民党革命委员会西安市委员会分别召开第七届四次全体委员会议。12月21—22日，召开第七届五次全体委员会议。全年召开主委会议5次、常委会议3次、工委主委联席会4次，完成对莲湖区工作委员会、未央区工作委员会及曲江新区总支部班子调整，新建支部2个，完成22个支部班子的调整。按照创建“民革党员之家”和“民革示范支部”的工作部署，扎实推进“双创”工作。民革中央主席万鄂湘、中共西安市委统战部部长史晓红和中国国民党革命委员会陕西省委员相继调研市委会“双创”工作，对工作成绩予以肯定。曲江新区总支和启夏门支部党员之家被评为“全国优秀民革党员之家”；曲江池支部和辛家庙支部被评为“全国民革示范支部”。选派班子成员、机关干部和党员骨干，参加市级民主党派领导班子理论研讨班、中国国民党革命委员会中央委员会第一期民革祖统干部培训班、全市第十期党外中青年干部培训班、中国国民党革命委员会陕西省委员会组织的机关干部培训班以及中共西安市委统战部举办的优秀中青年干部培训班等，举办2019年党务骨干培训班，组织召开2019年新党员培训会和基层通讯员培训会，全年参训人数达500余人次。接待中国国民党革命委员会中央委员会和武汉、南京、新疆、张家口、葫芦岛、福州、毕节等地民革组织，就主题教育、组织建设、参政议政、“双创”工作等进行座谈交流和互相学习。

◆思想宣传 2019年，中国国民党革命委员会西安市委员会以习近平新时代中国特色社会主义思想为根本政治指引，扎实开展“思想政治建设年”各项工作，把思想政治建设摆在自身建设首位，不断提高思想认识和政治理论水平。深入开展“不忘合作初心，继续携手前进”主题教育活动。组织观看《大会师》等爱国党史教育影片；参观中国人民政治协商会议全国委员会《大道同行》西安巡展和庆祝西安和平解放70周年图片展；组织领导班子成员、基层党务骨干及机关人员，共45人次前往孙中山、宋庆龄、蒋光鼐、王昆仑、柳亚子等民革前辈故居、中共一大会址、雨花台烈士陵园、中山陵等爱国主义教育基地，开展参观学习活动，与廖仲恺何香凝纪念馆联合举办大型历史油画作品《一代女杰》捐赠仪式；举办“庆祝新中国成立70周年演讲比赛”，参加民革省委会及中共市委宣传部组织的演讲比赛，并分别获优秀组织奖；参加中共西安市委统战部组织的“庆祝新中国成立70周年文艺汇演”，获优秀组织奖；西安中山画院承办中共西安市委统战部主办的“携手新时代共筑中国梦——西安统一战线庆祝中华人民共和国成立70周年书画展”，展出作品167幅，其中民革作品有48幅，出版《书画展作品集》。全年市委会各级组织和党员共订阅《团结报》1192份，占全省订阅总数的52%，市委会获团结报社2019年度《团结报》全国发行征订工作先进集体（地市）一等奖。市委会网站刊发稿件265篇，被中国国民党革命委员会陕西省委员会网站采用63篇，其中接待台湾青发会双创交流活动被《团结报》专刊报道；编印《西安民革》刊物2期和第二届两岸（西安—台湾）青年双创交流活动专刊画册；向中国国民党革命委员会陕西省委员会报送统战理论研究文章11篇，有2篇分别获中共西安市委统战部二、三等奖；征集政协文史稿件5篇；撰写工作信息296条，其中中国国民党革命委员会中央委员会《地方情况交流》刊登44条。

（王　京）

中国国民党革命委员会
西安市第七届委员会

主任委员 韩宝生
副主任委员 王　选（专职）
王效梅（女）　惠占学
尹　洁（女）　刘　朋
秘书长 赵　辉（女）

中国民主同盟西安市委员会

◆概况 2019年，中国民主同盟西安市委员会发展盟员176名，全市共有盟员3062人，本科以上学历盟员占82%，具有中高级职称盟员占66%，具有民盟界别特色的教育、科技、文化界别盟员占70%。盟员中担任民盟中央委员1人，省人大代表1人，省政协委员3人；市人大常委1人；市政协常委4人，委员23人。担任区（县）人大常委会副主任1人，副区（县）长2人，区县政协副主席5人。担任各级监督员14人。新成立经济开发区支部、浐灞港务区支部、西咸新区支部、新社会阶层支部。有区级工作委员会12个、总支2个、委员会1个，直属支部、小组21个。建设好“盟员之家”，新成立7家“盟员之家”，全市有“盟员之家”21家。推动人才强盟，新设专委会4个，调整专委会6个，新增委员112人。开展“双百人才培训计划”，全年共对400余名新盟员和盟员骨干进行了培训。成立民盟西安市委老盟员联谊会。2019年，民盟西安市委员会被中国民主同盟中央委员会授予“民盟思想宣传工作先进集体”；被中国民主同盟陕西省委员会授予“参政议政”“社会服务”“组织建设”先进单位。

◆参政议政　2019年，中国民主同盟西安市委员会积极参加中国共产党西安市委员会、西安市人民政府召开的协商会、座谈会、通报会。参加西安市人民代表大会组织的《中华人民共和国水污染防治法》《陕西省渭河流域管理条例》执法检查。参加全市党风廉政建设和反腐败工作情况通报会。参加西安市人民政府、中国人民政治协商会议西安市委员会、中共西安市委统战部同市级民主党派协商会，围绕西安市经济运行、《西安市水污染防治条例（草案）》、《秦岭生态环境保护条例》、《大西安生态绿色空间体系规划》、“车让人·人守规”、学前教育发展等议题进行民主协商。参加“打造‘一街一景’，提升城市绿化水平”等专题调研。参加中国人民政治协商会议西安市第十四届委员会第三次会议，提交大会发言1篇、书面发言11篇，集体提案立案35件，个人提案立案60余件。大会发言《关于把西安打造成“一带一路”国家创新创业中心的建议》、3件集体提案和3件个人提案获优秀提案；6件集体和个人提案被列为“五位一体”督办提案；集体提案《关于加强秦岭生态文明建设的几点建议》和个人提案《关于推进城市安全发展的建议》被列为中共西安市委书记阅批重点督办提案；集体提案《关于抓住改革有利时机　推动我市公办教育大发展的建议》和个人提案《关于“建设博物馆之城”要在做精做强上下功夫的建议》被列为西安市人民政府市长阅批重点督办提案；集体提案《关于把西安打造成“一带一路”国家创新创业中心的建议》和个人提案《关于加快发展我市民宿产业发展的建议》被列为中共西安市委常委阅批、督办重点提案。围绕中共西安市委、西安市人民政府重大决策部署和重点、难点工作，围绕人民群众关心的热点，完成调研课题50余项，内容涉及西安经济社会高质量发展、国家中心城市和国际化大都市建设、生态文明建设、“三大攻坚战”、乡村振兴战略、创新创业、教育均衡发展、科技成果转化、民生工程等各领域。围绕市委十项重点工作，安排部署调研课题14个，各项调研工作扎实稳步推进。妇女儿童专门委员会围绕“推进养老服务　保障老有所养”课题到鄠邑区荣华·清荷园养老院开展调研。科技专门委员会和高新工作委员会围绕“智慧城市”建设课题到西咸新区调研。文化联络专门委员会在高家大院举办民盟文化界别组织建设调研座谈会。民盟市委到2019第四届丝绸之路国际博览会参观调研，赴无锡参加世界物联网博览会暨中国民主同盟中央委员会“发展长三角科技创新走廊”专题调研座谈会。企业家联谊会、机关干部等走进盟员企业西安恒星新能源开发有限公司，调研“年产二万吨生物质醇油生产基地”投资营商环境问题。企业家联谊会到陕西恒源热能设备有限公司、陕西莫奈生态农业有限公司等盟员企业开展调研。按照中共西安市委统战部重点调研课题安排，围绕“关于推进教育均衡发展　办好人民满意的教育”和“关于进一步推进博物馆之城建设的调研”课题到苏州调研学习。围绕“关于构筑大西安绿道和公园城市体系的调研”“关于推进西安市医养结合的调研”课题到福州、龙岩调研学习。围绕“关于加快数字城市、智慧城市建设”“中小学教师结构性缺编及解决路径”课题到贵阳、遵义调研学习。30余名专委会委员参加调研活动，高质量完成重点调研课题。在年终统战部重点调研课题评比中，“关于加快智慧城市建设　推进公共服务平台创新的调研报告”“公办中小学教师结构性缺编问题调研报告”“强化教育资源均衡配置　推动基础教育高质量发展”获得一等奖；“西安‘博物馆之城’建设调研报告”“西安市医养结合工作发展情况的调研报告”获得优秀奖。

◆民主监督　2019年，中国民主同盟西安市委员会按照中国民主同盟陕西省委员会安排，到安康市汉滨区、紫阳县开展脱贫攻坚民主监督。按照中共西安市委安排，到临潼区开展脱贫攻坚民主监督。和中共临潼区委召开脱贫攻坚民主监督工作座谈会，领导班子成员率领6个督查小组35名组员2次进村入户开展民主监督。走访穆寨、仁宗、小金等11个街办的34个行政村676户贫困户。开展小清河流域河段长制专项民主监督。常态化开展教育、养老、医疗等民生实事专项民主监督。向中国民主同盟中央委员会、中国民主同盟陕西省委员会上报社情民意信息112篇。其中，刘婷撰写的《中西部中小学乡村教师结构性缺编问题亟待解决》、唐惠撰写的《关于优化高空坠物伤人纠纷解决制度的建议》被中国人民政治协商会议全国委员会采用；《简述法律人工智能的应用、挑战与建议》获民盟法治论坛优秀论文奖；纪峰撰写的《基层腐败呈现新态势　亟须加强治理》被中国民主同盟中央委员会采用；金荣来撰写的《关于加快实施共享电子病例的建议》被中国人民政治协商会议陕西省委员会采用。

◆社会服务　2019年，中国民主同盟西安市委员会开展各类扶贫帮扶活动近百次，帮扶款物折合830余万元，其中怡康医药780万元。民盟市委主要领导带队赴安康市汉滨区早阳镇店子沟村开展扶贫捐赠及调研活动，捐赠价值5万元的生活用品和常用药品。组织医务界盟员在铜川市黄堡镇安村举办扶贫义诊活动。书画家联谊会会长张凯华向蓝田华胥镇东邓村捐建健身广场价值10万元，向榆林市各界扶贫济困协会捐赠50万元。企业家联谊会会长薛兴敏携手爱心人士到柞水县红石小学开展献爱心活动，并捐赠1万元爱心款。高新工作委员会长期资助蓝田洩湖镇马王村11名贫困学生，全年超过5万余元。鄠邑工作委员会在蒋村镇柳泉口村举办“健康扶贫疾病控制义诊宣传活动”。雁塔工

中国民主同盟西安市委员会到临潼区开展脱贫攻坚民主监督

作委员会盟员栗超毅为雁塔区退役军人事务局关爱退役军人基金捐款2万元。蓝田总支部开展“六一儿童节关爱留守儿童”暨“民盟蓝田总支扶贫攻坚公益行”系列活动，举办《锦绣蓝田百米长卷》书画展览，向中华人民共和国成立70周年献礼。长安工作委员会盟员赵向坤向长安区滦镇街道3户困难群众捐款10万元，解决群众住房困难。盟员企业家张珊春在临潼区庞岩村开展“助力脱贫攻坚”捐赠活动，现场向13户贫困户捐赠物资、健身器材以及慰问金。未央工作委员会凤城支部在未央湖街办开展“践行企业责任 助力基层党建”活动，捐赠价值1.5万元办公家具。莲湖工作委员会积极开展“消费扶贫”活动，引导盟员购买贫困地区农特产品2万余元。周至工作委员会围绕猕猴桃生产和销售中存在的问题，积极开展消费扶贫活动。企业家联谊会到蓝田县安村镇、临潼区小金街办小金村开展扶贫捐赠及调研活动。春节前夕，在钟楼广场开展“迎新春 送祝福”义写春联活动，中国民主同盟中央委员会副主席张道宏等领导应邀参加活动，并在现场写春联、送祝福，20余位民盟书画家参加活动，送出春联1000余幅。各基层组织积极开展义写春联活动10余次，270多位盟员参加，义写春联5300余幅。开展“烛光行动”送教活动，到鄠邑区第二中学开展送教下乡暨爱心捐赠活动。推荐优秀盟员教师代表中国民主同盟中央委员会赴贵州省黔南州开展“民盟中央‘烛光行动’”支教活动。

◆思想建设 2019年，中国民主同盟西安市委员会深入学习贯彻习近平新时代中国特色社会主义思想和中共十九大，十九届二中、三中、四中全会精神。学习习近平关于新型政党制度的论述和对民主党派提出的“四新”（四新：多党合作要有“新气象”，思想共识要有“新提高”，履职尽责要有“新作为”，参政党要有“新面貌”）、“三好”（三好：各民主党派和无党派人士要做中国共产党的“好参谋、好帮手、好同事”）要求，学习贯彻《中共中央关于加强中国特色社会主义参政党建设的意见》等3个文件精神。举办中国共产党第十九届中央委员会第四次全体会议宣讲培训会。学习全国、省、市“两会”精神，学习中共陕西省委、中共西安市委全会精神，学习中共西安市委政协工作会议精神、全市统战部长会议精神，全市宣传思想工作会议精神。参加中共西安市委统战部组织的理论研讨班。按照中国民主同盟中央委员会统一安排，扎实开展“不忘合作初心、继续携手前进”主题教育活动。开展学习宣讲活动，制定实施方案，建立周一学习制度。坚持领导班子、理论中心学习组集体学习。开展“下基层、访盟员、听意见”大走访活动。针对收集上来的意见、建议进行梳理，形成问题清单以及整改方案。领导班子、机关处级以上干部分别召开民主生活会。参观中国人民政治协商会议全国委员会《大道同行》西安巡展；参观西安解放70周年图片展；组织班子成员、基层盟员先后赴革命圣地延安、梁家河、中共一大会址、遵义会议会址、西安烈士陵园等地接受革命传统教育；举办“不忘合作初心 奋力共筑中国梦”专题报告。配合中国民主同盟中央委员会、中国民主同盟陕西省委员会开展主题教育调研。全国政协常委、副秘书长，民盟中央副主席、民盟陕西省委主委张道宏赴西安开展“不忘合作初心，继续携手前进”主题教育活动调研并召开座谈会。参加全国人大常委、民盟中央副主席徐辉赴陕开展主题教育调研活动。民盟市委开展主题教育活动的阶段性汇报在民盟中央常委会上进行书面交流。各基层组织纷纷开展专题讲座、基层调研、诵读比赛、主题宣讲、爱心帮扶、赴红色教育基地学习参观等一系列活动。全年全市各级盟组织领导班子进行集体学习84次，召开民主生活会17次，深入基层调研、宣讲76次。举办专题培训会、论坛讲座、报告会9场，座谈会30余场，举办书画展、摄影展、文艺演出15场，盟员参加1700多人次。在陕西宾馆举办“庆祝新中国成立70周年、中国共产党领导的多党合作和政治协商制度确立70周年书画展”，并出版《丹青颂祖国 翰墨绘梦想》纪念画册。由民盟市委书画家联谊会参与承办的“携手新时代 共筑中国梦”书画展在亮宝楼展览馆举行。组织书画界盟员参加“丝路丹青·相约南京”十城市书画联展活动。参加全市统战系统纪念中华人民共和国成立70周年文艺汇演，选送节目情景组歌《岁月缅怀》，并获得“突出贡献奖”和“优秀组织奖”。征集中华人民共和国成立70年来关于人民政协建设和发展史料。开展“我与祖国”征文活动，选送征文《唯有汉湖秋月不辜负》获中国民主同盟陕西省委员会主题征文评选一等奖。召开庆祝中华人民共和国成立70周年座谈会。

◆民盟中央第十届民生论坛 2019年6月27—29日，中国民主同盟西安市委员会承办中国民主同盟中央委员会第十届民生论坛在西安举行。此次论坛以“新中国七十年来的民生发展”为主题，共收到论文100余篇，其中39篇被评为优秀论文。民盟中央、民盟各省级组织代表、专家学者130余人参加论坛。

（王耿平）

中国民主同盟西安市委员会

主 任 委 员 戴宏科
副主任委员 俞向前 王晓如（女）
张雪琴（女）
李 煦（女，驻会）
程希文

中国民主建国会西安市委员会

◆概况 2019年，中国民主建国会西安市委员会有基层组织135个、区级工作委员会7个、专门委员会7个，会员2608人，平均年龄55.2岁，经济界会员1461人，新的社会阶层会员466人，具有中高级职称者1186人，当年新发展会员119人，平均年龄36岁，大学本科以上94人，具有中高级职称的26人。调整改选基层组织19个，中国民主建国会临潼区总支升格为中国民主建国会临潼区工作委员会，新成立中国民主建国会曲江支部委员会、中国民主建国会邮电学院支部委员会、中国民主建国会西咸新区支部委员会等11个支部委员会。有省人大代表3人、省政协委员7人（其中常委1人）；市人大代表11人（其中常委1人）、市政协委员34人（其中常委5人）；各区人大代表19人、区政协委员135人，担任区人大常委会副主任的1人，担任区政协副主席的1人，担任政府及其组成部门、司法机关县处级以上职务的34人。

◆参政议政 2019年，中国民主建国会西安市委员会获中国民主建国会陕西省委会2019年全省参政议政工作一等奖，在中共西安市委统战部参政议政成果评选活动中，获得一等奖2项、二等奖2项、优秀奖3项。认真履行参政党职能，积极做好政治协商，向西安市人民代表大会提出法规条例的意见、建议47条，在中国人民政治协商西安市第十四届委员会第三次会议上，提交大会发言2篇，界别联组发言5篇，集体提案19件，委员个人提案53件。3件集体提案和3件个人提案被市政协评选为优秀提案。注重参政议政队伍建设，发挥基层组织和专家学者的主力军作用，增强建言资政合力。加强与高校、科研院所、智库机构的协助合作，与西安交通大学丝绸之路经济带法律政策协同创新中心签署战略合作协议。召开参政议政工作会议2次，研究确定“西安装备制造业供给侧改革创新”“秦岭生态保护和构建环秦岭经济圈”等重点调研课题6个。赴贵州、南京、内蒙古、杭州和渭南等地实地调研，完成调研报告5篇。就民宿产业提升、装备制造业发展、供应链金融、0—3岁学前教育等问题深入开展调查研究，完成了《大力支持供应链金融发展 缓解西安中小企业融资难题》《构建服务专业化和运营专业化的循环产业生态圈 促进陕西先进制造业与现代服务业深度融合》《维护生态系统健康 创新秦岭保护机制》等调研报告14篇。其中，《以科学化管理 建立垃圾分类习惯养成的长效机制》被《陕西日报》刊登，《浅谈国企混改的痛点与解决路径》被《中国企业报》刊载，《关于3岁以下婴幼儿照护养育的调研报告》在省政协双月协商会上做大会发言，《关于在西安市建设千亿农副产品产业园项目的建议》被西安市投资委采用。对脱贫攻坚和河长制工作开展民主监督，10次赴长安区和临潼区，对6个街办的12个行政村以及清河临潼区东庙村段进行实地走访，开展脱贫攻坚和河长制工作民主监督，对相关工作提出改进意见。做好社情民意反映工作，报送社情民意信息36篇。举办文化产业研讨会、垃圾分类知识、妇女权益保护和新个税法等专题讲座和研讨会9次。

◆社会服务 2019年，中国民主建国会西安市委员会在中国民主建国会中央委员会召开的“脱贫攻坚”表彰大会上获先进集体1个，先进个人2名；民建西安市委员会被中国民主建国会陕西省委员会评选为社会服务工作先进集体。积极响应中共中央关于全面打赢脱贫攻坚战号召，加大对杨庄科学发展实践基地的工作力度，全面开展节日慰问、扶贫助学以及“文化、科技、卫生”三下乡等活动。先后前往三原县、丹凤县、山阳县和镇巴县等地，开展扶贫帮困、医疗救助、科普宣传和捐资助学等活动近40次，捐助现金、药品、文具及其他生活用品近150万元。广泛开展政策法律宣传活动，举办“依法治国义务法律宣传”“扫黑除恶、维护公平交易秩序”及“助力民企”法律讲堂、垃圾分类专题讲座等。助力民营企业发展，走访会员企业共计30余次，详细了解会员企业生产经营状况，鼓励会员遵规守法开展经济活动，帮助会员企业解决实际困难。组织会员150余人次参加中国风险投资论坛、中国非公有制经济发展论坛、建华课堂陕西分课堂、第三届海归创业大赛和中国国际通用航空大会等论坛和峰会。建成民建西安市委会“双创”实践基地，法律服务中心、财会服务中心和金融服务中心。

◆思想宣传 2019年，中国民主建国会西安市委员会深入开展“不忘合作初心，继续携手前进”主题教育活动，组织会员认真学习习近平新时代中国特色社会主义思想、全国“两会”精神、中共十九届四中全会精神和民建十一届三中全会精神，组织集体学习10余次，积极参加中国民主建国会中央委员会、中国民主建国会陕西省委员会、中共西安市委统战部、西安市人民代表大会、中国人民政治协商会议西安市委员会组织的各类培训学习活动。不断加强思想政治建设，夯实新时代多党合作共同思想政治基础。召开“不忘合作初心，继续携手前进”主题教育活动动员大会，印发主题教育活动实施方案，开展主题征文、理论研讨、书画展等活动。组织50余人前往陕甘边革命根据地照金纪念馆接受爱国主义和革命传统教育，号召和引领各区工委、基层组织共开展主题教育活动40余次（场）。开展纪念中华人民共和国成立70周年系列活动，制订《民建西安市委会纪念中华人民共和国成立70周年系列庆祝活动方案》，召开纪念大会，开展主题征文、书画展览、文艺演出等活动，共报送主题征文62篇，文史资料4篇，征集并报送书画作品共计34幅。在西安市统一战线庆祝中华人民共和国成立70周年文艺汇演中，市委会获“优秀组织奖”，报送的节目分获“突出贡献奖”和“团结奋进奖”。各区工委、基层组织按照市委会庆祝70周年系列活动方案的安排，积极开展各种形式多样、内容丰富的纪念活动20余场次。

◆组织建设 2019年，中国民主建国会西安市委员会推进组织工作，坚持“注重质量、注意数量、保持特色”的原则，发展会员119人，新成立民建西安邮电大学支部、民建西咸新区支部等新支部11个，完成民建长安区基层委员会、法律总支部等19个基层组织改选换届工作。修订《区工委工作条例》《支部工作条例》，推进“会员之家”建设，建成“会员之家”4个。在市社会主义学院、西南交通大学和上海复旦大学等地举办培训班4期，组织200余名会员集中学习会章会史、多党合作制度、中国新型政党关系以及国内外形势等知识。选派基层组织负责人、优秀会员以及中青年干部100余人次参加民建陕西省委、省委统战部、市委统战部等组织的学习培训。组织工作荣获民建陕西省委会2019年全省组织工作一等奖。（丁 鑫）

中国民主建国会西安市委员会

主任委员	姜长智
副主任委员	白秋分（女，回） 王 季 张阿利 霍炳男 乔 伟

中国民主促进会西安市委员会

◆概况 2019年，中国民主促进会西安市委员会有区工委9个、直属工委1个、总支2个、基层支部111个、专门委员会6个。会员总数2095人，平均年龄57.3岁，年内新发展会员56人，平均年龄40.4岁。会员中教育界1493人，科技、文艺界180人，其他界别422人；有大专及以上学历者1782人，占会员总数的85.1%；具有中高级职称者1508人，占会员总数的72%。会员中担任省人大代表2人，市、区（县）人大代表35人，其中区（县）人大常委会副主任1人；省政协常委1人，省政协委员1人，市、区（县）政协委员138人，其中区（县）政协副主席6人。在政府各部门担任处级以上职务者17人。

◆参政议政 2019年，中国民主促进会西安市委员会紧扣西安市追赶超越的关键发展节点布置的新命题，认真履行参政议政、民主监督、参加中国共产党领导的政治协商的基本职能。在西安市出台的《关于加快新时代教育改革发展建设教育强市的实施意见》和《西安市基础教育提升三年行动计划（2019—2021）》中吸纳中国民主促进会西安市委员会《关于多渠道解决教育资源及师资短缺问题 努力促进义务教育均衡发展的建议》和政协大会发言《切实履行义务教育法定责任 破解义务教育上学难题》中的建议。在中国人民政治协商委员会西安市第十四届委员会第三次会议上，提交党派提案14件，委员个人提案23件，大会发言材料2份，议政建言成果被本地各大媒体关注报道。其中，《关于规范督查、检查、考核、年终总结等工作的建议》被中共西安市委主要领导批示；《关于加快水资源可持续利用的建议》《关于厚植中华文化基因 创旅游时尚之都 助力国家中心城市建设的建议》《关于发挥西安红色旅游资源优势打造红色旅游精品线路的建议》《关于彰显本土民俗特色 建设关中美丽乡村的建议》等受到市级有关分管领导的肯定，并被评为优秀提案。在区（县）“两会”上，民进会员提交提案超过150件，内容涉及经济社会发展和民生改善等方方面面。民进会员出色的履职能力受到肯定，牛海霞、刘小莹、张育青被评为西安市第十六届人民代表大会代表履职积极分子，20余名担任区（县）人大代表和政协委员的会员受到表彰。

围绕国家中心城市建设等重大问题建言献策。在中共陕西省委书记、陕西省人民代表大会常务委员会主任胡和平主持召开的座谈会上，民进会员围绕发展义务教育有关问题做专题发言。领导班子参加中共西安市委召开或委托有关部门召开的协商会、联系会、座谈会、情况通报会超过10次，就国家中心城市建设、全市经济形势和经济工作、政府工作等重大议题和重大人事事项，充分发表协商意见。担任市人大常委会委员的民进会员积极发挥学科专业特点，在地方性法规审议等履职活动中，发表的意见、建议对于提高立法质量产生重要影响。为提高建言献策的科学性，中国民主促进会西安市委员会结合年度工作要点和工作实际，确定年度调研课题，成立专门课题组开展调研。组织部分人大代表和政协委员两次来到会员企业大程创新空间，就传统企业转型升级以及创新创业有关议题进行讨论交流，把脉西安营商环境；组织企业界会员就职业教育、都市休闲和文创产业赴成都进行交流考察；开展“创新发展素质教育，全面提升中小学综合素质”专题调研，形成《深挖“西迁精神、红色文化”等本土优秀思政课资源 创新型开展思政理论课》调研报告。未央区工作委员会以“城乡教育一体化发展”为主题，组织课题组成员赴广州调研；新城区工作委员会就加快西安市现代职业教育专题进行广泛调研；教育专门委员会赴南京开展文化旅游产业融合发展专项调研；文化艺术专门委员会一行到白鹿原影视城就西安民俗文化与红色文化旅游资源融合发展进行调研；组织会员代表调研西一路智慧社区建设情况、中国移动陕西分公司智慧城市建设情况、鄠邑区传统文化保护工程推进情况。深入扎实的调研带来丰硕成果，全年完成年度调研报告14篇，向中共西安市委统战部报送的6个重点调研课题成果全部获奖，其中一等奖一项，二等奖两项，优秀奖三项。同时，加强反映社情民意信息工作，向民进陕西省委会报送社情民意信息10条。

◆民主监督 2019年，中国民主促进会西安市委员会按照中共西安市委统一部署，在中国民主促进会西安市委员会第七届第十次常委会上出台《年度专项民主监督工作方案》。顺利完成灞桥区脱贫攻坚民主监督工作；与蓝田县支部委员会一起圆满完成蓝田县乡村振兴民主监督工作；先后4次赴临潼清河就河湖段长制工作开展情况现场监督调研。推荐5名会员担任人民评审员，支持担任司法机关和政府部门特约人员的会员参加相关监督检查工作，发挥积极作用。

◆思想建设 2019年，中国民主促进会西安市委员会深入扎实推进思想政治建设。以深入学习贯彻习近平新时代中国特色社会主义思想为首要政治任务，以“不忘合作初心，继续携手前进”主题教育活动为主线，进一步增强“四个意识”，坚定“四个自信”，做到“两个维护”，夯实共同思想政治基础。在主委会、常委会上分别就主题教育活动、思想政治教育等问题进行专题研究，成立中国民主促进会西安市委员会主题教育活动领导小组和办公室，制定总体方案。领导班子领学示范，推动活动全面开展。组织会员和机关干部赴西柏坡和汉中革命旧址开展主题教育学习活动。新城区工作委员会、旅游职专支部委员会召开“不忘合作初心 继续携手前进”座谈会；雁塔区工作委员会与西安高新区书法家协会、西安蓝溪丝路文化公司举办“不忘初心 守正致远”书法展；莲湖区工作委员会组织会员前往渭华起义纪念馆，开展“铭记前辈先烈志 建功立业新时代”教育活动；鄠邑区工作委员会赴照金、马栏革命旧址开展“不忘合作初心，继续携手前行”红色教育活动；文理学院总支部委员会赴眉县横渠李达故居和张载祠开展革命传统教育和中国优秀文化学习活动；育才中学支部委员会开展“牢记使命，不忘初心”延安行活动。结合庆祝中华人民共和国成立70周年和中国人民政治协商会议成立70周年系列活动，中国民主促进会西安市委员会创新形式深化思想教育。完成西安市各民主党派新中国成立后参政议政成果汇编；为省市举办的书画展览献上70余幅高水平书画作品；编排创作的情景剧《绣红旗》在全市统战系统文艺汇演中广受称赞。组织开展庆祝新中国成立70周年征文活动，在西安民进会刊和公众号刊载优秀作品。各区（县）民进组织分别举办诗歌朗诵、联欢座谈等庆祝活动，积极参与区（县）统战部门的文艺汇演、书画展等活动，营造热烈喜庆的氛围。雁塔区工作委员会精心编撰《向上的力量——民进雁塔工委提案和调研报告》文集，举办庆祝中华人民共和国成立70周年联谊活动；未央区工作委员会开展庆祝新中国成立七十周年文学艺术作品征集活动；灞桥区工作委员会举办“歌唱祖国 颂扬西商 印记长安”——全国篆刻邀请展；鄠邑区工作委员会携手区委统战部举行“不忘合作初心 继续携手前进”文艺汇演；国庆期间，西安民进会员认真收听、收看庆祝中华人民共和国成立70周年大会实况电视直播，自发组织观看电影《我和我的祖国》，表达对中国共产党领导的坚决拥护和对新时代中国特色社会主义事业的坚定信心。开展习近平关于“四新”“三好”要求、新型政党制度、宣传思想工作、政治协商制度等重要论述，全国“两会”精神，以及民进会史和新会章等一系列专题学习；班子成员参加中共西安市委

中国民主促进会西安市委员会到蓝田县调研扶贫攻坚工作和“美丽乡村”建设

统战部在苏州举办的市级民主党派领导班子理论研讨班；举办第五期新会员培训班和“不忘合作初心 继续携手前进”主题教育学习培训班；部分会员参加中共西安市委统战部举办的进修班和培训班；机关干部参加中国民主促进会中央委员会和中国民主促进会陕西省委员会组织的学习培训活动；组织部分会员赴爱国主义教育基地红旗渠参观学习。举办、参与各类辅导报告会、研讨会、成就展、知识竞赛、现场教学等活动，通过微信群发主题教育活动信息、公众号专题报道等方式营造学习氛围。重视会史和参政党理论研究，向中共西安市委统战部报送3篇统战理论文章。坚持正确舆论导向和价值取向，动员广大会员发挥自身优势，做正能量的传播者和主流思想的宣讲者，组织会员参加“我身边的先进”在全省的巡回宣讲活动，讲述西安民进先进事迹，加深全会对新时代中国特色社会主义事业的认识。把握宣传报道重点和特点，增强新闻宣传的时效性和吸引力，《教师报》《中国教育频道》《中国教育信息化网》《今日头条》《西安晚报》《三秦都市报》《各界导报》《陕西传媒网》等登载或转载民进会员先进事迹、活动新闻和署名文章60余篇（次）。西安民进会刊出刊4期，网站、微信公众号发布信息200余条，产生了良好的政治和社会影响。

◆社会服务 2019年，中国民主促进会西安市委员会整合全会力量，动员各方参与，共同推进脱贫攻坚工作。坚持在春节、中秋等传统节日看望长安杨庄街道井塬村的8家贫困户，与驻村扶贫干部保持密切联系，帮助解决实际困难。雁塔区工作委员会赴周至县马召镇武家庄村开展“慰问贫困户，真情送温暖”活动，为困难群众送去慰问品和慰问金。莲湖区工作委员会组织会员向周至县哑柏镇六屯村贫困户捐助一批生活物资。在西安新纪元培训学校召开的中国民主促进会中央委员会扶贫工作专题研讨会上，民进中央副主席王刚对西安民进扶贫举措和通过职业教育挖出穷根的工作思路给予充分肯定。在中国民主促进会陕西省委员会的专项工作表彰中，中国民主促进会西安市委员会被授予社会服务工作先进集体的称号。积极宣传和践行微公益理念。春节前，举办多场“春联万家”活动，参与会员上百余人次，为群众书写春联3000余副。“三八”节，妇女工作委员会和直属工作委员会组织会员前往蓝田县蓝关街道徐家山村，举行“西安生态日”植树活动。儿童节，企业界联谊会向贫困家庭学生和鄠邑、临潼特殊学校残障儿童捐赠了价值3万元的生活学习用品。教育专门委员会组织省、市一线教学名师为蓝田县480余名九年级任课教师就“2019年中考”做复课报告，通过“名校+”工程助力西安城乡义务教育均衡发展。大力支持各工委、总支、支部推进社会服务工作，开展多元化爱心奉献活动。莲湖区工作委员会会员走进陕鼓西仪101社区为居民讲解生活垃圾分类知识。未央区工作委员会教师进修学校支部在北城学校开展“送培帮扶”活动。长安区工作委员会集资4000多元慰问困难群众。企业界联谊会积极主动承担社会责任，引导会员献爱心，为留守儿童、孤寡老人送温暖，捐赠物资。一个个让群众暖心的公益活动产生了良好的社会影响，让民进立会为公优良传统进一步深入人心。

◆组织建设 2019年，中国民主促进会西安市委员会按照新时代参政党建设的使命和任务，整体推进组织建设。全年发展新会员56人，会员总数达2095人，大学以上学历1248人，其中研究生学历176人，中高级职称以上1508人，教育、文化、出版界会员占比79.1%，更好地体现出进步性和广泛性相结合的特征。完成了鄠邑区工作委员会所属支部和碑林区工作委员会综合二支部及机关支部、机关退休支部的换届工作，对莲湖、灞桥工委班子进行了调整，完成未央、长安、碑林等工作委员会的换届筹备工作。加大力度支持各工委、总支、支部自主开展活动，企业界联谊会和临潼区工作委员会举办工作学习交流会；碑林区工作委员会组织会员到陕西“林塔企业”参观学习；莲湖区工作委员会组织会员参观了陕州地坑院古村落；鄠邑区工作委员会会员参观了周原博物馆。在中国民主促进会陕西省委员会十二届四次全会上，中国民主促进会西安市委员会被评为组织建设工作先进集体。按照中国民主促进会中央委员会统一部署，认真开展“基层组织建设年”活动。一季度精心制定“基层组织建设年”工作方案，向全市会员认真传达主题工作年精神，二季度召开工作部署会，分解落实具体任务。全市会员积极响应，大力支持，西安民进“开明书苑”和会员之家在宇民教育集团正式挂牌；碑林区工作委员会结合教师节庆祝活动，表彰一批优秀支部和先进个人；灞桥区工作委员会“同德书屋”揭牌成立；临潼区工作委员会到会员企业参观学习。国庆前夕，授予70名会员“优秀会务工作者”和“优秀会员”荣誉称号。在民进全国副省级城市组织建设专题会上分享交流西安民进组织建设方面的经验。年底，中国民主促进会西安市委员会被评为“民进全国组织建设先进地方组织”，碑林区工作委员会书画支部、高陵区总支部、蓝田县支部、莲湖区工作委员会、直属工作委员会文艺支部被评为民进全国先进基层组织，5人被评为民进全国组织建设先进个人。广大会员立足本职，“双岗立功”，取得突出成绩。会员吕远获国务院政府特殊津贴专家；以会员命名的教育部中小学名校长领航工程“高杨杰校长工作室”“刘岚校长工作室”挂牌成立；会员戴君获得陕西省科技厅成果二等奖；会员贺三宁被评为陕西省2019年度“教师专业成长”先进个人；会员章学锋获中共陕西省委宣传部、陕西省新闻出版局授予的“第二十九届全国图书交易博览会先进个人”；会员付京华获“西安市2019年巾帼建功标兵”称号；会员雷振龙被评为“2019十佳双创西商”。此外还有多名会员分别受到有关部门表彰。不断强化作风建设。准确理解新时代参政党建设的总要求和思想政治建设、纪律建设、会内监督工作等新要求，修订《民进西安市委会支部活动经费管理办法》等规章制度，明确专门委员会在新时代的定位和基本任务，完善组织机构，落实领导班子成员分工联系制度和机关干部联系工委、总支部、支部制度。不断增强机关干部政治意识，强化枢纽意识，着力发挥指导、服务相结合的作用。继续做好春节、中秋节、教师节、重阳节对会员的关心慰问工作，全年慰问会员超过300多人。 （任海峰）

中国民主促进会西安市委员会

主 任 委 员 杨宗科
副主任委员 王　厚　孙润璋
陈　宏（女）
任佳琳（女）
梁　倩（女）

中国农工民主党西安市委员会

◆概况 2019年，中国农工民主党西安市委员会有区级工作委员会5个、基层组织64个、专门工作委员会9个。党员总数1589人，其中新党员79人，医药卫生等主界别占67%，科技、教育、文化界占17%，中高级以上职称占86.60%。担任各级人大代表、政协委员共142人，其中，中国人民政治协商会议西安市委员会副主席1人，区（县）政协副主席4人，区（县）人大常委会副主任1人。

◆**参政议政** 2019年，中国农工民主党西安市委员会积极履行参政党职能，各级人大代表、政协委员提交提案、议案和建议案100余件。在中国人民政治协商会议西安市第十四届委员会第三次会议上，共提交4篇大会发言、24件集体提案和30余件个人提案。《关于规划建设“国际友城公园”的建议》得到中共西安市委主要领导批示，《关于区县生活垃圾处理的建议》等2件提案被列为中国人民政治协商会议西安市委员会主席督办提案。《加强青少年近视眼防治的建议》等3件集体提案和董补怀委员个人提案被评为市政协优秀提案，《加强0—3岁高危儿早期干预》等2件集体提案在市政协重点提案督办上重点发言。《优化资源布局，打造西安“一带一路”国际医疗中心》等8篇调研报告荣获市委统战部优秀调研奖。其中，一等奖3篇，二等奖3篇，优秀奖2篇，农工党市委会获优秀组织奖。提交中国农工民主党陕西省委员会《关于联动治霾的建议》等2件调研报告分别荣获中国农工民主党中央委员会调研报告一等奖和三等奖，《借鉴硅谷、硅巷、硅滩模式，促进我市科技产业发展的建议》转化为中国农工民主党陕西省委员会集体提案，并被列为中国人民政治协商会议陕西省委员会主席督办提案。《关于增设无偿献血固定点》等3件社情民意信息被市政协和省委会采纳。中国农工民主党西安市委员会获中国农工民主党陕西省委员会参政议政先进集体。

◆**民主监督** 2019年，中国农工民主党西安市委员会根据中共西安市委要求和中共西安市委统战部安排，分别组织党员对蓝田脱贫攻坚工作和临潼小清河治理及河湖长制进行民主监督，采取“听、看、查、问、访”的方式，走访蓝田三官庙、三里镇的58户贫困户，每月实地查看汇报清河临潼区栎阳街办卷子村段的治理情况，切实把民主监督落到实处。同时，积极参加中国农工民主党陕西省委员会对口镇安脱贫攻坚民主监督工作，获农工民主党省委会民主监督先进集体。

◆**社会服务** 2019年，中国农工民主党西安市委员会以健康扶贫和教育扶贫为重点，组建医疗小分队，继续深入杨庄李魏村贫困户入户巡诊，志愿者捐款6000元资助3名贫困大学生。按照中国农工民主党中央委员会定点帮扶贵州大方的要求，4月下旬，农工民主党西安市委会主要领导带领医疗专家和企业界13名党员，赴贵州大方幕俄格街办开展健康扶贫、教育扶贫和消费扶贫，为当地民族学校学生捐赠价值18万元的运动鞋，带教8名乡医，义诊近200名群众，入户巡诊4名重病患者，送去2000元慰问金，并围绕大方脱贫摘帽、实施振兴乡村战略深入调研，购买2.4万元的天麻、冬荪等产品，得到农工党中央和当地政府、群众的肯定和好评。在全市农工党员的大力支持下，农工党市委会通过乌蒙商城共购买4万余元的消费扶贫产品。在农工党中央和农工党省委会的大力支持下，中央、陕西省、西安市三级联动，春节前在杨庄乡举办“杏林春雨行动”精准帮扶暨大型义诊活动，为25户贫困户和智障残障村民发放2.5万元慰问金和价值3.6万元的羽绒被、米面油等慰问品，义诊300多人次，捐赠3500元的药品。3月底，农工党西安市委会联合新城工委、临潼区总支和易俗社支部，在临潼区零口街道开展文化下乡活动，为桃花节近千名游客和村民带去了一场丰盛的传统文化盛宴。

◆**组织建设** 2019年，中国农工民主党西安市委员会深入开展创建星级支部评选活动，评选出11个五星级支部和22个四星级支部，基层工作逐步规范，积极性逐步提高。成立西安中医脑病医院支部，召开高陵区支部成立大会，完成西安市妇幼保健院支部、莲湖区支部、未央区综合支部等10个基层组织的换届和调整工作，基层组织活力进一步增强。市委会领导班子通过民主生活会开展自我监督，莲湖工委和所辖支部班子、机关干部开展谈心谈话活动，开展批评与自我批评。有序推进建立农工党市委会委员履职和个人重要事项报告制度，监督委员会全面参与市委会重大事项的决策、基层组织换届调整、新党员审批等工作。（孙龙飞）

中国农工民主党西安市委员会
第十届委员会

主任委员	王国根
副主任委员	吕　鹏　齐　靖（女） 孔令国　周　媛（女） 李建平
秘书长	张国隆

中国致公党西安市委员会

◆**概况** 2019年，中国致公党西安市委员会有总支部7个，支部30个（含总支部所属支部）、党员总数423名。具有“侨”“海”关系的党员占68%，中高级职称党员占70%，退休党员占26%，女党员占50%。省、市、区各级人大代表、政协委员42人次，市级特邀监察人员7人、智库专家11人。全年发展党员22名。

◆**参政议政** 2019年，中国致公党西安市委员会在中国人民政治协商会议西安市第十四届委员会第三次会议上提交25件集体提案，1件大会发言、3件书面发言和21件团体提案，全部立案。其中，《关于持续推进“脱贫攻坚”工作的建议》《关于勇当新时代开路先锋　建设“一带一路”国际化的西安港的建议》《关于借助“一带一路”国际视野，加快推进西安对外开放营商环境建设的建议》《关于大西安打造“中国孟菲斯”的建议》4件提案被中共西安市委书记、西安市人民政府市长批示。全年完成重点调研5篇、专题调研5篇，分别为《关于进一步科学规划提升城市轨道交通体系的建议》《关于进一步支持西安港跨越式发展的建议》《关于西安建设世界文化制度的建议》《新时代西安市留学归国人员国家认同的现状与建议》《用好第五航线，打造国际物流枢纽经济的建议》《关于进一步推进民营经济发展的调研》《关于进一步创新“精准脱贫”方式，打赢脱贫攻坚的建议》。提交8篇调研成果，其中3篇获全市统战系统重点课题二等奖，5篇获优秀奖。

◆**民主监督** 2019年，中国致公党西安市委员会组织党员30余人次参与“河长制”临潼区徐阳街道巨合村3.6千米部分水域岸线管理、水污染防治、水环境治理情况的现场巡查工作，并提出建议4条。组织党员40余人对高陵区开展脱贫攻坚民主监督，通过召开座谈会，实地检查等方式，发现脱贫攻坚问题3处，提交建议6条。参加中共西安市委安排的政党协商3次，分别是3月26日，参加西安市人民代表大会召开修改《西安市秦岭生态环境保护条例》座谈会并交流发言；4月11日，中共西安市委常委、西安市纪律检查委员会书记、西安市监察委员会主任委员卢力群向各民主党派主要负责同志和无党派人士通报2018年度全市党风廉政建设和反腐败工作情况；7月2日，参加西安市人民政府召开的《大西安生态绿色空间体系规划》协商会并发言。

◆**社会服务** 2019年，中国致公党西安市委员会组织党员志愿者到长安区对口联系双寨村扶贫济困，在杨庄中心小学持续开展“致公关爱”进校园。为高陵区捐赠过冬爱心衣物。新城总支、曲江支部、直属一支部等前往贫困地区捐资助学。向贫困户发放蜂箱、蜂具，收购扶贫农产品；对白水杨武村实施食用菌产业投资，已实现量产；党员所在西安众天食品有限公司与西安文理学院经济管理学院等在陕西省商洛市山阳县成功举办首届中国天竺山“三棵老槐”扶贫品牌推广论坛，完成扶贫任务70万元。党员个人多次为陕西多个贫困地区孩子捐赠校服价值110万元，全年多渠道全方位开展社会服务，捐赠金额共计170万元，各类扶贫产业投资100余万元。

◆组织建设　2019年，中国致公党西安市委员会领导班子成员参加中共西安市委统战部“不忘合作初心 继续携手前进”暑期谈心及主题教育培训活动；致公党市委会常委分组走访慰问老领导和老党员，在重阳节组织老党员观看“大道同行”主题展览。先后选派基层党员55人次参加陕西省社会主义学院、西安市社会主义学院学习；与西安市青年委员会联合组织青年党员走进延安。3所“致公之家”为党员提供活动场地和服务，全年开展各类交流、座谈、总结会6次。举办第3期致公大讲堂，邀请解放军国防大学政治学院教授严兴平做《当前我国周边安全形势与外交战略》主旨演讲。致公党西安市委被中国致公党中央委员会评为“致公党先进集体”和“对外联络工作先进集体”荣誉称号；1人获“2018年度西安市优秀志愿者”称号。结合致公党市委会组织建设实际情况，对党员党费缴纳和管理工作进行规范。未央总支、浐灞支部、直属一支部等支部参观学习“大道同行”展览；新城总支、碑林总支和海联委联合组织“不忘合作初心 继续携手前进”2019年国庆快闪主题活动；雁塔总支组织党员参观国庆70周年成就展；曲江支部召开关于“新时代中国特色社会主义参政党建设”培训分享座谈会等。

◆海外联络　2019年，中国致公党西安市委员会与市政协就“我市留学归国人员创业发展情况”开展联合调研；参加市侨联庆祝新中国成立70周年暨西安市侨联成立60周年联谊活动；组织党员参加市委统战部、市欧美同学会等单位组织主办的“海归英雄”第三届西安海归创业大赛决赛活动。组织“致公情少年梦·追寻文化之源”的仓颉庙研学活动。

（朱　璟）

中国致公党西安市委员会

主任委员　张华俊
副主任委员　杨　军　来　克　崔安庆　崔孟娜（女）　张红林
秘书长　崔安庆（兼）

九三学社西安市委员会

◆概况　2019年，九三学社西安市委员会有4个区级工作委员会（雁塔、莲湖、新城、碑林），8个专门委员会，基层组织46个（包括基层委员会1个，支社45个），社员总数1071人，平均年龄57岁。社员中本界别807人，占总数的75%，其他界别264人，占总数的25%。其中具有中、高级职称者936人，占社员总数的87.4%。离退休社员316人，占总数的29.5%。各级人大代表13人，政协委员83人，共计96人（其中，全国政协委员1人；省人大代表2人；市人大代表2人；省政协委员2人，市政协委员19人）。政府特邀人员4名，市政府参事1人；西安市青联委员2人；西安地铁监督员1人。市级职务1人，局级职务10人，处级以上干部35人。

◆参政议政　2019年，九三学社西安市委员会围绕全国、陕西省、西安市“两会”主题，广泛开展提案征集工作。在中国人民政治协商会议第十三届全国委员会第二次会议上，全国政协委员、九三学社西安市委主委王晓萍提交《关于推进“孝德文化”教育》《加大资源枯竭型城市转型发展、加强全科医师队伍建设》《发展乡村旅游助推全面建成小康社会》等9个提案；报送九三学社陕西省委员会并转呈的《关于继续深化城镇居民小区配套幼儿园建设的建议》《关于开展大国工匠评选和表彰的建议》《关于基础教育均衡发展的建议》3项建议被第十三届全国人民代表大会第二次会议选用；《深层优化营商环境，助力民营企业高质量发展》《关于继续深化我省社会保障卡推广和应用的建议》分别被列为中国人民政治协商会议陕西省第十二届委员会第一次会议大会发言、集体提案，《关于加强我省企业上市融资的建议》被省政协评为优秀提案；在中国人民政治协商会议西安市第十四届委员会第三次会议上，九三学社市委95件提案立案，占提案总数的11.4%，其中15件提案为集体提案，《关于发展“硬科技”需要“软环境”的建议》等6件提案被评为优秀提案。九三学社市委以《深层次优化营商环境为市场主体高质量发展增添新动力》为题做了大会口头发言，2件提案录入大会发言材料汇编，5件提案被列为市级领导重点督办提案，2件提案被列为协商议政重点督办提案，重点提案采用率居各界别之首；陕西省、西安市“两会”期间，《健全政策法规及监管机制，推进建筑垃圾综合利用》《让紧密型医联体落到实处及建议》等提案受到《陕西日报》《西安日报》《各界导报》和人民政协网等媒体的关注采访。与九三学社陕西省委员会、西安文理学院联合成立陕西九三学社参政议政研究中心，并推荐陕西九三学社参政议政研究中心智库专家29人。2018—2019年度，九三学社市委获“九三学社陕西省委参政议政工作先进集体”；8名社员获“九三学社陕西省委参政议政工作先进个人”。

◆思想建设　2019年，九三学社西安市委员会扎实推进“不忘合作初心，继续携手前进”主题教育活动，组织学习关于统一战线和多党合作等重要论述，遴选出28篇社员体会文章在社市委网站交流学习，主题教育活动先后推送公众号28期，各类教育、学习、活动稿件80余篇。开展“纪念新中国成立70周年·新型政党制度确立70周年系列活动”，组织班子成员参加在苏州中央统战部干部培训中心举办的西安市级民主党派领导班子理论探讨班，精选西安九三成立以来调研报告、人大议案、政协提案编汇成册，征集7篇《人民政协70年——西安政协记忆》稿件，举办“省市九三纪念新中国成立70周年新型政党制度确立70周年文艺汇演暨书画展”。利用微信公众号、微信群、短信推送系统等媒体平台，开辟11个专栏板块，全年推送公众号50期，发布新闻宣传信息763条。参与中央、省、市统战理论研究，其中《潜心科研，弘扬五四与九三精神，共筑中国梦》的文章被九三学社中央委员会采用并收集到论文集中；《统一战线与“一带一路”关系研究》等4篇理论研究文章分获中共西安市委统战部理论研究成果二等奖，临潼区理论研究成果一等奖、三等奖及优秀奖；《推动市场主体做大做强高质量发展的对策与建议》《我们需要什么样的古镇生活》被《西安政协》刊发；3名社员参加九三学社陕西省未央区委员会“纪念五四运动100周年”演讲比赛，获一等奖（选手第一名）和2项优秀奖。2018—2019年度，社市委荣获“九三学社陕西省委信息工作先进集体”，10名社员荣获“九三学社陕西省委信息工作先进个人”。

◆调查研究　2019年，九三学社西安市

2019 年 5 月 21 日，九三学社西安市委员会赴西安城投集团开展“新时期产业工人待遇现状”专题调研

委员会选定 13 项重点调研课题，涉及脱贫攻坚、秦岭生态恢复与保护、“智慧城市”建设、西安国际消费中心、产业工人待遇等方面，其中 8 个被确定为中共西安市委统战部重点调研课题。围绕“丝路金融中心建设”和“‘一带一路’背景下西安现代服务产业发展评价、战略选择与路径研究”专项课题成立专题调研组，前往西安浐灞生态区等地开展调研活动，形成高质量的调研报告；围绕“关于秦岭北麓西安段生态恢复与保护”，与九三学社陕西省委员会组成联题调研组，赴长安区针对退耕还林、网格化管理、违建拆除和复绿等情况开展调查研究；围绕“新时期产业工人待遇现状”，赴城投集团所属热力总公司、西安秦华天然气公司和西安市公交总公司开展调查研究。

◆组织建设 2019 年，九三学社西安市委员会完成领导班子届中调整，王晓萍以全票当选第七届委员会主任委员。成功举办九三学社全国副省级城市第十三次工作联席会议，九三学社陕西省委员会主要领导、中共西安市委领导出席会议，来自深圳、广州、成都、青岛等全国 15 个副省级城市和陕西省内宝鸡、榆林等 6 个地市的九三学社组织特邀代表 150 余人参加会议。成立第一个基层委员会九三学社西安市红会医院委员会；在社员人数较多的地铁系统成立地铁支社。举办骨干社员暨新社员培训班，对 50 名社员进行为期 5 天的全脱产培训；持续跟踪 2 名挂职区（县）领导职务的社员的政治表现和工作动态；全年发展社员 67 名，其中科技医卫界 43 人，占比 64%；具有中高级职称的 46 人，占比 67%；女性 30 人，占比 45%；博士 4 人，占比 6%；研究生 32 人，占比 48%。

◆社会服务 2019 年，九三学社西安市委员会协助九三学社陕西省委员会在全省开展脱贫攻坚民主监督工作，参加九三学社陕西省委 2019 年度脱贫攻坚民主监督 4 次季度联席会议，交流西安市及九三学社市委脱贫攻坚民主监督工作开展情况。成立专项民主监督工作领导小组，开展“河湖段长制常态化民主监督”“周至县脱贫攻坚民主监督”和对“全市文化旅游行业扫黑除恶‘回头看’工作落实民主监督”，形成河湖段长制常态化民主监督“护河员工资配套资金不能落实到位、泾惠渠存在严重安全隐患、清河新华村段责任划分界限不清”3 项意见及建议和《九三学社西安市委关于在周至县开展脱贫攻坚民主监督工作的调查报告》，报送中共西安市委供决策参考。实施扶贫帮困，赴渭南市临渭区桥南镇天台村开展“奉献爱心点亮希望”冬日扶贫慰问，捐款近万元；在周至县哑柏镇六屯村进行扶贫捐赠活动，送去募捐的生活和学习用品；“六一”儿童节看望新城区华山社区孤儿，带去学习和生活用品；发起向重病社员爱心捐款活动，共筹集款项 1 万余元。举办医疗义诊，组织社内医学专家为黄陵矿区一线职工开展“爱心义诊”，赴韩城参加省级名老中医大型义诊活动，组织社内各科专家在中医医院门诊大厅开展“冬病夏治”义诊活动，赴武功县尚坡村开展义诊服务健康百姓活动，组织社内医疗专家前往碑林区张家村街道办东泰城市之光社区开展爱心义诊活动，赴新城区八府庄园社区开展“冬日送义诊，情暖社区人”爱心义诊活动，受惠群众数千人。进行捐资助学，前往商洛市镇安县达仁镇开展“大爱尘肺，阳光助学”活动，项目开展以来累计资助金额超过 20 万元。拓展社会服务途径，前往眉县开展企业调查，在长安滈河湿地公园联合开展“保护大秦岭、添绿我行动”义务植树活动，在陕西省地质调查院浅层地热能示范研究基地举办科普宣传活动，赴白鹿原灞桥区社会福利中心看望敬老中心的老人；在碑林区文艺路小学为教职工举办“关爱女性健康”公益讲座、义诊活动，并赠送万余元润嗓乌梅青果茶。（王　丹）

九三学社西安市委员会

主任委员　王晓萍（女）
副主任委员　田增辉　赵玉涛　赵生龙　陈　慧（女）
秘　书　长　封　蒨

西安市工商业联合会

◆概况 2019 年，西安市工商业联合会以习近平新时代中国特色社会主义思想和中国共产党第十九次全国代表大会及中国共产党第十九次全国代表大会第二次全体会议、中国共产党第十九次全国代表大会第三次全体会议、中国共产党第十九次全国代表大会第四次全体会议为指导，认真贯彻落实习近平在民营企业家座谈会上的重要讲话精神，扎实开展“不忘初心、牢记使命”主题教育，紧紧围绕工作主题，创新非公有制经济人士教育培训，深入开展调查研究和建言献策工作，着力服务民营企业高质量发展，组织引导民营企业参与社会扶贫工作，助力西安追赶超越和国家中心城市建设。西安市工商业联合会获《中华工商时报》2019 年度民营经济新闻宣传工作先进单位称号。截至年底，西安市工商业联合会有会员 29852 个，直属行业异地商会 123 家。其中，企业会员 21781 个、个人会员 7252 个、团体会员 819 个，行业商会 29 家，异地商会 94 家。

◆参政议政 2019 年，西安市工商业联合会紧紧围绕西安市民营经济发展中急需解决的重点、难点问题和广大群众普遍关注的热点问题，积极参政议政、建言献策。积极组织撰写提案和大会发言，在中国人民政治协商会议西安市第十四届委员会第三次会议期间，提交团体提案15件、大会发言5篇、界别联组发言4篇。其中，“关于促进我市民营经济健康发展的建议”被列为西安市领导重点督办提案；“关于有效解决民营企业融资难的建议”等3件团体提案获优秀提案；“加快培育壮大新兴产业规上工业企业的建议”收录政协常委会发言材料汇编。积极与提案承办单位沟通协调，组织召开3次提案办理答复座谈会，促进提案有效落实。积极完成交承办的2件政协提案的办理答复工作。完成“加强和改善洗染行业市场环境的提案”等3篇团体提案初稿和“建议在全国范围内开展‘中华优秀文化传承’志愿者服务活动”等5篇社情民意反映，上报全国工商业联合会，其中“建议加大对小微企业生存状况的关注力度”社情民意作为全国工商联的重要信息被中国人民政治协商会议全国委员会采用。

◆**调查研究**　2019年，西安市工商业联合会积极落实“一线工作法”，深入基层和企业广泛开展走访调研，开展民营经济发展理论和实践问题研究。开展商会组织发展情况调研，3—8月，坚持每周走访调研一个所属商会，先后走访调研50余个行业异地商会；组织召开江苏籍商会沙龙座谈会；赴成都、武汉、宁波市学习借鉴其他城市好的经验做法，形成8000字的《西安市商会组织发展研究报告》，上报全国工商业联合会。深入会员企业走访调研，形成《大力凝聚民营经济代表人士共识》等4篇调研报告和理论文章。组织各区（县）工商联分管领导和具体负责人调查研究工作推进会，组织开展万家民营企业评营商环境及2019年第三次民营企业运行状况调查系统培训及工作推进会。先后组织区（县）工商联及会员企业填写民营企业运行状况调查问卷4次，填报问卷887份，填报任务完成率分别达118%、148%、126%、149%。

◆**宣传教育**　2019年，西安市工商业联合会以《新丝路新西商》杂志、《西安工商联》杂志和西商总会微信公众号为平台，围绕庆祝中华人民共和国成立70周年主线和“奋力谱写大西安民营经济高质量发展新篇章”重点，宣传贯彻习近平新时代中国特色社会主义思想，解读《关于推动民营经济高质量发展的若干意见》等惠企政策，突出宣传非公经济发展最新成果，引导非公有制经济人士爱国、敬业、创新、守法、诚信、贡献，做合格的中国特色社会主义事业建设者，在全社会营造重视、关心、支持民营经济发展的良好氛围。举办境外企业家培训班，组织9名民营企业家和9名商会会长赴俄罗斯参加培训；利用西安企业家学院和新生代企业家培训基地举办4期民营企业家专题培训；组织12名企业家赴深圳市工商联、比亚迪总公司、研祥集团、光启研究院、中兴通讯进行考察学习，不断提高企业家队伍综合素质，促进非公有制经济人士健康成长。开展以“守法诚信经营，坚定发展信心”为主题的理想信念教育实践活动，引导企业家将守法诚信作为安身立命之本，自觉依法合规经营。弘扬企业家精神，宣传非公企业、非公经济人士先进典型，展示优秀企业家风采，编印《西安工商联》6期，编发《新丝路·新西商》杂志2期、“西商总会微信公众号”114期。

◆**商会组织建设**　2019年，西安市工商业联合会贯彻落实中共中央办公厅、国务院办公厅《关于促进工商联所属商会改革和发展的实施意见》，积极推动所属商会协会改革，加强所属商会党建工作，完成“五好区县工商联”创建督促、走访验收等工作任务。规范商会年检工作，实施商会预年检，其中有48家商会通过年检。指导所属商会党支部扎实开展“讲政治、敢担当、改作风”专题教育和第二批“不忘初心、牢记使命”主题教育。积极推进所属商会党建工作，批复成立西安市陇县商会党支部、天台商会党支部等24家商（协）会党组织。组织部分所属商会党支部书记参加全市行业主管部门社会组织党务工作者“不忘初心、牢记使命”示范培训班和全市社会组织新任党组织书记示范培训班。全年新发展直属会员25家（企业会员13家、团体会员11家、个人会员1个），新发展商会16家。

◆**经济联络服务**　2019年，西安市工商业联合会积极服务民营企业健康发展，坚持每月举办企业家沙龙和进商会、进企业、进军民融合企业等活动，积极做好融资、培训、法律维权、信息咨询等服务工作。先后与市级相关部门和大专院校合作举办“一带一路”国家政策介绍说明会、合作开展“校企合作搭平台，互利共赢同发展”民营企业家走进校园系列活动、合作推荐有关企业参加国（境）外产品展示和项目推介展示活动，设立“民营企业服务中心”，组织开展“检察护航民企发展”检察开放日活动。推进法律服务，设立民营企业法律服务站，组建成立西安市民营企业法律服务团，开展法律知识讲座和“深化律师服务、助推民企发展”专项行动。组织10名海外商会代表、34名国内驻陕商会会长参加“一带一路”服务机制自由贸易区综合服务暨“一带一路”国际商事法律服务能力与综合需求对话论坛；举办200余家会员企业“落实减税降费，助力企业发展”培训会。推进金融服务，帮助企业了解金融政策信息，梳理融资项目，引导企业借助资本市场融资上市，拓展小微企业融资渠道，举办“西安市小微企业融资服务座谈会”，联合召开政银企融资对接座谈会，组织企业家参加西安企业家学院“国际资本市场前沿动态”大讲堂活动。

◆**社会服务**　2019年，西安市工商业联合会积极筹办大型社会服务活动，召开西安商会总会首届年会，给新加入的西商总会常务副会长、副会长授牌，表彰10名风云西商企业家；举办以“构建开放新格局推进国家中心城市建设”为主题的第三届西商大会，全国工商业联合会党组成员、副主席李兆前，中共陕西省委常委、西安市委书记王浩出席并致辞，中共西安市委副书记、西安市人民政府市长李明远主持大会。大会期间，签约13个项目，发布2019西安民营企业100强榜单，颁发十佳金纽带商会奖、十佳扶贫之星西商奖、十佳双创西商奖、十佳先进制造业西商奖、十佳杰出西商奖五个奖项；精心组织实施以“盛世华诞七十载、奋进西商谱新篇”为主题的第二届“9•8”西安企业家节，举办“步约而同”城墙健步走活动、“回馈社会大优惠”活动、“企业家之夜晚会”等大型活动。（朱　钊）

西安市工商业联合会

主　　席　王欢畅
党组书记　孙杏娟（女）
副 主 席　张春莹（女）
王田华（女）
马　震　史历荣　刘　进
吕浩平　许　亮　孙桂宇
孙晓超　曲家琪　闫　伟
何志方　吴联配　张建华
张勇敢　杜渭松　杨　忠
杨永明　陈大为　陈立强
陈　笑（女）
周建玲（女）
屈庆国　范俊峰　贺增林
钟宝申　郭建雄　魏　博
秘 书 长　马　杰（女）

群众团体

西安市总工会

◆概况 2019年，西安市总工会辖区（县）总工会13个，机械冶金建材、建设交通工会等产业工会6个，高新区总工会等9个开发区工会，单列工会3个，农民工工作委员会1个，6个工人文化宫、职工大学、西安工会医院、劳动者报社、网络中心等13个直属单位和西安市总工会建强实业有限责任公司。截至年底，全市有基层工会42993家，涵盖单位72359家，工会会员240万人，其中农民工会员104万人。

◆工会改革创新 2019年，西安市总工会持续推进《西安市总工会改革方案》落实，整合已有部门、驻会产业等19个，按照“减上补下”的原则将26个事业编制补充到区（县）工会。成立全国首家农民工工作委员会，落实人员编制，研究制定《西安市总工会农民工工作三年规划（2020—2022年）》，推动服务农民工工作制度化、常态化、精准化。西安市总工会农民工工作经验在全国权益保障高级研讨座谈会做交流。指导高新区建立总工会。整合成立西安市总工会网络中心、西安市职工科技创新中心、西安市职工帮扶服务中心。开通“西安工会”微信公众号、“西安职工汇微博”、“西安职工汇抖音”、“西安职工汇今日头条”，工会新媒体平台初步形成。

◆职工及进城务工人员维权 2019年，西安市总工会以“尊法守法、携手筑梦”为主题，组织34名律师志愿者开展法律咨询、劳动争议调处、法律援助等公益法律服务活动44场，服务职工近2万人。深入推进平等协商和集体合同制度，开展集体协商“春季要约行动”，全市签订集体合同2.8万份，覆盖企业5.28万家，签订率达92.3%；签订工资专项集体合同2.8万份，覆盖职工91.5万人。西安市总工会开展集体协商的经验在全国总工会培训班上做了交流。召开西安市劳动关系和谐企业表彰大会，表彰78户西安市和谐劳动关系企业和1家工业园区。开展“安康杯”竞赛活动，对重点单位安全生产进行专项督查。工会窗口单位坚持7天工作制，“12351”职工维权热线24小时畅通。加强职工信访、法律援助和职工纠纷调解工作，接访200余件1054人次。

◆困难职工救助 2019年，西安市总工会开展春节走访慰问活动，全市工会筹集资金2200余万元，慰问职工4万余人；开展夏季“送清凉、送安全、送法律、送健康”活动，筹集慰问金1300余万元，慰问职工1.8万人。积极做好困难职工帮扶工作，筹集发放救助金421万元，定期救助、社会助学1017人次，解困脱困229户，实现建档职工帮扶全覆盖。拓宽西安工会服务卡优惠项目、服务内容，发放11万余张。

◆职工素质建设 2019年，西安市总工会通过巡回宣讲、专场座谈、微视频等形式，在职工中掀起学习习近平新时代中国特色社会主义思想的热潮。开展“中国梦·劳动美——与共和国同成长、与新时代齐奋进”主题宣传教育活动，组织“新丝路·新风貌”最美劳动者职工摄影大赛、“我和我的祖国”宣讲活动，近万名职工参与。举办“职工公益大讲堂”25次，西安市职工素质教育培训网培训职工近30000人。以打造高端技能人才和工匠领军人才为目标，开展“练本领、育工匠”高技能人才技能大赛。建设“西安市职工书屋示范点”19个，西安市总工会被评为“全国工会电子职工书屋应用示范单位”。

◆就业、创业服务 2019年，西安市总工会联合人力资源和社会保障局、西安市科技局、西安市扶贫办承办全省工会“脱贫攻坚、创业创新”西安主会场大型免费招聘会，组织参会企业746家，提供岗位19790个，14252人入场求职，其中农民工6548人，发放宣传资料9500余份，提供咨询服务3500余人次，达成用工意向4068人，793人参加岗前培训。持续开展“十百千万”创业创新活动。

◆劳动技能竞赛 2019年，西安市总工会广泛开展“‘服务大西安、建功新时代’百项重点工程劳动竞赛”，推动竞赛向高科技、硬科技、军民融合发展、先进制造业、战略性新兴产业等领域延伸，设置竞赛项目128项，全市百万职工参与。其中，新能源新材料技能竞赛是全国首次以单晶硅切片、检测工种作为竞赛内容的技能大赛；网络信息技术技能竞赛是全国范围内通信领域三大运营商首次联合同台炫技。专题开展“服务教育大发展、建功立业新时代”学校建设项目劳动竞赛。全市参与劳动竞赛单位57389家，职工参与率达85%以上。

◆劳模表彰 2019年，西安市总工会举办西安市庆五一表彰大会，评选表彰19个市级五一劳动奖状、59名市级五一劳动奖章、100个工人先锋号。推荐产生17个省级五一劳动奖和工人先锋号、4个全国五一劳动奖和工人先锋号。组织2000名劳模进行健康体检和疗休养，向3501名劳模发放慰问金、生活补助金和帮扶金341.4万元。邀请59名劳模参加国庆职工展演活动，评选表彰50名“最美奋斗者——新中国成立以来西安最具影响力的劳动模范”。

◆工会助力脱贫攻坚 2019年，西安市总工会大力开展脱贫攻坚“六大行动”。组织动员20余名劳模及劳模企业家，投入30余万元，开展捐资捐赠、技术培训、产业引导等扶贫活动，解决28户贫困人员就业难题，帮助72户贫困户提高种养殖技术。举办10余场就业招聘会，组织967家企业参与，提供就业岗位15863个；举办8期脱贫攻坚技能培训班，培训2601人，401人取得人力资源和社会保障部职业技能资格证书。加大联建村帮扶力度，为蓝田县寇岭村投入和协调资金360余万元，改造基础设施和村容村貌，发展樱桃、核桃等特色种植73.33公顷，帮助群众提高人均收入300元。

2019年11月1日，西安市劳动竞赛委员会、西安市总工会举行西安市2019-2021年学校建设项目劳动竞赛启动仪式暨高新区赛区开赛活动

2019年10月22—25日，“中国梦·劳动美”第八届全国职工全健排舞大赛在西安举办

发动党员干部参与消费扶贫行动，全市工会系统累计消费扶贫1000余万元。

◆职工文体活动 2019年，西安市总工会围绕庆祝中华人民共和国成立70周年，举办全市职工大合唱展演、职工书法美术优秀作品展及主题征文活动；积极参加陕西省总工会“三个百万”活动，市总工会获得“三个百万”活动最佳组织奖。成功举办第八届全国职工全健排舞大赛，来自22个省市的51支参赛队1500多名选手参加。首次创新全国职工全健排舞大赛闭幕式，在大唐不夜城举行全健排舞嘉年华活动，并通过网络互动、全媒体直播、电视录播等形式，充分展示中国职工的时代风采和西安的城市风貌。

◆工会组织建设 2019年，西安市总工会持续推进货车司机等“八大群体”（货车司机、快递员、护工护理员、家政服务员、商场信息员、网约送餐员、房产中介员、保安员等八大群体）入会行动，新增工会组织（涵盖数）1870家，新增农民工会员数115041人，货车司机等“八大群体”入会数15960人。西安市总工会获2019年度陕西省总工会组建工会和发展会员工作考核优秀等次。评选表彰“六好”（党政重视支持好、组织网络健全好、履行基本职责好、指导帮助基层好、服务职工群众好、围绕中心工作好）街道13家、厂务公开职代会“四星级单位”29家。修订完善目标考核办法，组织41名机关干部交流轮岗。清退17名机关长期借调和临聘人员，以劳务派遣形式聘用社会化工作者。选派百名工会干部挂职非公企业和社会组织工会副主席，上门为企业提供优质高效服务。积极争取财政对工会工作支持，首次实现财政划拨工会经费足额到位。全力做好文化宫清理整顿工作，清租面积4万多平方米，完成87.3%。

◆“致敬建设者”活动 2019年，西安市总工会开展“致敬建设者”系列服务职工活动：一是举办农民工“平安返乡”活动，市总工会包租动车专列，免费送556名川籍农民工乘坐动车回家过年。二是组织千名劳模工匠迎新春赏灯会活动，荣获“西安年·最中国”十大最感动活动。三是举办千名农民工看西安回“娘家”享尊荣活动，参观西安市规划馆、国际港务区，体验永宁门专场仿古迎宾入城仪式。四是举办200名农民工子女感知生态家园活动，践行习近平生态文明思想。五是推进工会爱心驿站和“母婴关爱室”建设，累计建立服务站点466个，服务群众20万人次。六是组织千名单身职工联谊会活动。七是开展万名环卫工免费体检活动。八是举办“千名农民工百名摄影师会心瞬间”摄影活动。九是开展为农民工“送健康、送法律、送服务”活动，慰问1000余名农民工。

（刘国云）

西安市总工会第十五届委员会

主　　席　薛振虎
常务副主席　王　军
副 主 席　冯增权
　　　　　魏大宝珠（藏族，女）
　　　　　童　帅
兼职副主席　王晓杰　夏复山
经费审查委员会主任　陈　曦

中国共产主义青年团西安市委员会

◆概况 2019年，中国共产主义青年团西安市委员会辖区（县）团委13个、团工委10个、直属单位团组织29个。截至年底，有团员196578人、基层团委703个、团总支145个、团支部9663个；全市有专职团干部96人、兼职团干部9217人，全市发展新团员15000人。

◆中国少年先锋队西安市第五次代表大会 2019年10月31日至11月1日，中国少年先锋队西安市第五次代表大会召开。大会审议通过中国少年先锋队西安市第四届工作委员会工作报告，回顾总结西安市第四次少代会以来少先队事业的丰硕成果，选举产生西安市第五届少先队工作委员会委员，明确未来全市少先队组织工作任务。大会号召广大少先队员、少先队辅导员、少年儿童工作者和各级少先队组织，以高度的责任感和使命感，以奋发有为的精神面貌，高举队旗跟党走，牢记使命，砥砺前行，让红领巾在西安建设国际化大都市和国家中心城市的进程中迎风飘扬。

◆西安市青少年工作委员会全体会议 2019年12月12日，西安市青少年工作委员会召开全体会议。会议传达学习陕西省中长期青年发展规划实施工作联席会议第一次全体会议主要精神，审议通过《西安市中长期青年发展规划（2020—2025）》。会议强调，要从党的事业薪火相传、党的发展后继有人的战略高度，深刻认识《规划》出台实施的重要意义，增强做好青年工作的责任感和使命感；要把握工作重点，坚持“党管青年”的原则，树牢“青年优先发展”的理念，全力推动《规划》各项任务落地见效；要加强组织保障，树立工作“一盘棋”的思想，密切协作、形成合力，为《规划》实施营造良好氛围，共同为党和国家青年事业发展做出应有贡献。

◆基层团组织建设 2019年，中国共产主义青年团西安市委员会加强“智慧团建”系统建设，开展“学社衔接”工作，全市188个街道均建立“学社衔接临时团支部”，建成率100%。在“智慧团建”系统成功进行组织接转的有3万余人，“学社衔接率”47%。开展违规发展团员核查整改工作，核查、清查出违规发展的团员5380人。成立全市基层团组织规范化建设工作专班领导小组，召开全市基层团组织规范化建设推进会，制定《关于加强新时代团的基层建设、着力提升团的组织力的实施意见》，举办2期基层团组织规范化建设“追赶超越”擂台赛，推动全市基层团组织规范化建设向纵深发展。加强基层团干部选拔配备，整体配备率达87.3%。把团建纳入党建整体工作中，指导基层团组织对非公领域建团的11条途径进行学习探索。按照《共青团西安市委2019年度全市团(队)干部教育培训计划》，培训900余人次，组织30余人参加中央、陕西省团干部培训班，对全市171名乡镇街道团（工）委书记或负责人进行业务培训。

◆青年就业、创业行动　2019年，中国共产主义青年团西安市委员会扎实开展青年电商培训，不断提升广大青年的电商从业和创业能力，开办电商培训班15期，培训青年电商1331人。广泛开展“西安新青年下乡计划”，持续推进“共青团电商示范村”建设，动员200余个爱心企业单位组建30支“青春合力工作队”，在脱贫攻坚、“美丽乡村”、农业电商等方面对接帮扶100余次。举办以“创业核心团队组建与激励”“资本市场趋势与科创板机遇”等为主题的西安青年创业大讲坛12期，参与青年1000余人次。进一步激发西安青年创新创业热情，经过基层推荐、资格复核、实地考察、社会公示等程序，创建“市级青年创新创业孵化基地”23家。组织实施大学生寒、暑假到政府机关见习活动，省内外27所高校的238名大学生参与其中，市级39家部门作为接收单位，为大学生提供公文处理、会务安排、社会调研等多岗位锻炼机会，40天的见习生活极大促进了大学生对政府机关的认知了解。

◆青年志愿者活动　2019年1月21日，中国共产主义青年团西安市委员会在全市范围内启动“‘温暖回家路　最美西安年’春运志愿服务活动”，在4个客运站、火车站、火车北站等春运客流量较大的交通要道，设立志愿服务岗位300个，开展为期40天的春运志愿服务。60个服务团队、5638人次组成的志愿服务队伍经过2989小时系统培训，累计服务时长达118123小时。长期位列中国共产主义青年团中央委员会志愿汇App地市级排行榜第1名。3月5日，“‘3•5学雷锋集中行动日’示范活动”在长庆兴隆园社区举行。活动以“青春志愿展风采　追赶超越共奋进”为主题，以“爱我秦岭　爱我中华”为主线，旨在大力宣传绿色、低碳、环保理念，普及环境科学和生态环境保护知识，同时发布秦岭生态环保、“车让人人守规”等13项全年重点志愿服务活动。3月9日，指导西安志愿者协会以“关爱大秦岭　保护母亲河”为主题，组织200余名青年志愿者赴蓝田县开展“增绿减霾　青春卫蓝”义务植树活动，种植白皮松1500棵。全年以保护秦岭水资源为重点，开展各类“河（湖）小二”宣传活动200余场次、巡河活动300余次，参与志愿者1万余人次。积极开展“‘垃圾分类新时尚•青春助力我先行’垃圾分类宣传活动”100余场，2000余名青年志愿者走上街头、走进社区，向广大市民发放垃圾分类宣传资料，讲解垃圾分类知识。中、高考期间，开展“爱心顺风车”送考以及“考点爱心送水”志愿服务活动，参与爱心车主达5000余名，直接服务青少年1万余人次。7—8月，组织全市各级志愿者组织、广大志愿者以社会实践活动为契机，开展“七彩假期　情暖童心”活动，400余名大学生志愿者利用学生空闲时间，围绕学业辅导、亲情陪伴、素质拓展、感受城市、爱心捐赠5大内容进行志愿服务，直接受益留守儿童900余人。重阳节时，组织全市各级团组织、志愿者组织策划开展丰富多彩的敬老爱老志愿服务活动25场，以义务理发、义务诊疗、文艺表演等多种形式，为900余名老年人送温暖。11月10日，“青春志愿迎全运，文明表率我先行”志愿服务活动暨“车让人、人守规，小斑马在行动”启动仪式在大雁塔北广场拉开帷幕，组织全市各级团组织、志愿者组织常态化开展文明出行等志愿服务活动。全年开展“车让人　人守规”活动831次，各类宣传活动546次，参与志愿者近2万人。11月30日，“‘文明西安　与爱同行’国际残疾人日主题活动”在陕西省城市经济学校举行，全市500余名残疾人代表和志愿者代表参与。活动聘请14位非遗传承人作为“阳光助残”导师，帮助残疾人掌握一门技艺，让非遗助残活动变成一项常态化活动。12月5日，“‘全民全运　志愿西安’集中示范活动”在西安航天城世子公园广场举行，300余名青年志愿者和社区居民参与活动。活动以第34个“国际志愿者日”为契机，大力倡导“全民全运　志愿西安”理念，进一步扩大第十四届全国运动会、第十一届残疾人运动会暨第八届特奥会志愿服务工作的影响力，在全市营造“人人宣传十四运　人人争当志愿者”的浓厚氛围。从西安文理学院、西安外国语大学、西京学院、西安医学院等10余所高校招募5000余名大学生，作为赛会“小蜜蜂”志愿者分别服务于整合医学大会、“东亚文都”西安年活动、欧亚经济论坛、铁人三项以及西安国际马拉松赛等8场大型赛会活动，用优质的服务、饱满的热情为活动画上浓墨重彩的一笔。

◆青少年文化建设　2019年春节期间，中国共产主义青年团西安市委员会积极参与“西安年•最中国”主题活动，策划“多彩之城——最开放系列活动”“书香之城——最神韵系列活动”“时尚之城——最炫丽系列活动”“年节之城——最年味系列活动”4个活动主题的10项活动内容，展现西安的历史文化、民俗特色和西安青年的精神风貌，打造“青年之城”。组织“我有我花YOUNG”新年快闪活动，参与300余人，总曝光量10396万次。启动“筑梦计划”，授予西安青少年流行音乐基地、西演艺术中心•大华1935剧场等10家单位“筑梦空间”，通过开展西安首届青年戏剧展演、西安首届国际音乐创作营、西安国际摄影展以及创排、巡演青春成长话剧《震惊》等活动，引导新兴领域青年群体凝心聚力，共同加入助力西安追赶超越的队伍中来。6月15日，“丝绸之路”好少年风采大赛——2019年“最美长安”英语能力大赛决赛暨颁奖典礼在曲江第一小学举行。决赛中14名小选手用精准的英文发音、流利的语言阐释“历史长河中的西安”“生活中的科学”“我是环保小卫士”等话题。本次活动历时2个多月，全市138所小学的2万多名学生踊跃报名参加，经过多轮激烈角逐，最终评选出一等奖2名。6月30日，2019“小小故事家”西安家庭读书分享大赛决赛暨颁奖典礼在未央区大融城举行。30名晋级选手通过层层选拔，作为西安市“书香之城”建设的“小小使者”站在了颁奖典礼的舞台上。此次活动历时2个月，举行海选24场，获得了近20万人次的关注，上万名学生和家长踊跃报名。以中华人民共和国成立70周年为契机，积极开展爱国庆祝活动，大力弘扬爱国精神。9月，在莲湖区枣园街道、市轨道交通集团、文景中学开展3场“我和我的祖国——我们都是追梦人”群众宣讲活动，号召全市团员青年向先进榜样学习，不忘初心，牢记使命，在自己的岗位上做出更大的成绩。10月，以“时代新人说——我和祖国共成长”为主题，在基层推荐的近30名选手中遴选出14名优秀选手参加演讲比赛决赛，多层次多角度呈现出西安青年与共和国同成长、共命运的生动典型。开展“我和我的祖国”主题快闪活动16场，直接组织参与青少年2200余人次，现场参与互动观众近2万人次，新媒体传播累计阅读量达50.5万次，视频点击量累计10万余次。

◆青少年新媒体宣传 2019年，中国共产主义青年团西安市委员会通过运用互联网思维和技术真正实现团组织与广大普通青年直接联系、互动，形成线下、线上有机融合的青年工作新格局。

官方网站主要发布中国共产主义青年团陕西省委员会、中国共产主义青年团西安市委员会重要信息、团市委主要工作并积极对接各区（县）团委，定期搜集、审核、上传基层信息，及时优化网站栏目、更新工作，全年发布信息500余条。官方微信公众平台“西安青年聚”累计粉丝15万人，坚持每日发布信息，原创内容达到70%，微信年阅读量达到100余万人次，全年开展各类主题活动90余次，近55万人次直接参与。官方微博平台关注人数17.3万人，全年发布博文1.2万条，平均每周阅读量300万人次。定期发布原创微博，及时对共青团中央、三秦青年、西安发布的重要微博进行转发，对网络舆情进行合理引导，传递正能量，长期坚持和青年网民保持良好互动，在《人民日报》大数据公布的政务微博陕西总榜排行榜中“西安青年聚”长期位居前15名。

◆“共青团与人大代表、政协委员面对面”活动 2019年1月29日，2019年西安市“共青团与人大代表、政协委员面对面”座谈会举行。市人大代表、政协委员、小微企业代表、快递行业代表等30余人围绕“小微企业从业青年”主题进行探讨交流。中国共产主义青年团西安市委员会还通过问卷调查了解小微企业从业青年基本生存状态及利益诉求，通过采取整群随机抽样、滚雪球抽样相结合以及跟踪访谈典型人物等的方式对小微企业从业青年进行全方位调研，最终形成《维护新兴职业青年群体发展权益建功立业新时代调研报告》。

◆青少年权益保护项目建设 2019年，中国共产主义青年团西安市委员会认真学习《中华人民共和国未成年人保护法（修订草案）》和《中华人民共和国预防未成年人犯罪法（修订草案）》，结合团市委工作实际，从争取资金支持、建立校园欺凌防控制度、保护被害未成年人利益最大化、扩大校园欺凌定义的内容4个方面提出4点修改意见，为扎实做好重点青少年群体服务管理，着力提升预防青少年违法犯罪工作的科学化、法治化、组织化、社会化水平，联合中国共产党西安市委员会政法委员会印发《西安市2019年预防青少年违法犯罪工作要点》，进一步明确全市预防青少年违法犯罪工作重点。6月，面向社会组织征集青少年公益项目，为广大未成年人提供成长指导、权益维护、预防犯罪、司法救助等领域的专业社会服务，最终确定“防止校园欺凌及女童保护”等8个主题项目为团市委2019年政府购买公益服务项目。12月，与西安市人民检察院签订《西安市构建未成年人检察工作社会支持体系合作框架协议》，并在新城区和长安区开展试点工作。

◆青少年法治宣传 2019年，中国共产主义青年团西安市委员会把对青少年的法治教育经常化、具体化，安排部署并大力组织开展多种形式的普法宣传教育活动。在全市多所中、小学校开展“法治宣传进校园”“交通安全”“拒绝毒品珍爱生命”“远离校园欺凌”等“法律六进”宣传活动百余场，直接受益青少年达1万余人次。以“‘6•26’国际禁毒日”“‘12•4’国家宪法日”等重要法治宣传日为契机，开展青少年禁毒、国家宪法普法等形式多样的宣传教育活动。结合“青春灯塔”“青春自护”，开展青少年禁毒防艾各类法治宣传活动，邀请专家、学者深入全市15所学校，举办公益大讲堂20余场，服务青少年达1万余人次。联合西安市中级人民法院、西安市教育局在全市32所中小学校中继续开展“红领巾法学院”创建活动，28所学校为首批市级示范学校，陕西师范大学大兴新区小学、西安工业大学附属中学和鄠邑区人民路小学被授予省级“红领巾法学院”称号。以“扫黑除恶”应知应会、防范校园欺凌、非法校园贷、依法依规生产经营、防范金融诈骗等为重点内容，联合社会组织和司法专业队伍共同开展“扫黑除恶”专项斗争进高校、进企业、进社区的“三进”宣讲活动50场次，走进高校10次，进社区25次，进企业15次，发放《“扫黑除恶”宣传手册》9000余册、宣传彩页9000余份，使用宣传展板260块，增强群众“扫黑除恶”专项斗争的知晓率和认同感。

◆青少年事务社会工作专业人才队伍建设 2019年，中国共产主义青年团西安市委员会不断加强青少年社会事务工作，探索建立“团干部+专业社工+志愿者”工作队伍，使社会工作者和志愿者成为团的基层工作力量有力补充。6月，举办2019年西安市青少年事务社会工作专业人才队伍建设专题培训班，培训全市青少年事务社会工作者200余人次。深化西安市青少年维权岗创建活动，命名未央区人民检察院未成年人刑事检察工作办公室等30个单位为2017—2018年度西安市级“青少年维权岗”。

◆少先队建设 2019年5月22日，中国共产主义青年团西安市委员会、西安市教育局、西安市人力资源和社会保障局、西安市少先队工作委员会（市少工委）联合开展2019年度西安市少先队活动展示暨教学能手评选活动，49名少先队辅导员通过少先队知识测试、少先队活动案例评比、少先队工作情景处理答辩和少先队活动辅导技能交流4个环节激烈比拼，后宰门小学中队辅导员吕晓宇等25人获得“市级教学能手”的称号。前14名选手代表西安参加陕西省教学能手大赛，获得一等奖2人、二等奖7人、三等奖3人的优异成绩，共12名选手获“省级教学能手”称号。5月30日，西安市教育局、西安市少工委联合举办“传承红色基因 争做新时代好队员”西安市少先队庆“六一”主题示范活动暨少先队评优表彰仪式在八路军西安办事处纪念馆举行，360余名小学生及老师、家长们参加仪式。“六一”期间，全市各级少先队组织以此为主题，统一开展集中入队活动。10月12日，庆祝少先队建队70周年主题示范活动在西咸新区沣西第一小学举办，活动以“红领巾心向党 争做新时代好队员”为主题，通过“传红色基因 忆红色往事”“教导记心间争当好少年”“未来接班人 时刻准备着”3项内容，集中展示少先队的光辉历程和光荣传统。通过“与国旗合影和队旗同框”“大英雄故事会”“老物件”等多个情景展示，让少年儿童们感受长征路、改革开放、新时代等不同时期的伟大辉煌历程。建队日期间，全市各级少先队组织开展国旗下讲话、少先队鼓号队展示、少先队基本知识和标志礼仪教育等活动60余场次，积极学习《习近平总书记致中国少年先锋队建队70周年的贺信》精神。为展现和弘扬全市少先队员、少先队辅导员和少先队集体的精神风貌，在全市广大学生中树立可信、可学的榜样，联合西安市教育局、市少工委开展“优秀少先队员”“优秀少先队辅导员”“优秀少先队集体”评选活动。经评委会资料审核、实地考察和综合评定，授予王一诺等81名少先队员“西安市优秀少先队员”称号；授予杨莹祥等52名少先队辅导员“西安市优秀少先队辅导员”称号；授予新城区八府庄小学少先队大队等53个少先队大队、66个少先队中队“西安市优秀少先队集体”称号。

◆共青团助力脱贫攻坚 2019年，中国共产主义青年团西安市委员会围绕“西安新青年下乡计划”和西安青年“青春助力脱贫攻坚工作‘三四五’工程”，共青团30支“青春合力工作队”深入帮扶村，开展对接帮扶工作100余次；近200个爱心企业参与，累计募集各类物资总价值400余万元。春节前后，举办30余场次西安共青团“青春助力脱贫攻坚·团团大集”助农产品展销活动，销售额累计50余万元。3月，举办“鄠邑区首届桃花节”活动，其间开展“我为美丽乡村代言”“我为家乡特产代言”“青年文创团队采风创作”“乡村旅游青年志愿服务”“丝路青缘·桃醉鄠邑”公益交友等系列活动，带动30余万游客前往蒋村镇柳泉口村踏青赏花，推动乡村旅游的发展。8月，举办“户县葡萄熟了新闻发布会”，西安市青年联合会农业电商界别的京东集团、顺丰物流等电商企业分别与4个省级扶贫村签订葡萄助售协议。中秋节期间，开展“蓝田厚镇农产品宣传推介活动”，与村镇合作社合作，从农户手中直接采购特色农产品组合成中秋礼盒，售出扶贫农产品1443份，扶贫收益20余万元。持续开展“小葵花关爱行动”。春节前，西安共青团助力脱贫攻坚“暖冬行动”，为周至、蓝田、鄠邑、长安、临潼等区（县）的在册贫困户义务教育阶段子女募集发放“小葵花爱心暖冬包”5000份，总价值近100万元。暑假期间，开展7期“小葵花看西安——城乡儿童手拉手公益活动”，700余名来自蓝田、周至、鄠邑、临潼等区（县）的32个村的“小葵花”和小小志愿者们参与活动。9月，为周至县四屯镇东阳化小学捐建“小葵花爱心图书室”，捐赠优秀图书2700余册。举办“小葵花”关爱行动30余场，约5000名来自不同地区的留守儿童、进城务工子女、困难家庭子女以及特殊儿童参与，活动先后走进西安烈士陵园、西安市儿童医院、曲江富陶博物馆和西安博物院等地。开展希望工程2019年“圆梦大学”行动，依托“茅台”“西格玛”“芙蓉学子”3个项目，资助31个建档立卡贫困家庭大学新生15万余元。举办2019年西安市“希望小学”、偏远山区小学骨干教师培训班，以“新理念、新课程、新技术和师德教育”为重点，组织7个涉农区（县）的50名教师参加培训。

◆西安青年公益交友 2019年，中国共产主义青年团西安市委员会在春节、五一、七夕等时间节点举办“缘定西安年·把爱带回家”“丝路青缘 以茶会友”“丝路青缘 共筑西安绿色文明风尚”等单身青年公益交友活动，吸引单身青年1600余人次参与。进一步引导广大青年树立更加文明、健康、理性的婚恋观念，并帮助其拓展生活圈子，提高社交能力，使青年有实实在在的获得感。

◆青年友好交流 2019年，中国共产主义青年团西安市委员会搭建交流平台，弘扬丝路文化，加强同国内优秀学子和海外及港、澳、台地区青少年组织的友好往来，促进文化交流。承办“盛夏季——遇见西安遇见你”活动，组织清华大学、北京大学等全国21支高校的大学生团队来西安开展社会实践，走访、调研单位150余家，形成调研报告21份。8月，开展2019年香港·西安两地中学生交流活动，促进两地中学生友好互动，增进彼此的友谊。10月，邀请70余名国外友人在西安萌特力科教广场开展“中外友人共做国庆面活动”，共同庆祝中华人民共和国成立70华诞；西安市第八十九中学与德国奥尔登堡市老高中师生代表团开展友好交流。西安市青少年宫组织青少年代表团出访日本、土耳其、德国、奥地利等国家，促进中外青年之间的文化交流与对话，展现西安市历史文化和青少年艺术风采。

◆青年经济工作 2019年4月，中国共产主义青年团西安市委员会联合多家单位举办以“青春心向党·建功新时代”为主题的“赋能城市创新求变”中国城市更新（西安）峰会暨西安青年企业家经济论坛，500余名青年代表和200多名企业家参加此次论坛。论坛上，与会代表就对外投资机会、宏观经济与地产政策、不动产证券化等热点问题进行探讨，进一步激发青年企业家干事创业的热情，不断解放思想，勇于创新，为城市发展、经济建设贡献青春、智慧和力量。5月，组织青年企业家赴宁波、温州、泉州等沿海城市开展青年经济交流活动，通过聆听讲座、实地考察各地代表性知名企业、交流座谈等形式，学习企业运营管理的好做法和先进经验。9月，倍格创业生态科技（西安）股份有限公司总部迁址西安战略发布会在倍格官邸拉开帷幕。发布会上，与西安文理学院、倍格生态签订三方合作协议，共同打造校园文化小镇，积极探索政、校、企、导、研、用一体化的文创科教新生态。12月，举办2019《子曰》论坛暨西安青年企业家协会创新发展大会，多位青年企业家进行“人工智能+在未来20年会比过去的互联网+更加具有颠覆性的浪潮”“从营商环境看政商相融之道”等主题演讲，在青年CEO对话沙龙环节，嘉宾以大变局为时代背景，结合自身发展分享了对“融合”的理解以及企业如何在大变局下更好地“进攻”和“防守”。

（田　烨）

2019年8月21日，“遇见西安遇见你”大学生暑期社会实践活动总结交流会召开

共青团西安市第十八届委员会

书　记 汪国栋
副书记 徐　辉　王　飞　尤　婷（女）
刘晓麒（女，挂职）
李昱昱（兼职）
叶雨桐（女，兼职）
周　远（兼职）

西安市第五届少先队工作委员会

主　任　尤　婷　闫秀斌
副主任　岳　明（女）　高　红（女）
　　　　杨小文　刘　征
　　　　王丽琼（女）　罗　坤
　　　　陈　娟（女）　胡　炜（女）
　　　　袁振涛　卓坤利

西安市妇女联合会

◆**概况**　2019年，西安市妇女联合会继续实施巾帼“创业创新、文明和谐、绿色健康、携手合作、维权关爱、强基固本”六大行动，推动实施《西安市妇女发展规划（2011—2020年）》《西安市儿童发展规划（2011—2020年）》，西安市妇女儿童事业取得新成绩，获全国维护妇女儿童权益先进集体、全国妇女宣传舆论阵地突出贡献奖、全市目标考核先进单位等全国、省市奖项9个。截至年底，辖区（县）妇联、西安国际港务区妇联14个、镇（街道）妇联196个、村（社区）妇联3127个，妇工委10个，党政机关、科教文卫系统妇委会85个，民主党派妇委会7个，“四新”妇女组织373个，团体会员3个；区（县）妇联专职妇联干部76人，镇（街道）、村（社区）妇联干部3190人。

◆**妇女思想政治引领**　2019年，西安市妇女联合会坚持正确舆论导向，加强妇联宣传阵地建设，做好重大活动宣传报道工作，团结引领广大妇女群众坚定不移听党话、跟党走。深化“巾帼心向党·建功新时代”“我与中国梦”等主题宣传教育活动，围绕庆祝新中国成立70周年，以“巾帼心向党·建功新时代”为主题，依托城乡社区妇女之家、女性大讲堂、家庭教育云课堂等阵地，发挥妇联执委、先进典型、最美家庭等作用，发动广大妇女和家庭唱响祖国颂歌、抒发爱国情怀、献礼祖国华诞，开展爱国歌曲大家唱、红色故事大家讲、群众歌舞展演、“壮丽70年·奋斗新时代”征文等活动300余场次，6万余人参与。中国共产党第十九届中央委员会第四次全体会议召开后，党组通过党组理论学习中心组学习、邀请专家辅导、深入基层宣讲、开展固定党日活动等各种形式，组织领导干部和全体党员干部深入开展学习研讨，带动妇联干部自觉尊崇制度，严格执行制度，坚决维护制度。11月25—28日，领导班子成员分别带队深入区（县）、部分开发区的村、社区，开展党的十九届四中全会精神宣讲16场，基层妇联干部、妇女群众代表400余人参加。制订《全市妇联系统学习宣传贯彻党的十九届四中全会精神方案》，动员各级妇联组织在妇女群众中开展形式多样的学习宣传活动，掀起学习宣传贯彻的热潮。3月7日，召开纪念“三八”国际妇女节109周年表彰大会暨最美系列揭晓仪式，表彰66名西安市三八红旗手、26个西安市三八红旗集体，揭晓100名最美女性、10户最美家庭、30家美丽庭院示范户和10名美丽庭院创建工作优秀个人，活动现场以播放视频和现场采访的方式再现了她们的优秀事迹，让大家在鲜活的事例中接受社会主义核心价值观教育。举办“西安年·最中国——巾帼璀璨闪耀古城”和长安女子半程马拉松比赛活动，展示西安女性风采，1.3万人参与，线上观看97万余次。组织妇女代表走进西安市人民代表大会旁听会议，走进西安市人民政府了解政务服务中心、市民热线、大数据建设等工作。

2019年1月8日，西安市首家商圈妇联——解放路商圈妇联成立大会暨省级“妇女儿童之家”示范点授牌仪式举行

◆**助力妇女发展**　2019年，西安市妇女联合会围绕中共陕西省委“三个经济”和西安市委“十项重点”工作部署，广泛开展“巾帼建新功”系列行动，深化“创业创新巾帼行动”。11月22日，召开西安市城乡妇女岗位先进事迹报告会，表彰196名“巾帼建功”先进个人和83个“巾帼文明岗”先进集体。发挥女企业家、女大学生、农村女致富带头人、妇女手工艺者、巾帼家政5大联盟作用，做强妇女创业基地建设。发挥好“妇”字号工程带头致富示范作用，扶持妇女创业就业示范基地10个，组织手工艺加工、乡村旅游、电子商务、家政服务等适合妇女居家创业就业的项目推介工作，为贫困妇女搭建创业就业服务平台，培养了一批女性创业骨干和致富带头人，带领吸纳更多的女性创业致富，为脱贫攻坚贡献巾帼力量。全年发放小额担保贷款13423万元，带动1527名妇女创业就业。3月8日，举办“奋斗的女人最美丽——‘三八’妇女节女性创业沙龙”分享创业经验。打造西安家政服务品牌，组队参加“第五届陕西省巾帼家政服务技能大赛暨巾帼家政经理人培训”，获得“团体金奖”，6人获得个人奖项。5月11—15日，与陕西省妇女联合会共同举办“指尖上的丝绸之路——国际手工及家庭服务业展览会”，扩大了与丝路沿线国家、地区、省（区）妇女组织、专业机构、企业代表的交流合作。

◆**助力乡村振兴**　2019年，西安市妇女联合会实施“巾帼脱贫圆梦行动”，开展“姐妹携手互助·精准脱贫帮困”“巾帼扶志千村行”系列活动，举办巾帼家政、手工制作、农业技术、保洁师等培训班180期，培训妇女11513人。组织开展“春风行动”，联合人力资源和社会保障等部门举办家政、农民工招聘会53场次，691家单位提供岗位34253个，7434人达成用工意向，1077人参加职业技能和创业培训。开展与陕南三市对口帮扶工作，举行“迎中秋·庆团圆　西安陕南心连心”扶贫慰问等活动，推进消费扶贫。做好蓝田县薛家村对口帮扶工作，投入资金21万元，打造好家风一条街、妇女儿童之家，建成光伏发电产业项目。

◆“美丽庭院”创建　2019年，西安市妇女联合会组织各级妇联以“美丽庭院”创建为载体，动员农村妇女和家庭积极参与农村人居环境整治、村庄清洁行动。先后在西咸新区、长安区召开美丽庭院创建工作现场推进会，修订“美丽庭院”创建活动实施方案及市级示范村、示范户评分标准和细则，与西安市财政局联合印发《西安市市级美丽庭院示范村资金使用管理办法》。全年创建市级“美丽庭院”示范村10个，表彰市级示范户504户，区（县）级以上示范户47144户。举办第二届美丽庭院创意大赛，180余个家庭参赛。依托女性大讲堂、美丽大讲堂举办美丽庭院创建、家风家训、垃圾分类等培训讲座170余场，发放宣传资料4.5万份，受益群众3万余人。

◆家庭文明建设　2019年，西安市妇女联合会推动实施《西安市家庭教育工作“十三五”规划》，启动“家家幸福安康工程”，推进健康家庭示范建设。7月30日，与陕西省妇女联合会共同举办陕西省首届家庭文化节启动暨“最美家庭”分享大会，组织广大家庭讲述家风故事，书写家国情怀，讴歌党的领导，活动覆盖5万人。开展最美家庭和健康家庭寻找活动，联合西安市卫生健康委员会下发《关于进一步做好健康家庭示范建设工作的通知》，西安市3户家庭获全国最美家庭、17户获三秦最美家庭，7600户家庭被命名为首批陕西省“健康家庭”。举办“聚焦家庭教育、培育时代新人”家庭教育论坛、百场家庭教育阳光云课堂公益巡讲、家庭教育骨干能力专题培训会系列活动。举办第二届“百童书家训　墨宝传家风”活动，征集书法作品500余件。5月26日，与陕西省妇女联合会、西安市精神文明建设指导委员会办公室、西安曲江大明宫遗址区保护改造办公室，在大明宫国家遗址公园玄武门广场联合举办庆“六一”暨第二届“百童书家训　墨宝传家风”少儿书法展演活动。5月25日，西安市妇女儿童工作委员会办公室与陕西省妇女联合会、未央区妇女联合会等单位联合在大明宫遗址公园举办“为爱发声，快乐‘城’长”2019小小考古家活动，200名儿童通过参与式体验活动，了解丝路文明和传统文化。创建省、市级家庭教育指导中心4个（其中省级2个）、家风馆3个（其中省级1个）。开展“崇廉尚德——好家风润西安”活动，向全体市民发出“树家规、立家训，扬清正家风”公开信，征集优秀家风家训200余条，表彰最美廉洁家庭10户，动员家庭成员从自身做起、从家庭做起，以“好家风、好家训”带动“好民风、好社风”。向全市各级妇联和家庭发出“建设美丽西安　打造绿色之城——巾帼志愿者在行动”倡议，全市各级妇联组织携手各类巾帼志愿队伍，积极参与除雪破冰、植树护绿、公益关爱、垃圾分类等志愿服务活动，西安市巾帼志愿服务工作得到全国妇女联合会领导的充分肯定。

◆妇联自身建设　2019年，西安市妇女联合会加大妇联自身改革创新。2月20日，召开西安市妇联十五届五次常委会和十五届六次执委（扩大）会议。会议听取并审议了李军同志代表十五届常委会所作的《奋进新时代、担当新作为，为加快国家中心城市和国际化大都市建设、推动西安追赶超越高质量发展贡献巾帼力量》的工作报告；审议通过《西安市妇联主席工作制度》《西安市妇联常务委员会工作制度》《西安市妇联执行委员会工作制度》，免去唐永利同志西安市妇联第十五届执委职务，替补、增补温子嫣、王秦、王芳荃、王莉蓉、曲歆同志为西安市妇联第十五届执委。争取市委机构编制委员会办公室支持，整合妇联维权、就业服务职能，将市妇女就业服务中心更名为“西安市妇女社会综合服务中心”，转为全额拨款处级建制事业单位；拓展了市妇女儿童活动中心职能和业务范围。落实执委联系妇联组织、妇女群众制度，市妇联执委联系妇女组织76个、妇女群众190名，发挥了执委作用。印发《关于进一步夯实基层妇联组织更好发挥基层妇联作用的通知》，探索在“四新”领域建立妇联组织，推动建立了解放路商圈妇联、3个高校妇女组织和苏宁广场等25个妇女微家，扩大组织覆盖面；创建省市级妇女儿童之家示范点23个、非公妇女之家4个；加强各自领域妇女组织建设，指导市税务局成立妇工委、自然资源和规划局成立妇委会；督导灞桥区、新城区妇联完成换届工作；巩固村级“会改联”和镇（街道）妇联组织区域化建设成果，发挥好基层妇联执委会议事工作等各项制度作用，推进基层妇联亮牌服务，使基层妇联组织和妇联工作在妇女群众身边有形化、常态化；蓝田县率先落实村妇联主席工作补贴，极大调动村妇联主席积极性。印发了《2019—2023年西安市妇联干部教育培训规划》，举办妇联深化改革、女干部能力建设和农村新任女书记女主任能力提升等培训班，提高妇女干部履职能力。推动“网上妇联”建设，构建联合网、工作网、服务网整体合一的“互联网+”工作新格局，拓展“西安女性”微信公众号功能，用好百家号和官方抖音，全年刊发信息4320余条，传播正能量，“西安女性”公众号跻身全国地级市妇联50强。

2019年3月4日，2019年西安市妇联家庭教育阳光云课堂公益巡回讲座启动仪式举行

◆推动实施妇女儿童发展《纲要》《规划》　2019年，西安市妇女联合会着力推动实施妇女儿童发展《纲要》《规划》。召开全市妇女儿童发展规划监测统计工作会议，推动《纲要》《规划》终期达标和为妇女儿童办好“十件实事”的全面落实。联合市卫健委、市财政局出台了《开展免费产前筛查和新生儿疾病筛查服务工作实施意见》，举办全市免费产前筛查和新生儿疾病筛查项目管理和技术讲座。聚焦改善民生，争取各级财政资金780余万元，用于妇女儿童民生项目，受益妇女儿童数万人。推进全市妇女“两癌”筛查全覆盖，市政府办公厅印发《西安市适龄妇女免费“两癌”筛查工作方案》，从2018年9月1日起，

西安市适龄妇女可享受每三年一次的免费“两癌”筛查服务。截至2019年9月底，已有10.4万妇女接受了“两癌”免费筛查，市级补助资金近1300万元。为110名贫困“两癌”妇女发放救助金75万元。关注单亲妈妈群体，实施“唯爱—爱溢满屋项目”，举办公益沙龙8场，改善儿童房13户，帮助困难单亲妈妈重塑自我。

◆**维护妇女儿童合法权益**　2019年，西安市妇女联合会加大源头维权力度，建立政策法规性别平等评估机制，将男女平等基本国策和儿童优先原则引入政策法规的制定环节，组织专家对2部法律草案进行评估，提出修改建议34条，向西安市人民代表大会提交有关报告讨论建议47条。就妇女、儿童难点问题提出议案、提案4份，其中“关于构建我市0—3岁儿童早教机构管理机制的建议”“关于全面二孩政策背景下西安职业女性生育与照顾责任政策的建议”分别被列为中国人民政治协商会议西安市委员会主席和西安市人民政府分管领导重点督办提案。加大维权服务力度，推进西安市妇女儿童维权服务中心及分站规范化建设，全年受理各类信访案件2917件次。为48名特困人员发放紧急救助金23.2万元；办理法律援助案件45件。举办首期妇女儿童维权骨干助理社会工作师职业水平考试培训班，开展“让爱回家”反家暴深度服务和援助项目，提升了社会化、专业化维权服务能力。推进婚姻调解委员会建设不断深化，9个区县建立婚姻调解委员会，有专兼职调解员206名，全年调解案件1460件，调解成功率达65%。开展普法宣传和平安家庭创建工作，举办“送法宣政巾帼行，维权服务新时代”首届普法抖音大赛，点击量达50余万次。创作“茜茜说法”系列动漫微视频，掀起网上学法热潮。举办法律大讲堂“七进”、“‘三八’维权月”、西安市平安家庭创建成果暨普法优秀作品展演等普法宣传活动，以家庭平安促进社会和谐。做好“扫黑除恶”宣传工作，引领广大妇女群众积极参与扫黑除恶工作，自觉抵制黑恶势力。

（曹显宁）

西安市妇女联合会第十五届执行委员会

主　　席　李　军（女）
副 主 席　阎红梅（女）　岳　岚（女）
兼职副主席　薛琳莉（女）　魏　军（女）　米　莹（女）

西安市科学技术协会

◆**概况**　2019年，西安市科学技术协会充分履行“服务科技工作者、服务创新驱动发展战略、服务公民科学素质提高、服务党委政府科学决策、加强自身建设”（“四服务一加强”）工作职责，推进科协系统全面深化改革，团结带领广大科技工作者投身追赶超越，为推进大西安建设提供科技和智力支撑。截至年底，有所属社会组织71个（市级学会70个，民办非企业单位1个）、区（县）科协13个、企事业单位科协40个，联系服务全市20多万名科技工作者。

◆**院士、专家决策咨询**　2019年，西安市科学技术协会积极发挥院士专家在创新驱动发展中的高端引领作用，结合科协系统干部联系服务科技工作者“百千万”工作制度（建立科协系统干部联系服务科技工作者“百千万”工作制度，即科协机关干部联络100名专家院士，科协委员联络1000名基层科技工作者，市级学会联络10000名以上科技工作者会员）和下基层指导联系“4+1”工作机制（下基层指导联系“4+1”工作机制，即机关工作人员每周4天在机关工作，1天下基层工作，更直接、更灵活地服务基层），主动上门听取院士、专家对西安经济、社会发展的意见建议，结合决策咨询课题研究，形成《院士专家建言》8期，报送中共西安市委、西安市人民政府参阅，其中《西安市2019年上半年经济下滑原因分析及对策建议》得到中共西安市委主要领导批示。组织广大科技工作者，围绕全市经济、社会发展中的重大问题，深入调查研究，积极建言献策，为中共西安市委、西安市人民政府决策发挥科技思想库作用。经专家评审，确定由西安交通大学等9个单位的15个课题组承担2019年度决策咨询课题研究工作，按照评审等级获得项目资助，课题均已按期结题。

◆**承接政府职能**　2019年，西安市科学技术协会指导西安医学会承担医疗事故、预防医学接种异常反应、医疗损害的技术鉴定工作。全年收到鉴定委托案例36例，召开鉴定会25场，退案、撤案10例。完成市级继续医学教育讲课90场，听课人数5万余人次；完成继续教育送教下乡5场，听课人数600余人次。完成有省级学分的继续教育项目22场，受众近4000人次。

◆**《科学素质纲要》实施及科普**　2019年，西安市科学技术协会取得中央、陕西省、西安市三级专项资金总量为507.5万元。经专家评审公示，西安市科学技术协会最终确定“科普惠农计划”项目23个、“社区科普益民计划”项目17个、“社区科普大学建设与管理”项目141个、“科普中国e站建设”项目69个、“科技助力精准扶贫工程”项目12个、“西安市主题科普活动”项目2个、“LED电子科普画廊建设”项目1个。

联合中共西安市委组织部、中共西安市委党校、西安市甲醇汽车产业发展协调领导小组办公室、西安市第三十四中学等单位举办“科学大讲堂”4期。联合西安市农业林业委员会、西安市妇

2019年10月16日，西安市科学技术协会在鄠邑区组织召开中国瑞典现代果业发展研讨会

女联合会、西安市卫生健康委员会、共青团西安市委员会等单位组织参加2019年全国农民科学素质网络知识竞赛活动。组织2次“科技引领未来，创造美好生活”主题网络科普知识有奖竞答活动，3000人参与答题。设立150座科普宣传栏，更换科普画廊版面38块。开展“科普大篷车进校园”40次，赠送书籍3000余册，受益人数4万余人次。

举办西安市第34届青少年科技创新大赛，评选出基层优秀组织单位29个，遴选推荐84个优秀项目参加第34届陕西省青少年科技创新大赛，最终有7个项目入围全国大赛；西安市科学技术协会获第34届陕西省青少年科技创新大赛基层赛事优秀组织单位。开展第4届西安市青少年机器人竞赛活动，有来自西安市11个区（县）的53所小学、19所中学的187支参赛队、515人参赛，赛事规模为历年之最。西安市青少年科技体验厅开展科普宣传活动，接待青少年5000余人次；组织西安市第三中学等4所学校的64名优秀师生代表西安市参加高校科学营活动。

围绕“科技引领未来 创造美好生活”主题，组织西安市第27届“科技之春”宣传月活动，征集全市重点活动224项，西安市科学技术协会被评为“陕西省第27届‘科技之春’活动先进单位”。组织筹办2019年西安市“全国科普日”活动，举办主场示范活动、“九大基层科普联合行动”、新媒体系列科普传播活动3方面重点项目共计190余项。在主场示范活动中策划安排主题科普展览、科普成果展示、科普互动体验3大板块63个内容，涉及参展单位80余家。“全国科普日”期间，多渠道协调27家省（区、市）、市新闻媒体跟进报道，发布各类信息680余条，网络点击量达4万人次。依托西安科普网和“西安科普”微信公众号2个平台举办各类网络在线科普活动。西安科普网发稿1700余篇，浏览量16.5万人次；“西安科普”微信公众号发稿300余篇。“一网一号”开设《平安鼎》《高清洁甲醇燃料助力低碳环保出行》等10个专题专栏，就社会关注的热点问题制作10部总时长996秒的科普视频公益短片，在50部社区液晶播放机上投放。出版发行《西安科技报》17期，每期5000份，共计8万余份，受益学生达10万余人，参与学校约200所。

◆西安市第十六届学术金秋活动 2019年9—11月，西安市科学技术协会围绕“创新引领、服务发展”主题举办西安市第十六届学术金秋活动。活动突出学术与智库、科技与经济社会发展等的有机融合，开展前瞻性、综合性、专业性学术交流研讨活动以及技术交流和成果转化。活动设立1个主会场、80个专题分会场，交流论文900多篇，200多家企事业单位、科研院所约2万人次参会。

◆“全国科技工作者日”系列活动 2019年，西安市科学技术协会在全市范围内围绕“礼赞共和国，追梦新时代”主题开展“全国科技工作者日”主题活动，对第二届“西安十佳科技人物”进行表彰，为2018年第二批西安市院士专家工作站进行授牌，邀请中国工程院院士樊代明做“整合健康学”专题报告。

◆民间国际（地区）科技交流 2019年，西安市科学技术协会邀请俄罗斯、日本、法国、新加坡、瑞典和中国台湾地区等国家或地区的专家、学者来西安进行访问交流。先后接待科技代表团6批，进行学术交流12次。举办中国瑞典现代果业发展研讨会等国际学术会议（技术讲座或培训）6次。促成中法葡萄酒庄合作项目落地并成功召开户太起泡葡萄酒新品发布会。实施“国际民间科技交流服务提升行动计划”，资助国际和对台湾民间科技交流项目8项。

2019年5月30日，西安市科学技术协会举办西安市2019年“全国科技工作者日”主题活动

◆院士、专家联系服务 2019年11月13日，西安市科学技术协会根据《中共西安市委机构编制委员会办公室关于西安市科技信息服务中心更名的复函》（市编办〔2019〕100号）文件，将西安市科技信息服务中心更名为西安市院士专家服务中心。主要职责是负责院士专家的联络服务工作，为院士专家相关活动提供协调保障，加强与企事业、高校、科研院所、科技园区等科协组织联系，开展科技咨询、技术培训、成果转让等服务工作；负责相关报刊、网站的日常管理运营。大力推进院士专家工作站建设，全年建立西安市院士专家工作站27家。修订完善《西安市科协系统干部联系服务科技工作者制度》，及时收集整理院士、专家对西安经济、建设方面及对中共西安市委、西安市人民政府工作的意见及建议。做好元旦春节期间市级领导慰问院士、专家的沟通协调、联系服务等工作。邀请驻西安院士参加西安市迎春团拜会，并做好会议期间的各项服务工作。在元旦春节、“全国科技工作者日”期间开展优秀科技工作者代表慰问工作。

◆科技人才培养推荐表彰 2019年，西安市科学技术协会强化对青年人才的发现举荐作用，组织实施“西安市科协青年人才托举计划”，杨磊、王丹洋等10人入选“西安市科协青年人才托举计划”项目。通过2017—2019年第一期“西安市科协青年人才托举计划”项目实施，10名被托举人发表高质量论文45篇，申请专利12项，培养研究生26人。开展第二届“西安十佳科技人物”评选活动；实施“第七届西安科技调研成果奖”评选，评出优秀科技调研成果24项。

◆创新发展培训服务 2019年，西安市科学技术协会全力推动企业创新发展，在科技型企业中开展科技工作者思维创新、技术创新和管理创新培训活动，先后在中国大唐集团科学技术研究院有限公司西北电力试验研究院等3家机构开展培训活动3次。组织高端人才，针对企业技术难题，积极开展院士、专家进企业活动，先后邀请中国工程院院士沈昌祥等3名院士、专家，为西安得安信息技术有限公司等3家企业开展学术报告、技术指导活动3次。

◆**基层科协组织和学会建设** 2019年，西安市科学技术协会新建立企业科协15家、企业联系人15人，联系服务企事业单位90余家。指导成立西安市漆艺协会、西安市设计师协会和西安市学会科技服务中心。筹备成立西安市物联网学会、西安市青少年科技教育协会。开展学术交流活动468场次，其中举办国际性、全国性、区域性学术会议32场次。组织实施“2019年西安市科协学会服务能力提升计划”优秀科技社团评选活动，培养树立15个市级示范学会，分层次立项资助所属38个学会承担并完成47个学会重点学术交流和科技服务项目，资助资金75万元。全年开展科学普及活动86项。

2019年2月19日元宵节当天，西安市红十字会在西安汉城湖庙会为过往群众普及现场应急救护知识

◆**社区科普大学建设** 2019年，西安市科学技术协会积极引导推动区（县）教学点申报创办，全年新创建教学点8个，下拨办学补助经费60.8万元。全市13个分校132个教学点共开课2320课次，累计4500课时，听课人数达到8万余人次，受益人群近12万人。成功举办2019年西安市社区科普大学第二课堂活动和区（县）科协及社区科普管理人员培训。

◆**西安科技馆筹建** 2019年，西安市科学技术协会成立“西安科技馆筹建工作领导小组”，并制定相关工作制度。根据西安市人民政府办公厅关于《西安市自然资源和规划局关于西安科技馆选址情况的意见》的批复，经过与西安市自然资源和规划局多次沟通，由西安市自然资源和规划局牵头完成“西安科技馆选址方案”，方案根据西安科技馆选址要求，将西安浐灞生态区及常宁新区作为选址备选地点。 （楼晓芳）

西安市科学技术协会第八届委员会

主　席　樊代明
副主席　卫军水　马元良　王晓红（女）
　　　　王润孝　朱恪孝　刘发奎
　　　　刘建华　李佩成　耿占军
　　　　黄　翔　韩　权　舒德干

西安市红十字会

◆**概况** 2019年，西安市红十字会有所属区（县）红十字会13个，教育系统红十字会1个，乡镇（街道）、社区（村）、学校等基层红十字组织832个，团体会员单位52个，红十字志愿服务队伍54支；有会员50426人、志愿者10363人。

◆**红十字人道救助** 2019年，西安市红十字会拨付539万元款、物，关爱救助困难群众，助力精准扶贫。开展“红十字博爱送温暖”活动，募集38万元款、物慰问全市1600余户困难家庭。开展红十字“小天使”（救助14周岁以下白血病患儿）和“天使阳光”（救助14周岁以下先天性心脏病患儿）项目，拨付118万元救助41名患儿。与三秦都市报社联合开展“2019陕西阳光助学”活动，募集53万元资助陕西省104名品学兼优的贫困大学新生。与中国平安银行合作成立“平安融爱专项基金”，募集资金38.96万元开展扶老、济困、助学等救助活动9次。争取爱心企业西安海欣制药有限公司捐赠价值135万元的“口腔溃疡含片”发放到需要帮助的市民群众。捐赠价值56.63万元衣物发放到西安市11个区（县）困难群众。

◆**红十字应急救护** 2019年，西安市红十字会联合西安市精神文明建设指导委员会办公室开展“奔跑的红十字‘救’在你身边，急救知识万人学”活动，成立西安红十字铁军攻坚小组，在党政机关、学校、社区、企业、农村、人流密集场所等普及应急避险和自救互救知识。联合西安市精神文明建设指导委员会在西安市应急管理局、西安市投资与合作局等市级机关举办红十字应急救护知识技能普及活动（简称“红十字送健康行动”）。联合西安市科学技术协会开展“科普急救进社区”系列活动。在中共西安市委党校、西安文理学院干部培训班常态化开展救护培训。全年开展应急救护培训551期，培训红十字初级救护员2300余人，现场为10.2万名群众普及急救知识。

◆**红十字基层组织建设** 2019年，西安市红十字会推动在乡镇（街办）、机关、企事业单位、学校成立红十字会基层组织，开展扶危济困、关老助残、救护培训、志愿服务等活动，传播“人道、博爱、奉献”的红十字精神，践行人道主义理念。截至年底，成立乡镇（街道）红十字会97个、社区（村）红十字会190个、学校红十字会454个、医院红十字会83个、企事业单位红十字会8个。

◆**红十字精神宣传** 2019年，西安市红十字会壮大主流思想舆论，以活动为载体建立红十字大宣传格局，传播红十字人道文化。开展“‘5•8’红十字博爱周”系列宣传活动，在雁塔文化新天地广场举办第72个“世界红十字日”暨“爱心相伴，‘救’在身边”急救技能展示活动，纪念国际红十字运动创始人亨利•杜南，现场为30名环卫工人和20名困难群众发放米、油等救助物资。5月10日，在周至县楼观镇为80余户贫困家庭发放捐赠的衣物。在“‘5•12’国家第11个防灾减灾日”，在栖风社区开展防灾减灾知识竞赛答题活动，传递“生命安全，重于泰山”的安全观念，入户慰问红会社区、栖风社区困难家庭。在“‘6•14’世界献血日”，联合西安市卫生健康委员会在雁塔区曲江池中和广场开展“人人享有安全血液”宣传纪念活动，组织现场100余名群众无偿献血。在“世界急救日”，在大唐西市举办“急救·关注易受损群体”主题宣传活动，现场向过往群众发放《红十字知识》等宣传资料，传播应急救护知识与理念。在“‘12·1’世界艾滋病日”，联合西安市艾滋病防治工作领导小组在西安高新技术产业开发区悠悠茂社区商业综合广场开展“社区动员同防艾，健康中国我行动”主题宣传活动。向理事、团体会员单位、社区、学校等赠阅“一报一刊”（《中国红十字会报》《博爱》刊物），传播红十字精神和文化。全年围绕人道救助、应急救护、人体器官捐献、志愿服务、品牌项目等核心业务在各级、各类媒体宣传报道西安市红十字会人道工作400余次。2019年，西安市红十字会获得中国红十字会总会“报刊宣传先进集体特等奖”和陕西省红十字会“宣传工作先进集体特等奖”。

◆人体器官捐献　2019年，西安市红十字会参与推动遗体和人体器官捐献的宣传动员、报名登记工作，（书面）申请登记遗体和人体器官捐献志愿者7700余人（1031人）。首次争取到中央专项彩票公益金关爱救助金100万元，对在西安市成功捐献遗体、器官、角膜的家庭每户发放一次性关爱救助金5000元。走访慰问遗体器官捐献者家庭20人次以上。4月2日，在新城区西一路街道红十字会巷开展“生命如花，感谢捐献”暨2019年清明节“遗体和人体器官捐献、造血干细胞捐献和无偿献血”宣传活动，现场30余名市民登记成为捐献志愿者。4月4日，联合中国人民解放军空军军医大学在西安市红十字遗体捐献中心举行“感恩无言良师，牢记军医使命”清明节追思活动，共同缅怀所有捐献遗体的爱心志愿者。举办2019年遗体和人体器官捐献工作交流会。将捐献知识加入应急救护普及培训课程，895人通过急救培训班登记成为捐献志愿者。做客陕西电视台《秦风热线》、FM99.9《都市热线》访谈节目，介绍捐献事业发展现状，宣传捐献理念，与群众互动答疑解惑。

◆红十字志愿服务　2019年，西安市红十字会开展16次红十字志愿服务活动，注册发展红十字志愿者461人。5月11—15日，参与第四届丝绸之路博览会暨中国东西部合作与投资贸易洽谈会应急救护知识普及、测量血压、紧急救护等志愿服务保障工作。10月20日，组织碑林区红十字会、西安交通大学红十字会、西安航空学院红十字会志愿者参与“2019年奔跑中国·西安国际马拉松赛”赛道医疗观察、AED（自动体外除颤仪）应急服务保障工作。组织西安市红十字志愿服务队参与长安大学城半程马拉松、曲江国际半程马拉松、悦跑西安城市路跑系列赛大唐芙蓉园站等大型赛事应急救护服务保障工作。参加中共西安市直属机关工作委员会组织开展的“感动西安·添彩党旗”志愿服务活动2次，现场向群众教授徒手心肺复苏技能，发放造血干细胞和遗体器官捐献宣传彩页，宣讲“小天使救助”项目（救助14周岁以下白血病患儿）、“天使阳光救助”项目（救助14周岁以下先心病患儿）。西安市红十字会组织开展的“奔跑的红十字‘救’在你身边，急救知识万人学”宣教培训志愿服务项目获得陕西省及西安市“最佳志愿服务项目”。

◆红十字青少年工作　2019年，西安市红十字会联合西安市教育局召开西安市红十字示范校应急救护培训暨工作交流会，邀请专家就学校如何开展红十字青少年活动分享工作经验，邀请师资就心肺复苏、创伤救护、AED的使用进行培训和指导。组织西安市青少年参加《中华人民共和国红十字会法》暨红十字青少年自救互救知识竞赛，西安市长安区职教中心、西安市第八十二中学、西安市阎良区西飞第二小学等34所学校分别获得最佳组织奖一等奖、二等奖和三等奖。联合新城区红十字会在西安市励耘小学开展庆祝中华人民共和国成立70周年——礼赞共和国宣传活动。联合西安市教育系统评审创建西安市新城区华山小学等22所中小学校为“西安市红十字示范校”。截至年底，西安市建成256所“红十字示范校”。其中，有“全国红十字模范校”2所；“陕西省红十字示范校”54所。（薛　平）

西安市红十字会第七届理事会

会　长　徐明非
副会长　崔锦绣（女）　吴智民　王　伟　王庆华（女）　关相林　张忠芳　张　卫　闫秀斌　朱友明　罗红林　王红艳（女）　刘晓民　朱玉荣（女）　张春莹（女）
秘书长　李晓东

2019年4月2日，西安市红十字会在新城区西一路街道红十字会巷举办“生命如花，感谢捐献”暨2019年清明节“遗体和人体器官捐献、造血干细胞捐献和无偿献血”宣传活动，现场30余名市民登记成为捐献志愿者

西安市文学艺术界联合会

◆概况　2019年，西安市文学艺术界联合会下设办公室、协（学）会工作部、组织联络部3个部门，并有西安市文学艺术创作研究室、美文杂志社、西安书学院3个直属事业单位。西安市文学艺术界联合会拥有作家、戏剧家、美术家、书法家、音乐家、舞蹈家、曲艺家、摄影家、电视艺术家、评论家10个全市性文艺家协会，22个艺术学会、研究会、企业文艺协会和长安、碑林、雁塔、周至、鄠邑、临潼、未央、新城、蓝田、莲湖、阎良11个区（县）级文联和西安市检察官文联，共44个团体会员，汇集着西安地区各艺术门类的众多人才。

◆**艺术采风** 2019年，西安市文学艺术界联合会认真贯彻落实习近平生态文明建设思想和文艺工作座谈会重要讲话精神，开展“深入生活、扎根人民”主题实践活动，组织西安市书法家协会12位书法家于4月26—29日赴宝鸡、凤县进行采风活动。5月28—31日，来自西安市美术家协会的13位艺术家全程参与潼关、富平采风活动。采风期间，采风团成员走进陕西省爱国主义教育基地——杨震廉政博物馆、习仲勋故居，与富平县艺术家开展交流。7月18—19日，组织西安市书法家协会、西安市美术家协会、西安市摄影家协会20余位艺术家赴蓝田县开展采风活动。采风团一行先后参观了汪锋故居纪念馆、葛牌镇苏维埃政府纪念馆，并深入调研蓝田县玉雕艺术产业发展情况。19日，艺术家走进蓝田县汤峪镇圪塔村开展文艺下乡活动。

◆**文化艺术传播交流** 2019年5月11—16日，由郑州市美术家协会、西安市美术家协会主办的庆祝中华人民共和国成立70周年“大河上下——郑州·西安中国画学术邀请展”在郑州升达艺术馆展出，本次活动邀请郑州、西安2市中国画名家80人，创作近90幅精品佳作呈献给观众。6月4—7日，由西安市文学艺术界联合会、合肥市文学艺术界联合会联合主办，西安市书法家协会、合肥市书法家协会承办的“秦韵徽风——西安·合肥两市书法交流展”在西安亮宝楼展出，本次展览展出书法作品120余幅，充分展示了两地艺术家的笔墨技艺、意趣品格。7月11—14日，“百名艺术家走进武当山之西安书画家武当行活动”在武当山举行，西安市书法家协会组织开展文化交流座谈及交流笔会。由西安书学院组织的“书法进校园活动”全年有17所学校参与，每周组织书法导师到17所学校进行1次授课，自活动开办以来累计已有8500多名中小学生受益。西安书学院组织书法专家、学者编写的中小学书法教育系列丛书《历代经典碑帖临写与鉴赏（第一卷）》（共计10本）已经出版。

◆**区（县）文联建设** 2019年9月29日，阎良区文学艺术界联合会第一次代表大会召开，会议审议通过《西安市阎良区文学艺术界联合会章程》《西安市阎良区文学艺术界联合会第一次代表大会委员会及主席团选举产生办法》等，选举产生阎良区文学艺术界联合会第一届委员会。11月29日，中共西安市莲湖区委宣传部在莲湖区人民政府大礼堂召开莲湖区文学艺术界联合会第一次代表大会，会议表决通过了《莲湖区文学艺术界联合会章程（草案）》和《莲湖区文学艺术界联合会第一次代表大会选举办法（草案）》，选举产生了莲湖区文学艺术界联合会第一届委员会。

◆**文艺人才队伍建设** 2019年4月2—4日，西安市文学艺术界联合会组织协（学）会艺术骨干及区（县）文联负责人开展“牢记使命，奋力追赶超越；学习先进，争当文艺铁军”现场会暨培训活动。会上，学习习近平在全国宣传思想工作会议上的讲话和看望中国人民政治协商会议全国第十三届委员会文艺、社科委员时的讲话精神；表彰2017—2018年度西安市文联“德艺双馨”文艺工作者；长安区文学艺术界联合会和西安市摄影家协会分别代表区（县）文联和协学会进行了工作经验交流；与会人员参观了柳青纪念馆。组织部分参会人员赴陕西省基层文联建设先进单位汉阴县文学艺术界联合会参观学习，并进行艺术交流。

◆**文化阵地建设** 2019年，西安市文学艺术界联合会加强文化阵地建设，深化社会主义核心价值观宣传教育。《美文》杂志按时完成全年出版任务；与孔子学院共同开办《孔子学院汉风专刊》，全年出刊50期。与西安市教育局、西安市河湖长制领导小组办公室（西安市水务局）、西安高科（集团）公司联合在西安市中学生中开展“我爱家乡河”主题征文大赛。10月15日，在西北大学建校117周年校庆仪式上签订《西安市文学艺术界联合会、西北大学共建〈美文〉杂志合作协议》。《文艺西安》围绕市文联的中心工作，及时全面客观翔实反映西安文艺界风采，完成刊名更改和改版工作。推出协会专刊，重点宣传协会工作开展较好的西安市美术家协会、西安市书法家协会和西安市摄影家协会；开设《区县文联之窗》，重点宣传长安、未央和阎良等区（县）文联完成了全年6期的出刊任务。5月，西安市文学艺术界联合会开通“西安文联”微信公众号。通过网站、微信、微博等平台全方位积极宣传市文联相关工作、文艺活动的同时，与《文艺西安》传统媒体进行资源融合共享，全方位宣传和展示西安市文艺事业发展，推介优秀艺术家及优秀作品，让公众共享文艺发展的成果。在各平台发布信息近300余条。向中共西安市委宣传部《西安宣传工作》、“西安之声”、“美丽西安”、《每日要情》等报送、推送文联工作、活动信息近50条。

◆**协（学）会活动** 2019年，西安市文学艺术界联合会完成2018年度协（学）会年审工作。在协（学）会成立22家“拓展型”党支部，选举产生支部书记22人。3月19日，西安市舞蹈家协会第四次会员代表大会在陕西省小天鹅艺术团剧场举行，140余名会议代表代表全市广大舞蹈事业工作者、爱好者参加此次大会，大会选举产生了第四届主席团成员。6月30日，西安市篆书学会第一次会员代表大会在西安市北大街85号中图国际大厦召开。大会通过《西安市篆书学会章程》，并根据《章程》选举了西安市篆书学会第一届理事会及第一届主席团成员。2019年，西安市书法家协会、西安市美术家协会、西安市摄影家协会等文艺家协（学）会开展了丰富多彩的活动。

西安市书法家协会 3月8日，在第二届“大西安农民节”举办之际，举办“墨韵长安·醉美中国”西安市首届农民书法作品大赛，本次大赛初评出入展作品103件，提出拟获奖作者38人。4月10日，由市书法家协会与西安市书法博物馆联合举办的“弘扬翰墨风采，讲好西安故事”系列活动之“玉来玉好”——蓝田县书法精品邀请展在西安中国书法艺术博物馆举办，展览展出蓝田县书法家作品60幅、蓝田玉雕作品20件，展期1个月，同时蓝田籍书法家鲁建、张智刚等及“蓝田故事”文创团队还分别向书法博物馆捐赠了书法作品和玉雕作品。4月16日，在昆仑小学开展“墨韵书香润校园，传承文化谱新篇——西安市书法家协会走进昆仑小学教育集团”活动，并给“西安市书法家协会昆仑小学书法教育基地”授牌。授牌仪式结束后，书法家现场指导学生书写并创作书法作品，同时还在该校举办硬笔书法专题讲座。4月30日，与陕西广播电视台都市广播·陕广新闻、西安发布、西安报业传媒集团新媒体中心、陕西省诗词学会、招商蛇口西安公司联合在西安高新第二学校举办“诗居长安 招商传城”西安市首届少儿诗词诵读书法绘画征文大赛活动。活动期间，受邀嘉宾参观了该校软笔书法和硬笔书法社团，了解了平日的经典诵读活动。5月10日，“西安市书法家协会”微信公众号开通，公众号定期发布西安市及陕西省内、全国重要书法活动信息，着力推动西安书法事业的持续繁荣发展。5月25日，在西安市小雁塔小学举办“庆祝‘六一’儿童节——2019西安市优秀书法少年、西安市书法少年颁奖大会”，评选2019年度“西安市优秀书法少年”210人、“西安市书法少年”401人。5月30日，举办西安市书法家协会“扫黑除恶”书法专题网络展，展出书法作品21幅。6月28日，在汤峪古镇举办“薪火传承”——西安市第二期书法篆刻高级研修班，邀请省内外知名书法、篆刻名家现场授课，来自市书协及13个区（县）书协的60多名学员参加了培训。6月30日，在亮宝楼举办李和生书法暨石臼收藏展，展出了市书协副主席李和生的书法作品，同时也展出了其收藏的众多石臼。7月30日，市书法家协会一行10人走进94162部队，开展“庆‘八一’，文化进军营”活动，创作书法作品70余幅。8月27日，在亮宝楼举办“致敬经典——西安市书法家协会书法篆刻临帖展”，展出作品178幅。9月24日，市书协主席石瑞芳一行6人到西安浐灞第一中学，以“挥毫民族团结进步，谱写爱国主义华章”为主题，与藏、汉学生一起开展书法交流活动。10月22日，在朱雀大街小学开展“书法进校园”活动，为“西安市书协朱雀大街小学书法教育基地”揭牌，并进行书法交流活动。11月24日，设立“西安市书法家协会农民书法委员会”，王秋惠任农民书法委员会主任。12月6日，在碑林区小雁塔小学成立西安市书法家协会教育委员会中小学书法教育研究会，陆军任中小学书法教育研究会主任。12月28日，在长安区五台街道石砭峪新村隆重举行“中国年·看西安——西安市百名书法家春联进万家”活动启动仪式。

西安市美术家协会　1月5日，在西安止园饭店召开2018年度工作总结大会，研究部署协会2019年工作计划、任务要求，参会代表500余人。3月22日，漆画艺术委员会在西安培华学院长安校区举行成立大会。4月19日，在阎良区举行阎良区美术家协会成立大会。6月1日，在雁塔美术馆举行“六一”“大唐初发”作品展。其间征稿1564件，入选1200余件，颁发奖项559个、组织奖42个。9月6日，市美协主席杨霜林率近百名会员艺术家赴陕北文安驿采风。11月20日，组织60余名艺术家赴太白县开展文化活动。9月24日，组织百名会员艺术家前往革命圣地铜川照金采风，创作了一批以照金地貌为特征的美术作品。11月7日，与中共西安市委宣传部、中共宝鸡市委员会、宝鸡市人民政府在宝鸡市共同主办捐赠活动举行，捐赠书画作品200余幅，参加捐赠仪式的画家100多人现场挥毫泼墨创作。全年为115人次出版各类画册，发行5.6万册，协会主办、协办各类美术作品展览73场次。

西安市摄影家协会　1月26日，西安市摄影家协会新春联谊会在大唐芙蓉园御宴宫举行。8月18日，由西安文学艺术界联合会主办，西安市摄影家协会协办的“不忘初心、牢记使命”主题教育文艺大讲堂在中共西安市委党校举办，市摄影家协会副主席王润年做了《用镜头记录时代，用影像传递情怀》的专题讲座。11月1—4日，主办的陕西第四届国际丝路影像博览会暨西安国际影像艺术节在西安大唐西市举行。

“文明城市 有你有我——到人民中去”西安市文艺志愿服务活动现场

◆文艺志愿服务　2019年1月13日（腊八节），西安市文艺界“书书福福”过大年活动在长安区启动。至2月2日，共组织实施14场“西安年 最中国”“书书福福”过大年文艺志愿服务活动，书写春联近7000幅、“福”字3000余张、书画作品50余幅，拍摄“全家福”“寿星照”200余张。1月25日，西安市文学艺术界联合会与中共西安市委宣传部、西安市精神文明建设指导委员会办公室、西安市文化广电新闻出版局等单位联合主办西安市暨临潼区2019文化科技卫生“三下乡”集中服务活动。西安市书法家协会的书法家为群众义务书写春联近500幅；西安市美术家协会的艺术家为群众创作国画作品；西安市摄影家协会的摄影家为群众拍摄“全家福”，并打印照片。9月10日，与西安市精神文明建设指导委员会办公室主办“我们的节日——中秋节”全市示范活动，“梅花奖”得主侯红琴及三意社的秦腔艺术家为群众奉献了精彩的演出。9月23日，组织书画家走进临潼区新丰街道坡张村开展“庆祝丰收、弘扬文化、振兴乡村”文艺下基层活动，16位书画家为群众创作书画作品100多幅。12月3日，组织近10名书法家，赴长安区樱花广场参加西安市2019“‘12·4’国家宪法日”暨宪法宣传进秦岭活动启动仪式，书法家现场为群众创作家风、家训作品50余幅。

◆庆祝中华人民共和国成立70周年系列活动　2019年5月21日，在全国第六个“文艺志愿者服务日”到来之际，围绕“喜迎中华人民共和国成立70周年”，西安市文学艺术界联合会举行的“到人民中去”文艺志愿服务主题示范活动在长安区王莽街办清水头村举行。20余位来自西安市曲艺家协会、西安市戏剧家协会、西安市书法家协会的艺术家为群众书写家风、家训，并奉献了一场精彩纷呈的文艺演出。9月25日，中共西安市委宣传部指导，西安市文学艺术界联合会主办，西安市书法家协会、西安市美术家协会、西安市摄影家协会承办的“我和祖国共成长”书法、美术、摄影作品展在崔振宽美术馆举办。本次展出书法作品200余幅、美术作品150余幅和摄影作品200余幅，展览共持续16天。随后，部分作品还分别在中共西安市委员会、西安市人民政府展出。

（胡江梅）

西安市文学艺术界联合会

主　席　贾平凹
副主席　王晓锋　张青艳（女）
张龙愿　李伯钧　于孝军
吴克敬　陈兆朋　叶广芩（女）
王西京　侯红琴（女）
方　明　石瑞芳（女）
杜爱民
秘书长　陈兆朋（兼）

西安市残疾人联合会

◆概况　2019年，西安市残疾人联合会推进残疾人小康进程，开展残疾人康复服务、就业培训、社会保障、法律维权、宣传文体等工作，各项目标任务全面完成。截至年底，下辖区残联11个、县残联2个、开发区残疾人工作机构2个、镇（街道）残联167个；有市级残疾人专门协会5个、区（县）级残疾人专门协会65个。

◆残疾人就业　2019年，西安市残疾人联合会与西安市财政、税务部门共同开展减税降费促就业系列活动，建立"财政资金扶持"+"税收优惠政策助力"+"残联信息共享"的部门联动机制，吸引360余家企事业单位参加，全年新增就业残疾人1713人。实施"残疾人高端人才就业培训"项目，开展残疾人网络主播、影视动漫技术、无人机航拍及植保作业技术等新业态培训，30余名残疾人实现高端就业梦想。开展"农村残疾人自强绿色行动"，扶持3100名农村残疾人从事种植养殖业和农产品手工业。开展残疾人就业创业援助，为1111名残疾人发放创业、就业补贴；举办各类残疾人招聘洽谈会5次，上岗367人。出台《西安市残疾人就业扶贫基地办法》，规范"残疾人就业扶贫基地"建设，采取"公司、合作社等机构＋基地＋农户"方式，创建15个"残疾人就业扶贫基地"，辐射带动343名贫困残疾人增收致富。强化盲人就业，扶持盲人按摩服务点27家、盲人按摩规范化管理服务点46家、盲人按摩示范店8家、按摩师129人。强化残疾人职业技能培训，培训残疾人6115人，其中农村贫困残疾人995人。完善西安市残疾人就业信息服务系统，增加大数据统计分析功能。

◆残疾人康复服务　2019年，西安市残疾人联合会出台《西安市残疾少年儿童康复救助实施方案》，建立全市统一的残疾儿童康复救助制度，全年完成残疾少年儿童康复救助4366人、精神病服药救助12791人、住院救助2939人、运动功能障碍康复救助2465人，为6026名残疾人适配各类辅助器具6420件。在全国率先落实国务院关于外地残疾儿童持"居住证"享受当地康复救助政策，全年有1266名持"居住证"的外地残疾儿童得到康复救助，免费为63名0—6岁残疾儿童实施人工耳蜗植入手术，实现残疾儿童少年康复救助全覆盖。扎实开展残疾人"家庭医生"签约服务工作，举办全市残疾人精准康复师资团队培训班。扎实开展康复机构自查、督查，着力推进康复机构规范化建设。持续推进"互联网＋"残疾人康复服务，服务平台全面上线运行。

2019年5月，西安市残疾人就业培训中心举办残疾人植保无人机技能培训班

◆残疾人教育资助　2019年，西安市残疾人联合会落实国务院《残疾人教育条例》和"特殊教育提升计划"，依法保障残疾人受教育权利。为儿童、青少年实施包括学前一年免费教育、义务教育"两免一补"、普通高中教育免学费在内的免费教育政策。开展自行助学活动，资助918名残疾少年、儿童和困难残疾人家庭子女就学，标准为每生每年不少于1000元。开展残疾人远程学历教育资助活动，资助62名残疾学生。其中，本科31名，每人7000元；专科31名，每人5000元。

◆扶贫助残　2019年，西安市残疾人联合会联合相关部门印发《西安市扎实推进助残脱贫实施方案》，形成任务分工明确、目标责任到位、项目齐抓共管的工作格局。以3855名在册建档立卡贫困残疾人为重点，实施危房改造、阳光增收项目和助盲就业脱贫行动，扶持贫困残疾人增加收入。实施低保应纳、尽纳，帮助建档立卡贫困户中生活困难、靠家庭供养且无法单独立户的3336名重度残疾人按单人户纳入最低生活保障范围。开展元旦、春节慰问困难残疾人活动，全市各级残联走访慰问9913户，累计有1.07万人次困难残疾人得到残联系统提供的资金补贴或救助服务。积极推进苏陕扶贫协作，江苏太仓市投入1000万元支持周至县康复中心建设，资助10万元用于残疾人培训工作；安排10名贫困残疾人赴太仓市就业。

◆残疾人托养服务　2019年，西安市残疾人联合会开展政府购买托养服务，为2710名城乡重度残疾人提供居家安养服务；为328名有一定自理能力的智力、精神残疾人提供日间照料服务；为818名智力、精神及重度肢体、视力残疾人提供集中托养服务。开展助力脱贫攻坚重度残疾人集中托养行动，投入240万元，重点保障200名有寄宿制托养服务需求、建档立卡贫困残疾人和有长期照护需求的重度残疾人的集中托养服务。

◆残疾人社会保障　2019年，西安市残疾人联合会配合西安市民政局为32262名困难残疾人发放生活补贴，为48193名重度残疾人发放护理补贴，实现建档立卡残疾人"两项补贴"全覆盖。落实特困残疾人城乡最低生活保障，根据残疾程度对残疾人养老、医疗社会保险个人缴费部分给予减免。推进无障碍进家庭，投入486万元，对810户有改造需求的贫困残疾人家庭实施无障碍改造。

◆**残疾人权益保护** 2019年，西安市残疾人联合会积极开展信访维权工作，接待来电来信、来访6291人次，耐心解释、妥善劝导35次残疾人集体上访；办理市人大代表建议2件、市政协委员提案11件；成功化解1起驾驶网约车残疾人进京上访问题，并按要求开通网上信访办理系统。出台《西安市残疾人机动轮椅车补贴实施方案》，按照统一车型、统一挂牌、政府补贴的方式，投入510.6万元，为下肢功能障碍残疾人实施机动轮椅车补贴815辆，妥善解决下肢残疾人出行难问题。结合“助残日”开展普法进社区活动，大力宣传助残政策；做好残疾人法律援助和法律服务，提供法律咨询38人次；利用多种载体平台宣传“扫黑除恶”专项斗争，维护社会和谐平安。

2019年4月，西安市残疾人联合会组织残疾人选手参加西安2019城墙国际马拉松赛“梦想1公里”公益活动

◆**残联基层组织建设** 2019年，西安市残疾人联合会开展“残疾人证”核发管理专项督查，针对中共西安市委巡察组反馈意见及时进行整改。积极推进第三代“残疾人证”（智能化）试点工作，并在5个区组织实施。全面实施《西安市残疾人专职委员管理办法（暂行）》，指导区（县）残联选聘街镇、社区、农村残疾人专职委员2922人，落实残疾人专职委员工作补贴、养老医疗保险补贴和意外伤害保险等待遇。指导各专门协会在残疾人重大节日期间，组织开展丰富多彩的文体活动。开展志愿助残服务活动，推动志愿者助残服务制度化发展。完善联系督导机制，严格数据质量校验，动态更新，采集残疾人188985人、社区（村）2821个的信息，移动终端App采集比例达88.48%。

◆**残联典型宣传及文体活动** 2019年，西安市残疾人联合会大力宣传残疾人事业和残疾人先进典型，完成《服务残疾人，追梦新时代》理事长专访节目、脱贫攻坚专版励志宣传和地铁残疾人政策宣传，在新闻媒体播发宣传稿件191篇，西安市残疾人王磊、魏国光获第六次“全国自强模范”称号并受到中共中央总书记习近平接见。积极开展各种宣传文体活动，举行“自强脱贫 助残共享——西安市第二十九次‘全国助残日’活动”。参加全国第十届残疾人运动会暨第七届特殊奥林匹克运动会，西安市男子轮椅篮球队代表陕西省参赛取得第6名的好成绩；吴春燕在射箭比赛中获3枚金牌、1枚银牌；董飞霞在F55级女子投掷比赛中夺得铁饼金牌、铅球银牌。积极参加国际体育大赛，西安市选手吴春燕在荷兰残疾人射箭世锦赛中获2枚金牌；在泰国残疾人射箭亚锦赛中获1枚金牌，并打破世界纪录。组织残疾人选手参加西安2019城墙国际马拉松赛“梦想1公里”公益活动。全年组织开展全市性残疾人文化、体育活动7次。全力配合开展2021年全国第十一届残疾人运动会暨第八届特殊奥林匹克运动会各项筹备工作，成立西安市全国第十一届残疾人运动会暨第八届特殊奥林匹克运动会残疾人工作部，组织西安市执委会各部室赴天津残特奥会现场观摩学习，并指导区（县）残联做好残疾人运动员后备人才选拔招生工作。组织开展残疾人群众性体育比赛活动，举办全市残疾人中国象棋比赛、残疾人及其工作者乒乓球比赛、羽毛球比赛、特奥定向徒步走活动、轮椅太极拳骨干培训及轮椅健身操展演活动、残疾人旱地冰壶活动等。（苟旭峰）

西安市残疾人联合会执行理事会

理 事 长 安文中
副理事长 何永国 尹绪庄

中国国际贸易促进委员会西安市分会

◆**概况** 2019年，中国国际贸易促进委员会西安市分会坚持以习近平新时代中国特色社会主义思想为指导，全面贯彻落实“追赶超越”目标和“五个扎实”具体要求，大力践行新发展理念。紧紧围绕“一带一路”建设、国家中心城市建设、“三个经济”建设，结合工作实际，确定推动西安的全面对外开放、加速西安的国际化大都市建设步伐为工作目标。按照中共西安市委员会、西安市人民政府“十项重点工作”，着重在大力发展“三个经济”和着力优化提升营商环境两个方面上下功夫，以搭建“贸易投资促进平台、代言工商平台、涉外商事法律服务平台、政策保障平台”和出证认证（“四平台一证书”）为重点，持续推动工作创新发展、高质量发展，为西安市“追赶超越”做出更多贡献。

◆**搭建国际性展会合作平台** 2019年，中国国际贸易促进委员会西安市分会积极搭建国际性展会平台，促进企业与国际同行的交流合作。承办第27届中国西部国际装备制造业博览会暨中国欧亚国际工业博览会。本次展会由中国国际贸易促进委员会西安市分会与相关部门共同承办，以“工业高质量发展”为主题，进一步强化“研展投洽”融合互动、项目精准对接、展会精细化服务。展会总展出面积8万平方米，有3000余展位，有来自国内外1200余家企业参展。有近100场项目对接会、新品发布会及技术交流会等在展会期间举办。承办第16届

2019年3月14日，第二十七届中国西部国际装备制造业博览会暨中国欧亚国际工业博览会在曲江国际会展中心开幕

中国国际物流节暨第9届中国西部国际物流产业博览会。本次会议由市贸促会与相关部门共同承办，来自荷兰、比利时、德国、哈萨克斯坦、俄罗斯等多个国家的机构和物流企业参展参会，专业观众的参与度大幅提升，展会展览面积达3.5万平方米，会议规模约1000人。举办第六届国际商协会投资与贸易洽谈会，会议邀请西安市人民政府副市长王勇、拉脱维亚驻华使馆商务参赞英格、塔吉克斯坦驻华使馆商务参赞穆罕默德·叶尕姆佐德出席会议并致辞，洽谈会进一步推进了“一带一路”建设，搭建国际工商界磋商对话平台，加强各国机构、商协会和企业之间建立的合作机制，发挥联系政府、服务企业的桥梁纽带作用，促进企业间的务实合作。举办2019西安国际数字经济产业博览会，集中展示国内国际数字经济领域高水平科技创新成果和技术，搭建数字经济产业国际化合作交流新平台。7月3—8日，与相关部门共同承办第十届中国西安国际汽车工业博览会，本次展会共吸引了超过70个全球汽车品牌参展，参展车型近千款。6天的车展时间里，观展人数超过39万人次，有3万余组客户达成购车意向，购车订单逾万台。举办中日韩跨境贸易创新发展培训会。本次会议由市贸促会联合中国贸促会信息中心、中国贸促会（陕西）自由贸易试验区服务中心共同主办，围绕我国跨境电商的发展形势和相关政策、日本投资贸易环境及对日投资政策、中韩FTA发展情况及政策等内容进行了详细解读，来自全国各地约150余人参加了会议。同时还代表西安市参加了第八届中国西部跨国采购洽谈会暨中国（西安）进口商品交易会，协助举办了中国国际通用航空大会。

◆构建国际商会交流合作平台 2019年，中国国际贸易促进委员会西安市分会大力构建国际商会交流合作平台，促进国内与国际商会交流与合作。4月1日，中国国际贸易促进委员会西安市分会会长龙晓华接待了德国奥尔登堡市议会主席邦哈德·艾贝格等一行5人，就西安市的经济、文化、营商环境等方面情况做了介绍。邦哈德·艾贝格主席与奥尔登堡市经济促进局局长拉尔夫·威尔肯先生分别就代表团来访情况和奥尔登堡基本情况做了介绍。拉尔夫·威尔肯先生表示为了积极促进奥尔登堡市与西安市的友好关系，将全力与当地企业进行沟通，加强与西安市的信息互动，争取达成更多投资合作项目。6月19日，龙晓华会见了德国拉腾市市长卡尔·汉斯·韦伯率领的政府及企业代表团，龙晓华介绍了西安市营商环境及经开区的中欧产业园，德国拉腾市市长卡尔·汉斯·韦伯先生介绍了拉腾市的经济和企业情况，西安市经济技术开发区代表、德国经济协会会长及德国相关企业负责人分别就各自的企业及产品进行了推介发言。西安经济技术开发区、陕西智恩机电科技股份有限公司、陕西煜辉能源技术有限公司、西安思智计算机信息技术有限公司、西安国旅等企业参加了此次座谈。9月20日，与澳中经济文化科技促进会举办座谈会，西安市体育局、西安市商务局、中共西安市委外事办公室、西安市教育局、西安市文化和旅游局和西安曲江新区相关负责人出席座谈会并做交流发言，并建立对接联系，以项目促交流，实现合作共赢。10月15日，接待了韩国大影公司金善荣一行，并召开中韩企业项目对接会，西安市进出口商会、西安智恩机电科技股份有限公司等10余家企业及商协会共20多人参会。韩国大影公司代表理事金善荣就企业从事的表面处理业务、汽车业务等方面进行介绍。通过这次会议西安市进出口商会、精英光电等公司分别与韩国大影公司签署了合作协议。

◆国际贸易与投资 2019年，中国国际贸易促进委员会西安市分会在乌兹别克斯坦举办“中国—西安经贸合作推介会”，乌兹别克斯坦投资和外贸部，塔什干市政府，食品、皮革、纺织、电子、电气等领域的商协会代表和企业150余人参加了会议。本次推介会是西安市在乌兹别克斯坦举办的最大的经贸活动。在格鲁吉亚，市贸促会联合格鲁吉亚国有伙伴基金共同举办“中格企业经贸合作推介会”，来自格鲁吉亚投资促进机构代表，农业、海产品加工、乳制品加工企业、贸易、酒店、度假村开发企业相关代表约50人参加了推介会。组团出席了2019阿斯塔纳经济论坛开幕式，参加“全球丝绸之路城市市长论坛”、“G-GLOBAL合作平台”的对话会议等会议，与G-GLOBAL国际秘书处进行了座谈。在俄罗斯期间，举办了西安投资环境说明会，与俄罗斯联邦总商会举行了座谈，进一步深化与俄罗斯联邦总商会的经贸合作关系。组团出访荷兰、奥地利、摩尔多瓦。出访期间，与荷兰格罗宁根外事经贸局、中欧医学创新与合作基金会分别进行座谈，西安经济技术开发区就中欧产业园进行了推介。与荷兰中荷商会、Quaternes B.V.公司和Waterwatch公司就Waterwatch公司计划在西安经济技术开发区设立的AIC子公司构建情况、设立农业远程监控大数据平台中心情况以及商会企业业务覆盖面和技术支持等内容进行了座谈，对农业数据化在实际种植生产中的运营情况进行了实地参观考察，与中荷商会签署了友好合作备忘录。与奥地利联邦商会进行了座谈，向奥地利企业推介了西安市中欧产业园情况和招商政策，参观了奥地利AMAG公司铝业产品生产加工和应用项目。参加了摩尔多瓦基希讷乌市政府市长座谈会，与摩尔多瓦投资局举办了推介会，促进两市经贸文化交流发展，助推两市尽快正式结为友好城市。达到了深化对外交流、拓展对外交往渠道、提升交流合作紧密度、扩大合作领域、深化合作内容和提升合作水平的目的。组团出访日本、韩国。在韩国期间，代表团走访了大韩贸易投资振兴公社、韩国农水产食品流通公社、中国贸促会驻韩国代表处并参观庆州市汽车企业。在庆州市举办了西安市经贸推介会。在日本期间，与日本陕西总商会共同主办“西安—东京贸易投资洽谈会”，日本贸易振兴机构、中国贸促会驻日本代表处、日本华人华侨博士协会等近 70 人参加了会议，龙晓华详细推介了西安的国家战略优势、地理区位优势、科创资源优势、产业基础优势、文旅资源优势和营商环境等，解读了西安招商引资的优惠政策，通过这次洽谈会，双方企业及商协会领导纷纷表示收获颇丰，企业纷纷表示希望下一步加强联系与合作。组团出访德国、捷克。在德国期间，与德国奥尔登堡工商会联合举办了“西安—奥尔登堡企业项目推介会”，随团企业和奥尔登堡的商务咨询、纺织企业及外贸企业进行了项目对接交流。在捷克期间，举办了“（中国）西安—布拉格经贸合作交流会”，陕西华泰阳光科工贸集团有限公司、隆成控股集团有限公司等分别做了企业项目推介，与参会的捷克经贸界代表分享合作信息。

◆涉外商事法律服务　2019 年，中国国际贸易促进委员会西安市分会积极完成各项涉外商事法律服务工作。截至 11 月 1 日，共办理一般原产地证明书 3194 份，办理国际商事证明书 955 份，代办领事认证 300 份，办理 ATA 单证册 18 份，均提前超额完成全年目标任务。为进一步提升营商环境，降低办证收费标准，自 1 月起，免费办理一般原产地证明书和 ATA 出境单证册；国际商事证明书办理费用统一为 100 元 / 份（原来按平件 100 元、急件 150 元、立等件 200 元的阶梯收费标准），代办领事认证业务费由 90 元 / 份降为 50 元 / 份。同时，分管业务领导每周到政务中心现场办公，了解企业诉求，现场解决企业提出的问题，确保窗口认证工作优质高效运行。截至 10 月底，全年发布预警信息 157 条。涉及黎巴嫩、利比里亚、泰国、刚果（金）、智利等 200 多个国家和四氯乙烯、甘氨酸、铅笔和彩笔等 200 多种产品的风险预警相关信息。针对中美贸易摩擦给企业带来的影响，组织 20 多家与美国有投资和贸易的西安市企业召开座谈会，了解企业受到的影响、出现的问题及诉求。此外，还先后到西安国际港务区陆港集团、中车捷力风能有限公司、西安欧亿来服饰有限公司等 30 多家企业进行调研，帮助企业解决在经营中遇到的实际困难。进一步了解企业诉求，为解决企业实际难题，优化营商环境。通过举办税务及劳动法专题讲座、西安外贸企业进出口出证认证培训会、知识产权与仲裁专题培训、中日韩跨境贸易创新发展培训会、2019 西安 PPP 项目对接和法律服务研讨活动、“一带一路”国际知识产权研讨会、“一带一路”法律合作及仲裁服务研讨会、“一带一路”商事法律服务培训会”、“中日韩跨境贸易创新发展培训会”等培训研讨活动，有效解决企业办理进出口业务遇到的难题，助力企业更好利用法律法规开拓国际市场。经积极努力争取，获得了第三批中国贸促会自贸协定地方服务中心的授牌。进一步为本地外贸企业提供更精准服务，推进自贸协定宣介、培训、调查研究和信息咨询等工作，助力企业更好利用自贸协定政开拓国际市场，更好实现稳外贸、稳外资的目标。充分发挥贸促会职能优势，经中国贸促会批准，向中国贸促会驻韩国、驻德国代表处选派驻外代表取得实质性突破，派驻韩国代表处的工作人员于 10 月派驻；德国代表处工作人员完成审批，正在等待德国大使馆的工作签证。（孙　涛）

2019 年 10 月 7—14 日，中国国际贸易促进委员会西安市分会组织代表团赴德国和捷克进行经贸交流活动

中国国际贸易促进委员会西安市分会

会　长　龙晓华
副会长　张庚元　夏　鹏

西安市法学会

◆概况　2019 年，西安市法学会深入贯彻落实中央决策部署和省、市委中心工作，扎实开展“不忘初心、牢记使命”主题教育活动，以筹备召开第五次会员代表大会为契机，以繁荣发展法学研究、服务民主法治建设为主线，以加强思想政治建设为中心，以“六个围绕”（围绕全市中心工作任务、围绕改革试点中的相关问题、围绕群众法治需求、围绕挖掘全市优秀传统法律文化资源、围绕对外法学交流和组织体系建设的薄弱环节）为工作方向，把握职能定位，发挥自身优势，认真组织开展法学研究、法治宣传、法律服务、综合调研、组织体系建设和新媒体宣传等工作。被全国大中城市社科联表彰为全国优秀社科组织，被省法学会表彰为全省市级法学会考核优秀单位（一等奖）。

◆法学研究　2019 年，西安市法学会围绕西安市工作大局，紧贴政法中心任务，积极参与法治西安和更高水平平安西安建设，在法学研究方面成效明显。一是围绕秦岭生态环境保护区（临潼段）法律实施中有关情况开展专项工作调研。市法学会组织西北政法大学、西安建筑科技大学等专家学者和学会机关干部组成联合调研组，调研临潼区在贯彻实施《西安市秦岭生态环境保护条例》和《西安市秦岭生态环境保护管理办法》工作中的实际情况。形成《关于临潼“秦保区”法律实施中有关情况的调研报告》，调研主要成果被《陕西省秦岭生态环境保护条例（修订草案）》和《西安市秦岭生态环境保护条例》吸收采纳。二是围绕加强社会治理现代化开展理论研究。为总结西安市社会治理领域的工作经验，提升社会治理现代化能力和水平，组建成立社会治理法律研究中心，以社会治理法治化建设，社会风险防控与治理，基层法治理论与实践，打造政治、法治、德治、自治、智治“五治”结合共建共治共享新格局，生态环境治理与法治，社区网格化治理，社会矛盾纠纷多元化解等为研究方向开展研究。学习杭州市社会治理工作经验，形成《关于赴杭州学习考察市域社会治理现代化建设的情况和下一步工作思考》和《和美古都，善治长安—西安社会治理工作理念构建与设想的情况调研》报告，部分调研成果在西安市社会治理中被借鉴吸收。三是围绕西安地区法治历史文化的弘扬和传承工作，坚持不懈地挖掘西安市特色的法治历史文化。一年来，通过深入调研和广泛搜集历史资料，摸排出西安市具有法治文化价值的历史遗址50余处，形成《西安——东方法治文明摇篮 西安地区中华古代法治文明历史遗址情况的调研报告》，设计制作《“一带一路”法治文明概览地图》和《中国·西安中华法治文明遗址名录地图》，内容包括国外著名法治人物、“周公制礼”、“商鞅变法”、“约法三章”、《唐律疏议》与同时期的世界历史对比等内容，详细标注西安地区中华古代法治文明历史遗址。向中共西安市委报送《关于建设“约法三章”遗址纪念场所的建议》，受到市委领导的肯定。

◆法学交流 2019年，西安市法学会为繁荣西安法学研究，印发《2019年度法学研究课题选题建议的通知》，向全市法学法律工作者征集法学研究课题选题建议，共立项“西安市智慧城市建设法治保障研究”“人民法院附设‘一站式’多元解纷机制路径选择与制度构建研究”“秦岭北麓生态环境治理中检察职能研究”等课题7项。组织举办“加强知识产权法律保护，创建良好营商法治环境”“精神分裂症患者治疗的医保改革和资源整合”等法学沙龙活动。与西安交通大学知识产权研究院联合建立“知识产权保护服务站”，被评选为西安市知识产权局十大营商环境案例之一。组织参加“学习贯彻习近平全面依法治国新理念新思想新战略论坛”“第三十一届全国副省级城市法治论坛”“第十四届西部法治论坛”“第二届‘法治陕西论坛’”“第七届关中—天水经济区法治论坛”征集论文工作，全年共征集论文224篇，获奖61篇，分别被全国副省级城市、法治陕西、西部法治论坛表彰为优秀组织单位。西安建筑科技大学刘莉教授的《习近平总书记全面依法治国新理念新思想新战略指引下的环境法治一体建设》被中国法学会评为一等奖并在“学习贯彻习近平全面依法治国新理念新思想新战略论坛”上做主题交流发言。

◆法治宣传 2019年，西安市法学会围绕法治西安建设，坚持以“法治课堂”为载体创新开展法治宣传活动。在法治宣讲中主动聚焦扫黑除恶专项斗争工作，印发《关于在“法治课堂”进社区工作中开展扫黑除恶宣讲活动的通知》，联合区县法学会开展主题宣讲活动50余次。贯彻落实中央政法委新时代政法工作创新交流会精神，制定《关于开展社会法治心理辅导工作的安排意见》，围绕“关注心理健康助力平安建设”等主题，组织驻市高校法律专家学者在未央区、灞桥区、新城等区县开展法治心理辅导讲座20余场。为进一步加强全市法学法律界成果交流转化工作，编印《西安市法学会“法学研究沙龙”2010—2018工作情况综述》和《西安市法学会2017年度法学研究课题汇编》等资料。

围绕打造“两微一端”及“一动态一刊物”宣传矩阵，加强新媒体建设。按照积极构建“互联网+法学会”的工作模式，打造西安市法学会系统新媒体矩阵的工作要求，加强运营维护，全年在“西安法学网”“西安法学微信公众号”“西安市法学会会员之家”发表、推送稿件300余篇。坚持以“一月一动态”的工作形式，编辑“深入开展扫黑除恶专项斗争”“秦岭生态环境的保护与法治保障”“坚持全面依法治国”“加强和创新社会治理”等为专题的《学会动态》刊物，取得良好的法治宣传效果。原由中共西安市委政法委主管主办的《西安政法》杂志移交市法学会后，更名为《长安法治论坛》。西安法学会结合学会特点，对杂志进行改版，年内《长安法治论坛》已出刊3期，每期发行量2000册，成为全市法学法律界讲述长安法治故事、推动学术理论成果转化、传播西安法治建设“正能量”的重要阵地和平台。

◆组织体系建设 2019年，西安市法学会围绕组织体系建设，健全完善市法学会组织体系。一是指导区县法学会围绕西安市“扫黑除恶”“平安鼎”创建等专项工作，深入开展法治宣传及普法活动。灞桥、碑林、蓝田等区县法学会专门组织工作宣讲团，邀请法学法律专家深入社区和街办开展扫黑除恶宣讲活动。二是加强专业研究会建设。召开研究会工作座谈会，到西北政法大学等高校调研走访，印发《研究会换届工作指导意见》，督促任期届满的研究会认真做好换届工作。市法学会知识产权法学研究会、航空航天法研究会、禁毒法学研究会顺利完成换届工作，组织举办了“2019知识产权·丝路论坛暨中国科学技术法学会第四届‘创新与法治’论坛”等。组建成立“‘一带一路’国际投资法律研究会”“自贸区仲裁研究会”“城乡规划与建设工程法律研究会”，并举办专题研讨活动。市法学会所属专业研究会已达15个。三是加强会员队伍建设。在做好会员发展和登记工作的同时，搭建学术交流平台，为600余名会员制作换发新会员证。在全市开展先进集体和先进个人评选表彰活动，评选出先进集体16个，先进个人17个。

◆思想政治建设 2019年年初，西安市法学会在中央和省委政法工作会议和中国法学会第八次会员代表大会及党的十九届四中全会召开后，及时组织召开全市区县法学会工作会议、市法学会工作推进会议和法学会秘书长工作会议，传达学习会议精神。召开全市法学法律界学习贯彻党的十九届四中全会精神座谈会，就坚持和完善中国特色社会主义制度、推进国家治理体系和治理能力现代化进行研讨。为落实意识形态工作责任制，制定《西安市法学会落实意识形态工作责任制的实施意见》，重点在各专业研究会进行安排部署，积极引领广大法学法律工作者，紧密团结在以习近平同志为核心的党中央周围，不断树牢“四个意识”，坚定“四个自信”，坚决做到“两个维护”，坚定不移听党话、跟党走。抓好“不忘初心、牢记使命”主题教育，学会机关围绕主题寻初心、践使命、找差距，认真研究制订学习计划和方案，并深入驻市法律院校和政法相关部门就当前西安市法学法律界意识形态工作的有关情况进行专题调研和座谈交流，撰写《关于当前法学意识形态工作的有关问题与对策建议的思考》和《加强专业研究会党建工作，确保意识形态责任制落到实处》的调研报告。

（陈汉虎）

法治

责任编辑
曹毅强

社会治安综合治理

◆维护社会稳定 2019年，西安市政法系统坚持情报信息先导，建立完善“研判、预警、反馈、督办、跟进落实”五位一体工作体制，及时收集掌握涉恐涉暴及政治安全方面的情报信息，及时研判预警。全年搜集、上报各类涉稳情报信息1100多条，下发“重大问题预警单”“交办单”238期，召开市级层面研判会28次。先后及时防范处置“联合学院长安平台对话日”“10•1”新城广场聚集等群体性事件。中共陕西省委政法委员会向西安市通报、预警、交办的235项信息，涉稳风险预警防范率达到100%。把好风险防控“源头关”。深入细致开展涉军、出租车、拆迁安置、非法集资等重点群体的教育引导、政策解释、化解稳控等工作。先后组织开展常态化摸排12轮次、专项摸排3轮次，排查各类不稳定问题81个，化解79个，化解率达97.5%，未化解的均已落实稳控措施，稳控率达100%。深入开展依法打击处理信访活动中违法犯罪活动，先后打击处理103案156人。针对“乐伽”“左旗”等房屋租赁行业矛盾在全国范围内爆发问题，3次组织住建和市场监管部门开会研究，积极推动问题化解，有效防止大规模群体性事件发生。密切关注涉港信息，紧盯网上敏感信息，先后落地审查、教育训戒33人，坚决防止香港极端暴力活动的负面危害“倒灌”境内。召开全市政法公安70周年大庆安保维稳工作会议，成立工作领导小组，分阶段启动一、二、三级戒备，组织开展军警联合巡逻，严格落实24小时值班备勤，详细制订方案预案，扎实开展实战演练，完成中华人民共和国成立70周年大庆安保维稳任务，连续2年实现重点敏感时节进京“零非访、零违纪”。

◆“扫黑除恶”专项斗争 2019年，西安市政法系统深入学习贯彻习近平重要指示精神，坚持把“扫黑除恶”专项斗争作为重大政治任务紧抓不放。坚持高点定位部署。成立由中共西安市委员会主要领导任组长、西安市人民政府主要领导任第一副组长的专项斗争领导小组，市级领导实施联点包案，各区（县）、开发区和市级相关成员单位党委（党组）主要负责人研究部署、参战督战，形成“书记抓书记，以上率下、层层加压推进”的良好格局。抽调干部充实工作力量，成立西安市扫黑除恶专项斗争领导小组办公室，统一筹划开展全市扫黑除恶专项斗争。深入宣传发动群众。深入开展扫黑除恶专项斗争宣传报道，充分发挥传统媒体和新媒体作用，组织开展“点、线、面”结合的全方位、立体化宣传。全市在各级各类媒体共刊播专项斗争相关信息1.61万条，其中传统媒体3100条、新媒体1.3万条。总结的推送式、快闪式、宣讲式等宣传做法在全省推广。通过规范宣传、精准宣传、持续宣传，人民群众踊跃举报，西安市线索举报量占陕西省的40%、自行摸排受理线索占总量的近四分之三，扫黑除恶知晓率达98.01%，西安市扫黑除恶宣传成效受到了中央、陕西省领导表扬肯定。始终坚持依法严惩。坚持深挖摸排线索，研究制定《线索管理处置办法》《举报奖励办法》，实行线索“双交办、双核查”制度，落实举报人信息保护机制和线索举报奖励制度。先后收集涉黑涉恶线索9123条，落实奖励资金58.4万元。建立重大涉黑涉恶案件公、检、法、纪“四位一体”集中攻坚工作机制，灵活运用挂牌督办、提级办理、异地交办、提前介入等方式，集中侦破一批具有较大影响的涉黑涉恶案件。全市打掉涉黑性质组织16个、涉恶集团44个、涉恶团伙126个，侦办9类刑事案件3458件，破获2617起。不断加强打伞破网力度。中共西安市纪律检查委员会抽调200余人，组成26个核查组，开展“一案三查”，坚持做到侦办涉黑恶案件和打击“保护伞”同步推进。全市纪检监察机关立案查处涉黑、涉恶腐败和“保护伞”案件1115人，办结1051件，办结率94.3%。已立案办结的案件涉及“保护伞”问题31件161人，正在办理9件46人，留置20人。打击处理的“保护伞”占陕西省总数的42.7%，其中处级干部占36.7%。建立协调联动机制，与银行、金融、公安、市场监管等部门建立“打财断血”联动机制，在政法部门深入开展“三秦飓风2019”财产型专项执行行动，全市查封冻结扣押涉案资产价值23亿余元，占陕西省总数的三分之一以上。全面加强反馈问题整改。扎实做好中央督导组和中共陕西省委3次反馈问题整改，先后7次制订整改方案，逐项列出整改措施，明确责任单位和整改时限，提请中共西安市委对问题较多的10个单位负责人进行约谈。加强督查督导，组织市级领导带队对各区（县）进行2轮次督导，西安市“扫黑除恶”专项斗争领导小组办公室坚持落实常态化督办，先后发出“督办单”174份、“提醒函”79份、“通报”30份。上半年中央督导组和中共陕西省委反馈的6个方面共性问题、229个具体问题已全部整改，一大批积案得到解决。强力推动行业综合治理。成立了市长任组长，分管副市长任副组长，15个重点行业部门“一把手”担任行业治理工作小组组长的领导小组，逐行业制订细化治乱工作方案，同心协力推进整治工作，形成13个重点行业领域分析报告。持续开展乱点乱象整治，全市立行政、刑事案件16805件，行政、刑事拘留3454人，责令停产停业1939家，查封设施场所340个，罚款2.3亿元。深入开展基层软弱涣散党组织整顿工作，办理涉及把持基层政权恶势力集团以上案件18件，排查清理不合格村（社区）干部422人，农村党组织书记、

2019年3月1日，西安市人民政府新闻办公室举行“扫黑除恶”专项斗争新闻发布会

主任“一肩挑”比例从督导前7%提升至87%，社区书记、主任“一肩挑”比例达到100%。

◆市域社会治理和“平安西安”建设 2019年，西安市政法系统认真总结研究平安建设经验，按照“考核与基层基础建设并重”的工作新思路，坚持开拓创新，多措并举提升社会治理水平。

持续建立健全平安建设机制体系 积极完成平安建设指挥体系，结合机构改革，在全国率先实体化成立由同级党委直接领导的市、区（县）两级平安办，建立市、区（县）、街（镇）、社区（村）四级社会治理和平安建设责任体系。充分发挥平安建设考核评价“指挥棒”作用，对接落实《陕西省平安建设考核办法》各项指标，修订完善《2019年度平安建设考核细则》等制度规定，制定《争创“平安鼎”考核“三色管理”动态预警办法》，针对7个方面19项指标实行“红、黄、绿”3色管理，坚持每月汇总、通报，提高平安建设风险防控意识。全市公众安全感不断刷新历史新高，报送的《西安市开展“大平安”创建的实践与思考》被《陕西政法》全文刊发。《聚焦党管政法 创新制度机制 积极推动〈条例〉创造性贯彻落实》经验做法在中共中央政法委员会第四次创新交流会上进行书面交流。

不断加强社会治安综合治理 坚持和发展“枫桥经验”，积极推进“三治”融合，大力推广莲湖区“萤火虫”志愿服务队工作经验，中共陕西省委常委会决定在莲湖区召开全省基层社会治理创新项目观摩会。莲湖区探索社区共治经验做法被《人民日报》刊发。深入开展“云剑”“昆仑”“两打两控”“破小案”攻坚战等专项行动，“110”刑事接报警比上年下降22%，“两抢”案件接报警同比下降55.2%。坚持“三调联动”化解矛盾纠纷，全市开展矛盾纠纷排查31563起，调处31011起，调处率98.2%，人民调解工作经验做法在全省人民调解工作会议上做了介绍。深入开展“校园及周边治安综合治理专项行动”和“护校安园行动”，为全市2690所中、小、幼校园安装完善一键报警系统。严厉打击整治破坏秦岭野生动植物资源违法犯罪行为，办理涉及野生动植物案件116起（刑事案件71起、行政案件45起）。统筹推进综治视联网点位建设，建成街（镇）点位36个，社区（村）点位155个。

积极探索社会治理经验 按照“功能不减、职责明确、权力赋能、权责统一”的原则，积极整合社区（村）党建、环保、治安、交通、教育、卫生、城管等多个网格，在7个区（县、开发区）10个街（镇）20个村（社区）开展“多网合一”的全科网格化服务管理工作试点。认真贯彻中国共产党第十九届中央委员会第四次全体会议和中共中央政法委员会市域社会治理现代化试点工作会议精神，提前筹划思考市域社会治理工作，研究起草《关于推进市域社会治理现代化的意见》，并积极向中央、陕西省申请承担全国市域社会治理现代化试点任务。

◆司法体制改革和“法治西安”建设 2019年，西安市政法系统坚持以司法体制改革为契机，以执法规范化建设为主线，牢牢把握严格执法、公正司法的基本要求，自觉把法治建设贯穿到政法工作全过程。

组织政法机构改革 围绕优化职能配置、机构设置、人员编制，认真落实中央、陕西省政法机关内设机构改革要求，完成市、区两级政法委机关、检察院机关、法院机关、司法局机关以及国家安全机关内设机构改革，公安机关内设机构改革正在上级指导下进行试点。

推进司法体制改革 认真贯彻中央、陕西省、西安市司法体制改革相关要求，制定印发《2019年司法体制改革工作要点》，将7项任务分解为可操作、可考量的具体指标。公安部门执法办案管理中心建设全部完成，音视频监控、电子手环、电子笔录等智能化手段使用率达到100%。律师调解制度改革试点基本完成，建设完成71个律师调解室和100名律师参与的西安市中级人民法院律师调解员队伍。“雪亮工程”建设进入试运营，完成了1个市级总中心、7个区域分中心、市级雪亮总平台、综治分平台、公安分平台以及21个应用分平台、186个应用客户端等应用平台的建设，完成率达到100%。积极打造“一带一路”商事法律服务示范区，第二国际商事法庭建设正在稳步推进。

开展执法监督 坚持常态开展专项执法检查，先后暗访检查180个基层政法单位，发现各类执法司法问题34个。充分发挥案件督办作用，先后对“葛七宝涉黑案”“马安桥涉黑案”“陕西中城投资有限公司反映执行难案”等41起案件进行重点协调督办。深入开展案件评查工作，分2批对已审结的72件原涉恶案件进行集中评查，对发现的问题和线索向有关政法部门进行反馈，查明原因，限期整改。中央督导组对西安市案件评查工作给予充分肯定，《陕西政法》对工作经验进行转发。

◆服务经济社会发展 2019年，西安市政法系统始终聚焦服务经济社会发展这个中心，不断优化营商环境、保护知识产权，营造公正法治的营商环境。持续优化营商环境。认真学习贯彻习近平在民营企业座谈会上讲话精神，出台《保障和服务民营企业健康发展的实施意见》，深入开展规范市场秩序专项活动，批捕破坏市场经济秩序犯罪449件680人；批捕侵犯民营企业商标、专利权、著作权、商业秘密等犯罪16件25人；批捕生产、销售假冒伪劣商品类犯罪21件35人。严厉打击涉企涉商违法犯罪活动，查处经济案件373起，追赃2.93亿元。

推进“放、管、服”改革 坚持让数据多跑路、让群众少跑路，深入推进消防、交警、出入境等便民服务事项“一网通办”“全国通办”，公安政务服务事项上线10类221项，上线率达97%。持续深化户籍制度改革，在全国实现落户门槛最低、效率最高、服务最优，全年新迁入户26.34万人，全市户籍人口达到1022.66万人。莲湖区人民政府成为西部唯一入选全国法治政府建设的示范市区。

全面助力脱贫攻坚 深入推进政法综治工作助力脱贫攻坚，依法打击扶贫领域违法犯罪，依法调处涉农涉贫各类矛盾，依法化解涉农涉贫信访事项。截至年底，公安系统办理涉农涉贫案件3584件；检察院系统办理涉农涉贫案件1465件；法院系统办理涉农涉贫案件610件，为82案贫困当事人缓免减诉讼费385万元；司法系统办理涉农涉贫案件869件；信访系统排查涉农涉贫事项30件。

◆政法队伍建设 2019年，西安市政法系统认真贯彻落实中央、陕西省关于加强政法队伍建设的决策部署，全力打造“新时代西安政法铁军”，政法队伍建设取得了新进展、新变化，为全市“追赶超越”提供坚强的政法保障。邀请西北政法大学、西北大学、中共陕西省委党校、陕西省高级人民法院、陕西省人民检察院专家教授，分2批对全市政法系统280名正处级以上领导干部进行脱产集中培训。坚持以会代训、以案说法，结合“扫黑除恶”专项斗争，举办6期“以案讲法”专题培训班。组织力量编印《西安市扫黑除恶专项斗争典型案例汇编》《法律政策文件汇编》等文件资料，供政法系统干部学习，不断提高各级领导干部对“扫黑除恶”政策的理解把握。严格执行新《党政领导干部选拔任用工作条例》《公务员职务与职级并行规定》，全面贯彻落实“三项机制”工作要求，结合“扫黑除恶”专项斗争，研究制定《在扫黑除恶专项斗争中发现培养使用干部暂行办法》《扫黑除恶专项斗争中全市政法系统领导干部交流制度（试行）》。抓住街（镇）机构改革契机，落实街（镇）政法委员配备。围绕政法队伍建设，建立市级政法部门领导班子和干部队伍定期分析研判制度。突出政治标准，建立考察使用“负面清单”。注重履行协管职能，完善选拔考核6项工作流程。全年完成市级政法部门10名正处级干部选拔任免、11名干部交流、6名试用期满干部考察、21名区（县）政法委领导干部报审备案，以及41名中共西安市委政法委员会机关干部职级套转和44名职级晋升工作，配合中共西安市委组织部对市级政法部门4个领导班子、49名市管干部担当作为情况进行专题调研，并把在“扫黑除恶”专项斗争中表现突出的人员推荐提拔为副局级领导干部。建立违纪、违法案件协查通报机制，每季度与纪检监察部门汇总全市政法干警违纪、违法案件查处情况，选择典型案例，在全市政法系统内部集中通报，揭短亮丑，警醒队伍。前三季度，通报典型案例23起35人。建立队伍满意率测评机制，每季度对市级政法部门队伍满意率进行测评，及时通报排名结果，促进政法单位党组抓队伍管理的自觉性。全年公、检、法、司干部队伍满意率分别达到95.83%、97%、95.79%、96.83%。

（付　鹏）

人大立法

◆概况　2019年，西安市人民代表大会及其常务委员会始终遵循“党委领导、人大主导、政府依托、社会参与”的立法原则，不断加强和改进新时代地方立法工作。全年制定3部法规，修订2部法规。

◆重点领域立法　2019年，西安市人民代表大会及其常务委员会落实习近平生态文明思想，积极、稳妥修订《西安市秦岭生态环境保护条例》。突出重点水域保护，及时制定《西安市水环境保护条例》。落实习近平关于垃圾分类工作的重要指示精神，初审《西安市生活垃圾分类管理条例（草案）》。按照全国人民代表大会常务委员会备案审查的意见，修订《西安市道路交通安全条例》。紧扣民生领域立法，制定《西安市养老服务促进条例》和《西安市社区教育促进条例》。

◆立法机制创新　2019年，西安市人民代表大会及其常务委员会推进科学立法，落实立法“四方”责任，发挥人大主导作用，相关委员会提前介入立法调研、法规起草程序，认真审议法规。推进民主立法，充实调整“立法专家库”，专家库成员由34人增加到55人。发挥人大代表、立法专家库、基层立法联系点、协作单位的作用，进一步拓宽公众有序参与立法的途径。全年征集立法意见建议1700多条，采纳700多条。

◆规范性文件备案审查　2019年，西安市人民代表大会及其常务委员会听取和审议法律工作委员会关于本届人民代表大会规范性文件备案审查工作的报告，建立全市备案审查信息平台，召开现场推进会，推动规范性文件备案、审查工作制度化、规范化、信息化，对报备的规范性文件进行审查，维护国家法制统一。

（赵　航）

公　安

◆概况　2019年，西安市各级公安机关坚持政治建警、改革强警、科技兴警、从严治警，围绕西安建设国家中心城市目标，按照“聚焦西部最佳、打造公安铁军，奋力追赶超越、创建平安之城”的总体思路，以中华人民共和国成立70周年大庆安保维稳工作为主线，以“扫黑除恶”专项斗争为重点，以“不忘初心、牢记使命”主题教育为推手，认真履行新时代公安机关“三大使命”，有力维护全市政治安全和社会稳定。经过全警努力，全市公安工作未发生有重大政治影响的敏感案事件、未发生暴力恐怖袭击案事件、未发生影响社会大局稳定的重大群体性事件、未发生规模性赴省进京集访、未发生群死群伤的重大公共安全事故。全市下半年社会治安满意度调查结果为78.64%，公众安全感96.9%，公安队伍满意率95.8%，比2018年分别提升5.67、3.25、1.61个百分点。

◆维护社会治安稳定　2019年，西安市各级公安部门强化严打整治力度，严密重点防范管控，有效维护城市安全，不断增强人民群众的安全感。

治安防控　按照“严之又严、密之又密”要求，完善社会治安防控体系，推进重点区域治理，强化社会面整体防控。严格按照街面3类案件降控工作要求，采取网格化巡逻、武装设卡盘查等方式，持续落实巡逻盘查长效机制，提高街面巡逻盘查工作的密度和精度。全年启动一级紧急型巡逻等级32天，二级加强型巡逻等级166天，开展全市武装设卡大盘查52次，全市巡逻警力盘查461万人次、车辆272万辆次。“两抢”“零发案”天数达到185天，创西安市历史新高，社会治安持续向好。以出租房屋为重点、以流动人口为对象，组织全市社区、治安警力深入开展“治安大清查行动”。通过2次集中清查行动，摸排

西安市公安局开展治安防暴演练

流动人口15.7万次、出租房屋7.8万间，责令限期申报登记12377人，排查、核查重点关注人员4095人。以“飓风”行动为牵引，对全市入室盗窃高发案社区组织专题研判，加强巡逻防范和监控设施建设，组织开展盗窃民宅防范宣传活动，有效遏制入室盗窃案件高发势头。全年入室盗窃立案6673起，比2018年下降3%。先后下发社会面工作管控方案预案85份，严格加强警力备勤，规范应急处置程序，充分发挥全局60个应急点、9支反恐应急处置大队作用，组织特警、巡特警拉动演练，确保一旦有事，快速反应、高效处置。全年成功处置各类群体性突发事件140起，有效维护社会治安大局稳定。配合旅游、工商、交通等职能部门开展联合旅游执法行动，加大对“黑车”“黑导”等涉旅乱象的整治力度，办理涉旅刑事案件116起，刑拘149人，配合交通部门查处“黑车”90辆，有效维护了旅游市场秩序稳定。

“扫黑除恶” 坚决贯彻中共中央和国务院决策部署，围绕“扫黑除恶”第二年“攻案件”的阶段目标，以中央扫黑除恶督导组督导“回头看”为契机，充分发挥“扫黑除恶”主力军作用，突出案件侦办、打伞破网、打财断血、乱点整治等重攻方向，扎实推动“扫黑除恶”专项斗争取得新突破。西安市公安局成立扫黑除恶专项斗争领导小组，制定《西安市公安局扫黑除恶专项斗争总体方案》和10个分方案，将全市划分为“东、西、南、北”4大片区，集成各警种部门警力资源，对专项斗争实施“扁平化”指挥。先后召开“2019扫黑除恶”誓师大会和19次党委会、21次专题会、16次推进会，通过举办集中学习研讨、举办“公安大讲堂”和主题教育公开课等形式，持续深入组织全警扎实推进专项斗争。组建市局、分县局2级线索核查专班，市局党委委员承担各分县局线索核查包抓责任，分县局实行局长、分管刑侦副局长和刑警队长的“三长负责制”，对核查不到位、结论错误的，一律溯源倒查。同时，实行线索摸排、接报、研判、流转、核查、评估、反馈和“7日核查回复”制度，着力提升线索复核质效。截至年底，接收各类举报线索19600条，其中涉黑、涉恶线索10449条，查结9008条，查结率86.2%。西安市公安局会同检法、纪检机关构建案件高效侦办工作机制，公安机关侦办取证、检察机关介入引导、审判机关帮助评估、纪委监委“一案三查”，推动案件准确定性和快处、快侦、快破、快捕、快诉、快审、快判。截至年底，侦办恶势力团伙以上案件186起，其中黑社会性质组织案件16起。恶势力犯罪集团案件44起、恶势力团伙案件126起；侦办涉黑恶九类刑事案件3458起，破案2617起，刑拘4932人。组建市局直属和“四大片区”“打财、断血”专业队，下设5个专业组，按照“快、准、狠”标准要求，对全市已逮捕、起诉、审判及在侦黑社会性质组织、恶势力犯罪集团案件涉案资金资产全面复核、同步查扣；对上级交办和全市在查的黑恶案件重大线索提前介入、全面核查，坚决依法查处涉案资产。查处23.2亿元，其中冻结账户资金1.57亿元，追缴止付资金1.5亿元。同时坚持涉黑恶案件与打击“保护伞”同步开展，主动对接纪检监察机关，落实“涉伞线索双向移送机制”，对已侦结案件全面开展涉警问题“一案三查”。建立相关机制，确保涉警和保护伞问题线索核查质量。截至年底，在涉黑涉恶案件“一案三查”中，给予党纪政务处分和组织处理347人；定性为“保护伞”90人，移送司法机关18人。针对涉黑恶势力插足重大项目、工程特点，对全市700余个重点建设项目，实行市局、分县局、派出所领导三级包抓，从源头上遏制查处涉黑恶犯罪，优化营商环境。围绕网络、金融、黄赌毒、涉枪涉爆4个领域，持续进行乱点整治，相继开展整治涉网涉贷、涉黄赌毒、涉枪涉爆问题专项行动。在全市集中开展主题宣传活动20余次，文艺宣传演出32场次；在中央、陕西省、西安市媒体发稿2968篇；制作“扫黑除恶”电视专题片25部、宣传动漫公益广告4部。设立“扫黑除恶”举报奖励基金，畅通举报渠道，拓宽线索来源，发放奖励金57.4万元。全市“扫黑除恶”知晓率达到99.6%，比2018年上升21.4个百分点，形成“全民扫黑、全民除恶”的良好氛围。10月11—12日，全国扫黑除恶专项斗争第2次推进会在西安市召开。其间，中央政治局委员、中央政法委书记郭声琨在西安市公安局扫黑除恶专项斗争领导小组办公室调研指导时，对西安市公安局扫黑除恶专项斗争工作给予“思路很清晰，成效很明显”“宣传工作很到位，把握很合适，工作也很扎实”的充分肯定。

安全保卫 西安市各级公安机关组织大型活动安保156项263场次，其中1万人以上活动78项112场次，协调各警种警力180余万人次，参与活动人数约3000万人次，各项大型活动中未发生群体性踩踏等安全事故。圆满完成中共中央常委、国务院总理李克强来西安考察、中央扫黑督导组驻地安保等重大警卫任务125批，部署规划警卫路线175条，一级、二级加强警卫排爆任务22次，确保警卫目标的绝对安全。完成中华人民共和国70周年大庆安保维稳任务。

◆公安改革 2019年，西安市各级公安机关坚定不移走改革强警、科技兴警之路，加快推进警务机制改革与现代科技应用深度融合，努力在提升公安工作整体效能和核心战斗力上实现新突破。

管理制度改革 贯彻落实政法领域全面深化改革推进会精神，注重优化职能配置、机构设置、力量资源配置，深入推进人民警察管理制度改革，深化招录培养机制和职业保障制度改革、着力激发公安队伍的生机和活力。按照中央、全省“两个职务序列改革实施方案”精神，全力推进全局两个职务序列改革工作和综合管理类公务员套改晋升工作。截至年底，完成套改执法勤务警员职务人员12250人，晋升5319人；套改警务技术职务人员891人，晋升419人；对综合管理类573名公务员进行套转，晋升651人，拓宽了民警职业发展空间，激发和调动了民警工作积极性。

辅警管理改革 全面深化警务辅助人员管理制度改革，推进辅警队伍正规化建设，按照1∶1民警辅警比例，先后为市局机关补充辅警400余名，指导雁塔、临潼、长安等分局开展规范的辅警招聘工作，于3月、9月2次安排部署全局辅警岗位层级晋升工作，经资格审查、晋升培训等程序，近3000余名辅警实现层级晋升，其中361人被推选为“西安市公安局优秀辅警”。

行政效能改革 进一步加大公安“放管服”改革力度，在出入境管理、治安和户籍管理、道路交通管理等方面持续发力，不断研究推出更多服务措施，着力优化营商环境，不断拓展便民利民渠道，努力提供普惠均等、便捷高效、智能精准的公共服务，让人民群众有更多、更直接、更实在的获得感。对“互联网+政务服务平台”服务事项进行全面整合优化，上线公安政务服务事项10类221项。其中，通过在线审核、在线支付、物流寄递等手段，实现“不见面”全流程在线办理的有86项；通过在线预约、预审，实现“最多跑一次”的有78项；可网上查询预约的57项，政务服务事项上线率达到97%。在全市推行交通事故微信处理工作机制，线上处理交通事故5.2万起，受到群众广泛好评。车驾管服务方面，在全市布建小型机动车登记服务站41个、“警邮”合作业务办理网点70个、大型机动车登记服务站3个，缩短群众平均办事路程四分之三。11月14日，全市首家交通安全综合服务站在灞桥区洪庆街办揭牌，进一步创新探索城乡交管便民服务。出入境服务方面，积极推进“全国通办”新政，对外交往能力和水平得到提升。

◆治安管理 2019年，西安市公安局治安管理部门聚焦公共安全、治安防控、维稳处突，深化民意警务、“智慧公安”、“互联网+治安”，突出抓好社会治安防控体系建设等重点工作，为西安经济社会发展创造了和谐稳定的社会环境。

治安管控 抓好社会治安防控体系建设，确保社会治安大局稳定。不断加强源头治理，全力构建对话平台，强化社会面和重点要害部位安全防控，全力预防和妥善处置可能引发的各类群体性事件，保证社会稳定。深入开展治安复杂地区排查整治工作。全年排查城乡接合部113个、城中村167个、行政村（社区）973个，重点行业、场所或部位471个，排查流动人口聚居地312个，刑释解教、吸毒等重点人员611人次，接受群众各类举报线索343条，发现违法犯罪线索192条。全市开展各类联合执法283次，排查化解矛盾纠纷1391起，办理三类可防性案件637起，受理治安案件1721起，查处治安案件3916起，立刑事案件1493起，破获刑事案件1392起；抓获犯罪嫌疑人791人，网上追逃15人。

社区治安防范 深入开展入室盗窃民宅案件降控，认真抓好社区治安防范工作。以“飓风行动”为指引，对全市入室盗窃高发案社区组织专题研判，组织全市各级户政部门及社区民警开展有针对性的防控，加强巡逻防范和监控设施建设，对盗窃民宅高发案派出所、高发案社区进行督导检查，组织开展盗窃民宅防范宣传活动，有效遏制入室盗窃案件高发势头。全年入室盗窃立案6673起，比2018年下降3%。

公安检查站查控勤务 西安市各公安检查站积极克服室外高温低温、雾霾等不利天气因素的影响，坚持开展常态化查控勤务，全面加强对重点人员和目标车辆的查控力度，圆满完成各项查控任务。全年抓获各类网上逃犯37人、吸毒人员83人，查获烟花爆竹96件、仿真枪3把；查获各类危化物品运输案件2起，移交食品、药品案件24起，非法运输烟草案件7起，收缴散装汽油271升，查获运输普通野生动物10起。

校园周边环境整治 强化校园隐患排查。在吸取“9•2恩施校园伤人事件”深刻教训的同时，会同教育部门开展“护校安园”“校园安全整治月”和校园安全督导检查等活动，对全市校园“三防建设”、警务进校园、校园周边治安和交通秩序整治等情况进行督导。在全市2690所中小学、幼儿园建设完成一键报警系统。全年出动警力26870余人次，检查中小学、幼儿园2690所，排查、整改安全隐患2000余处，整改治安乱点390余处，排查校园内矛盾纠纷267起，组织群防、群治力量11290人。查处涉校、涉生刑事案件12起，行政案件36起，协助收治13名危害学生安全的精神病患者接受治疗。

预防未成年人犯罪 加强未成年人保护救助工作，在与学员深入谈心沟通的基础上，选派具有心理辅导经验的人员，多次赴中小学、幼儿园、社区等开展法治宣传和青少年心理危机干预活动，积极参与交通安全、校园安全教育活动，采用丰富多彩的宣传方式普及法治教育。全年收治学员35人，其中少数民族7人。

特种行业管理 贯彻落实《西安市特种行业治安管理条例》，加强对网约房、民宿、酒店式公寓的治安管理工作，有效地堵塞旅馆业治安管理的漏洞。在开锁、公章刻制、废旧金属收购等行业场所管理上，积极创新，组织协调多个部门、多方力量加大监管力度，实现对全市特种行业及时有效的监督管理。组织开展娱乐场所大清查、游艺场所专项整治等专项行动。不断规范监管措施，始终保持高压打击态势。全年检查娱乐场所703家，其中歌舞娱乐场所334家、电子游戏游艺场所15家、茶秀棋牌室354家。责令停业整顿87家，限期整改177家。现场查处涉赌案件171起，其中刑事案件13起，刑事拘留53人；行政案件158起，行政拘留373人，收缴赌博游戏机533台。

打击黄、赌、毒 坚决打击黄、赌、毒违法犯罪行为，按照“逐家过，逐项查”要求，落实相关的工作措施，对全市2304家特种行业场所、1537家娱乐场所以及网约房、民宿等，开展“拉网式”摸排清底，先后取缔游戏游艺场所、洗足浴场所5家，责令整改51家，自行停业33家。治安、网安等部门主动配合、协同作战，加强本地网站管控，积极开展网络巡查，处置网上涉黄、赌、毒信息1550条。专项整治以来，全市查处黄、赌、毒案件2059起，打击处理1507人，强制戒毒1895人，分别比上年上升22.6%、36.6%、23.9%。“110”接报警平台涉黄、赌、毒警情下降5.8%，黄、赌、毒违法犯罪得到有效控制。

安全监督管理 扎实做好安全生产监管检查，深入开展缉枪治爆专项整治行动。组织政法、自然资源、应急管理等部门组成联合执法检查组，出动1.5万人次，对全市矿山企业、交通运输、物流寄递等重点行业和70家民爆、110家剧毒品和121家公务用枪重点单位集中开展拉网式安全大检查，有效消除各类安全隐患。认真清理整顿枪爆行业乱象，规范公务用枪管理，推进散装汽油信息系统和易制爆化学品管控，有力打击涉爆涉枪违法犯罪活动，实现危爆物品“不打响、不炸响、不流失”的目标。对危爆物品进行收缴，查处涉爆、涉枪违法犯罪案件，捣毁多处烟花爆竹非法窝点，对报废公务用枪和管制器具进行销毁。重点对春节前后烟花爆竹、大型活动、道路交通、日常防火、单位内部安全管理工作进行具体安排，进一步强化治安领域的民爆、剧毒危险化学品、人员密集场所和大型活动的安全监管。同时认真组织开展“安全生产月”活动，发放宣传资料10余种2万余份。全年清查收缴各类枪支187支、子弹11376发、炸药5千克、雷管343枚、火药7千克、战争遗留炮弹15枚、刀具2161把、弩弓59支、仿真枪70把、剧毒化学品0.453千克、各类烟花爆竹3310件，查处涉及烟花爆竹各类案件35起，消除了安全隐患。

保安监管 充分发挥新闻媒体作用，扩大行业影响力。对2019年“先进保安从业单位”和“先进保安从业个人”进行表彰奖励，倡导正能量，引领新发展。指导西安市保安协会主办以“高歌迎大庆，奉献保安情”为主题的庆祝中华人民共和国70周年文艺汇演暨“文化建设先进单位”“保安示范岗”表彰大会，评选“文化建设先进单位”20家、“保安示范岗”10家，有力提升了保安业知名度和影响力。发挥保安员安保辅助作用，确保大型活动万无一失。特别是在2019西安国际马拉松赛安保活动中，组织7200名保安员参加安保执勤，确保赛事安全、顺利进行。全年组织保安员参与大型商业活动安保执勤2万余人次，推动大型商业活动社会化安保工作深入开展。

犬类管理 采取日常管理与集中整治相结合，广泛宣传动员，促进广大市民依法文明养犬意识和素质不断提升。

全年悬挂横幅326条，制作摆放展板275块，发放宣传资料22万余份。在《华商报》、西安广播电视台《法制进行时》栏目、陕西广播电视台《都市快报》《都市热线》栏目等进行实时宣传报道，引导群众依法、文明养犬。全年办理“犬类登记证”7515个，年审“养犬登记证”10606个，收容犬只3168只。

◆刑侦工作　2019年，西安市公安局刑侦部门扎实推进“平安建设”，严厉打击涉黑涉恶、严重暴力、多发性侵财等各类刑事犯罪。全市立刑事案件69798起，破获现发案件36566起，破案率52.4%，破案打击效能显著提升。

严重暴力案件侦破　坚持“命案必破”不动摇，对各类严重暴力案件快侦、快办，全部破获了各类严重暴力案件。全年立命案52起，破案52起，破案率100%。先后组织侦破了一批疑难重大杀人案件，破获命案、积案7起。

侵财类案件侦破　牢固树立“群众利益无小事”的理念，坚持多警种合成作战，细化打击机制，延续侵财犯罪的严打、严控的态势，深入组织开展多发性侵财案件的破案攻坚，取得显著打击成效。全市刑侦“三类案件”立案比上年下降3%，破案率上升20%。破获的“2•21”系列入室盗窃案，查获涉案赃物600余万元，社会治安环境明显改善。

涉枪类违法案件侦破　全年立涉枪案件32起，破案21起，销案1起，打击处理28人，查扣枪支23把（含火药动力枪10把），查扣射钉枪弹1083发、制式手枪弹50发。

拐卖案件侦破　全年解救儿童70人，侦破积案7起，找回失踪、被拐多年的儿童7人。

电信网络违法案件侦破　全市破电信网络诈骗案件2524起，抓获违法犯罪人员1475人。先后组织侦破了一大批团伙系列案件，特别是在菲律宾开展跨国打击电信诈骗犯罪活动，抓获犯罪嫌疑人107人。同时，西安市反诈骗中心下发研判指令84个，打掉犯罪团伙、系列案件38个，止付冻结涉案资金3.49亿元，预警劝阻群众20余万人次。

团伙系列案件侦破　严厉打击民族资产解冻类违法犯罪，打掉犯罪团伙5个，抓获犯罪嫌疑人50余人。侦破陕西省公安厅督办民族资产解冻类新型诈骗案件，抓获犯罪嫌疑人38人，核实涉案资金700余万元。严厉打击“套路贷”违法犯罪，成立打击“套路贷”违法犯罪工作专班，规范下发《打击“套路贷”案件工作指南》，与检察院、法院建立健全发现反馈、研判会商机制，开展为期3个月的打击专项行动。全年立涉嫌“套路贷”“校园贷”案件83起，破案42起，抓获嫌疑人190余人，带破其他类刑事案件430余起，查扣涉案资产5.3亿元、车辆13台、房产15套。侦办“套路贷”涉黑组织案件3起，涉恶集团案件5起，涉恶团伙案件5起。组织开展代号“战鹰”专项行动，全年侦破各类文物案件152起，打击处理104人，查获珍稀、珍贵文物895件，其中二级文物3件，三级文物128件。破获陕西省公安厅、公安部督办文物案件1起。共采集指纹数93217枚、DNA血样85526份、声纹23927人、手机信息8047部。研判跨区域层报线索62条，发布侵财案件研判报告716篇，下发研判指令321条，根据研判指令破案212串，打掉犯罪系列团伙22个，抓获犯罪嫌疑人129人。坚持发布涉黑、涉恶案件人员日分析、周研判、月研判制度，形成线索研判指令149篇，形成全市重点关注人员研判报告66篇。建立完善刑事技术破案机构，依托“现勘、指纹、DNA”数据库，实施“24小时反馈机制”，坚持既勘查现场、检验分析、研判串并，又抓技术破案工作的做法，利用DNA、指纹技术比中案件3110起。全市男性家族排查系统建设涉及200余万人，核实18.4万人、家系26.6万支，并利用此项技术赴一线，摸排男性家族2.13万支，成功破获陕西省公安厅督办“3•13”命案。警犬技术民警携犬执行警卫任务、重要会议、大型活动等安检任务260余场次，确保万无一失。组织研发的涉黑、涉恶人员管控系统，采集涉黑、涉恶案件数据70148案，涉及53034人，形成日研判184篇、研判指令32篇。“机不可失”阵控App在网用户49729人，进行数据比对15316次。采集监狱刑满释放和监所释放人员数据13078条，新增刑嫌列控人员数据3819条，全市打击处理刑事犯罪嫌疑人607人。加强刑侦协作，制定完善协作工作机制。办理跨区域协作案件9283起、外地函件协查案件126起；配合完成公安部、陕西省公安厅组织开展的“南昌史玉斌诈骗案”“榆林‘1•09’特大新闻敲诈案”等一大批特大系列案件的协查等工作，并积极做好军地、铁地、警企联动等跨部门协作工作。

平安创建宣传活动　在坚持严厉打击违法犯罪的同时，为提高市民“一度一感一率”（社会治安满意度、公众安全感、公安队伍满意率），紧扣刑侦部门扫黑除恶、打击治理电信网络新型违法犯罪等宣传重点，适时组织开展一系列平安创建宣传活动。1月4日，在钟鼓楼广场牵头举行“决战决胜2019扫黑除恶誓师大会”。4月，借助网络线上和线下问卷调查的形式，上街道、进社区、发网帖对刑事案件对公众安全感影响进行深入调研，形成《刑事案件对公众安全感影响探析》调研报告。5月，在全市范围，组织开展一系列“防范电信网络诈骗宣传周”活动，联合美团点评集团组织开展了“警企携手反诈骗，送平安进万家”活动。6月，会同西安市文物局在陕西历史博物馆开展打击防范文物犯罪集中宣传活动。8月，协调西安市市场监督管理局，在全市出租车顶灯、公交车体上进行高频次的以“创建平安西安、扫除诈骗犯罪”为主题的“防骗全民行”宣传活动。结合“12•12”网购节的特点，借助西安市公安局官方微信、西安市反诈骗中心官方微信相继开展一系列防诈骗宣传工作。10月，上线宣传、发布电信网络诈骗突出类型“杀猪盘”甄别防范、购物节退款诈骗甄别防范。11月，宣传、发布“11•11”防骗指南、“11•11”网购退赔款防范、“西安公安预防电信诈骗微视频”。

◆户政管理　2019年，西安市公安局户籍管理部门在转变作风、便民利民的基础上，进一步贯彻落实户籍新政，优化服务，使便民利民工作举措落到实处、取得实效。

基层基础建设　深化基础信息采集工作，创新总结出“最多敲一次”“错时采集法”等工作方法，在最大限度不扰民的情况下实现信息采集少跑路。西安市公安局民警走访群众300万余户，为群众提供帮助595人次，解决39名无户人员户籍，抓获逃犯307人。结合“雪亮工程”和立体化社会治安防控体系建设，全面推进“智慧安防小区”建设。以居民小区为单元，通过布设基于物联网联通的各类前端智能感知设备，全域、全量、多维、即时感知居民小区公共安全风险隐患，推动西安社会治理由应急处置型向风险防控型转变，打造一批数据自由流通、可实时自动比对分析研判的“智慧安防小区”。全年在全市建成“智慧社区”50余个。紧贴“矛盾不上交、平安不出事、服务不缺位”的工作要求，在全市广泛开展“枫桥式公安派出所”创建活动，表彰命名新城分局公园北路派出所、碑林分局红缨路派出所、雁塔分局长延堡派出所、未央分局大明宫派出所等8个派出所为“西安市坚持和发展‘枫桥经验’优秀公安派出所”。阎良分局凌云路派出所被公安部命名为“全国首批枫桥式公安派出所”。

户籍管理 深化户籍改革，推出“西安户籍新政3.0”，全面优化“学历落户”“在校大学生落户”“人才引进落户”“投资创业落户”“投靠直系亲属落户”“安居落户”6方面的内容，进一步降低落户门槛，简化办事流程，在全国范围实现落户门槛最低、效率最高、服务最优。全年新迁入落户30万人，其中博士以上710人，硕士13874人，本科85183人，人才引进5092人，全市户籍人口达到1027.4万人。大力推行户籍业务“全城通办”工作机制。着眼打造“15分钟政务圈”，对查询、登记、变更更正、注销等5类39项户籍业务实行“全城通办”，群众均可就近在全市任一户籍窗口办理。持续打造标准化服务体系，从接待咨询、业务流程到接待用语、便民设施乃至台面高度等，规范具体标准；明晰岗位职责，设置引导服务、户口办理、信息查询和网上业务等12类岗位，责任细化到人。

居民身份证办理 进一步优化便民利民措施，做好“绿色通道”服务工作。做好居民身份证“绿色通道”、相片“多拍优选”、换证提醒、证件阴影等工作，为群众提供多元化的便利服务。做好中考、高考学生参加考试急需用证“绿色通道”，开辟企业集体用工、各类职业资格考试考生等急需用证群体申领居民身份证项目，确保急需用证群众能及时领取证件。认真落实“居民身份证采集人像照片‘多拍优选’”服务要求，做好居民身份证换证提醒，解决好“居民身份证证件阴影问题”，受到群众好评。

居住证管理 为进一步落实省厅便民利民工作措施，为民营企业员工办理居住证提供便利，户籍管理部门主动对接联系，简化办证材料，基层派出所主动对接联系民营企业，及时掌握民营企业办证需求，方便民营企业及员工办事。

外来流动人口管理 按照以出租房屋管理为重点，以流动人口管理为对象，以整治治安混乱地区为目标，组织全市社区民警集中开展3次流动人口出租房屋常态化清查核查行动，重点清查社区楼宇电信网络诈骗违法犯罪窝点。组织户政部门724名社区民警、780名社区辅警、446名驻村民警、1423名农村辅警，开展治安大清查行动。全年出动警力29992人次，走访小区1667个，写字楼、商住楼601个，走访企业单位1149个，摸排流动人口156830次，责令流动人口限期申报居住登记20908人；摸排出租房屋78312间，责令房屋出租人限期申报房屋登记12377人；排查、核查重点关注人员4095人；查处各类案件60起，查处违法犯罪人员57人，有效净化了治安环境。

◆出入境管理 2019年，西安市公安局出入境管理部门大胆改革创新，严格出入境管控，规范执法管理，圆满完成了目标任务。全年受理各类因私出国（境）证件申请129.4694万证次，为境外人员办理各类证件15319证次，登记临住境外人员74.7671万人次，处理各类案事件665起。

提升服务效能 促改革优服务，不断增强企业和群众的获得感和满意度。陆续推出“全国通办”“一网通办”“一证通办”等重大改革新举措，创新实施“送政上门”“人才管家”“按需申领”等多层次的出入境便利措施，会同西安曲江新区管委会设立陕西省首个留学生创新创业实习基地。从加强“硬件”和“软件”两个方面建设入手对西安市公安局19个出入境业务办理窗口开展查漏补缺，各级出入境窗口对标对表抓整改，持续发力促提升，推进整体服务水平进级升档。西安市8个出入境窗口获“标兵窗口”“示范窗口”称号。

外国人管理 严格落实面见申请人、人像比对及“三必核三必查”制度，大力推广酒店集中式，高校、涉外单位一站式，散居社会灵活式多渠道住宿登记信息采集模式，对在华的“三非”外国人违法活动打早、打小、打苗头，办理“三非”案件311起，处罚涉案外国人380人，遣送出境33人。顺利执行重大涉外安保任务14起，全市未发生1件重大、敏感涉外案事件，重要节会、警卫任务安保工作确保万无一失。

规范执法 按照“一案一报、归口掌握”原则，实现出入境管理信息系统录入、实时统计的无隙链接。积极与党政机关组织人事及公、检、法、司等部门沟通协调，健全完善国家工作人员登记备案和法定不批准出境人员通报备案工作机制。登记备案、通报备案数据入库数据分别达到22.3339万条、3442条。明确出入境管理部门在“扫黑除恶”专项行动中信息查询、信息研判和参谋助手3个方面的职能定位，协助查询人员出入境记录680人次，宣布证件作废261人次，报列法定不批准出境653人。

◆交通管理 2019年，西安市公安局交警部门坚持城市畅通与交通安全并重，科学治堵成效显著，确保全市道路交通有序运转、交通安全总体平稳，创造了良好的道路交通环境。

缓堵保畅 坚持以缓堵保畅为重点，以交通安全为底线，通过积极协调、科学组织，进一步加强专项整治、优化改造、源头监管，有力保障全市道路交通平稳、顺畅。全市机动车保有量突破350万辆，位居全国第8位。在占道施工点多面广的巨大供需矛盾条件下，通过政府主导、科学组织、深挖潜能，城市交通承载能力不断提升，有力保障了全市交通始终处于平稳可控状态。全面打造西安交警“城市大脑”指挥中心，通过基础数据交换共享，整合内外部数据600亿条，建成视频联网共享平台，新建、改造高清视频806路，视频接入总量达到2.1万路，集合警务总览、精细化调度、接处警流程等11种可视化场景，全面监测整体交通运转情况。引入人工智能视频分析技术，59处重点路口、路段交通事件主动预警、发现率提升30%，准确率达到95%，感知反应能力大幅提升。初步建成唐延路—沣惠南路、未央路、文艺路智慧交通硬科技管控示范路段，实现示范路段智能监测设备的无缝化覆盖和信号灯协调智能化控制。建立两级可视化指挥作战平台，开发鹰眼实景视频指挥系统，实现“一图作战”的指挥调度新场景。成功打造372辆“智慧战车”，实现实时可视指挥调度、违法抓拍等创新功能，一线快速反应和处置效率大幅提升。集成指挥平台联网联控位居全国前列、陕西省第一。西安交警“城市大脑”指挥中心获全省公安科技创新大赛“一等奖”。优化路况大数据平台，实时感知交通量、延时指数、拥堵指数等六大动态生命体征。建立3项交通流模型，精准刻画每一条道路拥堵时段、拥堵起源和蔓延规律，为交通组织优化、信号灯调优评价、街面勤务布防、道路规划建设等方面提供有力的数据支持。开展“缓堵保畅擂台赛”，先后对环城南路、长安路、北大街、南二环等243条城市道路和西二环石家街盘道、电视塔盘道南口等115处节点路口以及78所中、小学门前交通标线进行了优化提升改造，对经九路等42条新建道路、华清路等10条改造道路进行了交通组织方案审核优化，特别是曲江转盘改造后的交通组织优化受到公安部专家的高度肯定，作为经典案例在全国推广，为解决复杂路口交通组织提供了“西安样板”。推

动公交都市建设和绿色出行保障，新增公交专用道128千米，总里程达到384千米。创新施划非机动车地标导向箭头2419组，试点“反光道钉”匝道控制系统和斑马线反光标线带，增设维护路段及单位出入口斑马线、让行线554组，路权更加清晰明确。实施《西安市交通设施建设三年规划》，完成全市信号灯智能化改造项目设计，改造智能信号灯226处，28条路段实现绿波控制，43处路口实现自适应控制，道路通行效率明显提升。盘活城市道路公共资源，全年施划禁停标线562千米，增设禁停标志900余面，更新收费公示牌2000余面。按照“政府主导、部门联动、社会参与、综合治理”的指导思想，推动构建新时代城市停车管理共治体系，有效缓解停车难问题，公安部、住房和城乡建设部联合在西安召开全国现场会推广西安停车管理经验，《人民日报》以《西安探索错时共享、智慧引导等措施缓解城市停车难题》为题进行了专题报道。规范占道施工管理，严格执行新国标，修订《道路挖掘占用交通组织方案审核业务管理办法》，明确重点项目试围挡制度，建立“黑名单”，交通配套设施和管理水平位居全国前列，得到公安部专家充分肯定。

规范道路交通秩序　聚焦道路交通秩序，紧盯突出乱象，持续开展“逢五、逢十”系列交通违法整治行动，全年执法总量达到779万例，行政拘留4367人，刑事拘留2905人。其中，查处违法停车271万例，超速34.5万例，闯红灯6.5万例，酒后驾驶1.15万例，两、三轮车违法11.9万例，渣土车交通违法5586例。依托稽查布控、警用App、“智慧战车”、人脸识别、布控球等新手段，精准查处车不让人25.1万例，行人非机动车交通违法42.7万例，假、套牌2744例，快递、外卖交通违法8193例，道路交通环境得到持续改善。注重媒体和社会宣传，依托新兴媒体和传统媒体优势，构建高覆盖融媒体传播矩阵，在媒体发稿2870篇，其中中央级媒体发稿129篇。发布微博3.5万余条、微信514篇，开展执法直播69次，曝光违法行为16万例，抄报违法1.8万例。西安交警官方抖音号发布短视频157条，浏览量超7000万人次，点赞留言超280万条。策划推出“车让人、人守规百日违法挑战赛”，充分发挥宣传教育对规范交通行为、文明习惯养成的熏陶塑造作用，取得良好的社会效果。精准制定“柴油货车管控、高排放老旧机动车淘汰更新”管理措施。全年查处低速汽车3037例、冒黑烟车12605例、货车走禁行8.22万例。淘汰高排放老、旧机动车42633辆。

道路交通安全防范　坚持安全第一、生命至上，以道路交通安全攻坚战为牵引，遵循“协同共治、以打促防、溯源追责、标本兼治”的工作思路，确保全市道路交通安全形势稳定。依托西安市交通安全委员会办公室，部署在全市开展“道路安全隐患大排查、大整治专项行动”，并开展专项督导。全年召开3次西安市交通安全委员会全体成员单位会议，对交通事故预防工作进行总结部署，先后对西安国际港务区、未央区人民政府、临潼区人民政府进行约谈提示。召开道路运输企业警示约谈会4次，警示约谈企业30家。强化后果追责，先后对“7•3”等5起交通事故进行深度调查。积极配合陕西省交通安全委员会对灞桥“11•13”重大道路交通事故开展深度调查，问责追究18人，形成有力震慑，推动深化了党政主导、源头治理、协同共治的交通安全综合治理机制。深化“人机互动、内外联动、合成作战”的集成指挥平台实战应用，备案卡口联网1500处、联网视频1万处，现场拦挡处罚2.3万例，警用App上传违法50.3万例，日均2700余例，始终位居全国前列。DA合成作战室协助侦破30余起涉车、涉牌案件，成功打掉5处制假窝点，交通肇事死亡逃逸案件侦破率达到91%，终身禁驾69人。强化现场处罚力度，屯警街面，高压严管，查处国道、省道、农村道路6类重点交通违法6.28万例，高速公路10类重点交通违法1万余例，“两客一危”（从事旅游的包车、三类以上班线客车和运输危险化学品、烟花爆竹、民用爆炸物品的道路专用车辆）车辆交通违法1.14万例，凌晨违规营运113例，易肇事、肇祸重点违法行为得到有效管控。强力推进道路交通安全隐患排查治理工作，通过提请省、市、区三级督办和自主发现整改，排查治理华清西路、108国道临潼段、北辰大道、南三环等事故多发点段114处，效果显著。坚持每月赴道路运输企业开展1轮次交通安全隐患排查整治和宣传教育工作，开展宣传教育活动851场（次），排查重点车辆3.6万辆，下发“隐患整改通知书”240份，签订“交通安全责任书”3210份，发放宣传资料9万份，推送安全提示短信300余万条，进一步夯实了企业安全生产主体责任。积极牵头建成农村地区警保合作劝导站25处，排查整改事故隐患路段14处，大力推进“千灯万带工程”，建成信号灯7处、减速带75条，农村道路交通安全管理信息系统App应用人数达到3205人，上传工作日志6万余条，远郊区（县）交通事故死亡人数比2018年减少89人，安全形势持续向好。

交通服务　坚持以人民为中心，落实公安交管“放、管、服”改革10项措施与6项服务新举措和西安交管便民惠企措施，坚决做到“民有所呼，我有所应”。在马腾空国际车城、华中汽车销售服务有限公司等42家机动车销售企业推行快捷代办登记便民措施。新开通白桦林居邮政所、沣京邮政支所等36个警、邮业务网点，并在长安区郭杜车辆管理所建立警、邮业务后台处理中心。截至年底，全市布建小型机动车登记服务站45个、“警邮”合作业务办理网点37个、大型机动车登记服务站3个、二手车交易市场6个、银行解抵押服务站1个。全市体检联网医院达40余家，安全培训信息实现网上传输，车辆购置税联网核查，车驾管电子缴费率达到70%，网上办理各类车驾管业务92万笔。西安交警微信服务号、西安交警App、支付宝城市服务号3大便民服务平台提供74项线上服务，关注人数达到390万人，服务人数超1亿人次，智慧提醒达到35类，推送各类信息3亿条，管理效能和服务水平实现新的跃升。不断深化“放、管、服”改革，40余项车驾管业务实现“一窗通办”，新投放自助服务机21台，所有分所和机动车登记服务站实现“通道式查验”。建立车管所“十严禁、十必须”工作机制，组建驾驶人考试监管中心，坚持推行“办事读秒”和节假日延时服务，窗口评价满意度达到99.6%。在全市推行交通事故微信处理、警保联动工作新机制，线上处理交通事故5.2万起，实现全流程“一站式”网上办结。

规范化执法　强化干部队伍管理，初步建成警务考核督查平台，推行实绩档案制度，建立实绩清单和问题清单，开展考核检查35轮次，编发考核通报86期；开展督导检查263轮次，编发督查通报67期，有效推动工作落实。扎实推进“作风建设强化年”活动，从严治警不手软，全年查处民警违纪、违法案件8起，对11名干部民警给予纪律处分，约谈处级班子1个、科级班子3个，干警16人，确保队伍风清气正。成功处置涉警舆情305起，依法维护67名民警辅警正当执法权益，打击处理暴力抗法人员56人，有力维护了法律尊严和执法权威。

◆**禁毒工作** 2019年，西安市公安局禁毒部门狠抓业务水平提升，全力攻坚各项工作任务。全年破获毒品刑事案件667起，其中千克级毒品案件16起，抓获犯罪嫌疑人778人，缴获各类毒品102.6千克，其中海洛因93.7千克、冰毒6.4千克、其他毒品2.5千克，查获吸毒人员5131人，强制隔离戒毒4198人。摧毁制毒加工厂1个，查获制毒设备12台，制毒原料2000余千克。

打击毒品犯罪 充分发挥职能作用，推动重点工作向纵深发展。先后组织全市禁毒部门开展打击整治“涉网类新型黑、恶违法犯罪专项行动”“禁毒2019两打两控专项行动”“除冰肃毒专项行动”“净边专项行动”“联合打击制毒犯罪夏季攻坚行动”“国庆70周年大庆安保打防整治攻坚行动”“打击新型毒品违法犯罪专项行动”“清理整顿制毒物品专项行动”“排查吸毒人员清隐行动”“禁毒大干40天冲刺会战”等一系列专项行动，强化易制毒化学品管理工作，增强吸毒人员管控措施成效，侦破一批毒品大案，消灭毒品违法犯罪分子的嚣张气焰，有效遏制了各类毒品对社会环境的侵蚀。加大查控力度，加强和物侦、网安等部门协作，对通过物流渠道进行的毒品犯罪活动展开打击。全年破获邮包寄递毒品案11起，抓获犯罪嫌疑人24人，查获毒品28.3千克。与外地禁毒部门开展强化情报交流、派驻专职民警等方式的跨区域深度合作，最大限度压缩外流贩毒人员在西安市的生存空间，降低外流贩毒对西安市毒情形势的不良影响。全年抓获外流贩毒人员98人，查获涉及的毒品10.1千克。根据工作安排，检查整治全市行业场所4381家，并对西安市3年来破获的涉及行业、场所的173起毒品案件和205名涉案人员，以及在行业场所内查获的1127名吸毒人员进行细致排查，全部排除涉黑、涉恶情况。核查督导涉黑、涉恶线索22条，下发“督办函”12份，并对全年破获的毒品案件进行深入研判，发现1起涉毒涉黑、涉恶团伙线索。充分发挥毒品实验室的优势作用，在毒品案件侦办的各个环节提供有效的技术支撑。对190余份毒品样本进行分析检测。坚持开展污水含量检测报告工作，将全市28家污水处理厂的相关信息定期报送公安部，为毒品犯罪的宏观情报分析提供基础数据支撑。加强对基层的培训力度，对西安市公安局和各公安分县局的990余人开展吸毒人员成瘾检测、认定培训和毛发检测仪使用培训，进一步提升基层民警的业务水平和禁毒整体工作科学化水平。加强情报研判工作，研究制定《涉毒研判指令流转工作机制》，确保涉毒情报研判成果快速高效地流转至涉案地禁毒部门，提升情报研判工作时效性和准确性。

社区戒毒 强化管控措施，严格落实“重嫌必检”，组织全市禁毒部门开展“清隐行动”和“清零行动”，确保具体管控措施落实到位，坚决防止吸毒人员肇事肇祸案（事）件的发生。西安市莲湖区禁毒委员会被命名为“陕西省社区戒毒社区康复工作示范单位”；新城区自强路街道办事处、周至县九峰镇人民政府被命名为“全省社区戒毒社区康复工作示范点”。

易制毒化学品管理 加强禁毒管理，强化系统建设。认真梳理各区（县）易制毒化学品企业证照许可（备案），对发现的64家“僵尸企业”进行实地走访调查，掌握企业实际情况，及时更新数据信息。组织开展芬太尼类物质集中摸排活动，强化对芬太尼类物质的管控措施，严防流入非法渠道。牵头组织易制毒行业协会筹建工作，对进一步加强易制毒化学品行业管理起到推动作用。印发《全市禁毒示范创建活动实施方案》，明确工作程序和创建要求，并结合工作实际，在西安市所有区（县）选定207个“示范创建单位”，为禁毒工作建立高效的工程系统。

禁毒宣传 丰富禁毒教育形式，开展广泛禁毒宣传。相继组织开展全国青少年禁毒春联书法征集大赛、“唱响禁毒歌、走好健康路”禁毒宣传教育主题活动和“禁毒宣传下基层”活动。通过“西安禁毒”微信公众号及时推送国家、陕西省、西安市禁毒工作动态，宣传最新的毒品知识，组织开展了全市中、小学毒品预防教育教师培训班，选派人员参加了全省第三期禁毒工作及青年禁毒志愿者培训班，并邀请中国邮政西安分公司设计师专门设计以“秦岭四宝”为载体、突出“绿色、无毒”宣传主题的禁毒宣传明信片，进一步增强禁毒教育宣传的影响力。

◆**经济犯罪侦查** 2019年，西安市公安局经济犯罪侦查部门深入开展打击非法集资、传销犯罪等专项行动，开展打击防范各类经济犯罪活动，有效遏制西安市经济犯罪多发、高发的势头，维护市场秩序稳定。

经济犯罪案件侦破 持续开展打击非法集资、传销等涉众型经济犯罪专项行动，扎实开展“涉税犯罪百城会战专项行动”，维护社会秩序，优化营商环境。在“飓风行动”破案攻坚战中，细化分解任务，重点督导推进，多措并举，破案518起，提前完成破案攻坚任务，专项行动取得阶段性战果。在打击“涉税犯罪百城会战专项行动”中，通过警税联动，分析研判票流、资金流、人员轨迹等数据，梳理案件关联企业，分析涉案账户，确定各类犯罪嫌疑人。在集中收网行动中，警、税联合出动68人，成功破获“4·17”特大虚开增值税专用发票案，立案3起，破案3起，涉案金额14.25亿元，抓获犯罪嫌疑人17人，刑事拘留15人，捣毁窝点8个。在“猎狐2019专项行动”中，抽调警力、梳理案件线索，在我国驻墨西哥大使馆和公

2019年6月26日，西安市公安局组织开展“青少年禁毒宣传主题周”活动

安部国际合作局、墨西哥执法部门的协助下，通过国际执法合作将非法吸收公众存款犯罪嫌疑人缉捕回国。在“云剑行动”中，及时转变侦查思路，将传统侦查措施与科技信息化手段相结合，抓捕逃犯15人，成功将潜逃21年、漂白身份的犯罪嫌疑人在广东省江门市抓获归案。按照公安部和陕西省公安厅工作规划，以“贴近实际、服务实战”为目标，以大数据“警务云”为载体，立足经侦情报导侦联勤工作站，通过搭建公安机关与税务部门信息共享平台、推进“云端”打击主战模式、向全警推广使用“云捕”手段等工作，不断推进经侦工作向现代化实战化警务转型升级。利用阿里系大数据为全市公安机关抓获网上逃犯26人，其中涉黑恶逃犯3人，境外“红通”逃犯1人，漂白身份逃犯2人。全年西安市公安局经济犯罪侦查部门破案790起，抓获各类犯罪嫌疑人541人，刑事拘留473人，逮捕382人，起诉373人，追逃201人，追赃2.93亿元。其中，支队立案28起，破案18起，抓获各类犯罪嫌疑人40人，刑拘40人，逮捕19人，起诉12人，追逃19人，追赃1.69亿元。

打击非法集资　按照“稳定大局、统筹协调、分类施策、精准拆弹”原则，在全市开展“打击非法集资专项行动”，全力服务打赢防范化解风险攻坚战，创造安全稳定的社会环境。先后制订下发《2019年打击非法集资专项行动工作方案》《深入推进打击防范非法集资犯罪工作方案》，明确主战模式，强化警种合成作战。通过对市场主体全面摸排，准确掌握风险底数，同步开展预警预测预防，收集上传数据信息17.2万条；对在侦重点案件采取分级分类分步施策，畅通群众报案渠道，强化追赃挽损、阳光办案，依法稳妥打击，有序化解风险。全市经侦部门立非法集资类案件28起，涉及集资参与人1.6万人，涉案资金4.85亿元，刑拘13人，逮捕8人，起诉8人，冻结房产224套，冻结资金493万元，追赃1.23亿元。

打击传销犯罪　保持对传销犯罪的高压严打态势。联合市场监管部门以传销易发、多发的区域，以及群众举报、媒体曝光的区域为重点，深入城乡接合部、城中村等集中区域，开展“拉网式”摸底排查，确定8个重点地区，开展3次集中清查行动。出动警力2692人、市场监管人员395人、车辆299辆，整治传销重点社区181个，捣毁传销窝点189个，抓获涉传人员808人。全年立组织领导传销案42起，破案41起，刑拘34人，逮捕17人。公安部部署“云集品传销案”查处工作开展以来，组织迅速行动，主动出击，及时进行立案侦查，远赴北京、云南等地先后将5名犯罪嫌疑人抓获归案。

行业整治　以梳理出的43个金融领域治安乱点为突破口，联合市场监管、金融部门对乱点集中的碑林区中贸广场、未央区老三届首座等区域开展“扫楼行动”24次，整治存在金融乱象隐患的公司43家，落实签字背书，同时给区政法部门发建议函，由区人民政府牵头，强化金融、市场监管、公安联动机制，形成合力，不断巩固整治成效。

◆环境与食品药品犯罪侦查　2019年，西安市公安局环境与食品药品犯罪侦查部门积极探索工作新思路、新方法，持续开展各项专项行动，破获一大批有影响的案件。

打击环境与食品药品犯罪　开展“打击秦岭野生动物违法犯罪”“秦岭违建整治回头看”“农村假冒伪劣食品专项整治”“大棚房专项整治”“三打击一整治”“保健用品市场整治”“昆仑行动”和“扫黑除恶”等专项行动。遵照习近平关于秦岭保护的指示批示精神，组织开展专项行动，在重点峪口、集贸市场加强线索摸排力度，在沿山地区建造监控点位，确保查源头、端窝点、打链条，实施精准打击。专项行动以来，侦办涉野生动植物刑事案件72起，刑拘75人；查获保护动物及其制品2817只（件），其中国家一、二级保护野生动物60只，收缴电猫、猎夹等非法猎捕工具350件，延续了秦岭生态整治的良好态势。聚焦生态环境和人民群众饮食用药安全，会同市场监管、环境、水利等部门，联合开展打击工作，立环食药类犯罪案件271起，抓获涉案嫌疑人431人，涉案金额2.9亿元，成功侦破18起公安部、陕西省公安厅督办案件，其中侦破的“3•19”跨境生产销售假药案受到公安部领导的批示表扬。截至年底，全市各级公安机关办理环境犯罪刑事案件166起，抓获涉案嫌疑人209人，刑事拘留262人，批准逮捕77人，移送起诉46人；办理行政案件187起，行政拘留262人。破获陕西省公安厅督办案件6起、公安部督办案件1起，其中侦办的“1•03”非法处置危险废物污染环境案涉案价值近1亿元人民币，刑事拘留5人，起诉4人。

维护营商环境　严格贯彻落实中央和中共西安市委、西安市人民政府关于“亲商助企”要求，进一步规范企业良好生产经营治安秩序，严厉打击各类破坏投资环境违法犯罪活动，全力保护企业和企业家人身权益、财产权益，让企业和企业家安心经营，专注发展。定期召集陕西省、西安市部分著名企业了解侵犯企业合法经营违法犯罪线索，通报案件侦办情况，分析研判环食药犯罪信息动态，提升精准打击效能。在与陕西省天成公司座谈了解线索时，成功侦破一起环境污染案件。与西安市市场监管、农业、质监、国土、水务、环保等部门开展定期通报、线索移交、快速检测等警务合作，对重大案件和重要线索实行“一线索一通报、一案一专班”，

2019年4月23日，西安市公安局督导、检查“打击整治破坏秦岭野生动植物资源违法犯罪专项行动”工作

形成工作合力，确保西安市良好的投资环境。

宣传工作　继续向社会公布环境、食品药监打假热线，24小时接受环食药案件线索报案，持续开展宣传活动，有效提升人民群众的识假辨假能力，优化环食药类知名企业在西安市良好的投资环境。

◆物流寄递犯罪侦查　2019年，西安市公安局物流寄递犯罪侦查部门立足寄递物流业治安管控和犯罪打击实际，进一步完善各项管控措施和机制，积极探索行业管控新手段，全力构建物流寄递行业安全体系。

物流安全监管　在重要节点时期，组织全市物流寄递犯罪侦查部门采取超常规力度，对发往相关地区的快件、货物严格督促落实相关制度，有力消除寄递物流渠道安全隐患。采取与行业主管部门联合检查、自行检查、明察暗访等方式，积极发动分县局对物流寄递企业进行不间断全覆盖检查。每逢重要节点、时期启动“错时工作法”检查，有力确保行业平稳有序。全年出动警力28031人次，检查物流企业9738家、寄递企业10356家，整改隐患1938处，联合相关部门取缔物流寄递企业385家。重视科技手段在行业的应用，主动开拓创新，将现代科技与行业管控结合。进一步完善物流寄递业治安管理信息系统，增加系统比对研判功能，开放系统使用权限，提升系统采集力度，日均采集信息200万条。全年系统预警逃犯信息20条、其他信息12条，推送相关警种部门后抓获嫌疑人6人，核查14人。接受外地公安机关查询请求139次，反馈有价值信息1711条。探索智能安检系统，与杭州海康威视数字技术有限责任公司、西安电子科技大学合作，探索智能安检系统在行业的应用，采集涉枪、涉爆等违禁品1500多件，识别率达到85%。建立系统指导实战机制，通过系统比对碰撞，及时发现不实名等问题，迅速开展核查。截至年底，检查存疑面单326份，依据反馈行政处罚从业人员3人，批评教育17人，通报邮管部门材料326份，邮管部门依照推送证据下发“责令整改书”12份，罚款9万元。对物流寄递行业开展“扫黑除恶”、治乱等工作，采取实地查看、翻阅台账、明察暗访等方式，对市内各物流、寄递行业场所、重点区域进行检查。全年关停取缔“菜鸟驿站”“妈妈驿站”等未备案的网店361家，行政拘留处罚11人，关停取缔全市非法经营的“黑物流快递点”186家；关停快递柜违规自寄功能点1117处，确保西安市物流寄递渠道安全稳定。

打击物流寄递犯罪　结合寄递行业涉毒犯罪的特点和规律，探索创新“上下游联动、全链条打击”等技战法，全力构建物流寄递行业安全管控和犯罪打击体系，破获寄递物流渠道刑事案件137起，打掉犯罪团伙5个，抓获犯罪嫌疑人190人；查处行政案件183起，行政处罚145人，处罚企业65家；查获禁止寄递寄运物品7956件，其中枪支1支、管制器具209件、毒品海洛因105.499千克。先后破获“12•05特大销售伪劣产品案”“迪比翼、经世物流非法经营国际快递案”和物流、寄递贩卖毒品案等多个案件。其中成功破获的“迪比翼、经世物流非法经营国际快递案”，打掉冒充正规合法国际货运快递公司非法经营国际快递业务的团伙，抓获6人，采取刑事强制措施3人，冻结查扣涉案资金70万余元。

◆网络安全　2019年，西安市公安局网络安全监管部门突出重点工作、破解难题，补齐短板，全面提升网络安全实战能力水平。

网络案件侦办　侦办公安部、陕西省公安通报网约违法案件线索14起，处置各类情报线索226条，向刑侦部门推送《新型网络犯罪情报导侦专刊》19期。配合和指导侦办各类案件965起，办理回复网上涉赌线索17期39条。接收各类协查和任务公文2502份，发送协查和任务回复1830份；完成26起鉴定案件，手机采集完成7300余部；配合纪检监察部门等职能部门进行现场调查17次，勘查12次。组织了全市公安机关电子数据取证暨案件侦查培训。

网络管控　切实履行公安机关网络安全监管职责，全面开展网络安全管控工作。全面落实等级保护制度，完成92家单位的定级备案、79家单位的测评工作；监测网站3300余家次，发现漏洞960处。加大全市网站管理力度，注册互联网站开办主体用户6335位，备案申请网站3610家，发放公安备案号3549家，备案完成率98%。组织检查企业2943家，约谈企业146家，罚款6起，警告5次，限期整改19次，下架违规App110个，对29家企业的57人开展培训。加强非经营性上网场所安全管理，在全市安装13124套场所审计设备；在城区安装2373台特征采集设备。开展网吧治理，检查网吧118家，新开办网吧54家，查处未落实网吧实名制网吧189家，罚款38500元，关停整改48家。

信息监控和舆情导控　做好信息监控和舆情导控工作，严格落实相关机制，充分发挥网络特侦作用，创新实施网络违法、犯罪生态打击策略。全年向陕西省公安厅报送信息1240条，向公安部报送信息4998条；发现互联网重要监控信息并通报5340余次；落地查人9318人次。处置互联网违法信息8486条。西安网警巡查执法账号发布帖文1628篇，答复网民或处理网民求助5010条，警示违法网民38人次。重点打击涉政类网络谣言，上报谣言样本3.3万条，开展舆情导控23次，打击处理造谣传谣人员4人。核查违法音视频线索59个，行政拘留2人，营造风清气正的网络环境。

网络技术建设保障　重点推进网络安全大数据建设及数据治理、模型开发等工作。根据公安部、陕西省公安厅要求，制订《公安大数据和网络大数据工作方案》，开展相关准备工作。与三六零安全科技股份有限公司、烽火通信科技股份有限公司、北京远鉴信息技术有限公司、浙江乾冠信息安全研究院、科大讯飞股份有限公司等公司的技术专家进行交流，共同研究大数据技术、人工智能如何更好地服务于网安实战工作。组织各级网络安全技术交流培训会9次。

◆公安信息化建设　2019年，西安市公安局信息通信部门牢固树立以大数据应用为核心的公安信息化发展方向，围绕需求导向，狠抓项目建设，全力驱动公安综合战斗力增长。

信息化建设　全面推进公安大数据智能化建设，推动“雪亮工程”试运行。先后3次组织召开全市会议对“雪亮工程”建设进行部署推进。截至年底，新建改造监控点位15386处，安装监控设备41785个，图像回传19420路。推动西安市人民政府颁布《西安市公共安全视频图像信息系统管理办法》，并于6月9日起实施。9月27日，举行“雪亮工程”全网试运行启动暨西安市公安局与海康威视公司联合创新实验室揭牌仪式，标志着西安市“雪亮工程”全面进入全网试运行阶段。截至年底，全市安装的288套人脸识别测试系统抓获逃犯1800余人，实战效果显著，有力保障支撑了社会稳定工作。稳步推进“智慧公安”建设项目，会同西安交通大学科研团队及相关战略合作伙伴，先后完成项目需求调研、可行性研究、整体框架设计等关键基础工作。对照公安部、陕西省公安厅标准，对西安市公安局“智慧公安”建设方案进行调整修改并上报陕西省公安厅审核批复。10月26日，“智慧公安”建设项目顺利通过西安市公安局党委审议，进入立项准备阶段。持续深化警企战略合作，在前期与华为技术有限公司、深圳市腾讯计算机系统有限公司、阿里巴巴网络技术有限公司、科大讯飞股份有限公司、中国航天科工集团第十研究院、杭州海康威视技术股份有限公司等大型企业战略合作的基础上，又相继与浙江大华技术股份有限公司、东软集团股份有限公司、中国普天信息产业集团有限公司等企业签订战略合作协议，在公安大数据智能化、“智慧公安”建设等方面全面加强交流合作，推动公安信息化工作。

2019年9月28日，西安市公安局举行西安市“雪亮工程”全网试运行启动仪式

警务政务平台建设　大力推进警务平台建设，“平安地图”项目及新一代移动警务平台全面建成。9月25日，按照公安部、陕西省公安厅及中共西安市委政法委员会有关要求，经过3个月的建设周期，顺利通过验收并全面启动试运行。《西安市公安局第四代“警务通”配发方案》通过审议，将全面开展“警务通”配发工作。按照公安部统一部署，制订《西安市公安局公安信息网IP地址资源扩容工作具体工作方案》，并组织实施。先后对1.3万个终端及网络设备IP地址进行迁移，对2000余台“网中网”设备进行清理整改，优化了全局公安网核心网络设备配置，进一步提升了网络传输性能。

通信保障　做好各项专项行动及日常通信保障工作，先后召开17次会议对“扫黑除恶”等专项行动工作进行动员、部署，进一步明确工作责任和任务，为各单位在“扫黑除恶”“飓风行动”等专项行动中提供技术支撑。完成西安市公安局“扫黑除恶”呼叫中心组建，制订《西安市公安局“扫黑除恶”办公室指挥调度系统方案》并进行审核，做好“扫黑除恶”举报电话“86756110”的维护。推进西安市公安局高清视频会议系统改扩建工作，完成控制室大屏安装和数字矩阵更换。对36个分会场IP电话进行改造，并于9月投入试运行。全年西安市公安局召开信息通信保障各级视频会议163次，先后完成“西安年·最中国”、国内外政要来西安市重大警卫、2019欧亚经济论坛、中华人民共和国成立70周年维稳安保、2019西安国际马拉松赛以及蓝田火灾应急通信保障等任务20余次。

科技创新　开展科技应用创新工作，按照公安部、陕西省公安厅要求，收集创新计划、理论及软科学项目并完成上报。组织做好2019年度公安部科学技术奖励推进工作，“警用隐蔽式开门检测报警器”项目获“全国公安基层技术革新奖三等奖”。按照全省科学创新大赛部署，组织上报科技创新项目，“西安交警城市大脑指挥中心”项目获大赛一等奖；“综合办公平台”项目、“城市运行态势监测系统”项目、“基于雪亮工程的重点人员管控体系”项目、“面向多源异质监控视频的视频侦查综合智能分析软件”项目、“情指一体化平台”项目获大赛三等奖。按照西安市科学技术协会通知要求，制订《西安市公安局科技之春宣传活动工作方案》，积极参与各项科普宣传活动。

◆巡警工作　2019年，西安市公安局巡警部门以等级戒备、等级巡逻为依托，不断强化巡防措施，提升巡防效能，各项工作均取得显著工作成效。

街面巡逻　为提升巡防效能，深入各分县局巡特警大队、街面警务站、反恐点和网格化巡逻车，对巡逻防控措施落实情况、街面案件降控情况开展专题调研，听取基层巡警对工作的意见和建议，为下一步加强巡逻工作打下坚实基础。从街面“三类”案件与巡逻盘查、侦查打击力度的辩证关系入手，深入全市高发案区域和派出所，同辖区群众、巡逻民警、派出所负责人、巡特警大队负责人开展实地调研和座谈交流，查找案件高发的原因和巡逻防控薄弱环节，采取精准巡逻、警种协同、警民协防、打防并举等办法和措施，全力降控街面发案。研究制订《2019年度巡警实战化教育训练工作实施方案》和《西安市公安局巡警支队送教下基层工作活动安排》，并牵头组织在全市警务站开展送教下基层活动，有效提升巡逻民警的技能。加强对盗窃电动自行车案件的防范工作，制订下发《“飓风行动”巡逻防控工作方案》，强力推进信息导巡、巡驻结合、挂牌督导、群防群治等预警、防范、整治、管控工作长效机制，有效遏制电动自行车被盗警情发案势头。以涉手机类侵财案件挂牌整治区域为着力点，先后制定下发各类工作方案和实施细则，明确巡警巡防目标和措施，加大督导重点要害部位、人员密集场所涉手机类案件高发区域的徒步巡逻、午夜盘查、现场抓获工作力度，坚决遏制街面涉手机类侵财案件的高发势头。严格落实机制强化打防措施，督促全市巡警部门举全警之力开展街面“三类案件”降控工作，切实提升人民案件感和满意度。

巡逻防控　加强等级戒备，坚持显性用警，圆满完成全年各项巡逻防控工作任务。按照统一部署，从实从细落实机制措施，真抓严管夯实降控责任，全面加强等级化巡逻防控工作力度。全年启动一级紧急型巡逻等级4次43天、二级加强型巡逻等级12次183天，开展多警联勤武装巡逻36次，开展全市武装设卡大盘查54次，圆满完成目标任务。在元旦、春节、“两会”、五一劳动节、清明节、端午节及中考、高考等重要时期、敏感节点，组织全市巡逻民警、交警、特警、武警官兵坚守岗位、尽职履责，采取网格化巡逻、特警徒步武装巡逻、巡警徒步巡逻、军警联勤武装巡逻、武装设卡盘查、民警携犬巡逻、机动车巡逻、摩托车巡逻、电瓶车巡逻、自行车巡逻、无人机巡逻、视频巡逻等多种巡防措施，切实强化对全市火车站、长途客运站，重要地铁、公交枢纽、各大广场、商业繁华区等重点要害部位和人员密集场所的巡逻防控力度，有力维护社会面治安秩序的持续稳定。为圆满完成中华人民共和国成立70周年安保巡逻防控工作任务，先后组织召开动员部署会、专项推进会10余次，按照逢疑必查、逢查必录的原则，加大巡逻盘查和武装设卡盘查工作力度。9月1日起，动员组织全市8000余名巡逻力量，投入到安保工作中，保持一级戒备12天、二级戒备25天、三级戒备8天，连续奋战45天，圆满完成各项巡逻防控和案件降控工作任务。

信息化建设　加强信息化建设，为加快推进社会治安防控体系街面巡逻防控网的建设，实现“智慧街面”巡防的目标任务，以街面104个二级巡逻网格为基础、以公共安全视频监控应用为主要手段，实现对全市派出所辖区背街小巷的“全覆盖、无死角”监控，有效提升街面防控体系的整体效能。各公安分县局在辖区人员密集场所加快对人脸识别系统摄像装置的建设，通过日常网上监控、巡查和人像对比在巡逻防控工作中的应用，切实提高对犯罪嫌疑人的抓获率，增强对街面犯罪的打击力度。

战备训练　抽调300名民警参加在铜川举行的警务实战射击、警务格斗、武装越野等7大项目的拉动演练任务以及在合阳的尖刀比武任务。按照全市反恐防暴点、警务站的分布情况，划定22个驻点为1分钟到达位置、68个驻点为3分钟到达位置、其他主城区为5分钟到达区域，并在演练中不断完善街面反恐及应急处置方案预案。对全市驻反恐防暴点、警务站和重点要害部位的巡警、特警开展30余次的应急拉动演练、12次的反恐模拟演练，切实提升巡逻民警快速反应和应对处置突发事件的能力。

◆特警工作　2019年，西安市公安局特警支队攻坚克难、砥砺奋进，全体民警出色地完成各项任务。全年参与大型活动安全保卫工作197次、警卫任务11次、处置突发事件25次、专项行动1636次，组织动用警力68644人次、车辆5425台次，切实保障了社会大局稳定。

打击防范　强化反恐屯警工作，每日调动警力36人次、枪支36枪次、车辆9台次，在北客站等重点部位部署屯警点，由北及南开展全天候街面屯警，按照“屯警街面、动中备勤、驻点防控、先期处置”的要求，实现武装快反力量覆盖最大化。加强武装巡逻工作，每日调动警力32人次、车辆9台次，采取驻点守候与武装步巡交替的方式，对城区东西南北大街、解放路、中共西安市委、西安市人民政府、大雁塔景区至中共陕西省委沿线进行武装巡逻，全力做好党政机关、商场闹市、旅游景点及人流密集区域的安全防范工作。强化重点部位防控，以火车站广场区域为防控重点，每日调动警力18人次、车辆2台次、警犬2班次，对火车站广场、进出站口、长途汽车站等重点部位，以静态和动态相结合的方式开展常态化武装巡逻。在重点、繁华区域部署武装车组，配置1个作战单元，与街面巡逻警力开展叠加式武装防控，提升快速打击能力。每日调动警力24人次，配合当地公安分局24小时全副武装对绕城高速灞桥、香王等高速公路进出口实施武装设卡盘查，对重点地区车辆、人员进行盘查管控，有效预防排查各类安全隐患。全年参与处置突发事件25次，组织动用警力2570人次、车辆108台次。全年参与大型活动安全保卫工作197次，组织动用警力13655人次、车辆546台次。参与警卫任务11次，组织动用警力5183人次、车辆456台次。

空中管控　积极探索实践“无人机+警员”警务巡逻新模式，部署构建“天上+地下”相结合的立体化巡逻防控模式，在西安市公安局启动二级以上加强型巡逻防控期间，组织全局18个分县局警航中队进行无人机巡逻，在全市人口密集区域、重点安保场所上空密织空地联动的立体防控网。在巡逻工作中，主要在重点时段对全市重点区域、特别是西安市公安局确定的16个人员密集场所、辖区重点部位等区域适时启用无人机巡逻。充分利用无人机空中俯瞰的优势，实时监控各重点区域人流量、治安状况及交通状况，及时发现和消除影响辖区的不稳定因素和存在的安全隐患。全年巡逻飞行天数151天，出动警力5125人次，出动警用无人机2630架次，飞行149490分钟。

◆监所管理　2019年，西安市公安局监所管理部门确保监所安全，坚持“应收尽收，应戒尽戒”的原则，全力收戒、收治各类人员。全年监管场所收押40493人。其中，看守所16787人，拘留所20313人，强制隔离戒毒所3393人。处理出所38465人。

监所安全　围绕“压事故、降死亡、保安全”目标，严防发生重大安全责任事故，全力确保全市监所安全。在中华人民共和国成立70周年大庆安保中，强化安全管理措施和防控手段，严格落实值班备勤，根据押量及时分流调整，进行督导检查，提升安全保障，全市各监所严格队伍管理，确保全市监管场所无安全事故、无民警违纪、无负面舆情，圆满完成各项工作任务，实现连续5年安全无事故。推进“铁桶工程”建设及安全隐患治理专项活动，积极完善监管场所人防、物防、技防安全体系的协同整合，深入推进监室悬挂点隐患整治工作，“拉网式”、全覆盖排查整治监所围墙、门窗、防护栅栏等安全隐患，投入经费539.7万元，为全市138个监室重新铺设照明线路，改造加固隐患设施超过1000处，全市13个看守所全部安装立式辊闸门，11个看守所AB门设置车行、人行通道并安装车行通道防冲撞设施，12个看守所功能室及提讯通道、走廊安装安全玻璃或贴防爆膜。积极推动医疗卫生专业化建设工作，协调卫生行政部门和相关医疗机构，持续推动完成医疗专业化建设任务。截至年底，各监管场所均设立门诊部、卫生所或医务室，全部依法申领“医疗机构执业许可证”，未央、莲湖、灞桥等8个看守所完成医疗卫生专业化建设。按照《全市监管场所建设“五年规划”》，全市监所硬件建设有序推进。高陵区看守所建成投入使用；新建阎良看守所和拘留所建成完工；市级监管场所南建项目正积极建设，预计2020年完工；灞桥区看守所进入土地审批阶段；未央区看守所和雁塔区看守所正在协调土地。

病残人员收押收戒收治　认真做好病、残人员收戒收治工作，实现应收尽收，有效打击长期流窜、危害社会的病残吸毒违法人员，起到了良好的社会效果。全年西安市公安局强制隔离戒毒所特殊病区收戒、收治病、残吸毒人员1600人，出所看病442人次，动用警力1520人次，抢救危重病号56人。监管传染病治疗中心收治病员332人次，其中涉毒266人次，其他刑事犯罪嫌疑人66人次。

深挖犯罪　深入开展协助破案，服务西安市公安局中心工作。充分发挥职能优势，努力开辟打击刑事犯罪“第二战场”。全力服务“扫黑除恶”专项斗争及“飓风行动”等各类专项行动，制订印发一系列工作方案、通知，严格执行全市监管民警“三要三严禁”制度。全市监管场所收押涉黑、涉恶违法犯罪人员、7+12类人员3964人，深挖案件线索1187条，其中涉黑、涉恶线索480条，协助破获各类刑事案件391起，查获网上逃犯48人，其中涉黑恶犯罪2人。对因案件侦查需要跨区羁押的涉黑、涉恶犯罪嫌疑人，及时办理转押审批手续。对涉黑、涉恶犯罪团伙同案犯较多、需要分散羁押至多个看守所的，主动协调接收看守所分流关押，严防所内串供，转押60人，异地关押61人。

“智慧监所”建设　注重前瞻谋划，提升监所基础水平。以业务需求为出发点，以实战应用为落脚点，投入40万元，建设完成“监管传染病治疗中心智慧监所”项目。通过智能交互终端实现八大功能，包括可视对讲、一周生活查询、法律法规展示、视频教育、预约领导、个人医疗、违规查询、羁押查询。系统投入使用后，值班民警可随时与在治病员进行可视通话，对病员进行各类宣教，直观有效地控制和阻止突发事件，形成有问有答、视频可见、高效便捷的工作模式。加快推进“智慧监管”和“智慧磐石”建设。截至年底，全市所有看守所均完成智慧监管实战平台建设方案的审批、立项及招标工作，4个看守所建设完成，6个看守所正在施工。加强与武警部队协作，推动“智慧磐石”建设，全市有9个看守所正在施工，正在推进2个智慧系统的融合对接。

◆公安规范执法　2019年，西安市公安局法制部门深入推进公安法制建设，充分发挥法制部门服务各项公安工作的作用，圆满完成各项公安法制工作任务。全年下发各类“执法整改通知书”100余份。发现并责令整改受、立案问题2869个、网上执法办案问题3377个、办案场所管理使用问题25个、采取强制措施问题8个以及执法公开问题1008个，对9名民警及7个单位进行责任追究。全年核查中央督导组、公安部、陕西省公安厅督办的505条案件线索，筛查西安市扫黑除恶办公室2925条涉黑、恶线索，核查西安市公安局110指挥中心转来涉黑、涉恶线索2192条。转办西安市文化和旅游局、西安市信访局、西安市城乡建设局、西安市人民检察院等部门306条涉黑、涉恶线索。强化民事合同、规范性文件审核把关，审核合同35件、规范性文件18件，保证文件的规范性。依法办理案件，落实行政机关负责人出庭应诉机制。办理案件指定管辖95起，办理刑事案件不予立案复核72起。办理领导交办和其他单位转办案件26起。办理行政复议案件132起，参与行政诉讼41起，行政案件指定管辖及各部门转办、协助核查案件20件。先后组织执法办案管理中心管理应用竞赛、行政案件质量竞赛、现场执法规范处置竞赛，促进民警的执法规范。为西安市公安局机关民警采购《百姓法治宝典》1000本，组织全局副处级以上领导干部学法、用法考试，5月19—24日，与西南政法大学联合办班，在重庆举办执法规范化建设研修班，80名法制民警及业务骨干参加。积极邀请西北政法大学教授、法官进行授课，进行法制培训。贯彻“七五”普法规划要求，组织开展“扫黑除恶”专项斗争法制宣传教育、“送法宣政暖民心”法治宣传、“‘9•3’抗日战争胜利纪念日”宣传，拍摄《正义的天平》微视频宣传片。组织开展第三届西安高校法治文化节宣传活动，向广大群众进行普法宣传。

（邱　春）

审　判

◆概况　2019年，西安市两级人民法院深入学习贯彻中国共产党第十九次全国代表大会及十九届二中、三中、四中全会精神，以习近平新时代中国特色社会主义思想为指导，忠实履行《中华人民共和国宪法》和法律赋予的职责，狠抓服务发展大局、执法办案、司法体制改革、司法公开、信息化建设和法院队伍建设等，各项工作均有新发展。全年两级法院受理各类案件270592件，审执结247620件，法官人均结案263件，比2018年分别上升18.9%、18.8%和19.1%。其中，西安市中级人民法院受理案件33293件，审执结30740件，法官人均结案174件，比2018年分别上升13.2%、11.4%和11.1%。西安市中级人民法院结案数居全国411家中级人民法院第14位，其中民事案件居全国中级人民法院第7位，执行案件居全国中级人民法院第8位。

◆法院服务保障中心工作　2019年，西安市中级人民法院充分发挥沟通联络协调作用，推进最高人民法院第六巡回法庭、第二国际商事法庭入驻西安国际港务区；协助最高人民法院加快国际调解庭、国际仲裁庭、国际法查明研究中心、国际法官培训基地建设，打造“一带一路”多元化国际商事争端解决中心。以习近平系列重要讲话精神和中共中央关于深化国防与军队改革的战略部署为指导，坚持“军队资产不流失、群众利益不受损”原则，着力做好涉军停偿工作“下半篇文章”，妥善执结“西部王朝公司涉军房产腾退案”等一批重大案件，有力维护军队正当权益和群众合法利益。全市法院3名法官被评为“全国法院全面停止军队有偿服务工作先进个人”。严格贯彻执行全国人民代表大会常务委员会《对部分服刑罪犯予以特赦的决定》，成立领导机构，制订工作方案，落实工作责任；多次主动与监狱、检察、公安、司法部门沟通联系，提前摸清底数，掌握相关人员信息；组织法官干警认真学习特赦工作文件，吃透政策精神，精准把握尺度，88件特赦案件全部按时办结。依法履行审判职能，全年办理涉秦岭北麓违建案件116件，制发《关于秦岭北麓违建整治工作的有关意见》等司法建议5份，指导行政机关依法清理违建；组织业务骨干参与《陕西省秦岭生态保护条例》立法后评估，挂牌成立秦岭北麓生态环境保护巡回法庭，建立健全长效机制，切实守护好秦岭绿水青山。

◆刑事审判　2019年，西安市中级人民法院深化“扫黑除恶”专项斗争，创新“扫黑除恶”工作机制，坚持证据裁判规则，受理黑恶刑事案件58件415人，一审判决40件235人；长期把持基层政权的“王过渡等18人黑社会性质组织案”“全省首例套路贷案件”等一批严重危害社会稳定的重大案件得到依法审理。开展“黄、赌、毒”专项整治，判处“黄、赌、毒”犯罪案件56件103人。紧盯黑恶势力背后的“关系网”“保护伞”，摸排深挖涉腐败问题及“官伞”“警伞”线索91条，全部移交相关部门处理。部署推进涉黑恶犯罪财产刑执行工作，坚决摧毁黑恶势力经济基础，对黑恶犯罪案件财产刑执行到位1749万元，占陕西省法院的85.2%。继续保持对危害国家安全、公共安全犯罪和故意杀人、伤害、绑架等严重暴力犯罪的高压态势，审结此类案件4753件。依法严惩“两抢一盗”等严重影响群众安全感的多发性犯罪，审结此类案件1864件。严厉打击非法集资、非法吸收公众存款犯罪，审结此类案件254件。严惩职务犯罪，审结贪污、贿赂、渎职等职务犯罪案件107件，促进反腐败斗争深入开展。坚持惩罚犯罪与保障人权并重，依法判处缓刑2353人，免予刑事处罚262人，宣告无罪9人。

◆民商事审判 2019年，西安市中级人民法院充分发挥民商事审判规范市场行为、调节经济关系的职能作用，全力服务保障“三个经济”发展，审结各类民商事案件150456件。依法保障供给侧结构性改革，支持化解过剩产能，积极拯救困境企业，审理上市公司陕西坚瑞沃能股份有限公司等企业破产案件119件，对47家企业进行强制清算，清理“僵尸企业”4家。妥善审理工程欠款、房屋买卖等案件19798件，促进房地产市场有序发展。依法维护金融秩序，防范化解重大金融风险，审结股东权确认、债权股权转让及银行、证券、保险等领域的金融纠纷案件3386件。成立优化营商环境领导小组，积极服务招商引资，加强涉“一带一路”“自贸区”纠纷案件的审理，平等保护各类市场主体合法权益，审结涉外、涉港澳台纠纷案件260件，打造法治化营商环境。

◆知识产权保护 2019年，西安市中级人民法院健全完善知识产权刑事、民事、行政审判“三合一”工作机制，探索“简案快审、繁案精审”裁判模式，进一步提高知识产权审判质效。依法制裁不正当竞争和侵权行为，审结知识产权纠纷案件3101件，有力保障创新驱动战略实施。最高人民法院主要领导来西安中级人民法院知识产权法庭调研，对西安市知识产权审判工作给予充分肯定，勉励知识产权法官“在一流环境中干一流工作、创一流业绩”。

◆执行工作 2019年，西安市两级人民法院认真执行中共中央办公厅、国务院办公厅《关于加快推进失信被执行人信用监督、警示和惩戒机制建设的意见》，在顺利通过全国“基本解决执行难”第三方评估的基础上，着力推动建立公检法合力打击“拒执罪”工作格局，严惩执行“老赖”。强力推进“绢查布控”“交通路面查扣”“人脸识别”等智能化执行手段，部署开展“涉党政机关案件集中清理”“涉民生案件执行”等专项活动，不断提升执行工作成效。贯彻落实最高人民法院《善意文明执行意见》，在依法保障胜诉当事人合法权益的同时，最大限度减少对被执行人权益影响，实现法律效果与社会效果有机统一。全市法院执结案件78823件，执结标的165.6亿元，其中，西安市中级人民法院执结案件5670件，执结标的105.8亿元。提起财产查询33100次，公布失信被执行人14014人次，限制高消费53637人次，司法拘留438人，判处“拒执罪”14人。西安市中级人民法院执行局被陕西省高级人民法院记集体一等功。

◆司法体制改革 2019年，西安市中级人民法院积极推进法官助理、书记员单独序列管理和职务转换改革，配合陕西省高级人民法院组织招录法官助理23人，推动优化司法资源配置。开展三级高级法官择优选升工作，选升三级高级法官102人，按期晋升法官等级83人。组织承办8省（区）刑事审判工作座谈会，介绍工作经验，推进刑事审判制度改革。扎实做好家事审判改革和认罪认罚从宽制度试点工作，西安市中级人民法院被评为“全国维护妇女儿童权益先进集体”“刑事案件认罪认罚从宽制度试点工作先进集体”。

◆司法为民 2019年，西安市中级人民法院以诉讼服务中心建设为契机，充分发挥党员先锋示范岗作用，为涉诉群众提供更加周到便捷的服务。严格落实“最多跑一次”要求，制作诉讼材料“一次性告知书”，避免群众往返奔波。对当事人经常咨询的问题进行整理，制作二维码诉讼服务矩阵，通过54个二维码全面公开所有诉讼服务事项，深受当事人好评。在诉讼服务中心配备自助服务一体机，集成案件查询、开庭信息、诉讼费计算等功能，方便当事人及时了解案件情况。引入诉讼执行风险评估系统，除为当事人提供风险评估外，还能提供法条指引和裁判案例，有效指导当事人收集证据材料、规范诉讼行为。加强对弱势群体关怀，积极参与根治欠薪行动，建立“讨薪绿色通道”，处理农民工追索劳动报酬案件600件，为农民工追讨工资款9370万元。依法审理社会保障、劳动就业、教育医疗、环境保护等与人民群众生活息息相关的案件36286件。严惩生产销售有毒、有害食品犯罪，审结制售假鸡精、假药品等案件29件，维护人民群众“舌尖上的安全”，2件案件入选中央依法治国办公室发布的“食药监管典型案例”。强化司法救助，依法对1325名困难当事人减缓免诉讼费984.3万元；对3案符合条件的刑事被害人、申请执行人发放司法救助金64万元。西安市中级人民法院被评为“全国法院司法救助工作先进集体”。

◆司法公开 2019年，西安市两级人民法院加强“审判流程公开、执行信息公开、裁判文书公开、庭审公开”四大平台建设，开展案件庭审视频和图文微博直播，召开知识产权司法保护、“推进法治西安建设十大诉讼案件”等新闻发布会，举办“法院开放日”，增强司法透明度。全年举办“法院开放日”43场次，邀请各界群众3000余人走进法院，参观法院，旁听案件庭审，近距离了解司法活动。网上公开裁判文书241215份，切实将群众知情权、监督权落到实处。坚持巡回办案，到案发地现场审判，深入厂矿、学校、社区开庭审理案件2362件，就地化解矛盾纠纷，扩大法治宣传效果。西安市中级人民法院法官走进陕广新闻直播间，以案说法讲述如何预防和应对校园欺凌事件。

◆信息化建设 2019年，西安市中级人民法院坚持以审判需求为导向，采购安装裁判文书纠错系统、裁判文书评查系统、类案精准推送系统等审判辅助系统，有效提升审判智能化水平。在全市法院推广应用“全国法院案件调解平台”“破产案件管理平台”和“天眼查”软件，促进信息技术与审判工作深度融合。建设裁判文书“一键排版”和“电子签章”智能系统，推进裁判文书自助打印，切实减轻审判执行部门工作负担，提升办公办案效率。

◆审判管理 2019年，西安市两级人民法院面对受案数继续呈快速增长态势，坚持按月通报审判质效数据并分析审判工作运行情况，对审判执行核心数据和异常数据进行研判，及时发现问题，提出应对措施。深化案件评查工作，严格评查标准和评查程序，及时通报评查结果，并将评查结果记入法官业绩档案。组织开展全市法院优秀裁判文书、优秀庭审和典型案件评选表彰工作，营造争先创优氛围。两级法院院长、庭长带头承办有重大影响的案件，广大法官干警自觉加班加点，全力以赴推进执法办案，全市法院结案率达91.5%，在全国15个副省级城市法院中名列前茅，结案总数占陕西省法院的40%。

◆审判队伍建设 2019年，西安市中级人民法院扎实开展“不忘初心、牢记使命”主题教育和“讲政治、敢担当、改作风”专题教育，常态化开展“两学一做”学习教育，确保法院工作正确的政治方向。组织各类业务培训12期，培训干警1496人次，参加“一带一路”服务机制与自贸区国际商事法律服务论坛，与德国法官访问团、海南省高级人民法院、乌鲁木齐市中级人民法院等进行学术交流，与西北大学等多家院校合作，设立“教学实践基地”和“法官培训基地”，着力提升法官干警司法能力。积极参与司法调研，在全国法院第三十届学术讨论会上，西安中级人民法院收获“2018年度全国法院调研工作先进集体”“第三十届学术讨论会组织工作先进奖”“三十年组织工作突出贡献金奖”等多项大奖。严格履行党风廉政建设主体责任和监督责任，完善惩防体系建设，深入开展违规收送礼金专项整治活动和落实中央“八项规定”精神专项检查，狠抓重点案件、重点岗位、重点环节执纪监督，严肃查处违法违纪行为，筑牢廉洁司法防线。

◆案例

马安桥等黑社会性质组织案　2008年以来，被告人马安桥利用其担任西安市高陵区耿镇耿北村党支部书记和村委会主任的职务便利，笼络村委会干部数人，用金钱利益腐蚀贿赂国家工作人员刘宏刚、尤占峰为其充当“保护伞”，把持农村基层政权，纠集刑满释放人员充当打手，以经济利益为诱饵，拉拢多人为其效力服务，操控耿北村征地、租地建设项目，骗取租地补偿款，虚构建设项目贪污公款，组织人员非法挖砂，造成国家矿产资源严重破坏，垄断村域经济，严重危害当地经济、社会秩序。该案经检察机关起诉，法院审理认为：被告人马安桥的行为构成组织、领导黑社会性质组织罪；被告人杨宏喜、黄鹏、吴兴忠、茹涛、陈喆、孟选、周星、刘缸参加以马安桥为首的黑社会性质组织，构成参加黑社会性质组织罪；被告人刘宏刚、尤占峰身为国家机关工作人员，包庇、纵容以马安桥为首的黑社会性质组织违法犯罪活动，构成包庇、纵容黑社会性质组织罪；被告人马安桥、杨宏喜、茹涛、李亮亮、孙康康、郭福元、李明、王大超、索令章、张国政故意伤害他人身体致人重伤，构成故意伤害罪；被告人马安桥、杨宏、黄鹏指使他人持凶器随意殴打他人致1人轻微伤，情节恶劣，被告人马安桥、黄鹏、周星采取滋扰手段恐吓他人，构成寻衅滋事罪；被告人马安桥分别伙同陈喆、刘宏刚、杨宏喜采取虚构事实、隐瞒真相手段，骗取公私财物，数额特别巨大，构成诈骗罪；被告人马安桥、杨宏喜、黄鹏、周星、刘缸、张战齐、陈朝兴、茹红星未取得“采矿许可证”，擅自采矿，情节严重，构成非法采矿罪；被告人马安桥、孟选、吴兴忠、刘宏刚利用职务之便，侵吞公款，数额巨大，构成贪污罪；被告人马安桥为谋取不正当利益，向国家工作人员行贿15万元，构成行贿罪。依照《中华人民共和国刑法》之规定，对被告人马安桥、杨宏喜、黄鹏、吴兴忠、茹涛、陈喆、孟选、周星、刘缸、刘宏刚数罪并罚，决定执行马安桥有期徒刑22年，剥夺政治权利5年，没收个人全部财产，对其余被告人分别决定执行有期徒刑16年至1年不等刑期。

陕西首例“套路贷”涉黑案　2016年10月，被告人韩某某等人在西安市中贸广场租赁写字间，未经任何部门许可，擅自设立金雨空放小额贷款公司，成立非法组织，开展非法放贷业务，收取高额利息及名目繁多的费用。截至2018年1月，该组织共非法放贷306万元，非法获利113万元。对于逾期未还的借款人，该组织采取辱骂殴打、威胁恐吓、夹击身体敏感部分、喷辣椒水、踩脚趾、烟头烫、“架飞机”及电击等恶劣手段暴力讨债，还采用“套路贷”手段骗取他人财物，从而使组织影响不断扩大，组织势力日渐加强，逐步形成了以韩某某为首的黑社会性质组织。该组织为攫取非法利益，先后实施非法拘禁、敲诈勒索、寻衅滋事、故意毁坏财物、非法侵入住宅、诈骗等11起违法犯罪活动。一审法院审理后，以组织、领导黑社会性质组织罪、非法拘禁罪、敲诈勒索罪、寻衅滋事罪、故意毁坏财物罪、非法侵入住宅罪及诈骗罪，数罪并罚，判处被告人韩某某有期徒刑16年，并处没收财产50万元，罚金9万元，剥夺政治权利3年。其余被告分别被判处有期徒刑11年8个月至1年4个月不等刑期。该案一审宣判后，被告人提起上诉，西安中级人民法院审理后依法驳回了韩某某等上诉人的诉讼请求，维持原判。

阿子阿史贩卖、运输毒品案　2017年下半年以来，被告人阿子阿史从云南女毒贩“啊闲”处购买到毒品海洛因后，将毒品贩卖给孙小庞等人，牟取非法利益。2017年12月中旬，被告人阿子阿史再次联系“啊闲”购买海洛因，并将部分毒资汇入“啊闲”指定银行账户。同月19日、20日，“啊闲”派人在云南省瑞丽市将被告人阿子阿史所购毒品分别通过德邦物流和邮政快递发往西安。同月24日15时许，德邦物流投递员电话联系阿子阿史收取货物，阿子阿史到达西安市未央区上水腰小学附近准备收取藏匿毒品的货物时，发现情况异常，即驾驶电动摩托车逃跑，后被公安人员追至西安市未央区北辰路与欧亚大道十字东南角抓获。公安人员从德邦物流托运的方桌背面夹层中查获白色块状物24块，净重8440.53克；从邮政快递包裹中查获包装为“Sundayteamix”的白色粉状物51小包，净重1755.92克。经鉴定，从查获的白色块状物和粉状物中均检出海洛因。该案经检察机关起诉，西安中级人民法院审理认为：被告人阿子阿史以牟利为目的贩卖毒品海洛因，并以贩卖为目的收卖毒品海洛因数量巨大，其行为已构成贩卖毒品罪，且阿子阿史归案后拒不认罪，态度顽劣，人身危险性和社会危害性极大。依照《中华人民共和国刑法》之规定，依法以被告人阿子阿史犯贩卖毒品罪，判处死刑，剥夺政治权利终身，并处没收个人全部财产。

辛耀峰受贿、巨额财产来源不明案　2011年5月至2017年8月，被告人辛耀峰利用其担任府谷县人民政府县长、中共佳县县委书记等职务上的便利，为榆林市基峰商贸有限责任公司、任锦双等单位和个人在工程承揽、项目审批、资金拨付、职务调整等事项上提供帮助，索取、非法收受上述单位和个人给予的人民币1351万元、欧元10万元、美元30万元和价值人民币207.8675万元的房产1套、价值人民币27.25万元的金条1000克，共计折合人民币1854.4757万元。其行为依法构成受贿罪；被告人辛耀峰本人及其共同生活家庭成员的全部财产、所有支出总计人民币5555.925464万元、美元41万元、欧元10万元、金条1100克。辛耀峰能够说明来源的所得总计人民币3974.928032万元、美元30万元、欧元10万元、金条1000克。辛耀峰对差额部分总计人民币1580.997432万元、美元11万元、金条100克（价值人民币3.58万元）无法说明来源，其行为构成巨额财产来源不明罪。该案经检察机关起诉，西安中级人民法院审理后，以被告人辛耀峰犯受贿罪判处有期徒刑11年，并处罚金人民币200万元；犯巨额财产来源不明罪，判处有期徒刑6年，数罪并罚，决定执行有期徒刑13年6个月，并处罚金人民币200万元；已追缴到案的赃款人民币1882.699932万元、欧元8.3万元、美元2万元、金条1100克，依法没收，由扣押机关上缴国库；未追缴到案的赃款人民币1257.165万元、欧元1.7万元、美元39万元继续追缴，上缴国库。

奥凯电缆案　2015年2月至7月，被告单位陕西奥凯电缆有限公司先后与西安地铁三号线8个标段施工单位签订低压电力电缆供货合同。被告人王志伟为降低企业成本，决定以不合格电缆冒充合格电缆向施工单位销售，获取非法利益。同时，陕西奥凯电缆有限公司因产能不足、流动资金紧张等原因，还通过其他企业代为生产不符合国家标准的电缆，贴上陕西奥凯电缆有限公司名称、品牌、“合格证”后销往西安地铁相关施工单位。其间，被告人韩增永、赵志刚、李庆、王堪吉、杨振东、张庆忠、张国玉明知陕西奥凯电缆有限公司生产、销售不符合国家标准的电缆，仍参与制定生产工艺、安排生产、出具“合格证”、对外销售、支付资金等各个环节。经审计，陕西奥凯电缆有限公司销售电缆所涉及的不合格电缆金额为38402300.23元，库存待售不合格电缆金额为2291043.6元。另查明，被告单位陕西奥凯电缆有限公司为谋取不正当利益，通过被告人王志伟、赵志刚、韩增永、王堪吉向14名国家工作人员行贿人民币42.7万元。被告人王志伟在担任长江高科电缆代理销售人员期间，为谋取不正当利益，给予3名国家工作人员财物计人民币58万元。该案经检察机关起诉，西安中级人民法院审理认为：被告单位陕西奥凯电缆有限公司及被告人王志伟、韩增永、赵志刚、李庆、杨振东、王堪吉、张庆忠、张国玉在生产、销售电力电缆过程中，通过生产、销售不合格产品冒充合格产品，获取非法利益，其行为已构成生产、销售伪劣产品罪；被告单位陕西奥凯电缆有限公司及被告人王志伟、韩增永、赵志刚、王堪吉为谋取不正当利益，给予国家工作人员财物，其行为构成单位行贿罪；被告人王志伟为谋取不正当利益，给予国家工作人员财物，情节严重，构成行贿罪。依照《中华人民共和国刑法》之规定，依法以被告单位陕西奥凯电缆有限公司犯生产、销售伪劣产品罪，单位行贿罪，数罪并罚，决定执行罚金人民币3050万元；以被告人王志伟犯生产、销售伪劣产品罪，单位行贿罪，行贿罪，数罪并罚，决定执行无期徒刑、剥夺政治权利终身，并处罚金人民币2150万元；以其余7名被告人犯生产、销售伪劣产品罪，单位行贿罪，分别判处有期徒刑7年至12年又3个月不等的刑期，并处罚金。

西安华西专修大学、被告人王明亮等非法吸收公众存款案　2005年8月，西安华西专修大学（简称华西大学）因校区建设及优化办学设施出现资金困难。被告人王明亮与自称“封海涛”的男子商议向社会公众募集资金。后“封海涛”组建融资团队，公开向西安市及周边地区城中村拆迁户、离退休中老年人等社会公众宣传华西大学投资助学、教育扶贫办学理念，带领有投资意向的群众到华西大学校区参观考察，承诺支付高额借款利息回报。在集资业务员宣传和引诱下，集资参与人与华西大学签订《投资合作协议书》，借款期限为1年，年利率10%。华西大学将募集资金中的25%返还给“封海涛”融资团队，作为“封海涛”融资团队给集资参与人的返点和业务员融资提成，剩余75%由华西大学支配。合同到期后，华西大学向集资参与人返还借款本金及约定利息。2006年8月，“封海涛”离开华西大学融资团队，被告人王明亮成立华西大学对外联络办公室（简称外联办）负责集资事项。王明亮先后安排王军明、白建军、马强、韩浪等人在外联办工作。在王明亮授意下，外联办组织招聘集资业务员继续以华西大学投资助学、教育扶贫名义公开对外宣传，负责接待有投资意向的群众到华西大学进行参观考察，以支付高额借款利息回报为诱饵，引诱集资参与人与华西大学签订《合作助学协议书》，约定合作助学期限1—5年，年利率10%～16%。华西大学为鼓励集资业务员提高集资业绩，承诺向集资业务员支付合同金额6%～23%不等的业务提成，集资业务员再将自己获取业务提成的3%～12%以返点形式支付给集资参与人。对借款协议到期的集资参与人，华西大学外联办及集资业务员则极力说服集资参与人不要兑付借款，继续以高额利息回报集资参与人续存资金。华西大学募集的资金均未存入学校财务账户，而是由外联办负责保管。外联办根据王明亮授意和安排，将所募集资金陆续用于华西大学日常办学开支，支付学校工程建设款，返还集资参与人借款本息，支付集资业务员提成款，对外投资等。经鉴定，2007年年初至2014年年初，华西大学共与14931人签订《合作助学协议书》，累计合同金额46.63亿元，实际募集资金23.8亿元，退还集资参与人借款本金及利息计12.87亿元，支付集资业务员提成款6.86亿元，未返还集资参与人借款10.93亿元。被告人王军明、白建军、马强、韩浪在华西大学对外集资期间，明知华西大学以高息为诱饵，采取还本付息方式，面向社会公众募集资金，仍根据被告人王明亮的安排，负责收集、保管华西大学外联办集资资料和集资款项，接受王明亮指使，将集资款项用于返还集资参与人到期本息、发放业务员提成、学校日常开支等。被告人刘琴、柯密、查卫平、何益祥、白振元等人经人介绍应聘到华西大学，以华西大学集资业务员身份持《华西大学宣传手册》，到西安市内公园、社区、广场等地向群众宣传华西大学教育扶贫、投资助学理念，承诺向华西大学投资借款可获得借款本金12%年息和8%～12%返点奖励，引诱群众向华西大学借款。该案经检察机关起诉，西安中级人民法院审理后，依照《中华人民共和国刑法》之规定，以犯非法吸收公众存款罪，分别判处被告人王明亮、王军明、白建军、马强、韩浪有期徒刑9年至3年不等的刑期。

辛海平故意杀人案　2018年4月，被告人辛海平因怀疑乘坐302路公交车时被人恶意扎针，担心染上重病，遂产生报复泄愤恶念。同年5月，辛海平购买一把单刃剔骨刀，预谋作案。6月22日15时38分许，辛海平携带装有剔骨刀的黑色双肩包在王寺街办大苏路北侧公交车站乘车牌号为陕AN1311的302路中巴车，并坐在最后一排。当车行驶至红光路西凹里村村口铁路闸口时，辛海平从包中取出剔骨刀，从后排向前排逐一对车上人员进行疯狂砍杀，先后向被害人王田、薛倩倩（女，殁年17岁）、温权民（男，殁年53岁）、范婷婷、王金花（女，殁年29岁）及王金花的儿子古佳泽（男，殁年6岁）连续捅刺数十刀。车内人员纷纷逃离，辛海平追下车后，又返回车内取其黑色双肩包时，再次对已被砍倒在驾驶座旁的王金花、古佳泽母子疯狂捅刺数十刀。辛海平下车后，又持刀沿红光路向东对过往群众进行追砍，先后对从公交车上逃离至路边倒地的温权民、王田和其他沿途周边的群众被害人张婷婷、席国卫、严华玲、马伟明、潘四成进行砍杀。后辛海平被公安人员当场制服，并从其携带的黑色双肩包内查获作案工具剔骨刀。薛倩倩、温权民于当日死亡，古佳泽于次日死亡，王金花于同年8月17日死亡。该案经检察机关起诉，西安中级人民法院审理认为：被告人辛海平无端怀疑在乘坐公交车时被人用针扎颈部而可能染上重病，遂迁怒无辜，心生怨恨，继而图谋报复社会，持刀疯狂砍杀公交车上乘客、过路群众，发泄私愤，其行为已构成故意杀人罪。依照《中华人民共和国刑法》之规定，以被告人辛海平犯故意杀人罪，判处死刑，剥夺政治权利终身。

令元杰、赵宇昊绑架案　2018年4月底，被告人令元杰与被告人赵宇昊商议预谋绑架“乐博通”托管班中一女孩，令元杰承诺事成后给赵宇昊支付购买手机费用。后二被告人对绑架路线、接应方式、运输工具等进行了准备。同年5月2日，被告人令元杰自行临时决定将绑架目标更换为与其同小区的被害人曹奕泽（男，殁年9岁）。当日20时许，被告人令元杰将自家床单撕开用于蒙面，并通过手机微信告知被告人赵宇昊自己欲实施计划并获得赵宇昊支持后，独自前往曹奕泽家。令元杰蒙面敲开房门，趁曹奕泽不备用外套蒙住曹奕泽头部，强行将孩子从楼梯间向自己家中拖拽。下楼途中，曹奕泽挣脱外套拉下蒙面布认出令元杰，令元杰情急之下谎称另有坏人，遂掏出自己手机，点开QQ语音按住屏幕，让曹奕泽发出语音，把所谓的坏人消息告诉更多的人。后令元杰将曹奕泽经楼梯带至自己家中。到家中后，令元杰要求曹奕泽向其母程洁打电话索要赎金10万元，曹奕泽称家中没有这么多钱，令元杰改为5万元。曹奕泽在尚未给其母打电话时，趁令元杰不备，起身向门口跑，令元杰追上将曹奕泽扑倒在屋内卫生间地面上，用身体将曹奕泽面朝下压住，用黑色外套蒙住曹头部，双手用力将外套捂压曹奕泽头面部，用身体压住曹奕泽全身数分钟，直至曹奕泽彻底不动。令元杰判断曹奕泽已窒息死亡，将曹奕泽尸体抛放于本单元22层与楼顶夹层1间空房内。为消除作案痕迹，令元杰将曹奕泽所穿衣裤全部脱光后带走返回自己家中。后令元杰电话告知赵宇昊绑架已完成，要求赵宇昊帮助其清洗自己家中被害人留下的指纹等痕迹。赵宇昊到达后，2人共同将曹奕泽衣物用购买的瓶装水浸泡后扔至雁塔区等驾坡村一垃圾箱内，后返回令元杰家中共同对室内和作案衣服等进行打扫清洗。清理完毕后赵宇昊回家，令元杰又将蒙面用的床单布抛于路桥公司家属院办公楼后铁栅栏地下室。5月3日零时许，被害人曹奕泽被发现后送医院抢救无效死亡。该案经检察机关起诉，西安中级人民法院审理认为：被告人令元杰、赵宇昊以勒索财物为目的绑架他人，并杀害被绑架人，其行为已构成绑架罪。依照《中华人民共和国刑法》之规定，依法以被告人令元杰犯绑架罪，判处死刑，剥夺政治权利终身，并处没收个人全部财产；以被告人赵宇昊犯绑架罪，判处无期徒刑，剥夺政治权利终身，并处没收个人全部财产；被告人令元杰、赵宇昊共同赔偿附带民事诉讼原告人曹磊、程洁物质损失计人民币44297.5元（限判决生效后1个月内支付）。（李袁维）

西安市中级人民法院

院　　长　李洪涛
副 院 长　杜豫苏　赵海峰　常　青
纪检组长　张小齐
执行局长　张鲁南

检　察

◆概况　2019年，西安市检察机关在中共西安市委和陕西省人民检察院的正确领导下，在西安市人民代表大会及其常委会的有力监督下，以习近平新时代中国特色社会主义思想为指导，深入学习贯彻中国共产党第十九次全国代表大会和十九届二中、三中、四中全会精神，紧扣“追赶超越”定位和“五个扎实”要求，以服务大局为主线，以司法办案为中心，以检察改革为动力，推动各项检察工作取得新进展。

◆检察服务经济社会　2019年，西安市检察机关围绕中共西安市委员会重大决策部署，细化措施，精准发力，不断提升服务能力。

服务民营经济健康发展　与西安市工商业联合会联合制定13条措施，组织两级检察院开展“检察护航民企发展开放日”活动，为民营企业提供更加细致的检察服务，依法起诉欺行霸市、强迫交易等侵犯企业利益犯罪55人。树立平等保护理念，开展涉民营企业家立案监督及羁押必要性审查，立案审查175人，提出变更强制措施建议31人，不捕5人，不诉8人。积极参与互联网金融风险整治，为民营经济营造规范的金融秩序，起诉非法吸收、集资诈骗、网络传销等犯罪嫌疑人351人。西安市人民检察院办理的“杨某非法经营不起诉案”、未央区人民检察院办理的“王某拒不支付劳动报酬不批捕案”，入选“全省涉民营企业司法保护典型案例”，积极引导涉案企业和人员切实履行法律责任，保障企业生产经营不受影响。

助力创新、创业发展　围绕建设国家自主创新示范区、自贸试验区等重大改革举措，深入开展打击侵犯知识产权和制售假冒伪劣商品犯罪活动，慎重适用限制人身和财产权利的强制措施，依法保障企业和科技人员创新收益，起诉侵犯各类企业专利权、著作权、商业秘密等犯罪11件18人，起诉制售假冒伪劣商品类犯罪27件38人。

保障民生民利和社会公益　加强与

西安市人民检察院在“国家宪法日”举行《中华人民共和国宪法》宣誓仪式

西安市人民检察院召开"扫黑除恶"专项斗争推进会

行政执法部门的衔接，开展"食品、药品安全专项行动"和破坏环境资源犯罪专项监督，监督立案6人，起诉38人，全市检察机关发出"食药领域诉前检察建议书"80份，提起刑事附带民事公益诉讼3件。西安市人民检察院办理的"李某某非法经营药品案""任某某生产、销售假药案"，被中央全面依法治国委员会办公室作为典型案例发布。树立双赢、多赢、共赢理念，注重协同各方推进公益诉讼，与陕、甘2省6市检察院会签《渭河流域生态环境保护跨区域检察协作机制》，联合多部门开展"携手清四乱、保护母亲河"、助力汾渭平原大气污染防治等公益诉讼专项活动，发现公益诉讼案件线索1136件，起诉13件，发出"检察建议书"1114份，其中针对秦岭生态保护发出"检察建议书"104份。督促行政机关清理污染水域270.53公顷、整改拆除违法建筑13万余平方米、清除垃圾4.5万立方米、关停污染企业4家，为国家挽回直接经济损失200余万元。

服务打赢精准脱贫攻坚战　重拳打击涉农、涉贫领域把持基层政权、破坏换届选举、垄断农村市场、侵吞集体资产等黑恶势力犯罪，先后办理"马安桥黑恶案件""高建民等黑恶案件"，有力维护农村稳定发展。开展助力农民工讨薪专项监督，起诉拒不支付劳动报酬犯罪嫌疑人21人，帮助568名农民工讨回薪酬641.9万元。发挥检察扶贫特色，为因案致贫返贫群众提供司法救助47人，发放救助金48.5万元。

◆"扫黑除恶"　2019年，西安市检察机关坚持以人民为中心、为人民司法的理念，落实依法治市有关任务，助力建设更高水平的"平安西安""法治西安"。全力推进"扫黑除恶"专项斗争，加大办案力度，建立6个指导组和28个办案组构成的专业化团队，领导带头出庭公诉，开通办案"绿色通道"，批捕788人，起诉604人，先后办理"关永锋等37人涉黑案""李梁等48人涉黑案""余定鹏等36人涉恶集团"等重大案件。坚决整改中央督导组反馈问题，翻查起底案件12435件，摸排涉黑、涉恶线索29条。强化办案质效，坚持深挖彻查，对涉黑、涉恶犯罪追捕107人，追诉16人，发出"纠违通知书"16件。坚持"不凑数、不拔高、不降格"，以事实不清、证据不足不捕57人，监督撤案1人。聚焦"破网打伞""打财断血"，移送"保护伞"线索141条；专项监督涉黑、涉恶财产刑交付执行情况，发出"纠违通知书"和"检察建议书"12件，均被法院采纳并立案执行。

◆打击和防范各类刑事犯罪　2019年，西安市检察机关全面落实"捕诉一体"办案机制，依法批捕9254人，起诉11884人，比2018年分别上升29.2%和16.6%。严厉打击危害国家安全和邪教组织犯罪，起诉煽动颠覆国家政权、"全能神"等犯罪33人。突出打击严重影响人民群众生命财产安全的刑事犯罪，起诉杀人、强奸、绑架等严重暴力犯罪1282人，起诉"两抢一盗"等多发性犯罪2183人。先后办理"9•17"特大电信网络诈骗案、"5•06"精神传销案和杜某某等7人贩卖、运输毒品案等重大刑事案件。

◆诉讼监督　2019年，西安市检察机关加强立案和侦查活动监督，设立20家驻公安执法办案管理中心检察室，督促公安机关立案36件42人，撤案54件71人，追捕105人，追诉87人。强化民事虚假诉讼、行政非诉执行监督，推进司法诚信体系建设，受理民事行政裁判、审判行为违法及执行监督案件1477件，提请、提出抗诉51件，发出"检察建议书"885件，法院采纳847件。西安市人民检察院提请抗诉的"西安市自然资源和规划局（原西安市国土资源局）与某地产公司建设用地使用权出让合同纠纷案"，为国家挽回经济损失3000余万元；雁塔区人民检察院办理的"某实业公司公证执行虚假诉讼监督案"，被最高人民检察院作为第14批指导性案例发布。加强羁押必要性审查，提出释放或变更强制措施建议720人，采纳599人；长安区人民检察院办理的"薛某羁押必要性审查案"、阎良区人民检察院办理的"曹某羁押必要性审查案"，被最高人民检察院评为"精品案例"。加强对减刑、假释、暂予监外执行案件监督，发现不当并提出纠正意见402件。组织开展对曲江监狱等5个监管场所的巡回检察，发出"纠违通知书"和"检察建议书"27份。对183人次的特赦提请和裁定实施法律监督。西安市人民检察院办理的"郭某某、李某某久押不决监督案"、临潼区人民检察院办理的"孙某社区矫正监督案"，被最高人民检察院评为"精品案件"。

◆打击和预防职务犯罪　2019年，西安市检察机关完善检监协调对接机制，与西安市监察委员会、西安市中级人民法院会签《关于职务犯罪案件协调配合实施办法》，全年审查起诉监察机关移送和陕西省人民检察院交办的职务犯罪案件99件132人，提起公诉77件109人，依法起诉原陕西省卫生和计划生育委员会党组书记胡志强和"秦岭北麓违建专项整治"系列案。依法侦查司法工作人员相关职务犯罪，未央区人民检察院侦查的"任某玩忽职守案"被最高人民检察院评为"精品案件"。

◆预防和化解社会矛盾机制建设　2019年，西安市检察机关依法化解矛盾纠纷、防范违法犯罪、防控各类风险，着力做好检察环节社会治理工作。

做实、做细涉检信访工作　制定"群众来信件件有回复"28条办法，全年受理群众来信919件，除匿名无法答复和重复件外，全部做到7日内程序性回复和3个月内实体性答复。加强检察环节预防化解社会矛盾机制建设，积极开展释法说理、公开听证、检察长定期接访等工作，受理群众信访2940件1.27万人次，检察长、律师接待650余人次。办理司法救助案件143件，发放救助金188.55万元。

着力加强未成年人保护 坚持惩戒与挽救相结合，落实“少捕、慎诉、少监禁”刑事政策，批捕411人，起诉366人；不捕112人、不诉20人。认真贯彻陕西省、西安市未成年人保护暨“一号检察建议”落实推进会精神，检察机关与有关部门协作配合开展1个月的专项督导，检查学校753所，发现问题231个，发出“检察建议书”156份，督促建章立制20余项。全市212名检察官担任83所学校的法治副校长或辅导员，建立法治教育中心和实践基地11个，组织模拟法庭6次，开展法治宣传150余次。新城区人民检察院办理的1起“培训机构老师猥亵儿童案”，推动发出“从业禁止令”。

切实增强检察建议刚性 注重规范性，细化“检察建议书”拟定制发、送达方式、回函备案等环节。增强严肃性，创新出台公开宣告规定，督促“检察建议书”落实回复。强化专业性，在司法办案的基础上，帮助相关单位防范风险、建章立制。全市检察机关制发各类“检察建议书”2306份，书面送达2081份，宣告送达225份，回复率98.4%，采纳率99.6%。3件“检察建议书”获评“全省优秀检察建议书”，1件被最高人民检察院评为“全国优秀检察建议书”。

大力推行检务公开 落实司法便民措施，搭建电话、网站、微信咨询预约服务平台，接待律师及诉讼代理人4561人次，受理预约申请346件。严格落实法律文书公开工作规定，全市检察机关公布程序性信息18174条、法律文书2829份，发布重要案件信息10204条。

◆检察体制改革 2019年，西安市检察机关通过深化司法体制改革，进一步优化司法资源配置。落实最高人民检察院《关于推进省以下检察院内设机构改革的通知》要求，完成两级检察院内设机构改革，形成刑事、民事、行政、公益诉讼4大检察、10大业务的法律监督布局。推进人员分类管理，做好员额检察官择优选升，15人晋升为二级高级检察官，24人晋升为三级高级检察官。全市检察机关招录375名聘任制书记员，实现员额检察官与书记员1∶1配备标准。落实随机分案为主、指定分案为辅的案件承办机制，建立以办理重大疑难复杂案件为主的主办检察官办案组62个、以办理普通案件为主的独任检察官办案单元693个。推行“简案快办”模式，两级检察院办理适用简易程序案件3081件，适用速裁程序案件2569件。深化认罪、认罚从宽制度改革。切实承担检察主导责任，起诉审结12779人，适用认罪、认罚从宽制度9770人，适用率76.5%，适用人数比2018年上升32.2%，位居陕西省前列。增强量刑建议精准性，向法院提出确定型量刑建议2333人。莲湖区人民检察院制式电子化审查报告、未央区人民检察院“三集中”办案、碑林区人民检察院“一站式到庭”等模式被陕西省人民检察院推广。

◆检察机关自觉接受监督 2019年，西安市检察机关始终把讲政治放在首要位置，自觉把中国共产党的领导和人大监督贯穿检察工作全过程。深入学习贯彻《中国共产党政法工作条例》《中国共产党重大事项请示报告条例》，制定《西安市检察机关党组织贯彻落实重大事项请示报告实施办法》，重大决策、重要事项、重大案件及时向中共西安市委、中共西安市委政法委员会请示报告。主动接受人大监督，配合西安市人民代表大会开展“涉商法制保障工作”专项监督调研，向西安市人民代表大会常务委员会专题报告推进“扫黑除恶”专项斗争、贯彻执行认罪认罚从宽制度、民事诉讼和执行活动法律监督工作情况。广泛接受群众监督，两级检察院开展“主题开放日”活动59次，邀请969名人大代表、政协委员、劳动模范、普通劳动者走进检察机关、监督检察工作。

◆检察队伍建设 2019年，西安市检察机关按照革命化、正规化、专业化、职业化要求，加强队伍思想政治和业务能力建设。加强政治建设。深入学习贯彻习近平新时代中国特色社会主义思想和中国共产党第十九届中央委员会第四次全体会议精神，扎实开展“不忘初心、牢记使命”主题教育和“讲政治、敢担当、改作风”专题教育，认真开展专题学习和交流研讨。紧密联系领导班子民主生活会、组织生活会和“四个万家”活动，收集反馈意见、建议170条，并扎实整改，推动主题教育与检察工作“两促进、双提高”。制订《2019年度人才培养计划》，举办“扫黑除恶”、公益诉讼、羁押必要性审查、民事行政检察等培训26期。围绕“扫黑除恶”、公益诉讼、检察建议和人才培养等主题，西安市人民检察院组织召开10期“追赶超越”推进会，有效推进重点工作落实。集中开展解决形式主义官僚主义、违规收送礼金、利用名贵特产类特殊资源谋取私利3个专项整治活动，排查整改6个方面11项问题。对6家基层检察院开展政治巡察和巡察“回头看”，督促整改落实存在的问题。开展“扫黑除恶专项斗争五大主题宣传”活动，“西安检察”新媒体发布信息18138条；发布5期《苏大强漫画普法小故事》“扫黑除恶”专题微博，阅读量超18万余次。西安市人民检察院及14家基层检察院均被最高人民检察院、检察日报社联合表彰为“全国检察宣传先进单位”；西安市人民检察院被中国互联网新闻中心评为首届“丝路奖”公信力单位；西安市人民检察院新媒体平台和官方微博、阎良区人民检察院“头条号”分别获“全国检察系统20强”。全年西安市检察机关获省以上个人荣誉24项，17项工作经验和做法被上级推广。

◆案例

王过渡组织、领导、参加黑社会性质组织案 2008年9月，王过渡刑满释放后伙同他人在西安市临潼区北田地区非法采沙卖沙。2009年，因与他人争抢土方拉运工程，王过渡纠集吴传军、王小光等人在西安市临潼区北田街办北田村砍人、砸车，实施寻衅滋事1起，确立了其在临潼北田地区的强势地位。2011年7月，王过渡纠集被告人王超勋等人成立西安渭北信丰蔬菜专业合作社放贷谋利，并先后注册成立西安北秦建筑工程有限公司、西安北秦人力资源有限公司、北秦物业有限公司，以采沙、卖沙、房贷、承揽工程为主要获利手段，多次有组织地实施故意伤害、寻衅滋事、聚众斗殴、非法拘禁、敲诈勒索、强迫交易等违法犯罪活动，肆意伤害他人，欺压群众、打压同行、强索他人财物，长期把持农村基层群众自治性组织职务，为非作恶，称霸一方，在临潼北田地区和建筑工程领域，形成了非法控制和重大影响，严重破坏了社会、经济生活秩序。2018年12月27日，临潼区人民检察院就此案向临潼区人民法院提起公诉。2019年1月30日，西安市临潼区人民法院对该案做出判决，王过渡犯组织、

领导黑社会性质组织罪、故意伤害罪、聚众斗殴罪、强迫交易罪、非法拘禁罪、寻衅滋事罪、敲诈勒索罪，合并决定执行有期徒刑23年，剥夺政治权利3年，没收个人财产100万元，罚金8万元。其余同案17人判处有期徒刑17年至1年不等。

田党生受贿案　2005—2017年，田党生利用其担任西安市国土资源局局长、党组书记等职务上的便利，为他人在变更土地用途、办理用地手续、获取土地使用权、个人职务调整等方面谋取利益，先后索取、收受他人所送财物，折合人民币4652.386855万元。其个人及家庭财产中1200.406413万元系明显超过合法收入及其他不能说明来源收入的部分，其本人无法说明来源。其担任西安市国土资源局局长期间，在查处陕西成长地产控股集团有限公司违法占地建设东仪路蔬菜批发农贸市场问题的过程中，故意不履行职责，致使该违法占地问题长期拖延，不能得到依法处理。该问题被群众不断举报，多家媒体对此予以曝光，造成了恶劣的社会影响。此案由陕西省监察委员调查终结，移送西安市人民检察院审查起诉，西安市人民检察院于2019年9月27日向西安市中级人民法院提起公诉，于2019年12月25日做出判决：以受贿罪判处有期徒刑13年，并处罚金人民币200万元；以巨额财产来源不明罪，判处有期徒刑6年；以滥用职权罪，判处有期徒刑3年，决定执行有期徒刑15年，并处罚金人民币200万元。受贿所得赃款人民币4652.386855万元及田党生家庭财产不能说明来源的人民币1200.406413万元，依法予以追缴。

杨安定受贿案　2007—2014年，杨安定利用其担任西安经济技术开发区管委会副主任、主任等职务上的便利，为西安星火地产开发有限公司、西安泰德实业有限公司、西安名都置业有限公司、杨长发等单位和个人在项目审批、项目开发、工程承揽、土地手续办理等事项上提供帮助，非法收受上述单位和个人给予的财物共计人民币306万元、美元7万元、欧元1万元、黄金制品1000克，以上共计折合人民币384.2529万元。此案由西安市监察委员调查终结，移送西安市人民检察院审查起诉，西安市人民检察院于2019年9月25日向西安市中级人民法院提起公诉，法院依法组成合议庭，于2019年12月20日适用认罪、认罚从宽制度公开开庭审理了本案。于2019年12月25日做出判决：以受贿罪判处有期徒刑10年，并处罚金人民币60万元；扣押在案的赃款321.8058万元并依法没收，由扣押机关上缴国库。

西安市自然资源和规划局不履行法定职责案　2016年8月，西安市未央区六村堡街办西席村村民席红波租用师道口村位于北三环以北、一干路以南的0.87公顷城市建设用地用于经营停车场。2017年5月，席红波在未办理“采矿许可证”的情况下在该地块进行大规模采砂。2017年9月6日，西安市公安局未央分局出具《情况说明》，称涉案挖沙现场属于渭河古桥遗址范围。2018年2月23日，西安市未央区人民检察院对涉案现场进行拍摄，发现涉案采砂破坏的土地未予修复，采砂形成的土坑未予处理，矿产资源遭受严重破坏，国家利益和社会公共利益处于受侵害状态。2018年4月26日，西安市未央区人民检察院向西安市自然资源和规划局发出《检察建议书》，建议该局切实履行监管职责，对席红波租用建设用地非法采砂挖沙，破坏矿产资源的违法行为依法进行处理。2018年7月13日及9月25日，西安市未央区人民检察院2次对涉案现场进行回访勘查，发现被毁损的土地仍未改变且未被修复、采砂形成的土坑未予处理，国家和社会公共利益仍处于受侵害的状态。经陕西省人民检察院批准，该案由未央区人民检察院移送西安铁路运输检察院。2018年11月28日，西安铁路运输检察院向西安铁路运输法院提起行政公益诉讼，于2019年6月13日公开开庭审理了本案。2019年6月25日做出判决：责令西安市自然资源和规划局于判决生效之日起60日内对位于西安市未央区六村堡街办师道口村北三环以北、一干路以南0.87公顷土地非法采砂的行为依法进行查处。

西安市周至县水务局不履行法定职责案　2017年11月27日，周至县人民检察院向被告周至县水务局发出《检察建议书》，建议其依据法律法规，认真履行监督管理职责，对黑河西堤西侧编号为“9号”的砂坑（中心位置东经34.097817度、北纬108.235437度）非法采砂、破坏护堤地的行为全面依法履行监管职责，对涉案砂坑非法采砂、严重危害堤防安全的违法行为依法进行查处，并采取有效措施，及时组织修复，维护黑河堤防安全，确保国家利益和社会公共利益不受侵害。2017年12月22日，被告对《检察建议书》做出回复。周至县人民检察院随后对该回复情况进行了调查核实，周至县水务局在收到《检察建议书》后1年多内仍未依法履行职责，对涉案违法行为仍未依法进行处理，砂坑状态未改变，国家利益和社会公共利益仍处于受侵害状态。经陕西省人民检察院批准，该案由周至县人民检察院移送西安铁路运输检察院。西安铁路运输检察院向西安铁路运输法院提起行政公益诉讼，于2019年12月25日公开开庭审理了本案。2019年12月30日做出判决：责令周至县水务局自判决生效之日起60日内对黑河堤西侧编号为“9号”的砂坑非法采砂、破坏护堤地的行为全面依法履行监管职责。

西安市自然资源和规划局申请抗诉案　2014年5月，西安市自然资源和规划局（原西安市国土资源局）与西安腾飞房地产开发公司（简称腾飞公司）签订《国有建设用地使用权出让合同》。腾飞公司向该局缴纳了3000万元土地出让金，剩余2520万元一直未支付。在多次催收无效后，该局于2017年1月，诉至西安市中级人民法院，请求判令腾飞公司支付欠余的土地出让金和违约金。法院受理后，判令腾飞公司支付拖欠的土地出让金，但对此款延迟支付产生的违约金的计算采用了另外的计算法。西安市自然资源和规划局认为与被告腾飞公司签订的合同是国家规定的制式合同，明确土地出让金应在合同签订后60日内一次缴清，未按时支付的，自滞纳之日起每日按延迟支付款的1‰向国土部门缴纳违约金。但法院审理后认为：该违约金明显高于土地管理部门的实际损失，应依法予以调整，按照中国人民银行同期贷款利率计算，并于2017年9月做出判决。西安市自然资源和规划局不服法院判决，向陕西省高级人民法院申请再审，2018年6月被陕西省高级人民法院裁定驳回。2018年9月，西安市自然资源和规划局向西安市人民检察院提出抗诉申请。2018年11月，西安市人民检察院提请陕西省人民检察院抗诉。陕西省人民检察院于2018年2月向陕西省高级人民法院提出抗诉。2019年11月15日，陕西省高级人民法院做出再审判决：认为检察机关抗诉理由成立，撤销原判，判决腾飞公司向西安市自然资源和规划局支付所欠土地出让金2520万元，并按照日1‰支付延迟付款违约金3500余万元。　（张有进）

西安市人民检察院

检 察 长　张民生
副检察长　高选良　廖　平　同振魁
　　　　　施文平
政治部主任　梁根科
纪检组长　赵仲军

司法行政

◆概况　2019年，西安市司法局认真贯彻落实中共西安市委员会、西安市人民政府决策部署，结合“不忘初心、牢记使命”主题教育，围绕建设更高水平法治西安总目标，奋力担当重新组建赋予司法局的新使命新职能新任务，凝神聚力谋发展，锲而不舍抓落实，推动司法行政工作取得新成效、实现新发展。

2019年12月3日，西安市司法局在长安区樱花广场举行西安市2019年“12·4”“国家宪法日”暨宪法宣传进秦岭活动启动仪式　（摄影：朱祎）

◆依法治市　2019年，西安市司法局发挥西安市依法治市委员会办公室统筹、协调、指导、监督作用，推进市、区（县、开发区）两级全面组建法治建设议事协调机构，出台《委员会及协调小组工作规则》《办公室工作细则》《委员会2019年工作要点》，召开中共西安市委员会全面依法治市委员会第一次会议，对依法治市工作进行安排部署，全市依法治市制度体系基本形成。立法、执法、司法、普法4个协调小组各负其责，扎实推进各项工作，依法治市制度体系基本形成，中共中央、中共陕西省委、中共西安市委部署的54项具体任务全面完成。全年迎接和配合中央依法治国办公室和中共陕西省委依法治省办公室对法治政府建设、食品药品监管等进行4次专项督察，反响较好。

◆法治政府建设　2019年，西安市司法局全面履行法治政府建设牵头职能，制定《西安市2019年法治政府建设工作要点》《西安市全面推行行政执法“三项制度”实施方案》和《西安市关于开展法治政府创建活动的实施意见》。全年安排西安市人民政府常务会学法6次，审改地方性法规7部、政府规章4项，审核备案西安市人民政府规范性文件4件，审查部门文件168件，审核“放、管、服”拟下放行政许可事项78项，办理西安市人民政府涉法、涉诉事务355件，审核、发放执法证件5468个，指导督促各党政机关单位开展行政执法培训34批次，培训8275人。新城区、莲湖区被评为“陕西省建设法治政府示范区”；莲湖区国家级法治政府创建工作通过中央全面审查考核。

◆法治社会建设　2019年，西安市司法局紧紧围绕深化多元化纠纷解决机制，积极构建集人民调解、行政调解、司法调解和仲裁、行政复议等为一体的共建、共治、共享社会治理新格局。认真开展“矛盾不上交三年行动”，律师“驻队式”工作模式成效明显，全年调处矛盾纠纷22377件，调解成功率98%以上；组织律师在西安市信访接待中心接待群众来访780批1604人次、在西安市中级人民法院参与诉讼信访接待703批1021人次；受理行政复议案件754件、行政应诉案件632件；西安仲裁委员会受理仲裁案件3549件（标的73.11亿元），人民调解、行政调解、司法调解、仲裁调解调解案件增速远超历年，市民群众依法解决纠纷意识得到较大提升。

◆普法依法治理　2019年，西安市司法局持续落实“‘七五’普法规划”，不断深化“法律六进”“宪法八进”“以案释法”和新媒体普法成效，全年开展“西安年·最中国、法治行保平安”法律进社区、“第三届西安高校法治文化节”、“全民国家安全教育日”、秦岭野生动植物保护、防范和打击非法集资等主题宣传活动300余场次，开展宪法宣誓、宪法诵读、宪法有奖知识问答和“12•4”“国家宪法宣传周”等以宪法宣传为主题的活动1200余场次，培训法治宣传教育骨干100余人，全市383名党员领导干部参加《中华人民共和国宪法》宣誓，宪法宣传教育直接受众面超过500余万人。《道路交通安全法》《劳动合同法》等11部自主拍摄制作的普法微视频受到中共陕西省委普法办公室充分肯定，西安电视台《法治西安》栏目播放普法栏目剧34期102次，“法治西安”抖音、微信等新媒体围绕群众关心关切的法治热点发稿超过8000篇次，西安市司法局普法新媒体平台获全国司法行政系统“最具影响力新媒体奖”等4个奖项。

◆法治营商环境建设　2019年，西安市司法局成立优化提升营商环境工作领导小组，完成赴国家发展和改革委员会开展国家营商环境评价及核验等相关工作。积极推进西安“一带一路”国际商事法律服务示范区开工建设，推进“一带一路”涉外法律研究专家、涉外法律人才培训机构、涉外法律研究机构“三库”建设，举办“一带一路”服务机制与自由贸易区国际商事法律服务能力和综合需求对话论坛，向全国仲裁机构发出成立“一带一路”国际仲裁联盟倡议，推进北京“一带一路”商事调解中心落户西安市国际港务区。制定《司法行政工作助力民营企业发展十条措施》，开展“深化法律服务、助推民企发展”专项行动，全市组建民营企业法律服务团36个、法律服务站20处。全年开展律师、公证等法律服务民营企业活动超过500次，为353家企业进行法治体检。

◆**公共法律服务建设** 2019年，西安市司法局认真落实关于深化公共法律服务体系建设的总要求，建成西安市“12348”公共法律服务指挥中心和“12348”西安法网，全面打造“四位一体”公共法律服务网络平台。成功组织2019年国家法律职业资格考试，全年办理法律援助案件15142件、司法鉴定案件24225件、公证申请114411件（减免公证3400件），公证参与“小升初”、商品房销售、公租房分配摇号公证200余场，村（社区）法律顾问和公共法律服务实体平台为群众提供法律服务超过4万人次。坚持以强化监管促工作改进和规范，顺利接管省属原59家司法鉴定机构和985名司法鉴定人，完成对全市64家鉴定机构、1083名司法鉴定人的信息核查和对全市227家律师事务所进行考核。全年办理“12345”市民热线投诉、人民网群众留言355件、人大代表建议和政协委员提案13件，接待上访群众25批次，受理群众来信和西安市人民政府交办的信访案件26件次；依法处理律师、司法鉴定行业投诉130余件，办结率达到95%以上。8月，西安市司法局在陕西省司法行政工作推进会上专题做了公共法律服务体系建设经验介绍，并被司法部表彰为“全国法律职业资格考试先进单位”。

2019年8月15日，西安市司法局组织干警开展应急演练活动

（摄影：朱祎）

◆**刑事执行** 2019年，西安市司法局加强特殊人群管控，全市建成社区矫正中心15个、社区服务基地31个、教育基地18个、就业基地12个，监狱、戒毒警察参与社区矫正工作在13个区（县）实现全覆盖，各区（县）社区矫正远程督察系统建设完成，全年接收社区服刑人员2632人，解除2754人，撤销缓刑16人，特赦66人，社区服刑人员再犯罪7人、再犯罪率0.12%，低于0.2%的部、省标准。全市在库刑满释放人员危险性评估率达到96%以上、帮教率95%，安置率85%，特殊时段高危重点人员管控率100%，其中衔接重点人员2134人，安置总人数1815人，刑满释放人员5年内重新违法犯罪率始终保持在0.17%。在西安市强制戒毒所推进全国统一的“四四五”戒毒模式（在场所布局上实现四区分离：分别设立生理脱毒区、教育适应区、康复巩固区、回归指导区；在教育管理上形成四项机制：分类管理、分别管理、分期管理、分级管理；在戒毒方法上采取五种措施：医疗戒毒、心理矫治、康复训练、认知矫正、习艺培训）实体化运行，开展警务督察54次，督促整改问题隐患66个，审核报批提前解除戒毒人员6批次125人，所外就医4人，批转戒毒康复5人，所内戒断率100%，259名戒毒人员和场所持续安全稳定。

◆**“扫黑除恶”专项斗争** 2019年，西安市司法局聚焦中共中央、中共陕西省委、中共西安市委工作要求，坚持在政治上坚决贯彻、责任上网格管理、宣传上全面发力、办案上追求质效、源头上强化治理、作风上边督边改，全年开展“扫黑除恶”各类法治宣传活动7000余场次，深挖各类线索301条，律师办理涉黑、涉恶案件644件次。中央扫黑除恶督导组在陕西督导检查期间，陕西省扫黑除恶专项斗争领导小组将西安市司法局深入推进扫黑除恶专项斗争的经验作为全省五个典型经验之一，进行专门推广、宣传。

◆**司法行政体制改革** 2019年，西安市司法局积极推进司法行政领域体制改革，进一步扩大公职律师、公司律师覆盖面，全市专兼职律师、公职律师、公司律师、法律援助律师增至4226人，全年代理案件45606件，比2018年增长15%。大力推进律师调解试点工作，遴选639名律师组建律师调解员队伍，建立律师调解值班制度、经费标准和调解协议司法确认程序等工作机制，在全市法院、交警和律师协会、律师事务所、法律援助中心等机构推进成立律师调解室71个，全年律师参与调解案件1096起。积极推进司法所体制机制改革，推动以中共西安市委员会办公厅、西安市人民政府办公厅名义出台《西安市司法体制机制改革实施方案》，联合中共西安市委员会编制委员会办公室制定《关于明确司法所机构编制调整有关问题的通知》，召开全市司法所建设推进会，对司法所管理体制、人员组成、专编专用、办公面积和经费保障等进行明确和硬性规定，彻底解决了影响制约司法所发展的突出问题。

◆**机构改革和司法行政队伍建设** 2019年，西安市司法局突出机构融合、职能融合、人员融合，扎实推进西安市司法局重组，在人员转隶中下大气力推进原西安市司法局和原西安市人民政府法制办公室人员交流轮岗，处级干部交流轮岗比例达到48%、处级领导干部达到68.4%、一般干部达到44%，综合与业务部门之间干部交流比例达到21.5%，原法制办三分之一的人员交流到司法局原来的处室，原司法局11人到原法制办处室工作，进一步推进事合、人合、心合，极大地激发了干部队伍活力。深入实施“三项机制”，以全面考量、小步快走方式，圆满完成公务员职务与职级并行工作，晋升提拔科处级干部120人，推进一批年轻干部走上领导岗位，不仅全系统党员干部队伍结构进一步优化，而且精神面貌也焕然一新，担当谋事干事氛围更加浓厚。全年西安司法行政系统有109个集体、243名个人受到司法部和陕西省司法厅、中共西安市委政法委员会等上级机关通报表彰。

（贺　萌）

军事

责任编辑
曹毅强

西安警备区

◆**概况**　2019年，中国人民解放军陕西省西安警备区坚持以习近平新时代中国特色社会主义思想为指导，坚决贯彻习近平强军思想，强化政治统领，聚焦主责主业，坚持稳中求进，狠抓工作落实。深化基层风气监察联系点工作，增强工作末端实效。结合节日检查开展明察暗访，跟进监督训练考核、物资采购、自学考试、表彰奖励等重要敏感事务，对重点行业领域整肃治理"回头看"，正风肃纪效果显著，警备区全面建设呈现向好向上态势。

◆**思想政治建设**　2019年，中国人民解放军陕西省西安警备区坚持用习近平新时代中国特色社会主义思想和习近平强军思想武装头脑、凝聚意志、统一行动，认真落实党委中心组理论学习，坚持每周五集体党日学习制度，跟进学习习主席最新重要讲话精神，深入学习党的十九届四中全会和军委基层建设会议精神等，不断夯实理论基础。坚持党要管党、从严治党，持续深化党风廉政教育，集中观看《铁纪强军》和《忏悔与警示》教育片，强化了知敬畏、存戒惧、守底线的政治自觉。统筹抓推进、注重抓结合、带动抓全面，扎实开展"不忘初心、牢记使命"主题教育和"传承红色基因、担当强军重任"主题教育，由领导领读，请专家辅导，做事迹报告，组织到红色教育场馆现地教学，举行"践行初心使命、助力脱贫攻坚"实践活动，做到学思悟贯通；多回合收集意见，多维度调查研究，多层次讲好党课，深入检视问题差距，集中开展专项整治，持续向低、慢、松、软、疲顽疾开刀，召开专题民主生活会，列清单、建台账，抓整改、促建设，实现知信行统一。大力营造政治文化氛围，广泛开展纪念新中国成立70周年庆祝活动。落实经常性思想教育，做好一人一事工作，部队实现高度集中统一和纯洁巩固。

◆**战备训练**　2019年，中国人民解放军陕西省西安警备区坚决贯彻习主席开训动员令，持续纠治和平积弊，筑牢主责主业意识。利用节日战备、整组点验等时机，拉动民兵应急分队，随机抽点值班情况，规范战备值勤秩序。强化首长机关指挥技能训练，组织业务参谋和军事科长围绕重难点课目强训攻关，集中进行支战稳后军事行动课题演练，组织年度军事训练考核，落实军事训练"一票否决"、取消15名成绩在良好以下人员评先资格，四个"立起来"进一步踩实落地。

◆**国防动员准备**　2019年，中国人民解放军陕西省西安警备区压紧压实党管武装政治责任，协调召开党管武装述职和市委常委议军会，将潜力统计调查、兵役征集和民兵调整改革纳入地方效能目标管理考核内容。深化民兵调整改革，推进民兵编组向国有企业、经济新区、高新产业拓展，优化结构、创新模式、突出特色，迎接军委国防动员部民兵调整改革检查考评，市级考评全国第4名。警备区被省军区推荐为受军委国防动员部表彰的"深化民兵调整改革先进单位"，未央区人武部被省军区表彰为"深化民兵调整改革先进单位"。着眼为平时准备和战时动员提供国防潜力数据支撑，加强军地协调，严密组织培训，严格审核把关，完成基础类和重点类潜力数据统计，在省军区检查考评中取得第一名。

◆**综合保障**　2019年，中国人民解放军陕西省西安警备区聚焦中心主业，抓好后勤保障能力建设。贯彻省军区巡视反馈问题整改动员部署会精神，成立领导小组，召开党委全会，签责任书、定时间点，归类分组、靶向发力，清理清退违规款项、不合理住房，整改有力有效，摸清了底数，财务管理、公寓房管理秩序得到进一步规范。严格落实物资集中采购制度，完成了警备区机关的战备物资、办公用品集中采购。主动化解矛盾，按时完成停止有偿服务任务。按照BTC即"工厂（仓库）—物流企业—部队官兵"模式完成警备区现役官兵、文职人员被装发放工作。9月份完成了2019年新兵被装发放、12月份完成警备区官兵2020年被装精确申领工作。

◆**双拥共建**　2019年，中国人民解放军陕西省西安警备区积极助力脱贫攻坚，划片分组实施检查，专题召开推进会议，成立帮扶领导小组，部署年度帮扶任务，责令工作不力的2个人武部做出检查，凝聚帮扶动力；制订年度帮扶和定点帮扶"两个方案"，形成10个方面28条措施，自筹资金259.63万元，突出党建、教育、文化、基建、产业、医疗扶贫等6个方面，对照"1个目标、2个重点、3件实事、4项活动"展开具体帮扶，先后40余次深入现地推动，定目标、定对策，拉单列表、逐项落实，警备区被授予周至县社会扶贫工作先进集体。重视军人"三后"问题解决，联合地方出台《西安市随军家属就业办法》和《西安市军人子女优待办法》，为1300余名军人子女办理照顾入学和中考优待，摸底统计了1303名随军家属就业意向，军政军民团结不断巩固。（石惠娟）

武警西安支队

◆**概况**　2019年，中国人民武装警察部队陕西省总队西安支队党委始终坚持用习近平强军思想引航正向，聚焦"两个维护"新时代使命，紧跟中国人民武装警察部队陕西省总队党委铸牢"六个根基"思路举措，准确判断支队建设方位，持续稳中求进夯基础、奋力追赶超越创先进，围绕抓班子建机制、坚定看齐追随、聚力练兵备战、坚持依法从严、注重强基固本上下功夫，部队建设稳步发展。维护党委核心，凝聚领导合力。注重强化党委集体领导的政治意识，采取中心组学习、课题调研、党课教育等形式，系统学习领会习近平强军思想。压茬推进"不忘初心、牢记使命"主题教育活动，接受中央军委督查受到充分肯定。严格落实"三会一课"、党员汇报思想、领导干部参加双重组织生活等基本制度，自上而下开好民主生活会。强化纪律规矩刚性落实，用好典型案例、办案通报和反腐倡廉录像警示教育，部队作风根本好转。

◆**思想政治建设**　2019年，中国人民武装警察部队陕西省总队西安支队着眼政治建军，强化思想引领。深入学习贯彻党和国家军队重要会议精神，扎实开展"传承红色基因、担当强军重任"主题教育，官兵听党话、跟党走的忠诚底色更加纯正。战士初明杰参加国庆阅兵受到中央军委嘉奖并获得二等功；战士董世豪被武警部队表彰为"党史军史知识学习竞赛"百名优秀个人，战士朱世磊获中国人民武装警察部队陕西省总队"十佳优秀'四会'政治教员"。支队官兵精心编排的多个文艺作品被全军和武警部队表彰。紧跟任务抓实"八个到现场"，大力表彰遂行任务突出的单位和个人，38名官兵获得三等功，492人受到嘉奖，官兵献身使命意识明显增强。反映建设成果的300余篇报道在军内外主流媒体刊发，支队被中国人民武装警察部队陕西省总队表彰为"新闻宣传先进单位"和"网络舆论工作先进单位"。

◆**战备训练** 2019年，中国人民武装警察部队陕西省总队西安支队紧贴实战需求，聚焦主责主业。严格落实议战议训制度，常委带头上第一课、打第一枪、研第一仗，抓实群众性练兵活动，支队被中国人民武装警察部队陕西省总队表彰为“军事理论研究先进单位”；获总队搏击教练员集训团体第一名；在总队“运筹”参谋比武、“庙算”指挥员比武、“巅峰”特战比武中分别获得团体第六名、第二名、第四名，宗子航被中国人民武装警察部队表彰为“优秀教练员”。推开“三位一体”军事职业教育建设，未央中队作为武警部队唯一基层工程建设示范单位，在全军综合信息服务实践成果中展示。19个中队初步完成“智慧磐石”工程，纠治整改16处监门、56处隐患，确保了25处固定目标绝对安全。常态担负“两站九区七枢纽”联勤武装巡逻任务，成功处置北客站暴力袭击哨兵、“9•15”劫持人质、冲击执勤目标等突发事件，捣毁蓝田制毒窝点，圆满完成“西安年•最中国”、第四届丝绸之路国际博览会暨中国东西部合作与投资贸易洽谈会等活动安保任务。

◆**正规化管理** 2019年，中国人民武装警察部队陕西省总队西安支队聚焦依法治军，坚持依法从严。突出抓管理立规矩，扎实推进“条令年”活动，支队被中国人民武装警察部队表彰为“暑期百日安全竞赛活动优胜单位”。严格执行《一周工作规范》，严格落实士官按编定岗，常态组织“四个秩序”巡查，深抓涉网问题专项教育整治、预防自杀问题专项排查。以“治违法、严纪律”为抓手，推进“任务月、政治月、安全月、战备月”活动，开展安全隐患大排查，整治141个问题隐患。狠抓机要密码正规化建设，支队被中国人民武装警察部队陕西省总队表彰为“年度密码工作先进单位”，张辉被表彰为“密码工作先进个人”。

◆**武警基层建设** 2019年，中国人民武装警察部队陕西省总队西安支队紧盯基层需求，推进抓建质量。深入贯彻中央军委、中国人民武装警察部队陕西省总队基层建设会议精神，坚持重心向下，派出8批机关干部蹲队住班、解剖麻雀，破解建设难题，执勤七中队被总队表彰为“基层建设标兵中队”，2个大队、9个中队为先进单位，4个后进中队脱贫摘帽，3人被评为“标兵个人”。以“三知五学一练”活动为契机，深化《军队基层建设纲要》网上培训成果，开展“倾听兵声、为兵服务”活动，解决基层急需的27个问题，对18名困难官兵慰问救济，组织21名官兵疗养，邀请20名立功人员家属参加表彰会。邵准顺被中国人民武装警察部队表彰为“百名优秀士官”；贺琬雯被中国人民武装警察部队陕西省总队表彰为“巾帼建功”标兵；马骏妻子韩子君被总队表彰为“最美军嫂”；组织科科长张鹏家庭被未央区表彰为“最美家庭”。

◆**武警综合保障** 2019年，中国人民武装警察部队陕西省总队西安支队注重以战领建，增强保障质效。聚力建设打仗型后装保障体系，与驻地建立兵力输送协作、医疗对口支援、代储代供联保3大应急保障机制，构建“全要素、多领域、高效益”的军民融合格局。贯彻“山东集训”精神，落实“一组五队”战斗化模块化综合化编成，抓实“一长五员”集训，紧盯实战实保开展联合演练。强力推进重点领域“清仓归零”整治，组织物资采购、工程建设、住房管理等专项清理，700余个不规范不完善问题逐项整治，大荔农场30.23公顷土地被无条件收回。张永平被中国人民武装警察部队表彰为“停偿工作先进个人”。抓好暖心惠兵实事，建立远程医疗系统，推进四大监狱和新建中队营房搬迁，投入544万元整治“五难”问题，官兵满意度获得感不断增强。

◆**武警外事活动** 2019年9月7日，中非共和国宪兵司令乌阿尤洛率代表团一行4人到中国人民武装警察部队陕西省总队西安支队机关参观访问，中国人民武装警察部队参谋部外事处处长王春雨及中国人民武装警察部队陕西省总队司令员周志国陪同。9月20日，特警学院南太岛国反恐能力建设研修班学员一行23人，在学院外训队政委宫长治、总队副参谋长李华的陪同下到支队机关参观见学。

◆**武警安保勤务** 2019年，中国人民武装警察部队陕西省总队西安支队认真履行职责，较好地完成了各项安保勤务。2月4—25日，动用×名兵力，担负2019年“西安年•最中国”活动安保任务。4月1—14日，每日动用×名兵力，担负高等自学考试制卷场所现场安保勤务。5月11—15日，每日动用×名兵力，圆满完成第四届丝绸之路国际博览会暨中国东西部合作与投资贸易洽谈会安保任务；5月18日至6月9日，每日动用×名兵力，担负高考制卷场所现场安保勤务。5月20日至6月9日，每日动用×名兵力，担负高考命题场所现场安保勤务。6月7—25日，每日动用×名兵力，担负高考评卷场所现场安保勤务。10月8—27日，每日动用×名兵力，担负成人自考制卷场所现场安保勤务。

◆**处置突发事件** 2019年5月9日，中国人民武装警察部队陕西省总队西安支队副参谋长王欣带领蓝田中队官兵联合地方公安成功捣毁三官庙镇特大制毒窝点，逮捕犯罪分子11人、缴获制毒原料8吨、运毒车1台及大量制毒设备，圆满完成任务，中队长袁超荣立三等功。10月15日，支队执勤三中队北客站执勤哨兵成功处置1起暴力袭击哨兵事件，哨兵李余洋荣立三等功。 （王　寅）

人民防空

◆**概况** 2019年市人民防空办公室全面贯彻中国共产党第十九次全国代表大会及十九届二中、三中、四中全会和全国人防第七次会议精神，围绕中共西安市委、西安市人民政府的重大工作部署和中心工作，按照“强化基础建设，完善长远规划，提高队伍素质，提升应急能力”的总体思路，以推进人防工程建设为重点，以提高应急应战能力为目标，紧紧围绕目标任务，抓重点、攻难点，圆满完成各项目标任务。

◆**人防重点项目建设** 2019年，西安市人民防空办公室筹建的曲江文化运动公园单建人防工程主体封顶，设施设备安装完成，开始运营主体的招标。纺渭路单建人防工程，完成环境影响评价报告的编制、社会稳定风险评价报告的编制、项目可行性研究报告的编制，西安市人民政府于12月20日专题会议已原则同意，待市政府常务会议审议通过。长乐西路地下人防工程主体建设完工，内部装饰完成，待西安市地下铁道有限责任公司同意投入使用。土门街心花园地下人防工程，完成内部装饰，并完成90%以上招商工作。

◆**人防审批验收** 2019年，西安市人民防空办公室不断整合审批流程，减少审批环节，推行“一站式办理”，办理时限由法定20个工作日压缩为5个工作日，真正做到“事时”减负。简化审批申请材料，将原11项申报资料缩减为

4项。2月11日，人防工程验收工作正式开展网上受理，建设单位进入陕西省政务服务网“一网通办”专区登记注册即可办理业务，网上受理节约了建设单位的时间成本、减少了跑路次数。已办理群众和企业的233项事项中实现“最多跑一次”事项占比90%，办事指南准确率100%，限时办结率100%，群众满意率100%，各项指标都达到并超过了西安市人民政府政务服务中心的要求，平均办结时间比规定时间缩短了一半以上。完成政务服务事项标准化梳理，做好事项库动态管理，抓好“放管服”，“服”出真品质。全年人防工程审批面积超额完成5%，人防验收面积超额完成15.9%。

◆人防工程质监、执法 2019年，西安市人民防空办公室受理质监申报项目×个，面积×万平方米，质监验收项目×个，面积×万平方米，质监出勤1147人次，专业技术交底250余次，下发质量问题整改通知单347份。执法检查72家单位，面积×万平方米，立案28起，送达行政处罚事先告知书41份、听证告知书30份、行政处罚决定书50份，追缴人防工程易地建设费950.6万元，罚款111.5万元。受理投诉举报案件105起，受理率100%，回复率99%以上。

◆人防跨区演练 2019年，西安市人民防空办公室为进一步完善中部战区省会城市人防协同体系，实践探索区域防空、协同发展的新模式，5月22—31日，组织和参加了在河南省登封市开展的“嵩山—2019”人民防空实战化跨区支援协同演习。此次参演人员近400人，参演装备近80台（套）。通过此次演习，检验了省会城市之间协同支援方案，磨合了相互应急支援协同机制，锻炼了西安市人防组织指挥和通信保障能力。

◆人防机动指挥通信训练 2019年10月22—25日，西安市人民防空办公室组织了人防机动指挥系统升级改造验收暨跨区机动检验性演练。演练梯队返回期间，全程使用人防车载4G进行图像传输，指挥部能够随时掌握车辆行驶情况，及时进行指挥和导调。通过演练，有效提升了遂行“战时防空、平时服务、应急支援”人防使命任务能力。

◆人防通信警报建设 2019年，西安市人民防空办公室全面启动城区内基于电子屏多媒体多功能新型防空防灾预警报知系统的安装建设，城六区完成安装×套。圆满完成“9•18”鸣放任务，取得了良好社会效果。

◆人防宣传教育 2019年，西安市人民防空办公室利用中华人民共和国成立70周年的契机，在唐延路中心城单建人防工程项目举办了“献礼祖国，人防情深，国庆汇演主题系列宣传活动”，通过展板、电子屏、广告宣传画、文艺表演等多种形式进行人防教育宣传，制作展板40余幅，发放图书资料3万余册，国内40多家媒体对此次活动进行报道。10所学校、5个社区分别被陕西省人民防空办公室评为“陕西省人防宣传教育示范学校”和“陕西省人防宣传教育示范社区”，为各区（县）配发人防应急柜、呼吸模拟人、警报器等人防宣教器材15套，配发《防空知识漫画手册》和《中华人民共和国人防法宣传册》等书籍5类4万余册。

（翁　哲）

中国人民解放军陕西陆军预备役高炮师

◆概况 2019年，中国人民解放军陕西陆军预备役高炮师突出练兵备战、调整改革、基层建设、安全稳定“四个重点”，坚定举旗铸魂、聚焦主责主业、着力强根固基、持续正风肃纪，各项工作任务圆满完成，部队建设平稳有序。

◆思想政治建设 2019年，中国人民解放军陕西陆军预备役高炮师持续深化理论武装，扎实组织党委中心组带机关理论学习，现役官兵以《习近平强军思想学习纲要》《习近平论强军兴军（二）》和习近平最新重要讲话为主要内容，突出“学基本观点以记促学、交流心得体会以讲促学、结合本职工作以做促学”，团以上干部围绕学习实践习近平强军思想完成14篇重大现实课题调研成果。持续打牢忠诚底色，融合推进深化“传承红色基因、担当强军重任”和“不忘初心、牢记使命”2项重大主题教育，师团19名党委班子成员轮流授课辅导，广泛开展向杜富国、张富清等先进典型学习活动，到陕甘边照金革命根据地等地开展主题教育实践活动。持续加强思想引领，及时就中美经贸摩擦、香港局势等敏感问题加强教育引导，常态开展反渗透、反心战、反策反、反窃密教育，分阶段组织“知网、用网、管网”专题教育整顿，广泛开展庆祝中华人民共和国成立70周年系列活动、“礼赞祖国、强军有我”主题演讲、庆祝建师35周年文艺汇演等，部队保持高度集中、统一和纯洁、巩固。

◆军事训练和应急演练 2019年，中国人民解放军陕西陆军预备役高炮师着眼促进改革、调整过渡期工作有效落实，坚持以打赢为目标、以实战为标准、以安全为底线，聚焦主责主业，努力提高部队实战化训练水平，圆满完成各项军事工作任务，实现部队战斗力建设稳步发展。深入推进练兵备战工作，严格落实党委议战、议训制度，持续深化“和平积弊”大起底、大扫除成果转化。修订完成师、团两级方案计划体系，研究拟制“3个清单”，梳理形成使命任务课题研究成果。定期开展经常性战备教育，认真修订完善×类××份战备方案，组织×次作战值班业务培训，对密码电报系统进行重构版升级。优化整合应急力量，完善编实×支常备应急分队，严密组织应急维稳、抗洪抢险、抗震救灾、森林灭火分队应急演训和指挥所演练。广泛开展群众性岗位练兵活动，完成×××名现役官兵定级考评、×××名预编官兵入队训练、分2批组织×××名现役官兵强化训练，参加年终军事训练考核优良率达到91.24%。严密抓好三分之一建制营连组织整顿，创新探索新型作战力量编组模式，深化无人机、直升机分队作战运用，预编阵地得到新拓展。

◆部队正规化建设 2019年，中国人民解放军陕西陆军预备役高炮师修订《师党委议事规则》《师党委加强自身建设的措施》，先后3次调整健全各级党委，补充16名新人进入党委班子，集中利用10天时间组织现役干部党委书记培训，形成调研文章6篇。师、团党委先后2次召开专题民主生活会，查纠整改党委抓建的12个问题，形成加强班子建设的4个方面措施。广泛开展“行法制、抓从严”“贯彻落实新条令、塑造陆军好样子”“安全大检查”活动，大力推进“三个根本性转变”（从单纯靠行政命令的做法向依法行政的根本性转变；从单纯靠习惯和经验开展工作的方式向依靠法规和制度开展工作的根本性转变；从突击式、运动式抓工作的方式向按条令、条例办事的根本性转变），出台《私家车使用管理规定》《涉密办公载体使用管理规定》等制度规范。持续开展官兵思想、“四个秩序”（规范战备秩序、规范训练秩序、规范工作秩序、规范生活秩序）、风险隐患、人员资产、作风纪律、遗留问题专项督查，先后迎接4次综合安全检查，对照21个方面105项内容清查、整改57个问题隐患。大力开展解难、帮困活动，救济8名困难官兵，解决16名家属随迁落户和22名子女入学、入托问题，协调、落实58名官兵福利待遇。

◆综合保障能力建设 2019年，中国人民解放军陕西陆军预备役高炮师以“应急备战后勤保障为中心，以谋求自我提高为牵引”，坚持“聚焦打赢不懈怠，坚持培养人才不松手”，主动搞保障，圆满完成各项保障任务。清查、规范后勤装备库室建设、战备物资器材储备和装备器材预征工作，组织××名炊事骨干装备器材操作使用培训、××名驾驶员驾照增驾和技能等级考核。修订《师经费管理规定》《物资集中采购管理规定》《招待所管理规定》等规范细则。以战区陆军“10个行业系统”专项清理、整治为牵引，下大力抓好后装工作问题排查、治理，完成家底经费清算和留存名贵特产类物品清理。协调军地专家举行4堂“健康讲座”，组织×××名现役官兵健康体检，与西安永兴坊文化发展有限责任公司、西安洁瑞餐饮管理有限公司等餐饮企业建立技能培训关系。组织各单位装备维修骨干观摩培训，先后对××门火炮、×××台车辆进行维护保养，排除各类故障××处。投入资金120余万元，援建骆明主题文化广场和3条乡村道路，大力发展乡村旅游产业链，建立“骆峪山水”微信公众号，走访慰问14次，义诊6次，51户贫困家庭全部脱贫。

◆“传承红色基因、担当强军重任”主题教育活动 2019年，中国人民解放军陕西陆军预备役高炮师着眼深化“传承红色基因、担当强军重任”主题教育，按照思想调查和方案拟制、召开教育准备会、理论学习和讨论交流、动员部署、专题教育和配合活动的方法步骤，分5个专题进行集中授课辅导。师团班子成员认真备课、示讲，广泛借助“四大优势平台”（友邻兄弟部队、地方党政机关、预编先进企业、陕西红色资源）进行融合教育，在集中教育辅导基础上，持续开展“新时代革命军人价值观”讨论辨析活动，充分利用“学习强国”App平台使官兵时时学、处处学。

（段克涛等）

退役军人事务

◆概况 2019年，西安市退役军人事务局组建以来，围绕“让退役军人和其他优抚对象成为全社会尊重的人、让军人成为全社会尊崇的职业”的工作目标，坚持把队伍建起来，把规矩立起来，把人心聚起来，把事情做起来，积极唱响服务退役军人主旋律，边组建机构，边推进工作，党的领导全面加强，制度设计有序展开，重难点问题取得突破，思想政治工作积极推进，年度安置任务有效落实，服务保障水平持续提升，拥军褒扬氛围持续浓厚，权益维护工作成效明显，系统自身建设扎实推进，为退役军人工作改革发展奠定了坚实基础。

◆退役军人机构组建 2019年，西安市退役军人事务局作为全市唯一机改启动前提前组建的机构，率先任命党组书记和局领导班子成员，划转了职能和编制。1月底前，西安市退役军人事务局和各区（县）退役军人事务局均挂牌成立；3月下旬，明确了“三定”，同步实现人员转隶到位集中办公。3月8日，成立了中共西安市委退役军人事务工作领导小组及办公室；3月10日，各区（县）党委退役军人事务工作领导小组全部建立。及时调整军转安置和双拥工作领导机构组成人员，进一步加强军转安置工作领导小组、双拥工作领导小组职能作用，有力推动了军转安置和双拥工作顺利开展。

◆退役军人服务体系建设 2019年，西安市退役军人事务局认真贯彻落实习近平关于建立、健全“两站三中心”（两站：乡镇（街道）退役军人服务站和社区退役军人服务站。三中心：省退役军人服务中心、市退役军人服务中心及县（区）退役军人服务中心）五级服务保障体系的重要指示批示和全国服务保障体系建设推进会精神，严格对照提出的“五有”（有机构、有编制、有人员、有经费、有保障）标准，5次发文督导，3月底，完成市、区（县）两级中心组建；4月底，全部挂牌开门服务。5月，西安市166个乡镇（街道）、2734个村（社区）服务站全部挂牌建成，配备工作人员6510人，配套办公场所2.9万平方米，落实经费183万元，打通了服务保障“最后一公里”。严格落实《关于退役军人工作机构政治文化环境建设的规范》《基层退役军人服务中心（站）工作指南》《陕西省退役军人服务中心（站）建设与工作规范实施细则》等文件，组织专班50多次赴区（县）和下属单位调研，实地查看、现场测量、集中制作，统一规范英模画像、主席照片、政治标语的悬挂标准。结合场地实际，设立办事大厅、老兵议事厅、老班长谈心室、军旅记忆展柜，建立有军事特色的文化墙和宣传栏，确保政治文化环境建设落实到全系统各级服务场所。

◆退役军人社保接续 2019年，西安市退役军人事务局认真开展部分退役士兵社保接续工作，成立了由分管副市长任组长，中共西安市委宣传部、中共西安市委政法委员会和市公安、民政、财政、人社、审计、信访、医保、税务、网信等10余家重点部门为成员单位的工作专班，组织指导各区（县）、相关开发区开展工作，为社保接续政策落地奠定了组织基础。5月30日，由西安市人民政府分管领导主持召开市级部门、区（县）、开发区负责人及工作专班170余人参加的专题会议，传达中央和省级相关文件精神，全面安排部署。8月7日，西安市人民政府召开工作推进会，召集历年接收安置退役士兵较多的25家部门单位通报进展、明确要求。加强与西安市养老保险经办处和西安市医疗保障局、西安市社会保障服务中心的协调沟通，提出明确要求并开展政策培训，加快审核节奏，提高办事效率。及时将省级下拨的中央补助资金，按照社保补缴申请受理情况划拨各区（县），保障工作有效落实。截至年底，受理27338人，审核通过26805人，其中养老保险核查26344人，医疗保险核查26462人。养老保险、医疗保险核查均完成98%。

◆退役军人移交安置 2019年，西安市退役军人事务局圆满完成2019年度计划分配军转干部、随调家属的接收安置任务，占陕西省的44.5%。按照功绩制排名选岗、优先选用分配和包底分配“三步走”办法，克服困难，统筹协调，97.7%安置到党政机关和参公单位，其余2.3%安置到事业单位，圆满完成安置任务。为符合功绩制分配的军转干部提供200个行政和参公岗位供其选择，并首次从市级四大班子和中共西安市纪律检查委员会、西安市发展和改革委员会、西安市教育局拿出计划，实现了速度不减、质量提高。完成2019年度政府安排工作退役士兵的档案审核移交、安置计划编制等工作。

◆**退役军人就业、创业指导**　2019年，西安市退役军人事务局加强退役军人就业、创业指导。坚持需求导向，发挥西安市教育资源优势，开展多层次、多样化的退役军人职业技能培训，为835名自主择业军转干部和753名自主就业退役士兵提供培训；组织100名优秀退役军人参加全省退役军人就业、创业培训示范班。4月，配合国家退役军人事务部成功举办“全国退役军人就业创业工作现场会”，国家退役军人事务部领导出席活动，并充分肯定西安市工作。搭建退役军人就业创业平台，遴选7名优秀退役军人创业者，参加全国退役军人创业成果展；举办西安市首届科技类退役军人精英创业大赛；举办退役军人专场招聘会18场，3万余人现场参与，1032家单位提供岗位10533个，2262人签订就业意向，自主择业军转干部有31名实现“直通车”式签约入职，109人实现再就业，并有3426人通过报考参加高职扩招深造。

◆**优抚政策落实**　2019年，西安市退役军人事务局接力做好机构改革后退役军人信息采集工作，确保工作不断档。大力推进悬挂“光荣牌”工作，先后11次召开专题会议推动落实，积极组织市、区（县）局负责人带头，上门悬挂“光荣牌”。年底前，设计印制2020年年画，及时配送各区（县），于春节前全部发送到位。全面落实好各项优抚政策，及时为各类优抚对象发放抚恤补助、优待金。持续做好参战、参试人员基础信息核查工作，建立资料台账，认真组织参核部队退役军人体检工作，加强伤残军人抚恤保障和伤残等级评定审核，为×××人开展残情集中鉴定和慢性病检查。

◆**“双拥”共建**　2019年，西安市退役军人事务局以第九次创评“全国双拥模范城”为指引，认真筹备中共西安市委议军会议，协调相关部门制定出台《西安市随军家属就业安置方案》《西安市军人子女教育优待办法》2项优待政策。迎接全国双拥工作领导小组领导一行到西安市3个区(县)、5个示范点调研检查。先后2次在全省双拥工作会议上做经验交流发言，2次召开市级推进会，积极督导省级交办的53项驻军问题。认真筹划组织西安市党政领导和区（县）各级双拥慰问交流活动，组织市领导元旦、春节走访驻地军队，看望慰问困难退役军人和军烈属4117人次。4月和10月，

2019年9月，西安市退役军人事务局工作人员在西安火车站迎接返乡士兵，并耐心解答相关政策

分别由西安市人民政府和中国人民政治协商会议西安市委员会主要领导带队赴浙江舟山慰问“西安舰”，城舰共建工作进一步加强。积极组织各级开展“退役军人光荣返乡欢迎活动”和“光荣入伍欢送仪式”。认真抓好军需供应服务，为部队提供优质保障。

◆**烈士褒扬纪念**　2019年，西安市退役军人事务局努力营造“缅怀英烈、敬重英雄、关心国防、尊崇军人”的浓厚氛围，扎实抓好烈士褒扬纪念工作。积极开展“清明”祭扫、纪念宣传系列活动，宣讲英烈事迹1232场，接待各类社会团体411家、烈士亲属1254人、祭扫群众13.6万人。开展关爱烈属捐助活动，为780余名烈属赠送关爱礼包。与陕西省退役军人事务局联合筹备组织，在“‘9•30’烈士纪念日”举办烈士公祭仪式，省、市党政军主要领导和各界干部群众2200余人参加公祭，并承办陕西省首次“烈士光荣证”颁授仪式，被退役军人部通报表扬。第一时间做好烈士褒扬工作，先后为任永涛和高铭2位烈士举行庄严的迎接“回家”和骨灰安放仪式，投资5000余万元，全面启动西安烈士陵园提升改造项目。认真做好烈士评定情况统计、烈士褒扬金申请拨付和“烈士证明书”申办工作。包含全市烈士的《烈士英名录》编纂工作全面完成，烈士纪念设施调查摸底工作全面开展，进一步加强零散纪念设施的管理保护。

◆**军休服务管理**　2019年，西安市退役军人事务局完成移交政府安置的军队离退休干部（士官）、无军籍退休职工的接收安置工作。协调西安市公安局简化军休干部落户程序，找到随时申请、及时办理。主动探索军休管理服务新模式，以军休党建和文化建设为工作指引，努力提高服务管理水平。全新的西安市军休干部管理服务中心建成挂牌，丰富功能设施，提升服务水平。积极扶持军休艺术团建设发展，组织军休艺术团走进部队、高校、乡村，参加各类演出20余场。组织200名军休干部赴延安市开展“红色疗养”。成功举办全国北部片区军休干部文艺调演，自编节目获得比赛最高奖。

◆**退役军人权益保障**　2019年，西安市退役军人事务局坚持“开门接访、全员接访、领导接访”，制定多项信访接待制度，压实首问责任，明确承办时限，规范答复方式，并建立法律顾问制度，全市成立退役军人法律援助工作站14个，努力保障退役军人合法合理权益，切实减少存量、遏制增量、控制变量。截至年底，市级接待来访、下访退役军人1313批1896人次；各区（县、开发区）接待来访下访、退役军人12142批16983人次。受理网上信访件514件，办结464件，办结率90%；办理答复退役军人事务部挂账督办信访件67件，办理率100%。积极设立市、区（县）两级“退役军人关爱基金”，市级募资320万元，13个区（县）“退役军人关爱基金”均已成立。全年为72名困难退役军人发放“陕西省退役军人爱心基金”120万元。

（王　丹）

城市建设与管理

责任编辑

冯冠杰

综　述

◆**概况**　2019年，西安市城乡建设部门对标“追赶超越”定位和“五个扎实”要求，紧抓“迎全运加快国家中心城市建设”历史机遇，坚持以人民为中心，把增强城市承载力和提升城市品质放在突出地位，积极稳妥促进建筑业和房地产业健康发展，推动住房和城乡建设事业高质量、有特色、可持续发展。全年西安市城建计划安排总投资812亿元，比2018年增长14.4%，完成826亿元，占全年的101.72%，涉及项目8类539项。完成项目投资估算审核46个，送审费用163387.77万元，审定费用118574.46万元，审减率27.43%。完成预算项目审核49个，送审费用87486.71万元，审定费用73772.34万元，审减率15.68%。完成结算项目审核141个，送审费用136025.93万元，审定费用122402.50万元，审减率10.02%。

◆**城建法规综合协调**　2019年，西安市住房和城乡建设局加强行政复议和应诉案件的应诉指导和监督，全年提供法律业务咨询指导200余次。做好规范性文件的合法性审核工作，严格普法工作责任，有序开展普法工作的落实，审核审查行政处罚277起。根据《西安市人民政府关于印发〈西安市进一步深化建设项目审批制度改革的实施方案〉的通知》（市政发〔2019〕19号）相关文件要求，梳理36项审批事项，除法定市级事项无法下放外，下放主项事权21项（分项事权23项），解决遗留问题3项，拟通过修改规章下放2项，占可下放事权的81%。依据城建计划安排，围绕重点项目建设，充分发挥城建项目联席会议制度，强化城建项目科学设计和统筹协调，通过现场调研、会商协调、跟踪指导、督促检查、专家论证等多种形式，有效提升设计质量，稳步推进项目进展。对城市道路、综合管廊、海绵城市、城市景观绿化、人行过街设施等多个方面，审查城建项目方案设计38项，组织召开方案设计专家评审会35次，现场调研检查39次，现场协调督促协调项目建设20余次，对29条断头路进行打通、验收核查。

◆**城建战略研究及试点**　2019年，西安市住房和城乡建设局编制完成《西安市“十四五”城乡建设规划项目》《西安主城区街区更新试点研究项目》《碑林区清莲巷片区城市有机更新设计》《西安市无障碍环境调研与实施对策研究》《结合地铁站点周边开发利用地下空间案例研究》《西安市绕城高速以内集体土地上棚户区改造周边配套道路建设方案》《西安市农村危房改造脱贫攻坚三年行动方案》《西安市建筑工程质量提升三年行动计划（2018—2020年）实施方案》《西安市建设工地及两类企业2019—2020年秋冬季扬尘污染防治专项攻坚行动方案》《西安市施工工地场界扬尘排放限值管理办法》《西安市建筑施工安全攻坚行动实施方案》《西安市建筑施工领域防范化解重大安全风险工作方案》《西安市关于加强秦岭北麓区域村庄规划建设管理的意见》《关于深化工程建设领域监督管理的实施意见》《2019年西安市建设施工安全生产集中执法行动方案》。

◆**基础设施建设**　2019年9月26日，西安地铁一号线二期顺利开通试运营。五号线一期工程全线累计19座车站主体结构封顶，全线区间贯通、全线各铺轨基地全面开工，轨道铺设累计过半。六号线一期工程全线13座车站主体结构封顶，全线区间贯通；二期工程全线2座车站封顶，累计13座车站进入主体结构施工，4个暗挖区间进入二衬施工。九号线工程全线15座车站封顶，除起点纺织城站区间受征拆影响，实现洞通。十四号线工程全线累计6座车站主体结构封顶。根据西安市人民政府办公厅《关于进一步加快公共停车场建设实施意见》要求，深入挖潜能利用的各种土地资源，积极开展项目方案论证，简化项目审批流程，全年开工建设公共停车位2.08万个，超额4%。

◆**城建PPP项目**　2019年，西安市城市快速路、综合管廊和海绵城市等17个市级重点项目完成投资103.92亿元，占全年的110.6%。昆明路及西延路工程PPP项目完成投资29.34亿元，昆明路高架桥和西南二环立交正在进行桥梁施工，西延路项目已建成通车。新兴南路工程PPP项目完成投资17.50亿元，新兴南路地面段已建成通车，东南二环正在进行桩基、承台、墩柱、钢箱梁施工。会展中心外围提升改善道路PPP项目累计完成投资约11.3亿元，正在进行桩基、承台、墩柱、钢箱梁施工。体育中心外围提升改善道路PPP项目（一标段）累计完成投资21.917亿元，正在进行桩基、承台、墩柱、钢箱梁、现浇梁施工。体育中心外围提升改善道路PPP项目（二标段）累计完成投资约17.59亿元，正在进行桩基、承台、钢箱梁施工。西安市地下综合管廊PPP项目完成管廊主体79.6千米，完成投资31.9亿元。市级重点项目3个，科技二路综合管廊项目完成投资10255.25万元，科技八路综合管廊项目完成投资7237.5万元，朱宏路综合管廊项目完成投资32650万元。小寨区域海绵城市PPP项目已开工51个子项目，石油大学海绵化改造等22个项目基本完工，完成投资7.97亿元。

◆**断头路打通项目**　2019年，西安市开展“断头路督查在行动”系列活动，采取“三不一直”方式（不打招呼，不发通知，不听汇报，处室负责人直赴现场找问题）抓协调，分类推进。采取远程视频连线的方式，适时掌握建设现场情况，实现“天天盯、周周报、月月督”。全年共打通高新路东侧规划路、御井路、灞浦三路、光伏二路南段、碧桂园西侧规划路、东陵路南延伸等断头路53条。

◆**建设工地和两类企业扬尘治理**　2019年，西安市印发《西安市施工工地场界扬尘排放限值管理办法》《施工扬尘在线监测系统建设及运行管理规范（DB6101/T3066—2019）》《蓝天碧水净土青山四大保卫战2019年实施方案工作任务分解清单》《关于进一步加强2019年“夏防期”建设工地臭氧污染防治工作的通知》《市人大常委会视察检查指出建设工地及两类企业扬尘污染等问题整改工作方案》《建设工地扬尘污染防治“大排查、大整改”活动方案》《西安市建设工地及两类企业2019—2020年秋冬季扬尘污染防治专项攻坚行动方案》等文件，进一步明确建设工地扬尘污染防治标准和要求。实行全市建设工地设置领导包抓监管公示牌和红黄绿挂牌管理，全市1286个建设工地全部设置包抓监管公示牌，其中房建项目886个，城棚改项目168个，市政项目139个，交通项目2个，水利项目17个，地铁项目74个，两类企业155家。各区（县、开发区）扬尘在线监测仪与西安市住房和城乡建设局联网并实现数据上传1154个，视频监控与市住建局联网并实现数据上传1142个。召开全市建设工地及“两类企业”铁腕治霾现场会4次，10个督导组按照网格化区域划分对建设工地扬尘污染防治措施落实情况进行明察暗访，检查建设工地6711个次、两类企业924家次，下发移送单（督办单）829份，对存在严重扬尘污染防治问题工地的项目经理、总监共进行培训9期、943人，对每月考核排名靠后的区（县、开发区）约谈9次、33人。市级相关部门、区（县、开发区）对207家扬尘污染问题严重项目处罚793.2万元，有效提升了在建工地和两类企业扬尘污染防治工作。

◆营商环境提升 2019年，西安市住房和城乡建设局牵头全市工程建设项目审批制度改革工作，报请西安市人民政府成立由市政府主要领导任组长的工程建设项目审批制度改革工作领导小组，印发《西安市进一步深化工程建设项目审批制度改革实施方案》。工程建设项目审批管理系统上线运行，实现与省工程建设项目审批管理系统、省投资项目在线审批监管平台、省政务服务网等系统平台对接。设立工程建设项目审批综合服务窗口，开启“前台综合受理、后台分类审批”运行新模式。制定五类工程建设项目审批流程图，实行一份办事指南、一张申请表单、一套申报材料办理多项审批。相继出台事中事后监管、信用体系建设等61个配套政策和制度，为加速推进改革提供政策支撑和制度保障。通过改革，工程建设项目审批流程进一步优化、审批时限进一步压缩，建设单位办理工程项目审批申报材料由188个精简至47个；全市取消14个事项环节，下放5个审批事项，合并16个办理事项，转变4种办理方式，调整13个事项时序，必办的审批事项由35个压缩至17个，累计访问网上办事大厅用户6868个，项目总数达到338个（次）。住建部先后4次通报肯定西安市工改做法，陕西省住房和城乡建设厅通报将西安市列为全省工改进展第一梯队。

◆农村危房改造 2019年，西安市全面推进住房安全不达标问题整改，按照陕西省脱贫攻坚领导小组办公室关于解决“两不愁三保障”存在问题的统一部署，指导各区（县）住建部门抽调265名专业技术人员，深入贯彻陕西省住房和城乡建设厅增加抗震设防指标的新要求，对全市71876户建档立卡贫困户住房安全情况进行再次排查鉴定，对排查发现的问题立查立改，严格落实“排查认定一户、立即整改一户”要求，确保按时完成排查整改工作，确保全市建档立卡贫困户不漏一户住房安全得到保障。老旧住宅小区综合提升改造，开工实施225.3万平方米，超全年目标任务的112.65%。

◆小城镇建设 2019年，西安市住房和城乡建设局进一步促进城乡统筹发展，加快小城镇建设，按照“抓两头，带中间，促全面”的思路，经西安市人民政府审核通过，联合西安市财政局下发《关于进一步推进全市小城镇建设的通知》（市建发〔2019〕75号），将原来的省、市两级“两镇”调整为：省级重点考核镇（省级重点示范镇、省级文化旅游名镇）、省上跟踪指导镇（省上跟踪指导的市级重点镇）、市级重点培育镇、环境整治提升镇4个新的序列，扩大小城镇建设奖补政策的覆盖面，从“好、中、差”3个层面同时着手，促进和带动全市小城镇建设整体快速发展。并以省级重点示范镇和文化旅游名镇为示范，开展四类小城镇建设，完成投资29.79亿元，是年度建设目标任务的119.26%。

◆“美丽宜居村庄”建设 2019年，西安市住房和城乡建设局持续推进美丽宜居村庄建设，继续以“五个三”行动（抓好三个清、布好三个点、实现三个治、美化三个口、整治三个面）为重点，以“抓好点、打造线、推动面”为目标，合理布局，沿环山路、主要交通沿线布点，切实开展“美丽宜居村庄”创建工作，通过提升村庄村貌、开展村庄亮化工程、硬化村内道路，完善村庄基础设施，指导各涉农区（县）开展美丽村庄建设163个（当年新启动实施127个，2018年未通过验收的36个村庄）。经第三方验收评定，有132个村庄达到建设标准，分别命名为市级、区（县）级美丽村庄，其中争取到省级命名美丽宜居村庄14个。全市“美丽宜居村庄”数量累计达到373个，省级“美丽宜居村庄”数量达到44个。

◆城建档案编研和档案利用 2019年，西安市住房和城乡建设局完成2019年《西安市城乡建设大事记》的信息收录、整编工作。与西安市建筑科技大学建筑学院合作对馆藏档案进行研究开发，快速推进纸质档案数字化进程，持续数字化馆藏纸质档案，优先采用扫描、刻录的方式，提高档案利用工作效率，降低成本。全年接待1652人次，利用档案14122卷（含纸质和电子档案），利用文件及图纸38.2万张（含复印、打印、刻录）。配合馆藏档案扫描调还卷（含扫描）共计27159卷。

◆建设行业培训 2019年，西安市住房和城乡建设局举办乡村振兴战略、生态环境建设、城镇污水治理、不忘初心牢记使命、扫黑除恶治乱、应对重大舆情等课题的“建设大讲堂”6期，开展各类培训92232人次，占全年任务的135.2%。其中，工地扬尘培训943人次；一线农民工免费培训83059人次；干部培训8230人次。

◆城建系统“行政效能革命” 2019年，西安市住房和城乡建设局完成“一网通办”高频事项梳理，按照“三级四同”（省、市、县三级行政许可事项名称、类型、依据、编码相统一）和“一网通办”要求，牵头完成原市建委列入“一网通办”目录的高频事项规范化梳理工作，102个事项列入全市高频事项目录，并按时上线运行。推进“双随机、一公开”工作，按照中央、陕西省、西安市有关深化“放管服”改革、加强事中事后监管工作要求，依托全省统一的陕西省“双随机、一公开”监管工作平台，按照“全覆盖、常态化”要求，督促相关处室、单位开展双随机执法检查13批次。梳理住建局政务服务事项清单，组织相关处室、单位对151项政务服务实施清单的要素内容进行完善，配合做好西安市政务服务网总门户网站上线的相关准备工作。完善住建局“互联网+监管”事项，根据中央、陕西省、西安市“互联网+”监管工作安排，对51项监管事项和30个监管子项内容进行了完善。 （张　睿）

◆西安城市基础设施建设投资集团有限公司 2019年，西安城市基础设施建设投资集团有限公司按照突出主业、对标提质的新要求，围绕城市开发建设、综合交通服务、清洁能源、环境保护、产业金融、智慧城市六大业务板块持续发力，不断增强民生服务保障能力，提高经营业绩水平，实现营业收入142亿元，比2018年增长16%；实现利润总额12亿元，增长20%；总资产突破2100亿元。

亚行路网完善项目　投资20.9亿元完成亚行西安城市路网完善项目，北客站、航天基地2座公交停保场、付村东路停车场及西高公交场站均按时间节点完工。路面交通信息服务系统通过验收，智能信号机系统完成改造，道路交通视频监控系统、动态交通信息采集系统及非机动车安全提示设施均已完工。凤城八路—太华路立交获国家工程优质奖和省优质工程“长安杯”奖。

地下综合管廊　建成地下综合管廊30千米，累计投运95千米，昆明路一期工程评为国家示范项目。

通信管沟建设　全年完成自强西路、星火路、浐灞生态区“三中心”场馆周边等道路49.97管程千米的通信管沟建设工作，累计完成401管程千米通信管沟建设。

标准化施工　体育中心外围提升改善道路PPP项目Ⅰ标标准化施工措施被收录至中建系统内部标准化施工示范图册；体育中心外围提升改善道路PPP项目Ⅱ标被中国施工企业管理协会推荐为“2019年度工程建设行业信息化典型案例（智慧工地类）”。

“三中心”配套项目　制订保障场馆的9座公交场站建设和20条调整公交

线路计划方案；加密“三中心”片区站牌站点，5080组站牌全部实现“双语”。会展中心东区岛内天然气工程已基本完成，主体管道工程正随道路建设同步实施；会议中心红线内天然气工程已施工完成50%；奥体中心工程完成立项设计，红线内天然气埋地管道施工完成60%。提前完成25处停车场的清场、封闭、移交；阶段性完成34处周边停车需求大、管理规范的停车场和4座公交枢纽站的提升改造。

棚户区改造　作为西安市棚改统贷统还平台，全年争取国开行棚改贷款88.96亿元，偿还贷款本金31.05亿元。

架空线缆落地　完成朱雀大街、科技路等23条主次干道28千米的通信架空线缆落地工作，累计完成269条道路328千米通信架空线缆落地工作。

甲醇推广使用　西安交通燃气公司共建设甲醇加注站25个，全年累计销售M100甲醇燃料15300万升。为完善甲醇能源推广使用全链条服务，西安城投集团投资3.25亿元，建成未央站、雁塔站、沣东站、灞桥站甲醇汽车4座4S维修站。

充电桩建设　新建公交和社会充电桩69站1183桩，累计投运充电桩6314桩。

探索融资新模式　6月，成功发行5亿美元海外债券，发行价格、投资者结构、认购倍数均为市场同期同类型债券最优，发行2期中票20亿元，比银行同期贷款共节约成本7000万元。探索国有资本产融结合发展，不断拓展融资租赁等金融业务，旗下融资租赁公司全年实现投放39.58亿元，累计投放126.64亿元，成为全省最大的融资租赁公司。

信息化建设　11月20日，融合采集平台及手机应用端“秦采”App同步上线；与城管业务及平台对接完毕正在系统联调测试；与环保业务管理对接梳理完毕；该平台还叠加了权益交互平台“分分行”，与中国移动、招商银行、滴滴出行、西安交警积分权益实现交互应用。“i西安”市场化运营，作为西安市政务服务的统一线上平台，是“最多跑一次”项目中线上综合服务的总入口，西安市大数据局将“i西安”门户授权西安大数据资产经营有限公司运营，通过设计西安门户服务总入口以及实施“一号通行、一体运营、一站治理、一键服务、一库共享”的“五个一”策略，打造集政务服务、民生服务、生活服务于一体的“城市服务”平台。西安大数据资产经营有限公司承担的西安市社区管理服务综合平台开发项目，以社区基础建设信息为基点，用数据分析结合图表、图像在线虚拟呈现社区交通、购物、健身、休闲、阅读、教育、就医、养老、餐饮、政务服务等10个便民生态圈建设情况，形成社区15分钟便民服务圈的动态管理与监测。已经完成社区15分钟便民服务圈信息采集指标的分析和整理，完成信息采集平台数据库搭建。西安市地下管网建设发展有限公司联合市政技术应用服务中心、西安圣豆电子信息技术有限公司共同研发物联网智能井盖获得中国市政工程协会颁发的“全国市政行业2018年度市政工程科学技术奖技术开发类二等奖”。截至年底，智能井盖在西安市辖区安装77套，管理人员可通过手机实时获取检查井盖信息，实现远程监控、异常报警及开闭井盖，大幅提升通信管道维护信息化管理水平。在中铁第一勘察设计院小区安装1068块物联网表试用。客户可通过微信、支付宝、手机银行等方式完成燃气缴费，物联网表同步接收数据，实现真正意义的“足不出户”缴费充卡服务。物联网将客户用气、缴费、设备请情况按需求传回公司数据中心，实现阶梯气价、计量、设备维护等智能化管理。同时，在营业厅推广使用自助售气POS机，客户可在自助售气POS机直接购气写卡，小型蓝牙读卡器投入使用，客户可以使用蓝牙读卡器自助购气，无须线下写卡，增强购气便捷性。

（李丞伦）

自然资源和规划

◆**概况**　2019年，西安市自然资源和规划局（西安市林业局）和资源规划各分局组建。西安市资源规划（林业）系统按照中央和陕西省、西安市的决策部署，稳步推进“大棚房”问题专项清理整治、违建别墅问题清查整治、骊山违建问题清查、打击破坏秦岭野生动植物违法犯罪活动、第三次国土调查等重点任务。完成市和区（县）两级资源规划部门机构改革。全面开展国土空间规划和各类专项规划编制，完成建设用地和规划服务保障，紧抓耕地资源保护，积极推进矿产资源管理和生态环境整治，紧抓国土绿化，助推苗木花卉产业发展，加强森林管护质量，狠抓移民（脱贫）搬迁和驻村联户扶贫工作。不断深化行政审批制度改革，营商环境进一步优化。

◆**国土资源和规划机构改革**　2019年2月1日，西安市自然资源和规划局组建，作为西安市人民政府工作部门，正局级，加挂西安市林业局牌子，统一整合原西安市国土资源局职责、原西安市规划局职责，西安市发展和改革委员会组织编制主体功能区规划职责、西安市农业林业委员会林业管理职责和森林、湿地等资源调查及确权登记管理职责，西安市水务局水资源调查和确权登记管理职责。内设办公室、组织人事处、规划发展处（综合处）、政策法规处、自然资源督察办公室、自然资源调查监测处、自然资源确权登记局、自然资源所有者权益处、自然资源开发利用处、国土空间总体规划处、国土空间详细规划处、国土空间用途管制处、国土空间生态修复处、市政工程规划处、城市设计处、名城保护和风景名胜处、村镇规划处、耕地保护监督处、测绘地理信息局、地质勘查管理处、矿产资源保护监督管理处、植树造林处（西安市绿化委员会办公室）、森林资源处、林业改革发展处、科技发展与对外合作处（信息处）、重大工作推进处、财务与资金运用处、移民（脱贫）搬迁工作办公室、行政审批处和机关党委共30个处室，行政编制140名。西安市森林公安局为西安市自然资源和规划局直属行政机构，正处级建制，政法专项编制17名。西安市自然资源和规划局下设直属事业单位17个，分别是土地储备交易中心、自然资源执法监察队、地质环境监测站、资源规划信息中心、秦岭终南山地质公园办公室、不动产登记服务中心、不动产信息档案管理中心、不动产权籍调查中心、城市规划设计研究院、勘测测绘院、城市规划展览馆、林业技术推广中心、周至国家级自然保护区管理局、泾渭湿地自然保护区管理中心、野生动植物保护管理站、林木种苗工作站、小王涧林场。8月21日，全市11个行政区组建自然资源和规划分局，为市自然资源和规划局派出机构，撤销各区原国土资源分局和原规划分局。蓝田县、周至县组建自然资源和规划局，撤销原国土资源局，整合原住建局规划编制职能。

◆**国土空间规划编制**　2019年，西安市印发《西安市国土空间规划编制工作方案》，全面开展市本级和各区（县、开发区）、镇、街三级国土空间规划编制，推进城市总体规划和土地利用总体规划落实情况的“双评估”工作，资源环境承载能力和国土空间开发适宜性评价的“双评价”工作，以及城镇、农业、生态空间和生态保护红线、永久基本农田、城镇开发边界的“三区三线”划定等基础性工作。

◆**重点专项规划修编**　2019年，西安市自然资源和规划局完成《西安市秦岭生态环境保护规划大纲》《幸福新城核心区控制性详细规划》《大西安城市快速路体系规划》《西安市综合交通体系规划》《西安市城市公共交通规划》《西安市公共停车场建设规划》在内的16个专项规划编制和大西安绿道规划体系设计，绿道体系总规模达到15300千米。加强农村人居环境整治，实施乡村规划师制度，确定559名乡村规划师，实现全域覆盖。

◆国土资源和规划服务保障 2019年，西安市自然资源和规划系统争取建设用地指标4333.33公顷，优先保障602个市级重点在建项目开工建设；上报建设用地2746.67公顷，批回2853.33公顷，解决易地占补平衡指标913.33公顷；供应建设用地6760公顷，比2018年增长13.9%，供应总量达到历史新高；强化房地产市场土地供应，全年供应住宅用地653.33公顷，增长15.8%；财政贡献创历史新高，实现土地出让金收入822亿元，增长5%。制定《西安市产业用地指南》等32项制度。认真贯彻“增存挂钩”机制，消化处置批而未供土地2.53.33公顷，盘活闲置土地123.27公顷。2018年，西安市单位GDP消耗建设用地规模22.53公顷/亿元，下降6.0%，节约集约用地水平连续8年位居陕西省第一。全年核发规划条件书165个，规划净用地面积1033.44公顷；核发选址意见书81件，总用地面积538.523公顷；建设用地规划许可证282件，总用地面积5803.844公顷；建设工程规划许可证461件，总建筑面积3826.35万平方米；竣工验收合格证368件，总建筑面积2472.91万平方米。资源规划管理体系进一步规范。

◆土地专项债和储备资金管理 2019年，西安市土地储备交易中心为全市7个项目争取土地储备专项债券额度28.24亿元。其中，2018年续发项目额度23.24亿元；2019年新增项目额度5亿元。拨付重点项目建设资金406502万元。其中，储备中心394932万元；西安城市改造建设有限公司11570万元。

◆耕地和基本农田保护 2019年，西安市自然资源和规划局提请中共西安市委和西安市人民政府印发《关于建立完善长效机制落实最严格耕地保护制度的意见》，在陕西省率先开展永久基本农田储备区划定和核实整改补划。依据土地变更调查数据，2019年全市耕地面积275693.33公顷、永久基本农田187693.33公顷，基本农田保护率68%，完成陕西省人民政府下达西安市耕地保有量不低于246666.67公顷、永久基本农田保护面积不低于187600公顷任务。本年度建设所占用耕地，全部从往年验收合格的土地开发整理复垦项目中进行补充，年内耕地占用易地补充1089.27公顷，连续10年实现耕地占补平衡。

◆矿产资源管理和生态建设 2019年，西安市扎实推进秦岭生态环境整治，完成中央环保督察“回头看”、中共陕西省委巡视组和中共陕西省委工作专班等反馈意见整改，出台《西安市矿业权退出管理办法》，鄠邑区黄柏峪矿全面关停复绿，秦岭西安段采矿权减至5家。加快矿山综合整治。制定《西安市矿山综合整治工作方案》，拨付资金1636万元开展4个矿山项目整治，累计治理28个矿山点位，持续恢复秦岭矿山的生态环境。规范森林公园、地质公园管理，组织全市自然保护地调查摸底，广泛开展公园宣传，加强与国外公园友好交流，提升公园管理水平。

◆地理信息和信息化建设 2019年，西安市自然资源和规划局深入推进西安市“多测合一”改革，起草《西安市工程建设项目“多测合一”改革工作实施办法》和《规划国土测量技术规程（初稿）》。完成国家重点项目“221工程”、西安市生活垃圾末端处理系统建设的勘测和选址并完成蓝田被苍湾8.3平方千米范围的航空影像、正射影像和实景三维制作，以及1：1000地形图测绘。完成秦岭北麓拆违后28个项目航空影像图册编制，西安市“四改两拆”800平方千米范围的航空摄像、正射影像数据生产，以及骊山违建项目影像图册编制。完成秦岭北麓违建项目档案地理信息系统数据库建设。开展“规划一张图”信息库建设，提供大西安区域1.76万平方千米最新影像数据服务。完成西安市行政区内地图审查8件，14家丙丁级测绘单位资质审查和13家丙丁级测绘资质单位“双随机一公开”检查。

◆城市设计和风貌管控 2019年，西安市自然资源和规划局为塑造城市特色、提升城市形象，在全面总结“城市设计”试点和“城市双修”试点经验的基础上，逐步探索构建“总体—区段—地块”的三级城市设计和管控体系。完成《西安市工业遗产保护与利用规划》《西安市工业遗产评定导则》《市民中心城市设计》《灞河沿线景观提升详细规划》编制，对西安市工业遗产保护进行规划引导，提升市民中心设计水平并改善区域交通环境，对灞河水环境、沿线景观及滨河两岸城市设计进行统筹提升；研究制定《西安市城市道路规划阶段暂用名称的命名规定（暂行）》《简化老旧小区综合改造土地及规划审查实施意见》《背街小巷综合整治工作的规划设计指导意见》《西安市对历史建筑进行修缮、添加设施等事项办事指南》和《西安市历史文化街区、名镇、名村核心保护范围内拆除历史建筑以外的建筑物、构筑物或者其他设施办事指南》，填补并规范了西安市道路规划编制阶段规划道路的命名工作，简化全市老旧小区综合改造和背街小巷改造提升规划审查工作；为迎接第十四届全国运动会，全面提升道路功能及品质，修订完善《西安市街道设计通则》，对街道环境、街道功能、家具小品、沿街立面、门头牌匾等要素提出规划改造原则，营造安全舒适的街道界面。研究制定《开放式校园、开放式公园、开放式街区规划指导意见》，以公园、高校、街区为试点，指导开放空间的实施。

◆历史文化名城保护 2019年，西安市自然资源和规划局进一步梳理西安历史文化资源优势，从宏观至微观系统地推进西安历史文化名城保护体系建立。完成《西安历史文化名城保护规划（2019—2035）》的编制、公示、审查和上报。配合中共西安市委宣传部“西安记忆”专题工作，完成《西安解放革命纪念园选址规划》编制。完成《西安市历史文化村镇保护体系研究》初步调研。完成“西安市历史建筑拟保护名录”编撰工作，明确西安市拟保护的历史建筑。积极推进《三学街历史文化街区保护规划》《七贤庄历史文化街区保护规划》编制。开展省级历史文化街区申报和“西安历史文化名城保护委员会”筹备等工作。

◆不动产登记改革 2019年，西安市市级不动产登记部门办理不动产登记60万件，档案查询150万件，正式启用朱雀云天不动产办事大厅，整合“一窗受理”业务流程，不动产登记由5个工作日压缩至8小时，“互联网＋不动产登记”提质增效，45个高频事项达到“一网通办”，抵押登记与8家银行实现不见面服务办理，企业和群众的满意度不断提升。制定出台《推进处理基本符合条件住宅项目验收遗留问题的实施意见》，累计完成处遗项目首次登记22万余户。

◆地质灾害防治 2019年，西安市自然资源和规划局编制《西安市2019年地质灾害防治方案》，运用信息技术手段开展监测，组织地质灾害隐患排查2664次，发布三级预警3次。成功处置108国道沿线灾险情6次，开展工程治理项目11

个，核销隐患点35处，争取中央、陕西省和西安市资金3187万元开展地质灾害综合防治体系建设，有效防范自然灾害对群众生命安全的威胁。

◆自然资源脱贫攻坚 2019年，西安市19个易地扶贫搬迁集中安置点基础配套全部到位，1914户搬迁群众住房均达到实际入住条件，旧宅拆除率达94.1%，完成陕西省下达拆除80%的目标任务。落实生态脱贫政策，下达林下经济专项资金147.5万元，全部用于支持贫困群众发展，公益林生态效益补偿益贫8663户406.37万元、退耕还林补助益贫2255户137.4万元。深入挖掘增减挂钩政策红利支持陕南地区脱贫攻坚，流转指标373.33公顷，收益15.6亿元。巩固提升鄠邑区祖庵镇两庵村和周至县九峰镇余家村的联户帮扶工作成果，争取各类资金306.5万元，持续改善农村基础设施建设和产业发展。

◆林业和苗木花卉 2019年，西安市农村地区造林2553.33公顷，超额完成省考指标1333.33公顷任务。月季产品获2019世界月季洲际大会暨第九届中国月季展2枚银牌、3枚铜牌，2019北京世界园艺博览会月季国际竞赛1枚金牌、4枚银牌、3枚铜牌，实现国际展会获奖“零突破”。积极应战美国白蛾和松材线虫病，检疫复检各类苗木39万株，有效遏制病虫危害和蔓延。完成全市天保工程督导考核，争取资金开展湿地修复保护和监督。开展“绿卫2019”“绿盾2019”森林执法行动，严厉打击涉林违法犯罪。完成中央、陕西省和西安市生态效益补偿资金3014.7万元兑付，对公益林、商品林实行政策保险，进一步调动群众爱林护林积极性。

◆森林防火 2019年，西安市发生森林火灾6起，过火面积2.02公顷，受害森林面积5.76公顷，森林火灾受害率低于0.9‰的陕西省控目标，未发生人员伤亡和重大以上森林火灾。

◆自然资源执法监察 2019年，西安市年度卫片执法检查完成480宗土地违法案件查处，例行督察完成4方面6类115个问题整改，打击旱地挖砂发现并查处17起，面积12.53公顷，“三场（厂）”扬尘污染整治59宗，以及“大棚房”问题之外各类土地违法、违规问题查处整改，全市违法图斑数量与面积比上年分别下降93.7%和65.7%。“四改两拆”方面，4个国有土地、6个集体土地上棚户区改造项目，完成5个城改项目、1个棚改项目的回迁安置。旧住宅区改造项目开工实施225.3万平方米。启动实施33户企业旧厂区改造，完成处置项目9个，处置进度过半项目13个，完成线缆落地177千米。

◆自然资源优化营商环境 2019年，西安市自然资源和规划局为推进行政审批制度改革，编制142项政务服务事项办事指南，将124项事权下放区（县）办理，精简流程和要件，审批持续规范高效。推进61个省、市重点项目用地手续办理，多规合一“一张图”信息平台正式运行，做到平台外无审批，建成“互联网+公众服务”等四大板块应用体系，开发“一书三证”用印平台管控系统，提升审核效率。

◆自然资源法治建设 2019年，西安市自然资源和规划局清理、废止、修改42份规范性文件和内部管理制度，严格落实败诉案件分析报告、负责人出庭应诉、重大行政决策和规范性文件合法性审查、政府信息公开等制度。开展法治专题培训5次，参训人数1000余人次，申请法院强制执行案件418件，受理行政诉讼、行政复议357件，出具耕地破坏程度鉴定141件，办理人大、政协建议提案120件，办理依申请信息公开850件、来信来访822件，评查卷宗50件。

◆第三次全国国土调查 2019年，西安市完成第三次全国国土调查的全部内业解译和外业核查工作，内业解译图斑62.79万个，外业核查图斑61.01万个。8月份，西安市第一批7个区调查成果提交国家，并顺利通过国家质量审核。10月份，西安市第二批6区（县）调查成果通提交国家，并顺利通过国家质量审核。

◆大棚房问题专项清理行动 2018年9月，西安市按照中央和陕西省关于“大棚房”问题专项清理整治行动的决策部署，成立“大棚房”问题专项清理整治行动领导小组和专班，先后开展5轮排查，从全市资源规划系统抽调干部组成16个督导组和20个业务指导组，赴区（县）、开发区督导，推进“大棚房”问题整治深入开展。共排查各类设施农业71975个，面积9980公顷，认定“大棚房”问题项目2138个，问题点位7812个，面积826.67公顷。坚持尊重事实，稳妥推进，分类整治整改的处置原则，对12类问题提出拆除、整改、完善手续、规范4种整治措施并完成2138个项目整治。

◆违建别墅清查整治 2019年5月，西安市成立违建别墅问题清查整治工作领导小组和专班，按照中央和陕西省统一部署，聚焦“违建”和“位置”两个要害，紧盯“摸清底数、自查自纠”工作目标，分自查自纠、重点整治、建立健全长效机制3个阶段，拉网式排查重点区域203个，清查点位2722个，排查违建1326个，上报自然资源部违建项目137个，排除不属于清查整治范围内的17个项目后，已处置到位109个项目。

◆骊山违建问题清查 2019年4月28日，中共西安市委和西安市人民政府在骊山违建舆情发生后，坚决落实中央和陕西省领导指示精神，迅速成立领导小组和3个省、市联合工作专班，对临潼度假区现状28个项目，违法建设1宗进行核查，拆除芷阳湖石榴生态庄园违法建设和融创桃源府项目违建别墅，整改爱琴海三期项目。撤销临潼度假区管委会，

2019年4月，西安月季参加2019世界月季洲际大会暨第九届中国月季展

按照“统筹规划、规划统筹”的原则，立即终止《临潼度假区总体规划（2010—2020年）》，启动《骊山生态环境保护规划》编制。

◆**打击整治破坏秦岭野生动植物资源违法犯罪行动** 2019年2月，西安市成立打击整治破坏秦岭野生动植物资源违法犯罪行动工作领导小组及工作专班。全市开展3次联合督导检查，抓实150多个自查问题和上级通报问题，张贴发放宣传资料164.72万份，在重点区域布设固定宣传牌1804个，排查重点区域2859处次，巡查林区面积达48万公顷，救助朱鹮、大鲵等各类野生动物450余只，侦办野生动植物案件173起。

（刘　威）

城市管理

◆**概况** 2019年，西安市城市管理和综合执法局聚焦“洁化”“绿化”“美化”“亮化”“序化”目标任务，不断提高城市精细化管理水平，助推西安市国家中心城市和国际化大都市建设。全年重点建设项目计划投资6.35亿元，实际完成投资7.37亿元，占计划投资的116%。其中，市政设施维护改造项目计划投资4.7亿元，实际完成投资4.94亿元，占计划的105%；城市绿化工程项目计划投资1.65亿元，实际完成投资2.43亿元，占计划的147%。

◆**城管机构改革** 2019年1月12日，中共西安市委、西安市人民政府印发《西安市机构改革实施方案》，明确将西安市城市管理局改为西安市城市管理和综合执法局，并将西安市市政公用局的城市道路、桥梁、隧道、地下管网等市政公用设施的运行管理、维护、行政执法职责，以及城市供热、燃气等公用事业的行业管理职责划入市城市管理和综合执法局。1月28日，中共西安市委印发《关于市级机构改革中有关部门（单位）党组织设置调整的通知》，设立中共西安市城市管理和综合执法局委员会。3月20日，中共西安市委办公厅、西安市人民政府办公厅印发《西安市城市管理和综合执法局职能配置内设机构和人员编制规定》，明确西安市城市管理和综合执法局设24个内设机构（不含机关党的机构），136名行政编制。

◆**城市道路清扫保洁** 2019年，西安市新增新能源保洁车辆115辆，新建环卫工人休息室209座、保洁员工具箱2315个。西安市城市管理和综合执法系统为满足生活垃圾分类需求，新增两分类式道路果皮箱3600个，改造提升两分类式道路果皮箱31687个。深入推进城市道路“以克论净·深度保洁”作业标准执行，编制《城市道路清扫保洁作业和质量标准》，并于12月11日正式实施。推行高效无尘机械化清扫作业方式，形成机械化清扫、精细化保洁、地毯式吸尘、定时段清洗、全方位洒水的“五位一体”作业模式。组织开展“垃圾不落地·西安更美丽”活动，打造零垃圾落地示范街区99条。全年评比通报最佳路段166条、最差路段150条，全市城市道路清扫保洁市场化率达到80%以上。

◆**“厕所革命”** 2019年，西安市深入开展“厕所革命”，新建城镇公共厕所196座、改造提升350座；新建农村公共厕所396座、改造提升216座，开放社会单位厕所196座。西安市城市管理和综合执法系统在全市范围内征集并确定5条具有西安特色的“厕所革命”口号标语。11月19日，第7个“世界厕所日”，西安市城管系统通过展板宣传、调查问卷、现场宣讲等多种方式开展纪念活动，全市共设21个会场，参加活动1.2万余人，发放宣传资料4万余份。全年评选表彰“厕所革命”先进工作者100人，其中市级部门24人、区（县、开发区）76人，评选表彰“最美公厕”120座（次）。

◆**城市园林绿化建设管理** 2019年，西安市城市管理和综合执法系统大力推进城市绿道、“15分钟城市休闲圈”“花园之城”建设及“五路”（城市道路、高速公路、高铁线路、绕城公路、通景公路）两侧增绿美化，全市（含西咸新区）新增城市绿地面积1354万余平方米、改造提升绿地面积533.8万余平方米，栽植乔木55.1万余株，建成城市绿道492.3千米，其中市级绿道37.4千米、区级绿道238.3千米、社区绿道216.6千米。建成曲江青年森林公园、大华公园，空港幸福公园一期完工、二期启动；新建绿地广场和口袋公园91个、改造提升绿地广场和口袋公园50个。在重要城市节点布设花坛和绿雕180余处，打造鲜花大道64条，圆满完成庆祝新中国成立70周年街景布置和氛围营造工作。向陕西省推荐省级园林式单位（居住区）12个，评选表彰新城区白桦林明天小区、碑林区陕西日报社等“2018年西安市生态园林式单位（居住区）”31个，发放奖励资金268.4万元。

◆**市政设施管理维护** 2019年，西安市城市管理和综合执法系统深入推进市政设施维护精细化作业。全年修补沥青路面63.2万平方米，机械化补路58.8万平方米，修补人行道22.5万平方米，人行道翻建9.28万平方米，建成朱雀大街、城南客运站和东三环尚东城小区人行天桥。集中开展报刊亭和占道施工围挡专项整治，组织拆除报刊亭379个，整改提升占道施工围挡392处，拆除施工围挡30处14.8万平方米，退让施工围挡面积10万平方米，美化施工围挡面积8.5万平方米，整修施工围挡周边破损道路18.5万平方米。全面摸排桥梁下空间占用100处，协调清理拆除各类空间占用10处。加强城市照明设施日常巡视检查，全年修理路灯20119盏，平均亮灯率99.12%，照明设施完好率99.3%。

◆**城市排水及防汛排涝** 2019年，西安市翻修排水管道5258米，检测排水管道181条130千米，疏通排水管道1968千米，挖井315882座次，升降检查井7661座，更换井框盖、加井网及下井作业累计26846个（次），清理明渠4860立方米，完成尚俭路、东仓门等74处小型低洼积水点改造。西安市城市管理和综合执法系统组织开展排水管网普查整治，全面整治城六区177处道路雨污水管网缺失和1890处雨污水混接点问题。截至年底，全市有城市排水管道2337.3千米。其中，污水管道909.7千米、雨水管道921千米、合流管道99.7千米、过街管道406.9千米。按照“安全第一、常备不懈、以防为主、全力抢险”工作要求，全年启动暴雨蓝色预警应急预案2次、黄色预警应急预案1次、橙色预警应急预案2次，出动防汛人员17400人（次），防汛车辆4138辆（次），做到“中雨不积水，大雨、暴雨少积水”。

◆**农村环境卫生整治** 2019年，西安市涉农区（县、开发区）购置农村生活垃圾转运车辆150辆，新增分类垃圾桶13万个、村内垃圾收集点3030个，农村生活垃圾集中收集处理率99%，无害化处理达到70%，分类覆盖率35%。2月26日，《西安市农村村庄保洁和生活垃圾治理工作考评奖励办法》印发执行。西安市城市管理和综合执法系统全年完成农村生活垃圾非正规堆放点整治销号68处，任务完成率100%，排名陕西省第一。8月9日，陕西省住房和城乡建设厅在西安市长安区组织召开全省农村生活垃圾收集转运处置现场观摩培训会。

◆**生活垃圾前端分类** 2019年9月1日，《西安市生活垃圾分类管理办法》施行。

西安市城市管理和综合执法系统通过强化分类车辆配备、统一清运车辆标识、加大执法查处力度，定期公布典型案例等措施，强力推进分类工作开展。全年市级财政投入2500万元，为各区（县）配备分类垃圾桶28812个、有害垃圾运输车辆42辆。7月31日，西安市生活垃圾分类服务中心成立，主要承担全市生活垃圾分类的宣传、指导、考评等日常工作，使市级层面的管理机制更加健全。启动《西安市生活垃圾分类管理条例》立法工作；按照“三统一”（统一颜色、统一标识、统一编号）标准对全市813辆生活垃圾分类清运车辆进行外观更新；提升改造生活垃圾压缩站（转运站）52座。编印《西安市生活垃圾分类指导手册》《有害垃圾分类科普手册》《西安市生活垃圾管理办法（摘要）》等宣传材料，面向社会征集评选出生活垃圾分类之歌，向全体市民发出广泛参与生活垃圾分类的倡议书，在全市范围内成立生活垃圾分类监督员队伍。开展生活垃圾分类宣讲进高校活动，举办生活垃圾分类知识培训讲座30余场次。8月31日，在城市运动公园举行《西安市生活垃圾分类管理办法》主题宣传活动。全年创建市级分类示范单位274个，建成可回收物二次分拣中心17座、大件垃圾拆分中心17座、有害垃圾暂存点19座。出动执法人员7万余人（次），开展生活垃圾分类执法检查3.5万余次，教育劝阻相对人2.4万余人（次），督促整改1.1万余次。西安市在全国46个重点城市的排名由2018年的第36名提升至2019年的第21名。

◆**生活垃圾末端处理** 2019年，西安市城市（不含西咸新区）生活垃圾产生量396.26万吨，比上年减少20.51万吨，处置总量395.62万吨，处置率99.84%；全市农村（含西咸新区）生活垃圾产生量97.89万吨，比2018年减少51.67万吨，处置总量97.84万吨，处置率99.95%。西安市城市管理和综合执法系统对生活垃圾末端处置主要采取卫生填埋与无害化焚烧2种方式，其中有江村沟、阎良区、临潼区、高陵区、鄠邑区、蓝田县、周至县7座卫生填埋场；建成运行高陵区、鄠邑区、蓝田县、西咸新区4座生活垃圾无害化（焚烧）处理厂和西安市餐厨垃圾无害化处理厂；西安市餐厨垃圾无害化处理扩建项目（维尔利二期）、高陵餐厨垃圾无害化处理项目、蓝田餐厨垃圾无害化处理项目、沣西餐厨垃圾无害化处理项目及西安市固体废弃物综合处置场一期项目均启动并完成项目选址，正在办理前期手续。

高陵生活垃圾无害化（焚烧）处理厂 位于高陵区耿镇张卜街道十里村，占地面积10.29公顷。该项目配置3条日处理能力750吨的生活垃圾焚烧线，日处理生活垃圾量2250吨。10月25日，1号炉点火焚烧垃圾，12月26日，满负荷运行。截至年底，垃圾进厂量为76765.49吨，垃圾焚烧量为40705.21吨，发电量987.3万千瓦时，上网电量817.5万千瓦时，渗滤产生量10067.9吨，渗滤液处理量993.8吨。

鄠邑生活垃圾无害化（焚烧）处理厂 位于鄠邑区大王镇大王东村，占地面积9.13公顷。该项目配置3条日处理能力750吨的生活垃圾焚烧线，日处理生活垃圾量2250吨。12月9日第一车垃圾进场，12月23日正式点火。截至年底，垃圾进厂量为5251.17吨，垃圾焚烧量为265.5吨，渗滤产生量218吨，渗滤液处理量0吨。

西咸生活垃圾无害化（焚烧）处理厂 位于西咸新区秦汉新城孙家村，占地面积13.33公顷。该项目配置4条日处理能力750吨的生活垃圾焚烧线，日处理生活垃圾量3000吨。11月18日正式点火。截至年底，垃圾进厂量为7270.9吨，垃圾焚烧量为2540吨，渗滤产生量730吨，渗滤液处理量185吨。

蓝田生活垃圾无害化（焚烧）处理厂 位于蓝田县前卫镇王庄村北侧，占地面积11.31公顷。该项目配置3条日处理能力750吨的生活垃圾焚烧线，日处理生活垃圾量2250吨。11月4日正式点火，12月11日满负荷运行。截至年底，垃圾进厂量为146007.24吨，垃圾焚烧量为100045.75吨，发电量5018.94万千瓦时，上网电量4369.42万千瓦时，渗滤产生量14182吨，渗滤液处理量13053吨。

西安市餐厨垃圾无害化处理厂 位于西安市沣东新城建章路街道办八兴滩村。2018年12月6日正式投运，2019年处理餐厨垃圾67894.16吨、地沟油（废弃油脂）3010.27吨，产生沼气534.25万立方米。

◆**市容秩序监督管理** 2019年，西安市为畅通农产品销售渠道，方便市民群众生活，按照“疏堵结合”的原则，在全市设置便民蔬菜早市50处，夏季瓜果临时销售点135处。西安市城市管理和综合执法局与公安部门建立联合执法协调工作机制，结合行业治乱工作的开展，全面清理取缔各类违法占道（出店）经营和流动摊贩，严厉打击长期出店占道经营、暴力阻挠城管执法等行业乱象问题。全年累计张贴《违法停车告知单》60万余份，教育劝离违停车辆13.7万余辆（次），发放文明停车宣传资料4000余份。研究制定《西安市共享单车停放管理标准及措施》，明确共享单车企业及相关政府部门的监管职责，完善人行道共享单车停放标线施划标准，全年共规范共享单车违规停放53.67万余辆，暂扣占压盲道等严重影响行人通行的共享单车96546辆。

◆**建筑垃圾管理** 2019年，西安市城市管理和综合执法系统登记建筑垃圾处置项目528个，登记处置方量约4500万立方米；新增建筑垃圾资源化利用企业3家，全市登记备案的建筑垃圾资源化利用企业达到28家（其中年处理能力100万吨以上的7家，100万吨以下的21家），年处置能力2600万吨，除去设备检修、停产停工等不可抗力因素，实际年处理能力1650万吨，资源化利用比例超过50%。全市取得建筑垃圾运输许可的企业共166家（城区138家、郊区县28家），运输车辆11199辆，全部为国Ⅴ排放标

2019年8月31日，西安市在西安城市运动公园阳光岛足球场举行《西安市生活垃圾分类管理办法》主题宣传活动

临潼区龙途建筑垃圾运输企业的建筑垃圾清运车

准的全密闭智能环保车型。结合全市建筑垃圾清运车辆管理工作实际，暂停全市建筑垃圾运输企业许可，维护清运市场供需平衡。推进政府主导建筑垃圾消纳场建设。持续推进建筑垃圾运输企业“红黄绿”分级管理。全市进行信息登记的消纳场所共257处，总容量1.05亿立方米，其中回填项目171处582.7万立方米；回填复耕点71处9904.4万立方米，基本满足全市消纳处置需求。

◆“路长制”管理 2019年，西安市城市管理和综合执法系统设路长7694人。其中，区（县）级（一级）路长470人；街（镇）级（二级）路长1982人；社区级（三级）路长3271人；民间（四级）路长1971人。各级路长按照“五步四查工作法”（巡查、反馈、协调、处置、督查；一查环境卫生、二查环境秩序、三查“门前三包”落实、四查工作效能），全年上路巡查304.34万人次，发现道路问题230.39万个，协调责任单位解决问题226.83万个。

◆治污减霾 2019年，西安市城市管理和综合执法局以开展工地扬尘治理为抓手，不断强化出土拆迁工地“七个到位”管理要求落实，持续深化工地“红黄绿”挂牌动态管理制度。截至年底，全市共报备排放建筑垃圾的项目630个，其中挂绿牌602个、挂黄牌14个、挂红牌14个。按照“行商入市、店商入室”的原则和“三定三统一”（定地点、定面积、定时间，统一保洁、统一服装、统一标识）的要求，全面规范治理露天烧烤污染，严防有烟烧烤“死灰复燃”。全年检查烧烤餐饮单位5542家次，查处油烟直排问题535个，查处散煤燃烧问题40个，暂扣炉具44个，散煤削减量80.775吨，摸排统计经营性餐饮单位35926家，均按要求安装油烟净化设施。

◆违法建设治理 2019年4月3日，西安市召开2018年“两拆”工作总结表彰暨2019年任务部署大会，明确2019年全市违法建设治理任务为814万平方米，实际治理违法建设1890.5万平方米，其中拆除1419.7万平方米、整治470.8万平方米，任务完成率232%。西安市城市管理和综合执法局组织开展重点区域违法建设治理工作专项行动，累计治理绕城高速周边违法建设41处，拆除二环路、三环路沿线违法建设70处，拆除火车站地区和钟鼓楼周边违法建设26处。继续在全市范围内开展“零违建区”“零违建镇街”“零违建社区”创建活动，全年共创建零违建区1个（西安阎良国家航空高技术产业基地）、零违建社区220个。

◆广告牌匾整治 2019年，西安市城市管理和综合执法系统拆除各类户外广告及牌匾标识29059处31.84万平方米。4月12日，《<西安市户外广告设置管理条例>实施细则》正式实施。为解决户外广告设置混乱、标准不一等问题，按照“违规必拆、整治提升”的原则，在全市范围内部署开展户外广告专项整治活动。采取“逐片区、逐路段、逐广告、逐牌匾”的方法，对全市户外广告及牌匾标识进行无死角拉网式安全隐患排查。配合完成庆祝新中国成立70周年户外广告宣传氛围营造工作任务。

◆部分城市管理事权下放 2019年12月25日，经西安市人民政府同意，西安市城市管理委员会印发《西安市部分城市管理事权下放移交工作实施方案》，按照“权责统一、分级管理，优化城市管理体制”的原则，下放移交或调整887条城市主干道、次干道、支路（包括其上桥涵），22座市管市政桥涵，138座市管人行过街天桥，80处代征市政道路的养护管理事项；下放所有新建道路范围内的路灯建设和管护事项以及夜景亮化设施管理权；下放城六区范围内的户外广告设置管理权（除重点区域和50平方米以上LED显示屏广告）和临时户外广告设置管理权；下放市政设施、广告牌匾、市容环卫等8项行政许可事项、1项公共服务事项、2项收费事项。事权下放的同时，承接下放事权的城六区城市管理部门依法行使事权下放后相应的行政处罚权。

◆城管行政审批服务 2019年，西安市城市管理和综合执法局审批占道挖掘许可2393件，收取占道挖掘费4331.8余万元；办理改变绿化规划、绿地使用性质审批许可66件，临时占用城市绿化用地审批许可67件，收取绿化补偿费350余万元；办理户外广告设置审批许可2536件，收取城市空间占用费910余万元；办理城市生活垃圾清扫、收集、运输、处理服务许可249件，办理城市建筑垃圾处置（运输）核准许可154件；完成燃气燃热相关许可审核事项16件；完成配套绿地1000平方米以上建设项目绿化设计方案审查75件、附属绿化竣工验收17件；办理城市建设用地移交6件；全年共进行各类审批现场勘查400余次。

◆城管政务信息公开 2019年，西安市城市管理和综合执法局通过门户网站公开各类政务信息和文件3242条，承办省市人大代表建议和政协委员提案148件（其中省市人大建议53件、省市政协提案95件）。通过数字城管平台收集各类群众投诉、咨询和暗访检查案件411695件，其中12342城管特服热线市民来电136447件（占比33.1%）、啄木鸟有奖投诉88207件（占比21.4%）、西安城市管理微信服务号受理群众投诉3722件（占比0.9%）、城管人员采集上报信息立案180057件（占比43.7%）、12345市民热线转办受理案件3262件（占比0.8%），结案率99.4%。全年在传统媒体刊发新闻报道1216篇。其中，中央级媒体61篇、省级媒体512篇、市级媒体633篇。全年政务微信发布769条、政务微博发布773条、政务抖音发布680条、今日头条发布603篇，开设各类话题20余次，政务微信粉丝订阅数20807人，关注政务微博人数10416人，政务抖音粉丝数量16235人。全年共收到并受理公民依申请公开事项15件，均按西安市人民政府信息公开工作领导小组办公室要求处理，没有发生因政府信息公开申请行政复议和提出行政诉讼案件的情况。

（王佳嘉）

公共事业

◆自来水供应 2019年，西安水务（集团）有限责任公司完成城市售水52019

万立方米，污水处理44195万立方米，实现年收入18.8亿元，实现利润总额7067.36万元，净资产收益率1.07%，管网水质合格率99%。

全年开工项目36项，完成投资16.6亿元。其中，2项市级重点项目，城市老化供水管网改造完成15.1千米，完成投资额7100万元；户表集中改造完成152个小区的改造任务，完成投资额2.5亿元。按照“三中心”建设要求，集团从城市配水管网保障、西南郊水厂引水工程、污水处理厂提标改造等方面全力推进承担任务的实施。启动曲江水厂出厂管道改造工程，完成长安路供水管道应急改造等一系列工程，为城市供水运行安全夯实基础。推进自来水第二、第三工程公司改制工作和污水处理、污泥处置“两费合一”工作；按照西安市人民政府部署，积极做好水务体制改革调研等工作；“三供一业”供水维修改造进场率100%，完成接收改造约17万户，占总任务量的61%；全年完成融资26.2亿元，落实财政专项资金4.8154亿元，为集团发展提供了充足的资金保障。成立西安水务（集团）生物质能源发展有限公司，专业从事污泥处置，延伸发展产业链。按照市委、市政府部署，水务集团承担“全域治水”项目建设资金的筹措任务。投资3.68亿元完成江村沟垃圾渗滤液处置三项应急工程；引再生水入幸福河，结束区域60年污水直排历史；完成第十污水处理厂2000吨/日分散式污水处理设施、草滩污水处理厂6000吨应急处理设施建设，解决污水溢流问题；加快推进各污水处理厂提标改造建设，为西安市接受国家环保督查“回头看”检查做出积极贡献。坚决防范化解重大风险，清欠民营中小企业账款5299.51万元，无分歧欠款全部清零。集中排查非法集资问题，处理各类信访投诉案件93起。认真贯彻落实《地方党政领导干部安全生产责任制规定》及《实施细则》，切实做到“三管三必须”，全年安全资金投入2600余万元。集团组织各类专项检查8次，查处整改各类问题和隐患1710个；整编应急抢险分队46支，组织安全管理培训3次，系统内开展应急演练50余次。集团连续10年实现安全生产“零”事故，连续8年获省市安全生产先进企业。深入开展“扫黑除恶”专项斗争，认真贯彻习近平总书记关于秦岭生态环境保护重要批示指示精神，扎实推进“河湖长制”，结合对省委专项巡视及市委巡察反馈意见的整改，做好水源地保护工作；完成李家河白家坪水电站关停退出，恢复了自然生态环境。

（张轩铭）

◆集中供热 2019—2020年采暖期，西安市有25家集中供热企业，供热面积25341万平方米（城六区13家，供热面积22363万平方米；郊区（县）12家，供热面积2978万平方米），比2018—2019年采暖期增加2296万平方米。全市共有燃气锅炉409台（20蒸吨以上84台、20蒸吨以下325台），燃煤锅炉64台。11月8日，全市集中供热锅炉错峰点火预供热，11月15日零时起正式供热，因应对新冠肺炎疫情需要，在不增加居民负担的基础上延长供热时间，至2020年3月23日上午8时供热期结束，共计129天零8小时。燃气锅炉运行最多时达297台，供热面积约9194万平方米，占比36.3%；燃煤锅炉运行最多时达35台，供热面积约8829万平方米，占比34.8%；热电厂供热7046万平方米，占比27.8%；污水源热泵供热面积272万平方米，占比1.1%。

◆供热管理与服务 2019年3月25日，西安市城市管理和综合执法局印发《西安市集中供热行业“强化服务年”实施方案》，在全市开展为期9个月的集中供热行业“强化服务年”活动，整改2018—2019年采暖期供热问题93个，新建及改造管网66千米，改造换热站127座，清洗换热站398座，改造户内设施1263户，完成“直管到户”改造小区373个3266万平方米。7月1日起，《〈西安市集中供热条例〉实施细则》正式施行。2019—2020年采暖期间，及时协调解决市民反映突出的瓦胡同小区、秦川厂家属区、万国花园、紫月山庄等问题68个。按照《西安市2019—2020年集中供热企业奖惩考核办法》，西安市城市管理和综合执法局对城区13家集中供热企业进行两轮考核检查，各区（县）政府、开发区管委会同步多次督导辖区各集中供热企业，供热期间全市未发生一起因企业自身原因导致的管网泄漏事故。全市各级集中供热主管部门积极开展“访民问暖”活动，走访小区252个，入户测温1456户；各集中供热企业持续推行供热“管家式服务”，“小区管家”人数增至900余人，走访小区1665个，入户测温34159户。新冠肺炎疫情防控期间，西安市城市管理和综合执法局及时请示西安市新冠肺炎疫情防控指挥部，为集中供热企业协调办理煤炭车辆通行证省级315个、市级467个，保障企业燃煤储备需要。

（王佳嘉）

◆西安市热力集团有限责任公司 2019年，具备运行条件的锅炉50台（燃煤锅炉19台、燃气锅炉31台），总供热能力7605吨/小时（其中燃煤锅炉1965吨/小时、燃气锅炉3640吨/小时、电厂余热供热2000吨/小时），加权开阀供热面积9395.84万平方米。10月1日，由中国城镇供热协会主持编写、西安市热力集团有限责任公司作为主要参与单位编写的团体标准《供热运营数据与统计方法》正式发布。

推广供热直管到户 2019—2020年采暖季，在全市率先大范围开展供热直管到户工作，延伸供热服务链条，完成290个小区22.67万户供热直管到户，供热面积2085万平方米。通过向热用户提供专业化管理，改善用户用热质量，提高供热服务水平，理顺供热关系，对缓解供热纠纷以及由此引发的社会问题起到积极作用。

清洁供热 按照“达标排放、总量减排”的工作原则，拆除阎良、渭北公司4台燃煤锅炉，停运渭水、泾渭4台燃煤锅炉，完成太华、渭北、阎良公司“煤改气”项目收尾工作，至此，所属9家热源厂累计投资7.7亿元，建成燃气锅炉31台，燃气锅炉供热能力达到3640蒸吨。开展燃气锅炉低氮改造，完成草堂2台燃气锅炉低氮改造项目并投入运行，使得氮氧化物排放低于每立方米80毫克。全年可实现减排烟尘48吨、二氧化硫102吨、氮氧化物141吨。

（李丞佗）

◆燃气供应 2019年，西安市共有管道天然气公司13家，天然气管网约1.1万千米，比2018年新增260余千米，天然气用气量32.1亿立方米，增长3.8亿立方米。2019—2020年采暖期，全市用气量21.4亿立方米，比2018—2019年采暖期增长0.8亿立方米，日最大供气量2356万立方米；天然气用户达383.5万户，比2018年新增37.5万户；车用加气站83座，比2018年减少6座；液化石油气储配站27家；瓶装液化气供应点184个，比2018年新增28个；智能钢瓶累计推广40余万只。

◆燃气管理与服务 2019年1月15日，西安秦华新气源项目贯通供气。11月15日，六村堡LNG（液化天然气）应急调峰站二期工程投入使用，新增天然气应急储气能力1500万立方米，西安市天然气应急储气能力达到3644万立方米。2019—2020年采暖期，在上游气源不足情况下，西安市天然气保供工作领导小组多次协调省级相关单位争取气量，全市各天然气企业共采购高价气约4亿立方米，保证了燃气锅炉的正常稳定运行，整个采暖期未启动天然气应急保供预案。

12月10日，西安市城市管理和综合执法局印发《西安市燃气行业安全隐患集中整治工作方案》，检查792次，联合执法165次，罚款21.95万元，约谈85人次，开展安全应急演练85次，整改消除陕西“实发”液化气站、“华屹”液化气站、六村堡液化天然气应急调峰站、雁塔书香林苑4处重大安全隐患和75处管网占压隐患。联合公安部门严厉打击无证经营“黑窝点”“气贩子”，取缔无证经营销售点82个，移送拘留17人。

（王佳嘉）

◆西安秦华天然气有限公司 截至2019年年底，服务居民客户278万户，工商客户11775户（其中，加气站42家，分销商2家，锅炉、直燃机8797台17762蒸吨，餐饮74024台灶87750灶眼），全面完成售气215681万立方米，日最大用气量1658万立方米。制定《西安秦华天然气有限公司天然气城市气化管网输配系统规划方案（2020—2035）》，全年建成投运门站3座、储配站1座、LNG应急调峰站1座、调压站37座、管道8302千米（其中，高压265千米、中压2829千米、低压5209千米），管网输配能力达3576万立方米/日，自有天然气储气能力1746万立方米。启动城市气化三期工程，完成中压管网敷设31.369千米，其中断头路及新建道路随道路铺设中压管道完成20项计14.213千米；老旧社区改造配套中压管网完成31项计6.933千米；断点连接项目完成7项计2.637千米。及早应对冬季高峰供气，截至年底，天然气总供气量为22.21亿立方米，比2018年增长29451万立方米，增长15.29%，确保城六区278万户居民和1.18万户工商企业平稳用气。

（李丞佺）

城中村（棚户区）改造

◆概况 2019年，西安市城中村（棚户区）改造事务中心紧抓遗留问题，完善政策制度，创新管理机制，夯实各级责任，扎实推进城棚改各项工作。新开工棚户区改造项目26个、34905套，开工率139%；棚户区改造基本建成项目24个、20450套，完成率292%。其中，城中村改造项目已启动14个集体土地上棚户区改造征收工作，占全年目标任务的140%。完成15个集体土地上棚户区改造项目的回迁安置工作，占全年目标任务的150%。完成投资128.9亿元，占全年目标任务的179%。棚户区项目启动5个国有土地上棚户区改造项目的房屋征收工作，占全年目标任务的100%。完成3个国有土地上棚户区改造项目的回迁安置工作，占全年目标任务的150%。完成投资29.59亿元，占全年目标任务的197%。

◆城棚改机构改革 2019年，西安市城中村（棚户区）改造办公室更名为西安市城中村（棚户区）改造事务中心，2月1日完成挂牌，仍作为西安市人民政府直属事业单位。将承担的城中村和棚户区改造项目立项、建设、房屋管理等行政职责分别划入西安市行政审批服务局以及西安市发展和改革委员会、西安市住房和城乡建设局等有关部门，所属综合执法监察支队和建设工程监管中心2个下属事业单位已整建制转隶至市住建局。5月5日，中共西安市委办公厅、西安市人民政府办公厅下发西安市城中村（棚户区）改造事务中心三定方案，由市住建局代管，主要承担城中村、棚户区改造涉及的拟定计划、规划、配套政策，督导考核，指导回迁安置，协调项目融资、手续办理、遗留问题处理，信访维稳以及营商环境提升等工作任务。同时，负责对已批的400多个项目和1200多亿元政策性银行贷款进行协调督落推进，还承担省住建部门的对接、省考保障房建设、棚改专项债发行等工作。

◆城棚改“一站式服务” 2019年，西安市城中村（棚户区）改造事务中心落实市政府主要领导专题会议精神，协调有关单位派驻机构和人员及时到位，发挥一站式服务平台作用，统一受理全市城棚改项目有关事项，强化督查督办并实行“全过程陪同办理、全过程跟踪问效、全改造周期介入”。按照“一口受理、全程服务”的原则，与相关单位制定出台《西安市棚户区改造立项暂行管理办法》。西安市城棚改领导小组下发《关于城中村（棚户区）改造工作“一站式服务”有关事项的通知》，明确“一站式服务”工作流程。

◆“城市有机更新” 2019年，西安市城中村（棚户区）改造事务中心按照西安市人民政府5月9日专题会议精神，启动西安市到2025年城市更新政策及规划起草涉及的调研、摸底等前期准备工作，通过学习广州“积极推进微改造”、上海“留、改、拆”和深圳“大力推进综合整治和功能改变”等城市更新工作经验，形成《西安市城市有机更新框架思路》（2020—2025）和《西安市城市有机更新管理办法》（讨论稿），并上报西安市人民政府研究。计划从2020年开始，按照“先行先试、循序渐进，取得经验、完善推广”的方式，启动西安市城市建设用地范围内涉及100个片区、26.28万户、81.9万人、土地面积约8733.33公顷的城市有机更新工作（其中拆除重建类项目涉及人口约15万户、40万人）。

◆回迁安置遗留问题化解 2019年，西安市城中村（棚户区）改造事务中心采取调查研究、创新方法、制定措施、强化督导等方式，有力推进全市回迁安置超期等遗留问题化解。回迁安置超期涉及29个项目，约1.8万户、6.69万人（安置房正在建设的24个项目，涉及1.6万户、6.01万人；安置房建设停工或者尚未开工5个项目，涉及0.17万户、0.68万人）。城改中心全年9次组织对安置房未开工或停工的项目进行专项督导，给解决问题滞后的雁塔区区委发送工作提醒督办函，督促其履行主体责任，加快解决项目遗留问题。先后20余次组织召开项目问题推进及手续办理专题会议，推进碑林区大学东路西段、莲湖区延长石油（精密西区）等项目问题的解决。对中央信访督察的雁塔区时丰中央公园（东姜村）、苹果城（二府庄村），莲湖区汉城壹号（杨家围墙村），未央区香颂国际城（帽珥塚村）和国务院督办的中环国际城（北寨子村）、国家信访局督办的西江月（西姜村）等6个城改项目，城改中心组织5个督导小组逐个项目每月进行检查督导。莲湖区汉城壹号项目已于年初竣工并交付使用；未央区香颂国际城项目4月竣工并交付使用，涉及需解决用地置换问题，已督促未央区政府拿出初步方案并上报西安市城棚改领导小组会议研究；督促雁塔区完成东姜村的回迁安置，北寨子安置房实现正常建设；对西姜村等资金断链的回迁安置超期项目，采取对原开发商股权组织在法院网上进行拍卖等形式，抓紧清盘接盘。针对2017年摸排的全市39个城棚改项目回迁安置超期问题，积极协调解决，已完成13个项目回迁安置工作。全市29个回迁安置超期问题，24个项目安置房已开始正常建设。

◆城棚改信访维稳 2019年，西安市城中村（棚户区）改造事务中心严格落实领导接访制度，通过下访、约访、对话会、研判会、听证会等方式，实行常抓常议、妥善调处。全年共接待来访群众70批292人次，化解信访案件20余个，其中信访积案2件，确保了改造环境稳定。

（惠思珂）

开发区建设

责任编辑
冯冠杰

西咸新区

◆**概况**　2019年，西咸新区区域范围涉及西安、咸阳两市所辖7县（区）23个乡镇和街道办事处，包括空港新城、沣东新城、秦汉新城、沣西新城、泾河新城5个组团，规划控制面积882平方千米，其中城市建设用地272平方千米，现有户籍人口106万人。全年生产总值520.72亿元，比2018年增长10.6%，农林牧渔业总产值83.22亿元，增长3.0%；规模以上工业增加值完成91.65亿元，增长3.0%；固定资产投资（不含农户）增长10.3%；社会消费品零售总额增长8.3%；地方财政一般公共预算收入71.85亿元，增长38.3%；实际利用外资4.27亿美元，引进内资799.33亿元；新登记市场主体59106户，总量突破13万户。全年实现旅游收入117亿元，接待游客2341万人次。

◆**体制机制改革**　2019年，西咸新区完成新区、新城两级机构改革和职能调整，优化新区19个内设部门机构职能，调整设立外事工作委员会等8个党工委议事协调机构，体制机制进一步理顺。印发实施《西咸新区街镇综合管理改革试点方案》《西咸新区关于强化街镇党（工）委领导作用发挥的若干意见》，开展镇街综合改革试点，扩大镇街管理服务权限，取消镇（街）经济指标考核，推行派出所所长兼任镇（街）党（工）委班子成员制度，强化镇街夯实党建、保障发展、服务群众功能。开展陕西省首家综合行政执法改革试点，全面梳理完成550项行政处罚权和16项行政强制权清单，“一支队伍管执法”的新格局加快形成。

◆**产业发展**　2019年，西咸新区出台《西咸新区产业发展规划（2019—2025年）》，明确构建以先进制造、电子信息、临空经济、科技研发、文化旅游、总部经济和都市农业“6+1”主导产业为核心的现代产业体系。制定中小企业产业园区认定管理办法等文件，规范园区发展，强化有效承载。出台新区工业企业技改奖补办法，发布工业、科技等5项政策申报指南。全区317个重点项目完成投资1216.93亿元，超年度计划的33%。中国西部科技创新港如期投用，26个研究院全面入驻，第一批7000多名海内外硕士、博士研究生开学入校。自贸产业园、西部云谷二期等项目正式投用。东航赛峰飞机起落架深度维修、中国中药产业园、圣阳机械专用车等项目顺利竣工。宝能汽车、恒大童世界项目加快推进，三一西安产业园、华侨城欢乐谷等一大批重点项目开工建设。

◆**招商引资**　2019年，西咸新区领导带队赴美国硅谷、韩国首尔以及北京、上海、深圳等国内外城市招商，全年开展招商活动110余次，累计接待外地企业到新区考察超过千余人次。全年引进世界500强2个（未曾在西安市范围内注册），引进100亿元以上项目6个、10亿元以上项目51个。京东健康西北区域总部、寒武纪西部总部、日海智能西北总部、7-ELEVEn西北总部等一批项目相继落户。驻外招商机构对接企业510家，参与组织各类招商活动180场次。组织参加第四届丝绸之路国际博览会暨中国东西部合作与投资贸易洽谈会、第二届中国国际进口博览会、“陕粤港澳活动周”，策划举办上海金融服务座谈会、韩国企业座谈会、外资企业家茶话会等大型经贸活动40余场。

西咸新区2019年主要经济指标

指标名称	单位	总量	同比增长速率（%）	全市占比（%）
地区生产总值	亿元	520.72	10.6	5.6
第一产业增加值	亿元	46.72	2.9	16.7
第二产业增加值	亿元	185.21	9.1	5.8
第三产业增加值	亿元	288.79	13.3	4.9
工业增加值	亿元	—	2.9	—
规模以上工业增加值	亿元	91.65	3.0	—
固定资产投资（不含农户）	亿元	—	10.3	—
社会消费品零售总额	亿元	—	8.3	—
规模以上服务业营业收入	亿元	116.06	23.9	4.7

◆**城市建设**　2019年，西咸新区组织编制国土空间总体规划，推进城市规划、土地利用规划等深度融合。试点“开发单元”综合规划，发布创新性规划建设品质标准，严格执行建筑方案比选制度。实施海绵型园区、公园绿地380万平方米、海绵型道路及防洪滩面修复80余千米，推广中深层无干扰地热供暖267万平方米，实施装配式建筑48万平方米，沣西新城获联合国教科文组织“全球生态水文示范点”。加快实施“互联互通”工程，410个城建项目全部开工，完成投资255亿元。17条市政道路项目进展顺利，连接西安、咸阳和新区内部的“五路四桥”全线贯通。集中对12条核心道路、95条主干道和31处城市主要节点进行整治，改造提升50条背街小巷。绕城高速西咸立交、连霍高速沣泾立交加快建设，地铁1号线二期、西安北至机场城际铁路开通运营，5号线二期、16号线一期建设进展顺利。大西安新中心新轴线建设加快推进，中央商务区开工建设近500万平方米、已建成104万平方米，中国国际丝路中心、保利国际广场、绿地能源国际中心等项目加快建设，新中心新轴线雏形初现。

◆**生态治理**　2019年，西咸新区打好污染防治攻坚战，坚持科学、精准治霾，空气质量达到新区建立监测体系以来最好水平，空气优良天数达237天，比上年增加27天。全力推进河湖修复治理，实施河湖长制项目313个，新建、续建工程16个，斗门水库等项目稳步推进，泾河水质稳定达到地表水Ⅲ类（3类），沣河湿地生态修复理念和治理经验在西安市推广。完善河流断面水质监测机制，加强污水处理厂站环境监管，开展饮用水水源地排查整治，保障水质安全。完成土壤污染普查性监测，持续推进“清废行动”，排查固废倾倒点59处，完成垃圾清理963立方米。持续开展建园扩绿，全年新增绿化面积1189万平方米，造林面积273公顷，完成91.7千米绿道建设，新建公园25个。

◆**改革创新**　2019年，西咸新区不断深化“放管服”改革，持续推进商事注册集成审批、一套流程管项目等改革，全区政务服务事项网上办比例98.3%，“最多跑一次”比例94.1%。5个新城全部进入陕西省营商环境监测优秀等次，公众满意度比上年提升8.75百分点。稳步推进“三服四化”（以“服务群众、服务民生、服务基层”为目标，以“服务事项清单化、服务流程标准化、服务手段信息化、服务重心基层化”为任务）改革试点，394项政务服务事项下放镇街办理，新区范围内同一事项实现“同标准受理、无差别审批”。落实减税降费政策，全年新增减税降费13.29亿元。统筹推进“十三五”国家服务业综合改革试点、生态文明先行示范区、气候适应型城市建设试点等国家级改革试点，获批国家城乡融合发展试验区试点，大众创业万众创新示范基地与全国海绵城市建设试点城市顺利通过评估。深化自贸领域改革创新，承办首届陕西省自贸创新发展研讨会，推进协同改革创新区试点建设，持续探索自贸区建设的系统性谋划和差异化改革，1项自贸案例全国复制推广，13项自贸案例全省复制推广。深化金融领域改革创新，为120家企业解决融资需求近4.4亿元。加快多层次资本市场建设，西咸集团获批西北地区额度最大优质主体企业债120亿元。深化公共资源交易领域改革创新，建成工程建设招投标等平台7个，政府采购网上商城等6项业务在省内率先开展，网上商城入选全国2019公共资源交易平台创新案例。累计建设众创载体50个，双创载体入驻企业1000余家，举办“创响中国”西咸站等各类主题活动近百场，建立同方西部总部基地、西咸同方丝路未来创新研究院、清控科创商业航天创新中心等创新平台，新区双创案例入选“全国双创示范基地创新创业案例”。首次承办第四届中国创新挑战赛，搭建新区企业技术需求新通道。全年新增高新技术企业69家，科技型中、小企业300余家，“科技小巨人企业”41家。

2019年10月13日，第二届创新城市发展方式（西咸）国际论坛召开

◆**对外开放** 2019年，西咸新区大力发展枢纽经济，空港综合保税区成功获批，西安咸阳国际机场新开国际客运航线19条，旅客吞吐量5109万人次，新开和加密全货运航线10条，货邮吞吐量完成39.3万吨，比2018年增长22.9%，增速居全国十大枢纽机场第一位。陕西省首条第五航权客运、货运航线顺利开航。发展门户经济，中俄丝路创新园引进中俄企业32家，2019世界名校赛艇冠军赛暨第三届西安昆明池国际名校赛艇对抗赛等中外文化交流活动成功举办，国际汉唐学院建成运营。发展流动经济，国内首个跨境电商国际快件产业园建成投运，“一带一路”进口商品展示交易分拨中心正式开放，南美商品贸易总部聚集区等项目进展顺利，飞机进境维修业务实现零的突破。成功举办第二届创新城市发展方式（西咸）国际论坛，以及国家级新区创新发展论坛等专题论坛，十一届全国政协副主席、农工党中央原常务副主席陈宗兴，诺贝尔经济学奖得主、挪威著名经济学家基德兰德等600名国内外专家学者参加，围绕城市高质量发展深入探讨交流，开展务实合作，凝聚共识，彰显西咸品牌。

◆**民生保障** 2019年，西咸新区切实办好“十大民生实事”。举办招聘会51场，城镇登记失业率控制在4%以内。开展养老质量提升专项行动，建成10个社区日间照料中心、10个居家养老服务中心、14个农村幸福院。发放各类社保待遇5.26亿元，发放低保、临时救助等资金4506万元，残疾人、流浪乞讨人员、困境儿童等弱势群体生活得到有效保障。加大劳动监察力度，为劳动者讨薪2542万元，欠薪案件和涉及人数、金额实现“三下降”。以“名校+”“名院+”建设为重点，实施新区宜居环境建设三年行动计划。18所新建（改扩建）中小学、幼儿园秋季投入使用，新增学位1.7万个，国家“教育现代化创新发展实验区”“中国教育智库（西部）教育研究院”挂牌成立，6所三级医院加快建设，新区第一座三甲医院——陕西中医药大学第二附属医院暨西咸新区中心医院开诊运营。聚焦“15分钟便民生活圈”建设目标，11处商业综合体和17处高品质酒店项目全面开工，新建和改造提升便民设施155处。全年开通公交线路64条，累计开通100条。新区生活垃圾焚烧发电厂正式点火运行。大力推进文化惠民工程，抓好省级新时代文明实践中心试点建设，建成实体书店35家、农村文化礼堂5个、镇街文化站和村（社区）综合性文化服务中心79家。组织各类文化惠民演出240场，成功承办全国第四届“诗词中国”颁奖典礼，茯茶镇获批国家4A级景区。文艺创作不断繁荣，皮影动画《孙悟空三打白骨精》亮相法国昂西国际动画节，电视连续剧《兰桐花开》在央视黄金档播出。率先在土地出让方案中明确社区用房配建标准，完成15个城乡社区服务项目改造提升和15个村转居改制，空港新城、沣东新城获批省级社区治理和服务创新实验区。坚守土地保护红线，260个大棚房问题得到彻底整治。新开工棚户区改造项目19个，建设群众回迁房23141套。新区扫黑除恶专项斗争群众知晓率达到98.8%，持续位居全省第一。2019年西咸新区在西安市工作满意度调查中排名第一。

◆**空港新城** 2019年，西咸新区空港新城完成地区生产总值57.14亿元，比2018年增长9.2%；财政一般预算收入完成7.31亿元，增长43%；政府性基金收入62亿元，增长183%。57个重点项目年度投资全部完成。引进内资166.69亿元，外资11165万美元。新增市场主体2031户，增长71.3%。自贸区注册企业469家，增长175.9%。减税降费1.54亿元，惠及企业3000余家。开通全省首条第五航权货运航线。新开、加密10条全货运航线，新增“一带一路”国家通航点4个，航空货邮吞吐量完成39.3万吨，增长22.9%，增速居全国十大枢纽机场第1位。旅客吞吐量5109万人次，增长7.3%。陕西西咸保税物流中心完成进出口额18.3亿元，其中国际快件577万件，增长46%。率先在陕西省开展跨境电商保税备货业务，进口5.28万单，货值1875.9万元，占全省此类业务的

70%。飞机进境维修、保税航油等新兴业务实现全省“零突破”。机场协同运行模式在全国民航系统推广。东航赛峰起落架深度维修、航空叶片加工等制造业项目建成，丰树、首信、巴夫洛等重点物流项目投运。空港双创中心、“中国工艺美术大师文创园”开业运营。签约引进100亿元苏宁控股系列等项目，中南高科临空产业港、金地天空之城、陕实集团T5站前五星级酒店、东航西北临空产业园等17个重大项目入区。长龙航空西北分公司获批陕西省首个航空公司分公司。引进陕文投等8家机构旗下基金公司，到位融资121亿元。陕西西咸空港综合保税区、《临空经济示范区发展规划》分别获国务院、陕西省人民政府批复。设立国际法律服务中心、空港新城考古研究基地。举办中国航空创新创业大赛、丝路创新创业大会、巴黎秋季艺术沙龙、郎朗音乐会等。建成市政道路总里程150千米，增绿110万平方米，沣泾立交等3个项目获省级园林绿化优质工程。新改建农村公厕24座，天翼大道、兴教大街等3.2千米架空线缆落地。空港首个二甲医院建成投用。太平镇农村幸福院主体完工。空港花园、幸福里社区综合性文化服务中心投入使用，41个行政村文化服务中心建设完成。保障机场三期扩建工程用地347公顷。全面完成55个村级单位产权制度改革、1449.31公顷土地农村承包地经营权确权登记颁证。在全省首创“办社（街办、社区）合一”服务模式，获批省级社区治理和服务创新实验区。幸福里社区被住建部命名为“全国智慧化绿色示范社区”，成为全国第四、西北首家试点社区。大石头村获西安市“十佳美丽乡村”“美丽庭院”创建示范村称号。辖区178户贫困户全部顺利脱贫，户均收入翻三番。举办“春风行动”、退役军人等现场招聘会13场，累计提供就业岗位3700余个。全面完成锅炉低氮改造及“四改两拆、黑臭水体、大棚房”整治。建成农村生活污水治理项目11个，彻底整治纳污坑塘44个，污水处理实现全覆盖。

◆沣东新城 2019年，西咸新区沣东新城地区生产总值比2018年增长13%；固定资产投资增长16.6%；地方一般公共预算收入完成31.87亿元，增长31%；实际利用外资1.6亿美元，引进内资554亿元；新增市场主体24908个，增长118.2%。引进100亿元以上项目2个、中国500强企业3个、10亿元以上项目10个。全国最大工商银行牡丹卡制卡中心、工商银行信用卡外呼营销中心和催收中心落地，天猫超市西北结算中心、清华同方西部总部基地、京东健康西北总部、今日头条进驻，瑞士SGS、寒武纪、贝瑞和康落户。全年安排重点项目121个，中国国际丝路中心完成大体积混凝土筏板浇筑，沣东i立方项目完工。南美商品贸易中心、沣东智谷商业综合体、保利国际广场、西安环普沣东创新城开工建设。丝路国际电影城、沣东华侨城文旅融合示范区项目建设顺利推进。昆明池•七夕公园被评为“陕西省文明旅游景区”，并成为西北地区首家金钥匙国际联盟景区成员。获批院士专家工作站2个，建立产业研究院3个，引进各类人才797人。举办陕西省首届国际学生文化艺术节、2019世界名校赛艇冠军赛暨第三届西安昆明池国际名校赛艇对抗赛、第四届“诗词中国”颁奖典礼等重大活动。全力推进西安国际足球中心规划建设。国际汉唐学院总部入驻沣东自贸新天地，陕西省丝路俄语教师联盟正式成立，举办陕西高校“一带一路”沿线国家留学生交流活动12场。持续推进中俄丝路创新园“一园两地”多边合作机制，联合俄罗斯科学院、西北工业大学共建中俄激光技术与应用研究所，新增企业32家。举办省科技工作者创新创业大赛、人工智能产业发展峰会、科技成果直通车（陕西站）等系列科创活动，获批“国家检验检测认证公共服务平台示范区”。新开工市政道路15条，通车里程10.1千米。累计新增公交线路22条，地铁1号线二期开通运行，16号线一期启动建设。研究制订《沣东新城老旧小区改造工作实施方案》，有序推进“三改一通一落地”。建成全省区（县）第一个智慧化治霾指挥中心。全面落实河湖长制，建成日处理规模4万吨的沣东南污水处理厂，斗门水库、沣河、太平河综合治理项目加快推进，沣河堤防基本贯通，风雅杨林、伊人广场景观试验段、太平河汉溪湖试验段全面完工，22处黑臭水体、54处农村纳污坑塘全部整治到位。深入推进生活垃圾分类，建成日处理能力5吨的厨余垃圾处理站，实现厨余垃圾就地减量。创建新区首个垃圾分类宣教中心，打造垃圾分类示范小区12个、示范村14个。与上海均瑶世外教育科技集团、西北工业大学附属中学等组建9个“名校+”教育联合体。改造提升社区卫生服务中心5个，完成预防接种门诊信息化建设7个，建设家庭医生服务示范点5处。发放“金融+产业”扶贫红利款96万元，帮扶转移就业共88人，发放电商红利款28.26万元。获批“省级社区治理和服务创新实验区”。开展“干净沣东 清爽沣东”活动，在78个村推行农村环卫市场化服务模式，完成40处拆迁建筑垃圾清运，清运总量约836万方。新建生态乡村3个、清洁村庄9个、美丽庭院16个，八兴滩村入选2019年省美丽宜居示范村。全年开展就业培训53场，就业培训1700人次，创业培训470人次，发放创业担保贷款822万元，提供就业岗位5600个，实现新增就业2437人。新建日间照料中心4家，为7623名老年人购买意外伤害保险，累计发放高龄补贴1200余万元。挂牌成立退役军人服务中心（站）134个，悬挂“光荣牌”9280户，发放优抚资金等各类专项资金2062.56万元。开展各类文化惠民演出190余场。

◆秦汉新城 2019年，西咸新区秦汉新城完成地区生产总值108.6亿元，比2018年增长6.2%；完成固定资产投资606.8亿元，增长17.2%；实现规模以上工业增加值32.98亿元；实现社会消费品零售总额68.49亿元，增长0.43%。完成一般公共预算收入15.149亿元，增速45.43%；完成一般公共预算支出19.389亿元。实际利用外资1.24亿美元，引进内资240亿元；全年实现服务业营业收入9.75亿元，增长33.53%；新增市场主体8541户，增长129.41%，新增注册资本金163.92亿元，完成全年任务的129.7%。签约项目22个，签约金额累计400亿元。引进百亿元项目2个，引进世界500强（中国500强）区域总部3家，签约德杰及海荣高品质酒店2家，落户当年纳税额100万元以上企业25家、年纳税额500万元以上的总部企业5家。宝能新能源汽车生产基地主体建成，恒大文化旅游城、绿地自贸总部基地建设进展顺利。秦汉汽车零部件产业园、十四运马术运动中心等项目开工建设。秦文明园正式开园，长陵博物馆、秦文化博物院主体建成，“再回大秦”大型实景剧项目加快推进。引进影视文化企业90家，电视连续剧《兰桐花开》登录央视，《我的山河我的血》获陕西省重大文化精品项目，纪录片《千年陕菜》顺利杀青。秦汉元素与数字技术融合文创产品走进深圳文博会。天汉大道、秦政大道等市政道路建成通车，新增道路31.7千米。韩家湾110千伏安变电站完成建设并顺利投运。交付保障房2485套，回迁安置群众975户。星河湾康桥小学、万科立德思小学建成开学，新增学位4250个。秦汉中心医院建设顺利推进，渭柳佳苑商业街投入使用。秦汉三院及8家卫生院、13家卫生室医疗环境及医疗设备完成改造提升，8家卫生院数字化接种门诊投入运行。实施“面袋子”“菜篮子”“果盘子”3个“500亩工程”，积极探索发展特色民宿，培育乡村旅游经营户和特色农业品牌。开展“污水革命”“垃圾革命”“厕所革命”，完成农村户厕改造4500户，完成30个行政村生活污水治理，新建农村小型污水处理站12座，配套污水收集管网77千米。“两路两侧”绿化超额完成年度任务，新增绿化面积190万平方米。空气质量优良天数达到234天，比上年增加33天；综合指数5.73，下降7%；泾河桥断面水质达到Ⅲ类标准，渭河出境断面水质达到Ⅱ类标准，土壤环境质量总体可控。完成整治黑臭水体35处、纳污坑塘21处。开工建设渭河湿地公园和湖泊公园。建成人居环境示范村4个，生态村8个，清洁村92个。

◆沣西新城 2019年，西咸新区沣西新城地区生产总值比2018年增长13.3%，全社会固定资产投资增长13.4%，一般公共预算首次突破10亿元，增长46%。工业投资增长60%，规模以上工业增加值增长14%。社会消费品零售总额增长11%，服务业增加值增长15%。发行海外债（三期）、专项债等融资到账93.16亿元。74个新区级重点项目完成投资273亿元，增长51%。西安交通大学创新港正式投运，7000余名师生顺利入驻；西北工业大学无人机产业基地纸基耐磨项目投入运行，无人机产业基地一期具备投产条件，二期开工建设；西北工业大学翱翔小镇获批陕西省重点布局的人工智能小镇；西部云谷二期、伟星新材建成投用；万科大都汇、蓝光雍锦湾、浙商银行、360文化中心、天福和园等项目快速建设；三一西安产业园项目顺利开工。引进项目52个，其中世界500强企业1家，100亿元项目2个，10亿元项目10个，战略性新兴产业项目3个，硬科技企业3家。建成光谷创业咖啡、乐创空间、陕西微软创新中心等众创载体19个，累计培育孵化企业1402个。发布《沣西新城人工智能产业发展规划》，建设落地“陕西省人工智能暨硬科技加速基地”，信息产业（大数据）完成产值1.2亿元。成功举办“西源汇”暨第三届金孵奖系列活动30余场，“西源汇”启动仪式成为全国双创周西安会场八大主题活动之一。营商环境建设持续推进，政务事项网上可办率达97.1%；启用陕西省首枚行政审批电子印章。全面推行免费刻章服务，企业注册零成本。净增“五上”企业20家，市场主体突破1.2万户，比2018年增长265%。认定新区首个西安市“伯乐奖”，引进认定各类高层次人才35人。基础设施项目投资55.9亿元，建成市政道路38.7千米、综合管廊3.8千米、燃气管网11千米、污水管网35千米，新开通公交线路13条，地铁5号线二期建设顺利推进。实施生态环境类项目36个，完成投资3.9亿元，新增绿化面积216.7万平方米，建成区绿地率达40%，建成大王、马王、渭河、沣河4个污水处理厂，新渭沙湿地公园建成开放，获批陕西省绿色生态示范城区。全面完成海绵城市试点，被联合国教科文组织评为全球生态水文示范点。全力推广干热岩集中供热技术，应用规模达1000万平方米；中国最大规模无干扰供热系统在创新港投运；成功举办2019国际清洁取暖峰会，与河南郑东新区签署清洁取暖工程示范项目战略合作协议。建成绿色循环建材基地，消纳再生利用建筑垃圾100余万吨。大力实施“名校+”“名医院+”工程，陕西师范大学附属中学、西安高新第一小学教育团队托管的沣西新城第二、第三、第四学校及文教园第一幼儿园秋季开学；创新港小学、中学等5所学校加快建设；陕西中医药大学第二附属医院建成投用；西安交通大学附属创新港医院、西咸德尚医院有序推进。公共场所、医疗卫生机构监督覆盖率100%。完成棚户区改造5236户，回迁1018户，安置4612人。新增城镇就业1450人。创建清洁村庄30个；农村生活垃圾集中收集处理率、无害化处理率、分类覆盖率分别达到100%和75%、30%以上；大泥河及凿齿三村美丽乡村、沣西未来乡村田园综合体建设加快推进。

◆泾河新城 2019年，西咸新区泾河新城地区生产总值比上年增长10%；38个新区级以上重点项目完成投资124.7亿元，完成率140%；引进内资359.1亿元，实际利用外资21871万美元；实现地方一般公共预算收入6.66亿元，增长50.8%；规模以上服务业营业收入2.79亿元，增长23.7%，全年接待游客860.35万人次；新登记各类市场主体14876户，辖区市场主体总数24341户。新签约项目29个，其中法士特沃克齿轮、高性能特种环保建材及PC构件生产基地建成，新恒业新能源产业基地、玉沣智能制造中心、百卡弗食品加工等项目启动建设。沣泾茶马立交、泾河·荟智广场、泾河·创智中心等项目快速推进，“院士谷”完成方案设计及全球招标，崇文大桥、泾河湾大桥、茶香大道等重大项目全面建成。全年空气质量综合指数5.66，优良天数230天；完成“煤改洁”14543户，“清洁化”企业改造50余家，整治“散乱污”企业469家；植树造林81.13公顷、绿道建设22.71千米，新增绿化面积120万平方米、花卉181.33公顷；累计清理整治河湖“四乱”49处，整治黑臭水体43处；完成3个“美丽宜居示范村”建设，成功创建34个“清洁村庄”。泾干镇中学小学部、高庄幼儿园等3所校园投入使用，泾河第一中学、泾河第二学校等4所学校启动建设，永安医院（二期）综合楼顺利封顶，4所街镇卫生院完成数字化接种门诊改造。建成农村幸福院4所，发放各类救助补贴近1200万元，新农合参保率达99.5%。全年城镇新增就业人数1700人，农村转移劳动力8630人，实施产业扶贫项目16个，贫困户人均纯收入比上年增长1400元，辖区贫困户全部达到脱

2019年9月7日，西安交通大学在中国西部科技创新港举行2019级研究生开学典礼

贫退出标准。

◆**能源金融贸易区** 2019年，西咸新区能源金融贸易区完成固定资产投资93.89亿元，增速53%。重点项目投资完成64.38亿元。引进内资62.7亿元，引进世界500强企业3家、国内500强企业2家、行业100强企业2家。起步区二期绿地等重点项目加快建设，东岭集团等知名企业签约入区，同方股份、清控科创、中核华辰等知名企业入驻起步区一期。自贸功能区新增注册企业数809家，注册资本89.11亿元。《“长安E贷”线上体系创新金融服务模式》等10项自贸创新案例获陕西省省级认定。文教园一幼开园，文教园一小基本建成，沣东第七学校、西咸第二学校开工建设，沣河生态湿地公园建成开园。阴水坊村、北营村3个整村（1585户）拆迁顺利推进，859户、1697套住宅回迁交房。国润城、阳光城等项目收购工作基本完成。（朱博涛　秦蓉）

西安高新技术产业开发区

◆**概况** 2019年，西安高新技术产业开发区生产总值2102.73亿元，在西安市占比22.6%，比2018年增长12%；完成全社会固定资产投资1111.98亿元，增长18.3%；实现工业投资427.61亿元，增长27%；完成财政一般预算收入103.23亿元，税收占比超过93%；服务业增加值实现1373.79亿元，增长12%；规模以上工业增加值增长11.8%；工业技改投资增长14.6%；工业投资增长27%；实现限额以上消费品零售总额439.51亿元；进出口总值2731.96亿元。100个市级重点产业项目完成投资646.6亿元。签约重点项目126个，实际引进内资1024亿元，比2018年增长42%；实际利用外资32.14亿美元，增长12%，稳居全市首位。持续推动优化产业结构，工业对经济增长的贡献达到34%，工业增加值率达到32%，战略性新兴产业增长16%，高技术制造业增长20%，成为引领增长新动力。企业效益明显好转，企业亏损率由年初的47.37%收窄至31.8%。能源消费效率逐步提高，工业电力累计消费增长8%，万元工业增加值能耗比2018年下降18个百分点。引进比亚迪智能终端、半导体材料海创园、中南总部及智能制造产业园、施耐德电气全球设计中心等重点项目，三星二期一阶段、奕斯伟、比亚迪新能源汽车扩产等项目建成投产，三星二期二阶段、开沃汽车、海康威视、大华等产业项目加快建设，100个市级重点产业项目完成投资646.6亿元。加快安全产业发展，获批创建国家安全产业示范园区。以创建国家全域旅游示范区为目标，加快文化旅游产业融合发展，旅游业接待游客2150万人次、实现总收入175亿元。农业增加值增长5.5%。制定军民融合深度发展规划，加快军民融合聚集区建设，陕西空天动力研究院、北理雷科西安创新园入驻，天和防务5G通信产业园开工，晨曦航空产业基地、航天星控军民融合孵化器等项目启动，新增民参军企业20家。成功举办2019全球硬科技创新大会、2019全球创投峰会、2019华山论剑·网络安全大会、第三届全球程序员节等“三会一节”。持续优化营商环境，在2019中国国际化营商环境高峰论坛暨《中国城市营商环境投资评估报告》发布会上获得“中国国际化营商环境建设十佳产业园区”荣誉称号。

西安高新技术产业开发区2019年主要经济指标

指标名称	单位	总量	同比增长速率（%）	全市占比（%）
地区生产总值	亿元	2102.73	12.0	22.6
第一产业增加值	亿元	18.85	5.0	6.8
第二产业增加值	亿元	710.09	12.4	22.4
第三产业增加值	亿元	1373.79	12.0	23.4
工业增加值	亿元	—	11.1	—
规模以上工业增加值	亿元	—	11.8	—
固定资产投资（不含农户）	亿元	—	18.3	—
社会消费品零售总额	亿元	—	4.2	—
规模以上服务业营业收入	亿元	1075.50	7.8	43.8

◆**招商引资** 2019年，西安高新技术产业开发区2019全球硬科技创新大会、2019全球创投峰会、2019华山论剑·网络安全大会、第三届全球程序员节等“三会一节”以及第四届丝绸之路国际博览会暨中国东西部合作与投资贸易洽谈会、上海推介会等系列招商活动，签约重点项目126个，其中总投资100亿元以上项目12个、50亿元以上项目20个、20亿元以上项目46个、10亿元以上项目69个、5亿元以上项目79个。引进世界500强设立企业8家，国内500强设立企业8家，中国制造业500强、服务业500强、软件行业100强17家，排名前100的人工智能、互联网、无人机、机器人企业15家，全产业链龙头企业3家。世界500强、中国企业500强、中国民营企业500强新增总部企业4家。实际引进内资1075亿元，比2018年增长42%，实际利用外资34.5亿美元，增长20.21%。

◆**金融服务** 2019年，西安高新技术产业开发区加快丝路国际金融中心核心区建设，制定金融业发展规划，引进各类金融机构21家，新增境内外上市挂牌企业10家，直接融资额202.73亿元。完成金融业增加值155.55亿元，占地区生产总值的7.8%，金融机构新增本外币贷款1000亿元，存贷比117%，金融资源有效供给不断增强。

◆**营商环境建设** 2019年，西安高新技术产业开发区以打造营商环境最优城区为目标，持续优化营商环境。加快“最多跑一次”改革数字化转型，大力推进“就近办”“网上办”，200余项事项实现“网上申报”“一网通办”，90%事项实现“一次不用跑”，“容缺审批”“承诺审批”等8项行政审批创新制度在全省推广，“一网通办”上线事项达103项，居西安市第一。深化自贸功能区改革，在全国率先实施海关特殊监管区域外集成电路保税检测研发试点，争取国家启动锂电池铁路运输关键技术条件立项研究，推动综合保税区企业全面使用“单一窗口”开展国际贸易，自贸功能区新登记企业6624户、外资企业61户，投资便利化显著增强。积极落实各项惠企政策，密集推出降本减负措施，减税降费超过40亿元，落实稳岗补贴4.73亿元，切实落实政策红利。新登记市场主体5.78万户，比2018年增长61.3%，其中新登记企业1.85万户，增长40.2%。推进“进万家门，知万家事，解万家忧”活动，开发常态化管理平台，查找问题3028个，已解决3025个，获得数字陕西建设实践案例奖和陕西省组织工作改革创新奖。深入开展亲商助企，向361家规上工业企业和44个重点项目，派驻303名亲商助企专员，实施“一对一”包抓服务，收集244个问题并全部解决。

◆城市建设与管理 2019年，西安高新技术产业开发区大力提升规划、建设、管理和服务水平，加快推进城乡一体融合发展，打造美丽宜居的品质生活之城。制定《西安高新区“北提”战略行动实施方案》，编制“北提”总体提升改造规划、绿道体系规划。编制完成全区空间发展战略规划、细柳等7个街镇国土空间发展规划、44个村庄布局规划和建设规划、中央创新区规划、西安科学城概念规划、国际社区控制性详细规划。加快城乡交通设施建设，打通总长259千米的138条“断头路”，建成77条市政道路，78条128千米“四好农村路”建成19条，其余59条将于2020年春节前全部建成。开工建设11个公共停车场，停车位1500个；新开通大公交线路6条、定制公交3条；“村村通”线路11条，覆盖行政村100个，行政村公交线网500米站点覆盖率达80%，群众出行更加便捷。围绕“首善智慧”和“智慧首善”，编制“智慧首善区”规划建设方案。按照“绿色之城、花园之城、生态之城”建设目标，启动17千米“云上”和28千米“林间”生态经济大绿带建设，建成10处口袋公园及街角广场、唐延路等4条“零垃圾落地”示范路段和云水一路等4条鲜花大道，新增绿地面积83.4万平方米，绿化覆盖率达到48%。142个小区中有139个实现生活垃圾分类，覆盖率97.88%，农村生活垃圾分类覆盖率40%。大力开展“厕所革命”，新建城镇公共厕所18座，提升改造公共厕所14座，开放社会单位厕所28座，农村无害化户厕提升改造4500户。扎实推进“三改一通一落地”，历史性完成绕城以北城中村“清零”，完成9.1千米通信和12.3千米电力架空线落地，建成通信、电力管沟37千米，全面启动27个老旧小区和36条背街小巷的改造，开展违法建设清查认定清零行动，拆除各类违建125万平方米，违法户外广告实现“清零”。

◆创新创业 2019年，西安高新技术产业开发区把创新作为引领发展的第一动力，抢抓国家支持硬科技发展机遇，奋力推进硬科技示范区建设。编制硬科技创新成果目录，制定人工智能等硬科技产业规划方案和政策措施，高规格举办全球硬科技创新大会，持续大力发展硬科技产业，硬科技成为西安高新区的闪亮名片。交叉信息核心技术研究院建成运营，国家授时中心“高精度地基授时系统”、国家增材制造创新中心、陕西半导体先导技术工艺中心等创新平台落地，承接4项国家重大专项。启动与西安电子科技大学、中科院西安光机所一体化融合发展。全口径社会研发投入470亿元，占全口径地区生产总值比重达12.7%。专利申请3.6万件（发明专利1.4万件），专利授权1.6万件（发明专利0.55万件），技术合同登记1.1万项，实现技术合同成交总金额450亿元，比上年增长12.5%，其中硬科技领域成交9000项，技术合同成交额400亿元。“技术经理人、科技大市场‘1+3’服务体系模式”入选全国改革创新案例。积极培育科技企业，挖掘和培育硬科技领域优秀领军企业125家，新增高新技术企业850家，科技型中、小企业1340家，“科技小巨人企业”90家。丝路独角兽基地开工建设，引进“独角兽企业”3家，培育“独角兽企业”1家、独角兽潜在及种子企业50家。培育引进知识产权运营机构20家，培育知识产权示范、优势企业118家。加快构建“政产学研用金介才媒”九位一体的创新生态，新增各类双创载体31家、面积205.6万平方米。建成各类双创载体141家（国家级35家、省级47家、市级33家），总面积703.96万平方米，举办各类线上、线下双创活动710场，参与人数超过60万人次，创新创业活力持续增强。推动“科技+金融”互乘放大，携手深圳前海建设丝路（西安）前海园，举办全球创投峰会，成立丝路创投联盟，新增各类创投机构365家。西安高新区入选新华社民族品牌工程，借助新华社民族品牌工程综合服务体系，围绕品牌建设和企业创新发展等共同服务地方新锐企业。深化与“一带一路”沿线国家（地区）合作交流，与吉尔吉斯斯坦合作共建中吉产业园区，设立离岸创新中心、科技服务站、海外研发中心等国际化创新平台17个，举办离岸创新中心项目路演活动5次、海外经贸交流活动16次，初步构建覆盖全球的创新服务网络。

◆民生保障 2019年，西安高新技术产业开发区大力补齐民生短板。把脱贫攻坚作为最大政治任务和第一民生工程，完善“十百千万”产业扶贫，开展“百企帮百村”，开展订单式农业，促进城郊型农业发展，重点帮扶157个行政村壮大集体经济、204户未脱贫户精准脱贫不返贫。完成104户农村C、D类危房改造，实现建档立卡危改户清零。发放创业担保贷款2302.3万元，城镇新增就业10959人，“五上”企业在岗职工平均工资增长11%。认真落实“1+N”社会救助体系，累计为4640人次实施救助，将建档立卡未标注脱贫的贫困人口、低保对象、特困人员等困难群体纳入城乡居民基本养老保险覆盖范围，100%完成贫困人员的参保。完善农民工工资保证金制度，推动中小企业账款偿还71.12%，全力打造“无欠薪事件区”。全面推动落实被征地农民养老待遇和生活补助。实施建设教育强市先行示范区“1346计划”，启动新建50所、改扩建87所学校，增加学位7万余个，组建中小学、幼儿园教育联合体43个，在全市率先实现“名校+”工程全覆盖。成立教育集团，打响高新教育品牌，着力解决临聘教师问题。不断完善公共卫生服务体系，设立卫生健康服务中心，国际医学中心一期工程建成投用，医疗资源供给能力进一步增强。加快改善市民居住条件，获得2019年度公租房中央补助资金2.73亿元，配建公租房4500套，启动17个划拨土地安置房项目、32个市场化安置工程项目建设，分别建设安置房2.46万套、5.22万套，确保拆迁群众如期回迁。

◆城乡统筹发展 2019年，西安高新技术产业开发区深入实施城乡一体工程项目622个，已建成474个，启动建设项目148个（含17个跨年度项目），完成投资137.11亿元，初步实现基础设施互联互通、城乡要素自由流动、公共服务均衡普惠。加快发展农村集体经济，在集体经济最为薄弱的4个街道26个村组织建设4个农业园项目，按比例向村集体经济组织分红。加大城乡环境整治力度，实施控源截污工程，建设村内污水管网，每户污水统一收集纳管，着力推进雨污分流，完成涉及7个街道、53个村庄、67个点位的黑臭水体整治，率先在全市完成农村黑臭水体整治。加快美丽乡村建设，按照“串点成线、连线成片”思路，先期在南线、西线和集贤线3条美丽乡村精品示范线，开工建设16个美丽宜居村庄，建成裴家寨省级美丽宜居示范村和虎峰村、杜家庄等5个市级美丽宜居村庄。

◆人才引进 2019年，西安高新技术产业开发区聚集全球顶尖、国家领军人才150名，省级人才（团队）110名（个），市级人才170名（其中，新增A、B、C类人才全市占比50%），博士后工作站

（创新基地）74家，主要任务指标居省市第一。引进和培养60名全球顶尖人才、555名产业领军人才和5270名高端专业技术人才，其中新增国家特聘专家60人，人才引进总量创历史新高。6位专家入选国家第四批万人计划，其中4人入选科技创业领军人才。举办各类招聘活动112场次，发布招聘信息3000余条，服务企业4000余家、求职者10万余人次。成功举办"丝绸之路青年学者论坛暨第四届海外高层次人才西安创新创业峰会""海外高层次人才创新创业峰会"。（鱼春婷）

西安经济技术开发区

◆**概况** 2019年，西安经济技术开发区拥有各类研发机构252家，高新技术企业275家，企业孵化器25个，留学生创业园、博士后科研工作站5个，各类研发人员3.8万人，"两院"院士12人，在校大学生8万余人，产业技术人员约10万人。全区绿化覆盖率达到43%，人均绿地面积14平方米。区内城市配套成熟完备，拥有城市运动公园、文景公园、泾渭体育运动中心等休闲运动设施，有中小学36所、三甲医院2所，在建三甲医院3所，熙地港、王府井、汉神百货、世纪金花、洲际酒店等共同形成"5分钟都市生活圈"。截至年底，区内共注册各类企业46000余家，其中外资企业400余家，吸引ABB、博世、可口可乐、西门子、三菱、日立、阿尔斯通等世界500强投资项目70余个，中航工业、中国中铁、中钢集团、中国兵器、中国北车、中国电子、中交集团、中电集团等大型中央企业投资建设项目80余个，吉利汽车、陕西重汽、西部超导、康师傅、台湾顶新等行业龙头企业投资项目近百个，是陕西省和西安市世界500强和中央企业投资最密集的区域之一，正在加快构建汽车、高端装备制造、军民融合、总部经济和现代金融业、消费品制造、战略性新兴产业、现代服务业、能源加工业等八大"千亿级"产业集群，成为拉动全市经济发展的重要引擎。在2019年商务部对219家国家级经开区综合排名中位列第11位，比2018年提升6个位次，位居西部第一。全区实现生产总值864.19亿元；规上工业总产值2114亿元，规上工业增加值348.2亿元；限上消费品零售总额334.7亿元；服务业增加值407.9亿元；固定资产投资429.5亿元；进出口贸易总额232.1亿元；一般公共预算收入41.1亿元；实际利用外资18.69亿美元，实际引进内资914.65亿元，主要经济指标持续向好。

◆**招商引资** 2019年，西安经济技术开发区突出产业链招商、精准招商、重点区域招商，推动产业聚集，引进新动能，做大新兴产业，先后引进厦门建发陕西总部、山东能源集团西北总部、华讯方舟油服产业基地3个500强区域总部，西安康明斯5万台发动机项目、隆基5GW高效单晶光伏电池生产基地等27个优质项目入区。着力发展实体经济，通过抓龙头、筑链条、建集群，实现转型升级、提质增效，以工业带动二、三产业协同发展，推动汽车、高端装备、新材料、新能源等主导产业高质量发展。汽车产业发展势头良好，产值约占陕西省的60%、西安市的70%。全年新增"五上"企业269家，其中新增规模以上工业企业32家。实际引进内资914.65亿元，实际利用外资18.69亿美元。

西安经济技术开发区2019年主要经济指标

指标名称	单位	总量	同比增长速率（%）	全市占比（%）
地区生产总值	亿元	864.19	5.5	9.3
第一产业增加值	亿元	—	—	—
第二产业增加值	亿元	456.25	4.4	14.4
第三产业增加值	亿元	407.94	6.9	6.9
工业增加值	亿元	—	2.2	—
规模以上工业增加值	亿元	348.2	2.1	—
固定资产投资（不含农户）	亿元	429.5	-19.9	—
社会消费品零售总额	亿元	—	6.5	—
规模以上服务业营业收入	亿元	277.55	31.4	11.3

◆**项目建设** 2019年，西安经济技术开发区注重大项目引领、大项目带动，坚持全过程、全要素保障。开展项目清零行动，深化《存量项目限时"清零"工作实施方案》，对已签约未落地的47个征地项目实施限时清零，实现开工27个、清退3个，43个市级重点项目开工42个，全年投资423亿元。狠抓重大项目建设，吉利项目完成投资30.15亿元，一期四大工艺车间顺利封顶，整车项目稳步推进。九州通一期、唯品会一期、陕汽越野车等50余个项目竣工投产。全区招商项目"三率"排名全市前列，项目建设速度快、结构优、成效显，为稳定经济增长、增强发展后劲、提振发展信心发挥了积极作用。

◆**改革创新** 2019年，西安经济技术开发区坚持把改革创新作为第一动力，深入实施创新驱动发展，制订《科技创新提升三年行动计划》，培育独角兽成长企业和潜力企业各1家，新认定科技小巨人34家，新增科技型中小企业420家。申请专利5426件，其中发明专利2162件。西部超导成为西部首家登录科创板的创新型企业。加大投资便利化和金融创新力度，以平台建设和制度创新为抓手推进自贸区建设，聚集博世、宝马等世界500强企业项目9个，形成创新成果40余项，其中2项入选国家发改委创新改革案例，"税银企"等3个国家级创新成果获国务院肯定并在全国推广。自贸区经开功能区获批全国首单医药制造行业融资租赁资产跨境转让人民币结算业务。长安银科商业保理有限公司在全国首家开展出口企业美元计划应收账款融资业务。加快推进军民融合，全区共有军民融合企业108家，获得军工"四证"（国军标认证、保密认证、许可证认证、名录认证）企业50家，全年实现产值860亿元。全区引进各类人才6万余人，建成众创空间载体123家，总面积253万平方米，入驻企业2620家。

◆**营商环境建设** 2019年，西安经济技术开发区把优化营商环境作为第一需要，在全市首家推行"365×24不打烊"政务服务，推行"一站两口三全"（"一站"：项目审批一站式服务；"两口"：企业签订入区协议入口和竣工投产出口；"三全"：全方位、全过程、全天候服务理念）经开模式，深化容缺受理机制。推进"四张清单一张网"（行政权力清单、政府责任清单、投资负面清单、财政专项资金管理清单，政务服务网）编制和"最多跑一次"改革，466项事项中，448项实现“最多跑一次”。设立“集中审批一口受理”综合窗口，推进审批服务“一站式”办理，130项事项实现集中审批。全年新增各类市场主体50396户，全省营商环境评价指标达到98.568分，在《2019年全国经开区营商环境指数报告》中，营商环境指数位居全国第四、西部第一。

◆**城市建设与管理** 2019年，西安经济技术开发区以建设国家中心城市的一流工作标准，把便民、惠民、利民的理念贯穿城市规划建设管理全过程。制定《办好全运会加强城市管理加快国家中心城市核心区建设工作方案》，大力推进“三改一通一落地”。完成白桦林居、和院社区2个智慧社区建设。全年土地规划储备7宗，面积156.73公顷，年度完成率304.14%；土地指标储备16宗，面积176.4公顷，年度完成率235.83%；拆除违建84.82万平方米，年度完成率155.63%；违法户外广告牌匾576处、9774平方米，年度完成率124.14%；打通断头路2条，新建、改造公厕30座，建设错时共享停车点5处，建设公共停车位1506个，拥堵点综合改造11处。推进黑臭水体整治，城市集中式饮用水水源地水质全部达标。全年空气质量优良天数209天，比2018年增加37天，PM2.5浓度平均值为58微克/立方米，PM10浓度平均值为102微克/立方米，单位GDP二氧化碳排放降低3.8%，治污减霾主要指标持续向好。城市功能不断完善，环境质量不断改善，人居环境持续提升。

◆**社会事业** 2019年，西安经济技术开发区坚持把保障和改善民生作为第一追求，以打造人民满意教育为目标，单设教育机构，制定《教育优先发展建设教育强区实施意见》《基础教育提升三年行动方案》，力推校长负责制，加大教育、医疗等民生投入，国际医院、红会医院、儿童医院等4所三甲医院加快建设。新建、改扩建学校12所，新增学位5100个，年度完成率130.77%。（管万保）

西安曲江新区

◆**概况** 2019年，西安曲江新区生产总值实现280.22亿元，比2018年增长7.4%；服务业增加值完成261.14亿元，增长7%；一般公共预算收入实现44.09亿元，增长5.1%；固定资产投资完成381.54亿元，社会消费品零售总额增长7.8%；引进内资893.91亿元、利用外资2.96亿美元，分别完成全年任务的160.8%、100%。

◆**招商引资** 2019年，西安曲江新区围绕“文化+旅游+商业”发展模式，积极推进西安城市文化轴沿线招商工作。在大明宫遗址保护区、碑林历史文化街区、西安城墙景区、小雁塔历史文化片区、太平堡商业区、西安文化CBD等区域，与太古集团、华润集团、招商局集团、九龙仓、香格里拉、华侨城等行业知名企业在投资、建设、运营等领域进行多点对接，推进一批投资规模大和拉动力强的高质量项目。新兴产业方面，先后引进今日头条、蚂蚁金服、量子体育、盒马鲜生等项目。星播客、今日头条等一批龙头企业和国内首个“5G+”跨境电商云（试点）落户曲江核心区。中铁房地产集团华中有限公司落户大明宫遗址区，注册资本金达20亿元。5月14日，举办“第四届丝博会‘文融商旅·新尚曲江’曲江新区新兴产业行动计划发布签约会”，重点发布《曲江新区促进战略性新兴产业发展行动计划》，集中签约曲江大唐不夜城数字商圈、渼陂生态城等9个项目，在文化金融、大健康产业、数字内容产业、新兴产业等领域抢占行业新风口。6月1日，曲江风投公司大健康领域重量级基金项目——新长安国际妇产医院隆重开业。6月20日，与中国经济网签订战略合作框架协议，计划在曲江新区打造“中国经济移动云平台（陕西）数据信息中心”。11月5日，在上海举办“文融商旅·共享未来”专场推介会，对全区文化产业发展情况、重大项目及文商旅产业融合发展中的探索和实践进行推介。

◆**重点项目** 2019年，西安曲江新区加快推动重点项目建设，全年承担市级重点项目52个，实际完成投资275.15亿元，完成年度目标任务的122.9%。碑林博物馆改扩建项目开工建设。护城河及环城公园剩余段综合改造完成河道清淤。西安文化商务区加速征迁，首块土地挂牌出让。小雁塔历史文化片区项目征地拆迁已近尾声，部分景观工程启动实施。完成华仁药业、人人乐、世纪金花三宗收购。全年参加全市四批次扩大有效投资重大项目集中开工仪式，新开工项目30个，总投资316.45亿元，年度实际完成投资74.22亿元。

◆**文化产业** 2019年，西安曲江新区加快产业发展和文化金融融合发展。累计建成双创空间载体76个，总面积近130万平方米，比2018年增长约40%。曲江新区文化企业注册突破2.2万家。其中，新增规模以上文化企业33家，完成全年任务的260%，规模以上文化企业总数达148家，数量占到全市的1/5、全省的1/10。修订下发《曲江新区文化产业发展专项资金管理暂行办法》。曲江文化产业集团连续8年上榜“全国文化企业30强”。曲江文控公司成功发行陕西第1支“文化类”美元债。曲江金控集团与中共陕西省委宣传部共建陕西省文化金融服务中心，参与组建由中宣部、财政部发起的中国文化产业投资基金，成为全国第一个区级单位参与国家级文化产业基金的样板。曲江大秦帝国影业投资公司、曲江会展集团、曲江出版传媒集团、西安文化科技创业城公司、曲江影视集团等5家企业作为文化产业板曲江专区首批文化企业，在深圳文化产权交易所挂牌。与西安财经大学合作打造西财大曲江创新创业园，开启校企合作

西安曲江新区2019年主要经济指标

指标名称	单位	总量	同比增长速率（%）	全市占比（%）
地区生产总值	亿元	280.22	7.4	3.0
第一产业增加值	亿元	—	—	—
第二产业增加值	亿元	19.08	15.8	0.6
第三产业增加值	亿元	261.14	7.0	4.4
工业增加值	亿元	—	—	—
规模以上工业增加值	亿元	—	—	—
固定资产投资（不含农户）	亿元	381.54	-11.7	—
社会消费品零售总额	亿元	—	7.8	—
规模以上服务业营业收入	亿元	146.66	24.7	6.0

新模式。量子晨电竞产业园、曲江文创中心、创意谷二期等产业园区加快建设。西安文化科技创业城产业园入选国家文化和科技融合示范基地名单。曲江369互联网创新创业基地作为全省唯一项目入选文化旅游部“2019年文化和旅游创客行动地方实施项目”名单。5月18日，西安曲江新区受邀在全国文化和旅游融合发展座谈会上做经验交流发言；9月5日，受邀参加2019第九届中国旅游项目投资大会暨第二届中国夜游峰会并做主旨演讲；9月11日，受邀在全国文化和科技融合工作研讨班上做经验交流发言。

◆文化精品创作 2019年，西安曲江新区文化精品创作硕果累累。电影《音乐家》在中国和哈萨克斯坦两国同时公映，获上海国际电影节组委会特别荣誉等2项大奖、好莱坞“金色银幕奖”年度“最佳影片”等4项大奖、第十五届中美电影节“金天使”奖。电影《音乐家》、话剧《柳青》、电视剧《白鹿原》《西京故事》、儿童剧《二十四个奶奶》、广播剧《大树西迁》等6部作品荣获全省“五个一工程”奖。国内首部火箭军题材电视剧《号手就位》开机拍摄，电视剧《密查》获第十五届中美电视节“评委会金天使”奖，《寻找北极星》《装台》《我待生活如初恋》《日头日头照着我》等4部作品入选国家广播电视总局百部重点电视剧项目，《寻找北极星》《了不起的儿科医生》等2部作品入选新中国成立70周年电视剧展播剧目，《那年花开月正圆》获首届“金熊猫”国际传播奖最佳编剧奖。曲江影视集团、丫丫影视公司成为西安市仅有的2家获批电视剧制作最高资质——电视剧制作许可证（甲种）的企业。话剧《柳青》荣获“第十六届中国文化艺术政府奖—文华大奖”、第十六届中国戏剧节“优秀剧目奖”，全年累计完成9省73场巡演。儿童剧《我们是秦俑》获第六届丝绸之路国际艺术节丝路文化贡献奖，《二十四个奶奶》获第26届苏博蒂察国际儿童戏剧节最佳剧目大奖。话剧《长安第二碗》入选文化旅游部“2019年全国舞台艺术现实题材创作作品计划”，并作为全省2019年重点现实题材创作剧目，亮相第六届丝绸之路国际艺术节。廉政教育剧《芝兰花开》被陕西省纪委监委和陕西省文化旅游厅列入2019年“廉政文化三秦行”巡演剧目。复排杂技芭蕾剧《天鹅湖》，将东方杂技的惊险与西方古典芭蕾的浪漫极致融合。大型秦腔新编历史剧《司马迁》获第33届田汉戏剧奖剧本一等奖。秦腔《三滴血》首次以动漫形式走出国门，在巴基斯坦国家电视台英语国际频道播出。全年创排大型秦腔新编历史剧《李白长安行》、秦腔现代戏《陕北往事》。策划出版《丝路物语》《中华标识》《西安40年》等各类精品图书1200种。丝路书香工程重点翻译资助项目《梨园百戏》（俄语版）在俄正式发售，《丝路物语》获得陕西省文艺精品项目资金扶持，《雪莲花开》获柳青文学奖，《大儒张载》获全省第二届廉政文化优秀成果奖文学类一等奖。《丝路物语（第一辑）》《绘忆长安》获中国版协第32届全国城市出版社优秀图书奖一等奖，《阅读力丛书》《西安碑林史》《西安博物馆》《西安诗歌地图》获二等奖。

◆文艺演出 2019年，西安曲江新区不断丰富创新演出形式和内容，4月18日，360度沉浸式实景演出《大唐夜宴》在大唐芙蓉园首演。8月19—25日，举办“献礼祖国70华诞晋京展演周”活动，新编历史剧《司马迁》、移植剧目《安国夫人》、传统经典剧目《火焰驹》等在北京长安大戏院连演7场，受到各界好评。此次展演，是新中国成立以来西安市属秦腔院团最大规模的一次晋京献礼演出。8月29日，西安城墙艺术团、西安战士战旗杂技团走出国门，代表中国参加“2019中日韩艺术节”联合演出活动。9月6日，举办《致敬红色经典》民族音乐会。9月16日，举办2019西安交响乐团户外公演。9月17日，举办庆祝中华人民共和国成立70周年“拥抱祖国 筑梦曲江”职工文艺演出活动。10月20日，曲艺《繁花》大展演首演成功。12月28日，《梦回大唐》黄金版在大唐芙蓉园首演。全年先后参与2019央视戏曲春晚、大型主题文艺节目《唱响新时代》录制。陕西大剧院、西安音乐厅全年演出500余场，《巴黎圣母院》《弄臣》《红色娘子军》《永不消逝的电波》等一批国内外名剧为全市人民带来顶级文化盛宴。西安演艺集团全年演出超过2000场，秦腔剧院演出超过400场，取得良好的社会效益和经济效益。

◆文旅活动 2019年，西安曲江新区坚持世界眼光、国际标准、中国特色，策划组织200项文旅活动，并以活动为媒扩大文旅交流合作“朋友圈”，展示西安历史文化特色和城市魅力。3月30日至5月4日，举办西安国际摄影月活动。4月5—7日，举办2019曲江池首届唐潮上巳赏春会。4月6—8日，举办“第二届中国华服日”活动。4月29日至5月5日，举办“食溯长安”第二届冰峰凉皮文化美食节。5月26日，举办2019西安曲江国际半程马拉松赛。6月6日，世界著名音乐家谭盾率法国里昂国立管弦乐团等来自全世界21个国家的150多位艺术家，开展“西安易俗社与法国里昂乐团的时代畅响”主题活动。4月18—23日，举办2019西安国际时尚周活动。6月11日，举办2019西安国际创业大会暨全球INS大会。6月16日，举办The North Face100秦岭国际越野跑。7月27—30日，承办以“礼赞新中国 书香新丝路”为主题的第29届书博会。10月3—4日，举办大明宫HOLO音乐节。10月20日，举办2019西安（阳光城）国际马拉松赛。12月13—15日，举办第二届独立咖啡节。曲江会展集团全年承接第四届丝博会、第29届书博会、2019年“东亚文化之都”等国际性会议、

2019年10月20日，2019西安（阳光城）国际马拉松赛举行

展会700余场次，曲江会展集团获“新中国70周年·中国最具影响力会展企业”称号，西安曲江新区获“新中国70周年·中国最佳会展产业集聚区”称号。

◆电竞产业 2019年，西安曲江新区把电竞产业作为推动新经济产业快速发展的新动能、新引擎，打造全国电竞产业新高地。近4000平方米的西安量子晨数字娱乐体验中心建成投用。2019王者荣耀职业联赛（KPL）春季赛总决赛首次落户西安曲江新区。4月21日、6月3日，分别举办2019英雄联盟职业联赛（LPL）春季赛总决赛、夏季赛。6月15日，举办2019王者荣耀职业联赛（KPL）春季赛总决赛。7月18—21日，举办WCG2019世界电子竞技大赛。10月31日，举办首届和平精英职业联赛。12月20日，举办2019西安电竞产业峰会。

◆“书香之城”建设 2019年，西安曲江新区以“促进全面阅读，打造书香之城”为目标，在全区逐步形成实体书店布局合理，特色书店百花齐放，阅读活动丰富多彩的全民阅读新格局。出台《曲江新区关于支持实体书店发展的若干政策（试行）》，对阅读文化综合体、旗舰店、示范店等6种规模不同的实体书店进行建设补贴、运营补贴和阅读文化活动补贴，鼓励建设实体书店。4月26日，建成运营3900平方米的西安城北最大书店“四海书城”。全年新增实体书店84家，其中旗舰店2家、示范店11家、标准店71家。以新华书店、曲江书城、阅己书屋等各大书店为平台，组织新书发布、亲子课堂、故事分享会、公益讲座等各类活动600余场。邀请纪连海、金韵蓉、向勇、徐晋林等文化名人，举办“曲江文化大讲堂”4场。

◆旅游产业 2019年，西安曲江新区持续打造“西安年·最中国”IP，为西安文化和旅游产业大发展做出引领和示范。1月29日，举办大唐不夜城步行街开街盛典暨国家高品位步行街试点揭牌仪式。1月28日晚，在大唐芙蓉园、大明宫国家遗址公园、西安城墙景区开启为期42天的“一城三场”光影活动，打造年味十足的新春视觉盛宴。2月5日（农历大年初一），在大唐不夜城步行街举办欢乐大拜年活动，通过万众祈愿、共庆团圆、文化体验等形式，向海内外游客展现大西安新形象。自2018年12月31日至2019年3月6日，举办历时66天的“2019西安年·最中国”活动，其间各大景区接待市民游客约3044.53万人次，旅游综合收入约106.68亿元（含商贸），辖区酒店平均入住率约75%以上。其中，大唐不夜城步行街接待市民游客约1689.42万人次，元宵节当日总客流量突破84.7万人次，创下“西安年·最中国”活动以来单日最高。西安曲江新区获全市“2019西安年·最中国”活动“特别贡献奖”，《再回大雁塔》《再回长安》获“最文艺”活动，“致敬劳动者——千名劳模赏灯活动”获“最感动”活动，2019“欢乐大巡游”主题彩车巡游表演获“最科技”活动。3月20日，成立陕西省第一家由旅游企业开办的曲江文旅学院。自4月起，将每月15日定为大唐芙蓉园市民免费开放日，预约名额5000个。4月29日，承办全国步行街改造提升工作现场推进会。7月，与全球最大咖啡连锁品牌星巴克合作，推出“七城星粉聚长安”线上线下旅游营销活动。10月14日，商务部部长钟山赴大唐不夜城步行街考察街区改造提升情况。12月31日晚，在大唐不夜城、大雁塔北广场、西安城墙、大唐芙蓉园等多地举办电音节、水舞光影秀、光影表演等集声、光、影、电于一体的跨年狂欢。曲江核心区新建旅游厕所3座，改建旅游厕所9座，高标准建成曲江旅游服务中心，导入旅游展示、文创、书店、咖啡等多种业态，打造曲江旅游综合服务新标杆。金花大酒店获“中国饭店协会十佳品质喜宴酒店”称号。西安曲江新区入选中国旅游口碑榜“十大最佳文创城区”，西安城墙入选“网络人气景区”，秦岭野生动物园入选“国内十大优秀景区”，华清宫景区入选“最受网友好评景区”。大明宫国家遗址公园入选国家5A级旅游景区创建预备名单，作为唯一的中国文旅品牌代表入选“上合国家——8个奇迹展”。全年建成运营雅致、美居、唐华华邑等3家高品质酒店和9家等级民宿。西安曲江新区全年接待中外游客9025万人次，旅游综合收入323亿元，分别完成市考任务的100.27%、161.50%。

2019年7月18—21日，WCG2019世界电子竞技大赛在西安曲江新区举办

◆文物和遗产保护 2019年，西安曲江新区成立全区文物保护工作领导小组、文物审查委员会，制定印发《曲江新区文物保护工作方案》《曲江新区文物审查委员会专家管理办法》，健全完善文物保护工作机制。12月9日，《杜陵国家考古遗址公园规划》获得国家文物局批复。12月4日，与意大利威尼托大区古城墙城市联盟签署友好合作协议，通过定期举办主题论坛等活动，促进以古城墙为基础的研究、保护、利用、文化、旅游交流合作。12月26日，举办中国六大古都美食文化研讨会暨第二届中华老字号餐饮发展论坛，探讨老字号创新发展的新路径。全年先后完成唐长安圜丘（天坛）遗址修复工程、城墙含光门遗址和大明宫丹凤门遗址博物馆展示提升工作。西安饮食股份公司同盛祥饭庄凭借同盛祥牛羊肉泡馍制作技艺项目成功入选国家级非物质文化遗产代表性项目保护单位，是陕西省78家入选单位中唯一的饮食企业。大力实施西安餐饮老字号品牌复兴工程，同盛祥、春发生、西安饭庄、德发长等4家老字号在大唐不夜城步行街开业。

◆城市建设与管理 2019年，西安曲江新区围绕庆祝新中国成立70周年，按照“超5A级精品景区”定位，全面提升城市建设管理水平，城市环境和品质持续走在全市前列。坚持腾退还绿、疏解建绿、见缝插绿，全年完成曲江青年公园、唐城墙遗址公园八区、曲江大道街心花园、曲江池环湖步道等建设，新增城市绿道36.5千米、绿地60万平方米，改造提升绿地40万平方米。在全区布置60余处花境、花箱等装饰小品和800万余盆各色花卉，营造“花漫曲江”特色城市景观。打造“15分钟便民生活圈”，5月25日，全区第一个邻里商业中心，总面积约8.5万平方米的汉华城甜心广场开业，包括大型综合商业、写字楼、风情商业街、互动式广场等。10月25日，西北首个集工业遗产展示保护、文化旅游、商贸娱乐、主题演艺等功能于一体的商业综合体大华1935开业。完成孟村、自强村等5个村、4250户7600多人回迁安置工作；成立保障性住房管理中心，新开工建设公租房496套。全年新建厕所11座，提升改造13座。全年拆除违法建设1298处55.5万平方米；整改违法建设1772处28.7万平方米，提前超额完成市考指标任务。创建无违建小区70个。整治拆除各类违规户外广告及牌匾标识992处4803平方米。完成芙蓉坊商业区、宁安路片区、W酒店、盛美利亚酒店等建筑外立面整治42万平方米。启动翠华路、小寨东路、西影路3条示范街区和八一巷等13条背街小巷的提升改造工作。打通岳家寨一路、岳家寨二路、凤城四路、御井路等4条断头路；建成曲江青年公园南侧道路、五典坡路等8条道路。历时71天完成曲江盘道改造提升工程，将环岛改造为十字，五路交叉优化调整为四路交叉，区域通行能力明显提升。开通131路公交车，运营里程14.7千米。全年开展占道经营及沿街“九乱”集中整治15次，专项整治300余次，查扣占道经营车辆200余辆、违法工具300余件；办理标准化执法案件596起，立案率和查处率均为100%。以垃圾分类引领城市文明“新时尚”，创建7大行业共19个市级、43个区级示范单位，着力发挥典型带动作用；对核心区11个网格片区，常态化开展“督导检查+执法监督”“硬性执法+软性劝导”，全年累计开展执法检查1190余次。制定印发《曲江新区安全生产约谈实施办法》《曲江新区安全生产工作考核办法》等10个制度性文件。全年坚持安全生产隐患排查和安全宣传教育常态化，组建40人的安全生产应急保障服务分队，执法在一线、巡查在一线；分2期对系统内300余名应急管理干部进行培训提升。全年未发生较大及以上安全生产事故。

◆改革创新 2019年，西安曲江新区聚焦重点领域和关键环节改革，全面推行全员聘用制改革，启动有史以来最大规模的社会招聘，293名高素质年轻人加入曲江团队。文化产业集团荆州纪南文旅区项目入选联合国2030可持续发展典范样板，曲江新鸥鹏“文化+旅游+教育”模式在杭州、北海等地取得突破，西安旅游集团甘南州扎尕那项目进入实质性操作阶段。启动秦腔剧院全面深化改革和新华书店、电影公司等企业改制工作，加快推进五四剧院等5家企业移交接管工作，相继成立西安曲艺团、西安战士战旗杂技团，文化院团改革焕发新活力，《西安曲江新区推动文艺院团改革创新的实践探索》获评“2019中国改革年度优秀案例”。

◆教育 2019年，西安曲江新区把教育作为“头号民生工程”，制定《学校建设三年行动计划》，相继出台《公办中小学校长负责制实施暂行办法》等创新制度。新建曲江二中等3所学校，扩建曲江一小海洋校区等4所学校，新增学位1.64万个。曲江二小雁翔校区实现45天高标准、高质量建成。10月28日，曲江一小新校区、曲江五小、曲江六小、曲江七小等4所学校集中开工建设，提供学位8400个。12月13日，与雁塔区签订移交协议，接收原雁塔区管理的11所中小学。按照中共西安市委文件精神和移交协议，承接中高考考务组织、学校审批、学籍管理、教育督导等教育行政管理权限。（冯梅梅）

西安浐灞生态区

◆概况 2019年，西安浐灞生态区围绕建设生态西安、美丽西安的“浐灞样本”目标，聚产业、促项目、优民生，加速推进产城一体化进程，在产业培育、城市建设、生态治理等多方面取得新成绩，实现经济社会平稳发展。全年地区生产总值实现278.69亿元，比上年增长6.6%；全社会固定资产投资434.17亿元；民间投资完成190亿元；实现服务业增加值176亿元，增长5%；市级重点项目完成投资389.16亿元，超年度目标任务的32.42%；一般预算收入23.39亿元，一般预算支出43亿元；实际引进内资572.56亿元，超年度任务的60.15%；实际利用外资1.5亿美元；进出口贸易3亿元；社会消费品零售总额6.9%；新增“五上企业”29家，“小巨人企业”12家，科技型中、小企业107家。

◆会展城建设 2019年，西安浐灞生态区以“迎十四运”（第十四届全国运动会）为契机，加速推进会展城及周边配套建设，激发区域“三个经济”新动能。西区西安国际会展中心一期主体竣工，东区西安国际会议中心六栋单体建筑主体结构完工，完成投资66亿元，成为城市新地标。建设“一核+两翼+延展区”高星级酒店群，建成运营2家，“十四运”前再运营7家。全面提升城市品质内涵，投入362.5亿元，先期启动管网改造、线缆落地等124项提升工程，确保2021年顺利运营。土地征收全面完成，启动段家村等5个村拆迁城改，完成务庄村等3个村回迁安置，全年收储土地286.73公顷。举办世界文旅大会、欧亚经济论坛分论坛等重大活动，丝路会展产业孵化园运营，引进企业40家，会展影响力不断加大。

◆项目建设及产业发展 2019年，西安浐灞生态区坚持“以项目建设看发展论英雄”，领导包抓、上门服务，推进招商引资、项目建设，带动产业聚集。全年新引进项目40个，总投资434.17亿元，市级重点项目完成投资389.16亿元。

西安浐灞生态区2019年主要经济指标

指标名称	单位	总量	同比增长速率（%）	全市占比（%）
地区生产总值	亿元	278.69	6.6	3.0
第一产业增加值	亿元	—	—	—
第二产业增加值	亿元	100.06	11.3	3.2
第三产业增加值	亿元	178.63	4.3	3.0
工业增加值	亿元	—	—	—
规模以上工业增加值	亿元	—	-4.3	—
固定资产投资（不含农户）	亿元	434.17	-11.2	—
社会消费品零售总额	亿元	—	6.9	—
规模以上服务业营业收入	亿元	32.67	-23.4	1.3

2019年10月23—24日，2019世界文化旅游大会在西安浐灞生态区举行

自贸国际等项目加速建设，自贸区新增市场主体2072家，总注册资本77亿元；举办中白经贸合作论坛，启动“一带一路”国家馆群，首家境外旅客购物离境退税商店砂之船（西安）奥莱正式挂牌运营，“通丝路”结算平台被选为全国自贸区十大创新成果、国家最佳实践案例。腾讯双创小镇加速建设，匹克西安新材料全球创新中心落地，成功举办2019全国双创周主会场、“腾讯方盒子”体验展等活动，新增“小巨人企业”，科技型中、小企业107家。加快高质量文旅产品开发，推进中华千古情项目建设，举办世界文化旅游大会、马拉松系列赛等活动，实现旅游收入49.3亿元，接待游客2522.09万人次。建成前海金融中心，加速建设西部证券，举办绿色金融丝路论坛、欧亚金融论坛，灞柳小镇新增基金公司19家，管理基金总数287家，获评“年度中国最具影响力基金小镇”。

◆生态文明建设 2019年，西安浐灞生态区落实“生态西安，浐灞样板”要求，统筹推进“碧水、蓝天、美景行动”，努力实现环境保护和人居环境提质同步推进。污染防治坚持综合施策、分类治理、彻底整治，加强扬尘管控、黑臭水治理、散乱污整治，实施光催化降解污染物试点工作，开展燃气锅炉低氮改造专项行动，全区优良天数达175天。水域治理完成19个水利清淤工程，持续开展河湖清四乱、防洪防汛工作，有效控制浐灞河沿线市政雨水口排污问题，国考断面水质均达到考核标准。增绿任务全面完成，建设灞河生态廊道，全面推进6类景观绿化工程，新增绿地98万平方米、绿道40千米，国家一级保护鸟类中华秋沙鸭首现浐灞，鸟类增加至236种，被联合国评为中国首个“区域能源示范城市”，获“绿色发展优秀开发区”“生态文明建设优秀开发区”称号。

◆民生保障 2019年，西安浐灞生态区坚持以人民为中心的发展思想，优先发展教育事业，提升城市管理水平，持续保障和改善民生。新建学校5所，新增学位7062个，浐灞第一中学获国务院授予的“全国民族团结进步模范集体”称号；理顺教育管理体制，对接未央等4个行政区，完成42所学校、教育机构移交工作。制定“三改一通一落地”细则方案，打通断头路4条，启动330千伏高压线迁改，完成世博大道等3处堵点综合治理，实施整村及老旧小区改造4个，公交总里程达120千米。投入3300余万元，组织“送岗位上山”，壮大对口帮扶村村级产业发展和集体经济，脱贫攻坚成果不断巩固。

◆重大国际展会 2019年，西安浐灞生态区举办2019欧亚经济论坛开幕式、全体大会、4项分论坛，会上发布《欧亚经济综合园区发展报告》，签订涉及电竞泛娱乐、创意设计、文化旅游等行业的重点项目7个；举办“文旅融合·智能驱动”2019世界文旅大会，吸引26个国家的政府代表、知名专家学者及企业代表等千余人参会。

◆西安领事馆区建设 2019年，西安领事馆区有西班牙签证中心等20家涉外机构及企业入区，可开展法国、德国、瑞士、西班牙、荷兰、匈牙利等国签证业务，西安市首份外商投资企业营业执照在区颁发，欧盟亚洲中心西安办事处揭牌，对外开放窗口作用更加凸显。

◆华夏文旅项目 2019年，西安浐灞生态区华夏文旅项目年接待游客700万人次、旅游收入4亿元。项目一期为室内千人演艺剧场——华夏文旅大剧院及商业配套，二期为华夏文旅海洋王国。《驼铃传奇》秀获国际游乐园及游艺设施协会“最佳现场演出奖”。华夏文化旅游集团西安演艺有限公司获“中国主题公园旅游演艺十强”“中国新增旅游演艺五强”。

◆宋城中华千古情项目 2019年，西安浐灞生态区宋城中华千古情项目基本建成。总规划用地7.86公顷，包含剧院、文化广场、市井街等若干功能区块，总建筑面积超10万平方米。1号剧院、2号剧院、入口大厅等已完成主体施工，预计2020年3月底投入运营，年接待游客量超300万人次，有效促进文化+旅游产业融合发展。

◆欧亚经济综合园区 2019年，西安浐灞生态区欧亚经济综合园区发布《欧亚经济综合园区发展白皮书》、“一带一路”产业园区联盟浐灞宣言。引进腾讯《和平精英》官方赛事，实现电竞赛事“零突破”，并以此为契机签约一批电竞泛娱乐、创意设计、文化艺术品贸易、体育赛事等产业领域的标杆招商项目。

◆行政审批创新 2019年，西安浐灞生态区设立全市首个“水电气暖”综合办理窗口，实现一枚“建设工程审核专用章”管到底，推动实施“即来即办”“容缺受理”和“快速审批”制度，半岛社区被评为“15分钟政务服务圈”示范点，生态区在2019年上半年全省县域营商环境监测评价中位列第四，“六个一”（一章管审批、一表给意见、一会定方案、一网事通办、一码明指南、一简增质效）审批工作法获全市政务服务改革“十佳”创新案例荣誉称号。

◆“西安国际会议会展中心项目”银团贷款签约 2019年，西安国际会议会展中心项目银团贷款由中国交通银行牵头，中国银行陕西省分行、昆仑银行西安分行等5家银行参团，创造了陕西省内城投企业“单笔额度最大、期限最长、用时最短、利率最低”的银团融资范例，标志着西安国际会展中心融资方面取得巨大突破。第一笔20亿元贷款已经发放，后续50亿元将按需求发放，为项目快速建成运营提供有力的资金保障。（李书乐）

西安国际港务区

◆**概况** 2019年，西安国际港务区以践行“一带一路”倡议、发展“三个经济”为指引，以“加快建设内陆第一大港，服务全国向西开放”为目标，园区主要经济指标保持快速健康发展的良好势头。全年生产总值增长17.7%；全社会固定资产投资完成278.85亿元，比2018年增长21.3%；规模以上工业增加值增长13.3%；社会消费品零售总额增长11.4%；服务业增加值增长18.8%；一般公共预算收入达到14.28亿元，增长72.2%；民间投资增速14.1%；引进内资390.27亿元；利用外资1.10亿美元。中央电视台首次以中国内陆第一大港的视角对西安国际港务区进行报道，《共和国发展成就巡礼·陕西》等栏目大篇幅报道园区发展成就。中央电视台、新华社、《人民日报》、《经济日报》等中央级媒体报道园区工作520余次。

2019年5月28日，陕西加工贸易产业转移承接中心揭牌仪式在西安国际港务区举行

◆**中欧班列“长安号”运营** 2019年，西安国际港务区开行班列2133列，运送货物总重达180.2万吨，开行量、重箱率、货运量等指标均位居全国前列；新开拓西安—土耳其—布拉格（中间走廊）、德国曼海姆等5条新线路；长安号蝉联全国中欧班列质量评价指标第一。集结中心建设方面，成功获批西安陆港型国家物流枢纽，襄西欧、蚌西欧、徐西欧、冀西欧、厦西欧等线路相继开行；欧洲回程公交班列开行，中欧班列（西安）集结中心建设初见成效。

◆**港口口岸建设** 2019年，西安国际港务区铁路集装箱中心站二线束建成投运，无人自动化码头启动建设，西安港综合口岸项目一期主体封顶。全年累计进口汽车8946辆，出口汽车13334辆，位居全国内陆整车口岸第一。粮食口岸进口粮食约3.54万吨，位居全国内陆粮食口岸第一。与招商局集团、中远海运集团、中粮集团、中林集团、中铁集装箱等大型央企签订战略合作协议，联合开发建设运营西安港，西安港加速融入全球港航体系。

◆**招商引资** 2019年，西安国际港务区引进绿地集团、中冶集团、招商局集团等世界500强企业9家，中国500强企业3家。临港产业方面，“陕西加工贸易产业转移承接中心”揭牌，瑞图手机、思赢英格、中晶伟业等11家企业落户投产，新签约巨麦科技等电子加工企业31家。现代商贸物流产业方面，粮食、油脂、整车、铜、铝、木材等大宗商品集散中心加快建设，引进中林集团、广汇汽车大区总部和平行进口车全国总部等项目，京东“亚洲一号”、中国邮政项目、传化丝路公路港（一期）顺利投运。电子商务产业方面，引进考拉海购、蜜芽集团等项目，电商交易额突破1800亿元。新金融产业方面，全国首创“央行·长安号票运通”供应链金融新模式，有效解决临港企业的流动资金问题。文化体育产业方面，引进云视点影视文化、闲兔网络科技等文化企业，陕西国家广告产业园主体建设基本完成即将投入运营。

西安国际港务区2019年主要经济指标

指标名称	单位	总量	同比增长速率（%）	全市占比（%）
地区生产总值	亿元	146.02	17.7	1.6
第一产业增加值	亿元	4.59	-8.5	1.6
第二产业增加值	亿元	21.94	19.3	0.7
第三产业增加值	亿元	119.49	18.8	2.0
工业增加值	亿元	—	12.0	—
规模以上工业增加值	亿元	—	13.3	—
固定资产投资（不含农户）	亿元	278.85	21.3	—
社会消费品零售总额	亿元	—	11.4	—
规模以上服务业营业收入	亿元	39.96	30.6	1.6

◆**重点项目建设** 2019年，西安奥林匹克体育中心“一场两馆”主体结构已完成；全运村“三村九中心”正在进行主体结构施工；奥体中心周边“四横三纵两桥一隧一岸线”项目建设全面拉开，水电气暖等配套设施按进度加快推进；招商局丝路中心、中铁丝路总部、中冶集团西北总部、中国电建西北总部、华润奥体酒店、绿地丝路全球贸易港、绿城全运星级酒店等重大项目启动建设；以第二国际商事法庭、第六巡回法庭为核心的国家级“一带一路”国际商事法律服务示范区项目进入施工建设阶段，将与奥体中心同步建成投用；新筑新城二期、秦汉和苑、新合新苑、双寨尚苑等安置房总开工面积达206万平方米，完成投资32亿元。全年完成新寺、骞村、杏园等整村拆迁7个，灞水春城、馨园小区拆除2个，共5100余户，收储土地69宗，合计451.33公顷。

◆**营商环境建设** 2019年，西安国际港务区全国首创“全城通港”政务服务新模式；全省率先推出人脸识别“微警认证”服务；24小时自助信包箱被评为陕西自贸区省级创新案例；持续推行“楼小二”服务，499个行政审批事项纳入“一口受理”；“政策兑现窗口办”周期缩短至15个工作日。培育并总结自贸试验区创新成果29个，其中1项在全国推广，4项在全省推广，2项获省级最佳实践案例。

◆**生态建设** 2019年，西安国际港务区“蓝天碧水净土青山”四大保卫战顺利推进，空气质量优良天数持续增加，比2018年增加37天；PM2.5浓度均值56微克/立方米；PM10浓度均值102微克/立方米；全年新建提升绿化总面积79万平方米，栽植乔木3.2万株；河道“清四乱”工作圆满完成，灞河国际港务区段实现全线截污。

◆**城市管理** 2019年，西安国际港务区常态化开展重点群体和重点领域社会稳定矛盾问题排查化解，全力做好维稳信访工作。340条扫黑除恶线索全部查结，保持有乱必治高压态势。创新规范辖区地下砂资源管理，从源头上解决农村基层治理问题；辖区物业市场化管理覆盖率达到100%。（代强国）

西安阎良国家航空高技术产业基地

◆**概况** 2019年，西安阎良国家航空高技术产业基地以打造生产、生活、生态“三生融合”航空新城为目标，突出重点、狠抓落实、全力推进，取得良好成效。生产总值完成34.29亿元，比2018年增长11.5%。实际利用外资5800万美元、引进内资137.24亿元，均完成全年任务的100%。市级重点建设项目完成投资73亿元，完成全年任务的111%。工业技改投资、规上工业增加值、服务业增加值等7项指标增速超过10%。

2019年10月18日，2019第六届中国国际通用航空大会飞行表演在渭南蒲城内府机场举行

◆**项目建设** 2019年，西安阎良国家航空高技术产业基地加快双创载体建设。全球十大孵化器运营机构Founders Space、我国共享办公行业首个独角兽企业优客工场等企业项目相继落户航空基地，西安航空科技创新创业园正式运营。西安交通大学国家技术转移中心、南京航空航天大学国家技术转移中心均在航空基地设立分中心，加强高校与企业优势互补、合作共赢。与腾讯公司合作的西安航空大数据中心启动建设，项目将航空产业与“互联网+”有机结合，联合西安市重点航空企事业单位，实现对产业相关数据的实时共享。

◆**通用航空产业发展** 2019年，西安阎良国家航空高技术产业基地成功举办2019中国国际通用航空大会。邀请国内外240架飞行器参展，数量和种类均创历史新高，吸引逾20万人次观展，近500家国内外参展商展出超过3000件展品，137家参展企业达成交易或合作意向，中央电视台5次报道，湖南卫视、江苏卫视等8家媒体持续关注，微博话题阅读量突破1亿人次。大会全方位彰显了我国通用航空产业领先的科学技术、丰硕的发展成果和广阔的发展前景，“南有珠海 北有西安”的航展格局进一步巩固，“西安航展”成为西安新的名片。积极推进蓝田通航机场建设。该机场是西安当前空域下唯一能够选址落地的通用机场，对于加速构建陕西省通航机场网络体系，打造军民融合示范区具有重要战略作用。已完成战区空军与陕西省人民政府《军地空域使用协议》签署，土地报批、征地拆迁等基础工作加快推进。重点通航项目实现大的突破。具有自主知识产权的国产轻型多用途飞机“小鹰700”首飞成功，彻底改变了进口飞机在国内初级飞行训练和私人飞行市场一统天下的局面。“新舟600F”货运飞机全球首次交付，标志着新舟飞机谱系更加完整，实现客运型、货运型、公务型以及多用途飞机的多型并举。某型号涡轮风扇发动机研制装配成功并交付使用，代表着我国该类型发动机的最高水平，也标志着我国唯一具有发动机整机交付能力的民营企业在西安诞生。

西安阎良国家航空高技术产业基地2019年主要经济指标

指标名称	单位	总量	同比增长速率（%）	全市占比（%）
地区生产总值	亿元	34.29	11.5	0.4
第一产业增加值	亿元	—	—	—
第二产业增加值	亿元	21.07	13.0	0.7
第三产业增加值	亿元	13.22	8.6	0.2
工业增加值	亿元	—	11.9	—
规模以上工业增加值	亿元	—	14.6	—
固定资产投资（不含农户）	亿元	—	-12.0	—
社会消费品零售总额	亿元	—	11.2	—
规模以上服务业营业收入	亿元	2.15	11.0	0.1

◆**军民融合** 2019年，西安阎良国家航空高技术产业基地龙头项目不断涌现。国产“新舟700”飞机成功完成机身与机翼精准对接，飞机结构制造关键技术取得全面突破，工装工艺得到充分验证。三角防务在深圳交易所敲钟上市，成为陕西第51个A股上市公司。与清华大学合作的全球最大300MN等温锻项目启动

建设，将对实现航空、航发领域大型模锻结构件、精密盘轴类等温锻件自主制造具有重要战略意义。建立长效沟通对接机制，定期与中国航空工业集团公司、中国航空发动机集团等军工集团及其子公司常态化沟通对接。定期与军事科学院、空军工程大学等部队及部队院校开展走进系列活动。与清华大学建立常态化合作关系，在科技成果转化、人才互动交流等领域实现资源共享。完善政策体系，编制出台《西安航空基地军民融合专项行动计划（2019—2021年）》《航空基地2019年军民融合工作实施方案》《西安航空基地军民融合优惠政策十条及实施细则》等系列文件支持企业发展，取得军工资质的军民融合企业超过80家，30余家已成为航空工业集团企业的供应商，部分民企成为航空关键部件供应商。

◆航空高技术产业平台建设 2019年，西安阎良国家航空高技术产业基地综合保税区完成建设。这是国务院批准的我国中西部地区首个以航空产业为特色的综合保税区，于8月正式封关验收，通过资源整合、制度创新、国际合作和产业聚集，打造全国一流、世界知名的航空产业服务园区，为发展特色优势产业、深化航空产业国际合作提供新型服务平台和重要载体。西安航空基地代表西安市，力压上海、成都、哈尔滨、株洲等城市，在国家先进制造业集群竞赛取得佳绩，成为陕西省唯一入选产业、全国航空领域唯一入选区域，有望正式获批“国家先进制造业集群”。航空工业气候环境实验室正式启用，该实验室总投资4亿元，是我国规模最大、系统组成最复杂、模拟环境因素最多的大型综合环境实验室，综合试验能力与世界最先进的国外气候环境实验室相当。实验室正式启用将使我国跻身世界大型实验室综合气候环境试验领域先进行列，为我国未来飞机研制提供有力支撑。

◆金融服务 2019年，西安阎良国家航空高技术产业基地通过发行土地储备专项债券、争取中央和陕西省各类专项资金、市级调度资金等方式取得资金支持9.96亿元，其中发行土地准备专项债2.19亿元，成为除市本级外唯一一家获得2019年土地储备专项债券资金的单位，发债额度占全市5亿元额度的43.8%，为区内重点项目的土地收储提供资金保障。金融服务更加深入全面，帮助100家企业获得各金融机构贷款5.38亿元。吸引有影响的金融机构进驻航空基地，与秦农银行、光大银行等9家金融机构签订战略合作协议。累计举办各类融资对接活动11次，实现企业项目与金融资源有效对接。助推基地6家企业登上全球创投峰会“未来之星”榜单、“龙门榜”榜单，有效实现企业与全球优秀投资机构深度对接。采取设立减税降费专栏，及时发布减税降费政策。进一步优化退税流程，缩短退税时间。1—9月，航空基地减税降费全口径数额达到7200万元，切实使企业轻装上阵，不断做大做强。

◆民生保障 2019年，西安阎良国家航空高技术产业基地依托航空资源特色办学，积极推进“名校+”工程，与西安市后宰门小学、西安市第二保育院建立“名校+”联盟校，努力提升教育教学质量。通过合理增设班级数量，持续加快学校建设项目进度，解决居民群众上学难问题，在2019年上半年群众满意度调查中，教育工作排名全市第三。深入实施垃圾分类，率先在全市形成“投、收、运、处”垃圾分类处理闭环以及分层次的“模拟执法”模式。全域生活垃圾分类达标率和知晓率均已达到100%，实现分类收集全覆盖、硬件配备全覆盖、群众宣传全覆盖，正在积极创建全市首个全域生活垃圾分类示范区。完善国卫复审工作方案，细化目标责任，构建网格员队伍，强化群众宣传引导，营造良好迎检氛围、做好病媒生物防制，持续推进辖区国卫复审迎检，省市级多次明察暗访测评中位列区（县）开发区前列。征地拆迁工作取得较大进展。完成征地、地附补偿及清表116.67公顷，房屋征收370余户，项目开工用地保障32个，项目建设发展环境进一步优化。（唐　秋）

西安国家民用航天产业基地

◆概况 2019年，西安国家民用航天产业基地经济运行稳中有进，改革创新卓有成效，生态环境逐步改善，党风政风持续向好，民生福祉全面提升，社会大局安定有序。全年实现生产总值279.63亿元，固定资产投资比2018年增长12.2%，工业投资增长28%，工业技改投资增长20%，规模以上工业增加值增长11.3%，民间投资增长15%，社会消费品零售总额增长10%；完成市级重点项目建设29个，投资139.52亿元，完成全年任务的140%，一般公共预算收入76112万元，增长20.2%，完成全年任务的104.5%，一般公共预算支出106358万元，完成全年支出调整预算数的100%，8项支出86982万元，增长43.2%，实际引进内资240亿元，实际利用外资7100万美元，新增“五上企业”44家，完成全年任务的275%，新登记企业5368户，增长212.8%。综合实力不断增强，实体经济发展迅猛，工业投资、工业技改投资等指标持续排名全市第一。

◆航天产业发展 2019年，西安国家民用航天产业基地国家战略新兴产业投资建设加快，航天六院新能力先进制造业基地、西部能源产业园、华燕航空惯性技术研发基地等项目陆续建成投产，聚集航天技术应用、新能源新材料、数字经济等500亿元的三大优势产业集群。军民融合发展深入推进，支持区内20余家企业申请国家省市军民融合专项资金3300万元，涉及重点项目100多个。民营航天和泛太空经济有所突破，区内民

西安国家民用航天产业基地2019年主要经济指标

指标名称	单位	总量	同比增长速率（%）	全市占比（%）
地区生产总值	亿元	279.63	12.1	3.0
第一产业增加值	亿元	—	—	—
第二产业增加值	亿元	140.83	12.4	4.4
第三产业增加值	亿元	138.80	11.7	2.4
工业增加值	亿元	—	11.1	—
规模以上工业增加值	亿元	—	11.3	—
固定资产投资（不含农户）	亿元	—	12.2	—
社会消费品零售总额	亿元	—	5.7	—
规模以上服务业营业收入	亿元	25.56	12.0	1.0

2019 年 12 月 27 日，我国最大推力运载火箭——长征五号遥三发射成功，位于西安国家民用航天产业基地的中国航天科技集团六院提供了 30 台 4 种型号新一代火箭发动机，为我国航天事业做出了贡献。图为发射成功后，航天六院试验队在指挥控制大厅庆祝

营航天企业星际荣耀研发的运载火箭 7 月 25 日"一箭两星"发射成功，实现中国民营运载火箭零突破。银河航天研制的中国首颗通信能力可达 10Gb/s 的民营 5G 低轨宽带卫星已正式出厂即将发射。云上经济成效显现，京东云数字经济示范园累计聚集企业 230 余家，年销售规模超 10 亿元。航天四院、五院、六院等科研院所承担了嫦娥系列和火箭发射有效载荷的关键产品研制，12 月 27 日，航天基地"国家队"成员们协同作战，我国运载能力最大的火箭——长征五号助力卫星发射成功。

◆**项目建设** 2019 年，西安国家民用航天产业基地承担 29 个市级重点项目全部开工建设，总投资 428.15 亿元。公用服务产业园基础设施、航天六院新能力先进制造业基地、年产 10GW 单晶电池等一大批重点建设项目推进迅速。公用服务产业园基础设施项目 BIM 小组获得全国"优路杯"等奖项。征集申报 2020 年市级重点项目 13 个，总投资 399.5 亿元，其中先进制造业项目 7 个，总投资 128.4 亿元。

◆**招商引资** 2019 年，西安国家民用航天产业基地全年签约项目 32 个，总投资 186.75 亿元。先后引进华为人工智能产业创新基地、腾讯智媒体丝路总部、滴滴丝路总部、金山云项目、北方长龙复合材料基地等全国行业 10 强企业项目。投资 71 亿元的太阳能光伏龙头企业隆基绿能科技股份有限公司 10GW 项目落户航天基地公共服务产业园。

◆**营商环境建设** 2019 年，西安国家民用航天产业基地对 109 项审批事项实现"一枚印章管审批"，线上"一网通办"审批事项达 152 项。推行免费刻制公章服务，为 5180 家企业节省成本 392 万元。以"就近办"为导向，建成 2 个便民服务站点，打造"15 分钟政务服务圈"。全年新增各类市场主体 24273 户；新增企业 5368 户，比 2018 年增长 212.8%。利用金融服务助力企业发展，全年财政融资 25 亿元，发债约 80 亿元。举办区内融资对接会 11 场。实施减费让利，向企业兑现金融扶持奖补资金 1.03 亿元，为 7 家企业解决贷款和信贷担保3300 万元。

◆**科技创新** 2019 年，西安国家民用航天产业基地创业创新服务平台作用进一步发挥，航天孵化器蝉联国家级 A 类孵化器。在全国 219 个国家级经开区综合评价中，航天基地科技创新指标位列全国第四、西部第一。与华为、中兴、移动、电信等签署 5G 合作协议，推进 5G 创新应用示范区建设。新增 40 家国家级高新技术企业，引进产业发展与科技创新类人才 1.4 万人，比 2018 年增长 40% 以上。区内共有国家级高新技术企业 130 家、院士工作站 7 个、国家级工程技术中心 9 个、省级工程技术中心 26 个、市级小巨人企业 7 个，研发投入强度超过 3.5%，位居全市开发区第一，年度技术合同交易额超过 38 亿元。累计补贴奖励各类双创企业资金约 9500 万元，扶持企业 100 多个。全年新增独角兽成长企业 1 家，拥有国家级孵化器 2 个、国家级众创空间 2 个。空天动力研究院获得省级重大项目专项资金 1880 万元，科研成果转化 5 项，申报专利 53 项、软件著作权 3 项，取得武器装备科研生产单位三级保密资格认定。军民融合研究院下设成立"西安融合发展促进会"，引入中科天塔商业卫星项目等军民融合企业 30 家。电子侦察孵化中心警务大数据平台投入使用，智慧公安成功试点，聚集电子侦察、安防等领域企业 30 余家。高技术协同创新中心入驻企业获得国家发改委北斗产业园专项资金 1000 万元。

◆**生态建设** 2019 年，西安国家民用航天产业基地优良天数 219 天，比 2018 年增加 42 天；PM2.5 浓度 60 微克 / 立方米，下降 5%；PM10 浓度 91 微克 / 立方米，下降 23.5%；臭氧浓度 159 微克 / 立方米，下降 16.8%。推进科技治霾，建成"高科技技术手段 + 智慧环保管理平台 +7×24 小时专家团队驻点服务"的智慧环保平台。全年新建和提升绿地面积 34 万平方米，完成绿道建设 28 千米，新建和改造绿地广场 5 处，建设鲜花大道 3 条，商业街区绿化美化 1 条，口袋公园 3 处，辖区生态环境大幅改善。

◆**城市建设与管理** 2019 年，西安国家民用航天产业基地加大"断头路"打通力度，全年打通断头路 9 条 10 段，神舟三路航天北路环线即将形成。加强市政维护和市容保洁，全年维护市政设施 3.4 万平方米，新建公厕 10 座。全年拆除违法广告和门头牌匾 1.27 万平方米，拆除违法建筑 21.07 万平方米，被评为全市"两拆"工作"先进单位"。开展辖区垃圾分类管理全覆盖，率先配备生活垃圾收集转运先进车辆设备。全面启动老区雨污分流工程，加快第一净水厂项目建设。加快"三改一通一落地"，完成老旧小区改造 2 个，新启动 2 个，计划 2 年内完成改造任务 11 个，推进背街小巷改造 2 个，启动和正在实施拆迁村 10 个，已完成线缆落地 2000 米。全年启动 10 个行政村拆迁工作，拆除面积 85 万平方米；征收土地 143.47 公顷，向 24 个项目、5 条道路移交土地 105.33 公顷，启动和在建 8 个村 101 万平方米安置社区建设，完成 15.78 亿元安置楼建设投资。星座广场、壹街区、栢丽广场、丝路慧谷 4 大商业综合体建设加快。人人乐、星巴克、盒马鲜生、大悦城等时尚品牌和连锁商超陆续入驻星座广场和壹街区。以新零售、新业态、新模式为突破，构建商业消费新场景的社区优质生活圈逐渐形成。

◆**社会事业** 2019 年，西安国家民用航天产业基地制订《2019—2021 年基础教育提升三年行动计划》，总投资 8 亿元的航天城一中和航天城三小当年建成使用，完成学位供给 4320 个。三甲医院西安市人民医院即将投入使用。企业社保开户数量及参保数量实现"双增长"，2019年退役军人安置接收工作顺利完成，社会保障体系进一步完善。 （杨 琛）

农业和农村经济

综　述

◆**概况**　2019年，西安市以实施乡村振兴战略为总抓手，坚持质量兴农、绿色兴农、品牌强农，加快推进农业由增产导向转向提质导向，紧扣“追赶超越”定位和“五个扎实”要求，按照“服务城市、富裕农民”的思路，以农业供给侧结构性改革为主线，以深入实施乡村振兴战略促进城乡融合发展为抓手，积极构建现代农业产业体系、生产体系、经营体系，着力提升产业化水平，推进农业现代化，深化农村改革，积极培育市场主体，推进田园综合体建设，促进一、二、三产业融合发展，西安市特色现代农业持续健康较快发展。全年实现农业增加值279.13亿元，比2018年增长4.3%；农村常住居民人均可支配收入14588元，比2018年增长9.8%。

◆**农村集体产权制度改革**　2019年，西安市以全国农村集体产权制度改革整市试点为契机，通过广泛动员培训、健全工作机制、加大经费投入和创新农村治理体系等有效措施，出台《关于发展壮大农村集体经济的实施意见》（市农集产改发〔2019〕2号），持续深化农村集体产权制度改革。截至年底，全市2404个行政村全部完成清产核资任务，实现全市城中村、城郊村、经济发达村和远郊涉农区（县）农村集体产权制度改革工作“全覆盖”，清查资源性资产58.14万公顷、经营性资产151.77亿元、非经营性资产319.17亿元。完成集体经济组织登记赋码2813个自然村，完成资产移交2134个自然村。量化股东465.50万人，成立股份经济合作社2849个，占全市总行政村数的118.5%，629个股份经济合作社取得收益，当年分红金额3.34亿元。全市农村集体产权制度改革整市试点工作顺利通过农业农村部委托的第三方评估。在改革中涌现出鄠邑区王坊村，灞桥区务东村，蓝田县杨寨村、山王村，阎良区昌平村，临潼区神东村，沣东新城和平村，沣西新城沙河村等一批改革示范村，在清产核资、股权量化、集体经济组织建设、发展特色产业等方面取得创新突破，为各区（县）、开发区的农村产权制度改革工作起到示范引领作用。

农村产权交易体系进一步完善　市和13个区（县）、西咸新区、2个开发区、168个镇（街）建成农村产权交易服务中心，1859个村依托便民服务中心设立农村产权交易服务站。市级财政投资1000万元，为市、区（县）和镇（街）产权交易中心配备152台触摸屏、247台高拍仪、388台电脑等硬件设施，市级增加事业编制32名，区（县）增加事业编制114名。全市统一开发的农村产权交易网络平台建成并投入运行，全面提升农村产权交易和农村经营管理工作制度化、规范化、信息化水平。截至年底，全市累计上传交易信息61287条，成交17320条，成交金额11.33亿元；开展农村产权抵押贷款2.25亿元；完成农村土地流转交易2950宗，成交金额4.33亿元。

积极培育新型农业经营主体　全市新增认定家庭农场110个。27个家庭农场获得“2019年度省级示范家庭农场”荣誉，评选12个“市级示范家庭农场”，西安市农业农村局、西安市财政局联合印发《2019年农村改革试点示范工作任务和项目资金分配计划》（市农发〔2019〕296号），给予每个“市级示范家庭农场”10万元的资金支持，极大地调动区（县）做好家庭农场培育工作的积极性，打造出阎良四叶草话语家庭农场、高陵区永华家庭农场等一批市级典范，进一步壮大农业生产经营组织，发挥示范引领带头作用。

西安市2019年主要农产品产量及其增长速度

产品名称	单位	产量	同比增长率（%）
粮　食	万吨	139.90	-1.6
蔬　菜	万吨	378.58	1.3
水　果	万吨	97.18	9.0
肉　类	万吨	5.14	-5.6
#猪　肉	万吨	3.35	-6.7
奶　类	万吨	12.37	7.4
禽　蛋	万吨	5.39	2.4
猪年末存栏数	万头	29.66	-5.2
牛年末存栏数	万头	5.16	2.0
家禽年末存栏数	万只	643.67	2.9

◆**农村人居环境整治**　2019年，西安市持续深入推进农村人居环境整治工作，中共西安市委办公厅、西安市人民政府办公厅印发《西安市加快推进农村人居环境“百村示范、千村整治”工作方案》，因地制宜确定村庄整治类型，持续推进农村人居环境整治工作从典型示范到全面推开。全年西安市各级财政安排农村人居环境整治工作项目经费45.58亿元。截至12月底，全市100%的村庄完成规划编制和村庄分类工作；农村生活垃圾集中收集覆盖率99%，农村生活垃圾无害化处理率70%、分类覆盖率35%；全市农村生活污水得到有效治理的行政村287个，得到有效管控的行政村323个；完成农村无害化户厕提升改造12.62万户，新建农村公厕392座，改造提升214座，新建旅游厕所31座，改造提升3座；村庄林木平均覆盖率达到28%以上；自来水覆盖率达95%以上；电网改造率100%；村庄道路硬化率100%；全市畜禽粪污综合利用率87.1%，规模养殖场粪污处理设施装备配套率93.2%、病死畜禽无害化处理覆盖率100%；农作物秸秆机械化综合利用率95.9%，建成农田废弃物垃圾回收点314个，农药废弃包装物回收集中存储点662个；建成并通过验收美丽宜居村庄136个；全市86%的行政村开展美丽乡风建设活动，70%以上的行政村建成乡风文明一条街，培育创建市级美丽庭院创建示范村10个。

◆**农村一、二、三产业融合发展**　2019年，中共西安市委办公厅、西安市人民政府办公厅印发《西安市扎实推进特色现代化农业六大工程助力产业脱贫夯实乡村振兴基础实施方案》。西安市农业农村局印发《西安市关于开展现代农业“3+X”特色产业工程攻坚行动（2019—2020年）实施方案》，组织专家编制《西安市农村一、二、三产业融合发展规划（2019—2022年）》《西安市农村一、二、三产融合发展十大工程（2019—2022年）》和《西安市农村一、二、三产业融合发展模式和途径》。西安市临潼区列入全国首批农村一、二、三产业融合发展先导区创建单位。高陵通远创想小镇和阎良武屯羊乳小镇2个首批农业特色小镇全年完成投资12.83亿元。高陵区源田梦工场获创建省级农业特色产业小镇。

蓝田县董岭村被认定为2019年度中国美丽休闲乡村；蓝田县华胥镇和周至县哑柏镇昌西村被农业农村部认定为全国"一村一品"示范村镇。

农业产业化发展 西安市农业农村局印发《关于大力发展农业产业化联合体的实施意见》，制定《西安市农业产业化示范联合体认定管理办法（暂行）》，6个联合体被认定为省级农业产业化示范联合体。积极培育农业龙头企业，西安宏兴乳业有限公司被农业农村部认定为国家级农业产业化经营重点龙头企业，新增省级农业产业化龙头企业8家。截至年底，全市有市级以上农业产业化龙头企业170家。其中，国家级11家、省级51家、市级108家。全市农业产业化龙头企业经营收入达到660亿元，比2018年增长6.5%。西安爱菊粮油工业集团有限公司在哈萨克斯坦投资建设的农产品加工产业园粗具规模，年加工30万吨菜籽的油脂加工厂已建成投产。在第二届中国国际进口博览会上，西安市石羊农业控股集团股份有限公司等企业签订销售合同21.40亿元，比2018年增加7.72亿元。2家农业产业化龙头企业入选"中国轻工食品行业50强"。

田园综合体建设 西安市田园综合体创建工作领导小组办公室指导各涉农区（县）政府和西咸新区管委会，积极创建集创意农业、智慧农业、休闲农业以及休闲旅游、田园社区为一体的田园综合体，首批6个市级田园综合体完成各类投资10.68亿元。

农业招商引资 西安市农业招商引资工作稳步推进，全年共策划协调推介宣传等活动10余次，跟进服务龙头项目2个，开展招商引资活动50余次，邀请、接待客商1000余人次，完成签约合同项目总投资额16亿元。

◆农业重要节庆活动 2019年，西安市通过举办庆祝"中国农民丰收节"系列活动、第二届"'大西安'农民节"活动、2019年中国葡萄产业科技年会等活动，努力在全市营造敬农、爱农、助农的良好社会氛围，加大优势特色农业产业宣传推介力度，西安农业知名度、美誉度不断提升。

西安市庆祝"中国农民丰收节"系列活动 秉承"庆祝丰收、弘扬文化、振兴乡村"宗旨，2019西安农民丰收节系列活动于9月23日举办。与中华人民共和国成立70周年、乡村振兴战略和脱贫攻坚战3大主题紧密结合，重点突出"3+X"特色产业发展，紧扣西安市农业农村高质量发展主线，进一步营造全社会关注农业、关心农村、关爱农民的浓厚氛围，突出西安市地域和民俗特色，展现蓬勃的时代气氛、火热的生活激情、浓厚的"三农"情怀及广大农民的时代风采。

第二届大西安农民节 3月1—20日，以"传承农耕文化，建设五美乡村，敬农爱农助农、推进乡村振兴"为主题的第二届大西安农民节系列活动在长安区举办。3月8日，在长安区王曲街道南堡寨（长安唐村中国农业公园）举办的开幕式活动上，向大西安乡村振兴规划团队颁发聘书，表彰"十佳"最美农民等十个系列"十佳"；举办以"践行'五个美丽'促进乡村振兴"为主题的乡村振兴论坛、以"着力推进绿色发展，全面建成小康社会"为主题的"两山理念"论坛，邀请23名省内外专家教授为西安市推进乡村振兴、践行"两山"理念支招把脉；举办特色农产品展暨精品草莓品鉴活动、第二届职业农民技能大赛，展现新型职业农民的新风貌和全市职业农民培育的新成效；同时举办优秀非物质文化遗产综合展演、农民歌手大赛、农民趣味运动会、"农家乐"厨艺技能大赛等科技文体活动。

2019年中国葡萄产业科技年会 由西安市人民政府、国家葡萄产业技术体系、中国园艺学会葡萄与葡萄酒分会主办，西安市农业农村局和西安高新技术产业开发区管委会、灞桥区人民政府、长安区人民政府、鄠邑区人民政府共同承办，以"科技助力产业兴，葡人葡语丝路情"为主题的2019年中国葡萄产业科技年会，于8月26—27日在西安举办。会议举行中国葡萄产业科技论坛、产业技术交流，开展全国鲜食葡萄评比、展示品鉴，实地观摩西安葡萄产业园区，探讨葡萄与葡萄酒产业发展方面的最新科研成果应用，解决产业发展转型升级、提质增效的现实问题。全国鲜食葡萄评比大赛中，全国24个省选送54个葡萄品种205个鲜食葡萄样品参评、72个展示样品，174个参赛样品获奖（铂金奖10个、金奖40个、银奖50个、优质奖74个）。西安市选送21个葡萄品种90个样品，77个样品获奖（铂金奖2个、金奖15个、银奖15个、优质奖45个）。会议达成国家葡萄产业技术体系与西安市开展长期战略技术合作，设立国家葡萄产业技术体系西安市综合示范基地，合作建设国家葡萄产业技术体系葡萄新品种西安区试园；西安市聘请12名体系岗位科学家和国家相关葡萄科学研究方面的专家教授作为西安市葡萄产业专家委员会委员。国家葡萄产业技术体系的首席和岗位科学家、综合试验站站长及专家团队成员，中国园艺学会葡萄与葡萄酒分会会员等300余人参加年会。年会的召开将对西安葡萄产业的转型升级、促进农业和农村经济发展发挥重要作用。

◆农业科技创新与应用 2019年，西安市深化与西北农林科技大学战略合作，加快推进西安都市农业综合试验站建设，形成"1个综合试验站+N个产业技术推广站+示范点+农户""一站多点"的西安都市农业技术推广模式。全年组织申报部、省、市各类农业科技项目38个，发布推介农业主推品种和技术78项。组织100多家农业企业、200多种农产品、80余项农业新技术参加第二十六届杨凌农业高新科技成果博览会，集中签约项目27个，金额96亿元，26个农业科技产品（技术）获"后稷奖"（其中，后稷特别奖5个）。西安展团获得优秀组织奖、优秀展示奖、优秀成交奖。

西安市农业农村局持续推进智慧农

2019年3月3—20日，第二届大西安农民节在长安区举办。图为"西安市十佳最美农民"表彰现场

业建设。在高陵区源田梦工场、长安区唐村、阎良区北冯村、蓝田县桐花乡约等园区布设物联网设备，采集园区的地理信息，对农业生态环境数据进行统计分析，通过三维模型对休闲农业园区进行在线展示，利用信息技术对农园进行可视化、地图化、电子化管理，将都市农园的规划、管理、推广进行智慧化提升。西安市农业农村局加快推进《西安市智慧农业农村发展规划》编制工作，让“智慧农业”建设在规划中统筹，在统筹中规划。

◆农业农村人才培育　2019年，西安市按照“提意识、树理念、传技能、促管理”发展理念，全面推进职业农民培育工作。全年培育职业农民2768名，认证职业农民2360人，向陕西省农业农村厅推荐认定高级职业农民35人。利用全国农业科教云平台、“云上智农App”，实现职业农民学员信息、认定信息、师资信息、实训基地网络信息库。形成职业农民培育与西安职业技术学院学历教育相结合的学历提升培育模式，65名职业农民参加大专班学习；翟文博、王兴华等6名优秀职业农民被认定为首批“全省职业农民领军人才”。创新培育方式，将有意愿、有能力发展产业的贫困户纳入职业农民培育，实施破格认定，力争通过参加职业农民培育，使贫困户生产技术、技能有较大的提升。

◆产业扶贫　2019年，西安市以产业扶持建档立卡户稳定增收为目标，全力推进产业扶贫工作。市级财政继续列资5000万元“十百千万”产业扶贫资金，扶持猕猴桃、石榴等十大主导产业，培育新型经营主体和现代农业产业园区，发展增收示范户，带动有产业需求的贫困户脱贫增收。周至、蓝田、鄠邑、临潼、长安5个区（县）实施“十百千万”产业扶贫工程项目39个，带动贫困户4405户。全市291个贫困村通过发展特色产业、引进产业项目、创新带动模式、挖掘潜力等形式，积极探索发展集体经济的有效路径。截至年底，266个村集体经济组织取得收益，占贫困村总数的91.4%，167个贫困村收入超过3万元，占贫困村总数的57.4%，收益比2018年有显著提升。西安市农业农村局印发《关于推进2019年产业脱贫技术服务有关工作的通知》《关于报送产业扶贫技术服务工作典型经验和先进人物事迹的通知》《关于规范产业脱贫技术服务110明白卡的通知》等文件，明确产业扶贫技术培训工作的组织领导、目标任务、工作措施，进一步加强对产业技术服务工作的指导。原西安市农业林业委员会、西安市扶贫开发办公室联合制定印发《关于建立贫困户产业发展指导员制度实施方案》，西安市共选聘产业发展指导员1648人，为22325户贫困户宣传产业扶贫政策、解决技术难题、帮助销售农产品等产业发展和指导服务。（高　娴）

城乡统筹发展

◆概况　2019年，西安市统筹城乡发展工作聚焦国际化大都市和国家中心城市建设，紧扣追赶超越定位和“五个扎实”要求，坚持乡村振兴与新型城镇化协同推进，统筹城乡一体化发展。优化区域主体功能、城乡发展空间、乡村生产生活生态结构布局，分类有序推进乡村发展建设，构建城乡协调联动发展格局。

◆农村片区化中心社区建设　2019年，西安市通过增加农村公共服务设施，拓展农村公共服务内容，畅通农村公共服务“最后一米”。全年启动建设104个农村片区化中心社区项目，涉及奖补资金9420万元。农村片区化中心社区的建成，提升了农村公共服务水平，方便群众办事、促进产业发展，提供健身场所，丰富群众生活，受到各级政府的支持和群众的欢迎。

◆“幸福新农村示范村”建设　2019年，西安市农业农村局通过项目征集、专家实地考察、会议评审等方式，启动19个“幸福新农村示范村”项目建设工作。与西安市财政局联合印发《关于下达2019年度幸福新农村示范村建设项目奖补计划的通知》（市农发〔2019〕266号），拨付奖补资金3180万元，注入村集体股份经济合作社。引导涉农区（县）农业农村局相关业务科室负责人和项目村负责人更新发展理念，先后2次组织专题培训会，采取专家讲座、现场观摩、座谈交流等形式，全面提升农业农村系统干部素质。每季度开展督导检查工作，推动示范村项目建设工作。实现村集体经济不断壮大和农民收入持续提高，全面提升基础设施建设水平，基本实现“产业兴旺、生态宜居、乡风文明、治理有效、生活富裕”的目标。

◆农村综合改革试验区建设　2019年，西安市5个省级农村改革试验区粗具规模，一、二、三产进一步融合发展，农民增收效果明显。高陵源田梦工场通过推进土地制度改革3项试点、集体产权制度改革、“两权”抵押贷款试点等改革，放活土地权能，增强农村发展动能，带动农村发展，累计使用周边农户劳动力2.3万人次，为农户增收超过500万元。长安唐村中国农业公园坚持“政府主导、改革推动、市场运作、产园融合”总体原则，重点推动生态环境修复、基础设施提升、乡村产业发展、美丽乡村建设、人文历史复兴5大工程，投入资金3.3亿元，打造生态宜居的新型乡村。蓝田县董岭村以党建为引领，加强土地流转，将资源变为资产、资金变为股金、村民变为股东，实现土地集约、资本集中、利益共享，全年人均纯收入19500元。荣华田园综合体构建现代农产品流通体系和管理模式，落实“荣华农业，精准助农”理念，打造“都市农业+乡村旅游+田园社区”三位一体模式，流转胡家庄村及水磨头村集体土地96.89公顷，累计投入2.43亿元。

◆农村户厕改造　2019年，西安市认真贯彻习近平“将解决农村厕所问题作为乡村振兴战略的一项具体工作来推进”重要指示精神，把推进农村“厕所革命”作为实施“乡村振兴战略”、农村人居环境整治工作的重要突破口，高标准谋划、高质量建设、大力度推进。西安市人民政府下达全年户厕改造12.5万座的目标任务。按照“政府补助引导、集体和社会资助、群众自筹相结合”的原则，中央和陕西省、西安市共安排改厕资金3.92亿元。其中，申请中央整村推进奖补资金7704万元；陕西省农业农村厅“厕所革命”重点县建设资金1200万元；西安市财政安排改厕资金1.51亿元；各区（县）、开发区配套资金1.52亿元。鼓励农户以自备砖、砂石、水泥建筑材料或以出工投劳等形式参与改厕，进一步明确秦岭北麓饮用水源地保护区内的村庄及贫困村优先改造的具体要求。根据《西安市农村无害化户厕提升改造工作实施和考核方案》要求，已完成提升改造的每一座户厕都实行编号建档管理，做到一户一档，底子清、数量明。全市完成农村无害化户厕提升改造126214户，超额完成全年目标任务。（高　娴）

种植业

◆概况　2019年，西安市认真贯彻落实中央和陕西省及农业农村工作会议精神，大力实施乡村振兴战略，积极推进农业供给侧结构性改革，产业结构不断优化，农产品质量不断提升，全市农业产业持续稳定发展，全年粮食总产量139.90万吨，比2018年减少1.6%；蔬菜产量378.58万吨，增长1.3%；水果产量97.18万吨，增长9.0%。

◆粮食生产 2019年，西安市积极推广“粮食高质高效五大绿色技术”，全面宣传粮食高质绿色发展理念，稳定提升粮食综合生产能力，全市粮食实现“十六连丰”。全年粮食播种面积27.32万公顷，比2018年下降2.4%；总产量139.90万吨，减少1.6%，总产量在陕西省列第4位；平均单产5115千克/公顷，在陕西省居首位。其中，夏粮播种面积14.88万公顷，产量70.63万吨；秋粮播种面积12.44万公顷，产量69.27万吨。

◆蔬菜生产 2019年，西安市蔬菜播种面积7.18万公顷，总产量378.58万吨。继续加大设施蔬菜生产基地建设，优化调整蔬菜生产品种和种植茬口。全年建成蔬菜生产基地16个；开展技术服务培训120场（次），培训农民10万人次。在阎良、高陵、临潼等7个区（县）实施设施蔬菜高效生产模式示范与推广，建立“设施蔬菜高效示范点”7个、示范棚300栋，示范带动面积1000公顷。

◆水果生产 2019年，西安市园林水果面积4.97万公顷，水果产量97.18万吨。全市果业积极优化区域布局、丰富品种结构，推动转型升级、提质增效发展。西安市农业农村局印发《关于推进“3+X”工程加快果业脱贫工作的实施方案》。8月，成功举办2019年中国葡萄产业科技年会。开展产业调研，形成《关于完善推进西安葡萄酒庄产业发展配套政策的调研报告》。市级切块下达区（县）635万元专项资金，重点扶持果业标准园和观光园的老园改造、品种及栽培模式更新、水肥一体化、土壤有机质提升等16个项目建设。组织举办樱桃、鲜桃、葡萄、石榴和猕猴桃主题宣传推介及评优活动；在上海市、新疆乌鲁木齐市举办周至猕猴桃等西安特色果品宣传推介促销活动。周至猕猴桃以47.06亿元获中国果品区域公用品牌第十位、猕猴桃类第一位；“户县葡萄”品牌价值提升到10.19亿元，排名73位，果品区域公用品牌价值凸显。

◆现代农业园区建设 西安市立足资源禀赋，突出自身特色，形成一批发展理念超前、组织方式创新、优势特色鲜明的现代农业园区。截至年底，全市建成各类现代农业园区435个，园区数量在陕西省排名第一。其中，省级园区发展到34个，市级园区发展到144个。在区域布局和产业布局两个维度实现省级园区全覆盖。全市园区建成面积3.54万公顷，占全市耕地面积的14.8%。现代农业园区建设工作启动以来，省市级财政投入园区资金5.40亿元，带动各类资本投入53.40亿元。

◆农业实用技术推广 2019年，西安市农业农村局以“科学服务月”“科技三下乡”和“‘科技之春’宣传月”为契机，开展农业科技大培训2426场次，参训16.5万人次，开展能干、能讲、能写的“三能型”基层农技推广人员培训609人。强化科技试验示范基地建设，加快新品种新技术推广应用，促进农业科技成果转化，全年新建农业科技试验示范基地24个。全面启动科技助推产业脱贫110技术服务体系，组建12支产业技术服务支队，全年开展技术服务贫困户4.65万人次，做到产业帮扶指导全覆盖。

◆绿色农业 2019年，西安市农业农村局以有效控制农业面源污染、采取务实管用的污染治理方式，系统推进农业生产清洁化、废弃物资源化、产业模式生态化，推动农业绿色发展。西安市农业农村局印发《2019年加强农业生态环保工作助力四大保卫战实施方案》，成立工作领导小组，积极推进农业污染治理。西安市主要农作物秸秆综合利用率95.9%；畜禽粪污综合利用率87.1%，规模养殖场粪污处理设施装备配套率93.5%；主要农作物测土配方施肥技术覆盖率91.0%，化肥使用量比2018年减少2.5万吨；主要农作物病虫害统防统治面积9.37万公顷，农作物病虫害统防统治覆盖率45.9%，绿色防控覆盖率32.6%，农药使用量比2018年减少26.04吨；农膜回收利用率63.0%。

◆农业防灾、减灾 2019年，西安市在3月、4月、5月出现持续干旱高温天气，6月、7月出现连阴雨，9月出现持续强降水和大风暴雨，导致全市4600公顷农作物受灾，其中成灾面积2533.33公顷，绝收面积1360公顷；果树受灾1586.67公顷，成灾286.67公顷；设施大棚、畜禽圈舍、苗木花卉受灾220公顷；鱼塘大面积鱼群缺氧死亡6.3万千克。农作物灾害直接经济损失1.95亿元。受灾主要分布在临潼、阎良、长安、鄠邑、蓝田、周至等区（县）。西安市农业农村局落实防灾减灾各项要求，提前发布预警信息，积极落实防御措施。农作物受灾后，及时成立督导组，深入一线开展督导检查，第一时间指导各区（县）开展灾情调查和生产自救工作，迅速上报上级部门并申请救灾资金，积极协调保险公司做好农业保险的勘察、定损和理赔工作，努力将农业损失降到最低。

◆主要农作物病虫害防治 2019年，西安市农业农村局坚持“预防为主，综合防治”工作原则，扎实开展病虫害监测防治工作，及时有效控制赤霉病、蚜虫、粘虫、玉米螟、草地贪夜蛾等重大病虫害的发生和危害。全市小麦病虫害发生面积28.17万公顷次，防治面积40.16万公顷次，挽回损失2.97万吨，实际损失率为0.7%；玉米病虫害累计发生面积9.77万公顷次，累计防治面积9.86万公顷次，挽回损失1.70万吨，实际损失率为0.6%。

◆农资市场整顿 2019年，西安市农业农村局研究制定《2019年农产品质量安全专项整治方案》和《2019年农资打假专项治理行动实施方案》，召开全市农资打假工作会，安排部署全市农资打假工作，开展“春、秋季农资打假专项治理行动”和“2019年放心农资下乡进村宣传周”活动。全年出动农业执法人员8828人次，检查农业生产经营企业4752家，查处问题73起，责任整改73起，取缔无证照企业1家，吊销证照企业2家，印发资料62681份、开展技术指导培训391场次、培训人数9264人次。（高 娴）

畜牧业

◆概况 2019年，西安市畜牧业供给侧结构改革有序推进，坚持以品牌畜牧业为统领，以促进农民增收为核心，不断加快畜牧产业结构调整，逐步优化产业区域布局，推进标准化规模生产，全市畜牧业保持健康平稳发展。截至年底，全市猪存栏29.66万头，比2018年减少5.2%；牛存栏5.16万头，比2018年增加2.0%；禽类存栏643.67万只，比2018年增加2.9%。肉、蛋、奶总产量分别为5.14万吨、5.39万吨、12.37万吨，分别比2018年减少5.7%、增加2.5%、增加9.2%。畜牧业总产值72.70亿元，比2018年增加6.9%。西安市有获证饲料企业66家。饲料生产许可证47个，添加剂许可证21个，单一饲料生产许可证14个。全年全市饲料工业总产量71.11万吨，其中禾丰年产量14.53万吨。正能、泾河石羊、铁骑力士年产量均突破5万吨。

◆**标准化规模养殖** 2019年，西安市从品种引进、场区布局、圈舍建设、设施设备、饲养管理以及档案记录等方面开展技术指导，提高养殖场标准化生产水平，全年新创建市级畜禽养殖标准化示范场12个，全市市级以上标准化规模养殖示范场达122家。

◆**畜禽良种繁育体系建设** 截至2019年年底，西安市有效期内获证种畜禽场共27家，其中猪18家、禽5家、牛1家、羊3家。西安市奶牛育种中心种公牛站完成29枚胚胎引进任务，移植胚胎20枚，生产冻精20.80万支，新增培育公牛15头，年末存栏种公牛55头，为助力西安奶业发展打下坚实基础。

◆**畜禽养殖污染治理** 2019年，西安市按照源头减量、过程控制、末端利用的治理路径，以畜牧大县和规模养殖场为重点，以农用有机肥为主要利用方向，以畜禽粪污资源化项目建设为抓手，引导养殖场户开展标准化、设施化改造，支持建设粪污收集、储存、处理、利用设施装备。4个区域性畜禽粪污集中处理中心完成建设并投入运行，临潼区被农业农村部确定为“畜禽粪污资源化利用整县推进项目县”。全市畜禽粪污综合利用率87.1%，规模养殖场粪污处理设施装备配套率93.5%。

◆**动物疫病防控** 2019年，西安市持续抓好非洲猪瘟防控关键措施落实，全市无非洲猪瘟疫情发生。扎实做好春、秋两季重大动物疫病强制免疫工作，全市应免畜禽免疫率100%，畜禽群体免疫率达90%以上，免疫抗体合格率70%以上，未发生高致病性禽流感等重大动物疫情。全面推进狂犬病等人畜共患病强制免疫工作，依托全市195个狂犬病免疫点，采取逐村逐社区推进方法，全市有主犬群体免疫率常年保持在90%以上。

◆**兽医兽药管理** 2019年，西安市农业农村部门继续加强兽药管理，建立兽药二维码可追溯管理体系，全市通过兽药GSP认证并纳入二维码体系管理的兽药经营企业有107家。全年开展兽药产品抽检246批次，立案查处2起。开展畜产品兽药残留抽检样品1160批次，检测合格率100%。组织实施2019年全国执业兽医资格考试，107人取得“执业兽医师资格证”、37人取得“执业助理兽医师资格证”。 （高　娴）

渔　业

◆**概况** 2019年，西安市渔业工作以转方式、调结构为主线，推动渔业供给侧结构性改革，促进渔业转型升级，产地水产品产量1.36万吨，渔业经济产值6.80亿元，产地农残抽检合格率100%。按照中共西安市委机构改革工作实施方案，渔业渔政工作职能由西安市水务局整体划转西安市农业农村局。

◆**渔业产地监管** 2019年，西安市农业农村局认真贯彻农业农村部等10部委《关于全面推进水产健康养殖加强水产品质量安全监管的意见》，坚持“养出来”与“管出来”相结合，实施以池塘标准化改造为重点的水产健康养殖推进行动，开展健康养殖示范场创建，积极推进现代渔业建设和水生动物防疫体系建设，在继续推行水产健康养殖“五项制度”“两项登记”的同时，积极建立水产品产地准出制度和产品质量安全可追溯制度。发挥水产技术推广体系作用，做好重大水生动物疫病监测和应急处置工作，加强水产养殖病害测报，开展渔用投入品隐患排查，开通水生动物疾病远程辅助诊断服务网，完善水生动物防疫和水产品质量安全监督体系，提高水产品质量安全监管水平。

◆**水产品质量安全** 2019年，西安市农业农村局认真贯彻落实《中华人民共和国食品安全法》《中华人民共和国农产品质量安全法》和国务院《兽药管理条例》。加强水产品生产环节常态化监管，全年检查重点水产品产地70个次，抽检鱼样65个，合格率100%。加大监督检查和监督抽查力度，开展违禁药物残留超限定量监测，配合完成农业农村部抽检21批次，完成市级抽检121批次，合格率100%。节假日开展产地水产品质量安全专项整治行动，检查重点水产养殖单位和休闲渔业场所120个次，抽检鱼样121批次，合格率100%；抽检饲料样品43批次，抽检水样30批次，送第三方资质检测机构进行有毒有害物质定量检测分析，合格率100%。

◆**渔政执法** 2019年，西安市农业农村部门坚持依法治渔，强化渔政监督，严格渔业执法，修复水域生态，保护水生生物，推进渔业可持续发展。依法开展“渭河流域禁渔期制度”专项执法行动，保护天然渔业资源。在禁渔期间，组建2个禁渔联合执法小组和2个禁渔工作督导检查组，开展督导检查12次，开展联合执法行动10次。组织灞桥、未央、长安等区渔政站，联合西安浐灞生态区生态区、浐灞公安局等有关单位，在灞河、浐河、沣河等主要天然水域，开展“打击非法捕捞专项整治行动”。出动执法人员300余人次，收缴电捕鱼工具2套，橡皮筏4个，手撒网10张，抄网、虾笼数十个，粘网上千米，放生渔获物200余千克。

◆**增殖放流** 2019年6月6日（“全国放鱼日”），西安市农业农村部门在灞河入渭口举办“渭河流域西安段全国放鱼日同步增殖放流”活动，临潼区在渭河新丰桥以东500米处，高陵区在泾河入渭口分别向河流投放60余万尾鲢鱼、鳙鱼等鱼苗。

◆**渔业新品种引进** 2019年，西安市农业农村部门推广乌克兰鳞鲤、红螯螯虾、长丰鲢和丁桂鱼、黄颡鱼、中华倒刺鲃等7个新、特、优品种，养殖结构不断优化。

◆**水产科研** 2019年，西安市农业农村部门以项目促科研，加大新品种、新技术引进、吸收和创新，提高渔业优势养殖区域技术含量，推动渔业快速发展。开展新品种养殖试验，引进并成功养殖加州鲈鱼，养成成鱼约300千克，规格全部达到上市要求；开展锦鲤繁殖选育试验，先后分两次对锦鲤进行催产孵化，成功繁育锦鲤苗种2万余尾。

◆**水生动物保护** 2019年，西安市农业农村部门加大对全市4个水产种质资源保护区监管力度，开展检查巡查，确保流域水生生物资源安全。全年救护大鲵6次6尾，放归自然6尾。走进校园开展水生野生动物宣传暨书包捐赠活动，发放水生野生动物保护宣传单2000余份，宣传水生野生动物保护法律法规，切实保护好水生野生动物。 （高　娴）

农业水利

◆**概况** 2019年，西安市争取上级农村饮水安全资金2.09亿元，先后实施农村饮水安全巩固提升工程252处；完成农村水利建设投资2.75亿元；完成水土流失治理面积108平方千米。

◆**农村饮水安全工程建设** 2019年，西安市水务局争取上级农村饮水安全资金2.09亿元（其中，中央第一批5394万元、第二批179万元；省级脱贫攻坚资金11391万元、水利发展资金3985万元），比2018年中央和陕西省投资增加7700万元，增幅58%。截至12月底，先后实施农村饮水安全巩固提升工程252处，占计划任务150处的168%，完成217处，占全年任务的145%。

◆**农村水利建设与水保生态环境** 2019年，西安市水务局完成农村水利建设投资2.75亿元；完成《西安市城市水土保持关键技术》研究报告，修订《地方标准项目申报书》。扩大水保监管范围，按照生产建设项目水保“天地一体化”动态监管疑似违规项目专项整治行动任务，分别对城3区59个项目和全市17个区（县）、开发区进行核查督导。全年全市水土保持补偿费共征收4557268元，超额完成目标任务。加强事中事后监管，严控人为水土流失。完善生产建设项目“天地一体化”监管项目验收程序。对2012年后秦岭北麓5个市批生产建设项目水保方案落实情况进行监督检查，加强秦岭北麓浅山区水土流失监测。全年完成水土流失治理面积108平方千米。

（寇石峰）

农业机械

◆**概况** 2019年，西安市农业机械总动力245.6万千瓦，拥有拖拉机14947台。其中，大型及以上拖拉机901台；中型拖拉机8037台；小型拖拉机6009台；与58.8千瓦及以上拖拉机配套的农机具17900部。拥有耕整机1769台（套）、微耕机21403台（套）、机引犁12847台、旋耕机14543台。拥有免耕播种机7649台、精量播种机6217台、整地施肥播种机73台。拥有稻麦联合收割机3944台、玉米联合收割机3741台、秸秆粉碎还田机5911台、打（压）捆机151台。全年完成机耕面积26.60万公顷，机播面积31.05万公顷，机收面积26.26万公顷，农机服务收入8.75亿元。

◆**农机产业化发展** 2019年，西安市农业农村部门积极鼓励农机化作业服务组织集约化发展，将各类农机化作业服务组织整合为136个，其中拥有农机原值50万元（含50万元）以上的服务组织56个。拥有农机专业合作社91个，农机户达10.52万人。其中，农机作业服务人员达2.77万人；原值20万元（含20万元）以上的农机大户1110户。拥有农机修理厂及修理点118个。全年农机购置补贴资金4000万元，补贴机具7821台，受益农户7293户。

◆**农作物秸秆综合利用** 2019年，西安市农业农村部门积极做好农作物秸秆综合利用工作，重点推广玉米硬茬播种、玉米灭茬旋耕覆盖播种、小麦秸秆捡拾打捆、小麦秸秆切碎还田、玉米秸秆机械粉碎还田、玉米秸秆挤丝揉搓、秸秆青贮、玉米机械化收获等机械化秸秆综合利用技术，以用促禁，实现资源进一步利用、环境进一步保护的目标。农作物秸秆机械化综合利用率达95.9%。

◆**农机监理** 2019年，西安市农机安全监理工作以提升农机“三率”（挂牌率、年检率、驾驶员持证率）为目标，切实加强执法检查，全面落实农机免费管理惠农政策，加强安全宣传教育，开展隐患排查，确保农机安全生产形势稳定。全年新增注册登记拖拉机、联合收割机733台，注册登记总数19274台，登记率80.1%；检验拖拉机、联合收割机15713台，检验率81.5%；新增持证驾驶人569人，持证驾驶人总数13582人，持证率82.4%。周至县、高陵区、长安区、临潼区、鄠邑区、蓝田县分别成立农机、公安联合执法中队，开展常年化、常态化执法工作。全年开展农机联合执法检查156天，检查农业机械2387台，纠正违章行为104例。全市发生道路外一般农机事故1起，死亡1人，直接经济损失10万元。

◆**农机科技培训** 2019年，西安市农业部门加强农机科技示范园建设，果业、设施蔬菜、畜牧业等优势特色产业机械化示范面积和实施范围不断扩大，保护性耕作和机械复式作业等节能降本增效技术推广速度明显加快。农机科技培训以提高技能、凝聚力量为目标，积极构建“分类实施、全员覆盖、整体提升”的农机科技培训工作新格局。全年培训各类农机人才8185人（次），连续7年举办农机干部综合素质提升培训班，为全市农业机械化向全程全面高质高效转型升级提供人才保障。

（高　娴）

农产品质量安全监管

◆**概况** 2019年，西安市农业农村局坚持以实施乡村振兴战略为总抓手，以深化农业供给侧结构性改革为主线，以增加优质绿色农产品供给为方向，坚持“四个最严”（最严谨的标准、最严格的监管、最严厉的处罚、最严肃的问责）要求，切实保障人民群众“舌尖上的安全”，全年未发生重大农产品质量安全事件，全市地产农产品质量安全水平持续稳定向好。西安市农业农村局印发《关于农产品质量安全追溯与农业农村重大创建认定、农业品牌推选、农产品认证、农业展会等工作挂钩的意见的通知》《关于印发西安市农产品质量安全提升行动实施方案的通知》等文件，加强工作指导。召开全市农产品质量安全提升行动推进暨风险评估分析会，进一步完善规范风险评估工作，提高农产品质量安全管理水平。开展国家农产品质量安全县创建活动，鄠邑区被农业农村部命名为国家农产品质量安全区（县）。截至年底，西安市阎良区和鄠邑区2个区被命名为“国家级农产品质量安全区（县）”；长安区被陕西省人民政府命名为“省级农产品安全区（县）”，正在积极申报国家级安全县。

◆**农业标准化生产** 2019年，西安市制（修）订农业生产技术规程14个，编制农业地方标准13个；认证绿色食品、有机农产品15个；新建市级农业标准化示范基地11个。在鄠邑区实施《户县葡萄地理标志农产品保护工程》。

◆**农产品质量提升** 2019年，西安市农业农村局积极推动农业品牌建设，不断提升农产品质量。截至年底，西安市累计注册农产品商标362个。其中，有国家级名牌2个、省级名牌43个、市级名牌商标67个。

◆**农产品质量安全检测** 2019年，西安市农业农村局积极推进农产品质检人员能力提升工作，组织基层检测人员参加各级培训学习，联合西安市人力资源和社会保障局、西安市总工会举办全市第九届农产品质量安全检测技能竞赛活动。积极参加全省技能大赛，在第二届全国农业行业技能大赛陕西省初赛中，西安市代表队获“团体一等奖”。全年全市完成快速抽检各类农产品16.26万批次，定量检测3224批次，总体合格率99%以上。

（高　娴）

工业·建筑业
责任编辑
冯冠杰
西安年鉴
2020
XI'AN YEARBOOK

综　述

◆**概况**　2019年，西安市大力实施先进制造业强市战略，全市工业生产增加值比2018年增长6.9%；规模以上工业总产值6208.65亿元，增长6.5%；规模以上工业企业主营业务收入5740.8亿元，增长7.7%；实现利润总额298.7亿元，减少16.7%；完成全市工业投资增长2.0%，全市工业技术改造投资增长10.2%，技改投资占工业投资比重达到21%。非公有制经济增加值5066.18亿元，占全市生产总值的比重为54.4%；汽车产业生产企业40.31万辆，总产值1154.48亿元，增长5%；装备制造业增加值增长9.3%；规上非电力非供热企业煤炭消费量193.17万吨，减少19.49万吨；实现产值超100亿元目标企业达到11户，全市规模以上工业企业1521户。

◆**工业项目建设**　2019年，西安市108个重点工业项目完成投资673.8亿元，占年计划的117.4%。100个市级重点工业技改项目完成投资85.1亿元，占年计划的93.2%。战略性新兴产业完成产值2636.87亿元，比2018年增长9.6%；高新技术产业完成产值1633.86亿元，增长14.9%,有力支撑全市工业高质量发展。

◆**惠企政策落实**　2019年，西安市出台《关于加快建设先进制造业强市的实施意见》，聚焦目标，明确先进制造业体系，确定实现路径，推出务实、有效的政策。成功举办“西安市加快建设先进制造业动员大会”，受到近300家参会企业的肯定和好评。（李　汶）

◆**国有工业企业经济运行**　2019年，西安工业投资集团全系统实现经济总量103亿元，比2018年增长18%，超计划3个百分点；工业总产值90.7亿元，增长23%，超计划13.4个百分点；营业总收入93.8亿元，增长43%，超计划23个百分点；利润总额5.3亿元，增长19%，超计划6.5个百分点；技术改造及固定资产投资4.8亿元，增长32%，超计划11个百分点。

◆**国有企业改革创新**　2019年，西安工业投资集团公司坚持以供给侧结构性改革为主线，践行新发展理念，以市场需求为导向，持续推进企业产能升级和新旧动能转换。陕西鼓风机集团公司抓住分布式能源市场机遇进行战略转型，全年订货160亿元。陕西重型机械制造有限公司产值增长80%，营业收入翻番，扭转多年亏损的局面。西安市西无二电子信息集团公司调整电子元器件供应配套体系，结合集团对泾阳产业园区的规划布局，积极对电容分公司实施扩产、扩能，增量达到1倍以上。西安太阳食品有限公司面对锅巴、香辣酱等产品持续旺盛的市场需求，进行工艺流程再造，产能水平增长50%以上。有效整合资源，引入社会资本，先后在骊山床单厂投资建设物流园，在国营第一钟表机械厂投资建设科技、文化创业街区及军民融合、硬科技双创平台，在泾阳基地引入钢材加工和物流商贸项目，在西安保温瓶厂与中华两岸企业联合会合作，改造老工业区，打造科创小镇。在西安市国资系统2019年单项考评中，集团盘活资产专项工作位列第一名。围绕产业链布局创新链，围绕创新链培育产业链，开展项目调研，推动系统企业加快军工、科技资源转化运用，促进军民融合在集团系统企业落实落地。陕鼓集团与中船重工等央企合作开发军工装备。西无二集团、西安标准热处理有限责任公司等5户企业在取得国军标资质认证的基础上，发挥自身优势，加大技术联合研发力度，与中国工程物理研究所、中国电子科技集团等多家军工单位开展业务合作。全面落实国资系统医疗机构改革工作要求，以北环医院为依托，搭建医疗服务平台公司。有效发挥西无二集团优势，通过混改助推主营业务增长，支持西桥重工有限公司大力拓展钢桥业务，市场影响力迅速形成。陕鼓集团在内部各业务板块建立赛马和对赌机制，陕鼓动力股权激励计划进入实施阶段，实现员工与企业风险共担、利益共享。采取“先行试点、逐步推开”的方式，完成西安水泥制管厂、淀粉厂、机床厂、光华食品厂等4户“僵尸企业”破产清算试点。

◆**国有工业企业重大项目投资**　2019年，西安工业投资集团公司加快落实已投资项目进度，协调各出资单位，完成投资中航西飞民用飞机有限责任公司的第一轮增资5亿元，加大西部新锆核材料科技有限公司增资扩股，投资参股的西部超导材料科技股份有限公司在科创板上市。扩大新增投资项目布局，利用存量资产投资入股西安量子晨项目，签订战略合作协议。助推产业转移和科技成果转化，与西安交通大学、西北工业大学等高校和科研院所对接，考察调研产业项目30余个。集团首次发行的12亿元公司债获中国证券监督管理委员会批准。（石　蕾）

◆**工业园区建设**　2019年，西安市17个省级重点县域工业集中区实现总产值1692.2亿元，聚集企业2381户，其中规上工业企业411户。新建成标准化厂房面积50万平方米以上。4家基地被认定为国家小型微型企业创业创新示范基地，1家被认定为省级基地。推荐的22户创业企业和创客入围2019“创客中国”中小企业创新大赛24强，占陕西省的91.7%，成功召开全市工业园区建设推进会。

◆**工业企业创新能力建设**　2019年，西安市加快市级制造业创新中心建设，出台《西安市制造业创新中心建设实施意见》。新增国家级企业技术中心2个、省级17个、市级30个；新增省级技术创新示范企业2户、市级2户；新增省级制造业创新中心3个；新纳入省级重点新产品开发项目206个、市级项目519个。

◆**中、小、微企业培育**　2019年，西安市有5户企业获国家第一批“专精特新小巨人”称号，122家企业获陕西省“专精特新企业”称号，109家企业被评为省级“民营经济转型升级示范单位”，388家企业被评为省级“三星企业”。新认定国家级中小企业公共服务示范平台2家、省级6家。推动中小企业信用担保体系建设，争取中央和陕西省融资担保补贴奖补资金企业36户、奖补金额6196.7万元；新增贷款担保3266户，金额114.8亿元。

◆**“两化”融合**　2019年，西安市启动5G商用，起草完成《西安市加快5G系统建设和产业发展实施意见》，建设5G基站4000个。举办2019西安数字经济产业博览会。确定19户市级“两化”融合管理体系贯标试点企业。西安国际互联网数据专用通道项目各通信运营商完成项目方案设计并进入建设阶段，预计2020年建成并投入使用。

◆**电子信息和软件服务产业** 2019年，西安中服软件有限公司等4家企业平台被工业和信息化部评为2019年制造业“双创”平台试点示范项目。成功举办2019西安工业互联网高峰论坛。加大西安工业云平台应用推广，部署软件即服务产品467个，平台注册总用户近8000个。电子信息制造产业规上工业总产值达到1102.41亿元，比2018年增长23.5%。

◆**甲醇汽车正式上线** 2019年10月，西安市在“国际甲醇汽车及甲醇燃料应用大会”上被授予“乔治·奥拉甲醇经济杰出贡献奖”。全年建成38座甲醇燃料加注站、4个甲醇汽车维修站（中心），确保8124辆甲醇出租车稳定上路运营。

◆**企业清欠** 截至2019年年底，西安市拖欠总账43.52亿元，已偿还31.92亿元，清欠进度达到73.35%（省考目标54%），没有“零报告”区（县）、“零清偿”单位，10万元以下无分歧账款全部偿还，清欠工作走在陕西省前列。

◆**工业企业信用建设** 2019年，西安市完成首届“诚信西商”命名表彰工作，评选“诚信西商”标杆企业10户、优秀企业96户、企业家楷模10人、优秀企业家79人。筹办“诚信建设万里行”活动周西安站宣传活动。信用西安App上线运行。各级、各部门报送行政许可信息68971条，行政处罚信息4575条。

◆**工业企业节能减排** 2019年，中节能环保装备股份有限公司等4家企业被工信部列入2019年国家第四批绿色制造名单，认定为绿色工厂。散、乱、污企业整治持续推进，全市“散、乱、污”企业整治余量550户，10月底完成整治516户；新增摸排253户，完成整治253户。11月中旬，提前全面实现“散、乱、污”整治“清零”，受到陕西省人民政府通报表扬。7户“两高”企业完成关停和技改任务，对289家工业企业开展夏防期错峰生产工作。（李 汶）

◆**西安市物资总公司** 2019年，西安市物资总公司全系统有10户国有及国有参控股企业，1家事业单位，9户改制企业，职工总数3000余人。全年实现营业收入17614万元，实现利润217万元，净资产收益率完成3.5%。制定商贸物流集团组建方案，西安市玉林工贸总公司、西安市燃料总公司、西安市化工轻工总公司基本完成全民所有制公司制改制，西安市有色金属材料总公司进行清理注销，全民所有制企业公司制改制工作基本完成。西安物鸿实业有限公司作为系统接收“三供一业”的平台单位，共接收系统内7家单位26个小区3355户住户、30多万平方米的物业管理工作，完成“三供一业”的接交任务。市财政已经拨付提升改造资金4300多万元，“三供一业”提升改造正在启动。信访维稳工作持续向好，企业风险得到较好控制，全系统实现和谐、稳定的良好发展局面。

（张 翠）

2019年7月11日，2019（西安）工业互联网高峰论坛在西安香格里拉大酒店举办

输变电及控制设备制造

◆**概况** 2019年，中国西电集团有限公司按照中央经济工作会议部署，狠抓深化改革、提质增效、科技创新、市场开拓等重点工作，集团改革发展各项工作取得长足进展。截至年底，西电集团拥有全资和控股子公司（单位）56家，其中包括4个国家级企业技术中心和工程实验室，4个国家级质量检测中心，4家承担进出口、国内营销、金融等业务的专业公司，职工18000余人。

◆**西电集团改革发展** 2019年，中国西电集团有限公司持续推进改革，以集团公司《全面深化改革整体方案》为统领，有序推进各项改革工作落地见效。按照“部门管综合，事业部管产业”的总体架构，优化整合部门职能，实施全员竞聘上岗；完成变压器、中压产品、开关、电力工程4个产业平台搭建。部门与事业部分工协作，各司其职，各事业部有效运转，内部协同效应初见成效。持续推进供给侧结构性改革，处僵治困和低效无效资产处置成效显著。完成非经营资产、闲置资产核查，理顺集团公司非主业资产的管理。激励约束机制进一步完善，出台子企业《综合绩效考核评价管理制度（试行）》《经营业绩考核办法（试行）》和《运营管理考核办法》，强化绩效考核激励约束作用，实现“业绩升、薪酬升，业绩降、薪酬降”。顺利完成“三供一业”移交，强力推动厂办大集体改革、企业退休人员社会化职能移交。

◆**西电集团重大项目** 2019年，中国西电集团有限公司围绕重要用户、重要市场、重大工程项目建设，开展重大营销活动，提前掌握用户核心需求要素，针对性地开展用户走访及市场营销活动，市场影响力和知名度得到提高，重大项目中标率和重要市场占有率得到提升。中标陕北—武汉、青海—河南直流特高压项目合计31.9亿元，国网市场占有率稳步提升；中标三峡如东海上风电项目，实现柔性直流海上风电项目主机设备新突破；西电宝鸡电气有限公司签订乌兰察布苹果数据中心项目7480万元。推动新产品新技术形成市场规模。以市场需求为导向，将客户需求与市场营销有机结合，通过组织展会、推介会、发布会等形式积极宣传、推广西电的产品和技术。开关事业部签订雅砻江水电站4台发电机断路器，取得100千安发电机断路器市场突破；中标南方电网云贵互联工程高速开关（HSS）项目，实现直流工程“关键卡脖子”设备的国产化。

◆西电集团国际市场开拓 2019年，中国西电集团有限公司大力拓展对外合作开创新局面。广泛参与“一带一路”建设，克罗地亚基地项目顺利推进；积极开拓新领域业务，将业务类型由单一的电网工程向多业务领域拓展，成功获取菲律宾伊拉甘水电站项目，签订埃塞俄比亚电网40台电力变压器订单，再次获得中华电力供货框架协议；西安西电变压器有限责任公司以优质产品为突破口从单一产品出口拓展到设备成套供货，成功签订乌克兰变电站一次电气设备成套合同；开关事业部中标孟加拉达卡电网改造分包项目。

◆西电集团科技创新 2019年，中国西电集团有限公司按照“顶层抓创新战略与系统创新，中层抓产品研发与设计，基层抓制造工艺与现场技术”的原则，完成对集团公司技术研发体系的重构，形成“中央研究院—产品产业研发中心—基层工艺研究”三级研发体系，大量科研骨干回归主业、回归一线。以签订“军令状”形式组织开展“卡脖子”重点关键核心技术攻关。14项新产品通过国家级技术鉴定，其中国际领先4项、国际先进10项。完成重大技术产品研发49项，西安西电变压器有限责任公司研发的±1100千伏/6250安培换流变套管、西安西电开关电气有限公司研制的“100千伏发电机断路器成套装置”、辽宁兴启电工材料有限责任公司研制的±1100千伏换流变阀侧出线装置等15个产品技术水平达到国际领先；西电电力系统研发的“配网用电力电子变压器”、西安西电高压开关有限责任公司研制的252千伏车载式移动变电站等24个项目技术水平达到国际先进。电气产品研发中心通过验收并正式运行，国家输配电装备产业计量测试中心、工信部能源工业互联网联合创新中心、三峡西电输变电技术创新中心建设稳步推进。新增专利申请165件，其中发明专利55件；新增专利授权209件，其中发明专利63件。完成软件著作权登记20件。组织申报国外专利4件，新获授权2件。集团公司国家企业技术中心在2019年评价中再获优异成绩被评为优秀，在全国1500多家中排名第60位；获2018年度陕西省科技奖6项，其中西电电力系统“±350kV/1000MW柔直换流阀关键技术研究及装置研制”项目获得一等奖，中国西电原副总工程师宓传龙获得“陕西省最高成就奖”称号。

◆中国西电集团信息化建设 2019年，中国西电集团有限公司以《中国制造2025》为指导，依托国家智能制造项目，围绕企业转型升级，积极推进信息化与管理、制造、服务过程的融合，集团信息化整体水平被国务院国资委评为A级。初步建成具有统一的集团管控信息平台与子企业精细化运营信息平台，推动信息化与战略决策、经营管理、生产过程、风险管控融合，提高信息共享和业务协同能力。依托“高压开关智能制造数字化车间”等5个国家智能制造专项和2个国家工业强基项目，积极推动企业从“自动化生产”向“数字化生产、智能化生产、网络化生产”转变，推动基于互联网的协同研发平台建设，开展数字化条件下的质量提升工程，建立产品远程在线监测及诊断系统，企业智能制造水平全面提升。作为国家智能制造标准化总体组成员，积极开展数字化智能化制造标准制定和研究，先后主持参与制定信息化应用技术标准9项、中低压输配电智能化工厂标准4项、开关设备数字化车间运行管理标准4项，并参与制定我国智能制造标准化规划、体系和政策以及智能制造国际标准化工作，开展智能制造国家标准试点示范、应用实施和宣贯培训工作。

◆中国西电集团节能减排 2019年，中国西电集团有限公司贯彻新发展理念，推动企业绿色发展。按照集团《控制污染物排放许可制实施方案》，做到“按证排污，自证守法”。西安西电开关电气有限公司全面推广使用水性漆，西安西电变压器有限责任公司淘汰冷却器淋漆工序，西安西电电力电容器有限责任公司对真空注油挥发性有机物实施深度治理，西安西电高压开关操动机构有限责任公司开展清洁生产审核，推动企业绿色升级。强化重污染天气应急响应工作，科学确定重污染期间管控措施和污染源减排清单，完善重污染天气应急预案，细化应急减排措施，实施“一厂一策”清单化管理，最大限度减少对企业正常生产经营的影响。进一步推进节能减排新技术、新工艺、新设备的应用，集团能耗强度同比下降5.21%，二氧化硫、氮氧化物、化学需氧量、氨氮排放指标同比分别下降6.59%、1.64%、1.78%、1.58%，节能减排工作成效显著。

（皇甫泓玮）

电力工业

◆概况 2019年，西安地区发电装机总容量204.59万千瓦，全网发电量764261万千瓦时，其中统调电厂发电量691401万千瓦时，比2018年下降1.99%；非统调电厂发电量72860万千瓦时，比2018年增长28.63%。统调电厂发电量中，大唐灞桥热电有限公司发电量108456万千瓦时；大唐灞桥电厂新机组发电量256129万千瓦时；大唐鄠邑第二热电厂发电量274566千瓦时。截至年底，国家电网西安供电公司管辖35千伏及以上变电站168座、容量2730万千伏安，线路376条、4531千米，10千伏线路1888条、12056千米、配变21361台，用电客户341万户。全年完成售电量353亿千瓦时，迎峰度夏期间电网最大负荷796万千瓦，最大日用电量15179万千瓦时，电网保持安全平稳运行。

◆电网建设 2019年，国家电网西安供电公司与西安市轨道交通集团签署战

西安市 2019 年用电结构分析表

行业名称	本期	用电结构比（%）	上年同期	用电结构比（%）	同比增长率（%）
全社会用电合计	3751070.639	100.0000	3557908.716	100.0000	5.43
第一产业	21307.9392	0.5680	23603.2235	0.6634	-9.72
第二产业	1268441.883	33.8155	1219601.571	34.2786	4.00
第三产业	1399259.003	37.3029	1255448.069	35.2861	11.45
城乡居民生活	1062061.814	28.3136	1059255.853	29.7719	0.26
城镇居民	753517.8097	20.0881	775943.302	21.8090	-2.89
乡村居民	308544.0046	8.2255	283312.5509	7.9629	8.91
全行业用电分类	2689008.825	71.6864	2498652.863	70.2281	7.62
一、农、林、牧、渔业	65413.953	1.7439	84569.7251	2.3770	-22.65
其中：排灌	30146.7918	0.8037	45056.6331	1.2664	-33.09
二、工业	1168500.007	31.1511	1133907.531	31.8701	3.05
采矿业	30335.6801	0.8087	33186.6468	0.9328	-8.59
制造业	825932.4651	22.0186	785284.6355	22.0715	5.18
电力、热力、燃气及水生产和供应业	312231.8614	8.3238	315436.2484	8.8658	-1.02
三、建筑业	96207.53	2.8406	82737.65	2.5893	16.28
四、交通运输、仓储和邮政业	153646.8423	4.0961	136188.7271	3.8278	12.82
五、信息传输、软件和信息技术服务业	90744.5399	2.4192	81530.7109	2.2915	11.30
六、批发和零售业	343381.6742	9.1542	278459.1416	7.8265	23.31
七、住宿和餐饮业	94971.4209	2.5318	91164.0732	2.5623	4.18
八、金融业	13414.5478	0.3576	13135.863	0.3692	2.12
九、房地产业	193164.1141	5.1496	166266.2385	4.6731	16.18
十、租赁和商务服务业	27766.6125	0.7402	23843.926	0.6702	16.45
十一、公共服务及管理组织	431906.6219	11.5142	398541.0508	11.2016	8.37

工业制造行业用电增长情况表

行业名称	同比增长率（%）	行业名称	同比增长率（%）
农副食品加工业	7.96	橡胶和塑料制品业	11.32
食品制造业	0.98	非金属矿物制品业	5.29
酒、饮料及精制茶制造业	-2.25	黑色金属冶炼和压延加工业	-50.40
烟草制品业	10.55	有色金属冶炼和压延加工业	15.36
纺织业	-7.36	金属制品业	-1.01
纺织服装、服饰业	-9.72	通用设备制造业	3.27
皮革、毛皮、羽毛及其制品和制鞋业	-37.70	专用设备制造业	11.61
木材加工和木、竹、藤、棕、草制品业	-27.41	汽车制造业	3.84
家具制造业	25.01	铁路、船舶、航空航天和其他运输设备制造业	-0.02
造纸和纸制品业	1.83	电气机械和器材制造业	4.21
印刷和记录媒介复制业	8.32	计算机、通信和其他电子设备制造业	7.84
文教、工美、体育和娱乐用品制造业	-7.79	仪器仪表制造业	5.15
石油、煤炭及其他燃料加工业	8.38	其他制造业	10.60
化学原料和化学制品制造业	24.50	废弃资源综合利用业	8.61
医药制造业	-10.83	金属制品、机械和设备修理业	15.04
化学纤维制造业	-7.62		

略合作协议，联合高新区共同举办电力基础设施建设启动会。完成西安东北部330千伏架空线迁改工程框架合同和委托建设协议签订，涉及330千伏线路7条80.7千米，总投资77亿元，为国内最大规模超高压电缆工程。完成火车站改扩建等126项省市重点工程电力迁改任务。取得110千伏尚贤等14项工程可研和芷阳等8项工程核准，完成750千伏西安北等5项属地协调，攻克330千伏西郊项目用地、中心变站址落实、城南项目环评等多个历史难题。投运110千伏灞河北等13项输变电工程，新增容量261万千伏安，电网建设投产规模创历史新高。竣工配网基建工程475项，配网电子图整治率100%。完成“煤改电”全部16项配网改造项目。并网130个村级光伏扶贫电站，竣工35项农村电力基础设施提升工程，公司扶贫驻点李均沟村实现52户174人脱贫。

◆**电网营销服务**　2019年，国家电网西安供电公司全面落实优化营商环境两年行动计划和“136”服务举措，高、低压客户平均办电环节压缩至4个、2个，线上办电率达到90.77%、98.55%，低压接入容量上限提升至160千伏安。开展漠视侵害群众利益问题专项整治行动。用电咨询、报装接电等17项业务实现“一次都不跑”。走访三星、华为等重要客户。完成30.2万户“三供一业”央企家属区接收改造。完成187项重大活动保电任务。对应行政区域整合组建5个网格化供电分公司、5个配电业务工程分公司，优化36个配网网格化抢修驻点，助推加速完成96.8万户户表接收改造任务，客户投诉比2018年下降35%。分2轮降低一般工商业电价69.3元/千千瓦时，完成68亿千瓦时大用户直接交易，节约企业用电成本4.86亿元。建成投运14座充电站、280台充电桩。完成电能替代项目121项，替代电量10.94亿千瓦时。

◆**电力安全生产**　2019年，国家电网西安供电公司完成36台330千伏主变轮停消防改造，消除330千伏设备运行缺陷175条，变电设备故障率下降75%，输电线路跳闸率下降71%。完成330千伏长乐变主变扩建、上苑变方式调整等重点、难点工作。建成电缆监控监测中心，完成590千米电缆通道2.4万处防火应急整治、57条121千米电缆通道综合整治、3300条2315千米运营商光缆清理和全部740条通道走径及断面图绘制，电缆线路故障率降低65%。　（马　骥）

建筑业

◆**概况**　2019年，西安市实现建筑业总产值4514.38亿元，比2018年增长15.8%；实现增加值1358.50亿元，增长12.5%；建筑业占全市地区生产总值比重为14.6%，提高1.7个百分点。全市建筑业共签订合同额12669.45亿元，增长25.2%，比2018年提高16.1个百分点。西安市住房和城乡建设局核发“施工许可证”483个（含变更）。其中，建筑类457个，建筑面积3020.21万平方米；市政类13个，建设规模28510.5平方米；装修类13个，建筑面积7.31万平方米。受理、审批新申请和增项企业4219家，接待办事群众1.2万人次，全年净增资质内建筑企业1489家（其中，新增1450家，退库39家）。印发《西安市城乡建设委员会关于进一步加强建筑市场信用信息管理工作的通知》，对全市建筑市场信用信息工作进行规范，根据“谁产生、谁负责、谁公示”及“应示尽示”的原则，下放信用信息发布权限，明确各区（县）、开发区可自行发布的信用信息类别、渠道、管理机制等，并对信用信息采集、发布及修复工作做出明确要求。全市共上传不良信用信息36条，修复48家企业的一般不良信用信息，配合西安市人力资源和社会保障局发起联合惩戒严重不良信用信息（黑名单）9条。会同西安市财政局印发《关于明确西安市支持建筑业高质量发展奖励措施申报工作的通知》，开展西安市2018年度建筑业高质量发展奖励申报工作，奖励建筑业企业36家，奖励金额3010万元，鼓励本地优质建筑业企业转型升级、做大做强，引导外地优势企业落户西安。“西安市智慧建设管理与服务综合平台”建设完成，直接发包功能正在办理相关业务的项目298个项目，公示239个项目；危大风险源专家论证功能论证项目556个项目；地铁轨道专家论证功能已论证12个标段；PPP项目专家论证功能论证9个项目；施工起重机械备案、安装及拆除功能已备案起重机械设备3033台，占全市机械设备大概数量的30%，实现每日与陕西省住房和城乡建设厅信息平台进行数据共享和互换，充分保证数据及时性和准确性。

◆**征收建筑工程劳保统筹基金**　2019年，西安市本级和全市21个区（县）、开发区统筹代办站共收取劳保统筹基金338516万元，其中市本级收取81738万元，区（县）、开发区统筹站（代办站）收取256778万元，超额完成陕西省住房和城乡建设厅下达的征收目标任务。

◆**城市配套费征收**　2019年，西安市住房和城乡建设局征收城建费用10.05亿元。其中，城市配套费6.18亿元；人防易地建设费916万元；工程劳保费3.78亿元。超额完成全年4亿元城市配套费征收目标任务2.18亿元。

◆**建筑质量安全监管**　2019年，西安市有在监房屋建筑工程1356个、城棚改建筑工程136个、市政基础设施工程353个、轨道交通工程标段65个、综合管廊PPP项目2个、快速干道PPP项目3个。全年房屋建筑工程领域未发生较大以上安全生产事故，安全生产形势总体稳定。

工程质量　推动落实工程质量安全三年提升行动，严格执行“两书一牌一档案”制（“两书”：“质量终身负责制承诺书”“法定代表人授权书”；“一牌”：工程永久性标示牌；“一档案”：质量责任信息档案），加强对6大类主要建材构配件的抽查抽测，开展工程质量通病治理工作。全市9项工程获中国建设工程“鲁班奖”；47项工程获陕西省建设工程“长安杯奖”；46项工程获得西安市建设工程“雁塔杯奖”；135个工程被评为“全省文明工地”、217个工程被评为“全市文明工地”。

安全监管　组织召开全市建筑安全委员会4次，召开专题推进协调会4次，组织全市范围的大检查、交叉检查、专项督查4轮，检查房建企业4823家，排查治理重大隐患79条，打击严重违法违规行为92起，停产、停业整顿企业158家，做出行政处罚19821736元。

建筑劳务用工改革　推进新时期建

筑产业工人队伍建设，在建筑领域开展第四届长安建筑大工匠比武竞赛，授予陈彬等20名“长安建筑大工匠”荣誉称号。

◆勘察设计行业管理 2019年，西安市住房和城乡建设局探索施工图审查制度改革，推进施工图数字化审查信息平台建设，强化勘察设计市场与质量监管，建立事中事后监管制度。启动《大西安地区岩土工程勘察规程》编制工作。完成外地勘察设计企业项目登记284项，建筑面积3302万平方米，涉及外地勘察设计企业94家；行政区域内各类房屋建筑工程项目施工图审查294项，单体1073项，建筑面积2070万平方米，经审查项目强制性标准执行率达100%。完成201家企业、18家审查机构备案。

◆建筑装饰市场管理 2019年，西安市住房和城乡建设局联合西安市市场监督管理局编制《西安市住宅装饰装修工程施工合同(示范文本)》向社会公开发布。采用“双随机一公开”的方式对72家建筑装饰、幕墙企业进行动态考核。完成装饰工地扬尘治理专项检查858个次，发送治污减霾移送单66份，妥善处理装饰各类投诉1642起，对45个建筑装饰项目开展196次工程质量安全监督，所有监督项目均无安全生产责任事故发生。

◆建设工程招投标管理 2019年，西安市住房和城乡建设局完成182个市本级政府投资建设项目招投标监管，指导区（县）、开发区扎实开展扶贫搬迁项目招投标整改工作和招投标领域营商环境专项整治，全面清理、纠正招投标中各类不合理限制和壁垒，组织开展房建市政类评标专家聘任初审工作；完成房建和市政项目招标最高限价备案720个，竣工结算备案50个，完成远郊区县建筑材料价格信息、建筑工程城市住宅造价信息和人工成本信息的采集发布工作，开展工程造价咨询企业执业行为随机抽查。

◆建筑节能与科技 2019年，西安市住房和城乡建设局严格执行《陕西省居住建筑节能设计标准》和《西安市公共建筑节能设计标准》，新建建筑设计阶段执行率100%，施工阶段执行率不低于98%，完成相应目标。编制完成《西安市居住建筑节能设计标准》（75%标准），进一步提升新建建筑全寿命周期节能水平、印发《关于贯彻实施绿色建筑评价标准（GB/T 50378—2019）的通知》，推动新的绿色建筑评价标准有序实施，全年有360个绿色建筑评审项目通过专家评审，建筑面积4402万平方米。依照《西安市清洁能源供暖试点城市实施方案》，完成36个项目137.43平方米既有建筑节能改造任务，争取中央资金1.468亿元。按照西安市人民政府办公厅《关于印发西安市加快推进装配式建筑发展实施方案的通知》《关于进一步加快装配式建筑发展的通知》要求，启动装配式建筑716万平方米，超额完成新建建筑装配式建筑项目150万平方米的目标任务。完成西安市7个涉农区（县）农村保温化改造1094户。严格执行《西安市公共建筑能耗监测系统技术规范（DBJ / T97—2015）》，全年完成能耗动态监测系统项目39栋，建筑面积259.45万平方米，能耗动态监测系统项目242栋，建筑面积1433.27万平方米，促进国家机关办公建筑和大型公共建筑率先节能目标落实。推广应用可再生能源建筑，全市38个新建工程建设项目实施太阳能热水系统工程，建筑面积169.19万平方米，应用地热能供热面积170.19万平方米，超额完成市级考核指标。加大建筑科技工作力度，全年征集25个涉及建筑节能、绿色建筑、装配式建筑等方面的科技项目，促进建筑节能技术进步。

◆散装水泥监管 2019年，西安市住房和城乡建设局对全市175家预拌混凝土企业和35家预拌砂浆企业进行信用评价，确定信用等级。接待咨询返还预售专项资金企业28家，办理符合申报返还散装水泥专项资金企业11家，划拨返还专项资金289万元。推广使用预拌砂浆241.5万吨，指导预拌混凝土企业生产商品混凝土3125.7万立方米。水泥生产企业完成水泥生产115.37万吨，其中散装水泥84.17万吨，散装率达到73%。组织召开全市“两类企业”扬尘治理专项工作培训会11次，培训600余人。

◆工程建设执法监察 2019年，西安市住房和城乡建设局坚持区域范围建设违法项目“发现率百分百，分类处理，处置到位”原则，全年处罚项目18个，处罚金额383.14万元，完成扬尘污染督导专项检查工地808个，对存在问题工地，下达“移送单”50份、“督办单”54份。

（张　睿）

◆陕西建工集团股份有限公司 2019年6月28日，陕西建工集团股份有限公司创立大会暨第一次股东大会在西安召开，标志着陕建集团完成整体改制，向整体上市目标迈进了坚实一步。陕西建工集团股份有限公司是陕建集团为改善治理结构、转换经营机制和全面提升整体竞争力而整体改制成的，注册资本金20亿元，主营建筑工程施工。4月，取得陕西省国有资产管理委员会整体改制上市立项的批复。公司总股本为20亿股，由陕西建工控股集团有限公司和陕西建工实业有限公司2家股东发起成立。2019年，陕建集团实现营业收入1160亿元，合同签约额2399.88亿元。9月1日，2019中国企业500强发布，陕西建工集团有限公司位列第191位；12月3日，陕西省企业家协会发布2019陕西企业100强，陕西建工集团有限公司排名第6位。

◆西安建工集团有限公司 2019年，实现营业收入301亿元，比2018年增长60%；实现利润总额9亿元，增长100%；新签合同额1019亿元，增长110%；应收账款实现回款264亿元，增长101.5%；开发项目实现签约销售额18.6亿元。资产负债结构进一步优化。截至年底，总资产474.3亿元，净资产99.6亿元，资产负债率79%，下降5.4个百分点；全年净资产收益率达到27.3%，上升6.6个百分点。全系统安全生产形势持续平稳，工伤事故率低于0.23‰，全年无安全生产死亡事故，工程质量一次性验收合格率为100%。全年承揽落地699个项目，营销总额进入“千亿时代”。项目管理与履约能力稳健提升。在建项目317个，总建筑面积2639万平方米，总造价948亿元。资本运作与资金管理显著增强。运行效率与人才结构持续优化。全年招聘、引进各类专业人才1158人，其中具有地铁、超高层等施工经验的紧缺人才11人。

（冯冠杰）

信息产业

责任编辑
冯冠杰

综　述

◆**概况**　2019年2月，西安市大数据资源管理局正式组建成立，整合西安市人民政府办公厅“12345”服务热线、原西安市工业和信息化委员会大数据局、西安市投资合作委员会原新经济产业发展局等工作职能，共设置7个内设机构和2个直属事业单位，接收转隶行政干部28人，整建制接收事业单位2个及事业干部41人。西安市大数据资源管理局全年90多次赴先进城市及相关企业调研学习，建立完善议事规则、财务管理、组织人事、文件运转等工作制度70余项。统筹推进政府数字化转型、信息化建设、智慧城市建设以及新经济新产业发展，加快基础保障体系构建和数据资源开放共享，各项工作取得良好开局。

◆**政府数字化转型**　2019年，西安市大数据资源管理局制定完成《“最多跑一次”改革（政府数字化转型）项目建设方案》，搭建形成“133N”体系政府数字化转型架构，推进完成数据平台、业务平台等建设，加快部署落实公众门户应用。4月28日，举行“政府数字化转型”平台启动仪式暨优化提升营商环境推进会，安排部署全市“政府数字化转型”及新型智慧城市建设工作。做好“最多跑一次”改革（政府数字化转型）项目建设，加快推进工程建设项目审批管理系统建设以及与陕西省工程建设系统等8个系统实现互联互通，有序开展政务云平台建设，为西安市人民政府门户网站站群系统、西安市公积金管理中心业务系统、西安市亲商助企平台等提供底层云资源支撑。推动数据归集共享，梳理全市政务系统312个，信息资源68363项，归集数据63.9亿条，建设数据资源目录、交换、治理、共享、开放五大平台和人口、法人、电子证照等七大基础数据库，建立13个数据平台标准规范。配合“i西安”政务服务App上线使用，利用大数据等技术实现全市用户百余项政务服务一键办理。5月，“最多跑一次”改革（政府数字化转型）项目在“2019中国政府信息化大会”上获中国信息协会“2019中国政府信息化管理创新奖”；7月，“西安市民情大数据地图信息系统”被中国地理信息产业协会评选为“2019中国地理信息产业优秀工程金奖”。

◆**发展“三个经济”**　2019年，西安市大数据资源管理局对接相关部门、区（县、开发区）及企业行业代表，赴成都等数字经济发展的前沿城市实地考察学习，引进数字经济领域智库专家，强化与毕马威、长城智库等知名咨询机构接洽、合作，深入研究梳理全市“三个经济”发展新思路、新举措。先后走访市级部门4家、区（县、开发区）4家，市内外企业33家，驻地高校和研究机构3所，组织召开专题座谈20余次，初步摸清全市“三个经济”发展底数。积极搭建数字经济交流合作平台，会同西安市工业和信息化局举办西安市首届数字经济产业博览会，全面展示西安市乃至陕西省数字经济发展的新面貌、新成就，进一步助推数字经济创新创业，优化数字经济发展氛围。对接西安市卫生健康委员会以及“互联网+医疗”企业，推动“互联网+健康”产业发展，促成“众盈医疗”与华为公司开展深度合作。实施新经济发展示范工程，选择并支持未央区进行试点，加快实现现有治理机制与新经济发展的融合衔接。联合未央区人民政府、西安市教育局举办2期“新经济知识大讲堂”活动，为全市新经济发展不断注入新动能。

◆**“智慧城市”建设**　2019年，西安市大数据资源管理局研究制定《加快推进新型“智慧城市”建设任务分解表》，细化完善68项智慧城市建设任务以及牵头单位、责任单位和完成时限等要求。研究起草《西安市新型“智慧城市”重大项目监督听证制度》《西安市“智慧社区”建设评价指标》，与西北工业大学等高校合作开展《西安市“智慧城市”建设促进条例》立法调研。组织邀请行业专家近300人，组建成立西安市新型智慧城市建设专家咨询委员会。承办首届中国（西安）国际智慧城市建设论坛，邀请全国多个地市政府有关部门和企业代表300余人，探讨形成西安市新型“智慧城市”建设的创新思路。持续推进西安市新型“智慧城市”运行管理综合指挥中心建设工作，开展项目选址、确定项目整体架构、启动项目可行性研究报告论证等工作。建立新型“智慧城市”建设重大项目库，面向全市各区（县）、开发区、西咸新区以及市级相关部门征集新型“智慧城市”建设重大项目140余个。西安市在“2019智慧中国年会”上获“2019中国‘智慧城市’创新示范奖”。

◆**十四运信息技术保障**　2019年，西安市大数据资源管理局承担第十四届全国运动会信息技术部组建运行任务，配合组建西安市执委会信息技术部，配合陕西省筹委会信息技术部完成市建场馆项目现场勘查，研究制定《十四届全运会西安市执委会信息技术部工作方案》，配合编制“一馆一册”总体规划和机要通道保障方案，组织开展西安奥林匹克中心“一场两馆”场馆及体育工艺智能化深化设计、城市运动公园（篮球）场馆体育工艺专家评审等工作。

◆**民生项目建设**　2019年，西安市大数据资源管理局开展秦岭保护数字化平台建设工作调研，按照“充分利用现有、避免重复建设、节约资源”原则，配合西安市秦岭保护局和秦岭保护数字化平台项目设计单位制定完善建设方案，协助完成该项目立项及专家评审。以“互联网+教育”为主题，搭建政、企、学交流平台，协助推进教育管理大数据平台建设。配合做好全市医保信息化平台建设和升级改造。配合西安市城管执法局制定《西安市数字化城市管理信息系统升级方案》并通过专家评审，提供项目所需的政务云平台、网络资源和全市最新地理基础数据，配合做好平台升级、部署和试点工作。

◆**大数据产业顶层设计**　2019年，西安市大数据资源管理局积极引进智库、高校、研究机构，编印《西安市大数据企业认定管理办法》《西安市大数据产业发展三年行动计划（2019—2021年）》。开展西安市大数据企业基本信息调查工作，在第一轮调查中有13个区（县）、

2019年9月9日，首届口国（西安）国际智慧城市建设论坛在西安举办

开发区的175家大数据企业填报了基本信息，其中西安高新技术产业开发区49家（占28%）、西咸新区26家（占15%），进一步明确西安高新技术产业开发和西咸新区作为西安市大数据产业发展重点区域的定位。

◆行业协会发展 2019年，西安市大数据资源管理局指导全市大数据相关企业、高校和科研院所等多家单位共同发起成立西安市大数据产业协会。协会由理事会、秘书处、投融资专委会、专家咨询委员会和行业专委会组成。以服务西安市区块链产业为宗旨，推动成立西安市区块链技术应用协会，成为政府和企业、高校、科研机构、行业专家之间的纽带，共同构建政、产、学、研、用一体的西安市区块链生态体系。

◆热线建设 2019年，西安市大数据资源管理局依托“12345”市民热线平台，整合全市19条各类非紧急类政府服务热线，实行7×24小时运行机制，全天候为市民提供热线服务。建立与西安市纪律检查委员会（西安市监察委员会）、西安市机构编制委员会办公室、西安市民政局、西安市司法局等职能部门的联动协调督办机制，细化程序，明确责任，严格督办。电话累计呼入总数1593165个，呼入接通数1538326个，接通率97%；多媒体渠道收件86099件，热线平台产生工单1699895件，回复1686487件，回复率99%。系统督办、电话督办、书面督办各类工单7632件，开展业务调研和业务培训38次，现场实地组织协调市民诉求11次，召开各类业务对接协调会125次，协调处理疑难工单619件。邀请市民代表、媒体代表等走进“12345”热线零距离感受新变化、提建议，真正问政于民、问需于民。国务院督查室和合肥、太原等30余家单位来西安市调研热线建设情况和经验。

◆电子政务平台建设 2019年，西安市大数据资源管理局有效保障市电子政务网络的正常使用，确保网络安全平稳运行。完成多个区（县）、开发区、委办局经办电子政务业务及应用部署工作，及时处置电子政务平台各类故障。做好社区信息专网运维、监督、网络终端设备管理、新社区入网、线路迁移等工作。认真推进“智慧西安”时空信息云平台项目建设升级，做好“智慧西安”时空信息云平台和“天地图·西安”平台日常运行维护工作，配合各单位和各区（县）、开发区接入与数据共享，推进“天地图·西安”平台的安全保测评等工作。

（郭　亮）

◆网络信息安全 2019年，中共西安市委网络安全和信息化委员会办公室始终站在网络意识形态斗争的最前沿，加强网络舆情监测，定期研判风险隐患，全面构建应对处置机制。压紧、压实各级党委（党组）网络安全主体责任强化，打好风险报告、情报共享、研判处置的“组合拳”，筑牢全市网络安全屏障。12月1日，牵头承办2019中国网络诚信大会，国家部委和业界代表500余人参加，在全国营造“网络诚信看西安”的浓厚氛围。以庆祝中华人民共和国成立70周年为主线，持续开展“全网飘红计划”，“不忘初心、牢记使命”“黑恶必除·除恶务尽”等微博话题阅读量超14亿人次。市属网络媒体形成10大品牌，关注人数增至1500万人。扩大西安“朋友圈”，推送宣传稿件56万篇，中央网络媒体刊发9380篇。全市政务抖音号203个，“西安”话题播放量超120亿次。前置网络舆情风险防范关口，向中共西安市委、西安市人民政府上报《每日网情》170期、《舆情专报》155期，发出预警提示625条。探索推行网络执法“六步工作法”（网上联系、当面沟通、依法约谈、责令停更、报请关停、依法处罚），开展“清朗”“雷霆反电诈”“扫黄打非”等专项行动，督促下架小程序22个，约谈网络平台或账号28次，责令停止更新10次，关停网络平台或账号19个。牵头会同公安、市场监督等部门联合执法、联合约谈，网络执法震慑力明显增强。指导组建西安市网络联谊会，推动98家重点互联网企业建立党组织。加强网评员队伍建设，开展季培训、周练兵活动。11个项目获评“陕西好网民”网络公益工程“精品项目奖”。加强对党政机关网站和关键信息基础设施的监测。精心组织第六届“国家网络安全宣传周”，成功举办“新安全时代·网络安全技术高峰论坛”“华山论剑·网络安全大会”“等保2.0信息安全技术国家标准宣贯会”。印发《西安市数字经济工作要点》，编制《西安市数字经济发展现状调研报告》。印发《西安市2019年网络扶贫行动计划》，推进网络扶贫“五个工程”（网络覆盖工程、农村电商工程、网络扶智工程、信息服务工程、网络公益工程）。举办第九届中国人工智能学会、陕西省数字经济培训会、西安5G园区应用签约大会。西安位居数字中国总指数城市排名第11位，增速排名第3位，数字经济发展水平排名全省第1位。

（宇文鸿儒）

2019年12月26日，西安市大数据产业协会第一次会员代表大会召开

电　信

◆概况 2019年，中国电信西安分公司全力打造网络领先优势，全面升级网络，深化变革，公司核心运营指标保持稳健态势，企业高质量发展。全年业务总收入53.53亿元，固定电话用户220.46万户，移动电话用户576.60万户，宽带接入用户269.44万户，iTV用户236.69万户。向西安市上缴税金3162.76万元。全年为西安市提供社会就业岗位6000多个。全部从业人员6200余人，平均年龄37岁，专科以上学历占全部从业人员的80%。

◆电信业务 2019年，中国电信西安分公司移动市场取得再突破，比2018年提升1.74%。移动有效用户数432.7万户，提升31.4万户。全面切换5G套餐，流量有效用户达65.05%，提升8.37%。宽带市场实现再升级，融合套餐用户达200万户，融合率76.35%。产品全面导向“智慧家庭”，智能宽带发展21万户；“天翼高清”用户净增6.4万户。新兴业务拓展成效初显。ICT收入提升7.8%，在智慧旅游、智慧护理、智慧校园建设、酒店管理系统上云、区（县）雪亮延伸等项目实现突破，先后打造“永辉超市云网融合”“航天六院OA系统上云”“未央画美医院云桌面”“灞桥新兴地产云桌面”等优秀案例。持续打造优质4G网络，城区覆盖率达96.98%，提升2%，农村覆盖率达94.37%，提升8.23%；建成5G试商用点位230个，覆盖西安高新技术产业开发区、小寨、钟楼等人流密集区域，完成2019西安国际马拉松赛、5G放号等重要场景应急保障。光网络方面，打造“千兆引领、500M主流”的高质量宽带网络能力，总出口带宽达5050G。云网融合方面，完成高品质OTN网络建设；提升端到端能力，STN网络市区覆盖率达到100%，郊县覆盖率达到95%。完成莲湖路、纺织城IDC（互联网数据中心）机房建设，提供121个标准机柜的业务能力。聚焦“互联网+”行业，引入云商134家、云生态合作伙伴25家、工业云SAAS应用提供商60家。建立产品应用平台，覆盖27类应用场景。人力资源转型持续优化。选拔技术类专家84人，选拔省级长途光缆维护、现场综合化维护以及智慧家庭装维技能人才64人。“最多跑一次”改革持续深入，合同审核时限由14.5天降低到4.34天，效率提升68.9%。持续推进光网小区整治，提升光网端到端维护服务能力。本地移动网络类申诉下降17.39%。网信安全防线不断加强。关停违章号码34715个，拦截35520个。处理“僵木蠕”病毒用户49388户。对宽带、企业专线免费提速，百兆及以上宽带用户占比81.81%。互联网专线资费下调18.91%，移动流量平均资费比上年降低18.49%。6月6日，与西安市税务局共同举行“便民办税一线通”上线启动会，实现咨询涉税问题“打得通、答得清、办得好”，进一步提升纳税人的获得感和满意度。

◆郊县快递企业服务 2019年12月5日，中国电信西安分公司召开与西安市郊县快递企业合作推进会暨战略合作协议签约会，全面启动“快递大店”跨界合作。在末端服务平台建设、快递业务与电信业务“抱团”发展等方面达成合作意向，充分整合双方资源，优化快递末梢综合服务设施建设，进一步提升快递网点的服务质量和品牌形象，为老百姓提供更好的综合服务体验。西安分公司9个郊县分公司与22家快递企业均签署战略合作协议，开启“快电”跨界合作新模式，在金融业务、渠道网点、大数据及物联网、寄递物流合作、业务宣传及客户维护、延伸服务、全方位信息化和5G业务等领域开展深度合作，实现生态共赢，助力西安乡村振兴再腾飞。同日，鄠邑区余下街道“快电”旗舰店开业。

2019年4月28日，西安市大数据资源管理局承办的西安市“政府数字化转型”平台启动仪式暨优化提升营商环境推进会在西安市规划馆召开

◆西安市“政府数字化转型”平台启动 2019年4月28日，由中共西安市委、西安市人民政府主办，西安市大数据资源管理局承办的“西安市‘政府数字化转型’平台启动仪式暨优化提升营商环境推进会”在西安市规划馆召开。中共西安市委、西安市人民政府及80多家委、办、局单位及全市各区（县）政府、开发区管委会的主要领导出席会议。本次会议全方位展示西安市“最多跑一次”改革（数字化转型）建设项目阶段性成果，在数据共享、“一网通办”、工程建设项目审批制度改革等多方面取得显著成效。在工程建设项目审批制度改革方面，社会投资工程建设项目的审批时间、办理事项、申请材料分别由改革前的388天、35个、181件压缩至80天、14个、25件，政府投资项目审批时间压缩至120天。在“一网通办”平台建设方面，梳理信息系统260个，信息资源67722项，有369个高频便民事项实现“一网通办”。中国电信西安分公司紧跟西安市人民政府“智慧城市”建设步伐，进一步推进、完善市级数据共享交换平台和“一网通办”平台建设，实现500个以上高频事项“一网通办”，70%以上政务服务事项“一窗受理、集成服务”，加快落地“一网通办”西安总门户和“i西安”App建设，推进市政府信息化合作，助力西安市人民政府打造全国营商环境品牌，共同建设“数字名城、智慧西安”。

◆与航天基地管委会签订5G战略合作协议 2019年8月28日，西安国家民用航天产业基地“智慧航天 5G生活”5G应用示范开发区项目集中签约仪式在西安国家民用航天产业基地管委会举行。该协议以把航天基地打造为“全国首个5G应用开发区”为目标，加快航天区域5G网络建设，以“天翼云+5G+光纤网络+物联网+应用服务”的方式，为航天基地提供智慧政务、智慧交通、智能制造等定制化解决方案，实现所有公共信息、应用资源的集中、共享和按需分配，通过提供优质信息化服务，积极推动5G应用示范和产业合作，助力航天基地实现经济发展与产业升级。会上，中国电信西安分公司还与华为、中兴、京东云、腾讯、滴滴出行签约子项目协议，为后期多方合作打下良好基础。

◆“工业翼联 数智未来——西安电信5G+工业互联网峰会暨天翼云中国行西安站”大会 2019年11月29日在索菲特大酒店召开。来自政府部门、工业、制造业互联网等领域500余人参会。大会围绕“5G+”工业互联网场景应用，探索互联网和实体经济深度融合的发展路径，通过新一代信息技术赋能工业，以数字化驱动工业制造高质量发展。大会发布西安工业云平台2.0版本，在原有平台基础之上构建工业互联网应用开发平台、打造物联平台、承载标识解析应用、“5G+”工业应用场景聚合平台4个全新平台能力，其中基于标识解析的企业物品数字化管理系统在本次大会正式发布使用。会上，中国电信西安分公司分别与陕西智巢产业发展投资管理有限公司、华为云“莲湖”联合发展中心就西安工业云智慧园区项目签署合作协议，并与西北工业大学机电学院、西安工程大学计算机科学学院、迈迪信息技术有限公司就工业互联网产学研联合实验室举办产学研联合实验室挂牌仪式。

◆“智慧安防社区”服务 2019年6月11日，西安市公安局高新分局举办“智慧安防社区”服务平台发布。西安市各区（县）治安局、重点物业公司相关人员100余人参会。“智慧安防社区”服务平台以西安高新技术产业开发区枫林绿洲小区为试点，以社区安防智能化为

2019年6月11日，西安市公安局高新分局举办“平安西安·智慧安防社区服务平台”发布会，与西安电信携手共建“智慧安防社区”

核心，对社区安防、社区纠纷、社区服务、社区管理进行开放融合，以高黏度的智能化功能加强社区安全保障，强化社区人口管理、方便社区业主生活、促进和谐社区建设的重要举措。中国电信西安分公司全面参与平台建设及小区试点并与平台建设方达成战略合作关系，负责智慧社区安防服务平台的接入推广工作。（李红娟）

移　动

◆概况　2019年，陕西移动西安分公司深入贯彻“网络强国”“数字中国”“智慧社会”战略部署的重大举措，积极推进5G基站、数据中心等新基建，深度融合5G+发展战略，融入百业、服务大众，为西安国家中心城市、国际化大都市、新型“智慧城市”的建设，提供更符合政府需求、更切合市场特点、更加贴近百姓生活的通信服务。强化推进“大连接”战略落地和四轮驱动融合发展，深化党建统领，加快降本增效，践行奋斗精神，实现个人、家庭、政企3大市场经营转型，收入规模持续扩大，服务客户达850万户，市场占有率56%。完成中华人民共和国成立70周年、2019西安国际马拉松赛、2019全球硬科技创新大会等30余次网络保障活动。治理电信网络新型违法犯罪，与公安部门联动，7×24小时主动监测发现不良信息，协助公安机关破获3起重特大电信诈骗案件。

◆移动网络建设　2019年，陕西移动西安分公司不断加大网络基础设施投资，着力提升4G网络体验，加快规划和建设5G网络。无线网络基站建设达4.3万站，其中5G基站1119个。全面落实“5G+”计划，建成包括中共西安市委、西安市人民政府、曲江池、钟楼等10个5G精品区，确保政府、高校等重点区域5G覆盖领先优势。大力推动5G技术与各行业融合，积极推动“5G+”“智慧工厂”“智慧医疗”“智慧公交”“智慧博物馆”等应用，与博世集团、华为公司打造5G智慧工厂，与西安电子科技大学打造省内首个“5G示范高校”，实现5G远程活体手术应用突破，不断推进产业数字化。落实“宽带中国”和“提速降费”要求，加快全光纤网络建设，宽带端口覆盖全市90%以上家庭，初步实现“客户所需、端口可达”。大力推广300M宽带免费，取消国内电话长途通话费及漫游通话费，流量资费下降30%，宽带资费下降50%，建成51个千兆精品小区。落实城市治理专项行动，完成朱雀大街、兴庆路、广运潭大道等78条市政道路共计86.5千米架空线缆落地。

◆移动业务发展　2019年，陕西移动西安分公司宽带发展能力显著增强，年末日新增比上年提升163%，宽带净增份额比上年提升64%。政企专线+DICT收入占整体收入56%，比2018年提升12.3%，收入结构明显改善。物联网客户占陕西省的50.2%，成为省内首个达成“物超人”的地市。云业务收入增长21倍，陕西省第一。优化产品体系，高价值套餐占比提升8.3个百分点，新发展客户每用户平均收入提升105%。创新“西京通”等校园宽带融合模式，融合套餐销量占比提升46个百分点。

◆移动“智慧城市”建设　2019年，陕西移动西安分公司紧跟西安市“智慧城市”建设，以信息化推动智能化，以智慧化满足精细化，充分运营大数据、云计算等行业优势和技术实力，强化与政府、金融、教育、旅游等多个行业开展合作，大力推广专线、云业务、物联网、IDC以及自有业务等，提升信息化水平。大力推动物与物、物与人连接，物联网发展逐步走出省内、走向全国，创新物联网“硬转服”模式，打造标杆项目。设立物联网创新工作室。与沣京工业园、陕西历史博物馆等签订信息化项目，充分参与经济社会信息化发展。

◆移动客户服务　2019年，陕西移动西安分公司聚焦关键商业过程，围绕重点、难点问题开展专项整治，宽带满意度、营业厅满意度、投诉处理及时率均有提升。建立督办问责机制，不知情定制投诉总量比上年降低98.9%。（刘文辉）

联　通

◆概况　2019年，中国联合网络通信有限公司西安市分公司深化、实施“创新合作战略”，各项工作取得新的进展。全年完成主营收入24.9亿元，实现利润6.8亿元，利润率24%。2017—2019年3年收入复合增长率5.3%，利润复合增长率46.8%。强化网络信息安全管理，对涉嫌垃圾短信、骚扰电话停机7619户；加强实名制入网环节管控，处罚违规渠道40家。持续推进网络节能降耗，在网络规模不断提升的情况下，百元收入能耗比持续改善，2017—2019年累计节约网运成本支出1.2亿元。圆满完成中华人民共和国成立70周年阅兵仪式、第四届丝绸之路国际博览会暨中国东西部合作与投资贸易洽谈会、“匠心网络万里行”等68次重要通信保障任务。

◆联通经营改革　2019年，中国联合网络通信有限公司西安市分公司以“互联网化精细运营、激发微观主体活力”为主线，加快改革转型步伐。全渠道互联网化转型不断深化，宽带可视化及码化营销、异业代客下单、权益包指尖营销等互联网营销新模式逐步成熟；实施自有厅新零售改造，推进战略渠道转型，金融合约发展量提升50%，位于全国前列。深化网格划小改革，对网格小CEO开展季度考核，明确红线退出规则，开展网格整编优化和小CEO任免调整。推进网络线划小，试点网格人效平均提升11%。改革薪酬分配机制，建立以收入和毛利为导向的网格考核分配规则，前后台绩效联动，提升全员创收积极性。

◆联通重点项目拓展　2019年，中国联合网络通信有限公司西安市分公司贯彻数字化转型战略规划，围绕云计算、大数据、物联网、AI人工智能等重点业务，深入聚焦党政军、金融、制造、交通物流等领域信息化需求，坚持“一切为了客户、一切为了一线、一切为了市场”

经营管理理念，助力西安新型“智慧城市”建设。配合中共西安市政法委员会完成全市“扫黑除恶”大数据线上宣传，完成西安市大数据资源管理局开展全市社区信息化基础设施全面调查、西安市公安局碑林分局4G电子围栏、西安高新技术产业开发区管委会农民工工资支付保障监管云平台等业务，展现中国联通云计算、大数据、物联网业务服务于政务和行业市场的综合能力。

◆**联通网络建设** 2019年，中国联合网络通信有限公司西安市分公司与中国电信开展5G网络共建共享，在重点区域及重点合作单位形成5G业务承载能力。4G网络覆盖水平不断提升，新建900M基站2850个；完成119个乡镇4G网络补强，县域整体覆盖率从66%提升至91%；完善900余个底商及300多栋楼宇覆盖。贯彻国家“提速降费”互联网策略，持续推动OLT设备升级，淘汰老旧大功耗设备，搭建新型千兆桌面OLT设备，覆盖重点小区项目548个，实现上联带宽扩容约480G，为公众线近8万用户提速铺平道路。扩容PON板347块，新增PON口5552个，新建宽带FTTH覆盖小区214处，新增接入能力26.69万端口。聚焦热点和口碑场景感知需求，每月对机场及机场高速、高铁、地铁完成一轮测试优化，全年发现解决网络问题350处，闭环率达95%以上，17类口碑场景中12类考核指标超越合格标准；高铁、机场高速2类场景中6个网络指标达到卓越级别。 （黄 欣）

无线电管理

◆**概况** 2019年，西安市无线电管理委员会办公室认真贯彻执行《中华人民共和国无线电管理条例》及相关政策法规，确保西安市行政区域内无线电频率指配、台站审批、监督检查、干扰查处、频率资源费收缴等工作顺利开展。截至年底，西安市在册登记设台单位共170余家，各类无线电台站35969个。其中，广播电视台32个，公众移动通信基站22830个，超短波无线电台站6496个，微波台236个，卫星地球站8个，业余电台6515个。主要分布在电信、广播电视、铁路民航、抢险救援、公安、厂矿企业和宾馆饭店、物业管理、旅游娱乐场所等行业和单位。

◆**无线电频率台站管理** 2019年，西安市无线电管理委员会办公室完成陕西省城际铁路有限公司和西安地铁三、四号线1.8吉赫兹频率审批工作。为三星（中国）半导体有限公司二期、曲江创意谷、丽思卡尔顿酒店等19家新设台单位指配频率69个。为中国电信西安分公司、中国联合网络通信有限公司西安市分公司在2600兆赫兹频段设置的无线电台（站）办理注销手续。召开全市5G基站干扰协调会议，为推进西安市5G管理工作打下坚实基础。坚持做好公众移动通信基站按季申报工作，全市新增公众移动通信基站2030个。组织西安市业余无线电台操作技术能力验证考试2次，共有660人参加，其中502人成绩合格。全年受理业余无线电执照申请334份，核发新执照592个，执照核验302个，换发执照744个。全年收缴频占费204万元。

◆**无线电监测检测** 2019年，西安市无线电管理委员会办公室把民航、地铁、广播等重要频段监测作为每月固定监测任务，检查核实不明信号来源使用情况。完成陕西省无线电管理委员会办公室下达的指令性监测任务，上报监测月报12份，填写监测记录200余份。完成2019年监测技术设施使用率评估工作。积极排查卫星干扰、地铁、民航通信电台等涉及人民群众正当权益和财产安全的干扰，全年排查公众移动通信、地铁、高铁、民航等重要业务受干扰事件11起。

◆**无线电安全保障** 2019年，西安市无线电管理委员会办公室完成“一带一路”峰会、中华人民共和国成立70周年阅兵仪式、2019西安国际马拉松赛等大型活动的无线电安全保障工作。完成韩国国会、尼泊尔代表团、新加坡副总理访问西安等外事活动监测任务，保证无线电设备用频安全、畅通。全年参加全国研究生考试、高考、公务员、大学英语四六级等重大考试无线电监测保障24次，发现并压制考试作弊信号7个，查获作弊设备3套。

◆**无线电监督检查** 2019年，西安市无线电管理委员会办公室组织召开全市无线电发射设备销售备案工作培训会议。截至年底，全市完成无线电发射设备销售备案319家。按照省、市打击治理电信网络新型违法犯罪联席会议办公室要求，扎实开展打击治理“黑广播”“伪基站”违法犯罪专项行动和“雷霆反电诈”（云剑行动）攻坚战役。全年监测监听5800小时，出动技术人员236人次，测向定位“黑广播”25个。加强与公安部门的沟通协调，及时通报非法电台监测情况，积极配合做好现场查处工作。全年查处“黑广播”21台，检测鉴定各类无线电发射设备21台套。

◆**无线电管理宣传** 2019年，西安市无线电管理委员会办公室以《中华人民共和国无线电管理条例》宣传为主线，开展面向社会大众的科普、普法宣传，在“世界无线电日”“业余无线电日”“世界电信日”以及“科技之春”“学术金秋”和《条例》“宣传月”期间，多角度、全方位宣传《条例》内容，扩大《条例》宣传覆盖范围。全年组织机关学习培训活动3次，召开全市设台单位宣贯会议1次。深入居民小区、院校、地铁、销售市场等现场宣传15次，组织无线电科普讲座1次，制作无线电动画宣传片1部，散发宣传彩页15000余份，发放《条例》单行本、《无线电发射设备管理》宣传册共计20000本。在省级以上媒体发表新闻稿件54篇，其中国家无线电网站转载21篇。 （罗拉浩）

2019年11月9日，西安市无线电管理委员会办公室技术人员排查高铁GSM-R干扰

交通运输·邮政快递

责任编辑
冯冠杰

铁路运输

◆概况 2019年，中国铁路西安局集团有限公司管内线路覆盖陕西全省，辐射甘肃、宁夏、内蒙古、山西、河南、湖北、四川、重庆等8个省（区、市），是进出西北、西南地区的咽喉要道，在全国路网中具有承东启西、连接南北的重要作用。管内有陇海、宁西、宝中、西平、宝成、西康、襄渝、阳安、包西、太中、神大、黄韩侯、西安枢纽北环线等25条普速线路和徐兰、大西、西成3条高速铁路，总营业里程6223.7千米，其中高速铁路856.6千米。线路总延展长度13655.75千米，其中正线10911.29千米。

◆铁路安全管理 2019年，中国铁路西安局集团有限公司开展高铁沿线外部环境安全隐患整治大会战、西成高铁运营2周年“回头望”等活动，剖析首发故障和首例问题，体验动车速度，清理轨旁异物，整治设备隐患，确保万无一失。坚持人机结合、双轮驱动，抓好种树立杆，开展标准化规范化建设，健全安全保障体系，成功应对18轮强降雨，有效防范西成高铁堰塞湖险情，完成中华人民共和国成立70周年安保任务。全年消灭高铁、客车一般C类及以上责任事故，实现第15个安全年。

◆铁路运输生产 2019年，中国铁路西安局集团有限公司首开万吨列车，组织迂回运输，发展多式联运，开好中欧班列，实施运输组织差异化考核，单日装车24次打破纪录。扩大客运供给，灵活扩编加挂，推广电子客票，试点高铁票价市场化，深化“厕所革命”和畅通工程，开展空铁联运和垃圾分类，以优质服务和美好体验引流上线，单日旅客发送量创62.3万人次新高。全年完成旅客发送量1.16亿人次，比2018年增长4.7%；货发1.85亿吨，增长10.6%；运输总收入449.76亿元，增长8.4%；换算周转量2301亿吨千米，增长2.0%。

◆铁路建设 2019年，中国铁路西安局集团有限公司争取浩吉铁路委托运输管理，举全局之力确保提前开通运营，打通北煤南运战略大通道，增加营业里程961.49千米，实现历史性突破。分段开通阳安二线，如期完成南同蒲电化改造，完成西安机务段、客车车辆段搬迁，建成7条专用线，组织实施一批服务增量的短平快项目。

◆铁路经营效益 2019年，中国铁路西安局集团有限公司推进全面标杆管理，开展投入产出绩效、付费支出结构、客车开行盈亏分析。制定108项增收节支措施，全年节支4.53亿元，争取优惠12.68亿元。提高工效挂钩比例，按运输总收入计算的劳动生产率达到54.1万元/人，比2018年增长7.1%。抓好资产经营开发，推动广告商业、工程建筑、工业制造产业升级，完成非运输业务收入258.55亿元，实现利润7.83亿元；完成营业收入999.22亿元，实现盈亏总额17.66亿元。

◆铁路企业改革 2019年，中国铁路西安局集团有限公司落实国铁企业两级管理关系规定，完善非运输企业法人治理结构。成立3个一体化管理站段，推进修程修制改革，实现动车组三级修不出管内。优化高铁房建专业管理，实施58项劳动组织改革，择优录用48名劳务派遣工。牵头组织智能浩吉关键技术试验，持续推进智慧西铁建设规划，深化机车辅助驾驶技术研究，携手华为发布全球首例机车5G转储技术。举办第三届“创客”大赛，兑现奖励95万元。制定《人才队伍建设三年规划》，召开人才工作会议，深入实施“百千万人才”工程、“百人计划”和专业技术职务评聘改革，举办第六届职业技能竞赛，在全路竞赛中创历届最好成绩。

◆铁路职工生活 2019年，中国铁路西安局集团有限公司投入3.8亿元办好“十件实事”，开展差异化自选项目体检和工会会员普惠制慰问。关心高寒地区新线职工，购置配备棉衣、电暖器等防寒过冬用品，积极改善生产生活条件。职工平均工资增幅达到8%以上，争取1.128亿元补助资金，建成西安华清路、安康火车站324套公租房，安康大学生公寓楼全部入住。投用“三线”建设管理系统，举办第38届巴山路地群众运动会。依法依规解决职工群众合理诉求，帮扶职工1.76万人次，维护和谐稳定局面。

◆春节旅客运输 2019年，中国铁路西安局集团有限公司春节旅客运输自1月21日至3月1日，共计40天，累计发送旅客1386.6万人次，比2018年增长1.7%，共计12天单日发送超过40万人次。其中，直通发送617.9万人次，比2018年增长0.8%；管内发送768.7万人次，比2018年增长2.4%。动车发送684.3万人次，比2018年增长9.4%，占比49.4%；普速发送702.3万人次，比2018年减少4.9%。共计增开始发客车1581列，比2018年增加225列，扩编加挂1081辆。

◆暑期旅客运输 2019年，中国铁路西安局集团有限公司暑期旅客运输自7月1日至8月31日，共计62天，发送旅客2404.1万人次，日均38.8万人次，比2018年增长9.5%。其中，直通发送1112.8万人次，增长6.2%；管内发送1291.3万人次，增长12.4%。动车发送1321.9万人次，比2018年增长18.9%，占比55%；普速发送1082.2万人次，比2018年减少0.2%，占比45%。完成旅客票价收入30.6亿元，比2018年增长11.1%。加开客车2083列，加挂1564辆，比2018年增加有座席运能190.3万个。

◆国庆“黄金周”运输 2019年，中国铁路西安局集团有限公司国庆旅客运输自9月28日至10月7日，共计10天，发送旅客463.1万人次，比2018年增长6%，创“十一”黄金周历史新高。其中，直通发送192.6万人次，增长5.2%；管内发送270.5万人次，增长6.6%。动车发送250.6万人次，增长22.5%；普速发送212.5万人次，减少8.6%。完成旅客票价收入5.27亿元，增长8.6%。加开始发客车856列，安排加挂车599辆。

◆西安车站东咽喉区改造完工 2019年1月17日4时30分，西安车站东咽喉73号道岔经过180分钟的联锁换装施工，新建车底走行线开通。自2018年12月东咽喉区改造项目启动以来，西安站改扩建工程指挥部先后组织完成包含Ⅰ级施工的1号、3号道岔拆除与插入，Ⅰ、Ⅱ级施工的7号、75号道岔铺设，陇海上行线拨接等营业线施工达10次，全部完成。

◆首趟铁海联运班列开行 2019年3月25日，西安—宁波、西安—青岛的铁海联运大通道首发班列从新筑站驶出。该班列的开行，将与中欧（中亚）班列货源集散、分拨高效衔接，从而使21世纪“海上丝绸之路”和“丝绸之路”经济带在西安港紧密连接，加快构建承东启西、贯通欧亚、快捷高效的海铁联运大通道，进一步放大西安在“一带一路”建设中的区位优势、时效和成本优势，助力西安打造中欧（中亚）班列全国集结中心，促贸易聚产业，助推西安外向型经济和国家中心城市建设。

◆陇海线第一阶段及西康线集中修施工完成 2019年3月1日至4月3日，陇海线第一阶段及西康线集中修施工，共计安排33个天窗。陇海线主要完成清筛施工59.73千米、铺设无缝线路67千米、更换道岔65组、线路捣固425.9千米、钢轨打磨完成258千米、道岔捣固241组。西康线主要完成更换桥枕5.07千米、线路捣固302.6千米、钢轨打磨222.1千米、道岔捣固116组。

◆南同蒲铁路黄河特大桥换梁施工 2019年4月12日，南同蒲铁路电气化改造工程中的重点工程——黄河特大桥开始换梁施工。黄河铁路特大桥位于黄河和渭河汇合口下游约3千米处，1970年建成交付运营。随着使用年限增加，主桁横向刚度严重不足、横联杆件端部裂纹等病害危及行车安全，于2001年5月17日起限速运行。为根治问题，总公司在南同蒲线侯马至华山段电化扩能改造工程中安排换梁施工，将既有24孔48米简支钢桁梁更换为24孔48米简支钢箱梁。

◆中欧班列开辟西安至巴库新线路 2019年6月18日，首列西安—巴库国际货运班列由新筑站始发。载有49个集装箱约1000吨、货值达200万元的机械设备、家用电器等货物。从霍尔果斯口岸出境，经哈萨克斯坦抵达阿克套港，再由铁路运输换装船运跨里海，历时17天到达阿塞拜疆苏姆盖特站，之后分拨至土耳其、格鲁吉亚、罗马尼亚、意大利等国家。该国际货运班列的开行，构建起西安跨越里海，直达阿塞拜疆巴库，辐射中东欧的国际多式联运物流通道，形成完整的国际铁路、水路多式联运体系，为中阿经贸往来搭建起快捷的国际物流通道，为发挥阿塞拜疆参与“一带一路”建设区位优势具有重要意义。

◆铁路技能大师工作室建设 2019年7月，中国国家铁路集团公司决定在西安动车段设立“董宏涛动车组机械师铁路技能大师工作室”，安康电务段设立“闫晓德铁路信号工铁路技能大师工作室”。董宏涛劳模创新工作室创建于2014年5月，是以全路劳动模范、全路优秀共产党员、铁路总公司火车头奖章获得者董宏涛命名的。工作室下设“宏涛动车难症诊疗组”“海豚数据诊断组”“EIT梦工厂创新攻关小组”3个创新小组，先后返诊处理各类安全隐患问题1000余件、疑难典型故障300余件；攻克19项技术难题，创新多项科技成果；革新改造实用工具11项；获得8项国家实用新型专利；帮带培养60多名业务骨干，其中有17人获得“全路技术能手”“全路新长征突击手”“火车头奖章”等称号。闫晓德创新工作室创建于2013年1月，工作室以全路劳动模范、全路优秀共产党员、铁路总公司火车头奖章获得者闫晓德为带头人。工作室先后解决各类疑难故障和典型隐患问题470余件，开展QC课题攻关（技术革新）57项，7项成果获得国家专利，许多工具远销昆明、绥德、延安等地，在行业内具有较高的知名度和影响力。集团公司已有4个“铁路技能大师工作室”。

◆西安至法门寺城际铁路与国铁接轨方案获批 2019年8月，西安至法门寺城际铁路与西银高铁接轨方案获得中国国家铁路集团有限公司批复，这是陕西省内第一条与国铁接轨的城际铁路项目。西安至法门寺城际铁路与国铁接轨方案获批，对促进高速铁路、城际铁路有效衔接和融合发展具有重大意义。该城际铁路长236.517千米，其中利用西银高铁66.345千米，新建线路乾县至新西安南站长170.172千米。全线设车站14座，分别为乾县、临平、召公、法门寺、午井、眉县、红河谷、太白山、哑柏、周至、楼观、重阳宫、邑北、新西安南。西安至法门寺城际铁路是关中城际铁路网“核心环”的重要组成部分，为关中城际铁路网的骨干线路和旅游环线。

◆陕西首列万吨重载列车开行 2019年9月20日17时40分，71402次列车载着10277吨煤炭从神木西站发出，标志着陕西首列万吨重载列车成功开行。71402次列车采用1台HXD3型、2台HXD1型机车多机重联方式牵引，由105辆C80型货车组成，经包西铁路出陕，驶向河北省唐山曹妃甸西站，全程运行1200余千米。陕西开行万吨重载列车，是中国铁路西安局集团有限公司落实铁路《2018—2020年货运增量行动方案》的举措之一，进一步扩充北煤南运、陕煤外运通道能力，为提高山西、陕西、内蒙古西“三西”地区煤炭外运提供可靠的运力保障。

◆浩勒报吉至吉安铁路开通运营 2019年9月28日6时30分，随着71001次万吨煤炭重载列车从中国铁路西安局集团有限公司管内浩勒报吉南站驶出，开向湖北江陵车站，标志着世界上一次性建成并开通运营里程最长的重载铁路——浩勒报吉至吉安铁路开通运营。浩吉铁路北起内蒙古鄂尔多斯市境内的浩勒报吉南站，途经内蒙古、陕西、山西、河南、湖北、湖南、江西七省区，终到江西吉安站，全长1813.5千米，设计时速120千米。浩吉铁路为国铁一级电气化铁路，同步建成集疏运项目21个，运用智能综合调度、智能牵引供电、融合北斗的工务基础设施监测、智能大脑平台、综合安全大数据等多项技术，标志着我国货运铁路综合智能化关键技术取得新突破。国铁集团确定浩吉铁路由西安局集团公司和武汉局集团公司委管经营。其中，西安局集团公司管辖浩勒报吉南站至邓州西站间的961.487千米线路，涉及全线77个站点中的31个车站。线路开通后，将采取“自主经营、委托运输、集中调度、综合维修”的运营管理新模式，规划年运输能力2亿吨以上。浩吉铁路是国家“十二五”规划和《中长期铁路网规划》的重大项目，也是“北煤南运”国家战略运输通道和国家“蓝天保卫战”、铁路“货运增量行动”的重要工程。

◆陇海线宝天段上行改线工程东段开通 2019年10月24日，中国铁路西安局集团有限公司“保开通”的重点项目陇海线宝天段上行改线工程东段（K1359—K1362）顺利开通。该工程由集团公司第二工程指挥部承建，新建线长度2.22千米，其中隧道1座、特大桥1座、框架桥1座、涵洞1座。涉及曲线4处、线路拨接2处，新建线路与既有线平交2处。

◆银西高铁陕西段开始全线铺轨 2019年11月28日，银西高铁陕西段建设正式进入铺轨阶段。银西高铁采用有砟和无砟轨道相结合的方式进行铺设，隧道群采用无砟轨道，其他区段采用有砟轨道。有砟、无砟过渡段多达14处。预计

2020年年底开通，线路开通后，西安至银川列车运行时间将由现在的14个小时缩短至3小时以内，旅客出行时间将大幅缩短。

◆西安大功率机车配件中心建成投用 2019年12月24日，西安大功率机车配件中心正式运行。该配件中心是中国铁路集团有限公司7个区域化大功率机车配件中心之一，由西安局集团公司牵头，组织区域内兰州局、乌鲁木齐局、青藏铁路集团公司与中车大连、株洲、大同、戚墅堰4个主机厂共同建设。配件中心设在西安机车检修段，下设宝鸡、西宁、乌鲁木齐、兰州西4个分中心，安康、延安、西安、新丰镇、格尔木、库尔勒、哈密、嘉峪关、迎水桥共9个常用料储备库。配件中心供应区域覆盖陕西、甘肃、青海、宁夏、新疆、西藏等6个省区，涉及14个机车检修运用单位，配属大功率机车16种机型2568台，具有地域跨度大、涵盖单位多、机车保有量大、涉及机型多等特点。

◆阳平关至安康铁路增建第二线工程全线通车运行 2019年12月27日15时25分，随着42096次列车缓缓从西乡站驶出，标志着国家和陕西省级重点建设项目——阳平关至安康铁路增建第二线工程全线贯通。阳安二线位于我国秦岭山脉南麓，自宝成铁路阳平关车站引出，沿汉江河谷经勉县至汉中盆地，过西乡、石泉，沿月河河谷经汉阴至安康车站，全长329.87千米。工程于2015年7月开工建设，为国家Ⅰ级电气化铁路，设计时速120千米，规划年运输能力1.2亿吨以上，远期将超过1.6亿吨。全线贯通后，新开通车站29个，对提升阳安铁路运输能力，促进陕南地区经济发展具有重要意义。该线路沿线地形地貌变化大，地质条件极其复杂。全线共有隧道71座、桥梁174座，桥隧总长148.321千米，桥隧占比高达45%，其中5千米以上的特长隧道就有3座，Ⅰ级高风险隧道有3座，控制性工程多达47处。（张宏学）

航空运输

◆概况 2019年，陕西省境内有5个运输机场，分别是西安咸阳国际机场、榆林榆阳机场、延安南泥湾机场、汉中城固机场和安康机场，其中安康机场处于迁建停航状态。辖区有航空公司（分子公司）6家，包括长安航空公司、东航西北分公司、南航西安分公司、天津航空西北分公司、深航西安分公司、长龙航空西北分公司，在陕运营的航空公司65家。省内运输机场完成运输起降381147架次，比2018年增长6.3%；完成旅客吞吐量51089539人次，增长7.3%，增速排名全国第20位，高于全国平均增速0.4个百分点；货邮吞吐量完成393262吨，比2018年增长22.9%，增速全国排名第4位，高于全国平均增速20.8个百分点。西安咸阳国际机场全年完成航班起降34.5万架次、旅客吞吐量4722.1万人次、货邮吞吐量38.2万吨，分别增长4.6%、5.7%和22.1%。大力推进“中国最佳中转机场建设”，保障中转旅客605.2万人次，增长20.8%，中转旅客占总旅客量的比重达到12.8%，提升1.6个百分点。加快打造“国际运输走廊”“国际航空枢纽”，完成国际（地区）航班2.4万架次、旅客吞吐量292.3万人次、货邮吞吐量5.1万吨，分别增长20.1%、10.5%、17.2%。

◆新开航线 2019年，西安新开芭堤雅、美娜多、名古屋、西哈努克、静冈、符拉迪沃斯托克、迪拜、里斯本、塔什干、金边、茨城、佐贺、胡志明、福冈、内比都、叶卡捷琳堡—西安—普吉、布达佩斯、伊斯坦布尔、努尔苏丹19条国际客运航线以及莫斯科、布鲁塞尔、曼谷、德里、金奈、孟买、首尔—西安—河内7条国际货运航线，国际（地区）航线累计达到88条，通达全球36个国家、74个主要枢纽和经济旅游城市，覆盖“一带一路”沿线20个国家的43个城市，初步构建起向西开放的主通道优势。

◆民航安全监管 2019年，民航陕西监管局共开展行政检查1645次，检查计划执行率100%，实施行政处罚14宗26起，对安全形势出现滑坡的9家单位（公司）进行行政约见，整改到期完成率100%。开展机坪防刮碰专项治理和机场活动区道路交通管理整治。完成对长安航CCAR-121-R5补充审定，天驹通航135部初始运行合格审定，实施通航补充合格审定57次，开展航空器投入运行前检查10次。推进通航管理平台线上运行，简化审批程序，受理经营范围变更1次、经营许可申请3次、换证申请2次。加快推进航行服务程序净空保护一体化图工作，组织召开启动会，明确目标任务、职能分工和具体要求。对17家通航企业73架航空器加装结冰探测器情况进行检查。督导空管运行工作，完成榆林、延安机场空管安全管理体系审核。协调陕西省无线电管理委员会办公室等相关部门，成功拆除2台“黑广播”发射机。对西安咸阳国际机场等8家单位开展航空安保测试。

◆民航机场建设 2019年，西安咸阳国际机场有在建及完工项目4个。

西安咸阳国际机场三期扩建工程 设计目标年为2030年，年旅客吞吐量为8300万人次、货邮吞吐量100万吨。主要建设内容为新建约70万平方米的航站楼、35万平方米的交通中心，新建2条跑道，北移1条跑道，配套建设其他配套工程。国家发展和改革委员会于2019年1月11日下达《国家发展改革委关于陕西西安咸阳机场三期扩建工程项目建议书的批复》。8月7日，完成可研行业评审会。11月18—20日，西安机场三期扩建工程可研评估会召开。

西安机场东联络通道工程 在已有南、北跑道东端新建2条“S”形联络滑行道，配套建设助航灯光、围界等设施，迁改机场专用高速公路和相关市政管线，结合三期扩建工程，预留捷运、行李、空陆侧下穿通道等设施。该工程2017年8月开工建设，2019年3月28日投运。

西安机场南三指廊航站楼工程 在西安机场T3航站楼南过街楼西侧新建面积2.3万平方米的南三指廊航站楼，地上3层结构，为国内旅客出发到达混流指廊，布置国内候机厅、贵宾候机室、商业、国内到达、办公及相关配套设施。改造T3航站楼面积2.7万平方米，主要包括国内及国际行李系统、安检通道、值机岛等设备设施的改造。该工程2018年4月开工建设，2019年8月15日投运。

西安机场南三指廊站坪工程 在西安机场T3航站楼南过街楼西侧新增27个机位，其中西区站坪新增17个机位，东区站坪新增10个机位，配套建设助航灯光、站坪照明、消防及附属设施等。该工程2018年4月开工建设。南三指廊站坪工程西区远机位于2018年10月22日投运。南三指廊站坪工程近机位和东区远机位于2019年6月19日通过行业验收，9月16日投运。

◆**空管项目建设** 2019年，西安咸阳国际机场规划建设机场三期扩建空管工程项目，主要建设西北空管运行保障基地，包括终端管制大楼、气象大楼、动力能源中心等；对已有塔台进行局部改造，配套建设航管、监视、导航、气象、通信等设施。项目建成后能够提升咸阳机场空管保障能力和服务水平，适应航空业务量快速增长对空中交通管制的需求。

西安咸阳国际机场自动气象观测更新工程 在北跑道东西两端附近各建1套自动气象站，在跑道中部新建1套跑道风向风速仪，安装闪电定位仪，沿跑道新建3套大气透射仪，东西中指新建2套云高仪，升级更新系统软件以及工作站。12月，自动气象观测更新工程通过行业验收。

◆**通用航空管理** 截至2019年年底，陕西省拥有取得经营许可证的通航企业20家，分别是中飞通用航空有限公司、西安中飞航空俱乐部有限公司、西安兰德通用航空有限公司、西安直升机有限公司、西安惠翔通用航空有限公司、西安白鹿仓通用航空有限公司、西安航空基地金胜通用航空公司、陕西中俄飞行学院有限公司、西部飞龙通用航空有限公司、陕西凤凰国际飞行学院有限公司、陕西天颖航空俱乐部有限公司、陕西天驹通用航空有限公司、陕西斯迈通用航空有限公司、陕西直升机股份有限公司、陕西精功通用航空有限公司、陕西蓝天上航空俱乐部有限公司、陕西金昊通用航空有限公司、陕西龙翼通用航空有限公司、陕西秦汉通用航空有限公司、陕西信义通用航空有限公司。陕西省全年通用航空作业及训练飞行44085.48小时，起降125059架次，分别比2018年增长30.46%和39.44%。

◆**通用机场建设** 2019年，西安市在建通用机场为航天通用机场，该机场位于西安国家民用航天产业基地一期规划区，是西安市人民政府重点建设工程，陕西省“十三五”期间重点支持的通航机场。机场距离西安市区直线距离约15千米。扩建后的航天通用机场为国家二类通航机场，总占地面积约31.33公顷，建设机场跑道、滑行道、停机坪、飞机机库、指挥塔台、生产（维修）厂房、航站楼、油库、企业孵化器、研发中心等设施。机场航站楼、指挥塔台、飞机维修厂房、研发机库等主要机场功能设施已基本建设完成。

◆**西部机场集团** 截至2019年年底，西部机场集团管辖陕、甘、宁、青4省（区）18个运输机场和6个通用机场，形成以西安机场为核心，银川、西宁机场为两翼，支线及通用机场为支撑的航空发展格局。集团拥有全资和控（参）股企业22家，员工1.8万人。全年集团完成旅客吞吐量7072.3万人次、货邮吞吐量50.3万吨，比2018年分别增长9.7%和23.1%，西安、银川、西宁机场客运量分别迈上4700万、1000万、700万数量级。

◆**长安航空有限责任公司** 2019年，长安航空有限责任公司共运营11架波音737—800飞机，全年在西安机场运输旅客193.25万人次，比2018年增长4.19%；西安市场占有率4.09%，辖区排名第7位；航班正常率83.11%，较行业平均水平高1.46个百分点，全民航排名第15位。 （雒艺霓）

道路运输

·公路客货运输·

◆**概况** 2019年，西安市有道路旅客运输经营业户108户。其中，班线客运45户，旅游客运63户。有营运客车5674辆。其中，班线客车2323辆，旅游客车3351辆。有客运等级站50个。其中，一级站7个、二级站5个、三级站5个、四级站5个，农村客运五级站32个。开通客运班线723条，平均日发班次7437次，其中高速公路客运班线343条，平均日发班次935次。全年申领、发放省际包车牌6100个、省际临时班车牌500个、市际临时班车牌5000个。帮助37名四川籍滞留打工人员顺利返乡，受到交通运输部等五部委通报表扬，西安市运管处、城南客运站“五心服务班”被评为全国春运“情满旅途”活动成绩突出集体。有道路货物运输经营业户118940户。其中，普通货运118862户；货物专用运输业务175户；大件运输131户，危险货物运输84户。有载货汽车64047辆。其中，普通货车53328辆，专用货车6993辆，危险货车3826辆。有货运站场14个。其中，一级站4个、二级站4个、三级站6个。道路运输完成货运量2.69亿吨，货运周转量393.46亿吨公里。

◆**公路养护** 2019年，西安市完成修补坑槽45729平方米，刷油弥缝263163平方米，沥青路面贴抗裂贴86040米。公路技术状况指数MQI达到90.12，路面使用性能PQI达到86.29。配备巡查系统外场设备布控球10套，完成5处服务设施改造，建成3个停车区。完成干线公路大中修工程17.44千米、危桥整治工程11座、安全生命防护工程26.62千米、桩号敷设及交通标志整治工程329.28千米、美丽干线公路创建工程39.11千米，完成计划投资7262.85万元。

◆**公路建设** 2019年，西安市西户路、

2019年6月30日，国道310西安过境公路三期项目自融雪路面铺设施工现场

国道210西安过境公路、国道211东江渡至堰南村公路前期工作进展顺利。国道310西安过境公路、省道101木岔至灞源公路改建工程、省道107西安境南段改扩建工程蓝田段建成通车。西安至阎良快速路项目方案编制完成。完成国道108周至段崩塌灾害等应急抢险任务，完成通村联组路404千米，整治通村公路“油返砂”工程416.9千米，全市所有建制村通沥青、水泥路，具备条件的全部通客车。积极开展“四好农村路”示范县创建工作，鄠邑区获“‘四好农村路’全国示范县”称号，长安区、阎良区、蓝田县获“‘四好农村路’陕西省示范县”称号，创建比例居全国同类城市前列。长安区“五化”道路建设得到交通运输部好评。

◆**国家综合交通枢纽** 2019年，西安市启动“十四五”综合交通规划编制工作，统筹推进多种交通运输方式融合发展。西安咸阳国际机场三期扩建工程取得突破性进展，机场通航点235个，航线370条，连通全球36个国家，旅客吞吐量增速居全国十大机场第3，货邮增速第1。银西高铁建设不断提速，西延、西康、西十高铁前期工作稳步推进，西安市境内高铁通车里程177千米，连通23个直辖市及省会城市。西安至法门寺、阎良至机场城际铁路征地拆迁工作顺利开展，省内首条城际铁路——西安北至机场线建成投运，“米”字形高速铁路网、“辐射+”环城际铁路网加快形成。中欧班列全年开行2133列，实际开行总量、重载率、货运量均居全国前列。外环高速公路南段控制性工程开工建设，绕城高速公路通行能力提升工程进展顺利，“二环十二辐射”高速公路网初步形成。

◆**路政管理** 2019年，西安市拆除非公路标志牌95块，清理移动式非公路标志牌2200余块、摆摊设点2110余处、洗车加水点190余处。干线公路查处违法案件87起、行政许可103起。农村公路查处违法案件40起、行政许可17起。事案结案率、追偿率均达到100%。干线公路累计检测车辆71万余辆。联合公安交管部门查处超限超载车辆867辆，卸（分）载货物4.3万吨，超限超载率稳定控制在2%以内；开展打击整治破坏秦岭野生动植物资源违法犯罪专项行动，查验车辆1.3万辆。（王嘉辉）

·城市公交汽车运输·

◆**概况** 2019年，西安市成功创建国家“公交都市示范城市”，全面推进公共交通“3个一千”行动1000千米公交专用道、1000条城市客运线路、1000万人次日均客运量，全市公交日客运量382万人次，全国排名靠前。截至年底，西安市有公交企业16家，其中国有及国有控股企业6家、民营公交企业10家。有公交车辆10179辆，有公交线路355条，线路长度6456千米，万人拥有公交车25.35标台，中心城区公交站点500米覆盖率达100%，公交出行分担率41.41%（不含地铁）。新开调整公交线路110条，其中新开51条、调整59条。

◆**出租汽车** 2019年，西安市区有巡游出租汽车14749辆，经营企业44户，日均客运量90万人次；许可网约车平台5家，网约车共6450辆，日均客运量75万人次。市区出租汽车车型以比亚迪E5、甲醇M100为主。加强出租汽车行业管理，查处出租汽车市场违规625起，驾驶员违规率为4.45%；受理投诉17904起，行业投诉处理率达100%；吊销从业资格证65本，吊扣道路运输证4本，首次收回违规出租车经营权1辆。“爱心车厢”品牌作为全国同行业唯一代表，入选全国“2018感动交通年度人物（团队）”和“全国党建创新成果十佳案例”。

◆**汽车维修** 2019年，西安市共有各类汽车维修企业3672户。其中，一类汽修企业151户，二类汽修企业616户，三类汽修企业2905户。共有汽修行业从业人员3万余人，年维修能力约400万台次，年产值约25亿元。全市906户各类型汽车维修企业实现与陕西省电子健康档案系统对接，上传维修档案数据118万条。23家综检机构执行道路货运车辆“三检合一”规定，并实现与省级检测联网平台对接。对全市1000余家汽车维修企业进行督导检查，下发督办单175份。全市有烤漆房企业1196家（含西咸新区），全部完成烤漆房深度治理。

◆**监管治理** 2019年，西安市加强路域环境综合整治，高铁沿线658处隐患点全部整治完成。深入开展“扫黑除恶”专项斗争，全面整改落实中央督导和“回头看”反馈问题，办结涉黑涉恶涉乱线索60条，开展专项整治行动1926次。加强收费公路征收管理，通行费收入比上年增长43%。严格落实“两客一危”运输企业安全生产“21条铁规”，实施农村公路安全生命防护工程286.7千米，“安全生产四项指标”平稳下降，全系统连续12年未发生较大道路运输交通安全生产责任亡人事故。

◆**公路交通系统改革创新** 2019年，西安市创新投融资体制，组建西安交通投资集团，为全市交通发展增添强力引擎。推行“双随机、一公开”监管，完成9项随机抽查事项及市场主体、执法人员信息录入，实现与省级平台深度融合。制定15条支持民营企业高质量发展措施，西安市交通运输局95%的办理事项实现“最多跑一次”，行业营商环境

2019年7月31日，西安市全新一代比亚迪E6纯电动出租车上线运营

越来越好。持续规范新业态发展，许可网约车平台5家，引进互联网租赁自行车企业2家。建立城市轨道交通运营安全联席会议制度、运营信息统计分析制度，夯实制度保障。加大新能源及清洁能源车辆推广，“绿色”公交车、出租车比率均达100%。创建陕西省地方标准《汽车维修业污染防治技术规范》，填补全国同行业空白。创新督查机制，出台《“1+3+N”督查联动处置规定》。

◆“互联网+”交通建设 2019年，西安市大力推广“互联网+”交通模式，建成西部领先的综合交通信息服务平台，实现出租汽车、地面公交、“两客一危”和普通货车等“一张图”实时监测，普通公路相关要素“一张图”查询展示，交通行业信息“一张网”链接。“西安大交通发布”微信公众号注册用户90余万人，日均查询点击150多万人次，全年发布信息1300余篇，传播指数位居西安市政务微信第1名、陕西省前3名。建成交通运输行业铁腕治霾监控平台、超标机动车治理与维护（I/M）系统平台，行业管理更加科学有效。地铁非现金支付实现全覆盖，公交非现金支付比率达到90%以上，市民乘车更加方便。上线“出租车智慧码”，在全国同行业首次实现互联网和车内设施数据打通。大力推广ETC收费，全市新增ETC用户95.69万，推广发行量全省第一。

◆慢行交通建设 2019年，西安市大力推进绿色交通和低碳交通发展，加快发展以公共自行车为代表的慢行交通，构建“公交+慢行”的绿色、健康交通体系。截至年底，建成公共自行车1943个服务站点，6136个无桩服务站点，闸机式中心站18个；投入运营公共自行车79000辆（2019年更新10000辆），日均使用量18.9万人次，单日最高使用量达35万人次，服务区域约500平方千米。此外西安有摩拜、青桔、哈罗、OFO、OXO等5家互联网租赁自行车企业，总投放量44.3万辆，为市民“最后一公里”提供出行保障。（王嘉辉）

◆“公交都市”建设 2019年，西安市完成公交客运量13.18亿人次，累计新开、调整优化公交线路97条，填补科技六路、桃园北路、红庙坡路、新兴南路等102条道路共计118.3千米路段公交空白，重点强化软件新城、曲江二期、航天基地、和生国际、火车南站、大寨路、贞观路等热点区域、路段的公交线网布局，线路重复系数由2018年年底的5.2下降到5.0，延长24条线路运营时间，优化调整公交站点110个，新增公交站点48个，让市民公交出行更加方便。西安市公共交通集团有限公司全年采购新能源车辆1082辆，其中“比亚迪”纯电动公交车1080辆、“宇通”纯电动车80辆、“宇通”12米系列纯天然气公交车100辆。拥有新能源车辆5955辆，占比77%，其中纯电动车辆4730辆，占比达到61%，成为西北地区公交电动化规模最大的公交企业。

◆公交场站建设 2019年，西安市建设火车北客站、浐河东路等11座公交停车场，安邸立交公交场站建成投运；升级更新5080组公交站牌版面，新版面较之前增加英文站名、换乘地铁标识、乘车支付标识、冬夏季车辆运行具体时间、车辆行驶方向识别标识5项内容，为广大市民和中外游客提供更加详细的乘车信息。

◆出租车发展 2019年，西安市出租汽车集团开展出租车大规模更新，更新投运“吉利”甲醇出租车2444辆、“比亚迪”E5电动出租车1971辆，其中新增出租车828辆，巡游出租车总数达到4535辆（含120辆“比亚迪”E5电动出租车）。

◆城市公共停车建设 2019年，西安市在城区和开发区非机动车道、人行道、广场以及高架桥下开发公共停车位共3624个，开展公共停车收费机制改革，自4月1日起进行调整，收费单位由1小时调整为半小时，并开展交通高峰期价格上浮机制，更好地引导错峰出行、缓解交通压力。持续推进5G地磁等高新技术在西安智能停车领域的运用，9月在全市公共停车泊位内全面实行“全电子停车自助缴费”新的停车收费管理模式，兼容目前流行的微信、支付宝、银联、西银在线、京东钱包等多种线上支付手段，方便快捷地实现车主自助缴费。

◆拓展“长安通”支付功能 2019年7月，“长安通”成功续展中国人民银行颁发的“支付业务许可证”；在2019年度中国人民银行开展的非银行支付机构分类评级中，“长安通”被评为全国预付卡机构所获最高评级BB级。全年发卡221万张，电子卡突破110万张，总量1800万张。丰富定制服务，城际铁路、景区、商城、商超、校园卡等陆续上线，App下载量485万次。联合西安航天弘发实业公司打通“长安通”与“航天智慧家园”平台，打造“西安人的商城”；通过动态链接库的商户接入模式拓展小额商户连锁门店，在346家“每一天”连锁超市和179家“唐久”连锁超市开通“长安通”便捷售充服务。

◆首发全国Chand云交通卡 2019年，西安长安通支付有限责任公司联合腾讯和深圳微付充公司，推出基于HCE技术的手机端虚拟交通卡——Chand云交通卡，成为线上交通互联互通的创新产品，为广大用户打造跨市域的便利出行体验。

◆“智慧交通”建设 2019年，西安公交手机App、微信公众号上线，实现实时公交查询、线路导乘、站点信息查询等功能，关注量突破40万次。7月，将西安市停车数据平台由政府移交西安城投集团进行升级开发和市场应用，以此为基础搭建西安智慧停车平台。9月，全市4.7万个公共停车泊位及北客站停车场全面实行全电子自动缴费，电子化收费率达65%以上。实施“北斗智慧停车云平台年卡管理系统”军民融合重点项目，采用“北斗硬科技+云数据+互联网+移动支付”技术，建立覆盖全市的公共停车服务网络平台，可解决在现有停车管理中存在的问题和不足，并对停车数据进行挖掘，为智慧城市建设提供支持，是全国范围内北斗技术在停车管理行业中的首个应用。（李丞佗）

·城市轨道交通运输·

◆概况 2019年，西安市轨道交通集团有限公司建设、运营、投资、开发“四位一体”发展成效显著，企业运行呈现良好发展态势。地铁五、六、九号线工程建设不断提档加速，二号线二期及八号线开工建设，全年完成投资181.55亿元。一号线二期建成通车，新增运营里程6千米。实现“6线齐发，9线共建”目标。

◆地铁工程建设管理 2019年，西安市轨道交通集团有限公司不断创新建管模式，强化考核管理，积极推行工期节点考核、季度评优、年度评先等措施，充分调动参建单位积极性和竞争性，工程进度不断加快；探索推行“市政代管”“市区共建”模式，简化地铁施工挖占审批程序，加大征拆力度，工程建设效率显著提高，一号线二期建设按期建成通车；五、六号线提前实现“洞通”；九号线全线15座车站全部封顶，区间基本实现洞通；十四号线3个月内完成大部分征地拆迁，工期大大缩短；三期规划上报期间，同步开展新线工可评审、征地拆迁摸排等前期工作，最大限度压缩开工准备时间，二号线二期、八号线工程获批4个月后开工，创西安地铁从规划获批到开工建设最快纪录。集团信用等级调升为AAA级，融资实现多元化，探索采用“成本规制”模式，出台《西安市轨道交通运营服务成本规制办法》，发行10亿元创行业利率最低的陕西省内首例轨道交通专项债和4.5亿元土地储备专项债券，为三期规划落地提供资金保障。

◆地铁线网运营服务 2019年，西安市轨道交通集团有限公司坚持以人民为中心发展理念，积极打造特色运营服务，不断提升运营服务品质，先后14次调整列车运行图，全线网加设暖心母婴室、便民服务台，五路口站推出“小鸣驿站”彩虹指引条服务，北客站每晚加开“爱心列车”接驳晚点高铁乘客，三、四号线推出“同车不同温”特色服务，四号线电客车动态地图增加到站时间，受到市民乘客一致好评，各类正能量事例被中央媒体报道6次，省级、市级媒体报道670余次。深入推进“智慧地铁”建设，全线网开通手机银联扫码乘车，车站试点推行“智慧安检”和“刷脸过闸”，运营管理智能化不断加快；加强综合应急保障能力建设，线网指挥中心（NCC）建成投运，运营安全保障和应急管理水平进一步提升。运营线网服务时长17小时50分钟，在我国北方城市中位居第二，日均客运量稳定在256万人次左右，最高达到330万人次，客流强度连续2年保持行业第一，运营分公司连续7年获“陕西顾客满意度测评行业最佳满意单位”；北大街站被中共中央宣传部命名为第五批“全国学雷锋活动示范点”，成为全国唯一获此荣誉的轨道交通企业。

◆地铁上盖综合开发 2019年，西安市轨道交通集团有限公司加大地铁站场上盖开发的探索研究，推动地铁建设与上盖开发同步协调发展，寻求切合西安地铁实际的健康、绿色、高质量发展之路。编制完成《西安市轨道交通用地综合开发规划和土地供应暂行规定（试行）》，为后期上盖物业开发提供上位政策支撑。配合规划部门完成三期规划项目沿线土地规划调整，启动阿房宫、侧坡及骏马村3处上盖开发项目的加盖建设。落实省级、市级“三个经济”工作部署，统筹谋划推进大项目建设，以大项目带动区域经济发展，完成火车东站片区开发项目概念规划方案竞赛和西安火车站“三路一广场”（火车站北广场和太华路立交、自强路、建强路）改造项目资产盘点前期工作。

◆地铁安全生产 2019年，西安市轨道交通集团有限公司不断创新安全生产管理体制机制，构建风险管控和隐患排查双控机制、重大风险隐患问题领导牵头治理机制和挂牌督办机制，建立风险管控责任清单和风险管控措施清单。大力实施“科技强安”，建成集运行管理、应急指挥、预警研判于一体的应急指挥中心，试点启用“AI智慧工地”，提高安全监控、隐患排查、风险预警的时效性和准确率，准确研判处理九号线部分区间暗挖隧道地面沉降预警等8起安全质量突发事件，及时消除安全隐患。全年有效遏制小事故，杜绝大事故，连续2年实现“零死亡”。运营分公司顺利通过交通运输部安全标准化考评换证，实现安全运营3000天。

◆地铁三期建设规划获批 2019年，西安市轨道交通集团有限公司在国家部委和省级、市级相关部门支持下，先后3次调整三期规划申报规模，4次组织专家评审，6月12日，《西安市轨道交通第三期建设规划（2019—2024）》顺利取得国家发展和改革委员会批复，获批7个项目150千米（一号线三期：全长10.5千米，项目连接咸阳市区；二号线二期：南北段长7千米，串连北客站北部片区和常宁新区组团；八号线：全长50千米，线网规划中的唯一环线，串连5个行政区以及4个国家级开发区，设18座换乘站；十号线一期：全长34.6千米，是连接西安主城区与渭河北岸各组团的市域快线；十四号线：全长13.8千米，2021年第14届全国运动会的交通配套项目；十五号线一期：全长19千米，串连长安区、西安高新技术产业开发区、西安国家民用航天产业基地；十六号线一期：全长15.1千米，是西咸新区纵贯南北、连接东西的轨道交通中轴线），这是新审批标准下西安市争取到的最大规模，也是全国首个获批的跨行政区域轨道交通建设规划。

◆地铁一号线二期通车运营 2019年9月26日，西安地铁一号线二期建成通车。一号线二期工程西起沣河森林公园站，东至一期工程起点后卫寨站，设4座地下车站，全长6.1千米。线路途经西咸新区沣东新城，与三期规划中的十六号线在上林路站换乘，并与一号线一期工程贯通运营，共同构成西安市轨道交通线网中的东西向骨干线路，也是陕西省首条跨区域运营的地铁线路。

◆中标哥伦比亚首都地铁项目 2019年，西安市轨道交通集团有限公司不断加快自身发展，主动融入国家“一带一路”发展战略，助力西安国家中心城市建设，紧盯国际市场，积极推动国际化发展，和中国港湾公司合作，联合中标哥伦比亚首都波哥大地铁1号线项目，在业内引起强烈反响，成功迈出国际化发展战略第一步，成为中国内地首家走出国门实现技术和管理输出的地铁企业。

（王　特）

邮政·快递

·邮　政·

◆概况 2019年，西安市邮政行业业务收入79.44亿元，业务总量112.09亿元。西安市邮政管理局组织开展全市邮政普遍服务评优评先工作，规范企业服务行为，提升服务质量水平，强化邮政行业监管效能。中国邮政西安邮件处理中心投入运营。

◆邮政行政审批 2019年，西安市邮政管理局收到中国邮政集团公司西安市分公司邮政营业场所撤销4起；邮政营业场所新增4起；邮政营业场所暂停办理普特服业务备案申请42起；邮政营业场所信息变更备案57起。在审批备案过程中，西安市邮政管理局严格执行规定，所有审批程序规范有序，档案资料整齐完备。

◆**建制村通邮监测** 2019年，西安市邮政管理局全面推进建制村通邮监测系统安装使用工作。组织召开推进会议，就建制村投递监测系统试点工作进行安排部署。补全基础数据，对建制村系统中原有1776条建制村信息进行补充、更新、删除，确保系统登记与各个建制村现有投递情况符合。安排专人负责，及时解决存在问题。派专人每日从系统导出未打卡清单，通知到人及时补齐。加强现场督导指导力度，深入各区（县）农村投递段道，现场指导投递员进行建制村坐标采集和投递打卡工作，直至问题解决。截至年底，全市完成建制村投递打卡比率97.56%。

◆**寄递渠道服务** 2019年，西安市邮政管理局开展全市“专用邮政信箱”抽查工作。要求邮政企业严格落实巡视专用邮政信息寄递服务要求，确保巡视邮件寄递渠道安全畅通。开展2019年全国邮件时限测试工作，共寄出测试件432件，回收测试邮件401件，并按要求录入系统，确保数据及时、完整、准确。开展2019年党政机关《人民日报》见报情况监测工作，安排社会监督员对全市13个区（县）的党委、人大、政府及政协部门开展问卷调查，重点对《人民日报》的投递时间频次、是否当日送达等情况进行监测，并将监测结果通过“问卷星”手机App上传至国家邮政局。

◆**绿色邮政建设** 2019年，西安市邮政管理局全面落实国家邮政局、陕西省邮政管理局行业生态环保工作目标任务，印发《西安市邮政管理局关于推动绿色邮政发展实施方案》，推进实施快递业绿色发展“9573”工程，大力推广中转箱、笼车等设备和可循环集装包、包装箱，减少编织袋、包装袋和胶带使用量，探索开展包装纸箱回收工作，全市电子面单使用率99.53%，电商快件不再二次包装快件数量占87.58%，企业使用可循环中转袋使用率88.91%，345个网点设置快递包装废弃物回收装置，超额完成年初省局下达的“9573”工程要求。赴西咸新区快递企业分拨中心对行业绿色发展进行专题调研。围绕“邮来已久、绿动未来”主题深入开展宣传活动，指导主要品牌寄递企业通过编印手册、开放电子显示屏、开展生态环保宣传、融合地方媒体、签订《绿色快递承诺书》、开展集中培训等方式加强对本品牌全体从业人员的宣传教育。加强与西安市发展和改革委员会等部门的沟通衔接，联合召开快递企业绿色发展推进座谈会，围绕快递废物回收体系建设开展讨论，推动快递行业绿色发展相关内容纳入《西安市大宗固体废弃物综合利用基地建设实施方案》和《西安市柴油货车污染治理攻坚战实施方案》，争取市发改委在申报2020年中央预算内投资生态文明建设专项资金时，将新型包装和可循环物流配送设施循环体系建设纳入申报范围，企业在西安投资额1000万元以上的项目，政府资金支持比例是投资额的15%。

（耿　君）

◆**邮政业务发展** 2019年，中国邮政集团公司西安市分公司落实中国邮政集团公司、陕西省分公司工作会议精神，深化改革，加快发展，提升服务能力，促使企业获得稳定持续健康发展，品牌形象不断提升。全年实现业务收入12.64亿元，比2018年增长9.14%，收入进度和增幅均创历史新高；实现营利6828.48万元，增长53.12%，全员劳动生产率23.23万元。公司通过国家级文明单位复审；被中国保护消费者基金会授予“重承诺守信用放心单位”称号；获2019年度“全省邮政通信服务质量先进单位”称号。

◆**邮政代理金融业务** 2019年，中国邮政集团公司西安市分公司继续把代理金融业务作为发展重点，扎实推进业务转型。树立储蓄余额发展的核心地位，以保险、理财为发展两翼，不断提升中间业务收入占比，通过客户精细化管理和拓展新业务市场，促使代理金融业务实现健康发展。全市完成金融收入6.59亿元。全市余额规模达到450.5亿元，比2019年新增42.4亿元。全市14家单位提前完成余额新增及价值存款新增2项计划。长安分公司余额年新增5.5亿元；周至分公司价值存款新增2.5亿元。保险工作方面紧抓“百亿工程”，新增考核标保98亿元，增收1600余万元。中邮保险期缴年增保费2.14亿元，中邮期缴和长期期缴均提前4个月完成全年发展目标。基金销量2.4亿元，净值型理财月日均保有量增长3.33亿元，规模达到4.07亿元，多增2.59亿元，增长345%。全市圈报项目232个，揽收资金10.4亿元。其中，樱桃项目累计揽收5600万元，领跑全省5个主产区；甜瓜揽收8300万元，列全省“遍地开花”项目第一；双微商圈建设领跑全省；新增有效双微商户3.8万户，交易金额19.14亿元，沉淀资金6.3亿元；建设示范街区24个。临潼分公司全年拓展有效商户4869户，交易笔数超200万笔。建成理财经理队伍227人，创收3700万元。打造电子城所为省级系统化转型标杆网点，建成智能化网点32个。增配柜外清系统658套，配置自助设备497台、终端设备400台、ITM 341台、验钞机190台、打印机160台，网点专业化服务能力显著提升。风险控制能力持续提升，确保企业代理金融业务健康合规发展，获全省合规管理银行化、档案会审评比第一名。全年检查金融网点2971点次，发现问题7358条，整改率100%。

◆**邮政寄递业务** 2019年，中国邮政集团公司西安市分公司通过建仓引商、项目带动等措施，全力打造“寄递翼”业务，做大快递包裹规模，促使寄递业务发展质效持续提升。实现寄递业务收入3.87亿元，比2018年增长22%。市场占有率持续增长，业务量市占比增长1.41%，收入市占比提升1.16%，16家单位完成全年收入计划，金花路、阎良区、蓝田县分公司收入增幅实现翻番。标快业务实现收入1.13亿元，增长0.5%。标快散户揽收实现收入1619.98万元，增长23.78%。同城标快散户揽收增长101.03%；法院项目实现收入770万元，完成计划目标的110%，工行项目实现标快收入138.68万元。快递包裹实现收入1.49亿元，增长66.23%。“农产品”项目实现收入5574.71万元，规模列全省第1位。阎良分公司快递包裹业务收入增幅184%，完成全年收入计划的243.07%，规模和进度均排全省89个县分公司第一位。“建仓项目”租赁仓储21处，仓储面积2.28万平方米，项目实现收入4656万元。国际业务实现收入1.17亿元，增长22%，其中国际标快收入突破千万元，创历史新高；开通陕西省第一条国际邮件全货机航空专线（西安—莫斯科）。在樱桃项目、校园项目中强力推进电子渠道下单和电子面单推广使用，通过电子渠道下单日均增长300余件，窗口热敏单使用率达到100%，热敏单整体使用率保持98%以上，高于中国邮政集团公司陕西省分公司95%的要求，促使材料成本下降45.12%。寄递事业部与渠道平台部联合开展邮路掘保，销售简易险约2000笔，收入18万元；拓展保险公司保单寄递业务，新开发保险公司保单寄递业务、个人用邮寄递业务14家；电信校园卡和工行项目收入343万余元。

◆**邮政渠道平台业务** 2019年，中国邮政集团公司西安市分公司强力推进简易险及团险项目营销规模，积极推进车财险等民生服务，紧抓春节、端午时点、中秋时点项目，立足地域农产品资源优势，打通农产品进城线上、线下渠道，助农能力不断提升，领域持续拓宽，全年收入3102.06万元，比2018年增长12.35%，多增445万元。其中，销售简易险1633万元，多增1000余万元，增长442%；收入中小学生平安保险销量186.95万元。团险营销152笔，新增保费141.93万元，实现了财产险、雇主责任险、短期出游险、建工险等多渠道突破。车险销售新增1869.19万元。达标优质“邮乐购”站点达到125家，完成中国邮政集团公司陕西省分公司计划的104.17%。发展“云闪付”用户85773户，通过邮惠购网点销售分销产品80余万元。“福至新春”“粽情端午”“月满中秋”项目订货额均列全省第1位。

◆**邮政文化传媒业务** 2019年，中国邮政集团公司西安市分公司整合内外部资源，加强产品研发，拓展销售渠道，以“开放、合作、共赢”的理念，实现基础业务创新发展，全年累计实现收入1.43亿元。集邮业务收入5923万元。线上平台实现收入420.83万元。销售《我的玫瑰花》等多款时点产品221.31万元；北关分公司开发《西安北至机场城际轨道开通纪念》邮册2019册，创收44.21万元；高新分公司开发交通银行陕西省分行定制版年册4100册，收入89.38万元。举办“金猪添福·聚惠万家”己亥年客户答谢会创收207.56万元、“壮丽70年·阔步新时代”邮票钱币高端客户品鉴会收入156万元。函件业务全年收入2857.36万元，比2018年增长9.86%。开发电影票、蛋糕卡等福利市场产品，创收144万元。土门分公司创收116万元。钟楼合作代理销售惠游陕西1600册，收入12万余元。开发近郊游项目，出行1077人次，收入8.3万元。新开办“M3新生活”“樊登读书会”等主题邮局，创收11万元。在长安、北关、周至试点开展微车展，创收6万元。金花路分公司开发老君山景区邮资门票8万枚，收入10.8万元；土门分公司开发书画大赛邮资封15万枚，创收24万元；小寨分公司开发交大创新港明信片册1万册，创收15.8万元。账单业务新开发工行约投挂号业务，创收218万元，占账单收入的36%，成为账单增收点。新增4家银企账单客户，增收8.2万元。报刊业务收入5510万元，增长3%。全市政务类图书销售227.20万元，完成年计划100.98%；销售“喜马拉雅”新媒体知识付费产品10.21万元，全省排名第4位；零售业务实现图书销售额37万元。校园报刊实现流转额1836.20万元，提前完成全年计划，列全省第一位。

◆**邮政营销渠道拓展** 2019年，中国邮政集团公司西安市分公司开展综合营销、互联网营销、总部营销、渠道营销等，推进新媒体营销载体建设，营销业绩稳步增长。全年营销团队创收1.63亿元，完成全年计划的146%，比2018年增长39.3%，人均营销196万元。高新、小寨、纺织城、阎良、蓝田、鄠邑等分公司营销团队均完成计划的170%以上。工行卡类寄递项目创收388.82万元，获得省分公司“经营类工作突出项目团队”奖，为函件业务扭负和标快业务增长发挥了关键作用。全市70个网点开通代办“公安交管”业务，打造“家门口的车管所”。参与2019年西安国际马拉松赛、2019年亚洲摔跤锦标赛、长安大学马拉松赛、2019“一带一路”中国跆拳道公开赛等项目，创收52.8万元。“西安年·最中国”项目开发纪念封、朋友圈、明信片等业务，收入92万元；在第二十九届全国图书交易博览会上设立主题邮局，开展现场宣传和邮件揽收，收入13.05万元，揽收邮件76件，实现寄递收入0.22万元；开展“‘6•5’世界环境日”宣传项目，开发朋友圈、短信、邮简等传媒业务，收入12万元；开展“‘6•26’国际禁毒日”宣传项目，开发邮简、明信片等业务，收入17万元；生肖贺岁季项目中，开发生肖邮折2000套，收入10万元；开发形象年册3900册，收入85.02万元。

◆**邮政基础管理** 2019年，中国邮政集团公司西安市分公司加强营销费用预算，申报预算3301万元，各专业营销费用率均低于标杆。全年完成21个项目，提取发放客户信息数据254万条，跨专业交叉应用数据85万余条，创收708万元，新增规模保费1.36亿元，新增期缴代理保费486万元，实现客户资产提升1220万元，发放贷款113万元。建设标快电商客户、集邮爱好者专业数据库共1600条有效信息。成立西安邮政协同委员会及8个区（县）协同委员会，制定议事规则及考核管理办法，促使集团和省级协同业务全面落地。发寄农产品进城项目1593.86万件，收入6218.69万元，数量、增收比2018年增幅分别达到96.92%和92.86%；汽车产业链项目签约并合作西安比亚迪、陕西汽车控股集团有限公司，寄递服务业务量4.3万件，收入214.28万元。ETC项目新增发卡36560张，完成计划的143.37%；惠农合作项目向辖内8家农民专业合作社发放各类贷款1369万元。走访集团、省级及以上合作社，已合作企业37家，其中标杆3家。自办保险规模领跑全省，优企贷项目全省排名第1位、全国排名第6位；第三方存管、证券新增金融资产超额完成计划；邮路掘保专项简易险营销1.43万笔，新增保额169.82万元。政务服务拓展互联网+项目实现规模化发展，23家政务大厅实现全面进驻；公安交管项目实现既定目标；退役军人卡项目全年签订合作协议9家，6家实现资金代发，卡均余额6583元，排全省第1位；社保卡新增发卡5万张，结存22万户；寄递身份证97.64万件，比2018年增长13.38%。全年投资1654万元，完成营业网点的装修改造及邮件处理场地等的改造。

◆**邮政服务管理** 2019年，中国邮政集团公司西安市分公司强化服务质量管控，持续深化“客户满意百分百”服务理念，开展普遍服务达标集中整治行动，梳理出三大类42条问题清单，完成对全公司297个普遍服务网点100%全覆盖检查督导工作。与西安市邮政管理局召开4次政企联席会，推进落实邮件收寄安全、实名收寄以及电商扶贫等工作。配合西安市市邮政管理局，以普遍服务空白乡镇网点服务、邮件收寄安全、机要邮件寄递质量为重点，对15个区（县）分公司进行30余次专项检查，未发现触碰红线的事件及重大通信质量问题，未受到西安市邮政管理局行政处罚。开展“平信丢损率压降活动”，实现全市平信“零丢损率”。在全市247个网点开通预约下单、二维码收寄以及“两推荐”业务。第三方支付业务量保持全省前列，电子面单使用率达99%以上，强化落实营业网点应用身份证识别仪收寄实名制。全年未发生触碰“两条红线”事件，未发生机要安全事故。全面加强服务质量管控。落实寄递翼改革工作要求，组织开展邮政营业、全年完成检查频次342次，形成检查报告书153份，下发整改通知书153份；复查4次，对整改成效不明显的单位进行约谈，跟进督导。全年整改通信服务质量问题600余条，整改率80%以上。加强“平安邮政”建设，强化信息网、邮件、资金等安全管理，实施营业网点、押运钞、投递场地及各邮政生产重要环节检查全覆盖。

◆基础建设 2019年，中国邮政集团公司西安市分公司寄递网能力有效提升，实物网运行质量指标逐步向好，普邮时限全部达标，投递频次、深度达到100%、建制村直接通邮率达到100%、党报县以上城市党政机关当日见报率100%。全年未发生总包邮件、给据邮件重大损失，未发生无着邮件外流等重大通信质量事故。加强车辆运能储备，新增运输外包公司5家，储备运输车辆70余台，单日最高自派加车97趟次，保障全市各生产单位用车。圆满完成樱桃、甜瓜、校园包裹、秋收会战等重大时点项目的支撑保障工作。对小寨揽投部处理场地进行工艺改造，鄠邑区邮件处理中心转盘分拣机投入试运行。配发生产设备2100余台（件），调配设备450余台/次。配备下发PDA280台，笼车160辆；更新机动车辆21台，新增电动三轮车164台，电动汽车10台。对全市58个网点柜台和机房进行线路集中整治，为西安市寄递事业部17个揽投部安装电动车充电桩。增加包快投递段道至830条，普邮投递段道调整为443条。全年快递包裹当日妥投率97.39%，标准快递及时妥投率达87.21%。对2千克以下的快递包裹进行集包作业，全年集包封发总包40447包，发寄邮件31.91万件。新成立西安同城分公司，调整市内揽投组网模式，优化作业流程，压缩中间环节，实现同城下行邮路提前约一个小时，有力保障小米、菜鸟等重点项目稳定运营。出口61个重点城市次日递率比年初提升12.97个百分点。（何丽蓉）

·快　递·

◆概况 2019年，西安市邮政管理局坚持新发展理念，依法行政，推动行业持续健康发展，取得较好成效。西安市获批第二批“中国快递示范城市”称号。西安国际港务区京东“亚洲一号”智能物流中心、西安阎良国家航空高技术产业基地为西安志成德邦物流有限公司提供300万元“三个经济”发展专项资金支持。周至县猕猴桃项目获批“全国快递服务农产品金牌项目”。鄠邑区快递企业通过集中分拣、共同配送方式推进“快递进村”，行政村覆盖率达88.8%，形成鄠邑模式。联合西安市交通运输局、西安市商务局和西安市供销合作社联合社出台《关于深化融合推动农村物流高质量发展的实施方案》，加快推进县、乡、村三级物流服务体系建设。全年全市快递服务企业业务收入62.43亿元，全市快递服务企业业务量5.39亿件。西安市在副省级城市中位列第8位，快递服务企业业务量占全省的78%，占西安市地区生产总值总量的0.8%。

◆农村快递服务 2019年，西安市邮政管理局加强农村快递服务网络建设，支持EMS、顺丰、中通等企业与周至县、蓝田县、灞桥区、阎良区、临潼区等地方政府开展农产品电商寄递合作，以猕猴桃、樱桃、甜瓜、石榴等农特产品为重点打造“农产品+电商+快递”发展模式，培育打造“一县一品”快递服务农业项目，提高农民收入，助推脱贫攻坚，服务“乡村振兴战略”，全年猕猴桃寄递量突破2200万件，甜瓜寄递量超过400万件，樱桃和石榴寄递量均超过80万件。引导鄠邑区快递企业抱团发展，降本增效，共同拓展农村快递市场，通过集中分拣、共同配送方式推进“快递进村”项目，先后在230个行政村设置快递代理点，实现邮件快件在农村地区的精准投递，从根本上解决快递末端网点违规收费现象。

◆快递行业优化营商环境 2019年，西安市邮政管理局全面推行首问负责制、首办负责制和“最多跑一次”，增强服务意识，压缩行政许可核查审批时限，提高工作效率，许可实地核查期限压缩至6个工作日，分支机构材料初审压缩至1个工作日，分支机构实地核查压缩至3个工作日，快递末端网点备案平均办理时限压缩至1天，高于全省平均办理时限。全年受理许可审批49个，通过审核19个；受理许可变更申请51次，核准变更申请18个；末端网点备案1080个。

◆快递安全生产宣传教育 2019年，西安市邮政管理局开展“送法进企业”宣传教育活动，走进快递企业分拨中心，借助企业经营会议的机会，围绕寄递安全工作实际和企业经营者与职工的法律需求，通过专题讲座、以案释法、疑难解答等形式，对快递企业广大员工开展寄递安全专题培训，为企业的安全管理“号脉、问诊、开方”。联合西安市公安局、西安市国家安全局印发《关于进一步落实寄递安全“三项制度”的通告》20000份（大幅5000份、小幅15000份）；结合工作实际印发《实名收寄、开箱验视5步工作法》5000份，印制并发放《国家邮政局、中华人民共和国公安部、中华人民共和国国家安全部关于加强国庆70周年庆祝活动期间寄递物品安全管理的通告》3000份，督促寄递企业分别在全市2000余个末端网点和1.3万辆快递三轮车上张贴，组织从业人员开展培训教育，认真学习执行，做到应知应会。

◆快递专项整治 2019年，西安市邮政管理局围绕“三项制度”（收寄验视+实名收寄+过机安检）和“三不”（不着地、不抛件、不摆地摊）治理专项整治百日行动、寄递渠道涉枪涉爆隐患集中整治专项行动、打击整治破坏秦岭野生动植物资源违法犯罪专项行动、邮政行业反恐常态化督导检查、实名收寄专项整治等专项整治行动，重点对快递企业许可备案情况、安全主体责任落实情况、“三项制度”落实情况和“三不”治理落实情况开展集中检查，发现问题，及时责令整改，对整改不力的企业严肃处理、从严处罚，同时加强对查处案件的通报、曝光力度，达到“处罚一个教育一片，关停一个警示一群”的震慑示范效应。全年开展执法检查603人次、检查企业和网点245个，约谈快递企业12家，下达责令改正通知书29份，办理行政处罚案件15起，罚款1167100元。

（耿　君）

商贸服务业·会展业

责任编辑
冯冠杰

综　述

◆**概况**　2019年，西安市消费品市场保持旺盛，总量稳步提升，销售增速保持平稳增长。西安市社会消费品零售总额比2018年增长6.0%。限额以上单位消费品零售额2494.58亿元，增长0.2%。按销售单位所在地分，城镇限额以上消费品零售额2488.39亿元，增长0.4%；乡村消费品零售额6.19亿元，下降40.1%。按消费形态分，限额以上企业（单位）餐饮收入111.57亿元，增长5.6%；商品零售2383.01亿元，下降0.1%。

◆**电子商务**　2019年，西安市电子商务交易总额突破4300亿元。限额以上企业（单位）消费品零售额中，网上商品零售额421.50亿元，占限额以上消费品零售额的16.9%，比2018年提高5.4个百分点。全市已注册的电子商务经营企业超过50000家，商贸流通领域应用电子商务的企业超过90%；经营性网站有1000多家，企业自建电子商务平台超过750个。西安支付宝用户年人均支出超过2万元。评选出20家市级电商示范企业，30名电商创业明星。举办“2019欧亚经济论坛——西安电子商务博览会”，同期举办2019欧亚经济论坛——中国西部国际电子商务大会、首届中国（西安）国际智慧城市建设论坛、2019数字贸易合作发展论坛暨中日韩跨境贸易创新发展论坛、2019中国“互联网+”精准扶贫论坛暨第二届中国县域经济电子商务发展市（县）长论坛、世界文化遗产数字化保护（西安）论坛等多场活动，达成合作意向20多项。围绕“优化营商环境、助推追赶超越”主题召开中国网络诚信大会政府恳谈会。为加快推进电商扶贫，积极培育家政扶贫，深入开展对口帮扶，引导和支持更多的电商企业投入扶贫工作，召开全市“电商兴农惠农助农暨电商扶贫”工作推进会。与西安市扶贫开发办公室和西安市农业农村局共同举办“2019年扶贫日农产品电商扶贫产销对接会”，周至县、临潼区、阎良区、高陵区、长安区、蓝田县对辖区内优质特色农产品进行推介，西安盒马网络科技有限公司等20家企业在开幕式现场签订电商扶贫产销协议，总金额3600万元。组织企业参加陕西省电商兴农扶贫启动大会暨网销产品对接会；组织区（县）16家企业参与申报商务部双品购物节；组织12家企业参加“全省网销产品对接会”；组织6家企业参加中国扶贫联盟（陕西）贫困地区特色农产品品牌推介洽谈会暨陕西省第六届农村电子商务大会；在苏州组织开展“苏陕协作·消费扶贫——陕西特色优质农产品推介展洽会暨‘源味·西安’项目启动仪式”。累计签订36项合作协议及购销合同。全市涉农区（县）已建成县级电子商务公共服务中心8个，镇级电子商务服务站55个，村级电子商务服务点613个，周至县、蓝田县实现电商功能行政村全覆盖。建成国家级电子商务进农村综合示范县2个，省级电子商务示范县1个，市级电子商务示范镇35个、示范村63个。对全市涉农八区（县）以及西咸新区农村电子商务发展情况进行专题调研，形成《西安农村电商发展路径和政策研究》调研报告。对周至县电商扶贫工作展开深入调研，形成《西安周至县电商精准扶贫案例——依托电商产业链标准化协同，实现可持续高质量精准扶贫》。结合“不忘初心·牢记使命”主题教育活动，对高陵区、蓝田县、周至县农村电商发展进行了调研，形成《西安市农村电商精准扶贫模式创新——基于周至、高陵、蓝田电商扶贫典型案例研究》调研报告。阎良区举办2019秦农助农阎良甜瓜节启动仪式暨媒体推介活动，当天贝店销售甜瓜50万千克。蓝田县举办首届电商樱桃节，开展系列直播助力消费扶贫活动，政府推介，网红带货，促进农产品销售。周至县分别举办首届“中国红·蜜桃甜电商助农”采摘活动和首届电商节新零售体验活动，2次活动共销售农产品5万千克，销售金额30万元。

◆**连锁经营服务便民**　2019年，西安市制订《西安市打造城市社区15分钟便民购物圈、餐饮圈实施方案》，出台《西安市大力推进便利店创新发展行动计划》，组织各区（县、开发区）商务主管部门与全市餐饮、零售行业品牌连锁企业对接，持续开展便利店行业改造提升培训会，积极推进进口商品进超市，社区商业消费供给、消费品质有效提升。6月，西安市参加商务部全国便利店发展大会，并在会上介绍西安经验，商务部先后3次在西安市调研了解便利店发展情况。持续开展便利店行业改造提升培训会，聘请专业讲师，解读便利店行业发展趋势、先进理念，调动便利店行业改造提升、技术赋能、打造品牌的主动性、积极性，全年开展培训6期，培训640余人次。全市新增品牌连锁便利店359家、“放心早餐”新增服务网点106个。国际知名便利店7－Eleven在西安开业运营21家门店。

◆**商贸物流**　2019年，西安市成功举办第16届中国国际物流节及第9届中国西部国际物流产业博览会，10余家央企和30多家行业知名企业及数百家物流和交通领域企业参展，会期吸引3万多人次的专业观众到场参观、学习、交流，达成多项重要合作和意向合作。推进供应链体系建设试点，截至11月底，西安市供应链体系项目建设完成进度达91%。

◆**商贸市场监测**　2019年，西安市商务局市场监测样本企业122家，监测企业覆盖11区2县，涵盖批发、零售、餐饮等主要流通行业，监测商品包括59大类155个品种。组织培训市场监测人员200多人次；完成安装商务部智能信息泵企业7家69个门店。落实“黄金周”“小长假”市场监测任务，进一步加强生活必需品、应急商品等8个专项日常监测。全年上报商务部、陕西省商务厅和中共西安市委、西安市人民政府市场运行分析32篇，商务预报信息227篇，被商务部采纳发布51篇，文章原创发布数153篇，被新闻媒体采用7篇。

◆**维护商贸行业安全稳定**　2019年，西安市商务系统继续深入开展创建“平安企业”活动。西安市商务局与区（县）商务主管部门、部分企事业单位签订《商贸行业安全生产、消防安全责任书》。指导区（县）商务主管部门，督促行业单位开展员工岗前安全教育和定期轮训，进一步增强员工安全意识。修订完善应急预案，进行演练，提高处置能力。结合行业特点，组织区（县）商务主管部门与辖区大型商场、超市进行消防安全演练70余场次，使企业自防自救能力有效提高。重大节假日组织开展安全生产、消防安全督查工作，对检查发现的隐患逐条向被检单位提出整改要求意见，全年未发生重大安全事故。

◆**商贸设施建设**　2019年，西安市新开业规模以上商业综合体14个，新增商业面积125万平方米，其中凯德广场·御锦城、中登购物广场、汉华城、沣东新城吾悦广场、首创奥特莱斯、高新区益田假日里等项目体量达到10万平方米以上，这些大体量优质项目主要集中在西安浐灞生态区、西安经济技术开发区、西安曲江新区、西安高新技术产业开发区、西咸新区等城市新区，加快城市新区商圈形成，对国际消费中心城市建设起到基础支撑作用。

◆拍卖业 2019年，西安市52家拍卖企业举办拍卖会349场次，成交额46.94亿元，比2018年下降12%。其中，房地产成交额28.12亿元，增长260%；产权成交额2.2亿元，增长209%；艺术品成交额1.29亿元，增长64%；其他类成交额14.93亿元，比2018年下降幅度较大。佣金收入5478.97万元，增加12%；上缴税金392.41万元，增加41%。有10家拍卖企业在行业领跑，拍卖额上亿元，分别是陕西国衡拍卖有限公司10.76亿元、陕西瑞通拍卖有限公司7.4亿元、陕西佳士德拍卖有限公司2.8亿元、陕西天龙国际拍卖有限公司2亿元、西安市公物拍卖行1.7亿元、陕西中财拍卖有限公司1.6亿元、陕西盛大拍卖有限公司1.6亿元、陕西宝隆拍卖有限责任公司1.4亿元、陕西西部拍卖有限公司1.5亿元、陕西永乐拍卖有限公司1.3亿元，拍卖额过千万的企业6家，成交额百万以下19家。

◆打击侵权假冒 2019年，西安市商务局按照《中共西安市委 西安市人民政府关于印发〈西安市市场监督管理局职能配置内设机构和人员编制规定〉的通知》（市办字〔2019〕120号），顺利完成向西安市市场监管局移交西安市打击侵犯知识产权和制售假冒伪劣商品工作领导小组办公室职能有关工作。

◆自贸试验区改革创新 2019年，陕西自贸试验区西安区域坚持以制度创新为核心、以可复制可推广为基本要求，全力推动各项改革任务，形成一批改革创新经验。聚焦制度创新初步形成可复制可推广的“西安样本”。新增84项创新案例，其中“通丝路——跨境电子商务人民币业务服务平台”等3项在全国复制推广，“全城通港”“政策兑现进大厅”等14项在陕西省复制推广。出台《深化陕西自贸试验区西安区域改革创新若干措施》，从加快营商环境建设、鼓励支持金融创新、引导产业聚集发展等7个方面提出31项具体支持措施，为自贸试验区高质量发展提供有力支撑。创新政府管理方式，引领营商环境不断优化。建立“一口受理、并联审批”工作机制，在自贸试验区启动“证照分离”改革全覆盖试点，将涉企经营许可事项试点扩大到533项，通过“事项上线、资料容缺、流程简化、服务延时、信用监管”等手段实现政府管理效能的全面提升。深化自贸试验区试点任务，加大外贸优势培育，利用“国际陆港”区位优势，加快布局跨境电商等贸易新业态；建设“通丝路”跨境电子商务人民币结算服务平台，提升对外贸型企业的服务水平；创新海关监管模式，升级建设海关辅助管理信息平台，实现货物状态分类监管。全年自贸试验区西安区域进出口总值2469.2亿元，占西安市进出口值的76.1%，占陕西省进出口值的70.2%。深化国际产能合作，推进中欧国际合作产业园建设，建立哈萨克斯坦农产品原料基地、阿拉山口加工贸易集散中心。创新中欧班列运营模式，开行跨境电商出口专列，开通“襄西欧”“徐西欧”“蚌西欧”“冀西欧”国际货运班列，中欧班列西安集结中心加速形成。中欧班列（“长安号”）开行2133列，运送货物总重达180.2万吨。截至年底，自贸试验区西安区域新增市场主体46001家，注册资本5270.12亿元。 （汤 蕾）

招商引资

◆概况 2019年，西安市按照招大引强、突出重点、补链强链的招商思路，紧扣以商招商、专业招商、产业招商、技术招商、人才招商，不断创新招商引资方式，创新工作思路，实施精细管理，加强过程督导，推出新模式，搭建新平台，开拓新渠道，出台新举措，全面提升招商引资水平。全年实际引进内资3443亿元，比2018年增长10.55%，完成省考目标任务3426亿元的100.50%；实际利用外资70.57亿美元，增长11.08%，完成省考目标任务69亿美元的102.28%。

◆重大招商项目 2019年，西安市投资合作局大力推动中共西安市委、西安市人民政府“十项重点工作”落地落实，成立10个工作专班和督导办公室，瞄准发展“三个经济”、建设“先进制造业强市”等目标，重点引进一批重要税源性项目，提升产业优势项目和聚链、补链、强链项目。在引进先进制造业方面，新恒业新能源产业基地、众邦国际电工产业园研发和生产基地、比亚迪高端智能终端产业园等重大项目顺利落地，为打造“先进制造业强市”积蓄发展后劲。在引进研发中心和总部企业方面，引进全国互联网百强榜单中企业合作项目14个，促进华为鲲鹏生态创新示范园区、中兴生态链产业园、腾讯云计算研发中心、华润集团城市副中心等重大高科技项目落户西安；东华软件、滴滴出行、中国普天等企业纷纷在西安设立丝路总部。在引进文旅融合产业方面，与中粮集团、万科集团等达成战略合作框架协议，华侨城沣东大型文旅项目落地顺利，引进建成高品质酒店、精品快捷酒店14家，有力带动文旅融合产业升级提档。

◆招商引资改革创新 2019年，西安市投资合作局积极搭建全市招商引资政策

2019年5月12日，以“共享丝路机遇 共创西部未来”为主题的第四届丝绸之路博览会西安市投资环境推介暨重点项目签约仪式举行

机制，初步形成《关于加强统筹推进招商引资工作的实施意见》《关于鼓励开展委托招商的指导意见》《重大招商引资项目评审暂行办法》。出台《招商引资咨询评审专家库工作规则》《利用外资考核办法》，整合《招商引资优惠政策汇编》。由西安市招商引资工作领导小组办公室牵头，每季度召开全市招商引资专题会、每周组织重点项目推进会，分析研判形势、强化工作调度、助推项目落地。全年召开项目推进会35次，推进项目872个（次）。创新优化招商引资平台。第四届丝绸之路国际博览会暨中国东西部合作与投资贸易洽谈会期间，举办西安市投资环境推介会暨签约大会、2019年对话美国硅谷科创企业、国企之家经贸创新合作论坛、中日卫生健康产业合作恳谈会等一系列引领性、导向性、国际性的会议和促进活动，签约合同项目458个，总投资8090.41亿元。其中工业类项目145个，比2018年增长40.8%，总投资1751.60亿元，增长21.6%，项目质量和产业层次均显著提升。欧亚经济论坛期间，组织“丝绸之路经济带产业创新合作论坛暨‘一带一路’先进制造业项目路演”，签约先进制造业项目8个，总投资86.25亿元。第二届中国国际进口博览会期间，举行招商引资专题推介会8场，签约项目3个，总投资42亿元。陕粤港澳经济合作活动周期间，签约新能源、文化旅游等产业项目5个，总投资103.88亿元。西商大会期间，签约项目13个，总投资194.1亿元。围绕主导产业精准推介。首次在上海、广州、美国硅谷等地举办汽车产业发展论坛暨产业配套投资恳谈会、人工智能产业项目交流洽谈会、中国（陕西）—美国（硅谷）产业合作交流会、“古都新机遇”CHAT下午茶等多场“小而美”“小而精”的专题产业推介会，外界对投资西安关注度不断提高。

◆招商引资政策体系建设 2019年，西安市投资合作局深挖优势资源精准宣传，优化礼遇服务，营造最优营商环境。梳理提炼西安优势投资资源，突出国际化视野和地域性特征，编制个性化西安《投资手册》（中、英、日、韩、俄文版）、《重点招商项目册》、《优惠政策汇编》、《投资地图》等招商宣传资料，为企业提供精准投资参考。深入重点区域精准对接。采取叩门招商、小分队招商等多种方式，赴珠三角、长三角等国内重点区域和欧美、日韩和中国港、澳等资金来源地，开展针对性推介洽谈，不断巩固扩大招商引资成果，全年外出招商活动比上年提高一倍。组织赴南京、武汉、杭州等多个城市学习调研，常态开展信息监测、制度分析、线索跟踪，形成针对性产业招商调研报告25篇，向中共西安市委、西安市人民政府专报招商引资情况96篇，为全市招商引资统筹发展提供有力决策参考。落实32名经济顾问、84名招商大使及知名企业家礼遇服务，建立落实经济顾问、招商大使“一对一”精准对接情况月报机制，搜集各类招商线索和问题9条。丰富活动载体，深化企业家联络交流。搭建企业家交流平台，组织开展外商企业家沙龙欧美专场、文商旅融合发展主题沙龙，营造政企合作、共谋发展的良好氛围。创新招商模式，凝聚广泛招商合力。加强与咨询机构、中介机构、产业联盟、行业协会的合作，积极参与重点产业、龙头企业举办的供应商、合作伙伴、产品发布等行业大会，进一步扩大西安影响力。

◆招商引资服务能力建设 2019年，西安市投资合作局印发《关于积极有效利用外资推动经济高质量发展的实施意见》，出台14条外资扶持政策，下放外企投资备案权限，扎实开展外商投资企业联合年报工作，参报率、合格率均创历史新高，促进外商投资稳定增长。发布《总部企业资格认定及奖励政策申报指南》，兑现《西安市支持总部企业发展若干政策》，争取省级支持资金2168万元。实现全市区（县）、开发区调研全覆盖，深入100余家企业实地了解情况，倾听企业期盼，协调解决问题。强化重大招商引资项目服务，实现专班对接、专人服务、全程跟踪，落实“一个项目、一名领导、一套专班”项目跟踪服务机制。建设并启用招商引资项目管理信息系统，围绕招商项目“开工注册率、资金到位率、竣工投产率”3个关键环节，落实从洽谈签约到竣工投产全过程考核跟踪服务机制。截至年底，2017—2019年全市丝博会签约合同项目开工注册率93.96%，资金到位率91.55%，竣工投产率54.15%，呈逐月攀升态势，其中2019第四届丝博会签约合同项目开工注册率86.18%，资金到位率91.08%，竣工投产率29.39%。

◆招商引资人才建设 2019年，西安市投资合作局按照“请进来、走出去”基本思路，举办2期全市招商引资工作综合业务培训班，开展项目信息化管理培训、外商投资业务等专题培训，首次开展异地合作培训，组织优秀招商干部赴上海复旦大学脱产培训；发挥种子人才“酵母”作用，浓厚比学赶超意识，精心组织招商推介擂台赛和业务分享会，全年举办业务分享会18场，累计培训460余人（次）。坚持在实践中锤炼考验干部，积极营造担责不避责、知难不畏难、务实抓招商的干事氛围。组织招商活动382次，会见企业3642家（次）、会见客商4717人（次），平均每个工作日都有招商项目对接，对接企业客商次数频率比上年增加一倍以上。（刘成峰）

对外及对港澳台经济贸易

◆概况 2019年，西安进出口总值3243.06亿元（占陕西省的92.24%），比2018年下降1.84%。其中，进口1512.85亿元，增长12.36%；出口1730.2亿元，下降11.61%。一般贸易增长8.9%，加工贸易下降7.75%。一般贸易进出口657.65亿元。其中，进口279.79亿元，增长9.74%；出口377.86亿元，增长8.29%。加工贸易进出口2030.93亿元。其中，进口968.5亿元，增长1.29%；出口1062.42亿元，下降14.69%。对香港、美国贸易额下降明显。前5位贸易国家和地区为：中国台湾、韩国、中国香港、美国、日本。对中国台湾进出口772.1亿元，占全市进出口总值23.8%，比2018年增长15.43%。其中，进口572亿元，下降0.76%；出口200亿元，增长116.22%。对中国香港进出口339亿元，比上年下降44.19%。对美国进出口259亿元，比上年下降33.68亿元。民营企业进出口782.72亿元，增长13.16%，占全市进出口总值的24.14%。其中，进口238.36亿元，增长110.51%；出口544.36亿元，下降5.9%。外资企业进出口2232.32亿元，下降5.69%，占全市进出口总值的68.83%。其中，进口1168.81亿元，增长5.83%；出口1063.5亿元，下降15.79%。国有企业进出口214.61亿元，下降11.94%，占全市进出口总值的6.62%。其中，进口93.84亿元，下降26.74%；出口120.78亿元，增长4.46%。

◆服务外包 2019年，西安市受国际贸

西安市2019年贸易进出口情况

	进出口总值（万元）	进口总值（万元）	出口总值（万元）	进出口同比增长率（%）	进口同比增长率（%）	出口同比增长率（%）
总值	32430561	15128494	17302067	-1.84	12.36	-11.61
国有企业	2146071	938366	1207704	-11.82	-6.65	4.61
中外合作	978	50	928	-30.33	-88.17	-5.66
中外合资	1775051	875496	899555	1.58	-4.51	8.32
外商独资	20547155	10812597	9734559	-6.28	6.78	-17.49
集体企业	12162	9613	2549	39.53	132.18	-44.30
私营企业	7826663	2383191	5443471	13.25	110.48	-5.80
个体工商户	500	362	139	255.3		-1.32
其他	121981	108819	13162	24.24	21.52	

易摩擦的影响，服务外包龙头企业美光半导体、中兴通讯、英特尔移动通信外包业务出现大幅下滑，造成全市完成服务外包合同金额和执行金额比上年下降。其中，完成合同金额20.86亿美元，比2018年下降11%；完成执行金额18.26亿美元，比2018年下降7.45%。承接离岸外包业务国别市场达到72个国家和地区。市级财政安排服务外包专项资金支持服务外包园区及企业项目84个，金额总计1517.86万元。10月24日，在西安高新技术产业开发区成功举办第三届全球程序员节。9月，在碑林区举办新光奖中国西安第八届国际原创动漫大赛活动。组织西安服务外包协会、高新区等园区以及重点外包企业赴德国、丹麦、瑞典宣传推介西安市的投资环境、产业特色及支持服务外包发展的相关优惠政策。组织参加第六届中国北京国际服务贸易交易会、第十七届中国大连国际软件和信息服务交易会、2019年全球服务外包大会、第16届东盟博览会动漫展、中国国际进口博览会等活动。在31个服务外包示范城市（2017）综合评价排名中，西安市位列第18位，在15个中西部和东北地区示范城市中位列第5位。西安点告网络科技有限公司成功入选2019中国数字服务暨服务外包领军企业。

◆口岸建设 2019年，西安市贯彻落实国务院《优化口岸营商环境促进跨境贸易便利化工作方案》、财政部等6部委《清理口岸收费工作方案》，以及陕西省、西安市关于提效降费及清理口岸收费工作实施方案要求，全面实行口岸收费目录清单制度，降低进出口环节合规成本和企业运营成本。积极推进“三互大通关”建设，通过制度创新、优化监管模式和通关流程等，进一步压缩通关时间，提高口岸通关效率，提升贸易便利化，共商共建高效便捷大通道。先后接待湖北、重庆及成都、沈阳、长春、兰州、乌鲁木齐等省、市部门来西安考察交流口岸及跨境电商综试区建设经验，口岸跨区域交流合作范围进一步扩大。组织相关部门、开发区赴郑州、青岛、杭州等城市考察学习，推进全市口岸跨区域协同发展。全年获批9个指定口岸资质（植物种苗指定口岸正在申请验收），指定监管场地数量在全国属于领先水平。航空口岸获批6个指定口岸（冰鲜水产品、食用水生动物、水果、药品、肉类，植物种苗指定口岸待验收），铁路口岸获批3个指定口岸（粮食、肉类、整车）。

◆跨境电商综试区建设稳步推进 2019年，西安市围绕打造“六园区两中心，构建跨境电商数字港”建设思路，分别建立空港新城国际快件跨境电商产业园、邮政跨境电商产业园、曲江跨境电商文化数字港、高新区出海港跨境电商产业园、国际港务区保备跨境电商产业园和空港新城保备跨境电商产业园及两个国家跨境进口展示展销分拨中心。吸引天猫国际、考拉海购、京东、蜜芽、敦煌网等知名电商平台入驻。吸引近千家跨境电商及供应链企业入驻，从业人员超过3万余人，产业聚集效应进一步凸显。中国（西安）跨境电子商务综合试验区跨境电商进出口额达132亿元。

◆中欧班列“长安号” 2019年，西安市向西、向北开通西安至中亚、欧洲等10条主干通道，覆盖丝路沿线45个国家和地区；向东与青岛、宁波、天津等沿海港口合作开行货运班列，辐射日本、韩国等地区。加快内外通道和区域性枢纽建设，襄西欧、蚌西欧、徐西欧、冀西欧相继开行，与日照港、唐山港以及中远海、中铁联集等央企签约合作，全力打造中欧班列（西安）集结中心，进一步促进长安号实现高质量、市场化、可持续开行。中欧班列长安号全年开行2133列、87456车，是2018年的1.7倍，运送货物总重达180.2万吨，是2018年的1.5倍，班列开行量、重箱率（全年100%）、货运量等指标均位居全国前列。

◆国际经济合作 2019年，西安市对外实际投资额1.17亿美元；对外承包工程完成营业额30.15亿美元，新签合同额38.19亿美元，其中“一带一路”国家完成营业额16.62亿美元，占比47.96%，新签合同额20.08亿美元，占比52.59%；引导企业从传统建筑业向拥有核心技术的服务贸易转变。中国中铁一局集团有限公司、西电国际、华山国际等重点企业，发挥自身优势和核心技术，引领带动作用明显，在非洲、南美洲、东南亚和中亚市场的品牌效应显现；发挥专项扶持资金最大效应，支持企业16家36个项目，总金额349.63万元。截至年底，西安市有境外投资企业311家，对外劳务合作企业11家。西安市对香港境外投资企业共计66家，累计协议投资额26.64亿美元。其中，陕西延长石油（集团）有限责任公司投资9.73亿美元，主要从事投资控股，石油、天然气以及其他能源资源投资，石油、天然气以及其他能源资源的勘探、开发、经营及其相关生产；陕西延长石油国际勘探开发工程有限公司投资1.03亿美元，主要从事石油、天然气、煤炭及其他能源资源投资、勘探、开发、经营及相关产品的国际贸易，隆基绿能科技股份有限公司投资2.99亿美元，主要从事单晶硅、多晶硅原料及制品进出口业务；西安城市基础设施建设投资集团有限公司投资2.98亿美元，主要从事商务服务、进出口贸易及服务。（汤　蕾）

日用工业品商业

◆成品油零售体系建设　2019年年底，西安市有在营业加油站493个。其中，中石油公司加油站150个，中石化公司加油站68个，延长壳牌公司加油站113个。三大公司有加油站331个，占全市在营加油站总数的67%；其他社会加油站162个，占全市在营加油站总数的33%。配合生态环境部门推进92个年销售汽油5000吨以上加油站安装油气回收自动监控设备。全市加油站地下油罐防渗改造工作顺利完成。制定“黑加油站点”流动加油罐车整治方案，召开全市推进会，建立市级部门督导包抓机制，定期开展巡查排查，整治加油站经营标识，加强散装汽油销售管理和部门协同联动，严查成品油市场违法违规经营行为。

◆二手车流通行业　2019年，西安市商务局按照《二手车流通管理办法》规定和陕西省商务厅相关要求，进一步加强西安市二手车流通行业监管，规范交易行业秩序，促进二手车行业健康有序发展。截至年底，西安市到商务主管部门备案的二手车流通企业共计70家。其中，二手车交易市场26家，经销企业24家（含新车4S店9家），二手车拍卖企业10家，二手车鉴定评估机构10家。全年交易二手车22万辆，实现交易额168.4亿元，交易量比2018年增长22.2%，交易额增加53.1%。

◆再生资源回收行业　2019年，西安市开展生活垃圾分类再生资源回收体系建设工作。编制《西安市再生资源回收体系建设工作实施方案》《西安市再生资源回收体系建设导则》，并以西安市城市管理委员会名义印发。全市将建立由可回收物暂存点、再生资源回收服务点、再生资源分拣中心以及再生资源交易市场四级构成的再生资源回收体系。各区（县）、开发区根据辖区实际情况进行布点，按照每2500户居民设1处，或每个社区（行政村）设，1处，或服务半径1千米设1处回收服务点，并在布点困难区域设置自助型和流动型回收服务点。通过规范建设，再生资源回收服务点将实现地面硬化、密闭经营，符合环保以及行业标准等有关要求。将使网点布局更加合理，硬件设施显著提升，市民参与更加便利，更好促进垃圾源头减量化、资源化。持续加大行业宣传，利用西安朝辉再生资源教育基地6700平方米展厅，展示再生资源艺术品、电影和图片，唤醒公众节约资源、变废为宝的意识。该基地自2018年建成以来，累计接待社会各界人士约3万人次，其中青少年1.8万人次。

◆报废汽车　2019年，西安市回收报废车42826辆，拆解41918辆，拆解率为97.88%。

◆煤炭市场　2019年，西安市在未完成清洁取暖改造的区域新设定点洁净煤销售网点5个，与洁净煤销售企业签订供货协议，统一洁净煤供应。全市共有定点煤炭经营场所17个。其中，煤炭交易市场3个，山区及遗址保护区网点14个。全市定点煤炭经营场所销售煤炭904397吨。其中，煤炭交易市场销售903710吨，煤炭经营网点销售687吨。（汤　蕾）

饮食服务业

◆概况　2019年，西安市举办2019“中国菜”艺术节暨陕菜国际美食文化节，编印《味·道——西安美食图鉴》一书，分送省市级各单位和全市大型餐饮企业和酒店，推广宣传西安美食。多次组织全市餐饮和老字号企业参加省内外大型活动，促进与国内外餐饮和老字号企业交流，参加“第十六届中华老字号博览会”，提升西安老字号品牌影响力。在全市开展“西安名吃”和“西安老字号”认定工作，出台认定标准，计划评审认定50家西安名吃、50家西安老字号。协调餐饮和老字号企业与美团、百度外卖、口碑、等电商进行深度合作，帮助餐饮和老字号企业转型发展，挖掘自身潜力，拓宽销售渠道。积极推进餐饮行业标准化制定、标准化试点及服务质量提升工作。（汤　蕾）

◆“2019陕菜丝路国际美食文化节”　2019年，西安市弘扬中华餐饮文化、促进陕菜走向世界、打造西安国际美食之都，举办“2019陕菜丝路国际美食文化节”，进行国际厨艺技艺交流和中国菜、陕菜宴席展。国际烹饪技艺交流单位丝路沿线国家和地区10名国际厨艺大师及助手20人与10名陕菜大师及助手20人参加会议。中国烹饪协会组织15个省、市、自治区协会及企业共75人参加，每个省（市、区）5人；陕菜品牌企业15家75人参加，每个企业5人。国际厨艺大师和中国烹饪大师10人组成评委团。参加中国菜文化艺术节暨丝路陕菜国际美食节的全体代表和西安部分饭店餐饮企业到场观摩。本次活动为餐饮相关企业提供一个良好平台，为中国菜和陕菜的传承发展起到积极推进作用。

◆餐饮行业管理与服务　2019年，西安市积极推动西安国际美食之都建设，深入挖掘陕菜餐饮文化内涵，加快推进老字号保护和促进工作，提高“西安老字号”和“西安名吃”社会知名度，引导大众消费和餐饮业创新发展，组织开展“西安老字号”和“西安名吃”认定工作，有上百家企业参加到此次评选活动中。在《西安市控烟吸烟管理办法》实施1周年之际，西安饭店与餐饮行业协会呼吁全市饭店与餐饮企业，以创建无烟餐厅行动为契机，提升餐饮环境和服务水平，将全市饭店与餐饮行业打造成无烟西安的新亮点。加强餐饮业食品安全体系建设，促进有机农业和高端餐饮企业合作发展，西安饭店与餐饮行业协会联合陕西黄马甲物流配送公司举办引领新时代安全健康绿色食材潮流活动，组织30多家有影响力的企业去黄马甲生鲜物流平台进行参观考察，了解黄马甲生鲜发展历程、生鲜蔬菜基地情况、物流配送情况、食品安全管控以及社会服务提供情况，向餐企展示绿色有机农业的现代科技和发展现状，搭建互动平台，实现合作共赢。西安市商务局主办“2019西安餐饮业创新发展大会”，西安饭店与餐饮行业协会推荐的10家企业获奖。加强与西安商业联合会、陕西餐饮商会、扶风商会、西安市钢铁协会、西安宿州商会、西安市泾阳商会、西安市贵州商会等商协会的合作，共谋发展前景。（张丽虹）

蔬菜副食业

◆概况　2019年，西安市采取有力措施，加强市场监测调控，应对蔬菜等副食品市场价格波动，加强分析预警，积极应对市场波动。元旦至春节期间，西安市商务局应对极端天气导致菜价上扬的影响，满足中低收入家庭日常生活需求，保障市场供应，投放大白菜、莲花白、白萝卜、胡萝卜、大葱、冬瓜、南瓜、土豆、洋葱等9个品种的政府储备菜15500多吨。全市市场蔬菜交易量稳中有升，全年达865万余吨，充分保障了市场供应。

◆重要商品储备 2019年，西安市商务局积极做好重要商品储备。对猪肉、白糖、食盐等重要储备商品严格管理，坚持每季度对承储企业进行实地检查，督促企业定期轮换更新，保证储备商品落实到位。有效应对异常天气等不利因素对蔬菜供应影响，采取静、动态储备等方式，储备不少于9个品种的2.1万吨冬、春季蔬菜，确保主城区3至5天消费。

◆农产品流通体系建设 2019年，西安市根据中央和陕西省关于推动农商互联完善农产品供应链等相关文件精神，结合西安市区域优势特色农产品产业发展现状及农产品供应链体系建设实际，推荐上报并评审通过3个农商互联项目，争取中央资金1000万元。根据《陕西省2019年农产品流通供应链创新与应用试点项目建设实施方案》，推荐上报并通过评审1个供应链创新项目，争取升级商贸流通专项资金60万元。根据陕西省商务厅要求，推荐4家连锁生鲜市场参加省级标准化菜市场试点建设，已经全面完工并试营业。

◆农超对接 2019年，西安市组织100余家商贸流通企业参加在曲江国际会议中心举办的汉中—西安农商互联恳谈及特色农产品推介会，西安电子商务协会等企业签订农产品销售协议16个，贸易额达3.42亿元。先后组织20余家商贸流通企业，赴安康、商洛进行区域对口帮扶工作，并签订《农产品产销对接合作框架协议》。组织24家商贸流通企业参加商务部组织的2019全国农产品产销对接扶贫会，西部欣桥农产品物流中心等企业共计签约2.44亿元。

◆肉菜追溯规范化运行 2019年，西安市肉菜流通追溯体系运行工作稳步向前推进，按照《西安市肉类蔬菜流通追溯体系运行考核标准及奖励办法》，紧扣各项指标，紧盯目标单位，通报检查结合，实现常态化考核，不断探索可持续发展的追溯新模式。全市肉菜流通追溯体系试点单位有148家，追溯网络覆盖面与2018年基本持平。其中，屠宰场12家，批发市场2家，农贸市场17家，外埠肉备案中心4家，大型超市60家，配送中心4家，团体采购单位49家，涉及16个区（县）、开发区。截至11月底，全市肉类蔬菜流通追溯管理平台累计接收追溯数据2770.25万条，向国家平台上传有效数据2682.64万条，上传率96.84%，比2018年有明显增加。根据平台监测数据对比分析，全年西安市肉菜流通追溯体系运行总体平稳有序，稳中有升。（汤　蕾）

粮油业

◆概况 2019年，西安市发展和改革委员会深入贯彻落实国家粮食安全战略，以保障全市粮食安全为着力点，全面落实粮食安全责任制，不断提升市场保供稳价能力，加快实施“优质粮食工程”，积极融入“一带一路”建设，大力发展粮食产业经济，加强粮食流通监管，保证全市粮食市场供应和价格基本稳定。对全市40家企业61个实际储存库点488个仓房（货位）共60.3万吨政策性粮食库存数量和质量情况进行全面普查，检查发现问题56项，已全部整改到位，确保政策性粮食“数量真实、质量良好、储存安全”。争取中央和陕西省补助资金1000万元，支持爱菊集团在哈萨克斯坦新建2.5万吨油料立筒仓和日加工600吨的油脂浸出车间，在阿拉山口新建6000平方米的成品物流库，在西安国际港务区新建2万平方米主食和豆制品加工车间，在哈萨克斯坦境内组建新型订单农业合作社，推广原料种植10万公顷，完成投资1.5亿元，基本建成“北哈州—阿拉山口—西安”三位一体的“关节枢纽体系”，全力打造跨国粮油全产业链。支持爱菊集团从哈萨克斯坦进口小麦7000吨、面粉1.2万吨、食用油1.2万吨、菜饼1.58万吨，满足市民群众对绿色优质粮油产品的消费需求。

◆粮食市场保供稳价 2019年，西安市收购粮食120万吨，销售粮食211万吨，分别完成全年目标任务的109%和168%。粮油调控和储备保障能力不断增强。制定《市级储备粮轮换管理办法》，完成11家企业217个仓房62个油罐的市级储备粮油承储资格认定，设定粮食收购和出入库质量安全必检项目，规范储备粮油管理。及时调整优化储备布局，改变应急成品储存形态，确保市级储备粮油储存安全。适时组织轮换市级储备小麦11.4万吨，食用油28350吨。粮食产销合作平台不断拓宽，与兰州、银川、西宁、乌鲁木齐签订西北五市粮食安全战略合作协议，建立长期稳定的粮食产销合作关系。举办“西安国际粮油高峰论坛”，组织粮油企业参加粮食交易会，全年调入粮食171万吨，调入油脂7万吨，保证全市粮食供需总量基本平衡。在第二届中国国际进口博览会上，西安市发展和改革委员会组织企业与哈萨克斯坦粮食企业签订10万吨小麦和12万吨油料采购合同。成功举办2019年世界粮食日和全国粮食安全宣传周活动，引导市民群众节约粮食、健康消费。鼓励企业积极探索粮食数字化销售模式，爱菊集团分别与黄马甲物流配送公司、景兆科技公司签订营销战略合作协议，西安西粮实业有限公司与京东云仓、人人乐联合成立西粮运营服务中心，拓展优质粮油产品线上销售渠道，构建高效便捷的粮油供应网络。根据粮油市场需求变化趋势，加强粮源调度，增加适销对路粮油产品的投放力度，有效满足市场需求。

◆“优质粮食工程” 2019年，西安市发展和改革委员会优化完善《“优质粮食工程”三年实施方案（2017—2019年）》，为“优质粮食工程”项目争取中央和陕西省补助资金3300万元。建设粮食产后服务中心4个、主食产业化项目4个，创建“中国好粮油”市级示范企业2家，实施订单优质小麦1.2万公顷，增加绿色优质粮食产品供给，促进农民增产增收。

◆粮食基础设施建设 2019年，西安市发展和改革委员会制定《全市粮食行业深化改革转型发展的实施意见》和《关于促进国有粮食企业深化改革高质量发展的指导意见》。推进委属6家国有企业集中统一监管，已完成清产核资等3个阶段的工作任务。安排市级粮食发展专项资金342万元，重点支持市粮油质量检验中心和西粮实业有限公司粮食产后服务中心等4个项目，大幅提升西安市粮油质量检验检测能力，改善企业基础设施条件。完成13个粮库智能化升级改造项目施工任务，大幅提升粮食仓储管理现代化水平。（刘　杰）

烟草专卖

◆**概况** 2019年，西安市烟草系统实现税利37.9亿元，比2018年增长6.14%。陕西省烟草质量监督检测站西安延伸点建成启用。西安市烟草专卖局（公司）12313举报投诉业务投入运行。西安市丝路情卷烟零售有限公司按程序注销。

◆**烟草专卖管理** 2019年，西安市烟草专卖局（公司）着力构建与时俱进、快速响应的新型卷烟市场监管体系。扎实推进“互联网+”监管，建立“一单、两库、一细则”（专卖监管随机抽查事项清单、专卖监管检查对象名录库、执法检查人员名录库、专卖监管随机抽查工作实施细则），规范随机抽查方法。启用APCD卷烟市场监管分析模型317个，运行1165次，为专卖人员配备执法手机移动终端。全市统一开展“夏日风暴”等卷烟市场专项整治行动6次，查处各类涉烟违法案件7782起，其中5万元以上案件152起。加强电子烟监管，全市摸排电子烟销售企业（个体）1399家，张贴通告2万份、“禁止向未成年人售卖电子烟”标识1.5万份，与电子烟经营客户签订承诺书936份。开展卷烟经营大户违法违规经营专项核查。加大打假破网力度，与海关、公安、市场监管等部门分别建立打击走私烟草制品协作机制、互联网涉烟违法犯罪工作机制、无证经营烟草案件线索网上传递机制、执法衔接长效机制，实现信息共享、联合打击。全市破获4起国标网络案件，其中2起涉案金额超1000万元，正在办理的“1·29”“3·06”案件被国家烟草专卖局、公安部列为部督案件。全面落实“放管服”改革要求，依托烟草行业一体化在线政务服务平台、市烟草专卖局专卖零售许可服务平台实现网上办证。13个县级烟草专卖局零售许可进驻地方政务服务大厅。对全市中、小学周边50米内持证卷烟零售户实施全面清理。

◆**卷烟营销** 2019年，西安市烟草专卖局（公司）以“两面一率”（订购面、订足面、订足率）为切入点，持续提升卷烟经济运行调控精准度、货源供应适销性，经济运行质量不断提升，市场状态持续稳中向好。截至年底，全市社会库存1.3万箱，与2018年同期基本持平；周存销比1.65，比2018年下降2.1%；卷烟零售客户综合毛利率11.87%，增加1.41个百分点。加快推进工商网上配货，与11家卷烟工业企业实现实时、滚动配货。以承办全省卷烟零售终端建设示范交流会为契机，以“‘丝路通’终端管理系统+两微信平台+智慧门店”为基本构架，因地制宜、创新驱动，应用推广“全店铺管理、全商品扫码、全渠道订货、全方式支付”，探索形成标准统一、功能完善的零售终端建设模式。打造标杆小组、评选优秀小组，全市组建卷烟零售客户自律小组2671组，覆盖率92.9%，开展小组活动8327场。试点运行“横向片区制+纵向岗位职能制”的客户经理矩阵式管理，增设终端拓展经理岗位，举办“营销转型研讨班”5期70场次，“新零售大讲堂”6期86场次。

◆**卷烟物流建设** 2019年，西安市烟草专卖局（公司）聚力构建现代化烟草物流体系，坚持质量效率并行，推进物流建设提质升级。异型烟分拣技改项目投产运行，分拣效率稳定在12000条/小时左右，异型烟分拣能力不足的问题得到彻底解决。把降本增效摆在突出位置，优化送货路径算法，精简配送人员11人。单箱物流费用191.21元，比2018年下降2.98%，物流费用率0.64%。建设智慧物流，物流调度服务中心初步建成投入使用，送货工作、车辆管理得到实时管控。租用新能源送货车40辆，承担全市55%的送货任务，自6月投入运行以来，共节约成本64万元。回收卷烟包装箱123万个，比2018年增加3.65%。成立以烟草行业“劳动模范”李荣国为带头人的“劳模创新工作室”，在技术创新、管理创新方面发挥核心引领作用。承办全省系统物流技能竞赛，西安市烟草公司获团体一等奖。物流分公司被西安国家民用航天产业基地管委会评为“安全生产工作先进单位”。（付海婧）

供销合作商业

◆**概况** 2019年，西安市供销合作联社坚持为农服务宗旨，深化供销社综合改革。获“全国供销合作社系统干部教育培训特殊贡献单位”。结合区（县）农业产业特点及供销社综合改革发展重点任务，培训各类学员2181人，完成年度目标任务1400人的155.8%；开展农产品推介活动8次，超额完成目标任务（3次）；大田托管面积0.28万公顷，完成目标任务的210%；完成化肥5万吨、农药50吨的市级农资储备任务；确保7类虚拟储备防汛物资调运及时；系统安全稳定，全年未发生一起重大安全事故和越级上访事件。全系统实现销售额91.3亿元，比2018年增长22.2%。其中，区（县）供销社实现销售67.46亿元；市直企业实现销售23.84亿元，增加274.1%。全系统实现利润2323万元，增加33.58%。其中，区（县）供销社实现利润551万元；市直企业实现利润1772万元，增加36.41%。全系统所有者权益实现1.6亿元，比2018年增加9%。全系统通过电商实现销售1.24亿元，增加176%。全系统再生资源回收额10.3亿元，增加67%。全年销售、利润和电子商务销售总额及增幅均创历史新高。

◆**供销社改革** 2019年，西安市供销联社综合改革向纵深发展。12月12日，西安市供销合作联社在长安区召开全市深化供销社综合改革现场会，对综合改革工作进行全面梳理和安排部署，陕西省供销社、西安市人民政府分管领导出席会议并提出明确要求，区（县）政府分管领导和所有基层社主任全部参加会议，有力推动系统综合改革进程。按照中央、陕西省、西安市文件要求，到2020年全西安市供销合作联社综合改革6个方面20项具体任务要全面完成。截至2019年年底，在全市范围内完善农产品流通服务、推进基层社改造、强化社有企业联合合作等3项任务已基本完成；构建农业社会化服务体系、强化基层社经济组织属性、强化联合社职能等12项任务已完成大部分。全市80%的基层社完成经营服务设施改造，80%的基层社领办有农民专业合作社。蓝田县洩湖和华胥供销社投资1180万元建成2300平方米日用品超市。长安区通过引入社会资本联合开发、争取财政资金支持等，改扩建经营网点累计超过11万平方米。长安区滦镇和引镇供销合作社被全国供销合作总社命名为“基层社标杆社”，累计培育省级以上标杆基层社8个。蓝田县选锋核桃专业合作社、鄠邑区草堂葡萄专业合作社被全国供销合作总社命名为“农民专业合作社示范社”，累计培育省级以上示范合作社12个。按照《农村综合服务社规范》和《农村综合服务社星级划分与评定》标准，完善村级经营服务网点一网多用、双向流通功能，培育打造星级服务社20家。

◆**为农服务综合平台** 2019年，西安市供销联社积极组织开展农产品推介活动。在“第二届大西安农民节”活动主会场搭建供销社系统农产品展区，以“助力乡村振兴，供销社在行动”为主题，集中宣传展示供销社系统电商企业、示范专业合作社等涉农企业，推介周至猕猴桃、冰晶石榴等系统特色优质农产品。组织西安众天食品有限责任公司赴昆明参加2019南亚东南亚国家商品展暨投资贸易洽谈会，推介宣传优质蜂蜜等农产品。全年组织企业、基层社参加全国、省市推介会8次，推销宣传虫草土鸡蛋、阎良甜瓜、玉米粉、猕猴桃等农副土特产，帮助农户打开销路，拓宽销售渠道，提高农民收入。加快发展涉农电商业务。打造长安丰益、西安（周至）盛果佳、临潼惠农、陕西户户通网络科技有限公司和蓝田供销电商公司等县域电商平台，基本覆盖全市主要涉农区（县）。西安盛果佳公司运营的中国猕猴桃网是全国第一个为猕猴桃从业者提供政务资讯、科技致富、经营指导和商务服务的综合性门户网站，已注册商户3000余家，注册会员超10万个，高峰期日均访问量2.5万次，年线上、线下交易额8000万元，成为猕猴桃行业有较大影响力的行业网站。临潼区惠农电子商务公司以“公司电商运营中心+街办中心服务站+村级服务站”的三级运营模式，在全区建立23个中心服务站、210个村级服务站，覆盖全区90%以上的行政村，开设农产品信息、农产品销售、精准扶贫等平台和惠农优品专栏，年销售额达9000万元。由电商企业构成的“网上供销社”已经成为西安市“工业品下乡”和“农产品进城”的重要平台，在便利农民生活、帮助农民增收和助力乡村振兴等方面发挥着独特作用。优化土地托管服务模式。指导区县供销社以土地托管为重点，探索农业社会化服务新模式，全西安市供销合作联社系统已托管大田面积2800余公顷。临潼区供销社成立土地托管中心，托管粮食、经济作物867公顷；阎良区供销社依托阎诚脆枣专业合作社，托管冬枣333.33公顷。“农民外出打工，供销社为农民打工”的新型服务模式日趋完善。组织农资企业开展“庆祝大西安农民节，优惠购买农资产品”等活动，和陕西省广播电台《致富大赢家》栏目共同开展春季果树用肥团购活动，累计销售化肥700吨，保障春耕农资供应。持续开展农村流通人才培训。结合涉农区县农业产业实际和现代流通服务需求，围绕社会化服务体系建设与土地托管服务、综合服务拓展、农产品经营业态与县域电商运营能力提升、特色农产品标准化种植技术与产销对接、农村日用品网点服务7大主题开展培训。全年培训20期2181人。特邀北京商业管理干部学院及本市相关专家，为全系统举办1期供销社综合改革专题培训班。通过持续10年的涉农培训，密切了与广大农民的联系，为乡村振兴培养超过2万人的农村流通人才队伍。探索开展农村垃圾分类。指导长安区供销社参与美丽乡村建设，按照“垃圾分类减量及资源化利用相结合”的思路，推行“新型垃圾银行3.0”模式。在长安区沿山30个村运行，建成智能高效堆肥房16座，每日转化厨余垃圾15吨左右；设立绿色便民公益收购服务站25个、“垃圾银行”商品兑换点90个。陕西省供销社领导班子“不忘初心、牢记初心”主题教育活动对此进行专题调研，全省供销社农村垃圾分类现场会在长安召开。省、市、区三级供销社合作推广长安农村垃圾分类经验的工作正在有序推进。

◆社有企业转型 2019年，西安市供销联社努力开拓涉农自营业务。西安市日杂公司采取“走出去、请进来”的方式，在雨润批发市场设立销售点，仅1周就销售石门柑橘17吨。西安市干鲜果公司以市场和冷库为依托，强化与专业合作社的互联互通，在市场内设立猕猴桃等农副产品销售点，不断拓宽为农服务渠道。西安市盛合公司加强与好疏商贸有限公司沟通交流，参与大宗农产品跨区域销售，扩大市场规模和影响力。西安市土产公司参与打造“中国猕猴桃网”，面对猕猴桃市场下行压力，积极开展收储业务，为果农解困。

重塑供销传统品牌 西安市棉花公司依托“钟楼”品牌，通过与西安酒厂等合作，不断拓展线上销售渠道，探索新产品研发，提升钟楼冷饮品牌知名度。西安市果品公司注册“钟楼牌”茶叶商标，到汉中等地进行调研，寻找茶叶经营合作商机，开展茶叶推介活动。西安市自强公司注册成立“西安自强始业商贸有限公司”，积极开展自营业务。

创新回收新模式 西安市回收公司打造再生资源产业链资讯服务平台，调研农村生活垃圾分类和地膜资源再利用，成立“再生资源关联产业设备代销事业部”，销售环保型废泡沫熔化机32台。

加强市级储备物资管理 全年销售化肥10.2万吨，销售收入1.59亿元；销售农药76吨，销售收入152.2万元。确保7类虚拟的储备防汛物资调运及时，保障有力。

保持企业安全稳定 制定《党政领导干部安全生产责任制清单》，与各直属公司签订年度安全生产、消防安全目标责任书。安排部署消防安全专项检查工作，开展消防安全知识培训，举办培训演练13次。全年开展安全检查60余次，指导各区（县）供销社做好春节期间烟花爆竹燃放经营管理和铁腕减霾等工作，全年未发生一起重大安全事故。深入开展“信访基础业务全面提升年”活动，对全系统影响社会稳定的矛盾纠纷进行全面摸排，集中化解了一批信访积案，全年未发生进京到省上访事件。

（邹战博）

物流业

◆概况 2019年，西安市现代物流业发展取得显著成绩，物流产业规模持续增长，物流基础设施不断完善，龙头企业规模快速壮大，物流服务能力不断提升，为全市国民经济及社会发展提供了重要支撑。全市交通运输、仓储和邮政业增加值330.54亿元，增长6.7%。其中，交通货运量27426.43万吨，比2018年增长3.8%；邮政行业业务收入（不包括邮政储蓄银行直接营业收入）79.44亿元，年增长28.79%；快递服务企业业务收入62.43亿元，增长31.21%；快递业务量5.39亿件，增长34.87%，位列副省级城市第8位。

公路网络 形成以绕城高速、西安外环高速（北段）为核心，以连霍、京昆、包茂、福银、沪陕等高速为放射的“二环十二辐射”“米”字形高速公路网格局。以G108、G210、G211、G310、G312等为骨架的普通公路网。布局建设临潼现代物流园、泾河新城物流园、沣东现代产业园、秦汉新领物流园、长安引镇物流园等区域枢纽物流园；新丰、阎良、高陵、经开、秦汉、三桥、周至、高新、航天、灞桥、蓝田11大物流中心。

铁路网络 形成以西安为中心的陇海、宁西、包西、侯西、西康、咸铜、西平、西安枢纽货运北环线等8条干线、1条西户支线，郑西、西兰、西成、大西4条高铁线组成的13条铁路干支线大型环形铁路枢纽，“米”字形高铁网加速推进。域内规划建有西安北站、西安站、西安东站、新西安南站和阿房宫站构成的“四主一辅”铁路客运枢纽系统，西安国际港务区是全国最大的内陆港口，也是中国第一个内陆港。

“长安号”开行　西安国际港务区相继开行“襄西欧”“徐西欧”“蚌西欧”“冀西欧”“厦西欧”等集结班列，着力打造中欧班列（西安）集结中心，常态化开行干线10条，覆盖丝路沿线45个国家和地区。中（亚）欧班列长安号全年共开行2133列、87456车，运送货物总重达180.2万吨。开行量、重箱率、货运量等核心指标均位居全国前列，蝉联中欧班列高质量发展综合评价全国第一。

航空货运网络　航空物流公司新开西安至天津、淮安2条国内全货运航线和西安至莫斯科、曼谷、布鲁塞尔、德里、金奈、孟买及首尔—西安—河内（第五航权航线）7条国际全货运航线，加密西安至首尔方向2条全货运航线。西安机场已累计开通全货运航线27条，其中国内14条，国际13条。机场通航点235个，航线370条，连通全球36个国家。西安咸阳国际机场全年完成旅客吞吐量约4700万人次、货邮量38万吨，旅客吞吐量增速居全国十大机场第三位，货邮累计增速位列全国十大枢纽机场第一位。

邮政网络　全市有邮政营业网点306个，快递服务网点2556个，建制村直接通邮比率和农村快递网点乡镇覆盖率均达100%。

◆**物流市场主体建设**　2019年，西安市拥有A级以上物流企业91家，其中AAAAA级7家、AAAA级27家。据初步统计，全市规模以上物流企业145家。国内龙头物流企业加快布局，本土物流企业成长迅速。京东、顺丰、传化等国内物流龙头企业相继落户西安，派昂医药物流、陕西大件物流、雨润农产品物流、中储钢铁物流、红太阳仓储物流、爱菊粮食物流等细分市场领军企业发展迅速。

◆**口岸服务**　2019年，西安铁路指定口岸完成整车进出口15018辆，进口粮食3.8万吨，航空指定口岸累计完成进境冰鲜水产品、食用水生动物、水果、药品895.3吨，比2018年增长394.91%，实现指定口岸常态化运营。初步形成设施先进、布局合理的陆空口岸开放体系，西安现有西安铁路集装箱中心站、咸阳国际机场2个国家一类口岸和西安港公路二类口岸。已建成西安综合保税区等6个海关特殊监管区和国际邮件互换局。西安港成为中国首个获得“双代码”的内陆港，目前拥有进境粮食指定口岸、进境肉类指定口岸、汽车整车进口口岸和二手车出口试点资质。西安咸阳国际机场已拥有进口冰鲜水产品、进境食用水生动物、进口药品、进境水果、进口肉类5个指定口岸资质。

◆**物流枢纽建设**　2019年，西安市发布实施《西安市关于加快发展枢纽经济门户经济流动经济的实施意见》，对完善国际物流枢纽功能、建设国家对外交往门户、增强国内外高端要素集聚力等做出部署。印发《全面推进枢纽经济门户经济流动经济发展工作方案（2020—2022年）》，提出支持现代物流业发展及相关产业发展的21条政策，全力推动现代物流业快速发展。积极申报国家物流枢纽，编制完成西安陆港型、空港型国家物流枢纽建设方案，积极组织申报。9月，西安陆港型国家物流枢纽入选2019年国家物流枢纽建设名单，成为首批建设的23个国家物流枢纽之一。成立中欧班列长安号工作专班，为全市物流业健康发展提供组织保障，打造中欧班列（西安）集结中心。　（吕军科）

会展业

◆**概况**　2019年，西安会展业克服绿地笔克国际会展中心闭馆的影响，积极发挥环境资源优势和品牌展会的引领带动作用，着力从扩大展会规模、创办新的展览项目并引进展会项目入手，实现展会数量规模的持续稳步增长。全市共举办规模以上会议和展览活动283场。其中，展览活动196个，重大会议和特色节庆活动87个。会展经济拉动城市经济显效明显，西安国际影响力和城市品牌得到不断提升，初步测算创造社会综合经济效益320亿元，共有24200多个单位参展，专业观众380多万人次，普通观众超过1980万人次。尽管受会展场馆面积减少和中美贸易战的影响，但全市规模以上展会活动增速仍达到17.8%，充分展示了西安作为世界历史名城和全球著名旅游目的地城市会展经济的强劲发展实力。本年度全市主要引进或支持举办2019西安ACC动漫展、欧亚经济论坛、丝绸之路国际博览会、全球硬科技大会、2019中国国际通用航空大会、WCG——2019电竞与TED大会、第29届全国图书交易博览会、2018丝绸之路国际口腔医学论坛暨丝绸之路口腔器材设备药品展览会、世界职业教育大会、2019西安国际马拉松、2019世界文化旅游产业大会等国际、国内知名展会活动。第29届全国图书交易博览会共吸引市民读者41.2万人次，文创产品订货及销售收入4650万元，创历史新高。根据国际大会与会议协会（ICCA）发布的2018国际协会会议排名，西安位列北京、上海、杭州之后，排名中国城市第4名，成为全球100强会议目的地城市。6月，西安市获“中国十大会展名城”“中国最佳会展目的地城市”称号。11月16日，在由中国会展高峰论坛组委会举办的2019中国会展高峰论坛暨2019中国会展产业金手指奖年度评选活动中，西安市获得“壮丽70周年·最具影响力会展目的地金手指奖”，欧亚经济论坛获得“辉煌70年·中国最具影响力品牌展会”。

（汤蕾　白宾）

◆**会展业管理运营**　2019年，西安市博览事务中心为进一步提升西安会展业营商环境，做大、做强、做优西安会展业，确保新建会议会展场馆国有资产保值增值，推进组建场馆资产管理运营公司，先后赴北京、上海、成都、南京、青岛等地调研场馆建设及管理运营经验，与市级相关部门座谈研讨，做好前期筹备准备工作。联系曲江、浐灞等开发区，主动对接会展协会及会展公司，稳妥做好新旧场馆的平稳过渡，研究提出有关意见建议。着眼全市会展业长远发展，会同有关开发区及市级部门，研讨全市会展场馆总体布局，统筹优化全市会议会展场馆规划建设，为推进会展业追赶超越打好基础。

◆**2019欧亚经济论坛**　2019年9月10—12日在西安举办。本届论坛以“共建‘一带一路’：高水平合作，高质量发展”为主题，设开幕式暨全体大会和金融、生态、文旅、气象、科技、教育、地质调查、电子商务、绿色建筑、上海合作组织成员国大使俱乐部陕西行等10个平行分会及多项活动，来自58个国家和地区的194名外宾，共1100多名政、商、学界嘉宾进行深入对话交流。聚焦推动第二届“一带一路”国际合作高峰论坛各项倡议的落实、陕西“三个经济”发展及西安国家中心城市建设，增进与会境内外嘉宾对“一带一路”建设倡议与进程的了解，扩大相互间的合作意愿和共识。论坛期间发布宣言、倡议、白

2019 年 12 月 2 日，2019 中国网络诚信大会在西安举行

皮书5个，签署合作协议、战略合作协议、合作意向书、备忘录 23 个，签订合作项目（含合作意向）80 多个，落成揭牌项目 4 个，建立交流合作机制 3 个，实际成效相比往届有大幅提升。

◆ 2019“西安年·大使行”活动 2019年2月27日至3月2日举办，是2019“西安年·最中国”系列活动最为重要的涉外活动，大使团由外交部原部长、中国公共外交协会名誉会长李肇星带队，来自阿尔巴尼亚、巴林、苏里南、牙买加、加蓬、厄瓜多尔、越南、老挝、拉脱维亚、埃塞俄比亚、伊朗、塔吉克斯坦、日本等 11 个国家的驻华使节参加。本次活动以“走进大西安，感受中国年”为主题，通过发挥驻华使节的桥梁纽带作用，对西安历史文化、美食及传统民俗的参观体验，进一步增进各国使节对西安的新认识，开辟西安对外交流合作的新窗口，展示西安国际化大都市的新形象，推动“西安年·最中国”成为文旅融合发展的成功范例。

◆第三届西商大会优化营商环境恳谈会 2019 年 12 月 27 日在西安温德姆酒店举行。本次会议邀请阿里巴巴、华为、中兴、东盛集团等 14 家知名企业代表为西安优化营商环境建言献策，参会企业代表涵盖西安市“6561”重点产业领域。西安市 18 个市级部门负责同志参会，现场为各企业家进行政策宣传、答疑解惑，为解决企业实际困难，优化西安营商环境，推动西安经济社会高质量发展提供有力支撑。

◆ 2019“西安年·最中国”活动 从 2018 年 12 月 31 日开始，到 2019 年 3 月 6 日结束，历时 66 天。以“西安年最中国 来了还想来”为宣传口号，注重和突出西安“标志性、国际范、科技风、地方味”独特元素，围绕“最特色、最年味、最民俗、最文化、最科技、最时尚”等方面，以“备”年、“拜”年、“闹”年三大乐章，对西安的优秀传统文化和城市形象、发展变化进行全面展示，不断增强中华优秀传统文化生命力和影响力。围绕“史源之城——最中国、时尚之城——最炫丽、民俗之城——最乡土、博物之城——最雅致、舌尖之城——最美味、科技之城——最创新、书香之城——最神韵、年节之城——最年味、祈福之城——最吉祥、多彩之城——最开放”10 大内容，策划推出 251 项 2019“西安年·最中国”活动，其中包含己亥年 2019“西安年·最中国”活动开幕式和闭幕式 2 项主会场活动，以及涉及全市近 30 个市级部门、区（县）、开发区 12 主题 41 项分会场活动。

◆ 2019 国际清洁能源投融资大会 2019 年 10 月 24 日在西安召开。来自德国、美国、俄罗斯、加拿大、奥地利、巴西、芬兰、法国、英国、日本、韩国等 12 个国家和地区的 400 余名重要嘉宾参加会议。会议达成系列重要共识，西安石油天然气交易中心框架协议、美国国家可持续发展中心与美国海洋能源公司合作落地中国等 4 个项目签约。

◆ 2019 中国（西安）国际 3D 打印博览会暨高峰论坛 2019 年 9 月 19—21 日在西安举办。大会由西安交通大学、陕西省科学技术协会、国家增材制造创新中心主办，以中国工程院主办的“国际工程科技发展战略高端论坛——增材制造论坛”作为大会主论坛，结合行业应用，开设航空航天、生物医疗、创新设计、工艺装备、教育、金融六大平行论坛。本届大会邀请到国内外 3D 打印领域、航空航天、医疗、教育、金融领域等 64 名院士、专家报告参会并做主题演讲，50 余位 3D 打印工艺装备、材料、软件及服务领域企业参展。

◆西安数字经济产业博览会 2019 年 5 月 28 日在西安绿地笔克国际会展中心举办，由西安市人民政府、陕西省工业和信息化厅、陕西省互联网信息办公室主办，邀请国家部委领导、省市政府领导、行业专家学者、百余家知名企业大咖和媒体代表等共话数字经济领域新未来，共同传播大数据经济价值。举办 1 场主论坛和 6 场分论坛，展区涵盖大数据、数字金融、人工智能、智慧城市、工业互联网、网信安全、区块链、5G 等领域，集中展示国内外数字经济领域新理念、新产品、新技术、新装备，共同打造未来“丝绸之路经济带的数字桥头堡”，开启数字经济创新发展新时代。

◆第 14 届中国西安国际科学技术产业博览会暨硬科技产业博览会 2019 年 8 月 15—17 日在曲江国际会展中心举行。展示内容涵盖硬科技、智能制造、电子信息、航空航天、现代教育、科教仪器等产业领域，吸引 650 多家国内知名科技企业参展。展会设置西安硬科技专场推介会，重点展示生物技术、信息技术、光电芯片、新材料、新能源、人工智能、智能制造、航空、航天等硬科技九大领域最新研究成果，以及首批科创板上市硬科技企业。北京市、河北省、河南省等 29 个省市代表团的科技企业拿出各自硬科技参展。展室内容包括新材料领域石墨烯复合导电浆料、碳纳米管、智能硬件、移动互联、大数据应用等关键技术、国际特种无人机、航空电子和机械电子领域相关机载设备、仿真测试设备等。

◆ 2019 中国网络诚信大会 2019 年 12 月 2 日在西安举行。主题为“网聚诚信力量 共创信用中国”，中国网络社会组织联合会与陕西省互联网信息办公室共同主办。会上发布 2019 年度中国网络诚信十大新闻；中网联和阿里巴巴、腾讯、京东等31家互联网企业代表共同启动平台经济领域信用建设合作机制，并联合发布《西安倡议》；16家中央新闻网站和主流商业网站签署《共同抵制网络谣言承诺书》，承诺自觉接受互联网管理部门和各界的监督，共同营造风清气正的网络空间。大会还举行3场平行分论坛，与会嘉宾分别围绕“电子商务诚信建设”“网络媒体和社交平台诚信建设”“互联网+模式下的城市信用建设体系”进行交流和探讨。

◆ 2019大学校长论坛 2019年12月13日，人民网与中共陕西省委教育工作委员会、中共西安市委、西安市人民政府联合主办的“人民网2019大学校长论坛”在西安市举行。本届论坛以“加快推进高等教育现代化”为主题，邀请60余位大学书记、校长，持续聚焦改革热点、集思广益、共谋发展，为中国高等教育改革与发展建言献策，合力探索中国特色世界一流大学和一流学科的建设之路，助力推进教育现代化，建设教育强国，培养担当中华民族复兴大任的时代新人。论坛就“立德树人”“教育现代化”“高校服务”“教师队伍建设”4个话题展开专题研讨。

◆ 2019年中国环境科学学会科学技术年会 2019年8月23—25日在西安市召开。年会主题为“环保科技创新助力污染防治攻坚战”。来自全国各地生态环境系统科研机构、产业界代表约3500人出席开幕式，6位专家学者做特邀报告。开幕式上颁发“2018年度环境保护科学技术奖”“第二届中国环境科学学会青年科学家奖”和“2019年度全国高校环境类专业优秀毕业设计（论文）奖”。获得“2018年度环境保护科学技术奖”的有37项；30人获得“第二届中国环境科学学会青年科学家奖”，54位来自全国高校环境保护专业的本科生获得“2019年度全国高校环境类专业优秀毕业设计（论文）奖”。会议安排84个学术议题，来自全国各地生态环境系统科研机构、产业界等代表围绕本次年会主题及相关议题交流学术进展，探讨科技创新，展示绿色技术，共商科技合作，凝聚合力推动生态文明和美丽中国建设。

◆ “2019丝绸之路国际马文化节” 2019年10月18—20日在西安中国唐苑国际会展中心举行。由中国产业发展研究院指导，陕西省冬季运动管理中心和陕西省马术协会共同主办。邀请来自国内外的专家、学者、顶级投资机构和俱乐部负责人等共计500余人，以“文化·旅游·教育·体育”为主题，开展“宁强马、西南马和西南丝绸之路”“中国现代马业发展趋势”“丝绸之路与汗血马”等多场学术交流和主题分享，进一步推动马文化的理论发展和多元融合。

◆ “第六届丝绸之路国际艺术节” 2019年9月7—21日在西安举办。本届艺术节聚焦“丝路核心、中华文化、国际元素”三大主题。上演49台剧（节）目，包括戏曲（京剧、昆曲、秦腔、黄梅戏、越剧、沪剧）、话剧、儿童剧、交响音乐会、民族音乐会、芭蕾舞、音乐剧等多种艺术形式，为广大观众带来精彩的艺术盛宴；举办以“丝路精神 时代丹青”为主题的今日丝绸之路国际美术邀请展，展出国内外1000余件优秀作品；举办2019文旅融合高峰论坛，成立旅游演艺联盟，邀请国内外专家、业界代表就中国经济新常态下“文旅融合”发展开展交流和研讨；举办丝路·巡演季《一路同心》公益巡演活动，来自10个国家和地区的艺术团队、演职人员100多人赴延安、宝鸡等市（区）开展巡演。艺术节吸引116个国家和地区的艺术家参与，演出近百场。在文艺演出、美术展览、文化论坛、惠民巡演的基础上，举办“2019年国际青年汉学家研修计划（西安）”“2019国际现代艺术周”“2019国际儿童戏剧周”“西安数字互动娱乐周”以及庆祝中华人民共和国成立70周年全省优秀剧（节）目展演5项专题活动，用文化艺术架起了国与国沟通的桥梁，彰显了陕西历史与现代交相辉映，传统与时尚完美融合的新形象。10余万名观众走进剧场观看演出，开闭幕式及文艺演出网络直播点击量突破1350万次，微信、微博等新媒体阅读量突破500万人次。

◆ 2019第五届西安国际环保产业博览会 2019年11月6—8日在西安曲江国际会展中心举行。由陕西省生态环境厅、陕西省发展和改革委员会、陕西省工业和信息化厅、陕西省住房和城乡建设厅、陕西省商务厅共同主办。其间，举办2019第三届“一带一路”西安国际环保产业合作高峰论坛、大气污染防治专场论坛、陕韩优秀环保企业座谈会等。本届博览会分为综合展区和产业展区2大展区。综合展区由陕西省公众生态环保知识展、庆祝新中国成立70周年·陕西省生态环境保护图片展、“一带一路”生态环保科技创新合作展、科研院校环保科技成果和专利技术展、大美秦岭虚拟环境展暨首届秦岭小卫士选拔赛和全省绿色文明示范工程VR展示等展区组成；环保产业展区由环保新技术新产品展、环卫装备及固体废弃物处理设备展等专题展组成。

◆ 2019中国国际石墨烯创新大会 2019年10月19—21日在陕西宾馆举行。由西安市人民政府和中国石墨烯产业技术创新战略联盟联合主办。大会以“烯连丝路、聚焦应用、共赢未来”为主题，围绕石墨烯战略前沿、石墨烯在新兴产业应用、石墨烯产业化发展、标准与专利、“一带一路”国际合作等主题举办20多场特色论坛。开幕式上，诺奖获得者、英国曼彻斯特大学Andre Geim教授、希腊FORTH的Costas Galiotis教授、美国加州大学洛杉矶分校教授段镶锋、常州第六元素材料科技股份有限公司董事长瞿研、纳米马来西亚公司副总裁Murni- Ali女士、中华联合财产保险股份有限公司总经理助理王振宇先生相继做主题报告，深度解析石墨烯前沿技术，共同探索石墨烯未来发展。大会特别设立以聚力“一带一路”中轴提升，助推陕西石墨烯腾达未来为主题的“陕西石墨烯产业创新成果暨‘一带一路’成果展”，汇聚华为、海尔、陕汽、东方雨虹、塔塔钢铁等众多国内外500强企业，围绕物联网、新能源、涂料、热管理、医疗健康、航空航天、节能环保等领域，与全球石墨烯产业化企业对接200多项石墨烯技术创新需求。

◆ 2019第十届中国西安国际汽车工业展览会 2019年7月3—8日在曲江国际会展中心举行。由中国国际贸易促进委员会汽车行业分会、中国汽车工业协会主办。来自美国、德国、法国、日本、韩国等多个国家和地区的40个汽车品牌参展，参展新车近1000辆，20多款新车上市首发，展出面积逾10万平方米，展车总价值逾1亿元，专业模特数量接近100人，工作人员数量超过1000人。车展除各参展商主力参展车型外，还延伸到新能源领域，有近3成汽车参展商推出新能源车型。凯迪拉克、上海通用、一汽奥迪、东风日产、比亚迪等品牌都展出旗下最新油电混合动力或纯电动汽车。（白　宾）

旅游业
责任编辑
冯冠杰
西安年鉴

综　述

◆概况　2019年，西安市以深化文化旅游供给侧结构性改革为主线，以当选“东亚文化之都”为契机，扎实加强文旅建设、促进文化旅游融合发展，全面提升西安旅游发展品质和国际竞争力。截至年底，西安市有80家国家A级旅游景区，其中AAAAA级4家、AAAA级22家、AAA级42家、AA级12家。全市有星级饭店90家，其中五星级14家、四星级26家、三星级46家、二星级4家。全市有旅行社568家，其中出境社66家。全年接待国内外游客30110.43万人次，比2018年增长21.7%；旅游业总收入3146.05亿元，增长23.1%。西安被评为“2020年全球20个热门旅游目的地”“全国十大热门旅游城市”“十大最安全旅游城市”“夜间经济十强城市”“最具历史文化底蕴文明旅游城市”，获IAI（国际文化旅游峰会）“国际旅游营销金奖”，作为国内唯一受邀城市在2019 ITB China(国际旅游博览会）做经验分享。

◆海外客源市场　2019年，西安市接待海外游客220.51万人次，比2018年增长8.76%。其中，外国人190.47万人次，增长9.97%；台湾同胞14.48万人次，下降1.50%；香港同胞13.60万人次，增长1.34%；澳门同胞1.96万人次，增长38.47%。以西安市当选“东亚文化之都”为契机，深耕日本、韩国市场，深化文化交流，打造经典品牌，全年举办活动200余场，日韩入境游位居入境游客量前三位。

◆国内客源市场　2019年，西安市接待国内游客29889.92万人次，比2018年增长21.82%；国内旅游收入3018.72亿元，增长22.79%。从国内游客来源看，外省游客占客源市场比为36.85%，本省游客占市场比为63.15%，游客以省内游客为主；从外省游客来源的总体分布来看，最大的客源市场为河南省，占比为9.71%，其次是四川、甘肃、山西、北京，占比分别为6.07%、5.10%、4.85%、3.40%。省外游客主要为陕西省临近省份及经济发达省份；从省内游客来源的总体分布来看，最大的客源市场为咸阳，占比为16.24%，其次为渭南、汉中、宝鸡、安康，占比分别为15.68%、14.27%、13.42%、11.58%。

◆文旅融合发展　2019年，西安市将推动文化旅游融合发展作为“十项重点工作”之一，为全市创新发展、绿色发展、高质量发展提供重要支撑。西安市文化和旅游局按照“以文促旅、以旅彰文、宜融则融、能融尽融”的思路，制定《西安市关于加强文化建设促进文化旅游融合发展的实施意见》和《西安市关于加强文化建设促进文化旅游融合发展三年行动方案》，绘制“规划图”“施工表”，组织召开全市文旅融合发展大会，动员部署各项任务落实。

◆全域旅游　2019年，西安市文化和旅游局贯彻落实《西安市促进全域旅游发展的实施意见》工作部署，指导临潼区成功创建“首批国家全域旅游示范区”。完成市级验收，指导蓝田县创建“第三批省级旅游示范县”。配合中共西安市委政策研究室、西安市人民代表大会教育科学文化卫生委员会开展全域旅游考察调研，派员参加全国全域旅游培训班。修订《西安市全域旅游发展总体规划》文本并组织编制环境评价。制定全域旅游年度考核指标，推动各区（县）扎实开展创建工作。起草《乡村旅游发展调研报告》，完成《西安市乡村旅游发展总体规划（2020—2025年）》初稿，廓清西安市乡村旅游发展路径。

◆乡村旅游　2019年，西安市文化和旅游局完成《西安市乡村旅游发展总体规划（2020—2025年）》初稿。鄠邑区八里坪村、长安区星火村、临潼区秦俑村、蓝田县董岭村、周至县农林村、灞桥区三阳院村、周至县玉皇庙村、高陵区张家村、鄠邑区水磨头村、西咸新区孙家堡村、阎良区东丁村、阎良区老寨村、周至县民主村、鄠邑区蔡家坡村、蓝田县峪口村、蓝田县野竹坪村被评为“2019年市级乡村旅游示范村”。蓝田县蓝桥镇被命名为“2019年省级旅游特色名镇”；蓝田县董岭村、厚畛子村，临潼区代王街办宋家村，蓝田县灞源镇青坪村当选“2019年省级乡村旅游示范村”。全年培训乡村旅游从业人员2000人次。

◆夜游经济　2019年，西安市大力发展夜游经济，加快建设大唐不夜城、北院门风情街、高新嘉汇坊等夜间经济聚集区，推出大明宫、曲江池、汉城湖等夜跑线路，打造“夜长安”文化旅游新目的地。西安市先后被携程网、中国夜间经济论坛、腾讯网评为“全国夜游经济十强城市”。

◆旅游重点项目建设　2019年，西安市文化和旅游局实施重大项目带动，充分发挥旅游发展基金引导作用，支持恒大童世界、白鹿原影视城等重大文旅项目建设，持续推进42个文旅在建项目。全年投资251.76亿元，完成率126.28%。

◆旅游集散中心建设　2019年，西安市文化和旅游局以建设散客自助游最方便城市为目标，方便市民游客休闲旅游为宗旨，依托交通枢纽和旅游资源，通过政府主导、行业支持、企业参与的方式，建成运营西安城南、城东、城西、城北旅游集散中心和西安曲江游客集散中心等布点，周至、蓝田县旅游集散中心布点正在建设中。开通旅游运营线路200余条，运送游客量50余万人次，初步形成旅游集散中心服务体系。

◆“智慧旅游”建设　2019年，西安市加快推进“智慧旅游”建设，大唐芙蓉园、秦始皇帝陵博物院、陕西华清宫、西安市楼观道文化展示区、西安城墙、陕西运通国际旅行社、西安威斯汀酒店7家单位被确定为“首批陕西省‘智慧旅游’

西安市2019年旅游客源国前10位的国家

	国别	接待量（人次）	同比增长率（%）
1	韩国	195025	12.89
2	美国	156510	-3.29
3	日本	94876	22.36
4	澳大利亚	68765	15.00
5	马来西亚	60759	6.34
6	英国	60035	7.96
7	德国	47119	0.09
8	法国	43234	-7.76
9	印度	39376	144.56
10	新加坡	35857	24.55

试点单位”。开设“西安文旅之声”“西安旅游信息咨询指南”微信公众账号、“西安市文化和旅游局”官方微博。运用数字化手段，依托携程、百度等网络服务平台，为游客提供旅游咨询、数字门票、网上预约、评价投诉等服务，鼓励景区数字化改造，开通电子验票、扫码入园、智能如厕等，旅游景区智能化服务水平不断提升。

◆**秦岭北麓生态环境整治** 2019年，西安市文化和旅游局持续深化和巩固秦岭北麓西安境内违建整治工作成效，加强秦岭生态环境保护工作力度，坚决防止违法违规行为反弹回潮。印发《全面加强秦岭生态环境保护工作实施方案》《关于陕西省委秦岭生态环境保护专项巡视反馈意见的整改方案》，出台《严格规范秦岭生态保护区农家乐有序发展的措施》《建立整治秦岭生态保护区农家乐联合工作机制》《秦岭北麓农家乐整治销号验收标准及流程》。编制《秦岭生态环境保护职责清单》。组织赴长安、蓝田、鄠邑、周至、临潼、灞桥、西安高新技术产业开发区开展“农家乐”实地督导、抽查验收9次。按照西安市人民政府专项整治要求，对沿山2809户“农家乐”进行检查，拆除284家，关闭取缔910家，完成整改1615家。督促“农家乐”经营户安装环保设备，彻底解决污水排放问题。集中开展秦岭北麓31家景区生态环境专项整治，在周至楼观镇成功举办“规范乡村旅游发展，保护秦岭生态环境”主题宣传活动，进一步凝聚“青山绿水就是金山银山”的绿色发展理念。

◆**旅游服务配套设施建设** 2019年，西安市文化和旅游局持续推进旅游厕所建设，完成新改建旅游厕所159座（新建98座、改建61座），第三卫生间83座。积极推动旅游厕所等级评定，完成532座厕所评定、定级。着力提升旅游厕所智慧导引服务，推动606座旅游厕所上线百度地图。

◆**民宿发展** 2019年，西安市文化和旅游局落实《西安市民宿发展三年行动方案（2019—2021年）》，评选表彰“第二批西安十佳最美民宿”，有效调动各方参与民宿发展的积极性。与全球民宿平台——爱彼迎签订战略合作框架协议，依托民宿资源，面向海外深度推介西安市文化旅游资源。西安市以民宿预订量255%的增长率位列爱彼迎“2020年全球20个热门旅游目的地”第六位。开展等级民宿评定，评出“首批精品民宿”20家、“舒适民宿”55家。

◆**第二届世界文化旅游大会** 2019年10月23—24日在西安市召开。由西安市人民政府与携程集团共同主办，以“文旅融合 智能驱动”为主题，共有来自中国、日本、韩国、印度尼西亚等26个国家以及国内行业、企业界的代表加，累计参会人数超过3000人次。与会嘉宾围绕入境游、目的地营销及科技、共享住宿、文旅产业等方面进行深入交流研讨。人民网、新华社等主流媒体为代表的超过400家海内外知名媒体对大会进行持续报道，向世界展示了西安悠久的历史文化和旅游业发展的新形象。其间，西安市与日本岐阜市、爱彼迎网站、携程集团、宋城集团西安千古情演艺发展有限公司签署合作协议；开展“西安简单生活节”、马友友城墙演奏会及音乐主题论坛、“我的西安十二时辰”旅拍挑战系列活动等5个配套活动；启动《关中平原城市群文化旅游协同发展西安宣言》倡议；举办发展入境旅游的契机和挑战主题论坛、智能驱动目的地营销战略主题论坛和文旅产业的“破茧重生”等主题论坛；形成《2019年中国旅游业发展报告》《携程集团大数据解读2019年陕西、西安旅游业发展》《大数据发布入境游行业发展报告》等6个重要报告。

◆**“东亚文化之都”系列活动** 2019年，西安市以“东亚文都·古韵风华”为主线，推出“城之韵、年之韵、艺之韵、游之韵、乐之韵、书之韵、匠之韵、影之韵”8大主题、47项形式多样的活动，涵盖丝路文脉、年俗非遗、文学艺术、旅游观光、音乐之城、书香之城、文创设计、影视动漫等特色文化元素。举办2019“东亚文化之都·中国西安活动年”开幕式和闭幕式、“东亚文化之都”工作交流会、2019“石榴花之春”中日韩文旅交流活动、中日韩国际花艺交流研讨会暨插花艺术展、2019 WCG西安总决赛、“唐诗故乡·笔墨传情”中日韩青少年唐诗百米长卷书写、中国（西安）文化与科技融合发展高峰论坛、中国华服节、2019年亚洲书店论坛、2019西安国际马拉松赛、第十八届西安国际音乐节、第二届西安国际舞蹈节、2019西安国际时尚周、2019西安城墙马拉松赛、“长安春浪国际音乐节”、2019“中国菜艺术节”暨“陕菜国际美食文化节”等活动。赴日本东京都丰岛区、韩国仁川广域市参加日本、韩国“东亚文化之都”开幕式和闭幕式，并参加“日本池袋动漫嘉年华”、“舞动的仁川”东亚舞蹈盛典、国际青少年棒球赛、东亚文化生活庆典、“中韩日艺术节”等活动。形式多样的活动彰显了中国气派、陕西风格、西安特色，为三国民相亲、心相通提供了丰富的载体和舞台，系统化、全方位地向世界展示西安的恢宏古韵和建设国际化大都市的现代风采。（任俊儒）

旅游市场开发

◆**概况** 2019年，西安市文化和旅游局按照“塑品牌、促营销、扩影响”的思路，深耕国内国际旅游市场，成功举办“西

“东亚文化之都 中国西安活动年”表演场景

安年·最中国”12大主题251项系列活动，圆满完成“春满中国·醉西安”“夏爽中国·嗨西安”“秋炫中国·赏西安”“冬禧中国·年西安”等200余场文化旅游活动，西安文化旅游吸引力和品牌影响力进一步增强。

◆国内旅游宣传 2019年1月，西安市围绕“西安年·最中国”系列活动内容，组团分2批赴北京、石家庄、太原、武汉、长沙、南昌、南京、苏州等城市举办文化旅游推广活动8场，全面展示传统与时尚交相辉映的西安文化旅游品牌，吸引广大市民游客到西安过中国年。4月，为宣传“最中国·看西安”主题活动，组团赴深圳、珠海、东莞等粤港澳大湾区核心城市开展文化旅游营销推广活动3场。7—8月，以热播网剧《长安十二时辰》为宣传主题，组团赴郑州、合肥、杭州、兰州、哈尔滨、长春、沈阳等省会城市开展实地推介和路演活动8场，推出对东三省游客景区半价优惠政策。承办由陕西省文化和旅游厅主办的“西安之夜”2019西安丝绸之路国际旅游博览会推介会，并获“最佳人气奖”。以“文旅融合 美好生活”为主题，组织各区（县）、开发区文旅部门，以及非遗、航空、文创、旅行社、文化演艺等20余家涉旅企业，开展2019“中国旅游日”西安市主会场宣传活动，推出大唐芙蓉园、大明宫国家遗址公园、西安秦岭野生动物园、乐华欢乐世界、曲江海洋极地公园等30余家A级景区优惠政策。协助青岛、杭州、成都、广州等客源城市在西安举办文化旅游推介活动20余场。组织宝鸡市、铜川市、咸阳市、渭南市、商洛市、运城市、临汾市、天水市、平凉市、庆阳市等城市召开关中平原城市群文化旅游合作联盟筹备会，会议通过《关中平原城市群文化旅游协同发展西安宣言》，讨论《关于发起成立关中平原城市群文化旅游合作联盟的筹备（组建）方案》《关中平原城市群文化旅游合作联盟城市文化旅游合作框架协议》《关中平原城市群文化旅游推广系列活动工作方案》，为下一步联盟的成立奠定良好基础。

◆国际旅游宣传 2019年，西安市以当选2019中国“东亚文化之都”为契机，充分发挥文都平台机制优势，大力推动文化旅游交流互鉴。签署《2019东亚文化之都共同宣言》，同韩国仁川、日本岐阜等城市签订7个合作协议，设立12个西安旅游境外推广中心，5次赴日本、韩国组织营销宣传，建立对外交流新机制，受到文化旅游部的充分肯定和日本、韩国“东亚文化之都”伙伴城市的高度赞赏。充分发挥“一带一路”核心区的区位优势，主动与“一带一路”沿线城市开展文化、艺术、文物领域友好交往，先后赴美国、意大利、马来西亚、柬埔寨、哥伦比亚、阿塞拜疆、文莱等国家，举办系列文化艺术、非遗年俗、遗产保护等对外交流活动，展示西安古韵和“东亚文化之都”形象。（任俊儒）

旅游产品

◆概况 2019年，西安市成立西安文化旅游新媒体联盟，《人民日报》、新华网、今日头条、抖音、携程等600余家媒体宣传报道西安文化旅游上亿次，“不倒翁”“摔碗酒”“毛笔酥”“石头哥”“南门说”等旅游话题持续引爆西安旅游市场。全年西安市5次入围携程集团评选的“国内旅游城市十大人气目的地”。

◆“西安年·最中国”旅游产品 2019年，西安市成功举办“西安年·最中国”12大主题251项系列活动。春节期间，全市接待游客1652.39万人次，比上年增长30.16%；实现旅游收入144.78亿元，增长40.35%。西安获评全国“春节最火爆旅游目的地”。

◆“春满中国·醉西安”旅游产品 2019年，西安市成功举办“春满中国·醉西安”春季系列文化旅游活动。结合五一、“世界读书日”、“国际博物馆日”、“中国旅游日”等时间节点，围绕“览春、访春、采春、戏春、望春、品春、探春、念春”8大主题，开展季节性重点活动10项、主题活动104项。

◆“夏爽中国·嗨西安”旅游产品 2019年，西安市成功举办“夏爽中国·嗨西安”夏季文化旅游活动启动仪式。围绕“品夏、乐夏、凉夏、读夏、戏夏、康夏”主题，推出重点活动9项、主题活动84项。

◆“秋炫中国·赏西安”旅游产品 2019年，西安市成功举办“秋炫中国·赏西安”秋季文化旅游系列活动启动仪式。围绕休闲、生态、音乐、健身、康养、研学等文化旅游元素，打造10项重点活动，按照“秋味、秋影、秋音、秋行、秋山、秋慧”6个主题，开展47项具体活动。

◆旅游演艺产品 2019年，西安市各类旅游演艺题材涵盖历史文化、红色文化和丝路文化等，演艺类型包括实景演艺、舞台剧、主题演艺等。以《长恨歌》《梦长安——大唐迎宾盛典》《驼铃传奇》《秦汉风云》等为代表的精品旅游演艺，在国内享誉较高的品牌知名度，成为西安市文化旅游“靓丽名片”。

华清宫《长恨歌》 4—10月演出。在历史故事的真实发生地——华清宫，用舞剧的艺术形式，对白居易的传世名篇《长恨歌》所表现的爱情主题给予艺术再造，还原了一段恢宏壮观的历史情境和一个感天动地的爱情故事。全剧由《杨家有女初长成》《一朝选在君王侧》《夜半无人私语时》《春寒赐浴华清池》《骊宫高处入青云》《玉楼宴罢醉和春》《仙乐风飘处处闻》《渔阳鼙鼓动地来》《花钿委地无人收》《天上人间会相见》10幕组成，通过山水风光、古典乐舞、诗歌旁白、高科技灯光音响及特效等表现手法，充分展示了大唐盛世的恢宏气象和千古绝唱的爱情传奇。全年接待观众77.86万人次。在2019中国夜间经济论坛上，被中国旅游研究院评为“游客最喜爱的十大夜间演艺”；被道略文化产业研究院评为“2018年中国实景旅游演艺十强”。

浐灞《驼铃传奇》 全年演出。以“一带一路”为主线，深入挖掘大唐传统文化，追寻驼队在“丝绸之路”上的踪迹，以正能量传播西安最辉煌的历史时期的文化传奇。整场演艺分为序幕《岁月再现》及《送君千里》《狼道遇险》《异国风情》《祥雨洗尘》《迎郎归来》《华夏盛世》7幕。全年接待观众120万余人次。4月，获国际主题娱乐协会（TEA）“年度杰出成就奖”；11月，获国际游乐园及游艺设施协会（IAAPA）“铜环奖”——“最佳现场表演奖”。

城墙《梦长安》 4—10月演出。以盛唐礼仪文化为主题，让人感受西安历史与大唐文化，体会中华传统文化、西安地域文化、城墙特色文化、古礼迎宾文化。演出融合“十三朝古都”的历史与“丝绸之路”沿线的人文风情，营造出天下长安的雄浑壮阔，通过观演可以感受到西安作为世界千年古都、东方永恒之城的雄浑气魄。全年接待观众4.46万人次。

乐华城《秦汉风云》 4—10月演出。取材于“指鹿为马”“鸿门宴”“四面楚歌”“霸王别姬”等历史典故，以西楚霸王项羽的悲壮一生为切入点，演绎秦汉更替时期荡气回肠的历史传奇。全剧分《千古一帝》《矫诏袭位》《修阿房宫》《霸王伐秦》《鸿门之宴》《霸王别姬》《大汉盛世》7个篇章。全年接待观众54万余人次。5月，《秦汉风云》登上中央电视台综合频道《晚间新闻》栏目；12月，《秦汉风云》获旅游行业奥斯卡——游乐界金冠奖“乐园杰出演艺奖”。

华清宫《12•12》 全年演出。挖掘“西安事变”前张学良踌躇不定的思想情绪、杨虎城母子的相见等细节，通过《烽火古城》《矛盾激化》《匆匆密谋》《箭在弦上》《枕戈待旦》《大战在即》《枪声破晓》《统一战线》《世事沧桑》9幕剧情，展现了中华民族在危难时刻的艰难抉择。全年接待观众66.84万人次。10月，《12•12》被中国旅游协会授予“全国优秀红色旅游演艺”称号；“舞台道具牵引装置”“多功能悬挂式投影系统”“舞台背景结构”“舞台结构”“舞台用建筑结构”“舞台用升降台”“舞台用移动式道具”“显示设备”“一种通风座椅”9项演出专利获得国家知识产权局审批认证；被道略文化产业研究院评为“2018年中国沉浸式旅游演艺五强”。

秦皇大剧院《秦俑情》 2—12月演出。全剧通过一个复活的兵俑，唤醒地下沉睡千年的兵马俑军团，带着观众穿越时空，纵览中华文明第一个大一统王朝的辉煌历史。全年接待观众60万余人次。4月，陕西秦皇大剧院演艺有限公司被陕西省文化产业协会推选为陕西演艺联盟副理事单位；11月，企业加入由国家文化和旅游局批准成立的“丝绸之路国际剧院联盟”；被纳入陕西省文化产业“十百千工程”西安高成长型文化企业。

唐乐宫《大唐女皇》 全年演出。以女皇武则天14岁选侍入宫至67岁登基称帝期间的历史故事为情节，从初入宫闱，到经历战争、宫斗，从一个妩媚的少女成为中国历史上第一位女皇帝的史实。全剧由《秀女待选》《私闯文德殿》《征战》《二圣临朝》《登基》5个篇章组成。全年接待观众29万余人次。

大唐芙蓉园《大唐追梦》 9—12月演出。以“诗仙”李白为人物贯穿，以《将进酒》词牌为基调，通过场景、故事的演绎和各类新技术的运用，从内容上尝试将观众的心境与剧中的实景相衔接，在游船幻境中完成超现实的视觉体验。全剧分《繁华长安》《丽人行•画中情》《丝路印象》《曲江盛宴》4幕。全年接待观众1.01万人次。

曲江海洋极地公园《哪吒》 全年演出。以中国经典神话故事《哪吒闹海》为原型，通过改编、创新与艺术加工，用一种夸张、幽默的表演形式，将古老的神话故事进行适合现代舞台审美的呈现。该剧运用诸多高科技的舞台装置，以及多样化的舞台表现形式，融合杂技、武术、威亚、木偶、音乐、舞蹈、特技、影像等诸多手段，将古老的故事呈现出了新意。全剧分《小哪吒学艺归来》《混天绫护着他》《乾坤圈手中拿》《扑向父母的怀抱》4个篇章。全年接待观众11.6万人次。

西安陕北民歌大舞台《印象陕北》 4—10月演出。将传统的原生态陕北民歌与现代的声、光、电等数字艺术结合，以最时尚的编配、最为经典的古老歌谣，用最为纯正的腔调、最有韵味的嗓音、最具特色的陕北民俗表演等形式，全新演绎经典陕北民歌，展现陕北特色民俗文化。全剧分《黄土印象》《风俗印象》《红色印象》3个篇章。全年接待观众9万余人次。

白鹿原影视城《二虎守长安》 4—10月演出。是大型历史战争剧，演出包含火爆、水爆、飞车特技、汽车漂移、激烈枪战等场景，主要讲述1926年杨虎城、李虎臣将军誓死守卫西安城的故事。全年接待观众58万余人次。

白鹿原影视城《黑娃演义》 4—10月演出。以陈忠实小说《白鹿原》改编，突出反映关中本土文化和地域特色，是观众全景、全境、全程参与的大型实景电影拍摄体验剧。全年接待观众11.5万人次。 （任俊儒）

旅游行业管理

◆**概况** 2019年，西安市文化和旅游局围绕优化提升全市文化旅游市场环境，不断提高文化旅游服务质量水平，结合开展“扫黑除恶”专项斗争，先后组织开展书画市场、校园周边治安问题、重大节假日文化旅游市场、城乡接合部和网络自媒体等行业专项整治行动，整治违规经营场所276家。按照“放、管、服”改革要求，加快推动“最多跑一次”“一网通办”改革事项落实，文化、旅游、广电行政审批均实现服务平台标准化，网上审批率达到100%。全年审批旅行社68家，核发“导游证”1692人，旅游环境进一步优化。

◆**旅游市场监督管理** 2019年，西安市文化和旅游局根据“放、管、服”改革要求，按照“放开、管好、搞活”的原则，以“简政放权、创新管理和优化服务”为重点，坚持监管与服务并重，疏堵结合，奖惩并举，不断加大“放”的力度，强化“管”的能力，提升“服”的水平，推动属地管理、部门联动、行业自律、社会监督的综合管理旅游市场监督管理体系和旅游行业信用体系的建立，形成监管合力。制定《西安市旅游市场黑名单管理工作规范（试行）》，全面规范旅游市场秩序、加强监督管理服务质量、维护旅游消费者和经营者合法权益。开展旅游市场秩序整治，对“不合理低价游”、强迫和变相强迫消费、违反旅游合同等违法、违规行为践行监管和查处，联合相关部门组织查处“黑旅行社”“黑导游”等非法经营行为，主动配合参与打击涉及旅游行业的“黑车”“黑店”等非法经营行为。

◆**旅行社监督管理** 2019年，西安市文化和旅游局不断规范旅行社经营行为，突出旅游团队安全工作重点，以旅游合同管理为重点，打击“强迫或变相强迫购物”和“不合理低价游”以及违反旅游合同等违法、违规行为，积极引导旅行社“供给侧”改革，加强创新，不断完善服务质量标准，强化个性化、差异化服务，引导旅行社规范经营、做大做强、规模化发展，树立诚信经营意识和品牌形象。全年旅游市场环境明显改善，游客满意度大幅提升。

◆**旅游景区评定与管理** 2019年，西安市文化和旅游局认真贯彻落实2019年全国A级旅游景区质量提升电视电话会议精神，组织召开2019全市A级旅游景区质量提升工作会议，对全市A级旅游景区组织全面复核和检查。推动大明宫遗址公园、朱雀•太平景区、翠华山•南五台AAAAA景区创建工作，均通过省级资源评估，大明宫国家遗址公园通过AAAAA级旅游景区景观质量专家评审。组织人员参加中国旅游景区协会A级景区创建提升标准辅导培训班。对高陵博物馆、高家大院、秦龙乳业旅游园、崔振宽艺术馆等景区创建A级景区进行培训。组织对高陵博物馆、高家大院、秦龙乳业旅游园创建AAA景区进行检查验收。 （任俊儒）

经济管理与监督

责任编辑　冯冠杰

西安年鉴
2020
XI'AN YEARBOOK

宏观经济管理

◆概况 2019年，西安市发展和改革委员会紧扣追赶超越定位和“五个扎实”要求，坚持新发展理念，以“十项重点工作”为抓手，积极有效应对经济下行压力，推动全市经济保持平稳健康运行，开创建设国家中心城市新局面，创新发展、绿色发展、高质量发展迈上新台阶。全市生产总值9321.19亿元，比2018年增长7%，增速高于全国、陕西省0.9和1个百分点。规模以上工业增加值增长6.9%，全社会固定资产投资增长1.1%，社会消费品零售总额增长6%。财政总收入达到1533.81亿元，一般公共预算收入702.55亿元，增长2.6%，税收占比82.7%。城乡居民人均可支配收入分别达到41850元和14588元，增长8.1%和9.8%。居民消费价格指数上涨2.7%。单位生产总值能耗下降2.9%以上。

◆宏观经济调控 2019年，西安市发展和改革委员会认真履行宏观管理和经济综合协调部门职责，及时跟进中央和陕西省政策动向，不断创新宏观管理方式方法。加强市级部门之间横向沟通、发改系统上下联动，科学编制实施全市国民经济和社会发展计划，精心谋划“十四五”发展，组织开展3大类25个前期重大战略课题研究，形成“十四五”规划基本思路。全年制定各类政策、意见、方案、计划等43个，系统化精准化充实政策储备，不断提高政策的前瞻性、针对性、有效性。坚持把稳增长作为经济工作的首要任务，建立经济运行月度分析调度机制，将主要经济指标进行“双分解”，每月研判经济形势、研究工作措施、督促短板指标，及时向市委、市政府提出对策和建议。加快构建推动高质量发展政策框架，出台稳增长工作清单、稳投资行动方案等系列措施，发挥稳增长系列政策叠加效应，推动四季度固定资产投资等经济指标企稳回升。健全完善“油、电、气”监测预警机制，全力做好全市迎峰度夏、电力应急、采暖季保供等工作。新增天然气储气能力1200万立方米，41个“十三五”电网发展规划建设项目投产运行，15个省级电力重点项目取得明显进展。开展电力安全生产专项检查，巡查电力线路100余千米，消除各类电力安全隐患30余处。

◆产业结构调整 2019年，西安市发展和改革委员会紧扣产业转型升级和高质量发展要求，统筹协调全市产业布局，加快构建现代产业体系，第一产业增加值279.13亿元，比2018年增长4.3%；第二产业增加值3167.44亿元，增长7.6%；第三产业增加值5874.62亿元，增长6.8%。三次产业构成为3：34：63。全年非公有制经济增加值5066.18亿元，占生产总值的54.4%，比2018年提高1个百分点。大力实施“先进制造业强市”战略，高技术产业产值增长14.9%，战略性新兴产业产值增长9.6%，新增规模以上工业企业120户。加快推动服务业创新发展。深化国家服务业综合改革试点，新增浐灞华夏文旅等3个服务业聚集区，新增5家境内外上市企业，挂牌企业11家，西部超导和铂力特成为上交所科创板首批上市企业。全市金融机构人民币存贷款余额分别增长10.1%、12.8%。加快文化旅游融合发展，精心策划“最中国·看西安”“东亚文化之都”等文化品牌。西安市被携程集团评为“2019旅游消费20强城市”，全年接待海内外游客突破3亿人次，增长21.7%；旅游业总收入3146亿元，增长23.1%。

◆重点项目建设 2019年，西安市发展和改革委员会积极统筹谋划重大项目，精准发力促项目稳投资。谋划并有序推进1.15万亿基础设施领域补短板重大项目，争取中央和陕西省资金22.84亿元，获批企业发行债券221.48亿元，申请6批次政府专项债券项目248个、总投资3613.74亿元，申请专项债资金923.39亿元，为全市稳投资提供有力支撑。全市社会固定资产投资增长1.1%，实现由负转正。实施项目带动战略，举办4批619个、总投资6358亿元重大项目集中开工，全年772个市级重点在建项目完成投资4632亿元，占年度计划的115.8%。第一批特色小镇累计完成项目99个。推进政府和社会资本合作，全年在建PPP项目96个，完成投资168.16亿元，公开推介PPP项目113个。

◆价格管理 2019年，西安市发展和改革委员会扎实做好重要商品保供稳价。开展缓解生猪市场价格周期性波动调控，收储冻猪肉3000吨，下发困难群众价格临时补贴1825.54万元。启动天然气上下游联动和季节性差价制度，确保群众过上暖冬。依规制定和调整36所市属民办中小学校学费标准。积极稳控商品房价格，公示39批次、93454套、总面积1172万平方米的商品房价格。做好成本调查和监审工作，核减虚增成本22.37亿元。全年居民消费价格上涨2.7%，控制在3%目标以内，获全国价格监测先进城市。

◆节能减排 2019年，西安市发展和改革委员会深入贯彻“绿色发展”理念，推动产业结构和能源结构调整，推进重点领域节能降耗，节能各项工作进展顺利。推进清洁能源和新能源发展，提升清洁能源保供能力，全年天然气用气量29.47亿立方米，比2018年增长11.54%。推广光伏发电项目，全市装机规模达到220兆瓦。出台《西安市清洁取暖试点城市建设工作方案》，同步推进热源清洁化和建筑能效提升，全市清洁取暖率达到90%以上。压减煤炭消费、非电规上工业企业煤炭消费157万吨，减少42万吨，继续保持下降趋势。持续开展散煤治理，城乡居民“双替代”（电代煤、气代煤）改造14.7万户。全年单位生产总值能耗下降4.8%，能耗总量增长1.9%。全年空气优良天数225天，比上年增加10天，退出全国168个重点城市空气质量排名后20位。

◆统筹城乡发展 2019年，西安市发展和改革委员会按照“产业兴旺、生态宜居、乡风文明、治理有效、生活富裕”要求，促进城乡规划、产业、生态、资本要素融合发展取得新突破。编制《西安市深入实施乡村振兴战略促进城乡融合发展三年行动方案（2019—2021年）》。加快推进高标准农田建设，提升畜禽标准化规模养殖水平，全力稳定生猪生产，保障重要农产品供给。积极培育新型农业经营主体，新增家庭农场100个。加快推进市级田园综合体创建工作，新认定市级农业产业化龙头企业15家，市级以上农业产业化联合体达15家。加快乡村振兴示范村建设，抓好农村片区中心社区建设，总结推广鄠邑区“四好农村路”（建好、管好、护好、运营好）经验，推进城乡基本公共服务均等化。加强农村人居环境整治，实施“百村示范，千村整治”和“村庄清洁”行动，建成示范村400个以上，农村生活垃圾无害化处理率90%，生活污水有效治理行政村比例65%，建成无害化卫生户厕12.5万座。支持高陵区、阎良区和西咸新区建设国家城乡融合发展试验区，加快“房地一体”农村不动产权籍调查和登记发证，深化农村集体产权制度改革，加强农村集体资产监督管理，消除集体经济“空壳村”。积极推进农村金融改革，落实中央和陕西省涉农保险提标扩面政策。稳步推进省级农村改革试验区建设，探索建立农业开发区。完善科技特派员制度，健全面向小农户的社会化服务体系。

◆**社会事业建设** 2019年，西安市发展和改革委员会不断加强保障和改善民生工作，统筹推进各项民生事业。推进“15分钟便民服务圈”建设，城镇社区周边生活服务设施不断完善。扎实推进保供稳价，有效应对非洲猪瘟。加大对重点群体就业创业扶持力度，城镇新增就业16.12万人，登记失业率3.27%。城乡居民基本养老保险基础养老金标准达到每人每月168元，城乡低保标准分别提高至每人每月700元和每人每月500元。围绕“建设教育强市目标”，落实教育优先发展战略，完成新建、改扩建中小学和幼儿园175所，新增学位10.08万个；组建“名校+”教育联合体904个，惠及学生97万人；全市13个区（县）全部通过国家义务教育发展基本均衡验收。加快推进分级诊疗试点，建成各类医联体49个，涵盖80所二级医疗机构和140所基层医疗机构，覆盖870万人，县域内就诊率达90%以上。新增养老服务床位7504张，城市社区养老服务设施覆盖率78.7%。纵深推进“扫黑除恶”专项斗争、“平安西安”建设、安全生产等各项工作。“车让人、人守规”经验在全省推广。

◆**区域经济合作** 2019年，西安市发展和改革委员会充分发挥西安区位、资源、科教、文化等优势，做强枢纽地位、强化门户功能、促进要素流动。紧抓黄河流域生态保护和高质量发展战略机遇，制订推进黄河流域生态保护高质量发展工作计划。建立关中平原城市群常态化交流平台和沟通机制，积极促进西咸新区进一步加快发展和西咸、富阎一体化进程，统筹协调推进西渭融合8个重点项目合作协议签约。高质量推进“一带一路”建设。遵循“五通”（政策沟通、设施联通、贸易畅通、资金融通、民心相通）总体要求，实施“一带一路”综合试验区建设三年行动，全面启动六大改革试验任务。高标准举办欧亚经济论坛、“‘丝绸之路’国际艺术节”、世界职业教育大会等20余场国际性重大活动，西安当选世界城地组织联合主席城市，国际友城增至36个，国际影响力不断增强。全市进出口总值完成3243.06亿元，比2018年下降1.8%。大力发展“三个经济”（枢纽经济、门户经济、流动经济）。西安陆港型国家物流枢纽入选首批国家物流枢纽建设名单，获批国家首批二手车出口城市，航空基地综合保税区正式封关运行。京东“亚洲一号”、中国邮政邮件处理中心先后建成投入运营，西安获评“2019国际物流大通道建设突出贡献城市”。新开通19条国际客运航线、9条全货运航线，首条第五航权货运、客运航线正式通航，国际航线累计达到88条，全货运航线增至27条。累计完成货邮吞吐量达到38万吨，增速居全国十大枢纽机场第一。中欧班列“长安号”开行2133列，增长70%，相继开通“襄西欧”“徐西欧”“冀西欧”“厦西欧”等集结班列，常态化开行干线10条，覆盖丝路沿线45个国家和地区。国际贸易“单一窗口”进入全面应用阶段，全年跨境电商交易额实现132亿元。陕西省发展和改革委员会印发《西安临空经济示范区发展规划（2019—2035年）》。

（唐　帆）

经济体制改革

◆**概况** 2019年，西安市坚持用改革推动高质量发展，努力实现追赶超越，用开放的思路、改革的方法破解发展难题，激发内生动力，改善民生福祉，汇聚高质量发展的强大动力。全年生产总值增长7%；地方一般公共预算收入突破700亿元，规模以上工业增加值增长6.9%，社会消费品零售总额增长6%，实际利用外资增长10.8%。“通丝路”跨境电子商务人民币业务服务平台被国务院自贸试验部级联席会议列为“最佳实践案例”。“推进区域协同发展”“重点企业联系机制”“税银企”“军民融合采购平台和区域性军工单位竞争采购服务体系”4项创新成果在全国复制推广。“全城通办”“政策兑现进大厅”“互联网医疗新模式”“‘一带一路’跨国农业产能合作新模式”等14个案例全省复制推广。“西安市建设15分钟政务服务圈”获评陕西省优秀审批服务案例特等奖。西安营商环境质量指数跃居全国第6位，综合排名进入全国前10名，获2019年度“中国国际营商环境标杆城市”称号。西安市连续8年入选“中国最具幸福感城市”。

◆**重点领域改革** 2019年，西安市坚持以供给侧结构性改革为主线，突出转变经济增长方式，着力在营商环境、三个经济、创新创业、乡村振兴、文旅融合等方面重点突破，不断培育高质量发展的新动能。

营商环境持续优化 聚焦“一扇门、一张网、一次办”改革目标，打破“信息孤岛”和“数据壁垒”，搭建完成政府数字化转型“133N”体系框架（1个政务云平台、3大支撑体系、3大保障体系和N个应用系统），累计归集数据53.8亿条。建成全市“一网通办”总门户，市级政务服务事项网上可办率90.35%。加快实施“极简改革”，办理工程项目审批申报材料由188个精简至47个，精简率75%，审批时间由388天减少至平均67.8天，精简率82.5%。新增市场主体77.9万户，比2018年增长102.7%。新增落户人口28.5万人，其中人才占比达57.2%，人才净流入量居全国城市前列。

“三个经济”稳步发展 抢抓自贸区、临空经济示范区、跨境电商试验区等机遇，加快发展枢纽经济、门户经济、流动经济。围绕西安区域承担的127项试点任务，以制度创新为核心，梳理形成自贸区创新案例84个，其中4项在全国推广、14项在全省推广。加快推进第五航权开放试点，开通首尔—西安—河内货运航线，西安咸阳国际机场货邮吞吐量突破38万吨，增速居全国机场首位。探索开展跨境电商创新业务，建设国内首个跨境电商国际快件产业园，完成跨境电商保税进口单量36082单，货值1439.8万元。中欧班列“长安号”开行2133列，是2018年的1.7倍，开行量、重载率、货运量均居全国前列。

创新活力日益凸显 成功举办2019西安国际创业大会、创业大赛、第四届中国创新挑战赛（西安）、央视“创业英雄汇”西安赛区决选和海选等活动赛事，引发社会广泛关注。西安西交一八九六创客咖啡有限公司、西安电子科技大学石头创客空间等成功转化出20余项高校科技成果。国家“小微两创”基地城市示范验收，4项主要批复目标全部达标。建成市级以上科技企业孵化器、众创空间276个，入孵企业、团队4万余家，带动就业43万人。西安文化科技创业城产业园获批“国家级文化和科技融合示范基地”。科技部《国家创新型城市创新能力监测报告2019》显示，西安城市创新能力排名全国第7位。深入推进全面创新改革试验，圆满完成改革任务，通过国家三年系统评估，谋划新一轮全面创新改革，开展改革举措复制推广工作。推动“以事前产权激励为核心的职务科技成果权属改革”，西安交通大学、西安文理学院等10家试点单位探索“先确权，后转化”有效模式。

农业农村改革推向纵深 全市农村清产核资工作全面完成，2831个村成立股份经济合作社。高陵区基本完成宅基地确权颁证工作，发证率98%。加快实施农村人居环境整治三年行动，全市村庄生活垃圾集中收集覆盖率100%。加快

推进一、二、三产业融合发展，临潼区成功创建全国农村一、二、三产业融合发展先导区。华圣果业、一叶轩成功创建省级产业化联合体，临潼石榴生产系统成为第五批中国农业文化遗产。推广“电商＋产业＋贫困户”模式，全年实现贫困劳动力转移就业4571人，创业128人，实现全市“零返贫”。投入财政帮扶资金3800万元，派驻帮扶干部21人，与陕南8个深度贫困县开展结对帮扶。

文旅融合发展取得新成效 制定加强文化建设促进文旅融合发展的《西安市关于加强文化建设促进文化旅游融合发展的实施意见》和《西安市加强文化建设促进文化旅游融合发展三年行动方案（2020—2022）》，持续推进31个文旅在建项目，投资179.69亿元。举办2019年“西安年·最中国”12大主题251项系列活动，西安文化旅游吸引力和品牌影响力进一步增强。全年接待海内外游客30110.43万人次，比2018年增长21.7%，旅游业总收入3146.05亿元，增长23.1%。西安市当选“东亚文化之都”，同韩国仁川、日本岐阜等城市签订7个合作协议。设立12个西安旅游境外推广中心，主动与“一带一路”沿线城市开展文化、艺术、文物领域友好交往，发起成立关中平原城市群文化旅游合作联盟，成功举办第二届世界文化旅游大会，打造文化旅游交流新平台。

国企改革效果凸显 印发《西安市国有企业混合所有制改制操作指引》及监管企业混改招商引资推介手册，指导市属国有企业参与混合所有制改革工作。在创新领域，推动西咸新区发展集团和同方股份公司共同设立西咸新区同方未来创新研究院有限公司，为推动西北地区产学研科技成果转化、创投基金运营、顶层规划与设计咨询提供新载体。在文娱领域，促成西安演艺集团与西安青曲社演艺公司达成合作，双方以货币出资方式组建合资公司，是文娱领域国资民资创新合作的一项新成就。在卫生健康领域，推进西安健康医疗集团平台的组建整合工作，促成利君集团与中陕核集团公司资产重组和战略合作。在城市建设领域，指导促成西安华衡房地产开发有限公司与陕西诚创实业有限公司混合所有制改革，双方合作成立陕西华衡城市建设有限公司。在现有市属国有企业进行分析梳理基础上，将西安工业投资集团及西安华衡国有资本运营集团改组为国有资本投资运营两个平台试点单位，并及时进行试点工作总结和经验分享交流，取得较好成效。

财税改革不断优化 印发《西安市关于防范化解政府隐性债务风险的实施意见》，对全市各级党委政府和各部门加强政府隐性债务管理、规范举债融资行为、防范化解债务风险进行严格规定。做好政府性债务数据监测分析工作，将全市政府债务和隐性债务分别纳入财政部“地方政府性债务管理信息系统”和“全口径地方政府债务监测平台”，按月上报相关数据，建立政府债务月报统计制度，印发《西安市地方政府隐性债务统计监测工作方案》，加强对全市隐性债务的实时监控，及时发现纠正不合规举债融资行为。推动全面实施预算绩效管理，印发《关于全面实施预算绩效管理的实施意见》，进一步拓宽预算绩效管理的广度与深度，标志着全市实现从“预算绩效管理阶段”向“全面实施预算绩效管理阶段”的转变，为持续推进预算绩效管理改革提供有力制度支撑。

民生保障更加健全 实施建设教育强市三年行动计划，深化基础教育改革，强化要素保障，提升治理能力。三年内将新建、改扩建中小学幼儿园430所，增加学位38.95万个。坚持就业优先，城镇新增就业14.5万人，预计城乡居民人均可支配收入分别增长8%和9%。加快医疗卫生改革，全市所有公立三级医院全部参与医联体建设，建成各类医联体49个（医疗集团8个、托管型医联体8个、县域医共体15个、专科联盟14个、远程协作网4个），涵盖80所二级医疗机构和140所基层医疗机构。持续优化“1+N”社会救助体系，建立市级层面的社保兜底办公室，将农村特困人员的基本生活标准提高到集中供养1320元／月、分散供养700元／月，建立临时救助分级审批制度，将镇街审批权限提高至15000元。

生态环境更加宜居 开展蓝天、碧水、净土、青山保卫战，优良天数达到225天，退出全国168个重点城市后20位。制定《全域治水碧水兴城西安市河湖水系保护治理三年行动方案》，启动“85316”工程（“8”：渭河、泾河、灞河、浐河、潏河、滈河、沣河、涝河8水全流域治理工程；“5”：黑河、新河、洨河、清河、石川河5条重要河流全流域治理工程；“3”：斗门水库（昆明池）、渼陂湖生态修复、白鹿原水库（鲸鱼沟水库）3个湖库治理工程；“1”：护城河水系提升工程；“6”：污水处理、水系连通、水源涵养、应急水源、再生水管网、智慧水务6项重点治理工程），沣河中央湿地公园等58个治理项目开工建设，主城区黑臭水体得以消灭。加快秦岭生态环境整治和修复，全面完成中央和陕西省委环保督察反馈问题整改和骊山违建问题整治工作。深入推进“三改一通一落地”，完成93个老旧小区改造，打通53条断头路，启动19个城中村、棚户区和24条示范背街小巷改造工作。新增城市绿地面积969.8万平方米，建成绿道351.5千米。高陵、蓝田、鄠邑、西咸4个生活垃圾无害化处理项目点火运行。

社会治理更加完善 市、区两级成立专职平安建设工作办公室，加强对平安建设的统筹领导。整合社区（村）党建、环保、治安、交通、教育、卫生、城管等多个网格，开展“多网合一”的全科网格化服务管理工作试点。研究制定《关于推进市域社会治理现代化的意见》，申报中央和省级市域社会治理现代化试点。统筹推进法治西安建设，全面完成公安系统执法办案管理中心建设。律师调解制度改革试点全面推广，结合服务“一带一路”建设，在西安国际港务区引入“一带一路”国际商事调解中心。加快雪亮工程建设，全面完成1个市级总中心、7个区域分中心及21个应用分平台建设。

◆改革创新典型案例 2019年，西安市新城区推动实现未成年人检察专业化办案和社会化保护无缝衔接，构建未成年人检察社会支持体系“新城模式”。碑林区动员社会力量参与“救急难”项目，探索开展社会力量参与社会救助的长效机制，“社会救助综合改革试点”通过民政部验收。莲湖区“虚拟养老院”项目被评为“省级优秀改革案例”，在全省推广。雁塔区率先推行“智慧街道”——全科网格化服务管理中心的建设，构建“一网兜起区域大小事”社会治理格局。灞桥区着眼基层党建引领社会治理创新，探索设立城市驿站“微阵地”，获评“全国城市基层党建创新优秀案例”。未央区整合区域内医疗资源，与西安市第三医院共同组建未央城市医疗集团，提高医疗资源总体利用效率和整体效益。长安区花园乡村建设落地见效，100%村建成清洁乡村，80%村建成花园乡村。临潼区探索出执法规范化建设“3+3”模式（3大精细化管理系统+3项信息化运行机制），《人民日报》《法制日报》等主流媒体进行了宣传报道。阎良区积极创新探索建设智慧安防社区，凌云路派出所被公安部命名为全国首批“枫桥式公安派出所”。高陵区按照中央探索宅基地“三权分置”有关要求，创新推进“共享村落”，中央和陕西省媒体相继报道。

鄠邑区构建退役军人服务保障“13555”工作体系（“1”：构建覆盖全区一张服务网；“3”：3个规范化，规范化组建、规范化运行、规范化服务；“555”：机构组建达到“五有要求”、规范运行统一“五项制度”、服务保障落实“五项职能”），陕西省退役军人服务体系建设现场观摩会及“结对共建”服务退役军人启动仪式先后在鄠邑区举行。周至县完成贫困县退出专项评估检查工作，正式退出贫困县序列。蓝田县融媒体改革工作在全国广播电视媒体融合发展现场会介绍经验。西咸新区海绵城市试点通过国家3部委现场验收，被联合国教育、科学及文化组织（UNESCO）授权为全球生态水文示范点。西安高新技术产业开发区在全国率先设立西安军民通用标准化研究院，填补国内军民融合标准化研究与服务机构的空白。西安经济技术开发区探索建立军民融合采购平台和区域性军工单位竞争采购服务体系，推动军民技术、能力双向交流开放，被国务院办公厅发文推广。西安曲江新区深化文艺院团改革，创新机制体制，激发演艺活力，传承传统曲艺，重铸“西安曲艺团”金字招牌，入选中国改革年鉴年度优秀案例。西安浐灞生态区积极搭建“通丝路”跨境电子商务人民币业务服务平台，被国务院自贸试验工作部际联席会议列为“最佳实践案例”。西安国际港务区首创“央行·长安号票运通”，使国有企业优质信用反向流动，有效解决民营小微企业“融资难”问题。航空基地加强特色载体建设，推动航空科技创新做法在全国促进大中小企业融通发展特色载体交流会上介绍经验。西安国家民用航天产业基地大力支持产业融合平台建设，建成院士工作站5家，建成“两院两中心”（陕西军民融合创新研究院、西安空天能源动力智能制造研究院、陕西高新技术协同创新中心、西安航天电子侦察科技孵化中心）等6家科研创新平台，科技创新成果转化成效显著。（申振强）

国有资产监督管理

◆概况 2019年，西安市国资系统坚持“依法监管、用心服务，说到做到，干就干好”的工作理念，按照市属国资国企“20345”高质量发展蓝图和施工图，凝聚共识，攻坚克难，深化改革，高标准实现国有资产保值增值。截至年底，全市有国有企业1393户，全市国有企业资产总额18093.5亿元，所有者权益4815.34亿元。实现营业收入1052.49亿元，比2018年增长13.36%；上缴税费83.90亿元，增长25.11%。

◆国企改革 2019年，西安市国有企业混合所有制改革全面推进。按照“应改尽改、能改快改”的原则，明确第一批60户混改企业名单，制定混改招商引资推介手册，召开深化国企民企合作推进会，在集团层面完成利君集团增资扩股混改工作，推动西安纺织控股有限责任公司、西安健康医疗集团、西安标准工业股份有限公司等11户企业的混改合作。制定《全民所有制企业公司制改制工作实施方案》，112户全民所有制企业完成公司制改制，西安市国有资产监督管理委员会监管企业全民所有制企业实现“清零”目标。成立2个工作推进组，举全市之力推进纺织企业和缝制设备制造企业转型升级。制定《处置“僵尸企业”实施意见》，完成7户国有“僵尸企业”处置试点工作。剥离国有企业办社会职能工作任务超额完成。企业退休人员社会化管理工作全面推开。“三供一业”维修改造进场施工率100%，完成改造26万户，完成率51%，超额完成任务。为方便改造管理，将国有企业职工家属区物业管理职能移交各区（县）、开发区，进行市场化运作。发挥“国企之家”平台作用，协调帮助驻西安国有企业解决问题26个，坚定国有企业在西安发展的信心。促进驻西安国有企业之间的合作交流，举办国资国企改革发展大型讲座、经贸论坛、企业家沙龙对话等共11期。大力宣传推介西安，推进驻地国有企业与西安融合，征集拟与中央企业签约项目109个，投资概算5531亿元，征集需要中央企业投资的项目98个，投资概算6898亿元。

◆国资监管 2019年，西安市国资监管体制改革取得重大突破。市级188户国有企业共7527亿元经营性国有资产关停划转、重组整合，实现集中统一监管，市级各党政机关、事业单位不再以各种名义投资设立经营性企业和经济实体，西咸新区、开发区属国有企业纳入统一监管范围。将构建形成以5个国有资本投资公司为依托、11个国有资本运营公司和产业集团为支撑的“5+11”国有资本布局结构，市属国有资本布局更加合理。大胆改革放权优化营商环境，取消已运行15年的审计、评估机构备选库，至此，西安市国有资产监督管理委员会取消了所有中介机构备选库，引导市属企业公平参与市场竞争，有利于市属企业运行效率提升，有利于企业个性化服务。更好发挥企业家作用，大胆放权，制定、规范《董事会职权试点方案》，在西安标准工业股份有限公司开展落实董事会职权试点，将企业经营层选聘、薪酬决定等6项重大事项决定权交企业董事会履行，提升企业市场反应能力。以管资本为主推进国资监管机构职能转变，制订市国资委权力清单和责任清单，依法加强对市属国有企业的监管。改进国资监督方式，结合企业外派监事会转隶实际，在全国第一家出台《西安市国有企业监督工作暂行办法》，依法强化出资人对企业事前、事中、事后监管。加强企业运行管控，采取签订目标责任书、定期组织召开经济运行分析会、约谈经营欠佳企业主要负责人、到企业实地调研等方式，分析研判各企业面临形势，挂图作战，精准施策，靶向发力，加快推进市属国资国企高质量发展。不断优化服务质量，建立委领导联系企业制度，每年帮助每户企业解决1—2个最现实、最紧迫的问题，建立清单帮助企业解决最现实、最紧迫的问题16个，创造企业发展最优环境。下大力解决10多年来无法解决的遗留问题4个。制定为基层减负的若干措施，鼓励企业领导人员和职工心无旁骛干工作。关心职工困难，提振工作信心，促进企业良性循环，争取稳岗返还补贴资金3316万元。

（张　昇）

市场监督管理

◆概况 2019年，西安市市场监督管理局全面落实中央和陕西省、西安市工作部署，平稳推进市场监管体制机制改革，全面深化“放管服”和“证照分离”改革，扎实开展相关领域专项执法检查，积极创建“六个放心”（安全放心、使用放心、健康放心、公平放心、品质放心、维权放心）消费环境，筑牢食品、药品、特种设备、工业产品质量“四个安全”防线，保障群众买得放心、用得放心、吃得放心。不断强化知识产权、消费者权益、打击传销、反垄断和反不正当竞争等重点领域行政执法，深入推进“双随机、一公开”监管，强力推进扫黑除恶专项斗争、打击整治传销“雷霆行动”等专项行动。围绕全市“十项重点工作”，各项工作扎实有序推进，高质量完成全年各项目标任务。开展学校食堂、校园周边食品安全整治工作成效显著，在全省做经验交流。圆满完成第四届丝绸之路国际博览会暨中国东西部合作与投资贸易洽谈会、2019欧亚经济论坛、2019西安国际马拉松赛和国家领导人视察等178次重大活动餐饮服务食品安全保障任务，受到中共陕西省委宣传部表彰。联合公安机关破获“3•19”跨国销售假药案，涉案货值达4000万元，受到陕西省市场监督管理局通报表彰。办理舆情信息82件，被西部网评为“2019年度网络问政工作优秀单位”。国家市场监督管理总局对西安市探索建立“保险+物联网+服务”的电梯管理新模式、在全国率先推进电梯养老保险示范项目给予肯定和表扬。

◆法制建设 2019年，西安市市场监督管理局积极推进依法行政。开展立法调研和加强规范性文件管理，先后完成《中华人民共和国专利法修正案（草案）》《陕西省秦岭生态环境保护条例（修订草案）》《西安市养老服务促进条例》等20余部法规法律、地方性法规调研和意见上报以及《西安市经纪人条例》废止相关工作。组织参加国家市场监督管理总局、西安市人民代表大会立法调研研讨。全年清理西安市人民政府规范性文件1件、西安市市场监督管理局规范性文件5件，完成政府投资行为事项梳理意见报送。为确保于4月1日国家市场监督管理总局《市场监督管理行政处罚程序暂行规定》和《市场监督管理行政处罚听证暂行办法》实施，组织对处罚格式文书进行文本格式转换和印发，协调执法办案系统更新。加强对过渡期行政处罚案件的法制审核，指导办案11件。严格开展行政执法监督检查和行政处罚案卷评查，对全市市场监管行政处罚已结案案件抽取案卷123件，组织各局法制机构负责人、执法机构案件审核骨干，开展案卷集中交叉评查，邀请西安市司法局法治监督处现场指导检查，对评查结果予以通报并要求整改。

社会普法宣传 开展“西安年最中国，法治行保平安”专题法治宣传活动、“3•15”普法宣传活动、“食品安全法纪念日”宣传活动、“‘12•4’宪法宣传周”活动等。组织编写消费维权100问、汽车消费知识、保护秦岭野生动植物、“扫黑除恶”、《中华人民共和国宪法》等法治宣传资料5种。会同有关部门研究编写审核“3•15”消费维权典型案例10件、食品药品联合整治典型案例10件。向媒体、市局微信公众号推荐提供法治宣传资料。组织开展“陕西省十大法治人物”评选推荐，1名基层市场监管法制干部获提名奖。

执法队伍培训 组织挂牌后首次大规模全员培训，参加人员3500余人。组织收看国家市场监督管理总局举办的《中华人民共和国疫苗管理法》和2号令、3号令2次电视电话培训，参加培训3850余人次。全国市场监管执法稽查人员能力提升培训班在西安市举办时，协调争取总局为西安市额外增加20个参训名额。组织部分分（县）局法制机构和处室干部参加总局2号令专题培训，陕西省药品监管局《中华人民共和国疫苗管理法》《中华人民共和国新药品管理法》及相关案件审核骨干培训，西安市司法局《中华人民共和国行政立法》和行政复议应诉培训，全市公职律师培训，法制机构负责人依法行政培训，陕西省市场监督管理局法制机构负责人培训6次。组织开展市局系统法制机构业务知识更新培训1次。研究起草《“法治大讲堂”工作方案》。组织系统干部参加全国市场监管法规知识竞赛，中共西安市委依法治市办公室扫黑除恶专项斗争知识答题活动，各级法制机构积极组织执法人员参加竞赛、答题1728人。

行政复议与诉讼 依法开展行政复议，发挥复议监督纠错功能。全年收到对下级机关行政复议申请130件，受理113件，做出复议决定100件。复议案件纠错率19%。办理或参与办理为被申请人的行政复议案件19件，审结14件，维持行政行为9件，终止审理3件。全年收到行政应诉通知131件，已结案68件。全年办理复议应诉案件数，占到全年案件数的近40%。对许可审批、执法协调、案件研判、舆情应对、信访办理、问题整改、提出复议答复等监管执法疑难问题，先后会商20余次，为区（县）局、开发区分局和局机关执法疑难问题、民事合同处理、劳动争议化解提供法律建议、服务20余件。

◆行政执法 2019年，西安市市场监督管理局加大重大案件查处。查处新城区欢乐运动服装等3家店涉嫌侵犯注册商标专用权案件，案值262万元，构成刑事犯罪，涉案人员移交公安部门处理。指导雁塔区市场监管部门对广州无限极公司虚假宣传违法行为进行查处，处罚680余万元。开展“联合整治保健市场乱象百日专项行动”，成立专项工作组，出动检查监督人员17764人次，检查社区、公园、广场等人员密集场所2865个，检查保健类店铺6867户，开展行政指导、行政约谈323次，查处案件214件。全年查办打假治劣案件709件，集中销毁各类假冒商品11大类2723件，货值49.22万元。强化食品药械监管，通过市场巡查、随机抽查和重点检查，打击非法生产、非法销售、非法添加和非法宣传“四非”违法行为，抽检各类检品5163批次，大型农贸市场快速检测10.19万批次，办结“四品一械”（药品、餐饮食品、保健食品、化妆品，医疗器械）各类违法案件1891件，依法移送涉刑案件42起。查处各类违法广告案件280件、查处商标侵权案件217件、查办网络违法案件242件。

价格监督稽查 开展全市涉企收费及民生重点领域价格检查工作，聚焦民生领域价格热点，突出对司法、民政、教育、工业和信息化局、人防办、热力公司等单位的收费行为检查，对问题单位责成进行整改。先后召开全市价格监督检查工作推进会、全市商品和服务明码标价工作会、猪肉价格政策提醒告诫会、机动车检测价格政策提醒告诫会，制定下发《关于开展2019秋季教育收费检查的通知》《关于开展中秋国庆期间市场价格检查的通知》《关于进一步规范商品和服务明码标价的通知》《西安市部分商品和服务标价方式指南》《关于开展住房租赁市场价格违法行为专项整治的通知》《关于开展机动车检测价格违法行为专项整治的通知》等文件，维护市场良好价格竞争秩序。落实《陕西省医疗服务价格重点治理工作方案》，重点对4所三级甲等医院进行检查，及时纠正处理检查中发现的问题。全年受理价格投诉举报339件，办理“12345”市民热线工单891件，转办各类舆情16件，查办案件13件，实施经济制裁497.31万元。

反不正当竞争 认真落实公平竞争审查制度，及时向西安市人民政府申请建立公平竞争审查工作市级联席会议制度，召集人单位调整为5个，成员单位调整为23个，建立联席会议联络员制度。推进公平竞争审查制度实施，起草印发《西安市全面落实公平竞争审查制度2019工作重点》《关于开展公平竞争审查制度落实情况专项督查的通知》，公平竞争审查制度框架在市级和区（县）级政府层面基本建立，公平竞争审查工作作为营商环境建设的重要考核指标被充分运用和有力推进。加强反不正当竞争执法工作，开展防范和制止借“不忘初心、牢记使命”主题教育搞不当营商活动暨开展重点领域反不正当竞争执法行动，制定印发《关于进一步做好“雷霆反电诈”攻坚战役工作的通知》《关于联合开展打击整治电信网络诈骗犯罪窝点专项行动工作的通知》等文件。出动执法人员2183人次，检查重点场所753个，开展宣传活动107次。全年审查、清理涉及市场主体经济活动的政策措施2503份，修改7份，废止18份，有力营造了良好市场竞争秩序。

其他专项执法行动 开展以打击“傍名牌”为主的各类假冒仿冒、虚假宣传等反不正当竞争专项执法行动，检查经营主体3800户次，开展宣传活动549次，接收群众咨询300余次，发放各类宣传资料1500余份，查处违法案件85件，没收侵权假冒“西凤”系列等酒类376瓶以及其他假冒伪劣商品102件。开展汽车市场、房地产市场专项整治，充分利用合同格式条款监管，引导企业主动修改侵害当事人合法权益相关条款，检查经营户2396户次，立案查处各类格式条款案件14件。开展“守护消费”暨打击侵害消费者个人信息违法行为专项执法行动，检查相关经营户1416户次，宣传活动99次。与其他部门联合开展专项执法行动，分别是治理商业贿赂不正当竞争工作、“扫黄打非”工作、打击治理“黑广播”“伪基站”违法犯罪集中行动、公用企业限制竞争和垄断行为突出问题专项执法行动、“黑广播”违法犯罪专项执法行动以及安全生产执法、消防安全执法、无照经营查处等。全年通过开展10余类专项执法行动，严厉打击各类市场违法行为，营造良好市场竞争环境。

◆市场秩序监督管理 2019年，西安市市场监督管理局拟定《市场监管领域全面推行部门联合“双随机、一公开”监管工作实施方案》并以西安市人民政府名义印发，建立全市工作联席会议制度。组织16个市级部门、21个区（县、开发区）与省级监管平台融合对接，录入各级抽查事项清单1001项，检查对象名录库1116个，检查人员6384人。依据市委、市政府“五张报表”（发展报表、生态报表、民生报表、平安报表、党建报表）要求，制定《全市推行“双随机、一公开”监管工作指标单项考核办法》，12月初完成对16个市级部门及所有区（县、开发区）的考核评分。对应国家市场监督管理总局、陕西省市场监督管理局安排，制定覆盖19个业务处室工作的抽查事项清单，共25类63项。组织开展各级业务培训12次，在省级监管平台上建立43个检查对象名录库和执法检查人员名录库，“一单两库一细则”（随机抽查事项清单；检查对象主体名录库、执法检查人员名录库；随机抽查工作实施细则）全面落实。组织实施省、市和区（县）三级抽查，检查企业26943户，个体24250户，农专234户，全面完成国家市场监督管理总局抽查比例不低于5%的要求，检查结果全部公示。

企业信用监管 稳步推进市场主体年度报告公示和行政处罚信息公示，通过部署、通报、督导、约谈等，促进落实全市年报内资企业322805户，年报公示率89.44%；外资企业2755户，年报公示率92.51%；个体工商户307923户，年报公示率35.27%；农民专业合作社5607户，年报公示率70.87%。制发《行政处罚信息工作通报》12期，通过国家企业信用信息公示系统公示5900条，公示率、及时率均达100%。积极推进市场主体协同监管和联合惩戒，组织参加市级信用平台功能应用培训，完成3次第三方评估实地检查及重点案例核查工作。召开2次信用座谈会，集中向10家银行机构和63家支行、储蓄所负责人开展未年报列入经营异常及失信风险提醒。开展经营异常名录管理和严重违法失信企业名单管理工作，全年列入经营异常名录64720条55740户，移出25664条16138户；6505户企业被列入严重违法失信企业名单。

“扫黑除恶”专项斗争 印发《关于开展扫黑除恶专项斗争实施方案》等文件，先后在13次党委会上和召开16次专题会议进行研究部署，成立由主要负责人任组长的领导小组，抽调精干力量组成工作专班，制定和完善工作方案，落实“联点包案”工作机制，综合运用“督导、暗访、通报、整改”等方式，对全系统督导检查19次，督导整改问题172个，建立完善信息通报等机制，切实提升全系统“扫黑除恶”专项斗争工作效能。先后在市级以上新闻媒体刊发报道169篇，制作专题宣传片5部，开展“扫黑除恶”文艺巡演、现场咨询等专题活动127场次，在7300辆公交车车体张贴宣传广告标语，在出租车顶灯和户外广告电子屏滚动播出宣传标语2万余条次，制作《专项斗争知识手册》5100本，邀请专家为全市100余户市场主体和行业代表进行“扫黑除恶”政策解读和工作宣讲。成立24小时待命的专业线索排查小组，扎实开展“入户大走访、线索大排查”活动，核查上级交办、领导批办、群众反复举报的问题线索，走访经营户7.9万户次；收到西安市扫黑办、省局和其他市级部门转办交办线索86条，办结81条；全系统累计接收线索468条。

野生动植物保护 制定下发《西安市野生动植物及其制品市场交易管理办法》。按照“保护宣传全覆盖、知识普及全覆盖”的要求，张贴宣传海报10万余份，开展入户宣传20.3万户次，签订并张贴承诺书61044份，入户率和承诺签订率达到100%。突出餐饮服务单位、各类市场、售卖捕鱼捕猎工具“三个重点”逐户进行走访摸排，出动执法人员9万余人次，摸排各类经营户和饭店、酒店、农家乐20万余户次，发现并处理网络售卖信息176条。制发市场监管系统《秦岭区域餐饮服务单位规范管理指导意见》《秦岭生态保护区市场主体准入登记指导意见》《野生动植物网络交易管理指导意见》《打击整治破坏野生动植物资源违法犯罪常态化检查工作指导意见》4项工作规范，印制《保护秦岭野生动植物资源宣传页》等资料广泛散发，深入开展秦岭区域“农家乐”食品安全专项整治，督促餐饮经营者规范经营。

开展“散、乱、污”治理 在全市蓝天、碧水、净土、青山“四大保卫战”中，牵头开展燃煤散烧专项检查行动，组织市、区（县）两级市场监管部门检查各级政府已确定的洁净煤供应销售网点63户次；开展散煤炭质量抽检42户次81个批次，合格率为100%。落实“重点区域一周三查，一般区域一周二查”制度，建立取缔非法煤炭经营场所的多部门联合执法机制，发现10起非法运煤、存煤、售煤和流动商贩走村窜乡卖煤等非法售煤行为，均在第一时间内进行取缔和处理。加强成品油市场监管，对西安市区域内加油站进行油品质量抽样检测，检查加油站273个，抽查车用燃油样品645个批次，检测合格639批次，合格率99.07%。全年查处黑加油站点10余处。开展“散、乱、污”企业综合治理，代表市“散乱污”专项整治第四督导组对长安区、临潼区、灞桥区、西安国家民用航天产业基地管委会2018年度“散乱污”工作落实情况进行督导检查，实地检查企业140户次。

打击传销与规范直销 开展打击整治传销工作“进社区、进校园、进农村、进市场、进企业”宣传教育活动，召开全市打击传销专项工作推进会，安排部署“2019—雷霆行动”，在国家市场监督管理总局对西安市打击传销工作进行调研督导时受到肯定。制定下发《西安市打击整治传销专项执法行动实施方案》《全市打击整治传销“2019—利剑行动”实施方案》等文件，联合公安部门开展打击传销违法犯罪集中行动3次，捣毁传销窝点187个，抓获涉传人员808人，立案5起，刑拘14人。印发《西安市工商局开展直销企业专项执法行动方案》，组织在西安市场上开展经营活动的直销企业集体约谈告诫，强化企业主体责任意识，全力保护好消费者权益。

◆市场主体发展与行政审批许可 2019

年，西安市市场监督管理局办理市场主体登记事项5761件、食药审批事项10335件、质监审批事项40952件（其中办理特设作业人员证35917个），网上办件率93.2%。完成行政审批高频事项纳入“一网通办”，实现127个“最多跑一次”事项。对整合的行政许可事项进行全面梳理，拟定下放和委托区（县）7个行政审批事项。及时统计监测市场主体发展数据，定期发布《市场主体发展分析报告》。协助法院对“老赖”限制担任法定代表人，全市自动拦截2550人次，处理司法协助信息700条，冻结股权630户次，强制执行股权49户次。制定市场监管部门18个方面的利企便民政策清单和政策落地流程图；协调相关处室拟制下发《国家营商环境评价“开办企业”一级指标任务分解》和《西安市市场监督管理局营商环境建设能力提升3年目标计划表》。

商事制度改革 印发《关于进一步压缩企业开办时间，实行企业开办“一窗受理”“一网通办”的通知》，将企业开办时间压缩至3个工作日内，推动企业开办“一网通办”和全程电子化。率先在全省使用企业登记身份管理实名验证系统，有效防控冒用他人身份骗取注册登记行为，切实维护群众的合法权益。不断深化企业简易注销改革，率先在全省投入试运行企业注销便利化“一网服务”平台。开放名称资源，建立完善企业名称自主申报比对系统，实行企业名称网上自主申报，简化名称登记预先核准程序，与企业设立登记合并办理。全面更新和完善企业注册登记办事指南、办事流程、材料规范，全面推行“审核合一”登记制度改革，最大限度减少登记审查环节，进一步提高办事效率。严格执行市场准入负面清单和外商投资准入特别管理措施，实行非禁即入。对外商投资在负面清单以外的领域，按照内外资一致的原则实施准入管理。全面实现外商投资企业商务备案与注册登记“多证合一”“单一窗口、单一表格”一网通办，进一步简化外资企业审批手续。

“证照分离”改革 制定《西安市全面推进“证照分离”改革实施方案》，指导、协调各区（县）、开发区及市级相关部门，统筹推进“证照分离”和“多证合一”。全年区（县）级层面办理涉及“证照分离”改革事项40241件；市级层面办理涉及“证照分离”改革事项8414件。按照国务院在自贸区试点523项涉企行政审批实施“证照分离”改革全覆盖试点工作部署，认真研究并拟定《关于在西安自贸试验区开展“证照分离”试点工作的通知》，梳理改革任务，明确任务分工，确保自贸区“证照分离”改革工作稳步推进。

◆质量综合管理 2019年，西安市市场监督管理局扎实推进《西安市质量提升三年行动计划》，征集质量提升行动典型案例，印发《西安市质量提升行动典型案例汇编》，“实施商标品牌战略，推动高质量发展”入选“陕西省质量提升行动十大先进典型案例”。开展质量提升项目试点，8家企业入选省级、15家企业获批市级质量提升重点项目。开展“名牌产品”认定清理工作，强化对有效期内“名牌产品”的后续监管，组织专家对全市34家“名牌产品”企业进行为期3个月的督查，取消5家企业“名牌产品”称号。联合11个部门开展2019年西安“质量月”活动，制作专题宣传短片和12块宣传展板，组织全市22家企业、检验机构开展“质量开放日”活动，1800多家企业参与，解决质量问题69个，企业开展质量分析会55场。

产品质量监督 按照“让老百姓吃得放心、用得放心、买得放心”的要求，密切关注质量问题较多、群众反映强烈、聚焦监督抽查合格率低、各方面反映问题较为突出、涉及重大质量安全或国家有关政策文件要求重点监管的产品，制定《西安市重点工业产品质量安全监管目录（2019年版）》。对生产企业开展普查统计，涉及5大类、40类产品企业。组织对西安辖区内4大类、63家许可获证企业开展质量安全隐患排查（涉及电线电缆、特种劳动防护用品、危险化学品及其包装物等），发现企业不同程度存在15类、32种问题，督促企业及时进行整改。全年完成生产领域22类产品511个批次的抽检任务，总体不合格产品发现率为3.13%。完成商品质量检验机构14个标段的招标采购工作，组织开展流通领域商品质量抽检工作5次，完成14大类、56小类、88种商品1353组次样品的采集，当年出具检验结果345组次，总体不合格商品发现率为20.6%。开展对甲醇M100燃料及冬防期散煤、成品油、车用尿素的抽检工作。

计量监督管理 西安市作为国家市场监管总局第一批中国电子质量监督（E-cqs）计量信息化管理试点城市，圆满完成各项试点任务，企业可以足不出户在网上申报检定，简化送检流程，提升企业计量管理水平。全市有2948家企业通过系统申报40740台强检计量器具检定，减免企业收费1500余万元。组织相关技术机构参加国家膜式燃气表等比对4项、西北大区数字压力计等比对2项和陕西省常用玻璃量器等比对4项。对计量技术机构所出具的证书报告质量集中组织抽查，对抽取的300份证书报告、记录分别由专家逐一打分评审，并将结果进行反馈。完成109家加油站的424台加油机的计量监督检查，处理投诉举报19起；完成139家4369台件涉及安全防护检定计量器具、84家1351台件涉及环境监测强检计量器具、196家眼镜制配企业的582台件涉及医疗卫生强检计量器具的监督检查。组织开展“光明计量进校园”“诚信计量进市场”“服务计量进社区”“健康计量进医院”“精准计量进企业”和“惠民计量进乡村”活动。聘请70位计量技术专家为360家

2019年8月29日，西安市“企业注销便利化一网服务平台”上线启动仪式在西安曲江新区政务服务中心举办，进一步优化企业退出机制

企业开展服务，培训企业计量管理人员551人次，撰写企业计量管理调研报告2篇。完成8149辆新能源甲醇出租汽车计价器的检定和18座M100甲醇燃料加注站计量器具校准工作。

◆标准化管理 2019年，西安市市场监督管理局确立西安标准化十大理念，制定16个政府部门和13个标准化工作考核指标体系。西安市新增省级农业标准化示范项目4个，在省级美丽乡村试点考核中获得优秀，发布农业地方标准11项，新立项13个。全年新增10家市级服务业标准化试点单位，其中生产性企业占比达到60%，指导3家申报国家级公共服务试点，4家国家级、4家省级、6家市级单位以优异成绩通过终期评估验收。国家当年发布对标达标技术方案1452个，其中西安157个，占比全国方案的10.3%，技术方案发布数量居全国第一位，达标声明数量居全国第二位。确定的10家“先进制造标准化试点企业”2年间预计销售收入488.8亿元，形成国际标准2项、政府标准17项、市场标准78项，标准化直接效益5.8亿元。3个国家级高端制造试点顺利推进。征集服务业地方标准86项，发布的26个地方标准中，多个社会管理和公共服务类标准填补西部空白。军民融合标准化工作经验被国务院在全国推广，军口单位制定民口标准数量达84项，民口单位融军标准数量达到185项，“民参军”企业数量达到681家，预计收入2700亿元。完成首届标准创新贡献奖评选，奖励企业28家、个人5名，奖励资金275万元。发布主导制定的国际标准9项，立项国际标准8项。累计制修订国际标准117项（全国583项），数量居副省级城市前三位。向国家市场监督管理总局申报国家级硬科技产业标准化试点城市申请和方案，参加国家标准制定1项，获得全国标准化论文特等奖、经济发展助力奖。

◆特种设备安全监管 2019年，西安市市场监督管理局制定“健全1个体系、推动3个转变、开展3个年活动”的“133”工作思路，确立重特大事故“零发生”、安全责任“零缺位”、监管范围“零缺席”、安全隐患“零漏洞”、违法行为“零容忍”总体目标。全年组织检查生产单位235家，考试机构20家，使用单位3357家，检查各类设备18287台件，发出安全监察指令书607份，立案30起，处罚62.97万元。全年共处置应急投诉和安全咨询3506起，下发安全隐患督办单82份，消除安全隐患1936个。组织315名监察人员开展取证和能力提升培训，引导有能力有责任的社会组织发挥行业自律作用和技术服务优势参与安全监管工作，组织开展特设安全进企业、进社区、进校园宣传活动20场次。推广应用电梯“物联网+服务”模式，落实企业安全主体责任，用市场化手段推动“电梯养老保险”项目，得到上级和社会的认可。

承压设备安全监察 委托第三方检验检测机构对特种设备进行监督抽查，全年抽查锅炉、管道、元件组合装置等87台/套，压力容器200台（其中含RBI风险评估10套），气瓶充装站20家。搭建全市特种设备安全风险基础数据库，设立特种设备风险点危险源台账，绘制电子分布图和“两清单”（风险管控责任清单、措施清单），先后指导17家单位建立起特种设备双重预防机制，完成144家充装单位企业基本信息台账、安全风险点危险源清单和风险分级管控清单。开展公用管道检验专项整治，指导各区（县）局开展公用管道安装告知业务受理，加强对公用燃气管道和公用热力管道检验、监管工作。加强对液化石油气充装单位、涉氨企业、管道运营单位等重点单位现场督察，检查使用单位3357家，检查各类设备18287台件，发出安全监察指令书607份，立案30起，处罚62.97万元；取缔1家液化石油气充装站，查封1家无证充装单位。

◆消费者权益保护 2019年，西安市市场监督管理局印发《关于调整西安市消费者权益保护工作联席会议制度的通知》，明确成员单位工作任务分工。组织开展全市放心消费创建工作业务培训，对各区（县）、开发区48户拟申报市级放心消费示范单位进行分组、分类实地指导，倡导“投诉不出店、维权不出门”，提升消费投诉处理效能。开展“‘3•15’国际消费者权益日”系列宣传咨询服务活动，让广大市民近距离了解消保维权知识。制作以“五个放心”为重点的“放心消费在西安，助推城市国际化”动漫片，通过新媒体、户外广告等多种方式营造放心消费创建氛围。全年处理投诉举报件18件，涉及市场主体90户，其中群体性投诉4件，职业打假人投诉6件。对现行《西安市保护消费者合法权益条例》进行修订，填制报送《2020年度政府立法计划项目申报表》。妥善处理高新区丹轩梓园小区停电问题，协调西安市工商行政管理局双生市场管理分局、碑林区市场监督管理局稳妥处理西安“全家福”公司群体上访事件及涉嫌发布非法广告案。

“12315”投诉举报 举办9次专题学习培训及市民热线2级服务平台承接和知识库建设业务培训，400余人次参加受训。及时完善“12315”知识库，重新修订市场监督管理局机关各部门法规依据、便民服务等内容。全年全市“12315”工作机构受理消费者咨询投诉举报122322件，为消费者挽回经济损失4267万元，市局投诉举报平均办结率为98.3%，连续多年排在全省前列。

◆网络交易监管 2019年，西安市市场监督管理局按照“线上线下一致、业务归口统一”原则，推进线上线下一体化监管，畅通联席会议制度规则，加强与本地公安、通信管理等部门合作，充分利用“红盾云桥”平台，加强与其他省、市市场监管部门合作，做到信息互通、联合整治、形成震慑。开展网络经营者数据大普查和再摸底，数据库建档涉网主体26521户，加载电子链接标识独立网站8579户。开展重点品种、专项整治、重大节点的数据监测，全年开展网络交易监测11次，发现涉嫌违法线索3416条，电子取证9次，固证存证1558条。深入开展“2019红盾网剑”行动，牵头协调开展网络销售野生动植物、化妆品线上净网线下清源、网络餐饮服务信息核查、药品医疗器械“清网”等重点领域整治。全年检查网站网店27033个次，实地检查网站网店2718个次，删除违法商品信息838条、责令整改网站283个次，取缔无证经营20户，与外地市协作办案218件次，查办网络违法案件226件，罚没款488万元。推荐选派10人参训并取得“电子数据调查分析师资质证书”。组队参加全国市场监管执法电子数据取证技能大比武，取得“现场勘验”单项冠军和“数据案例分析”单项亚军。首次承接国家市场监督管理总局“非法网络经营主体打击处置方法”课题，引入智库力量，加强与高校、高技术互联网企业合作。

◆广告监督管理 2019年，西安市市场监督管理局快速处置“凯达乳业疑似利用国家主要领导人亲属题字做商业营销”舆情，督导区（县）市场监管部门快速处理处罚西安华文公司在其网站使用国家领导人形象进行商业广告宣传的违法案件。推进广告信用监管，开展广告企业“双随机、一公开”监管，按照陕西省市场监督管理局统一部署，随机抽取西安市广告经营企业733户，进行统一归类、编排，并将任务分解到所属辖区监管部门。依法开展行政处罚信息公示，指导全系统广告条线将办结案件通过国家企业信用信息公示系统向社会公示，公示率达100%。与西安市城管执法局联合印发《西安市户外广告专项整治工作方案》，与西安市教育局、西安市文化旅游局联合制订下发《开展校园周边环境和商业演出活动专项行动工作方案》，共同进行联合督导检查。把事关公众健康财产安全的药品、医疗、房地产、投资理财等领域虚假违法广告作为监管重点，对各区（县）、开发区局广告监管工作进行检查，排查梳理行业的风险点，受到省市场监督管理局及陕西省整治虚假违法广告联席会议成员单位充分肯定。全年完成总局和省局交办案件线索162批次、871条次，指导全系统广告条线查办虚假违法广告案件308件（其中互联网广告案件数127件），罚没款754.48万元。

◆认证认可与检验检测 2019年，西安市市场监督管理局抽检药品1322批次，抽检完成率102%，合格1288批次，合格率98%。完成医疗器械监督抽样268批次，完成率100%。完成化妆品抽样230批次，完成率100%，检出不合格品5批次，合格率97%。全年完成市本级监督实验室检测7003批次，不合格样品212批次，问题发现率3.03%。派驻食用农产品批发市场快检室累计完成检测123500批次，合格122672批次，不合格828批次，合格率99.3%，完成全年快检1.2万批次任务量的103%。落实全市食品安全检测每千人4份，全面完成全年抽检任务。全市市、区（县）两级共完成监督抽检40805批次，达到千人4.19份。其中，不合格样品1325批次，问题发现率3.25%；食用农产品不合格样品511批次，问题发现率2.54%。食品抽检信息每周分别在市局、区（县）政府网站公布，全年公布通告48期，区（县）级抽检公布通告606期。

检验检测机构监管　组织开展检验检测机构法规、标准培训和诚信承诺，召开全市机动车检验机构监管工作会议；按程序对不符合法定条件的34家检验检测机构进行注销；依法对4家违规机动车检验机构分别进行撤销资质、停业整改处罚；强化风险意识，监管关口前移，对13家新获证机构进行集体约谈和培训；对27家检验检测机构进行“双随机，一公开”监督检查；配合陕西省市场监督管理局开展检验检测机构专项监督检查及能力验证。开展“‘6•9’世界认可日”宣传活动，印制认证基础知识及强制性认证宣传折页，邀请专家进园区、进商超开展讲座，普及质量认证知识；提升企业质量管理水平，组织西安市机动车行业新版质量管理体系讲座；加大基层监管人员培训力度，聘请技术专家结合强制性产品认证、管理体系认证等内容进行培训，提高监管能力水平。

认证认可监管　结合电动自行车新国标颁布实施、儿童和学生月品安全守护行动，会同相关部门安排部署电动车以及儿童玩具产品检查；配合国家认证认可监督管理委员会、陕西省市场监督管理局先后对厨房用具、电动自行车等强制性认证产品和有机产品进行抽检，对3家新获证的认证机构、3家获得管理体系认证的企业进行检查；对130家中国强制认证获证企业开展监督检查，对84家管理体系、8家有机产品、5家节水产品认证获证企业以及商场洁具产品进行检查；对5家违法认证机构、3家冒用认证标志企业依法进行行政处罚，对2家涉嫌违法的认证机构进行立案调查；督促认证机构对不符合认证要求的3家企业吊销证书、2家获证组织进行补充审核；召开30家驻西安认证机构座谈会，开展认证机构诚信承诺，进一步规范全市认证市场秩序。

◆食品安全日常监管 2019年，西安市市场监督管理局落实食品安全党政同责职责分工，拟定《西安市党政领导干部和市级部门食品安全责任清单》。修订《西安市食品安全事故应急预案》，开展“西安市整治食品安全问题联合行动”，举行全国联合行动罚没物品公开销毁行动。12月23日，在西安市铁一中滨河校区举行Ⅳ食品安全事件应急演练。组织开展学校食品安全专项整治，全市检查学校食堂、校园及校园周边食品经营单位27904家次，责令整改1138家，监督抽检6222批次，合格率99.13%。开展食品安全示范城市创建，与陕西省食品安全委员会办公室联合举办主题为“尚德守法　食品安全让生活更美好”2019年全国食品安全宣传周活动。

食品生产安全监管　制定“双随机”检查频次并如期完成检查任务，指导督促区县加大日常监管力度。完成全市食品生产企业数量、生产状况摸底，为建立食品安全长效监管机制提供基础数据。依托省局食品综合监管平台，加强和规范食品生产日常监督检查数据管理，开展以桶装饮用水、糕点生产、肉制品、调味面制品（辣条）为重点的专项整治工作，全面排查食品安全隐患。聚焦“3•15”晚会曝光“辣条”经营问题，结合开展的校园食品安全专项整治工作，对“辣条”类0.5元零食进行“拉网式”排查，加大监督抽检力度，防控食品安全风险。开展食品小作坊示范户创建，在2018年创建的基础上新增100户。落实食品安全责任保险，做好食品生产企业食品安全风险等级评定与风险隐患自查，不断强化好校园周边食品安全生产环节监管，积极做好非洲猪瘟防控工作，确保肉制品生产环节质量安全。

食品流通安全监管　全年先后开展酒类市场专项整治、饮料代用茶生产企业风险排查、夏季饮料及冷冻饮品市场质量安全专项检查工作、校园周边食品专项检查、网络食品销售主体责任线下集中排查等，范围覆盖农村、校园周边、旅游景区等重点区域。开展“国卫复审”暨创文、扫黑除恶城乡接合部整治综合督导、校园周边及农村假冒伪劣食品治理督导等检查，完成对全市16个区（县、开发区）2轮督导检查，检查各类食品经营单位162家，发现并整改问题323个。指导区（县）开展风险监测问题食品调查处置，完成国家食品安全抽检监测信息系统风险监测问题样品调查处置40件次。对2017年来食品安全监管专项整治及监督检查情况进行全面“回头望”，排查梳理专项整治工作资料16卷，日常监督检查工作资料涉及企业76家。

◆特殊食品安全监管 2019年，西安市市场监督管理局完成52家保健食品、保健用品生产企业双随机检查，覆盖率100%，信息全部公开；完成保健食品经营企业50家次监督抽查任务，规范保健食品经营企业8类120项问题，率先推进各大商超、连锁药店专柜、专区统一化管理和警示标语，提升企业依法经营意识；完成全市8家婴幼儿配方乳粉生产企业的监督检查16家次，配合国家市场监督管理总局和陕西省市场监督管理局开展婴幼儿配方乳粉生产企业体系检查11家次，完成高风险婴幼儿配方乳粉和医学用途食品安全监管省考指标任务100%。开展“联合整治‘保健’市场乱象百日行动”，开展“错时”检查25场次，全市检查社区341个，学校296所，超市500余个，农村场镇、农村集市、城乡接合部等重点区域751个，保健食品经营企业700余家次，责令整改150余家，劝离会议宣传17起，劝离现场群众500余人，受理消费者申诉举报61次。开展“食品安全问题联合行动”，全市出动执法人员9700余人次，检查保健食品生产经营主体4800余家次，查处问题46起，处理群众投诉11起，责令整改112家次，责令停止经营8家，责令停止生产1家，取缔1家，立案3起。组织全市开展保健食品科普宣传“进社区、进乡村、进网络、进校园、进商超”“五进”科普宣传活动和其他大型宣传活动6次，承办省局保健食品“五进”科普宣传活动2次。

◆食用农产品安全监管 2019年，西安市市场监督管理局加强生鲜猪肉市场“两章两证”（动物检疫合格验讫滚花印章、肉品品质检验合格验讫印章，动物检疫合格证、肉品品质检验合格证）和非洲猪瘟病毒检测报告查验，及时开展专项整治，确保猪肉市场质量安全。先后调查处置并销毁临潼等5个局7批次涉嫌非洲猪瘟核酸阳性猪肉制品33345千克，召回猪肉制品212.97千克。查验处理莲湖区涉嫌病毒产品515包。全面实施外埠生猪屠宰企业考察制度。印发《关于做好生猪屠宰企业实地考察工作的通知》，分3批次组织考察22家外埠生猪屠宰企业，公示后批准20家进入西安市销售。加强食用农产品重点品种备案管理，印发《关于进一步加强全市食用农产品重点品种市场销售质量安全监管工作的通知》，全市食用农产品重点品种备案共计4755户。开展示范创建工作，组织对放心肉菜示范超市、食用农产品示范市场、肉菜销售示范店及早市进行督导检查和验收，开展肉菜超市质量安全提升行动和“放心肉菜示范超市”“食用农产品示范市场”“肉菜销售示范店”评选活动。持续加强调味品和食品添加剂及食盐监管工作，召开全市食盐监管工作座谈会，安排各区（县）局各抽检20批次，市局计划50批次的抽检，全市38家食品添加剂生产企业均已建立全过程的追溯体系。

◆药械及化妆品监测 2019年，西安市有药品零售企业5319家，医疗卫生机构6645家，中药材专业市场和中药材城乡集贸市场3家。按照年度市考指标工作要求，市场监管部门对全市30家药品零售企业开展飞行检查，撤销药品GSP证书5家，移交案件线索14起。对全市医疗机构开展各项检查50余家次，责令整改29家，移交区（县）局立案查处2家。对特殊药品使用单位开展各项检查19家次。全年安排药品批发企业GSP认证现场检查99家次，发放“GSP认证证书”121份，安排药品零售企业GSP认证现场检查572家次，发放“GSP认证证书”327份。全年检查中药饮片经营企业2655家，中药饮片使用单位1436家，立案处罚81家，没收非法渠道购进中药饮片923个品种，累计1272.72千克。先后开展执业药师挂证问题专项整治、疫苗流通及使用环节专项整治、芬太尼类药品专项整治及第二类精神药品使用环节专项整治等。

医疗器械市场监管　全年对28家三级医疗机构进行监督检查，责令整改5家。督导检查一类医疗器械生产企业16家，责令整改5家。督导检查医疗器械经营企业6家，责令整改2家。督导检查二级医疗机构17家，责令整改10家。深入开展国务院《医疗器械监督管理条例》和国家市场监督管理总局《医疗器械经营监督管理办法》《医疗器械使用质量监督管理办法》等法律、法规宣传。按照国家和陕西省统一部署，先后开展避孕套、装饰性彩色平光隐形眼镜（美瞳）专项整治、无菌和植入性医疗器械监督检查、医疗器械“清网”行动、医疗器械说明书和标签监督检查、青少年近视矫正产品监督检查6项医疗器械市场专项整治工作。

化妆品市场监管　在全市集中开展化妆品流通使用安全风险隐患排查，明确排查的重点区域、重点环节、重点品种，排查化妆品经营单位1387家次，排查出索证、索票不全等5类隐患问题，立案9起。有重点、分步骤、分级分类建立化妆品经营单位质量安全信用档案和监管部门质量安全管理档案的做法，受到陕西省市场监督管理局充分肯定并要求在全省推广。全年完成2192家化妆品经营单位建档工作，签订“承诺书”2761份，发放“告知书”2820份。组织区（县）局与化妆品经营单位签订“质量安全承诺书”，明确经营单位应该履行的主体责任以及如何履行主体责任。

不良反应监测监管　印发《西安市深化审评审批制度改革鼓励药品医疗器械创新的实施方案》，指导全市药品产业创新发展。全年上报药品不良反应监测报告7238份，每百万人口报告数为724份，其中严重报告923例，占12.75%；医疗器械不良事件报告2051份，每百万人口报告数为205份，其中严重报告239例，占11.65%；化妆品不良反应报告671份，每百万人口报告数为67份。全市注册一类医疗器械不良事件监测信息系统用户95家，注册率达到100%。针对国家直报系统监测发现的临潼区人民医院5例狂犬疫苗和521医院1例狂犬疫苗不良反应，第一时间对临潼区人民医院5例不良反应进行核查，并告知西安市卫生健康委员会和还有库存的使用单位，加强对辽宁成大生物股份有限公司生产的冻干人用狂犬疫苗（批次为201812353和201901024）使用情况重点监测。查处蓝田县汤浴卫生院2例虚报医疗器械不良事件。

◆质量科技与信息化 2019年，西安市市场监督管理局争取国家和陕西省、西安市科研课题支持，组织完成芳纶1313与芳纶1414混合物定量化学分析方法研究、厚壁容器焊接接头单面包带焊后热处理非稳态导热研究、燃煤锅炉低温腐蚀酸露点计算和测试方法等并获得验收。组织推荐给国家市场监督管理总局的3个科研项目（市场监管应急管理体系构建研究、预包装面皮生产工艺研究与质量评价、荞麦中铝含量的调查分析以及相关产品标准的制度）通过陕西省市场监督管理局验收。计量技术研究院承担的陕西省市场监督管理局科研项目“数字指示秤防作弊检测平台研究”圆满完成，起草的《人体秤校准规范》等6项地方计量检定规程/校准规范获省局批准通过。食品药品检验所申报的《山西云鹏制药有限公司维生素B6片中氢氯噻嗪检查项补充检验方法（BJY201918）》获国家市场监督管理总局批准。与陕西省食品药品监督检验研究院和西安交通大学联合申报的国家药监局药品微生物检验技术重点实验室正式获批。与陕西省体育局共同申报的“陕西省食源性兴奋剂检验检测中心平台”获陕西省科技厅立项。成功申报各级科研项目14项，参与各级科研项目4项，其中国家科研项目4项，省级科研项目8项。质量与标准化研究院参与国家重点研发计划“国家质量基础（NQI）的共性技术研究与应用”，并承担“检验检测机构从业人员信用档案建设规范研究”任务，完成项目论文1篇。全年在国内核心刊物上发表科研学术论文40余篇。

对全系统网络平台建设情况进行摸底，组织开展系统信息数据安全，信息网络管理、网络整合提升等工作研究，结合食品、药品、化妆品、农产品市场整治，工业产品质量、标准化创建、特种设备监管等工作，开展网络安全进市场、进社区、进学校和企业活动，从“防范网络诈骗”“网络交易安全”等方面普及网络安全知识，督促指导机关各单位严格执行微信、手机使用保密管理规定等相关制度要求，提高网络安全防御能力；对各单位网络安全硬件防护设施的配置工作进行督导抽查，组织开展省市政府“互联网+监管”平台账号管理员和业务员信息库的建立及账号的分派，通过数据端口实现与中央及陕西省、西安市以及全市市场监管系统内外数据的互联互通和传输共享，运用大数据、物联网指导日常监管工作。

◆知识产权保护 2019年，西安市市场监督管理局发布《西安知识产权发展与保护状况（2018）》白皮书，开展专利资助政策集中兑现126家企事业单位，资助资金822.46万元，专利实时累计兑现资金3765.05万元。全市万人发明专利拥有量超过40件，位列副省级城市前列。通过国家知识产权局对西安市知识产权运营服务体系建设试点工作中期绩效评估，并获得中央财政二期资金5000万元支持。重点支持西安高新区等开发区，开展生物医药、轨道交通装备等10个专利密集型产业培育。全市150余家企业通过国家贯标认证，国家和省级知识产权优势企业达239家，成立知识产权运营战略联盟等，打造产业核心竞争力。开展知识产权运营试点改革，累计培育20余项高价值专利组合，实现专利股权投资、许可、转让等转化运营。支持20余家服务机构开展6个新兴产业专利导航，实施一批专利价值评估和质量评价项目。投资设立知识产权运营子基金，基金总规模7.5亿元，实际到位5.83亿元，围绕西安市光电芯片、新一代信息技术、生物医药等产业领域，投资一批前沿专利技术和以知识产权为核心资产的初创企业53家，培育高价值专利275件。

知识产权保护 建立全市打击侵权假冒联席工作制度，组织召开全市打击侵犯知识产权和制售假冒伪劣商品工作会议，联合西安市公安局、西安市司法局等22个部门组成西安市打击侵权假冒工作领导小组，制订下发《西安市营商环境建设知识产权能力提升计划（2019—2021年）》《2019年打击侵犯知识产权和制售假冒伪劣商品工作要点》等文件，建立跨部门、分重点的打击假冒伪劣工作机制。依法查处西安地区“湖北周黑鸭”商标侵权案件、侵犯“真爱”文字及图商标专用权的违法行为等典型商标侵权案件。举办“4·26”侵权假冒商品集中销毁活动，销毁洗涤用品类、酒类、通信工具类、儿童服装类、学生用品类、成人服装类等侵权假冒商品11大类2723件，货值总计492.74元。深入开展知识产权执法“铁拳”行动，严厉查处商标、专利、地理标志等侵权假冒违法行为。全年办理专利行政执法案件130件，办结130件，案值45.52万元，罚没款256.19万元。

◆市场监管应急处置 2019年，西安市市场监督管理局建立市场监管应急工作联络网络，明确部门应急预案及食品、药品、特种设备等五项专项应急预案修编工作的任务分工和主要职责，开展应急救援队伍和装备基本情况的摸底和调研工作。先后妥善处理蓝田、高陵、雁塔、临潼疑似食物中毒事件6起，莲湖药品事件1起及其他突发事件1起（碑林）。完成重要时期关键时期及特殊时期本系统内的安全监管应急工作，先后3次组织开展全市食品事件不同等级应急演练，以检验预案、完善准备、锻炼队伍、磨合机制和开展宣传教育。建立联络应急机制，按照“全覆盖、零容忍、严执行、重实效”的要求，全面开展安全隐患大排查，防止发生相关突发事件和重大生产安全事故。牵头负责“三中心建设”的餐饮及特种设备安全保障工作和2019世界文化旅游大会餐饮及特种设备安全保卫和后勤保障的落实工作，参与完成2019欧亚论坛应急安全保障工作。配合完成《西安市突发性涉众型违法经营严重扰乱市场秩序事件应急处置工作机制》和《西安市大面积停电事件应急预案》修编相关工作。

2019年4月26日，西安市市场监督管理局在“世界知识产权日”期间开展假冒伪劣商品集中销毁活动

◆市场监管体制改革 2019年1月31日，西安市市场监督管理局（西安市知识产权局）挂牌成立，整合原工商、质监、食药监的工作职能及知识产权、价格监管和食盐市场监管等部门部分职能。原9个行政区的工商、质监分局（共2919人）划转移交行政区管理，7个开发区的11个分局（包括7个工商分局、3个质监分局、1个食药监分局）仍归市市场监督管理局管理。新成立的市场监督管理局有内设机构40个、直属单位30个、人员1723人。在改革推进过程中，通过摸底调研和论证，于4月23日正式印发市局“三定”规定及说明，出台《机构改革干部任用和交流工作方案》，对干部任用、定岗交流等工作程序内容做出明确规定。完成处级领导职数分解，细化部分处室的工作职责，在履行提前报告程序、制定工作实施方案、开展综合分析研判的基础上稳妥完成处级领导任命、干部定岗工作等内设机构组建工作。对市局系统综合执法改革进行了安排部署，牵头组成综合执法改革调研组赴青岛、杭州学习综合执法队伍设置和乡镇（街道）市场监管执法机构各设置工作经验，拟定西安市市级层面综合执法队伍设置初步方案。

◆直属技术机构业务 2019年，西安市市场监督管理局直属技术机构认真开展相关业务工作。

低压电器质量监督检验中心 采取实验室现场学习、统一培训、人员自学等方式提升工作人员业务能力，使工作人员加快适应检验操作规程。先后到国家市场监督管理总局科技司、认可司进行汇报协调，取得对低压中心建设的肯定和支持，与西安高压电器研究院有限责任公司协商，确定把过去以低压中心为主体申报国家中心，变为以西高院为主体进行申报。配合西高院进行国家中

心申报所需材料归集工作，继续保持与西高院融合办公的工作模式，同步协调拟定双方后续合作协议。完成由特检院托管低压中心相关工作，从根本上解决低压中心运行经费问题，保持工作的连续性。

西安计量技术研究院 全年检定各类计量器具14.8万台/件（其中完成强制检定计量器具12.2万台/件），出具各类证书报告55066份，完成业务收入548万元。完成新能源甲醇出租车、比亚迪E5纯电动出租车计价器检测约12200辆，检定专项电能表5100台件、互感器61块，合格率为98.8%，减免强制检定费用50余万元。对申请检定的出租汽车计价器、加油加气机等强制计量器具进行检定，周检率达到98%以上。继续做好水表、电能表、燃气表等“民用三表”检测工作，检测48000台件（减免计量检定费用85.1万元），利用校准手段解决“民用三表”贸易纠纷672家。全年未发生检验检测质量事故。作为国家市场监督管理总局第一批中国质量电子监督（e-CQS）强检计量器具业务管理系统的试行单位，第一时间完成中国质量电子监督（e-CQS）业务平台与自用企业资源计划（ERP）业务系统的对接，实现报检—审核—检定—数据维护等整套强制检定程序的在线无缝流转。

食品药品检验所 开展大型农贸市场食用农产品快速检测，及时发布食品安全监督检验信息。全年2次顺利通过资质认定扩项评审，新增食品类检验参数1082项，新增化妆品检验参数366项。全年完成强检仪器设备303台/套、自校设备67台/套、仪器设备期间核查133台/套，所有设备做到专人管理，建立台账。实验室管理（LIMS）系统完成检品受理、样品分配、留样管理、检验结果的核对、签发报告书、报告书发放等模块的开发及测试工作，ELN模板各实验科室完成度均达到95%以上。全年签订完成仪器设备采购合同1173.67万元。申报的“山西云鹏制药有限公司维生素B6片中氢氯噻嗪检查项补充检验方法（BJY201918）”获国家药品监督管理局批准，为陕西省近十年来首个获批的药品补充检验方法。承担国家药品评价性抽验品种茵栀黄口服液（注射液）发现质量标准存在的问题和缺陷，向有关部门提出修订建议。全年成功申报各级科研项目14项，参与各级科研项目4项。由市政府命名成立的“西安市食品药品检验所张亚锋创新工作室”正式挂牌成立。

纤维纺织品监督检验所 参与棉花公检，安排人员分3批赴河南新野开展国储棉出库公检工作，完成检验560批、2.1万吨。分3批奔赴新疆五家渠、哈密等地开展公检，完成检验5602批、22.8万吨。其中，实验室4470批、18.7万吨，监管库1132批、4.55万吨。每季度对纺织品服装、学生服、棉被和酒店宾馆布草等各类产品进行专项监督抽查，并按要求时限及时上报公示。配合陕西省纤维检验局完成校服专项检查工作，对全市16个区（县）、开发区的42所中小学校服招标、质量情况进行专项检查，约谈检查对象15家。开展婴幼儿、儿童服装产品质量专项整治工作，检查企业23家。加大重点领域“黑心棉”的排查力度，先后排查沙浮沱、甘家寨、徐家庄、北山门口、吉祥诚信商业街、沙井村等重点领域，发放宣传材料400余份。开展“六个放心”消费环境创建，先后配合处理南门小学投诉、西北商贸投诉、长安区棉被褥投诉等案件，接待企业咨询200余起，校服企业登记169家，接待质量投诉21起，完成客户满意度调查39份。获陕西省市场监督管理局批复负责筹建陕西省功能性纺织品质量监督检验中心，并于7月顺利挂牌。组织开展纺织品检验攻坚战，完成检验项目14000多个，出具检验报告2807份。

质量与标准化研究院 成功申报企业标准化良好行为第三方试点评价机构，成为全国首批标准化评价试点单位。探索标准化与博物馆工作的结合，与陕西历史博物馆签订“标准化+服务”战略合作框架协议，起草《陕历博服务标准化建设规划》，为中航富士达科技股份有限公司提供全面的标准化服务，召开雁塔区标准化助推精准扶贫培训会，为驻村书记提供标准化相关资料。开展“百城千业万企对标达标”活动，完成“百城千业万企对标达标企业”信息平台建设，为参与活动企业进行技术指导。参与国家重点研发计划“国家质量基础（NQI）的共性技术研究与应用”，并承担“检验检测机构从业人员信用档案建设规范研究”任务。该项任务完成论文1篇，标准征求意见稿一项。牵头起草推荐性国家标准《检验检测机构从业人员信用档案建设规范》。与中共西安市委组织部共同起草编写的《村级美丽党建工作规范》正式实施，使全市2074个村党组织的软件、硬件等方面规范化水平得到提升。与长安大学共同编制的《民宿基本要求与分级》《民宿示范村服务与管理规范》2个民宿标准于2月1日起正式实施，成为陕西省首个市级民宿地方标准。三导制定全国首个《农民节活动服务指南》地方标准并获批发布。与西安国际港务区合作申报的《24小时自助信包箱政务服务规范》《“楼小二”政务服务规范》通过立项评审，牵头制定的《市场监管 数据信息 要求》《市场监管 数据信息 数据元》2项地方标准提交审定。完成《西安市质量奖评价规范》系列标准和《西安市服务业满意度测量评价指南》的编写工作等。

特种设备检验检测院 围绕全市特种设备安全“133”工作（健全1个体系、推动3个转变、开展三个年活动）重点，不断优化服务，提升质量，促进发展，全年完成检验收入8300万元，完成各类特种设备9.7万台，压力管道242千米。联合甘肃省特检院开展中石油玉门炼油厂炼化装置千余条压力管道、500余台压力容器定期检验，前往内蒙古包头市古达拉特旗开展Ⅲ类压力容器现场制造监督检验。做好生活垃圾无害化处理焚烧热电联产项目监督检验，深入高陵、鄠邑区和蓝田县指导垃圾焚烧锅炉安装工作，完成西安市高新第八小学、古都西苑小区、燕雀门温泉小区、化工小区等天然气管道安装监督检验工作。开展“进万家门、访万家情、解万家难、暖万家心”精准扶贫和服务企业活动。开展西安秦华天然气有限公司LNG应急调峰站子母罐定期检验，是国内首次将夹层珠光砂放尽后开罐检验。

产品质量监督检验院 全年出具检验报告19646份，实现检验收入2082万元；承担国家和省、市级非食品类监督抽查、专项抽查的抽样和检验任务3550批次；完成国家、陕西省、西安市等食药部门委托的食品安全抽检3800余批次。与中国石油天然气股份有限公司长庆油田分公司、恒大地产集团郑州有限公司、中国石油天然气集团公司管材研究所等保持良好合作，不断开拓市场、争取检验业务，参与检验业务招投标工作，全年参与17项招投标项目。全年组织完成资质认定扩项评审2次，新增机械、化工、轻工、食品、珠宝贵金属等领域41个产品、374个参数，已具备20693条参数/标准（其中产品1439项）检验检测能力。申请油气田用产品质量监督检验中心CNAS标志使用并获批，完成农产品质量安全检测机构的换证评审（CATL）。开展免费检测、实验室开放日、“质量月进社区”宣传、亲商助企等活动，不断扩大质量宣传，免费检测珠宝样品100余件，免费检测家庭空气质量20家。

采用实验室间比对、人员比对、留样再测、仪器比对等多种方式对检验数据的真实性、准确性进行考核，全年组织内部质控44个产品，覆盖到全院所有检验部门，安排能力验证23个产品，涉及金属与合金类材料与制品、石油及相关产品、化妆品、食品、电气、建工建材等各领域相关参数。

特种设备安全附件检测站 全年检测安全附件及计量器具41895台（件），总业务收入553万元。其中安全阀校验14722台、压力表检定24089块、报警器检定3084台；各项法律、法规、安全技术规范、技术标准的执行率达100%。检测报告、相关记录的合格率99.8%以上，检测及时率达99%以上。内审不合格项整改合格率100%，计量标准检定率100%，检验检测设备仪器完好率95%以上。对检验检测中发现的安全隐患，及时向送检单位提出整改意见，督促、跟踪并协助相关企业进行整改。配合相关单位，对部分特种设备安全开展专项整治，确保特种设备运行安全。

（符　杰）

审　计

◆概况 2019年，西安市审计部门依法履行审计监督职责，创新审计方法，强化审计管理，坚持“治已病、防未病”，积极开展常态化“经济体检”，全面完成年度审计任务，各项工作取得显著成效。市、区（县）两级审计机关对601个单位和项目进行审计和审计调查，查出违规金额73.12亿元、管理不规范金额414.31亿元，促进财政增收节支70.10亿元，审减政府投资和财政补贴14.85亿元。全年提交审计报告和信息301篇，被批示和采用433篇次。未央区审计局审计报告被中共未央区委、区人民政府主要负责人批示46项（次），并7次召开会议研究安排审计工作。长安区审计局审计报告被长安区人民政府负责人批示60余份，中共长安区委、长安区人民政府5次召开专题会议研究审计或审计整改工作，被评为“长安区经济建设保障工作先进集体”。全市审计机关向纪检监察机关和有关部门移送问题线索235件。其中，西安市审计局移送89件，涉及金额4.59亿元；蓝田县审计局移送38件；周至县审计局移送28件；长安区审计局移送23件；未央区审计局移送22件；雁塔区审计局移送11件；莲湖区审计局、高陵区审计局各移送9件；碑林区审计局、临潼区审计局各移送3件，有关人员受到相应处理。

◆重大政策措施落实情况暨追赶超越目标完成情况跟踪审计 2019年，西安市审计机关按照审计署及陕西省审计厅统一部署，上下联动，采取“上审下”、交叉审的方式，本着“精准审计，突出重点”的原则，对市本级及13个区（县）2019年3个季度国家重大政策措施落实及追赶超越目标完成情况进行跟踪审计，涉及219个单位、259个项目，审计资金225.04亿元，发现问题金额30.53亿元，提出多条审计意见和建议，有力促进了政令畅通、政策落实。组织对减税降费政策落实情况开展专项审计调查，涉及商业、房地产、工业、饮食、旅游、交通、教育、家政等8个大类、14个不同行业，延伸调查159个企业，其中小微企业102个。调查认证2018年以来减税419笔，降低企业负担85043.73万元，其中小微企业851.02万元；降费539笔，减少企业负担10747.39万元，其中小微企业143.55万元。收集到企业意见和建议43条。针对发现在减税降费工作中存在的有关问题，提出建设性的审计意见和建议。组织对市、区（县）115个公立医院2016—2017年医疗改革政策落实及财务收支情况开展审计，反映了西安市公立医院执行国家、省、市关于深化医药卫生体制综合改革等政策中取消药品加价、实行零差率销售和收费标准调整政策情况，揭示了医疗政策执行中存在的基本药物销售额占比未达规定比例、自立项目收费等8个方面的主要问题，及财务收支中存在违规发放津补贴、违规采购卫生耗材、药品等7个方面的主要问题，提出加强医疗政策执行情况监管等5项审计建议。西安市人民政府领导在审计报告上批示“请市卫健委、市财政局、市医疗保障局、各区（县）政府对审计建议进行研究落实。请市卫健委负责，督促各被审计医院及区（县）政府，按照审计要求按时向市审计局上报审计整改结果”。西安市审计局对市本级清理拖欠民营企业中小企业账款工作政策落实情况进行专项审计，重点关注清理拖欠农民工工资、涉及供气供暖等民生问题的工程项目账款，审计涉及84个市政府部门和所属机构、7个开发区、西咸新区（含5个新城）、13个区（县）清欠专项工作牵头部门及其相关单位174个。其中，政府部门142个；大型国有企业32个。审计抽查单位30%，涉及被拖欠的民营企业3879个。其中，政府部门拖欠民营企业2067个；大型国企拖欠民营企业1812个。审计揭示65个问题，涉及资金27.38亿元，向纪检部门移交问责6个单位和9名个人，提出的10条审计意见和建议均被相关单位采纳。西安市人民政府主要领导在审计报告上批示转发全市相关部门、区（县）和开发区整改落实，推动建设单位清偿拖欠民营企业中小企业账款17亿多元。西安市审计局对全市营商环境提升政策措施落实情况开展专项审计调查，调查部门单位363个、企业350家，揭示了持续深化放管服改革、简化审批方便企业办事等方面的14个问题。

◆财政审计 2019年，西安市审计机关对412个部门单位预算执行、财政决算情况开展审计。其中，预算执行208项，财政决算37项，行政事业单位财务收支审计167项。审计查出主要问题金额3415706万元。其中，预算编报不真实、不完整176086万元；预算编制批复不规范133734万元；未按规定征收纳缴收入331038万元；违规改变项目计划和用途197309万元；资金滞留闲置350948万元。西安市审计局坚持全面覆盖与重点监督相结合，首次运用大数据对全市93个一级预算单位实现审计全覆盖，对预算单位公共资金电子数据进行筛选分析，并对预算资金规模较大、项目较多的16个市级部门实施现场审计，延伸调查60个相关单位、资金总额100.57亿元，发现部分预算项目未执行、未履行政府采购程序采购等问题，查处违规违纪资金10.75亿元，提出审计建议53条，受到中共西安市委审计委员会和西安市人民代表大会好评。碑林区审计局、雁塔区审计局、灞桥区审计局通过大数据审计，初步实现对全区一级预算单位公共资金的审计全覆盖。全市审计机关对全市2018年度公务支出和公款消费情况开展审计。通过对全市2018年度公务支出和公款消费审计情况进行梳理分析，结合部门预算执行审计、落实“中央八项规定”精神审计、津补贴专项监督检查等情况，在肯定西安市落实“中央八项规定”精神、公务支出和消费管理方面取得成效的基础上，也揭示了个别部门单位在公务接待、公车管理、会议活动、培训差旅费管理方面存在的一些问题，提出4项针对性审计建议。

◆民生审计 2019年，西安市审计机关对2018年至2019年6月底医疗保险基金开展专项审计。通过对市区（县）相关部门及医保经办机构实施医保基金专项审计、对公安、统计、民政等有关部门医保基金相关数据进行审计调查，延伸6家定点医疗机构、13家定点药店的审计，摸清了城镇职工基本医疗保险基金、城镇居民基本医疗保险基金、新型农村合作医疗基金收、支、余情况，揭示了职工基本医疗保险、困难群体参保缴费资助政策执行不到位、全市参保人员按病种付费的病种未达到国家规定、61家定点医院存在分解住院涉及1871人次和基本医疗保险统筹基金2979.84万元、定点医院上传市社会保险信息系统的信息不准确、定点药店存在空刷医保卡涉嫌套取医保基金19000元、医保基金银行账户专项存款未执行优惠利率造成少计利息收入2269.18万元等问题，提出建立信息共享机制、完善相关医保政策、制定社会保险管理信息系统数据标准等4条审计建议，及时督促医保基金开户银行补缴存款利息2269.18万元，为西安市整合原城镇居民医保及原新农合基金发挥了审计部门的重要作用。西安市审计局对4个区（县）“一卡通”惠民补贴资金开展专项审计，揭示一人多卡、违规代领、重发错发、公款私存等72个问题，涉及资金1亿多元。审计人员及时督促问题单位进行整改，打通“最后一公里”，促进惠农资金落实到位、到户、到人达650多万元。组织区（县）审计局对7个涉贫区（县）持续开展扶贫资金审计，围绕“精准、安全、绩效”主题，严肃查处扶贫领域违纪违法问题，全力助推脱贫攻坚。按照中共西安市委《中央脱贫攻坚专项巡视反馈意见整改工作实施方案》分工要求，及时成立整改工作领导小组，制定整改文件，召开整改工作部署会、推进会，细化工作措施，加强督导检查，牵头整改的55个问题全部及时整改到位，受到中共西安市委、西安市人民政府及陕西省审计厅肯定。

◆资源环保审计 2019年，西安市审计局为推动领导干部履行自然资源资产管理和生态环境保护责任，加快绿色低碳发展，促进生态文明建设为目标，制定《西安市领导干部任期秦岭生态环境保护离任审计办法》，对灞桥区、西安国际港务区、周至县、水务局领导干部开展自然资源资产管理和生态环境保护责任审计，揭示资源毁损、生态破坏、环境污染、职责履行不到位等方面的问题106个，提出11条针对性审计建议。审计报告上报西安市人民政府后，市政府主要领导批示要认真整改。按照陕西省审计厅安排，西安市审计局对周至县秦岭生态环境保护情况进行审计，重点抽查17个部门单位、12个乡（镇），针对发现的问题，提出加大政策措施落实力度、加强精细化管理、加大追责问责力度3条建议。

2019年3月4日，西安市审计局走访贫困户核查周至县涉农整合资金产业扶贫项目政策落实情况

西安市审计局对长安区乡村振兴相关政策和资金开展审计，揭示乡村振兴政策措施落实情况、战略资金投入保障情况、资金管理使用和绩效情况等方面的17个问题。向市政府报送高陵、蓝田等5个区县2016—2018年农村生活污水、生活垃圾治理专项审计调查报告及审计整改情况报告，揭示16个问题，提出8条审计建议，市政府主要领导批示相关区县认真整改，形成长效机制，积极推动全市农村环境“三大革命”（“垃圾革命”“污水革命”“厕所革命”），促进农村人居环境不断改善。全市审计机关对2017—2018年铁腕治霾网格化管理奖励资金进行了审计。审计涉及市、区两级专项资金1.45亿元，发现问题32个，提出审计建议34条。通过审计，进一步促进奖励资金发挥作用，调动基层网格员工作积极性和主动性，切实推进全市铁腕治霾网格化管理工作落地落实。

◆固定资产投资审计 2019年，西安市审计机关开展投资审计103项，项目投资总额627523万元，审计核减投资额63354万元。以促进财政投资绩效、加强建设项目管理、提高建设项目质量和效益为目标，对2017年以来新开工项目招标投标管理情况开展审计调查，揭示29个问题，涉及资金77.46亿元。新城区审计局修订《新城区政府投资项目审计管理办法》，经西安市新城区人民政府常务会议审议通过并印发。雁塔区审计局督促区政府办公室等相关单位，制定及修订《雁塔区政府采购网上集市管理办法》等11项制度。鄠邑区审计局制定《进一步规范和完善投资审计的通知》，由鄠邑区人民政府办公室印发全区执行。西安市审计局组织两级审计机关对2018年中央预算内投资项目开工建设管理情况开展专项审计调查，揭示16个问题，涉及资金7317万元。开展西安奥体中心建设项目概预算审计、三桥公租房竣工决算审计、全市房地产开发项目教育设施配建情况审计调查等项目，揭示35个问题，涉及资金8.02亿元。对第十四届全国运动会场馆建设项目开展跟踪审计，发现西安城市运动公园体育馆、高尔夫球场改造实施缓慢；因设计方案未确定，游泳跳水馆幕墙外立面和室外景观工程未开始施工；奥体中心项目代建公司未执行国家有关基本建设财务管理制度，未单独建账、单独核算；以及工程招标投标方面存在的问题，涉及资金6.82亿元。针对存在问题提出5条建议，并按时向陕西省审计厅上报跟踪审计报告、向西安市人民政府上报跟踪审计结果报告。省审计厅汇总上报陕西省人民政府后，省政府主要领导做出重要批示，省政府召开专题会议安排整改工作。市政府将《西安市审计局关于第十四届全国运动会场馆建设项目跟踪审计结果的报告》批转有关开发区、部门要求积极整改，按时完成场馆建设任务。

◆经济责任审计 2019年，西安市审计机关开展经济责任审计162项。其中，任中审计31项；离任审计131项；审计查出主要问题金额535036万元。西安市审计局组织开展18个经济责任审计项目，审计对象涵盖区县党政领导干部、市级部门领导干部、市属国有企业领导人员和区（县）政府主要负责人，查出违纪违规金额3.92亿元，移送问题线索5件，提出审计意见、建议32条，积极促进领导干部依法用权、科学用权。

◆专项审计 2019年，西安市审计机关开展专项审计58项，审计资金总额1334271万元，查出主要问题金额125517万元。全市审计机关认真贯彻落实中共中央总书记习近平关于治理人防系统腐败问题的重要批示精神，对市本级、阎良区、高陵区、临潼区、长安区、鄠邑区、蓝田县、周至县人防部门以及经济技术开发区人防部门2013年至2019年10月底工作开展情况进行专项审计，发现部分区（县）违法减免人防易地建设费、缓征人防易地建设费、工程建设项目违规招投标、收费程序不规范等问题，提出4项审计意见，向西安市纪律检查委员会移交案件线索35件，涉及金额74653.13万元。西安市审计局组织全市审计机关，及时对接全市财政部门，了解全市隐性债务规模和项目，梳理、排查428个项目，揭示了政府隐形债务中的欠薪隐患问题。

◆交办审计事项 2019年，西安市审计局先后选派40多人次参与省、市巡视巡察和纪检监察、“扫黑除恶”等工作；高质量完成中共西安市委、西安市人民政府交办的西安高新技术产业开发区托管资产移交专项审计、2016—2018年全市冬季采暖高峰供气财政补贴及5项活动会议经费收支情况的专项审计。在对全市冬季采暖高峰供气财政补贴审计中，审减15331万元财政补贴；在5项活动的经费收支情况的专项审计中，通过对会议活动预算管理、政府采购程序要件和经费收支的合规性审核，反映出会议活动预算管理不到位、未严格执行政府采购制度、支出控制不严等6类问题，提出审计意见建议6条。

◆审计信息化建设 2019年，西安市审计局完成局门户网站技术改造工作，并对局新版网站页面布局、色彩搭配和内容进行调整。完成局机关信息系统、网络设备、视频会议、办公网络、办公电脑和信息化相关事务的运维保障工作，完成陕西省审计厅、西安市保密局、西安市公安局、西安市电子政务办公室和西安市互联网信息办公室的网络安全检查和信息系统检查工作，完成市级部门信息系统专项调查和区（县）信息系统专项调查数据汇总工作，初步摸清市级部门信息系统建设基本情况和投资规模，揭示出信息系统建设和管理中存在的5大类11小类问题，提出合理化建议5条，为下一步在全市开展信息系统审计工作铺垫基础。在信息化应用方面，按照审计署要求，完成市本级、13个区（县）和7个开发区的财政总会计、国库集中支付、部门预算、非税收入电子数据193套和财政各类报表数据96套上报任务；组织完成全市一级预算单位数字化全覆盖数据分析工作、机关事务管理局就餐信息系统数据分析工作、“惠民一卡通”审计项目数据分析工作，在医疗保险基金专项审计项目大数据分析工作中，统计分析出分解住院次数、多收住院病人护理费、定点药店空刷医保卡、医保卡管理不规范等问题，涉及参保病人6341人。

◆审计管理 2019年，西安市审计局顺利完成机构改革，新增7个处室、新增及转隶23个编制；按照审计管理体制改革要求，及时提请中共西安市委成立中共西安市审计委员会及办公室。4月25日，中共西安市委审计委员会成立。6月5日，中共西安市委审计委员会办公室挂牌。8月8日，市委审计委员会召开第一次会议，审议通过委员会工作规则和办公室工作细则。13个区（县）相继成立审计委员会及办公室，并召开审计委员会第一次会议。发挥委员会办公室职能作用，强化对审计领域重大工作的统筹协调，加强与特派办和陕西省审计厅的联系，大力争取他们对西安工作的支持；加强与中共西安市纪律检查委员会、中共西安市委组织部的协调，积极完善全市经济责任审计联席会议制度；加强对区（县）审计工作的领导，审查规范区（县）委审计委员会工作规则和细则；申请创办并编印《审计要情》，及时向委员会领导报告人防系统、医保基金、营商环境等审计中发现的重大问题，分析原因，提出建议，积极服务领导决策。西安市审计局在分析梳理审计屡查、屡犯问题的基础上，建立预算执行审计定性依据及处理处罚模板；规范审计文书格式，建立预算执行审计报告模板、业务会议汇报材料（报告和移送处理书）模板、撤点验收汇报材料模板。为业务处室及时更新定性依据，归纳整理455份定性法律法规，切实促使项目审计程序规范、过程规范、结论规范，出具内容完整、事实清楚、结论正确、语句恰当、格式规范的审计结论性文书。组织7次审计业务会议，对提请的60个移送事项进行审理；组织6次重大审计项目撤点验收会议，对14个重大项目进行撤点验收，实现重大审计项目验收全覆盖。进一步提高审计项目质量，促进提升重大项目的实施效果，防范审计风险。

◆审计整改 2019年，西安市审计局首次提请西安市人民政府召开常务会议听取审计结果汇报，安排部署审计整改工作，要求被审计单位列席并逐条列出问题清单，着力促进审计成果运用。制定《审计整改工作规则》，认真落实审计整改台账制度，组织对到期的41个审计项目（其中2018年度26个项目，2019年度15个项目）的整改情况进行跟踪检查。发现问题383个、违规金额779994.3万元，已整改问题350个，整改检查率100%，整改完成率91.4%。其中，23个项目整改到位；9个项目基本整改到位；其他9个项目整改正在抓紧落实中。被审计单位整改落实后共实现为财政增收节支22904.65万元，促进拨付资金到位29878.96万元，被审计单位采纳审计建议147条，制定和完善规章制度或措施45项。移送问题反馈23件（其中2018年14件，2019年9件），党政纪处分7人，提醒谈话26人，移送司法部门3人。新城区审计局会同区纪检、组织部门、人大财经委、政府办等部门开展回访检查，促使审计整改率达90%，审计建议采纳率达100%。未央区审计局提请未央区人民政府常务会审议通过《未央区审计整改工作暂行办法》，与中共未央区纪律检查委员会、未央区监察委员会联合出台《关于强化纪审衔接充分凝聚合力工作办法》，建立审计整改“回头看”督查机制，区政府主要负责人对审计整改未完成单位的主要负责人进行集体约谈。

（张良忠）

统计工作

◆概况 2019年，西安市统计局以服务全市稳增长和十项重点工作为主线，扎实推进统计改革创新，全面深化依法治统，持续优化统计服务，切实夯实统计基础，较好地完成全年各项目标任务。西安市统计局被中国物流与采购联合会评为“物流统计工作先进单位”。连续20年获“全市目标考评优秀单位”。

◆统计普查调查 2019年，西安市统计局立足应统尽统统准统全，从加强组织领导、强化纵横联动等方面下功夫，高质量完成经济普查和常规调查任务。第四次经济普查取得重要成果。全市普查登记单位数近27万个，比第三次经济普查增长1.8倍，经普修订后2018年生产总值比快报数增加近150亿元，为全市经济发展奠定坚实的数据基础。严格落实“先进库、再出数”原则和“逢进必核”的要求，以西安市人民政府名义召开专题会议，部署推动“五上单位”入库工作。全市新增“五上单位”1297家，比2018年增长7.5%。以国民经济核算为统领，高质量完成国民经济各行业和社会发展各领域常规统计调查，市、区数据完全衔接，较为全面客观地反映了全市各领域、各行业、各地区工作成果和发展态势。

◆全面依法治统 2019年，西安市统计局立足防范统计系统重大风险，超前谋划，主动作为，全面推进依法统计依法治统。提前谋划和部署“统计造假”专项整治工作，编印《警示案例》2000册，西安市人民政府办公厅发文部署统计违法、违规文件清理工作，系统内外防惩造假的责任意识明显增强。数据质量责任制进一步健全。从事前、事中、事后3个维度加强数据质量管理，分级分专业制定《数据质量责任清单》，修订完善13个专业领域《数据质量评估办法》，制定《数据质量核查实施方案》，统计部门主体责任进一步压实。执法监督工作实现新突破。组织66人参加执法考试，解决了开发区长期以来没有执法证的问题。抽调执法骨干13人次75天参与上级执法检查，市局“双随机”检查企业187家，抽查比例从上年的0.4%提高至2.4%，实现专业、区域2个“全覆盖”。

◆统计改革创新 2019年，西安市统计局立足全市经济发展需要，深化改革，主动创新，不断提升统计制度方法的有效性和适应性。核算改革稳妥推进，顺利完成经普年度、2019年四季度地区生产总值统一核算工作，改革全面实施、稳步推进。试编“2017年全市自然资源资产负债表”，开展生产性服务业增加值试算、12类国家标准派生产业区间测算，丰富了核算数据资料。专业改革持续深化，开展部分行业事业单位月度调查，按季度编制了西安服务业生产指数。研究制定工业新动能经济、硬科技统计分类标准，扩大限额以下贸易抽样调查样本，制定并实施投资项目“飞地经济”数据双算办法。拓宽非工业能源消费调查频率，完成开发区能源消费核算试算，填补多项专业数据的空白。大数据应用迈出新步伐，首次运用手机信令大数据开展人口动态监测，为第七次全国人口普查摸底奠定基础。

◆统计信息服务 2019年，西安市统计局立足当好经济发展的参谋助手，围绕中心，服务大局，不断提高统计监测服务的能力。

服务全市“稳增长” 制定10项清单，建立重点企业月度监测、成长企业跟踪监测、龙头企业直通监测3项机制，开展主导产业、“稳投资”“稳消费”等重点领域（区域）专项调研，统计预警监测的能力进一步提升。

服务“十项重点工作” 开辟与部门合作测算先进制造业新方法，开展全市“绿色”发展评价，国、省、市三级营商环境监测调查，军民融合统计调查，建立乡村振兴统计监测指标体系，完成15分钟便民服务圈系列问卷调查，为“十项重点工作”部署推进提供大量的基础数据。

优化信息服务 满足党政、部门、社会不同需求，编发《统计分析》221期、《统计专报》94期、《考核专报》34期；编印《西安70年》等13种统计产品近5万册；公布年度、进度统计数据超过15万笔；“西安统计”公众号入围全国市级统计调查系统微信公众号10强。

◆统计基础建设 2019年，西安市统计局立足培育统计发展动能，多方联动，加强协同，多维度提高统计基础能力。各部门认真执行《部门统计报表制度》，为国民经济核算、营商环境监测调查、绿色发展评价等全市重点工作提供部门资料。集中受理97起统计业务再确认，开展开发区托管39个镇（街）全面调研，通过微信制作并推送“如何填报统计报表”系列微课堂，基层和企业服务进一步细化。综合统计业务管理平台初步建成，基本功能开发完成，部门报表、地方调查、月度手册等工作率先应用。积极配合全市宏观经济库建设，按期完成全市及其他地区140余万笔宏观数据导入。实施重点任务督查督办，制定《关心关爱干部“十五条”措施》，在市级部门率先完成职级套转和晋升工作。全系统38名领导干部走进复旦大学，12名双首席交流分享经验，统计干部的凝聚力进一步增强。（白　敏）

海关监管

◆概况 2019年，西安市辖区海关监管进出口货运量136.2万吨，货物总值3009.7亿元，监管进出境航班及包机2.2万架次，比2018年增长20.2%；查验进出境旅客291.2万人次，增长13.8%。征收关税和代征税50亿元，其中征收关税12亿元、代征税38亿元。签发原产地证书1.7万份，金额12.3亿美元。监管进出境邮件总量357.25万件，监管进出境印刷品及音像制品280.54万件。

◆海关机构改革 2019年，西安市辖区海关坚决落实中央机构改革重大决策部署，业务融合、队伍融合、感情融合不断深入，“1+1 ＞ 2”效果更加突出。西安市辖区内现设有4个海关，西安咸阳机场海关、西安车站海关、西安邮局海关、关中海关相继挂牌成立，各海关党委正式成立，党的全面领导不断加强。做到工作秩序规范化管理，确保改革期间做到思想不乱、队伍不散、工作不断、干劲不减。

◆海关支持中欧班列“长安号”发展 2019年，西安车站海关助力“长安号”班列开行2133列，是2018年的1.7倍，运送货物总重180.2万吨，是2018年的1.5倍。实行“专人专岗、专门窗口、24小时预约验放”，做到班列货物随到、随报、随验、随放；积极探索业务新模式，依托中欧班列进境粮食实现保税仓储，全国首家运载出口二手车的中欧班列始发，陕西苹果首次通过中欧班列出口哈萨克斯坦，促成宝鸡始发开行中欧国际货运专列。

◆跨境电商网购保税监管方式创新 2019年，西安车站海关创新“网购保税+保税展示”监管方式，将传统的特殊区域货物保税展示交易监管理念应用于跨境电商网购保税进口商品监管中，充分利用综合保税区出区保税展示的功能，将一线入区的处于“保税备货”状态下的网购保税进口商品，凭担保出区在自贸区范围内的实体商店进行实货保税展示，消费者将虚拟电子购物与实体购物体验结合，实现传统购物模式与新兴业态发展的融合，提升消费者购物体验，一定程度上降低退货率、退单率，减少电商企业和消费者损失，促进跨境电商业务发展。

◆海关服务经济 2019年，西安咸阳机场海关监管进出境航班2.2万架次、监管进出境人员291.2万人次，分别增长20.2%、13.8%。全年新开国际货运航线9条，货邮吞吐量增速位列全国十大枢纽机场首位，西北首条第五航权货运航线首尔—西安—河内、客运航线叶卡捷琳堡—西安—普吉成功首航。大力推广“汇总征税”“税单自主打印”“自报自缴”等作业模式，直航提前申报比例已达80%以上。4月8日，陕西西咸保税物流中心跨境电商保税备货首单启动仪式举行，首票订单顺利通关。“双十一”期间，申报清单数9758单，货值277.06万元，征收税款25.33万元。

◆防疫工作 2019年，西安咸阳机场海关加强机组和旅客个人申报工作，多渠道发现疑似疫情人员；强化生物安全防护，防止工作人员感染；做好健康咨询服务工作，为前往疫情活跃区的旅客提供防护建议。全年发现疫情人员122人次，成功组织承办西安海关2019年口岸突发公共卫生事件应急处置演练。

◆保税航油业务 2019年12月31日，西安海关参加保税航油业务启动仪式，为“两仓”（保税仓库和出口监管仓库）颁发证书，填补了保税航油业务在西北五省的空白。在西安咸阳国际机场运营国际航线的航空公司的成本将进一步降低，对“拓航线、增运力、聚货源”，促进航空国际客货运发展将发挥积极作用。

◆邮件监管 2019年，西安邮局海关在进境邮件中查获毒品大麻4.95千克，违禁印刷品1120件（其中反宣品471件，淫秽物品649件），查获枪支案件10起(涉及零配件46件），象牙、沉香等涉濒危动植物制品11件，动植物检疫类物品(包括昆虫标本、肉制品、水果等）1143件；查获其他违禁品2238件，比上年增长2884%，查获出口侵权物品2批次，321件。移交案件线索53件，增长40%。

◆通关便利化 2019年，关中海关全面落实减税降费部署，加大税收优惠政策宣传力度，严格执行增值税率下调新政，确保企业用好用足国家税收优惠政策，为企业减免税款6.1亿元。推广原产地证书自助打印，加设2个签证工作点，原产地签证业务更加便利，审签原产地证书1.69万份、金额12.3亿美元，为辖区企业减免关税3400万美元。持续压缩整体通关时间，提高“提前申报”比例，实施预约通关和节假日常态加班。大力服务重点项目建设，不断增强企业获得感，与三星（中国）半导体有限公司签署关企合作备忘录，助推省、市重点招商企业奕斯伟硅片技术有限公司高效通关，做好咸阳彩虹光电分期纳税工作，办理分期纳税业务4期，征收税款5636万元。

◆动植物检疫 2019年，关中海关严格防范疫情风险，监管进出口动物及动物产品167批、674.6万美元；做好供港澳活牛的检疫监管，完成检疫监管43批；严格防控非洲猪瘟疫情，开展非洲猪瘟疫情应急处置演练，防止集装箱夹带相关动物及动物产品入境；监管出口植物及植物产品577批、1862万美元，检出不合格3批；办理出境植物及植物产品单位检疫行政审批15批。

◆进出口产品监管 2019年，关中海关强化重点敏感商品检验监管，严格按要求逐批现场查检，开展进口工业品检验监管6318批，货值约14亿美元，其中含危险化学品1614批，货值约1.6亿美元。开展出口危险货物包装性能鉴定和使用鉴定2083批，检出货物不合格并退运、销毁及禁止出口72批。针对商检中发现问题及时通过商检处向总署报送风险预警，获得海关总署采纳并向全国海关发布警示通报。完成20批进出口商品质量安全风险监测（抽查）任务。落实食品安全“四个最严”（最严谨的标准、最严格的监管、最严厉的处罚、最严肃的问责）指示精神，监管出口食品6799批、2.2亿美元，检出不合格3批。

◆企业管理和后续监管 2019年，关中海关加强行政审批“一个窗口”建设，首次实现企业注册登记网上全流程办理，办理企业注册登记1230家、信息变更628家。强化稽核查力度，落实“多查合一”改革措施，加大特殊监管区域价格申报稽查力度，开展稽查作业29起，查发问题作业10起，稽查补税165万元，移交缉私4起，涉及货值574.8万元，其中专项稽查的有效率超过50%；实施保税核查61次，保税核查后续补税142.7万元。

◆指定监管场地建设 2019年4月24日，海关总署专家组对西安咸阳机场海关进口肉类指定监管场地开展验收工作，听取前期工作汇报，前往冷链物流园区实地检查冷库、实验室、监控室等场地设置和检验设备，海关总署认为整体建设水平、保障流程、管理制度等各项指标均达到规范要求。6月18日，进口肉类指定监管场地正式获批公告发布后，西安咸阳机场海关主动与多家进口肉类公司开展沟通，回答业务咨询，西安永真牛羊肉清真食品有限公司已取得海关总署的检疫审批证书。西安车站海关发挥建成指定口岸优势，优化整合口岸检查作业区域和场所，推动查验场所改建扩容。不断提升口岸管理水平，促进海关监管作业场所进一步完善和规范管理。全年监管进口沃尔沃整车7179辆，比上年增长2.9倍，支持全国首批搭载出口二手车中欧班列始发，监管出口沃尔沃整车9225辆，西安整车口岸成为内陆最大“有来有往”的整车口岸。全年监管进境粮食3.5万吨，增长30%，其中绿豆2.4万吨、小麦1.1万吨。

◆综保区发展21条措施 2019年，关中海关制订实施方案，确保国务院《关于促进综合保税区高水平开放高质量发展的若干意见》落实、落细，围绕提出的21项任务举措中的“保税检测维修”“简化进出区管理”“先入区、后检测”等创新措施实施效果明显。开展“简化进出区”政策试点，办理进出区物品3329票，有效保障三星等大型项目建设物资及时抵达。全力推动2个出口加工区优化升级，实时跟进规划建设，紧密跟进西安航空基地综保区建设，该综保区已于11月8日正式封关运行。西安车站海关继续推广综保区监管创新措施，宣传推广适合西安综保区的委托加工业务、增值税一般纳税人资格等政策落地。开展区内稽查业务，在综合保税区不断高水平开放、高质量发展的同时，利用稽查后续管理手段，加强对区内企业有效监管，促进企业守法经营。（刘　祎）

财政·税务

责任编辑
冯冠杰

财　政

◆概况　2019年，西安市财政系统大力实施积极财政政策，全面落实减税降费政策，深化财政改革，筹集资金保民生保重点，扎实推进“六稳”（稳就业、稳金融、稳外贸、稳外资、稳投资、稳预期）工作，有力支持全市经济社会持续健康发展。全年财政总收入1533.81亿元，比2018年增长5%。全市一般公共预算收入702.55亿元，完成调整预算的102.5%，增长2.6%。全市税收580.73亿元，增长4.3%。税收占一般公共预算收入的82.7%，比2018年提高1.4个百分点。全市一般公共预算支出1250.44亿元，增长8.6%。全市政府性基金预算收入953.38亿元，增长24.1%。政府性基金预算支出899.94亿元，增长22.3%。全市国有资本经营预算收入35亿元，完成预算的220.3%，增长259.8%。全市国有资本经营预算支出16.04亿元，增长83%。全市社会保险基金预算收入328亿元，增长3.6%。全市社会保险基金预算支出288.08亿元，增长15.7%。

收入质量持续提升　全年完成税收580.73亿元，增长4.3%。税收占一般公共预算收入的82.7%，比2018年提高1.4个百分点。在15个副省级城市中，西安市税收占比由第八位提高到第五位，财政收入质量在副省级城市进入前5名。在保证财政收入规模增长的同时，税收占比实现连续3年提升。

减税降费落地显效　小微企业普惠性减免政策、深化增值税改革及社保降费等政策先后落地生效，各类市场主体普遍受惠。全市（不含西咸新区）减税降费共计220.56亿元，其中减免税收190.09亿元，减免非税收入30.47亿元。

统筹财力保障重点　坚持政府“过紧日子”，全年压减市级部门业务经费19.1亿元，节省资金全部用于保工资、保运转、保基本民生，全市各级“三保”支出“零缺口”。坚持集中财力办大事原则，统筹预算安排、存量资金、新增地方政府债券等渠道，用好增量、盘活存量，全年盘活存量资金236.2亿元，争取各类上级资金479.3亿元，全面保障中共西安市委、西安市人民政府确定的教育、“生态西安”、全域治水等民生重点领域投入。

保障和改善民生　全年民生领域投入966.3亿元，确保各项增资提标政策以及民生重点支出需求。在教育方面，投入201.9亿元，增长28.4%，占一般公共预算支出比重16.2%；在社会保障及医疗卫生方面，支出221.27亿元，支持深化医疗卫生体制和社会保障制度改革；在交通基础设施方面，投入建设资金49.09亿元，全力缓解群众出行难题。

◆减税降费　2019年，西安市财政系统坚决落实各级减税降费政策，通过政府收入的“减法”，换取企业效益的“加法”和市场活力的“乘法”，切实为企业发展减轻负担。全年减税降费220.56亿元。

落实中央及陕西省各项减税降费政策　确保支持实体经济、民营经济发展等财税政策落地落实，减轻企业加快发展税收负担。及时测算减税降费政策影响，落实各项税收优惠政策，确保所有行业税负只减不增，切实增强纳税人获得感。深入了解基层减税降费落实情况，摸清摸准各区（县）、开发区现状，全面掌握全市减税降费工作推进情况。加大工作对接力度，及时按照省上减税降费政策工作要求，稳妥做好西安市政策落实工作。

持续规范财政收入征管秩序　加强收入组织工作，坚持依法征收、应收尽收，深入推进综合治税，落实财政收入督查制和包抓收入责任制，抓好重点税源、重点地区、薄弱环节，培育厚植税源，挖掘增收潜力。持续规范非税收入管理，坚决禁止采取虚收、空转等方式虚增财政收入，持续提高收入质量，尽力消化减税降费带来的收入缺口。

合理编制年初预算　充分考虑更大规模减税降费政策因素，未制定过高的税收收入增长预期，按照全市增长6%确定一般公共预算收入增幅，与陕西省增幅持平。在支出预算安排中落实积极财政政策，通过压减一般性支出，积极争取中央、省资金，加大盘活存量资金等举措多方筹集资金，确保“三保”支出以及市委、市政府确定的重大政策和重点项目资金落实到位。

贯彻落实过“紧日子”要求　西安市财政局连续印发《关于贯彻落实过“紧日子”要求进一步加强和规范市级部门预算管理的通知》《关于统一压减2019年市级部门预算一般性支出的通知》，努力开源节流，实施积极的财政政策，提高财政资金使用效益，支持全市各级深入推进减税降费工作，将各项减税降费政策落到实处。全年压减市级部门业务经费19.1亿元，节省资金重点用于保工资、保运转、保基本民生，确保全市各级“三保”支出“零缺口”。

加大财政资金统筹力度　全年盘活存量资金236.2亿元，调整统筹用于全市经济社会发展亟须资金支持的领域和项目。加大争取中央和陕西省资金力度，抢抓中央基础设施补短板，支持“西部大开发”以及国家中心城市建设等一系列政策机遇，谋划储备高质量项目，争取中央和陕西省专项资金、新增债券，特别是专项债券方面更大支持，全年争取各类上级资金479.3亿元。牵头做好专项债券项目配套融资工作，向银行机构推介西安市专项债券发行项目，多渠道筹措重大项目资本金，加大资金保障。

强化预算执行管理　落实中央八项规定，推动厉行节约、反对浪费等制度落地生根，继续从严控制“三公”经费支出。报请西安市人民政府印发《西安市市级财政资金分配暂行规定》《西安市市级财政专项资金管理办法》。对未下达到预算单位的部分2019年度市级专项资金按照比例实施扣减，交回资金由市财政统筹安排，调整用于市委、市政府确定的重大项目、重点支出。

◆支持“三大攻坚战”　2019年，西安市财政系统全力打好防范化解重大风险、

2019年2月22日，西安市财政局举办全市基层财政干部扶贫资金监管业务培训班

精准脱贫、污染防治“三大攻坚战”，强化财政政策支持和资金保障，保障“三大攻坚战”稳步推进。

支持精准脱贫　落实中央、陕西省关于财政专项扶贫资金年增长20%要求，全力保障西安市脱贫退出和巩固提升资金需求，全市各级财政投入西安市财政专项扶贫资金7.06亿元。投入扶贫产业投资基金1.7亿元（累计投入3.2亿元）。投入支持十百千万产业扶贫项目5000万元，扶持产业发展。按照中央、陕西省“因需而整”“应整尽整”等要求，整合各级资金3.74亿元。对全市2017年以来大口径扶贫资金“趴窝”问题开展集中整治，共整治“趴窝”资金1334.12万元。配合西安市纪律检查委员会开展扶贫资金“每月一查”，严查违规违纪情况，不断规范基层扶贫资金管理使用。5—7月，组织5个检查组开展扶贫资金管理和专项巡视整改督导检查。按照中央、陕西省安排，推进财政扶贫资金监控平台建设试点，将扶贫资金分配支出情况“应录尽录”，加强资金运行监控。

支持污染防治　抓好铁腕治霾工作，推进“绿色发展、生态西安”建设。全年预算安排环保专项资金5.06亿元，安排煤改洁及天然气清洁能源补贴资金合计14.29亿元，主要用于支持“西安生态日”活动宣传、“智慧环保”项目、燃煤锅炉拆改、空气质量保障综合公关研究、挥发性有机物监测、烟火监控和蓝天保卫战等相关项目，推进“绿色发展、生态西安”建设。将全市燃气锅炉低氮燃烧改造奖补时限延长至2019年10月31日。制定《关于新能源道路保洁车辆购置补贴标准的通知》，按照10万元/辆对新能源保洁车辆进行购置补贴，进一步加强道路抑尘工作力度。

加强债务风险防控　陕西省财政厅分三批共计下达西安市新增政府专项债券87.99亿元。其中，安排用于土地储备项目28.24亿元；棚户区改造项目28.75亿元；“一带一路”建设项目20亿元；轨道交通项目10亿元；公立医院项目1亿元。有效缓解公益性基础设施建设和土地储备项目支出压力。西安市委、市政府印发《西安市化解政府隐性债务实施方案可行性评估报告》《西安市政府隐性债务风险应急处置预案》。通过发送提醒函、现场督导、会议提标等形式推动工作落实。全面施行政府举债融资负面清单管理制度，健全政府债务终身问责制和债务问题倒查机制。根据陕西省财政厅关于2018年度政府债务管理绩效评价结果的通报，西安市市本级绩效评价结果为二等。

◆**支持“十项重点工作”**　2019年，西安市财政系统全力保障全市“十项重点工作”。

服务三个经济发展　加强与陕西省财政厅及省级主管部门的对接汇报，与市级部门共同做好省级“三个经济”（枢纽经济、门户经济、流动经济）发展专项资金的申报和争取工作。全年累计争取省级“三个经济”发展专项资金103419.30万元。其中，国际客运航线补贴资金32953万元、航空货运补贴资金7337万元、中欧班列“长安号”补贴资金53300万元、物流领域奖补资金9829.3万元。做好市级配套资金落实工作，累计拨付47288.5万元。其中，国际客运航线补贴市级配套资金16476.5万元，航空货运补贴市级配套资金7337万元，中欧班列“长安号”市级补贴资金19300万元，新能源汽车充电基础设施建设补贴资金4175万元。落实西安咸阳机场三期改扩建工程相关资金，拨付机场三期土地建设分摊费用1.24亿元。

支持建设“生态西安”　统筹安排资金73.34亿元，支持实施治污减霾、全域治水、新能源汽车推广、高排放老旧机动车淘汰和秦岭生态环境保护。会同西安市铁腕治霾办公室修订完善《西安市铁腕治霾网格化管理奖励办法》。

支持“三中心”建设　截至年底，已拨付“三中心”（西安奥体中心、会展中心、会议中心）项目资金57.88亿元（会展中心40.07亿元、奥体中心17.81亿元）。陕西省财政厅同意西安市“三中心”场馆项目发行地方政府专项债券50亿元。采取“地方政府债券+市场化融资”模式，支持西安浐灞生态区与西安国际港务区加快推进项目建设市场化融资各项工作。

支持营商环境建设　全面贯彻中共西安市委、西安市人民政府关于优化提升营商环境的安排部署，落实《西安市推进“互联网+政务服务”深度整合　打造一流营商环境的实施意见》《西安市2019“营商环境提升年”活动实施方案》《西安市深化“放管服”改革加快推进政府职能转变工作实施方案》等文件要求，落实经费保障机制，打造优化营商环境“四最”（政策最优、成本最低、服务最好、办事最快）西安样本。深入推进“陕西省优化营商环境五大专项行动”任务，按市政府领导要求牵头做好规范涉企收费专项行动进展情况报送工作。积极落实“放管服”改革，最大限度地提升为群众服务的效率和质量。落实政务服务事项“最多跑一次”要求，提升办事群众和企业满意度。

支持实体经济建设　支持实体经济高质量发展，将2020年专项资金预算规模扩大到10亿元，重点支持先进制造业、军民融合产业。落实重点工业企业支持政策。安排市级财政资金4000万元，支持华天电子集团华羿微电子项目落地经开区。安排市级财政资金4510万元，支持西安华天通信有限公司5G移动通信基站滤波器生产线建设等31个工业技术改造项目实施，提高企业装备工艺及智能化水平。安排市级财政资金3649万元，对两化融合、工业互联网、工业云软件等专题的24个项目进行支持。安排资金600万元，对23个中、小企业公共服务示范平台进行支持，推动中、小企业社会化服务体系建设，支持中、小企业快速健康发展。安排资金4619万元，对117户企业快速发展、规模晋档以及流动贷款贴息给予支持。

支持文化建设　加快文化产业发展补短板。拨付1831万元对40个“优秀宣传文化发展项目”进行奖补。落实文化产业发展政策，安排文化产业发展专项资金9008万元，对符合政策的141个项目进行奖补，共计5373.82万元。安排西安广播电视台（西安广电产业集团）补助资金5020万元作为国有资本金注入，支持改制后的企业集团做大、做强。拨付9909万元支持“2019东亚文化之都·西安活动年”“2019西安国际马拉松赛”“西安年·最中国”等文化旅游活动。

支持“乡村振兴战略”，促进城乡发展　以农村供给侧改革和农村环境整治为主线，不断加强现代农业产业发展、农产品质量安全、一二三产业融合、新型农业经营主体培育、扶持农业产业化龙头企业发展、支持壮大农村集体经济组织发展、改善农村人居环境、统筹城乡发展等方面的财政投入，全力保障西安市“乡村振兴战略”顺利推进。以涉农资金统筹整合工作为契机，构建与乡村振兴相适应的财政投入保障机制。按照行业内“大专项+任务清单”的整合思路，推动以区（县）为主体的项目、资金整合，为乡村振兴重点工作、重大项目聚资金、造亮点，推动市级管理模式及工作机制的创新，打通管理渠道，夯实各级责任。

支持推进军民融合发展　落实西安市《西安市军民融合补短板促发展实施方案》和军民融合相关政策措施，统筹争取安排各类支持军民融合发展资金8155.48万元，支持构建全要素、多领域、高效益的军民融合深度发展新格局。兑现支持军工单位民品研发生产企业发展和民口企业申请军民资格认证奖励资金5424.15万元；兑现支持西安市企业主导制定军民融合技术标准奖励资金250万元；落实中共西安市委、西安市人民政府军民融合补短板促发展实施方案，兑现21户企业奖励资金2291.63万元。

支持人才队伍建设和科技创新 实施人才强市战略，落实各项就业创业政策和稳就业政策，完善相关制度办法，及时拨付就业资金。拨付大学生就业奖、求职创业、就业见习等资金8996万元。落实创业担保贷款贴息政策，会同相关部门印发《关于进一步规范和落实创业担保贷款政策推动就业工作的通知》，将个人创业贷款额度提高至最高15万元，审核下达区（县）创业贷款贴息资金9841万元，拨付劳动密集型企业贷款贴息资金1181.37万元。会同西安市人力资源和社会保障局修订印发《西安市大学生创业贷款基金管理办法》，发放企业稳岗资金7.18亿元。落实失业保险支持职业技能提升行动，市级从失业保险金中计提职业技能培训资金16.7亿元，规范和加强资金管理、保障培训资金需求。支持区（县）就业工作开展，拨付全市各区（县）2019年就业资金2.02亿元。

支持重点创新领域发展 精准传导、转化硬科技优势资源，挖掘、培育、转化一批新技术业态的“独角兽企业”“小巨人示范企业”发展壮大，形成规模集群效应。落实企业研发投入奖补政策，激发创新主体动能，助力“国家创新型城市”、丝路科创中心建设。围绕国家科创中心、重大科学装置、校地创新平台、重大项目引进及活动开展等重点任务，引入市场化合作机制等方式，多渠道强化财政后盾保障。优化创新发展环境，保障“硬科技大会”“创业西安行”“梦回长安——百万校友回归”活动等重大创新活动举办，兑现落实众创载体建设政策，充分调动和激发全社会创新创业热情。

◆支持产业重点发展 2019年，西安市财政系统按照中共西安市委、西安市人民政府打造先进制造业强市重点工作部署，全面落实《中国制造2025》《加快工业发展的若干意见》和《工业促投资稳增长实施意见》等政策措施，重点支持工业经济提质增效和转型发展。

支持招商引资“一号工程” 实施增强招商资源统筹能力，紧扣万亿级、千亿级、百亿级重点产业招商选商，支持“招大引强”行动开展。安排专项资金1660万元，保障2019欧亚经济论坛和第四届丝绸之路国际博览会暨东西部合作与投资贸易洽谈会等招商活动举办，支持西安市重大招商活动顺利召开。落实总部经济奖励政策，兑现2018年认定的总部17户企业奖励资金8397.32万元。落实中共西安市委、西安市人民政府重点项目支持资金，拨付支持经开区千亿级汽车产业集群发展扶持资金15亿元。

强化科创驱动动能 安排资金1.56亿元支持“创新+创业+产业化+科技金融+智库规划+人才引领+区域协同”的科技创新生态链发展。拨付资金1620万元，对54家新认定众创空间进行资助。拨付资金2270万元对19个区（县）硬科技小、微企业培育工作进行支持。拨付资金2300万元对2019年第一批独角兽企业培育项目进行支持。拨付5789万元保障硬科技大会、国际创业大会、“梦回长安——百万校友回归”、国际人才交流大会、科技博览会等重大科技创新活动举办。加快资金支持方式转化，扩大财政资金使用效益，落实科技创新基金群出资1200万元。

推进现代服务业转型升级 安排3999万元，重点支持传统服务业向现代服务业转型升级、西安市会展行业发展和促进开放型经济突破发展。重点支持电子商务发展，鼓励新型服务业态发展，安排电子商务培训经费和奖励资金920万元；安排经费354.4万元，落实西安市肉类蔬菜流通追溯体系建设工作。支持会展经济发展，安排2019年“西安年大使行”活动172万元，支持西北工业大学、西安交通大学等高校举办高端科技论坛经费130万元，拨付咖啡交易博览会经费90万元。支持外贸企业技术进步和创新，服务外包重点企业发展，安排出口信保补助资金768万元支持企业积极开拓丝绸之路经济带沿线国家市场。

◆支持金融业补短板 2019年，西安市财政系统为补齐西安金融业发展短板，实现金融倍增目标，对19家银行、保险、证券、期货类机构下达落户及租赁房屋奖补资金2378.35万元，加快西安市金融机构聚集。推进科技金融业务合作，引导金融机构聚焦科技创新，服务企业融资。通过科技金融合作政策，安排科技金融资金4759.95万元，有效搭建风险缓释机制。截至年底，科技金融服务企业超过1500家，获得科技金融贷款企业531家次，实际贷款金额24.36亿元，实现知识产权质押融资19.84亿元，知识产权质押合同登记排名全国第五。形成比较完善的科技金融融合政策体系、机构体系、产品体系和科技金融工作服务平台，缓解西安市中小微科技企业融资难、融资贵问题。鼓励西安市小额贷款公司加大对西安市小、微企业和“三农”的信贷支持，对符合政策条件的6家小额贷款公司贷款补贴资金169.57万元，带动小额贷款公司对涉农和小微企业提供资金支持约5亿元。

支持企业多层次资本市场融资 以支持企业上市“龙门行动”计划为重点，积极推行上市企业上市奖补政策，安排资金2195.81万元，支持32家企业在主板、创业板和“新三板”上市融资。争取“新三板”挂牌与资本市场奖补1275.5万元，进一步引导企业加大直接融资力度，促进西安市资本市场发展。对13家符合政策的企业发行债券安排奖补资金1088.7万元，支持企业通过发行债券融资约88.13亿元。推进西安市“龙门行动”计划深入实施，形成全市推动资本市场加快发展的政策集成效应，发挥专项资金的激励和引导作用，调动广大企业上市积极性。

发挥政府引导基金引导作用 完善基金管理制度，规范基金运作体系，健全社会资本合作体系。大西安产业基金发挥基金体系下各产业领域市场化子基金的二次融资功能，多渠道拓展合作范围和资本规模，通过与上实集团、SBI、国投创合等知名投资机构深度对接，储备、拟发起设立的专项子基金31支，目标规模总计407.64亿元。截至年底，大西安产业基金体系总认缴规模累计达970.76亿元，在投子基金28支，累计投资项目716个，累计带动产业总投资1031.72亿元，带动西安市税收21.99亿元，投资于西安市本地项目数量占比达78.21%。在产业基金的引导和服务下，一批优秀企业迅速成长壮大，实现支持51家重点企业陆续在主板、创业板、“新三板”和科创板成功上市挂牌，64家企业进入全市“科创板上市企业后备名录库”。基金支持中小企业、支持硬科技八路军等领域的引导效应得到发挥，财政资金的杠杆放大效应初步显现。

◆支持城乡统筹发展 2019年，西安市财政系统支持城乡统筹发展，推进新型城镇化建设，支持农业和农村发展，推进都市型现代农业建设。城建计划地铁建设投资160亿元，其中市财政拨付地铁专项资金56.2亿元，比2018年增长17.8%。拨付地铁运营亏损财政补贴资金6亿元。市财政安排市政道路建设维护、公共交通建设维护资金27亿元，支持缓堵保畅工程。通过城建计划安排954.45万元，支持各区（县）、开发区购买四色分类垃圾桶和有害垃圾车。按照《西安市生活垃圾末端处理系统解决方案》，市财政安排生活垃圾末端处理设施资金5.97亿元。西安市提前完成建档立卡贫困户农村危房改造任务，下达中央补助资金1289.13万元。完善全市小城镇建设资金支持政策，下达省、市“重点示范镇”及“文化旅游名镇”补助资金13900万元，用于支持重点示范镇及文化旅游名镇基础设施建设。安排远郊区（县）基础设施建设补助10000万元，支持副中心城市、工业组团和远郊区县市政道路、污水管网等基础设施建设。拨付“美丽宜居村庄”奖补资金6250万元。

◆支持“三农”建设 2019年，西安市财政系统安排农业农村发展资金4.61亿元，支持农村一、二、三产业融合、现代农业园区发展、农业科技推广、非洲猪瘟防控、稳定生猪生产稳价保供、果业畜牧业发展等农业生产发展和供给侧改革有关事项，以及农村产权制度改革、田园综合体创建等农业农村发展重点工作。做好经费保障，支持“第二届大西安农民节”等重大活动开展。争取中央、陕西省专款6.43亿元。其中，农业生产发展2.9亿元、农业资源及生态保护资金1.05亿元、农田基本建设1.46亿元、人居环境整治（农村改厕）1.02亿元。争取中央和陕西省财政高标准农田基本建设资金1.46亿元。3—6月，会同西安市农业农村局开展耕地地力保护补贴兑付工作，多次赴区（县）调研活动，并召开专题推进会，提前预下资金，后续持续加强督导。市财政安排市级水利建设发展相关资金21.23亿元，争取中央、陕西省水利资金约3.49亿元，支持西安市渭河、灞河、浐河、涝河等八水及重点河流综合治理，李家河水库、涝渭水源地（地下水）工程、大峪灌区饮水提升改造等城市水源工程建设。助推“河湖长制”工作开展，配合西安市水务局制定印发《关于对河长制湖长制工作真抓实干成效明显区（县）、开发区进一步加大激励支持力度的实施办法》。按照中央、陕西省安排，指导区（县）开展综合改造自评，进行集中排查整治。争取中央、陕西省补助资金9956万元，及时拨付区（县）。根据《陕西省关于探索建立涉农资金整合长效机制的实施方案》，印发西安市实施方案，组建成立西安市涉农资金统筹整合工作领导小组及其办公室，加强部门协调，明确区（县）职责，建立市、县工作机制。保障西安市农村人居环境整治工作推进，全年财政投入资金35.78亿元。其中，争取中央、陕西省补助3.95亿元；市级安排15.8亿元；区（县）安排16.03亿元。保证6类重点项目资金10.6亿元。防控非洲猪瘟支持生猪生产，先后拨付强制扑杀补助及工作经费5009万元。追缴“大棚房”问题整治资金，排查项目2138个，查出问题项目226个，督导追缴资金62.4万元，受到陕西省第一督导检查组肯定。

◆推进教育、文化事业发展 2019年，西安市财政系统支持教育综合改革和文化体制改革，努力为社会提供均衡的教育、文化公共资源。全市财政教育支出201.83亿元，占一般公共预算支出的16.1%。制定印发《关于进一步加大财政投入支持建设教育强市的实施意见》，全面落实“教育优先发展”要求。落实教育各项惠民政策经费投入。建立幼儿园生均公用经费拨款制度，拨付学前教育专项资金41575.44万元。拨付大学区学区长学校品质提升工程（含“名校+”工程）专项资金2.7亿元，支持全市大学区管理制教育教学活动开展和义务教育阶段学区长学校基础建设及设施设备品质提升等项目，实现全市优质教育资源共享。拨付6883万元落实义务教育经费保障机制及城市义务教育免杂费市级补助。拨付高中免学费及公用经费补助22202万元。支持高等（含高职）教育发展，拨付1.19亿元用于实施职业教育基础能力提升工程、职业教育信息化项目。实施“全面改薄”工程，加强义务教育标准化学校建设。聚焦新西安人就学需求，市财政预算安排8亿元支持义务教育学校新建改扩建，推进实施第二期义务教育标准化学校建设，截至年底，拨付7.74亿元。同期下达中央、省级改薄资金6.16亿元。拨付3502.2万元城乡义务教育学校校舍安全保障专项资金，用于支持义务教育学校维修改造、抗震加固、改扩建校舍及其附属设施。拨付21909.1万元为农村义务教育学生和城市家庭经济困难学生提供营养膳食补助。加大教师交流和培训支持力度，拨付1.17亿元用于“大学区管理工程、扩大优质教育资源”及大学区教师交流补助、沿秦岭北麓地区农村教师补贴及支持实施全市中小学骨干教师、校长等各类培训，落实乡村教师支持计划、“三区”（边远贫困地区、边疆民族地区和革命老区）人才支持计划，落实教师接受继续教育培训的福利待遇。

持续加大“文化惠民工程”投入围绕支持构建公共文化服务体系，市财政拨付资金6419万元支持全市基层综合性文化服务中心（农村文化礼堂）、西安图书馆、公益性体育设施、全民健身路径设施、公共图书馆美术馆文化馆（站）免费开放等项目。拨付资金2758万元支持千场戏剧惠民演出、公益性电影放映和欢乐百姓等系列群众文化活动。安排实体书店发展专项资金1000万元，对开展“促进全民阅读、打造书香之城”活动给予支持。落实文化产业发展政策，安排文化产业发展专项资金9008万元，对符合政策的141个项目奖补5373.82万元。安排西安广播电视台（西安广电产业集团）补助资金5020万元作为国有资本金注入。拨付相应经费447.5万元对系列精品赛事和陕西省十七运会2019年新增竞赛项目年度赛经费予以支持。支持西安碑林博物馆改造提升工作，争取该项目省级资金6亿元，协调并配合省级相关部门最大限度争取国家层面资金支持。拨付资金7858万元，支持文物抢救保护项目89个。拨付资金5744万元支持汉长安城、隋唐长安城、西汉帝陵和青龙寺遗址保护项目。

◆支持社会救助制度体系建设 2019年，西安市财政系统按照“全覆盖、补短板、厘责任、促规范、抓重点”的思路，围绕全面深化改革，补齐社会保障政策短板，推进财政社保领域各项改革措施落地见效，扎实落实社会保障财政兜底扶贫政策，使人民群众的幸福感、获得感进一步增强。优先保障民生，多项救助标准提高。下达中央、陕西省、西安市低保等各项救济资金8.53亿元。其中，城镇低保资金3.71亿元、农村低保资金2.63亿元、特困供养人员6079万元、临时救助资金6537万元、贫困残疾人生活补贴和重度残疾人护理补贴资金6491万元。各类残疾人惠民政策得到全面落实，稳就业政策得到有效实施。拨付大学生就业奖、求职创业、就业见习等资金8996万元；下达区（县）2019年创业贷款贴息资金9841万元；拨付劳动密集型企业贷款贴息资金1181.37万元；发放企业稳岗资金7.18亿元；审核拨付公益性岗位、劳动保障协理员工资待遇补助1.16亿元。落实各项抚恤优待政策支持区（县）解决退役士兵遗留问题，拨付优抚资金21.57亿元。支持深化医药卫生体制改革，做好公立医院综合医改试点等工作，落实基本公共卫生服务和重大传染病防控制度、加强基层医疗卫生服务能力建设。社会保险制度改革顺利推进。落实降低社会保险费率政策，做好社会保险费税务征缴后的相关工作，全力推进城乡居民医疗保险整合改革工作。规范和加强中央、陕西省转移支付资金管理，严格执行《基本公共卫生服务补助资金管理办法》《医疗服务与保障能力提升补助资金管理办法》《基本药物制度补助管理办法》等5项资金管理办法。部门预算安排公立医院经费7.15亿元。其中，人员经费5087亿元、项目经费1.28亿元。贯彻实施医疗卫生领域市以下财政事权与支出责任划分改革实施方案，落实多渠道补偿政策。

◆持续推进PPP　2019年，西安市财政局持续推进PPP相关工作。深入开展全市PPP核查整改，积极参与和开展包装策划、开展财务测算和两评论证，参与项目征集和推介活动。获得陕西省财政厅PPP项目前期经费补助430万元。全市累计（不含西咸新区）已获财政部和省财政厅各种PPP奖补资金累计8110万元。截至年底，经核查清理，全市累计完成入市库项目177个，总投资3021.54亿元。全年通过财政部审核新增入库项目26个，项目总投资420亿元。在财政部累计入库项目82个、总投资1561亿元，其中入选财政部示范项目8个。

◆财政重点改革　2019年，西安市财政局完成独立牵头市级改革任务2项，配合市级部门改革任务7项，完成财政改革任务8项。研究代拟并报请中共西安市委、西安市人民政府审定印发《西安市关于防范化解政府隐性债务风险的实施意见》，实行政府举债融资负面清单管理。落实《陕西省政府性债务管理问责办法》等文件要求，强化政府性债务管理问责机制。研究代拟并报请市委、市政府审定印发《中共西安市委、西安市人民政府关于全面实施预算绩效管理的实施意见》，建立全面实施预算绩效管理的制度框架。配合市级相关部门完成现代医院管理制度改革、医疗卫生薪酬制改革、居家和养老服务试点改革、小区配套幼儿园治理工作、公交城市发展模式改革、律师调节制度改革等7项市级改革任务。研究起草并报请中共西安市委、西安市人民政府同意，以中共西安市委办公厅名义印发《关于印发〈西安市完善国有金融资本管理实施方案〉的通知》。报请市政府印发《西安市市级财政专项资金管理办法》和《西安市市级财政资金分配暂行规定》。制定印发《西安市农村综合改革转移支付管理办法》，优化提升脱贫攻坚资金保障能力。制定印发《西安市基层政法补助资金管理办法》，规范西安市基层政法补助资金管理，提高资金使用效益。修订印发《西安市市级财政专户资金竞争性存放操作方案》，规范财政专户操作流程。

◆财政监管和规范理财　2019年，西安市财政系统不断加强财政监督，开展监督检查，完成惠民惠农财政补贴资金“一卡通”专项治理，检查涉及2017年、2018年度惠民、惠农补贴资金共计52亿元。截至年底，发放不及时的已全部发放，虚报冒领的已全部追回，未按规定发放的已全部整改。落实会计评估监督检查，全市共对57家单位进行重点检查，全市检查涉及金额共计20.64亿元。落实非税收入政策执行情况检查，对市本级设立非税过渡户的29户非税收入执收执罚单位2018年度政府非税收入政策执行情况进行检查，对检查发现的非税收入政策执行不规范、管理制度不健全、票据使用不规范、资金管理不严格等问题进行纠正处理，有效规范西安市非税收入政策执行。对部门预决算公开情况核查，对市级部门2019年预算公开情况和2018年决算公开情况进行核查。采取综合运用网络稽核与指标打分相结合的方法，对市级131个部门和单位预决算公开情况进行全面核查，督促相关部门单位进行整改。开展财政法制宣传教育，加大宣传工作力度。开展《中华人民共和国宪法修正案》学习，贯彻落实党政主要负责人履行推进法治建设第一责任人职责，推动党政主要负责人切实履行法治建设第一责任人职责。制定《2019年法治工作要点》和《西安市财政局2019年落实“谁执法、谁普法”普法责任制工作计划》，成立财政法治建设领导小组及办公室，并按照计划积极开展法治宣传，配合西安市司法局、西安市依法治市办公室开展相关工作。在西安市财政系统举办“贯彻十九大精神　维护宪法权威”专题培训以及《优化营商环境条例》专题，在门户网站及局域网开展“贯彻四中全会精神，维护宪法权威，树立法治意识”及法治宣传教育微视频《一分钱的坚守》等内容宣传，组织参加扫黑除恶专项斗争知识答题以及全国减税降费知识竞赛答题等活动。西安市财政局获中共陕西省委普法领导小组、中共陕西省委全面依法治省领导小组办公室“‘七五’普法中期先进集体”称号。做好西安市财政局对外文件、答复件合法性审核工作。开展《西安市罚没物资管理暂行办法》修订工作，按照市委、市政府文件，做好规范性文件清理工作。制定并印发《西安市财政局关于建立公平竞争审查制度工作机制的通知》，对制定的规范性文件公平竞争审查主体及程序予以明确。落实规范性文件合规性审核工作，全年累计审核150多件。

（严嘉恒　朱睿乾）

2019年3月27日，西安市财政局召开2019年全面从严治党暨党风廉政建设工作会议

税　务

◆概况　2019年，西安市税务系统组织各项收入1885亿元，比2018年增长14.2%。其中，税收入库1323.21亿元，增长5.2%，增收65.62亿元；社会保险费入库498.31亿元，增长45.5%，增收155.86亿元；非税收入入库63.48亿元，增长24.5%，增收12.49亿元。服务“一带一路”“中国制造2025”等国家发展战略，全年办理出口退税47.35亿元，惠及纳税人72.26万户次，占减税总额的22.31%。落实社保费政策，全面推开企业社保费“填平补齐”工作，进一步

激发市场主体活力，提振企业发展信心。全面深化个人所得税改革，全年受理全员全额申报34.74万户，380万人享受费用减除标准及税率调整政策，81.8万人享受专项附加扣除政策。减税总额64.7亿元，刺激了消费增长。国家税务总局西安市税务局有内设机构23个、派出机构6个、事业单位4个、所属机构20个。截至年底，全系统在职干部职工5026人（公务员4758人，事业干部139人，工人129人）。全市税务系统荣获省部级以上荣誉表彰7次，受到国家税务总局和中共陕西省委、陕西省人民政府领导批示表扬19次，在全省税务系统绩效考核中再次名列第一名。

◆**减税降费** 2019年，西安市税务系统实现减税降费252.7亿元，占同期全部组织收入的13.4%。其中，新增减税216.6亿元，占同期税收收入的16.4%；社保降费35.81亿元，占同期社保费收入的7.2%。国家税务总局西安市税务局创新研发的“减税降费智能保障系统”，在陕西省税务系统推广使用。

◆**优化营商环境** 2019年，国家税务总局西安市税务局坚持以纳税人“满意度”为“风向标”，全面落实陕西省和西安市“营商环境提升年”部署要求，推出便民办税缴费25条硬措施，持续优化税收营商环境。在总局委托第三方开展的纳税人满意度调查中，取得了全国省会城市第十名的成绩。依托地铁、公交车、出租车和大型社区显示屏深入开展政策宣传。组建专业师资团队，在全市23个纳税人学堂开展分级分类辅导，累计培训纳税人76.7万人次，发送宣传资料240万份。全面推广应用增值税电子发票公共服务平台，推出多种办税方式。按照总局纳税服务规范（3.0版），重新梳理办税事项，152个事项“最多跑一次”，实现70%以上的办税事项一次性办结。进一步拓展网上办税，292个事项实现“全程网上办”“一次不用跑”。打通税务、人社与企业三方数据端口，满足社保费“审核缴费一体化”服务。实行出口退税无纸化管理，退税办理平均时间缩短至6个工作日，比国家税务总局要求的平均办理时间缩短4个工作日。在全国率先推行城镇土地使用税和房产税合并申报，将世界银行营商环境评价纳税指标中的“纳税次数”从7次降为6次。全面开通“便民办税一线通”，在省内率先建立云呼叫平台，新增人工坐席99个，上线以来共接通电话55万人次，解决涉税问题38万个。试点上线“税企交流掌上通”平台，全市22万办税人员加入平台，实现纳税服务精准化、智能化、集成化。设立陕西省首家“税银e站”，累计为纳税人发放信用贷款2.9万笔、120亿元，有效缓解小、微企业融资难问题。

◆**征管效能提升** 2019年，国家税务总局西安市税务局以“金税三期”并库为契机，实现税收数据大集中，数据分析再提升，征管流程更顺畅。开展专项数据整治，全年治理数据120万条，完成岗位、机构、权限对照3781次，还原6大类224项业务近500万笔，组织2.9万人次完成3轮6次人海压力测试，满足常态化、应急型、全天候数据应用需求。制定《深化“放管服”改革五年工作方案》，确定6大类15项改革措施，全面应对5C监控评价系统，实时监控纳税申报、欠税征缴、个体户征收等情况，全方位提醒存在的问题和短板。联建注销“一网”便利化平台，实现企业注销“一站式”办结。聚焦重点行业领域，发挥税收分析服务宏观经济决策和社会管理的重要作用，上报的《从西安在全国15个副省级城市的税收情况，看经济发展中存在的问题及建议》等报告，受到各级领导充分肯定。加强风险管理，强化大数据支撑，建立多部门协调机制，依托“金税三期”系统，持续优化数据管税平台，加强统筹、精准防控。全年累计实施全面风险应对139批次，减税降费核查3批次9万余条。承接的陕西省税务局7个重点行业建模任务，全部获得陕西省税务局的通报表彰。

◆**依法治税** 2019年，国家税务总局西安市税务局聚合税务监管力量，持续完善风险预警与精准打击衔接机制，全面提升依法治税能力。全面落实“三项机制”，编制权责事项清单，充分发挥内控平台优势，集中开展高发风险识别应对，不断规范税收执法行为。坚持提早预判、个性定制、柔性执法，综合运用涉税争议前置处置办法，处置争议案件69件。依法办理行政复议、应诉案件，依规开展重大税务案件审理，切实降低税收执法风险，维护企业合法权益。持续深入推进“双打”（打击没有实际经营业务只为虚开发票的“假企业”、没有实际出口只为骗取退税的“假出口”）专项行动，对房地产、交通运输、影视等12类重点行业1.7万户企业进行“大起底”排查。与公安部门联合查办的“4·17”特大虚开发票案，得到公安部的充分肯定。扫黑除恶持续发力，主动担当“打财断血”主力军，排查涉黑涉恶线索62起，上报涉黑涉恶线索5条，配合公安机关抓捕犯罪嫌疑人27人，网上追逃5人，查处涉案企业56户，查补税款3421万元。（邵定伟）

2019年4月12日，西安市税务人员到西安交通大学宣传税务知识

国家税务总局西安市税务局

党委书记、局长　李毅刚
党委副书记、副局长　齐志宏　刘新民
副局长　孙彦方　郭照安
纪检组长　苗亚莉（女）
党委委员　郝炜　徐华
总经济师　黄必婵（女）　杨成刚
总会计师　朱跃斌　刘广生
总审计师　刘志华（女）　刘俊（女）

金融业

责任编辑
冯冠杰

综述

◆**概况**　2019年，西安市实现金融业增加值998.91亿元，比2018年增长7.9%(高于陕西省增速0.8个百分点，高于全国增速0.7个百分点)，占地区生产总值的10.72%，位列15个副省级城市第7位。全市金融机构人民币存款余额2.31万亿元，增长10.11%；人民币贷款余额2.23万亿元，增长12.85%，西安市成为全国副省级城市第7个存款、贷款余额均突破2万亿元的城市（前7位是深圳、广州、成都、武汉、杭州、南京、西安）。全市银行业机构不良贷款率0.87%，为陕西省最低，并优于陕西省0.66个百分点，优于全国1.15个百分点。全市保费收入522.85亿元，增长9.26%。全年证券交易额4.52万亿元，增长37.15%。截至年底，全市有金融机构175家，其中银行业机构56家（外资银行6家），保险机构67家（外资保险14家），证券期货业机构52家（外资证券1家）。有小额贷款公司42家，融资性担保公司56家，典当企业110家，融资租赁公司110家，商业保理公司4家。全市有上市公司70家，其中境内上市公司37家，总市值5667.1亿元；境外上市公司33家。全年金融业发展展现新活力，金融集聚效应持续增强。

◆**金融中心建设**　2019年，西安市金融工作局积极开展规划编制论证工作，计划利用3年时间开启西安“丝绸之路”金融中心发展新局面。围绕陕西自贸试验区西安片区金融服务创新，在全国首创“央行·长安号票运通”融资工具，有效解决物流和出口企业融资难融资贵问题，首批签发商业承兑汇票融资利率4.5%，低于小微、民营企业原抵押流动资金贷款利率3.5个百分点。8月28—30日，西安市成功举办“2019全球创投峰会”，组织2019全球丝路创投联盟年会，发布“2019西安未来之星TOP100”及“西安龙门榜TOP20”榜单，吸引超过4500名业内人士到场参与，再次强化西安在投资界影响，优化创投氛围、吸引基金落地。10月31日，中国金融四十人论坛（CF40）与西安市人民政府签订合作框架协议，双方将于2020年共同合作主办“中国金融四十人曲江论坛”。12月25日，新财富·中国财富管理年会首次走出深圳，在西安召开。在12月19日发布的第十一期“中国金融中心指数（CDI·CFCI）”中，西安金融综合竞争力位列全国31个金融中心城市的第11位，比2018年提升2名，并且在金融政策支持、金融人才聚集、金融生态环境3个方面，西安分别列全国第6、9、10位，排名显著提升。

◆**“龙门行动”计划**　2019年，西安市紧抓国家设立“科创板”并试点注册制的机遇，发布《西安市加快推进科技创新型企业“科创板”上市扶持政策》及遴选“科创板”上市企业征集令，成立推动企业“科创板”上市工作专班，强化企业上市“绿色服务通道”。持续开展扶持企业登门行活动，解决企业上市困难。西部超导和铂力特首批登陆“科创板”，西安成为中西部第一个有2家“科创板”上市企业的城市，充分展现了西安“硬科技”实力。市属重点企业西安银行成功登陆上海证券交易所主板，成为西北地区首家主板上市银行，并成功成为人民银行18家LPR（贷款市场报价利率）报价银行之一，于8月20日发放基于LPR利率的首笔贷款。截至年底，西安市新增境内外上市企业5家（西安银行、三角防务、西部超导、铂力特、天瑞汽车内饰）、“新三板”挂牌企业6家（誉邦科技、西铁电子、陕西水电、蓝岸科技、升达股份、倍格生态）。储备拟上市企业285家，其中“科创板”上市后备企业230家。全年有38家企业发行各类债券406只，利用债券市场融资7023.8亿元，比2018年增长55%，企业利用资本市场融资能力进一步加强。

◆**金融招商**　2019年，西安市金融工作局牵头组织2019欧亚经济论坛金融合作分会等各类招商活动41次，推动完成全国金融标准化技术委员会金融IT基础设施考察组及中国人民银行清算中心、中国进出口银行、中国工商银行、中国农业银行等13家金融机构总部金融科技部门来西安考察调研，开展与丹麦发展中国家投资基金、德国IFB集团、伦敦金融城的对接交流活动，进一步推进金融招商工作。全年新增9家持牌金融机构，其中外资保险机构3家。中国工商银行软件开发中心（西安）、浙商银行总行信息科技中心等5家总部级功能中心落户西安。

◆**优化金融营商环境**　2019年，西安市金融工作局与中国人民银行西安分行营业管理部联合印发《纾解民营及小微企业融资难融资贵问题的指导意见》，引导金融机构加大民营及小微企业服务力度。西安市金融工作局积极开展融资（银企）对接活动，组织召开全市民营企业政银企融资对接会、2019年重点项目融资对接会等7次全市性融资对接会，现场签约金额59.74亿元。鼓励银行机构成立服务民营及小微企业的各类特色专营机构。截至年底，全市银行机构成立普惠金融事业部15家，小、微（中、小）类事业部15家，各类特色专业支行47家，社区支行133家。鼓励银行机构创新和丰富金融产品，驻市金融机构根据民营及小微企业融资需求，量身打造各类融资产品和服务，形成针对中、小、微企业的融资产品160余种。

◆**金融助力脱贫攻坚**　2019年，西安

2019年5月21日，中国工商银行软件开发中心（西安）在西安市新城区成立

市农村金融改革工作领导小组制定印发《2019年西安市农村金融改革工作要点》，持续深化农户信用等级评价工作。截至年底，全市启动1513个行政村的农户信用等级评价工作，完成信用评级69.36万户，占总农户数的84%；对已评级的农户发放贷款1936笔，贷款总额2.1亿元。金融扶贫有序推进，全市发放扶贫小额信贷2.23亿元，贷款户数8456户。推动“助农保”特惠扶贫保险产品在涉贫区（县、开发区）实现全覆盖，累计承保3.72万户，总保额73.37亿元，累计核赔1644.12万元。

◆地方金融发展 2019年，西安市金融工作局依法依规对小额贷款、融资担保、典当、融资租赁、商业保理等地方类金融机构加强监管，常态化开展现场及非现场检查，先后印发《西安市金融工作局地方类金融机构监管审批工作制度》《关于严格规范融资担保机构、小额贷款机构设立及变更审批有关工作要求的通知》等文件，不断完善监管制度及内控制度，引导地方类金融机构持续规范健康发展。截至年底，西安市有小额贷款公司42家，注册资本78.42亿元，贷款余额52.18亿元；有融资性担保公司56家，注册资本200.94亿元，在保余额974.42亿元；有典当企业110家，注册资本25.08亿元，担当总额26.18亿元；有融资租赁公司110家，注册资本471.06亿元，融资租赁资产总额282.72亿元；有商业保理公司4家，注册资本8亿元，受让应收账款余额25.41亿元。

◆防范金融风险 2019年，西安市金融工作局建立西安市金融领域风险防控及舆情监测平台，通过舆情预警、事件监测等方式对地方金融领域风险进行实时监测。举办“西安市防范和打击非法集资现场宣传日”系列活动，接待现场群众逾3000人次，发放《打击非法集资知识手册》及宣传单页4300余份。截至年底，西安市新增非法集资类案件21起，涉及集资金额7.03亿元，涉及集资参与人8249人，比2018年均有所下降。深入开展金融领域“扫黑除恶”专项斗争，排查各类机构5154个，重点风险线索6条，各类广告经营者、发布者668家，查处、清理涉非广告资讯信息8144条。对5类地方类金融机构进行全面摸排，核查违规机构35家，办理各类问题线索18条。在全市重点行业“扫黑除恶”满意度测评中，全市金融领域“扫黑除恶”工作满意度100%。（高　丹）

货币金融服务

◆概况 2019年，西安市金融业稳健运行，金融组织体系不断健全，规模不断扩大，治理结构持续优化，金融服务水平进一步提高，系统性金融风险防范扎实有效，金融业支持民营小微企业力度和对实体经济发展的贡献程度均大幅提高。全年西安市金融业增加值998.94亿元，比2018年增长7.9%。在12月19日中国（深圳）综合开发研究院发布的“中国金融中心指数”排名中，西安的综合竞争力排名在全国31个金融中心中位居第11位，在副省级城市中位居第7位。

◆货币政策执行 2019年，中国人民银行西安分行营业管理部贯彻落实稳健货币政策，有效发挥“双支柱”政策框架作用，营造良好货币金融环境。截至年底，西安市金融机构本外币存款余额23340.84亿元，新增2070.08亿元，比2018年增长9.75%；本外币贷款余额22436.65亿元，新增2520.66亿元，增长12.79%。全面落实宏观审慎评估，把广义信贷、狭义信贷增长与MPA评估（宏观审慎）引导结合起来，充分发挥MPA的激励约束作用，鼓励引导定向降准释放资金用于小微企业信贷投放。积极创新货币政策工具运用，针对县域金融机构合格质押品不足问题，率先在陕西省采用第三方质押方式为借款主体实施信用增进。促成上海票据交易所创新产品“票付通”在西北首发上线运行，优化大宗商品交易结算模式，有效盘活企业票据资产。推动陕西文化产业投资控股（集团）有限公司在全国银行间债券市场发行全国首只“红色文旅债券”，第一期中期票据金额4亿元。推动陕西省水务集团成功发行短期融资券6亿元，票面利率创2017年以来全国范围内AA级企业短期融资券最低利率，募集资金主要满足企业污水处理、水生态治理项目流动资金需求，有效开拓绿色环保产业融资新渠道。与西咸新区沣东新城管委会共同推出“政采贷”项目，利用政府供应商应收账款融资，缓解相关企业资金压力，该模式被陕西省人民政府认定为陕西自贸实验区第二批改革创新成果，并确定在全省范围内复制推广。

◆普惠金融发展 2019年，中国人民银行西安分行营业管理部持续改善金融营商环境，为实体经济发展注入支持资金。在全市范围内全面取消企业银行账户许可，进一步优化企业开户服务。在便利企业开户同时，强化账户事中、事后管理，建立账户风险监测机制，开展预算单位账户清查，切实防范账户资金使用风险，实现“放得开、管得住、服务好”目标。压实银行机构主体责任，对原账户电子化审批系统进行改造升级，在全省率先实现企业银行账户核查资料电子化传输、无纸化管理，让“信息多跑路，群众少跑腿”。推动“减税降费”政策落地见效，建立财税库银协调机制，与税务部门联合印发《关于进一步规范纳税人退库工作的通知》，开通减税降费“绿色通道”，将正常退库业务办理天数压缩至2个工作日以内。发挥征信助力小微企业融资的作用，推动西安高新技术产业开发区中小企业信用平台上线运行，推出“信易贷”纯信用线上贷款产品，方便中小微企业融资。邀请中征（北京）征信有限责任公司来西安调研，促成西咸新区沣东新城作为全国首个新区实现政府采购系统与应收账款融资平台对接。与政府部门协同举办首届“诚信西商”评比活动，将评选结果作为“红名单”，通过信用中国网站及媒体公布。

◆维护金融稳定 2019年，中国人民银行西安分行营业管理部有效防控区域金融风险。密切关注辖区流动性风险状况，持续监测“海航系”“明天系”等风险蔓延对辖内金融机构的影响，配合中国人民银行总行做好包商银行债券风险的处置和应对。全力做好扶贫小额信贷风险防控，持续加强对高风险机构的动态监测，实现“一行一策”，稳妥推进问题投保机构风险化解和处置。加强对房地产市场的监测分析，配合做好房屋租赁中介市场乱象整治工作，促进房地产市场平稳、健康运行。规范治理支付市场秩序，联合开展辖内银行机构预算单位账户清查，防范财政资金管理风险向金融领域蔓延。按照西安市“雷霆反电诈”攻坚战役部署，协助公安部门联手破获1起非法买卖银行卡案件，涉及非法交易资金近1000万元。开展支付结算业务风险专项治理，对无证经营行为开展全面排查，实施“3•26”案件涉案银行卡、企业账户倒查及单位账户排查，下发《风险提示》2期，切实强化企业银行账户管理。增强反洗钱监管部门合力，加强与特定非行业主管部门、地方金融监管部门合作，就强化小额贷款公司、融资担保公司监管签订合作备忘录。加强反腐、反恐、禁毒等领域的反洗钱情报会商，配合西安市公安局完成2起洗钱案件立案侦查。深入开展金融机构洗钱风险自评估，配合中国人民银行西安分行完成全省反洗钱监测与评估系统试点创建与制度拟定工作。持续加强分类监管与法人监管，完成对全辖金融机构反洗钱考核评级，建立全方位、多维度后续监管体系。

◆推进金融改革 2019年，中国人民银行西安分行营业管理部积极推动金融改革政策落地实施。对达到普惠金融定向降准政策考核标准的大、中型银行，以及新增存款一定比例用于当地贷款达标的县域银行，分别实施准备金优惠。加快推进利率市场化改革，利用市级利率定价机制，推动贷款定价由基准利率向贷款市场报价利率（LPR）有序转换。持续深化金融供给侧结构性改革，围绕陕西省、西安市关于“三个经济”发展的规划部署，延伸再贴现政策工具运用链条，创设“央行·长安号票运通”，灵活运用中欧班列运单资源，通过再贴现定向引导、财政资金风险防控、核心企业信用让渡、商业银行授信保贴等政策无缝衔接，有效解决西安国际港务区物流及出口企业融资难题，得到陕西省人民政府领导肯定性批示。利用部分再贷款资金对接区（县）小额担保贷款发放，助力创业创新。依托商业汇票创设“央行·陕富通”融资产品，通过发挥核心企业信用辐射带动作用，助力陕西省内以苹果产业为代表的特色农业产业做优、做强。

◆金融精准扶贫 2019年，中国人民银行西安分行营业管理部扎实推进金融精准扶贫。推广“54321”金融+产业扶贫模式，形成中国人民银行、政府职能部门5部门扶贫工作合力，发挥再贷款、财政奖补、担保、农业保险政策联动效能，构建贫困户、帮扶企业、银行三方利益联结长效机制，紧盯贫困户增收脱贫、农业产业做强、做优的双重任务目标，实现“一企一策”的精准帮扶效果，扩大“再贷款支持产业扶贫示范基地”覆盖面，巩固贫困户、帮扶企业、银行机构三方利益联结长效机制，形成产业带动连片效应，带动建档立卡贫困户近1万户。统筹脱贫攻坚与乡村振兴的金融需求，探索推出“统贷联放”金融服务模式，推动建立“贷、贴、投、保、补”综合性政策支持体系，更好满足贫困户及扶贫企业的批量化、规模化、多元化信贷需求。

◆“支付便民工程” 2019年，中国人民银行西安分行营业管理部不断提升支付服务供给效能。深入践行“支付为民”理念，积极开展“农村支付服务环境提升年”活动。截至年底，西安市完成37个综合商圈建设及商户2000余户、3000余家门店改造，拓展“二维码”小微商户11万余户，“云闪付”可在全市地铁线路和多家医院、高校等场景应用。在“移动支付便民示范（区）县”和“智慧公交工程”建设中，高陵区、临潼区被中国人民银行西安分行评为“移动支付便民工程示范（区）县”，各区（县）大部分公交线路完成改造，实现“云闪付”App扫码乘车。重点打造特色支付便民项目，临潼兵马俑景区移动支付项目、鄠邑区天然气移动缴费项目等赢得群众点赞。持续加强支付系统运维管理，开展“ACS（中央银行会计核算数据集中系统）标准化管理成效提升年”活动，业务办理成功率位居全省前列，并率先办理全省首笔再贷款、再贴现联网归还业务。探索实施惠农支付服务体系动态管理，按照“布局建设—运营管理—监管支持”的BOS动态管理理念，有效整合惠农支付服务点，退出不达标服务站，整合低效站点，建设高等级服务站，形成符合农村实际的差异化支付服务体系。

◆货币发行保障 2019年，中国人民银行西安分行营业管理部加大货币发行监管力度，持续优化现金流通环境。推动货币发行二代系统在辖区推广上线，持续提升发行库标准化建设水平，货币发行业务操作更加规范。稳步推进“总行级农村现金服务示范区”创建工作，以高陵区为试点，开展农村现金服务主办网点建设，创建全省首家“社区金融服务超市”，使试点地区村民群众“足不出村”就可享受便利的现金服务。“总行级农村现金服务示范区”创建工作顺利通过中国人民银行总行考核验收，达到全国“优秀”示范区标准。推动新版人民币在辖区顺利发行，全力确保金融机构机具正常处理，市场流通顺畅，社会反映良好。加强“全国区域现金服务中心”试点建设，致力提升现金处理能力，打通现金服务的“最后一公里”，让市民取到“放心钱”。对违规拒收现金等行为加大惩处力度，中国人民银行蓝田县支行开出全国第一例“拒收现金处罚告知书”。持续加强反假币工作力度，积极推进反假货币信息监测系统建设，向重点整治区（县）发送“假币危害风险提示函”，现金流通环境持续优化。

◆征信服务管理 2019年，中国人民银行西安分行营业管理部充分发挥政府与市场双轮驱动作用，提供优质高效征信服务。对辖区123家涉企征信机构进行摸底排查，建立监管台账，并与西安市市场监督管理局建立征信合作机制，提升征信和评级市场治理成效。开展西安市农户信用信息等级评价工作，指导秦农银行与区（县）政府部门按计划做好农户信用信息的采集和评价工作。截至年底，通过信用信息系统采集农户信息70万户，占农户总数的86%；评级69万户，占农户总数的84%。与西咸新区沣东新城、西安航天新城、西咸新区签订“征信合作协议”或建立合作机制，征信服务“支持政府、服务金融、惠及企业”空间进一步拓展。优化征信查询网络，在全市范围内增设自助查询机50余台，上线“二维码”征信扫码收费功能，进一步方便客户查询需要。加强征信信息安全管理，发挥征信业务综合管理系统功能，根据系统提供的监测、识别、预警和分析信息，及时采取处置措施。推进征信异议投诉规范化、制度化，不断提升征信为民服务水平。深化征信宣传教育长效机制建设，推动西安交通大学将征信知识纳入“新生养成计划”；与西北政法大学经济法学院共建“征信宣传教育基地”，并就开设征信特色课程达成共识。

◆经理国库 2019年，中国人民银行西安分行营业管理部着力加强国库业务监管。自主开发“西安市国库资金运行事中监督系统”，大幅提升超预算信息的监测分析能力，有效保障财政资金运行安全。积极助力财税改革，配合税务部门推广上线“金税三期（并库版）”，确保国库业务系统和税务系统无缝对接。配合财政部门做好社保基金征缴后的划转工作，确立社保资金征收、计息和划转的新型管理模式。扎实做好国债改革试点工作，按照储蓄国债“随来随买”要求，组织做好全辖承销银行发行工作，及时解决农村地区销售额度分配不足问题，加大对辖区发行情况的巡查，有力维护国债发行市场秩序。以辖区人民银行、代理国库业务的商业银行为宣传主体，举办“迎国庆 话国库 展风采”庆祝中华人民共和国成立70周年国库宣传活动，宣传展示国库业务发展成果。

◆金融消费者权益保护 2019年，中国人民银行西安分行营业管理部进一步完善标准化投诉转办处理机制。依托消保信息系统，积极向陕西省调解中心推送疑难投诉。截至年底，通过消保系统转办1628件，同时密切关注投诉动态，及时处置集中投诉事件，纠正业务违规问题，严惩侵犯金融消费者权益行为。开展金融知识普及教育，组织全市32家金融机构举办“西安市金融知识纳入国民教育体系课件展示竞赛”，产生出1支优秀讲师队伍，为下一步工作深入开展打下坚实基础。推动区（县）金融知识纳入国民教育体系工作全面开展，通过金融机构与学校“一对一”结对子、配发金融知识教材、讲师团成员走进课堂授课等形式，做到金融知识普及从源头抓起。 （魏　毅）

◆中国建设银行陕西省分行　2019年，坚持资产引领，全力提升服务实体经济效能。全年提供综合融资1911亿元，其中贷款投放1375亿元、投行融资431亿元、第三方引资105亿元。制定“支持民营企业和小微企业十条意见”，单列规模、单配产品、单独考核，名单制、多维度对接支持；专门成立线下作业中心，集中业务骨干，集中尽职调查，集中授信申报，普惠业务线下办理时间较集中前缩短60%；创新推出个体工商户经营快贷、个人支农担保贷、女性创业贷等系列产品，一群一策，差别化满足不同群体融资需求。截至年底，普惠贷款增幅46%，高于各项贷款增速33.8个百分点；新发放贷款平均利率较上年下降1.5个百分点。深化基层管理、基础管理和基本功提升的“三基”管理，实施行领导挂钩风险管理落后行、大额重点风险项目及经营责任“双名单制”管理，全年处置不良资产23.84亿元；不良额28.18亿元，不良率0.82%，较年初分别下降0.77亿元、0.28个百分点。

◆中国农业银行陕西省分行　2019年，有机构640个，其中二级分行11个、一级支行129个、二级支行及分理处497个；有在岗人员13300人，有各级党组织1459个、党员10290人。全行人民币时点、日均存款双双突破4000亿元大关，各项存款较年初增加320亿元；日均核心存款较年初增加284亿元。各项贷款较年初增加350亿元，年增量接近2016—2018年增量之和，创历史新高。县域贷款、涉农贷款、中国人民银行和中国银行保险监督管理委员会口径普惠贷款全面符合监管要求。贷款不良率降至1.02%，较年初下降0.8个百分点，为股改上市后最低水平。实现中间业务收入16.99亿元、营业收入111.51亿元、拨备前利润70.66亿元、拨备后利润75.5亿元、净利润55.63亿元。

◆中国农业发展银行陕西省分行　2019年，发放贷款124.14亿元，年底各项贷款余额866.04亿元。累放、累收粮油贷款65.62亿元，支持收购粮油29.365亿千克，占陕西省市场份额的44.91%。聚焦深度贫困地区和“两不愁三保障”突出问题，实现国定贫困县扶贫信贷投放“全覆盖”。投放精准扶贫贷款72.18亿元，其中产业扶贫贷款47.27亿元，年底精准扶贫贷款余额276.24亿元，高于全行贷款和陕西省金融同业扶贫贷款平均增速。服务乡村振兴累计投放产业贷款10.37亿元，其中投放民营小微企业贷款1.68亿元。加大对人居环境、生态保护等领域支持力度，发放农业、农村基础设施贷款73.8亿元，有效支持城乡发展一体化。发放黄河流域生态保护相关贷款21.65亿元，后续融资需求500多亿元。全年净增省级、市级重点客户39户，营销入库项目370个，融资需求1100多亿元。全年投放PPP和公司自营模式贷款49.41亿元，占累计投放额的39.8%，信贷支农路径不断拓宽。

◆中国进出口银行陕西省分行　截至2019年年底，本外币贷款余额714.37亿元，其中人民币贷款余额669.66亿元，较年初新增10.01亿元；外币贷款余额6.41亿美元，较年初减少2.70亿美元。全年发放政策性业务169.15亿元，完成中国进出口银行总行下达计划的102.52%；政策性业务余额201.02亿元，较年初增加67.31亿元，完成总行下达计划的134.62%；政策性业务占比27.30%，较年初增加9.19个百分点。贷款质量方面，本外币合计714.37亿元。其中正常类贷款余额占比92.56%；关注类贷款余额占比5.72%；不良贷款余额占比1.72%。在普惠金融方面，积极拓展同业转贷业务，重点支持大型生产型企业集团上、下游产业链，向宁夏银行提供3.2亿元小微企业转贷款，为陕西省内具有竞争优势和良好发展潜力的小微企业添动力、增活力。在扶贫攻坚方面，坚持信贷扶贫与非信贷扶贫结合，通过产业帮扶，激发贫困地区“造血”能力。通过向宁夏宝利新能源有限公司和陕西恒通果汁集团股份有限公司等产业龙头企业发放贷款及贸易融资款项近7亿元，在采购及生产等环节为宁夏盐池、陕西彬县等国家级贫困县内建档立卡的贫困户创造就业机会，助力服务区脱贫攻坚。

◆中国光大银行西安分行　2019年，贯彻落实“打造一流财富管理银行”发展战略，通过金融产品和服务创新持续提升金融服务质量和效率，大力支持中小微企业和民营企业发展，满足百姓财富管理需求。贯彻中国光大集团股份公司区域协同发展战略，推动陕西生态圈建设。根据重点支持企业客户展业需求，逐户建立客户专属柔性团队，运用全产品线、全服务渠道，为客户提供“金融+实体”的全方位优质体验。累计为陕西省企业提供信贷支持近400亿元。降低大型国企杠杆率，推进供给侧结构性改革，使用定向降准资金20亿元参与由陕西金融资产管理股份有限公司主导的地方国企市场化债转股项目，深化金融改革创新，积极支持区域实体经济转型。截至11月30日，投放保理业务数十户，发放贷款近亿元，累计贴现金额近7000万元。结合市场需求推出创新型阳光供应链“1+N”保理业务产品，提供全部线上化、无纸化、简便化金融服务，有效缓解供应链中买方集中付款的资金压力，向卖方提供高效银行买断型、无追索权、低成本的保理融资。打造“温暖的数字金融服务”，利用“光大购精彩”电商平台开展精准扶贫、向老年客户推荐“简爱版”手机银行、为客户提供便捷的“随心贷”服务等，拓展便民缴费项目接入。截至年底，“云缴费”服务覆盖陕西省国家电网电费、广电网络有线电视费，成功整合丰富多样的便民缴费服务并输出至“微信”“支付宝”等合作平台。

◆国家开发银行陕西省分行　2019年，深化与陕西省开发性金融合作，积极探索银政合作新模式，在基础设施补短板、助力扶贫领域、支持和改善民生、培育发展新动能等方面取得新成效。截至年底，表内外贷款余额5206亿元，表内贷款余额4216亿元，较年初新增379亿元；投放贷款850亿元，提供融资总量1067亿元；资产质量实现“零不良”。推进重点项目，支持平利至镇坪等重点高速公路、阎良至机场城际铁路、西安地铁网、机场建设等重点项目建设，发放基础设施补短板贷款255亿元。发放扶贫贷款187亿元、农村基础设施贷款25亿元、贫困地区重大基础设施贷款82亿元，助力改善贫困地区生产生活条件。围绕产业转型升级，助力发展高端装备制造业，发放贷款257亿元，实现比亚迪股份有限公司等装备制造业贷款承诺39.6亿元。以转贷款支持小微企业发展，发放转贷款33亿元、民营企业专项贷款35

亿元，惠及企业2400余家。服务“一带一路”，承诺外汇贷款19亿美元，发放外汇贷款23.8亿美元，发放“一带一路”专项贷款15.1亿元人民币，助力陕西内陆开放高地建设。推进市场化融资模式转型，创新支持陕西综合交通体系建设，破解融资难题。以PPP模式支持韩（城）黄（陵）、旬（邑）凤（翔）高速项目；以融资再安排模式支持西（安）延（安）高铁项目；以成本规制模式支持西安地铁八号线、二号线二期和西安新能源公交车项目；以市场化模式成功支持西安咸阳机场三期项目。强化合规管理，有效防控化解处置风险。将2019年确定为“合规管理年”，开展“巩固治乱象成果、促进合规建设”专项工作，密切配合“扫黑除恶”、非法集资、反洗钱等各项工作。加强重点领域风险防控，防控成效卓著，资产质量实现“零不良”。

◆北京银行西安分行 2019年，坚持存款立行，储蓄存款日均余额及增量、储蓄存款时点余额及增量、资金量余额及增量均位居系统内外埠分行第一位，个人贷款增量提前超额完成北京银行总行全年任务。全力推动客户群建设，ETC、信用卡及代发工资客户均取得积极进展。持续推进社区金融业务，社区支行储蓄存款余额22.63亿元，较年初增长6.07亿元；个人贷款余额55.46亿元，较年初增长24.44亿元。加强普惠金融支持力度，围绕与民生、消费高度关联的衣、食、住、行、医等领域加速挖掘小微客户群。在西安市科技局备案的“科技贷”业务客户数达98户，贷款余额4.6亿元。加快推动大商道、保理在线、银担在线、银税贷、京信链等项目，进一步推动线上、线下业务融合发展。陕西飞轮高铁装备股份有限公司“保理在线”及“银担在线”项目正式上线，“银税贷”已获批为北京银行总分行项目。大力推进“京信链”供应链金融，带动批量客群建设。

◆恒丰银行西安分行 截至2019年年底，开设16家同城支行和宝鸡、咸阳2家二级分行，各项贷款余额（含贴现）270多亿元。加大信贷投放、支持“一带一路”建设。重点投向基础设施建设、棚户区改造、装备制造、文化旅游等产业。落地陕西省首单支持“一带一路”建设债务融资工具，金额15亿元。推出“好房快贷”“恒信快贷”“电子订单贷”“电子供应贷”等运用大数据分析和平台审批优势的产品，建立长效业务推动机制，简化审批流程，为客户提供差异化金融服务。打造“城市运营综合金融服务商”恒丰模式。综合运用政务金融、供给侧金融、智慧金融、绿色金融、消费金融、普惠金融等一系列产品和模式，为城市运营主体提供全方位、一体化的综合金融服务。获得陕西省地方政府债券及国库现金管理等财政业务准入及代理资格6项；新增上线西安市商品房预售资金系统、咸阳市住房公积金系统等政银系统6个；上线陕西省财政厅国库集中支付业务系统。

◆成都银行西安分行 2019年，将支持地方经济发展，支持小微企业作为全行战略重点，积极推进差异化、特色化发展，结合自身市场定位，深入研究和分析重点发展产业，创新金融产品和服务模式，不断提高金融服务水平。实施精准营销名单制管理，持续推进小微业务营销及普惠金融工作。推出“惠抵贷”“文创通”等小微金融产品，针对个体工商户、小微企业主推出个人经营性贷款“惠抵贷”，缩短业务流程，提高小微企业主和个体工商户融资可得性。“文创通”产品针对文创类企业量身定制，利率适中、担保简化，有力支持轻资产文创型小微企业。与西安市科技局合作推出针对科技型小微企业的科技金融贷。截至年底，单户授信总额1000万元以下（含）小微企业贷款余额增速达142%。

◆东亚银行（中国）有限公司西安分行 2019年，开通自助柜员机“刷脸取款”功能，积极布局互联网及移动金融领域，各类电子金融产品功能居于内地外资银行前列。上线供应链金融平台，发展无追索反向保理和无追索权再保理业务，通过核心企业增信作用批量为上游中小企业提供融资服务。平台直接面向客户开放，客户可通过系统直接提交融资申请和贸易背景材料，打破地域限制，为客户提供融资便利，在有效把控贸易背景真实性风险前提下，节省审单时间，降低人工操作风险。

◆民生银行西安分行 2019年，将民营企业依照规模分为龙头型、中小型、小微型3类，分类做好民企服务工作。针对战略民企，为每位客户确定1个专业服务团队，负责“规划引领”“高层会晤”“工单督办”3道工序的“1+3”作业模式，服务西安国际医学投资股份有限公司、陕西康惠制药股份有限公司、西安蓝晓科技新材料股份有限公司、陕西盘龙药业集团股份有限公司等一批优质民营企业。针对中小民企的多样化金融需求，推出依托核心企业批量服务供应链上、下游中小企业的“新供应链”模式和认股选择权加银行综合服务方式的“萤火计划”，服务上、下游中小企业43家，“萤火计划”服务中小企业56家。针对小微民企，推进“小微精品工程”，实行包括建立“民企服务中心”、施行“不动产抵押进银行”等一系列举措。

◆兴业银行西安分行 2019年，深入推进经营模式转变，实现规模、质量、效益稳步提升。截至年底，本外币总资产（全口径）1966.80亿元，比2018年新增239.9亿元；本外币各项存款（全口径）余额1127.27亿元，新增214.53亿元，增长23.50%；本外币各项贷款余额525.74亿元，新增91.73亿元，增长21.13%；贷款不良率0.69%，下降0.67%，主要经营指标均创历史最好水平。完成综合性支行改革，完善异地机构组织架构，有效提升网点综合服务水平。设置战略客户中心，提升平台贴近市场服务能力。建立与业绩高度相关的薪酬体系，激发业务人员营销积极性。存款较年初新增19亿元，公司贷款新增45亿元。全年债务融资工具承销规模307亿元，继续排名陕西省第一。同业负债余额继续保持当地股份制银行第一，票据贴现业务迈上新台阶，全年发生贴现118亿元。不良余额3.65亿元，较年初减少8.25亿元。兴业银行汉中分行顺利开业，兴业咸阳支行升格为二级分行，建成领先当地股份制商业银行的全省范围网点覆盖网络。

◆浙商银行西安分行 2019年，坚持“服务实体经济、创新转型、合规经营、防化风险、提质增效”的经营原则，积极实施“平台化服务战略”，发展质效稳步提高。顺应互联网技术发展趋势和客户价值创造新需求，强化区块链技术研发和创新应用，创新行业解决方案，打造企业自金融平台，构建供应链、产业链、价值链、生态链，实现企银互赢。零售业务积极探索平台化转型，加快推进“e家银”综合金融服务平台、消费分期、健康医疗等行业应用场景的融合，打造零售金融服务新生态。探索构建金融扶贫长效机制，着重从产业扶贫和教育扶贫方面，增强对贫困帮扶地区的资源投入，推进脱贫攻坚。

◆**中信银行西安分行** 2019年，效益指标稳步增长，营业净收入17.19亿元，比2018年增长8.7%；中间业务收入2.73亿元，增长20.6%；拨备前利润10亿元，增长6.3%。资产质量保持优良，不良贷款率0.45%，低于区域股份制同业平均水平。自营存款余额633亿元，新增43亿元；各项贷款余额482亿元，新增56亿。小、微企业"两增两控"任务目标完成。投资银行债券承销规模突破100亿元，托管业务中标省级职业年金托管人资格，同业票据累计贴现114亿元，比2018年增长3.5倍，国际业务落地陕西省首笔跨境人民币国有资产转让交易保证金，集团协同营销融资规模超100亿元。"党费通"成为"互联网+"党建共建共促新典范，率先上线个贷不动产抵押"零跑路"项目。强化客户服务和消费者权益保护工作，2家支行被中国银行业协会评为五星级网点。建立"重点客户平行作业+行业/产品专项检查"工作联动机制，提升贷后管理工作成效。强化清收化解，顺利完成"清盘行动"。坚持合规经营，营造全员合规良好氛围。反洗钱管理更加深入，连续6年获反洗钱监管A级评级。（丁 喜）

◆**西安银行** 2019年，紧抓登陆资本市场的战略机遇，围绕"乘风顺势、稳中求进、持续推动数字化、特色化、综合化转型，打造西部领先上市银行"目标愿景，切实增强服务实体经济能力，保持高质量发展态势。截至年底，总资产达2782.83亿元，比2018年增长14.29%；实现营收和归母净利润68.45亿元、26.75亿元，分别增长14.55%、13.27%。不良贷款率1.18%，保持上市银行优秀水平；拨备覆盖率262.41%，提升45.88个百分点，风险抵补能力持续增强。3月1日，西安银行成功登陆上海证券交易所主板，成为西北首家A股上市银行，并先后被纳入上证180、沪深300、富时罗素等指数，市场主流券商给予增持评级，投资价值得到充分肯定。在2019年中国人民银行贷款市场报价利率（LPR）形成机制改革中，被中国人民银行总行确定为18家报价行之一（也是仅有的2家城商行之一）；在《银行家》竞争力排名中位列2000亿—3000亿元规模城市商业银行第一名，获"最佳公司治理城市商业银行"、第一财经金融价值榜"年度城商行"等多项荣誉，品牌价值和投资价值显著提升。

服务陕西经济 主动对接基础设施、环境保护、商贸旅游等重点项目，持续加大投融资总量，支持陕西"三个经济"建设。积极推动产业转型升级，聚焦制造业发展的难点痛点，精准支持电子信息、智能制造、航天科技、新材料、生物医药等战略新兴产业。深耕行业特色金融，打造行业金融、绿色金融、投贷联动领域标杆，提升行业纵深金融服务能力。

践行普惠金融 坚守服务地方经济和小微企业的市场定位，延伸普惠金融视角，努力打通金融服务"最后一公里"。依托中国人民银行LPR改革，切实让利民营小微企业，降低融资成本，解决融资贵问题。制订《支持民营小微企业发展方案》，丰富"西银e贷"等特色金融产品体系，通过线上与线下结合的方式破解民营小微企业融资难问题。发行40亿元"小微专项金融债券"，专项用于小微企业融资。大力支持区域内保障性住房等民生工程建设。通过产业推动、项目拉动等多种形式，加大对三农和扶贫领域的信贷投入。

提升客户体验 深化与主流互联网技术公司的多维合作，加速构建以大数据为支撑的业务运营平台和互联网金融的技术平台，推进网点无卡化转型，完善手机银行等互联网渠道的功能及产品体验。积极应用大数据、人工智能等技术赋能业务转型升级。优化"西银惠付""慧管家""云缴费"及"智慧医院"等互联网金融核心产品，为西安市热力公司、西安出租车协会、西安市轨道交通集团有限公司、西安城墙景区以及保障住房、商业综合体等定制个性解决方案及相关产品服务，加速金融生态圈建设，提升客户拓展和服务能力。

严守风险底线 持续完善全面风险管理体系和风险偏好体系建设，充分利用技术手段提升风险计量和防控能力，定期评估全面风险管理、流动性、信息科技、合规案防、洗钱等各类风险，加大对线上贷款、同业、大额风险暴露、反洗钱、关联交易等重点领域的风险管控力度，确保各项业务健康可持续发展。（西安银行）

资本期货市场

◆**概况** 2019年，陕西省实现直接融资523.49亿元，10家上市公司通过IPO（首次公开募股）、定向增发、配股、发行可转债及公司债等多种方式，共计融资145.45亿元。全年新增上市公司5家，IPO过会企业1家，其中科创板上市公司3家，位居中西部地区首位；新增"新三板"挂牌公司7家，总数达143家，有10家挂牌公司实现融资2.64亿元，位居全国第20位、西部地区第3位；15家非上市企业通过交易所发行25支公司债，募集资金375.40亿元。西部证券股份有限公司、开源证券股份有限公司、中邮证券有限责任公司3家法人机构总资产733.88亿元，比2018年减少2.20%；净资产310.88亿元，增长10.16%；净资本269.23亿元，增长7.01%；全年实现营业收入55.53亿元，增长51.80%；实现净利润13.19亿元，增加1.79倍。截至年底，陕西省有证券分公司49家，比2018年新增3家；有证券营业部256家，与2018年底持平。全年辖区证券经营机构代理证券交易额5.68万亿元，上升36.67%；年底客户交易结算资金余额231.88亿元，上升22.79%；投资者开户数553.83万户，上升8.75%。

◆**上市公司发展** 截至2019年年底，陕西省有53家上市公司，其中沪市主板22家、深市主板11家、中小板7家、创业板10家、科创板3家。上市公司总股本762.73亿股，比2018年增长10.62%；总市值6773.14亿元，增长39.10%；总资产、净资产分别为10192.99亿元和3635.98亿元，分别增加47.37%和18.15%；资产负债率60.86%，上升9.88个百分点，低于全国83.71%的平均水平；全年实现营业收入3181.50亿元，增加14.70%；实现净利润249.78亿元，增加30.05%，好于全国12.01%的增幅水平；每股收益0.33元，约为全国平均水平的60.70%；净资产收益率6.87%，约为全国平均水平的75.29%。西安银行等5家新上市公司带来较大收入增量，70%以上存量公司营业收入延续稳定增长态势。其中，陕西煤业化工集团有限责任公司、西安隆基硅材料股份有限公司等规模较大的企业，产销量平稳有序增长，整体收入稳步提高。达刚控股集团股份有限公司、西安环球印务股份有限公司完成并购重组，业务规模大幅提升；西安天和防务技术股份有限公司围绕5G产品和国产化替代，通信电子业务稳定增长；彩虹显示器件股份有限公司新生产线投产，产销量大幅提升。陕西坚瑞沃能股份有限公司完成破产重整，扭转上年同期巨亏近40亿元的局面。

◆“新三板”挂牌　截至2019年年底，陕西省有143家挂牌公司，其中有5家为创新层企业。挂牌公司总股本92.71亿股，总市值760.35亿元；全年实现营业收入235.37亿元，实现净利润16.68亿元。全省有3家挂牌公司被收购，涉及交易金额5410.77万元。西部超导材料科技股份有限公司、西安铂力特增材技术股份有限公司、西安三角防务股份有限公司3家挂牌公司成功发行上市，合计融资16.16亿元，其中西部超导材料科技股份有限公司为中西部首家科创板公司。杨凌美畅新材料股份有限公司、陕西红星美羚乳业股份有限公司、陕西美能清洁能源集团股份有限公司等公司已向证监会报送IPO发行上市申请资料。西安炬光科技股份有限公司、荣信教育文化产业发展股份有限公司、西安凯立新材料股份有限公司等7家公司先后进入IPO辅导备案程序。

◆区域性股权市场　截至2019年年底，陕西股权交易中心股份有限公司挂牌公司1076家，比2018年增长54.38%；托管公司1294家，增长44.01%；展示企业928家，减少0.54%。累计为中、小、微企业实现各类融资70.56亿元，增加51.32%。

◆期货行业　截至2019年年底，陕西省迈科期货股份有限公司、西部期货有限公司、长安期货有限公司3家法人机构总资产72.63亿元，比2018年增长26.49%；净资产15.24亿元，下降4.45%；净资本10.09亿元，降低20.21%；全年实现营业收入8.24亿元，增长158.20%；实现净利润0.39亿元，下降47.21%。有期货营业部38家（含分公司），净新增1家。全年辖区期货经营机构代理期货交易额11.44万亿元，增长26.22%；期货投资者6.91万户，增长11.14%。

◆私募基金　截至2019年年底，陕西省已登记私募基金管理人241家，管理基金487支，规模1038.41亿元，比2018年分别增长3.88%、24.23%和4.78%。其中，私募证券投资基金管理人60家，管理基金164支，规模43.90亿元，比2018年分别增长-1.64%、32.26%、-48.50%；私募股权、创业投资基金管理人177家，管理基金313支，规模991.91亿元，分别增长6.00%、22.27%、9.94%；其他类私募基金管理人4家，管理基金10支，规模2.60亿元，分别下降0.00%、16.67%、27.17%。

◆西部证券股份有限公司　截至2019年年底，总资产446.92亿元，比2018年减少9.60%；净资产178.22亿元，增长2.36%；全年实现营业收入29.31亿元，增长48.25%；实现净利润7.16亿元，比2018年增加1.5倍。经纪业务收入6.59亿元，增长39.20%；自营业务收入17.80亿元，增长33.94%；投行业务收入3.18亿元，增长49.30%；利息净收入1.31亿元，增长2.12倍；资产管理业务收入0.30亿元，减少54.68%。公司新取得上市基金一般做市商、铁矿石期权做市商、股票期权交易、股指期权做市、沪深300ETF期权主做市商5项业务资格，设立1家另类投资子公司。

◆开源证券股份有限公司　截至2019年年底，总资产178.28亿元，比2018年增长8.46%；净资产73.96亿元，增长43.46%；全年实现营业收入19.9亿元，增长61.72%；实现净利润4.09亿元，比2018年增长917.32%。经纪业务收入1.71亿元，增长82.9%；自营业务收入5.44亿元，增长64.39%；投行业务收入8.5亿元，增长28.98%；资产管理业务收入2.87亿元，增长53.64%；利息净收入3.33亿元，增长2646.8%。新取得上海证券交易所转融通证券出借交易权限业务资格。

◆中邮证券有限责任公司　截至2019年年底，总资产108.68亿元，比2018年增长18.61%；净资产58.70亿元，增长3.91%；全年实现营业收入6.32亿元，增长40.30%，实现净利润1.94亿元，增长32.564%。经纪业务收入0.76亿元，增长37.87%；资管业务收入0.82亿元，增长14.14%；利息净收入3.26亿元，增长239.23%；自营业务收入1.14亿元，下降48.36%。无新增业务资格。

◆迈科期货股份有限公司　2019年，新设上海分公司，分支机构增至11家。公司总资产22.22亿元，比2018年下降5.06%；净资产6.23亿元，下降10.57%；全年实现营业收入1.52亿元，下降16.36%；实现净利润837.03万元，下降81.8%。获由上海期货交易所和中共太湖县委、太湖县人民政府共同颁发的“太湖县结对帮扶”荣誉证书和“太湖县消费扶贫认购”荣誉证书。

◆西部期货有限公司　2019年，下设分支机构10家。公司总资产38.18亿元，比2018年增长55.85%；净资产5.02亿元，增长0.06%；全年实现营业收入6.14亿元，增长647.23%；实现净利润31.10万元。获中国金融期货交易所2018年度优秀会员金奖、大连商品交易所2018年度优秀会员奖、第七届“中金所杯”全国大学生金融知识大赛优秀组织三等奖等荣誉。12月23日，西部期货有限公司成为同时具有中国金融期货交易所、上海证券交易所、深圳证券交易所业务交易权限的18家机构之一。

◆长安期货有限公司　2019年，撤销韩城营业部和延安营业部，分支机构减少至9家，取得中国金融期货交易所交易结算会员资格。截至年底，公司总资产12.23亿元，比2018年增长28.47%；净资产3.99亿元，增长1.53%；全年实现营业收入0.68亿元，减少6.85%；实现净利润1190.76万元，减少18.37%。

（殷少伟）

保险业

◆概况　截至2019年年底，陕西省有法人保险机构2家、省级保险机构67家（产险31家、人身险36家）、保险分支机构3264家，保险分支机构比2018年增加205家。保险业资产2162.50亿元，增长14.25%。其中，产险公司资产171.62亿元，增长2.95%；寿险公司资产1990.88亿元，增长15.34%。

◆保险业务　2019年，陕西省保险业实现原保险保费收入1033.49亿元，全国排名第14位，比2018年增长6.61%，增速排名第34位，低于全国平均增速5.56个百分点。其中，产险公司保费收入237.94亿元，下降1.86%；寿险公司保费收入795.56亿元，增长9.44%。

◆保险保障　2019年，陕西省保险业赔付支出300.03亿元，比2018年增长6.80%。其中，财产险赔付支出130.19亿元，增长10.06%；人寿险赔付支出118.00亿元，下降2.67%；健康险赔付支出46.08亿元，增长26.42%；意外险赔付支出5.76亿元，增长16.52%。

（陆雅红）

房地产业

责任编辑
姬娟妮

综　述

◆**概况**　2019年，西安市住房和城乡建设局严格执行“房住不炒”定位要求，及时出台“6•20”调控政策（西安市促进房地产市场平稳健康发展协调领导小组《关于进一步加强住房市场调控管理的通知》），探索建立房价管控联动机制，适时公布房屋总量和市场情况，加快建立房地产市场调控“四个闭环”和“五化”管理体系，坚定不移“稳市场、稳房价、稳预期”。西安市（含西咸新区）商品房销售2638.69万平方米，比2018年下降2.8%，其中住宅2155.46万平方米，比2018年下降3%。新批准商品房上市面积2801.95万平方米，增长1.28%，其中住宅2069.32万平方米，下降3.96%。商品房网签销售面积2645.37万平方米，下降7.9%，其中住宅2148.99万平方米，下降6.6%。库存消化周期约7.8个月。二手房网签销售705.98万平方米，增长3.92%，其中二手住房632.4万平方米，增长3.27%（不含西咸新区）。新批准商品房上市面积2046.32万平方米，下降14.33%，其中住宅1507.46万平方米，下降18.2%。商品房网签销售面积2139.57万平方米，下降19.46%，其中住宅1668.66万平方米，下降20.81%。库存消化周期约8.9个月。二手房网签销售705.98万平方米，增长3.92%，其中二手住房632.4万平方米，增长3.27%。房地产开发投资比上年下降2.1%。其中，住宅投资增长9.0%；办公楼投资下降9.0%；商业营业用房投资下降39.4%。房屋施工面积17475.02万平方米，增长8.9%；房屋竣工面积1057.69万平方米，增长8.2%。

◆**住房制度改革**　2019年，西安市单位职工住房新开工220套，4.2万平方米，完成投资3.5亿元。核准市级行政事业单位住房分配货币化补贴资金2亿元，涉及补贴人数11447人，完成年初计划的200%。批复公有住房出售方案65个，批准公有住房出售8554套、97.57万平方米，完成年初计划的150%。

◆**房地产市场调控**　2019年，西安市住房和城乡建设局房地产领域风险防控坚持“稳”字当头，全面落实因城施策，稳地价、稳房价、稳预期的长效管理调控机制，联合相关部门拟定房地产领域风险防范化解工作方案，深入开展房地产市场乱象治理工作，对93家开发企业、153家经纪机构进行记分处理，曝光典型案例23起。

◆**房屋执法监察**　2019年，西安市住房和城乡建设局着力查处未取得《商品房预售许可证》擅自销售商品房的违法案件，做出行政处罚24项，上缴财政罚没款2611万元。坚持日常巡查与重大节日期间检查相结合，切实保障市民住房需求，维护市场稳定。（张　睿）

◆**西安市地方标准《房屋安全检测技术规程》通过评审**　2019年11月19日，西安市市场监督管理局组织西安交通大学、西安建筑科技大学、中国建筑西北设计研究院有限公司、航天动力技术研究院、陕西省标准化研究院、西安市保障性住房管理中心等单位的专家，召开西安市地方标准评审会，对西安市房屋安全鉴定服务中心起草的西安市地方标准《房屋安全检测技术规程（送审稿）》进行会议审查。专家组听取标准起草单位汇报，对标准文本进行逐条逐句审查。评审专家一致认为《房屋安全检测技术规程（送审稿）》在编制过程中通过广泛调研，借鉴国内外相关标准和工程实践经验，结合西安市地域特征、抗震设防要求、房屋结构特点等实际情况，将房屋的安全性等级和抗震性能相结合，规范、明细界定既有民用建筑的整体安全性，确保检测与鉴定结论明确、无歧义，对进一步规范西安市房屋安全检测与鉴定技术行为，提高既有房屋建筑安全检测与鉴定工作水平，科学指导西安市房屋安全管理工作具有重要的理论意义和现实意义。专家组认为《房屋安全检测与鉴定技术规程》技术内容科学合理，可操作性强，与现行相关标准相协调，一致同意通过审查。（姬娟妮）

西安市2019年房地产开发和销售主要指标

指　标	绝对数（万平方米）	同比增长率（%）
房屋施工面积	17475.02	8.9
其中：住宅	12450.59	11.1
房屋竣工面积	1057.69	8.2
其中：住宅	761.59	22.2
商品房销售面积	2638.69	-2.8
其中：住宅	2155.46	-3.0
商品房待售面积	202.71	-15.6
其中：住宅	55.57	-7.4

房地产市场管理

◆**概况**　2019年，西安市住房和城乡建设局加强对房地产开发企业、租赁企业、中介机构及从业人员管理，会同相关部门集中开展住房租赁中介乱象专项整治，公开曝光4批次经营异常企业，及时进行风险警示，维护群众的合法权益。创新宣传方式，推出“三只小猪”租房篇系列漫画宣传，以通俗易懂、寓教于乐的方式，增强群众风险防范意识。

◆**房屋依法管理**　2019年，西安市住房和城乡建设局完成《西安市国有土地上房屋征收与补偿办法》立法制定工作。梳理出权力清单和公共服务事项42项，对40余部文件出具合法性审核意见。对93家开发企业、153家经纪机构进行记分处理。新办房地产企业资质371家，暂定延期及核定四级房地产企业400家；四级资质到期换证107家。办理房产预（实）测3700余万平方米，维护楼盘表数据115笔，办理房地产经纪机构网上业务3000余件。审核房源挂牌3.3万件，商品房购审11.4万件，二手房购审5.6万件，代收土地收益金7300笔。

◆**房产交易管理**　2019年，西安市住房和城乡建设局房产交易大厅积极推进“互联网+购审”模式，开展线上业务办理工作。涉及二手房交易中的购房资格审核，买卖网签合同变更、注销，资金监管协议签订、变更、注销及资金免监管等7项高频事项顺利上线，进一步落实“网上办”。推出“延时办”“合并办”“容缺办”“精简办”“上门办”“提前办”6项便民举措，其中西大街房产交易大厅首创“中午不休息”制度。所有业务均实现“最多跑一次”，其中房源挂牌及商品房网签备案部分业务实现“零跑腿”，二手房交易办件时间从30分钟压缩至10分钟以内，极大地方便开发企业和办事群众。全年房产交易大厅接待办事群众约105万人次，开展上门服务600余次、绿色通道服务1000余次，收到锦旗36面、表扬信78封，评选服务明星36人次，受到办事群众肯定。受理开发企业意向登记338个项目，办理商品房网签变更注销业务10.7万件。完成5家测绘机构信用档案建立工作。成立巡查队检查中介门店1700余家，下发“责令限期整改通知书”293份，分6批次对153家不规范经营的经纪机构进行记分处理，受理各类咨询投诉8260余起；组织召开行业扫黑除恶工作推进会，西安市100余家大中型房地产经纪机构做出依法合规经营倡议。通报24家存在不规范经纪行为的经纪机构和4家严重违反《房地产经纪管理办法》的经纪机构。开展业务综合培训1次，“不忘初心，牢记使命”主题教育讲座2期，各类业务交流研讨培训40余次，专业人员继续教育120余人次。中心领导班子带队赴南宁、广州、长沙3地进行业务调研。全年处理行政复议及应诉6起，回复依申请公开政府信息9次，出具政府信息公开告知书8件。受理信访事项、群众来访17件，接待群众来访超过120人次。（张　睿）

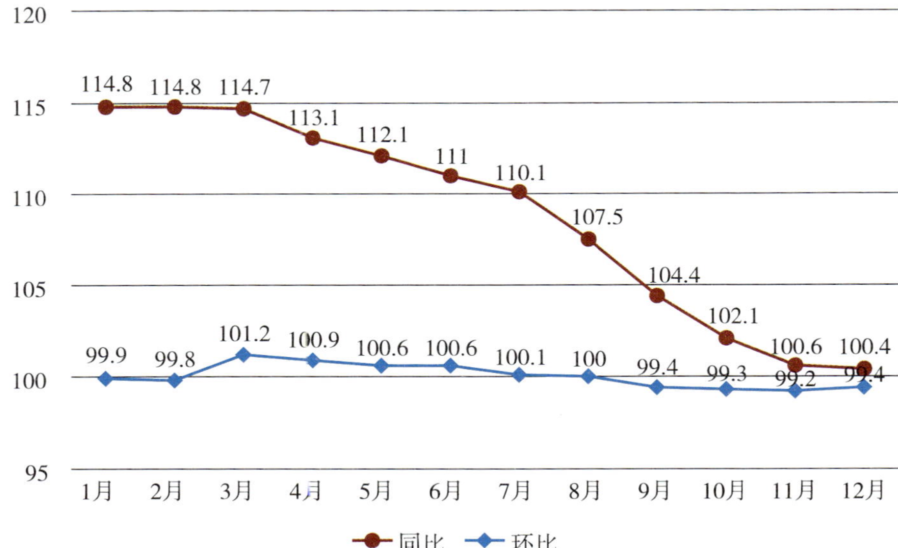

图9　2019年西安二手住宅销售价格环比、同比指数图

◆商品住宅价格　2019年，西安市为坚决贯彻落实“房住不炒”定位，稳定房价，确保西安房地产市场健康发展，加强房地产市场调控，完善调控政策，采取多项措施严控商品住房价格上涨、加大供应，在各项政策作用下，西安房地产市场由火热逐渐转冷，新建商品住宅销售价格涨幅逐步回落。新建商品住宅销售价格延续上年价格快速上涨的势头，比上年累计上涨21.1%。在全国70个大中城市及35个大城市或15个副省级城市中，西安均居首位，连续2年成为全国房价上涨最强劲的城市。从环比指数看，截至年底，西安新建商品住宅销售价格已经连续上涨46个月。上半年，涨幅一直维持在1%以上，1—7月依次为1.5%、1.1%、1.0%、1.1%、2.0%、1.7%和1.4%。随着“6•20”强劲的调控政策出台，涨势得到有效抑制，从8月开始，涨幅回落至1%以下。8—12月，涨幅依次为0.5%、0.7%、0.9%、0.7%和0.7%。从同比指数看，1—8月，涨幅保持在20%以上的高位；9月后，回落至20%以下。全年累计上涨21.1%，涨幅比上年扩大6.5个百分点。分类型看，面积在90平方米以下小户型商品住宅销售价格涨幅最大，1月以涨幅24.8%开局，7月为全年最高点27.3%，12月回落到16%。从全年累计看，90平方米以下、90—144平方米和144平方米及以上累计分别上涨22.4%、21.1%和20%，涨幅分别比上年扩大8.3、6.3和5.2个百分点。

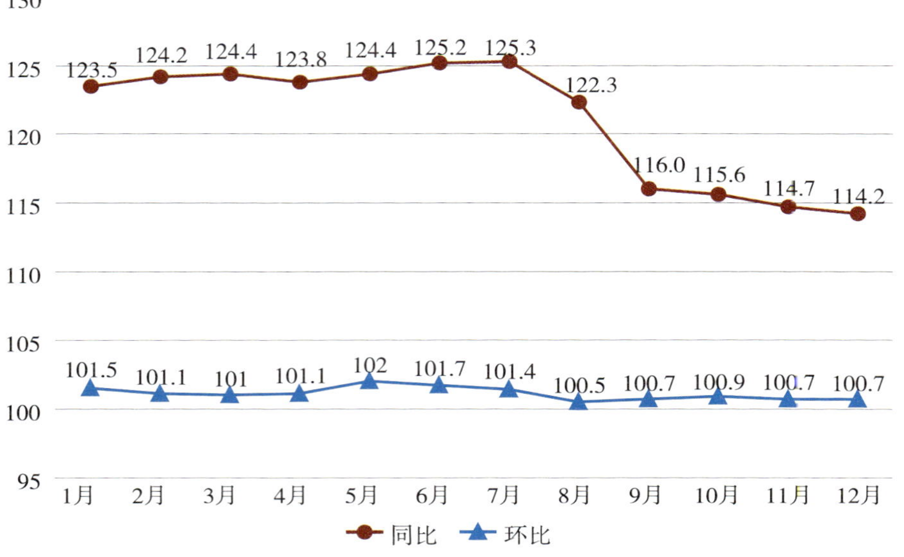

图8　2019年西安新建商品住宅销售价格环比、同比指数图

◆二手住宅价格　2019年，西安市二手住宅销售价格环比由升转降，销售价格累计上涨8.8%，在全国70个大中城市、35个大中城市和15个副省级城市中，分别位列第16位、第9位和第4位。从环比指数看，2019年，西安二手住宅价格有6个月下降，6个月上扬或持平。1月、2月，二手住宅市场较为冷清，环比价格分别下降0.1%和0.2%。3—7月，二手住宅交易价格有所回升，价格分别上涨1.2%、0.9%、0.6%、0.6%和0.1%。受政策作用影响，自9月开始，二手住宅交易价格保持4个月的下降态势，9—12月，分别下降0.6%、0.7%、0.8%和0.6%。从同比指数看，2019年，西安二手住宅价格涨幅明显回落。从1月的14.8%回落至12月的0.4%。全年累计上涨8.8%，涨幅比2018年回落2.5个百分点。90平方米以下、90—144平方米和144平方米以上3种类型二手住宅销售价格累计分别上涨9.1%、7.5%和11.3%。90平方米以下、90—144平方米住宅价格涨幅分别比2018年缩小4.2和2.8个百分点，144平方米以上住宅价格涨幅比2018年扩大0.9个百分点。（郭菁媛）

◆双竹村、滻沱寨等14个公共租赁住房小区摇号分配　2019年11月21日，双竹村、滻沱寨等14个公共租赁住房小区公开摇号分配会议在荣民饭店召开。参加分配的公租房房源12900套，自愿报名且符合实物配租条件的32152户。摇

号按照项目和保障家庭人数进行分组，采取电脑程序随机摇号、一次性确定每户家庭具体房号的方式进行。整个分配过程由市、区住房保障工作人员、分配家庭代表、新闻媒体监督，公证机关工作人员进行现场监督公证。（姬娟妮）

房屋管理

◆**概况** 2019年，西安市住房和城乡建设局加大保障性住房供应力度，逐步完善多主体供给、多渠道保障，租购并举的住房供应和保障体系。主动破解保障房用地“落实难”难题，组建市级保障房服务大厅，探索实行保障房轮候和摇号相结合，促进分配公平公正；开展政府购买公租房运营管理服务试点，全面提升中低收入家庭居住幸福感、获得感。新增发放租赁补贴2217户，完成全年目标任务的110.9%。完成保障房联审报送44批122710户，215758人，其中经适房9276户，20174人，限价房3239户，5799人；共有产权住房85861户，16535人；租赁型保障房101609户，173250人。新增A、B、C、D类人才安居货币化补贴资格审批137家单位、288户，发放补贴金额189.16万元。有60076户取得公共租赁住房资格的家庭、17007位新毕业大学生排队轮候公租房及大学生人才安居房。

◆**房屋租赁** 2019年，西安市住房和城乡建设局赴杭州、成都调研学习住房租赁市场管理经验，并多次对长租品牌公寓进行走访调研。制定和完善西安市住房租赁市场“1+N”政策体系，颁布《西安市关于培育和发展住房租赁市场的实施意见》《西安关于规范住房租赁市场管理的实施意见》《西安市住房租赁资金监督管理实施意见》《住房租赁中介机构管理暂行办法》。完成西安市住房租赁交易服务平台建设工作，以整治住房租赁中介机构乱象为目标，制订工作方案、成立工作专班，组织对全市工商登记注册的住房租赁企业以及小区出租住房情况进行全面摸底，实时动态掌握住房租赁市场从业主体经营情况以及存量租赁住房情况，并加以分析和研判，为下一步住房租赁市场管理政策的制定提供有效支撑。

◆**房屋征收管理** 2019年，西安市住房和城乡建设局建立“阳光征收”系统，重点推行“网签”备案系统。建立房屋征收评估机构信用管理平台、西安市房地产价格评估机构名录库，对32家入库机构实行信誉管理。起草《西安市人民政府关于修改〈西安市国有土地上房屋征收与补偿办法〉的决定（草案）》，出台《市住建局关于国有土地上房屋被征收人购买商品住房相关事项的通知》《市住建局关于国有土地上棚户区改造项目备案工作有关问题的通知》。全年对5个项目进行房屋征收决定备案，涉及6422户，房屋建筑面积82.28万平方米。

◆**房屋安全管理** 2019年，西安市住房和城乡建设局完成鉴定项目98项，鉴定面积398374.6平方米。其中农村危房鉴定29户，鉴定面积1800平方米；幼儿园和培训机构鉴定41项，鉴定面积34825.23平方米。先后4次召开编审会和评审会，牵头编撰地方标准《房屋安全检测技术规程》，并过审。

◆**老旧小区改造** 2019年，西安市住房和城乡建设局开工实施老旧小区改造225.3万平方米，超额12.7%。按照老旧小区改造不光要“好看”，关键要“好住”的总要求，优化完善“政府引导、社会参与、属地负责”的工作机制，建立西安市老旧小区改造方案评审专家库，编制《指导手册》和《风貌导则》。拓宽融资渠道，积极争取中央、省级资金和政策性贷款。

◆**物业管理** 2019年，西安市住房和城乡建设局评选打造20个“美丽小区”。出台《2019年全市物业管理工作要点》，物业市场专项检查覆盖率35%，并对1342个小区进行物业市场专项治理整顿检查。制定《西安市物业小区垃圾分类实施方案》，在全市创建20个生活垃圾分类示范点。成立物业管理监管平台，1243家物业服务企业、2022个物业服务项目纳入物业监管平台。全市2642个电表改造小区中，2044个小区已签订供电改造协议，占应签订协议比例的77%，供电改造率51%，对进展缓慢的区（县）、开发区下发6次《任务提醒通知单》及《督办函》。排查2319个物业管理小区及14个商业办公项目的涉黑、涉恶线索，发现7起涉黑、涉乱现象，已移交公安部门进一步调查。（张睿）

◆**西安市启动保障房物业标准化试点工作** 2019年3月7日，西安市保障房物业标准化试点启动大会在“曲江宜居”公租房小区召开，西安市市场监督管理局、西安市住房和城乡建设局、西安市住房保障中心相关负责人参会。会上，西安市和美物业管理有限公司介绍该公司以曲江宜居为试点的保障房物业服务标准化工作的实施方案及工作计划；市住建局结合公租房建设总体情况，强调保障房服务标准化的重要性及迫切性；市市场监管局介绍服务业标准化试点工作的相关要求，并指出标准化建设工作要采用新思路、新技术、新手段，把标准化的精髓融入每一项管理流程、服务规程，不断完善标准体系、督导标准实施、建立长效机制，切实做到“有标可依，有标必依”。（姬娟妮）

2019年3月7日，西安市保障性住房物业标准化试点启动大会在“曲江宜居”公租房小区召开

教育

责任编辑
姬娟妮

综　述

◆**概况**　2019年，西安市有基础教育和职业高中学校3524所。其中，幼儿园1839所；小学1145所；普通中学469所（初中302所，高中167所）；特殊教育学校10所；工读学校1所；职业高中60所。有在校（园、班）学生164.15万人，教职工14.82万人，专任教师10.85万人。学校占地面积3413.84万平方米，建筑面积1828.00万平方米。有普通高等学校63所，在校学生73.86万人，教职工7.6万人；职业院校19所，在校学生14.2万人，教职工1.1万人；技工学校30所，在校学生3.06万人，教职工0.23万人。西安市坚持“稳中求进、以稳为主”原则，聚焦“追赶超越”定位和“五个扎实”要求，不断优化顶层设计、深化教育改革、提高教育质量、推进教育均衡、促进教育公平，推动西安教育在新时代实现新进步、取得新成绩。建立常态化大整顿、大检查学校食品卫生安全、传染病防控和饮用水安全等工作机制。开展“食品安全宣传周”活动，发放宣传彩页5000余册。深入实施“农村义务教育学生营养改善计划”，学校食堂供餐覆盖率85%，农村义务教育学校学生100%享受“农村义务教育学生营养改善计划”。在全国高等教育自学考试中，4月13—14日，西安市设考区8个，考点23个，考场741个，18087人参加考试；10月19—20日，西安市设考区11个，考点23个，考场774个，19235人参加考试。6月7—8日，在全国普通高校招生考试中，西安市设考区13个，考点76个，考场2045个，59793人参加考试。

◆**学前教育**　2019年，西安市教育局新认定普惠性民办幼儿园168所，普惠性幼儿园覆盖率84%。新创建市三级以上幼儿园196所、等级幼儿园1091所，优质资源覆盖率63%以上。有“省级示范幼儿园”111所，占陕西省的31%。以“阳光宝贝健康年”为主题开展系列健康活动，建立优秀健康活动资源库。在第六届陕西省幼儿园教师专业技能大赛中，西安市获陕西省综合总分第一名和5个单项第一名。

◆**义务教育**　2019年，西安市教育局制定印发《关于做好2019年义务教育招生入学工作的通知》《西安市2019年民办学校初中招生工作实施方案》，严格落实义务教育免试就近入学。为各学段起始年级提供学位32.94万个，保障适龄少年儿童应入尽入。经西安市人民政府同意，与4部门联合印发《西安市关于加快提升公办中小学办学质量的若干意见》，着力解决西安市基础教育发展不充分、优质教育资源不均衡问题，进一步提升公办中小学办学质量。启动实施“西安好课堂”系列活动。12所学校新增进入“全国品质课程实验联盟”，西安市成为“全国品质课程实验区”。创建“中、小学教育质量综合评价市级样本实验学校”397所、“品质课程基地学校”116所。

◆**高中教育**　2019年，西安市教育局制订《西安市普通高中特色学校创建工作方案》及《评估细则》，科学制定6项指标体系和5大领域18个方面评估要点，创建“普通高中特色学校”12所。审定特色班、特定班49个。在西安市普通高中建设重点学科260个、“精品课程”330个，建立“创新教育实验室”、STEAM（科学、科技、工程、艺术、数学）实验中心等96个。西安市普通高中学校（除新建学校外）创建为“省级标准化高中”“省级示范高中”30所，在陕西省占比38%，位居陕西省第一。全面深化普通高中新课程改革，呈现出“有效教学”“目标导学”“智慧课堂”等课堂教学改革新模式。稳步推进高考综合改革，西安市首批试用陕西省中学生综合素质评价系统。

◆**职业教育**　2019年，西安市教育局召开西安市深化职业教育改革推进会。编制《西安市现代职业教育建设规划（2019—2025）》。3所中职学校创建陕西省高水平示范中职学校，西安铁路职业技术学院入选省级职业院校“双高计划”建设单位。16所学校19个专业获准教育部“1+X”证书制度试点单位，11所中职学校开展现代学徒制项目，建立2个技能大师工作室。13个中职学校与高职院校开展“3+2”联合办学。举办市级中职学校技能大赛。西安市高职扩招27849人。

◆**高等教育**　2019年，中共西安市委、西安市人民政府印发《关于支持市属高校发展和改革实施意见》，以创新驱动发展战略、服务经济社会发展为导向，着力突破高等教育重点领域和关键环节体制机制障碍，全面激发高校办学活力、提高教育质量，为实现追赶超越、全民建成小康社会提供人才智力支撑。西安市教育局启动遴选建设市属高校9个重点学科、20个重点专业。支持校企合作、产教融合人才培养新模式。3个大数据高标准校内实验实训基地初步建成。成立高校校友会7个。中共西安市委、西安市人民政府主办，中共西安市委组织部（市委人才办）、西安市体育局承办“逐梦绽放·与西安共成长”西安大学生2019年系列活动。

◆**成人教育**　2019年，西安市阎良区、长安区通过省级社区教育示范区和实验区评估验收。西安市教育局加快“15分钟教育便民服务圈”建设，建成社区大学1所，社区教育示范点100个，区（县）社区学院16个，实现区（县）全覆盖。建立街道社区学校44所，各类社区教学点526个，开设服务市民学习的各类课程1100班次，各类服务市民学习100万人次。《西安市社区教育促进条例》经陕西省第十三届人民代表大会常务委员会第十二次会议批准，自2020年1月1日起正式实施，西安市成为全国第二个颁布社区教育地方性法规的城市。10月30日，以“推动全民终身学习，加快建设学习大国”为主题的西安市“2019年全民终身学习活动周”总启动仪式在雁塔区举行。

◆**特殊教育和民族教育**　2019年，西安市率先在全国建立残疾儿童少年入学情况数据库。在陕西省率先建设融合幼儿园。建成高陵区特殊教育学校并于秋季开学。在普通学校建立资源教室31个，建立国际港务区特殊教育资源中心。落实残疾学生资助政策，为残疾学生发放交通补贴和春节慰问金近80万元。西安市建档立卡贫困户302名残障学生义务教育全覆盖。其中，普通学校随班就读129人；特殊教育学校就读69人；送教上门104人。秋季残疾儿童少年义务教育招生入学523人，西安市残疾儿童少年义务教育阶段入学率95.6%。10月28日，教育部调研西安市启智学校，并对西安市实施第二期特殊教育提升计划给予充分肯定。西安市代表团在第十五届世界特殊奥林匹克运动会中，获3枚金牌、3枚银牌、1枚铜牌；参加全国残运会暨第七届特殊奥林匹克运动会，获8枚金牌、20枚银牌、12枚铜牌，均创历史最佳成绩。9月27日，在全国民族团结进步表彰大会上，西安市浐灞第一中学被授予“全国民族团结进步模范集体”荣誉称号，并受邀参加中华人民共和国成立70周年阅兵式。

西安市2019年各级各类学校数量和教职工、专职教师人数

	学校数量（所）	教职工人数（人）	专任教师人数（人）
总　计	3696	234147	167641
一、高等教育	75	75967	51393
（一）研究生培养机构	（43）	—	—
1. 普通高校	（22）	—	—
2. 科研机构	（21）	—	—
（二）普通高等学校	63	73688	50236
1. 本科院校	44	64650	43929
其中：独立学院	11	5842	3896
2. 专科院校	19	9038	6307
其中：高等职业学校	17	7633	5504
（三）成人高等学校	12	2279	1157
二、中等职业教育	157	13744	10441
（一）普通中等专业学校	15	1386	918
（二）成人中等专业学校	2	150	68
（三）职业高中学校	60	3801	2685
其中：市属	60	3801	2685
（四）技工学校	80	8407	6770
其中：市属	30	2290	1903
三、基础教育	3464	144436	105807
（一）普通中等教育	469	47037	39143
1. 高中	167	25344	21104
完全中学	103	14649	12343
高级中学	49	7512	6222
十二年一贯制学校	15	3183	2539
2. 初中	302	21693	18039
初级中学	241	15729	13127
九年一贯制学校	61	5964	4912
完全中学	（103）	—	—
十二年一贯制学校	（15）	—	—
附设普通初中班的学校	（1）	—	—
（二）普通初等教育	1145	44511	39836
独立小学	1145	42861	38368
教学点	（284）	1650	1468
九年一贯制学校	（61）	—	—

续表

	学校数量（所）	教职工人数（人）	专任教师人数（人）
十二年一贯制学校	（15）	—	—
附设小学班的学校	（3）	—	（53）
（三）特殊教育	10	404	300
特殊教育学校	10	404	300
附设特教班的学校	（1）	—	—
（四）工读学校	1	42	32
（五）学前教育	1839	52442	26496
幼儿园	1839	52442	26496
附设幼儿班的学校	（72）	—	（59）
另有：职业技术培训机构	2279	28626	20504

注：1. 本表为西安市行政区划内各级各类学校全口径数据（不含军事院校）。

2. 西安汽车科技职业学院（本科）2018 年 12 月经教育部批准升格为本科层次职业学校，2019 年 5 月经教育部批准更名为西安汽车职业大学。

3. 陕西电子科技职业学院（本科）2019 年 5 月 28 日经教育部同意更名为西安信息职业大学。

4. 西安外贸职工学校撤销。

5. 技工学校数据由西安市人力资源和社会保障局提供。

6. 按照事业统计主体校原则，完全中学、十二年一贯制学校的数量计入普通高中，九年一贯制学校的数量计入普通初中。

7. 教职工和专任教师人数按照办学类型划分，请在使用中注意。

8. 括号内数据不计入总计，下表同。

西安市 2019 年各级各类教育学生情况

	毕业生人数（人）	招生人数（人）	在校生人数（人）	在校生人数中女（人）
总　计	808858	993210	3176255	1477469
一、高等教育	396847	475751	1375158	646145
（一）研究生	28619	42653	131982	64290
1. 高等学校	28448	42439	131325	64125
2. 科研机构	171	214	657	165
（二）普通高等教育	191757	226339	740106	353195
本科	119798	136041	515579	257993
专科	71959	90298	224527	95202
（三）成人高等教育	46735	82908	166961	79514
本科	22228	34545	68145	40001
专科	24507	48363	98816	39513
（四）网络本专科生	129736	123851	336109	149146
本科	48405	54436	133657	60761
专科	81331	69415	202452	88385
二、中等职业教育	52522	77359	212133	76482

续表

	毕业生人数（人）	招生人数（人）	在校生人数（人）	在校生人数中女（人）
（一）普通中等专业学校	7171	11179	27874	11411
（二）成人中等专业学校	79	60	294	122
（三）职业高中学校	12559	19797	52553	22898
其中：市属	12559	19797	52553	22898
（四）技工学校	32713	46323	131412	42051
其中：市属	12879	14389	33704	11303
三、基础教育	359489	440100	1588964	754842
（一）普通中等教育	138907	152949	435643	206482
1. 高中	51987	51508	153149	75021
完全中学	25160	25903	77218	37995
高级中学	24720	23475	69959	34203
十二年一贯制学校	2107	2130	5972	2823
2. 初中	86920	101441	282494	131461
初级中学	44664	49653	141024	65327
九年一贯制学校	6986	8959	23850	11044
十二年一贯制学校	3853	5705	16162	7428
完全中学	31417	37124	101458	47662
（二）普通初等教育	101652	157968	789795	374061
小学	93118	142514	717686	340407
九年一贯制学校	6340	12498	56690	26593
十二年一贯制学校	2194	2956	15419	7061
（三）特殊教育	435	541	2967	1130
1. 特殊教育学校	185	225	1068	407
2. 小学附设特教班			3	1
3. 小学随班就读	128	154	1118	449
4. 初中随班就读	117	131	419	156
5. 小学送教上门	3	19	311	100
6. 初中送教上门	2	12	48	17
（四）工读学校	15	7	10	3
（五）学前教育	118480	128635	360549	173166
1. 独立幼儿园	117436	128222	359817	172806
2. 附设幼儿班	1044	413	732	360
另有：职业技术培训机构	（621048）	—	（838107）	（413263）

注：特殊教育随班就读、送教上门学生已计入相应的小学、初中在校生中。

◆教育领域重点工作　2019年10月10日，中共西安市委、西安市人民政府召开全市教育大会，提出“办人民满意教育、建设教育强市”的奋斗目标。会议印发《关于加快新时代教育改革发展 建设教育强市的实施意见》和《西安市基础教育提升三年行动计划（2019—2021年）》，为新时代教育改革发展做好顶层设计和任务安排，提出3年内西安市将完成新建、改扩建中小学幼儿园430所，增加学位38.95万个。12月2日，西安市人民政府召开西安市开发区与行政区教育专项移交管理签约会议，按照“责任唯一、一元管理、一区一策”的原则，开发区正式接管规划范围内教育管理事务，接收各级各类学校264所。中共西安市委编制委员会办公室为7个开发区审批设立教育局，为全力推进基础教育提升3年行动计划各项任务顺利实施奠定坚实基础。11月22日，陕西省实现义务教育基本均衡发展国家督导检查反馈会在西安召开。蓝田县以陕西省7个参评县总分第一的成绩通过国家义务教育发展均衡县验收。至此，西安市所有区（县）均通过国家义务教育发展基本均衡县评估认定。西安市启动义务教育优质均衡发展创建，计划于2021年，实现20%的区（县）达到国家义务教育优质均衡发展督导评估标准。

学校思政课建设　2019年，培训中小学思政课骨干教师150人，22人在首届陕西省“大练兵”教学展示中获得省级“标兵”称号。积极探索“思政小课堂同社会大课堂”相结合，建立62所“三秦学生记者”社会实践工作站。3月18日，在习近平总书记出席的学校思政理论课教师座谈会上，西安市小学教师王良参会并成为唯一发言的中小学教师代表。

“学位保障工程”　出台《西安市教育设施布局专项规划（2018—2021年）》，填补西安市在教育专项规划方面的空白。175所新建、改扩建学校于2019年秋季开学前建成并安全投入使用，提供学位数10.08万个，中小学及幼儿园合计为新入学年级提供学位数43万个，保障西安市适龄少年儿童应入尽入。市政府办公厅印发《西安市第二期义务教育学校标准化建设实施方案（2019—2021年）》，计划通过3年建设标准化义务段学校902所，构建与西安市人员增长趋势和空间布局相适应的城镇义务教育学校布局建设机制题。建立“学校建设项目绿色通道”，全面落实“四同步一优先”机制。《西安市基础教育提升三年行动计划（2019—2021年）》第一批54所项目学校集中开工。

“改革创新工程”　采用“电脑随机派位（40%）+面谈（60%）”方式平稳实施民办初中招生制度改革，西安市47所民办初中学校报名57944人，实际录取人数25579人。积极深化中招改革，落实优质高中对域内初中的定向招生政策，录取定向生7442人。印发《西安市2019年初中学生综合素质评价实施方案》，建立初中学生全面发展评价体系，促进基础教育课程改革健康深入实施。持续加强考试招生管理，延迟公布高分段考生成绩，有效防止炒作中考状元和中考成绩，实现“平安高考”“平安中考”。西安市教育、编制、财政、人社等部门联合印发《关于统一西安市中小学教职工编制标准的实施意见》《关于进一步深化中小学、幼儿园人事制度改革的通知》《关于进一步加强西安市教育系统干部管理工作有关问题的通知》，制定公办学校人事制度改革试点意见、校长职级制和义务教育教师“县管校聘”改革实施意见，激发干部队伍活力。

“‘名校+’工程”　印发《西安市“名校+”工程考核评价办法》，2019年新组建市级“名校+”教育联合体51个，西安市组建市级“名校+”教育联合体132个，区（县）级“名校+”教育联合体772个。市区级联合体内管理人员交流2849人，教师交流11012人，惠及学生97万人。雁塔区、高新区、碑林区、阎良区、国际港务区、航空基地实现“名校+”工程全覆盖。

“‘名师+’工程”　印发《西安市“名师+”工程实施方案（2019—2021年）（试行）》。组建市级“名师+”研修共同体109个，吸纳核心成员800余名，常态化免费为西安市中小学生播出与教材同版、课程同步的“名师公益优课”133节，观看人数91.1万人次。

“‘名校长+’工程”　西安市教育局、西安市社会科学院与陕西师范大学共同签署关于成立“西安市教育研究与质量评估中心”合作备忘录，建立“西安市名师名校长培训培养基地”，启动首批180名“名校长”培养工作。全年组织4批90名市级名师、名校长赴国外培训研修，组织180名校园长赴市内外知名中学跟岗培训。

“生态优化工程”　出台《西安市关于促进民办教育健康发展实施意见》和《西安市民办学校年检实施办法》，加强民办学校管理。严格规范办学行为，严肃学籍管理。制定《城镇小区配套幼儿园治理工作实施方案》《西安市城镇小区配套幼儿园治理工作导引》《西安市城镇小区配套幼儿园治理工作督查办法》，实施小区配建幼儿园治理工作。严肃招生入学工作纪律、加强校（园）长履职尽责，市纪委印发通知明确要求西安市各级党政干部不得为入学打招呼。

“学生健康工程”　积极开展“大班额”治理，西安市义务教育阶段学校、普通高中66人以上超大班额全面“清零”，义务教育阶段学校56人（含）以上大班额占比下降至4.7%。进一步做好西安教育系统重污染天气应急工作，切实保护广大师生健康，中央电视台新闻频道对西安市教育局开启的“停课不停学”多项教育应急措施予以报道。开展

2019年11月26—28日，西安市民代表、华商网友走进西安校园，为西安教育点赞

儿童青少年近视防控工作，西安市教育局、西安市卫生健康委员会等8部门联合印发《西安市综合防控儿童青少年近视实施方案》，将儿童青少年近视综合防控工作、总体近视率和体质健康状况纳入对区（县）政府绩效考核。启动实施教室照明环境改善提升工程，对西安市413所学校7902间教室灯光进行改造提升，从2019年开始每年按10%的比例对学校课桌椅进行更换。开展“阳光体育”运动，实行“无作业日”“无书包日”，切实减轻学生过重课业负担。西安市中小学研学旅行形成丰富的实践经验。制定《西安市家庭教育工作方案》，举办5期家庭教育报告会，参与家长2200人以上。西安市心理教育优质课展示暨阎良区第一届“心灵之约”心理教育论坛活动在西安航空基地第一小学举办。

◆教师队伍建设 2019年，西安市教育局深入实施人才引进“双千计划”，通过公开招聘等多种方式招录教师2130名，引进公费师范生274名、教育部直属师范院校应届毕业生620名。印发《西安市中小学教师违反职业道德行为处理实施细则（试行）》，建立师德负面清单；开展师德宣讲团巡讲活动；依托陕西师范大学教育博物馆，成立“师德涵养基地”，开展新教师入职宣誓仪式等师德教育系列活动；持续开展“当负责任校长，办负责任学校”和“讲好每堂课，培育一代人”主题教育活动。强化教师队伍建设，持续开展“名师大篷车”送教下乡活动，为4个区（县）1500名乡村教师赋能；召开庆祝“教师节”表彰大会，表彰第二届“西安之星”25名、第三届“西安最美教师”30名、“优秀班主任”100名、“模范教师”100名和“优秀教育工作者”50名；完成29383名教师资格证认定、制证、发证工作；2018—2019年教师校长轮岗交流考核合格5097人，发放补贴1005万元；启动西安市2019年中小学班主任心理健康生命成长动力培训，将心理健康教育教师培训纳入教师培训计划。强化校园长培训培养，召开西安市校（园）长警示教育大会，西安市1700余名校园长参加会议；印发《关于加强中小学幼儿园校（园）长履职管理的若干规定》；成立西安市教师发展研究中心；西安市组织教师4.7万人次、校园长2600余名参加各级培训，区（县）自行组织教师校园长培训11.58万人次，其中培训教师11.05万人次，校园长5300余人次。深化职称评审改革，实行“承诺制”，建立“黑名单”；西安市994名教师申报高级教师职称、2596名教师申报一级教师职称；西安市教育局和西安市人力资源和社会保障局联合印发《关于修订西安市深化中小学教师职称制度改革相关规定的通知》。

◆教育对外交流与合作 2019年，西安市启动实施“一带一路”教育合作交流与人才培养3大类14个子项目。出台《西安市“一带一路”外国留学生奖学金管理及发放办法（暂行）》。秋季，驻市高校招收外国留学生2628人，有2234名留学生获得奖学金，资金总额3519万元。建立面向“一带一路”沿线留学生的教育培训基地，举办“一带一路”沿线节点城市国际大学生夏令营。支持举办梁家滩国际教育论坛及西部5城市教育交流协作活动等多项国际会议与活动。西安铁路职业技术学院在陕西省率先与俄罗斯圣彼得堡国立交通大学联办“国际交通学院”。启动西安职业学院与新西兰商学院专升硕项目。西安市高校中外教育交流合作项目37个，占陕西省总数的95%，累计毕业人数接近2万人。支持西安交通大学丝路大学联盟建设，有38个国家和地区的151所高校加盟参与。陕西师范大学牵头成立丝路“教师教育联盟”等3个协作机构，西北大学设立“丝路考古中心”，西安文理学院设立“丝路历史文化研究中心”。推进西安广播电视大学西安汉唐文化网络学院建设，汉唐华语网注册用户3246人，平台资源总点击量5589人次。西安博爱国际学校威根雷学院孔子课堂获“年度先进孔子课堂”称号（全球3所，欧洲仅1所），受到中国国家汉办和孔子学院总部表彰。

◆“互联网+”教育 2019年，西安市出台《西安市关于落实教育信息化2.0行动计划的实施意见》《西安市教育局关于推进中小学智慧校园建设与应用 促进教育现代化的实施意见》，创建智慧校园实验学校37所。西安市优质教育资源信息平台上线优质资源269万余件，均免费开放使用，参与人数366万人次。在陕西省青少年创客创意大赛中，西安市获奖创客作品占陕西省获奖总数的73.04%。在全国“一师一优课，一课一名师”活动中，西安市入选部级优课220个，连续2年入选数量位列全国副省级城市第一。在陕西省第四届微课与信息化教学创新大赛中，西安市遴选上报的177件作品中113件获奖，获奖总数位列陕西省第一，西安市教育局被陕西省教育厅评为“优秀组织单位”。西安市教育局与深圳市腾讯计算机系统有限公司启动战略合作，主要在“智慧校园”、新工科人才培养等方面开展合作，腾讯公司将助力打造“智慧教育”新典范。

◆教育扶贫 2019年，西安市21176名建档立卡义务段学生实现“零辍学”，302名残障学生实现义务教育全覆盖。西安市涉贫区（县）实现“宽带网络校校通”“优质资源班班通”全覆盖。西安市学前教育、义务教育、普通高中、中职教育及生源地信用助学贷款资助学生290.3万人次，资助金额6.5亿元，其中资助建档立卡家庭学生4万人次，资助金额2185.7万元。西安市符合条件

2019年1月16日，西安市教育局与深圳市腾讯计算机系统有限公司签订合作协议，启动战略合作

的贫困学生实现教育资助应享尽享。西安实验职业中等专业学校受助学生王凯典型事迹作为陕西省唯一在全国获奖的案例，被选入全国学生资助管理中心印发的《国家资助托起大国小匠——2018年全国职业院校技能大赛中职获奖受助学生风采录》一书。涉农涉贫区（县）和开发区完成校长教师交流3953人。开展涉贫区（县）建档立卡贫困户农村青壮年普通话培训562人，教师培训870人，基层干部培训220人。国家脱贫攻坚考核组对蓝田县开展脱贫攻坚成效考核检查，西安市教育扶贫工作全面完成。

◆语言文字工作　2019年，西安市教育局推荐全国语言文字推广基地12个。评审并报送全国“中华经典诵读诵写讲”优秀作品80个。实施西安市第22届全国推广普通话宣传周启动仪式，展示经典诵读优秀作品90个。莲湖区、新城区、长安区语言文字工作顺利通过西安市语言文字工作督导评估。举办西安市第六届中小学规范汉字书写市级竞赛。3500名社会人员参加普通话水平等级测试。西安市教育局、西安市语言文字工作委员会办公室组织开展“中国梦·爱国情·成才志”西安市第六届中小学规范汉字书写大赛市级竞赛，西安市90支代表队参加，参与人数1500人次。

◆教育督导　2019年，西安市教育局开展对疑似失学儿童情况核查和劝返复学专项督导。完成市级督学换届聘任工作，聘任第三届市督学140人。指导各区（县）、开发区规范设置幼儿园责任督学公示牌，强化中小学校责任督学挂牌督导工作。落实陕西省第3轮“316工程”教育督导评估工作。以政府购买服务的方式引进教育部义务教育质量监测中心，对西安市义务教育质量语文、艺术2个学科进行监测评估。完成学校建设及学位保障、校外培训机构治理等工作专项督导。

◆体育、艺术、科技、环保教育　2019年，西安市被教育部命名为首批全国青少年校园足球“满天星”训练营。创建全国青少年校园足球特色学校15所，全国足球特色幼儿园31所，全国冰雪运动特色学校13所。培训中小学足球教练员100人、一级足球裁判15人。在陕西省第十二届中学生运动会中，西安市获团体总分、奖牌总数、金牌总数3项第一，破9项赛会纪录，创历届最好成绩。举办西安市青少年校园足球联赛2018—2019年度市级决赛，西安市20个区（县）和开发区100支队伍共同参与，参赛运动员1700余人，参赛数量280场次。西北大学附属中学浐灞中学主办2019第三届“一带一路”国际青少年足球邀请赛，6所来自国内外不同国家、不同民族的青少年足球运动员参赛。举办西安市中小学音乐教师基本功大赛、“歌唱祖国青春激荡”中小学生合唱比赛、高雅艺术进校园等多项活动。西安市组队参加全国第六届中小学艺术展演活动，获得一等奖7个、二等奖13个、三等奖5个、优秀创作奖4个。创建市级艺术教育示范学校7所、省级艺术教育示范学校8所。举办庆祝新中国成立70周年系列艺术活动，西安市53所学校的2000余名师生通过快闪、合唱比赛等活动庆祝中华人民共和国成立70周年。举办第三十四届青少年科技创新大赛、第四届西安市青少年机器人竞赛等赛事，组织“高校科学营”实践活动和“全国科普日”主场活动。广泛开展“保护秦岭北麓生态，动植物科普进校园”宣讲等系列主题教育实践活动。编印并发放《我们爱秦岭》宣传读本近34万本。西安市教育局印发《西安市教育系统2019年学校生活垃圾分类工作实施方案》，编制《中小学生垃圾分类知识宣传手册》，向各中小学校发放3万册，并将垃圾分类知识纳入西安市中小学健康教育课程中。举办“分享美好”垃圾分类进校园活动。创建“垃圾分类示范学校”52所、“生活垃圾强制分类实操试点学校”18所。

◆校园安全稳定　2019年，西安市教育局启动新建、更新116所中小学幼儿园视频监控系统，完成对西安市2690所中小学、幼儿园安装校园一键报警系统调试验收工作。加强中小学幼儿园门禁管理，加强专职保安员配备，增配备保安2588人，更换保安803人。开展校车安全攻坚行动及农村地区学生上下学交通状况调研，下拨700万元农村校车补助资金，建立1076辆校车信息台账。对校园危险化学品安全风险进行核查，建立662所涉及使用醇基燃料学校安全管理台账。印发《关于严禁商业广告、商业活动进校园的实施细则（试行）的通知》，强化中小学、幼儿园安全管理，严禁商业广告、商业活动进校园。145所学校评为省级“平安校园”，361所学校评为市级“平安校园”，区（县）级“平安校园”创建率93%以上。中共陕西省委教育工作委员会组织召开现场观摩会议，推广西安市校园安全“3个100%”建设工作经验。陕西省人民检察院西安铁路运输分院、市教育局、碑林区教育局等单位联合开展检察长走进中铁中学开展法治宣讲第一课活动。西安市人民检察院、西安市教育局共同成立西安市预防中小学幼儿园学生性侵害工作领导小组，并印发工作方案，全面落实最高检“一号检察建议”。

◆教育科研工作　2019年，西安市教育科学研究所立足“研究、引领、指导、服务”宗旨，发挥“评价、科研、教研、培训”职能，围绕“培养什么人、怎样培养人、为谁培养人”这一教育根本问题，深化西安教育“名校+”工程，持续实施教科研助力“名校+”431工作方案，聚焦教育质量全面提升，基于共进、共享研究和学习共同体，构建教育质量监测评价体系和培养体系。主办“新时代大西安首届教科研发展论坛”。举办“新课标新高考教学研究基地学校”启动及培训会，遴选75所“省级示范高中”和“省级标准化高中”作为“西安市新课标新高考学科教学研究基地学校”，设立13个学科或领域的175个基地。举办信息化背景下创新育人方式改革高峰论坛，

2019年1月23日，西安市教育局举办“新时代大西安首届教科研发展论坛”。图为论坛开幕式现场

教育部基础教育司、陕西省教育厅以及来自陕西、湖北、山西、甘肃、河北等多个省（区、市）、市的教育行政部门领导、高中校长教师等330余人参加。

◆教育宣传 2019年，西安市召开西安市教育改革发展新闻发布会，通报全市教育大会召开情况，介绍西安市基础教育三年行动计划的主要内容。开展“网友代表校园行”活动，邀请学校和新闻媒体见面对接，探索利用地标宣传屏、地铁电子屏、抖音短视频等多种新媒体方式宣传教育人物、讲好教育故事，中央和陕西省媒体为西安教育发声700余次，网络等新媒体（专题）报道及转载600余篇，其中中央媒体报道105篇（次）、《人民日报》（网）和中央广播电视总台等报道50余次。西安市教育局被中共陕西省委教育工作委员会评为“陕西省基础教育宣传工作先进集体”并在大会上发言介绍经验。“西安教育”官方微博、微信发布各类信息2700余条，总阅读量近1000万次。西安市150名舆情热点学校校长进行网络舆情业务培训。召开华商网友代表恳谈会。组建设立西安市校园电视台管理办公室，全面加强对校园电视工作的管理。

◆教育装备现代化 2019年6月10—12日，西北教育装备博览会在西安曲江国际会展中心举行，进一步探索教育装备发展的新思路、新路径、新方法，为加快西安教育现代化进程提供强有力、全方位、立体化的教育装备支撑。12月13—15日，由西安市教育局主办的2019西安教育装备博览会暨高峰论坛在西安曲江国际会展中心举行。博览会以“创新教育装备 建设教育强市”为主题，通过展览展示、论坛会议、技术研讨、产品推介、观摩考察等系列活动，促进新时代下教育装备的普及和应用，为教育体系建设提供切实可行的技术升级和教学系统解决方案，并以此为平台，不断提升西安市教育装备现代化水平，助推西安教育事业健康有序发展。

◆庆祝中华人民共和国成立70周年系列活动 2019年9月25日至10月10日，由中共西安市委精神文明建设指导委员会办公室、西安市教育局、共青团西安市委员会、西安市妇女联合会、西安市关心下一代委员会主办，碑林区精神文明建设指导委员会办公室、碑林区教育局承办的西安市2019年“向国旗敬礼”活动集中开展。西安市各级、各类中小学校对未成年人进行《中华人民共和国国旗法》《中华人民共和国国歌法》和党史、国史教育，针对未成年人心理特点和接受能力，开展升国旗、唱国歌，主题班（队）会，演讲征文、歌曲演唱，观看红色电影等形式多样的爱国主义教育活动，引导西安市未成年人强化爱国意识、激发报国志向，用“中国梦”引领人生航向，坚定自觉地跟党走新时代中国特色社会主义道路。9月26日，召开“青春礼赞70年·我与祖国共成长”庆祝中华人民共和国成立70周年系列微宣讲首场活动暨西安市中小学学习弘扬“西迁精神”系列活动总结表彰大会，进一步弘扬爱国主义精神，推动“西迁精神”持续进校园。10月31日，由市教育局、市委文明办、团市委、市关工委主办的《2019年“中国梦·青年志”——我与祖国共奋进》西安市青年教师及中学学生干部主题演讲比赛决赛在西安市大明宫中学举行。经过区（县）初赛和全市预赛，有10名学生选手、11名教师选手参加决赛。

◆庆祝2019年“教师节”系列活动 2019年9月9日，西安市召开庆祝2019年教师节暨优秀教师表彰大会，印发中共西安市委、西安市人民政府《关于表彰第二届“西安之星”（教育领域）的决定》《关于表彰西安市第三届“最美教师”的决定》。西安市教育局联合西安市科技局开展庆祝2019年教师节系列活动“触碰未来——感受硬科技之都”百名乡村教师看西安发展活动，让广大乡村教师感悟和体会“硬科技改变世界，硬科技引领未来，硬科技发展西安”。

◆2019中国（西安）世界职业教育大会 2019年11月7—9日，以“面向未来的产教融合协同育人与应用型人才培养”为主题的2019中国（西安）世界职业教育大会在西安市举办。大会由1个大会开幕式、1个同期展览、3场国际职业教育峰会、3场德国专家教师研修、16场平行论坛、2个同期赛事等20余场系列活动构成。参加大会的有国内企业及职业院校120家，国际企业和职业院校42家。8所校际、校企合作项目签约。

◆2019年西安市校园心理剧大赛 2019年11月18日，由中共西安市委文明办、西安市教育局联合主办，西安教育电视台承办的2019年度西安市校园心理剧大赛决赛暨颁奖典礼举行。大赛于6月正式启动，组委会共收到各区（县）、开发区报送的43部作品，经过初评与复赛，最后入围决赛的10部优秀作品主题鲜明、时代感强，贴近校园、贴近生活，引起学生强烈心理共鸣和情感认同，充分展示了西安市未成年心理健康教育的工作成果，形成全社会关心关爱未成年人健康成长的良好局面。 （张心茁）

◆第二届梁家滩国际教育论坛在西安举行 2019年4月20日，第二届梁家滩国际教育论坛在西安举行。论坛以“国际化大都市西安需要怎样的国际教育”为主题，国内外资深教育研究者以及国际优秀校长代表等各类专家，深入探讨西安国际教育发展未来，并为政府部门决策提供参考。论坛上，西安梁家滩国际学校与8个国内外学校结为姐妹友好学校，致力于共同推进师生及学校间的友好交流合作。在平行工作坊分论坛上，近20位国内外演讲人进行主题交流。

（姬娟妮）

学前教育

◆概况 2019年，西安市有幼儿园1839所，比2018年增加59所；校舍建筑面积350.44万平方米，增加29.00万平方米，增幅9.02%。在园幼儿360528人，增加6593人，增幅1.86%；入园儿童128620人，减少1626人，减幅1.25%；教职工52442人，增加2838人，增幅5.72%；专任教师26496人，专任教师学历合格率99.14%，生师比13.58人。民办幼儿园1164所，增加23所。

◆幼儿园“小学化”专项治理 2019年3月28日，西安市召开幼儿园“小学化”专项治理工作推进会。通过总结交流及现场观摩活动，进一步提升幼儿园科学保育教育工作水平、规范义务教育阶段办学行为、提升家长科学育儿理念，为孩子们健康快乐成长保驾护航。西安市各区（县）教育局分管局长、学前教育科主要负责人，以及各区（县）幼儿园的园长代表150人参加。11月7日，西安市迎接教育部幼儿园“小学化”专项治理工作调研，教育部基础教育司调研专家组对西安市部分幼儿园、小学进行实地调研并召开座谈会。

◆“陕西省学前教育宣传月”活动 2019年5月24日，陕西省“学前教育宣传月”启动仪式在西安市第一保育院举行。本次宣传月以“科学做好入学准备”为主题，通过风采展示、观摩交流等多视角、多形式宣传幼小衔接科学理念，努力营造有利于幼儿健康成长的良好社会环境。

西安市2019年认定的一级幼儿园

序号	区县	幼儿园
1	新城区	风景大院铭蓝幼儿园
2	新城区	西安职业中等专业学校第一幼儿园
3	新城区	西安职业中等专业学校第二幼儿园
4	碑林区	西安交大阳光逸园幼儿园
5	莲湖区	西安莲湖太奥真美幼儿园
6	莲湖区	西安莲湖英才幼儿园
7	莲湖区	西安莲湖新苗幼儿园
8	灞桥区	品格东方罗马花园幼儿园
9	灞桥区	灞桥区狄寨街道中心幼儿园
10	未央区	未央区延长开元幼儿园
11	雁塔区	西安市雁塔区开元幼儿园
12	雁塔区	西安市雁塔区嘉祥第五幼儿园
13	阎良区	西安航空基地第一幼儿园
14	临潼区	西安市临潼区代王平丰幼儿园
15	临潼区	骊山新家园中心幼儿园
16	长安区	太乙宫街道中心幼儿园
17	长安区	王曲街道中心幼儿园
18	长安区	滦镇街道中心幼儿园
19	长安区	郭杜街道盛世长安多彩幼儿园
20	长安区	郭杜街道万科城尔雅幼儿园
21	高陵区	西安市高陵区四季阳光幼儿园
22	高陵区	西安市高陵区曹家社区幼儿园
23	高陵区	西安市高陵区金色摇篮泾渭新城幼儿园
24	高陵区	西安市高陵区高新水岸花城幼儿园
25	高陵区	西安市高陵区新徽乐贝儿幼儿园
26	高陵区	西安市高陵区鸿禧幼儿园
27	鄠邑区	鄠邑区蒋村中心幼儿园
28	鄠邑区	鄠邑区涝店镇张家幼儿园
29	蓝田县	蓝田县厚镇中心幼儿园
30	蓝田县	蓝田县华胥镇中心幼儿园
31	蓝田县	蓝田县玉山镇中心幼儿园
32	高新区	西安高新第五幼儿园

◆西安市第六届幼儿园教师专业技能大赛 2019年8月28—30日，西安市第六届幼儿园教师专业技能大赛成功举办，西安市15个区（县）的139名幼儿园教师参与此次大赛，最终评选出一等奖获得者10人、二等奖获得者15人、三等奖获得者21人、优秀奖获得者54人。

（张心茁）

◆西安市第五保育院“名校”驻“+校”帮扶 2019年4月，西安市第五保育院与高陵区泾渭观澜社区幼儿园正式组建市级“名校+”教育联合体，双方就优化管理、提升质量、打造区域品牌等多方面提出结对提升计划。2019—2020学年，市五保选派教育特派员吴雨亭赴市级“+校”高陵区泾渭观澜社区幼儿园开展为期一年支教交流工作。

◆西安市第二保育院被评为“陕西STEM教育种子学校” 2019年6月21—24日，由陕西省教育厅主办，陕西教育科学研究院承办的“陕西省STEM教育实验学校校长、教师培训会”在西安高新国际学校举行。来自陕西省各地市教科研机构负责人及中小学、幼儿园代表500余人参加会议。西安市第二保育院与其他85所学校一起，被授予“陕西STEM教育种子学校”称号并授牌。

◆西安市第三保育院开展“名校+”艺术领域教学研讨活动 2019年3月8日，西安市第三保育院开展“名校+”艺术领域教学研讨活动，来自“+校”及大学区内各园所教师参加活动。活动分别展示西安市第三保育院老师赵坤的《高大的银杏树》和莲湖区第八幼儿园老师张婉瑶的《大象和蚊子》2部作品。活动中，2位老师通过幼儿喜爱的美术和唱歌的形式让幼儿充分的感受、体验、想象，支持幼儿自发的艺术表现和创造。

◆西安市第二保育院连续16年获市级卫生保健工作“特等奖” 2019年1月15日，西安市卫生健康委员会及西安市教育局联合召开“2018年度西安市直管卫生保健托幼机构卫生保健工作总结表彰大会”。西安市第二保育院在西安市直管卫生保健托幼机构中，获“2018年度卫生保健工作特等奖”。至此，西安市第二保育院已经蝉联16年“卫生保健工作特等奖”。医务室主任凤欣玲、医务室护士奚蔚获“卫生保健工作先进个人”。

（姬娟妮）

义务教育

◆**概况** 2019年，西安市有小学1145所，比2018年增加15所，教学点284个，减少2个；校舍建筑面积580.47万平方米，增加51.90万平方米，增幅9.82%。在校学生789795人，增加58897人，增幅8.06%；小学教职工44511人，增加3389人，增幅8.24%；小学专任教师43628人，增加3643人，增幅9.11%；专任教师学历合格率100%，生师比18.10人。民办小学88所（另有学校数统计在中学的一贯制民办学校29所）。西安市有普通初中302所，增加12所；在校学生282494人，增加12278人，增幅4.54%；招生101441人，增加8457人，增幅9.10%。有专任教师22547人，增加971人，增幅4.50%；生师比12.53人。民办初中37所，增加8所。

◆**西安市"品质课程"巡展** 2019年5月25日，由陕西省教育科学研究院、西安市教育科学研究所主办，灞桥区教育局、灞桥区纺织城小学"名校+"教育联合体承办的国家级教学成果孵化项目启动暨西安市"品质课程"巡展活动在灞桥区纺织城小学富力分校举办。大会以"聚焦课程课堂，助力'名校+'内涵发展"为主题，以西安市"品质课程"建设为重点，全面进行课程改革探索实践，通过专家讲座、"阳光课程"课堂展示、名家点评互动等形式，助推西安教育发展和教科研改革与创新。

◆**中、小学生课后服务** 2019年9月1日，西安市全面实行《西安市关于做好中小学生课后服务工作的指导意见》，在全国率先将课后服务延长至19时，充分利用学校优势，解决或减轻家长课后托管的实际困难和经济负担。西安市有1114所中、小学校参与课后服务，参与教师2.15万人、学生33.19万人。西安市小学一、二、三年级春、秋季"弹性离校"参与学生数27.23万人，参与率40%，全年市级财政拨款2570万元。

◆**中小学继承弘扬优秀传统文化活动** 2019年8月17日，由西安市教育局主办，西安教育电视台承办的2019年"丝绸之路经济带"沿线城市教育协作会暨中小学继承弘扬优秀传统文化活动开幕式在陕西广电大剧院隆重举行。西安、兰州、银川、西宁、乌鲁木齐5座丝绸之路沿线城市参会。会期2天，主题为"继承弘扬优秀传统文化，共同谱写丝路教育新篇"，举行西北五省校长论坛、首届"I-Go""一带一路"青少年国际围棋邀请赛、西北五省青少年诗词诵读大会和西北五省青少年快闪视频评比展示4项活动。

◆**西安学习团参加第四届全国中小学品质课程研讨会** 2019年11月3—4日，第四届全国中小学（幼儿园）品质课程研讨会在河南省郑州市金水区河南省人民大会堂开幕，来自全国各地的近2000名代表参加。西安市23所中小学校长以及副校长、骨干教师80余人组成的学习团队参加。西安市教育科学研究所所长解慧明作为特邀专家在"联盟智慧与全真观察"板块做《基于创新人才培养的品质课程实践探索》专题报告。西安市被授予"全国品质课程实验区"荣誉称号。高新第一小学、曲江第一小学、高新第六小学、高新第七小学、浐灞第四小学、灞桥区东城第一小学黄邓分校、未央区华远海蓝城小学、曲江南湖小学、灞桥区纺织城小学、未央区西航三校、西安市阎良区第一学校、阎良区关山中学12所学校获"全国品质课程实验联盟学校"称号。

◆**"小葵花"微光融大爱公益制灯挂灯仪式** 2019年12月12日，西安市教育局联合西安城墙管委会主办的第四届"小葵花"微光融大爱·公益制灯活动挂灯仪式在西安城墙永宁门举行。西安市15个区（县）数百名中小学生用自己精心制作的花灯，共同扮靓2020城墙灯会"万家灯火区"，在点亮城市温暖的同时为本地同龄的留守儿童送上一份小小的爱心。

◆**高陵学生获"2019全国最美孝心少年"称号** 2019年10月17日，中央广播电视总台2019"寻找最美孝心少年"大型公益活动颁奖典礼在北京举行，来自西安市高陵区的杨官寨小学二年级学生赵泽华获"2019全国最美孝心少年"称号。

（张心茁）

◆**曲江一小"美好教育"走进红丰小学** 2019年12月2日，由西安市教育局主办，曲江新区教育卫生局、阎良区教育局和西安教育电视台承办，曲江一小"名校+"教育联合体举办的"西安好课堂名校优课乡村行——曲江一小美好教育走进红丰小学"活动在阎良区武屯红三小学举行。曲江一小"名校＋"教育联合体的同学们进行素质教育成果展示。曲江一小带来传承中华武术文化的《四海传承》以及融入戏曲元素的舞蹈《传习》；红丰小学的学生呈现以中华诗歌文化为内容的《四季之韵》。开幕式后，曲江一小分别从语文、数学、英语、体育、音乐、美术等学科，为红丰小学的孩子们以及武屯中心小学"名校+"教育联合体的老师们带来6节优质课堂。

◆**2019年西安中、小学"高雅艺术进校园"活动启动** 2019年12月4日，由西安市教育局主办、西安交响乐团合唱团承办的2019年西安中、小学"高雅艺术进校园"活动在西航二中启动。西安交响乐团合唱团成员通过现场演绎音乐之美，带领学生们走进合唱的多元化世界，普及合唱及音乐教育，提升艺术育人的浸润力。启动仪式后，西安交响乐团合唱团在现场带来《在灿烂的阳光下》《乘着歌声的翅膀》《青年歌》等多首曲目的精彩演出和专业讲解。精选《祖国，慈祥的母亲》《我爱你中国》2首爱国歌曲，作为爱国主义教育教材为学生们讲解、示范。

◆**首场"平安·开讲啦"公开课堂在西安市经开第一小学开讲** 2019年5月24日，西安市公安局、西安市教育局联合华商报社共同启动的首场"平安·开讲啦"公开课堂在西安市经开第一小学开讲，3位来自西安市公安局的优秀民警分别围绕"如何向校园欺凌说不""遇到拥挤踩踏怎么保护自己""怎样乘坐车辆是安全的"等广大师生家长关心、关注的问题，为孩子们和家长代表送上精彩而特别的一课。

◆**西安市举办中小学毒品预防教育教师培训** 2019年10月，西安市教育局举办中小学毒品预防教育教师培训。各区（县）从学校德育主任、小学五年级至高中二年级班主任及有关学科（语文、历史、化学、生物、道德与法治等）担负毒品预防教育的教师中选派，西安市500余名中、小学教师参加此次培训。培训邀请中智安全教育研究院王妮讲师、市公安局禁毒支队警官刘兴分别从"青少年如何识毒、防毒、拒毒""学校如何开展毒品预防教育"进行针对性培训。

◆**"步步高杯"西安市青少年校园足球联赛2018—2019年度市级决赛** 2019年6月28日，由西安市青少年校园足球工作领导小组办公室主办，西安教育电视台、西安市足球运动管理中心联合承办，各区（县）教育局、文体局共同协办的"步步高杯"西安市青少年校园足

2019 年 6 月 28 日，“步步高杯”西安市青少年校园足球联赛 2018—2019 年度市级决赛在西安市第七十五中举办

球联赛 2018—2019 年度市级决赛在西安市第七十五中学闭幕。西安市青少年校园足球联赛 2018—2019 年度市级决赛历时 2 个月，西安市 20 个区（县）和开发区 100 支队伍参与，参赛运动员 2000 余人，比赛场次 200 余场。经过比赛，产生冠军 5 个，评选出“金靴奖”最佳射手 10 人、“金手套奖”最佳门将 10 人、最佳教练 10 人、“金哨奖”最佳裁判员 12 人。

◆长安大学与西安市雁塔区基础教育合作办学协议签约仪式举行 2019 年 3 月 1 日，《长安大学 西安市雁塔区基础教育合作办学协议》签约仪式举行。雁塔区与长安大学就“利用长安大学举办的附属中小学，开展基础教育合作办学，共同打造基础教育品牌”达成协议。

（姬娟妮）

中等教育

◆概况 2019 年，西安市有普通高中 167 所，比 2018 年增加 1 所；在校学生 153149 人，减少 1250 人，减幅 0.81%；招生 51508 人，增加 842 人，增幅 1.66%。专任教师 12804 人，减少 52 人，减幅 0.40%；生师比 11.96 人。民办高中 31 所。职业高中 60 所，校舍建筑面积 107.74 万平方米，增加 9.36 万平方米，增幅 9.52%。在校学生 52553 人，增加 6173 人，增幅 13.31%；招生 19797 人，增加 2502 人，增幅 14.47%。教职工 3798 人，增加 299 人，增幅 8.55%；专任教师 2685 人，增加 101 人，增幅 3.91%；生师比 19.57 人。民办职业高中 36 所。

◆第二届高中新课改教育装备创新应用研讨会 2019 年 5 月 5—7 日，由教育部教育装备研究与发展中心中小学教务教学数据研究中心、教育与装备研究杂志社、教学考试杂志社联合主办的第二届高中新课改教育装备创新应用研讨会在西安举行。本届研讨会旨在深入落实国家考试招生制度改革精神，主动适应普通高中改革发展新形式新要求，总结交流以信息技术装备为支撑，深化课程改革、实施走班教学的典型经验，探索学校教务教学数据创新应用。教育部教育装备研究与发展中心、陕西省教育厅、西安市人民政府、西安市教育局、教学考试杂志社相关领导，部分省、市教育装备部门、教育局负责人，以及专家、校长、学科教师约 200 人出席会议。

◆新高考制度改革域外培训 2019 年 6 月 17—21 日，西安市教育局赴上海华东师范大学，举办西安市普通高中全面深化新课程改革稳步推进新高考制度改革域外培训。完成 8000 人普通高中课程方案和各学科课程标准全员培训、5 期 1140 人的普通高中适应新高考制度改革推进新课程改革培训、74 人域外培训和 200 人示范培训，学习借鉴山东、广东、上海、浙江等省、市推进高考综合改革和新课程改革的应对策略和实践经验，把握选课走班、综合素质评价、学生生涯规划教育等操作办法，为西安市启动高考综合改革奠定坚实基础。

◆陕西省职业教育成果展 2019 年 5 月 27 日，“陕西省职业教育成果展暨西安市职业教育活动月”启动仪式在西安旅游职业中等专业学校举行。陕西省、西安市教育行政领导、陕西各地、市教育局，省属、市属高职中职院校领导、西安市各区（县）中职学校领导以及企业和媒体单位 500 余人参加。

◆西安市育才中学学生获青运会银牌 2019 年 6 月 27—29 日，全国第二届青年运动会田径项目乙组决赛在河南洛阳举行，来自全国各地的 81 支队伍 995 名运动员报名参赛。西安市育才中学学生郭运开以预赛第一的成绩入围，并最终在男子乙组 800 米决赛中，获全国城市运动会、青年运动会银牌。

◆高中理化生教师实验操作技能竞赛 2019 年 10 月 22 日，西安市举办 2019 年高中理化生教师实验操作技能竞赛活动，经过区（县）选拔、遴选，参赛教师 99 名。实验教师展示规范的实验操作技能、熟练的数字化实验（DIS 实验）创新设计、操作系统运用及结果分析能力，评出一等奖 10 名、二等奖 20 名、三等奖 36 名、优秀奖 27 名。11 月 1—3 日，西安市教师参加陕西省第四届高中理化生教师实验操作技能竞赛，一等奖获奖教师在陕西省占比 67%，二等奖以上获奖率 84%。西安市教育局被陕西省教育厅授予“优秀组织单位”称号。

（张心茁）

◆西安高级中学机器人战队在世界机器人大赛中获佳绩 2019 年 7 月 28 日，世界机器人大赛总决赛在河北保定落幕，来自十几个国家的 2000 多支代表队、5500 余名选手参加。经过 3 天比赛，西安高级中学机器人团队的沈凯飞、王瑞青、张永苗、曹蕊蕊 4 位选手，获得 2019 世界机器人大赛总决赛智造搬运大挑战季军。陆裕元老师被评为“优秀指导教师”，西安高级中学获“优秀组织奖”。

◆西安市举办 2019 年中等职业学校技能大赛 2019 年 10 月 28 日，西安市中等职业学校技能大赛开幕式暨全市职业教育推进会在西安商贸旅游成人中专举行。西安市教育局、西安市商务局、西安市教科所、各区（县）教育局相关负责同志，48 所中职学校校长、师生及合作企业代表 500 余人参加。开幕式上由各区（县）教育局及直属学校组成 18 个代表队，身着职校特色服饰列队入场，西安商贸旅游成人中等专业学校致欢迎辞，大赛裁判员（评委）代表、参赛选手（学生）代表进行宣誓。最后，来自 5 所职业学校的87名学生表演精彩的节目。大赛由西安市教育局主办，西安市商贸旅游成人中等专业学校承办，西安市教科所协办。大赛于10月30日至11月6日，分别在西安旅游职业中等专业学校、西安市卫生学校、西安职业技术学院等10所学校进行，围绕护理技能、艺术插画、中西餐烹饪、汽车维修、导游模拟等31个赛项展开竞技。大赛有41所中职学校的438组参赛学生、70组参赛教师，共830名选手参加比赛，比2018年参赛人数增加154人，实现赛点、赛项和参赛选手“三增加”。

◆西安市中等学校现代制造技术技能大赛在西安职业技术学院举办 2019年11月1日，2019年西安市中等职业技术学校现代制造技术专业技能大赛在西安职业技术学院机电工程学院举办。来自高陵区职教中心、鄠邑区职教中心、阎良区职教中心、雁塔区职业高级中学的4所西安市属中职学校的34名师生代表参加。比赛包含普车、数车、数铣、钳工4项比赛。采取实操考核，操作内容包括加工工艺设计、编写程序、加工操作等环节。大赛期间，所有选手均能够严格遵守大赛的各项规则，监考人员及时做好考件的密封工作，评委及专家人员在公平、公正、从严的原则下对工件进行检验与评分，统计出总评成绩以及选手名次。（姬娟妮）

高等教育

◆概况 2019年，西安市有高等教育学校75所。其中，普通高等学校63所、成人高等学校12所。各类高等教育在校学生137.36万人，毕业生39.68万人。其中普通高等学校（本专科）在校学生73.86万人，毕业生19.18万人。另有研究生培养机构43所，在校学生13.20万人，毕业生2.86万人。

◆西安文理学院 2019年，西安文理学院加强教育教学，全立项建设在线开放课程5项、SPOC课程15项、虚拟仿真实验教学项目5项、课程思政改革项目11项。获批省级精品在线开放课程4门，获批门数位居省属高校第三、同类院校首位；获批省级虚拟仿真实验教学项目2项；获批省级学前教育研究项目4项，其中重点1项，立项数量居陕西省高校首位；获批省级教学研究与改革项目9项，其中重点项目3项。省级教学成果奖中，获一等奖1个、二等奖2个。完成1450门课程教学大纲的修订。完成7个省级一流专业的中期检查工作，指标任务完成超80%；9个市级重点扶持专业年度建设任务均已完成；全面启动师范类专业认证工作，13个师范类专业全部达到认证一级标准。通过省级重点实验室评审1项，获批市级重点实验室1个；全年获批省部级以上科研立项61项（其中国家自然基金3项、国家社科基金1项，教育部项目1项）；国家专利55项，核心以上论文322篇，专著29部；科研经费到账2356万元，比2018年增长13%。其中全年与政府及企业签订涉及技术开发、技术转移、技术服务、技术咨询合同1328万元。按计划录取本科生2960人，专升本583人；陕西文史类60.15%、理工类87.19%考生分数在一本线上，最低录取分仅低于一本线1分，在陕西省二本院校中录取分数最高，排名第一。留学生人数109人；首次招收尼泊尔20名学历教育学生。联合培养研究生104人，累计培养研究生400余人，新增硕士生导师35名，硕士生导师共计98人。全年学生“大创”立项国家级25项、省级87项，较2018年增长41.7%；省级以上学科竞赛获奖113项，比2018年增长17.7%。学生发表论文57篇（其中SCI检索1篇）。毕业生初次就业率90.72%，年底就业率93.14%，其中在西安就业占比63.3%。全年引进教授、博士40名，内培博士5名；有28人申请攻读博士学位，录取20人，其中国内2人、海外18人；柔性引进高层次人才10人（B类专家1人、C类专家2人、D类专家6人、E类专家1人）；目前教师中博士学历占比27%，较2018年提升5个百分点。依托西安市教师发展研究中心，完成国培、省培、市培及域外培训等各类培训项目84项，累计培训学员3万余人次；依托西安市干部教育培训文理学院基地，举办各级各类专题培训班74期5388人次；老年大学52个班1535人次。校级领导扶贫调研29人次；投入帮扶资金55.11万元，协调外部资金8.5万元；免费为宁陕县培训骨干教师610人次、干部45人次；获陕西省、西安市扶贫工作考核双优秀。（张心茁）

◆西安铁路职业技术学院 2019年，西安铁路职业技术学院有3个校区，占地46.67公顷。有教职工665人，其中专任教师368余人（教授、副教授173人，“双师型”教师236人）。有全日制在校生13101人，开设有37个专业，其中以铁道交通和城市轨道交通专业为主，基本涵盖铁道交通和城市轨道交通领域的所有工种。还开设有装备制造、土木建设、电力技术和电子信息等领域相关专业。学生参加各级各类竞赛获得省级及以上奖项63项，其中国家级奖项7项。学院获“国家节约型公共机构示范单位”。结合职业教育发展新要求，深入推进教育部第2批现代学徒制试点学院、陕西省高等学校创新创业教育试点学院、阿里大数据学院和“1+X”证书制度试点等4项试点工作。现代学徒制试点学院联合企业共同修订人才培养方案，完善各项管理制度和课程资源，完成现代学徒制试点建设任务，于10月通过教育部验收。2019届试点班71名学生（学徒）完成所有校企课程和校企联合考核评价，正式进入企业，2020届试点班30名学生进入岗位训练阶段。创新创业教育试点学院积极拓宽合作企业范围，与多家企业签署校企合作协议，在创新创业校外实践、人才培养等方面开展相关交流与合作。阿里大数据学院建设有序推进，专业建设与课程体系不断完善，大数据实训室（一期）建设已经完成。2019年6月，学院被确定为国家首批“1+X”证书制度试点院校，物流管理专业被确定为首批“1+X”证书制度试点专业。学院建立试点工作团队，制定《试点专业实施方案》等一系列相关制度。11月，学院正式获批教育部第一批“1+X”证书制度试点物流管理职业技能考核站点，成为首批获得试点考核站点资质的院校之一。结合建设要求，完善教学管理、学生管理、国际合作交流等管理制度，动态调整专业结构。2个“一流专业”建设项目、6个“一流专业”培育项目修订人才培养方案及课程标准，全面展开校企合作，开发基于工作过程的教材，实施教学资源库和在线开放课建设，建成省级精品在线开放课程1门、院级在线开放课程43门，获批主持国家级教学资源库建设项目1项、省级教学资源库建设项目2项。6个“市级重点扶持专业”修订完善人才培养方案和课程标准，按照实施方案中的年度计划从课程群、教学团队、实践教学条件等方面组织实施建设工作。专业综合改革项目顺利推进，2个专业综合改革项目均以“优秀”等次通过省级验收。经西安市教育局研究审定，学院城市轨道交通车辆技术、城市交通运营管理、铁道信号自动控制、铁道工程技术、物流管理、电气自动化技术等6个专业获批西安市“市级重点扶持专业”。2019届毕业生就业率97.3%，其中国有企业就业率82%，就业率、专业对口率、职业稳定性和薪酬水平，均位居陕西省同类院校前列。2020届毕业生预就业率 79.4%。通过公开招聘和进校园招聘引进硕士研究生 10 人。组织 300 余人次参加素质提升、专题培训、业务竞赛、企业研学等各类活动，提升教师业务能力。鼓励和引导教师提升业务技能，教师参加陕西省高职院校技能大赛教学能力比赛获得一等奖 2 项、二等奖 2 项、三等奖 4 项。2 名教师在陕西高校思政课教师大练兵中分别获得“教学标兵”“教学骨干”称号。加强师德师风培育，1 名教师获得“全国优秀教师”称号。学院借助“互联网+”创新创业大赛，培养学生创新创业能力，《移动式铁道车辆故障轨边图像检测车》项目在 2019 年的“互联网+”大学生创新创业大赛上获陕西赛区金奖。强化学生日常管理和学风建设，举办第 62 届田径运动会和第 24 届校园科技文化艺术节，开展纪念五四运动 100 周年、庆祝新中国成立 70 周年等一系列主题活动。组织学生参加各类形式多样的志愿服务与社会实践活动，学生实践活动参与率 75%。开展“创先争优”及“双十”学习竞赛评选表彰活动，对 12900 余名学生实施资助，累计资助资金 1500 余万元。在第五届中国“互联网＋”大学生创新创业大赛陕西省复赛中，学院“移动式铁道车辆故障轨边图像检测车”项目在职教赛道比赛中获金奖。在陕西省第四十一届大学生田径运动会上，闫杰以 36′45″34 的成绩打破男子 10000 米纪录，获得冠军。鼓励教师积极开展教育教学研究及技术研发等科研工作，11 项课题通过评审立项为省级科研项目，21 项课题立项为院级课题，承接北京交通大学横向项目 1 项。国际交通学院办学规模达 690 人，2017 级学生中有 45 人通过俄方语言测试赴俄开始本科阶段的学习。与曼谷职教中心联合成立的“中泰轨道交通学院”在曼谷廊曼技术学院揭牌，首批 9 名泰国留学生已经入校学习。此外，学院还与尼泊尔、赞比亚、芬兰、马来西亚等国家有关机构开展多领域、多层次的交流，促进办学服务能力的提升，扩大学院的对外影响。学院不断增强为区域社会经济和行业企业发展的服务能力，举办各类培训班 31 期 2800 余人次，其中包括西安市组工干部培训等机关单位相关培训和青藏铁路公司等企业单位的员工培训工作。完成铁路特有工种职业技能鉴定 3147 人次，组织计算机等级考试、公共英语等级考试等社会考试，参试累计 9000 人次。与西南交大合作举办的西南交大网络学院西安学习中心招生 1701 人，在册学员 5547 人。加强图书、档案、后勤服务、校园信息化建设等工作，不断改善校园环境，推进智慧校园建设，实施信息化 2.0 建设，启用校园网上办事大厅、自动化办公系统，制定并实施法律顾问、视频会议系统等管理办法，提升管理服务效能，为师生学习、生活提供服务保障。推进新校区二期建设，联系国际港务区推进征地工作，并完成新建学生公寓楼的地勘、文勘、设计招标等工作。改善校内实训实践条件，轨道交通专业综合实训中心（一期）项目竣工，钢轨探伤演练场等 7 个实训项目建设进展顺利。（马长坤）

◆西安职业技术学院 2019 年，西安职业技术学院报到新生 6144 人，在校生 1.14 万人，学生规模首次突破万人。积极落实“百万扩招”政策，录取学员 5600 人，超额完成扩招任务。加强毕业生就业服务和指导，先后组织大型校园招聘会、专场招聘会、知名企业宣讲会 130 场，毕业生就业率 97.74%，建档立卡家庭毕业生实现 100% 就业。围绕“五大层面”重点工作，认真开展多轮自我诊改，逐步构建以内部质量保证体系为基础，以信息化教学平台建设为支撑的自我整改工作机制，顺利通过省教育厅专家组的整改复核。6 个省级一流建设及培育专业发展良好，形成以一流专业为龙头，辐射带动各专业共同发展的良好格局。立项建设“软件技术”等院级特色专业 7 个。新增“新能源汽车技术”等三年制高职专业 5 个。省控“护理（康复护理）”专业顺利通过陕西省教育厅、陕西省卫生健康委员会专家审核。动漫制作技术专业与新昆公司等知名企业深度合作，全面开展现代学徒制试点及推广。完善校企合作协同育人机制，构建以岗位能力为导向的教学运行模式、课程建设体系、质量监控体系。校企联合推进招生、招工一体化，加强师资队伍建设，共建“九坊一心”。现代学徒制试点工作顺利通过教育部验收。动漫制作技术专业被认定为国家级骨干专业、省专综改革试点优秀项目、西安市重点扶持专业，“动画工场”被认定为国家级生产性实训基地。深入探索学历证书和专业能力证书的互通衔接，进一步提升学生就业创业能力。成为教育部首批“1+X”证书制度试点院校，建筑信息模型（BIM）等 8 个项目获批教育部试点项目。组织相关专业学生进行等级认证培训，承办陕西省首期“‘1+X’智能财税”职业技能等级证书师资培训。开展院级教育教学改革研究项目申报、立项、验收等工作，确定 2019 年教学改革研究项目 29 个。《“教技共融 赛教共促”信息化课堂教学创新与实践》获得陕西省高等教育教学成果一等奖。构建精品专业教学平台，建设院级精品在线开放课程 30 门。教师积极主编、参编教材 14 部。王成平同志主持的“建筑工程计量与计价”课程被认定为“陕西省首批精品在线开放课程”。与陕西铁路工程职业技术学院、陕西职业技术学院、黑龙江建筑职业技术学院等联合主持的“建设项目信息化管理”等 3 个专业教学资源库获陕西省教育厅批准立项。以提升教师教学能力为目标，推进信息化教学改革，通过学习培训、组织参赛，全面提升教师信息素养。教师在省级教学能力大赛、课堂教学创新大赛中共获得一等奖 2 项、二等奖 8 项、三等奖 4 项、国赛三等奖 1 项，学院被授予课堂教学创新大赛优秀组织奖。制定《大学生创新创业管理办法》和《大学生创新创业基地管理办法》，新增双创课程 26 门，培训创业导师 30 人。建成院本部餐厅三楼众创街区、怡亚通生产性实训基地，引入校园超市和多家餐饮服务店铺。积极建设辛家庙校区大学生创业一条街、土门校区大学生文化产业创新创业孵化基地等双创基地，为学生创业提供服务。建立健全“以赛促学、以赛促教”的良好机制，学院学生在高职院校技能大赛中获得省赛一等奖 3 项、二等奖 25 项、三等奖 34 项，国赛三等奖 2 项。在大学生数学建模比赛中获得省赛一等奖 2 项、二等奖 3 项，国赛二等奖 2 项，国赛获奖数量再创新高。探索建立政行企校“四方联动”办学机制，修订学院《校企合作管理和考核办法》，规范校企合作相关质量标准和工作要求。整合优化现有资源，促进校企合作工作不断规范提升。学院加快校区建设步伐，正式启用 1 号教学楼，有效提升教学实训条件。制订学院改扩建规划建设方案，上报市级相关部门。推进校区环境提升，铺设沥青路面、更换破损道沿、新植草坪苗木，校园面貌焕然一新。改造老教学楼、公寓楼、实训基地等，实现办学资源的有效利用。制定学院智慧校园建设方案，实现 3 校区网络互联互通、资源共享。改造校园网核心设备和网络线缆，实现万兆主干、千兆桌面、10G 双光纤专线接入。升级改造学院门户网站，建成学院数据中心。创新后勤管理模式，以“师生饮食服务之家”“后勤维修申报”等服务平台为依托，开展后勤服务智能化管理。发挥高职院校基本职能，大力开展职业技能培训与鉴定工作，承担各类培训项目 7 项、社会化考试项目 11 项，建成社区教育资源课程 10 个，打造动漫类、管理类、农林类技能等级培训服务包5个，完成各类社会服务2.3万人次，社会服务到款额143万元。落实乡村振兴战略，积极培育新型职业农民，完成6个职业农民学历班教学任务，授课1024学时。

（高　帆）

◆西安广播电视大学　2019年，西安广播电视大学招生32379人（含奥鹏教育招生），位列全国中心城市第二，在籍生9.7万人。科学制定2019年度教学资源建设规划，采取自建与采购相结合的形式，严格依据《西安广播电视大学教学资源建设质量保障管理办法》，确保资源建设质量。实现选修课程常规资源覆盖率96%。完成150节系列微课程和4门在线开放课程（基于Moodle平台）的建设工作。采取合作共建的方式，完成2门VR课程的教学设计，开始课程建设。组织实施课程教学资源质量与应用评比活动，建立资源建设常态化反馈机制。积极利用智慧教室实现以面授统筹直播课和网络统筹直播课相结合的“双统筹”教学支持服务方式，为学生提供有力的学习支持服务，为扁平化办学特色提供有力支撑。面授统筹直播课安排22门次，授课71次。其中，春季安排13门，授课37次，服务学生15031人次；秋季安排9门，授课34次，服务学生14975人次，春、秋两季平均到课率均有提高。2019年安排网络直播课85门，播课323次，参与40731人次。其中，春季安排40门，秋季安排45门，学生平均参与率较去年有较大提高。秋季所有直属分校全部启用智慧教室进行面授统筹直播课的收视，实现智慧教室的主会场与远端分校的教学实时互动，增强师生互动。秋季网络直播课实现播课形式多样化，开启智慧教室备课室直播，授课教师可以根据授课情况选择办公室或备课室授课，丰富直播课授课形式和拍摄场景，给学生提供不同风格的视觉感受。借助云平台注重教学信息的推送，全年学习人数104358人次，学生在线学习时长61746.81小时，移动端“任我学”App学生在线学习时长为28635.43小时。采取多种形式，继续加强对“学分银行”使用的培训力度，提高学生熟练使用平台的能力，积极推进两平台使用，加强个人账户及学习型组织账户的管理工作，已建立账户信息9168个，比2018年增加18%；存储学习成果信息记录13099条（校学银13002条、国开学银97条），增加13%。推广应用标准，学分银行积极发挥新时代人才培养的“立交桥”作用，以“单科注册学生”为突破口，开展认证、积累与转换业务。本年度为885名开放教育单科课程注册学习者建立个人学分银行账户，存储学习成果1398条，同时为500余名学习者办理学习成果转换手续。稳步推进“15分钟社区教育圈”建设工作，不断完善社区教育四级体系建设。优化学习管理平台，制作微课85个，购买1350集，推进非学历部门资源共建共享。编印社区教育读本《做有智慧的家长》。承办全市大型社区教育市民活动3次，开展市民大讲堂4场，组织传统文化体验活动4次，丰富市民精神文化生活。完成“国家开放大学（西安）老年开放大学”挂牌，为构建老年教育新格局奠定坚实基础。西安社区大学2019年被授予全国“事迹特别突出的优秀成人继续教育院校”，“文明市民网上课堂”项目获得中央、陕西省、西安市“终身学习品牌项目”荣誉。陕西干部教育培训网、陕西干部教育培训管理系统已开发建设完成并投入使用，同时建立全省干部教育网络培训大数据平台。截至年底，陕西干部网络学院学习平台注册人数38.2万人，访问量3958万余次。全年专题培训设置11个专题，调训461人；在线选学培训19.3万人；自建特色课程70门，共享微课程236门，共享专题片43类，拍摄VR课程5门。西安干部网络学院学习平台注册学员66356人，全年培训干部52524人次。继续教育基地被陕西省人力资源和社会保障厅批准为教育类副高医生职称人员继续教育专业课程培训基地。以承担“幼师国培（2019）”项目为重点，重点开展学前教育方面培训，全面承办培训项目5个，培训教师2.1万人次。依托“西安市职工素质教育培训网”开展网上培训，新注册职工18012人，年度学习职工人数50097人，同时组织2次线下体验学习活动。西安汉唐文化网络学院致力办学形式拓展，实现学校与行业合作办学新形式，先后与西安观汉雅集艺术馆、西安关中民俗艺术博物院达成合作协议，为留学生提供地区文化特色鲜明的线下实践教学资源及教学服务。继续开展第3期汉唐特色文化体验线下活动，100名来自意大利、阿塞拜疆等22个国家的学生参加3条线路、3个班特色教学活动。先后组织学生参加西安国际港务区举办的2019年“一带一路”留学生创业大赛决赛活动、西安市人民政府外事办公室“外国人看西安”征文活动，鼓励学生成为促进丝绸之路经济带沿线国家和平友好交往的文化使者，讲西安故事，传播中华文化。残疾人教育学院2019年完成国家开放大学2018年度阳光奖学金评选工作，有6名品学兼优的学生获得2018年度国家开放大学残疾人教育阳光奖学金，1名学员获“国家开放大学残疾人学院优秀毕业生”称号。截至年底，学院有在籍生315人（本科136人、专科179人），新招生72人（本科36人、专科36人），注册课程723门次；开设面授课程42门，共计756课时；共组织完成25名学生的毕业综合实践环节工作。士官教育学生遍布西安、宝鸡、渭南、铜川、安康等地市。截至秋季，士官教育学院在校生6075人，其中直属一分校1891人、直属三分校2459人、高新分校1725人。设立中队学习点164个（一分校60个、三分校41个、高新分校63个）。

◆西安电子科技大学发布国内高校首个“区块链双创证”　2019年，西安电子科技大学国家级大学生创新创业计划项目成员、西电创新创业实验班学生雷清扬、韩翔宇、陈炜坤，在项目结题后拿到“区块链双创证书”，这是全国高校首个基于区块链技术的大学生创新创业实践证书。该“区块链双创证书”由西安电子科技大学创新创业学院与北京共识之道科技有限公司联合开发，相比传统的证书，不仅在证书上显示个人信息、项目信息、获奖信息、证书编号及发证机构等内容，而且将这些内容同步登记到区块链上，具有唯一区块高度和时间戳。“区块链双创证书”充分利用区块链技术的特性，实现证书内容的可追溯、可验证，让参与创新创业的学生和导师的证书信息不被篡改、伪造。

◆西铁院与曼谷职教中心合办中泰轨道交通学院　2019年4月，西安铁路职业技术学院与曼谷职教中心联合成立的中泰轨道交通学院在曼谷廊曼技术学院揭牌。学院采用“2＋1”联合教育模式，考核合格后可取得西安铁路职业技术学院3年制高职毕业文凭。揭牌仪式后，西安铁路职业技术学院相关负责人分别就本次招生政策、课程设置及学籍管理等问题与泰方进行深入沟通，双方商定首批20名留学生9月进入西安铁路职业技术学院学习。

◆“智慧教育”创新发展大会在西安举行　2019年4月，由西安交通大学主办的“智慧教育”创新发展大会召开，来自全国400多所高校的1200多名参会者共同探讨技术与教育融合背景下的高校人才培养。与会者分享西安交通大学通过全面提升教育教学质量、构建8项措施、打造一流人才培养新体系等一系列措施，培养出具有历史使命感和社会责任心，富有创新精神和实践能力的优秀学子的教育经验。在本次大会上，西安交大与金智教育达成战略合作，将联合建立“交大—金智智慧教育研究中心”。（张心茁）

◆西安交大获2018年度国家科学技术奖8项 2019年1月8日，2018年度国家科学技术奖励大会在北京召开。西安交通大学获得国家科学技术奖8项，并列全国高校第五位，其中以主持单位获国家科学技术奖5项，以参与单位获国家科学技术奖3项（含专用项目1项）。此外，31位校友也获不同奖项。

◆西安交大15个学科进入ESI全球排名前1%、工程学首次进入ESI全球排名1‱ 2019年5月9日根据科睿唯安ESI（基本科学指标）数据库显示，西安交通大学工程学领域排名首次进入全球前1‱（万分之一）。9月11日数据显示，西安交大在全球排名第317位，环境科学与生态学学科入围ESI前1%。至此，西安交大进入ESI前1%的学科有15个，分别为：工程学、材料科学、计算机科学、数学、化学、物理学、药理学和毒理学、地球科学、神经科学和行为科学、生物学与生物化学、临床医学、社会科学、经济学与商学、分子生物与遗传学、环境科学与生态学，其中工程学进入前1‱，位列全球第13位。此外，根据QS（夸夸雷利·西蒙兹公司）全球教育集团2月发布的世界大学学科排名，西安交通大学有17个学科上榜，3个学科进入全球前100名。

◆西电工研院获“2019年中国产学研合作创新与促进奖” 2019年12月30日，由中国产学研合作促进会主办的第十三届中国产学研合作创新大会在北京举行。大会以“创新科技、融合发展、勇攀高峰”为主题，来自科技部、工信部、教育部、中科院等国家相关部委、科研院所的领导、专家、学者以及来自全国产学研界第一线的1500余名代表参加大会。经过前期初审、公示、复审等层层严格程序，西安电子科技大学工程技术研究院因所搭建的西部产学研在线平台及其他在“产学研”合作方面的创新举措和较好成效获“2019年中国产学研合作创新与促进奖”。

◆西电网信学子获2019第五届全国密码技术竞赛冠军 2019年11月24日，2019第五届全国密码技术竞赛决赛在北京邮电大学举办，由西安电子科技大学网络与信息安全学院副教授张宁指导，2017级本科生许力文、孔若伊和王屹晨组成的参赛队伍，以第一名的成绩获得“国家特等奖”。该参赛队提出“面向国密标准的RISC-V处理器核”作品，经过小组赛评审后入围决赛，与北京航空航天大学、南开大学、武汉大学、武警工程大学、北京电子科技学院同台竞技，在最终的答辩环节脱颖而出，取得全国第一名的优异成绩。在此次比赛中，西安电子科技大学网络与信息安全学院有7支队伍参加，获得特等奖1项、二等奖2项、三等奖4项的佳绩。

◆西大首次获批千万级国家“十三五”重点研发计划项目 2019年，科技部公布国家重点研发计划“主要经济作物优质高产与产业提质增效科技创新”重点专项年度项目立项结果，西北大学化学与材料科学学院教授申烨华作为项目负责人主持申报的“特色食用木本油料种实增值加工关键技术”项目获准立项，获批专项经费2650万元，实施周期为4年。这是“十三五”以来西北大学首次获批千万级国家重点研发计划项目。申烨华教授团队联合国内10家科研院所和龙头企业，集中木本油产业中农林机械、油品加工、食品营养与安全评价、天然活性物制备、脂质酶学、高值化农副产品研制等核心领域的优势团队，共同申报“特色食用木本油料种实增值加工关键技术”项目。该项目以核桃、油茶、油橄榄3种木本油料产业的提质增效为目标，围绕集约化机械采收、油料加工、品质评价和过程副产物清洁综合利用的重大科技需求，打造木本油全产业链融合发展新模式，为特色经济林果增值加工和产业提质增效提供技术和产品支撑。

◆第十二届中国大学生计算机设计大赛西北地区赛决赛在西大举行 2019年5月11日至12日，由西北大学信息科学与技术学院承办的第十二届中国大学生计算机设计大赛西北地区赛决赛在太白校区举行。决赛有来自兰州大学、宁夏大学、青海师范大学、西北工业大学、西安电子科技大学、西北大学等近50所高校的1200余件参赛作品。经过初评，遴选出780多件作品参加西北地区赛决赛，参赛人数近3000人。决赛期间，各参赛队按18个赛场分类，严格按照比赛规则进行作品展示和讲解。经过现场答辩和专家评议，最终评选出优秀组织奖12个，一等奖156项，二等奖269项，三等奖345项。

◆陕西省首届大学生生命科学竞赛决赛在陕西师范大学举行 2019年10月26日，陕西省首届大学生生命科学竞赛决赛在陕西师范大学举行，来自西北农林科技大学、西安文理学院、陕西理工大学、西安医学院、安康学院、榆林学院和陕西师范大学在内的7所高校的44支代表队参加比赛。大赛分为初赛网评和决赛答辩2个环节，自2019年1月开始启动网络报名以来，陕西省有8所高校、187支队伍报名参加，经过来自全国多所高校的网评专家评审，有44支队伍入选决赛。答辩现场，各参赛队伍以PPT形式进行现场展示，将科学问题、实验设计、实验过程、主要结果和创新点进行简要描述。评委根据参赛队伍的陈述内容，从专业性角度进行提问和点评。大赛特等奖、一等奖、二等奖根据现场答辩成绩确定，三等奖根据网评成绩确定，产生特等奖8项、一等奖12项、二等奖24项、三等奖40项。根据国赛竞赛规则，获得特等奖的代表队将代表陕西省参加第三届全国大学生生命科学竞赛。陕西师范大学生命科学学院有10支代表队参加决赛，获得特等奖2项，一等奖1项，二等奖4项，三等奖12项。

◆陕西师范大学举办第二届西周金文与西周史学术研讨会 2019年9月20—22日，由中国先秦史学会与陕西师范大学主办，历史文化学院承办的“第二届西周金文与西周史学术研讨会”在雁塔校区崇鋈楼召开。来自北京师范大学、南开大学、吉林大学、四川大学、东北师范大学、郑州大学、澳门大学等20余所高校及科研机构的50余位专家、学者参加，就西周金文与西周史研究开展研讨。陕西省考古研究所研究员张天恩、陕西师范大学历史文化学院教授曹玮、曲阜师范大学历史文化学院教授黄怀信、陕西省考古研究院研究员岳连建、陕西师范大学历史文化学院教授王晖5位专家围绕会议主题，先后做题为《姚河塬西周甲骨文的意义》《甘泉下寺湾商代墓葬出土的意义》《从西周金文历日看清华简〈摄命〉之王年》《丰镐遗址近年来考古工作的主要收获》《从金文册命赐旂礼看西周爵位制》的会议主题报告。在会议分组讨论环节，与会专家重点围绕西周甲骨金文所涉史事、清华简与两周史事、西周制度文化、两周历史地理与方国、宗教祭祀与思想文化、文献字义与文本等问题展开广泛而热烈的讨论。

◆**西安文理学院获陕西科学技术二等奖** 2019年4月9日，西安文理学院机械与材料工程学院陕西省表面工程与再制造重点实验室申报的“风机零件再制造的表面工程技术开发及应用”获陕西省科学技术二等奖。

◆**西安文理学院举办首届西安大学生红色经典诵读决赛** 2019年12月21日，首届西安大学生红色经典诵读决赛在西安文理学院举行。大赛由雁塔区文化和旅游体育局、西安事变纪念馆、八路军西安事变纪念馆、历史文化旅游学院共同主办。比赛分团体组和个人组，有来自包括西安文理学院、西北大学、陕西师范大学、西安外国语大学、西安欧亚学院、西安科技大学高新学院等20所高校的300名参赛选手参加。经过比赛，来自西安外国语大学的2支团体分别以《雕像•红杜鹃》和《那就是一只蟋蟀》夺得团体组一等奖；来自西安欧亚学院的张信颉和强晨雨分别以原创作品《月是故乡明》和《厉害了我的国》获个人组一等奖；西安文理学院蒋梦辰的参赛作品《永远的九岁》获个人二等奖。

◆**西安广播电视大学空港新城学习中心、西安社区大学空港新城社区学院揭牌** 2019年7月8日，西安广播电视大学空港新城学习中心、西安社区大学空港新城社区学院揭牌。西安电大设立空港新城学习中心，旨在发挥学校在非学历教育与学历教育优势，开展以学历和非学历教育相融合的立体教学服务，为空港新城提供集线上、线下一体化、满足学习者个性化的便捷高效的教学支持服务，为空港新城发展提供智力支撑，助力智慧空港建设。

◆**西安铁路职业技术学院获全国铁道机车专业学生技能竞赛2个一等奖** 2019年12月11日，第三届全国职业院校铁道机车专业学生技能竞赛在西安铁路职业技术学院开幕。来自全国31所高职院校的120余名铁道机车专业学生分别进行“列车牵引控制系统安装与调试”及“列车牵引控制系统综合运用”2个项目的比赛。西安铁路职业技术学院牵引动力学院学生王珂、王少龙及张建星、房林涛分获2个项目一等奖。指导教师张省伟、薛振洲、林辉、杨会玲获“优秀指导教师”。

◆**西安职业技术学院与澳大利亚维多利亚理工学院签订合作谅解备忘录** 2019年10月17日，澳大利亚维多利亚理工学院校长、国际项目总监Alan Griffin（艾伦•格里芬）、澳大利亚维多利亚理工学院中国区总负责人刘思思、芮德留学服务中心总经理王晨一行来西安职业技术学院访问，学院党政办、教务处、科研处、校企合作处负责人等参加会见。会上，双方介绍各自学院的发展现状、发展规模等基本情况，就师资培养、教学合作等方面进行探讨与交流，并签订《西安职业技术学院与维多利亚理工学院合作谅解备忘录》。维多利亚理工学院是中国教育部认可的第66所私立大学，学院计算机专业学生毕业后能通过澳大利亚计算机协会认证，可以申请留澳长期发展。（姬娟妮）

特殊教育

◆**概况** 2019年，西安市有特殊教育学校10所，比2018年增加1所。在校学生2963人，增加348人，增幅13.31%；招生540人，增加79人，增幅17.14%。教职工404人，增加25人，增幅6.60%；专任教师300人，增加29人，增幅10.70%。民办特殊教育学校1所，与2018年持平。

◆**西安市启智学校学生参加第十五届世界夏季特奥会** 2019年3月15—20日，西安市启智学校6名学生代表中国队参加在阿布扎比举行的第十五届世界夏季特奥会滚球项目比赛，获3枚金、3枚银、1枚铜，共7枚奖牌。其中，姚文轩获12—17岁组男子单打冠军；罗书桐、金凯成获18岁及18岁以上组男子双打冠军；罗书桐获17—25岁组男子单打亚军；金凯成获12—17岁组男子单打亚军；王喜获17—25岁组女子单打亚军；陆宇凡获12—17岁组女子单打季军。

◆**西安市举办特殊儿童经典诵读比赛** 2019年9月27日，西安市“同心诵经典•真情咏中华”中华经典朗诵比赛在西安市第二聋哑学校开展，比赛分综合、智障和听障3个组进行，碑林区、莲湖区等11个区（县）、学校选送诵读节目35个，充分展示西安市特殊儿童自强、自立、自尊、自爱的精神风貌。（张心茁）

◆**西安市启智学校在第十届全国残运会暨第七届特奥会夺8枚金牌、20枚银牌** 2019年8月25日至9月1日，第十届全国残运会暨第七届特殊奥林匹克运动会在天津举办。西安市启智学校组建的特奥队代表陕西参赛，在3个大项中收获8枚金牌、20枚银牌、12枚铜牌。滚球队取得1枚金牌、4枚银牌、3枚铜牌的成绩，轮滑队取得7枚金牌、2枚银牌、9枚铜牌。

◆**西安市第二聋哑学校承办陕西省特殊教育学校教师培训班** 2019年10月27日，由西安市第二聋哑学校承办的2019年陕西省特殊教育学校教师培训班落幕。本期培训班开设专题讲座9场，同时还开展校园文化参观、听课评课、小组研修、成果展示等活动。重庆师范大学的郑璇教授、新知教育集团的刘岚校长、西安市第二聋哑学校的李力老师等分别做现场授课，培训还安排一天的听课评课与校园文化参观活动。

◆**西安市第二聋哑学校学生在全国第十届残运会中获奖** 2019年9月1日，全国第十届残运会暨第七届特奥会在天津落幕，西安市第二聋哑学校学生邹静、马悦、左传峰代表陕西分别参加游泳、长跑和跨栏等比赛。最终，邹静获女子组100米自由泳第3名；马悦获女子组5000米第3名、1500米第4名、10000米第5名；左传峰获110米栏第4名，400米栏第6名，其中400米栏的成绩达到国家二级运动员水平。

◆**西安市第二聋哑学校开展“耕读田间研学乐 躬身实践增见闻”学生研学活动** 2019年5月16日，在第二十九届“全国助残日”，西安市中小学校外综合实践基地（西安营地）联合西安市第二聋哑学校组织全体师生赴泾阳绿优农业园开展主题为“耕读田间研学乐 躬身实践增见闻”的研学活动。同学们体验蔬菜采摘、做麻食、做花馍、磨豆浆、推独轮车、耕田等活动，在劳动中体验耕耘的艰辛和收获的快乐。

◆**西安市启智学校承办特殊教育骨干教师（培智）培训班** 2019年11月20日，由陕西省教育厅主办，西安市启智学校承办的陕西省2019“省培计划”——特殊教育骨干教师（培智）培训班顺利结业。培训班通过聘请全国知名特教专家讲座、参加学校工作坊、观摩特色课堂、自主研修、汇报交流等丰富多彩的学习形式，理论和实际相结合，帮助学员更新教育教学理念，提高教学技能，促进专业发展。各位专家授课深入浅出、通俗易懂，语言生动幽默，案例翔实感人，内容紧扣实际，有很强的实操性。参观启智学校，观摩特色课堂，体验工作坊，让学员们感受到耳目一新的特殊教育教学模式。

（姬娟妮）

科学研究和技术服务

自然科学研究与应用

◆**概况** 2019年，西安市科学技术局围绕打造“全球硬科技之都”目标，举办第三届硬科技创新大会、申报国家新一代人工智能创新发展实验区，推进西安科学城、中国科学院西安科学园建设等工作，扎实推进西安硬科技产业工作发展。大力实施“乡村振兴战略”，推进农业供给侧结构性改革，加强科技创新引领，大力发展农业与民生科技，并出台相应的政策文件，为科技创新发展营造良好的政策环境和社会氛围。继续推动技术转移和成果转化工作，保障奖补政策落实兑现，开展走访宣讲，深挖技术交易潜力，进一步拓展技术服务合同重点领域。全年实现技术市场合同成交50576项，合同成交额1364亿元，占陕西省技术交易额（1467.83亿元）的92.93%。9月，公布第一批“独角兽企业”认定名单，易点天下网络科技股份有限公司被认定为“独角兽企业”；西安鑫垚陶瓷复合材料有限公司等3家企业被认定为“独角兽成长企业”；西安图迹信息科技有限公司、陕西骏图网文化旅游科技股份有限公司等7家企业被认定为“独角兽种子企业”。西安首次入选“2018魅力中国——外籍人才眼中最具吸引力的中国城市”；与中共西安市委宣传部共同努力，西安（曲江）文化科技创业城产业园获批“国家级文化和科技融合示范基地”；圆满完成国家小微企业创业、创新城市示范试点工作；科学技术部关于国家创新型城市创新能力评价结果显示，西安市位列第7位。

◆**科技金融创新合作** 2019年，西安市编制出台《西安市科技金融产业发展规划》。2月4日，由西安市科技局牵头，西安市金融工作局、西安市财政局等市级相关部门和西咸新区、高新技术开发区、经开区等开发区和主要区（县）共同制定的《西安市科技金融产业发展规划（2019—2021年）》（市政办发〔2019〕10号）正式发布。《规划》编制紧密结合西安科技金融区域发展基础和特色，围绕西安科技企业创业和发展中的真实融资需求，以及培育和发展具有核心竞争力的新兴产业，重点整合科技金融相关资源，发挥科技与金融间的桥梁和纽带作用，进一步推动科技金融业务模式的专业化和市场化。《规划》提出“1233”发展目标，即打造“一个中心”、建好“两个平台”、完善“三个体系”，实现“三个1000”。一个中心，即打造科技金融创新中心；两个平台，即建设科技金融服务平台和区域资本市场融资平台；三个体系，即完善政策体系、机构体系和产品体系；三个“1000”，即到2021年，聚集各类投资机构1000家，聚集各类金融要素和服务平台1000家，实现中小微科技企业融资1000亿元。《规划》作为西安科技金融工作的纲领性文件，为今后科技金融工作的开展指明方向。按照中央和陕西省有关支持小、微企业融资发展的要求，结合西安市中、小科技企业融资需求，市科技局与市财政局共同制定出台《西安市中小微企业融资担保风险补偿基金管理暂行办法》和《西安市科技金融融合业务补助实施办法》等政策文件，进一步创新财政资金使用方式，加大对中、小、微科技企业的支持力度，扩大支持企业的覆盖范围，引导金融、担保机构和社会资本更好地服务实体经济和中小微企业发展，有效缓解中小微企业融资难、融资贵等问题。持续加强金融机构联动。积极调动“政银保担投”各类金融机构开展科技金融融合工作的积极性，聚集力量为中、小、微科技企业提供服务。服务机构规模继续扩大，合作银行增至29家、合作担保公司增至30家。围绕科技保险业务，新增8家保险公司和2家保险经纪公司。维持西安创业投资联盟机构的活跃性，联盟投资机构182家。市科技局持续开展科技金融进校区、科技园区、孵化基地、区（县）等系列活动，提高科技金融政策渗透力，挖掘培育优秀科技企业。建立科创板拟上市企业库，入库企业超过150家。全年举办10余场科技金融对接活动，为入库企业全面提供上市辅导、管理培训和融资服务。通过科技金融服务，西部超导和铂力特2家企业首批登陆科创板上市。易点天下网络科技股份有限公司、炬光科技有限公司、艾索信息股份有限公司、陕西中天火箭技术股份有限公司、三人行传媒集团股份有限公司、西安华通新能源股份有限公司6家企业结束券商辅导，预计2020年登陆资本市场。此外，还有220多家西安企业备选科创板。市科技局与金融合作机构推出针对中小微科技企业和轻资产企业的创新性信贷产品，如建设银行“高新贷”、浦发银行“微小宝”、北京银行“智权贷”、邮储银行“保险贷”、招商银行“无形资产质押贷”等，有效满足中、小、微科技企业不同的融资需求。同时，继续完善和拓展现有负债类产品，探索开发科技企业权益类产品，在已有无形资产质押融资贷款的基础上，订制瞪羚企业贷、科技小巨人贷等，满足不同类型、不同期限科技企业负债资金需求，丰富科技企业的贷款品种。市科技局联合国内行业龙头企业中兴通讯，设立“陕西省中兴创新投资基金”。中兴创新基金全部投资于ICT（信息通信技术）、TMT（电信、媒体与科技互联网）领域内项目，重点投向初期、早期企业，兼顾中期、后期企业。同时，联系中欧资本、西安航空科技创新风险投资、英飞尼迪投资等20余家投资机构并进行商谈接洽，建立合作关系。全年依托大西安产业基金科技发展基金群，以“引导基金＋子基金”形式投资33个科技型企业，财政引导资金投入5000万元，带动社会资本投资2.2亿元。

◆**西安科技大市场** 2019年，西安科技大市场坚持“交易、共享、服务、交流”功能定位，持续推动可持续发展。全年共享平台新增录入大型科学仪器设备902台／套，收集共享仪器设备14402台／套；举办各类产学研交流活动134场次，参会人数10064人，接待来自33个省级行政区、27个国外交流团、150个城市1311个交流团，共计15246人次。10月31日，国家技术转移西北中心（丝绸之路经济带技术转移中心）科技成果转移转化服务联盟正式揭牌成立。来自科技部火炬高新技术产业开发中心等多位政府相关部门领导、国内外生物技术领域的权威院士、专家和基金投资人以及知名企业家代表60余人出席仪式。联盟在陕西省科技厅的指导下，由西安科技大市场联合陕西省科技统筹中心、沣东科统基地、陕西省科技控股集团等9家单位共同发起设立，将进一步推动科技成果转化服务体系、技术转移网络体系、价值评估体系建立，加快科技成果转移转化，为高校院所、企业提供高质量服务。

◆**高校、科研院所创新改革** 2019年4月，西安市人民政府办公厅发布《关于落实陕西省支持创新相关改革举措推广方案实施意见的通知》（市政办发〔2019〕29号），制订《西安市落实“以事前激励为核心的科技成果权属改革”工作方案》，提出“探索深化‘先确权、后转化’的有效模式”“探索确权后科技成果处置管理的有效方式”等6项重点任务，明确3年“三步走”的工作进度，其中第一阶段5—12月，内容为“选择8—10家试点单位进行首批经验推广”。西安市科学技术局建立工作联络机制，制定督查和激励措施，为改革举措的推广做好制度保障。在全市范围内，分层次遴选西安交通大学、西北大学和西安电子科技大学等10家高校作为首批推广的试点单位。各试点高校及时出台本单位的推广实施方案，明确重点任务，细化工作举措，完善保障措施，推动改革举措推广任务顺利启动实施。西安理工大学等高校成立成果转化专项工作领导小组，负责统筹、协调、安排试点改革各项工作，研究职务科技成果所有权、处置权、收益权、使用权改革的相关制度，对试点改革中涉及职务科技成果所有权分割、重大投资等重大事项做出建议等。起草科技成果转化管理办法的补充办法及具体实施细则。以知识产权作价实施转化的成果，职务发明人通过向学校提出申请，签订专利权奖励协议共同所有专利权；学校委托第三方评估公司对涉及的知识产权进行市场价值评估，评估后按照学校规定确定学校、职务发明人持股比例。西北工业大学起草《西北工业大学职务科技成果权属管理办法》，将科技成果转化奖励前置简化为国有科技成果奖励；学校与成果完成人或完成人团队（指定1人为代表）之间，通过约定方式分享共同拥有职务科技成果产权的权利，成果完成人同时承担知识产权保护费用等相应责任。长安大学在原有政策制度的基础上，进一步加强技术转移制度体系建设，修订管理办法，从学校的政策上给予制度化保障，主要包括科技成果处置权、收益权、使用权相关的知识产权权益划分规则，允许具有行政级别的科研人员依法享有科技成果转化收益，提高创新主体转化积极性；进一步完善技术转移信息化平台的功能，科研人员和科技管理人员可以通过该平台发布各类科研成果，企事业单位也可以通过该平台发布需求，建设科技成果需求库，基于大数据融合处理，实现科研成果与企业需求的匹配，并给科技成果所有人推送匹配信息。压电单晶新材料技术是西安交通大学校研发团队历经20年科技攻关所取得的技术突破和创新成果，在全面完成原理性创新、实验室试验研究和中试实验后，进行科技成果转化（PMN-PT基系列压电单晶）。该转化项目按照该校相关规定，首先经第三方专业评估公司全面评估成果价值，又经学校组织行业专家进行技术论证和科技成果转化小组相关部门进行风险论证，最后经校党委常委会审议通过，作价1.25亿元进行转化，转化收益的80%（1亿元）用于对研发团队的股权奖励，转化收益20%（2500万元）归属学校科技成果转化收入。该转化项目可成功应用于超声治疗与探测、光电通信和机电系统等重要领域，推动高端医疗设备等相关高科技产业转型升级。

◆**高新技术产业**　2019年，西安高新技术产业开发区硬科技产业发展态势迅猛，新认定高新技术企业1000余家，新增科技型中小企业1680家，培育潜在“独角兽企业”40家；“硬科技”领域专利交易9000项，技术合同交易额450亿元。完善机制体制，打造创新驱动新引擎。以西安全面创新改革试验区核心区和国家自主创新示范区建设为契机，不断完善硬科技发展顶层设计和科技服务体系，实施人才强区和金融助力，激发硬科技创新创业新活力，奋力打造创新驱动新引擎。着力构建创新创业最优生态，统筹技术、人才、资本、服务等全要素资源的优化配置；深化“行政效能革命”和“最多跑一次”改革；加快制度供给，出台“促进民营经济发展十条”；推出“承诺制审批”“预审批”“容缺审批”“极简审批”等8项制度；加快推进网络平台建设，实现综治维稳、市场监管、综合执法、便民服务的数字化转型，积极推动高新区硬科技产业发展提质增效。加强基础科学研究，扩大硬科技源头创新。配置科教智力资源，建设一批与产业强关联性的大科学装置和高能级的基础科学研究平台。国家高精度地基授时系统作为“十三五”期间陕西省唯一实施的大学科装置正式动工建设，中国科学院地球环境研究所、阿秒科学装置、安德烈•海姆（AndreGeim）诺贝尔奖实验室、巴瑞•巴理士（Barry C Barish）诺贝尔奖实验室和丹•谢赫特曼（Prof.Dan Shechtman）诺贝尔奖实验室等一批重点创新项目相继落地，基础研究布局持续完善，原始创新能力不断提升。聚焦硬科技重点领域，发布《西安高新区关于加快打造先进制造业示范区的行动方案（2020—2022年）》，聚焦“打造全国一流的先进制造业体系”战略目标，重点培育电子信息产业、未来汽车、高端装备、生物医药4大产业集群，加快产业集群质量变革、结构变革、动力变革，实现产业引领示范、企业引领示范、创新引领示范、品牌引领示范以及融合引领示范5个示范目标。在电子信息领域，引进陕西半导体先导技术创新中心，汇集以华为技术有限公司、三星电子、美光科技有限公司、英特尔集成电子公司、华讯网络为代表的一批知名企业，这些国内龙头企业的相继落户，进一步激发创新活力，释放新动能，加速推进硬科技成果产业化。在新能源汽车领域，全力打造新能源汽车科技创新谷，形成涵盖整车、零部件、汽车电子等环节的产业链，聚焦比亚迪股份有限公司、开沃新能源汽车有限公司等一批龙头企业，以及三星SDI、比亚迪30吉瓦时动力电池项目等配套企业。在生物医药领域，依托生物资源和研发优势，已成为中西部地区重要的生物医药成果转化和产业化基地。深化打造创新平台，着力推动重点实验室、工程技术中心和企业创新中心等创新型研发平台建设，全年获批9个国家级平台、89个省级平台。鼓励企业联合高校院（所）共建新型研发机构，先后建立清华交叉信息核心技术研究院、陕西半导体先导技术中心、增材制造国家创新中心、陕西光电子集成电路先导技术研究院、特种飞行器工程研究院等新型研发机构40余家，投入政策资金超过10亿元，撬动社会资本超过50亿元。现代化产业规模持续扩大。围绕做强、做大半导体、软件信息等为核心的电子信息产业，以高端装备、新能源汽车、生物医药等为核心的先进制造业，以生产性服务业、文化创意为核心的现代服务业，大力实施“建链、强链、补链计划”，推动优势产业向高端迈进。全年实现全口径营业收入17567.75亿元，其中主导产业营业收入14972.4亿元，比上年增长9.2%。企业规模稳步提升，新增营业收入2000万元以上的企业385家，累计1500家。坚持把加快重点产业项目建设、扩大有效投资作为有力举措，100个重点产业项目完成投资646.6亿元。围绕主导进行产业链招商成效显著，全年签约重点产业项目126个，签约总额1860.54亿元，其中100亿元以上的项目12个，50亿元以上的20个，引进世界500强设立企业8家。在半导体产业方面，以打造全球半导体产业高地为目标，引进陕西半导体先导技术创新中心，三星电子二期第一阶段、奕斯伟硅产业基地等一批大项目建成投运，推动半导体产业链全覆盖，设计、晶圆制造、封装测试、材料制备各链条各环节全面优化。支持军民融合产业发展，在全国率先设立军民通用标准化研究院，推进军工资质联合审查试点，国家知识产权运营军民融合特色试点平台正式运营，拥有军工四证之一的民营企业超过255家，其中四证俱全的有38家，已上市的军民融合企业29家，在军民融合特色产业领域，形成航空、航天、电子、兵器、船舶、核能等门类较为齐全的军工板块企业群。打造高品质空间，构建双创载体引领区。着力构建立体化孵化网络，营造创新、创业最优生态，努力实现技术、人才、资本、服务等全要素资源的优化配置。形成“苗圃—孵化器—加速器”全链条式创业孵化体系，全年新增双创载体20家，双创载体达133家，其中国家级孵化器14家、众创空间77家。双创载体面积不断增大，全年新增超过100万平方米，总面积超过700万平方米，累计在孵和毕业企业超过4000家。营造开放、包容双创大舞台，实现“月月有会展、周周有论坛、天天有时尚”，举办会展、论坛、路演、赛事、培训等双创活动2500余场次，2019全球硬科技创新大会、“华山论剑”网络安全大会、第三届全球程序员节成为打造科技创新、软件服务、网络安全等方面的全球性创新、创业城市IP。强化企业创新主体建设。建立科技型中小企业、“瞪羚企业”、高新技术企业、“科技小巨人企业”、“独角兽企业”梯度成长培育体系，发布《西安高新区高新技术企业培育三年行动方案（2019—2021年）》，确保高新技术企业数量增长与质量提升并举。减税降费落到实处，全年研发共计扣除抵税总额超过18亿元，为科技型企业减免税收超过20亿元。

◆ 20个项目获“国家科学技术奖” 2019年，西安市有20个项目获国家科学技术奖励，其中通用项目19项、专用项目1项。获奖项目中，自然科学奖2项、技术发明奖4项、科技进步奖14项。由西安交通大学主持完成的“跨临界二氧化碳热泵的并行复合循环关键技术及其应用”项目获国家科学技术进步二等奖。跨临界二氧化碳热泵是以天然工质二氧化碳为介质的高效节能减排装置，因其天然环保，对于削减破坏臭氧层及强温室效应气体具有重要意义。该项目提出跨临界二氧化碳热泵的并行复合循环新方法和新技术，研发跨临界并行复合二氧化碳热泵系列产品，并实现推广应用，被国家发展和改革委员会纳入《国家重点节能低碳技术推广目录》、“最佳节能技术和最佳节能实践”项目；被联合国环境署授予“臭氧层保护荣誉证书”，取得显著的节能减排社会效益和经济效益。

◆ 263个项目获“陕西省科学技术奖” 2019年，陕西省科学技术奖奖励项目263项，其中最高科学技术奖3项、自然科学奖30项、技术发明奖21项、科技进步奖208项、国际科学技术合作奖1项。西安有关单位主持完成的获奖项目204项，占陕西省获奖总数的77.6%，其中最高科学技术奖3项、自然科学奖29项、技术发明奖19项、科技进步奖152项、国际科学技术合作奖1项。西安电子科技大学的“复杂疾病相关模式发现理论与方法研究”等8个项目获自然科学奖一等奖；西北大学的“地质灾害风险识别和调控的理论与应用”等11个项目获技术发明一等奖；陕西省土地工程建设集团有限责任公司的“黄土高原沟道壤中流形成机制、调控关键技术及应用”等23个项目获科技进步一等奖。

◆农业新品种的选育与推广 2019年，西安市科学技术局强化农业科技创新驱动，支持以产业链为纽带的跨单位、跨区域的联合技术研发，围绕产业发展的关键技术进行攻关，激发广大农业科技人员投身农业和农村经济建设，全面实施乡村振兴战略。组织实施农业技术研发与科技示范项目76项（其中示范类20项、研发类56项），投入科技研发资金1160万元。示范类项目主要围绕区（县）主导产业及优势特色产业领域，在设施蔬菜、花卉、果品、生猪、肉羊等领域扶持7家农民专业合作社、12家农业企业、1家农业科研推广单位，重点支持西安阎良兴隆肉羊健康养殖科技示范、蓝田县标准化樱桃产业综合配套技术集成示范等农业科技示范项目20项。研发类项目主要支持小麦、花卉及蔬菜新品种选育、引进、栽培及加工技术研究，果树新品种引进、栽培、储藏及质量管控技术研究与推广，畜牧养殖及关联技术研究，农作物病虫害防控、水肥技术研究与应用，农产品深加工技术研究等。西安市农业技术推广中心在果业产业结构调整过程中，把新优品种推广作为重要手段，不断优化品种结构，在猕猴桃主栽地区推广“瑞玉”“翠香”“农大郁香”等新品种，高接换种面积达万余亩，部分挂果园亩产值达1.4万元。其中由陕西省农村科技开发中心选育的中熟美味猕猴品种“瑞玉”，该品种单果重0.09千克左右，可溶性固形物19%，口味香甜，深受消费者喜爱。该品种西安地区3月下旬萌芽，5月上旬开花，9月中下旬果实成熟，果实生长期14天左右。

◆农村科技服务体系建设 2019年，西安市科学技术局联合西安市农业农村局、西安市财政局等部门出台《西安市农业科技创新园认定管理办法（试行）》，支持已有农业科技园区着力拓展技术创新、试验示范、技术推广、创新创业、农民培训等功能，布局建设一批具有科技创新、成果转化、人才培养等多功能的产学研融合的“农业科技创新园”。首批认定“周至县猕猴桃科技创新园”，项目构建与猕猴桃产业发展需求相适应的技术创新体系，建设集猕猴桃新品种新技术标准化展示、关键技术难题攻关、技术培训、示范带动为一体的专业化科技服务中心。创建省级农业科技创新创业平台，经过前期区（县）推荐、现场考察等程序，蓝田县草莓青创农场被陕西省科技厅认定为“省级星创天地”、西安高新技术产业开发区九峰镇被认定为“省级科技示范镇”。西安欣苗食用菌生态开发专业合作社重点建设以食用菌为主题的都市农业产业科技园，集食用菌育种、食用菌栽培、农业、园林可利用废弃物收集有益菌化、有机肥生产、有机蔬菜、花卉种植、食用菌深加工、药用菌产品产业化等为一体的全产业链生态循环农业体，打造产业链的完整闭环，各板块协同发展，提高农业产业经济效益。通过技术转化、合作研发和实践创新等方式，“产、学、研、用”四位一体，与西北大学生命科学学院、陕西科技大学生命科学学院、西安交通大学、西北农林科技大学、西安职业技术学院、西安植物园等多家大学、科研院（所）积极开展合作，促进科技成果转化。

◆“农业科技创新服务月”活动 2019年4月，为进一步完善科技扶贫服务体系，激发广大科技特派员创新创业热情，推进农村大众创业、万众创新，聚力科技精准扶贫，促进乡村振兴战略实施，西安市科学技术局在全市9个涉农区（县）开展“农业科技服务月”活动，组织市级科技特派员、区（县）农技推广技术员、农业科技示范户、贫困村科技特派员服务团成员，在为期1个月时间内集中开展农业科技专题培训、现场指导、发放技术资料等活动近280场次。加强对重点农业科技服务活动的宣传，与农业科技报加强合作，对区（县）重点培训活动、特派员扶贫先进事迹等进行专题报道。

◆科技人才引进 2019年，西安市科学技术局（外国专家局）按照“聚焦重大战略，紧盯国际前沿，坚持项目先行，着力招才引智，引领转型升级，服务创新发展”的思路，引进一批西安市急需紧缺的外籍高端人才，突破关键技术、发展高新产业、带动新兴学科。4月，西安首次入选“2018魅力中国——外籍人才眼中最具吸引力的中国城市”榜单。以平台、基地建设为手段，探索创新海外引才引智工作模式，打造市场化引才引智平台。打造“西安国际人才大厦”

海外高层次人才创新创业旗舰；构建国际人才创新基地、培训空间、专家公寓、国际酒店、综合商城等各类承载区，实现“一站式”全程服务、“一站式”创新创业、“一站式”生活配套。在英国、法国、德国、俄罗斯、澳大利亚、捷克、希腊、瑞典、以色列、比利时设立“西安海外人才工作站”或签订合作协议，西安国际人才市场与全球10大人才机构、13家海外留学人员社团签订合作协议，初步形成海外高端国际化人才来西安市创新创业的便捷通道。借助欧亚经济论坛、西商大会、科技人才峰会、中国国际人才交流大会、中国海外人才交流大会等各类平台，先后促成“国际十大诺奖专家西安行”，构建“丝绸之路人才合作联盟”，举办“西安海外人才创新创业成果展”“西安海归创业大赛”“西安海归人才专场招聘会”“中国（西安）国际人才合作签约仪式”“专家大讲堂”等各类海外高层次人才系列活动，吸引更多海外高层次人才来西安就业、创业。截至年底，西安市获批5家国家引才、引智示范基地：西安开米股份有限公司、西安集成电路设计专业孵化器有限公司、陕西佰美基因股份有限公司、中航西飞民用飞机有限责任公司、西部超导材料科技股份有限公司；2家省级引进国外智力农业示范基地：西安白鹿原灞苑葡萄种植中心、西安长安区特种渔场养殖示范场，其中西安长安区特种渔场养殖示范场入选农业农村部示范单位。积极贯彻落实中央、陕西省、西安市关于“放、管、服”要求，简化流程、缩减环节，努力提升服务水平，推动外国人来华工作许可制度实施。在全市设立西安市外国专家局和西安高新技术产业开发区、西安经济技术开发区、西安浐灞生态区、西安国际港务区、西咸新区及其5个服务窗口，让外籍人才在家门口就能得到优质服务，实现“职能下沉、窗口前移、就近办理”。实现外国人来华工作许可证件延期、变更、转聘业务“一次都不用跑”的优质服务。在此基础上，率先对“高精尖缺”外籍人才实行“绿色通道”“容缺受理”“告知＋承诺”服务，取消外籍人才来西安市工作年龄限制，并成为继深圳之后全国第二座实现全程网上办结的城市。全年为3115名外籍人才办理工作证件。西安市成为陕西省高层次外籍人才申请“永久居留身份证（绿卡）”的推荐单位之一。

◆ 2019 西安国际创业大会 2019年6月11日，以“文化链接科技，赋能创新西安”为主题的2019西安国际创业大会暨全球INS大会在西安曲江新区举行。大会设有2019西安国际创业大会、“一带一路”科技园区合作座谈会、2019西安·全球INS大会、2019西安国际创业大会嘉年华4个主要活动。汇聚众多国内外知名专家学者、创投大咖、国际创业先锋、新经济领域领军人物、本土创业新势力等重量级嘉宾，为西安拓展国际视野、创想科技未来、打造西安“双创”升级版加注前沿科创动力。大会发布《西安市众创空间发展白皮书》，对西安众创空间行业化升级发展的路径、态势、服务生态进行总结和分析。2019西安·全球INS大会聚焦人工智能、智能通信、数字创意智造、短视频、红人经济、零米生活圈、城市更新、文旅融合、文化矩阵升级等前沿领域，旨在打造以专家学者、行业巨头、投资机构、创新企业为核心的跨界融合平台。

◆ 2019 西安国际创业大赛 2019年1—10月，以“汇聚全球资源，打造创业之都”为主题的2019西安国际创业大赛举行，大赛设立信息技术、生物医药等8个国内领域专题赛和美国、英国、澳大利亚、以色列、韩国5个国外赛区，有3800多个项目参与选拔，24个项目进入总决赛。最终，西安佰奥莱博生物科技有限公司研发的“便携式全自动核酸检测”项目获特等奖。大赛吸引更多国内外优秀人才、技术、项目和资本落地西安，加强了西安与国际国内城市的交流互动，扩大了西安国际影响力。

◆ 第四届中国创新挑战赛（西安） 2019年10月31日，主题为“创新驱动发展挑战成就价值”的第四届中国创新挑战赛（西安）在西安中晶华邑酒店举行。来自陕西省内近50家技术创新需求企业和全国100余家技术解决方团队、服务机构、其他承办地区的代表参加本次赛事活动。第四届中国创新挑战赛（西安）以“创新驱动发展挑战成就价值”为主题，以电子信息、智能制造、生物医药等硬科技“八路军”产业领域及技术融合领域为核心，围绕制约产业发展的技术难点，面向省内重点实验室、工程技术研究中心及全国知名高校、科研院所征集解决方案，实现集众智、谋良策、解难题。本届挑战赛由3场赛事构成，前期已经举办技术融合专题赛和西咸新区专场赛。3场赛事征集236项技术需求，公开发布108项；征集解决方案275项，实现97个技术创新需求与215解决方案成功对接，现场签订意向协议69项，合同金额4352万元。

◆ 2019 全球硬科技创新暨“一带一路”创新合作大会 2019年10月30日，由科学技术部火炬中心、陕西省科学技术厅指导，中共西安市委、西安市人民政府主办的主题为“硬科技·引领变革的力量”——2019全球硬科技创新大会在西安举行，来自全球10余个国家和地区、21个国内城市代表团以及相关领域代表参会。会上发布《2019中国硬科技发展白皮书》，同时举办创新发展论坛、钱学森论坛。在主题为“钱学森智库聚焦硬科技产业高质量发展”钱学森论坛上，1000余名来自“硬科技”行业的领军人才和学术代表，围绕航空航天、人工智能、新材料、智能制造等硬科技前沿领域开展研讨，为硬科技推动实体经济发展和科技强国、制造强国、网络强国建言献策。

◆ 中科院“西安科学园”暨“西安科学城”建设 2019年，西安市科学技术局与西安高新技术产业开发区管委会、中国科学院西安分院形成定期沟通机制，协调推进中国科学院科学园暨西安科学城建设。中科院西安科学园暨“西安科学城”项目以中科院西安科学园为核心板块，有效整合中国科学院西安分院、陕西省科学院的优势资源，推动国家战略科技力量与地方创新发展战略深度对接。项目建成后中国科学院西安分院、中国科学院地球环境研究所、西安地球环境创新研究院、国家授时中心、中国科学院西安光学精密机械研究所以及陕西省科学院系统研究所等科研机构将整体搬迁至此，打造成集科学研究、技术研发、成果转化等功能于一体的综合性科技创新平台、国家级的原始创新高地，提升区域原始创新能力。

1月，西安市人民政府常务会、中共西安市委常委会先后审议通过西安高新技术产业开发区管委会提交的《西安科学城总体概念规划》；9月，西安高新科学城公司聘请专业智库完成西安科学城总体策划方案，正在按照《总体概念规划》确定的选址范围及《西安市国土空间规划（2019—2035年）》的编制进度统筹安排科学城总体规划设计，并与中国科学院国家授时中心、中国科学院地球环境研究所、中国科学院西安分院等分别签订项目建设合作协议；10月，中国科学院西安科学园暨西安科学城项目集中动工。11月初，陕西省科学技术厅对“阿秒光源”预研项目支持400万元科研经费。11月底，西安市科学技术局再次与中科院西安光机所进行座谈对接，梳理西安科学城、中科院西安科学园、中科院光子科技创新研究院及阿秒光源大科学装置的相互关系及工作进展情况，以正式文件向西安市人民政府报告相关事宜，并请示对“阿秒光源项目”预研工作予以400万元的支持；中科院西安光机所编写《国家重大科技基础设施中长期项目建设需求建议——西安阿秒光源》，与西北大学、西安电子科技大学达成合作意向。截至年底，两家大学自筹的“阿秒光源项目”预研经费8000万元已落实到位，西安电子科技大学将“阿秒光源项目”列入“双一流”建设2019年重点建设项目，相关人才引进、技术交流研讨及预研工作正在逐步开展。

◆申报“国家新一代人工智能创新发展试验区” 2019年2月，西安市人民政府向科学技术部提出“国家新一代人工智能创新发展试验区”申报意愿，对西安市各个开发区、高校和有代表性的人工智能企业展开调研，摸底梳理全市人工智能产业发展现状和优势，邀请第三方专业机构起草《西安国家新一代人工智能创新发展试验区建设方案》，并多次赴科学技术部汇报请示。6月，陕西省科学技术厅与西安市科学技术局赴科技部汇报西安市申报试验区的准备情况；7月，西安市人民政府与陕西省科技厅联合向科技部上报《西安国家新一代人工智能创新发展试验区建设方案》，赴科技部汇报西安申报实验区相关工作；8月，在西安市科技局的指导下，由西安电子科技大学牵头，首批联合11所重点高校、5家科研机构、17家重点企业及服务机构的“西安市人工智能产业发展联盟”正式揭牌成立，中共西安市委全会将积极申报“国家新一代人工智能创新发展试验区”列为下半年重点工作；9月，西安市人民政府领导与西安市科技局负责人赴科技部，向评审专家组汇报西安建设“国家新一代人工智能创新发展试验区”基础、基本规划和主要内容，得到专家组一致认可。9月23日，陕西省人民政府向科技部正式行文《关于推荐西安市申报国家新一代人工智能创新发展试验区的函》。

◆“独角兽企业”培育 2019年，西安市科学技术局认真贯彻落实中共西安市委、西安市人民政府关于大力发展硬科技和培育“独角兽企业”的工作部署，打造一批“硬科技+独角兽”企业，带动形成一批引领全市创新驱动发展的硬科技示范企业、“科技企业小巨人”，支撑西安“硬科技之都”建设。1月，制定出台《西安市“独角兽”企业认定办法》，对发展速度快、竞争力强，业务发展、财税结构、技术能力与创业团队具有稳定性、持续性增长，获得过私募股权投资且具有较高市场估值和较强的自主创新能力的企业群体按梯次认定为：独角兽种子企业—独角兽成长企业—独角兽企业。对光电芯片（集成电路）、信息技术、生物技术、智能制造、人工智能、航空航天、新材料、新能源硬科技“八路军”领域内企业的申请优先认定。9月，根据《西安市独角兽企业培育认定管理办法》，组织2019年第一批“独角兽企业”认定工作，经专家评审、现场考察及公示环节，易点天下网络科技股份有限公司等11家企业分别被认定为独角兽企业、独角兽成长企业和独角兽种子企业。通过认定的企业，纳入西安市“‘独角兽企业’培育数据库”，根据《西安市独角兽企业培育方案（2018—2021年）》，享受西安市相应政策支持；认定入库的独角兽种子企业、独角兽成长企业和独角兽企业，分别给予一次性100万元、200万元、1000万元奖励支持，并对入库企业在核心技术攻关、高水平创新平台建设、新品推广试用、科技金融等方面予以政策及资金支持。

◆市级高新技术企业认定管理 2019年，西安市科学技术局组织开展高新技术企业政策宣讲会21场，参加人员超过2000人次，培训企业1000余家，强化企业对国家高新技术企业的重视程度，提高企业申报的积极性。按照科学技术部等部委《科技型中小企业评价办法》《陕西省科技型中小企业评价工作指引（试行）》及科学技术部火炬中心《关于开展2019年科技型中小企业评价工作的通知》的要求，集中对21个区（县）、开发区以及众创载体等渠道进行培训，培训范围实现主城区全覆盖。截至年底，西安市新增国家高新技术企业1053家，总数达到3673家，比2018年增长40.2%。 （梁莉 王春）

社会科学研究

◆概况 2019年，西安市社会科学院（西安市社会科学界联合会）、西安市丝绸之路经济带研究院在中共西安市委、西安市人民政府的正确领导下，以习近平新时代中国特色社会主义思想为引领，深入学习中国共产党第十九次全国代表大会精神，巩固“不忘初心、牢记使命”主题教育活动成果，奋发有为，开拓创新，在科研工作、科普工作、脱贫攻坚、行政管理等方面取得显著成绩。高质量完成《西安国际营商环境优化的经验借鉴与重点领域突破》《落实共享发展理念打造幸福西安研究》《秦岭综合价值挖掘路径与策略研究》《城市媒介生态传播指数研究报告》《“家西安·最自豪”科研成果转化研究》《秦岭生态价值体系研究》《“诗话长安”文化推广研究》《西安市发展月光经济系列研究》8项研究成果。西安市社会科学院（西安市社会科学界联合会）被中国社会科学院授予“全国城市社科院（社科联）先进单位”荣誉称号。

◆社会科学新著 2019年，西安市社会科学院（西安市社会科学界联合会）、西安市丝绸之路经济带研究院围绕西安建设的相关重点、难点、热点问题开展研究，深入基层，广泛调研，形成一系列有重大参考价值和理论价值的研究成果。

《西安经济发展报告（2019）》蓝皮书 西安市社会科学院经济学所编著，西安出版社出版发行。该书将西安经济发展中具有战略性、全局性，以及社会关注的热点、难点问题作为研究重点，深入细致地开展研究。全书以总报告篇、宏观战略篇、营商环境篇、产业发展篇、绿色生态篇5大篇章开展全方位、系统性研究，形成17篇专题研究报告。总报告在分析2018年西安经济运行状况和发展特点的基础上，对发展瓶颈进行深入剖析，提出2019年西安经济发展的总体思路和对策建议。宏观战略篇对西安打造内陆型自由贸易港战略、人才战略、乡村振兴战略以及枢纽经济发展战略进行研究；营商环境篇围绕西安如何打造国际化营商环境、破解企业发展瓶颈以及履行企业社会责任等社会关注问题进行分析研究；产业发展篇主要是从精准扶贫产业绩效、跨境电商行业和硬科技产业等角度进行专题研究，深入探讨西安优化产业结构等相关问题；绿色生态篇主要关注西安城市绿色创新效率、生态安全保障机制建设等问题。全书汇集社会科学院、高等院校和政府职能部门的多位专家学者的最新研究成果，秉承学术研究的严谨性和科学性，坚持学术视角、专家立场，讲求实事求是、客观公正，以期对学术研究、城市经济发展和实际部门工作提供有益的参考借鉴。

《西安社会发展报告（2019）》蓝皮书 西安市社会科学院社会学所编著，西安出版社出版发行。该书将西安社会发展中的民生问题、社会治理、弱势群体、发展短板等社会热点问题、难点问题作为研究重点，深入展开研究。全书由总

报告、民意调查、年度热点研究、专题研究4大部分14份报告组成，近18万字。报告对2018年西安社会发展基本形势进行深入分析，在揭示、剖析问题的基础上，提出2019年西安社会发展的基本方向和对策建议；民意调查主要围绕对大西安建设的公众评价，打造“幸福西安”的民众诉求等方面进行分析研究，并立足于民意，提出具有建设性、可操作性的建议；年度热点研究分别对西安脱贫攻坚、高科技人才引进机制、养老服务供给与需求、“二胎”社会支持、交通文明行动等年度热点、社会热点问题进行深入研究，为党委和政府决策提供理论支撑；专题研究报告汇集西安妇女维权、农民工养老、智慧养老发展、社工人才培养与健身资源共享等方面的研究成果。全书对党委和政府相关部门及社会进一步关注弱势群体，补齐发展短板，培养短缺人才等方面具有一定的启示作用，同时为丰富国内社会学理论研究，将奉献出地方智慧。

《西安文化产业发展报告（2019）》蓝皮书　西安市社会科学院历史文化与旅游研究所编著，西安出版社出版发行。全书由总报告、宏观视野、专家论坛、政策法规、大事记等部分组成，近20万字。该书通过对西安的文化产业集聚区和有一定规模、影响力的文化企业和相关管理服务机构进行实地走访和调研，掌握西安文化产业和企业发展翔实、可靠的第一手资料。此外，课题组又赶赴厦门、广州、苏州等兄弟城市实地调研学习，通过与当地文化产业实际管理部门领导、学者座谈，了解相关城市文化产业政策、发展情况和先进经验，为开阔视野，充实研究思路提供良好的参考和借鉴。全书集西安文化产业发展现状、特点、问题、思路、战略、对策于一体，是文化产业实际工作者和长期从事文化领域研究的理论工作者集体智慧的结晶，对总结西安文化产业发展成绩，推动文化旅游融合产业发挥积极作用。

《韧性城市：西安国际化大都市发展蓝皮书（2019）》　由西安市社会科学院与社会智库西安通济区域规划研究院联合推出。该书旨在全面记录西安建设国际化大都市的历史进程，科学评价国际化大都市的发展品质，积极践行智库产品科学资政的社会责任。全书以韧性城市为主题，主要分为总体报告、主题报告、研究报告和特别报告4个部分。总体报告在全面回顾2018年西安经济社会发展成就的基础上，优化西安国际化大都市发展的评价指标体系，并归纳出西安发展面临的问题、短板与风险；主题报告分析梳理西安发展过程中面临的短、中、长期资源环境挑战，提出建设韧性城市的对策和建议；研究报告在对2018年国际、国内形势的综合研判基础上，形成关于西安经济发展、形象推广、对外交流等方面的研究成果；特别报告，汇集学术代表团参加全球“未来城市”论坛的精华实录，为西安建设国际化大都市提供参考与借鉴。

◆**重点科研课题**　2019年，西安市社会科学院（西安市社会科学界联合会）、西安市丝绸之路经济带研究院坚持问题导向，紧密结合西安经济社会发展实际设置课题，集中优势力量确保高质量完成各项重点任务，主要科研课题包括社科基金类科研课题、横向课题类科研课题和院内科研课题。

加强校地合作、扩大西安义务教育优质资源供给研究　由西安市社会科学院和陕西师范大学教育学院组成的课题组联合完成。2018年11月30日，《教育部通报近期几起地方民办义务教育发展问题》发出，通报几起地方民办义务教育发展问题，督促有关地区严肃整改，并要求各地切实规范民办义务教育发展。通报中写道，陕西省西安市对民办义务教育学校招生疏于管理，一度允许一些民办初中违规采取“小升初”综合素质测评、与校外培训机构联合进行“点考”等方式掐尖招生，使其在体量、质量上与公办学校拉开较大差距，导致初中教育“民强公弱”，催生民办学校“择校热”，群众对当地教育工作很不满。课题组认为西安教育问题的实质是优质教育资源供给严重不足，其背后隐藏的是政府对基础教育的投入不足以及教育管理体系中的人事管理弊端等问题，因此，需要加强校地合作，以达到扩大西安义务教育优质资源供给的根本目的。首先，正确认识西安的民办教育和民办学校，其次，明确西安属地高校具有义务教育资源供给的职责与能力，最后，通过高校直接设立附属学校、高校与中小学直接牵手办学、高校与政府职能部门联合办学以及高校与优质国企冠名办学等方式提供优质义务教育资源，从而充分利用西安地区高等教育资源，实现扩大优质义务教育资源供给。

西安国际营商环境优化的经验借鉴与重点领域突破的研究　由西安市社会科学院经济学所主持完成。国际国内城市之间的竞争已转化为营商环境的竞争，营商环境成为城市参与区域协同与全球合作的核心竞争力。西安市在《2019中国城市营商环境指数评价报告》排名中跻身全国前10位，但其经济基础相对薄弱，开放型经济发展不足，民营经济的综合实力与经济发达城市相距甚远，面对国际经济环境的动荡起伏，国内各大城市的激烈竞争，西安在优化营商环境改革中存在较大压力，追赶超越的任务依然艰巨。基于此，该研究以对标国内外先进城市，学习借鉴优化营商环境的创新举措为切入点，指出西安在优化营商环境中面临着全国优化营商环境的良好氛围、国家中心城市和国际化大都市建设、搭建国际性会展经济平台、建设物流交通枢纽等良好发展机遇，但同时也存在经济基础相对薄弱，民营经济综合实力不强，工业体量弱、短板依然存在，经济外向度还有待提升等困难与挑战。在深入剖析西安营商环境改革中的发展瓶颈及借鉴其他城市成功经验后，课题组提出优化西安国际营商环境的发展重点和对策建议：一是完善优化政策体系，加强政策指导性和可操作性；二是创新市场监管体系；三是坚持一视同仁，营造公平竞争的政策环境；四是突破传统理念，提升政务服务质量和效率；五是进一步扩大开放，推进贸易投资便利化；六是完善法治环境的制度保障。

秦岭综合价值挖掘路径与策略研究　由西安市社会科学院历史文化与旅游所主持完成。研究采用研究之所长，综合分析现有研究成果进行，在逻辑分析上从山与城市、自然与人的辩证关系入手，从学理层面探讨秦岭北麓生态保护与当地经济发展这一常识经验与学术经验冲突的矛盾，继而从旅游、生态、文化、农业、科技等方面价值兑现入手，提出相应的建议及措施，对当前相对匮乏的秦岭研究提供前沿性、操作性强、系统性的研究，为秦岭的研究进行理论补充与学术论证，有着极高的理论意义。研究对2018年5月以来秦岭违建整治事件展开针对性研究，在对新时期生态文明建设思想充分理解的基础上，深层解析国家生态保护相关政策文件，充分掌握省条例翔实内容，紧贴西安发展实际，为西安发展及时把脉，为政府决策及规划部门提供有效民情舆论反馈与政策研究支持，就事关现实发展大计问题提供实时研究，具有重大现实意义。

《诗咏长安》文化推广研究　由西安旅游设计研究院主持完成。该研究是西安旅游设计研究院为配合西安文化旅游、全域旅游融合发展，开展的以唐诗为主线的历史文化旅游线路研究。课题组深入调研西安市各个历史文化点，走访专家，对咏颂西安的诗词曲赋进行分析提炼，结合西安的各个历史文化古迹，设计旅游线路。同时研究如何多种渠道、多种形式向公众推广。旨在服务西安国际化大都市建设，挖掘中华优秀传统文化价值内涵，增强文化自信。项目成果被西安市文化旅游局和西安旅游协会采纳，并举办相关的文化旅游线路推荐活动。

“家西安·最自豪”研究及文化宣传创意工作　由西安旅游设计研究院主持完成。为贯彻落实中共西安市委“以新方式讲述西安好故事”的指示和要求，课题组积极联系西北大学、陕西师范大学、西安交通大学、西北工业大学及西安市社会科学院的专家，将历史研究与文化创意结合，以在西安居住过的中外历史名人，如李白、空海等，配合历史故事，例如《清平调》《长恨歌》的创作，生动介绍西安独特的历史文化，配合文化创意，设计文创形象，策划历史故事IP，用传统纸媒与手机微文结合的方式推出，为文化、文物、旅游发展服务。完成多期“家西安·最自豪”的文化推广方案册。

西安市发展“月光经济”系列研究　由西安市社会科学院课题组完成。“月光经济”不仅可以拓展夜生活空间，拉动生产和消费需求，增加就业机会和经济总量，提高城市设施利用率，推动城市经济发展，提高人民生活水平。同时，它还具有一系列的社会效益，对城市社会的良性运行意义重大。研究以“夜间经济”“夜经济”“夜景经济”“夜”等为关键词，搜索知网、万方等数据库，检索结果显示，中国关于夜间城市、夜间经济的研究多集中在夜景照明、经济学、人文地理、旅游学等领域，另有少部分文献从社会学、营销学等角度进行研究，结合中国国情，运用并发展既有理论，分析夜间经济对中国城市发展的影响，得出夜间经济健康发展的城市建设理论，对中国城市的健康持续发展具有重要意义。

◆社科规划基金课题　2019年，西安市社会科学院(西安市社会科学界联合会)、西安市丝绸之路经济带研究院社科基金规划办公室面向市级相关部门和全市各高校等社科研究机构广泛征集、征求意见、多次论证，最终发布《2019年度社科规划基金课题指南》146项，收到课题申报书1000余项。3月，组织专家评审，有338项课题获准立项，其中创新项目1项、重大项目17项、重点项目63项、一般项目173项、自筹项目74项。召开2019年度西安市社会科学规划基金课题立项新闻发布会。7月，召开课题汇报会。11月，组织专家进行结项评审，有341项课题成果参与评审，其中评出优秀课题成果31项、良好课题47项、合格课题251项、不合格课题12项。

供给侧改革背景下西安文化旅游产业竞争优势的系统评价及创新升级研究　西安建筑科技大学曾涛主持。课题组以西安及其他古都城市文化旅游产业竞争优势发展的不同特点为切入，结合西安情况，对西安文化旅游产业竞争优势评价的理论基础进一步完善，探究地区文化旅游产业竞争优势形成的机制与原理，以钻石模型、因果分析范式、国家软实力理论和“弓弦箭”模型为基础，构建古都城市文化旅游产业竞争优势评价框架。课题组选取我国10个重量级古都城市，运用全新一代量化研究工具对古都城市文化旅游产业竞争优势的整体发展状况进行综合诊断，在客观全面分析评价结果的基础上，结合现有实际，阐释供给侧改革背景下西安文化旅游产业存在的问题：一是文化旅游资源利用效能较低，供给侧结构性改革需不断深化；二是文化旅游和其他产业的融合不够深入紧密；三是区域发展不平衡，各区文化旅游产业还没有得到足够的重视。在充分满足人民群众的迫切文旅需要的基础上，提出以创新升级增强文旅产业素质，以精准营销优化客源结构，以全域文化旅游理念完善游客管理体系，强化环境保护、鼓励社区参与，强化环境保护、鼓励社区参与，扩大标准覆盖、提高文化旅游服务质量，以智慧旅游助推产业提升，以人才强旅战略提升人力资源素质的文旅产业创新升级发展对策与建议。

西安《电视问政》传播效果研究　长安大学杜波主持。在国家“一带一路”倡议和建设国家中心城市的背景下，通过《电视问政》可以有效连接政府与市场、政府与公众，增强西安媒介参与社会治理能力。自开办以来，西安《电视问政》取得显著成绩，对西安城市形象的构建和本地社会治理有较好的促进作用，但存在着传播效果提升乏力、传播渠道较为单一、表现形式过于传统、传播内容分众化、差异化缺乏等问题。针对这些问题，课题组认为：第一，西安《电视问政》需要加强顶层设计，进一步明确不同层次的传播目的，增强本地区媒介参与社会治理的主动性，探索构建新型媒体与政府关系，西安本地受众的现实需求；第二，西安《电视问政》需要充分利用媒体资源，广泛拓展传播渠道，大力实施“互联开放”战略，充分吸收外地相关典型做法和经验，进一步自我革新、自我完善，加强传播新技术的应用，从而便捷、迅速、有效地进行传播；第三，西安《电视问政》需要创新表达方式，调整以传者（政府）为中心的制作理念，做好分众化的内容调整，充分考虑本地不同片区、文化程度的受众需求，即时接收、即时反应，建立健全传播效果反馈与调适机制。西安《电视问政》作为本地媒介参与社会治理的典型模式，只有通过与受众需求同步呼应，广泛拓展传播渠道，切实提升传播效果，才能凝聚社会共识，创造良好的舆论环境，助力西安国家中心城市建设，奋力“追赶超越”。

战略新兴产业发展对西安能源消费的影响及对策研究　西北工业大学段婕主持。课题在总结世界主要国家和中国新兴产业发展与能源消费变化情况的基础上，分析新兴产业发展与能源效率和结构出现改进之间可能存在的联系与规律；在分析战略新兴产业对能源消费影响的理论基础上，研究分析经济转型带动能源消费良性变化，认为经济转型带动能源消耗等方面的积极变化，带动能源利用效率的提高和结构的优化；从政府政策、产业发展、能源消费3个方面提出不同对策。在政府政策层面，加快能源市场化改革，为推进战略性新兴产业长期稳定发展奠定坚实基础；保持产业政策的持续性，重点培育战略性新兴产业市场；政府政策制定须因地制宜，因时制宜；加快淘汰落后产能与剩余产能，促进传统产业升级。在产业政策方面，加快发展计算机、通信和其他电子设备制造业、汽车制造业等高附加值的非高耗能行业，通过发展高端制造提高用能效率；促进研发创新，推动技术进步和科技成果的转化与应用；调整产业结构，提升产业价值链；吸纳高素质劳动力，积极引进人才，积极创造就业机会；鼓励外资投向战略性新兴产业，提高国际投融资合作的质量和水平。在能源消费层面，从源头改善能源结构，加快由煤炭向碳密集度低的能源转变，重视二次能源的开发和利用；提升中间环节的技术创新，提高清洁能源使用比例；提高能源利用效率，发展循环经济；推行“低碳生活”；加强温室气体排放的末端治理。

西安国际化功能布局研究　西北大学范少言主持。课题在建设西安、“丝绸之路”经济带新起点和国际化大都市发展战略的基础上，对西安国际化功能布局研究展开相关理论分析，并将国际化功能分为国际枢纽、国际经济、国际交往、国际文化和国际服务5类功能，指出国际化功能具有伴生性、多元性和复合性3方面基本特性。课题组在国际化功能概念、理论体系及西安国际化功能构成和结构体系分析的基础上，指出西安国际化功能发展与空间布局存在国际化功能呈碎片化发展，国际化服务功能水平较低，文化与区域发展联动性不够，国际化功能聚集能力不足，西安的文化环境亟待提升等问题，并针对性提出西安国际化功能发展的策略，强化关中平原城市群协同发展，加快国际枢纽城市的建设；加快西安优势领域特色的建设，提升西安国际化文化功能；建设功能较强的科技创新体系，搭建国际经济与交往平台；致力优化西安国际化服务功能，营造西安国际化人居环境。

“双一流”背景下西安市高校思想政治课效力提升路径研究 长安大学黄蜺主持。该课题遵循“立足西安，建设一流，服务陕西，辐射全国”的原则，聚焦西安市高校思想政治理论课效力提升。通过广泛调查分析西安市范围内主要高校思想政治理论课效力发挥实际情况的基础上，学习贯彻习近平在学校思想政治理论课教师座谈会上重要讲话精神，《关于深化新时代学校思想政治理论课改革创新的若干意见》《“新时代高校思想政治理论课创优行动”工作方案》《陕西学校“四好”思政课创优行动方案》等最新文件要求，从主体、客体、介体、环体4个层面分析制约西安市高校思想政治理论效力的主要因素，并结合西安市实际，从教学主体优化、教学内容优化、教学方法优化、教学环境优化提出具体建议，对于提升西安市思想政治理论课效力具有一定参考意义。

财政专项扶贫资金精准使用绩效评价机制研究 西京学院黄申主持。2020年全面建成小康社会是中国共产党第十八次全国代表大会提出的重大战略目标，但全面建成小康社会最艰巨的任务就在于脱贫工作。随着我国扶贫工作的不断推进，脱贫也进入最后的攻坚阶段。对扶贫资金绩效进行全方位评价的需求越来越迫切。课题选取西安市作为研究案例，运用文献研究法、层次分析法、模糊综合评价法、实地调研法，结合扶贫方面有关专家的意见，对西安市的财政专项扶贫资金使用进行分析和研究。从研究中可以看出西安市的扶贫开发工作整体处于一个良好的范围内，但是也存在财政专项扶贫资金精准使用绩效评价指标标准问题，没有统一的绩效评估制度，扶贫信息公布有限，绩效评价中缺少被扶贫对象参与，贫困人口脱贫信心不足等问题。针对这些问题，课题组提出科学构建专项扶贫资金精准使用绩效评价体系和制度，加强扶贫信息公布，提高扶贫对象在绩效评价中的参与性，“扶志”与“扶智”相结合，激发贫困人口的主动性，巩固脱贫成效，防止“返贫”发生的改进建议。

西安市佛教文化产业化研究 西安工业大学李红岩主持。西安是中国佛教文化的源头和枢纽，佛教文化底蕴深厚，拥有汉传佛教八大宗派中六支法脉的祖庭，代表汉传佛教的正宗，作为中华优秀传统文化的重要支流，具有最重要的文化产业价值，可为西安文化产业的发掘和开发，为建设“大西安”贡献力量。课题组查阅大量文献，进行实地调研发现佛教文化传播及其文化产业开发的原始语境中有诸多误解，对于佛教文化的产业化问题，从佛教角度来讲，只要发心纯良并不存在对佛教文化产业的限制。课题对西安佛教文化产业化路径探析的研究包括3个方面：宏观思维应当是“重构话语环境”“文化内质的现代性转化和现代化呈现”；中观理念应当为“深耕本土”“精研文字+视频模式”“合理匹配开发+传播”；在微观的具体操作层面首要是进行“大佛教文化”产业化布局，其次进行“纵深式宽领域旅游产业开发”，最后以“影视先行、场景化体验、连锁餐饮跟进”来真正实现西安佛教文化产业化落地。

装置艺术在塑造西安城市文化名片中的应用研究 西安工业大学李媛主持。人与城市、艺术相互交融是城市发展的重要符号。装置艺术已经成为塑造城市文化和提升城市人生活品质最为直接的标志。城市装置艺术既有公共艺术开放性的一面，又具有独立艺术特有的表现力的一面。而随着城市化进程的影响，多元文化以及人文精神的涌现，城市装置艺术成为一座城市面向公众的艺术媒介，是城市文化形象的一张张名片。西安城市公共空间中的装置艺术作品呈现出多元化升趋势。课题通过实地调研和专家访谈等方式，对西安现有装置艺术进行梳理。调研采用典型调研的方式，限定调研范围，对西安东西南北4大区域并以南边的曲江新区作为典型区域对其公共空间形态下已有的装置艺术作品从造型、材料、色彩、尺度，大众参与互动等元素进行调查研究，旨在解决或提升西安城市公共空间的装置艺术作品，最终目的是让环境与装置艺术共融于城市公共空间，体现装置艺术的本土面貌和特色以及城市人文关怀，不断明晰西安装置艺术的自身定位和未来发展方向。

改革先锋作家路遥研究 西安文理学院李志瑾主持。路遥对于中国文学改革开放40年而言，无疑是一个现实的哲学存在。课题从路遥及其作品研究入手，运用综合方法：包括文献研究、社会历史研究、文本分析和理论提升等，通过多种途径和方式，力求充分解读路遥及其作品的精神内涵，深刻反思现实主义对中国当代文学发展提出的时代命题。课题组先后共发表学术论文和相关研究成果4篇，揭示路遥及其作品以人民为中心的叙事主题，研究路遥的创作思想、创作手段和作品艺术价值，试图构建新时代陕西文学创作理论体系与文学创作话语体系，坚持走“以人民为中心”的现实主义文学创作道路。

西安文化旅游产业创新研究 西北大学梁学成主持。面对新时代、新需求和新发展，文化旅游产业创新已成为当前西安实现文化旅游高质量发展的核心内容。误题通过对西安文化旅游产业创新发展现状分析得出，一是西安文化旅游产业发展存在在创新主体不清、创新激励、技术与文化旅游产业融合等方面短板明显；二是从创新主体、外部驱动力和内部驱动力三个方面构建文化旅游产业创新发展评价指标体系：外部驱动力为最重要一级指标，其中科技进步是最重要二级指标，在线旅游发展指数为最重要的三级指标等结论；三是依据文化旅游产业创新发展的评价指标体系，得出2018年西安产业创新综合值达0.598，属于文旅产业创新的发展期，存在创新主体不足、产业绩效偏低、政策扶持乏力等问题；四是通过西安文化旅游产业创新驱动力路径分析，结合产业创新评价指标结论，提出了三条驱动路径，即科技进步、社会环境和消费需求及水平是根本路径；资源基础、政策支持、产业效益是重要路径；创新主体是基础路径；五是结合实证分析结果，提出创新主体、产业绩效、政策扶持等作为西安文化旅游产业创新发展的培育方向；同时还提出应从技术创新、政策扶持、平台建设、人才培训四个方面进行文化旅游产业创新保障机制设计。课题在此基础上提出相应的对策与建议：重视顶层设计，优化文化旅游产业创新经济环境；大力扶持第三产业发展，营造文化旅游产业创新发展格局；积极推动互联网与通信技术发展，不断激发科技与文化旅游产业融合创新的能力；加大政府支持力度，出台更多支持文化旅游产业创新发展的政策措施；加强考核管理激励，促进文化旅游产业创新积极发

展；建立多元化投融资机制，不断完善文化旅游产业金融体系；完善协同机制，加快文化旅游产业创新成果转化。

◆**社科活动** 2019年，西安社会科学普及工作按照“传承文明、咨政育人、服务社会”的宗旨，着力提升科普工作的质量，为广大群众了解社会科学、掌握社会科学打下良好基础。西安市社会科学院（西安市社会科学界联合会）、西安市丝绸之路经济带研究院紧密结合中共西安市委、西安市人民政府重点工作，深入研讨，建言献策。组织召开6次学术委员会。分别邀请国务院参事室、中共陕西省委党校、西安交通大学、长安大学、西北大学等单位专家、学者进行学术沙龙6次。召开西安打造“硬科技之都”研讨会、《西安国际化大都市发展蓝皮书（2019）》发布会暨“韧性城市•精明增长高峰论坛、“凝心聚力”办好第十四届全国运动会、加快国家中心城市建设学术研讨会、“孝廉文化”建设座谈会、学习贯彻党的十九届四中全会理论研讨会等6次研讨会，均在社会上引起良好反响。举办《枢纽》等读书沙龙2次。整合资源，服务中共西安市委、西安市人民政府中心工作，与陕西师范大学、西安市教育局合作成立西安市教育研究与评估中心；与西北政法大学共同建设合作创新平台，围绕西安政治经济文化社会及城市建设发展中具有战略性、前瞻性、现实性的重大课题开展合作研究；与西安曲江大明宫遗址区保护改造办公室合作成立丝路文化遗产研究中心等3家哲学社会科学研究基地。围绕陕西省、西安市宣传工作重点，举办社会科学普及周活动暨庆祝中华人民共和国成立70周年“家西安•70年”系列活动、举办庆祝中华人民共和国成立70周年人文社科知识竞赛，举办“市民大讲堂”26场次；新发展西北大学博物馆、西安建筑科技大学中国音乐史博物馆、西安当代名师研究院3家“社会科学普及示范基地”，西安市“社会科学普及示范基地”达到20家。人民网、央广网等10多家媒体对西安市社科普及活动进行系列报道。

◆**社科宣传** 2019年，西安市社会科学院（西安市社会科学界联合会）、西安市丝绸之路经济带研究院编辑刊发《领导参阅》7期、《西京论坛》6期。社科院（联）网站高度重视内外舆情信息，无负面舆情发生，西安社科网点击量329.27万人次。“西安智库”直击西安经济社会热点、难点问题，发布90余次，推送文章180余篇。开设《丝路从这里延伸》《社科成果精选》等栏目，获得广泛好评。 （崔殿宁）

专业技术服务

•气　象•

◆**概况** 2019年，西安市气象局全面落实追赶超越定位和“五个扎实”要求，围绕西安经济社会发展、防灾减灾、生态文明和国家中心城市建设努力提供优质气象服务保障。持续推进更高水平气象现代化建设，着力建设“让气象更智慧、让生活更美好、让人民更幸福”的西安幸福气象，充分发挥气象防灾减灾第一道防线作用。截至年底，西安市所辖区（县）气象局有8个（长安、临潼、阎良、灞桥、高陵、鄠邑、蓝田、周至），有国家气象站7个、国家一级农业气象站1个、省级农业气象站1个，此外还有探空站1个、自动土壤水分观测站7个、大气成分观测站1个、酸雨观测站1个、沙尘暴观测站1个、闪电定位观测站1个、大气电场仪站5个、电离层监测站1个、新一代天气雷达站1个、风廓线雷达1个、区域自动气象监测站195个。

◆**气象防灾减灾应急联动** 2019年，西安市人民政府主持召开气象灾害应急指挥部联席会议暨推进更高水平气象现代化工作会议，气象防灾减灾机制进一步夯实。西安市气象局落实气象灾害应急指挥部、冰雪灾害天气应急指挥部工作职责，启动应急响应23次，及时发布预警信号65次、灾害性天气防御通知45份，编发重大天气专报、气象信息快报、送阅件等产品270期，制作专业气象服务材料1260期。发送气象服务短信600余万条，播发电子显示屏18余万屏次，制作发布天气预报节目4380期，“西安气象”微博粉丝突破100万人次。

◆**公众气象服务** 2019年，西安市气象局成立第十四届全国运动会气象服务保障筹备机构。圆满完成“春满西安”、“西安年•最中国”、2019欧亚经济论坛、2019西安国际马拉松赛、中华人民共和国成立70周年升旗仪式等重大活动、节假日气象保障服务，制作精细化专题气象服务材料89期。完成2019欧亚经济论坛气象分会承办工作，成功举办第三届丝绸之路经济带气象服务西安论坛。第一时间启动重大突发事件气象保障应急响应，应对蓝田森林火险。国家突发事件预警信息发布系统运行平稳，预警信号发布及时率100%、准确率99.91%。研发“西安城市暴雨内涝风险预报预警系统”，获陕西省第二届智慧气象服务创新大赛二等奖。助力乡村振兴和脱贫攻坚，同步推进驻村联户扶贫和行业扶贫，与西安市财政局、西安市农业农村局联合开展政策性农业保险气象服务工作。协助蓝田县成功申创“中国天然氧吧”称号。持续优化升级西安空气质量预报系统，实现污染源定量分析跟踪，加强与西安市生态环境局的天气会商，每天2次发布空气污染气象条件预报，制作发布《空气污染气象条件公报》670期。4月，陕西省气象局与西咸新区管委会签订共同推进西咸校报区气象现代化建设战略合作协议；7月，西安市气象局发文成立西咸新区气象局筹建处，并选派管理人员和技术骨干进驻西咸新区开展工作。

◆**人工影响天气作业** 2019年，西安市气象局加快李家河水库人影体系和完善黑河流域、金盆水库人影体系建设。截至年底，组织实施人工增雨作业28次，发射增雨火箭弹309枚，燃烧增雨碘化银烟条2660根。针对李家河水库蓄水，加强省、市、县三级联动，组织实施飞机增雨作业8架次，地面增雨作业20次，经卫星遥感监测资料分析，水域面积明显增加。

◆**气象现代化建设** 2019年1月，中共西安市委、西安市人民政府出台《关于推进更高水平气象现代化建设的实施意见》；8月，与陕西省气象局签署《共同推进西安更高水平气象现代化建设合作协议》，推进实施“六项工程、三项任务”（六项工程：西安极端天气监测预警能力提升工程、“十四运”气象服务保障工程、智慧气象工程、秦岭生态修复气象保障工程、现代农业气象保障工程、气象台站基础设施建设工程；三项任务：共建西安市极端天气监测预警重点实验室、西安［国家级］气象大数据应用中心和西咸新区气象局）。西安市气象局利用风云3号、风云4号、MODES等多源卫星遥感资料，针对雾霾、积雪、沙尘、热点、地表高温等，制作《西安市气象卫星遥感监测报告》。“西安气象现代化‘追赶超越’擂台赛”工作获评陕西省气象部门“创新工作”。

（白慧玲）

•地　震•

◆概况　2019年，西安市地震局深入贯彻习近平防灾、减灾、救灾重要论述和指示批示精神，积极适应应急管理体制改革，扎实落实中央和陕西省、西安市防震减灾工作部署要求，适应改革形势，推进防震减灾事业现代化建设，以防震减灾陕西省、西安市共建为抓手，不断提升地震灾害综合防御能力。西安市被陕西省地震局评为“2019年度防震减灾工作目标任务考核优秀等次（第一名）”。截至年底，西安市有防震、减灾助理员158人，群测群防联络员2790人。

◆地震监测预报　2019年，西安市地震局全时做好震情跟踪监视工作，不断加强震情短临跟踪。落实《西安市2019年度震情跟踪工作方案》，加强异常落实和震情监测，全年处理地震事件4639起，监测到西安地区可定震中地震11次，最大为4月6日周至县1.4级地震。实地调查核实宏观异常5次，完成异常落实报告5篇。及时响应6月17日四川宜宾6.0级地震，上报《震情快报》2期。组织召开震情会商会98次，其中周会商39次、月会商11次、加密会商46次、半年会商1次、年度会商1次。编制《震情简报》12期，完成半年和年度震情趋势研究报告。强化地震监测系统运维管理，重视地震观测环境和监测设施保护。定期开展台站安全检查，完成3个测震台（临潼骊山测震台、富平铁牛岭测震台、蓝田虎头山测震台）和4个地球物理场流体台站（兵工监测站、陕鼓监测站、高陵监测站、鄠邑监测站）的防雷检测。加强监测台站现代化建设，新建1个强震台站（鄠邑区显落村烈度速报台站），完成2个台站的搬迁及升级改造工作（阎良区烈度速报台、东晁村烈度速报台）。指导开展黑河水库台网改造升级前期准备工作。不断加大MODIS（中分辨率成像光谱仪）热红外前兆监测、大气电离与地震关系相关理论研究、大气电离数据处理分析研究力度，与相关研究机构、科研院所深入合作并取得阶段性进展，作为唯一地市级地震局参加中国地球科学联合学术年会。积极开展科技成果推广应用，先后为西安警备区《全市国防后备力量领域潜力数据》统计、灞桥区垃圾填埋场选址、西安市国土空间规划“双评价”（资源环境承载能力和国土空间开发适宜性评价）、通用机场建设项目、西安建筑科技大学等单位及建设项目提供地震基础数据及相关资料。不断规范地震群测群防工作。认真做好7个市级骨干宏观观测点的管理运行，组织西安市地震业务人员和群测群防助理员60人开展现场实训。加强重点时期地震安全保障，全力做好重大活动和特殊时段的地震安全服务保障工作。

◆震害防御　2019年，西安市地震局认真落实《中华人民共和国防震减灾法》和《陕西省防震减灾条例》，将建设工程抗震设防要求管理纳入市政务服务中心建设类项目前置审批程序。严格、高效、优质、规范开展西安市政务服务中心建设类项目并联审批工作。建设工程抗震设防要求备案行政许可事项已在工程建设项目审批管理系统上线，实现网上电子化申报。西安市一般建设工程抗震设防要求备案376件（市本级42件，区/县、开发区334件）。认真落实《第八代地震区划图》建设要求，开展《第五代地震区划图》落实情况检查。对西安市第八十九中学体育馆建设、融创东方宸院建设、清凉山居3期建设等多个项目按照《第五代地震动参数区划图》设计及施工情况进行检查，确保新建、改建、扩建建设工程达到当地抗震设防要求。组织各区（县、开发区）、西咸新区防震减灾业务负责人及业务骨干50余人开展减隔震技术培训，促进减隔震技术推广应用。

◆地震应急救援　2019年，西安市地震局不断强化地震应急预案演练工作。结合机构改革工作，对《西安市地震局地震应急预案》进行修编，组织召开地震应急预案专家评审会，规范地震应急处置的工作流程，并适时组织开展地震应急预案演练。10月15—18日，为有效提升现场实战能力，检验全市地震现场工作人员的应急处置能力，首次组织34名地震现场工作人员参加陕西省地震局在汶川地震灾区遗址组织开展的陕西省地震现场工作合训及演练，锻炼提高地震现场工作人员应急处置能力。6月17日四川长宁发生6.0级地震，西安市部分地方有感，及时在官方网站和微博上发布地震信息，回应群众关切，未发生舆情事件。

◆防震减灾科普宣传　2019年，西安市地震局不断深化防震减灾科普宣传。印发《做好新时代防震减灾科普工作的意见》，深入推进防震减灾知识“六进”（进企业、进学校、进机关、进社区、进农村、进家庭）活动。积极开展防震减灾知识培训。组织防震减灾宣传业务骨干60人进行集中培训，为雁塔区等4个区（县）进行防灾减灾知识科普讲座，为中共西安市委党校（西安市行政学院）培训班开设专题讲座。邀请新华小记者们走进西安市地震监测中心实践采访，着力打造“新华小记者走进市地震监测中心”科普宣传品牌。参加陕西省2019年“全国防灾减灾日”、陕西省暨西安市2019年“安全生产宣传咨询日”防震减灾知识宣传活动。在小雁塔景区举办“西安市纪念唐山大地震43周年暨‘7•28’防震减灾宣传活动”启动仪式。加强与新媒体合作，首次开展线上与线下相结合的方式，与腾讯新闻（陕西）客户端、腾讯大秦网、腾讯大秦网政务频道等媒体开展合作，不断拓宽防震减灾宣传模式。邀请相关单位和组织参与宣传布展活动，以小雁塔历史地震中的“三裂三合”传说为背景，制作防震减灾宣传资料在小雁塔博物馆常态化宣传。主办“第二届全国防震减灾知识大赛”西安市选拔赛和承办“第二届陕西省防震减灾科普知识大赛”。灞桥区代表队西安市第三十四中学、新城区代表队西安市大明宫中学分别获得第二届全国防震减灾知识大赛西安选拔赛初中组第一名和高中组第一名。西安市大明宫中学先后代表西安市获得“第二届陕西省防震减灾科普知识大赛”一等奖、代表陕西省获得“第二届全国防震减灾知识大赛”二等奖。全年开展“防震减灾科普宣传活动”项目102个，讲座53场次，发放宣传资料7万余份，50余家媒体参与报道，直接参与群众21万余人次。

◆防震减灾重点项目规划实施　2019年，西安市地震局深入开展防震减灾大调研工作。分别赴省内外地震工作部门、区（县）应急管理部门、相关科研院所开展防震减灾工作大调研，形成调研报告7份。积极推动调研成果转化，科学筹划《防震减灾“十四五”规划》编制。先后邀请陕西省地震局负责人、专家到西安市调研、共同开展课题研究、讲座授课13人次。协调推进西安市防灾减灾综合基地防震减灾科普馆的建设。配合做好国家、陕西省地震烈度速报和预警系统建设项目在西安市的实施工作，开展《陕西省地震预警管理办法》的宣传贯彻，力争将西安市监测台网和台站纳入国家和省级烈度速报和预警系统，全面提升地震监测预警能力。（刘　琦）

出版传媒

责任编辑
姬娟妮

综　述

◆概况　2019年，西安市大力实施"名城、名家、名作"工程，出台《西安市优秀文艺创作成果奖励办法》和《西安市重大精品创作扶持办法》，有力推进文艺精品创作生产。成功举办中央广播电视总台《2019春节戏曲晚会》《唱响新时代》特别节目和2019西安·南京双城灯会，在中央广播电视总台多个频道播出。征集《西安印象》歌曲500余首，评选出《大秦岭》《望长安》等32首优秀作品。实体书店数量2391家，位居全国第4位。樊登书店、汉唐书城·城市驿站等5家书店获"年度主题书店""年度社区书店"。成功举办第二十九届全国图书交易博览会，吸引参展单位1234家，营销总收入2192万元，签约合作项目金额60亿元。举办"世界读书日"暨第十三届"西安读书月"全民阅读活动启动仪式，发布《西安全民阅读倡议书》。加强"六位一体"（引导平台、资源平台、活动平台、宣传平台、支撑平台、培育平台）全民阅读公共服务平台和长效运行机制建设，丰富全民阅读形式，打造"西安模式"，形成"名家诵读经典""真人图书馆"等一批全民阅读品牌活动。配合"中国年·看西安"新春文化旅游活动，策划"人文书香·故事西安"2020西安新春书市。

◆第二十九届全国图书交易博览会　2019年7月27—30日在西安举行。本届博览会由国家新闻出版署、陕西省人民政府和西安市人民政府主办；中国书刊发行业协会、中国出版协会、陕西省新闻出版局、延安市人民政府、铜川市人民政府、西安市新闻出版局、西安曲江新区管委会承办；西安曲江文化产业投资（集团）有限公司、西安出版社、西安市新华书店协办。有1234家单位参展，总展览面积6.6万平方米，展陈展位3245个。馆配出版物12万余种，零售出版物22万余种，馆配和民营订货总收入20650万元。吸引市民读者41.2万人次，零售图书51.2万册（套），营销总收入2192万元。延安、铜川分会场，零售图书3.1万册（套），营销总收入110万元，"农家书屋"订货184万元。文创产品订货及销售收入4650万元。有28个出版产业项目达成合作意向，合作金额约60亿元。展馆面积比上届增加32%，参展单位增加50%，主会场吸引市民读者增加79%，馆配和零售图书增加47.8%，总收入增加181.6%。

西安毓凤阁书店

◆"书香之城"建设　2019年，西安市支持实体书店发展专项资金申报、评审、发放工作。参考北京、成都等市经验，召开实体书店经理座谈会，广泛听取各方意见，重新修订《西安市财政支持实体书店发展专项资金管理办法》，进一步突出专项资金在书店区域布局、业态转型、融合发展方面的引导性。推进"书店+"模式，鼓励发展24小时书店，推动实体书店提质增效、良性发展。建立专项资金第三方绩效评估机制，在提高资金利用率，防范廉政风险上进行积极探索。表彰奖励30家西安"最美书店"。西安市建成实体书店2391家，在全国排名第4位。

◆"农家书屋"建设　2019年，西安市开展"农家书屋"基础信息统计工作，印发《西安市农家书屋深化改革创新，提升服务效能实施细则》，推进"农家书屋"图书馆总分馆制。探索"农家书屋+"共建模式，抓好高新区"农家书屋"转型提升试点，通过资源重组与资源共享，深化农家书屋体制机制改革，激发活力、提高利用率。落实"农家书屋"图书补充更新经费，做好图书更新配送工作。以"农家书屋"为阵地，开展"我的书屋·我的梦"农村少年儿童阅读实践活动，西安市各区（县）择优报送农村中小学征文58篇、绘画作品76幅、手抄报53件。经评审，报送陕西省优秀征文18篇，绘画27幅，手抄报30件。

◆印刷企业监管　2019年，中共西安市委宣传部审批包装装潢类印刷企业18家。对131家包装装潢印刷品印刷企业和1576家发行企业进行年检。对96家期满连续性内部资料性出版物"准印证"进行重新核验换证。开展4次印刷发行行业安全生产和经营秩序检查，整顿市场秩序，消除安全隐患。（史　帆）

◆西安获"书店之都"称号　2019年1月8日，"2019中国书店大会暨2018时代出版·中国书店年度致敬盛典"在北京举行。对2018年的中国实体书店进行盘点的同时，大会同时揭晓16项行业大奖，西安获"2018书店之都"。西安市新华书店曲江书城与言几又·西安迈科中心旗舰店获"年度最美书店"；樊登书店湖城大境店获"年度社区书店"；乐乐趣童书馆获"年度少儿书店"；樊登书店获"年度品牌书店"；新华书店·西电1931获"年度大学书店"。

◆西安毓凤阁书店开业　2019年1月19日，西安毓凤阁书店在雁塔区开业。毓凤阁书店集人文、创意、美学、生活于一体，建筑面积3500平方米，包含阅读、茶饮、文创、手工等15个功能区。书店以社科文学、时尚生活、书画艺术、少儿阅读、党史党建类图书为重点，以读书会、签售会、文化讲座、名人访谈、艺术沙龙为亮点，秉承"毓万物，汇生活"的品牌理念，旨在打造意趣生活栖息地、社区文化会客厅。活动当日，毓凤阁书店还向雁塔区4所学校各捐赠价值1万元的图书及文体用品。（姬娟妮）

广播·电视·电影

◆概况　2019年，西安市委宣传部围绕深入贯彻落实中国共产党第十九次全国代表大会精神和中央、陕西省宣传思想工作会议精神，积极落实中共陕西省委、中共西安市委关于扎实加强文化建设的部署要求，在陕西省电影局的具体指导下，着力加强电影创作质量提升、规范电影市场、完善公益放映服务体系，较好地完成各项工作任务。话剧《柳青》获第16届“文华大奖”；《音乐家》《西京故事》等9部作品获陕西省“五个一工程”优秀作品奖，中共西安市委宣传部获“组织工作奖”；儿童剧《二十四个奶奶》获第二十六届苏博蒂察国际儿童戏剧节“最佳剧目大奖”；秦腔《司马迁》和《喜迁莺》分别获第三十三届“田汉戏剧奖”剧本一等奖和三等奖。电视剧《共和国血脉》《密查》《兰桐花开》分别在中央广播电视总台一套和八套黄金时段播出；纪录片《西迁纪》、广播剧《祖国知道我》、动画片《漫赏秦腔》等19部作品登陆中央广播电视总台和中央人民广播电台；《疯狂斗牛场》等3部电影在全国院线上映。

◆城市影院建设 2019年，中共西安市委宣传部指导各区（县）、开发区理顺影院建设的审批、备案、年审等工作机制，强化服务理念，推动西安市放映市场繁荣发展。西安市新建新娱国际影城、鄠邑区晶影国际影城、泰禾影城东方印象城店、长江银兴影城、鄠邑区中影大咖影城、耳东VR影城、沣东吾悦影城、奥斯卡影城悦秀城店、奥斯卡国际影城龙首店9家影院，市级备案7家影院。9月起，联合西安市应急管理局，在西安市影院开展安全生产“大排查、大检查、大督查”专项行动。按照属地管理、行业监管原则，安排各区（县）、开发区负责对辖区内电影院开展地毯式的排查整治。各区（县）、开发区认真履职，持续做好安全生产督导检查，电影市场安全有序。

◆公益电影放映 2019年，中共西安市委宣传部下发《关于下达2019年全市农村及社区电影公益场次的通知》，要求各区（县）、开发区按照任务，做好公益放映的组织实施和监督管理工作，将放映数量、放映质量、群众满意度作为对放映工作考核的重要内容。截至11月26日，经各区（县）委宣传部认定，以及中影农村放映服务平台审核，放映36036场，观影人数210万人次，其中订购2年内国产新片15504场，占全年任务场次的43%。1月，开展“我们的中国梦——文化进万家”主题公益放映活动。制作的4条公益放映视频被“学习强国”网站推送展播，被中央广播电视总台央广网，陕西省、西安市媒体跟踪报道。6—10月，开展“我和我的祖国”庆祝新中国成立70周年公益电影主题放映活动。放映主题影片1万场次，观众100多万人次。为改善观影条件和观影质量，在有条件的地区推进固定放映场所建设。建成11个室内固定放映点、126个固定银幕墙、119个固定银幕架以及19个广场固定放映点，并在每个固定放映场所设立电影放映公示栏，提前告知放映信息，接受群众监督，提升群众的观影感受。同时，为进一步提升放映质量，西安市农村院线公司为放映员定制放映工服；在每场电影放映时悬挂公益电影宣传横幅；为每个放映队配备便携式音箱，在映前循环播放当日影讯；利用固定放映点、映前宣传公示栏等多种形式开展映前宣传工作，发放公益电影宣传环保购物袋，提高群众知晓率和满意度。为进一步满足群众需求，探索放映新模式，以新时代文明中心建设为契机，在蓝田县进行新时代文明中心公益电影投放试点工作。把公益电影融入“新时代文明实践中心、所、站”。在“中心、所、站”原功能的基础上，增加公益电影元素，提升放映质量，改造观影环境，扩展公益电影基层惠民功能。在蓝田县“新时代文明实践中心”、汤峪“新时代文明实践所”、董岭村和屹塔村“新时代文明实践站”安装1.3k放映设备，设立放映厅，放映公益电影。在白鹿广场、天鹅湖广场、汤峪文体广场以及西安市高新区创汇社区安装全自动银幕架，用于公益电影放映、宣传工作。同时，还在西咸新区芊域溪源社区设立室内公益放映点，创新服务形式，提升观影条件，更好地满足人民群众精神文化生活需要。

◆电影创作 2019年，中共西安市委宣传部紧紧围绕文艺精品创作这一中心环节，加强选题策划，深入曲江影视、秦汉影视、一路阳光影视等单位调研，了解创作动向，抓好文艺精品创作的跟踪指导。围绕中华人民共和国成立70周年、全面建成小康社会、庆祝中国共产党成立100周年重大时间节点，精心组织历史题材、革命题材、农村题材、现实题材等文艺精品创作生产。推出《音乐家》等一批重点作品，发挥专项资金引导作用；跟踪指导电影《卡尔·马克思》《半个月亮爬上来》的创作。鼓励影片登录院线，全年西安市影视机构参与创作的14部影片登录院线。做好影片拍摄的支持协调工作，支持《团圆日》《石榴的故事》等8部电影在西安市开展拍摄工作，进一步加强西安城市文化建设，提升城市氛围以及城市影响力。

（史　帆）

◆中伊合拍片《石榴的故事》在西安杀青 2019年11月，西安市2018年度宣传文化发展专项资金扶持项目——中国和伊朗合拍的纪录片《石榴的故事》在西安杀青。该片以石榴为线索，通过伊朗历史学教授和中国纪录片导演的视角，展现对中国西安和伊朗伊斯法罕这两座城市内在联系的深刻思考。以国际视角将中伊两国的精神共性加以链接，呈现两座城市的历史与现代文明之美。《石榴的故事》由一路阳光电影公司与伊朗波斯尼克电影公司共同参与制作并出品。10月，《石榴的故事》在伊朗拍摄完成后，中伊主创团队回到西安进行拍摄。西安临潼石榴园、大雁塔、西安城墙、兵马俑、清真寺、回民巷等景点，以及西安现代都市景观，都在影片中有所展现。影片制作完成后将在伊朗德黑兰和中国西安等地分别进行展映，并参加2020年的伊朗曙光旬国际电影节和上海国际电影节等多个重要的国际电影节。同时，也将在伊朗国家电视台与中央电视台播出。

◆西安导演刁亦男新片入围戛纳电影节 2019年10月，西安籍导演刁亦男历经多年构思的最新力作《南方车站的聚会》是本年度唯一入围第七十二届戛纳国际电影节主竞赛单元的华语电影。《南方车站的聚会》是刁亦男在本土语境下对犯罪类型片全新表达的新尝试。

《南方车站的聚会》宣传海报

◆《半亩方塘一鉴开》西安开机 2019年10月26日，由北京星河江月影业、北京电影学院、陕西省生态环境厅、陕西省科技厅、陕西省教育厅、共青团陕西省委、陕西省水利厅、陕西省林业局、西北大学、陕西文化教育题材影视剧创作办公室、陕西翰林教育研究院、九方映画影业等单位联袂摄制的电影《半亩方塘一鉴开》在西北大学长安校区举行开机仪式。中国生态环境保护领域专家学者及相关领导、西北大学师生校友、媒体代表等800余人参加开机仪式。电影《半亩方塘一鉴开》旨在打造导向正确、创意新颖、深受欢迎的优秀生态文化精品。为讲好生态环保故事，陕西文化教育题材影视剧创作办公室历时一年多，汇聚政府、影视、文化、教育、媒体、企业各界力量，调研走访学校、家庭、社区、农村、企事业单位等不同领域深入一线搜集素材。电影以生态环境部典型案例作为故事原型，以人类赖以生存的环境变化为背景，真实、自然、有情怀地讲述在人类发展历程中由于意识缺位、利益驱动使环境日益恶化，导致生态平衡遭到破坏，人类觉醒后将城市中央转变至生态中央的故事。影片将对城市的发展巨变、人文风貌进行多角度、全景式的演绎，以引人深思的剧情内容展示破坏生态的恶果，唤醒民众努力建设天蓝、地绿、水净的美丽中国。

◆《红星照耀中国》西安首映礼举行 2019年8月6日，由中共陕西省委宣传部、中共西安市委宣传部指导，西安嘉方影视有限公司、绿地控股集团有限公司、峨眉电影集团有限公司、四川新文广影业有限公司等主办的《红星照耀中国》西安首映礼在曲江太平洋影城举行。该片导演王冀邢携王鹏凯、柯南•何裴、侯祥玲等主创亮相，影片的作曲赵季平也一同亮相现场，受到观众的热烈欢迎。电影《红星照耀中国》改编自埃德加•斯诺所著的同名纪实作品《红星照耀中国》（又名《西行漫记》）。影片主要讲述1936年6月至10月，为寻找“东方魅力”的美国青年记者埃德加•斯诺，怀着强烈的好奇心和使命感，冲破国民党的重重封锁，冒险深入到陕北小镇保安，采访毛泽东、周恩来、彭德怀、徐海东等一批中国共产党领导人，以及红军战士和苏区百姓，亲眼见证中国共产党以及中国工农红军的风采，认定他们才是中国的未来。影片通过斯诺的视角，真实再现抗战时期的中国共产党人，在艰苦条件下依然心系民族大局、坚持革命斗争的感人故事。

◆纪录电影《扶眉战役》开机 2019年6月6日，由西安电影制片厂出品的纪录电影《扶眉战役》在河北省蔚县开机。相关领导以及主创人员、革命家属代表、剧组人员等200余人参加开机仪式。影片以中国人民解放军第一野战军第二兵团第四军第11师33团副团长高增岳等指战员为原型，将真实再现扶眉战役期间的战争形势、战役过程。通过对广大解放军指战员为革命事业、祖国解放英勇奋战的刻画，大力弘扬先烈们纯洁高尚、不怕牺牲的奉献精神，凝聚起万众一心奋斗新时代的强大力量。

◆电影《未来可期》西安开机 2019年6月16日，首部以西安交通大学附属小学“钱学森实验班”开展“小发明、小科技、小创新”拓展教育为故事原型的电影《未来可期》在西安交通大学附属小学开机。作为一部聚焦人工智能的电影，《未来可期》题材新颖，还原时代精神风貌，以老一辈院士的奋斗历程去感染新时代的观众。（姬娟妮）

◆西安广播电视台 2019年，西安广播电视台完成7套电视、5个广播安全播出71272小时。围绕西安市中心工作，以加快建设国家中心城市和国际化大都市为宣传主线，开设主题宣传55项、专栏69个，重点主题宣传发稿量超过1.1万条次，直（录）播宣传超过45场次，内容包括10项重点工作及重大活动等。入选第9届中国电视满意度博雅榜“城市台十强”，获“金长城传媒奖•2019中国十大影响力城市电视台”称号，融媒体中心、西安网分别获“2019中国最具影响力市、县融媒体中心”“2019中国传媒融合发展年度影响力传媒网站”称号，2016—2019年连续4年被中共西安市委、西安市人民政府评为年度目标责任考核优秀单位。

宣传工作　聚焦“壮丽70年，奋斗新时代”、“不忘初心、牢记使命”主题教育、“三大攻坚战”、“三个经济”等重大主题和“迎十四运•加快国家中心城市建设”、文化旅游融合发展等10项重点工作以及2019欧亚经济论坛、世界文化旅游大会、全球硬科技大会、西安国际马拉松赛、第二十九届全国图书交易博览会、第三届西商大会等重大活动，全景展现西安市上下勠力同心干事业、追赶超越谋发展的蓬勃景象。在中央广播电视总台等中央媒体发稿116篇，在央视新闻移动网和新华社现场云等网络平台发稿1万多条。围绕“中国年•看西安”春节文化旅游活动，大力向央视供稿。中央广播电视总台《新闻联播》及《年轮2019》特别节目对大雁塔跨年夜景、水舞灯光秀、不倒翁表演等特色活动予以关注，拉动西安市春节期间的旅游市场、助力文化旅游进一步融合发展。

融媒体建设　坚持内融外联，守正创新。着力打造声、屏、网、微、端、云六频联动的融媒生产形态，建设全程、全息、全员、全效的现代新型主流媒体。注重与人民网、央视新闻移动网、澎湃新闻、今日头条、抖音等大流量平台在策划、生产、传播等方面互相融合、互相借力，不断放大传播效应。在央视新闻移动网的矩阵号，“西安丝路频道”发稿量位居全国第四位，被评为“全网最有活力账号”和“推荐关注矩阵号”。资讯广播主动作为，加强与“听见广播”App深度合作，提供音频、视频双模式直播节目以及主持人生活直播服务，打造新一代“声、网”融合媒体平台。12月28日，正式开播《苗阜笑谭》栏目，同时上线喜马拉雅。首期节目以“中国年•看西安”为主题，带领观众感受最具西安特色的“中国年”，助力西安市文化和旅游深度融合。资讯频道主办“世界眼中看西安”摄影大赛，采用融合传播手段，立体展现加速奔跑的新西安新形象。联合学习出版社出品，新闻广播、交通旅游广播、音乐广播、综艺广播等精锐主播团队参与录制的《习近平新时代中国特色社会主义思想学习纲要》有声读物，上线“学习强国”App，并在喜马拉雅置顶播出。成功举办“我和我的祖国”系列“快闪”活动，全网点击量1200多万次。新闻综合频道融媒新闻《高考数学题让陕历博“独孤信印”一夜走红》《我是中国医生，请你配合》点击量超4000万次。重视推动融合背景下的强媒协作，全力发挥在西安市传媒业创新发展中的核心引领作用。7月11日，在中共西安市委宣传部的指导下，联合华商传媒、西安报业，共同发起成立“西安全媒发展合作体”。推动陕西省、西安市强势媒体资源整合，在全国首次实现党报、党台、都市类媒体跨界融合、协同发展，聚力打造深融背景下的西安媒体联合舰队。按照中共中央总书记习近平“扎实抓好县级融媒体中心建设，更好引导群众、服务群众”的指示精神，充分发挥技术优势，大力支持、指导区（县）、开发区开展融媒体建设，推动高陵、新城、未央等区（县）、开发区融媒体中心建成落地，在国内走出以长安云融媒技术输出为支撑、优质新闻内容服务为手段、流量聚合变现为目标、主导权话语权增强为归宿的市、区两级融媒体协同建设新路子。加速西安市媒体融合创新发展进程，有力地巩固和壮大主流思想舆论。

舆论监督　把做好舆论监督作为媒

体参与社会公共治理、积极承担社会责任的重要内容。《每日聚焦》《问政时刻》《党风政风热线》3个栏目成为国内知名的舆论监督节目。《每日聚焦》播出217期，《问政时刻》播出7期，《党风政风热线》播出212期。3档节目曝光问题360多个，有300多个问题得到解决。

舆情监测及引导　加强对舆情的监测、分析，定期开展研判工作，建立完善重大舆情应急处置机制，及时防范和化解意识形态风险，牢牢掌握意识形态主动权。在舆情的应对和舆论的引导上，坚持及时发声、正向引导舆论。做强、做优《西安网评》等品牌新闻评论栏目。西安网原创评论《“以民为本”是最温暖的奋斗旋律》《传承英烈精神　汲取红色能量》等14篇网评被中共中央网络安全和信息化委员会办公室要求在全网转发。《西安网评》栏目组连续2年被中华人民共和国国家互联网信息办公室评为全国十大网评基地。

文艺创作　9月底，按照中共西安市委关于拍摄重点建设项目进展的相关要求，对西安市772个重点项目进行逐个走访，制作完成专题片《西安市2019年重点建设项目进展》。11月初，拍摄制作《三改一通一落地》内参片，以及《漠视侵害群众利益》内参片。11月4日，正式推出《每周一看》内参监督系列专题片，在中共西安市委、西安市人民政府工作会议上公开播放，直面问题，以求务实解决。系列专题片围绕“迎十四运·城市管理”等中共西安市委重点工作和老百姓关注的焦点难点，揭露问题，推动工作，每周6轮流在各区（县）、开发区播放。成为制度化、常态化的新闻舆论监督手段。

丝路文化建设　立足丝路起点，致力将全国唯一以丝路命名的丝路频道打造成为服务“一带一路”建设、助力追赶超越的国际化外宣新平台。《丝路新闻联播》《丝路家训》《丝路阅读》《行走丝路》等丝路系列文化精品节目，在各大新媒体平台点击收看量突破3000万次。《丝路阅读》获“2019电视行业展评”电视文艺类好作品奖。2018年、2019年连续主办2届丝路城市春晚，并在印度尼西亚、阿联酋等国译制播出。年初，《光明日报》以《西安：让丝路春晚融通世界》为题，给予晚会高度赞誉，人民网进行全文转发。9月，在北京举行的“2019丝路电视国际合作共同体高峰论坛”上，与中央广播电视总台、中国国际电视总公司、缅甸国家电视台的“金丝带”联合制作项目《印象丝路》4K分辨率系列节目正式启动。大型人文纪录片《手中的“一带一路”》在北京、西安、苏州等国内7个城市和澳大利亚等3个国家完成前期拍摄。深度聚焦“一带一路”沿线国家地区民间手艺的兴衰与演变。与中央广播电视总台、意大利国家电视台共同制作的百集纪录片《从长安到罗马》，被中央宣传部和中央电视台确定为2019年重点推荐的精品节目，在4月举行的“一带一路”5G+4K传播创新国际论坛上线仪式上正式向全球发布，在西安广播电视台主频道、央视黄金档、爱奇艺同步首播。并将被译制制成多国语言，在意大利、英国、南非、阿联酋等国外媒体平台播出。10月，中韩“石榴花之春”文化交流活动在韩国晋州成功举办第十届盛会，成为目前中韩之间常态化的双边文化交流活动。截至年底，有国内外近40家媒体机构加入丝路城市广播电视协作体，并成功举办2届年度峰会，有力壮大西安市国际外宣平台。

精品项目　对红色文化资源、历史文化资源、丝路文化资源的提炼和展示，打造精品影视力作和精品文化项目。7月，推出大型纪录片《解放西安》。该片首次全景式讲述西安城的解放历程，再现70年前解放西安的恢宏历史画卷，受到众多党史专家的好评和广大干部群众的喜爱。年底，该片获第二十五届中国纪录片学术盛典年度收藏作品，入选中央档案馆年度典藏作品。11月27日，第二十五届中国纪录片学术盛典颁奖典礼上，西安广播电视台都市频道《纪录时刻》栏目获中国纪录片好栏目奖。11月，举行的第五届全国（融媒体）节目交易会暨项目资源推介会上，西安广播电视台出品的电视剧《枪口之火线孤城》获“最佳联制联播贡献奖”。3集广播剧《长相思，在长安》在中央广播电视台、陕西广播电视台播出，并获中国广播剧研究会二等奖。完成电影《一日父子》和《醉美之城》的制作。电视剧《陕甘英雄》被确定为陕西省重大精品项目。2018年、2019年打造的2季《指响中华》《醉梨园·最中国》，在河南、成都、武汉等近20家丝路城市广播电视协作体成员台，央视网、凤凰网、优酷等网站联动播出。国内十余个剧种领军人物精彩角逐，为全国观众奉上一场中华戏曲盛宴。5月，推出“唐诗之城”系列活动，钱文忠、马未都等著名文化学者及众多国内知名艺术家共同参与，用唐诗展示盛唐文化。11月，“西安印象”征歌活动成功举办，全球600余首歌曲参赛，371万名网友投票，选出32首最具代表性的“西安之歌”。为庆祝中华人民共和国成立70周年，重点推出以中国工农红军第二十六军战斗史为题材的《红星耀陕甘》融媒系列报道，系统讲述光辉革命历程、感人英雄故事。精心制作的《礼赞新中国·逐梦新时代》宣传片，在央视移动网点击量超100万次。12月，联合中国电视艺术家协会成功举办“理想照耀中国·新中国70年纪录片盛典”。中央广播电视总台、中国文学艺术界联合会、中国电视艺术家协会、国家图书馆、中共中央党史和文献研究院第七研究部及中共陕西省委宣传部等有关领导出席。盛典发布的“新中国70年纪录片百部推荐典藏作品”，以时间为轴线，记录中华人民共和国波澜壮阔的发展历程，著就一部划时代的影像史册，并正式交由国家图书馆、中共中央党史和文献研究院第七研究部永久收藏。

◆《每日聚焦》　2019年，《每日聚焦》播出217期。主动联系对接中共西安市委、西安市人民政府重点工作指挥部，建立新闻监督联动机制，围绕外立面整治、城中村违规加盖、二环三环沿线违建、大棚房治理、断头路打通、工地扬尘治理、消防安全检查、“散、乱、污”企业整治、创卫复审、公厕卫生环境以及垃圾分类等工作开展。节目从“时度效”着力，在报道问题的同时也报道好的方面，充分发挥舆论监督的正向作用。此外，栏目组在镜头拍摄、文稿撰写、后期剪辑包装等环节积极创新，有效提升节目质效。

◆《问政时刻》　2019年，《问政时刻》播出7期节目。主题和接受问政的单位分别是黑臭水体（西安市水务局、西安市生态环境局）；营商环境（长安区、未央区、鄠邑区、雁塔区、高陵区、蓝田县、灞桥区、阎良区，西安市应急管理局和西安市工业和信息化委员会）。节目中，栏目组继续发扬不怕苦、不怕累、能打硬仗、敢啃硬骨头的优良作风，从建设性舆论监督的角度出发，在提高节目可看性的同时注重问题的解决，有效推动被问政单位的作风转变和长效机制的建立。

◆《作风强化在西安》　2019年1—3月，按照中共西安市委、西安市人民政府要求，拍摄制作5期《作风强化在西安》专题片，关注西安市黑臭水体治理、行政效能提升、“断头路”打通、“汉城一号”烂尾楼、城中村“种房子”乱象等问题，节目从党员干部作风建设短板入手，重点剖析“官僚主义、形式主义”

带来的危害，通过对典型案例的挖掘，直面问题、以案促改，把解决问题与建立长效机制有效结合起来，推动相关部门从案例中吸取教训、举一反三，促进干部作风根本性转好，为西安市作风建设年扎实开展提供坚强舆论保证。

（齐杨萍）

西安报业传媒集团（西安日报社）

◆概况 2019年，西安报业传媒集团（西安日报社）以忠实履行党报主流媒体责任为第一使命，不断强化“以人民为中心”的新闻观，巩固壮大主流思想文化，加快推进一体化融合发展改革，以高度的政治责任感肩负起举旗帜、聚民心、育新人、兴文化、展形象的使命任务，为全面加快国家中心城市和具有历史文化特色的国际化大都市建设营造良好舆论氛围。西安报业传媒集团获由中国报业协会党报分会评选的“全国党报媒体融合创新单位”奖；“媒体智能融合建设”项目获“中国报业媒体融合、信息化和网络安全项目”一等奖；“全民读书 经典律动 方言传秦 陕西话读陕西名著”和“爱上大西安 毕业不别离 2018大学生毕业盛典”分别获首届中国晚协融媒体奖新媒体优秀案例二等奖和直播报道二等奖；“西安发布”获“2019百家号年度传播力政务先锋”称号以及由中国报业协会党报分会评选出的“全国党报优秀融媒体平台”奖。

◆重大主题工作报道 2019年，西安报业传媒集团（西安日报社）紧紧围绕中共西安市委、西安市人民政府中心工作和阶段性重点工作，用好全媒体，确保意识形态责任制落实落细，舆论导向正确、管控有力，不断提升主流舆论的传播力、引导力、影响力、公信力。推出主题宣传和重大活动报道近9000篇，开设专栏、专题718个，为西安市经济社会发展营造浓厚的舆论氛围。

“新中国成立70周年”系列报道 在旗下各平台统一开设《壮丽70年·奋斗新时代》专题专栏，先后推出11个子专栏，刊发发布各类稿件2400余篇次，充分展示中华人民共和国70年的光辉历程，展示陕西、西安70年的发展变化。其中，西安解放70周年特刊、“探访长征时期毛泽东诗词的时代精神”、“少年家国信”全媒体采访活动以及“在陕全国人大代表崔荣华建议成为热门话题”4项宣传报道，获中共陕西省委宣传部《新闻阅评》专题点评肯定。“少年家国信”活动，吸引陕西省10地市1500多所学校46万名学生参与，在《西安晚报》和《阳光报》上择优刊登的文章有430多篇，被“学习强国”和《人民日报》客户端转载。

习近平来陕视察4周年特别报道 各平台以“追赶超越 砥砺前行”为总题，推出“谱写大西安追赶超越新篇章”等专版专题，刊发13个整版，集中展示西安市牢记总书记嘱托，学习贯彻落实习近平重要讲话精神的实际行动以及在经济、文化、民生、党建等方面“追赶超越”取得的新变化、新成就。

十九届四中全会报道 各平台以高度的责任感和使命感，分阶段对全会做好预热造势、会期聚焦、后续解读，着力发挥党报评论旗帜的引领作用，全面准确阐释全会精神，深入宣传西安传达学习贯彻落实全会精神的生动场面和具体实践，刊发各类报道200余篇次。

“扫黑除恶”报道 落实西安市“扫黑除恶”宣传工作部署，集团各平台持续深化相关宣传工作，以3363篇次的体量，密集报道各级、各系统深入推进专项斗争的进展情况、典型案例和取得的成效，做好社会舆论引导，为扫黑除恶专项斗争营造良好氛围，提供强有力的舆论支撑。

脱贫攻坚宣传 在持续做好脱贫攻坚亮点工作宣传报道的基础上，5—7月，创新性地组织开展“增强‘四力’实践融媒记者在一线”主题宣传活动，派出83名编辑记者组成27支采访小组，深入脱贫一线蹲点采访，报道一批先进典型，宣传脱贫攻坚显著成效。全年刊发报道1279篇次。

◆聚焦中心工作系列报道 2019年，西安报业传媒集团（西安日报社）各平台聚力，紧紧围绕中共西安市委、西安市人民政府中心工作，精彩呈现西安市加快国家中心城市建设，全面加强城市规划建设管理水平，聚力提升城市品质内涵的具体举措和生动实践。

全市经济社会发展重点工作报道 对十项重点工作、迎十四运、加快建设先进制造业强市等工作的量级报道获好评，其中，“陕鼓模式是怎样炼成的”系列报道被陕西省新闻出版局《审读工作通讯》认为对当前企业转型升级、实现高质量发展具有很强的示范、借鉴意义。

民生热点报道 全平台聚焦西安市教育改革、“十五分钟便民服务圈”、破解看病难、“三改一通一落地”等民生热点工作，推出“2019 西安的脚步”和“最具幸福感城市”等重点主题报道。围绕习近平生态文明思想，着眼秦岭保护、环保督察、治污减霾、垃圾分类、违建拆除等焦点问题，触点“下沉”，将人民群众的诉求与城市发展带给市民的幸福感、获得感和安全感巧妙结合；充分利用《终南瞭望》《明察暗访》等监督栏目，做好建设性监督报道，推进工作落实。

创新手段讲好“西安故事” 借力2019西安丝绸之路国际旅游博览会、2019中国国际通用航空大会、第二届中国国际进口博览会、2019全球硬科技创新大会、2019第三届全球程序员节、第二十九届全国图书交易博览会等国内、国际大型节会，抢抓《长安十二时辰》热播，“不倒翁女孩”全国爆红等时机，推出报网“组合拳”，将丝路古起点、魅力新西安的传承与创新多元呈现。“西安发布”首次尝试以第五代移动通信技术全程直播2019西安国际马拉松赛，收获120万人次的观看量，进入新华社现场云周榜全国前十名。对“不倒翁女孩”先后发布41条网上报道，阅读量突破200万次，取得较好的宣传效果。《舌尖上的老西安》《西安老字号的故事》等体现浓郁本地特色的文化栏目依然独领风骚，“长安八水”系列深度报道，在国内引起强烈反响。

持续传播社会主义核心价值观 弘扬正能量，积极宣传社会发展新风貌。《最美家乡人》《正能量合伙人》等专栏深受好评。8—9月，组织策划的“探访长征时期毛泽东诗词的时代精神”大型新闻采访活动，全媒体链式传播，推出9个整版8篇深度报道，4篇记者手记，30多张图片以及“长征路上领略雄伟华章”等7个短视频产品。

◆一体化融合改革 2019年，西安报业传媒集团（西安日报社）全面加快一体化媒体融合发展改革步伐，经各层面广泛调研论证，10月，完成集团（报社）一体化媒体融合发展改革方案。坚持“行业细分、同质聚合、垂直深耕、资源集中”原则，采编与经营分开，推动传统媒体和新兴媒体在内容、渠道、平台、运行、经营、管理等方面多角度全方位融合发展。11月9日，集团一体化融合改革发展方案经中共西安市委宣传部部务会审议通过。12月，中共西安市委机构编制委员会办公室对集团31个内设机构优化重组、整合后的更名予以批复。

（富　洁）

文化艺术

责任编辑
姬娟妮

专业文艺

◆概况 2019年，西安市鼓励、引导精品文艺创作，话剧《长安第二碗》、儿童剧《唐诗雅逸》、秦腔《玫瑰红》被陕西省文化和旅游厅列入2019年重点现实题材创作剧目。话剧《柳青》、音乐剧《丝路传奇·花木兰》、儿童剧《我们是秦俑》获2019年度国家艺术基金资助项目。话剧《长安第二碗》、秦腔《陕北往事》、秦腔《贤妃记》被列入2019年陕西省重点剧目创作研讨。音乐剧《丝路传奇·花木兰》、秦腔《班超息兵》、话剧《长安第二碗》3部剧目被评选为第六届“丝绸之路”国际艺术节——庆祝中华人民共和国成立70周年陕西省优秀舞台艺术作品展演剧目。话剧《柳青》获第十二届中国艺术节“文华大奖”，话剧《长安第二碗》、音乐剧《花木兰》、秦腔《班超息兵》被评为陕西省优秀艺术作品展演剧目，《长安十二时辰》在网上热播。组织西安市永宁艺术团参加“东亚文都、舞动盛夏”中国西安—韩国济州道交流演出活动。成功举办东亚文化之都系列活动“夏爽西安 享乐经典”西安市群众性交响乐公益合唱活动启动暨交响乐合唱惠民专场音乐会、第八届西安国际戏剧节、2019西安草莓音乐节，宣传推广《来西安住些日子吧》《夜长安》《石榴花》等主题歌曲。 （史 帆）

◆“2019东亚文化之都·中国西安活动年”举行 2019年3—12月，由文化和旅游部、陕西省人民政府指导，陕西省文化和旅游厅、西安市人民政府主办，西安市文化和旅游局、西安市人民政府外事办公室承办的“2019东亚文化之都·中国西安活动年”活动在西安举行。在2018年8月召开的第十次中、日、韩文化部长会议上，西安与日本东京都丰岛区、韩国仁川广域市共同当选为2019“东亚文化之都”。活动年贯穿2019年始末，以“古韵风华”为主线，设8大主题，涵盖丝路文脉、年俗非遗、文学艺术、旅游观光、音乐之城、书香之城、手工艺与文创、影视动漫等特色文化元素，组织开展文化旅游交流合作活动，签署东亚文化之都2019共同宣言和多项旅游合作备忘录，提升“新动能”，扩大“朋友圈”，培育“互信力”，增强“幸福感”，为中、日、韩三国民相亲、心相通提供丰富的载体和舞台。

◆首届“陕西戏剧奖”颁奖晚会在西安举行 2019年1月11日，由陕西省文联主办、陕西省剧协承办的首届“陕西戏剧奖”颁奖晚会在西安易俗大剧院举行。“陕西戏剧奖”是由陕西省委宣传部正式批准设立的省级文艺常设奖项，下设“陕西戏剧奖·表演奖”“陕西戏剧奖·剧本奖”2大奖项。首届陕西戏剧奖于2018年11月11日开评。经过评委会专家们认真观看和评选，王航、杨升娟、李康定、杨朝霞、梁少琴、范莉莉6位演员分别获得首届陕西戏剧奖·表演奖，本届陕西戏剧奖·剧本奖空缺。在颁奖晚会上，6位获奖演员登台亮相，依次演出自己的拿手唱段。

◆周至县集贤镇获“中国民间文化艺术之乡” 2019年1月9日，文化和旅游部办公厅发布《关于公示2018—2020年度“中国民间文化艺术之乡”名单的公告》，西安市周至县集贤镇入榜。公告显示，175个乡镇入选2018—2020年度“中国民间文化艺术之乡”名单。

“2019东亚文化之都·中国西安活动年”开幕式表演

◆《音乐家》《西京故事》等9部作品获陕西省“五个一工程”优秀作品奖 2019年10月15日，陕西省第十五届精神文明建设“五个一工程”表彰座谈会在延安市召开，陕西“五个一工程”奖正式揭晓。由西安市文艺单位创作的话剧《柳青》、儿童剧《二十四个奶奶》、电影《音乐家》《爱的帕斯卡》《塬上》、电视剧《白鹿原》《西京故事》、广播剧《村头一棵老槐树》《大树西迁》等9部作品获优秀作品奖；中共西安市委宣传部获组织工作奖。本届陕西省“五个一工程”评选的是2017—2019年间首次播映、上演、出版的作品。

◆大型情景剧《三秦印象·我的长安城》上演 2019年1月2日，大型情景剧《三秦印象·我的长安城》在三秦大剧院上演。《三秦印象·我的长安城》深挖陕西历史文化元素，地域特色鲜明、民族风情浓厚、艺术手法别致、结构独特新颖。印象、雄风、盛世、八景、诗书、情缘、声色、味道、特色、西安10个篇章环环相扣，全面展示古都文化风貌。碑林区各街道、社区群众代表、劳模代表、保洁员代表和游客400人观看演出。

◆话剧《平凡的世界》西安上演 2019年1月18日，由陕西人民艺术剧院排演的话剧《平凡的世界》在西安人民剧院上演。该剧创作中7次修改，力求达到思想性、艺术性、观赏性的高度统一。演出时间从195分钟压缩到165分钟，将多重叙述变成思想性更加明确的双重叙述，事件叙述更为凝练。

◆西安话剧院推出新版《哈姆雷特》 2019年11月1—3日，由西安话剧院“火柴戏剧”工作室排演的新版话剧《哈姆雷特》在西演艺术中心·大华1935玖剧场上演。新版话剧《哈姆雷特》从欧洲宫廷搬到现代的普通厨房，通过人物和厨房里米、面、蔬菜、水果等道具的结合，展现人们对于“吃”的原始欲望，从而体现《哈姆雷特》的终极奥义——“生存还是毁灭，这是一个值得思考的问题”。剧中众多人物的结局也与“吃”有关，通过食物来展现适者生存的丛林法则。此外，剧中还运用大量的充满现代风格的音乐，与台词精妙地结合在一起，让观众穿越时间和空间，完全置身于情节当中。新版话剧《哈姆雷特》是对莎士比亚原著的一种全新解读，既忠实于原著，同时又加入许多现代元素。

◆**话剧《柳青》获“文华大奖”** 2019年6月2日，第十二届中国艺术节闭幕式在上海大剧院举行，第十六届中国文化艺术政府奖——“文华大奖”同期揭晓，由中共西安市委宣传部指导，西安演艺集团西安话剧院创排的大型原创话剧《柳青》获“文华大奖”。话剧讲述作家柳青为创作反映农业合作化时期广大农民在中国共产党领导下走社会主义道路的长篇小说《创业史》，毅然放弃大城市优渥的生活条件，并辞去县委副书记职务，举家搬迁到当时的长安县皇甫村，与群众交心，把自己的情感和生命完全融进皇甫村这片土地的故事。

◆**《大西商》出版发布会举行** 2019年1月23日，长篇报告文学《大西商》出版发布会在西安举行，会议以“新时代、新梦想、新征程”为主题，致敬改革开放40周年，桂维民、方英文等知名人士亮相发布会。长篇纪实报告文学《大西商》全书23万字，由西安出版社出版。该书以纪实的笔法、淳朴的语言、生动感人的故事，讲述21位商界名人创业和奋斗的过程，以及他们各自的创业经历、人文情怀、社会奉献等方面。通过对话全景式采访，展现他们与时俱进、创新发展的生动感人事迹。

◆**红孩《东渡 东渡》获“东方文艺奖”一等奖** 2019年1月6日，首届“东方文艺奖”揭晓，来自中国、美国、英国、俄罗斯、乌克兰、新加坡、叙利亚、巴基斯坦、法国、马来西亚、土耳其等20多个国家和地区的32位作家获奖。著名散文家红孩凭散文集《东渡 东渡》摘取一等奖。《东渡 东渡》从西安一家博物馆收藏的一条运送毛泽东和红军战士东渡黄河的古船展开，重温红军东渡的感人故事，并实地参观渡口遗址，追寻伟大的“延安精神”。

◆**肖云儒《丝路云笺》首发** 2019年1月19日，著名文化学者、丝路文化大使肖云儒的散文集《丝路云笺》首发式在西安举行。首发式上，肖云儒和读者分享他在丝路上的故事。《丝路云笺》和已出版的《丝路云履》《丝路云谭》，一起组成肖云儒60万字的“丝路散文三部曲”。这也是他3次参与国家广播电视总局“丝路影视桥工程”的重点项目“丝路万里行”，坐汽车环游4.5万千米、30个国家、100余座城市的文字结晶。《丝路云笺》记叙肖云儒在中亚及中东欧16国的考察情况。

◆**周媛散文集《风起长安》出版** 2019年1月，资深媒体人、西安晚报社高级记者周媛散文集《风起长安》由陕西师范大学出版总社出版。陕西省作协主席贾平凹题写书名并推荐，著名诗人、作家薛保勤作序。在《风起长安》中，作者以记者和作家的双重视角观察世界，解读生活，叙述世事人情，关照历史现实。书中收录散文作品50篇，计20万字，分“那人”“那事”“那景”3辑，包括历史、地理、山水、人文、艺术、亲情等内容。书中所收文章全部在国内报刊发表，其中一部分为获奖作品。这些文章是从作者创作的大量文学作品中精选而出，全部为真实经历、真实事件、真实感悟。

◆**李永安长篇报告文学《在襄渝线的日子里》出版发行** 2019年6月，西安作家李永安长篇报告文学《在襄渝线的日子里》由团结出版社出版发行。全书11万字，48个章节。作者用亲身经历真实地再现铁道兵、学生连、民工连不畏艰险，奋斗修建襄渝线的可贵精神。书中通过难忘的夜晚、雪涌秦岭、走进旗杆沟、帐篷生活、饥饿岁月、走进月河隧道、会战石庙沟、捞河沙、铺轨机来了、从襄渝线归来、见到母亲等章节，记叙襄渝线上激情战斗的岁月。

◆**王芳闻获“普希金诗歌艺术奖章”** 2019年6月7日，俄罗斯作家协会、莫斯科作家协会、欧亚文明对话基金会等主办的“2019俄罗斯普希金国际诗歌艺术节暨第二届丝绸之路国际诗歌艺术节”在莫斯科民族宫举办，西安女诗人王芳闻获“普希金诗歌艺术奖章”。

◆**“西安印象”歌曲征集活动** 2019年，由中共西安市委宣传部指导、西安广播电视台主办、西安市音乐家协会协办的“西安印象”歌曲征集评选活动面向全球发起歌曲征集邀请。最终，“西安印象”歌曲征集活动收集投稿作品600余首，经海选、初评、复评、终评4个环节进行优选，32首歌曲进入网络大众投票环节。11月16日，在西安广电中心石榴花剧场举行颁奖典礼，32首获奖作品逐一亮相。5天的网络大众评议，有371.3万名网友投票关注此次活动。主办方从371.3万个选票中，结合评委评审，选出最具代表性的“西安之歌”。其中，《望长安》《大秦岭》《西安生活》3首作品获“最佳作品奖”；《夜长安》《唐延路》《西安超人》《恋恋德福巷》《飞吧，西安》《如果你路过西安》《一世长安》《石榴花》8首作品获“优秀作品”；《青春西安》《长安颂》等21首作品获“入围奖”。

◆**歌曲《追梦西咸》全国首发** 2019年11月28日，历时6个多月创作，以西咸新区为主要元素的歌曲《追梦西咸》和MV(音乐短片)在西咸新区文化旅游(厦门)宣传推介会上全国首发。《追梦西咸》由西咸新区党工委宣传部策划出品，著名词曲作家祝云英创作，著名青年歌手任敬演唱，MV中包含崇文塔、昆明池、中俄丝路创新园、中国西部科技创新港等知名西咸元素。此歌曲调韵味深长、优美动听、易于传唱，展现西咸新区在“一带一路”建设中追赶超越、改革创新取得的变化和成就。

◆**陕、蓉、豫、津京剧票友联谊演唱会西安举行** 2019年11月25—26日连续两日，“陕、蓉、豫、津京剧票友联谊演唱会”在西安陕北民歌大舞台举行，4地京剧票友用精彩国粹，向新中国成立70周年献礼。演唱会由陕西省阳光京剧联谊会、陕西省尚小云艺术研究会、陕北民歌大舞台等单位共同主办，陕西省京剧院等单位协办。在现场，4地京剧票友共同奉上《凤还巢》《清风亭》《断桥》《二进宫》等精彩演出。

◆**第四届“诗词中国”大赛颁奖典礼在“诗经里”举行** 2019年9月7日，第四届“诗词中国”传统诗词创作大赛在西咸新区沣东新城“诗经里”小镇举行颁奖典礼。第四届“诗词中国”传统诗词创作大赛于2018年11月在暨南大学启动。大赛倡议“远离浮躁、打磨精品、持续创新”，更加注重作品质量和题材的当代性。8月9—11日，大赛召开终审评议会，陶文鹏、熊东遨、钟振振、杨逸明、张桂兴、林峰等10余位诗词名家作为成人组和青少组的终审评委，评选出本届大赛绝句、律诗、词、古风4个组别的各年度创作奖项获得者431名，其中主赛获奖者279名、青少分赛获奖者152名。

◆《我问王二小》获全国大奖　2019 年 8 月，由宁波编导、著名作曲家娄云清谱曲，西安市雁塔区少儿艺术团原创的儿童舞蹈《我问王二小》，在第十届“小荷风采”全国少儿舞蹈展演中获本届展演最高奖——“小荷之星”奖。展演收到全国各地报送作品 443 个，有近 200 个少儿舞蹈节目筛选入围。

◆西安鼓乐入选“国家级非遗优秀实践案例”　2019 年 6 月，文化和旅游部非遗司公布 50 个国家级非遗代表性项目优秀实践案例，来自西安的国家级非遗项目——西安鼓乐入选。西安鼓乐是千百年来流传在西安（古长安）及周边地区的传统民间大型鼓吹乐，是中国传统器乐文化的典型代表，被称为“中国古代音乐的活化石”和“中国古代的交响乐”。其乐曲结构庞大、风格典雅，至今仍使用着唐、宋时期俗字谱的记谱方式，又被称为是破解中国古代音乐史众多谜团的一把钥匙。2006 年 5 月，国务院将西安鼓乐列入首批国家级非遗名录；2009 年 9 月，在阿布扎比召开的联合国教科文组织保护非遗政府间委员会第 4 次会议上，西安鼓乐入选人类非遗代表作名录。

◆“唐诗之城”主题活动开幕　2019 年 5 月 10 日，由中共西安市委宣传部指导、西安广播电视台主办的 2019“唐诗之城”主题活动开幕式在西安广电大剧院举行。现场，马未都、钱文忠、胡文阁、冯满天、赵普等国家知名文化学者、艺术家及西安市各界代表 1000 多人汇聚一堂，品味唐诗经典，追寻唐诗之韵，共同开启“唐诗之城”。开幕式以“唐诗”为线索，从国际视野、中华审美、价值传承 3 个维度全景式解读大唐文明，将唐诗美学融入现代人的生活方式，展开一幅精美的盛世画卷。整场演出分为《唐诗之美》《历史之美》《文化之美》3 个篇章，集诗、歌、舞于一体，通过唐诗交响乐演奏、诗歌表演、文化大咖深度对话等多种表现手法，展现唐诗魅力。伴随开幕式的举行，2019“唐诗之城”主题系列活动在西安正式展开，通过唐诗文化电视节目、图文典藏版《唐诗三百首》新书分享会、“唐诗剧场”、唐诗朗诵赛、唐诗书法赛、TED 演讲暨高端峰会等一系列内容，带动书籍出版、短视频、话题吧、文创衍生品等纵深传播，充分挖掘古都西安的历史文化资源，唤醒全民唐诗热情，打造国际视野的唐诗盛会，为提升中国文化世界影响力贡献独特的“西安力量”。

◆第四届全国女性水彩粉画展西安举行　2019 年 11 月 1 日，由陕西省美术家协会、西安市美术家协会、陕西当代水彩粉画研究院主办的第四届全国女性水彩粉画展在西安当代美术馆开幕。本届展览展出作品 210 件。在展览领衔名家板块，特邀 10 位全国女性名家参展；评审板块是在全国 30 个省、市、自治区作者的 2476 件中，精选 200 件精品展出。展览不仅得到社会各界的广泛关注，也在国内业界引起强烈的反响。　（姬娟妮）

地方志

◆概况　2019 年，西安市地方志办公室深入贯彻落实国务院《全国地方志事业发展规划纲要（2015—2020 年）》，下大力推进地方志书、综合年鉴全覆盖，充分发挥特色优势，深入开发地情资源，重视抓好网络信息化建设，不断拓展地方志工作内容，积极创新服务手段，全市地方志工作水平显著提升。11 月，被中国地方志指导小组办公室表彰为“全国地方志工作先进集体”。被陕西省地方志编纂委员会表彰为“全省第二轮修志工作、地方综合年鉴工作、地方志馆建设先进单位”以及“全省地方志援藏工作先进单位”。《西安年鉴》被中国地方志指导小组和陕西省地方志办公室分别表彰为“二等年鉴”和“一等年鉴”。

◆市志编纂　2019 年，西安市地方志办公室合力攻坚，采取“滚动式集体审稿”方式，利用 8 个月时间对全志进行 4 轮通审、通评。全年召开集体审稿会 27 次 53 天，人均审读志稿 265 万字，提出修改意见上万条。加强终审验收稿修改力量，领导班子全员上阵，责任到卷，审核把关。截至年底，8 卷本、34 个分志、840 余万字的《西安市志（1991—2010）》通过省级终审，完成验收稿报送。

◆区（县）地方志工作　2019 年，西安市地方志办公室持续加大对区（县）地方志工作的指导力度。利用 2 个多月时间对西安市 13 个区（县）开展“全覆盖”实地调研，采取听取汇报、参观考察、座谈交流等方式，重点了解区（县）机构人员情况，“两全”目标（地方志书与综合年鉴全覆盖）完成情况，开展街道志、村镇志、地情丛书编纂情况，以及方志馆、村史馆建设情况，现场协调解决问题，全力推动区（县）“两全目标”任务落实。积极开展村史馆建设试点，先后赴高陵、长安等 4 个区调研村史馆建设，探索研究并制定西安市《村史馆建设标准》。提请西安市人民政府召开全市“两全目标”推进工作座谈会，推动后进区（县）加快进度。截至年底，高陵区、新城区完成终审后修改任务。《周至县志》通过省级终审，《临潼区志》完成印刷出版。通过积极协调，为新城区、周至县争取到陕西省二轮修志工作专项资金 5 万元。

◆年鉴编纂与出版　2019 年，西安市地方志办公室扎实做好全市年鉴工作顶层规划设计。年初，制订印发《西安市年鉴事业发展三年行动计划（2019—2021）》，指导各区（县）在实现年鉴全覆盖的基础上，切实提高编纂质量。认真落实全市地方志“两全目标”推进工作座谈会精神，拟定《西安市加快推进地方志编纂“两全目标”工作实施方案》，明确各区（县）2020 卷年鉴编纂时间节点和责任分工，对问题突出的 2 个区加强督促指导。扎实组织业务培训，提升撰稿人的业务能力。截至年底，《西安年鉴（2019 卷）》《西安年鉴（2018 卷英文版）》完成印刷出版。13 个区（县）2019 卷综合年鉴编纂工作全部完成。

◆地情资料开发利用　2019 年，西安市地方志办公室深入挖掘、利用西安历史文化资料、地域民俗资料和城市发展沿革史料，完成地情文化书籍《大西安的前世今生》初稿编写，全书约 30 万字，全面系统记述大西安辉煌历史。着眼服务地方志事业发展，配合庆祝新中国成立 70 周年活动，对《西安地方志》杂志进行完善和创新，优化《城市前行》《人物春秋》栏目，精选、精编刊物稿件，提高编校质量。全年刊发《西安地方志》6 期，约 45 万字。

◆地情信息化建设　2019 年，西安市地方志办公室加强门户网站整合优化，实施微信公众号改版升级，开设“西安历史上的今天”“西安人物”“西安老字号”等专栏，编写、发布原创文章 150 多篇。门户网站、移动地情网站和微信公众号合计更新信息 2900 余条，网站和数据库累计点击量超过84.5万人次。完成《西安馆藏地方志联合目录》《西安年鉴(2018)》《西安年鉴(2017英文版)》《西安地方志》等书籍刊物近300万字的数字化入库工作。

◆“庆祝中华人民共和国成立70周年——坚定文化自信 讲好西安故事”活动 2019年6—9月，中共西安市委宣传部、西安市地方志办公室联合举办“庆祝中华人民共和国成立70周年——坚定文化自信 讲好西安故事”演讲大赛和征文大赛。活动以“讴歌党、讴歌人民、讴歌英雄”为主题，宣传展示70年来党的光辉历程和伟大成就，弘扬革命精神，传播城市文化，助力西安追赶超越。活动得到社会各界的广泛关注和积极参与，收到征文稿128篇、演讲稿50篇。其中，演讲比赛经过初赛和决赛2个阶段。中共西安市委宣传部、西安市地方志办公室相关负责人出席决赛活动，市级机关有关部门和社会各界约400人现场观看。演讲大赛和征文大赛各评选三等奖10个、二等奖4个、一等奖2个，优秀组织奖7个。

◆方志馆建设 2019年，西安市地方志办公室积极推进西安方志馆建设。组织成立工作专班，召开“西安方志馆建设专题会议”，采取有力措施推动工作落实。组织人员赴西安浐灞生态区、西咸新区考察选址，赴北京、广州、安康等地考察学习方志馆建设先进经验，与西北大学、陕西师范大学、西安文理学院沟通协商合作建馆的可行性，向西安市人民政府办公厅上报《关于西安方志馆建设有关情况的报告》。

◆《西安市志(1991—2010)》终审会 2019年6月14日，在中共西安市委党校召开。陕西省地方志办公室相关领导出席会议，西安市地方志编委会副主任、副市长强晓安等参加会议。特邀审稿专家中国地方志学会学术委员会委员、山西省地方志办公室原副巡视员任根珠，中国地方志学会学术委员会委员、安徽省地方志办公室原处长、副编审王晖，《四川省志》副总编、成都市志办原处长、编审黄友良，以及陕西省、西安市地方志办公室相关人员，陕西省各市地方志机构负责人及业务骨干等60余人参加。会议决定《西安市志（1991—2010）》通过终审。

◆西安市地方志“两全目标”推进工作座谈会 2019年9月18日，在西安市人民政府召开。西安市人民政府领导，新城区、莲湖区、雁塔区、未央区、阎良区、高陵区、鄠邑区、蓝田县、周至县分管领导以及地方志机构负责人，西安市地方志办公室有关负责人参加会议。会议的主要任务是明确进度目标，查找问题差距，以更实的举措、更大的力度，推进西安市“两全目标”按时完成。会议审议通过《西安市加快推进地方志编纂“两全目标”工作实施方案》。

◆《西安年鉴》2019年培训会 2019年4月30日召开。西安市地方志办公室主任、《西安年鉴》主编姚敏杰出席并讲话；市地方志办公室副主任、《西安年鉴》副主编张帜宣读《西安市人民政府办公厅关于做好〈西安年鉴（2019）〉编纂工作的通知》。会议由市地方志办公室副巡视员、《西安年鉴》副主编王莹主持。会议邀请陕西年鉴编辑部主任郑茂良，陕西人民出版社文史编辑室主任、副编审袁刚，分别就如何撰写年鉴稿件、年鉴编写中的规范性问题进行授课。西安市13个区（县）、开发区、市级机关及驻市各有关单位120余名年鉴撰稿人参加培训。

◆《周至县志(1990—2010)》终审会 2019年10月22日，在周至县人民政府召开。陕西省地方志办公室以及西安市地方志办公室、周至县相关负责人出席会议。陕西省、西安市、周至县有关人员近30人参加会议。会议决定《周至县志（1990—2010）》通过终审。

◆《西安年鉴(2018英文版)》出版发行 2019年11月，由西安市人民政府主办、西安市志办编纂的《西安年鉴（2018英文版）》正式出版发行。该卷年鉴为32开本，中文字符30万字，彩页8面，由世界图书出版西安有限公司出版发行。作为西安第2部英文版年鉴，充分考虑外国读者需求，浓缩选取《西安年鉴（2018）》中西安经济社会发展的重点和亮点内容，突出“西安档案”“西安名片”“特色西安”“印象西安”等特色栏目，增强可读性和实用性。

◆《西安市临潼区志(1988—2010)》出版发行 2019年1月，临潼区地方志编委会编纂的《西安市临潼区志（1988－2010）》由陕西新华出版传媒集团、陕西人民出版社正式出版发行，主编牛耀东。该志是《临潼县志（1991年版）》的续志，记述范围以西安市临潼区2010年行政区域为准。上限为1988年，下限至2010年底，为反映事物的连续性和完整性，适当上溯与前志衔接。全志36卷、173章、710节，彩照191幅、随文图照242幅，表244幅，160万字。本志最大限度继承前志，并有所创新，重点突出临潼文化、旅游和文物大区的地情特点，同时突出撤县设区后城乡一体化进程、工农业经济发展、改革开放深入和政治文明建设等时代特点，记述临潼区23年的改革发展历程。（黄立峰）

2019年9月12日，中共西安市委宣传部、西安市地方志办公室联合举办“庆祝中华人民共和国成立70周年——坚定文化自信，讲好西安故事”演讲比赛。图为决赛现场

档 案

◆**概况** 2019年，西安市各级档案部门认真贯彻全国、陕西省档案工作会议精神，紧扣追赶超越定位和“五个扎实”要求，大力加强档案基础设施和基础业务建设，建成全国示范数字档案馆并通过验收，促进档案工作转型升级和科学管理水平。截至年底，共接待档案利用者3568人次，电话咨询2164人次，跨馆查询82家。

◆**档案服务利用** 2019年，西安市档案馆以服务民生为重点，大幅提升档案服务利用能力。积极发挥数字档案馆信息化查询优势，实现查档利用自助查询。查档利用者只需输入关键词即可实现即时查询、打印，极大地提高查档效率。配合国家对退伍军人优抚政策，设立“退伍军人优先窗口”，优化查档等待时间。6—9月，接待退役军人1000余人、提供档案650余件。配合反腐败、“扫黑除恶”及政治巡察等工作的特殊性、保密性、纪律性需要，设立“专案组、巡察组人员查档专用通道”。接待各级纪委、监委、巡察办等单位46家、提供档案利用457卷（件）。

◆**档案服务重点工作** 2019年，西安市各级档案部门以高度的政治站位，为西安市重点工作的顺利开展提供档案服务的有力支撑。1月，完成秦岭专项整治档案整理工作，档案数字化条目50868条、356755页，并将档案数据副本提交市勘察规划院，实现与地理信息系统的整合。2月，完成对已销售、保留的3286套秦岭别墅的建档立卡，并联合西安市不动产登记局、西安市统计局、西安市审计局形成动态化管理。借鉴秦岭专项整治建档工作经验，成立“大棚房”问题专项清理整治档案管理领导小组和11个档案督导组，制定系统的档案管理规范性文件，督促指导有关区（县）、开发区、西咸新区做好档案收集归档工作。截至5月，接收文件材料11490份、照片10349张、视频11段，整理业务档案625卷、文书档案1409件。支持配合西安市“扫黑除恶”专项行动，进驻西安市“扫黑除恶”办公室，整理专项档案2000余件。加强重大活动档案管理，提前参与第十四届全国运动会西安市执行委员会工作，扎实做好档案管理服务，确保档案资料收集齐全完整。根据中共西安市委办公厅、西安市人民政府办公厅《关于在机构改革中加强档案工作的意见》，开展对撤并单位档案工作的指导，明确其档案的归属与流向，并积极接收撤并单位档案，接收原西安市610办公室、西安市房屋管理局、西安市市政公用局档案共计7551件。西安市档案行政管理办公室与中共西安市委“不忘初心、牢记使命”主题教育领导小组办公室联合印发《关于做好“不忘初心、牢记使命”主题教育文件材料收集归档的通知》，积极做好重大活动档案整理归档工作。

◆**档案编研** 2019年，西安市档案馆认真落实国家重点档案保护与开发项目，完成《西安事变图文集》《抗战背景下的西京陪都建设》编辑工作，报送新闻出版署进行重大选题备案审查；完成《抗日战争档案汇编》（第一、二册）编辑工作，报送陕西省档案局审阅；完成《陕西辛亥革命后裔口述史——细说陕西辛亥革命》编辑工作，12月由西安出版社正式出版发行。《西安方言俗谈》《西安抗战备忘》等一批编研成果，获陕西省档案学会2014—2018年档案学优秀成果奖。

◆**档案文化宣传** 2019年，西安市档案馆围绕重大活动，加大宣传报道力度。聚焦庆祝中华人民共和国成立70周年，积极挖掘馆藏档案资料，与“西安发布”平台联合出品《大西安70年！100帧珍贵照片里的如歌岁月》。主动配合中央新闻媒体《伊文思看中国》纪录片和《共和国之恋》特别节目组的拍摄工作，积极提供馆藏档案资料。在西安档案网、《西安档案》杂志开辟专栏，在“西安档案圈”公众号发布微图展，多途径开展纪念西安解放70周年活动。举办第十二届“6•9”国际档案日暨第六届“档案馆日”系列活动，积极邀请西北大学、方新小学、新华小记者和西安市、各区（县）机关干部、企事业单位人员来馆参观。为纪念《中华人民共和国档案法》颁布32周年和第六个“国家宪法日”，在西安档案网、微信公众号上推送链接有关宪法知识文章，并分别于9月5日、12月4日，联合未央区档案局、张家堡街道办事处、大明宫街道办事处、汉城街道办事处等20余家单位，走进社区、走上街头开展档案咨询和档案法制宣传活动，现场解答群众关心的档案法律法规、档案服务利用、民生档案等问题，增强社会档案意识，为档案工作开展营造良好氛围。

◆**数字档案馆建成** 2019年，西安市档案馆积极贯彻落实国家档案局档案信息化建设要求，持续推进“数字档案馆”项目建设，依据国家和行业相关建设标准规范，依托局域网、政务网、互联网，开发包括数字档案管理、档案信息共享利用、档案信息发布等子系统的数字档案馆系统，实现数字档案资源“收、管、存、用”全过程信息化管理。11月26—27日，西安市档案馆“数字档案馆”接受国家档案局组织的专家组测试，得分96.09分，成为西北地区首家通过“全国示范数字档案馆”测试的国家综合档案馆。

◆**档案机构改革** 2019年，根据《西安市机构改革实施方案》（市字〔2019〕7号）精神，西安市档案局（西安市档案馆）的行政职能划入中共西安市委办公厅。西安市档案馆作为市委直属事业单位，不再保留西安市档案局牌子。1月31日下午，按照中共西安市委深化机构改革协调推进工作专班关于《西安市新组建及更名部门集中挂牌工作方案》要求，西安市档案馆（局）举行“西安市档案局”摘牌仪式，更名为“西安市档案馆”，档案行政管理职能和档案馆职能正式分设。 （苏 洁）

文物博物

◆**概况** 2019年，西安市境内有各类不可移动文物点3246处、各级别文物保护单位428处（全国重点文物保护单位58处，省级文物保护单位106处，市、县级文物保护单位264处），其中包含2处世界文化遗产（包含6个点）、4处国家考古遗址公园。截至年底，有各级、各类博物馆（不含民营）128座。全年投入文物保护专项资金3012亿元，其中中央、陕西省专项8440多万元。文物安全保卫工作连续实现29个“馆库藏文物安全年”。西安市文物局获“2018年度陕西省打击防范文物犯罪工作先进集体”和“2018年度陕西省文物安全工作先进单位”称号。

◆**文物保护** 2019年，西安市文物局不断夯实文物保护基础工作，积极推进革命遗址保护，加强秦岭文物保护，组织开展全市文物保护维修工程，不断加强文物行业管理力度，进一步规范配合城市基础建设文物勘探工作。

文物保护和管理　强化历史文化遗

址保护和开发利用，加快推进三学街、七贤庄、小雁塔、大唐东市等特色片区建设。组织筛选葛牌镇革命旧址等13处文保单位申报第八批全国重点文物保护单位。10月7日，经由国务院核准（国务院《关于核定并公布第八批全国重点文物保护单位的通知》国发〔2019〕22号），国家文化和旅游部、国家文物局确定公布，西安6处7个点文保单位入选全国重点文物保护单位，分别是新城区革命公园、长安区二龙塔、长安区东马坊遗址、鄠邑区化羊庙东岳献殿、蓝田县葛牌镇红二十五军军部旧址、未央区中渭桥遗址成为第八批全国重点文物保护单位，灞桥区江村大墓并入西汉帝陵（第五批全国重点文物保护单位）。组织开展对丝绸之路世界文化遗产点大雁塔、小雁塔、唐大明宫遗址、兴教寺塔、汉长安城遗址管理状况检查，各世界文化遗产管理单位完成编制2018年世界文化遗产监测报告报送陕西省文物局。在“文化和自然遗产日”，组织举行以“保护革命文物　传承红色基因”为主题的一系列文化遗产活动，主场活动在八路军西安办事处纪念馆举行。

重要文物保护工程　做好西安城墙含光门以东海墁修缮工程、隋大兴唐长安城含光门遗址地下防渗透工程、西安事变旧址——高桂滋公馆保护修缮工程、八路军西安办事处纪念馆5—6号院南院正房维修工程、鼓楼一层南檐东侧屋面局部抢险加固工程、西汉帝陵——义陵封土保护修缮工程有关方案的上报。中央、陕西省文物部门批复同意关于西安城墙、大慈恩寺、明秦王府遗址、通远坊天主教堂有关维修方案的意见。圣寿寺塔保护工程已通过验收，公输堂保护大棚建设已完成。

革命遗址保护　贯彻落实中共中央和中共陕西省委关于实施革命文物保护工程的部署要求，充分发挥革命文物在开展爱国主义教育、培育社会主义核心价值观和促进区域社会经济发展中的作用，中共西安市委办公厅、西安市人民政府办公厅正式印发《关于革命文物保护利用工程（2019—2022年）实施方案》。配合七贤庄红色文化示范街区建设工作，编制完成《八路军西安办事处旧址四号院工字房抢险维修工程计划书》，实施完成八路军西安办事处旧址保养性维修工程、蓝田县葛牌镇红二十五军军部旧址保护维修工程。

秦岭文物保护　指导秦岭北麓沿线文物部门建立相关管理办法及检查制度，多次组织现场检查，督导违建查处工作。安排沿线相关文物部门在“文化和自然遗产日”期间开展秦岭生态环境保护相关法律法规宣传工作。组织各相关区（县）文物管理部门及专业机构，编制完成《秦岭地区全部市级以上文物保护单位保护管理规划》。根据全国第三次文物普查基本信息、市级以上文物保护单位保护管理规划，组织编制《西安市区域内秦岭北麓级别文物保护单位管理手册》，进一步明确秦岭北麓级别文物保护单位保护范围，规范行政管理工作，并下发秦岭地区沿线各区（县）、开发区管委会文物部门。

文物保护编制　组织《隋大兴唐长安城遗址保护总体规划》《秦东陵保护规划》《小雁塔保护规划》等文物保护规划的编制和报审工作。小雁塔保护规划根据市政府会议要求修改完善。秦东陵和隋大兴唐长安城遗址的保护规划经过市政府专题会议研究进行修改。编制《隋大兴唐长安城东市遗址保护利用概念方案》，上报陕西省文物局。

◆考古和勘探　2019年，西安市文物局签订配合基建考古勘探协议124项，勘探面积716万余平方米，比2008年增加0.3%。基建考古发掘协议100项，包含古墓葬2789座，下降11%；古遗址8408平方米。完成和正在进行的考古发掘项目52个，发掘墓葬1135座，已清理989座、窑址13座、灰坑347座、井244口，发掘出土文物3664件，时代从汉代延续至明清。完成小雁塔历史文化街区项目，完成拆迁清表区域的考古勘探和考古发掘工作。发现安仁坊南墙遗址、安仁坊宅邸遗址，光福坊北墙遗址，外郭城第八横街遗址及两侧水沟，朱雀大街遗址等，出土一批文物残片，取得重要的阶段性成果。中国社会科学院考古研究所西安唐城队编制《隋唐长安城东市遗址考古工作计划（2019—2023年）》，上报国家文物局已获批复。中国社会科学院考古研究所西安唐城队提交《2019年度隋唐长安城东市遗址考古工作报告》。西安市北里王汉代积沙墓（千林郡积沙墓）、鼎润新城项目十六国大墓2项考古项目入选2019年“考古中国”重要考古成果。

西安航天基地鼎润新城十六国墓　2018年1月至2019年4月，西安市文物保护考古研究院在西安国家民用航天产业基地西安鑫苑世家项目（原名鼎润新城）范围内，发掘2座墓葬，时代均为十六国时期。这2座墓葬规模巨大，其中1座是发现的十六国时期墓葬中规模最大、等级最高的墓葬，其墓道长达60米，深度达18米，包括前、中、后3个墓室，结构相对完整，墓壁绘有壁画，随葬器物较为丰富。3个墓室均为长方形土洞结构，墓室角均有生土雕成的柱础和方形角柱，可能为穹窿顶或四角攒尖顶。3个墓室的四壁均有壁画装饰，保存状况较差，可见仪仗图、翼兽图、部分题记。文物保护技术人员现场及时保护并揭取。墓室深度距现地表18.5米。该墓葬发掘之前被多次盗扰，本次发掘共出土文物68件。其中第一甬道出土武士俑4件；前室出土合欢帽俑、进贤冠俑、釉陶马、陶马、石器、铁钩19件；第二甬道出土釉陶罐、釉陶几、釉陶壶、方形釉陶扁壶、陶罐9件；中室出土釉陶灯碗、铁器、釉陶灯座、银饰、铜钱、铜柿花、金泊饰、骨饰9件；后室出土十字髻女俑、陶狗、陶猪、陶羊、陶牛、陶鸡、陶井、陶灶、陶碗、铜簪、铜带钩27件。该墓出土的合欢帽俑、十字髻女俑是关中十六国墓葬中的典型器物。第一甬道出土的武士俑形体较大，推测应为镇墓类陶俑。第二甬道出土的绿釉陶器有明显的南方因素，应受到东晋的影响。另外一座为长斜坡墓道前后室土洞墓，坐北朝南，由墓道、第一甬道、前室、侧室、第二甬道、后室几部分组成。该墓葬发掘之前亦被盗扰，出土文物12件。该项目发现的十六国大墓，具有极其重要的学术意义和研究价值，应开展多学科合作研究，进一步加强保护措施。

北里王汉代积沙墓　北里王汉代积沙墓位于西安市长安区韦曲街办北里王村北侧，千林郡小区二期用地范围内，地处凤栖塬北麓，西北距汉长安城遗址14.1千米、东距汉宣帝杜陵6.3千米、南距西汉张安世家族墓2.3千米。2018年4月，发现这2座积沙墓部分被工程施工所破坏。6月7日开始，经国家文物局批准，西安市文物保护考古研究院对这2座积沙墓进行抢救性考古发掘工作，至2018年12月，现场发掘工作基本完成，资料提取、保护性回填工作持续至2019年6月结束。本次发掘“甲”字形墓葬2座，坐西朝东，并列分布。出土釉陶器、铜器、铁器、玉石器等各类文物200余件。砖椁内部随葬物品几乎被盗掘一空，仅存铁棺钉数十枚和大、小铜钱百余枚。砖椁东部与甬道之间有木椁箱，由两端立柱、南、北两侧板和上横板构成的“门”字形结构，东、西两端与砖椁和甬道相连，椁箱内出土有釉陶壶、樽、罐、鼎和铜熏炉、铜盆、原始瓷壶、铜车马器、陶砖雕灯等30余件。砖椁封门东侧椁箱底部出土有墨书砖1件，铭曰“此五十二宜春侯椁馀□”，为该墓墓主人身份的判定提供重要参考。另外一座位于南侧，由斜坡墓道、长方形墓圹和墓道两侧4个耳室组成。椁室内经多次盗掘，盗洞口出土有铁剑、铜镜等，砖椁内出土有玉鼻塞、肛塞、铜钱、剑格、铁棺钉等。耳室出土釉陶壶、釉陶罐、釉陶鼎、小型铜戈、小型铁剑、车軎、车辖、骨签、铁环等陪葬物品。本次发掘的2座墓葬规模大、等级高、建造精细，墓主信息较为明确，代表当时较高的建筑工艺与水平，反映墓主人较高的政治地位和经济实力，反映西汉晚期长安城内政治、经济、丧葬文化等多方面信息，是研究西汉晚期高等级墓葬葬制、葬俗的重要材料，具有非常高的历史、科学和艺术价值。

栗家村汉墓考古发掘项目　栗家村汉墓位于陕西省西安市灞桥区狄寨街办新华村栗家村西侧，水安路南侧，东距薄太后南陵2.8千米，距江村大墓3.8千米，西北距汉长安城遗址17千米，位于白鹿原北端西麓二原子上。为配合西安市灞桥区白鹿原水生态中心项目建设，自2018年3月至2019年8月，完成该项目的现场发掘工作，项目周边区域的田野调查勘探工作还在继续。按照墓葬形制，23座小型墓葬可分为竖穴土坑墓、竖穴墓道土洞墓、斜坡墓道土洞墓3类。出土器物有鼎、盒、钫、壶、方缸、灶、铜盆、鋗、镜等，除1座墓葬见五铢钱外，其余墓葬所出均为半两钱，其中M21出土铜鋗上有铭文曰“襄城家铜鋗容三升重九斤”，为该墓墓主判断提供一定的依据。综上所述，这批小型汉墓时代当为西汉早中期，其形制特征、随葬品组合情况与白鹿原地区同时期其他墓葬相似，具有一定区域特色，为西安地区汉代墓葬研究提供新的资料。4座大中型墓葬位于项目用地西部，排列较为规律，均为斜坡墓道土圹墓，坐西朝东，一字排开。葬具为多椁箱结构，由东侧箱、南北边箱及棺箱组成，木椁上下及4周填满积碳。椁室内出土器物190余件（组），器类有陶鼎、盒、壶、房仓、灶、罐、陶饼、舞女俑、伎乐俑、文官俑、侍女俑、编钟、编磬、铜镜、盘、弦柄、琴轸、琴轸钥、铁灯、玉握、口含、玉衣片、煤晶饰、金饰、骨饰、小漆盒等，更加珍贵的是在墓葬的南侧箱内出土有“庐江邸印”“□郤家丞”字样的封泥近10枚。其他3座墓葬共出土器物180余件（组），器类主要有彩绘陶鼎、盒、壶、陶方仓、铜壶、盆、弩机、琴轸、半两铜钱、车马器、模型兵器、铁剑、骨马镳、印章等。陶瓮、缶、盆、铜镜、带钩、弩机、车马器、铁削、玉猪、石器等，其中印章为双面绶带印，分别为“董厌彘”和“臣厌彘”。M4平面呈“L”形，由斜坡墓道、过洞、天井、甬道、土圹墓室五部分构成，出土器物80余件（组），器类有陶罐、方缸、饼、铜鼎、壶、钫、甗、提梁壶、染炉、耳杯、釜、灯、盆、矛、镜、车马器、铜钱、铁削、口含、鼻塞等。本次发掘的23座小型汉墓分布零散，墓葬方向不统一，但出土器物、墓葬形制特征明晰，与白鹿原区域发掘的其他西汉时期墓葬相似，具有典型的时代和区域特征，为西汉时期墓葬研究提供新资料。4座大中型墓葬规模大、等级高，应当属于霸陵陪葬墓，这4座墓葬的发掘对于了解霸陵陵区构成及陪葬墓的葬制具有重大意义。其中，M1规模宏大的墓室以及出土的2200余枚玉衣片，大量侍女俑、文官俑，由伎乐俑、舞女俑、编钟、编磬组成完整的乐队，带有“家丞”字样的封泥等，都标明墓主人较高的身份地位。据推测，该墓墓主身份应不低于列侯级，这几座墓葬的发掘为研究西汉早中期高等级墓葬提供新的重要材料。

隋大禅定寺唐大总持寺遗址　2019年6—10月，西安市文物保护考古研究院在木塔寺遗址公园西侧，根据隋唐长安城遗址地理信息系统，地处和平坊西半部的东南隅，属于隋大禅定寺、唐大总持寺的范围。发现房址、廊道、墙基、灰坑、井等遗迹现象，出土砖瓦、瓦当、础石等建筑构件以及陶、瓷、骨、铜、铁各种文物及残片。根据现场发掘情况看，遗迹现象较丰富。发现房屋建筑基址8处、条夯19道、窖穴5处、灰坑100余座、井22口、灶坑3处。从出土的兽面砖、鸱吻、筒瓦、板瓦等的规格来看，原寺院建筑体量较大、等级较高。从出土遗物来看，有石经幢、汉白玉莲花座、黑陶钵等，个别瓷器发现“花严”墨书，与佛教寺院关系密切。本次发掘为了解隋大禅定寺、唐大总持寺的形制布局等提供重要的实物遗存，也为研究隋唐佛教和社会生活提供重要的实物资料。但是，由于遗址的上部遭到一定破坏，遗址的形制结构、布局和面貌尚难确定。

西安市幸福林带建设工程考古发掘项目　西安幸福林带汉唐墓群位于陕西省西安市新城区幸福路与万寿路之间，北起华清路，南到新兴南路，东为幸福路，西至万寿路。为配合中建西安幸福林带建设投资有限公司项目建设，西安市文物保护考古研究院承担该项目的考古发掘工作，发掘工作自2017年8月起，至2019年11月，完成该项目用地范围内85%区域的考古发掘工作。截至11月，完成发掘汉代—明清时期古墓葬2000余座，尤以唐代中小型墓葬数量最多，占比近80%。北部古墓葬分布较为稀疏，墓葬规模较大，时代较早；中部、南部分布密集，墓葬规模较小，时代较晚。此次发掘的2000余座墓葬共出土各类遗物8000件（套），涉及陶、瓷、金、银、铜、铁、铅、漆木、石、玉、水晶、琉璃、骨13个质地种类。其中陶器占比65%，陶器大体可分为器皿、陶俑、建筑材料和墓志砖4类。金器包括金饰品、金箔、金片和鎏金饰品。银器主要为首饰品和少量用具。铜器包括主要为饰品、用具、铜镜、铜钱等。铁器主要为工具和杂项。铅器有镜、环、饰品、饼、俑及其他等。漆木器有梳子、木棒、漆盒等。石器包括有铸造器具、砚台、棋子、杯、炉、温酒器、盒、梳、猪、狗、墓石、彩石子、石条、石块及其他等。玉器包括有饰品、珠、纽扣、璧、印、叶子、棒、玉塞、蝉、猪、玉石及其他等，其中玉猪最多。骨器包括有梳、饰品、簪、贝壳、蚌壳、象牙饰品及其他等。其他出土遗物还有水晶珠、琉璃器、木料珠、琥珀、蜜蜡等。南部一工区发现的宋金时期的砖雕墓形制较为特殊，为关中地区较为少见的砖雕墓。墓室四壁修饰砖质浮雕，南壁为素面砖拱形封门，东、西壁内容为“妇人启门”及仕女题材，北壁内容为“开芳宴”题材。出土器物有瓷瓶、瓷碗、瓷盘、瓷杯、铜镜、铜钱（开元通宝、咸平元宝）等，人骨保存较差，仅存4个头骨，初步推断为4人合葬。就墓葬资料总体来看，汉代墓葬不见竖穴墓道；隋唐墓葬以洞室墓为主，少量土坑墓；五代时期墓葬均为竖穴洞室墓，不见其他形制；至宋元时期仍延续隋唐传统以洞室墓为主，且竖穴墓道成为主要形制；这一传统历经明清至近代，成为本地区墓葬的发展脉络和主线。平面形状则由汉代的长方形和“甲”字形发展到隋唐时期的“折背刀”形，再到宋元以后的长方形、梯形。墓葬方向也自汉代的东西向为主发展到隋唐以降的南北向为主。这反映我国古代社会生活的格局观和方

向感在隋唐时期发生重大变化。出土遗物中汉墓出土陶器大多成典型器物组合，根据器型判断应多为东汉墓葬。各类器物都以唐代出土最多，一方面由于唐墓数量为最，另一方面也是由于唐墓中随葬品最为丰富，反映唐代厚葬之风。而发掘的唐代以后的各时期墓葬多以薄葬为主。这是一种葬俗的变化，反映古人生活风气的一种发展趋势。此次发掘未在东汉墓葬中发现瓷器，仅有一些釉陶。瓷器主要出现在隋唐以后墓葬中，唐代随葬瓷器仍以碗和罐这类最常见的日用生活器皿为最多，其次就是粉盒，当时粉盒不仅是海丝贸易外销瓷器的主流，在国内也广为使用。另外，唐墓中更为夺目的随葬品就是塔式罐和各式陶俑。随葬镇墓兽的传统自南北朝以来至唐代发展到顶峰，夸张姿态的背后暗喻着墓主人的威仪与地位，各式动物俑、人物俑、十二生肖俑是民间世俗文化的生动再现，天王俑则代表对佛与神灵的无限期待，三种源自不同观念的产物完美地结合在一起陪伴着长眠于地下的墓主人，展现大唐盛世海纳百川般的文化汇聚力量。幸福林带地区在唐代处于隋唐长安城的正东方，距离唐长安城东城墙仅2千米，自北而南分别涉及唐长乐乡、浐川乡、进贤乡、大明乡等地。这里分布着如此数量庞大的唐代墓葬，综合墓葬随葬品来判断，沉睡在这里的墓主人们应该就是隋唐长安城的居民。个别多天井墓道的大墓，其墓主人则可能具备一定品级。

小雁塔历史文化片区综合改造西安博物院南项目　该项发掘工作自2017年4月开始，共发掘6000多平方米，揭示出安仁坊南墙、西墙遗址、安仁坊宅邸遗址，光福坊北墙遗址，外郭城第八横街遗址及两侧水沟，朱雀大街遗址及东侧水沟等，出土一批建筑构件及文物等，对于了解隋唐长安城及宅邸的形制布局具有重要意义。工地中部发现一组唐代宅邸建筑基址。已发现11个房址，大致位于东西相连的几个院落内，排列有序，有的以长廊连接。该宅邸院落位于安仁坊西南隅，规模较大。这是隋唐长安城宅邸遗址的首次发现，对于了解宅邸布局、结构及功能都有重要意义。

◆博物馆工作　2019年2月5日，中共西安市委办公厅、西安市人民政府办公厅印发《西安博物馆之城建设总体方案（2019—2021年）》。西安市完成非国有和行业博物馆年度考核工作，兑付扶持、鼓励非国有和行业博物馆发展专项资金1000万元。完成西北人民革命大学旧址博物馆、军用航空科技博物馆、陕西科技大学中国轻工业博物馆、西安交通大学附属中学博物馆、西安市民间金融博物馆、西安市红色体育博物馆、西安市太乙面食文化博物馆、西安市城市影像博物馆、西安市吉兆春皮肤医药博物馆、西安市石仟佛造像艺术博物馆、古陶瓷博物馆、羊文化博物馆等12座博物馆。积极推进西安市智慧博物馆、数字博物馆建设工作。以西安博物院、钟鼓楼博物馆、八路军西安办事处纪念馆为试点的智慧博物馆建设完成技术方案编制，并通过西安市工业和信息化委员会审核。配合陕西省文物局建设“讲读博物馆”项目，已建成西安博物院、西安半坡博物馆、大唐西市博物馆等14座博物馆项目。指导八路军西安办事处纪念馆开展数字化革命教育项目建设，指导西安半坡博物馆开展“原始部落快乐行半坡博物馆社教”数字化项目建设，指导西安博物院开展院藏古籍数字化保护修复项目、数字化体验厅项目建设工作。部分博物馆在微信公众号里增添云观博AR（增强现实）导览小程序，为公众提供更为便捷的自助导览服务。

博物馆社会公共服务　开展博物馆“走出去”工作，西安市各博物馆走进292个学校、社区、企业、军营和农村，其中进城市学校135次、进农村学校47次、进社区82次、进企业18次、进军营10次。指导西安市博物馆举办各类专题展览，强化社会服务，以中华人民共和国建国70周年为着力点，举办“西安地区红色文化遗产巡礼——红军过境西安遗址群图片展”“传承红色文化讲好革命故事——西安事变剪纸艺术展”“永不消逝的电波——李白烈士生平展”“宜兴历代紫砂精品展”“琢磨——宝鸡青铜器博物院典藏玉器特展”“大道同行——从‘五一口号’到协商建国重要史事回顾展”各类临时展览200余个，博物馆文化惠民活动取得丰硕成果。

军用航空科技博物馆　位于陕西省西安市灞桥区霸陵路1号空军工程大学航空工程学院内，占地面积13000平方米。军用航空科技博物馆是一处以军用飞机装备、航空科技体验与航空文化相融合的现代化专业性博物馆。有9大功能区：军用飞机装备科技展览馆、军用机场数字化沙盘区、军用飞机模拟器区、双机出动演示区、机载武器区、解剖发动机区、解剖飞机区、主战军机静态展示区和经典战机区。博物馆收存16种机型，400余件馆藏品，以丰富的实物、翔实的史料，展示出人民空军航空装备发展壮大的光辉历程，多个角度向人们讲述中华民族航空史上的故事。军用航空科技博物馆是开展国防和爱国主义教育、空军优良传统教育和普及军用航空科技知识，强化国防意识，打造军民融合发展的好窗口。

西北人民大学革命旧址博物馆　位于西安市高陵区通远街道环镇北路上，占地面积约8024平方米，建筑面积3055平方米，坐北朝南的3栋52间典型的苏式建筑群格局清晰保存完整。西北人民革命大学是由延安大学、西北人民艺术学校、西北财经学校合并成立的一所短期培训班式学校，于1949年5月成立，同年10月迁址高陵通远。1953年，西北民大改组为西北政法干部学校。1954年，更名为中央政法干部学校西北分校，后经多次变革发展为现在的西北政法大学，学校在高陵的4年，共为西北地区培训12000余名党政和专业干部，有力地支援了西北地区人民解放战争的最后胜利和新区政权建设。为加强文物保护利用，2017年11月，高陵区抢抓大西安博物馆之城建设机遇。在保护旧址的前提下启动西北民大旧址博物馆建设，2018年7月，西北民大旧址获第7批省级文物保护单位。5月20日下午，西北人民革命大学旧址博物馆揭牌成立。

西安交通大学附属中学博物馆　为传承学校文化，彰显取得的教育教学成就，展示学校发展特色和十三朝古都西安辉煌的历史而兴建，具有唯一性和不可再生性。校博物馆由校史馆、艺术馆、文史馆3部分组成。学校史馆集中展示学校的百年史料，记载学校的发展历程、办学特色和成就，它是学校的编年史，陈列学校的发展历史、展示学校的办学过程和发展阶段，在潜移默化的教育中为提高广大师生的思想觉悟和文化修养发挥重要的作用；文博馆内容从十三朝都城自夏商周开始，以建都、发展为主线，建都朝代配文物重点介绍，其余朝代简述，讲述古都西安的故事，适合中学生参观学习，使同学们能在兴趣浓浓中了解西安，拓展知识；艺术馆作为美育功能的重要场所，收藏多位名家的书画作品，很多优秀的老师和学生作品也收藏其中，为学生提供展示才华的平台，作为中学生美术教育的有力补充，对青少年艺术人文素养提升和人格塑造有着极大裨益。

西安市古陶瓷博物馆　位于西安市

东郊半坡遗址村博物馆的北侧 200 米，电厂南路 8 号，占地面积 1000 多平方米。以中国古代陶瓷史的发展为序，馆藏有精美的新石器时代的仰韶文化的彩陶，瓷器的鼻祖原始青瓷，更有造型奇异的南北朝的鸡头壶等瓷器，隋、唐、五代的“南青北白”，金元时期的杰作和瑰宝，精美绝伦的青花、粉彩、五彩明清瓷器，藏品丰富。

西安市吉兆春皮肤医药博物馆 位于西安市高陵区中小企业聚集园内。占地面积 480 平方米，以收藏、展示医药类书籍与器具为主，旨在传播皮肤医药类知识，弘扬皮肤医药文化。本博物馆是以中医皮肤科发展史和康春皮肤病疑难病综合研究所的研究成果为主要内容而建立的，所长吉兆春医师将自己及家族多年来积累和收集的大量医药书籍、制药器具、药品标本、科研成果等整理归类，设立吉兆春皮肤医药博物馆。分为基本陈列、专题陈列、文创产品区 3 部分进行展示。基本陈列部分纵向展示古代伏羲氏、炎帝、黄帝、张仲景、孙思邈、李时珍等直至现代的名医在中医学、外科和皮肤病、美容方面的贡献，使观众了解中华医学的源远流长，尤其是外科、皮肤科的发展脉络，横向介绍祖国医药与国外医学的交流，同时介绍古人的一些美容验方、美容趣事、美容食材等；专题陈列部分讲的是康春皮肤病研究所的企业文化；文创区展示文创产品。另设有体验区和互动区，积极宣传与普及中医皮肤科学知识、传承与弘扬中华优秀传统文化。

西安市城市影像博物馆 位于陕西省西安市雁塔区科技路 305 号西安大都荟 Localand D11（F3）一、二层，占地面积 417.5 平方米，展厅使用面积 545 平方米，于 2018 年 9 月正式对公众免费开放。以“本地文化”为主轴，以展览、教育、研究、收藏为主要功能，是“Local本地”创建的西安市城市记忆博物馆的纵向延伸，是一个以“图像”为研究对象的档案收集、整理、展览的城市公共空间。馆内收藏 401 件（组）藏品，分为与“城市记忆”主题有关的照片、与“城市记忆”主题有关的纪录片、百年内的日常生活旧物、文献资料及其他等 5 大类，延续城市记忆主题，形成系统的文献资料，为城市记忆提供重要的档案留存，构成立体的城市影像文献与民间记忆档案，通过主题展览、交流活动、社区与街区计划等形式，成为一个为公众提供城市文化服务更多可能性的共享平台。

西安市石仟佛造像艺术博物馆

西安市太乙面食文化博物馆 位于长安区太乙宫街办新一社区内，是太乙·长安道景区的重要文化节点，建筑面积约 2000 平方米。博物馆为 2 层框架结构，由历史厅、综合厅和互动厅 3 部分组成。内容主要分为：中国面食的起源发展、小麦的发展史、中国面食历史大事件年表及陕西面食发展史。博物馆主要通过图片文字和近现代及古代与面食相关的文物藏品组成。博物馆拥有展览展示相关藏品 341 件。博物馆通过小麦传入中国的发展史，结合中国面食发展史和中国面食历史大事件，学习了解陕西面食的发展、溯源和现状。西安市太乙面食文化博物馆由陕西长安道商业运营管理有限公司举办成立，于 2019 年 10 月 15 日正式对外开放，它是推动陕西面食文化的传播、创新、升级和发展和一个重要平台，也可为研究面食文化与历史提供真实的实物资料。

西安市民间金融博物馆 在西安市金融工作局、新城区人民政府支持下，由西安民间金融街投资控股有限公司建设运维的陕西省内首家以金融命名的专业博物馆。博物馆立足西安，依托西安民间金融小镇，现有展品 312 件（套），展示面积 540 余平方米，集中和系统展示自周秦汉唐至宋元明清、民国到中华人民共和国成立初期以及当代各个历史时期的金融票据、不同版别人民币以及西安民间金融发展的历史背景与现代新金融的发展魅力。

西安市石仟佛造像艺术博物馆 位于西安曲江新区慈恩西路 69 号，毗邻佛教圣地大雁塔景区。建筑面积约 1200 平方米，展厅面积 470 平方米。馆内功能区域划分明显，服务设施完善，设有游客服务中心、贵宾接待室、多功能厅、库房、监控及办公区域等。馆藏总量 301 件（组），展出 98 件（组）。博物馆展览主题以妙相庄严：佛；慈悲慧影：菩萨；觉者尊容：罗汉；奉佛弘法：法器；梵雕遗刻：造像碑 5 个单元组成，以石刻、琉璃、水晶、鎏金、木刻等为形，以佛教诸多形象为体，寓有不同时代造像艺术风格。

西安市红色体育博物馆 位于西安市未央区凤城八路鼎正大都城北门2楼。展厅面积约 1000 平方米，展线长 200 余米，展出面积 800 平方米，展出图片文物资料 650 多幅，历史文献资料 310 多件（套），影像资料 15 部，历史实物 100 余件（套），老一辈无产阶级革命家及后代子女题词、题字 20 余幅。展览分 5 个篇章，通过大量珍贵的历史史料全面系统地展示红色体育的光辉历程，对于加强革命传统教育，增强全国人民特别是青少年的爱国情感，弘扬和培育民族精神，传承红色基因，具有重要的历史意义和当代价值。

西安市羊文化博物馆 位于古都西安雁塔区雁翔路 93 号，园区占地面积 28000 平方米，展览总面积 16000 平方米，其中室内精品展厅近 500 平方米，是以抢救保护、收藏、研究、展示羊文化历史遗存和开发传承为主体，以弘扬中华优秀传统文化尤其是孝忠文化教育为宗旨的园林式非国有博物馆。集参观、体验、休闲娱乐、餐饮服务为一体，着力打造丝绸之路羊文化特色博物馆。博物馆自 9 月 29 日起开馆试运营，常设“华夏之

唐小西文传产品

光 礼仪之根——羊文化主题展”，将园林式户外石刻石雕展馆与室内精品展厅相结合，传统展示与智慧导览相结合，羊文化与膳食文化相结合，展示近300件珍稀展品，是目前国内有关羊的馆藏类别和数量最多的专题博物馆。博物馆通过实物展品和互动体验，以专题形式为主，科学配置背景知识和故事为辅，形象直观地展示出“羊大为美”的审美观念、“群、義、善”的处世之道、“三羊开泰”的祝愿之辞、“食羊为养”的膳食养生文化、“羊者为祥”的祈福祭祀，“羊羔跪乳”家国同构的孝忠文化等中华优秀传统文化丰富深刻的内涵，展示出“丝绸之路”发展过程中多民族融合、多元文化交融等特点和风貌。

陕西科技大学中国轻工业博物馆位于陕西科技大学校园内秀丽的科大湖畔，占地面积约8210平方米，建筑面积约5030平方米，展厅面积约4435平方米。包含轻工业发展历程主题展和科教筑梦专题展2个基本陈列，陕西科技大学校史专题陈列和“西迁主题展暨庆祝改革开放成就展”“风范犹在、记忆永恒”主题展2个临时展览。轻工业发展历程主题展和科教筑梦专题展分布于展厅一层和二层，整体上形成2个“过去、现在和未来”的叠加，全面展示中国轻工业的过去、现在和未来，充分展示轻工事业支撑中国社会工业化进程。陕西科技大学中国轻工业博物馆是中国第一座以轻工业为主题的博物馆，致力于收藏和保护中国轻工业展品，展示中国轻工业支撑国家从站起来、富起来到强起来的伟大工业化历史进程，彰显中国智慧、增强文化自信。

◆**文物保护科技合作** 西安市文物保护考古研究院与上海博物馆合作完成《西安九十一中出土瓷器保护修复方案》，与曲江艺术博物馆合作共建西安壁画保护修复基地，完成基地挂牌仪式、双方签订基地合作框架协议。与陕西科技大学材料科学与工程学院签订合作框架协议，首先合作开展白鹿原净水厂出土车马坑遗址的提取、保护工作，签订车马坑提取保护合作协议。

◆**文物利用** 2019年，西安市文物局积极开展西安博物院“西安年 最中国 2019年小雁塔荐福文化大庙会”等丰富多彩活动。深入挖掘文物资源内涵潜力，形成文物研究、创意策划、采编制作、全域宣传的宣传矩阵，推动智慧和数字博物馆建设，加快推进西安文博、文创开发工作，“长安春色归——大唐新年礼”春节系列文创产品获“2019意大利A设计奖”，西安博物院成功注册唐小西商标10类。《西安博物院——精彩纷呈的艺术宝库》（丝路物语书系）出版发行。

◆**文物合作与交流** 2019年7月，西安市人民政府副市长徐明非带队参加在阿塞拜疆巴库举办的第四十三届世界遗产大会，与国际古迹遗址理事会主席河野俊行及理事会执委座谈，拟定西安市人民政府和国际古迹遗址理事会签订备忘录，加强国际古迹遗址理事会西安国际保护中心国际协调作用。同时在遗产大会举行“诗与远方”的纪念、“丝绸之路：长安—天山廊道的路网”世界遗产申遗成功5周年摄影展及文化沙龙边场活动。西安文物保护考古研究院联合故宫博物院组织考古调查队，调查吉尔吉斯斯坦16个遗产点，为下一步与吉尔吉斯联合开展考古调查、发掘工作奠定坚实基础。加强国际、国内间的学术交流与合作，国际古迹遗址理事会西安国际保护中心组织中哈吉工作组及专家代表于西安召开中哈吉联合编制“丝绸之路：长安—天山廊道的路网”保护管理状况报告协调工作会议，商讨共同推进丝绸之路世界遗产的整体保护工作。西安博物院成功举办《中日瓦当篆刻交流展》，韩国益山市市长郑宪律代表团一行到西安博物院交流访问，积极参与赴美国等境外文物展览等交流活动。

◆**文物执法与安全** 2019年，西安市文物局推动文物安全责任落实。逐级签订安全责任书，落实西安市人民政府与各区（县）政府、开发区管委会签订文物安全责任书21份。汲取世界遗产法国巴黎圣母院严重火灾教训，联合西安市应急管理局、西安市消防支队成立督查检查组，对西安市13家文博单位进行实地督导检查，推进文博单位消防隐患的整治。坚守文物安全底线，围绕防火防盗防地质灾害，组织开展专项检查110余次，整治消除安全隐患130处。举办文博单位主要领导消防管理“明白人”培训班。深化文物、公安领域合作，健全文物安全打击犯罪长效工作机制，制止多起文物犯罪活动。破获文物案件152起。打击处理犯罪嫌疑人104人，其中逮捕61人，刑拘43人，追缴涉案文物1026件（组），其中二级文物3件、三级文物128件、一般文物895件，办理碑林“2018•12•12”盗掘古墓葬案。提高科技防护手段，强化文物安全大防控体系建设。完成第二批15个文博单位视频联网接入工作，全方位加强文物安全工作。加快各文博单位安防系统和消防系统的建设和升级工作，完成小雁塔安防、明秦王墓安防、公输堂安防、“八办”

纪念馆等单位的安防及消防项目申报及立项工作。（马利利）

公共文化

◆概况 2019 年，西安市文化和旅游局认真贯彻落实深化文化体制改革的部署要求，以均等化、标准化为重点，努力推动公共服务实现工作有创新、效能有提高、惠民有实效。“丝绸文明·西安文脉”重大美术作品展先后在中国国家画院美术馆、中国美术馆、西安钟楼、陕西省美术博物馆、亮宝楼、崔振宽美术馆等地方展出，参加国家艺术基金 2019 年度资助项目“陕甘宁青新主题性美术作品巡展”，美术界及广大观众好评如潮，收到良好的社会反响。组织开展“西安年·最中国”系列文化活动 1801 场，“写春联、送春联”活动 1311 次，戏剧惠民演出 1500 余场。实施农村电影放映工程，放映公益电影 36036 场。

截至年底，西安市有博物馆（不含民营）128 座，各级别文物保护单位 428 处。公共图书馆 14 个，市级群众艺术馆 1 个，文化馆 14 个，文化站 185 个。地市广播电视台 2 座，县级广播电视台 8 座。电视及广播人口覆盖率均 100%。

◆文化市场监管 2019 年，西安市文化和旅游局充分发挥文化旅游广电舆论宣传阵地作用，积极弘扬时代主旋律。围绕庆祝中华人民共和国成立 70 周年，结合文化和自然遗产日、国际博物馆日、中国旅游日，积极开展爱国主义教育、中华优秀传统文化教育和红色基因传承教育，“八办”红色主题教育经验被学习强国转发。结合“扫黑除恶”专项斗争、脱贫攻坚文化帮扶，组建文艺轻骑兵，赴基层开展巡回演出 87 场次，张贴宣传海报 3 万余份，印制宣传手册 2.5 万册，推动党的政策、时代声音传递到群众心中。加强意识形态领域斗争，开展西安市网络文化经营单位大检查，网络远程检查在线表演、视听节目单位、自媒体 57 家，维护净化网络文化环境。开展打击非法销售和使用卫星地面接收设施专项治理，对重点宾馆自建广播电视“小前端”进行复查整治，查处 5 起违规广告和引进剧目，有力净化舆论环境。加强对外交流活动管理，严格演出节目审查把关，确保文化安全。

◆千场戏剧惠民演出 2019 年，西安市文化和旅游局结合“西安年·最中国”“我们的节日”“扫黑除恶专项斗争”“脱贫攻坚”“反腐倡廉”“绿水青山”等主题，组织各剧团编排秦腔、舞蹈、诗歌、群口快板、相声、小品等内容丰富的演出剧目，深入农村、企业、学校、乡镇，将文化惠民活动送进千家万户。

◆音乐街区建设 2019 年，西安市文化和旅游局加快建设“音乐之城”，持续推进 8 大音乐街区、音乐特色小镇、社区音乐角建设，充分利用音乐街区主题鲜明、演出集中的优势，不断调整节目形式、优化节目内容、拓宽宣传途径，举办丰富多彩的音乐活动，助力“音乐之城”建设，培养音乐人才，厚积音乐受众，塑造音乐街区优质品牌形象。

2019 年，西安市文化和旅游局组织内容丰富的戏剧文化惠民活动。图为千场戏剧惠民演出现场

◆公共文化服务体系建设 2019 年，西安市文化和旅游局大力加强公共文化服务体系建设，着力打造“15 分钟公共文化服务阅读圈”，建成智慧图书馆 12 个、农村文化礼堂 116 个、社区书屋 100 家，全面完成 2413 个基层综合性文化服务中心建设，西安市公共图书馆、文化馆覆盖率 100%，“三馆一站”（文化馆、图书馆、博物馆，镇综合文化站）免费开放率 100%。

◆非物质文化遗产 2019 年，西安市文化和旅游局积极发展非遗经济，组织非遗展演进景区、进剧场，永兴坊举办的《西安市优秀非遗项目展》亮相中央电视台《相聚中国节》栏目，西安鼓乐入选国家级非遗代表性项目优秀实践案例，周至县集贤镇获评“中国民间文化艺术之乡”。（任俊儒）

◆西安市广场舞大赛决赛 2019 年 9 月 3 日，“我和我的祖国——红色记忆”2019 西安市群众广场舞大赛市级决赛在西安曲江大明宫国家遗址公园丹凤门广场举行。大赛由西安市文化和旅游局主办，西安市群众艺术馆等承办，17 个代表队参赛。经过社区（村）、镇（街）的层层选拔，灞桥、雁塔、新城、阎良、未央 5 个代表队获大赛一等奖。大赛中，数百位群众演员身着各民族服饰，以动人的舞姿、良好的体态展示着西安文艺爱好者的风采及精神面貌。

◆曲江文投连续 8 年入选“全国文化企业 30 强” 2019 年 5 月 18 日，《光明日报》和《经济日报》在第十五届中国（深圳）国际文化产业博览交易会上联合发布第十一届“全国文化企业 30 强”名单，西安曲江文化产业投资（集团）有限公司进入行列，是西北地区唯一连续 8 年入选的企业。从本届“30 强”企业有关情况看，骨干文化企业，坚持把社会效益放在首位、实现社会效益与经济效益有机统一，总体规模实力进一步提升，市场竞争力和盈利能力持续稳定增强，体现文化产业良好的发展势头。（姬娟妮）

体育

责任编辑
姬娟妮

西安年鉴
2020
XI'AN YEARBOOK

综　述

◆概况　2019年，西安市体育局坚持“以人民为中心”的发展理念，深入贯彻落实全民健身国家战略和陕西省、西安市关于体育工作的任务部署，以“四个围绕”为统领，精细化部署、精品化打造、体系化推动、常态化改进，着力提升第十四届全国运动会筹备的工作执行力、西安体育的国际影响力、群众体育的全民获得感和干事创业的全员向心力，抢抓机遇，干在实处，走在前列，奔跑奋斗，全面推动“赛事名城、健康西安”建设，开创体育强市建设新局面。全年举办各类群众体育展示表演和竞赛活动300项次；体育社团举办和承办体育赛事300项次，其中国际性和全国性赛事28项次。更新社区全民健身路径72个。西安市新增社会体育指导员1958人。培养输送运动员参加国际、国内各项比赛获得金牌72枚、银牌63枚、铜牌60枚。

◆第十四届全国运动会筹备　2019年，西安市体育局坚持落实第十四届全国运动会西安市执委会各项工作机制，召开十四运筹备工作推进会、秘书长周例会、联络员会议20余次，及时研究解决相关问题。先后赴天津、杭州等地开展调研学习，赴国家体育总局专题汇报西安市十四运筹备工作，积极和陕西省筹备委员会各部室进行工作对接，深入各区（县）调研体育工作开展和体育场地设施建设情况。西安奥林匹克体育中心体育场、体育馆和跳水馆主体建设完成。全运村项目全面开工。西安市体育训练中心建设全面启动。西安城市运动公园体育馆改造和西安秦岭国际高尔夫球场改造工作有序推进。加强十四运备战训练，先后引进高级教练员13人、运动员115人。广泛开展“迎全运、爱家乡、建西安”系列宣传活动，营造迎十四运浓厚氛围。

◆体育产业发展　2019年，西安市体育局坚持体育赛事与体育产业互促协调的发展思路，积极培育各类市场主体，加强体育服务供给，为“赛事名城”建设提供有力支撑和持续动力。突出国际马拉松、“一带一路”国际铁人三项赛暨铁人三项世界锦标赛资格赛等系列精品赛事的引领作用，深入探索体育赛事和体育旅游、体育文化、体育产品制造等相结合的市场开发和运作模式。进一步健全户外运动、水上运动等体育产业规划体系，积极扶持体育企业、科研单位、社会组织等组建产业联盟，创建培育西安自主体育品牌，鼓励社会组织和企业举办商业性体育赛事，体育产业稳步发展。

◆体育市场建设　2019年，西安市体育局完成《西安市户外运动专项规划》和《西安市水上运动专项规划》编制工作。借助各项赛事，推动体育和旅游融合发展，吸引近30万名国内外游客。积极发展体育休闲、表演、会展、培训等业态，完成体育产业数据库4724条数据的审查修改工作，筛查、审核、录入2019年新增产业单位和个体经营户206家。积极协调学校、企业体育场馆免费、低收费向群众开放，西安市22000余名中小学生参加暑期免费游泳活动。加强体育活动监督、检查和管理，确保群众的健身安全。严格落实政务公开要求，公开发布政务信息近600条，办结人大代表建议、政协委员提案10件，回复网民建议、咨询和投诉190余件。

◆体育公共设施建设　2019年，西安市体育局完成186个农民体育工程、72个社区全民健身路径、10个多功能运动场、4个全民健身园区、5个室内健身房、4个区（县）级国民体质监测与科学指导站和曲江遗址公园健身步道智能化提升工程建设。大力推进高陵、蓝田、周至标准化公共体育场地建设改造。制定《西安市社会足球场地设施建设2019—2020年工作指导目标》。完成体育场地清查、2023年亚洲杯足球赛选址和西安奥体中心体育小镇规划方案编制工作。

◆西安成为2023年亚洲杯举办城市之一　2019年12月28日，亚洲足球联合会和中国足球协会公布2023年第十八届亚洲杯足球赛承办城市名单，西安成为承办亚洲杯赛事的城市之一。同时承办该项赛事的还有北京、天津、上海、重庆、成都、大连、青岛、厦门、苏州等9个城市。第十八届亚洲杯将于2023年6月至7月在中国举办，将有24支队伍参加，进行51场比赛。中国足协于2015年年底确认申办2023年亚洲杯，2019年6月4日成为第十八届亚洲杯的主办国。

◆“一带一路”2019陕西国际铁人三项赛暨铁人三项世界锦标赛资格赛西安站比赛　2019年9月15日，“一带一路”2019陕西国际铁人三项赛暨铁人三项世界锦标赛资格赛西安站比赛在西安浐灞生态区世博园开赛，来自世界40多个国家和地区的近千名铁人选手与20余名世界顶级铁人三项运动员参加比赛。本次赛事由陕西省体育局、西安市人民政府、万达体育集团主办，陕西省高尔夫击剑运动管理中心、西安市体育局、西安浐灞生态区管理委员会、世界铁人公司、万达体育有限公司承办。比赛由1.9千米游泳、90千米自行车、21.1千米长跑3部分组成，主会场和跑步赛段设置在浐灞生态区世博园内。经过比赛，最终来自澳大利亚的麦克斯·纽曼获得男子职业组冠军；来自美国的金赛·莱恩获得女子职业组冠军。

◆2019世界城市定向赛　2019年4月27日，“全西安动起来·2019世界城市定向赛”在大明宫遗址公园玄武门瓮城举行。该项赛事由西安市人民政府主办，来自北京、上海、重庆、广州、杭州、厦门、深圳、沈阳、福州等全国各地的400多名选手和200多名来自美国、俄罗斯、荷兰、摩洛哥、哈萨克斯坦、巴基斯坦、新西兰等5个大洲、10多个国家的留学生和在陕工作的外籍友人参加比赛。赛事主题为“全西安　动起来”，采取“城市地标打卡”与城市人文经典相结合的方式，通过系统化设计和精品化打造，为选手带来独特的比赛体验。

◆司雅杰在国际泳联世界跳水系列赛中摘金　2019年3月3日，国际泳联世界跳水系列赛日本相模原站比赛落幕。西安市跳水名将司雅杰与其搭档练俊杰以360.33分夺得男女混合10米双人跳台冠军，俄罗斯组合和日本组合分别获得该项目第二、三名。

◆董飞霞夺得全国第十届残运会铁饼金牌　2019年8月31日，在全国第十届残疾人运动会上，西安选手董飞霞夺取F55级女子铁饼金牌、铅球银牌。董飞霞2004年被选入陕西省残疾人奥体中心田径队投掷组训练。2010年广州亚残会，“三铁”项目获得2枚金牌、1枚铜牌；2012年世界轮椅运动会获得2枚金牌、1枚银牌；2014年韩国仁川亚残会斩获3枚金牌。除此之外，她还获得2013年和2014年北京国际田径大奖赛的2枚金牌，2015年全国第九届残运会和多哈世界田径锦标赛的2枚金牌，以及2016年北京国际田径大奖赛的金牌。

◆西安市举办首期“体育医生”试点工作培训班　2019年9月9日，由西安市卫生健康委员会、西安市体育局共同举办的首期“体育医生”试点工作培训班开班。来自西安市各区（县）、开发区的优秀社会体育指导员和具备助理医生资格以上的医务工作者147人参加为期3天的培训。培训期间，市卫健委和市体育局专门邀请陕西省体科所的专家和教授，通过理论学习、实践操作、技能测试和交流探讨等多种方式，为参训人员讲授运动处方的基本理论、健身性运动处方制定、健康体质测试、耐力运动处方制定、常见疾病运动处方制定等专业理论和专业技能。（丁宏涛）

群众体育

◆概况 2019年，西安市体育局按照中共西安市委、西安市人民政府提出的打造“十五分钟便民健身圈”要求，围绕广大市民对健康生活的美好向往，科学规划，拓面布点，着力构建布局合理、设施齐全、便捷实用的“15分钟便民健身圈”。加强全民健身组织网络建设，培训社会体育指导员1960人，组织对3.5万名市民群众进行体质监测。截至年底，西安市有村级农民体育健身工程4156个、社区全民健身路径工程1929个、多功能运动场51个、室内健身房15个、全民健身园区28个、市级体育社团91个、社会体育指导员25116人、区（县）级国民体质监测与科学指导站12个和国民体质监测点17个。

◆“西安年·最中国”体育健康嘉年华系列活动 2019年2月9日，“西安年·最中国”体育健康嘉年华系列活动在小雁塔广场举行。活动紧紧围绕“西安年·最中国”这一主题，将中华优秀传统体育文化融入广大群众的春节生活，为新春的古城增添无限的欢乐与活力，营造浓厚热烈的全民健身氛围。活动期间，西安市相继举办体育健康嘉年华电子竞技挑战赛、象棋擂台赛、轮滑比赛、3×3街头篮球挑战赛等系列体育活动，各区（县）、开发区同步举办新年趣味运动会、体育大拜年、锣鼓比赛、秧歌比赛、广场舞大赛、武术大展演等90余场体育健康嘉年华群众健身活动。

◆2019西安城墙国际马拉松赛 2019年4月20日，“一带一路”陕西西安•2019西安城墙国际马拉松赛在西安明城墙举行。赛事由中国田径协会、陕西省体育局、西安市人民政府主办，陕西省田径运动管理中心、西安市体育局、曲江新区管委会承办，市级相关部门和区（县）政府协办。比赛设半程马拉松、13.7千米、5千米3个项目，各项目分设男、女2个组别，有来自28个国家和地区的5000名运动员参赛，同时邀请“一带一路”沿线友好城市和市民群众4000人免费观摩赛事和游览城墙。赛事以“奔跑西安 拥抱中国”为主题，注重赛事和文化、旅游、科技相结合，整体赛事活动由入城仪式、马拉松赛、马拉松嘉年华3部分组成。4月19日晚，在南门广场举行入城仪式；4月20日上午，在南门城墙举行赛事活动仪式。马拉松嘉年华活动设置文艺展演、美食推介、科技展示、文化旅游展示等项目，向广大参赛运动员和游客展示近几年西安建设发展成果。

◆全国百城千村健身气功交流展示系列活动陕西省启动仪式暨西安市交流展示大会 2019年5月21日，全国百城千村健身气功交流展示系列活动陕西省启动仪式暨西安市交流展示大会在西安市汉城湖景区举行。活动由国家体育总局健身气功管理中心、陕西省体育局主办，陕西省健身气功管理办公室、西安市体育局、西安市卫生健康委员会、西安市水务局承办，未央区文化和旅游体育局、未央区卫生健康局协办，来自西安市60多个站点的1200余名健身气功爱好者参加了此次展示活动。

◆“陕西省全民健身日”主会场暨“西安市全民健身月”启动仪式 2019年8月6日，“陕西省全民健身日”主会场暨“西安市全民健身月”启动仪式在西安青龙寺遗址公园举行。活动由陕西省体育局、西安市人民政府主办，陕西省社会体育管理中心、西安市体育局、西安市文化和旅游局、雁塔区人民政府承办。活动以“我要上全运 庆祝全民健身日 共庆新中国70华诞”为主题，表彰2018—2019年度西安市群众喜爱的社会体育指导员、西安市体育晨晚练示范站点和“舞动长安”2019西安市全民技能大赛获奖单位。在活动主会场周边，举办国民体质监测、亚健康筛选、冰雪运动项目体验、健身技能指导等互动活动。

◆第四届灞桥生态湿地公园自行车赛 2019年10月19日举行。近千名骑行爱好者参加赛事。赛事以“环河骑行，健康出行，绿色低碳，骑乐无穷”为主题，竞赛项目设男子公路精英38千米组、男子山地精英30千米组、男子山地大师22千米组、女子山地精英13.7千米组、高校公路30千米组和大众体验13.5千米组6个组别。赛事旨在宣传绿色、低碳、环保、健康的生活理念，积极传递区域文化，弘扬体育精神，推动全民健身运动广泛开展，为西安城市发展注入新活力。

◆陆港运动公园首届留学生运动节 2019年10月26—27日，聚港圈“一带一路”留学生运动节在西安国际港务区陆港运动公园举行。活动由西安市体育局、共青团西安市委员会、西安国际港务区管理委员会、西安国际陆港投资发展集团有限公司主办，为助力第十四届全国运动会，促进“一带一路”文化交流，在西北地区首次面对国际留学生群体举办的运动赛事。赛事包含足球、篮球、排球、羽毛球、乒乓球等5类比赛项目，来自俄罗斯、尼日利亚、土库曼斯坦、乌兹别克斯坦等60多个国家的留学生运动员参加了比赛。

◆36家游泳场馆错时免费向中小学生开放 2019年7月18日至8月16日，西安市游泳场馆错时免费向中小学生开放。与2019年相比，承接场馆的数量增至36家，涉及西安市13个区（县）。活动期间，西安市中小学生及家长通过关注“西安体育宣传”微信公众号或登录西安市体育局官方网站扫描二维码加入链接进行预约注册，每个场馆的位置、名称、电话等信息以及场馆介绍、泳池面积、规格、泳道数量等内容均可查阅。

◆西安市主城区首家智慧型健身园区建成开放 2019年11月14日，长乐公园全民健身园区建成开放。长乐公园全民健身园区是西安市体育局、碑林区人民政府打造城市社区“15分钟健身圈”的重点项目，将体育健身场地和生态园林有机融合，为广大市民休闲健身增加新的理想场所。该园区位于西安东郊金花路北段的长乐公园，面积约4500平方米，包括智能塑胶健身步道、综合健身一区、综合健身二区、乒乓球运动区、儿童游乐区、篮球运动区，通过健身步道将各个场地串联为一体，是西安市主城区首家智慧型健身园区。（丁宏涛）

竞技体育

◆概况 2019年，西安市全面推动“赛事名城”建设，制订《“一带一路”世界赛事名城建设三年行动计划》，举办2019西安国际马拉松赛等10余项国际性体育赛事。选派运动员参加全国第二届青年运动会，获得金牌14枚、银牌24枚、铜牌30枚。选派1200余名运动员参加陕西省年度赛事，获奖牌664枚。加强陕西省第十七届运动会参赛备战，完成1500余名青少年运动员的注册确认工作。举办西安市青少年乒乓球赛、篮球赛等市级年度赛事活动40余项次，有6000余名青少年运动员参加比赛。积极推动足球项目发展，制订西安市足球发展方案，举办西安市青少年校园足球联赛、2019年“我爱足球”中国足球民间争霸赛、西安市三级足球联赛等多项足球赛事。组织对体育传统学校工作进行检查评估，完善赛风赛纪和反兴奋剂相关规定制度。完成亚足联对2023亚洲杯承办城市的遴选考察工作。

◆ **2019年亚洲摔跤锦标赛** 2019年4月23—28日，亚洲摔跤锦标赛在西安电子科技大学远望谷体育馆举办，来自亚洲28个国家和地区的320多名专业摔跤运动员参赛。本届亚洲摔跤锦标赛是国际A级体育赛事，也是奥运会积分赛事，由国际摔跤联合会主办，中国摔跤协会、陕西省体育局、西安市人民政府承办，陕西省举重摔跤柔道运动管理中心、西安市体育局、高新区管委会、长安区人民政府协办。最终中国队获得4枚金牌、2枚银牌、1枚铜牌。

◆ **2019斯巴达勇士赛** 2019年6月1日，2019斯巴达勇士赛东亚锦标赛西安站比赛在西安湖举办。来自世界各地近5000名勇士参赛，近万名群众现场观赛。比赛包含成人竞速赛和儿童赛2个级别。斯巴达勇士赛已经在广州、深圳、济南、上海、北京举办9场赛事，西安站比赛是斯巴达勇士赛东亚系列赛的其中一站。参与本站比拼的精英组男女前10名与各年龄段组男女前3名获得直接晋级斯巴达勇士赛世界锦标赛的资格。

◆**世界健美健身精英排位赛** 2019年10月10—14日，“一带一路”世界健美健身精英排位赛暨IFBB（健美健身联合会）-CBBA（中国健美协会）精英职业锦标赛在西安举行，来自20个国家和地区的300余名选手参加比赛。赛事由国际健美健身联合会主办，中国健美协会承办。比赛设置古典健美、女子形体、男子健体、健美先生、健身小姐、男子传统健美、比基尼小姐7个项目。中国代表队获得冠军18个、亚军13个和季军10个。随着本次比赛的举办，国际健美健身联合会中国总部“中国·西安健美健身运动发展中心”也落户西安。

◆ **2019西安国际马拉松赛** 2019年10月20日在永宁门广场鸣枪开跑。来自全球30个国家和地区的3万名选手参赛。赛事由中国田径协会、陕西省体育局、西安市人民政府共同主办，陕西省田径协会、西安市文化和旅游局、西安市体育局、西安曲江新区管委会联合承办，西安市田径协会协办，西安曲江马拉松文体公司运营。中央电视台体育频道（CCTV5）进行全程现场直播。经过角逐，来自肯尼亚的选手SOY SOLOMON KIPSANG以2小时12分43秒获得男子全程组冠军；吴向东夺得国内冠军，成绩为2小时21分54秒。女子全程组中，上届西马国内冠军陈林明蝉联冠军，时间为2小时46分53秒。赛事有来自中国、日本、美国、新加坡、韩国、马来西亚、法国等30个国家和地区的122928名选手报名，报名人数比上届增长50.4%，创3年来新高。

◆**第四届“丝绸之路”国际拳击争霸赛暨WBA中国机构排名赛** 2019年10月26日在西安举办。赛事由西安市体育局、西安市体育总会主办，碑林区文化和旅游体育局、西安市拳击协会承办。比赛在前3届成功举办的基础上，在档次、规模等方面均得到提升。比赛包括男子57公斤级、59公斤级、60公斤级、62公斤级、64公斤级、66公斤级和75公斤级7个级别，来自中国、韩国、日本、泰国、菲律宾5个国家的拳击选手参赛。在金腰带争夺战中，西安拳击名将高诗超在与韩国选手李大英的比赛中获胜，赢得金腰带。

◆ **2019长安国际女子半程马拉松暨全国女子半程马拉松锦标赛** 2019年10月27日在西安市长安区开赛。比赛由中国田径协会、陕西省体育局、西安市人民政府主办，西安市体育局、西安市妇女联合会、西安市长安区人民政府承办。赛事设21千米女子半程马拉松（2000人）与5千米健康跑（5000人）2个项目，起终点设置在西安培华学院，赛道途中穿过西安财经大学和陕西学前师范学院。最终，丰鹏云、王佳莉、乔雨濛分获前三名。

◆**韵动中国·2019西安灞河国际半程马拉松赛** 2019年11月17日在西安浐灞生态区开跑，近万名国内外跑友参加比赛。赛事由中国田径协会、新华网体育、陕西省田径协会、西安市体育局、西安浐灞生态区管理委员会主办，浐灞生态区社会事业局承办，西安市田径协会协办。赛事设半程马拉松（21.0975千米）、迷你马拉松（约5千米）2个项目，比赛起点设在灞河岸边，其中半程项目终点设在灞柳西路，迷你马拉松终点设在金茂一路。最终，肯尼亚选手分获男子组、女子组冠军。

◆ **2019“一带一路”中国跆拳道公开赛** 2019年11月7日在西安培华学院体育馆进行。赛事由中国跆拳道协会、陕西省体育局、西安市人民政府和西安体育学院主办，陕西省拳击跆拳道运动管理中心、陕西省跆拳道协会、西安市体育局承办，赛事吸引了来自伊朗、泰国、巴西、蒙古等16个国家和地区近600名选手参加。赛事设竞技和品势2个大项，其中竞技项目为奥运会正式项目，按照跆拳道世锦赛级别划分为男女各8个级别，在各个竞技级别中获得冠军的选手可以获得10个奥运积分；品势项目设自由品势和传统品势2个小项。

◆**西安市首届短道速滑公开赛** 2019年12月7日，西安市首届短道速滑公开赛暨冰场后备人才选拔赛在位于西安太奥广场的奥佳滑冰俱乐部举行。比赛设幼儿男女甲组，少年男女乙组和丙组，青年男子组、成年男子组和女子组等年龄组别，参赛选手除来自西安市轮滑协会、西安外国语大学附属西安外国语学校、西安交大阳光小学、西安大学南路小学等已经开展短道速滑项目的培训机构和学校之外，也有曾在全国青年运动会上取得过佳绩、水平较高的青年和成年选手。

◆**西安体育选手在全国二青会上创佳绩**

2019年8月8—18日，第二届全国青年运动会在山西太原举行。本届青运会设立49个大项、1868个小项，涵盖全部夏季奥运项目、大部分冬季奥运项目以及众多群众体育项目，来自全国各地的4万余名运动员参加比赛。西安市派出280多名运动员参赛，最终获得14枚金牌、24枚银牌、30枚铜牌。

◆**西安3项赛事获评中国田协马拉松标牌赛事** 2019年3月11日，2018中国田径协会马拉松标牌赛事及特色赛事评选结果公布，西安市有3项赛事被评为“标牌赛事”。西安国际马拉松被评为“银牌赛事”；西安女子半程马拉松、西安城墙秋季国际半程马拉松获评“铜牌赛事”。另外，在特色赛事方面，本次评选设立红色文化、民族民俗、自然生态、最美赛道4类奖项，西安国际马拉松、西安女子半程马拉松、西安城墙秋季国际半程马拉松获评“最美赛道”。

（丁宏涛）

西安市2019年承办的国际、全国体育竞技体育项目竞赛

序号	竞赛名称	时间	地点	参加单位	运动员人数（人）	主办单位	承办单位
1	2019西安城墙国际马拉松赛	4月	西安城墙	公开报名	5000	中国田径协会 陕西省体育局 西安市人民政府	陕西省田径运动管理中心 西安市体育局 曲江新区管委会
2	2019年亚洲摔跤锦标赛	4月	西安电子科技大学（长安校区）	公开报名	500	国际摔跤联合会 亚洲摔跤联合会 中国摔跤协会	陕西省体育局 西安市人民政府
3	2019西安国际马拉松赛	10月	西安	公开报名	30000	中国田径协会 陕西省体育局 西安市人民政府	西安市体育局 曲江管委会
4	世界铁人三项赛	9月	西安浐灞生态区	公开报名	1000	陕西省体育局 西安市人民政府 万达体育集团	西安市体育局 浐灞生态区管委会 世界铁人公司 万达体育公司
5	“一带一路”2019中国跆拳道公开赛	11月	西安市培华学院	公开报名	600	世界跆拳道联合会 中国跆拳道协会 陕西省体育局 西安市人民政府	陕西省拳击跆拳道运动管理中心 西安市体育局 未央区人民政府
6	2019长安国际女子半程马拉松赛	9月	西安市长安区	公开报名	5000	中国田径协会 陕西省田径协会 西安市体育局 长安区人民政府	长安区文体局 西安市田径协会
7	第四届“丝路杯”西安国际拳击争霸赛暨WBA中国机构排位赛	10月	西安综合职业中专体育馆	公开报名	30	西安市体育局	西安市体育总会 西安市拳击协会
8	“丝绸之路”国际城市围棋公开赛	5月	西安棋院 大都荟总部	有关城市	200	西安市体育局	西安市体育总会 西安市围棋协会
9	“丝路杯”西安国际乒乓球公开赛	9月	西安城市运动公园	有关参赛	200	西安市体育局	西安市体育总会 西安市乒乓球协会
10	“一带一路”西安国际电子竞技大会	11月	天宇菲尔德国际大酒店	公开报名	500	西安市体育局	西安市体育总会 西安航天基地管委会 西安市电子竞技协会
11	2019西安国际骑行大会	11月	西安国际港务区及渭灞河沿岸	公开报名	1000	中国体育新闻工作者协会 中国体育报业总社 西安市体育局 高新区管委会	中国体育报业总社全民健身部 陕西省自行车运动协会
12	中国•渭河健身长廊第四届自行车联赛（西安站）	8月	西安市未央区 渭河生态景观区	公开报名	1000	陕西省体育局	西安市体育局 西安市水务局 未央区人民政府
13	2019中国环秦岭第三届自行车联赛（西安站）	9月	西安秦岭 野生动物园	公开报名	1000	陕西省体育局 陕西省旅游局	西安市体育局 长安区人民政府
14	“一带一路”世界女子国际象棋大师赛	12月	西安建国饭店	公开报名	300	国家体育总局棋牌运动管理中心 西安市体育局 碑林区人民政府	碑林区文化旅游体育局

西安市2019年举办的竞技体育项目竞赛（青少年组）

序号	竞赛活动名称	时 间	地 点	参加单位	运动员人数（人）	主办单位	承办单位
1	2018—2019西安市足球联赛（青少年组）比赛	2018年9月至2019年8月	西安市各区（县）、俱乐部	各俱乐部	2500	西安市体育局	西安市各区（县）足协、俱乐部 西安市足球运动管理中心
2	2019年西安市少年儿童游泳系列赛	2月、4月、6月、10月	西安市游泳运动管理中心游泳馆	西安市体育传统项目学校、俱乐部、游泳池训练网点及中小学生	850	西安市体育局	西安市游泳运动管理中心 西安市游泳运动协会
3	西安市青少年网球公开赛	3月	西安港务区	各俱乐部	180	西安市体育局	西安市篮球排球网球运动管理中心 西安市网球协会
4	西安市青少年乒乓球公开赛（单打）	3月	西安市青少年体校	各区（县）	300	西安市体育局	西安市青少年体校 西安市乒乓球协会 西安市青少年体育俱乐部
5	西安市青少年羽毛球锦标赛	3月	西安市青少年体校	各区（县）	100	西安市体育局 西安市教育局	西安市青少年体校 西安市羽毛球协会 西安市青少年体育俱乐部
6	西安市青少年排球锦标赛	4月	西安市青少年体校篮球馆	各区（县）	100	西安市体育局 西安市教育局	西安市篮球排球网球运动管理中心 西安市排球协会
7	西安市青少年柔道锦标赛	4月	西安市体育运动学校	各区（县）	80	西安市体育局	西安市举重摔跤柔道运动管理中心
8	西安市青少年田径锦标赛	4月	西安市人民体育场	各区（县）	550	西安市体育局 西安市教育局	西安市田径运动管理中心 西安市人民体育场
9	2019西安市青少年轮滑锦标赛	10月	西安市外国语学校附属中学	各区（县）	200	西安市体育局 西安市教育局	西安市射击射箭运动管理中心 西安市轮滑协会
10	2019年西安市青少年足球锦标赛暨西安市第十七届运动会年度资格赛	4—8月	西安易联足球公园	各区（县）代表队	500	西安市体育局	西安市足球运动管理中心
11	西安市青少年武术套路锦标赛	5月	西安市青少年体校	各区（县）	100	西安市体育局 西安市教育局	西安市青少年体校 西安市青少年体育俱乐部
12	西安市幼儿艺术体操锦标赛	5月	西安市青少年体校	各区（县）、幼儿园、小学	200	西安市体育局 西安市教育局	西安市青少年体校 西安市体操协会 西安市青少年体育俱乐部
13	西安市校园足球联赛2018—2019年度决赛	5—10月	西安市各有关中小学校	各区（县）代表队	1500	西安市教育局 西安市体育局	西安教育电视台 西安市足球运动管理中心
14	2019年西安市青少年击剑公开赛暨锦标赛排位赛	5月	西安市射击射箭运动管理中心	各区（县）	300	西安市体育局	西安市射击射箭运动管理中心
15	2019年西安市青少年击剑锦标赛	5月	西安市射击射箭运动管理中心	各区（县）	300	西安市体育局 西安市教育局	西安市射击射箭运动管理中心
16	西安市青少年国际式摔跤锦标赛	5月	西安市体育运动学校	各区（县）	70	西安市体育局	西安市举重摔跤柔道运动管理中心

续表一

序号	竞赛活动名称	时 间	地 点	参加单位	运动员人数（人）	主办单位	承办单位
17	西安市青少年举重锦标赛	5月	西安市体育运动学校	各区（县）	80	西安市体育局 西安市教育局	西安市举重摔跤柔道运动管理中心
18	西安市青少年跆拳道锦标赛	5月	西安市体育运动学校	各区（县）	150	西安市体育局	西安市体育运动学校
19	西安市青少年赛艇、皮划艇测功仪锦标赛	5月	西安市体育运动学校	各区（县）	70	西安市体育局	西安市体育运动学校
20	2019年西安市青少年棒球锦标赛	5月	西安市人民体育场	各区（县）	200	西安市体育局 西安市教育局	西安市棒垒球协会 西安市青少年体育俱乐部
21	西安市中国式摔跤青少年锦标赛	5月	西安市体育运动学校	各区（县）	80	西安市体育局	西安市举重摔跤柔道运动管理中心
22	西安市幼儿基本体操锦标赛	6月	西安市青少年体校	各区（县）、幼儿园	150	西安市体育局 西安市教育局	西安市青少年体校 西安市体操协会 西安市青少年体育俱乐部
23	西安市青少年篮球锦标赛	6月	西安市青少年体校篮球馆	各区（县）	200	西安市体育局 西安市教育局	西安市篮球排球网球运动中心 西安市篮球协会
24	西安市青少年乒乓球锦标赛	6月	西安市青少年体校	各学校、俱乐部	100	西安市体育局 西安市教育局	西安市青少年体校 西安市乒乓球协会 西安市青少年体育俱乐部
25	2019年西安市中学足球锦标赛（U17）	6—10月	西安市各区（县）	各学校、俱乐部	400	西安市足球运动管理中心	西安市足球运动管理中心
26	2019年西安市青少年射击锦标赛	7月	西安市射击射箭运动管理中心	各区（县）	150	西安市体育局 西安市教育局	西安市射击射箭运动管理中心 西安市射击协会
27	2019年西安市射箭锦标赛	7月	西安市射击射箭运动管理中心	各区（县）	150	西安市体育局 西安市教育局	西安市射击射箭运动管理中心
28	西安市三对三篮球联赛	7月	西安市青少年体校篮球馆	各中小学、俱乐部	400	西安市体育局	西安市篮球排球网球运动中心 西安市篮球协会
29	2019年西安市少年儿童游泳锦标赛	8月	西安市游泳运动管理中心游泳池	西安市各区（县）	750	西安市体育局 西安市教育局	西安市游泳运动管理中心 西安市游泳运动协会
30	西安市青少年羽毛球公开赛	9月	西安市青少年体校	各学校、俱乐部	200	西安市体育局	西安市青少年体校 西安市羽毛球协会 西安市青少年体育俱乐部
31	西安市青少年排球公开赛	9月	西安市青少年体校篮球馆	各中学	150	西安市体育局	西安市篮球排球网球运动中心 西安市排球协会
32	西安市青少年跆拳道公开赛	9月	西安市体育运动学校	道馆、学校、民间团体	200	西安市体育局	西安市体育运动学校
33	西安市青少年拳击公开赛	9月	西安市体育运动学校	拳馆、学校、民间团体	80	西安市体育局	西安市体育运动学校

续表二

序号	竞赛活动名称	时 间	地 点	参加单位	运动员人数（人）	主办单位	承办单位
34	西安市青少年乒乓球公开赛（团体）	10月	西安市青少年体校	各学校、俱乐部	300	西安市体育局	西安市青少年体校 西安市乒乓球协会 西安市青少年体育俱乐部
35	西安市青少年网球锦标赛	10月	西安国际港务区	各区（县）	100	西安市体育局 西安市教育局	西安市篮球排球网球运动中心 西安市网球协会
36	西安市青少年篮球公开赛	10月	西安市青少年体校篮球馆	各中小学	400	西安市体育局	西安市篮球排球网球运动中心 西安市篮球协会
37	西安市体育传统项目学校田径赛	10月	西安市人民体育场	市级田径体育传统项目学校	1000	西安市体育局 西安市教育局	西安市田径运动管理中心 西安市人民体育场

西安市2019年群众体育赛事活动

序号	活动名称	时间	地点	参加单位	参加人数（人）	主办单位	承办单位
1	西安市冬泳比赛	1月	邮电十所游泳池	公开报名	200	西安市体育局	西安市游泳中心
2	西安市春节体育大拜年	2月	西安市各区（县）	各社区、街镇	10000	西安市体育局	西安市碑林区文体局
3	“西安年 最中国”体育健康嘉年华系列活动启动仪式暨武术擂台赛	2月	西安博物院	公开报名	500	西安市人民政府	西安市体育局 西安市碑林区人民政府
4	“西安年 最中国”体育健康嘉年华系列活动电子竞技挑战赛	2月	西安市解放路万达B1层	公开报名	300	西安市人民政府	西安市体育局 西安市新城区人民政府
5	“西安年 最中国”体育健康嘉年华系列活动象棋擂台赛	2月	西安都城隍庙	公开报名	300	西安市人民政府	西安市体育局 西安市莲湖区人民区政府
6	“西安年 最中国”体育健康嘉年华系列活动轮滑比赛	2月	西安市老城根商业街	公开报名	500	西安市人民政府	西安市体育局 西安市莲湖区人民政府
7	“西安年 最中国”体育健康嘉年华系列活动3×3街头篮球挑战赛	2月	西安市老城根商业街	公开报名	1000	西安市人民政府	西安市体育局 西安市碑林区人民政府
8	第二届西安农民节农民趣味运动会	3月	西安市陆港运动公园	各涉农区（县）	600	西安市人民政府	西安市体育局 西安市农业局 西安国际港务区
9	西安市大学生2019年青春季系列活动活力无极限•大学生趣味运动会	3月	西安城市运动公园等	西安各高校	3000	中共西安市委、市人民政府	西安市体育局 西安经开区管委会
10	西安市大学生2019年青春季系列活动绿动大西安•大学生健步踏青植树	3月	西安市灞桥区白鹿原东部全民健身中心	西安各高校	1000	中共西安市委、市人民政府	西安市体育局 西安市灞桥区人民政府
11	西安市大学生2019年青春季系列活动时尚青春秀•西安大学生啦啦操大赛	3月	西安市小雁塔	西安各高校	800	中共西安市委、市人民政府	西安市体育局 西安市碑林区人民政府
12	西安市大学生2019年青春季系列活动玩转新科技•西安高校电子竞技大赛	4月	西安市苏宁易购生活广场	西安各高校	500	中共西安市委、市人民政府	西安市体育局 西安市新城区人民政府

续表

序号	活动名称	时间	地点	参加单位	参加人数（人）	主办单位	承办单位
13	西安市大学生2019年青春季系列活动探寻古都宝藏·西安大学生城市定向运动比赛	4月	西安市汉城湖、大明宫国家遗址公园	西安各高校	1000	中共西安市委、市人民政府	西安市体育局 西安市未央区人民政府
14	西安市青少年航海模型竞赛	5月	西安市灞桥区热电小学	各中小学	200	西安市体育局 西安市教育局	西安市航模协会
15	西安市中小学生速度、自由式、轮滑球比赛	5月	西安城市运动公园	各中小学	200	西安市体育局 西安市教育局	西安市轮滑协会
16	西安市马术锦标赛	5月	西安市长安马会	各马术俱乐部	100	西安市体育总会	西安市马术协会
17	“舞动长安”2019西安市全民健身技能大赛区（县）分区赛	4—7月	西安市各区（县）	公开报名	20000	西安市各区（县）文旅体育局	
18	全国百城千村健身气功系列展示活动西安大会	5月	西安市汉城湖遗址公园	各气功站点	1000	国家体育总局健身气功管理中心、省体育局	西安市体育局 西安市卫健委 西安市水务局
19	2019年“‘7·16’全民游泳健身主题系列活动”西安公开水域游泳赛	7月	西安浐灞世博园锦绣湖	公开报名	500	西安市体育局、西安浐灞生态区管委会	西安市游泳中心 西安市游泳协会 西安浐灞生态区社会事业局
20	“舞动长安”2019西安市全民健身技能大赛总决赛健身操舞比赛	8月	西安市青龙寺遗址公园	各区（县）组队参赛	500	西安市体育局	西安市雁塔区人民政府 文旅体育局
21	“舞动长安”2019西安市全民健身技能大赛总决赛武术比赛	8月	西安市青龙寺遗址公园	各区（县）组队参赛	500	西安市体育局	西安市雁塔区人民政府 文旅体育局
22	“舞动长安”2019西安市全民健身技能大赛总决赛太极拳比赛	8月	西安市青龙寺遗址公园	各区（县）组队参赛	500	西安市体育局	西安市雁塔区人民政府 文旅体育局
23	“舞动长安”2019西安市全民健身技能大赛总决赛综合类比赛	8月	西安市青龙寺遗址公园	各区（县）组队参赛	500	西安市体育局	西安市雁塔区人民政府 文旅体育局
24	陕西省全民健身日主会场暨西安市全民健身月启动仪式	8月	西安市青龙寺遗址公园	各区（县）组队参赛	2000	陕西省体育局 西安市人民政府	西安市体育局 西安市雁塔区人民政府
25	西安市体育协会全民健身展示大会	8月	西安城市运动公园	有关协会、俱乐部	600	西安市体育总会	西安市属有关协会
26	西安市第四届羽毛球“金泰恒业杯”	9月	西安市金泰恒业公司羽毛球馆	公开报名	400	西安市体育总会	西安市羽毛球协会
27	西安市3×3篮球挑战赛	9月	西安高新区商业街	公开报名	2000	西安市体育局	西安高新区管委会 西安市篮球协会
28	西安市第34届“汉唐杯”象棋公开赛	10月	西安市西京国际电气公司	公开报名	200	西安市体育总会、西安市象棋协会	西安市雁塔区人民政府 西安市象棋协会
29	西安市老年人乒乓球比赛	10月	西安市青少年体校	公开报名	300	西安市体育局	西安市老体协
30	西安市中小学生“三跳”比赛	10月	西安市各区（县）	各区（县）组队参赛	500	西安市体育局 西安市教育局	西安市各区（县）
31	西安市青少年航空模型竞赛	12月	西安市第七十五中学	各中小学	300	西安市体育局 西安市教育局	西安市航模协会

医疗卫生

责任编辑
姬娟妮

医疗服务

◆**概况**　2019年，西安市卫生和健康委员会全面推进健康西安建设，基本卫生设施、医疗卫生服务、疾病防控等方面显著加强，居民健康水平持续提高。截至年底，西安市有医疗卫生机构7011个，其中医院359个、社区卫生服务中心（站）244个、卫生院118个。有医疗卫生机构床位7.25万张。各类卫生技术人员11.22万人，其中执业（含助理）医师3.85万人。每千人口执业（助理）医师4.14人；每千人口注册护士5.66人；每万人口专业公共卫生机构人员4.63人。户籍居民期望寿命80.32岁，其中男性78.03岁、女性82.70岁。户籍居民死亡率530.54/10万，死因前5位是心脏病、脑血管病、恶性肿瘤、呼吸系统疾病、损伤及中毒，占死亡总数的88.92%。

◆**医疗卫生体制改革**　2019年，西安市卫生健康委员会落实中央、陕西省和西安市关于建立健全现代医院管理制度精神，确定西安市儿童医院、西安市第三医院、西安市第四医院、高陵区人民医院、鄠邑区中医院、西安大兴医院等6家医院为国家和省级试点医院。从中央公立医院综合改革资金中划拨490万元用于支持试点医院工作。6家试点医院制订试点工作方案，明确时间节点和工作任务，经院党委会和职工代表大会审议通过并正式运行。市属医院全部实行绩效工资总量管理，开展薪酬制度和人事管理改革，切实控制好人力资源运行成本。落实中央和陕西省关于加快推进县域医疗共同体的精神，促进优质资源下沉，提升基层服务能力建设。确定高陵区为国家紧密型县域医共体试点区，率先完成全区紧密型医共体组织和制度框架搭建；其他区（县）在医共体内选择2—3家基层医疗机构开展紧密型县域医共体试点。组织相关部门和处室到山西运城市和浙江杭州市进行县域医共体考察调研。截至年底，8所三级医院托管8所区（县）级公立医院，15个区（县）级医疗机构与76个乡镇卫生院（社区卫生服务中心）组建县域医共体，覆盖范围62%。持续推进国家药品集中采购和使用试点工作，药品采购入库到位金额1.1亿元，完成国家约定量的452.7%。建立短缺药品监测预警和清单管理制度，全力保障低价药、“救命药”、儿童用药等短缺药品供应。西安市公立医疗机构全年药品、医用耗材采购79.22亿元，为群众节省费用7.08亿元。

2019年3月22日，西安市“4+7”试点工作领导小组在大雁塔假日酒店召开西安市迎接国家组织药品集中采购和使用试点工作督导检查汇报会

◆**药品供应保障**　2019年，西安市各级医疗机构药品网采总金额47.23亿元。其中，基层医疗机构药品采购金额10.42亿元；城市公立医疗机构药品集中采购金额36.81亿元。西安市医用耗材实际采购总金额31.99亿元。其中，高值耗材采购金额16.80亿元；普通耗材采购金额7.95亿元；检验试剂采购金额7.24亿元。西安市各级医疗机构采购使用“4+7”（《“4+7”城市药品集中采购文件》规定将北京、天津、上海、重庆和沈阳、大连、厦门、广州、深圳、成都、西安11个城市作为试点城市，指定已有生产厂家通过仿制药一致性评价的31个品种/指定规格的药品作为试点药品，在约定采购量的基础上进行带量采购）中选药品总金额1.10亿元，与国家约定采购率金额2431万元相比，完成总任务量的452.7%。

◆**重大公共卫生服务**　2019年，西安市卫生健康委员会制定实施《防范化解卫生健康领域重大风险工作方案》，深入开展“重大社会稳定风险防范化解专项行动”、国家安全宣传、“信访矛盾化解攻坚战”等“平安建设”重点工作。受理“12345”市民热线工单3693件、信访事项276件。扎实推进“扫黑除恶”专项斗争，与公安、交通、城管等部门建立联动机制，摸排受理线索202条，办结率99%。健全完善关中片区突发事件应急联动机制，与兄弟城市联合开展卫生应急实战演练。圆满完成“西安年•最中国”“欧亚经济论坛”“系列马拉松赛事”等重大活动医疗卫生保障工作，执行指令性任务190余次，出动车辆930余车次、人员700余人次。

◆**妇幼保健服务**　2019年，西安市孕产妇死亡率13.74/10万，主要死因中产科出血占6.67%、羊水栓塞占20%、妊娠高血压疾病占13.33%，其他原因占26.67%。孕产妇产前检查率98.47%，产后访视率94.55%。2项指标比上年均有所上升。住院分娩率99.99%。新生儿死亡率1.14‰，围产儿出生缺陷发生率7.38‰，均稳定在较低水平。5岁以下儿童死亡率2.35‰，3岁以下儿童系统管理率94.60%，孕产妇系统管理率93.47%。加强出生缺陷综合防治，免费婚前医学检查34754人，检查率21.29%；免费孕前优生健康检查9.48万人，检查率91.66%。实施免费“两筛”（孕早期孕妇超声胎儿颈部透明层排畸筛查和孕中期孕妇血清唐氏筛查）项目，产前筛查10.27万人次，新生儿疾病筛查16.65万人次；“三病”（艾滋病、梅毒和乙肝）阻断母婴传播项目检测14.78万人；向181名苯丙酮尿症患儿发放特殊食品、特殊视频费用294.4万元；发放贫困地区儿童营养改善包45434份，有效服用率99%。开展妇女生殖健康保健，“第六轮母亲健康工程”检查63.93万人，检查率87.61%；继续实施西安市适龄妇女“两癌”（宫颈癌、乳腺癌）筛查，筛查9万人，发现宫颈癌高危人群10243人，乳腺癌高危人群1309人。为西安市1.73万人进行国家农村妇女宫颈癌项目检查，发现癌前病变60例，确诊6例。强化产儿科急危重症救治能力建设，推荐西安市第三医院、高陵区妇幼保健院等医疗保健机构创建“省级儿童早期发展示范基地”。

◆**疾病预防控制**　2019年，西安市卫生健康委员会落实国家卫生健康委员会《加快推进预防接种规范化管理工作方案》，开展预防接种规范化管理整顿，进一步规范预防接种服务，推进集中接种门诊建设。截至年底，西安市建成使用预防接种门诊65个，在建预防接种门诊29个。村级接种点由年初的1400多个降至430个。西安市所有二级接种门诊和97.96%三级接种门诊安装疫苗追溯和冷链监测系统。所有二级接种门诊和95.05%三级接种门诊实现机打接种卡、证。西安市225个二级接种门诊中，实现周末服务的接种门诊有160个，占比73.4%。西安市建设数字化门诊78个，群众排长队接种现象有所缓解，区（县）申报三星门诊39家、四星门诊14家、5星门诊8家。将艾滋病、结核病防治工作纳入中共西安市委、西安市人民政府对各区（县）的综合考评中。西安市艾滋病住址地累计报告艾滋病8563例，其中存活7810例，死亡753例；户籍地累计报告艾滋病5464例，其中存活4763例，死亡701例。西安市有艾滋病检测机构370多家，开展艾滋病防控知识“六进”（进学校、进社区、进农村、进单位、进家庭、进场所）宣传1861次，发放宣传资料38.1万份。持续推进高危行为干预，在西安市公共场所发放安全套134.5万只。西安市结核病发病率为58.76/10万，各级定点医院登记5614例肺结核病人。推进分级诊疗，解决住院患者带药回当地注射和随访补助的落实问题，协调西安市医疗保障局完善“门诊和住院双70%”报销政策。将出血热疫苗接种纳入基本公共卫生，使该病发病率与上年比较下降28.01%。出血热报告发病645例。省级下发出血热疫苗接种计划105万支，西安市下发68.78万支，完成接种63.516万支，完成率79.48%。流感发病143680例，比2018年上升1331.32%。订购34.475万支疫苗，到货26.4万支，接种25.9万支。与西安市教育局合作，动员在校低年级和托幼机构儿童接种流感疫苗。西安市有62家犬伤处置门诊，全天24小时接诊处置犬伤病例。全年处置犬伤、猫伤等病例104254例，增长20.66%；西安市手足口病下降43.08%。管理高血压患者67万人、糖尿病患者22.3万人，均完成陕西省下达的目标任务。高血压患者规范管理率72.5%，糖尿病患者规范管理率71.8%，均超过2019年陕西省基本公共卫生的目标任务。年初，与区（县）签订“地方病目标责任书”，开展联合督导检查，协调西安市财政局一次性追加设备补助经费89万元。治疗地方病患者9884人次，将7469例大骨节病、氟骨症、甲肿、克汀病患者纳入慢性病管理，7818人完成“家庭医生”签约服务。西安市严重精神障碍患者报告患病率4.43‰。其中，13个区（县）4‰以上；3个区（县）5‰以上。规范管理率81.76%，在册患者人数4.26万人。

◆医疗人才队伍建设和卫生科研　2019年，西安市卫生健康委员会加速积聚医疗人才，大力招才引智。在聘任政策、团队建设、经费待遇等方面给予优惠。引进高层次人才团队5个，签约人才431人（其中博士、硕士370人）。以加强基层医疗技术力量为重点，改革完善全科医生培养与使用激励机制，培养全科医生333人；开展住院医师规范化培训205人、基层适宜技术培训500余人；培养中医药专业技术人员600余人。下达市级继续教育项目942项，参学6.2万人。委托西安交通大学培养博士、硕士88人。遴选业务骨干组成赴“苏丹医疗队”、赴马拉维“援外医疗队”。成功举办国际中医药交流合作论坛、长安国际儿童医学发展论坛、西安国际骨科学术大会、广仁医学论坛，吸引20余个国家（地区）的400余位专家与会交流，学术影响力持续提升。培育重点学科35个，获得国家自然科学基金委员会项目8项、省市级科研项目113项。西安市红会医院“郝定均团队”获国家科技进步二等奖。深入开展“弘扬爱国奋斗精神、建功立业新时代”活动，评选卫生领域“西安之星”25人，表彰“最美医生”100人、“最美医师团队”30个。

◆中医药管理　2019年，西安市卫生健康委员会启动示范中医馆建设。推荐4个基层中医馆创建“省级示范中医馆”，每个中医馆先期投入15万元用于改善诊疗环境和提升服务能力。开展“治未病”（采取预防或治疗手段，防止疾病发生、发展的方法）科研项目。安排西安市中医医院研发减脂养生系列产品，开展10期“健康训练营”体验活动，110人参与体验。对65岁以上老年人和0—36月儿童进行中医健康管理，为高血压和2型糖尿病患者提供病情评估、养生保健行为干预和健康指导，发挥中医药在孕产妇保健、儿童保健、慢病防控、养老服务等方面作用。中央电视台《焦点访谈》栏目报道西安市有关做法，陕西省、西安市媒体持续进行跟踪报道。抽调专家对7个“市级中医学术流派传承工作室”和30个“市级名中医传承工作室”建设情况进行督导检查。从传承创新、人才培养、制度建设和经费管理等方面，加强工作室内涵建设。畅通民间中医合法“转正”渠道，不断壮大中医药队伍。组织开展“中医药健康文化推进行动”系列活动。举办《中华人民共和国中医药法》实施2周年暨中医药健康文化大型主题活动。在西安市地下铁道有限责任公司举行“中医药文化进机关、进企业、进家庭”活动启动仪式，邀请专家现场宣讲防治高血压、颈椎病的预防保健知识，进行中医药诊疗技术体验活动。组织周至县中药材种植基地和医药生产企业申报“定制药园”材料，完成市级初审。开展“秦药”（陕西省境内最好的道地药材）品种遴选，报送一类“秦药”2种，三类“秦药”7种。截至年底，西安市有中医类医院61家（含中西医结合医院5家），占西安市医院总数的16.71%，其中三级医院4家、二级医院20家、一级医院8家；有中医类门诊部36家；有中医类诊所624家。有中医药人员6660人，其中中医类别执业（助理）医师5306人、中药师1312人。中医类医院（含中西医结合医院）门诊量406.57万人次，比2018年增长16.3%；出院人数23.7万人次，增长1.81%；病床使用率80.95%。中医类医院门诊病人次均费用287.3元（其中药费169.7元）；住院病人次均费用7373.6元（其中药费2265.1元）；出院病人日均费用721.1元。

◆卫生监督执法　2019年，西安市卫生健康委员会查处存在违法行为的医疗机构和“黑诊所”564户，罚没417.9万元，移交案件11起。制定实施《2019年西安市食品安全风险监测方案》，建成覆盖城乡的食源性疾病监测网络体系，设立哨点医院306家，按期完成食品中污染物和食源性疾病监测任务。有效落实“蓝天、碧水、净土、青山四大保卫战”相关任务，全面做好西安市生活饮用水供水单位卫生监督监测工作。加强事中、事后监管，全面开展“双随机一公开”（随机抽取检查对象、随机选派执法检查人员，抽查情况及查处结果及时向社会公开）监管工作。接到11个专业国家“双随机”监督任务2740件，监督完成2532件，任务关闭345件，完结率100%，并对结果进行公示，接受各方面广泛监督。年初，制定下发《西安市卫生健康委员会关于做好2019年“双随机一公开”抽查工作的通知》，确定市本级“双随机”抽查事项26项，覆盖率100%。及时将市本级“一单两库”（“一单”：随机抽查事项清单；“两库”：市场主体名录库、执法检查人员名录库）信息录入陕西省“双随机、一公开”监管工作平台，制定工作规则，逐项确定抽查内容、抽查比例、抽查方式和抽查频次。同时，将抽查检查信息推送至西安信用信息共享平台。西安市公共场所卫生被监督单位有6762家，从业人员7.04万人，持“健康证”人数6.67万人，占94.7%，监督覆盖率67%。依法查处案件261件，罚款金额59万元。西安市生活饮用水卫生（供水）被监督单位有818家，直接从事供、管水人员3606人，持“健康证”人数3140人，占87%，监督覆盖率64%。依法查处案件8件。西安市被监督学校有949所，99%的学校建立学生健康档案，90%的学校建立突发公共卫生事件应急预案，监督覆盖率75%。依法查处案件13件。

◆职业卫生 2019年，西安市有职业健康检查机构和职业病诊断机构48户、职业性放射性疾病监测医院9家、放射工作人员职业健康检查机构2家、医疗卫生机构医用辐射防护监测项目医院8家、放射诊断患者的剂量调查监测医院4家、开展放射治疗的医疗机构8家。西安市卫生健康委员会会同有关区（县）分别对摸排出的陕西鸿洲水泥有限责任公司、西安楼台水泥制造有限公司等6家涉及尘毒危害单位进行执法检查，检查出存在未进行职业危害项目申报、未进行职业健康体检、未设置警示标识、未进行职业健康培训等问题，对其下达“监督意见书”并责令整改。对西安楼台水泥制造有限公司没有对员工在岗体检罚款5万元；对陕西南洋迪克家具制造有限公司对员工没有做上岗体检罚款12.5万元。8月，开展重点职业病监测放射性疾病监测。11月，下达西安市疾病预防控制中心工作经费207.84万元。其中，187.37万元用于职业病监测；20万元用于放射病监测。截至年底，完成重点职业病职业健康体检的17种危害因素核心指标收集工作和720名尘肺病人回顾性调查工作。

◆医疗卫生信息化建设 2019年，西安市卫生健康委员会出台《西安市促进互联网+医疗健康发展实施方案》，推动直属13家医院和阎良区人民医院完成居民健康卡院内电子健康卡用卡环境改造工作。通过放置在门诊及住院部各处的自助机，为患者实现在自助机上建档、挂号、缴费、查询等功能。完成“长安通”与“西安市居民健康卡”卡管平台对接工作。完成“长安通”光华路网点和咸宁路网点试点发放“长安通居民健康卡”工作。“长安通居民健康卡”是西安市卫生健康委员会携手西安长安通支付有限责任公司打造的承载百姓卫生健康信息的载体。该卡实名认证，用于身份识别、医疗场景下调阅健康诊疗信息、实现医疗服务互联互通以及交通、商业支付等领域的快速刷卡服务，居民持卡可以医院内、外实现“一卡通用、一卡多用”。建成数字化预防接种门诊73家，疫苗追溯和冷链监测系统覆盖西安市97%的二、三级预防接种门诊。继续推进“智慧医疗服务App”二期项目本地化建设，“城市一账通”覆盖22家城市公立医院，注册50余万人，完成挂号71.24万人次，诊间支付41.4万笔，线上交易金额7018.1万元。在西安市“智慧医疗服务App”一期功能（电子健康卡注册与管理；基于人脸识别系统的身份认证；线上挂号；移动端门诊缴费、诊间支付、住院押金支付）的基础上，依托人口健康信息平台，开展项目本地化建设，主要功能包括检验、检查结果查询；居民电子健康档案建档、查询与管理；商保快赔、个人健康管理综合服务视频复诊、诊后随访、慢病续方、处方外配及药品配送等。西安市无卡化就医模式获得全国电子健康卡普及应用“优秀案例”奖。

◆“医疗服务满意度工程” 2019年，西安市卫生健康委员会协调医保、财政等部门，整合西安市医疗数据信息，上线“西安市医疗地图查询系统”“卒中地图”。印制《境外人士就医指南》，方便西安市外籍人员就诊。西安市二级以上医院均设立“一站式服务中心”，大力推行“多学科协作诊疗”“弹性门诊”“日间手术”等就医模式，大力缩减患者平均住院日和平均费用。建成19个市级质控中心，进一步规范诊疗行为和质量管理。组织70余家医疗卫生机构，常态化开展大型义诊和健康宣教活动，接诊群众40余万人次，体检1.22万人次，开展健康宣教80余万人次，发放宣传资料100余万份。制定《打造城市社区“15分钟就医圈”实施方案》，完成“社区医疗卫生资源空间规划”课题研究，坚持“统筹规划、功能互补、公平效率”原则，持续推进医疗卫生服务体系和能力建设。全年新增医疗卫生机构48家，新建预防接种门诊94家。充分发挥中医药服务能力，建成“中医学术流派传承工作室”“名中医传承工作室”37个。截至年底，西安市医疗卫生机构总诊疗人数7041.37万人次，比2018年增加721.44万人次，增长11.42%。西安市医疗卫生机构出院人数282.59万人次，增加16.67万人次，增长6.27%。居民到医疗卫生机构平均就诊6.9次。在年度省考满意度调查中，西安市群众医疗满意度在7个市级部门中排名第三位，较上年提升14.66个百分点，增幅排名第二位。

◆计划生育管理和服务 2019年，西安市出生97836人，出生率10.02‰。监测数据显示“两孩”出生人口3.63万人。医院、机关、企业、车站、景区公共场所陆续建立“母婴室”，逐步构建生育友好城市氛围。西安市“二孩”生育意愿偏低，主要因素是孩子照料和经济方面的压力。全年审核符合中考降分投档政策照顾的独女和双女户学生5404人，其中独女户1725人、双女户3679人。资助计划生育家庭贫困女大学生890832人，总计228.3万元。全年审核确认农村部分计生家庭奖励扶助对象39450人、计生家庭特别扶助对象6445人、农村独女户奖励对象4742人，发放各类奖励扶助金11332.3万元。计生家庭“新农合”医疗补助23.6万户55.9万人，补助1677.29万元。全年审批、备案市级机关、事业单位城市独生子女父母补助金1545人次。审批计划生育特殊家庭免

截至2019年年底，西安市在大型商场、医院、火车站、机场等公共场所建设母婴休息室263所。图为熙地港商场内的母婴休息室

费再生育技术服务省级22例、市级6例。

◆健康扶贫 2019年，西安市卫生健康委员会按照中共西安市委、西安市人民政府安排部署，围绕“基本医疗有保障”目标任务，结合西安市实际情况，严格落实健康扶贫政策，西安市1个县级公立综合医院、23个乡（镇）卫生院、141个贫困村卫生室全部达标，彻底消除医疗“空白点”。市级医院对口帮扶县级医院13家、镇卫生院（卫生服务中心）84家，327名医务人员长期驻点帮扶。全年贫困人口出院2.89万人次，补偿总额1.54亿元，一站式结算率98.88%；大病专项救治病种增加到25种，救治大病患者1885人，救治率100%。进一步规范慢性病签约服务，重点加强3.3万名慢性病患者管理，严防因病致贫、因病返贫。

◆医疗卫生基础设施建设 2019年，西安市卫生健康委员会加强医疗卫生基础设施建设，争取中央和陕西省财政投入26.94亿元，完成市级财政支付37.2亿元。西安市人民医院、西安红会医院高铁新城院区、西安儿童医院经开院区等9个市级重点项目、3个国家区域医疗中心建设稳步推进。“江林医院”“儿童自闭症康复医院”“中德国际肿瘤医院”等项目顺利实施，西安国际医学中心医院等31家新建医院开诊运行。西安市19家三级医院能够提供涉外医疗服务，占三级医院总数的50%，全年接诊外籍人士2129人次。引进的国际高端医疗品牌“环球医生诊所”运行良好。西安市癌症防治中心、西安市心血管疾病防治中心、西安市脑血管疾病防治中心、西安市慢性呼吸系统疾病防治中心和西安市糖尿病防治中心建设也于本年度启动。筹建、立项、在建西安市红会医院高铁新城院区、西安市儿童医院经开院区、西安市中医医院南院区、西安市第三医院二期、西安市第九医院改扩建、西安市中心血站新业务和培训综合楼、西安市人民医院等7个项目。

◆基层卫生建设 2019年，西安市帮扶县级医院13所。西安交通大学第一附属医院、西安市第一医院、西安市第九医院、西安医学院第二附属医院、陕西省人民医院分别托管长安区医院、高陵区医院、蓝田县医院、灞桥区医院、周至县医院，县域医疗服务能力得到显著提升。帮扶乡（镇）卫生院（卫生服务中心）84所，帮扶贫困村142个。西安市2个县设有县级医院4所、县级妇幼保健机构2所、县级疾病预防控制中心2所、县级卫生监督所2所，四类县级卫生机构有卫生人员2976人。西安市县级医院诊疗人次124.04万人次，出院人数11.84万人，病床使用率82.39%。出院者平均住院日7.5天。设立社区卫生服务中心（站）244个，其中社区卫生服务中心124个、社区卫生服务站120个，有社区卫生服务中心人员5738人。西安市所有基层卫生机构均开展“家庭医生”签约服务工作，成立“‘家庭医生’工作室”3177个，建立“‘家庭医生’签约服务团队”1595个，开展签约服务医生4290人，“家庭医生”签约居民2218.28万人，其中重点人群签约154.36万人，重点人群签约率57.51%。按照陕西省卫生健康委员会《关于做好2019年居民健康档案和老年人健康管理项目工作的通知》要求，截至年底，建立城乡居民电子健康档案806.2万份，电子健康档案建档率83.87%，超额完成国家目标任务。根据中央、陕西省老年人健康管理目标任务，65岁以上老年人接受健康管理61.36万人，健康管理率72.78%。市、县拨付2019年度体检新增项目补助资金1526.4万元。

◆环境卫生 2019年，西安市13个区（县）爱卫办工作机构全部组建完善，围绕“共推‘厕所革命’，共促卫生健康”活动主题，于4月在西安市分时段积极组织开展“爱卫、改厕、控烟”三大主题“爱国卫生月”活动，完成农村无害化户厕提升改造12.62万座。完成周至、蓝田县等8个“国家级卫生镇”的创建工作，完成年度卫生先进单位、卫生先进村（镇）的评比、检查、验收工作，评选出“省级卫生先进单位”39家、“市级卫生先进单位”43家。集中开展以“春季灭鼠”为重点的病媒生物防制工作。购置价值260万元的病媒生物药物，下发各区（县）、开发区及相关部门。在西安市开展3次、总计半个月的集中消杀活动。顺利通过“国家卫生城市”复审病媒生物防制技术测评，达到《国家卫生城市标准》要求。5月31日，在大明宫举办“无烟西安，健康中国”2019年“世界无烟日”宣传活动。11月1日，在大雁塔北广场举办《西安市控制吸烟管理办法》实施一周年大型宣传活动。西安市获世界卫生组织颁发的“‘世界无烟日奖’城市”。

◆卫生行政审批服务 2019年，西安市卫生健康委员会行政审批工作按照“减环节、减材料、减时限”的要求，构建形式直观、易看易懂的“办理流程图”，实现“网上可查、电话可询”，为企业和群众办事提供清晰指引。同时，采取即来即办、告知承诺、容缺受理、邮递寄件等工作方式，改变之前申请人到窗口全程办理的传统工作模式。落实“最多跑一次”数字化转型改革，完成“西安市政务服务事项库”中西安市卫生健康委员会负责的64个事项的梳理等工作，西安市“一网通办”平台与西安市卫生健康委员会使用的4个国家建立的业务系统进入对接。截至年底，办理政务服务事项28492件。

◆莲湖区、未央区通过“国家慢性病综合防控示范区”复审评估 2019年1月2日，国家卫生健康委员会办公厅印发《关于公布2018年度国家慢性病综合防控示范区复审结果的通知》（国卫办疾控函〔2019〕2号），西安市莲湖区和未央区顺利通过复审评估，重新被确认为“国家慢性病综合防控示范区”。

◆西安市公共卫生综合楼投入使用 2019年3月18日，西安市公共卫生综合楼投入使用。西安市卫生监督所、西安市健康教育所、西安市医疗事故技术鉴定办公室、西安医学会4家单位入驻办公。2015年，西安市人民政府开工建设西安市公共卫生综合大楼。2019年年初，大楼完成内部装修和设备安装交付使用。大楼位于未央区朱宏路东侧、西安急救中心北侧、凤城五路南侧区域，占地约3300平方米，建筑面积14971平方米，总投资6230万元。

◆西安市被国家确定为首批“促进诊所发展工作试点城市” 2019年5月，国家卫生健康委员会等5部门发布《关于开展促进诊所发展试点的意见》，明确2019—2020年将在西安等10个城市开展促进诊所发展试点工作，根据试点经验完善诊所建设与管理政策，并在全国推广。《意见》在简化准入程序、提高诊所医疗服务质量、加强医疗监管等方面提出一系列创新性的改革措施，要求9月底前，各试点城市启动试点工作。

◆“无烟西安 健康中国”2019年“世界无烟日”宣传活动在西安举行 2019年5月31日，是第三十二个“世界无烟日”。由国家卫生健康委员会、陕西省卫生健康委员会、西安市人民政府共同主办的“无烟西安 健康中国”2019年“世界无烟日”宣传活动在西安大明宫遗址公园举行。国家卫生健康委副主任于学军出席活动并讲话，世界卫生组织驻华代表高力参加活动。

◆西安市举办第二届国际中医药交流合作论坛 2019年9月9—12日，由西安市卫生健康委员会、西安市人民政府外事办公室联合举办的第二届国际中医药交流合作论坛在西安市中医医院举行。论坛以“弘扬中医药文化，造福人类健康”为主题，菲律宾、法国、匈牙利等8个国家12个城市的嘉宾、专家学者和国家著名中医专家、省内外相关领导、西安市卫健系统相关领导及医务人员近500人参加论坛。西安市与7个国家的参会代表签署《友好交流合作备忘录》。匈牙利塞吉德大学校长纳吉•嘎波教授，首届全国名中医杨震教授，泰国唐明本草有限公司董事长虎炎，甘肃省人民政府参事李盛华教授，韩国原大邱韩医大学金容炫教授等国内外学者分别就中医药学对外发展与前景展望、中医药的哲学理念与文化特点、传统医学与其他医疗保障等内容发表讲演，进行全方位、多领域、深层次的友好交流和探讨。

◆西安经济技术开发区国际医院项目开工建设 2019年12月25日，西安经济技术开发区国际医院项目开工建设。项目位于西安经济技术开发区泾渭新城纬八路以南、泾勤路以北、渭中路以东、经二路以西，占地0.76公顷，建筑面积28.78公顷，设计床位1500床，预计投资32.96亿元。

◆西安市红会医院举行第四届“中国梦•脊梁工程”脊柱畸形手术救助大型义诊活动 2019年7月12日，西安市红会医院与智善公益基金会联合举办第四届“中国梦•脊梁工程”脊柱畸形手术救助大型义诊，来自全国各地的300余名脊柱畸形患者参加活动。“中国梦•脊梁工程”是智善公益基金会为救助贫困脊柱畸形患者而实施的公益慈善项目，采取患者自筹与社会救助、基金会捐助相结合的方法，对部分手术治疗费不足的贫困青少年患者进行救助。项目于2013年5月启动；2016年7月11日，西安市红会医院正式签约成为智善公益基金会“中国梦•脊梁工程”特约合作医院。双方先后于2016—2018年在西安市红会医院举办3届“中国梦•脊梁工程”脊柱畸形患者大型义诊活动。截至2019年，有166名贫困患者获得该项目救助，累计救助金额398.5万元。

◆西安市红会医院获一项国家发明专利 2019年，西安市红会医院关节病医院膝关节病区主任马建兵率研究团队设计的“一种兼具内侧轴移外侧活动运动学特征的膝关节假体”经国家知识产权局严格申报评审，被授予国家发明专利。该技术通过内外平台分体式设计，可以再现股骨“内髁轴移，外髁后滚”的生理运动学，从而达到更为满意的治疗效果。

◆西安市红会医院完成全球首例3D打印距骨表面假体置换术 2019年10月25日，西安市红会医院足踝外科诊疗中心主任梁晓军带领团队顺利完成1例特殊手术3D打印距骨表面假体置换术。据陕西省科学技术情报研究院查询证明，此手术为全球首例。手术用三维CT采集距骨数据，打印出个体化合适的距骨表面假体，将坏死的距骨表面用打印的金属假体置换，以最小的创伤、最大限度地保护活动度，确保术后关节匹配度最佳、精确度更高、稳定性更强。术后，患者恢复良好。

◆西安市红会医院实施双侧人工全髋关节置换术 2019年12月5日，西安市红会医院关节病医院骨坏死与关节重建病区在市红会医院副院长许鹏及主任郝阳泉带领下，成功为一位52岁极重度后凸畸形强直性脊柱炎患者实施双侧人工全髋关节置换术。术后1个月复查，患者可扶助步器独立行走，效果满意。

◆西安市红会医院实施首创技术治疗复杂骨盆骨折 2019年10月26日，西安市红会医院骨创伤医院环骨盆病区使用“闭合复位天玑机器人术中结合O臂辅助置钉治疗复杂骨盆骨折术”，成功为一骨盆伤者实施手术，最大限度发挥机器人作用，患者状态良好。骨盆髋臼骨折手术因其解剖位置深，周围毗邻血管、神经走向复杂，一直被认为是创伤骨科中最复杂的手术。红会医院骨创伤医院环骨盆病区在市红会医院副院长张堃及主任庄岩的带领下，开创性技术革新，采用骨盆复位架进行完全闭合复位，O型臂采集图像，机器人辅助置钉微创治疗骨盆骨折，解决了传统术中C型臂看不清楚的问题，使手术更加精准。

◆西安市红会医院完成全球首例3D打印人工颈椎间盘置换术 2019年5月6日，西安市红会医院首席专家郝定均携脊柱外科团队，完成全球首例3D打印人工颈椎间盘置换术。患者系一位52岁女性，5个月前出现左上肢胀痛、麻木和无力症状，且伴有走路不稳，为颈4/5巨大椎间盘突出。3D打印人工颈椎间盘假体是基于患者的影像资料，先重建患者自身的颈椎3D图像，再根据图像资料设计并量身定制出最符合患者的个性化假体，3D打印出来假体后应用于患者手术。手术由郝定均主刀，主任医师何思敏、钱立雄等担任助手，切除完突出的椎间盘组织后，依照患者影像资料设计的3D打印人工颈椎间盘假体植入到切除的颈椎椎间隙内。术后第3天，患者就可以借助家人搀扶下地行走，困扰已久的左上肢胀痛、麻木、无力及行走不稳的症状明显改善。

◆西安市儿童医院获“中国医院质量管理奖（医疗2019）卓越奖” 2019年11月15日，“中国医院质量管理（医疗2019）奖”评选颁奖盛典在福建省厦门市举行，西安市儿童医院获“中国医院质量管理奖（医疗2019）卓越奖”。活动由中国医院院长杂志社主办，9家医院管理研究院（所）担任顾问机构，20多位国家级医院管理专家担任组委会成员。2019年，全国有超过200家医院报名参选，围绕医院质量安全水平、管理创新能力、影响力和综合效益4个方面，经材料初选、评委打分、现场评审、结果公示等环节甄选，最终30家医院获“中国医院质量管理（医疗）卓越奖”。

◆西安市儿童医院获两项荣誉 2019年10月31日，西安市儿童医院获中国南丁格尔护理服务总队2019年度“志愿服务文化建设奖”，急诊科惠国艳获2019年度“中国护理志愿精神贡献奖”。南丁格尔志愿护理总队是由中国红十字总会批准的全国第一个由护理专业人员组成的志愿者组织。其宗旨是宣传和弘扬南丁格尔博爱、责任、奉献精神，积极深入社区开展志愿护理服务，传播健康理念，维护人群健康。

◆交大一附院实施超声引导肝癌射频消融术 2019年11月7日，西安交通大学第一附属医院肝胆外科、超声影像科教授徐军、杨威，副教授郭成，博士台明辉等专家采用多影像融合介入导航系统（Real-time Virtual Sonography，RVS）技术，成功地为一名超声未能明确显示的转移性腺肝癌患者进行超声引导下肝脏转移灶穿刺活检加射频消融治疗手术。超声引导肝癌射频消融是一项安全、有效的肝癌微创治疗技术。超声可实时引导全程显示穿刺针进入肿瘤，并可在射频消融过程中动态监测肿瘤的消融范围，引导准确，操作简便，价格低廉，无放射损伤。术后3日患者即康复出院。

◆**交大一附院首次在西北地区实施乳腺小结节完形切除术** 2019年8月21日，西安交通大学第一附属医院乳腺外科团队顺利在西北地区首次实施微创乳腺小结节完形切除手术。当天应用该术式实施3例手术，满足患者对乳腺手术微创、美观的需求，受到患者好评。该手术从局部麻醉到取样完成整体耗时15分钟，手术取样从抓取到完成12秒，手术时间短，术中患者痛感轻微。术后仅需加压包扎即可，患者未出现不良症状，可自行离开手术室。

◆**交大二附院完成西北首例经胸骨后路径空肠代食管手术** 2019年11月下旬，西安交通大学第二附属医院胸外科教授李少民团队成功为一名32岁的男性上消化道烧伤患者实施空肠代食管手术。术中在保证血供良好前提下，游离足够长度的空肠管，距屈指韧带约15cm处离断空肠，并在腹腔内行空肠—空肠Roux—en—Y吻合，将空肠游离端经胸骨后路径上提至颈部与食管行端—侧吻合，在吻合口远端约3cm处离断、封闭食管。手术顺利，患者术后生命体征平稳，术后经禁食、静脉营养过渡至肠内营养，患者最终恢复经口进食出院。

◆**交大二附院实施国内首例磁锚定减戳卡腔镜直肠癌根治术** 2019年5月16日，西安交通大学第二附属医院普外科主任陈熹指导吴涛、杨屹2位副主任医师和副研究员严小鹏等人，在国内首次使用磁锚定技术顺利为一患者实施直肠癌根治手术。术长约140分钟，患者预后良好，无术后并发症发生。西安交通大学校长助理、磁外科学术教授吕毅带领的“梦工厂”团队为手术提供技术支持。“磁外科学体系”是将磁压迫、磁锚定、磁导航及磁悬浮技术创新性地应用于临床的一种新技术。磁锚定技术在直肠癌根治手术中的优势表现在可以悬吊肠道、膀胱，利于暴露术中视野，避免手术器械相互干扰，使手术更加流畅，变以前微创5孔为3孔，减轻患者痛苦，手术时间也大大缩短。

◆**西安市中心医院成功植入生物可吸收支架** 2019年4月，西安市中心医院心内科介入团队成功为一名58岁女性患者冠状动脉左前降支植入NeoVas生物可吸收支架（生物可吸收冠状动脉雷帕霉素洗脱支架系统）。在植入体内2—3年后，支架基体和涂层在体内逐步生物降解和吸收，而且可以恢复血管的功能和弹性，不会永久存留。

◆**西安市中心医院完成国内首例“有晶体眼人工晶体植入术”** 2019年3月1日，西安市中心医院眼科顺利完成国内首例“术中OCT导航下有晶体眼人工晶体植入术”。术后第二天，患者摘掉1300度的近视眼镜，裸眼视力达到0.8，取得理想效果。有晶体眼人工晶体植入术给不适合做激光手术又想脱镜的患者提供新的选择。

◆**西安市中心医院手术治疗严重手汗症** 2019年2月23日，西安市中心医院心胸外科在唐都医院教授倪云峰指导下，由主任医师潘龙毅、住院医师陈佳联合成功实施一例胸腔镜下交感神经链切断术，治疗严重手汗症。患者自10岁起，双手及双脚多汗，以双手为甚，以后逐年加重，在稍微激动或紧张时，双手出汗成珠滴下，严重影响生活、学习。手术持续半小时。术后，患者即感到双手潮湿较术前明显改善，没有出现任何并发症。

◆**西安市中医医院牵头组建西安市中医专科联盟** 2019年11月15日，由西安市中医医院牵头组建的西安市中医专科联盟成立。西安市中医专科联盟是在西安中医医疗联合体的基础上建立的以中医专科建设为主要工作内容的医疗联合体，有成员单位45家，包括西安市各区（县）中医医疗机构、部分社区卫生服务中心和企业、民营医院及陕西省内其他市、县中医医机构。

◆**唐都医院开展达芬奇机器人辅助经脐单孔腹腔镜下子宫内膜癌分期术** 2019年3月5日，空军军医大学唐都医院妇科副主任李艳红团队，成功开展医院首例达芬奇机器人辅助经脐单孔腹腔镜下子宫内膜癌分期手术。由于操作的局限性，此前国内达芬奇机器人辅助经脐单孔腹腔镜技术多用于良性肿瘤手术。经脐单孔腹腔镜手术技术是利用人体脐部皮肤褶皱隐藏腹部瘢痕，达到“无瘢痕手术”的目的。该技术是在多孔腹腔镜基础上发展起来的一种更加微创、更加美容的手术方式。达芬奇机器人介入该手术，使手术更精准，创伤更小，术后康复更快，切口更美观。

◆**西安市胸科医院引进肺癌早期筛查智能诊断系统** 2019年9月下旬，西安市胸科医院引进具备国际先进水平的医疗AI（人工智能）肺癌智能诊断系统。该系统对肺部结节具有良好的检出性能，通过对病灶大小测量，精准确定良、恶性鉴别，自动进行历史影像对比，并自动生成结构化报告，供影像医师选用。该系统的引入，让肺部CT影像诊断更加智能，同时“AI+医生”的工作模式也使得影像医生从以往单纯的阅片工匠向阅片工作的监督者进化，减少烦琐的重复性工作，进一步提高了影像医生的阅片效率及准确性。 （胡军辉）

医疗保障

◆**概况** 2019年2月3日，西安市医疗保障局成立。西安市医疗保障局成立以来，始终把推进全市10项重点工作、保障和改善民生作为重中之重，聚焦陕西省绝对第一、全国一流的目标，主动担当作为，大胆改革创新，推动中央和陕西省医疗保障各项部署要求在西安市落地落实，群众医疗保障获得感幸福感得到较大增强。截至年底，西安市城镇职工医保参保349.57万人，城镇居民医保参保248.73万人，新农合参保435.31万人，3项基本医疗保障制度覆盖城乡居民1033.61万人，医保参保率稳定在95%以上。西安市职工医保基金收入158.53亿元，支出118.19亿元，累计结存268.28亿元；城镇居民医保基金收入23.88亿元，支出18.74亿元，累计结存24.86亿元；“新农合”基金收入34.06亿元，支出35.38亿元，累计结存3.71亿元；生育保险基金收入13.62亿元，支出13.64亿元，累计结存8.37亿元。基金收支基本平衡，运行总体稳定。西安市有职工和居民医保定点协议医疗机构4691家、定点药店4899家。

◆**医保制度体系建设** 2019年12月，西安市医疗保障局印发《西安市整合城乡居民基本医疗保险制度实施办法（暂行）》，整合城镇居民和新农合2种医保制度，全市670余万名城乡参保居民实现城乡待遇统一。同月，与西安市财政局、西安市人力资源和社会保障局、西安市卫生健康委员会、国家税务总局西安市税务局联合印发《西安市生育保险和职工基本医疗保险合并实施细则》，“两项保险”合并实施，基金共济能力和抗风险能力进一步增强，参保群众待遇得到更加充分保障。

◆**医保基数调整** 2019年1月1日起，西安市医疗保障局落实陕西省医疗保障局关于调整陕西省职工基本医疗保险、生育保险缴费基数有关问题的通知精神，以上年度全口径城镇单位就业人员平均工资核定缴费基数上、下限，全年为西安市参保企业减负7.81亿元、参保个人减负2.23亿元。针对国家全面实施“两孩”政策、医疗费用快速上涨、西安市生育保险基金即将面临收不抵支的情况，按照陕西省人力资源和社会保障厅相关文件精神，并报请西安市人民政府同意，将企业职工生育保险缴费由0.5%提高至1%；公务员生育保险费率按企业职工费率的50%缴纳，确保生育保险基金安全及职工生育保险待遇正常发放。

◆开展3项国家试点 2019年，国家医疗保障局在全国范围内开展药品集中采购、按疾病诊断相关分组付费、基金监管方式创新3个方面试点工作，全国同时承担3项国家级试点任务的仅包括北京、上海、天津、重庆4个直辖市和西安市5个城市。3月25日，西安市会同全国4个直辖市和6个副省级城市，采取联盟采购、量价挂钩、以量换价的方式，组织西安地区包括西咸新区在内的357家公立医疗机构，按中标价格带量采购药品，25个中选品种价格平均降幅52%，最高降幅达96%。截至年底，西安市中选药品实际采购量达到国家约定采购量的21倍，节省医药费用2.59亿元。西安市医疗保障局积极深化医疗服务价格改革，12月31日24时起，在西安市公立医疗机构取消医用耗材加成，实行“零差率”销售，同步对908项医疗服务价格进行调整，进一步理顺和优化医疗服务比价关系。积极参与国家DRG（疾病诊断相关分组）付费试点改革，落实国家试点3年工作计划，选取6家不同类型医院先期参与试点，探索应用DRG这一国际领先的医保支付方式。大力推行以按病种付费为主的多元复合式医保支付方式改革。截至年底，新增和调整按病种付费55种，达到175种；新增按床日付费7种；新增日间手术付费6种，医保付费的价值和效益明显提升。认真贯彻落实中共中央总书记习近平加强医保基金监管的重要批示，引入律师事务所、商保机构等社会力量参与医保基金监管，扎实开展打击欺诈骗保专项治理行动。截至年底，西安市“两定”机构（医保定点医疗机构和定点药店）检查覆盖率100%，处理违法、违规、违约机构357家，追回医保基金8997.07万元，基金“跑冒滴漏”现象得到有效治理。

◆完善大病保险政策 2019年8月，西安市医疗保障局与西安市财政局、中国人寿西安分公司联合转发陕西省医疗保障局等3部门《关于进一步完善城乡居民大病保险制度建设的通知》，西安市城乡居民大病保险筹资标准按照城乡居民每人70元提取，比上年增加15元；首段报销比例由50%提高至60%，调整贫困人口大病保险起付线为5000元；政策范围内住院费用经“三重报销”后比例控制在85%以内。截至年底，西安市城乡居民大病保险赔付98489人次，赔付总资金3.72亿元。

◆更多救命救急好药纳入医保支付 2019年，西安市医疗保障局着力推动中央和陕西省相关要求在西安市落地落实，及时将新版国家《药品目录》纳入西安市基本医疗保险支付范围；将2018年国家谈判的17种抗癌药纳入医保报销；将2019年国家新增谈判药品中的27种药品纳入西安市特殊药品结算管理范围。截至年底，西安市将70种救命救急好药纳入医保支付范围。

◆医保扶贫 2019年，西安市医疗保障局坚决落实“两不愁、三保障”要求，扎实开展医保扶贫。截至9月1日，西安市建档立卡贫困人口100%参保。科学提升贫困人口医保待遇，贫困人口住院报销比例提高10%，门诊慢性病封顶线提高20%，大病保险支付比例提高5%，起付线降低50%，不设封顶线，住院合规医疗费用经“三重保障”后报销比例不低于80%。全市贫困人口出院34753人次，总额补偿1.79亿元，实际报销比例90.15%；“一站式”结算服务结报34070人次，“一站式”结算率98.03%。积极开展医疗救助，对城乡特困供养人员和贫困重度残疾人参保个人缴费部分给予250元全额资助；对未纳入建档立卡贫困人口范围的最低生活保障对象，参保个人缴费部分给予190元定额资助。西安市全年资助94812人参加基本医疗保险，实施医疗救助62448人次，救助金额7751.87万元。

◆医保信息化建设 2019年，西安市医疗保障局积极推动西安市分属西安市人力资源和社会保障局、西安市卫生健康委员会、西安市民政局3个部门管理的职工医保和居民医保、“新农合”、医疗救助系统合为一体，制定13个类别调研提纲，深入5类40家不同单位调研，加强与西安市卫生健康委员会、西安市大数据局等相关部门沟通对接，收集整理意见建议和建设需求1100余条，完成信息化建设可行性研究报告编写，并按程序报审。

◆异地就医费用直接结算 截至2019年年底，西安市城镇职工医保和居民医保有93家定点医疗机构接入国家异地就医结算系统，实现与全国32个省（市、自治区）的25057家定点医疗机构直接结算，结算10648人次，医保基金支付1.68亿元。陕西省内实现与宝鸡等9个地市240家定点医疗机构直接结算，结算9683人次，医保基金支付6966.48万元。“新农合”西安市81家医疗机构接入异地就医结算系统，跨陕西省异地就医结算363人次，医保基金支付191.23万元。陕西省内异地就医结算1803人次，医保基金支付654.59万元。

◆药品价格监测 2019年，西安市医疗保障局落实国家组织药品集中采购和使用试点工作监测品种25种，汇总上报监测数据4050条，完成监测报告9篇；落实陕西省药品监测品种270种，汇总上报监测数据16830条，完成监测报告9篇。

（王国栋）

2019年4月11日，陕西省医疗保障局、西安市人民政府在新城广场联合举行陕西省暨西安市“打击欺诈骗保 维护基金安全”集中宣传月启动仪式

社会民生

责任编辑
姬娟妮

西安年鉴
2020
XI'AN YEARBOOK

婚姻·家庭

◆婚姻登记管理 2019年，西安市办理结婚登记79408对，离婚登记35778对。西安市民政局积极推进婚姻登记全程电子信息化平台建设，预算资金已列入西安市财政预算，预计2020年建成并投入使用。（郭维安）

◆家庭教育 2019年，西安市妇女联合会推动全市家庭教育工作创新发展，促进儿童全面健康成长。举办2期家庭教育骨干能力专题培训会，培训家庭教育核心理念；如何发挥家庭教育指导中心服务作用及家庭教育指导者应具备的素养和能力；特殊儿童群体家庭教育指导服务；西安市未成年人思想道德建设等方面内容。3月4日，举办的2019年“家庭教育阳光云课堂”百场公益巡回讲座活动在西安经开第一学校正式启动。百场讲座为广大家长提供及时有效的指导与服务，不断增强家庭教育的科学性和规律性，逐步形成家长学校教育内容系统化、形式多样化、功能最大化，形成学校和家庭教育互为补充、相互贯通的良好局面。5月15日，在第26个“国际家庭日”之际，西安市妇女联合会与西安市精神文明建设指导委员会办公室等单位人员在南湖小学举办“聚焦家庭教育 培育时代新人”为主题的家庭教育论坛，分别邀请西安交通大学心理学教授喻丰做题为《积极心理学在家庭教育中的作用》的报告，北京市丰台区教育委员会原主任张立新做题为《注重家教家风 培育家国情怀》的讲座。7月1日，在庆祝中国共产党成立98周年之际，西安市妇女联合会与西安市教育局、西安市教育科学研究所、西安高新第一学校联合主办的“2019年西安市名校+第四届德育论坛之家庭教育”在西安高新第一学校举行。赴临潼、未央、高陵、鄠邑、蓝田、阎良、周至、长安等区（县），以实施《西安市家庭教育工作“十三五”规划（2016—2020）》为主线，开展以提高家长素质为目标，以促进儿童身心健康成长为目的的调研，重点对社区、村（镇）家长学校建设情况进行摸底。

◆注重家庭、家风、家教系列活动 2019年，西安市妇女联合会组织开展注重家庭、家风、家教系列活动。按照全国妇女联合会、陕西省妇女联合会关于寻找“最美家庭”活动的统一部署，在西安市范围内开展以“积极培育和践行社会主义核心价值观”为重点，以“倡导良好家风家教”为主题的寻找最美家庭活动，评选推荐3户全国最美家庭，受到全国妇联表彰。携手陕西省妇联举办陕西省首届家庭文化节启动暨“最美家庭”分享大会。传达“家家幸福安康工程”部署会议精神，制定下发《关于组织实施“家家幸福安康工程”深入区县开展巡回讲座的通知》《西安市“家家幸福安康工程”实施方案》，深入区（县）开展“家家幸福安康工程”巡回讲座，举办15场，受益5000余人。与西安市纪律检查委员会开展“崇廉尚德——好家风润西安”活动，向西安市党员干部和市民群众发出“树家规 立家训 扬清正家风”的公开信，征集优秀家风家训200余条。举行话剧《家风》专家学者研讨会。开展“健康家庭评选”。与西安市卫生健康委员会联合下发《关于推进健康家庭示范建设的实施意见》《关于进一步做好健康家庭示范建设工作的通知》，倡导大家树立家庭成员的健康理念。推进家风家教阵地建设，利用民生项目资金支持13个区（县）建立家风馆和家庭教育指导中心，争取省级项目资金30万元，创建省级家庭教育指导中心2个，家风馆1个；争取市级项目资金26.6万元，创建市级家庭教育指导中心3个，家风馆3个。广泛开展家庭教育指导，家风家训征文，“我和我的家”微视频等活动，大力弘扬好家风、好家教、好家训。（何喜萍）

◆维护妇女儿童合法权益 2019年，西安市妇女联合会加大源头维权力度，建立政策法规性别平等评估机制，将男女平等基本国策和儿童优先原则引入政策法规的制定环节。组织专家对2部法律草案进行评估，提出修改建议34条，向西安市人民代表大会提交有关报告讨论建议47条。就妇女、儿童工作难点问题提出议案、提案4份，其中“关于构建我市0—3岁儿童早教机构管理机制的建议”“关于全面二孩政策背景下西安职业女性生育与照顾责任政策的建议”分别被列为中国人民政治协商会议西安市委员会主席和西安市人民政府分管领导重点督办提案。加大维权服务力度，推进西安市妇女儿童维权服务中心及分站规范化建设，全年受理各类信访案件2917件次。为48名特困人员发放紧急救助金23.2万元；办理法律援助案件45件。举办首期妇女儿童维权骨干助理社会工作师职业水平考试培训班，开展“让爱回家”反家暴深度服务和援助项目，提升社会化、专业化维权服务能力。推进婚姻调解委员会建设不断深化，9个区（县）建立婚姻调解委员会，有专兼职调解员206人，全年调解案件1460件，调解成功率65%。开展普法宣传和平安家庭创建工作，举办“送法宣政巾帼行，维权服务新时代”首届普法抖音大赛，点击量50余万次。创作“茜茜说法”系列动漫微视频，掀起网上学法热潮。举办法律大讲堂“七进”、三八维权月、西安市平安家庭创建成果暨普法优秀作品展演等普法宣传活动，以家庭平安促进社会和谐。（市妇联）

青少年

◆红色基因教育 2019年，西安市关心下一代工作委员会广泛开展“腾飞中国，辉煌70年”爱国主义教育活动，持续深化青少年社会主义核心价值观教育。举办西安市“腾飞中国，辉煌70年”爱国主义教育活动，围绕庆祝中华人民共和国成立70周年，以缅怀革命先烈、主题作品征集、节日庆祝为主要形式，广泛开展青少年爱国主义主题教育实践活动。成功举办“我和我的祖国——腾飞中国，辉煌70年”庆六一文艺演出、全市中小学生清明节祭奠英烈、“我是国旗护旗手”庆国庆文艺汇演、“腾飞中国，辉煌70年”青少年文学创作大赛、“为爱阅读”朗读大赛、“我的书屋，我的梦”少年儿童阅读等活动，引导青少年歌唱祖国、致敬祖国、祝福祖国。广大“五老”（老党员、老专家，老教师，老战士、老模范）以“腾飞中国，辉煌70年”为主题，挖掘本地红色资源，编写宣讲读本，深入街道（乡镇）、社区（村）、学校和企业，为青少年讲好中国故事、中国共产党故事、新时代中国特色社会主义故事、改革开放故事，宣传新中国70年来的发展历程、取得的巨大成就，有效激发和培养青少年的民族自豪感和爱国热情，进一步坚定听党话、跟党走的理想信念。西安市命名挂牌35家“全市关心下一代教育基地”，这些基地遍布在各个区（县），为青少年就近接受红色教育、传承红色基因提供重要平台。

◆青少年关爱帮扶 2019年，西安市关心下一代工作委员会开展各类帮扶活动800多项，投入资金3000多万元，推进青少年扶贫扶智扶志工作取得新成效。西安市1035名“五老”与1117名困境学生继续结对帮扶，每月捐助资金

100 元，每季度和学生家长通一次电话，六一、春节看望慰问、召开座谈会，从物质帮助、思想引导、情感关怀以及成长发展跟踪服务等方面为帮扶对象提供精准关爱。推荐蓝田、未央、周至、莲湖等区（县）的 7 名困境学生到圆梦班就读；召开元旦慰问圆梦班学生座谈会，为考入高中的圆梦生每人发放圆梦关爱金 2000 元，为所有圆梦生赠送书籍 2 本；与成都、武汉市关心下一代工作委员会联手，提升质量、扩充规模，成功举办西安—成都—武汉青少年手拉手活动，组织西安市 40 名困境学生前往成都参观学习。各区（县）及时挖掘帮扶工作中的好的经验做法，选树西安市关工委夏令营、圆梦助学、周至县爱心助学、长安区德育课堂等关爱先进典型。

◆**青少年法治教育**　2019 年，西安市各级关心下一代工作委员会坚持“法治育人”，深入开展第四届“关爱明天、普法先行”活动。坚持立德树人、德法兼修，围绕解决青少年的现实关切和思想困惑，成功举办“百校千场万人”普法教育报告会、“法治第一课”、“普法宣传周”、普法图片展、模拟法庭、法治报告等活动 1800 余场次，受教育青少年 50 万人次，使广大青少年法律知识、法制素养有效提升，尊法、学法、守法、用法意识进一步增强。全年 10 余名心理志愿者为长安、周至、鄠邑等区（县）青少年授课 14 次，举办“山里娃娃看西安，心理关爱暖冬行”等活动，为疏导留守儿童心理困境，帮助其确立积极健康向上的良好心态。召开青少年心理健康教育培训会，邀请心理专家为志愿者授课，提升专业水平，并为大力支持该项工作的单位和志愿者颁发“青少年心理教育流动课堂工作站”牌子和“心理教育流动课堂讲师”证书。举办“小手拉大手——我是交通安全小天使”儿童交通安全主题创作大赛、幼儿教师学历提升计划培训班。通过儿童绘画创作、儿童剧目展演等丰富的活动形式，激发儿童求知欲，激励教师创新力，提升父母的责任意识，传递交通安全知识。

◆**青少年关爱宣传**　2019 年，西安市关心下一代工作委员会充分发挥网站、公众号、微信工作群等自有宣传平台作用，及时报道工作动态。加强与主流媒体合作，西安市有 4 篇稿件在《中国火炬》刊发，39 篇文章在省市级报纸杂志刊发。《西安日报》追踪报道西安市承办全国关心下一代工作委员会办公室会议情况，整版刊登 2019 年西安市关工委工作综述，大篇幅报道西安市“六一”活动开展情况，引起广泛的社会效应。

（张晓亮）

◆**未成年人思想道德建设**　2019 年，西安市妇女联合会携手西安曲江第二小学开展“雷锋精神在闪光，争做小小志愿者”活动，让学生在广泛参与中深入认识和理解雷锋精神，进而更好地传诵和弘扬。开展“亲子阅读　相伴成长”系列活动，发扬中华民族传统家庭美德，促进家庭和睦、下一代健康成长，使家庭成为国家发展、民族进步、社会和谐的重要基点，推动家庭教育再上新台阶。开展“相伴同悦读　共抒家国情”亲子阅读主题活动，充分发挥阅读经典、书写家书在传播科学家教、传递良好家风、促进儿童健康成长中的重要作用。与陕西省妇女联合会、西安市精神文明建设指导委员会办公室、西安曲江大明宫遗址区保护改造办公室，联合在大明宫国家遗址公园玄武门广场举办庆六一暨第二届“百童书家训　墨宝传家风”少儿书法展演活动，先后征集 500 余件书法作品。联合共青团西安市委员会开展“点亮你的小火柴　有才你就来”——第五届儿童剧小演员选拔大赛，对大赛甄选出的 120 名小选手授予“优秀小演员奖”。

（何喜萍）

老年人

◆**概况**　2019 年，西安市 60 岁以上老年人有 161.96 万人，占总人口的 16.19%；65 岁以上老年人 112.94 万人，占总人口的 11.29%。西安市呈现人口老龄化、老年家庭空巢化、群体结构多元化的特点。

◆**医养结合养老**　2019 年，西安市卫生健康委员会会同西安市民政局、西安市市场监督管理局印发《西安市医养结合机构审批登记工作办法》。完善《市级医养结合试点单位等级评定量化指标体系》，起草《西安市医养结合服务规范标准》，使医养结合工作更加规范、科学、有效。通过聘请第三方机构组织实施医养结合试点工作评估，确定市级医养结合示范和试点单位 19 个，安宁疗护示范和试点单位 11 个，分别给予 20 万至 50 万元一次性奖励扶持资金，投入 940 万元。同时，新确定西安市第八医院等创建试点单位 37 个。

◆**敬老宣传**　2019 年，西安市卫生健康委员会在《西安晚报》《陕西日报》分别以《让养老变成一件幸福的事》《织牢织密老年健康服务网》为标题，对西安市老龄健康和医养结合工作进行专题专版宣传报道。开展“健康西安　服务老人——进社区送健康”活动 50 场，进行健康宣教和义诊，服务老人 7500 多人次。开展医养结合各类培训。举办 1 期家庭成员照护培训班。组织西安市相关人员参加中央、陕西省的老年人心理关爱项目培训和国家老年人心理关爱项目。10 月 29 日，陕西省老年人心理关爱项目启动在西安举行，并在莲湖区进行现场观摩活动。下发《老年健康宣传周活动通知》，印制《老年健康核心信息 20 条》宣传彩页 1 万份。在长安区鼓乐广场举办启动仪式，指导各区（县）开展为期 1 周的老年健康宣传活动。在各区（县）、社区、敬老院等，采取集中授课、电台广播形式等开展各类宣讲 52 场，购买发放《人口老龄化国情教育知识读本》5000 册。

◆**老年优待管理**　2019 年，西安市发放高龄老人生活保健补贴 65.3 万人次，发放补贴资金 5.27 亿元。西安市民政局、西安市财政局协调落实资金，与承保的保险公司沟通制定实施方案，确保政府补贴老年人群的顺利续保。8 月，西安市卫生健康委员会完成约 27 万人保费的支付。办理老年人优待证 9.7 万张。

◆**老龄工作宣传**　2019 年，西安市卫生健康委员会组织开展第三届“敬老文明号”评选表彰活动。在西安市 109 个服务窗口单位开展评选市级“敬老文明号”和推荐申报省级、国家级“敬老文明号”工作，命名表彰 55 个“市级敬老文明号”单位，择优推荐 13 个创建单位申报省级、国家级“敬老文明号”评选工作。举办“老年大舞台——2019 致敬祖国”活动。6 月，联合西安市文化旅游局和老龄事业发展基金会启动“老年大舞台——2019 致敬祖国”活动，历时 5 个月，有歌曲、舞蹈、诗歌 3 大类 135 支队伍进行预赛和决赛，活跃老年人精神文化生活。开展“敬老月”系列活动，下发《2019 年“敬老月”活动通知》，开展孝亲敬老宣传教育、走访慰问、老年维权、老年健康促进活动等工作。老年节期间，在陕歌大剧院进行老年大舞台的颁奖和汇报演出，组织西安市老年书画研究会举办老年书画展，参加陕西省第三届老年人体育健康大会，开设“敬老月”活动专题、专栏、专版。

按照陕西省《关于开展新时代三秦孝亲敬老楷模评选活动的通知》要求，向陕西省卫生健康委员会推荐西安市新时代三秦敬老楷模。春节期间对300名高龄生活困难老人进行慰问，发放慰问金9万元。“老年节”期间，联系陕西省老年基金会慰问西安市“五老”人员320人。

（胡军辉）

农民工

◆概况 2019年，西安农民工本地从业人员增加，外出从业人员减少，农民工务工收入增长，欠薪情况有效遏制，权益保障得到改善。农民工中男性占52%，女性占48%。农村居民男性仍是农民工主体。受人口老龄化和50岁以上农民非农就业增加等因素影响，农民工平均年龄不断提高，老龄化趋势明显。从农民工平均年龄看，农民工平均年龄为39.5岁，比2018年增加0.5岁。从年龄结构看，50岁以上农民工占34.6%，占比超3成，比2018年提高1.5个百分点。农民工受教育程度仍以初中学历为主，占47.4%，但整体文化水平有所提升。农民工中，初中及以上学历占79.3%，提高0.9个百分点；小学占18.5%，下降0.6个百分点；未上过学占2.2%，下降0.3个百分点。

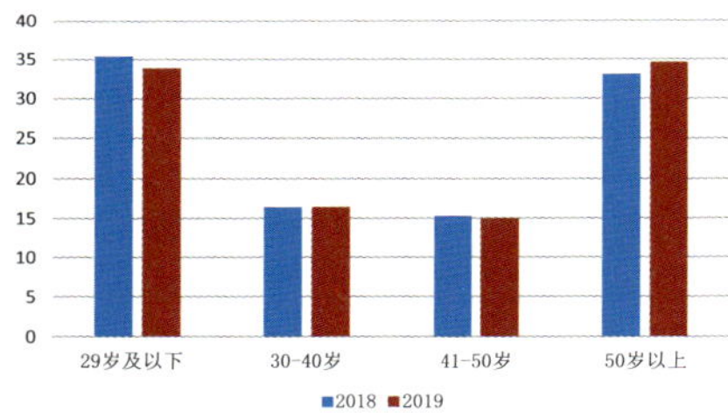

图10 农民工家庭成员年龄分布变化情况图

◆农民工从业与收入 2019年，西安大力推进保障农民工工资支付工作，切实维护农民工合法权益，本、外地农民工务工收入、消费均保持稳定增长，且农民工外出打工比本地务工收入高、增速快。本地非农务工月均收入3039.2元，比2018年增长2.8%；外出务工农民工月均收入3962.9元，增长7.6%；外出农民工月均生活消费1276.3元，增长16.3%。

单位：元

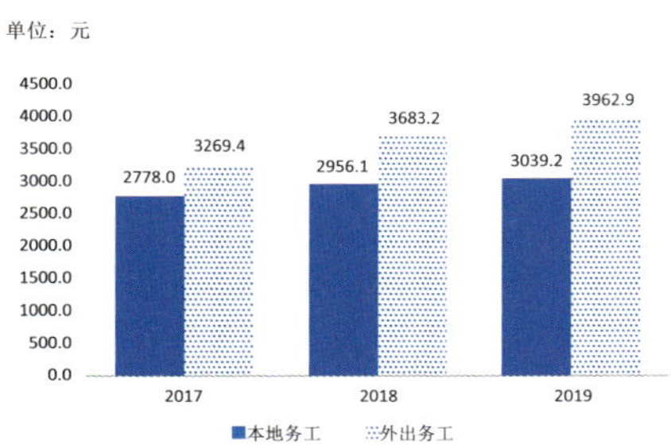

图11 2017—2019年本地、外出农民工月均收入对比图

本地从业人员增加，外出从业人员减少 西安农民工本地从业人员占48.7%，提高0.8个百分点。其中，本地非农务工人员占41.2%，提高1.8个百分点；本地非农自营人员占7.5%，下降1个百分点。西安农民工外出从业人员占51.3%，下降0.8个百分点。其中，外出务工人员占49.2%，下降1.3个百分点；外出自营人员占2.1%，提高0.5个百分点。

从事二、三产业占比超八成 西安农民工从业仍以二、三产业为主。第二产业从业人数占23.9%，提高3.2个百分点，其中制造业占8%、建筑业占13.9%，分别提高0.4和2.6个百分点。第三产业从业人员占59.2%，下降0.5个百分点，其中住宿和餐饮业占9.2%、居民服务修理服务业占16.1%、批发和零售业占8.1%，分别下降2.8、2.3和0.1个百分点；交通运输、仓储和邮政业占7.4%，提高2.4个百分点。

农民工外出务工稳定性提高 在外出农民工中，2019年更换过工作的占12.3%，下降5.8个百分点。外出农民工从事现职的平均时间为4.3年，增加0.4年。其中，从事现职不满1年的占16.6%；1—2年的占23.3%；2—5年的占33.7%；5年及以上的占26.4%。

存在问题：（1）合同签订以及有关社会保障比例处于较低水平。西安外出农民工合同签订以及“五险一金”缴纳比例虽然相对于上年有所提高，但比例仍然较低，合同签订比例不到4成，“五险一金”缴纳比例不到2成，法律和维权意识较为淡薄。（2）居住条件有待进一步改善。分住所类型看，外出农民工居住在工地工棚、单位宿舍和生产经营场所的占22.6%，提高9.8个百分点；租房或在外购房居住的占39%，下降11.3个百分点；乡外从业但回老家居住占32.7%，下降2.2个百分点；其他占5.7%，提高3.7个百分点。一方面，全国各大中城市近年来相继出台住房限购限贷政策，部分居住需求从购房市场流向租房市场，对农民工租房形成挤压；另一方面，更多雇主在工作地点为农民工提供住宿，农民工看重便利和免费条件也愿意居住。但从长远来看，这种生活条件不高、稳定性较差的居住方式是对农民工市民化进程的制约，不利于农民工更好融入城市生活。（3）农民工返乡创业仍有困难。尽管各级政府出台一系列鼓励和引导农民工返乡创业的政策措施，但农民工返乡创业仍以个体经营和小摊、小贩居多，规模不大，农民工返乡创业过程中依旧面临困难。其中，认为“创业环境不好”的占24.3%；“缺乏资金”的占18.1%；“缺乏销售渠道”的占7%；“没有好的创业项目”的占4.7%。一方面，农民工群体资本积累有限，创业技能总体较低，创业视野不开阔，缺乏现代经营理念，不敢进入新兴行业领域把握更好的市场机遇，大多都选择经营自己熟悉的种养业等传统行业，因而面临产品同质化、市场价格波动等风险，最终导致市场竞争力弱，创业成本高；另外一方面，信息获取能力不足、市场分析能力欠缺，在项目选择和把脉市场上思路狭窄，同时市场销路受限，让他们无所适从。

◆农民工权益保障 2019年，西安外出务工农民工与雇主或单位签订劳动合同的占31%，比2018年提高2.3个百分点。其中，签订无固定期限劳动合同的占11.7%，提高6个百分点，一年及以上劳动合同的占17.7%，下降3.8个百分点；一年以下劳动合同占1.6%，提高0.1个百分点；没有签订劳动合同的占63.9%，下降3.3个百分点；自营占4.3%，其他占0.8%，分别提高0.6和0.4个百分点。雇主为外出农民工缴纳“五险一金”的占比除工伤保险外均有所上升。养老保险、医疗保险、失业保险、生育保险和住房公积金，参保率分别为10.8%、11.0%、9.1%、9.1%和9.6%，分别提高3.9、2.4、1.8、5.3和5.2个百分点；工伤保险参保率为10.0%，下降0.9个百分点。接受过非农职业技能培训的农民工占农民工总量的6.3%，提高4.8个百分点。其中，由政府补贴培训费用的占24.9%，提高13.4个百分点；由企业负担培训费用的占16.9%，提高3.2个百分点；由农民工个人负担培训费的占16.7%，下降41.7个百分点；由企业、政府和个人共同负担培训费用的占1.0%，下降9.3个百分点；不知道或其他共占40.5%。认为培训有帮助、培训技能与工作对口的农民工占90.8%，提高31.8个百分点；认为培训有帮助，但培训与工作基本不对口的占5%，下降17.7%；认为培训没有帮助，作用不大的仅占4.1%，下降 14.1%。中共西安市委、西安市人民政府高度关注农民工稳就业和农民工工资支付等问题，先后制定《预防和解决拖欠农民工工资问题的若干措施》《欠薪应急周转金实施办法》和《解决拖欠农民工工资工作考核办法》等一系列政策措施，并开展根治欠薪冬季攻坚行动，拖欠农民工工资现象得到有效遏制。

◆农民工子女教育 2019 年，西安市农民工子女教育学校条件趋好，辍学现场基本消除。83.9% 的家长认为学校师资和办学条件“比较好”或“非常好”，比 2018 年提高 7.9 个百分点；15.1% 的家长对学校师资和办学条件评价“一般”，下降 7.8 个百分点；1% 的家长认为学校师资和办学条件比“较差”或“很差”，下降 0.1 个百分点。同时，90.0% 的家长认为，与同龄人相比，孩子的成长状况“比较好”或“非常好”，提高 5.7 个百分点；9.8% 的家长认为，与同龄人相比，孩子的成长状况“一般”，下降 5 个百分点；0.2% 的家长认为，与同龄人相比，孩子的成长状况“比较差”或“非常差”。从辍学情况来看，辍学主要原因均是孩子不想上学。因家庭缺少劳动力、附近无合适学校、无法承担上学费用、校园暴力等原因致使孩子辍学的现象基本没有。高中阶段辍学集中出现在高三期间，主要因为学业繁重或学习内容变化较大对学生造成一定压力。农民工子女在校外跟父母双方或其中一方居住的占 80.6%，下降 0.4 个百分点；跟（外）祖父母或亲属居住的占 13.5%，提高 1.1 个百分点；独自居住的占 0.7%，提高 0.2 个百分点；住校和其他的占 5.2%，下降 0.9 个百分点。由于外出从业收入较高，外出农民工以男性居多，照顾孩子的任务仍然主要落在母亲或老人身上，留守儿童现象在一定范围内仍有存在。

（白雪莹）

◆农民工工资支付保障 2019 年，西安市全面推进农民工工资“两金、三机制、一考核”政策机制。为切实做好保障农民工工资支付工作，西安市人力资源和社会保障局主动作为、多措并举，严格按照《西安市保障农民工工资支付工作考核办法》，全面推进“两金、三机制、一考核”（工资保证金、应急周转金，突发事件应急处理机制、行政司法联动机制、失信企业联合惩戒机制，农民工工资支付工作考核办法）落地生根，为全面做好保障农民工工资支付工作提供制度支撑。全年为 50 个在建项目预存农民工工资保证金 1795.42 万元，返还 137 个项目保证金 9436.28 万元。

（蔚国刚）

扶贫开发

◆概况 2019 年，西安市脱贫攻坚工作坚持以习近平扶贫重要论述为遵循，以乡村振兴战略为引领，紧盯“两不愁三保障”（不愁吃、不愁穿，义务教育、基本医疗、住房安全有保障），落实“四个不摘”（摘帽不摘责任、摘帽不摘政策、摘帽不摘帮扶、摘帽不摘监管）要求，一手抓成果巩固、一手抓问题整改，全力补短板、提弱项、破难题，责任体系更加明晰、政策体系更加精准、帮扶体系更加健全、督导考评体系更加有效，西安市脱贫攻坚工作取得新进展。

◆“两不愁、三保障” 2019 年，西安市扶贫开发办公室对全市 102.5 万户、406.1 万名农户的“两不愁、三保障”落实情况进行全面排查。精准落实建档立卡贫困家庭学生教育扶贫政策，贫困家庭义务教育阶段无辍学学生。全面落实基本医疗、大病保险、医疗救助“三重保障”制度，大病救治率 98.59%。成立市级农村危房改造质量安全技术指导专家组，对全市建档立卡户安全住房情况进行全面摸排，312 户住房安全不达标户均已得到保障。水、电、路、视、讯基础配套和社区服务机构全部到位、正常运行。探索推行农村集中供水有偿服务和“供水协会 + 管水员”管理模式，确保安全饮水有保障、有人管。

◆产业扶贫 2019 年，西安市扶贫开发办公室持续推进“十百千万”产业扶贫工程（建设 10 个重点产业园区；扶持 100 个合作社；培育 1000 名农村乡土专家；带动 10000 户贫困户脱贫），实施项目 39 个，带动贫困户 4405 户。突出新型主体带动，扶持各类新型经营主体 533 家，发展增收示范户 1071 户，推进 142 个贫困村集体产权制度改革，带动贫困户 13490 户。加强技术服务保障，选聘产业发展指导员 1281 人，培训产业指导员 5 场 252 人次，开展产业扶贫技术服务 2.9 万人次。强力推进消费扶贫，推广“电商 + 产业 + 贫困户”模式，创建电商示范镇 10 个、示范村 25 个，带动贫困人口 2787 人，前三季度农村网络零售额 150 亿元。持续推广扶贫超市创新经验，新建扶贫超市 4 家，销售 13 大类 200 余种扶贫产品，销售额突破 200 万元，并作为陕西省扶贫工作创新经验受到中央和陕西省媒体的关注和报道。

◆就业扶贫 2019 年，西安市制定《2019 年就业扶贫六项工程实施方案》，积极推进以贫困劳动力转移就业、创业、技能培训和就业援助为主要内容的精准扶贫。西安市扶贫开发办公室降低扶贫培训机构准入门槛，全面落实职业培训补贴政策，加大就业扶贫公益专岗开发力度，精准推送就业信息，不断拓宽贫困劳动力就业创业渠道。实现贫困劳动力转移就业 4571 人、创业 128 人；新建社区工厂 10 家、就业扶贫基地 10 家，吸

鄠邑区 2019 年“十百千万”带贫企业荣华农业科技有限公司扶贫工程基地

纳贫困劳动力就业104人；开发公益专岗404个，上岗2216人；特设就业扶贫公益性援助岗位，上岗1668人。

◆**教育扶贫** 2019年，西安市扶贫开发办公室精准落实38395名建档立卡贫困家庭学生教育扶贫政策，资助建档立卡贫困家庭学生3.8万人，残障学生随班就读149人、入特殊教育学校66人、送教上门90人，建档立卡贫困家庭义务教育阶段无辍学学生。完成涉贫区（县）校长教师交流3953人，其中高级教师和一级教师1186人，占比30%。

◆**健康扶贫** 2019年，西安市扶贫开发办公室全面落实基本医疗、大病保险、医疗救助"三重保障"制度，重点对全市建档立卡贫困人口参合、政策落实、家庭医生签约、履约等进行逐一排查。全市涉贫区（县）有"家庭医生"3646人，慢性病患者实现"应签尽签"，大病救治率98.59%。核查发现的336户879人已脱贫户未参加基本医疗、大病保险问题，已全部整改到位。

◆**金融扶贫** 2019年，陕西省、西安市以及各区（县）3级财政专项扶贫资金投入62651万元，比2018年增长8321万元。发放扶贫小额信贷21381.1万元，贷款户数8244户，增加1486.5万元，440户。扶贫小额信贷还款9006.27万元，3217户，余额12372.11万元，贷款户数5083户。西安市扶贫开发办公室加大产业资金投入，设立25亿元的产业扶贫投资基金，征集入库项目30个，涉及资金10.6亿元。

◆**社会扶贫** 2019年，西安市扶贫开发办公室持续深化"3+X"社会帮扶机制，动员城区284所学校和医院、110家民营企业和商会、30家市属国有企业、9家招商引资企业，持续开展"一校帮一村""一院帮一村""百企联百村"结对帮扶行动。扎实推进"脱贫攻坚青春建功""三秦巾帼脱贫""工会精准扶贫"等行动，287个社会组织、268家民营企业积极组织参与职业培训、就业指导、司法维权等扶贫公益服务。各类社会力量投入帮扶资金约1.1亿元。

◆**驻村帮扶** 2019年，西安市扶贫开发办公室严格落实"四不摘"要求，调整优化驻村联户帮扶力量，全市291个省级贫困村、89个市级重点帮扶村实现驻村帮扶全覆盖。围绕政策、工作、责任"三落实"和村情、户情、扶贫政策、帮扶措施、帮扶成效"五个一口清"，在全市驻村工作队、驻村干部和各参扶单位、涉贫镇（街）中大力开展"争创先进驻村工作队、争当优秀驻村干部"和"亮承诺、晒成效"活动。按照"一市一策、一县一重点"的帮扶思路，由16个城区和开发区结对帮扶陕南8个深度贫困县，派出帮扶干部21人、投入帮扶资金3900万元，支持对口县做实做优产业扶贫、就业扶贫、消费扶贫等。举办农副产品、旅游协作等项目推介恳谈会20余场次，动员社会力量现场采购农副产品600余万元，签订农产品销售协议20余个，协议采购金额3.6亿元。

◆**苏陕扶贫协作** 2019年，太仓市、周至县两地互访调研64批次651人次，太仓市向周至县投入资金3542.35万元。其中，苏陕协作资金1350万元，实施项目15个，带动贫困户338户1120人。太仓市财政及社会帮扶资金投入2239.29万元，用于解决"两不愁、三保障"等基础设施建设及支持具有益贫带贫效益的特色产业发展。西安市扶贫开发办公室设立集就业培训、就业扶贫、劳务输出、维权保障为一体的周至·太仓人力资源市场、劳务协作工作站，建成人社信息一体化平台。深入推进消费扶贫，先后举办"苏陕协作·消费扶贫'源味·西安'项目启动仪式""周至猕猴桃苏州推介会"等消费扶贫活动。

◆**脱贫长效机制** 2019年，西安市扶贫开发办公室全力推进《西安市脱贫攻坚巩固提升工作实施方案》落实，依托市级脱贫攻坚大数据平台，建立四级联动防返贫监测预警机制，重点对已脱贫户、在册贫困户、非建档立卡低保户等3类人群，对重点提升户、兜底保障户、脱贫稳定户等已脱贫户3种情况，实施分类帮扶、动态管理，形成抓实"大三类"、攻坚"小三类"点面结合、长短结合的成果巩固长效机制。严格落实扶贫领域风险防范和化解工作要求，突出抓好脱贫质量不高、易地扶贫搬迁、小额信贷、产业扶贫投入产出、贫困县约束机制落实5大风险，推动风险防范化解工作落实落细。

◆**扶志扶智** 2019年，西安市扶贫开发办公室采取政策宣传造势、典型示范引领、乡风建设带动等多维手段，大力推进扶贫同扶志相结合，教育引导贫困群众树立奋斗脱贫的信心和决心。通过微信公众号、网站、抖音等平台，解读政策、答疑释惑、消除政策疑虑。通过评选表彰"十佳最美励志脱贫户""十佳最美帮扶企业""优秀驻村联户干部"，在电视台连续播出《站在一线、干在一线》西安扶贫故事系列节目等，讲述身边事，感化身边人。通过健全"一约四会"，大力开展"立乡约塑民风"系列活动，引导贫困户自立自强、自尊自爱。

◆**扶贫宣传** 2019年，西安市扶贫开发办公室按照"中央、陕西省媒体每月有大稿、宣传策划每季有主题、市级主流媒体常年设专栏、区（县）及行业部门持续有亮点"的工作要求，先后在微信公众号、《西安日报》、西安电视台、《融媒大直播》等媒体平台开设专栏，推出扶贫超市、联村党委、电商扶贫等在中央、陕西省有较大影响的典型报道。创作扶贫主题公益歌曲及MV——《因为有你》，策划组织脱贫攻坚主题展，利用"一带一路"国际减贫论坛和农高会，宣传脱贫攻坚"西安样本"，获2019年全国扶贫系统微视频展播优秀组织奖。在微信公众号、《西安日报》开设"晒一晒、比一比"脱贫攻坚访谈专栏，在西安电视台连续播出《站在一线、干在一线》扶贫故事系列节目。

◆**脱贫问题整改** 2019年，西安市坚持把扎实推进中央专项巡视、成效考核、专项巡查问题整改作为巩固脱贫成效的重要抓手，把握时间节点、落实整改责任，举一反三、标本兼治、跟进督办、跟踪问效，先后召开中共西安市委常委会、中共西安市委中心组学习、西安市人民政府常务会17次，专题传达学习习近平扶贫工作重要论述，研究制定中央脱贫攻坚专项巡视、2018年成效考核、专项巡查反馈意见整改方案。召开西安市脱贫攻坚领导小组会议4次，各类专题会议20余次，听取脱贫攻坚重点工作、反馈问题整改等工作汇报，安排部署整改推进工作。中共西安市委、西安市人民政府9个市级领导按照分工，负责分管领域的整改工作，中共西安市委、西安市人民政府领导检查调研36次。全市各级各部门均建立整改台账，实行销号管理，高标准开展整改，全力补齐短板弱项，确保整改成效。西安市人民代表大会常务委员会、中国人民政治协商会议西安市委员会定期组织专项视察调研，听取扶贫工作和整改落实情况汇报。中共西安市纪律检查委员会组织市级媒体开展明察暗访，对作风不扎实、整改不严谨、结果不真实等问题进行曝光。市级各相关部门组织对经营主体带贫履约履责、易地扶贫搬迁等15项突出问题进行大排查，对设立“扶贫工作日”、带贫企业用工酬劳和收益分配、“四不摘”落实等问题进行专项核查。截至年底，中央巡视反馈的34项、成效考核反馈的56项、国家巡查反馈的26项问题，全部整改到位。（张沣誉）

2019年9月12日，西安市举办以“相约新西安，放飞新梦想”为主题的迎宾入城仪式，为2019级大学新生举办盛大的开学盛典

劳动就业

◆概况 2019年，西安市人社系统坚持把“稳就业”作为重大政治责任，坚定不移实施就业优先战略。截至年底，全市城镇新增就业16.1万人，城镇登记失业率3.27%；发放创业担保贷款5.8亿元，激发市场活力，稳定就业岗位。

◆就业创业 2019年，西安市人力资源和社会保障局会同有关部门出台2019年就业奖、留才奖操作细则，细化社保补贴、创业贷款贴息及奖补政策等。西安市就业资金支出4.5亿元，7.7万人享受各类就业补助政策。3月，西安市人民政府印发《关于做好当前和今后一个时期促进就业工作的通知》（市政发〔2019〕12号），提出包括支持企业稳定就业、鼓励创业带动就业、加强职业培训促进就业、强化就业援助帮扶就业以及加强组织实施保障就业等5个方面、25条扶持重点群体就业创业的政策措施。6月，西安市人力资源和社会保障局与西安市财政局、西安市商务局、西安市国有资产监督管理委员会、共青团西安市委员会、西安市工商业联合会联合印发《关于实施西安市三年万名青年就业见习行动计划的通知》（市人社函〔2019〕164号），提出自2019年至2021年，实施西安市3年万名青年就业见习行动计划。每年组织不少于4800名青年参加就业见习。同时，将见习人员范围由离校未就业高校毕业生扩展至16—24岁失业青年，见习期限放宽至3—12个月。实施西安青年就业启航计划，组织开展以“相约新西安、放飞新梦想”为主题的2019大学生开学季系列活动，于9月13日在西安永宁门举办“2019西安大学生开学盛典”，来自西安交通大学、西北工业大学、西安电子科技大学等29所高校的近500名新生代表参加。通过传统庄重的“国宾级”入城仪式和开学盛典，增强大学生新生的荣誉感、融入感。活动现场还为参加活动的大学新生发放“新生礼包”，包括西安博物院文创礼盒（含笔记本、书签、钥匙扣、铜尺、磁力贴）、“长安通”卡、西安旅游地图等物品。同时还精心打造特色文艺舞台表演、本土歌手和各大高校社团以歌舞、情景剧等形式开展的现场表演，西安特色人形玩偶和快闪等互动表演活动。受到高校及学生的广泛好评，扩大西安的知名度和影响力。先后于5月15日、5月31日、10月30日、11月14日组织来自西安交通大学、西北工业大学、西安电子科技大学、西安理工大学等16所高校的千余名大学生，参加“万名学子看西安”浐灞生态行、环普科技、空港行、国际港务区行活动。先后在西安邮电大学等高校举办10场“西”纳英才“安”心乐业大型巡回招聘会，累计组织2454家单位提供就业岗位8.75万个。扶持青年群体创业，推进新建一批创业孵化基地、树立一批创业典型活动，截至年底，已认定创业孵化基地70家，其中全国创业孵化示范基地5家、省级创业孵化示范基地23家。从5月下旬开始，市人社局在全市范围内开展2019年西安“创业明星”评选活动，授予王洋等10名创业者2019年“西安市创业明星”称号，西安市人民政府印发《关于表彰2019年西安市创业明星的决定》（市政发〔2019〕28号），并给予每人30000元奖励。

◆落实西安人才新政 2019年，西安市组织地区重点单位先后赴北京、上海、南京、武汉、长沙、深圳等16城市31所知名院校举办35场引才招聘推介宣讲活动，收取各类人才简历16025份，其中博士人才简历1335份、硕士人才简历13337份。8月，举办2019西安海归人才暨博士硕士研究生专场招聘会，提供博士、硕士、本科学历的各类岗位2293个；邀请30余家西安地区重点单位与博士团成员成功举办“2019高端人才西安行”，200余名博士人才参加对接交流。截至年底，西安市新审批人力资源服务机构634家，从业人员1.2万人；累计认定D类人才11046人、E类人才37775人；新设立7家博士后创新基地，新聘任15名招才大使、16名引才特使，设立首批西安海归人才驿站3家；引进培养各类人才37.73万人。增设博士后创新基地7家、引进博士13位。落实“放管服”，向区（县）和市级有关部门下放本区域、部门档案托管人员中、初级职称认定权限，向大型企业下放高、中级职称和高、中级技能人才评审权，鼓励行业协学会等社会力量参与人才评价工作。组织专家智力帮扶，先后组织35名医疗、农业、教育、科技类专家赴区（县）开展35场培训服务活动，培训4711人。深入推进DE人才分类认定，完成DE类人才认定系统升级。截至年底，全市新增认定D、E类人才48821人。首次开展“专家助百企、专家引百才、专家带百徒”活动，有128名专家“助百企”105家、“引百才”72人、“带百徒”423人。11月，西安市人力资源和社会保障局、西安市财政局印发《职业技能提升行动实施方案（2019—2021年）》（市人社发〔2019〕23号），计划通过聚焦重点群体，开展职业技能培训；于2019年至2021年开展各类补贴性职业技能培训18万人次以上，其中2019年补贴性培训5.5万人次以上；力争到2021年年底，技能劳动者占就业人员总量的比例达到25%以上，高技能人才占技能劳动者的比例达到30%以上。截至年底，西安市开展职业技能培训58796人，就业培训41220人、创业培训15057人、岗位技能提升培训2177人，建档立卡贫困劳动力职业技能培训332人。12月，西安市举办“2019西安十佳工匠之星暨西安工匠表彰大会”，对从1300多名从事技术技能岗位工作的候选者中评选出10名“工匠之星”和90名“西安工匠”进行表彰。

◆就业扶贫 2019年7月，西安市人力资源和社会保障局与西安市财政局联合出台《西安市公益性岗位开发管理办法》，对公益性岗位开发范围、安置对象、招聘管理、福利待遇等进行明确，强化政府对就业困难人员的兜底制度性保障。持续开展常态化的就业援助活动。在全市范围内组织开展“2019年就业援助月”专项活动，走访就业困难人员和零就业家庭户数3163户，帮助984名就业困难人员实现就业，帮助1852名就业困难人员享受政策。3月，在全市范围内举办“2019春风行动”，组织专场招聘会128场次，提供公共就业创业服务9.78万人次，提供劳动维权和法律援助2085人，组织参加职业技能培训1987人，免费发放各类政策宣传资料20.9万份。12月12日，与西安市军人事务局联合举办西安退役军人及未就业随军家属专场招聘会，帮助解决退役军人及未就业随军家属的就业问题，50家用人单位现场提供37个工种2533个岗位，现场达成就业意向753人次。10月29日，与周至县人民政府举办2019年“雁归西安”就业创业暨就业扶贫“四送”活动，44家用人单位（含24家苏州单位）现场提供2595个适合农民的就业岗位，现场还为9名贫困劳动力（返乡农民工）发放创业贷款72万元。活动期间，在周至县周一村开展创业沙龙进农村活动，结合周至县当地特色产业，邀请西北农林科技大学教授为当地农户讲解猕猴桃秋季果园管理。出台《打赢人力资源社会保障扶贫攻坚三年行动实施方案》，提出到2020年确保其劳动力有就业意愿的贫困家庭至少1人稳定就业创业，有就读技工院校意愿的建档立卡贫困家庭“两后生”都能接受技工教育；贫困人口基本养老保险实现全覆盖，新开工工程建设项目工伤保险参保率90%以上，贫困地区符合条件的失业人员应保尽保，基层经办服务能力明显提升，落实各项社会保险待遇；人事人才服务支撑贫困地区脱贫能力显著增强。重点提出全力推进精准就业扶贫、持续推进技能扶贫、加强社会保险扶贫、加大人事人才扶贫力度、突出加强周至县扶贫工作以及加强脱贫攻坚工作组织保障等具体措施。印发《2019年就业扶贫六项工程行动方案》，提出狠抓就业创业帮扶和问题整改等重点工作。推进苏陕劳务协作，先后2次赴苏州对接，先后与苏州市人力资源和社会保障局联合举办6场就业扶贫专场招聘会。推进与陕南3市对口帮扶工作，分别与3市人社部门签订框架合作意向，从劳务协作、技能培训、权益维护3个方面强化深度合作。开展以“工伤保险走进扶贫车间”为主题的普法宣传活动。先后组织医疗、农业、教育、科技专家以及特贴专家到帮扶村开展扶贫活动。截至年底，西安市实现贫困劳动力转移就业4685人，贫困劳动力创业127人，贫困劳动力技能培训1774人。新建就业扶贫基地10家，新建社区工厂14家。贫困人员参加城乡居民基本养老保险实现应保尽保、参保扩面任务“清零”。已参保的60岁及以上贫困人员，待遇全部发放。

◆工资收入分配制度改革 2019年3月，西安市协调劳动关系三方委员会办公室印发《关于开展2019年工资集体协商“春季要约行动”的通知》，从4月1日起至5月20日，贯彻落实《陕西省企业工资集体协商条例》，推动企业依法建立工资集体协商制度，不断提高协商质量和实效。各级三方成员督查指导集体协商“要约行动”16场，举办集体协商培训班3场，发放宣传资料2万余份。截至年底，全市建工会企业签订2.7万份工资专项，涉及95.3万名职工。1月，西安市人民政府办公厅印发《关于贯彻落实省政府关于改革国有企业工资决定机制实施意见的通知》（市政办发〔2019〕4号），提出重点改革工资总额决定机制，改革工资总额管理方式，完善企业内部工资分配，健全工资分配监管机制，实行分类改革，建立合理有序的国有企业分配秩序，促进国有企业健康发展。规范完善企业薪酬调查和信息发布制度，引导企业合理确定工资水平，发布部分职位工资指导价位和人工成本以及2019年工资指导线意见，适时调整最低工资标准。从2019年5月起，西安市最低工资标准地区类别从4类调整为2类，月最低工资标准由1680元/月提高到1800元/月。

◆劳动者权益保护 2019年，西安市人社系统受理投诉举报劳动违法案件655起，涉及劳动者2167人，涉及金额957.22万元，接待受理案件总数、涉及人数及涉及金额较2018年均有增加；劳动监察网上投诉平台受理889件；“双随机”抽查245家用人单位；对164个严重违法用人单位实施行政处罚，176个案件申请法院强制执行；检查在建施工项目119个，涉及施工单位63户；对722户用人单位劳动用工情况进行书面审查；向公安机关移送涉嫌拒不支付劳动报酬罪案件13起。全年未发生因拖欠、克扣农民工工资引发50人以上群体性事件或引发造成严重后果的极端事件。按照国家和陕西省统一部署，西安市人力资源和社会保障局与西安市发展和改革委员会、西安市住房和城乡建设局、西安市交通局、西安市水务局和西安市国有资产监督管理委员会等部门从7月下旬至8月底开展“根治欠薪夏季专项行动”。从11月15日开始，至2020年春节前，在全市范围内开展根治欠薪冬季攻坚行动。按照国家“三查两清零”目标任务要求（查欠薪隐患苗头、查历史欠薪存案、查政府国企项目，做到国企项目欠薪案件清零、政府项目投资欠薪案件清零），全面排查整治欠薪隐患，消除化解历史陈案，着力规范企业日常工资支付行为。依法向公安机关移送涉嫌拒不支付劳动报酬罪案件41起，向社会公布10起欠薪案件典型案例。严格落实“黑名单”制度，将10户用人单位、2名自然人列入拖欠农民工工资“黑名单”，将106家存在欠薪等违法行为的单位信息在“信用陕西”平台公示，从市场准入、降低资质等方面实施联合惩戒，让失信企业“一处违法、处处受限”。

◆劳动管理 2019年，西安市召开全市构建和谐劳动关系工作先进表彰暨经验交流会，对78家劳动关系和谐企业和1家和谐工业园区进行表彰。西安陕鼓动力股份有限公司、西安市公交总公司等5家单位获得全国模范劳动和关系和谐企业称号。9月，西安市人力资源和社会保障局按照陕西省总工会、陕西省人力资源和社会保障局、陕西省企业家协会、陕西省企业联合会以及陕西省工商业联合会《关于实施集体协商“稳就业促发展构和谐”行动计划的通知》（陕工发〔2019〕15号），启动实施集体协

2019 年 9 月 29 日，西安市人民政府召开西安市构建和谐劳动关系工作先进表彰暨经验交流会，78 家企业和 1 个工业园区获得表彰

商“稳就业促发展构和谐”行动计划。计划从 2019 年起，至 2021 年，通过分类实施企业集体协商、积极推进行业集体协商、深入推进集体协商提质增效、继续开展集体协商“要约行动”以及发挥集体协商谋求共识等措施，力争于 2021 年实现已建工会的企业集体协商建制率动态保持在 80% 以上。分类实施企业集体协商。鼓励生产经营正常的企业，围绕工资调整、奖金分配、考核奖惩、劳动定额、休息休假、工时制度、职工福利费和教育经费使用、劳动保护、女职工特殊保护等进行协商。鼓励和支持因产业转型升级、结构调整和经贸摩擦等造成生产经营困难或生产经营方式重大调整的企业，围绕转岗稳岗、轮岗休假、待岗培训、工资福利、裁员方案等涉及职工利益调整的重大事项进行协商。截至年底，已建工会企业签订 2.7 万份工资专项，涉及 95.3 万名职工；已建工会企业集体合同签订率 91.67%。

◆劳动人事争议调解仲裁 2019 年，西安市 22 个仲裁机构受理案件 12472 件，案件比 2018 年增长 108.56%，涉及金额 3.67 亿元，结案率 95.6%；一裁终局结案 1141 件，一裁终局率 9.61%。探索要素式办案，4 个区（县）劳动人事争议仲裁机构与工会、司法援助、劳动监察成立联合办案中心，一站式受理群众诉求。推行“立案登记制”，变“收件登记制”为“立案登记制”，进一步方便当事人申请，保证当事人诉权。推进庭审改革，试行“要素式办案”，进一步提高庭审效率。推进区域性行业、商业协会调解组织建设，在陕西省人力资源协会建立行业调解委员会。

◆第四届西安大学生求职大赛 2019 年 9—11 月，西安市人力资源和社会保障局举办“西”纳英才“安”心乐业第四届西安大学生求职大赛。比赛分本专科组、研究生组进行比拼，经过校区赛（海选）、赛区赛（初赛）、复赛。最终来自西安交通大学、陕西师范大学、陕西科技大学等 8 所高校的 12 名选手分获一、二、三等奖。求职大赛期间，市人社局还举办“职”学苑和“万名学子看西安”相关活动。“职”学苑主要针对就业技能提升，先后在西北大学、西北政法大学、西安外事学院和西安科技大学等高校举办求职心态、职场礼仪、简历制作、面试技巧等讲座，助力大学生提升求职技能。“万名学子看西安”活动，带领西安交通大学、西北工业大学、陕西科技大学等 12 所高校报名参赛选手，赴西咸新区空港新城、国际港务区等，参观区内重点产业园区、创业孵化园区、大型企业、历史人文景观等，让更多大学生认识西安、了解西安、爱上西安，最终选择留在西安。

◆“2019 西安大学生创客节” 2019 年 11 月 23 日，西安市人力资源和社会保障局联合西安电子科技大学以及西安交通大学、西北工业大学、西北大学、西安邮电大学、西安外事学院等举办“2019 西安大学生创客节”暨第 31 届“星火杯”终审决赛活动。现场还举办大学生创客论坛、智能汽车科技互动展示以及系列创业项目展，开展智能机器人对抗赛。百余项高校及西安本地的创新科技及高科技项目进行展示，现场设立大学生创客加油站，为大学生提供就业和创业各项优惠扶持政策的咨询服务。（蔚国刚）

社会保障

◆概况 2019 年，西安市深化社会保障制度改革，全面实施全民参保计划，全力推动社会保障体系改革。截至年底，全市参加城镇职工养老保险 438.5 万人，机关事业单位养老保险 27.6 万人，城乡居民养老保险 248.1 万人，失业保险 218.6 万人，工伤保险 264.8 万人。

◆保险制度改革 2019 年 6 月，西安市人民政府办公厅印发《关于做好降低社会保险费率工作的通知》（市政办发〔2019〕32 号），贯彻落实国务院办公厅、陕西省人民政府办公厅文件精神，自 2019 年 5 月 1 日起，城镇职工基本养老保险单位缴费比例由 20% 降至 16%；失业保险费率继续执行 1%，延长阶段性降低费率期限至 2020 年 6 月 30 日；自 2019 年 5 月 1 日起，继续实施阶段性降低工伤保险费率至 2020 年 6 月 30 日，工伤保险费率以现行基准费率为基础下调 50%。同时，自 2019 年 1 月 1 日起，调整社会保险缴费基数政策和就业人员平均工资计算口径。城镇职工基本养老保险、失业保险、工伤保险以陕西省上年度城镇非私营单位就业人员平均工资和城镇私营单位就业人员平均工资加权计算的全口径城镇单位就业人员平均工资，核定缴费基数上下限。全年为参保单位减负 38.9 亿元，其中养老保险 21.8 亿元、失业保险 13.3 亿元、工伤保险 3.8 亿元。

◆失业保险 2019 年 7 月，西安市人力资源和社会保障局与西安市财政局、西安市发展和改革委员会、西安市工业和信息化局联合印发《关于失业保险支持企业稳定发展有关问题的通知》，实施失业保险稳岗返还。对不裁员或少裁员的参保企业，可返还其上年度实际缴纳失业保险费的 50%。自 2019 年 1 月 1 日至 2020 年 12 月 31 日，对面临生产经营困难且恢复有望、坚持不裁员或少裁员的参保企业，返还标准按 6 个月的西安市月人均失业保险金和参保职工人数确定。同时提出，鼓励职工提升技术技能水平，放宽技能提升补贴申领条件，自2019年1月1日至2020年12月31日，在西安市现行技能提升补贴政策基础上，扩大补贴政策范围，将申领补贴人员范围由企业扩大到企业、事业单位（含民办非企业单位、社会团体）在职职工，缴费条件由在职职工累计缴纳失业保险费36个月（含）以上放宽至累计缴费12个月（含）以上。截至年底，已审批3626户企业稳岗返还，涉及资金12.1亿元；审批困难企业267户，返还资金9.7亿元；发放到位9亿元，其中困难企业已发放6.7亿元。技能提升补贴累计审核通过9769人次，拨付7204人次1136.9万元。

◆**社保待遇提高** 2019年，西安市人力资源和社会保障局连续4年同步调整企业和机关事业单位退休人员养老金水平。企业退休人员基本养老金实现15连涨，月人均基本养老金达2946元，平均涨幅约5%。城乡居民基本养老保险标准调整为每人每月168元。失业保险金标准统一为1620元/月。工亡补助金、伤残津贴、抚恤金、护理费，以及事业单位原工伤残人员残疾抚恤金等工伤保险待遇标准调整。按30元/（人·月）标准给予4—6月正在享受失业保险待遇的13639名失业人员，发放价格临时补贴。

◆**社保经办服务** 2019年，西安市人力资源和社会保障局上线失业保险金网上办理和自主一体机查询办理服务系统，实现失业保险金“畅通领”。城乡居民基本养老保险待遇年检工作通过手机客户端办理。失业动态监测企业样本不断优化，监测企业500家，涉及68万个岗位数据。

◆**社保基金监督** 2019年，西安市人力资源和社会保障局开展社保基金管理风险专项检查和社会保险基金管理风险警示教育活动，规范企业职工养老保险基金欺诈冒领等问题查处，加强社保基金非现场监督力度。核查城乡养老保险死亡冒领及重复领取6次，查实859人，追回211.7万元。（蔚国刚）

住房保障

◆**概况** 2019年，西安市住房和城乡建设局加大保障性住房供应力度，逐步完善多主体供给、多渠道保障，租购并举的住房供应和保障体系。主动破解保障房用地“落实难”难题，组建市级保障房服务大厅，探索实行保障房轮候和摇号相结合，促进分配公平公正；开展政府购买公租房运营管理服务试点，全面提升中低收入家庭居住幸福感、获得感。新增发放租赁补贴2217户，完成全年目标任务的110.9%。完成保障房联审报送44批122710户，215758人。其中经适房9276户，20174人；限价房3239户，5799人；共有产权住房85861户，16535人；租赁型保障房101609户，173250人。新增ABCD类人才安居货币化补贴资格审批137家单位、288户，发放补贴金额189.16万元。有60076户取得公共租赁住房资格的家庭、17007位新毕业大学生排队轮候公租房及大学生人才安居房。截至年底，归集住房公积金305.91亿元，比2018年增长22.42%，累计归集总额2068.34亿元，增长17.36%；发放住房公积金个人贷款193.84亿元，个贷总额1058.54亿元，个贷率由年初的86.40%提高至87.09%，市本级资金使用率97.97%；提取住房公积金159.09亿元，提取总额1197.35亿元。西安住房公积金管理中心在陕西省公积金系统中主要业务指标综合排名第一，业务量占陕西省公积金业务总量6成以上。

◆**住房保障** 2019年，西安市住房和城乡建设局与百姓家园、鸿基新城等19个项目签订2307套171778平方米的配建公租房合同。安排新建、续建项目资金20.89亿元，发放人才补贴资金239.8万元。收缴“补缴土地出让价款”1.78亿元，易地配建费26981.34万元；52个保障房小区收缴租金2.76亿元；核拨保障房小区运营管理费1.02亿元。下发34份清退通知单，取消509户的住房保障资格。4月，公开摇号分配14个公共租赁住房小区，1574套房源，7425户家庭参加分配。8月对“和谐社区·幸福家园”创建成功的11个公租房小区进行授牌并适当给予资金奖励；9月10日，对百姓家园项目一期（购置型保障房）公开摇号，2541户家庭参加。10月，对19个公租房小区进行市级验收。11月，摇号分配14个公租房小区，12900套房源，32390户家庭参加。

（张睿 耿朋伟）

◆**住房公积金缴存扩面** 2019年，西安住房公积金管理中心坚持把扩面作为以人民为中心和维护职工合法权益的出发点、落脚点，坚持宣传执法并举，深入到市场监管、社会保障等部门以及经济活跃区域、自贸区、开发区等重点区域进行调查摸底，加强比对分析，充分利用“多证合一”“一网通办”等联网数据，主动上门送政策、送服务，不断扩大制度影响力，切实维护缴存职工合法权益。截至年底，新开户单位7274家，实缴单位25945家，净增单位5479家；新开户职工32.67万人，实缴职工215.56万人，净增职工14.04万人。全市建立住房公积金制度的单位3.55万个，340.67万职工纳入住房公积金制度保障体系，超过60万户家庭利用公积金改善住房条件。

◆**住房公积金个贷发放** 2019年，西安市住房公积金管理中心围绕西安市房地产政策调控和市场形势变化，创新思路，适时调整政策，严格贷款审批，持续加大组合贷发放力度，充分释放政策红利，切实保障困难群众，积极支持本地职工刚性及改善性住房需求。截至年底，发放个人住房贷款3.97万笔，比2018年下降6.81%，金额193.84亿元，增长13.40%。其中，西安市中心（含西铁分中心、西咸新区分中心）发放个人住房贷款3.33万笔162.25亿元，省直分中心发放个人住房贷款0.59万笔28.92亿元，长庆油田分中心发放个人住房贷款0.05万笔2.67亿元。通过申请住房公积金个人住房贷款，支持职工购建房432.92万平方米，可节约职工购房利息支出41.86亿元。

◆**住房公积金规范管理** 2019年，西安住房公积金管理中心创新开展“局长驻窗口”“处长驻大厅”“主任驻柜台”体验式调研活动，做到情况在一线掌握、问题在一线解决、措施在一线落实。西安住房公积金管理中心体验式调研的做法被中央电视台《新闻联播》和陕西电视台专题报道。深化“放管服”改革，积极推动缴存模式调整，规范缴存信息，确保资金及时入账；取消银行卡前置签约流程，调整优化内部转移流程，部分特殊提取业务下放至委托银行窗口办理；个贷审批全面推行电子化，由“四级审批”压减至“三级审批”，审批时限压缩至10个工作日内。扎实推进“最多跑一次”改革，下放审批权限40项，累计对外公布43项“最多跑一次”事项清单。继续落实企业降成本工作，累计为1318家企业减负1.82亿元。贯彻落实中央“房住不炒”定位和“一城一策、因城施策”有关要求，制定出台《资金流动性风险防控办法》，合理引导住房需求，有效抑制和打击投资投机性购房

2019 年 4 月 4 日，西安公积金“云平台”系统成功上线运行、对外服务。图为系统启动仪式现场

行为，积极促进西安市房地产市场持续稳定健康发展。持续加强制度体系建设，修订《贷款实施细则》《缴存实施细则》《行政执法实施细则》等 10 余项制度，配套制定异地转移接续转入、会计核算、个贷、提取等 7 项业务系统操作规程，管理制度不断健全。扎实开展扫黑除恶专项斗争和行业乱象整治工作，严厉打击住房公积金领域涉黑涉恶涉乱行为，截至年底，累计摸排、处置骗提、骗贷问题线索 2678 条，追回骗提、骗贷资金 585.21 万元。

◆住房公积金信息系统建设　2019 年，西安住房公积金管理中心扎实推动住房公积金数据平台建设，完成全国住房公积金平台和陕西省公积金监管平台的数据对接，为助力推进省、市各部门互联互通创造有利条件。西安住房公积金综合服务平台以“优秀”成绩顺利通过国家住建部、陕西省住建厅联合专家组的检查验收。截至年底，综合服务平台各类渠道注册关注人数突破 290 万人，占西安市缴存职工人数的 88%。按照“互联网+”“一网通办”要求，完成公积金“云平台”系统的需求整理研发、测试和上线运行，第一批 19 项高频事项成功与西安市政务服务网对接，成为西安市第一家将所有业务数据迁移到“政务云”平台的部门。目前，中心形成以政务云平台、“i 西安”、网上服务大厅、手机 App 等“十一个渠道”的在线服务体系，西安市（含西咸新区 5 个新城）140 个服务网点实现全城“一网通办”。网上签约登记、提前还款、离退休提取等 15 项高频事项全流程移动办理，实现“一次都不跑”。　（耿朋伟）

物　价

◆概况　2019 年，原西安市物价局正式并入西安市发展和改革委员会。价格工作紧扣“追赶超越”定位，聚焦助力“三个年”活动，积极推进价格改革向纵深发展，扎实做好稳物价、优环境、提效能、惠民生等各项工作，为大西安国家中心城市建设营造良好的价格环境。

（单民瑶）

◆居民消费价格指数　2019 年，西安居民消费价格（CPI）比上年累计上涨 2.7%。其中，食品价格上涨 4.9%，非食品价格上涨 2.2%；消费品价格上涨 2.6%，服务价格上涨 2.8%；工业品价格上涨 1.5%。按居民消费价格同比涨幅从高到低排序，在全国 36 个大中城市中，西安居 21 位；在 15 个副省级城市中，西安居第 12 位。八大类中除交通和通信类价格同比下降外，其余 7 类均呈上涨态势：教育文化和娱乐上涨 4.2%、食品烟酒上涨 4.1%、其他用品和服务上涨 3.9%、衣着上涨 3.1%、居住上涨 2.6%、生活用品及服务上涨 1.5%、医疗保健上涨 0.9%。交通和通信类下降 0.7%。食品烟酒类价格累计涨幅为 4.1%。其中，食品价格涨幅明显扩大，累计上涨 4.9%。在调查的 14 类食品中，畜肉类、禽肉类、蛋类、奶类等 10 类价格上涨，食用油、薯类、干鲜瓜果类、水产品 4 类价格下降。在外餐饮上涨 3.3%、烟酒上涨 0.5%、茶及饮料上涨 0.9%。西安衣着价格上涨 3.1%，影响 CPI 总水平上涨 0.23 个百分点。由于居民生活水平提升，穿着档次提高，衣着更新淘汰愈繁，导致衣着类需求增强，价格稳步提高。其中男式服装上涨 1.9%、女式服装上涨 5.3%、其他衣着及配件上涨 2.1%。房屋租赁价格涨幅在 3.4%—4.2% 之间。此外，住房装潢材料价格上涨 2.6%，住房装潢维修价格上涨 5.8%。小学初中教育、高中、中职教育和课外教育分别上涨 6.3%、3.5% 和 8.5%。旅游价格上涨 6.4%。受金饰品和铂金饰品价格快速上涨的影响，其他用品和服务价格累计上涨 3.9%，拉动价格总水平上升 0.13 个百分点，影响程度为 5%。其中，金饰品、铂金饰品分别上涨 14.8% 和 2.6%。　（贾海宇）

◆价格监测调控　2019 年，西安市发展和改革委员会认真落实中央和陕西省粮油、副食品、工农业生产资料等 28 项监测报告任务，监测品种 800 余个，上报监测数据 12 万余条。完善应急监测制度，元旦、春节等重大节日和中华人民共和国成立 70 周年等特殊时期，协调市、区（县）各监测点三级联动，增加监测频次，加强市场巡查。完成水泥、生猪以

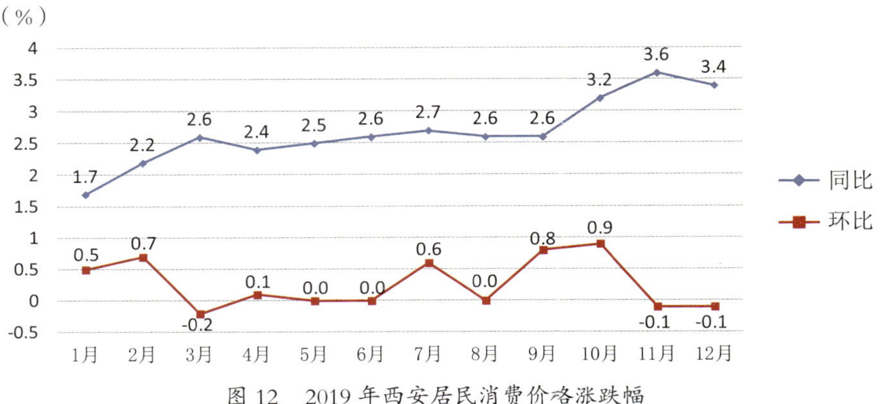

图 12　2019 年西安居民消费价格涨跌幅

及降雪天气等价格应急监测，发布猪粮比价预警12次。每月通过西安市发改委官方网站发布月度西安市场重要商品价格监测情况分析，引导消费和市场预期。价格监测工作受到国家发展和改革委员会通报表彰，西安市发改委获得2018—2019年度全国价格监测工作先进单位。

◆优化营商环境 2019年，西安市发展和改革委员会加大"放管服"改革力度、聚焦企业关切，降低企业成本，大力清费减负，进一步推动优化营商环境。

清理规范涉企收费 发布《西安市2019年行政事业性收费目录清单》，行政事业性收费项目由2018年的40项减少至35项，免征申请办理变更登记、更正登记的不动产登记费、免征易地扶贫搬迁项目的城市基础设施配套费；降低无线电频率占用费、出入境证照类收费、商标价格注册费等行政事业性收费标准。发布《西安市政府定价的经营服务性收费目录清单》，明确7类12项市级政府定价的经营服务性收费标准。严格执行《省市县三级行政许可（备案）中介服务收费目录清单》，清理整治全市46个政府部门及下属单位涉企收费、中介机构收费，彻底清除"红顶中介"现象。组织全市2017、2018年度行政事业性收费统计分析工作，督促各执收单位完善收费公示制度、收费统计报告制度和收费台账制度，汇总全市收费并进行分析评估。

切实降低企业用电成本 落实国家和陕西省发展和改革委员会电价降价政策，两次降低一般工商业电价共计6.93分/千瓦时。推进峰谷分时电价政策，促进企业节能降耗；清理规范全市转供电加价问题，督促降价政策落实到位。

完善甲醇汽车燃料价格调控方案 开展M100车用甲醇燃料加注成本调查，结合车用天然气价格下调，按照出租车天然气燃料与甲醇燃料成本持平的原则下调M100车用甲醇燃料销售价格，对比成品油、车用天然气，进一步完善《西安市M100车用甲醇燃料价格调控实施方案》。

◆价格改革 2019年，西安市发展和改革委员会积极推进资源性产品价格改革。

天然气价格改革 根据国家和陕西省发展和改革委员会有关天然气价格改革有关要求，推进天然气市场化改革。按照"管住中间，放开两头"的总体思路，以保障天然气供应为目标，理顺西安市天然气销售价格，建立天然气上下游价格联动机制和季节性差价制度。根据天然气增值税率调整和国家、陕西省发改委下调天然气基准门站价格、省内管输价格情况，按照天然气上下游联动机制，及时同步下调西安市天然气价格。启动冬季天然气季节性差价制度，拟定《2019—2020年西安市冬季天然气应急保供季节性差价疏导和价格补贴方案》。

水价改革 落实最严格水资源管理制度，按照建设节水型城市要求，统筹推进水价改革，组织召开专家论证会，征求相关方面意见建议，制定《西安市非居民用水超定额（计划）累进加价制度实施方案》。会同市水务局下达《西安市2019年度农业水价综合改革实施计划任务》，督促周至、蓝田、长安等8个涉农区（县）完成农业水价综合改革任务。

生活垃圾处理收费改革 组织市级城管、财政、司法、水务等部门召开城市生活垃圾收费改革工作推进会议，深入开展生活垃圾处理收费调研工作。依据西安市城市生活垃圾处理情况、居民可支配收入水平等情况明确收费改革的方向，研究制定《西安市城市生活垃圾处理收费标准调整工作方案》，征求相关部门意见后向西安市人民政府进行专题汇报。

◆民生价费调整 2019年，西安市发展和改革委员会聚焦、落实西安市"十项重点工作"，努力保障和改善民生。

重要民生商品保供稳价 针对非洲猪瘟疫情影响，生猪市场出现的价格周期性波动情况，制定《应对非洲猪瘟疫情影响做好生猪保供稳价工作通知》和《缓解生猪市场价格周期性波动调控预案》，先后7次召开专题会议和市级相关部门会议，安排部署生猪保供稳价任务落实，督促完成收储冻储猪肉3000吨任务、重要节假日安排投放冻储猪肉436吨，平抑猪肉市场价格，及时发放困难群众价格临时补贴1825.54万元。

完善教育收费政策 根据中共西安市委、西安市人民政府要求，配合《西安市基础教育提升三年行动计划（2019—2021年）》实施，与西安市教育局、西安市财政局、西安市市场监督管理局联合起草《西安市民办中小学幼儿园收费管理办法》，完成相关专家学者、市级相关部门征求意见等工作程序。配合西安市教育局做好民办幼儿园分类限价试点及普惠性民办幼儿园认定工作；依规制定和调整36所市属民办中小学校学费标准；完成44件民办中等职业技术学校收费标准备案工作。

核定交通行业价格 落实中共西安市委、西安市人民政府缓堵保畅工作要求，制定出台《西安市城市道路和停车场机动车服务收费标准》，指导西咸新区对西安咸阳国际机场停车收费价格进行调整。核定15条公交线路的票价，对3条客运票价进行备案，明确巴士观光车实行市场调节价定价政策。监督指导西安市地铁运营公司做好地铁4号线、1号线二期开通的票价公示工作。调整客运燃油附加费标准。指导阎良、临潼区发展和改革委员会调整出租车价格。推动公共交通行业健康发展。

制定物业服务收费管理办法 依据《陕西省物业服务收费管理办法》（2019年）相关规定，在开展15个副省级城市物业服务收费情况调研及西安市物业企业成本调查的基础上，结合群众物业投诉集中的问题，围绕"基础物业费、公摊电费、电梯费三费合一"的基本原则，拟定《西安市物业服务收费管理办法》，重新确定物业服务收费标准，完成专家论证会、部门征求意见等程序，待履行完成社会公开征求意见、风险评估、合法性审查等法定程序后，报请市政府批准发布实施。

落实旅游景点降价政策 继续推进降低重点国有景区门票价格工作。降低陕西历史博物馆（唐墓壁画馆）门票价格，督促城墙、大明宫景区降低交通工具收费标准，助力西安市旅游环境建设。

稳定供热价格保障基本民生 开展集中供热企业运行情况调研，调查了解17个同类城市供热价格政策及价格补贴情况，结合供热企业2018年度成本监审数据，报请西安市人民政府同意西安市2019年冬季供热价格不调整，制定《西安市2019—2020年采暖季补贴方案》，通过对供热企业天然气季节性差价进行补贴方式，解决企业燃气锅炉供热成本高的问题，确保群众基本生活保障不受影响。

管控住房价格 围绕商品住房价格指数变动情况，兼顾经济发展和民生需求，聚焦供给侧科学调控商品住房价格，累计公示39批次，住房93454套、总面积1172万平方米。完成百姓家园21.27万平方米经济适用住房项目价格审批，会同西安市住房保障和城乡建设局、西安市财政局下达王家棚二期等37个公租房项目基础租金标准。 （单民瑶）

居民生活

◆概况 2019年，西安市通过强化政策富民，促进民生福祉，西安城镇居民收入稳步增长，生活水平持续提升。西安城镇居民人均可支配收入41850元，比上年增长8.1%；农村居民人均可支配收入14588元，增长9.8%。西安城乡居民收入差距继续缩小，农村居民人均可支配收入增速高于城镇居民人均可支配收入1.7个百分点。城镇居民收入中，工资性收入、经营净收入、财产净收入和转移净收入分别占61.8%、6.5%、10.0%和21.7%。从农村居民人均可支配收入结构看，工资性收入占比达60.0%；其次是转移净收入，占21.2%；经营净收入占16.6%；财产性净收入2.2%。

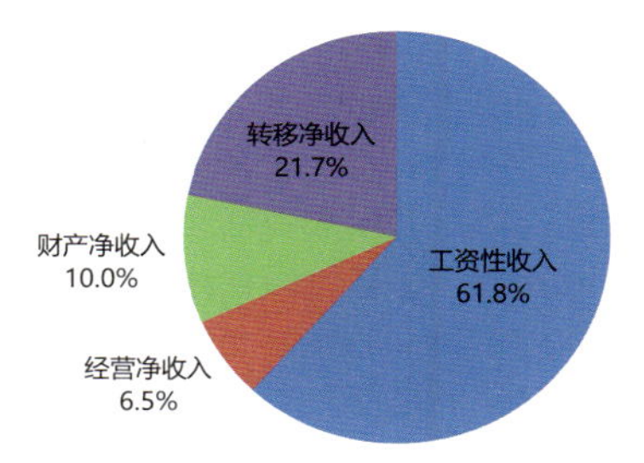

图13　2019年西安城镇居民人均可支配收入结构图

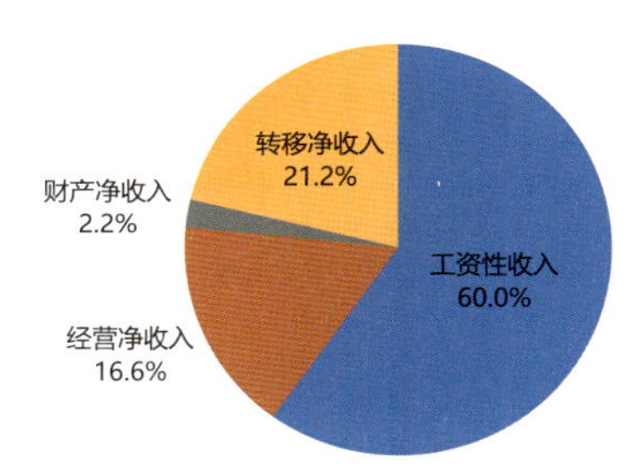

图14　2019年西安农村居民人均可支配收入结构图

◆城镇居民收入增长 2019年，西安城镇居民人均工资性收入25884元，比2018年增长8.8%，是可支配收入增长的主要支撑。城镇新增就业16.12万人，增加1.73万人。最低工资标准上调，一类工资区：全日制用工最低工资标准为1800元/月，非全日制用工最低工资标准为18元/小时。二类工资区：全日制用工最低工资标准为1700元/月，非全日制用工最低工资标准为17元/小时；一季度调整机关事业单位人员基本工资，人均增加200元以上；各区（县）单位兑现精神文明奖和部分机关、事业单位2018年综合目标考评奖，各区（县）事业单位，尤其是教师岗位年终奖确定性增长，促使各类就业人员工资水平稳步上升。西安市全面落实减税降费政策，经营净收入成为新亮点。城镇居民人均经营净收入2715元，增长8.0%，其中第三产业经营净收入2473元，增长9.6%。房屋租金收入上涨，加之居民投资理财意识不断增强，投资理财渠道不断增多，带动居民财产净收入的增长。城镇居民人均财产净收入4167元，增长7.4%。由于银行存款利率上调，城镇居民存款利息收入增长明显。10月，西安二手房价格同比上涨2.1%，租金收入大幅上涨，房东收益明显，城中村拆迁步伐加快活跃租房市场。从住户抽样调查数据看，2019年出租房屋净收入增长5.7%。西安市不断提升社会保障水平，强化民生保障。城镇居民转移净收入9084元，增长6.4%。上调退休人员基本养老金，退休人员每人每月定额增加54元，同时与缴费年限挂钩；5月起，西安市特困人员每月基本生活标准提高，集中供养和分散供养均为1320元，同时提高护理标准；1—11月，城乡居民医保统筹区域内政策性报销比例75%；居民最低生活保障标准月提高20元，达到660元/（人·月）。民生政策落实到位，有力拉动转移净收入较快增长。

◆城镇居民生活消费持续增长 2019年，西安城镇居民消费支出28140元，比上年增长8.4%。“八大类”消费支出全面增长。其中，其他用品和服务增长21.3%；居住支出增长13.7%；交通通信支出增长9.5%；医疗保健支出增长8.1%；食品烟酒支出增长7.3%；教育文化娱乐支出增长6.5%；衣着支出增长4.8%；生活用品及服务支出增长0.1%。城镇居民人均食品烟酒支出7541元，增长7.3%。居民生活质量不断提升，城镇居民在食品消费方面越来越注重品质和营养，食品消费呈现多样化格局，水产品、干鲜瓜果类、蛋类等消费支出均呈较快增长态势，分别增长12.1%、8.8%和7.4%。此外，随着居民收入的增加，城镇居民更注重食品消费的方便、快捷，在外用餐增多。城镇居民其他在外饮食支出2475元，增长17.6%。随着城镇居民生活水平的提高，人们衣着消费观念逐步由数量和质量型消费发展到品牌和文化型消费，更加注重品牌、时尚、品位与个性。城镇居民人均衣着消费支出2152元，增长4.8%。随着城镇居民对生活环境的追求不断提高，房屋租赁市场的升温，进一步推动房屋装修、物业管理以及租赁房租等费用的增加。城镇居民人均居住支出5910元，增长13.7%，占全部消费支出的21.0%。家具、家电等耐用消费品饱和，城镇居民生活用品及服务消费增速放缓。家用汽车普及率提高，通信工具加速更新换代，让城镇居民生活更加方便与快捷，交通通信消费支出平稳增长。城镇居民教育投入的热情依旧不减，参加各种培训班、购买各种参考教材的热情高涨。人均教育文化娱乐支出3852元，增长6.5%。其中教育支出2310元，增长16.7%。随着居民保健意识的增强，健康养生需求日益凸显，居民更加注重日常保健，对相关产品和服务的需求不断增加。人均医疗保健支出2519元，增长8.1%，其中医疗服务支出1666元，增长18.0%。

（刘　圣）

西安城镇居民2019年人均生活消费支出

指标名称	单位	本年	上年	比上年±	增幅（%）
消费支出	元	28140	25962	2178	8.4
（一）食品烟酒	元	7541	7030	511	7.3
（二）衣着	元	2152	2053	99	4.8
（三）居住	元	5910	5196	714	13.7
（四）生活用品及服务	元	2044	2041	3	0.1
（五）交通通信	元	3335	3047	288	9.5
（六）教育文化娱乐	元	3852	3616	236	6.5
（七）医疗保健	元	2519	2330	189	8.1
（八）其他用品和服务	元	787	649	138	21.3

◆**农村居民收入增长** 2019年，西安市促进就业、保障工资，工资性收入稳步增长。积极开展职业技能培训，不断完善就业、创业服务，坚持多措并举促进农村劳动力转移就业，并把治理拖欠农民工工资、保障农民工工资支付作为重要民生工作，为农民增收、创收保驾护航。农村居民人均工资性收入8752元，比2018年增长9.4%。积极落实各项增资政策。最低工资标准自5月1日起增加120元/月；兑现发放2018年政府绩效考核奖；农村公益性岗位解决贫困户本地就业问题等因素拉动务工收入增加。为进一步促进贯彻落实工程建设领域农民工实名制管理等保障工资支付制度，对建设项目施工总承包企业建立农民工工资专用账户，通过专用账户向农民工银行卡按月发放工资，从源头上遏制了欠薪行为的发生。查处欠薪案件724起，为1489名劳动者追讨回工资1360万元。稳定的就业政策促进农民增收。实现农村劳动力转移就业、搭建平台组织现场招聘会；为大力培育新型职业农民，进一步拓宽农民职业技能，加大培训力度，增加致富途径；西安市印发《关于失业保险支持企业稳定发展有关问题的通知》，提出实施失业保险稳岗返还、鼓励职工提升技术技能水平等惠企利民政策，为稳定就业提供政策保障。农村居民家庭经营净收入在区位优势、资源优势等带动下，继续呈现增长势头，全年人均经营净收入2416元，增长6.2%。农产品在市场价格、政策优势促进下，增幅9.1%；二、三产业收入增长2.5%。农村居民通过利息、红利、储蓄性保险净收益、土地流转等方式获得的收入也在不同程度的增加。另外，产权制度改革也为财产收入增长提供新空间。全年农民人均财产净收入326元，增长10.5%。坚持以人民为中心的发展理念，聚焦困难群众生活保障，聚焦美好生活新期待。居民人均转移净收入3094元，增长14.0%。

◆**农村居民生活消费增长** 2019年，西安农村居民消费支出人均12561元，比2018年增长11.8%。从消费支出结构看，商品性消费支出仍是生活消费的重头戏，占生活消费支出的54.8%；从增长速度看，商品性消费支出增长10.8%，下降0.6个百分点；服务性消费支出增长13.2%，提高0.6个百分点，农村居民服务性支出高出商品性支出2.4个百分点。

（宋　洁）

民　族

◆**概况** 2019年，西安市有52个民族成分（没有怒族、德昂族、独龙族、珞巴族），少数民族常住人口9.56万人，占西安市常住人口的1.1%，占陕西省少数民族总人口的半数以上。人口过万的少数民族有回族（6.53万）、满族（1.08万）。人口上千的少数民族有6个，分别是蒙古族、藏族、壮族、土家族、苗族、维吾尔族。在公安部门有登记的少数民族流动人口82502人。各区（县）均有少数民族分布，新城、碑林、莲湖、雁塔4区少数民族人口相对集中，形成大分散小聚集的格局。有12所民族教育学校。其中幼儿园3所；小学4所；中学2所；职业学校1所；内地藏族班、维吾尔族班各1所。中小学少数民族学生17200多人。其中回族学生10184人；满族学生2240人；蒙古族学生1023人；土家族学生595人；藏族学生549人；维吾尔族学生327人；其他少数民族学生2282人。有少数民族企业114家，个体工商户2141家，从业人员2万余人，年生产销售额近40亿元。全国“十三五”少数民族特需商品定点生产企业2家，清真牛羊肉定点屠宰企业4家。有少数民族市人大代表19人、市政协委员25人。

◆**民族团结进步创建活动** 2019年，西安市民族宗教事务委员会举办西安市民族团结模范集体和模范个人先进事迹宣讲报告会。西安浐灞第一中学、雁塔区电视塔社区和陕西锦翔饭庄有限责任公司董事长陶锦翔、西安市八一民族中学校长许浩林、西安市新城区民族宗教事务局局长张敏、西安广仁寺住持仁钦扎木苏4人分别被国务院表彰为“全国民族团结模范集体”和“全国民族团结先进个人”；市民宗委民族一处、陕西德富祥食品餐饮有限公司、碑林区长安路街道办事处、西安市第二十三中学4个单位被陕西省人民政府表彰为“陕西省民族团结模范集体”，莲湖区民族宗教局伊力哈木被表彰为“陕西省民族团结模范”。

◆**推动民族经济、社会事业发展** 2019年，西安市民族宗教事务委员会为少数民族企业发展搭建平台，先后组织“十三五”期间全国少数民族特需商品定点生产企业参加在兰州市举办的中国兰州投资贸易洽谈会和在银川市举办的第四届中国—阿拉伯国家博览会。完成2019年西藏阿里地区普兰县民族宗教局的对口支援工作。

◆**少数民族流动人员服务与管理** 2019年，西安市民族宗教事务委员会印发《西安市少数民族流动人口服务管理体系建设试点城市实施方案》，与4个省（自治区）的11个地级市（地区）签订流入地流出地工作合作协议。建成2个少数民族流动人口服务工作站，联合市级相关部门成立少数民族流动人口法律援助工作站、国家通用语言、职业技能培训基地，并组织培训。指导、妥善处理涉及少数民族流动人口重点问题，协调处理矛盾纠纷，帮助解决少数民族流动人口子女上学、“居住证”办理、社会保险办理等实际问题。

◆**民族事务依法管理** 2019年，西安市民族宗教事务委员会制定《全市民族宗教领域影响社会稳定矛盾问题分析研判办法》，组织开展矛盾隐患摸排调研工作，对民族、宗教领域影响社会稳定的矛盾问题做到底数清、情况明，确保元旦、春节、“两会”和中华人民共和国成立70周年等重要时间节点全市民族、宗教系统安全稳定工作。开展民族、宗教领域“扫黑除恶”专项斗争。联合统战、公安、国家安全、网信等部门加强民族、宗教领域舆情监控，妥善处置涉民族因素矛盾纠纷。完成西安市人民代表大会对全市贯彻落实国家民族事务委员会《城市民族工作条例》情况执法检查工作。

◆**清真食品监督管理** 2019年，西安市民族宗教事务委员会以贯彻落实《陕西省清真食品生产经营管理条例》、防止“清真”概念泛化为主要内容开展食品安全宣传系列活动，印制并发放《清真食品生产经营管理相关法律法规读本》等相关资料4000余份。联合相关部门开展清真食品生产经营行业联合检查和“清真食品月”巡检，对清真食品生产企业、饭店、肉食品经营户等存在的问题责令整改。完善行业监督机制和清真食品投诉举报机制，稳妥处置涉清真食品投诉举报。举办“西安市清真食品生产经营企业负责人培训班”“西安市清真食品生产经营管理工作人员培训班”，不断提升清真食品生产经营管理水平。

◆**民族团结宣传教育** 2019年，西安市民族宗教事务委员会开展“民族团结进步宣传月”、中华人民共和国成立70周年民族团结座谈会和民族理论知识政策答题等活动。在钟楼、北大街LED屏、地铁车厢内显示屏滚动播放民族团结宣传标语。制作少数民族流动人口示范城市《紧抱如籽 守望相助》主题电视宣传片；组织少数民族务工经商人员代表以“感知西安新变化，汇聚力量促发展”为主题的“走进西安看西安”培训。举办西安市“第十一个民族团结进步宣传月”暨莲湖区北院门街道第六批全国民族团结进步创建工作示范单位授牌仪式。组织市级相关单位和各区（县）、开发区进行民族理论政策知识答题。开展民族文化大讲堂28场，服务群众近2000人次。看望慰问少数民族务工经商代表、少数民族务工经商困难群众，发放慰问金，并开展“送法宣政暖民心”法制宣传活动。（延 续）

宗 教

◆概况 2019年，西安市经政府登记设立的宗教活动场所429所（佛教134所、道教36所、伊斯兰教26所、天主教96所、基督教137所）；备案的民间信仰场所2599所；备案的宗教教职人员2146人（佛教1035人、道教252人、伊斯兰教109人、天主教512人、基督教238人）；信教群众约45.8万人（佛教17万、道教6万、伊斯兰教6.8万、天主教6万、基督教10万）；宗教团体26个（市级6个，区县级20个），另有带有宗教性质的社会团体2个；宗教活动场所文物保护单位27处（国家级重点文物保护单位9处，省级重点文物保护单位11处，市级重点文物保护单位5处，县级2处）。2月2日，西安市民族事务委员会召开全体干部大会，宣布“西安市民族事务委员会（市宗教事务局）”更名为“西安市民族宗教事务委员会”。

◆宗教与社会主义社会相适应 2019年，西安市民族宗教事务委员会印发《关于进一步规范全市宗教活动场所开展“四进”活动的通知》，支持、鼓励、引导宗教界开展国旗、宪法和法律法规、社会主义核心价值观、中华优秀传统文化“四进”宗教活动场所活动。加强宗教界人士政策、法规学习培训，举办全市宗教界人士政策、法规培训班、《中华人民共和国宪法》知识讲座，践行习近平“绿水青山就是金山银山”的绿色发展理念，向西安市宗教界发起创建“和谐美丽寺观教堂”活动倡议。组织举办西安市宗教界庆祝中华人民共和国成立70周年书画展。西安市道教协会赴江西井冈山、西安市天主教爱国会赴湖南、西安市基督教协会和西安市基督教三自爱国运动委员会赴蓝田县葛牌镇、西安市基督教青年会赴江西井冈山、西安市基督教女青年会赴延安开展爱国主义教育和红色教育。西安市佛教协会开展“祖庭住持讲祖庭”活动。西安市道教协会开展“新时代生态文明思想与道教生态思想研讨会”“玄门讲经”等活动。西安市伊斯兰教协会举办2019年“卧尔兹”演讲交流活动。西安市天主教爱国会召开政策法规培训暨坚持中国化方向研讨会。西安市基督教协会和西安市基督教三自爱国运动委员会开展推进神学思想及中国化研讨。西安市宗教界积极开展慈善公益活动，八仙宫举办的“纪念吕祖诞辰1221周年祈福大法会”和“慈善周”捐资助学活动、天主教界开展的社会公益服务项目、西安市基督教青年会举办的“常青林”沙漠植树活动等，取得良好的社会反响和生态效果。

2019年10月25—31日，西安市宗教界举办庆祝中华人民共和国成立70周年书画展。图为民众观摩书画展

◆宗教工作法治化建设 2019年，西安市民族宗教事务委员会制定下发《2019年全市民族宗教系统法治政府建设工作要点》，起草制定宗教教职人员管理、宗教活动场所建设审批管理、宗教活动场所财务管理、大型宗教活动管理、全市性宗教团体负责人年度考核等工作制度。按照“三级四同”（省、市、县三级行政许可事项名称、类型、依据、编码相统一）的总体要求，对行政处罚、行政强制、行政给付、行政检查、行政确认、行政奖励等事项的名称进行规范，完成政务服务系统的录入工作和西安市数据交换平台的数据采集工作以及国家“互联网+监管”系统监管事项目录的相关工作。依法开展审批、登记事项，完成10项行政审批事项。做好新登记宗教活动场所“登记证”办理工作和场所基本信息变更后“登记证”换发工作。开展规范性文件清理工作，废止文件3个，继续有效文件3个。聘请常年法律顾问。为执法单位配备执法记录仪，制定下发《执法记录设备使用管理规定》。实施民族宗教事务权力责任清单制度和“最多跑一次”改革，深化“放、管、服”和依法行政工作。修订《民族宗教突发群体性事件应急预案》，举办西安市处置涉及宗教方面群体性突发事件应急演练。12月，西安市民族宗教事务委员会行政审批与政策法规处被评为全国“七五”普法先进集体。

◆宗教领域重点、难点问题解决 2019年，西安市民族宗教事务委员会组织宗教活动场所开展生活垃圾分类、控烟等工作，完善卫生设施。市管宗教活动场所新建40个厕位，共260平方米；区（县）宗教活动场所改建120个厕位，共520平方米。继续开展佛道教商业化治理和大型露天造像整治工作。坚决制止乱设功德香，燃烧“高香大蜡”等借教敛财行为，扎实做好大型露天宗教造像专项排查整治后续工作。协调处理周至县仙游寺迁建工作。做好西安高新技术产业开发区集贤镇赵代村财神庙的规范化管理工作。做好西安市伊斯兰教协会换届工作。集中开展基督教私设聚会点治理专项工作，取缔基督教私设聚会点，制止非法宗教活动。组织伊斯兰教场所负责人和主要教职人员参加陕西省伊斯兰教政策法规培训。

◆宗教工作督查整改 2019年，西安市民族宗教事务委员会开展中央宗教工作督查反馈意见整改工作。加强督导检查，抽调人员组成工作组，到区（县）、开发区进行督导检查工作。制定下发整改方案，建立整改工作台账，逐项抓好落实，中央和中共陕西省委宗教工作督导检查中反馈的问题全部得到有效解决。强化追责问责，对相关区（县）的党政负责人进行约谈，对相关责任人给予党纪政纪处分，对相关宗教教职人员给予撤销宗教团体任职和场所主要教职的处理。全市各区（县）健全完善宗教工作三级网络两级责任制。深入开展秦岭北麓宗教活动场所专项整治工作，加强秦岭生态环境保护宣传。开展常态化巡查，对2018年秦岭北麓违建专项整治情况进行“回头看”，对秦岭北麓宗教活动场所和民间信仰场所逐一复查核查，确保新增违法违规建设问题得到遏制、专项整治成果得到巩固。（延 续）

福利救济与殡葬管理

◆社会福利救济 2019年，西安市民政局完善“1+N”社会救助体系，城市低保标准为700元/（人·月），农村低保标准500元/（人·月），城市低保和农村低保都位列全国15个副省级城市第9位。全市城市低保对象1.44万户、2.17万人发放保障金2.01亿元；农村低保2.2876万户、6.3052万人，发放保障金3.85亿元；农村特困人员6345户、6403人，集中供养1369人、分散供养5034人，发放保障金5739.58万元；临时救助46918人次，发放保障金4567.52万元；农村困难家庭高中生生活补助2116人次、发放补助金211.6万元。发放4—9月份物价补贴资金1663.983万元。发放冬季取暖补助金2034.10万元，实现对困难群众的应助尽助、应保尽保。印发《西安市特困人员救助供养实施办法》，特困人员供养标准不再区分户籍和供养方式，统一调整供养标准1320元/月，增加照料护理标准。建立健全社会救助申请家庭经济状况核查机制，将临时救助审批权下放到镇街，审批权限由3000元提高到15000元。开展“炎热夏季送清凉”集中救助和“寒冬送温暖”专项救助行动，全年救助生活无着流浪乞讨人员9159人次。其中，成年人8524人次，未成年人635人次。安置长期滞留人员85人。救治流浪乞讨人员中的危重病人1759人，救治支出600.71万元。发放严重精神障碍患者监护补贴1423人，338.86万元。建立残疾人2项补贴会商会议制度，规范残疾人2项补贴发放管理，对2018年以后（含2018年）退出在册贫困户中的残疾人，按照原标准继续享受残疾人生活补贴。全市残疾人2项补贴申请人数89870人（含西咸新区），发放补贴资金8481.38万元。其中，困难残疾人生活补贴36137人，发放补贴资金2731.65万元；重度残疾人护理补贴53733人，发放补贴资金5749.73万元。西安市福彩销售39.07亿元，在全国省会城市排名第1位。

2019年，西安市民政局与全市10个涉农区（县）民政局、中国人民健康保险股份有限公司西安分公司3方签约，全面开展城乡低保、特困人员等社会救助入户调查购买服务工作。图为西安市民政局委派第三方对周至县新申请低保对象进行入户调查

◆养老服务 2019年，西安市民政局印发《西安市养老服务设施布局规划》，创新推广“虚拟养老院”“嵌入式养老”等新型模式。下拨各类养老资金9466万元，新增养老院8个、床位7504张，新建居家养老服务站27个、“农村幸福院”164个，出台8项养老地方标准，推进10家养老院标准化试点。发展各类养老服务机构2397个，建成各类养老床位6.3万张，每1000名老人拥有养老床位38.9张。采取“新建一批、优化整合一批、提升改造一批”的模式，着力打造城市社区“15分钟养老圈”，加快建设镇街养老服务中心、居家养老服务站和日间照料中心。培养养老管理、护理人才600余名，获陕西省护理员技能大赛团体一等奖和优秀组织奖、4人获个人一等奖。

◆儿童福利 2019年，西安市有农村留守儿童3371人，困境儿童13448人（其中事实无人抚养儿童410人）。有孤弃儿童877人（市儿童福利院供养627人，分散供养孤儿250人），孤儿大学生69人。全年发放各类资金2056.63万元。其中，发放2019年事实无人抚养儿童生活补助资金209.63万元；下发2019年社会散居孤儿基本生活保障补助资金238万元；拨付2019年1月至2020年8月在校孤儿大学生学费补助费84万元、生活补助费43.2万元；西安市儿童福利机构聘用人员薪酬待遇及公用经费772.8万元；儿童福利服务体系建设项目经费91万元；“明天计划”经费543万元；发放六一节日慰问金75万元。

◆殡葬管理 2019年，西安市火化遗体34216具，比2018年增加2027具，火化区火化率88%。清明节期间，西安市各殡葬服务单位接待祭扫群众约225万人次，私家车约60万辆，发送免费公交车840班次，运送群众23271人次。各区（县）审核殡葬救助589人，发放殡葬救助资金865605.6元。向殡葬服务单位和群众发放宣传海报100份、无纺布袋5000个、殡葬惠民政策宣传折页3万份。（郭维安）

区（县）概况

责任编辑
姬娟妮

西安年鉴
2020
XI'AN YEARBOOK

新城区

◆概况 2019年，新城区辖9个街道办事处、98个社区居民委员会。总面积30.13平方千米，户籍人口537318人，常住人口80余万人。有少数民族28个，共14485人。

◆重点项目建设 2019年，新城区与保利集团、大唐西市集团对接洽谈，拟将处于解放路、东大街两大传统一级商圈交会处的原西安市中医医院项目，打造成具有示范引领和辐射带动作用、彰显西安国际化大都市的新地标。经前期主动对接和全力推动，普天厂地块于8月26日被西安星之辉房地产开发有限公司摘牌，土地出让金已全部缴纳，该项目将打造集互联网新零售、家居体验、商品住宅为一体的新型城市商业综合体。截至年底，幸福林带项目主体工程顺利过半。

◆招商引资 2019年，新城区投资合作局多次赴街道、部门梳理摸排项目签约、任务储备情况，指导相关部门上报支撑资料。截至11月底，新城区招商引资市考指标全部赶超时序进度。其中，实际利用外资1.16亿美元，占年奋斗目标的92.66%；引进内资57.44亿元，占全年任务的103.72%。2017—2019年签约合同项目59个，合计55个项目开工注册，开工注册率93.22%；签约合同项目总额790.53亿元，应到位资金483.72亿元，实际到位资金355.88亿元，资金到位率73.57%；竣工投产32个项目，竣工投产率54.24%。

◆教育、文化、旅游 2019年，新城区深入推进“名校+”“名师+”“名校长+”工程，新组建中小幼“名校+”共同体26个，实现“名校+”中学、小学、幼儿园全覆盖。“名校”与“+校”深度融合，一体化实施教师培养、教学管理、质量检测、考核评价，加速提升“+校”的内涵和品质。组建市级“名校+”15个，区级“名校+”90个，“名校长+”25个。深入推进“名师+”，组建市、区、校三级“名师+”研修共同体201个，选拔成员1403名。教育部名师领航工程“刘岚校长工作室”挂牌，承办2019年西安市“名校+”工程现场会。发展优质均衡区创建工作，依据全区责任督学挂牌督导网络平台，建立问题清单，逐校逐项整改销号。教师轮流岗比例、教师培训、教学手段信息化、学校德育工作及校园文化建设等4项任务整改达标。加强教师队伍建设，5名教师被授予“陕西省第十一批特级教师”，7名教师被授予“陕西省教学能手”，1名教师被授予“陕西省中小学教学名师（第二批）”，5名教师被授予“陕西省第五批中小学学科带头人”，64名教师荣获“西安市教学能手”称号。

坚持“文化为民、文化惠民”的宗旨和“文化强区”发展战略，加大公共文化设施建设投入，全区9个街道文化站、85个社区文化活动中心（因拆迁核减16个）均已达标。“两馆一中心”建设平稳进行，新城区图书馆、新城区文化馆、新城区非物质文化遗产中心等重点项目全面提速。

旅游工作亮点频出，引进一家星级酒店——美居酒店。制作《新城区文化旅游手绘导览图》，通过四季文旅活动在线上、线下推广。建成等级民宿30家。同辖区19家文保单位及2家博物馆签订安全责任书，组织开展“西安年·最中国”新年活动、“春满中国·醉西安”春季活动、“夏爽西安·嗨中国”旅游活动及“秋炫中国·赏西安”金秋文化旅游活动等。全年接待游客3392万人次，比2018年增长13%，实现旅游收入271.4亿元，增长38%。

◆卫生 2019年，新城区围绕群众医疗健康需求，全面深化医改，推进“健康新城”建设，群众就业满意度不断提升。2019年监督各类医疗机构275户次，立案查处47家单位，取缔无证行医6家。全面下沉4—6岁集体儿童健康管理服务，落实“表随人走”和“交叉访视”管理模式。接受0—6岁随访儿童34970人，儿童健康管理率99.72%。高危儿童管理100%，活产数4602人。利用网络优势，分批分次组织群众进行健康检查，筛查8963人，检查率85.36%。“两癌”（宫颈癌、乳腺癌）筛查5932例，妇科异常1491人。开展集体儿童口腔龋齿防护19645人，视力筛查35263人，气质分析3268人次。对21395名孕妇进行免费检测。对手足口病采取综合性防控。督导60余所托幼机构，处置手足口、疱疹、咽峡炎聚集性疫情14起，新建成新城区定点医院结核病实验室。区疫控中心针对农民工聚集建筑工地和建大华清学院青年学生开展艾滋病防治知识宣传，采血检测35人，无阳性。在秋、冬季流感流行季节，开展防流感宣传。11月，首次开展成人流行性出血热疫苗接种，开始数字化接种门诊（全区建成数字化接种门诊4家）。全区社区卫生服务中心为辖区居民减免“五免”费用124.05万元，65岁以上老年人健康查体325234人，新增B超检查26869人次、X线胸片检查23561人次，免除群众负担90.40万元。22家医疗机构纳入新城区城市医疗集团。全区医联体上级医院下派坐诊专家1485人次，接诊患者12108人次。

◆劳动就业和社会保障 2019年，新城区人力资源和社会保障局举办“春风行动”大型用工招聘洽谈会、“就业援助月”“民营企业招聘周”等专项就业服务活动，发挥区、街道、社区3级就业工作服务平台作用，开展就业创业指导、援助和帮扶等工作，全区就业形势稳中向好。始终将就业创业作为首要任务和头等大事，让每位到新城发展的求职者赢得岗位，能够创业，为做好新城区就业、创业工作探索新路子和新方法。加强对就业创业者的技能培训，以培训带动创业，以创业带动就业，以鉴定辅助就业为统揽，以市场用工需求为导向，强化对从业者职业素养提升和就业创业的引导作用，组织各种职业技能培训1794人，职业技能鉴定考试20批次，合格367人。组织开展第三届“新城工匠”“创业明星”推荐评选活动，评出2019年度“新城工匠”10名、“创业明星”10名、创业孵化基地5个，新城区人民政府给予表彰

新城区2019年经济与社会发展主要指标

指　标	单　位	数　量	同比增长率（%）
地区生产总值	亿元	605.93	6.5
地方财政一般预算收入	亿元	22.73	3.8
地方财政一般预算支出	亿元	22.96	4.2
全社会固定资产投资额	亿元	117	16.3
社会消费品零售总额	亿元	—	0.1
规模以上工业增加值	亿元	131.4	4.6
实际利用外资	亿美元	1.16	-2.9
实际利用内资	亿元	57.44	—
城镇居民人均可支配收入	元	48208	8.0

授牌。全年实现城镇新增就业16153人，完成目标任务的105.16%；城镇登记失业率控制在3.24%以内，比年任务4%低0.76个百分点。创业贷款全年发放453笔，金额7656万元，完成发放创业担保贷款6700万元目标任务的114%。认真落实社会救助政策，为在册3113户4632名低保对象审批发放保障金3841.1万元，做到应保尽保、应退尽退。积极筹集款物，安排春节期间的慰问和困难群众的救济工作，向1350户困难群众发放医疗款物价值51万元。1—4月，为1378人次发放医疗救助金150万元，为815人次发放临时救助金134.14万元，为44名考取大学的低保、低收入家庭子女发放教育资助金28.4万元，审批发放残疾人两项补贴436万元，为9名孤儿发放孤儿救助金7.8万元，为8名事实无人收养儿童发放救助金3.8万元，为61人发放精神障碍患者监护人以奖代补金14.8万元，发放殡葬救助金17万元。开展冬令期间流浪乞讨人员救助工作，加大送流浪乞讨人员去市救助站和送定点医院救治的力度。对46户困难家庭实施“美居行动”，为他们添置桌椅、沙发、床上用品等，改善家居环境。加快养老机构发展，不断健全和完善新城区养老服务整体水平。对养老机构大排查大整治，开展消防安全和建筑安全检测，争取到陕西省、西安市下拨社区居家养老服务站建设、运营补助资金450万元。推动医疗机构和养老机构有效链接，满足老年人医养服务要求。完善街道、社区养老服务设施建设和运营，全年新增养老床位1500张，新建解放门、胡家庙2个街道养老综合服务中心，新增太华南路社区、阳光社区2个社区居家养老服务站，新建3个社区日间照料服务中心。（新城区方志办）

中共新城区委、人大、政府、政协、纪委

区委书记　仵　江

副书记　王　征　张　炜

区人大常委会

主任　陈立民

副主任　高艾峰　邓逢春　谭琳娜（女）

区长　王　征

副区长　齐海兵　刘照河　郝东文　苏继文　孙　伟　邓晓东　朱　璐（挂职）　郑　莹（女，挂职）

区政协主席　王军民

副主席　惠占学　马凤霞（女）　王　超　詹晓东　蒋　进

碑林区

◆**概况**　2019年，碑林区辖8个街道办事处、98个社区居民委员会。土地面积23.37平方千米。年末，户籍人口73.4万人，常住人口68.77万人，户籍人口迁入30859人。新出生6192人，其中二孩出生1521人，人口出生率7.7‰，人口自然增长率3.13‰。有民族42个，汉族占98.36%，少数民族占1.64%。

◆**工业**　2019年，碑林区推进中央、陕西省、西安市各项深化改革措施，自主改革任务30项，启动《西安市“四改两拆”三年攻坚行动实施方案》，完成西安铁路信号厂旧厂区改造工作，办理3513厂鞋业有限公司土地改造手续；规模以上工业总产值完成3.34亿元，比2018年完成增速-0.5%；非公经济占比完成50%，和目标任务54%相差4个百分点；民间投资完成增长2.1%，增长5.4%。清理拖欠民营中小企业账款3452.787万元。

◆**商贸**　2019年，碑林区大力发展商贸服务业，新增限额以上商贸企业57户。创建全域旅游示范区，举办“2019碑林区首届文化旅游节”、第三届“夜碑林·悦生活”文化旅游消费季等系列活动，全年实现旅游业总收入455.18亿元，比2018年增长23.8%。建设钟楼商圈、南门商圈，开展“长安龙脉·魅力南门”碑林美食购物节等商贸促销活动，北京华联西安SKP等商业综合体运行带动区域地方经济，中贸广场步行街入选西安市第三批示范特色商业街区。实施《碑林区民宿经济发展三年行动方案》，成立碑林区民宿产业联盟机构，区内精品和舒适民宿企业8家获“西安市民宿等级评定”。实施《碑林区打造城市社区“15分钟便民服务圈”总体方案》，区域内设立品牌连锁便利店194家、设立放心早餐网点130余个。辖区洗衣店227家，《碑林区洗衣店行业基础资料台账》入账企业80家。

◆**招商引资**　2019年，碑林区开展楼宇招商活动372次，其中重点招商引资活动30次，赴外地招商10次，新引进世界500强企业1家、总部和行业百强企业6家，新增楼宇企业160家。碑林区参加“2019国际金融科技（上海）博览会暨金融科技服务高峰论坛”，赴日本、韩国参加“中日产业合作论坛消费全球化与跨境投资平行论坛”，组团参加“2019第二届中国国际进口博览会”招商推介，与法国亚眠市举办商贸合作推介交流会，举办2019意大利“一带一路”展会推介会和中欧企业代表团座谈交流会议；碑林区与新疆维吾尔自治区巴音郭楞蒙古自治州举办商贸推介座谈会、与上海现代服务业联合会、上海《理财周刊》企业家举办交流座谈；2个重大招商引资项目在第四届丝绸之路国际博览会西安市重点项目集中签约仪式上签约；碑林区与新疆维吾尔自治区和田市、江苏省宿迁市泗阳县等地方政府签订战略合作框架协议，在上海现代服务业联合会金融专委会设立“碑林区政府驻沪招商引资工作站”；促成企业投资中国公路交通第一研究设计院综合改造、盛安广场商业综合体、华住集团南门酒店等项目，引进世界500强企业奥林巴斯（中国）有限公司西安分公司、西安斯雷克贸易有限公司、西安宏志蒲公英企业管理有限公司等外资企业入驻碑林区；“三片两带两区”暨投资营商环境推介会签约项目15个；实施企业上市和并购重组“龙门行动”计划，择优筛选上市挂牌

碑林区2019年经济与社会发展主要指标

指　标	单　位	数　量	同比增长率（%）
地区生产总值	亿元	1013.97	6.3
地方财政一般预算收入	亿元	36.78	-16.1
地方财政一般预算支出	亿元	29.02	-9.3
全社会固定资产投资额	亿元	—	-19.5
社会消费品零售总额	亿元	—	6.4
规模以上工业增加值	亿元	3.34	-0.5
实际利用外资	亿美元	1.145	8
实际利用内资	亿元	73.87	44.96
城镇居民人均可支配收入	元	47977	8.1

后备企业22家，启动“新三板”挂牌2家，全年引进内资73.87亿元。

◆**重点项目建设** 2019年，碑林区全力推动片区综合改造，成立5大片区指挥部，即：“三学街片区综合改造指挥部”“小雁塔片区综合改造指挥部”“东关片区综合改造指挥部”“东大街片区综合改造指挥部”“碑林科技产业园片区”。三学街片区“碑林博物馆改扩建工程”，完成一期项目房屋征收，拆除房屋5.17万平方米，腾迁土地2.07公顷；小雁塔历史文化片区综合改造项目房屋征收，安置房源建设项目启动实施；东关片区初步完成城市规划设计方案调整，办理“八仙宫片区（二期）棚改项目”房屋征收启动手续，办理“大唐东市片区棚改项目”立项手续，经九路碑林段（咸宁路—永乐路）道路通车，启动建设碑林区档案馆、文化馆、图书馆及全民健身中心PPP项目；东大街片区综合改造N6、N10段项目主体竣工，“新长安国际妇产医院”建成运营；碑林科技产业园片区确立“园区+街区+厂区”一体化改造思路，实施西安铁路信号厂旧厂区土地收储。

◆**环境保护** 2019年，碑林区加强治理“散乱污”企业、餐饮油烟、工地扬尘等单位，实施天然气锅炉低氮改造355台，完成8个居民小区901户“煤改气”工程，空气质量优良天数231天，比上年增加57天；加强环境执法监管，开展黑臭水体和疑似污染地块排查整治，提高水和土壤环境质量，立案查处各类环境违法行为25起，实施基础设施提升，改造锅炉及直燃机低氮10台。

◆**教育** 2019年，碑林区制定《加快新时代教育改革发展建设教育强区的实施意见》，加大财力投入全力发展教育事业，新建校舍10所，新增校舍建筑面积52594平方米，增加学位6170个；公开招聘教师38人、引进高层次人才32人、安置免费师范生13人，引进优秀教师167人，6所部属师范学校面试考核530余人，签订拟聘协议99人；名师“问诊+领航”活动，问诊小学5所，名师领航学科13个、大学区送教22次；评选教学新秀89人，新增区级学科名师工作室16个，评选“陕西省教学名师”8人，评选“陕西省第三批名师工作室主持人”8人，评选“陕西省中小学教学能手”45人，评选“西安市教学能手”87人（含少先队辅导员），评选“碑林区级模范教师”167人；1所学校为“全国教育系统先进集体”，1名教师为“全国模范教师”，2名校长为“全国教育系统先进工作者”，2所学校为“陕西省教育系统先进集体”，5名教师为“陕西省优秀教师”，21名教师为“西安之星”“西安最美教师”“西安市优秀班主任”。按照《西安市碑林区普惠性民办幼儿园认定及管理实施办法》，认定达标幼儿园63所，普惠性幼儿园54所。依照《碑林区城镇小区配套幼儿园移交工作实施方案》，摸排20处住宅小区，建成小区配套幼儿园10所，小区配套义务段学校（小学）2所。履行“一岗双责”管理机制，聘用专职安保人员611人，安保器械、防汛消防设施配备覆盖率100%，布局4869个监控点位，视频监控系统覆盖率达100%，校园封闭化管理100%，“一键报警”系统配备100%，达到省级平安校园标准9所、市级17所。组建5种类型30个“名校+”组合，西安市第三中学分校、西安市第二十六中学分校正式挂牌。西安市第六中学创建省级示范高中、西安市碑林区东木头市幼儿园创建省级示范园通过初验。

◆**科技** 2019年，碑林区投入科学研究与发展资金2040万元，培育科技小巨人企业16家，新增科技型中小企业123家，“环西工大创新带”入围省级军民融合创新示范基地，陕西动漫产业平台、西安创新设计中心分别通过国家人力资源和社会保障部“全国创业孵化示范基地”复评和考核。举办“新光奖”中国西安第八届国际原创动漫大赛等各类双创活动300次；举办“欧亚经济论坛——2019丝绸之路国际创新设计周”、第五届“四城青年创客电视大赛”等各类双创活动260余场。全年完成技工贸收入42亿元、工业总产值15亿元、增加值10.05亿元，税收1.7亿元；“双创职业技能培训中心”正式落成，免费培训专业技术人才2000余人，举办第四届全国建设类院校施工技术应用技能大赛、2019 CCIF中国卡通产业论坛、WAG动漫游戏展，联合西安交通大学举办“第二届大学生文化创新创意教育发展论坛暨第二届大学生文创动漫嘉年华活动”。

◆**文化** 2019年，碑林区夯实文化旅游融合发展基础，举办“碑林区文化旅游融合发展研讨会”，发布《关于加强文化建设促进文化旅游融合发展的实施意见》《促进碑林区文化旅游产业融合发展三年行动方案》，出台《关于进一步促进全域旅游发展的实施意见》，举办“魅力碑林——文化主题活动”“炫彩碑林——旅游主题活动”“活力碑林——体育主题活动”3大板块，举办“最中国·看西安·悦赏碑林”活动270余场。推出《碑林老故事》宣传纪念册。按照《西安市基本公共文化服务实施标准》，建成街道文化站8家、社区文化服务中心87家。完成碑林区文化馆图书室基础提升改造。省级专项资金300万元投资碑林区图书馆等项目立项。辖区内有实体书店220家，社区智慧图书馆7家，书香西安阅读吧15家，书香西安小书屋15家，创建书香社区10家，全区98个社区均设立图书阅览室。净化社会环境检查走访旅行社、歌舞演艺场所、网吧、书店、运动健身场（馆）等经营场所685家，填写《入户走访登记表》1384份，现场责令整改42家、停业整改6家、暂扣或吊销许可证执照10家，移交疑似涉黑、涉恶线索4条。举办“扫黑除恶清隐患，提升群众安全感”文艺演出33场。

2019年11月21日，2019“丝路科创·四城逐梦”青年创客电视大赛决赛暨颁奖典礼在西安广电中心石榴花剧场举行

严格市场监管实施“双随机一公开”检查机制，查缴非法电子出版物470余盘（册），收缴非法图书285余册，非法教材、教辅420余册。检查旅行社100余家，立案查处违法违规行为11起。受理西安市“12301”和“12345”平台转来投诉134起。有非遗项目45项，其中世界级1项、国家级2项、省级11项、市级13项。提升改造碑林区非遗保护中心，建非遗展厅、非遗陈列馆，陈列展品23项100余件。举办“文化和自然遗产日”宣传，组织“老手艺·小工匠”非遗进校园，开展“非遗技艺培训”“非遗项目展览”等活动，被央视国际频道、美国纪录片《探索中国》采访报道。七国驻华使节到小雁塔荐福庙会体验碑林非遗文化，新加坡、日本、美国、西班牙等国学生走进碑林非遗项目，中国矿业大学、浙江大学、湖北汽车工业学院社会实践团队到文化馆参观学习。

◆体育　2019年，碑林区群众文化体育生活丰富。承办2019全国“全民健身日”广播体操、工间操集中展演暨“健康中国行”主题推进主会场活动；承办第四届“丝绸之路”国际拳击争霸赛暨WBA世界拳击协会中国机构排名赛；承办“全国老年人太极拳健身推广展示大联动”西安市主会场活动；承办“秦士杯”西安市拳击公开赛；举办群众足球联赛乙级联赛；举办碑林区“3×3篮球争霸赛”；举办“舞动长安”碑林区全民健身技能大赛；举办碑林区第十二届社区群众运动会、碑林区中小学“三跳”运动会和健美操、艺术体操、“啦啦操”比赛。完成“2019城墙国际马拉松”和“2019西安马拉松”碑林赛段保障工作。落实“15分钟健身圈”方案，社区配备健身器材450套，建成长乐公园全民健身示范园区，碑林区全民健身基地建成投入使用。碑林区青少年参加全国第二届青运会、青年锦标赛和U系列比赛，获金牌21枚、银牌26枚、铜牌15枚；参加省级各类运动会获金牌72枚、银牌36枚、铜牌32枚；参加市级各类比赛获金牌239枚、银牌153枚、铜牌161枚。碑林区中小学田径运动会29人次打破23项区田径运动会纪录。

◆卫生　2019年，碑林区推进医药卫生体制改革，组建紧密型医联体，成立“陕西省人民医院碑林区医疗集团”，医联体派医务人员驻社区卫生服务机构派389人次，接诊患者11530人，上转病人2783人，下转117人。强化医疗机构监管，聘请省市医院医疗质量、护理控感专家检查驻区医疗机构332所，行政处罚违法执业医疗机构82家，行政警告违法执业医师21人，暂停1名助理执业医师执业活动6个月，取缔“黑诊所”“黑医美”32家。严格医疗废物管理，与驻区医疗机构签订责任书，医疗机构废物（水）处置专项检查416所，未发现医疗废物流失、买卖现象。成立碑林区卫生应急保障领导小组，组建医疗救护队完成高考、中考及小升初考点、节假日、防汛及重大活动期间医疗保障和救护。完成地方病市考指标，儿童免疫规划各苗接种率均90%以上；艾滋病感染者及病人随访检测率87.6%；结核病筛查病原学阳性检出率47.08%，达到45%指标要求。学校和托幼机构卫生安全排查和传染病防控113所，国家“双随机”抽检任务完成率86.79%，完结率100%。成立家庭医生工作室23个，组建全科医师团队76支，覆盖全区98个社区，打造城市社区“15分钟就医圈”，办理太乙路街道乐居场社区卫生服务中心立项审批手续。落实卫生专业技术人员注册或加注全科医学专业工作，选派9名中西医医师参加全科医生转岗培训。落实家庭医生签约服务，全区签约重点人群52688人。开展惠民服务，65岁及以上老年人健康体检30146人，社区卫生服务“五免”惠民减免605938.8元，惠及595175人次。开展国家城市卫生标准业务培训，整治各类问题1063件。制订《碑林区健康城市建设的实施方案》，推进健康细胞建设。实施全面两孩政策，全年新出生6192人，其中二孩出生1521人，人口出生率7.7‰，人口自然增长率3.13‰。帮扶计生特殊家庭兑现计划生育利益导向政策，开展计生特殊家庭送温暖活动729户，发放慰问金76.82万元，兑现失独家庭殡葬救助金3.3万元，失独家庭一次性补助金42万元、失独家庭养老安置补助金27.3万元。兑现2018年独生子女保健费273.386万元，2019年独生子女父母补助金96.6万元。

◆社会保障　2019年，碑林区拓展就业渠道，举办“就业援助月”“退役军人就业服务月”专场招聘会22场，提供工作岗位16558个，全年新增就业20359人，城镇登记失业率3.5%，发放创业担保贷款5432万元。落实惠民政策，建设社会保障体系，推进社会保险发展，办理工伤保险企业新参保2585户、20311人，办理失业保险企业新参保2596户、21643人，办理城乡居民基本养老保险参保12785人。审核工伤保险一次性待遇169人次、发放金额595.17万元，工伤保险定期待遇314人次、发放金额29.38万元，失业保险待遇3122人次、发放金额428.12万元，城乡居民基本养老保险基础养老金690.25万元；办理机关事业单位职工基本养老保险参保缴费0.74万人，职业年金征缴1631万元，在职人员暂停办理缴纳社保业务385人，新任职人员办理参保手续426人。实施人才强区战略引进高层次人才，拓展职称评价人员范围，打破户籍、地域、身份、档案、人事关系等制约，畅通非公有制人员在职称评定、科研成果或荣誉称号方面的申报渠道。接收高校毕业生3965人，新注册企业经营管理人才8223人，引进调入各类专业技术人才、技能人才、创新创业人才129人，认定D类人才253人，E类人才789人；招录（聘）各类人才246人，其中事业单位工作人员196人、高层次及特殊紧缺人才50人，接收档案1503份，报到备案人数2574人。构建和谐劳动关系，开展根治欠薪工作。组织排查在建施工企业37家，处理农民工工资欠薪案件7件，追回311人欠薪319.1万元，涉嫌拒不支付劳动报酬罪案件移送公安机关6件，涉及务工人员137人，金额124万元；解决劳动关系突出矛盾，检查用人单位433户，审核报送资料289户，接待用人单位和务工人员政策法规咨询6800人次，立案处理849起，追缴发放务工人员工资315.4万元，接收劳动争议案件1490件，立案受理1310件，审结1106件，追回拖欠工资、经济补偿2300余万元；规范公共服务精细化水平，办理“‘12345’市民热线”市民咨询、投诉3.7万余件，答复率100%；信访维稳工作收到网络信访案件8件，开通“互联网+政务服务”“西安市政务事项库”“I西安App”“西安市政务服务网”“一网通办平台”。确保粮食安全，区级应急成品粮食储备保持250吨（大米150吨、面粉100吨）。新建群众厨房一级店1个，放心粮油示范店2个，改造粮油网点5个，开展大型专项检查5次，批准具有粮食收购资格的企业1家，开展粮食主题宣传活动3次，完成社会粮食、食用植物油及油料供需平衡调查、粮食流通统计报表、价格监测数据上报。　（碑林区方志办）

中共碑林区委、人大、政府、政协、纪委

区委书记　刘其智
副书记　卢光文
区人大常委会
主任　阮波

副　主　任　吴　耀　林　娣（女）
　　　　　　袁新中　张立华
区　　　长　卢光文
副　区　长　王宏联　侯学东
　　　　　　程　默（女）
　　　　　　聂文斌　张学东
　　　　　　殷　浩（12月任）
　　　　　　杨　珩（挂职，至11月）
　　　　　　邹一博（挂职）
　　　　　　惠　旋（挂职，至12月）
区政协主席　柴跟科
副　主　席　张　瑜（女）
　　　　　　顾建军　周格杏（女）
　　　　　　孔维岳　惠　鸣
区纪委书记　吕新海

莲湖区

2019年7月21日，莲湖区汉城国际创客空间开业

◆概况　2019年，莲湖区辖9个街道办事处、131个社区。土地面积38.5平方千米。常住人口78.33万人，户籍人口76.13万人，城镇化率100%。人口出生率11.04‰，死亡率1.90‰，自然增长率9.14‰。有少数民族43个，少数民族常住人口42905人，少数民族流动人口2493人。

◆重点项目建设　2019年，莲湖区市级重点在建项目13个，完成投资126.49亿元，占年度投资计划的122.7%。区级重点项目138个，总投资2597.2亿元，其中91个在建项目完成投资159亿元，完成年度投资计划的100.32%。

◆招商引资　2019年，莲湖区先后赴日本、北京、上海等国内外城市开展招商活动15次。与诺亚控股、中国二十二冶集团、东航实业集团、新加坡企发局等企业联系30次。与华为（莲湖）创新服务中心、方所文化中心、智慧汽车产业城等项目达成合作协议。利用丝博会等活动平台宣传推介，达成签约项目14个，签约金额268.62亿元。大唐西市丝路文旅小镇、老城根文尚小镇完成投资36亿元。引进雅高美居、全季4.0、琳凯诺、扉蔓酒店、清沐精选酒店、升闲酒店、艾浩森等精品酒店。引进华为云、MFG、倍格官邸、倍格乐府、米方格、古西楼文化等一批众创空间及联合办公项目。新增市场主体4.6万户，比2018年增长82%。引进外资企业4家：西安牛角尖信息科技咨询有限公司、苏莱曼丝路（西安）国际贸易有限公司、西安创业天下企业管理咨询有限公司、陕西阿埃森人力资源有限公司。全年实际引进内资80.49亿元，实际利用外资9820万美元。

◆商贸、旅游　2019年，莲湖区推进钟楼等4大商圈建设，引进盒马鲜生、喜茶、星巴克西安首家社区店等新零售企业。大兴商住商贸新区粗具规模，4大商业综合体年营业额突破17亿元。

推动文旅融合发展，打造3条特色文化旅游路线，成立区民宿协会，建成30家等级民宿，不舍·长安里民宿获“2019西安最美民宿”“2019陕西最佳民宿”“2019中国好民宿”称号。举办大唐西市“隐市”大集、陕菜国际美食文化节等特色文旅活动。举办“西安年·最中国”莲湖区新春盛典系列活动，以“最地道、最有味、最时尚”为主题，在大唐西市、北院门风情街、老城根Gpark商业街设立3个活动现场。全年接待旅游人数5790万人次，实现旅游收入455.1亿元。

◆教育、科技、卫生　2019年，莲湖区制定《教育强区实施意见》《教育提升三年行动计划》，新组建“名校+”教育联合体27对，新建、改扩建大兴新区初级中学、远东二小等9所校园，新增学位3750个。新增实体书店62家。启动科技智慧管理服务平台建设，新增科技小巨人企业21家、科技型中小企业84家。倍格生态在新三板挂牌，总部落户莲湖区，是西安市唯一一家新三板挂牌众创空间运营机构。汉城国际创客、莲湖区残疾人创业孵化服务中心、倍格官邸双创基地、恒创创新中心建成运营，华为云（莲湖）联合发展中心签约入驻。31个众创空间运营面积达到50.33万平方米，孵化企业和项目1404个，带动创新创业1.5万人。

全面推行卫生健康网格化服务管理模式，建成紧密型融合式医联体3个，完成社区卫生服务站建设3个，成立“5+N”家庭医生团队103个（“5”是指团队5个岗位：1个全科医生、2个护士、1个公卫专干、1个卫健专干和1个健康管理师。“N”是指除多名健康指导员外，还包括医联体牵头医院、专科联

莲湖区2019年经济与社会发展主要指标

指　标	单　位	数　量	同比增长率（%）
地区生产总值	亿元	789.05	5.1
地方财政一般预算收入	亿元	38.97	-20.2
地方财政一般预算支出	亿元	35.88	—
全社会固定资产投资额	亿元	—	-29.4
社会消费品零售总额	亿元	—	9.2
规模以上工业增加值	亿元	—	10.1
实际利用外资	万美元	9820	4.56
实际利用内资	亿元	80.49	—
城镇居民人均可支配收入	元	47995	8.0

盟协会医护人员等），覆盖3502栋楼宇51万人。发挥陕西省首家“虚拟养老院”平台作用，为老年人提供入户服务10.3万人次。

◆**劳动就业和社会保障** 2019年，莲湖区民生保障坚实有力，区养老服务中心建成启用，新增养老床位1015张。残疾人创业孵化服务中心建成。全区城镇新增就业1.84万人，城镇登记失业率控制在3.28%以内。为1500余人追讨工资1600余万元。妥善解决群众房屋办证遗留问题6535户，保障2416户中低收入家庭实现“住有所居”。居民医保参保率99.6%。城镇居民人均可支配收入增长8%。强化食品药品监管，检查药品、器械经营企业和医疗机构786家，责令整改107家，实现日常监管全覆盖。开展矛盾纠纷排查化解行动，调解各类矛盾纠纷144件。在扫黑除恶专项斗争中，公安机关侦破重大涉黑恶案件21件，涉黑案件2起，打掉涉恶犯罪集团4个，涉恶团伙15个，查处涉黑涉恶“保护伞”案件2起3人，查封冻结涉案资金2.6亿元。 （莲湖区方志办）

中共莲湖区委、人大、政府、政协、纪委

区委书记 和文全
区委副书记 王永杰
区人大常委会
主任 吴俊毅
副主任 白秋分（女，回）
徐志刚 屈静珍（女）
孙立明
区长 王永杰（代）
副区长 刘一平（回）
王岩 肖红亮
董旭 缪宝辉
高新花（女，挂职）
张炜
区政协主席 陈宝玉（回）
副主席 高贵林 孔令国
刘庆明
区纪委书记 刘永毅

灞桥区

◆**概况** 2019年，灞桥区辖7个街道办事处、76个行政村、68个社区。土地面积3.24万公顷，粮食播种面积4713.3公顷。常住人口70.39万人，城镇化率95.23%。出生率12.88‰，自然增长率7.24‰，死亡率5.64‰。

◆**农业和农村经济** 2019年，灞桥区持续推进乡村振兴战略，人居环境不断改善，展现整洁有序、生态宜居的乡村风貌。编制17个村庄规划和白鹿原污水收集管网规划。白鹿原水生态中心开工建设，新建农村污水处理厂（站）8个、污水管道67.3千米，改造提升农村无害化户厕7936个。建成美丽庭院3074户、美丽村庄4个、美丽乡村示范村16个。完成通村公路“油返砂”整治5.8千米，安装路灯832组。全面实施村庄清洁行动。开创乡村治理新模式，狄寨“乡村户长制”（从每个村中推选出3级户长，1级户长由书记、主任担任，负责全村环境卫生长效管理工作；2级户长为村委会其他干部及各组组长，分片管理村环境卫生工作；3级户长以10户为一个卫生片区，推选1名户长，对责任区域的环境卫生进行日常监管）被央视和《瞭望》周刊报道。产权制度改革基本完成，扎实开展农村承包地确权登记，确权率98.5%。完成175个农村集体资产清产核资，成立股份经济合作社171个，颁发集体经济组织赋码登记证166个。建成区、街、村三级产权交易服务平台，发布交易信息5115条，成交3426笔。乡村产业更加兴旺，深入推进“互联网+农业”营销体系建设，销售果品2260吨，销售额9040万元，比2018年增长126%。农业产业提质增效成果显著，引进改良新品种8个，新建标准化示范园、观光果园5个。全年休闲农业接待280万余人次，经营收入2.63亿元。持续落实为民惠民举措，发展红利加速释放，构建共建共享、安定祥和的生动局面。脱贫攻坚步履坚实，推广“合作社+贫困户”模式，扶持97户贫困户发展樱桃、葡萄种植，户均增收超过3000元。帮助89户贫困群众搬迁新居，144名贫困学生落实教育扶贫政策，1810户建档立卡户全部办理基本医疗保险和大病保险，为152户困难群众发放金融项目贷款分红170万元，就业扶贫有效覆盖面100%。全面推行村（社区）“两委”班子“一肩挑”，党在基层的领导力进一步增强。强化土地供给，212.6公顷土地取得省级批文，175.1公顷完成供地手续。实施科技创新能力倍增计划，开展创新创业活动150余场次，认定区级众创载体18个，建成国家级“农业星创天地”1家、省级3家。落实“人才新政21条”，引进各类人才1.3万余人。村（社区）“两委”班子“回头看”“大起底”清理补选班子成员51人，整顿软弱涣散农村党组织8个、社区党组织1个。全面推行村（社区）“两委”班子“一肩挑”，党在基层的领导力进一步增强。培育发展白鹿原现代生态农业示范园、葡萄主题公园等一批现代农业园区，麦草人农业公园被评为陕西省首家有机农业公园。

◆**工业** 2019年，灞桥区持续推进产城融合发展，新旧动能加速转换，走上优化结构、提质增效的发展新路。产业结构持续优化，纺织产业园、洪庆新城工业项目加快建设，凡高实业、正恒家纺等项目进展顺利，国誉环保、金方工贸等项目按期开工，鑫立喷嘴等项目取得限高批复。东三环和长乐东路经济带商贸、文创业态稳步发展，华阳城、凯德广场等城市综合体和堡子村周边商业集聚区的热度持续提升。协调驻地金融机构为区内中小企业贷款5.51亿元，增强民间投资能力；整合国有公司资源，搭建控股集团公司，优化机制，为区域经济发展提供更加有力的保障。新增市场主体15278家，总数55045家；新增高新技术企业4家、科技型中小企业55家，众创载体累计孵化企业300余家。

◆**招商引资** 2019年，灞桥区把项目建

灞桥区2019年经济与社会发展主要指标

指标	单位	数量	同比增长率（%）
地方生产总值	亿元	489.19	8.3
地方财政一般公共预算收入	亿元	18.28	-6.9
地方财政一般公共预算支出	亿元	35.54	7.5
全社会固定资产投资额	亿元	680.26	-0.3
社会消费品零售总额	亿元	—	8.4
规模以上工业增加值	亿元	49.03	7.8
实际利用外资	万美元	11450	8.33
实际利用内资	亿元	85.06	-70.01
城镇居民人均可支配收入	元	40328	8.1
农村居民人均可支配收入	元	17969	9.6

设作为经济工作的主抓手，成立稳投资工作专班，上下联动优服务、抓开工，全力以赴促进度、稳投资。全年实际利用内资85.06亿元，实际利用外资1.14亿美元。吸引华为公司、华润集团等多家世界500强企业入区投资，引进微医集团、国家分子医学转化科学中心等11个项目，合同引资72.33亿元，促进产业结构优化升级和重点板块加速发展。灞桥区被评为“中国纺织产业基地市”“人民网网民留言办理民心汇聚单位”“陕西省深化医药体制改革先进区”“陕西省平安建设先进区”。

◆重点项目建设 2019年，灞桥区与国际港务区、浐灞生态区通力协作，西安国际会展中心、国际会议中心、奥林匹克体育中心、十四运周边基础设施配套建设及环境提升项目全力推进，加速西安东部的产业聚集和城市化进程。实施公路平交路口“千灯万带”（在全国1000个农村公路平交路口增设交通信号灯，在1万个农村平交路口增设减速带等安全设施）示范工程，新开通公交线路3条，堡子村交通枢纽通行能力大幅提升，城市交通秩序明显改善。实施席王五村城改、辰宇世纪城、洪庆新城标准厂房等市级重点项目16个，开工美盛国际商业街A区（一期）、金泰里程、中粮祥云湾、中海项目等区级重点项目110个，华为技术有限公司等多家大企业入区发展。完成洪庆新城控制性详规调整及浐河谷地总体规划初步方案编制。拓宽改造纺西街中段，打通灞丰一路、柳新二路2条断头路，汽车主题公园3号路、朝阳路、洪海一路、二路竣工通车，席王五村路网基本形成。排查整治交通隐患132处，建成停车泊位1130个，城市基础配套更加完善。城市更新有序推进，城棚改项目全年立项备案4项，柴马村、三棉纺正街两侧棚改（一期）陆续回迁。实施老旧小区改造和“三供一业”改造24个小区，改造面积154.3万平方米。拆除各类违章建筑24.1万平方米，违法违规广告设施4430块，落地架空线缆10千米。“三改一通一落地”（全市老旧小区、城中村［棚户区］、背街小巷改造提升，断头路打通，架空线落地）工作全面启动。城市管理更加精细，全面推行生活垃圾分类，全区公共机构、学校、小区生活垃圾分类知晓率、覆盖率100%。实施平交路口“千灯万带”示范工程，综合治理长乐东路、田洪正街、纺正街等7处拥堵点。强力推进“厕所革命”，新建、提升公厕37座。推进城市管理规范性执法，创建城市驿站“微阵地”模式。

◆教育 2019年，灞桥区全面启动建设教育强区、基础教育提升3年行动。出台《加快新时代教育改革发展建设教育强区的实施意见》《基础教育提升三年行动计划（2019—2021年）》，12所改扩建学校全部投入使用，新增学位5454个，创建“名校+”教育联合体26个，集中解决教育投入、教师引进、教育均衡发展等一批瓶颈问题。落实各类教育惠民政策资助资金17.9万人次3402.9万元，五星小学、高科绿水东城小学、东城一中（二期）等学校改扩建项目进展顺利。实施21所样本校国家义务教育质量监测，普惠性幼儿园占比提高到84.14%，义务教育阶段大班额比例降至4%以下，高考本科录取2148人，录取率69.5%。

◆文化、旅游 2019年，灞桥区着眼文化强区，兴文化聚民心，厚植文化自信，文化事业和文化产业繁荣发展。探索实施“文化+”发展新路径，区域文化软实力大幅提升，在西安市率先推出并兑现区级文化产业奖励资金，鼓励文产企业做大、做强，文化企业营收增长率25%。文化活动引领风尚，“文化+创意”“旅游+体育”等多种模式竞相发展，特色民宿等载体全年接待游客3450万人次，旅游综合收入119亿元，比2018年增长25%。文旅产业空间融合、服务融合全面深化，成功举办第十六届白鹿原樱桃文化旅游节、白鹿原冰雪节、第3届西安热气球嘉年华活动。举办中韩国际文化艺术交流展，葡萄采摘节、洪庆山槐花节、灞桥生态湿地公园自行车赛等多项文旅体融合活动。增强优质公共文化产品和服务供给，群众文化生活更加丰富。新建农村文化大礼堂6个，常态化举办“半坡讲堂”等文化大讲堂，影响日益扩大。持续推进“书香之城”建设，推广“经典诵读”、半坡讲堂等多层次的阅读活动。编辑出版《白鹿原汉三陵》，举办“壮丽70年·奋斗新时代”系列活动、中韩国际文化艺术交流活动和陕、甘、宁、青、新5省（区）主题性美术作品巡展，持续提升城市文化软实力。

◆卫生 2019年，灞桥区社会保障体系扩面提质，做到各类困难群体应保尽保、应助尽助。实施城镇居民医保和农村新合疗“两保合一”，建立城乡居民基本医疗保险制度，人均财政补助标准增加30元，大病保险政策范围内报销比例由50%提高至60%。西北首家“三医联动”（医疗、医保、医药改革联动）平台上线运行，以西安医学院第二附属医院为龙头，联网6家基层医院和183个社区（村）卫生服务站点，群众在基层卫生室就能享受到三甲医院的优质服务。陕西省首批“云巡诊车”深入社区农村，“流动医院”开到群众家门口。

◆生态环境保护 2019年，灞桥区深入践行“两山”理念（“绿水青山就是金山银山”发展理念），强化生态自觉，持续治水管山护塬融绿，水岸灞桥、森林城区的愿景更加清晰。扎实落实三级河湖长制，开展河湖“清四乱”（“乱占”：主要包括围垦湖泊，未依法经省级以上人民政府批准围垦河道，非法侵占水域、滩地，种植阻碍行洪的林木及高秆作物等问题；“乱采”：主要包括未经许可在河道管理范围内采砂，不按许可要求采砂，在禁采区、禁采期采砂，未经批准在河道管理范围内取土等问题；“乱堆”：主要包括河湖管理范围内乱扔乱堆垃圾，倾倒、填埋、储存、堆放固体废物，弃置、堆放阻碍行洪的物体等问题；“乱建”：主要包括水域岸线长期占而不用、多占少用、滥占滥用，未经许可和不按许可要求建设涉河项目，河道管理范围内修建阻碍行洪的建筑物、构筑物等问题）专项整治行动，排查整治33处，实施污水治理工程26个，区域水系疏浚流畅。以城中河、景观河定位，实施浐河右岸景观提升，灞河左岸综合治理城市段工程基本完成，整理灞河左岸景观地形35公顷，浐灞河生态日益优化。洪庆山、白鹿原持续扩绿增景，涵养生态，已成为西安主城区最大林区，全区林木覆盖率43%。大力实施台塬坡面绿化工程，推动生态保护和文化旅游融合，白鹿原上茂林修竹，游人不断增加。围绕打造深绿色城区，开展城市绿化美化，城市建设更加和谐宜居，新建绿色标准建筑26.9万平方米，占新建建筑的62%，建成绿化广场44处，城市绿道16千米，新增绿化30.53万平方米，人均公共绿地面积9.88平方米，灞河上游左岸综合治理主体完工，现代建筑与景观园林交相辉映，都市生活与绿树珠璧交辉，让广大群众享受到更多“绿色福利”。全力推进污染防治攻坚战，对江村沟垃圾填埋场及渗滤液厂进行长效监管，全面完成846家“散乱污”企业整治，全年空气质量达标天数234天。污染防治多举并进，对标对表，分类治理“散、乱、污”企业846家，改造燃气锅炉14台，淘汰国Ⅲ及以下老旧车辆2556辆。完成空军工程大学明渠、席王村涝池等9处重点黑臭水体治理。对江村沟垃圾填埋场及渗滤液厂进行长效监管，实施向阳沟排水工程、洪庆河治理等“河湖长制”治水项目54个，“河湖长制”考核西安市区（县）第一，获得专项奖励100万元。整治河湖“清四乱”问题33个，区域水系环境明显改善。185个“大棚房”（以农业大棚为名进行非农业建设，属违法建设，承租方建蔬菜大棚时，在旁边和内部建设“配套用房”，对外租售）问题全部整治到位，拆除21.4万平方米，恢复农地20.47公顷。深入开展秦岭问题专项整治“回头看”，取得实际效果，洪庆山生产经营与生态环境保护相得益彰。出台《秦岭生态修复及优化提升工作方案》，落实全域网格化管理，加大洪庆山、白鹿原增绿造景力度，全区林地覆盖率43%。大力实施白鹿原坡面绿化工程，白鹿原骑行绿道、西麓万亩林带树梢漫步栈道等项目进展顺利。

◆劳动就业和社会保障 2019年，灞桥区持续巩固脱贫攻坚战成果，1810户建档立卡户的义务教育、基本医疗和基本住房安全得到全面保障，所有农户家庭人均年收入超过脱贫标准。开展技能培训33场次，受益群众2244人次。举办就业创业系列活动17场，提供各类就业岗位12580个，发放创业担保贷款4839万元，实现城镇新增就业8328人。持续优化“1+N”社会救助体系（“1”即以城乡最低生活保障制度为主，“N”即包括特困人员供养制度、医疗救助制度、临时救助制度、教育资助制度、残疾人两项补贴制度、高龄老人生活保健补贴制度、困难失能老人护理补贴制度、渐退帮扶制度、分类施保制度等），发放保障金、救助金2353万元，保障困难家庭2389户，为1.3万名被征地农民发放社保金7200万元。采集退役军人信息19843人，悬挂光荣牌18610块，发放各类优抚、优待补助金4400万元。

（灞桥区方志办）

中共灞桥区委、人大、政府、政协、纪委

区委书记　负笑冬
副书记　苗志忠
区人大常委会
主任　姜　旭
副主任　孙润璋　辛　华
　　　　韩锁成　朱　列（女）
区长　苗志忠
副区长　曹忠奎　李军考
　　　　王红武　孟　超
区政协主席　韩孝民
副主席　李剑君　肖晓宁
　　　　周　媛（女）
　　　　王毅刚　高向凡

未央区

◆概况 2019年，未央区辖街道办事处12个（其中，三桥、建章路街道办事处由西咸新区沣东新城托管），社区居委会137个、村民委员会52个。常住人口82.73万人，户籍人口82.68万人（均为城镇人口），城镇化率为97.4%。全年出生人口15050人，死亡人口1023人。

◆农业和农村经济 2019年，未央区实现农业总产值6419万元，比2018年下降28.5%。其中，农业产值2186万元，林业产值1603万元，畜牧业产值674万元，农林牧渔服务产值1956万元。完成68个行政村集体产权制度改革。做好非洲猪瘟防控和重大动物疫病强制免疫工作，应免率100%，疫苗利用率95%以上。加强动物诊疗机构监管及动物检疫工作，全年监督检查动物诊疗机构34家70余次，立案查处3起，完成动物检疫126头（只），对33.345吨问题猪肉进行无害化处理。开展驻村帮扶工作，对标“两不愁三保障”，确保驻村联户帮扶蓝田县2镇10村、176户贫困户高质量脱贫退出。扎实做好紫阳县对口帮扶，持续推进富硒茶等5个农产品孵化项目和旅游设施建设项目。做实消费扶贫，深化“紫阳山货进未央”活动，助力蓝田、紫阳如期打赢脱贫攻坚战。

◆招商引资 2019年，未央区继续实施项目带动战略，推动投资加快进入未央。实际引进内资85.64亿元，完成全年任务的107.56%。第四届丝博会签约项目24个，签约金额305.3亿元；引进500强企业2家，实际引进内资85.64亿元、利用外资1.126亿美元，完成融资65亿元。2017—2019年丝博会签约合同项目开工注册率91.43%，资金到位率64.53%，竣工投产率51.43%。在第三届西商大会期间，与中国青年旅行社签约汉城湖文化旅游项目，总投资150亿元，投资金额超过西商大会签约总投资额的75%。将展会平台搭建、招商活动创新、投资环境营销紧密结合，先后组织召开“‘商在未央、赢在未来’——西安市未央区重大项目招商推介暨重点项目签约仪式”“台商进未央活动”等重大招商活动5场。与苏宁控股集团有限公司、远洋集团控股有限公司、阿里巴巴网络技术有限公司、成都西安商会、上海陕西商会等众多知名企业、商协会建立稳定的互动交流关系。新生代温商联合会、中欧全域旅游及产业合作联盟、台湾中华工商联合会、台湾“一带一路”经贸促进会等众多企业纷纷自发组团来未央区考察交流。

◆重点项目建设 2019年，未央区把稳增长摆在经济工作首位，定期研判调度，“一对一”解决重点项目存在问题，推动项目落地生根。152个重点项目完成投资183.38亿元，占年计划的111.4%，其中23个市级重点项目完成投资114.49亿元，占年计划的104.5%。北三环与太华北路立交、北辰大道快速化改造及综合管廊建设、朱宏路快速化改造及综合管廊建设等5个市政重点PPP项目快速推进，为扩大投资提供有力支撑。

◆商贸 2019年，未央区社会消费品零售额比2018年增长5.8%。新增限上商贸企业26家，超额完成全年目标任务。全区实现进出口贸易总额3.93亿元，增长2.75%。新增品牌连锁便利店22家，

未央区2019年经济与社会发展主要指标

指　标	单　位	数　量	同比增长率（%）
地区生产总值	亿元	1255	7.2
地方财政一般预算收入	亿元	31.19	8.6
地方财政一般预算支出	亿元	33.55	—
全社会固定资产投资额	亿元	629.5	-12
社会消费品零售总额	亿元	—	5.4
规模以上工业增加值	亿元	215.9	4.1
实际利用外资	亿美元	1.126	—
实际利用内资	亿元	85.64	—
城镇居民人均可支配收入	元	44628	8.7

超额完成“15 分钟购物圈”建设任务。新建放心早餐网点 10 个，社区特色餐馆分布均衡，四海·唐人街美食街区开业，完成“15 分钟餐饮圈”建设任务。

◆工业和科技　2019 年，未央区工业增加值 231.65 亿元，其中规模以上工业增加值 215.86 亿元，同口径增长 4.1%。全区规模以上工业企业 191 家，完成工业总产值 1032.92 亿元。工业企业产销衔接良好，产品销售率达 97.3%。未央·西航军民融合产业园一期建成，签约企业 12 家。投入运营众创空间 14 个，累计投入使用面积 17.02 万平方米。西安新材料创新中心入驻企业 33 家。全年认定 18 家省级高新技术企业，新增科技型中小企业 73 家，推荐 2 家企业申报市级硬科技小微企业培育。组织 7 家优势企业参加第 14 届西安国际科学技术博览会。陕西科技大学征战第五届“互联网 +”大学生创新创业大赛全国总决赛，获 2 银 4 铜。

◆教育、文化、体育、旅游　2019 年，未央区启动基础教育提升“三年行动计划”，新建汉都新苑第一幼儿园、汉都新苑第二幼儿园、未央区第三幼儿园、长乐第四幼儿园、新兴小学、汉都新苑第一小学等 6 所学校，改扩建市五十九中，增加学位 4740 个。组建“名校 +”教育联合体 58 个，通过国家义务教育基本均衡发展区复审。按照全市统一安排，完成向开发区 59 所幼儿园、22 所小学、5 所初中、2 所高中、2 所职业中学的教育专项移交工作。移交后，截至年底，未央区有 71 所幼儿园、41 所小学、11 所初中、8 所高中、1 所职业高中。

未央区立足丝绸之路历史起点定位，联合陕西省文物局、西安市文物局，举办大遗址保护活化利用学术研讨活动，不断发掘汉文化时代价值，为遗址区总体规划修编奠定基础。完成《唐三彩制作技艺》市级非遗项目申报，配合申报《形意八卦拳术》非遗项目保护资金。新增 1 家行业博物馆——中国轻工业博物馆。开展“西安年·最中国”万副春联赠万家活动，协助西安市文化旅游局、西安市群众艺术馆成功举行“文艺汇演助力扫黑除恶专项斗争、走基层进社区深入群众弘扬正气”活动，组织参加“我和我的祖国——2019 西安市群众诗歌朗诵会暨陕西省群众文化节西安分会场”大型活动，组织 500 余名群众参加未央区庆祝中华人民共和国成立 70 周年快闪拍摄活动。

着力打造 15 分钟健身圈，更新文景路未央段沿线、汉城街道清明门广场的健身器材，为社区新建 1 个笼式篮球场、1 个室内健身房和 7 套社区全民健身路径。承办中国渭河健身长廊自行车赛、西安市大学生定向越野比赛等，举办体育大拜年进社区、丝路起点全民健身健步走、“舞动长安”未央赛区选拔赛以及决赛、“迎国庆”健身操舞展演等活动。组建田径、篮球、足球、游泳等区级运动队 20 支，完成 2019 年度西安青少年锦标赛参赛任务。

依托文物遗址和水资源特色，策划推出文物遗址游和亲水休闲游两条精品旅游线路。出台《未央区文化旅游产业扶持政策》，全年开展旅游招商活动 2 次，包装和签约项目 1 个。举办第二届汉城湖春节文化庙会、未央文化旅游节等活动，推出汉城湖研学旅行专题产品。加强旅游基础设施建设，建立未央政务旅游服务平台，推进以信息和互联网技术为核心的智慧旅游建设。

◆环境保护　2019 年，未央区实施蓝天保卫战，关停整改“散乱污”企业 1638 家，改造加油站地下罐体 42 座，深度治理汽修企业 64 家，遗址区木器加工行业实现“清零”，解决中央环保督察“回头看”反馈生态环境问题 19 个。全区优良天数 175 天，比 2018 年增加 19 天，PM10、PM2.5 平均浓度实现“双下降”，空气质量持续好转。实施碧水保卫战，扎实落实“河湖长制”，建设河湖长制项目 51 个。完成河道“清四乱”专项行动，拆除违建 4.6 万平方米。完成幸福河流域未央片区 41 个排水单元雨污分流整治，幸福河生态公园建成开园。投资 1.19 亿元，完成沣三干渠、东三厂渠、红旗中西渠及老浐河明渠深度治理，建成区内黑臭水体基本消除。

◆劳动就业和社会保障　2019 年，未央区城镇常住居民全年人均可支配收入 44628 元，比 2018 年增长 8.7%。城镇新增就业 1.18 万人，城镇登记失业率 3.31%，发放创业贷款 5016 万元。简化跨省异地就医备案的登记手续，优化为通过人社局网站自行申请即可。创造性采用“互联网大数据 +”模式，通过社保系统网络，精准推送社保政策。“陕西养老保险”手机 App 在全区推用率 98%。持续做好城乡低保复审、临时救助、医疗保障等工作，发放各类保障金 678 万元、高龄补贴 1316.4 万元，基本医保待遇支出 2.77 亿元。新建农村幸福院 4 个，居家养老服务站 6 个，新增养老床位 156 张，改造升级区级养老服务中心，建设完成 3 个日间照料服务中心，新增养老机构 2 家。组织 28 家专业化社区居家养老服务企业进入社区，解决 300 余名留守老人的就餐和休息问题。做好遗址区民生改善工作，东査村等 34 个村实现分质供水，南三丰村等 5 个村集中水处理工程建成投用，14 万群众饮水安全得到保障。　（齐　倩）

中共未央区委、人大、政府、政协、纪委

区委书记　杨建强
副书记　梁晩晴（女）　陈选良
区人大常委会
主任　陈伟华
副主任　李亚军　袁晓莉（女）
　张永亮　杨双梨
区长　梁晩晴（女）
副区长　杨　军
　徐　斌（至 12 月）
　王小璞　王社信
　王惠增　程希文
　魏随康　刘　芳（女）
　孙志群
区政协主席　任太龙
副主席　张广琦　李淑萍（女）
　王红运　窦　芳（女）
　王艳君（女）
区纪委书记　崔诗越

雁塔区

◆概况　2019 年，西安市雁塔区辖 8 个街道办事处，142 个社区、45 个行政村。土地面积 152 平方千米，城镇化率 100%；户籍人口 127.75 万人，常住人口 138.53 万人；新出生人口 7771 人，符合“两孩政策”出生 2704 人。有少数民族 46 个，共 1.88 万人。

◆农业和农村经济　2019 年，雁塔区清产核资 80 个村（社区），成立股份经济合作社 76 个，建成 8 个街道产权交易中心，建成村级产权交易站 48 个，进入市级产权交易平台信息 810 条，建设 13 个示范村。完成集体经济组织赋码 62 个村（社区），资产移交 51 个村（社区）。全面治理农村散煤燃烧，完成 8 个街道、7456 户农村居民生活用煤改电、煤改气工作任务，发放补贴 1957.95 万元。开展野生动植物保护专项行动，印发《野生动植物保护管理知识 100 问》2 万册，国家二级保护及省重点保护野生动物图 1 万份。制作野生动植物保护知识宣传栏1804个，张贴宣传海报21956张，发放宣传单、宣传册34595份，举办宣传、教育活动1111次，出动人员14931人次，出动车辆3463车次。巡查野生动植物活动区（处）14处，摸排各类经营场所882处，摸排野生动植物驯养繁殖培育场所3处，检查公路、车站、运输综合枢纽、物流基地67处，在辖区交通要道设点检查客、货运车辆146辆次。加强各级河长联动协作，制定《雁塔区河长制宣传方案》，开展巡河2727次。其中，区级河长巡河146次；街办级河长巡河854次；村级河长巡河1727次。开展治水治河项目建设，投资金额3.57亿元。沣惠渠雁塔段综合治理与生态修复工程，第一期500米河堤整治项目已投入使用，西安城市生态公园一期项目10月1日已开园接待游客。加强农村饮水安全管理，对辖区农村供水设施、水源井周边环境进行安全检查，对21个村自建设供水设施57眼井，定时抽检地下水水质，确保农村供水安全。

◆工业 2019年，雁塔区完成规模以上工业总产值640.53亿元，比2018年增长14.7%，规模以上工业增加值增长11%。坚持“一线工作法”，主动走访调研，掌握企业项目进展情况。制定企业包抓走访制度，针对“散乱污”企业整治、旧厂区改造，实地走访辖区企业60余家，为企业送政策、送服务，帮助企业解决实际问题。在保稳定、促投资上下功夫，全年新增5户规模以上工业企业，新增3个工业投资项目。与西安移动雁塔分公司等10余家大数据相关企业座谈产业发展路径，邀请西安市大数据局指导3家智慧社区建设。巡查企业污染防治1000余次，实现辖区工业企业污染防治、安全生产巡查全覆盖。全面完成482户“散、乱、污”企业清零任务，指导89户工业企业完成重污染天气“一厂一策”指南，开展落后产能淘汰排查工作4次，完成各项发展、安全、污染防治等工作任务。

◆招商引资 2019年，雁塔区强化招商引资和项目合作，推动区域经济发展。实际引进内资73.71亿元，实际利用外资11450万美元。2017—2019年丝博会及西洽会签约合同项目开工注册率100%，资金到位率71%，竣工投产率46.34%。引进阳光保险、陕西省首家“7-11”便利超市、南京孩子王陕西总部、美居酒店等新经济产业项目；引进金泰青龙台和金地格林两个百亿元项目；引进奥园和悦府、清凉山樾、卓越坊、卓越里等一大批商业地产项目；引进中国500强阳光保险、独角兽孩子王陕西总部、索菲特酒店、北大新世纪学校等金融、总部、商贸服务、教育名企落户雁塔；乐荟里等商业综合体项目已开业运营。开拓招商引资方式，印制《招商项目册》《招商指南》《投资地图》等宣传推介资料，策划包装招商项目40个，面向商业楼宇、厂房、商业地产开发、城棚改合作、交通枢纽、文化艺术等方面，投资总需求约1241亿元。开展招商活动300余场次，接洽客商500余人次。举办“第四届丝博会雁塔区投资环境专场推介会”“香港企业家走进雁塔专场活动”“招商大讲堂”等招商活动。与香港特区政府驻陕联络处、香港贸发局、宜家集团、澳大利亚弘昇集团、法国拉菲尔集团、新加坡星展银行、俄罗斯青年企业家代表团、世界银行、印度琥珀宫等境外机构、企业和“一带一路”沿线国家的投资商建立合作关系，新引进注册外资企业15家，在西安市占比10%。

◆重点项目建设 2019年，雁塔区以项目集中开工促进项目建设，参加西安市集中开工活动3次，集中开工项目17个，总投资153.9亿元。实行项目领导分包制度。制订年度计划，建立工作台账，由30名区级领导分别包抓112个重点项目，督导协调加快项目建设。加强与土地、环保、规划等部门沟通，缩减项目审批时间，为项目建设提供高效便捷服务。研判重点项目推进措施，解决项目建设中出现的难题和困难。制定《雁塔区优化营商环境降低企业运行成本专项整治活动方案》《雁塔区优化营商环境方便企业用电组专项整治活动方案》，明确工作职责，优化营商环境。严格执行《陕西省企业投资项目核准和备案管理办法》，对辖区内固定资产投资项目的核准和备案实行网上申报、预审、审批、网上下载批复结果。全年完成审批、备案项目148个，总投资581亿元。

◆商贸、旅游 2019年，雁塔区围绕加快商贸业发展，以节假日、消费促进月活动为载体，通过以会促销，以节带动，组织企业开展形式多样、内容丰富、主题鲜明的促销活动。组织开展“2019年雁塔区新春年货美食购物节”“2019西安雁塔金秋美食购物季”等系列促消费活动，培育消费热点，激发消费潜力，促进消费升级和区域繁荣。构筑“15分钟便民服务圈”社区商业体系，支持企业参与社区商业建设和连锁化经营，推进社区商业发展，新增各类社区商业网点105个。

开展旅游宣传促销和推介，组织辖区涉旅企业参加“2019西安丝绸之路国际旅游博览会”“2019中国西北旅游营销大会”“世界博物馆日”“中国旅游日”等宣传推介活动。整合文化旅游资源，推进“旅游+”和“+旅游”产业融合发展，推动雁塔区民宿经济发展、夜游经济发展以及推进雁塔区全域旅游发展。完成《全域旅游发展规划》《雁塔区民宿业发展规划》《雁塔区夜游经济发展规划》《雁塔区旅游市场》《雁塔区形象定位与营销推广规划》和《重点旅游产品策划》等专项规划编制。依托雁塔资源，策划举办“夏爽中国嗨西安”“秋染中国赏西安”等3个旅游品牌节事活动。加大旅游宣传力度。做好雁塔旅游微信公众号、雁塔旅游官方微博、雁塔旅游抖音媒体宣传，树立雁塔旅游品牌。加强旅游市场整治力度，打击和查处不法行为，整治旅游市场乱象，维护旅游市场秩序。出动执法人员1900余人次，开展联合整治行动20余次，驱离“黑车”140余辆，训诫、驱离“黑导”80余人次，保证旅游市场秩序良好。

◆教育 2019年，雁塔区推进“名校+”

雁塔区2019年经济与社会发展主要指标

指标	单位	数量	同比增长率（%）
地区生产总值	亿元	2271.01	8.0
地方财政一般预算收入	亿元	45.93	-5.1
地方财政一般预算支出	亿元	35.3	1.7
全社会固定资产投资额	亿元	—	4.5
社会消费品零售总额	亿元	—	5.6
规模以上工业增加值	亿元	—	11.0
实际利用外资	万美元	11450	6.3
实际引进内资	亿元	73.71	31.1
城镇居民人均可支配收入	元	48685	8.2

集团化办学，新组建金泰假日花城小学与北沈家桥小学等5个市级“名校+”教育联合体，至此雁塔区市级“名校+”联合体9个；制定《西安市雁塔区“名校+”工作方案》，组建30个区级“名校+”教育联合体，实现全区中小学“名校+”工程全覆盖。7—8月，雁塔区与长安大学投资近1000万元，对翠华路小学长大校区校舍环境、教学设施、校园文化进行提升改造；9月1日，翠华路小学长大校区顺利开学。对航天中学第一分校、航天小学第一分校和翠华路小学长大校区等3所学校，试点开展教育人事制度改革，扩大学校办学自主权。加强学前教育普惠发展，为57所民办普惠性幼儿园，发放省、市级奖补资金133.3万元。制订下发《雁塔区城镇小区配套幼儿园治理工作实施方案》，完成辖区城镇小区配套幼儿园情况摸底排查工作。组织开展雁塔区“幼小衔接”专项治理活动。举办雁塔区第六届幼儿园教师专业技能比赛。义务教育段落实控辍保学“七长”（县/市/区长、县/市/区教育局局长、乡/镇长、村委会主任、校长、家长、师长/班主任）责任制，完成辖区疑似失学儿童核查和劝返复学，雁塔户籍、特殊政策照顾类以及进城务工人员随迁子女入学登记工作。完成辖区民办初中招生面谈工作。推进高中新课程改革，陕师大附中、航天中学、西安电子科技大学附中、唐南中学等11所学校，入选西安市新课标、新高考教学研究基地学校。组织开展2019年职业教育活动月活动，参与学校8所，覆盖学生96%以上。开展教师业务能力“梯次式”培训，完成各级各类教师业务培训5000余人次。新涌现陕西省特级教师3人，陕西省教学能手、学科带头人18人；西安市“西安之星”“最美教师”“模范教师”等20人，西安市教学能手107人；“雁塔名校（园）长”10人，“雁塔名师”55人，雁塔区教学能手、学科带头人150人。开展各类科普活动，承办陕西省2019年“大手拉小手，放飞科学梦想”红领巾少年科学院夏令营示范活动暨周至红领巾雁塔科普行、西安市社区科普大学2018年度总结表彰大会暨2019年度开学典礼，组织开展雁塔区第二十七届“科技之春”宣传月、全国科普日、雁塔区第三十四届青少年科技创新大赛和第三十五届青少年科技创新大赛、科普讲座等380余次讲座及赛事活动，266项作品获得省、市级奖项。新建科普E站11个，明德门北社区、兴科社区、田家湾社区等5个社区获得“西安市社区科普益民计划项目实施单位”称号。雁塔区获第三十四届青少年科技创新大赛、第二十七届“科技之春”宣传月省级优秀组织奖、市级优秀组织奖。

2019年7月6日，雁塔区举办“大手拉小手，放飞科技梦想”红领巾少年科学院夏令营示范活动，在陕西省自然博物馆组织开展野生动植物资源保护宣传

◆文化、体育　2019年，雁塔区围绕“西安年·最中国”“春满中国醉西安”主题，推进“旅游+文化”产业融合发展，先后举办系列活动27场，“送春联进万家”活动56场。举办“雁塔祈福”、“2019年第三届雁塔樱花季活动”、“5·18”国际博物馆日、中国旅游日、“博物馆之夜”、“爱鸟周”主题活动、“博物馆进学校”宣讲等“旅游+”主题活动；举办雁塔区“书画扶贫万里行”新春书画展、“三八”女艺术家美术作品展、“文化和自然遗产日”非物质文化遗产宣传展、2019雁塔区农民歌手大赛、“欢乐百姓、舞动幸福”2019雁塔区广场舞大赛及14场“周末大家乐”等各类惠民活动351场。开展公益性山水画培训、太极培训、声乐培训、摄影讲座等各种公益性讲座培训活动28次。开展文化行业大检查、大排查、大整治等活动，加强互联网上网服务营业场所、出版物交易市场、中小学校周边地区书店、书摊、租书店等出版经营单位日常监管，组织开展各类文化市场执法检查行动700余次，清理检查各类文化市场经营场所及印刷、复制企业150余家（次），责令停业整顿违法、违规文化经营场所40余家。

组织春节大拜年趣味运动会、2019春季门球赛、庆“三八”门球赛、2019年雁塔区全民健身运动系列赛围棋比赛、2019陕西体彩陕西省群众足球三级联赛乙级联赛（西安雁塔赛区）的比赛等活动，组队参加第二届大西安“农民节”趣味运动会、“蓝花杯”全国门球邀请赛。组织参加西安市2019年排球、田径、羽毛球、武术套路、柔道、跆拳道、国际跤等9项单项年度锦标赛，获团体第一名3个、第二名6个、第三名3个。在西安市体育传统项目学校评估中，雁塔区8所学校获奖。

◆卫生　2019年，雁塔区按照陕西省、西安市分级诊疗工作部署，提升医疗服务能力，推进分级诊疗制度建设。建设雁塔区城市医疗集团，制定双向转诊标准，落实上级专家下沉坐诊制度。二、三级医院下沉专家坐诊2580次，接诊病人16206人次，社区卫生服务中心接诊患者373469人，基层首诊量明显增加。建立基层医疗机构人才培养机制，有50余名基层医务人员到二、三级医院进修。建立三级服务团队机制，组建41个三级服务团队。培育医养结合试点，培育医养结合市级试点单位2家、区级试点单位2家。加强医疗服务管理，对各医疗机构开展“雁塔区民办医疗机构专项整治行动”“雁塔区民办医疗机构联合检查工作”“雁塔区卫生系统行业作风整治专项行动”集中整治3次，现场检查医疗机构128家，下达“监督意见书”67份、“医疗机构不良执业行为记分通知书”59份，立案调查55件，处罚59家，约谈医疗机构法人17人，停业整顿2家，处罚金额438322万元，没收违法所得2640元。加强卫生执法监督管理，做好传染病防治、公共场所卫生、生活饮用水卫生、学校卫生等综合监督工作。建立打击非法行医联动机制，查处非法行医场所98家，出动执法人员1365人次，出动车辆224台次，罚款金额81100元，没收金额22322元，没收药品64箱，没收器械2箱286件，张贴打非公告118张，移交公安机关9起。查处医疗机构案件80起，罚款金额403800元，没收违法所得22436元。

◆劳动就业和社会保障 2019年，雁塔区开展各类招聘会宣讲就业、创业政策，发放各类宣传资料2万余份。组织举办“就业援助月”“春风行动”“百万大学生留西安”“民营企业招聘周”和对周至专场扶贫为主题的招聘会80余场，组织参会单位1600家（次），提供就业岗位超过8500个，现场达成初步就业约1700余人，全年提供公共就业服务2.5万人次。激发市场活力，发放小额贷款138笔4983.6万元。帮扶138余人实现自主创业，带动就业340余人。实现城镇新增就业12108人，完成年目标任务的105.01%；失业人员再就业4338人，完成年目标任务的108.99%；城镇登记失业率为3.24%。开展就业技能、创业、劳动预备制、企业职工岗位、新型学徒制等培训，开办各类培训班62期，培训学员2609人。培育各类创业孵化基地5家，带动就业1500余人。城乡居民基本养老保险参保登记4.46万人，参保率99%以上，领取养老保险待遇人数2.15万人，累计发放养老金4431.54万元，待遇发放率100%。失业保险参保10.12万人，工伤保险参保15.46万人，失地农民养老保险参保登记5.22万人，领取待遇人数2.22万人，待遇发放率100%。机关事业单位养老保险参保353家，参保10880人。加大降低社会保险费率政策宣传，审核申请降低社会保险费率企业391家，向符合条件的174家企业拨付稳岗补贴资金255.8万元。为39家困难企业拨付稳岗资金1561.02万元，促进辖区企业稳定发展。

（胡翠美）

中共雁塔区委、人大、政府、政协、纪委

区委书记 赵小林
副书记 赵雷 曹宇
区人大常委会
主任 刘崇利
副主任 王新利 王效梅（女，回） 翟蒲娣（女） 王璞
区长 赵雷
副区长 贺瑞林 张秦（女，11月止） 贠孝民 岳智宏 吕东国 张武 马惠民（12月始） 丛培良（挂职，4月止） 陈晓雄（挂职）
区政协主席 史青（女）
副主席 王宝成 王春荣（女） 李小红 任睿娥（女） 朱红斌

阎良区

◆概况 2019年，阎良区辖7个街道办事处、27个居民委员会、73个行政村，土地面积244.5平方千米，耕地面积1.52万公顷，城市建成区面积30.92平方千米，建成区绿化覆盖率39.57%。年末，常住人口30.45万人，城镇化率57.9%。全体居民人均可支配收入29682元，比2018年增长8.8%。其中，城镇居民人均可支配收入40631元，增长8.5%；农村居民人均可支配收入15808元，增长9.6%。

◆农业和农村经济 2019年，阎良区农林牧渔及服务业总产值48.9亿元，比2018年增长5.0%。其中多种经营产值41.38亿元，增长5.5%。蔬菜种植面积1.01万公顷，增长0.5%；甜瓜种植面积4540公顷，增长0.9%。全年粮食产量11.5万吨，其中夏粮5.58万吨，秋粮5.92万吨。蔬菜产量74.07万吨，增长7.0%；甜瓜产量25.84万吨，增长2.6%。阎良区纳入国家首批城乡融合发展试验区范围。成功举办第3届国际奶山羊产业发展大会，成立区羊乳产业协会，阎良区获“世界羊乳之都”称号。建成西农大阎良现代农业试验示范站，推广新技术10个、新品种28个，发展设施农业91.67公顷，提升市级以上农业园区3个，建成标准化基地1个，认证绿色产品1个，成功创建国家精品瓜果标准化示范区。“阎良甜瓜”地理标志证明商标启用。建成首个ET“农业大脑”管理平台。创建市级电子商务示范街办5个，特色农产品线上销售额达1.8亿元。培育职业农民200人，创建市级以上农民专业合作社2个。农村产权制度完成清产核资，股份经济合作社实现全覆盖。

◆工业 2019年，阎良区规模以上工业总产值372亿元。其中，区属101亿元，比2018年下降3%；航空基地67亿元，增长18.4%。阎良区规模以上工业增加值增长5.9%。其中，区属增长0.1%；航空基地规模增长14.6%。区属规模以上工业企业主营业务收入79.3亿元，下降1.9%。实现利润总额4.03亿元，下降23.2%。持续深化军民融合发展，为驻区单位、航空基地征地156.27公顷、拆迁383户。建立军民融合企业培育库，27家企业被认定为市级军民融合企业。区属工业稳步发展，中铁二十局电动挖掘机正式下线，百跃集团智能制造等18个项目加快建设，新引进发动机研发制造、汽车底盘零部件生产等6个工业项目。出台促进工业企业发展支持政策，设立2000万元发展基金，争取专项扶持资金2500万元。亿利华弹簧、飞宇航空成为上市挂牌后备企业。为178家企业申办失业保险稳岗返还2538万元，清欠民营中小企业账款1.16亿元。清理批而未供土地66.67公顷。全年新增科技小巨人企业5家、科技型中小企业30家、规上工业企业5家。

◆招商引资 2019年，阎良区引进5000万元以上重大项目10个，其中工业项目3个。阎良区（含航空基地）招商引资

阎良区2019年经济与社会发展主要指标

指标	单位	数量	同比增长率（%）
生产总值	亿元	255.06	5.9
地方财政一般预算收入	亿元	7.01	-27.4
地方财政一般预算支出	亿元	22.49	3.5
全社会固定资产投资额	亿元	—	-8.0
社会消费品零售总额	亿元	—	10.1
规模以上工业增加值	亿元	—	5.9
实际利用内资	亿元	69.93	—
实际利用外资	万美元	3360	—
城镇居民人均可支配收入	元	40631	8.5
农村居民人均可支配收入	元	15808	9.6

实际到位资金406.5亿元，比2018年增长9.7%。制定“四图四库一册”，精准展示阎良产业、资源优势。聚焦军民融合、生态环保、航空产业等领域，主动出击叩门招商，锁定目标客商精准对接30余次。实行招商项目联评联审，“一企一议”制定优惠政策，收获合同项目32个、过亿元项目6个，引进外资企业2家。金信天钛、昇兴易拉罐建成投产，盒马鲜生智慧养殖、和能装配式智能制造等4个项目达成意向。区内、区外2个企业孵化服务中心成为招商引资新平台，苏宁易购（西北电商总部）等63家企业相继入驻。深入推进相对集中行政许可权改革，划转15个部门158项行政审批事项，“一枚印章管审批”取得实质突破。新政务中心建成投用，790个事项全面进驻，“最多跑一次”事项占比94.7%。全面推行“一网通办”，97.9%的政务服务事项实现“网上办”，在陕西省率先推出交管服务事项下沉派出所，创新推行政务服务“10+”模式，群众办事更加方便。持续深化商事制度和工程审批制度改革，推行容缺办理、多评合一，企业开办时限平均压缩到3个工作日。全面落实减税降费政策，累计减免税费4.1亿元，市场主体增长8.47%。

◆重点项目建设　2019年，阎良区固定资产投资比2018年增长3.9%。其中，第一产业投资下降5.3%；第二产业投资下降1.4%；第三产业投资增长31.4%。改制成立区城投集团，以市场主体身份参与15个项目开发。抢抓政策窗口期，成功发行城棚改专项债1.5亿元，实现融资1.3亿元。科学运用PPP、EPC等模式，融集社会资本1.9亿元，石川河综合治理、农村污水管网项目顺利推进。25项市级重点项目超额完成年度计划任务，90项区级重点项目完成投资81.6亿元。试飞院雷达站迁建项目用地顺利移交，西飞C919飞机中机身项目完成生产交付，新舟700飞机大部件总装下线，军民融合发展的基础更加坚实。完成近10年来拆迁规模最大的综合保税区（一期）用地保障任务，确保项目封关运行。新一轮城市国土空间规划加快编制。西延高铁、西韩城铁开工建设，西禹高速扩能改造即将启动，关中环线迁改、西阎快速路、阎良至机场城铁纳入上级规划。供水复线工程全线贯通，凤凰广场完成改造提升，“航程印记”广场建成开放，新建城市绿道18千米，新增城市绿地8.7万平方米。“三改一通一落地”加快推进，延凤小区改造全面完成，26个小区“三供一业”改造有序实施，铁专东路全线打通，提标改造人行道6千米，新增公共停车位503个，新建改建公厕21座，5条道路、18处重要节点外立面完成整治。航空智慧新区基础设施不断完善，航博大道、综合管廊启动建设，3条骨干道路完成绿化亮化提升；石川河滨河路与富平段连接贯通，下游段整治加快实施。三四七区棚户区改造项目征收补偿安置协议签订达到84.7%，西六区拆除及安置楼建设快速推进，安芦棚户区改造加快实施，人民西路完成改造提升，振兴路立交建成通车。新兴跻身市级重点培育镇，关山、武屯23个“重点镇建设项目”全面完成。

◆商贸、旅游　2019年，阎良区批发和零售业增加值10.01亿元，增长6.6%；营利性服务业增加值12.3亿元，增长10.6%；非营利性服务业增加值67.52亿元，增长5.5%。全年新增限上商贸企业7家、规上服务企业4家，服务业增加值增长5.6%。《全域旅游发展规划》编制完成。成功举办首届航空旅游推介会、“飞翔梦”航空嘉年华，功勋飞机园建成开放，飞鹰亚太等民企成为航空旅游新秀；羊乳工业旅游闪亮登场，秦龙乳业旅游园成为国家AAA景区；秦汉栎阳城遗址考古被央视等30余家媒体报道，“改革第一都”的知晓率和影响力不断提升。成功申办2020年首届轮滑亚洲杯赛、国家级滑板俱乐部联赛（陕西赛），高水平举办全国门球赛、西安路跑联赛（阎良站）等大型赛事38场次，开展甜瓜节、山东移民文化节等旅游节会，打造市级乡村旅游示范村2个，吸引游客850万人次，全年实现旅游总收入11.2亿元。引进永辉超市、艾朵精品酒店等知名品牌6家，航华梦想城、中航城市广场人气攀升。区融媒体中心即将投用，新华书店阎良书城、润泽未来书城建成开放。

◆教育、科技、卫生　2019年，阎良区全面启动基础教育提升3年行动，新阎良一中等7所学校主体建成，新组建市级“名校+”教育联合体4个、“名师+”研修共同体7个，中高考成绩位居全市前列，成功创建省级社区教育示范区。

阎良区（含航空基地）有高新技术企业77家，规模以上工业研发经费投入强度4.62%。建设标准化创业中心5家。

阎良区中医医院迁建、阎良区妇幼保健中心改扩建顺利推进，建成西安市首家农村家庭医生工作站，常态化开展“航空城健康卫士”活动。扎实开展药品采购试点，公立医院25种药品平均降价52%。

◆劳动就业和社会保障　2019年，阎良区民生支出17亿元，占财政总支出的80%，24项惠民实事完成投资3.9亿元。城镇新增就业8473人，城镇登记失业率控制在3.23%以内，发放创业担保贷款5240万元。启动12万平方米保障性住房建设，商品房均价增幅控制在5%以内，妥善处置帕提欧、锦都鑫苑2处烂尾楼。新建社区养老日间照料中心2个、农村幸福院7个，新增养老床位255张，区中心敬老院获陕西省3星级供养服务机构称号。认真落实退役军人服务政策，残疾人辅助器具实现“应需尽配”，发放城乡社保资金2.65亿元。

（阎良区方志办）

中共阎良区委、人大、政府、政协、纪委

区委书记　王育选
副书记　苟继东　于海夫
区人大常委会
主任　刘宗峰
副主任　于莉（女）　孙晓雷
　车振江　黄晓民
区长　苟继东
副区长　权利军　樊增文
　舒元华　张红花（女）
　满杰　董海峰
　陈永安　贺莉莉（女）
区政协主席　张军
副主席　何彧　李小刚
　沈沛兰（女）
区纪委书记　卫志强

临潼区

◆概况　2019年，临潼区辖23个街道办事处，面积915平方千米。常住人口70.04万人，户籍人口73万人，其中城镇人口23.94万人，城镇化率35.4%，人口出生率10‰，人口自然增长率5.6‰。有少数民族33个，共1709人。全年空气质量优良天数240天，比2018年增加33天。

◆农业和农村经济　2019年，临潼区牢筑农业根基，划定粮食生产功能区，粮食产量西安市第一。粮食播种面积6.67万公顷，总产量33.26万吨；蔬菜产量53.12万吨；水果产量7.83万吨；肉类总产1.60万吨；禽蛋总产1.25万吨；奶类总产5.19万吨。新增市级现代农业

示范园2个，截至年底，市级现代农业园区15个，省级现代农业园区2个。实施石榴产业东进南扩战略，新增种植面积200公顷，新建标准果园1个（茂林种养殖专业合作社）、观光果园1个（石榴红生态科技园），石榴种植系统入列第五批中国重要农业文化遗产名单。临潼特产火晶柿子爆红网络，销量红火。新建标准化青贮窖验收22家24个32748.3立方米，粮改饲收储带棒青贮玉米22.94万吨。验收31个养殖场畜禽粪污无害化处理项目。落实各项政策性农业保险补贴，其中小麦、玉米保险面积6万公顷，补贴保费365.5万元。测土配方施肥推广面积6.53万公顷，制定测土配方6个。各类农作物病虫害累积发生面积8.73万公顷，防治面积7.47万公顷。农村集体产权制度改革通过国家验收，街道产权交易中心实现全覆盖，村级交易中心建成率93%。农村绿化163公顷，实施通村公路“油返砂”整治工程50.9千米。投资7892万元，提升改造农村无害化户厕15030座。创建市级美丽庭院30户，市级美丽庭院示范户3户。

◆工业 2019年，临潼区实施“工业强区”发展战略，着眼补齐工业短板，优化营商环境。全区工业增加值57.07亿元；新增规模以上工业企业11家，规模以上工业企业共81户；规模以上工业总产值237.48亿元；规模以上工业增加值48.76亿元；规模以上工业企业R&D（研发经费支出与销售收入的比例）投入强度1.193%。工业投资16.62亿元，青岛啤酒等23个工业项目开工建设。工业技改投资2.11亿元。军民融合企业7户，军民融合产业产值50多亿元。非公有制经济增加值108.12亿元，占全区生产总值的44.6%。陕西永鑫纸业包装有限公司、西安宏兴乳业有限公司两家获得市级工业发展专项（工业技改）资金319.2万元，西安建构实业有限公司等14家企业获市级专项（快速发展）计划奖励550万元，西安宏兴乳业有限公司获得省级工业转型升级专项资金奖励180万元，西安标准工业股份有限公司获得技术中心认定奖励30万元；以市场为驱动，以创新为引擎，主动发力服务型制造的“陕鼓模式”陕西省推广。

◆招商引资 2019年，临潼区采用以商招商、产业链招商、商会招商等方式，实际引进内资71.71亿元，实际利用外资3680万美元。召开招商引资联席会议5次，研究项目25个。区级领导带队外出招商推介、考察活动8次，随西安市投资合作局赴德国、荷兰开展境外招商活动1次。接待来临客商78批次，520余人。在第四届丝绸之路国际博览会暨中国东西部合作与投资贸易洽谈会期间，签约项目34个，总投资701亿元。引进恒大、海尔集团等6个世界500强企业。围绕青岛啤酒、依必安派特等龙头企业，进行产业招商，引进福建福贞、西安绚丽环保等配套项目，形成供需上下游规模效应。编印《临潼区招商指南》（中英文版），制作临潼区招商引资宣传推介视频（中英文版）。深化“放管服”改革，取消24个审批事项，693个事项纳入全市“一网通办”，503个行政审批事项实现政务大厅集中办理。新增市场主体29343户。开展“营商环境提升年”活动，减税降费2.4亿元，清理民营企业、中小企业账款6252.81万元，营商环境进一步优化。

◆重点项目建设 2019年，临潼区级重点在建项目98个，总投资780亿元，年计划投资166亿元，实际投资143.37亿元，占年计划投资任务的86.37%。市级重点在建项目14个，总投资177亿元，年计划投资47.52亿元，实际投资47.6亿元，占年计划投资的100.17%。其中基础设施类项目23个，文化旅游类项目4个，工业类项目28个，商贸类项目31个，生态类项目8个。临潼区地铁9号线9座站体全部封顶，国道310二期竣工验收，建成人民路地下综合管廊，改造老旧小区4个。

◆商贸 2019年，临潼区社会消费品零售总额64.77亿元，比2018年增长5.2%；进出口贸易总额9亿元。新增限额以上商贸企业8户、大个体8户。加大“15分钟便民服务圈”建设力度，新增连锁品牌便利店10家。参加第二届中国国际进口博览会，举办“以贸促投、互利共赢，美丽临潼、未来可期”推介会，会上签约3个项目，签约资金18.2亿元。西安银桥乳业（集团）有限公司、西安秦大大农业科技有限公司参加“2019年全国农产品（延安）产销对接活动”。

◆旅游 2019年，临潼区推动文旅融合，与携程旅行网、抖音短视频建立合作，推广“国际级景区、五星级服务”“奇迹临潼、大爱之城”临潼旅游形象。文化旅游产业亮点纷呈，全区服务业增加值135.52亿元，比2018年增长5.6%。全年接待游客1386.63万人次，旅游总收入313.69亿元，被文化和旅游部确定为首批“国家全域旅游示范区”，文物保护利用经验在全国博物馆馆藏资源授权峰会上交流。推进“旅游+”模式，举办“春享西安·桃醉临潼”“中国·临潼石榴节”“第十届中华七夕情人节”“第五届大学生登山节”等文化旅游活动；提升《长恨歌》和《12•12》演出项目品质，演出创收21735万元；儿童剧《我们是秦俑》公演10场，观众场场爆满。不断研发文创产品，秦始皇帝陵博物院研发文创产品获2019年西安丝绸之路国际旅游博览会“最佳人气奖”“最佳创意奖”、2019西北旅游文创大会“最佳文创奖”；兵马俑手办“王的士兵”产品，600件上线2小时全部订购；华清文创“唐舞马”系列旅游商品获“陕西旅游商品大赛银奖”。加强旅游基础设施建设与管理，开通兵马俑—鸿门宴摆渡车游客免费线路，每天发车20余趟，日平均摆渡游客800—1000人次。建成兵马俑景观绿化广场，绿化12.7万平方米，铺设广场道路3.7万平方米，建设绿色道路1.6千米。在旅游景区新建、改造景区厕所9座，乡村旅游厕所11座。推进高品质酒店建设，建成盛唐长安酒店项目主体工程。在秦始皇帝陵博物院北侧建成游客服务中心，开展旅游咨询、信息发布、投诉受理、导游预约、旅游停车等服务。建立旅游市场“黑名单”管理制度，对于严重失信责任主体

临潼区2019年经济和社会发展主要指标

指　标	单　位	数　量	同比增长率（%）
地区生产总值	亿元	242.69	7.5
地方财政一般公共预算收入	亿元	13.16	-2.0
地方财政一般公共预算支出	亿元	45.82	5.0
全社会固定资产投资额	亿元	169.95	-12.5
社会消费品零售总额	亿元	64.77	5.2
规模以上工业总产值	亿元	237.48	12
城镇居民人均可支配收入	元	30810	8.3
农村居民人均可支配收入	元	14659	9.7

实施惩戒；开展“百日整治”“暑期整治”“秋冬会战”等专项活动，查处违规导游186人次，抓获“黑导、野导”305人次，拘留155人次，行政处罚113人，查扣非法营运车辆131台；下发停业整改通知书6份，案件移送函9份。受理旅游投诉案件180起，比2018年下降26%。区旅游购物退货监理中心，处理游客退货案件61起，下降50%。

◆教育 2019年，临潼区有幼儿园199所，小学105所，普通初中26所，普通高中7所，职业高中4所，特殊教育学校1所。教育支出105568.64万元。制订并启动基础教育提升“三年行动计划”，新增学位4320个。“全面改薄”工程投资6369万元，改扩建8所学校，总建筑面积40053平方米，9月全部投入使用。第三期学前教育行动计划公办园建设项目投资5512万元，改扩建幼儿园1所，新建公办幼儿园3所，总建筑面积16000平方米，普惠幼儿园138所。东关幼儿园和芷阳新苑幼儿园被教育部授予“全国足球特色幼儿园”。营养改善计划覆盖全区所有义务教育阶段学生，惠及166所学校、58124名学生。持续推进文明校园创建工作，现有3所省级文明校园、13所市级文明校园。推进教育教学改革，组建2个市级“名校+”教育联合体，23个区级“名校+”教育联合体。推行中小学校长聘任制工作，聘任61名中小学校长。招聘优秀研究生9名，接收25名免费师范生，招录教师139名。教学水平不断提升，1人被评为“全国优秀教师”，2人被评为“陕西省教学能手”，1人被评为“陕西省特级教师”，2人被评为“陕西省优秀教师”，2人被推荐为陕西省第六批学科带头人，42人被评为“西安市中小学教学能手”，1人被授予“西安之星”（教育领域）称号，1人被授予“西安最美教师”称号。临潼区被教育部确定为“全国青少年校园足球试点区（县）”。

◆科技 2019年，临潼区科技工作重点培育科技小巨人企业，推进大众创业，万众创新。全区高新技术企业31家，新增科技小巨人企业9家，新增科技型中小企业评价入库30家。申报科技计划项目12项，争取资金49万元。选聘市级科技特派员15名，为农民提供技术培训220余次，培训农民20000余人次，转化农业科技成果12项，推广先进实用农业技术39项。全区35家众创载体，投入运营面积87.918万平方米，入驻小微企业620家，在孵企业总人数3991人。组织渭北光机电产业研发基地、吉米特3D打印机、中洁等企业参加“2019年全国大众创业万众创新活动周西安会场暨西安国际创业大会”；西安丹若尔石榴酒业有限责任公司、西安迪博电子器件有限责任公司参加第十四届中国西安国际科学技术产业博览会；陕西鼓风机（集团）有限公司、西安银桥乳业（集团）有限公司参加2019年西安市数字博览会。陕西鼓风机（集团）有限公司“冶金余热余压能量回收同轴机组（BPRT、SHRT）应用技术”被IPEEC评为国际“十大节能技术和十大节能实践”项目；BPRT产品荣获“捷克布尔诺国际展览会金奖”“2019年世界制造业大会创新产品金奖”；“分布式能源互联岛”入选国家双十佳目录；陕鼓动力轴流压缩机获中国制造业单项冠军产品。

◆卫生 2019年，临潼区有各类卫生机构527家，卫生技术人员3564人，医疗床位2934张。建成医疗共同体3个，医疗质量控制中心6个，运行智能健康管理中心4家，预防接种数字化门诊28家。编制《健康临潼2020—2030行动方案》，优化医疗资源分布，“15分钟健康服务圈”初步建成。建设秦皇医院和西安交通大学第二附属医院渭北综合医院。智慧医院“城市一卡通App”项目在临潼区人民医院建成并投入使用，临潼区中医院和区妇幼保健院基本建成。“互联网+社区医疗移动支付”项目，在基层卫生院、社区卫生服务中心建成，可使用线下支付宝支付功能。加大基本公共卫生服务力度，开展“巡回医疗”基层行活动，对小金、穆寨、东岳、土桥、仁宗街道等交通不便偏远地区群众，特别是贫困群众和重点群众提供上门体检诊断、送医送药、建立健康档案、大病规范管理及家庭医生签约服务。优化家庭医生签约服务组建137支家庭医生服务团队，常住人口签约226122人，新增、续约40141人，常住人口居民电子健康档案建档率95%，居民健康知识普及率和知晓率90%。人均基本公共卫生服务经费补助标准提高到69元。实施妇女儿童健康水平提升工程，定期举办妇女儿童健康知识讲座，开课100余期。开展健康义诊，受益群众3万人次。“母亲健康工程”免费检查65147人。“两癌”（宫颈癌、乳腺癌）筛查项目，宫颈癌筛查9617例，乳腺癌筛查9752例，查出患者随访率100%、治疗率100%。国家孕前免费优生健康检查项目检查6548人，受检群众优生知识知晓率100%，优生咨询指导率95%以上。孕产妇和0—6岁儿童健康管理项目全区活产数3900人，早孕建册3784人，建册率97%；产妇产后访视3799人，访视率97%；高危产妇342人，高危管理率100%。全年创建健康家庭900户，免费婚前医学检查685对1730例。儿童免疫规划疫苗接种率达99%以上。儿童口腔疾病综合干预项目，覆盖学校46所，口腔检查人数578人，窝沟封闭人数576人，窝沟封闭牙数2048颗。改革计划生育服务证制度管理，完善“一次登记、全程服务”信息系统，办理生育登记1.95万例，承诺办证700余例，网上预约办证427例，发放独生子女父母光荣证1.86万例，再生育审批513例。创建市级计划生育精细化管理街道3个，创建市级幸福家庭示范街道3个。建立完善老龄健康服务体系，免费办理老年人优待证2477个，65岁及以上老年人免费健康体检4.45万余人，高血压患者累计建档5.05万人，糖尿病患者累计建档1.65万人。打击非法行医，依法查处，取缔无证行医机构68家，行政处罚8家、罚款金额48100元，没收药品3箱、器械10件，拆除违规医疗广告牌10块，向公安临潼分局移送案件6件。

◆劳动就业和社会保障 2019年，临潼区基本医疗保险参保人数68.63万人，城乡居民基本养老保险参保人数33.99万人，失业保险参保人数3.41万人。建成农村互助幸福院21个，社区居家养老服务站3个，新建民办养老机构1个，新增养老床位642张，发放高龄补贴4224.36万元。开展“就业援助月”“春风行动”“网络招聘月”“贫困劳动力专场招聘会”等各类大型招聘活动10余场，参加企业500余家，提供就业岗位10000余个，新增就业8666人，城镇登记失业率控制在4.0%以内。开展手工编织、果树栽培、种植养殖等特色专业培训80余期，就业培训1760人，农民工技能培训2895人。建设就业创业基地，建成乡镇级标准化创业中心4家，在建区级标准化创业中心1家，新创建信用乡村1家，认证发展大学生见习基地8家。发放创业贷款158笔1540余万元，回收贷款106笔894余万元。发放城乡居民基本养老金2.3亿元，发放被征地农民养老保险金0.38亿元，发放企业职工养老保险金7.69亿元，发放机关事业单位养老保险金4.6亿元。机关事业养老保险试点期间，清退个人账户资金1.75亿元。从5月起，上调失业保险金标准至1620元/月。新征机关事业单位职业年金 5300 万元。“援企稳岗护航行动”审批新申请企业 64 户，发放稳岗补贴 592 万元，惠及企业职工 8328 人。落实《西安市 D（E）类人才认定办法（试行）》，全年认定 D 类人才 73 人，E 类人才 442 人。全区享受国务院特殊津贴专家 1 人，省级突出贡献专家 1 人，市级突出贡献专家 3 人，市级学术带头人培养人选 3 人，市级农村拔尖人才 16 人。成立临潼区根治拖欠农民工工资整改工作专班，检查在建项目工地 100 余家，建立农民工工资代发银行专户 32 家，收缴农民工工资 1952 万元。处理群体性讨薪事件 61 起，为 2454 名农民工讨回工资 5552 万元。劳动监察、仲裁一体化联合接待群众劳动权益方面政策咨询 5600 多人次，立案受理案件 202 件。推进医疗服务制度改革，落实国家组织药品集中采购和使用试点工作、配送及结算管理政策，全区所有医院纳入“4＋7”药品带量采购范围，所有公立医院实行药品零差价销售。辖区内所有开展住院业务的机构开通农村居民慢性病直报业务，城乡居民门诊慢性病病种由原来的 21 种增加到 38 种，同时简化Ⅱ、Ⅲ度大骨节病和中、重度氟骨症患者申报手续。增加慢性病直报医疗机构：陕西航天医院、西安 141 医院、西安市和平中医院、唐城医院。推出异地就医“报销不求人”举措，为参保群众异地就医结算提供便利条件，417 医院、临潼区人民医院已接入全国异地结算系统。办理异地报销 101 人，报销费用 35.74 万元。受理医疗救助申请 3004 例，救助 2965 人，发放救助资金 829.2 万元。（马慧贤）

中共临潼区委、人大、政府、政协、纪委

区委书记　王　浩
副书记　黄　可
区人大常委会
主　任　李晓明
副主任　张亚林　房安宏
　叶苦战　宁掌珠（女）
区　长　黄　可
副区长　王海成　杨　兵
　邹　林（女）　刘春来
　徐　毅　高少军
　霍炳男（挂职）
区政协主席　吴昌育
副主席　丁永光　李建强
　刘　朋　杨小妮（女）
　熊　捷（女）
区纪委书记　胡广乐

长安区

◆概况　2019 年，西安市长安区辖街道 16 个、社区 84 个、行政村 232 个，总面积 1179.64 平方千米（不含移交西咸新区、高新区托管部分），年末常住人口 106.42 万人，户籍总人口 104.52 万人，其中城镇人口 53.03 万人、乡村人口 51.49 万人。

◆农业和农村经济　2019 年，长安区全面推行粮食绿色高质高效创建、“一喷三防”、测土配方施肥技术和土地代管模式，促进粮食单产提高，保证总产稳定增长。全区粮食播种面积 3.08 万公顷，总产 13.42 万吨，比 2018 年增长 2.6%，其中夏粮 7.40 万吨、秋粮 6.02 万吨。实施“菜篮子”工程，全年蔬菜种植面积 6519 公顷，设施蔬菜面积 2358 公顷，总产量 20.14 万吨。果树总面积 2340 公顷，鲜桃、葡萄、樱桃、猕猴桃面积 1486 公顷，占果树总面积的 64%。花卉观赏苗木种植总面积 1200 公顷，总产值 10 亿元，形成鲜切花、盆栽花卉、观赏花木、花卉种苗、绿化草坪等 5 个大类、240 余个品种产业格局。聚焦城郊型农业，恢复王莽、王曲水稻种植 66.67 公顷，重振“桂花球”大米品牌，让“老西安”味道重回市民餐桌；做强花卉、草莓、鲜桃等特色产业，农业增加值完成 32 亿元，增长 5%。全区农业增加值、农村居民可支配收入等 7 项市考指标。先后获陕西省人居环境整治示范区，西安市农产品质量安全工作先进单位、西安市职业农民培育工作先进集体等荣誉。陕西省农村生活垃圾收集转运处置现场观摩会、西安市人居环境现场会等 8 场省市级现场会在长安举办，中央、陕西省、西安市媒体对长安区花园乡村宣传报道 80 余次，重庆、贵州等多个省、市来长安观摩交流。

◆工业、建筑业　2019 年，长安区全年实现工业增加值 469.5 亿元，比 2018 年增长 13.1%，其中规模以上工业增加值增长 13.4%。全年全区完成规模以上工业总产值 1492.32 亿元，增长 6.11%。其中，轻工业总产值 93.45 亿元，下降 1.3%；重工业总产值 1398.87 亿元，增长 17.5%。规模以上工业企业产品产销率 85.9%。区属规模以上工业企业主营业务收入 28.66 亿元，增长 8%。实现利润总额 3.94 亿元，增长 19.4%。分行业看，六大高耗能行业工业总产值 50.7 亿元，下降 14.5%，产值占全区规模以上工业总产值的 3.4%。

全年建筑业完成产值 242.47 亿元，增加值 78.12 亿元，增长 17.1%。区属具有资质等级的总承包和专业承包建筑业企业实现总产值 31.95 亿元，其中国有及国有控股企业完成产值 10.74 亿元，签订合同额 7.03 亿元。

◆招商引资　2019 年，长安区修订招商引资项目管理办法，突出“亩均效益”，让大项目、好项目汇聚长安。开展产业招商、精准招商，丝博会签约清水湾温泉度假区、中粮千禧国际社区等项目 20 个，签约额 1213.7 亿元；建立健全招商引资制度机制，开展点对点招商，出台《长安区招商引资项目管理办法（试行）》，编制优惠政策大礼包，27 个总部经济项目洽谈入区；首次组团参加第二届中国国际进口博览会，37 家企业采购总额 3.8 亿元，超额完成计划任务的 81%。

◆重点项目建设　2019 年，长安区坚持重点项目推进周例会、月观摩、季开工制度，创新开发“项目审批掌上通”App，解决手续办理等问题 290 余个。28 个市级重点在建项目完成投资 101.6 亿元，完成年任务的 125%；142 个区级重点在建项目完成投资 193 亿元，完成年任务的 102%。长安产业新城项目列入全国

长安区 2019 年经济与社会发展主要指标

指　标	单　位	数　量	同比增长率（%）
地区生产总值	亿元	1001.21	8.2
地方财政一般预算收入	亿元	20.8	-14.6
地方财政一般预算支出	亿元	50.47	11.4
全社会固定资产投资额	亿元	916.49	32.9
社会消费品零售总额	亿元	—	4.5
规模以上工业增加值	亿元	—	13.4
城镇常住居民人均可支配收入	元	42051	8.1
农村常住居民人均可支配收入	元	15928	9.7

PPP项目综合管理库，总投资1417亿元的长安大学城梦想小镇、中国唐村农业公园等六大片区项目加快推进。

◆“三园”建设　2019年，长安区提出“三三三”发展思路目标（“三个战略”：生态立区、文化兴区、校地融合。“三园”建设：把大学城建成国际一流、创新创业乐园，即乐园大学城建设；把城市建成山水相依、宜居宜业公园，即公园城市建设；把乡村建成三产融合、和谐美丽花园，即花园乡村建设。“三区创建”秦岭山水首善区、科教文化首善区、医疗康养首善区）。“三园”建设是“三三三”发展思路目标的重要组成部分之一，从校地融合、创新驱动、建管并举、综合施策方面推进“三园”建设，提升城乡面貌。

乐园大学城建设　长安区建立“1+10”校地融合联席会议制度，签订区级和部门层面合作框架协议36个，确定校企合作项目6个，主动进高校110余次，解决问题55个，开展“高校校长进长安”大讲堂7场，从高校选拔10名科处级干部到区上任职；举办全国大学校长论坛暨长安区第一届校地融合大会以及长安大学城半程马拉松等9场体育赛事和长安国际青年音乐节等6场音乐活动。

公园城市建设　规划建设公园41个，柳青公园、茅坡公园等9个公园建成开放。潏河10千米生态走廊开工，洨河截污纳管工程完工。靖宁路南延伸段等3条断头路贯通。16千米综合管廊建成，启动公园城市攻坚行动，加快长安中央公园建设，赤兰桥等5个村完成拆迁，贾里村等6个村启动拆迁，杜永村等4个村2745户群众回迁。新增小区电动车充电设施和遮阳棚297个，424个小区达到清洁小区标准。

花园乡村建设　聘请10名驻街规划师入驻街道，100%村建成清洁乡村，建成花园乡村151个、花园街道5个。邀请上海市政院对全区128条道路347千米进行“五化”（亮化、文化、标准化、绿道化、智慧化）设计，建成“五化”道路97条，交通部主要领导及省市主管部门给予肯定。推进垃圾分类工作，大件垃圾拆分中心、可回收物分拣中心、5座垃圾压缩站建成，完成1.5万座户改厕和126座城镇农村公厕新建改建任务。

◆教育、卫生　2019年，长安区新建学校7所，改扩建学校131所，26个学校开工建设，组建“名校+”教育联合体13个，新增学位9250个。

与西安交通大学第一附属医院等机构合作，推进交大一附院南院区、西安市中医院南院区、常宁国际医学中心、中陕核工业集团公司中国质子谷项目加快建设。18个“农村幸福院”建设竣工验收，新增养老床位293张。城镇新增就业9141人，完成年任务的111.5%。全区城乡居民基本养老保险参保人数38.6万人，其中城镇基本养老保险参保人数4.3万人，新型农村社会养老保险参保人数34.3万人。全区基本医疗保险参保人数58.5万人，其中城镇职工基本医疗保险参保人数5.7万人、新型农村合作医疗参保人数52.8万人。

◆生态环境保护　2019年，长安区践行“两山”理念，坚持生态惠民、生态利民、生态为民，进一步改善生态环境。9个秦岭违建尾留项目完成整治并验收销号。1560宗拉网式排查、891件“曝光台”线索、“五乱”排查全部整治到位。拆除农家乐243户、关停334户、提升516户，建立农家乐App管理平台和农家乐协会。聘请国家林草局编制长安秦岭保护示范区规划。投资建设6个峪口保护站及智慧管控系统，子午峪、小峪保护站建成投用。成立秦岭生态研究会，设立派出所、法庭、检察室，组建2.6余万人志愿者队伍，召开千人誓师大会。全面启动洨河复兴工程，洨河上游3.1千米生态修复、城区段4.4千米清淤改造、洨河下游1.2千米取盖提升等5大工程主体完工，长安中央公园、滈河、环山路水系建设启动，西安市第九污水处理厂四期加快推进，35个农村污水处理站建设，157个河湖“四乱”问题整改到位，环山路19个村庄水系加快建设。率先在全市成立生态委员会，建立生态机构工作机制，完成中央环保督察“回头看”及大气污染防治专项督察反馈问题整改，取缔整治“散、乱、污”企业422家，完成2.2万户“煤改洁”扫尾任务，全年空气良好223天。把“大棚房”整治上升到耕地保卫战高度，对340宗、1140个点位“大棚房”问题项目进行拆除或整改，高标准通过市上验收，拆除违建78.5万平方米，复耕面积79.92公顷；长安区代表陕西省接受国家评估验收。（三水娥）

中共长安区委、人大、政府、政协、纪委

区委书记　王青峰
副书记　李娴（女）
　　　　刘强（1月止）
区人大常委会
主任　王福林
副主任　李红（女）　张利学
　　　　师新宁　姚小强
区长　李娴
副区长　刘国荣　陈明（挂职）
　　　　刘文涛　严广运
　　　　李朝喜　梁文辉
　　　　马永红（挂职）
　　　　汤晓军（挂职）
　　　　王立文（挂职）
区政协主席　徐树安
副主席　刘明军
　　　　李会贤（不驻会）
　　　　左刚利　宋萍
　　　　王栓民
区纪委书记　王卫民

高陵区

◆概况　2019年，高陵区辖7个街道办事处，17个居民委员会，86个村民委员会，土地面积294平方千米，耕地面积16800公顷。常住人口367100人，其中城镇常住人口238909人、农村常住人口128191人，城镇化率65.1%。人口密度1249人/千米，人口出生率12.35‰，死亡率6.5‰，人口自然增长率6.27‰。有21个少数民族，共1798人。

◆农业和农村经济　2019年，高陵区农林牧渔服务业总产值完成52.88亿元，比2018年增长5%。农业增加值32.55亿元，增长5%。其中，农业、林业、牧业、渔业、农林牧渔服务业增加值分别为21.63亿元、0.36亿元、5.13亿元、0.06亿元、5.36亿元，分别增长6%、5.8%、-1.7%、141.9%、7%。农村常住居民人均可支配收入16370元，增长9.6%。粮食播种面积1.76万公顷，总产量12.3万吨；蔬菜种植面积0.67万公顷，总产量35万吨；林杂果种植面积稳定在2000公顷，总产量5万吨；肉类总产量4449吨，禽蛋总产量6963吨，奶类总产量9492吨。编制完成《乡村振兴战略规划》，完成86个行政村村庄建设规划。新建改建农村道路26千米，建成无害化户厕1万座，完成姜李、通远等3个农村生活污水治理项目，北樊、安家一期等5个社区顺利回迁。银王村、东关村被评为陕西省美丽宜居示范村，何村、张家村被确定为省级乡村振兴示范村。省级千亿级设施农业培育项目获批。依

托农村改革政策，以共享村落、特色小镇、田园综合体为平台，大力发展通远幸福“5+2”田园综合体、仁村高陵场畔和花园农场、何村和火箭村的大棚蔬菜种植等产业。创建省级农业产业化示范联合体1家。新培育省市级农业示范社10个、示范家庭农场10家。创建市级电子商务示范街道1个、示范村4个，农场电子商务销售额突破1亿元。通远何村被认定为陕西省无公害蔬菜基地，并列入西安市“千栋日光温室大棚”“万亩无公害蔬菜基地建设项目”。“珍果工坊”牌草莓、“信德义”牌冬枣在第二十六届农高会上获“后稷奖”。成立西安市首家乡村振兴人才培训基地和家庭农场协会，新认定新型职业农民144名。充分释放“三块地”改革红利，完成源田梦工场等34宗23.15公顷集体建设用地入市，开启张桥、新建、江流村农业生产托管新模式。新增仁村、张家村等18个农村集体经济组织实现分红。在全省率先推出“共享村落”，交易14户，成交额150万元。农村集体产权制度改革被纳入《党的十八大以来农村改革试验成果转化清单》。建成86个农村产权流转交易服务点，农村产权交易市场建设做法被国家发展和改革委员会作为第一批国家新型城镇化综合试点经验进行推广。

◆工业　2019年，高陵区以加快建设先进制造业强区、助推工业转型升级、提升人工智能科技创新为重点，规模以上工业企业达到184户，工业增加值191.32亿元，比2018年增长1.1%。规模以上工业总产值1066.6亿元，增长1.74%。规模以上工业增加值完成41.7亿元，增长1.8%。规模以上企业主营业务收入1208.2亿元，增长4.3%。规模以上企业利润总额41.1亿元，增长3.8%。工业投资完成23.33亿元，下降46.2%；工业技改投资完成3.02亿元，增长31.4%；区属规模以上工业制造业增加值完成27亿元；新增规模以上工业企业16家。申报高新技术企业5家、科技型中小企业42家。完成申报西安市科技小巨人企业5家。为60家企业转报25项省、市级奖励扶持项目。为13家企业争取陕西省、西安市工业、商贸及科技专项资金1040万元。

◆招商引资　2019年，高陵区召开招商引资领导小组会议3次，探索新机制、新模式、新方法，剖析招商引资过程存在的实际问题，努力打造全区招商“一盘棋”的工作格局。出台《关于高陵区招商引资项目管理规定》，围绕主导产业开展招大引强活动，以商招商、驻点招商等多种招商方式，聚焦5G技术，生物医药、高端装备制造等行业，先后拜访企业40余家。第二届丝博会集中签约项目14个，总投资331.9亿元，涉及高端装备制造项目6个、商业综合体和高品质地产6个、基础设施项目2个。省考内资完成61.53亿元，完成年度任务的100.08%；外资完成2000万元，完成年度任务的102%。

◆重点项目建设　2019年，高陵区26个市级重点项目完成投资86.8亿元，完成年度计划的102%。73个区级重点项目完成投资94.1亿元，13个项目竣工。全年争取中央、陕西省、西安市各类专项资金10.3亿元，助推固定资产投资完成190亿元。生活垃圾无害化处理热电联产项目完成投资10.09亿元并投入运营。成功举办陕西（高陵）产教融合推进会，拉开产教园区发展建设的序幕。启动实施市区联合土地储备项目，积极支持配合西延高铁、地铁10号线开工建设。中航重机全球最大电动螺旋压力机产品下线，蓝晓科技入选2019年中国精细化工百强榜，升达汽车新三板挂牌。店子王泾河大桥正式通车，国道210改线工程接近尾声，徐船路改建、东方红路西延、西环路南延启动建设。750千伏西安北输变电工程建成投用。

高陵区2019年经济与社会发展主要指标

指　标	单　位	数　量	同比增长率（%）
地区生产总值	亿元	374.44	4.2
地方财政一般预算收入	亿元	12.06	-2.8
地方财政一般预算支出	亿元	35.63	4.7
全社会固定资产投资额	亿元	276.57	-27.3
社会消费品零售总额	亿元	—	11.2
规模以上工业增加值	亿元	175.94	0.9
实际利用外资	万美元	1960	12.6
城镇常住居民人均可支配收入	元	38794	8.4
农村常住居民人均可支配收入	元	16370	9.6

◆商贸、旅游　2019年，高陵区新增各类市场主体15594户，注册资金突破94.49亿元，分别增长116.77%、26.02%。区属限上消费品零售额完成9.22亿元。进出口贸易总额完成15714万元，完成全年任务的198.9%。区属社会消费品零售总额增速3.4%。创建市级电子商务示范街道1个、示范村4个，农村电子商务销售额突破1亿元。龙发时代广场、国美、肯德基等企业入驻运营，京通易购二期建成投用，第三产业占比36.9%，较2018年提高6.6%。编制完成全域乡村旅游规划，新增规模以上文化企业3家。举办2019“西安年•最中国”系列活动400余场次，西北人民革命大学旧址博物馆建成开馆。成功举办千人帐篷节、半程马拉松等大型赛事活动，依托通远现代农业发展优势，举办3届文化旅游推广季和4届采摘节，初步形成“红色＋健康＋休闲”的区域文化产业品牌。“云槐精舍”民宿被评为“西安市十佳民宿”，建成7家精品民宿，共75间145张床位。高陵场畔农耕文化体验园已建成农耕文化博物馆、关中农耕民俗文化体验区等区域，年接待游客181万人次，实现年营业额1896万元。

◆教育、卫生、文化　2019年，高陵区教育事业稳步推进。开展基础教育提升3年行动，全面启动全国义务教育优质均衡发展区创建工作。新建改扩建中小学、幼儿园17所，新增学位3498个，普惠性幼儿园占比90.29%，有效缓解城区、园区学位紧张问题。通过“名校＋”引入一批优质教育资源，京师未来高陵实验学校在张卜中学正式挂牌，“文景小学＋第一实验小学”教育联合体顺利组建。特殊教育学校建成并投入使用。

全面启动医疗卫生服务能力提升3年行动。新组建家庭医师签约服务团队71个，签约人口22.79万人，签约服务覆盖率64.9%，双向转诊基层上转率10.86%。区中医医院迁建项目顺利推进，区妇幼保健院改扩建项目建成投用。新批准渭北眼科医院等9家民办医疗机构，新设胸痛、产后康复等学科中心12个。区医院被确定为建立健全现代医院管理制度省级试点医院。区中医医院通过全国第二批心脏康复中心认证。10家街道卫生院全部纳入医共体管理，成为全市唯一入选国家紧密型县域医共体建设的试点区（县）。

率先在西安市实现基层综合性文化服务中心全覆盖，建成农村文化大礼堂10个、乡贤书院3个，举行各类文化惠民演出1400余场。开通农村班线3条，优化公交线路3条，更新纯电动客车138辆。昭慧广场、泾渭分明景点、西北民大旧址博物馆等16个免费WiFi站点全面建成投用，首个城市驿站免费对外开放。构建完成数字文化馆平台，通过提供文旅资源、教育资源服务和文化资讯、非遗保护、艺术鉴赏、活动参与、技艺培训、网上演播厅、场馆预约等功能服务，为群众享受公共文化服务创造更为便捷的方式和更为完善的内容。同时，与高陵公共文化服务“110”形成线上、线下相结合的全方位立体服务模式。

◆**劳动就业和社会保障**　2019年，高陵区全年民生支出29.7亿元，占一般公共财政预算支出的83.36%。城镇新增就业6386人，城镇登记失业率为3.23%，农村劳动力转移就业2.16万人。发放创业担保贷款3814万元，耿镇虎家村被认定为创业担保贷款信用乡村；开展职业技能培训16期，培训558人；组织“春风行动”等各类招聘会45场。开展“光荣牌”悬挂、专项招聘会等关爱退役军人活动，建立退役军人关爱基金。提高被征地农民养老保险补贴标准到130元/（人·月），全区7601人享受被征地农民养老补贴199.11万元。建立健全防返贫预测监测机制，除政策兜底户外，246户463人全部脱贫。开展“一厅式”办公，接待农民工欠薪问题来访706批1750人次，处理投诉210起，清欠农民工工资2418万元，预存保证金1197.66万元。调解仲裁劳动争议案件146件，涉及劳动者175人，为劳动者挽回经济损失207万元。按期答复“12345”市民热线249件。信访案件按时答复率100%，按期办结率100%。提高部分优抚对象抚恤和生活补助标准，为2404名重点优抚对象发放各类抚恤金及生活补助2672万元，发放义务兵优待金756万元。提高城乡低保标准到每人每月700元、500元，全年城乡低保支出1533万元。五保户生活补助、孤儿生活保障金支出284万元；临时救助资金支出157万元；残疾人事业支出1163万元。建成7个农村幸福院、2个社区居家养老服务站，鼓励社会力量建成城市日间照料中心2个，新增养老床位145张。为4303人发放生活困难失能护理补贴、农村丧失劳动能力和贫困老年人生活补贴、残疾人“两项补贴”、事实无人抚养儿童生活补助金、孤儿生活补助金共计595.56万元。为60名“易肇事肇祸严重精神”患者监护人发放看护管理补贴13.5万元。为80名高龄老人发放慰问资金4.32万元。救助流浪乞讨人员124人次。出台《西安市高陵区殡葬改革实施细则（试行）》，实施殡葬救助22户3.8万元。（尚　耕）

中共高陵区委、人大、政府、政协、纪委

区委书记　杨仁华
副书记　解宁元　张韶辉
区人大常委会
主任　胡建超
副主任　张保才　吴兴利（女）
阎红伟　韩亚仙（女）
区长　解宁元
副区长　胡民升　王小玲（女）
李　斌　陈　波（挂职）
方　明
师文忠
（区政府党组成员）
区政协主席　刘海燕（女）
副主席　曹秀芳（女）　张护安
谭胜利　赵　韦
关　林（女）

鄠邑区

◆**概况**　2019年，鄠邑区辖6个镇、1个森林旅游景区、8个街道、259个行政村、21个社区居民委员会。土地面积1279.42平方千米（含大王、庞光、草堂、秦渡4个街办）；常住人口56.46万人，人口出生率13.12‰，人口自然增长率6.81‰。有少数民族27个，共866人。

◆**农业和农村经济**　2019年，鄠邑区完成农林牧渔业增加值30.01亿元，比2018年增长4.8%，其中农林牧渔服务业2.3亿元，增长3.5%。全年区属粮食总产量16.58万吨，增长2.1%；农林牧渔业增加值完成24.86亿元，增长4.7%。其中，农业16.82亿元、林业1.43亿元、牧业4.81亿元、渔业0.09亿元、农林牧渔服务业1.71亿元。新增专业合作社11个、发展家庭农场20家。依托陕西省农业信贷融资担保公司，为农业贷款担保5100万元。荣华田园综合体项目建设粗具规模，流转集体土地96.89公顷，成功签约投资15亿元的法国娇兰花卉种植项目。全力推广“农业标准化+品牌”战略，“户县葡萄”种植面积稳定在4400公顷，产量10万吨，实现销售收入6亿元，入选2019年度中国果业受欢迎的名优果品区域公用品牌前10强，获2019中国农业品牌建设学府奖，品牌价值10.19亿元。鄠邑区被农业农村部命名为“国家农产品质量安全县”。投入“十百千万”产业扶贫资金1100万元，全区贫困村集体经济股份合作社实现全覆盖，贫困劳动力转移就业461人，新增就业扶贫基地1家、社区工厂2家。完成6个镇街13个村饮水提升工程，教育资助16427人次1331.34万元，控辍保学率100%，为2973人次贫困人口报销住院费用1491.5万元。实施危房改造13户，195户旧宅基地全部腾退拆除。对照中央专项巡视、成效考核、国家巡查，累计自查梳理81个问题，全部整改清零。

◆**工业**　2019年，鄠邑区全年工业增加值44.39亿元，比2018年下降1.1%。其中，规模以上工业增加值21.82亿元，下降4.5%；规模以下工业增加值22.57亿元，增长3.1%。沣京工业园新签约项目4个、标准化厂房项目8个，税收突破5亿元，沣一路东段、沣二东路等7条道路综合管网工程完成投资8174.69万元；西户高新区赛宝研究院、航思半导体、增材研究院等38个工业项目完成总投资6亿元，西户科技企业孵化器成功创建国家级科技企业孵化器，沣京工业园和

鄠邑区2019年经济与社会发展主要指标

指　标	单　位	数　量	同比增长率（%）
地区生产总值	亿元	180.23	2.0
一般公共预算收入	亿元	7.49	-36.4
一般公共预算支出	亿元	35.84	-16.7
全社会固定资产投资额	亿元	115.33	-33.7
社会消费品零售总额	亿元	—	6.0
规模以上工业增加值	亿元	21.82	-4.5
实际利用外资	万美元	1600	-3.6
城镇居民人均可支配收入	元	24788	8.2
农村居民人均可支配收入	元	13632	9.8

汽配产业园被省政府评为省级示范县域工业集中区年度考核先进单位，汽配产业园成功创建“国家级双创示范基地”。

◆招商引资 2019年，鄠邑区建立营商环境联席会议制度，成立工作专班。“施工许可”等5大类审批事项实现“集成服务、一窗受理”，第一批106项涉企行政审批事项全面实施“证照分离”，首批369个高频事项实现线上“一网通办”。新登记市场主体1.2万余户，“市民之家”累计办件量突破100万件。积极对接万达、绿地等大企业，借助丝博会等平台，加大项目策划包装推介力度，签约项目13个，总投资额22.44亿元。全面实施创新驱动发展战略，制定下发《西安市鄠邑区加速科技成果转化工作实施方案》等制度办法，新增小巨人企业3家，认定科技型中小企业30家，建成区级以上众创载体29个，入驻企业281家。广泛开展校地合作、校企合作，与西安交通大学、华中科技大学等10余所高校建立合作关系，搭建人工智能与人才创新“微沙龙”交流平台，高校科技成果加速转移转化。全年实际利用外资1600万美元、引进内资32亿元，招商引资实际到位资金256.05亿元，比2018年增长15.5%。

◆商贸、旅游 2019年，鄠邑区社会消费品零售总额比2018年增长6.0%。户县饭店商业大厦项目主体竣工，荣华奥特莱斯商业综合体正式开业，余下商贸中心商业综合体试营业。建成品牌连锁便利店38个，特色餐馆1812个。净增线上贸易企业5户。

朱雀太平5A级景区创建工作按计划推进，渼陂湖水系生态文化旅游区完成投资9.77亿元，渼陂湖景区整体形成53.3公顷水面景观。新建乡村旅游公厕13座，等级民宿9家，八里坪、柳泉口等村达到市级乡村旅游示范村标准，“重阳菊海”品牌持续唱响。全年旅游接待2100.62万人次，实现旅游业收入68.07亿元，增长12.4%。

◆教育、卫生 2019年，鄠邑区制订《鄠邑区基础教育提升三年行动计划（2019—2021年）》。东关初中、新区小学、第四幼儿园等9所学校建成投用，新增学位5175个，全区普惠性幼儿园占比92.47%，“上学难”“入园贵”问题得到缓解。组建“名校+”教育联合体13个，高考二本以上2283人，比2018年增长72.6%。

投资5.5亿元，加快公立医院建设，区人民医院门诊住院综合大楼投入使用，区中医医院整体搬迁项目主体封顶。建立“统一覆盖范围、统一筹资政策、统一保障待遇、统一医保目录、统一定点管理、统一基金管理”的城乡居民医疗保险制度，医药配送覆盖率及网采率100%，公立医疗机构“4+7”药品集中采购实现全覆盖。

◆生态环境保护 2019年，鄠邑区继续坚持区领导每周夜查、每月调度推进，中央环保督察“回头看”25个信访问题全部办结；建成区3户重污染企业已完成搬迁或关停任务；1044户“散、乱、污”企业，提升改造400户，关停取缔644户；城乡煤改洁9万户，完成燃气锅炉低氮燃烧改造15台；淘汰高排放老旧机动车1188辆；全年空气优良天数218天，比2018年增加9天。陕西省河湖“清四乱”及范围划定工作推进现场会在鄠邑区召开，清理河湖各类乱搭乱建105处。大庞路至野口村段、野口村至鄠沣交界河道治理工程开工，潭峪河1.2千米河道治理、27个村农村污水处理站点建设全面完成。涝河、新河等主要河流监测指标持续达标。鄠邑区成为西安市率先获得全国节水型社会建设达标区（县）。黄柏峪建筑石料矿关闭退出工作全面完成，采矿区累计覆土约64万方，复绿面积约41.93公顷。撒播草籽种子12910余斤；整改规范秦岭保护区内农家乐390户，整改到位311户，取缔79户；开展打击整治破坏秦岭野生动植物资源违法犯罪专项行动，查处违法案件19件。组织开展“两山论坛”“省秦保条例宣贯月”等活动。积极开展“清洁田园”专项行动，新建农作物废弃回收点100个，畜禽粪污治理和资源化利用率75%，病死畜禽无害化处理覆盖率100%。创建市级垃圾分类示范点2个，打造垃圾分类全流程示范样板单位6家，全区公共机构生活垃圾分类全覆盖，生活垃圾无害化处理项目建成投运。查处旱地非法盗采、破坏耕地案件17起。

◆劳动就业和社会保障 2019年，鄠邑区城镇新增就业4200人，城镇登记失业率控制在4%以内，动态消除“零就业”家庭。累计为困难群众发放救助资金5600万元，城乡基本养老保险金1.41亿元，医疗保险补助金额290.64万元。新增养老床位477张，建成农村幸福院29个、居家养老服务站1个。陕西省现场观摩会和“结对共建”服务退役军人启动仪式在鄠邑区举行。

（唐井荣　王敏）

中共鄠邑区委、人大、政府、政协、纪委

区委书记　范九利
副书记　裴靖瑜（女）　李　化
区人大常委会
主任　张阅农
副主任　王明武　杨建敏　李养森　王玉婷（女）
区长　裴靖瑜（女）
副区长　张成群　王　值（女）　毛　安　王　凯　谢永平　杨战海　王　芳（挂职，女）　楚　昊（挂职）　张小波（挂职）　王　维（挂职）
区政协主席　张　萍（女）
副主席　王领选　张永阳　管永华
区纪委书记　惠军民

蓝田县

◆概况 2019年，蓝田县辖18个镇、1个街道办、337个村民委员会。总面积2006平方千米。户籍总人口65.61万人，其中男性人口34.07万人、女性人口31.54万人。年末，常住人口53.61万人，城镇人口18.24万人。

◆农业和农村经济 2019年，蓝田县坚持农业农村优先发展，实施乡村振兴战略，全县农业农村经济运行平稳。全年粮食作物播种面积39926.67公顷，比2018年增加0.9%；粮食总产16.78万吨，下降1.5%。蔬菜总产10.94万吨，特色水果总产6.8万吨。草莓、食用菌成为农业经济新的增长点，水安路设施草莓产业带建设粗具规模，种植面积153.33公顷，其中超过3.33公顷的大户17户。全县食用菌建成产业园3个，食用菌大棚1400栋，食用菌总产3540吨。肉鸡存栏127万羽，蛋鸡存栏64万羽；奶山羊存栏9.8万只，较2018年年底增加6000只；生猪存栏3.6万头；肉牛存栏2.8万头，奶牛存栏0.4万头。全年肉类总产2.51万吨、禽蛋总产0.92万吨、奶类总产4.56万吨。实施农村人居环境整治重点项目，编制完成76个美丽宜居村专项规划、183个村庄建设规划。发放分类垃圾桶7000余个，在汤峪镇汤峪河村、塘子村和葛牌镇石船沟村、葛牌街村、瓦屋庄村、东沟村等6个村1121户及葛牌镇集镇各单位开展垃圾分类试点。建设农村生活污水处理项目，开工项目10个，铺设各种规格波纹管40820米。开展村容村貌整治，完成43个村美丽宜居示范村创建。实施农村厕所提升改造工程，新建、提升改造农村公厕89个、新建旅游景区公厕8个，在建13个。户厕改造完成7251户，改造农户无害化厕所5.5万户。开展村庄绿化美化，种植花草面积36.67公顷，生态林、经济树种及灌木等657.47公顷230万余株。提升农村基础设施，农村安全饮水工程开工40个，完成通村公路"油返砂"改造322.8千米，新安装照明路灯2973盏，占年度任务数的198.2%。实施"清洁田园"工程，初步实现农作物秸秆饲料化利用，建成饲草青贮窖（堆积场）7个。开展"美丽人家"创建，创建"美丽乡村·文明家园"62个。蓝关街道陶峪河村等5个村作为首批创建的"美丽庭院"示范村，投资9.4万元，发放陶制花盆750个，花苗、爬藤2880株。开展村庄清洁行动，发动群众投工投劳2万余人次，清理转运生活垃圾7000余吨，清理残垣断壁153处。推进畜禽粪污资源化利用，对全县74家规模养殖场设施进行提升改造，建设堆肥场、沉淀池、雨污管道。持续推进农作物秸秆综合利用，捡拾打捆326.67公顷，秸秆饲草利用24个养殖场、利用小麦秸秆1.5万吨，基料化利用200吨，能源化利用50吨，全年农作物秸秆综合利用率99.7%。农村集体资产清产核资工作全面完成，数据全部录入系统。农村集体资产总额266151.3万元，农村集体土地总面积122066.67公顷。全县19个镇街全部成立镇级农村产权交易服务中心，成立集体经济组织420个，205个村完成集体资产移交。县、镇级产权交易服务中心上报信息2763条。积极培育新型农业经营主体，在工商部门注册各类合作社已超过1000家，注册资金超过4亿元。在农业部门备案的208家，其中从事种植业52家，养殖业59家，种养结合89家，农机服务4家，加工业4家，入社社员6600户，带动农户两万多户，联结生产基地2000公顷。新发展农民专业合作社53家，规范提升农民专业合作社10家。在工商部门注册家庭农场超过170家，已通过认定的家庭农场76家，新认定家庭农场26个，其中养殖家庭农场36个、种植家庭农场40个。加强农业领域综合治理，出动执法人员237人次，检查经营门店315家次，发现各种乱象128条，下发整改通知书128份，对违规经营现象进行纠正和整治，净化农资市场秩序。全面完成"大棚房"问题专项整治，对确定的83宗"大棚房"问题进行突击整治，按期完成整治任务，追缴项目资金62.4万元。扩大农业农村对外宣传与交流，建设农耕文化展览馆1家（焦岱镇鲍旗寨村）、村史馆2家（汤峪镇疙瘩村和蓝桥镇野竹坪村）；"第十一届国际葡萄与葡萄酒学术研讨会暨丝绸之路农村产业融合论坛"在蓝田县玉山镇玉川酒庄举办。大力推行"6+X"产业模式，实施种养殖项目101个，扶持产业示范村100个。建成食用菌大棚1411栋、村级光伏电站70个，养殖中蜂1.3万箱、奶山羊9.8万只，种植中药材333.33公顷、草莓110.2公顷、葡萄86公顷、樱桃1793.33公顷、花椒1266.67公顷。培训玉雕、厨艺等技能人才3000人，发放创业贷款3000万元，转移就业1617人。建成移民搬迁安置社区产业园区（社区工厂）15个，腾退旧宅基地1104户，拆除率90%。政策落实到村到户，基础设施全面提升，投入4889万元实施115个村饮水安全巩固提升工程，拨付100万元专项经费用于19个镇街应急供水和设施维护，投入140万元对饮用水水质进行监测。实施村级电网改造项目68个，完成"油返砂"136条322.8千米。

◆工业 2019年，蓝田县新建奶山羊养殖场5家、提升改造8家，建成规模化果蔬示范园36个、日光温室200栋，农业园区化取得长足发展。镇级农村产权交易中心实现全覆盖。县工业园实现产值21.8亿元，高科幕墙、食品产业园投产运营，蓝通传动轴被评为国家高新技术企业。西北家具工业园发展规上企业25家，带动就业1.35万人。成立蓝田家居公司，注册"蓝田家居"商标，家居制造"头雁"效应逐步显现。

◆招商引资 2019年，蓝田县持续深化"旅游+"战略，积极推进一、二、三产业融合发展。成功举办第十一届国际葡萄与葡萄酒学术研讨会暨丝绸之路农村产业融合论坛，粮食生产再获丰收，发展专业合作社58家、家庭农场26家。组织实施"玉来玉好——蓝田玉雕创新成果展"等醉美蓝田年系列主题活动，新编大型秦腔历史剧《天下第一约》成功上演。发展民宿328户、床位2620张，培育民宿示范村12个，白鹿原舍、桐花乡约获西安市"十佳民宿"。特色美食在央视《美食中国》栏目播出，文旅产品供给加速升级。蓝桥镇和青坪村、董岭村分别入选省级旅游特色名镇、乡村旅游示范村。获陕西省旅游示范县称号。三次产业比例调整到17：25：58，产业结构日趋合理、融合引领持续放大。洽谈项目116个，丝博会签约项目17个299.5亿元。引进外资3185万美元、内资39.5亿元，分别占年度任务的212.3%、153.4%。新增各类市场主体13655户。

◆重点项目建设 2019年，蓝田县紧扣生态城市、旅游城市发展定位，启动实施国土空间规划编制。城市地标白鹿广场和新时代文明实践中心投入使用，建成文明驿站10座。改造提升北街、文化路、文姬路和北环路西段，向阳西路建成通车。完成建材路、蓝金路城区段立面改造，孙家巷等背街小巷改造全面完工，新建停车位424个，线缆落地6.28千米，城市面貌焕然一新。向阳路"夜市"迁改顺利完成，白鹿原美食城投入使用。棚户区改造累计兑付资金1.3亿元，水岸玉苑棚改社区稳步推进，启动10个老旧小区改造提升。拆除违建13.5万平方米、整改15.7万平方米，创建零违建社区21个。汤峪滨河大道三期整治提升工程加快推进，玉山清峪河、峒峪河综合改造项目完工投用，华胥镇获评全国"一村一品"示范镇。完成灞洛路、107省道改扩建。全面推进农村人居环境整治，完成259个美丽宜居村庄规划编制，实施污水治理项目10个，新（改）建公厕89座，农户改厕5.3万户。创建美丽乡

蓝田县2019年经济与社会发展主要指标

指　标	单　位	数　量	同比增长率（%）
地区生产总值	亿元	149.23	3.6
地方财政一般公共预算收入	亿元	2.72	-10.7
地方财政一般公共预算支出	亿元	42.75	10.4
全社会固定资产投资额	亿元	—	-6.0
社会消费品零售总额	亿元	—	11.0
规模以上工业增加值	亿元	—	-2.9
城镇常住居民人均可支配收入	元	23893	8.2
农村常住居民人均可支配收入	元	14731	9.9

村示范村22个，建成农村文化礼堂21个、基层公共文化服务中心57个。水吴新村安置社区基本建成。董岭村获“中国美丽休闲乡村”称号。住房和城乡建设部全国第3期农村社区美好环境与幸福生活共同缔造活动试点培训班在蓝田县举行。

◆**商贸** 2019年，蓝田县坚持把稳增长作为经济工作的首要任务，成立稳增长工作专班，强化清单管理，夯实各级责任。灞河大道开工建设，蓝田通航产业园正式启动，西安外环高速进展顺利，韵达西北快递电商总部等126个市、县重点项目完成投资92.1亿元，45个稳增长、稳投资项目集中开工。扩大城市购物圈、餐饮圈，新增连锁便利店7家，申报西安特色小吃8个、“老字号”商贸企业3家。村级电商网点农产品线上销售额超2000万元，全年电商交易额16.7亿元，消费市场活力迸发。组建县交通建设集团、城乡建设集团、人居环境建设公司等县属国有企业，蓝田白鹿原全域旅游公司实质性启动运营。成立投资评审中心、财政支出绩效评价服务中心，加强财政资金管理，守好金融风险底线。全年融资8.4亿元。落实支持民营企业发展各项政策措施，减税降费1.2亿元，涉企清欠年度任务全面完成。

◆**教育、卫生** 2019年，蓝田县树牢以人民为中心的发展思想，县财政用于民生支出37.8亿元，占一般预算支出的88.4%。出台《基础教育提升三年行动计划（2019—2021年）》，西区九年制学校、恒大幼儿园加快建设。城关中学综合楼、高堡初中、县城第二幼儿园建成投用，实施进校附小、东街小学提质扩容，设立北关小学五里头分校，组建市县“名校+”联合体15个，城区新增学位4700个，1785名进城务工人员随迁子女全部入学。“一长多校”“县管校聘”改革稳步推进。增配校园保安498人。高标准通过国家义务教育发展基本均衡县督导评估。

民心工程——县人民医院整体搬迁运营，医疗设施和服务水平全面提升。启动建设县妇计中心大楼，改造镇街卫生院17所，建成玉川卫生院和标准化集体产权卫生室22家，创建国家卫生镇4个。新建农村幸福院33个，新增床位520张。

◆**生态环境保护** 2019年，蓝田县践行“两山”（绿水青山就是金山银山）理念，严守“生态红线”，坚决打好四大保卫战。中共陕西省委、西安市委秦岭生态环境联动巡察和“回头看”反馈问题整改基本完成。“三园”建设投资5730万元，新栽苗木780公顷，“五路”两侧绿化50.47公顷。农家乐专项治理通过市上验收。招聘秦岭保护专职网格员72名，设立保护驿站3个、工作站12个，开展打击整治破坏秦岭野生动植物资源违法犯罪专项行动。“大棚房”问题清理整治全面完成。灞河水源地沿线5个村突出环境问题治理成效显著，整治混流口42个，新建县污水处理厂出水口等3处生态湿地4.67公顷。南区泵站、县工业园污水处理厂、万田污水处理厂二期扩建项目投入使用，西北家具工业园污水处理厂提标改造、雨污分流工程启动建设，灞河出境断面水质达到考核要求。建成李家河、岱峪水库水源地和汤峪“一条沟”农村污水处理站（点）工程。启动“河湖长制”项目52个，新建涝池14座，治理峪口12个，新修河堤33.2千米。辋川河峪口段综合治理工程快速推进，打造生态水面14.77公顷。完成“煤改洁”4.96万户，查封环境违法企业47家。建设清洁驿站8个，配备垃圾分类设施1.9万个。生活垃圾无害化处理项目在全市率先建成、全量投运，固体废弃物综合处置场稳步推进。全年空气质量优良天数265天，比2018年增加17天。（王耀辉）

蓝田县峪口治理成效

中共蓝田县委、人大、政府、政协、纪委

县委书记　陈顺利
副书记　任　涛　朱　彤
县人大常委会
主任　魏桂叶（女）
副主任　金　辉　宋选庆　胡新志　陈小马
县长　任　涛
副县长　樊　博　王远路（挂职）　韩格峰　张均锋　孙崇博（女）　高建周　穆西锋　任　航（挂职）　申卫博（挂职）
县政协主席　刘双虎
副主席　魏随康　冯亚利（女）　陈群亚
县纪委书记　王保静

周至县

◆**概况** 2019年，周至县辖19个镇、1个街道办事处，264个行政村。总面积2974平方千米，其中山区面积占总面积的76.4%。总人口698142人，其中城镇人口162152人、乡村人口535990人，分别占23.23%和76.77%；男性367611人、女性330531人，分别占52.66%和47.34%。人口出生率13.45‰，死亡率7.33‰，人口自然增长率6.12‰。

◆**农业和农村经济** 2019年，周至县统筹整合农业资源，立足产业发展实际，因地制宜，提出“三个百里”产业发展新规划，围绕“产业兴旺”和“农民富裕”两大主题，提升农业特色产业。农林牧渔业总产值64.34亿元，比2018年增长6.7%。其中，农业（种植业）产值42.57亿元；畜牧业产值7.4172亿元。粮食播种面积2.55万公顷、粮食产量12.02万吨。猕猴桃面积2.88万公顷、产量53万吨、产值52亿元。蔬菜复种面积5800公顷、产量22.13万吨、产值4.2亿元。苗木花卉面积1.22万公顷、产值5.5亿元。肉产量5679.5吨、蛋产量3707吨、奶产量1287吨。举办西安周至猕猴桃主题年会、中国西部（周至）精品苗木花卉推介交易会，分别实现交易额11.36亿元、3.2亿元。实施农业特色产业“3＋X”工程，拨付产业到户资金1062.48万元。县、镇、村3级农产品质量全网格化管理体系实现全覆盖，《地理标志产品——周至山茱萸》省级地方标准正式发布。引入智慧农业阿里云农业大脑——人工智能系统，打造400亩首批智慧农业示范点。编制完成《猕猴桃产业强县规划》。周至猕猴桃再次蝉联中国果品区域公用品牌价值榜猕猴桃类第1位。

◆工业 2019年，周至县工业增加值10.02亿元，比2018年下降29.5%。其中规模以上工业增加值下降45.6%；规模以下工业增加值增长3.0%。规模以上工业实现产值33.36亿元，下降25.0%。从业人员平均人数3126人，减少751人。承担工业技改项目和通信基础设施建设项目2个重点项目，总投资30000万元，1—10月已完成投资12502万元。培养拟晋升规上企业2户。

◆招商引资 2019年，周至县坚持“实招商、招实商”，与西安（杭州）商会、上海（陕西）商会、中交二公局、红星美凯龙、杭州峰益公司、山东易华录等15家企业接洽对接，召开项目对接会11次，深入跟进推进项目5个。第四届丝绸之路国际博览会暨中国东西部合作与投资贸易洽谈会签约项目21个，计划总投资379.77亿元。其中计划总投资353亿元的汉学国际文化小镇协议项目在西安市投资环境推介暨项目签约仪式上成功签约。龙记观园等3个项目进入主体建设，金周首府等11个项目办理项目手续，汉学国际文化小镇等7个项目按计划深入推进。

◆重点项目建设 2019年，周至县与高新区合作共建集贤产业园，总投资50亿元的比亚迪智能终端产业园项目开工建设。签约汉学国际文化产业带、智印小镇、西京学院产学研创新基地等一批重大项目，总投资379.77亿元。抢抓西安市解决项目用地遗留问题政策机遇，建立处置遗留问题工作专班机制，超额完成100.93公顷批而未用和闲置土地处置任务。加大土地存量盘活力度，着力破解土地、资金等难题，完成土地供应170.63公顷，预计实现土地收益5.35亿元。65个县级重点项目完成投资50亿元，20个市级重点项目完成投资26亿元。渭河滩区整治、就峪河下游拦水坝、中安新天地商业综合体等14个项目，完成投资41.4亿元。征集2020年重点项目94个，计划总投资454亿元。西北现代学院周至校区启动实施。西部智能装备产业园完成一期8个签约项目和尚龙大道征地23.2公顷、二期报地29.33公顷，道路、管网等基础设施建设有序推进，总投资7亿元的富士康斗方云医疗大数据中心项目成功签约。

◆商贸、旅游 2019年，社会消费品零售总额比2018年增长0.2%。全年进出口总值2751.67万元，其中进口总值45.45万元、出口总值2706.21万元。电商发展势头强劲，网上交易额全年突破36亿元。“双十一”电商节实现网络零售额2184万元，比2018年增长28.48%。

依托“中国年最西安”，持续叫响“周至年最关中”品牌。举办首届乡村旅游文化节、旅游商品大赛等系列文化旅游品牌推介活动。定期组织非遗文化进景区，发布秦岭花海、沙河、黑河等美景抖音视频，吸引各地游客前来“打卡”。沙河水街、渭河大桥湿地公园、黑河芦苇荡等网红地知名度不断提升。厚畛子村入选省级乡村旅游示范村。沙河水街9个主题民宿全面完工，沙沙河月空居、黑河国家森林公园熊猫山舍被评为西安市十佳最美民宿。全年累计接待游客1742.6万人次，综合收入49.6亿元。

◆教育、卫生、体育 2019年，周至县有幼儿园94所，各类中小学164所，新建扩建中小学及幼儿园9所，建成义务教育标准化校园10所。不断夯实教育基础，投资4072万元，实施基础教育提升项目8个。完成“全面改薄”。县智慧教育中心投入使用。高考一本上线605人，比2018年增加241人。

周至县有各类医疗机构567个，其中县级医院3个、乡镇卫生院20个、村卫生室455个、民营机构89个。卫生机构床位2322张，各类卫生技术人员2890人，其中执业（助理）医师778人。新合疗为202万人次报销费用4.69亿元。医疗救助支出915万元，救助患者10173人。新增各类养老床位566张。周至县人民医院与陕西省人民医院建立紧密型医联体。顺利通过第二轮国家卫生县城复审验收。首个生活垃圾热解气化项目建成投运，累计处理生活垃圾9000余吨。开展农村人居环境整治，25个行政村生活污水治理站点建设有序推进，提升改造公厕65座，完成农村无害化户厕提升改造1.5万座。

在2019年西安市青少年跆拳道锦标赛中获得1金、4铜及团体第4名，并获得道德风尚奖。在西安市青少年乒乓球锦标赛，获得男子甲组团体第2名。董飞霞获世界田径大奖赛铁饼金奖、陕西省最美体育人及西安市十大感动人物。

（赵雪艳）

周至县2019年经济与社会发展主要指标

指 标	单 位	数 量	同比增长率（%）
地区生产总值	亿元	137.15	0.2
地方财政一般公共预算收入	万元	25099	-6.3
地方财政一般公共预算支出	万元	424000	-7.5
全社会固定资产投资额	亿元	—	-35.2
社会消费品零售总额	亿元	—	0.2
规模以上工业增加值	亿元	—	-45.6
城镇常住居民人均可支配收入	元	22407	8.6
农村常住居民人均可支配收入	元	13137	9.9

中共周至县委、人大、政府、政协、纪委

县委书记 杨向喜
副书记 张学东（挂职）
邵军锋（挂职）

县人大常委会
主任 何凡盟
副主任 王秋芳 李玲玲
李民周 尹纯会

县长 陈旭辉
副县长 刘凯 李宇轩
朱永明（挂职）
朱璇 周训良
张增产 李西安
郑睿臻（挂职）
张树理（挂职）
王硕（挂职）

县政协主席 蒋选亮
副主席 苗炜 任兴之

县纪委书记 杨辉

人
物
Howard Johnson
CINWA PLAZA
责任编辑
姚文东
西安年鉴
2020
XI'AN YEARBOOK

新任市级领导

◆王浩　1963年10月生，山东单县人。1982年7月，参加工作。1984年1月，加入中国共产党。省委党校大学学历。历任中共山东省曹县县委常委、宣传部部长，菏泽地区体育委员会主任，中共菏泽市委副书记、市长（县级市），中共菏泽市委常委、牡丹区委书记、秘书长、副市长、市委副书记，中共滨州市委副书记，中共山东省委副秘书长，山东省信访局局长，山东省民政厅党组书记、厅长，中共淄博市委书记、市人民代表大会常务委员会主任，中共烟台市委书记。2017年6月，任中共山东省委常委、烟台市委书记。2017年12月，任中共河北省委常委、唐山市委书记。2019年8月，任中共陕西省委常委、西安市委书记。为中国共产党第十九次全国代表大会代表。

◆李明远　1965年8月生，陕西吴起人。1991年3月，参加工作。1999年5月，加入中国共产党。研究生学历，工学博士，教授。历任西安邮电学院电信工程系副主任，陕西省信息产业厅副厅长、党组成员，陕西省人民政府副秘书长、办公厅党组成员，陕西省人民政府参事室（陕西省文史研究馆）主任、党组成员，中共陕西省委科学技术工作委员会书记、陕西省科学技术厅厅长，中共陕西省渭南市委副书记、市长、党组书记，中共陕西省渭南市委书记，中共西安市委副书记、市政府党组书记、副市长、代市长。2019年2月18日，在西安市第十六届人民代表大会第四次会议上当选为西安市人民政府市长。

◆玉苏甫江·麦麦提　维吾尔族。1968年9月生，新疆阿瓦提人。1991年7月，参加工作。1987年8月，加入中国共产党。大学本科学历。历任阿克苏团市委副书记，中共阿克苏市委办公室副主任，阿克苏市政府办公室主任，阿克苏地区驻乌鲁木齐办事处书记、副主任，中共阿克苏地委办公室副主任，中共库车县委副书记、县长，新疆维吾尔自治区人力资源和社会保障厅党组成员、自治区公共就业服务局局长，新疆维吾尔自治区民政厅党组成员、副厅长，新疆维吾尔自治区文化厅党组副书记、厅长，新疆维吾尔自治区文化和旅游厅党组副书记、厅长。2019年12月，任中共西安市委常委、西安经济技术开发区党工委书记，西安高铁新城党工委书记、西安高铁新城管委会主任（兼）。

◆张琳　1966年1月生，陕西武功人。1985年10月，加入中国共产党。1987年7月，参加工作。全日制大专学历，中央党校研究生学历、历史学学士。曾任中共陕西省委网络安全和信息化委员会办公室副主任。2019年3月，任中共西安市委委员、常委。

◆马希良　1966年3月生，陕西周至人。1988年7月，参加工作。1994年2月，加入中国共产党。大学学历，哲学学士、法学学士。历任中共陕西省纪律检查委员会、省监察厅纪检监察研究所副所长、政策法规研究室副主任、警示训诫室副主任，中共陕西省纪律检查委员会办公厅第一副主任、主任，中共陕西省纪律检查委员会常委，中共咸阳市委副书记、市委党校校长。2019年8月，任西安市委常委、市政府党组成员。

◆马鲜萍　女，回族。1969年12月生，河南洛阳人。1993年7月，参加工作。1999年12月，加入中国共产党。大学学历，农业推广硕士，工程师。历任宝鸡市房产交易管理处副主任，中共陕西省陇县县委常委、副县长，中共扶风县委副书记、县长，扶风县委书记，中共宝鸡市委常委、宣传部部长、统战部部长。2019年2月1日，在西安市第十六届人民代表大会常务委员会第十九次会议上当选为西安市人民政府副市长。

（连　捷）

新任两院院士

◆彭建兵　1953年4月生，湖北麻城市人。1978年，武汉地质学院地质专业毕业；1999年，西安工程学院地质工程专业博士毕业，长安大学教授。主要研究领域为工程地质、地震工程、地质灾害及岩土工程。组织开展地裂缝和黄土灾害研究，并形成国内外独具特色的学术创新团队，推动了黄土地质灾害研究的理论发展和技术进步，为国家重大工程和城市建设解决了一系列防灾、减灾重大技术难题。2019年11月，当选为中国科学院院士。

◆赵国春　1961年8月7日，生于辽东半岛北部辽宁省岫岩满族自治县。香港大学、西北大学教授。主要从事前寒武纪地质学、变质岩石学、大地构造学、超大陆重建的研究。主要学术成果包括在中国华北发现2条19.5亿至18.5亿年前的喜马拉雅型大陆碰撞带；首次提出全球规模的20亿至18亿年大陆碰撞事件导致超大陆的形成等。2019年11月，当选为中国科学院院士。

◆李贺军　1957年12月生，河南确山人。西北工业大学教授。长期从事碳纤维增强复合材料研究，发明多种高性能碳/碳复合材料低成本可控制备新技术，创立5种高性能涂层体系，材料性能达到国际先进水平，为中国陆、海、空等9个型号的武器装备提供了关键材料保障。2019年11月，当选中国工程院院士。

◆张平祥　1965年3月，出生于陕西宝鸡。教授级高级工程师，西北有色金属研究院院长。长期致力于超导和稀有金属材料的研究发展工作，为我国超导材料及稀有金属材料的基础研究、工艺技术及实用化的研究和发展做出突出贡献。2019年11月，当选中国工程院院士。

◆杨树兴　1962年11月，出生于河北省唐山市。中国兵器工业第203研究所总工程师，中国兵器首席科学家。曾担任多个国防型号项目的武器系统副总设计师、控制系统总设计师，主持完成中国第一个远程火箭弹控制系统的研制工作。2019年11月，当选中国工程院院士。

（连　捷）

逝世人物

◆涂铭旌（1928.11.15—2019.01.01）

出生于原四川省巴县（现重庆市市中区）。中国工程院院士。1951年，毕业于同济大学机械系。1955年，北京钢铁学院金属材料系研究生毕业。历任同济大学助教，上海交通大学助教、讲师，西安交通大学讲师、副教授、教授、博士生导师、材料系主任、研究所所长，四川省机械工程学会及四川省纳米技术协会名誉理事长。1983年，赴德国卡尔思鲁厄大学访问研究一年。1988年8月，调至四川成都工作。1984年，被评为国家级有突出贡献的中青年专家。1991年，享受政府津贴。1995年，被增选为中国工程院院士。多年来从事金属材料、稀土材料、纳米材料和复合材料等方面的教学科研工作，对西安交

通大学金属材料学科建设做出重要贡献。编著出版《钢的热处理》《机械零件失效分析与预防》《材料创造发明学》等专著。2019年1月1日1点50分去世，享年90岁。

◆李之勤（1923—2019.03.02） 山东菏泽人。西北大学原西北历史研究所教授、西安历史地理学会副会长。主要从事西北历史地理研究、汉唐史研究。主要著作有《西北史地研究》《杜佑年谱新编》《杜佑的从政生涯》《陕西历代战争通览》《西北史地研究续集》等。2019年3月2日中午辞世，享年96岁。

◆刘文西（1933.10—2019.07.07） 出生于浙江嵊州。1984年6月，加入中国共产党。中国美术家协会原副主席、顾问，陕西省文学艺术联合会原副主席，陕西省美术家协会名誉主席，黄土画派艺术研究院院长，西安美术学院名誉院长。1950年，在上海育才学校学习美术。1953年，就读浙江美术学院。1958年，毕业后到西安美术学院工作。1991—1997年，任西安美术学院院长。1992年，被授予"国家有突出贡献专家"。1997年，为第五套人民币创作毛泽东肖像。1998年，当选中国美术家协会副主席。2003年，被评为首批百位"国家级教学名师"。2004年，创立以"根植黄土画人民，表现时代出精品"为特点的"黄土画派"。重要作品有《毛主席和牧羊人》《东方》《解放区的天》和巨幅系列长卷《黄土人》等近百幅。2019年7月7日13时50分左右，因病在西安交通大学第一附属医院去世，享年86岁。

◆李济生（1943.05.31—2019.07.28） 山东禹城人，生于山东济南。西安卫星测控中心技术部总工程师、研究员，原总装备部科学技术委员会正军职常任委员，人造卫星轨道动力学和卫星测控专家。1966年，毕业于南京大学天文学系。1997年，当选为中国科学院院士。在人造卫星轨道动力学研究方面，发现低轨道三轴稳定卫星姿控动力对卫星轨道的摄动并建立相应的动力学模型，提高了定轨精度。建立我国卫星测控精密定轨系统，满足了我国各型号卫星对定轨精度的要求。专著《人造卫星精密轨道确定》对我国人造卫星轨道动力学的研究起到推动作用。在卫星测控工程方面，对卫星测控软件系统提出"模块化自动调度"设计思想，并完成我国第一颗地球同步通信卫星"东方红二号"测控调度软件和测控计划生成软件的设计与开发。2019年7月28日，因病医治无效，在北京逝世，享年77岁。

◆张光（1929.11.24—2019.09.15） 原名王鹏飞，陕西临潼人。《陕西日报》原总编辑。1943年8月，参加革命，1946年6月，加入中国共产党。历任《边区群众报》记者，新华社西北总分社、延安西北新华广播电台记者，新华社陕东支社主编，新华社西北总分社、西北人民广播电台编辑部副主任，陕西人民出版社文教组组长，《陕西农民报》主编等。报道长安县试行人民代表大会制度、西北军政委员会成立等重大政治活动，采访过彭德怀、习仲勋、贾拓夫等多位领导。1951—1954年，在新华社西北总分社、西北人民广播电台和新华社东北分社工作期间，主持报道宝鸡至天水、天水至兰州铁路的修建与通车，参加报道第一汽车制造厂的兴建，以及鞍山、抚顺、阜新等地的工业建设。1993年12月，离休。2011年1月，享受副省级医疗待遇。2019年9月15日上午11时03分，在西安逝世，享年90岁。中共中央总书记、国家主席、中央军委主席习近平和夫人彭丽媛送花圈表示哀悼。

◆全巧民（1938—2019.10.11） 女，祖籍河南，出生于西安。著名秦腔表演艺术家、国家非物质文化遗产秦腔项目传承人、中国表演艺术家终身成就奖获得者。1949年，入易俗社，拜田少易为师，先后受教于王天民、凌光民、宋尚华、贺孝民、刘建中等，唱做俱佳，表演富有灵性，朴实可爱，唱腔甜美，含蓄动听。20世纪50年代，因主演《貂蝉》《三滴血》《柜中缘》《拾玉镯》《夺锦楼》等戏脱颖而出。1957年，梅兰芳、张蝶芬亲授《贵妃醉酒》。次年，拜荀慧生为师，得其《豆汁计》真传。1960年，主演拍摄了秦腔第一部黑白电影《三滴血》，成功塑造了剧中的贾莲香。唱腔细腻委婉，把一个聪明伶俐、天真活泼的小姑娘演得栩栩如生，深受观众欢迎。2019年10月11日晚，因病逝世，享年82岁。

◆段清波（1964.02—2019.10.13） 出生于山西省芮城县。国家"万人计划"领军人才、文化名家暨"四个一批"人才，西北大学文化遗产学院院长。1985年，加入中国共产党。同年，毕业于西北大学考古学专业；2008年，获考古学博士学位。1988年，到陕西省考古研究所工作。先后担任秦汉考古研究室副主任、隋唐考古研究室主任、秦始皇帝陵考古队队长、陕西和甘肃历代长城调查总队长。2009年，任教于西北大学文博学院。2010—2014年，担任西北大学文化遗产学院副院长。2017年，担任西北大学文化遗产学院院长。2018年，获批国家"万人计划"领军人才、文化名家暨"四个一批"人才。先后担任中国考古学会理事、秦汉考古专委会副主任，享受国务院特殊津贴。在秦汉文明研究、历代长城研究等领域做出突出贡献，揭示了秦始皇陵多元文化因素及其反映的秦帝国政治体制特征，归纳出以汉文明为代表的中国文明的文化特质，提出从"宇宙观""社会治理体系""核心价值观"三观视野下认知文化遗产核心价值的新理念，在国内外学术界产生重要影响。出版《秦始皇帝陵园考古报告》《陕西省明长城资源调查报告》等专著10余部，发表学术论文近百篇，获批国家社科基金重大项目及国家级、省部级教学与科研奖励10余项。2019年10月13日，因病医治无效，在西安逝世，享年55岁。

◆许晋源（1929.02.13—2019.10.22） 出生于上海，原籍杭州。我国著名能源动力领域燃烧工程专家、西安交通大学西迁教授、中国民主同盟原中央委员、

动力工程多相流国家重点实验室教授。1951年，毕业于国立交通大学机械工程系，留校执教于交通大学锅炉教研室。1957年，积极响应国家号召随校举家西迁至西安。1980—1981年，赴美国俄亥俄州立大学进修。1982年，经国家教育委员会批准为教授，是国务院学位办公室批准的博士生导师。曾任全国高校热能工程（锅炉）教学指导委员会主任委员、中国民主同盟第七届中央委员和西安市第十一届人民代表大会常务委员、西安交通大学锅炉实验室主任等。著有《机械工程手册》《燃烧学》《化学工程》等多部经典专业书籍和教材。开设燃烧学、气固两相流等多门课程，培养了包括23名博士在内的一大批优秀科技人才。在燃烧理论基础研究与燃烧应用技术开发中，贡献殊多，曾获全国第一届科学大会科研奖、国家自然科学发明三等奖和省、部级科研奖等8项。对我国锅炉专业的发展起到奠基性的作用，被中国工程热物理学会授予"杰出贡献奖"。2019年10月22日10时04分，在西安逝世，享年91岁。

◆**贺鸿钧**（1928.12.21—2019.12.03）

女，笔名贺抒玉，陕西米脂人。中国作家协会会员、编审、陕西省作家协会名誉理事，当代著名作家李若冰夫人。1944年年初，调绥德分区文工团，任演员、乐队队员、创作员、研究员。1946年，解放战争开始后，随中国人民解放军第一野战军前敌总指挥部转战演出。1948年，全团调延安，改名西北文艺工作团。在文工团期间，参加创作10多个秧歌剧，均在当地上演，受到群众欢迎。1953年，调入西北文联合作室。同年8月，去北京中央文学讲习所进修。1955年结业后，回到西安作家协会，参加文学月刊《延河》创刊筹备，始任小说组长。1958年，任专职编委。1959年，任副主编。在编辑工作之余，开始写作小说、散文、报告文学等作品，并陆续在全国各地报刊上发表。其中，短篇《女友》《琴姐》分别获《鸭绿江》《延河》优秀短篇奖。结集出版的中短篇小说、散文集有：《女友集》《琴姐集》《命运变奏曲》《爱的渴望》（合集）、《乡情人情》《山路弯弯》《旅途随笔》等。1988年5月，获全国文学期刊编辑荣誉奖。1995年8月，获西安市女作家奖。1999年6月，获陕西省首届"炎黄杯"优秀编辑奖。2019年9月10日22时，因病医治无效，在西京医院辞世，享年91岁。

◆**胡太平**（1955.08—2019.12.03） 陕西蓝田人。陕西省人民检察院原党组书记、检察长。1974年4月，加入中国共产党。1974年6月，参加工作。18岁时，成为村党支部领导。19岁时，又相继担任县工作队领导、公社党委副书记。1977年国家恢复高考制度后，报名参加高考，成为"文化大革命"后首批大学生，就读于东北工学院。大学毕业后，回到西安工作。历任西安市人民政府办公厅秘书，西安市莲湖区区长，中共陕西省委办公厅主任，陕西省公安厅厅长、党委书记。2006年1月，任陕西省人民检察院检察长。2018年10月，退休。2019年12月3日，因病医治无效在西安逝世，享年65岁。

◆**林宗虎**（1933.05—2019.12.21） 生于浙江湖州。中国工程院院士、西安交通大学教授。1956年，加入中国共产党。1957年，交通大学研究生毕业留校任教，是我国锅炉专业首位研究生。1980—1982年，任美国迈阿密大学访问教授。1985年起，任西安交通大学教授。1988年，被授予"国家级有突出贡献中青年科技专家"称号。1990年，经国家教育委员会批准为博士生导师。1991年，获政府特殊津贴。1995年，当选为中国工程院院士。是我国著名能源动力工程专家、国际多相流科学领域著名学者。提出气液两相流量测量的"林氏公式"，建立国际上第一个脉动流动沸腾传热计算式，为我国热能工程学科的发展做出杰出贡献。先后获国家自然科学奖三等奖1项，国家科学技术进步奖二等奖1项和省、部级科技进步奖一等奖等9项。2019年12月21日，因病医治无效，在西安逝世，享年87岁。

（连　捷）

先进人物

2019年西安市"美德少年"

姓　名	学　校
刘　颜（女）	周至中学
刘美丽（女）	司竹镇王唐小学
宋　瑶（女）	竹峪中学
马伊蕊（女）	八一街小学
刘书妍（女）	高新第二小学
刘仪格（女）	临潼区华清小学
张晨智	西安市第八中学
马恒曦（女）	西光中学
崔奕昂（女）	西安市第七十中学
张嘉瑞（女）	国际港务区水流中心小学
赵书妍（女）	引镇街道初级中学
闫茹钰（女）	新光小学
胡博瑗（女）	曲江第一小学
邹子桐（女）	高新国际学校
张雨晗（女）	长安南路小学
马嘉璐（女）	浐灞丝路学校
张嘉轩	曲江第一中学
刘梓琛	鄠邑区第二中学
贾凯乐	临潼区徐杨初级中学
贺熙茜（女）	蓝田县北关小学

（连　捷）

2019年西安市"五一劳动奖章"获得者

姓　名	单位及职务
柯　英	陕西五环（集团）实业有限责任公司织造丁班工长
李文蔚	西安市热力总公司雁东供热有限公司热网运行室副主任
郭文龙	西安印钞有限公司凹印车间凹印四班凹印机长
赵鹏涛	西安西粮实业有限公司马腾空储备库储运科科长
陈绪鹏	西安真爱服务事业股份有限公司足疗技师
王新辉	西安华谱电力设备制造有限公司技术部电缆班班长
李宏安	陕西鼓风机（集团）有限公司董事长
王贵峰	中国三安建设集团有限公司张家港大区钳工班班长
王　力	西安丹若尔石榴酒业有限责任公司质量技术部技术员
冯　波	陕西航天泵阀科技集团有限公司研发中心研发工程师
戚军峰	西安方舟包装工业有限公司铝箔车间副主任
赵　芳	国家电网周至县供电公司综合管理部副主任
李　强	比亚迪汽车有限公司第十五事业部空调工厂空调工艺员
高正全	西安市供水集团有限公司董事长

张友荣　西安庆安航空机械制造有限公司19厂一工段车削中心班班长
李书亮　西安曲江国际会展（集团）有限公司会展中心工程保障部电工
郭　庆　陕西沣渭水务有限公司工程建设部工程技术员
白　焰　西安西电开关电气有限公司壳体车间大型壳体组副组长
蒿卫强　西安泵阀总厂有限公司阀门事业部热钳工段钳工班班长
王淑亚　西安市绿化养护管理处城东管理所未央立交桥班绿化养护工
翟长卫　西安市公共交通总公司总经理
张　康　西安格美金属材料有限公司钳工班班长
闫亚绒　西安市总工会中顺家政服务有限责任公司家政员
肖白周　陕西锦翔饭庄有限责任公司厨师长
于有民　西安天天清洗有限责任公司环卫工
夏全民　西安诚惠金属材料保护有限公司电镀车间镀膜班班长
侯增良　陕西际华园开发建设有限公司总经理
柳　昊　西安奥体中心游泳跳水馆及室外配套工程项目部义务安全员
魏　俊　中煤科工集团北京华宇工程有限公司西安分公司建筑事务工程部项目负责人
王延平　碑林区园林绿化队队长
谢承文　西安市未央区大明宫社区卫生服务中心公共卫生科副科长
齐　耕　蓝田县蓝田玉研究发展中心工艺美术师
曹　莉　西安浐灞生态区管理委员会金融商务区管理办招商管理干部
高东武　西安粮油批发交易市场经理
信涛涛　西安势加动力科技有限公司技术中心副主任
徐　彬　西安市公安局刑事侦查局三处五大队大队长
石瑞芳　陕西省艺术馆美术部研究馆员
石　露　西安银行股份有限公司纺织城支行柜员
赵　亮　国家税务总局西安市税务局主任科员
沈建鹏　西安永兴坊文化发展有限公司董事长
褚亚军　清华德人西安幸福制药有限公司临床事业部研发主管
陈　萍　西安市第五保育院院长
窦权利　西安市胸科医院神经结核科主任
冯岳君　西安市长安区第一中学教务处主任
刘英明　西安高新第一小学校长
谢思琴　陕西长禾影业有限公司总经理
解　冲　合容电气股份有限公司技术部研究员
康亚婵　西安秦腔剧院有限责任公司三意社演员
薛泰山　西安希德电子信息技术股份有限公司信息化技术经理
弥鹏兵　西安美莹基因科技有限公司新药研发业务经理
吕建玉　西安西电变压器有限责任公司产品试验中心主任
闫自强　西安市卫生健康委员会医政医管处处长
苏凤昌　中共西安市委党校经济学教研部主任
任雪迎　西安话剧院有限责任公司总经理
王　林　中车西安车辆有限公司人力资源部部长
谭刘波　青岛啤酒西安汉斯集团有限公司总经理助理
白晓云　西安纺织集团有限责任公司织造车间主任
白　洁　西安市财政局预算处处长
田永超　西安国际医学投资股份有限公司西安国际医学中心项目部项目经理

2019年“西安十佳最美工人”

姓　名	单位及职务
张　军	中车西安车辆有限公司电焊工
曹卫峰	西安庆安航空机械制造有限公司数控车工
苟秀强	西安嘉业航空科技有限公司数控车间工长
刘阿明	西安市公共交通总公司客车总厂第五保修厂天然气班班长
王　垒	西安长庆油气建设实业有限责任公司装备制造事业部班组长
白晓卫	西安煤矿机械有限公司机加二分公司数控班组组长
李永宏	西安印钞有限公司设备保障部维修一班班长
王延平	西安碑林区园林绿化队队长
王新辉	西安华谱电力设备制造有限公司技术部电缆班班长
乌　平	西安饮食股份有限公司同盛祥饭庄泡馍主管

（刘国云）

第二届教育领域“西安之星”

姓　名	任职学校
白彩玲（女）	新城区后宰门小学
邵国希	西安市第三中学
邓　浩	西安市第二十三中学
刘继报	未央区东前进小学
董康乐	雁塔区大雁塔小学
冯相民	西安旅游职业中等专业学校
郭根宝	西安高新第五小学
张晓明（女）	西安市第五十五中学
焦瑞瑶（女）	西安市临潼区华清小学
王　荣（女）	高陵区城关小学
孙育平	长安区滦镇街道景民初级中学
刘明华（女）	西咸新区秦汉新城石桥中学
郑吉涛	西安市第六十四中学
黄利娃	周至县骆峪九年制学校
牟小利（女）	蓝田县初级中学
田爱梅（女）	西安文理学院
陈　萍（女）	西安市第五保育院
胡　亮	西北工业大学
王喆之	陕西师范大学
苏三庆	西安建筑科技大学
郭线庐	西安美术学院
刘江南	西安工程大学
周　静（女）	西安石油大学
魏　征	西安音乐学院
杜　强	长安大学

第三届“西安最美教师”

姓　名	任职学校
李　靖（女）	西安市第八十九中学
吴娟利（女）	西安育英小学
李向超	西安市太乙路中学
李革菊（女）	西安市第八中学
王淑萍（女）	西安实验职业中等专业学校
仲维健（女）	陕西省莲湖教师进修学校
秦才玉	陕西省西安中学
安文鹏	西安市文景中学
李　梅（女）	灞桥区第二幼儿园
成依青（女）	西安市东城第一中学
秦　燕（女）	雁塔区长安南路小学
卢京华	西安市航天中学
安红涛	滦镇街道鸭池口中学
胡　婵（女）	长安区第一小学
李青锋（女）	阎良区西飞一中
王金理	高陵区第一中学
魏晓燕（女）	周至县九峰初级中学
石　云（女）	西安高新第六小学
任米荣（女）	周至县四屯初级中学
刘春苗（女）	鄠邑区东关小学
雷　蕾（女）	蓝田县北关小学
王　召（女）	灞桥区新农小学
扫阿联（女）	秦汉新城兰池学校
张美娟（女）	骊山初级中学
赵　娟（女）	西安市第三十中学
张贝妮（女）	西安师范附属小学
刘晓洁（女）	西安市第二保育院
刘　曼（女）	西安市启智学校
马　兰（女）	西安文理学院
田　华（女）	西安职业技术学院

（张心苗）

2019 年“西安最美女性”

姓　名	单位及职务
马　珂	西安市审计局主任科员
尹行年	西安市灞桥区航天四院社区红十字志愿者服务队队长
毛秦莺	西安市农业林业委员会科教处调研员
王　华	陕西启迪科技园发展有限公司总经理
王　玲	西安市灞桥区人民法院刑事审判庭副庭长
王　萌	西安师范附属小学教导主任
王　楠	西安国际陆港文化商业发展有限公司副总经理
王　静	西安世园投资（集团）有限公司纪委书记
王卫花	西安市长安区果优特种植专业合作社负责人
王文碧	西安市公安局雁塔分局长延堡派出所所长
王卉婷	西安卉婷礼仪文化传播有限公司总经理
王利鸽	西安尚德影视文化有限公司总经理
王均芳	陕西华秦科技实业有限公司副总经理
王国宁	西安市周至县二曲街道云塔社区党支部书记兼主任
王英利	西安市灞桥区红旗街道保洁员
王恕凯	陕西重型机器厂社区残联专委
王密芳	西安高科天熙绿化环卫有限公司保洁员
王瑞红	西安市阎良区凤凰路街道党工委副书记
叶粉玲	西安市农村产权流转交易服务中心科长
代小花	西安市莲湖区民政局扶贫综合服务办公室主任
卢　璐	西安市碑林区人民法院审判员
田亚妮	西安卡耐尔装饰工程有限公司总裁
任　玲	陕西明堂环卫股份有限公司碑林区分公司保洁员
任东侠	西安市周至县农村妇女科技致富带头人联盟会长
任亚妮	西安市周至县扶贫办科长
任燕君	西安市雁塔区雁西社区妇女委员
关华丽	西安市新城区妇幼保健所妇产科医生
刘　丹	西安市新城区长乐中路街道东尚社区党委书记兼主任
刘　利	西安市莲湖区北院门庙后街社区卫生服务中心家庭医生签约办公室主任
刘　希	西安市高陵区财政局预算科科员
刘　蕾	西安市高陵区湾子中学教导主任
刘巧艳	西安中兴新软件有限责任公司无线院算法部技术研究部长
刘芳媚	西安市鄠邑区渭丰镇妇联主席
刘彩虹	西安市周至县人民法院秦岭法庭庭长
孙晓霞	西安市蓝田县九间房镇穆家堰教学点教师
安登会	陕西创景文化传播有限公司总经理
朱正华	西安市阎良区人民检察院民行部副部长兼未检办主任
朱安安	陕鼓动力股份有限公司气动设计研究员
许英姿	西安曲江国际会展（集团）有限公司总经理
许雅岚	西安至美投资管理有限责任公司执行董事及总经理
邢咏新	西安市第一医院眼科医院副院长、小儿眼科主任
何　静	西安市莲湖区青年路小学党支部书记、校长
吴　燕	西安胜蓝月子会所总经理
宋　馨	陕西省心理健康教育研究会负责人
宋春燕	西安市蓝田县委宣传部干部
张　爱	西咸新区泾河新城高庄镇新庄村村委会乡村医生
张　敏	西安翻译学院专职教师
张　静	西安市临潼区临潼小学教师
张丽丽	西安大地测绘股份有限公司总经理
张利峰	西安市蓝田县育昌农业有限责任公司董事长
张晓艳	西安欣博景观照明工程有限公司总经理
张艳华	西安市莲湖区人民检察院侦查监督部副部长
李　欣	西安市未央区人民法院审判员
李　萍	西安市临潼区人民医院儿科副主任医师
李　辉	西安市鄠邑区渭丰镇定北村村民
李冰琳	西安市中心医院产科副主任
李青峰	西安市阎良区西飞第一中学教师
李保琴	西安市未央区草滩街道草二社区党支部书记
李春兰	西安市长安区百塔寺村村委会委员
李维玲	西安高新医院副院长兼产科主任
杜　睿	西咸新区发展集团有限公司公共服务事业部干部
辛晓荣	西安市康复路中小企业发展协会会长
杨　萍	西安市鄠邑区涝峪卫生院院长
杨亚娟	西安市碑林区张家村街道文康社区党委书记兼主任
杨花茹	西安市长安区滦镇街道中心小学教师
杨美丽	西安市雁塔区等驾坡街道环卫工人
杨晓春	西安市气象台科长
苏　杭	西安市灞桥区田原果蔬专业合作社负责人
陈诗兰	西咸新区秦汉新城鸿建科技实业有限公司董事长
周小莉	陕西华能输变电工程有限公司总经理
孟　敏	西安市莲湖区环卫应急保障中心保洁公司管理员
易　虹	西安市航空基地中汇航空科技有限公司总经理
金丽娜	西安市气象台气候与生态农气中心主任
侯海燕	西安市委办公厅主任科员
胡　艳	西安市新城区委办公室干部
胡艳青	西安市长安区滦镇街道扶贫办主任
赵　敏	西安市鄠邑区南关初中教师
赵　曼	西安市未央区文景小学教师
赵淑铭	高速公路工程试验检测有限公司技术研发中心主任
郝洁玲	西安市临潼区阳光牧业有限责任公司总经理
郝晓云	亚马逊 AWS（中国）联合创新中心与区域拓展部业务拓展负责人
骆霞玲	陕西东都润景酒店有限责任公司董事长
唐　珊	西安市新城区人民检察院员额检察官
姬　娜	三秦都市报首席记者、公益记者公众号负责人
徐好利	西安市雁塔区中医医院医务科科长
海　伟	西安尚域商贸有限公司总经理
袁水萍	西安市长安区妇幼保健计划生育服务中心主治医师
袁静茹	西安市新城区西一路街道兴盛社区副主任
康　敏	西安市人才服务中心主任科员
淡东利	西安泰峰电器设备厂副厂长
黄　娟	西安市蓝田县人民法院刑事审判庭庭长
黄小艳	西安市高陵区小艳家庭农场场长
董孝梅	西安市灞桥区席王街道董家村妇女干部兼支委
程　倩	西安市公安局经开分局开元路派出所四级警长
程雯雯	西安爱知中学教师
童戈阳	西安市第六十四中学教师
窦　钊	西安市高陵区通远街道何村妇联主席
薛艳萍	西安市第一保育院保教主任
魏凌子	陕西凯瑞生物医学科技有限公司营销总监

（曹显宁）

附录

责任编辑
姬娟妮

法规文件

《西安市社区教育促进条例》颁布

2019年6月28日西安市第十六届人民代表大会常务委员会第二十五次会议通过，2019年7月31日陕西省第十三届人民代表大会常务委员会第十二次会议批准。共6章40条。2020年1月1日起施行。

《西安市旅游条例》修订

2004年12月23日西安市第十三届人民代表大会常务委员会第十八次会议通过，2005年3月30日陕西省第十届人民代表大会常务委员会第十八次会议批准。根据2010年7月15日西安市第十四届人民代表大会常务委员会第二十三次会议通过，2010年9月29日陕西省第十一届人民代表大会常务委员会第十八次会议批准的《西安市人民代表大会常务委员会关于修改部分地方性法规的决定》第一次修正。根据2016年12月22日西安市第十五届人民代表大会常务委员会第三十六次会议通过，2017年3月30日陕西省第十二届人民代表大会常务委员会第三十三次会议批准的《西安市人民代表大会常务委员会关于修改〈西安市保护消费者合法权益条例〉等49部地方性法规的决定》第二次修正。2018年12月21日西安市第十六届人民代表大会常务委员会第十七次会议修订通过，2019年3月29日陕西省第十三届人民代表大会常务委员会第十次会议批准。共9章78条。2019年7月1日起施行。

《西安市秦岭生态环境保护条例》修订

2013年6月27日西安市第十五届人民代表大会常务委员会第十次会议通过，2013年7月26日陕西省第十二届人民代表大会常务委员会第四次会议批准。根据2016年12月22日西安市第十五届人民代表大会常务委员会第三十六次会议通过，2017年3月30日陕西省第十二届人民代表大会常务委员会第三十三次会议批准的《西安市人民代表大会常务委员会关于修改〈西安市保护消费者合法权益条例〉等49部地方性法规的决定》修正。2019年12月27日西安市第十六届人民代表大会常务委员会第二十八次会议修订通过，2020年3月25日陕西省第十三届人民代表大会常务委员会第十六次会议批准。共9章99条。2020年7月1日起施行。

《西安市道路交通安全条例》修订

2013年4月24日西安市第十五届人民代表大会常务委员会第九次会议通过，2014年3月27日陕西省第十二届人民代表大会常务委员会第八次会议批准。根据2016年12月22日西安市第十五届人民代表大会常务委员会第三十六次会议通过，2017年3月30日陕西省第十二届人民代表大会常务委员会第三十三次会议批准的《西安市人民代表大会常务委员会关于修改〈西安市保护消费者合法权益条例〉等49部地方性法规的决定》第一次修正。根据2019年10月29日西安市第十六届人民代表大会常务委员会第二十七次会议通过，2020年1月9日陕西省第十三届人民代表大会常务委员会第十五次会议批准的《西安市人民代表大会常务委员会关于修改〈西安市道路交通安全条例〉的决定》第二次修正。共7章67条。

中共西安市委、西安市人民政府重要文件目录

标　　题	发文号	发文时间
中共西安市委关于坚持农业农村优先发展奋力开拓“三农”发展新局面的实施意见	市发〔2019〕1号	2019.09.04
中共西安市委关于深刻汲取秦岭北麓违建别墅问题教训 彻底肃清魏民洲等流毒和恶劣影响 全面净化修复政治生态的决定	市发〔2019〕2号	2019.01.15
中共西安市委关于加快推进新型智慧城市建设的决定	市发〔2019〕3号	2019.01.15
中共西安市委、西安市人民政府印发《关于推动民营经济高质量发展的若干意见》的通知	市发〔2019〕4号	2019.01.17
中共西安市委转发《中共西安市人大常委会党组关于进一步加强区县、开发区、镇街人大工作和建设的意见》的通知	市发〔2019〕6号	2019.03.08
中共西安市委印发《关于开展“不忘初心、牢记使命”主题教育的实施方案》的通知	市发〔2019〕7号	2019.06.11
中共西安市委印发《关于全面加强秦岭生态环境保护工作》的决定	市发〔2019〕8号	2019.06.17
关于全面加强生态环境保护坚决打好污染防治攻坚战的实施意见	市发〔2019〕9号	2019.07.30
中共西安市委印发《西安市推进党务公开工作实施方案》的通知	市发〔2019〕10号	2019.08.27
中共西安市委、西安市人民政府关于建立完善长效机制落实最严格耕地保护制度的意见	市发〔2019〕12号	2019.10.21
中共西安市委关于调整市政府专家决策咨询委员会管理体制的通知	市字〔2019〕4号	2019.01.11
中共西安市委、西安市人民政府关于印发《西安市机构改革实施方案》的通知	市字〔2019〕7号	2019.01.12
中共西安市委《关于习近平总书记重要指示批示贯彻落实规定》的通知	市字〔2019〕10号	2019.01.19
中共西安市委关于市级机构改革中有关部门（单位）党组织设置调整的通知	市字〔2019〕16号	2019.01.26
中共西安市委关于印发《市委常委会2019年工作要点》的通知	市字〔2019〕20号	2019.02.29
中共西安市委、西安市人民政府关于表彰第二届大西安农民节是个系列“十佳”的通报	市字〔2019〕29号	2019.03.04
中共西安市委关于成立市委退役军人事务工作领导小组的通知	市字〔2019〕30号	2019.03.08
中共西安市委、西安市人民政府关于支持市属高校改革和发展的实施意见	市字〔2019〕33号	2019.03.27
中共西安市委、西安市人民政府关于推进健康西安建设的决定	市字〔2019〕35号	2019.04.03
中共西安市委、西安市人民政府关于印发《“健康西安2030”行动规划》的通知	市字〔2019〕36号	2019.04.03
中共西安市委关于印发《2018—2020年西安市干部教育培训规划》的通知	市字〔2019〕37号	2019.04.04
中共西安市委、西安市人民政府关于印发《西安市关于加快发展枢纽经济门户经济流动经济的实施意见》的通知	市字〔2019〕38号	2019.04.08

标　　题	发文号	发文时间
中共西安市委、西安市人民政府关于表彰外贸进出口三十强企业的通报	市字〔2019〕41号	2019.04.09
中共西安市委、西安市人民政府关于成立及调整市委国家安全委员会等13个议事协调机构的通知	市字〔2019〕46号	2019.04.25
中共西安市委、西安市人民政府关于调整市扫黑除恶专项斗争领导小组成员的通知	市字〔2019〕49号	2019.05.14
中共西安市委、西安市人民政府关于话剧《柳青》荣获第十六届文华大奖的表彰通报	市字〔2019〕55号	2019.06.17
中共西安市委、西安市人民政府关于印发《西安市贯彻落实中央生态环境保护督察“回头看”及大气污染防治专项督察反馈意见整改方案》的通知	市字〔2019〕60号	2019.07.30
中共西安市委关于成立市委防范化解重大风险工作领导小组的通知	市字〔2019〕61号	2019.08.08
中共西安市委关于印发《2019年学习宣传贯彻习近平新时代中国特色社会主义思想工作方案》的通知	市字〔2019〕64号	2019.08.08
中共西安市委、西安市人民政府《关于落实省委第一巡视组反馈意见的整改方案》的通知	市字〔2019〕72号	2019.08.23
中共西安市委、西安市人民政府关于印发《西安市脱贫攻坚巩固提升工作实施方案》的通知	市字〔2019〕73号	2019.08.23
中共西安市委、西安市人民政府关于印发《西安市脱贫攻坚巩固提升工作实施方案》的通知	市字〔2019〕75号	2019.08.23
中共西安市委关于表彰“优秀处级干部”“最美公务员”的决定	市字〔2019〕76号	2019.09.03
中共西安市委、西安市人民政府关于全面实施预算绩效管理的实施意见	市字〔2019〕78号	2019.09.06
中共西安市委、西安市人民政府关于表彰西安市第三届“最美教师”的决定	市字〔2019〕80号	2019.09.06
中共西安市委、西安市人民政府关于表彰2019年度教育领域“西安之星”的决定	市字〔2019〕84号	2019.09.06
中共西安市委关于市委常委班子“不忘初心、牢记使命”主题教育专题民主生活会的情况通报	市字〔2019〕86号	2019.09.17
中共西安市委关于印发《中共西安市委常委会“不忘初心、牢记使命”主题教育检视问题整改方案》的通知	市字〔2019〕89号	2019.10.12
中共西安市、委西安市人民政府关于办好第十四届全运会加强城市规划建设管理加快国家中心城市建设步伐的实施意见	市字〔2019〕92号	2019.11.01
中共西安市委、西安市人民政府关于命名表彰2018年度市级精神文明建设先进集体的决定	市字〔2019〕96号	2019.11.20
中共西安市委关于成立西安市黄河流域生态保护和高质量发展领导小组的通知	市字〔2019〕99号	2019.11.25
中共西安市委关于履行王永康同志省人大代表职务有关程序的通知	市字〔2019〕107号	2019.12.23
中共西安市委、西安市人民政府关于印发《西安市中长期青年发展规划（2020—2025年）》通知	市字〔2019〕109号	2019.12.26
中共西安市委关于新时代加强和改进政协工作的实施意见	市字〔2019〕112号	2019.12.26
中共西安市委办公厅印发《关于深入开展“以案促改”工作的实施意见》的通知	市办发〔2019〕1号	2019.01.23
中共西安市委办公厅印发《关于迎接陕西省2018年度目标责任年终考核实施方案》的通知	市办字〔2019〕2号	2019.01.05
中共西安市委办公厅关于印发《市管企业纪委书记、副书记提名考察办法（试行）》的通知	市办字〔2019〕4号	2019.01.07
中共西安市委办公厅西安市人民政府办公厅关于调整全市“大棚房”问题专项清理整治行动领导小组及其工作专班的通知	市办字〔2019〕5号	2019.01.07
中共西安市委办公厅西安市人民政府办公厅关于印发《第三届“一带一路”国际时尚周活动总体工作方案》的通知	市办字〔2019〕7号	2019.01.10
中共西安市委办公厅转发《市纪委关于集中整治形式主义官僚主义的实施方案》的通知	市办字〔2019〕9号	2019.01.12
中共西安市委办公厅、西安市人民政府办公厅关于印发《西安市区县机构改革指导意见》的通知	市办字〔2019〕11号	2019.01.12
中共西安市委办公厅关于印发《西安铁军“六条铁规”》的通知	市办字〔2019〕17号	2019.01.16
中共西安市委办公厅关于印发《市委常委、副市长结对区县、开发区安排表》的通知	市办字〔2019〕18号	2019.01.18
中共西安市委办公厅印发《关于进一步严明党的政治纪律和政治规矩坚决做到“两个维护”的规定》的通知	市办字〔2019〕19号	2019.01.18
中共西安市委办公厅、西安市人民政府关于印发《西安市新城区机构改革方案》的通知	市办字〔2019〕20号	2019.01.24
中共西安市委办公厅、西安市人民政府关于印发《西安市碑林区机构改革方案》的通知	市办字〔2019〕21号	2019.01.24
中共西安市委办公厅、西安市人民政府关于印发《西安市莲湖区机构改革方案》的通知	市办字〔2019〕22号	2019.01.24
中共西安市委办公厅、西安市人民政府关于印发《西安市雁塔区机构改革方案》的通知	市办字〔2019〕23号	2019.01.24
中共西安市委办公厅、西安市人民政府关于印发《西安市灞桥区机构改革方案》的通知	市办字〔2019〕24号	2019.01.24
中共西安市委办公厅、西安市人民政府关于印发《西安市未央区机构改革方案》的通知	市办字〔2019〕25号	2019.01.24
中共西安市委办公厅、西安市人民政府关于印发《西安市阎良区机构改革方案》的通知	市办字〔2019〕26号	2019.01.24
中共西安市委办公厅、西安市人民政府关于印发《西安市临潼区机构改革方案》的通知	市办字〔2019〕27号	2019.01.24
中共西安市委办公厅、西安市人民政府关于印发《西安市长安区机构改革方案》的通知	市办字〔2019〕28号	2019.01.24
中共西安市委办公厅、西安市人民政府关于印发《西安市高陵区机构改革方案》的通知	市办字〔2019〕29号	2019.01.24
中共西安市委办公厅、西安市人民政府关于印发《西安市鄠邑区机构改革方案》的通知	市办字〔2019〕30号	2019.01.24
中共西安市委办公厅、西安市人民政府关于印发《西安市蓝田区机构改革方案》的通知	市办字〔2019〕31号	2019.01.24
中共西安市委办公厅、西安市人民政府关于印发《西安市周至区机构改革方案》的通知	市办字〔2019〕32号	2019.01.24
中共西安市委办公厅、西安市人民政府关于印发《乙亥年2019“西安年最中国”活动方案》的通知	市办字〔2019〕33号	2019.01.22
中共西安市委办公厅、西安市人民政府关于印发《西安市扩大有效投资考核奖惩办法》的通知	市办字〔2019〕34号	2019.01.23
中共西安市委办公厅、西安市人民政府关于印发《西安高新区托管周至县部分区域管理方案》《西安高新区托管周至县部分区域移交工作方案》的通知	市办字〔2019〕37号	2019.01.26
中共西安市委办公厅、西安市人民政府印发《关于推进市属经营性国有资产集中统一监管的实施方案》的通知	市办字〔2019〕39号	2019.01.29
中共西安市委办公厅、西安市人民政府印发《关于在机构改革中加强档案工作的意见》的通知	市办字〔2019〕40号	2019.02.01
中共西安市委办公厅、西安市人民政府印发《西安博物馆之城建设总体方案（2019—2021年）》的通知	市办字〔2019〕41号	2019.02.05
中共西安市委办公厅、西安市人民政府关于印发《西安市加强书画市场常态化整治工作方案》的通知	市办字〔2019〕42号	2019.02.01
中共西安市委办公厅、西安市人民政府关于印发《首届“西安生态日”系列宣传活动方案》的通知	市办字〔2019〕43号	2019.02.06
中共西安市委办公厅、关于市委秘书长、副秘书长和市委办公厅副主任联系工作分工的通知	市办字〔2019〕44号	2019.02.09
中共西安市委办公厅、西安市人民政府关于印发《第二届大西安农民节活动实施方案》的通知	市办字〔2019〕45号	2019.02.14

标题	发文号	发文时间
中共西安市委办公厅关于印发《市级领导扫黑除恶专项斗争"联点包案"工作方案》的通知	市办字〔2019〕46号	2019.02.18
中共西安市委办公厅、西安市人民政府关于印发《西安市深化"大棚房"问题专项清理整治工作方案》的通知	市办字〔2019〕49号	2019.02.19
中共西安市委办公厅、西安市人民政府关于印发《西安市推进"互联网+政务服务"深度融合打造一流营商环境的实施意见》的通知	市办字〔2019〕51号	2019.03.01
中共西安市委办公厅、西安市人民政府关于成立西安市市级机关第九届体育运动会组委会的通知	市办字〔2019〕52号	2019.03.06
中共西安市委办公厅、西安市人民政府办公厅关于印发《西安市秦岭生态环境保护长效机制工作实施方案》的通知	市办字〔2019〕53号	2019.03.15
中共西安市委办公厅关于印发《市委2019年度政党协商计划》的通知	市办字（2019）54号	2019.03.06
中共西安市委办公厅、西安市人民政府办公厅印发《关于西安市人民政府办公厅职能配置内设机构和人员编制规定的通知》	市办字（2019）65号	2019.03.20
中共西安市委办公厅、西安市人民年政府办公厅印发《关于西安市教育局职能配置内设机构和人员编制规定的通知》	市办字（2019）66号	2019.03.20
中共西安市委办公厅、西安市人民政府办公厅印发《关于西安市工业和信息化局职能配置内设机构和人员编制规定的通知》	市办字（2019）67号	2019.03.20
中共西安市委办公厅、西安市人民政府办公厅印发《关于西安市民族宗教事务委员会职能配置内设机构和人员编制规定的通知》	市办字（2019）68号	2019.03.20
中共西安市委办公厅、西安市人民政府办公厅印发《关于西安市人力资源和社会保障局职能配置内设机构和人员编制规定的通知》	市办字（2019）70号	2019.03.20
中共西安市委办公厅、西安市人民政府办公厅印发《关于西安市城市管理和综合执法局职能配置内设机构和人员编制规定的通知》	市办字（2019）71号	2019.03.20
中共西安市委办公厅西安市政府办公厅印发《关于西安市交通运输局职能配置内设机构和人员编制规定的通知》	市办字（2019）72号	2019.03.20
中共西安市委办公厅、西安市人民政府办公厅印发《关于西安市农业农村局职能配置内设机构和人员编制规定的通知》	市办字（2019）73号	2019.03.20
中共西安市委办公厅、西安市人民政府办公厅印发《关于西安市投资合作局职能配置内设机构和人员编制规定的通知》	市办字（2019）74号	2019.03.20
中共西安市委办公厅、西安市人民政府办公厅印发《关于西安市卫生健康委员会职能配置内设机构和人员编制规定的通知》	市办字（2019）75号	2019.03.20
中共西安市委办公厅、西安市人民政府办公厅印发《关于西安市应急管理局职能配置内设机构和人员编制规定的通知》	市办字（2019）77号	2019.03.20
中共西安市委办公厅、西安市人民政府办公厅印发《关于西安市人民政府国有资产监督管理委员会职能配置内设机构和人员编制规定的通知》	市办字（2019）78号	2019.03.20
中共西安市委办公厅、西安市人民政府办公厅印发《关于西安市体育局职能配置内设机构和人员编制规定的通知》	市办字（2019）79号	2019.03.20
中共西安市委办公厅、西安市人民政府办公厅印发《关于西安市统计局职能配置内设机构和人员编制规定的通知》	市办字（2019）80号	2019.03.20
中共西安市委办公厅、西安市人民政府办公厅印发《关于西安市人民政府研究室职能配置内设机构和人员编制规定的通知》	市办字（2019）81号	2019.03.20
中共西安市委办公厅、西安市人民政府办公厅印发《关于西安市信访局职能配置内设机构和人员编制规定的通知》	市办字（2019）82号	2019.03.20
中共西安市委办公厅、西安市人民政府办公厅印发《关于西安市大数据资源管理局职能配置内设机构和人员编制规定的通知》	市办字（2019）83号	2019.03.20
中共西安市委办公厅、西安市人民政府办公厅印发《关于西安市金融工作局职能配置内设机构和人员编制规定的通知》	市办字（2019）84号	2019.03.20
中共西安市委办公厅、西安市人民政府办公厅印发《关于西安市档案馆职能配置内设机构和人员编制规定的通知》	市办字（2019）85号	2019.03.20
中共西安市委办公厅、西安市人民政府办公厅印发《关于西安市医疗保障局职能配置内设机构和人员编制规定的通知》	市办字（2019）86号	2019.03.20
中共西安市委办公厅关于认真学习贯彻十三届全国人大二次会议和全国政协十三届二次会议精神的通知	市办字（2019）87号	2019.03.22
中共西安市委、西安市人民政府关于印发《西安市深化审评审批制度改革鼓励药品医疗器械创新的实施方案》的通知	市办字（2019）88号	2019.04.01
中共市委办公厅关于调整西安市党内法规工作领导小组的通知	市办字（2019）90号	2019.04.01
中共西安市委办公厅印发《西安市2019"作风建设深化年"活动实施方案》的通知	市办字（2019）92号	2019.04.03
中共西安市委办公厅、西安市人民政府办公厅印发《西安市打造城市社区15分钟便民服务圈总体方案》的通知	市办字（2019）94号	2019.04.08
中共西安市委办公厅、西安市人民政府办公厅关于调整西安奥体中心和西安丝路国际会议会展中心建设指挥部组织架构和组成人员的通知	市办字（2019）95号	2019.04.03
中共西安市委办公厅、西安市人民政府办公厅关于印发《西安市贯彻落实地方领导干部安全生产责任制规定实施细则》的通知	市办字（2019）96号	2019.04.08
中共西安市委办公厅印发《中共西安市委常委班子2018年度民主生活会整改方案》的通知	市办字（2019）97号	2019.04.04
中共西安市委办公厅关于2018年度党内规范性文件备案工作情况的通报	市办字（2019）98号	2019.04.15

标　　题	发文号	发文时间
中共西安市委办公厅并于开展第二次党内规范性文件集中清理工作的通知	市办字〔2019〕99号	2019.04.15
中共西安市委办公厅关于建立市委党内规范性文件工作联席会议制度的通知	市办字〔2019〕100号	2019.04.15
中共西安市委办公厅、西安市人民政府办公厅关于印发《西安市2019“营商环境提升年”活动实施方案》的通知	市办字〔2019〕101号	2019.04.16
中共西安市委办公厅、西安市人民政府办公厅关于认真贯彻《西安市乡村振兴战略实施规划（2018—2022年）》的通知	市办字〔2019〕104号	2019.04.24
中共西安市委办公厅、西安市人民政府办公厅关于印发《加强镇政府服务能力建设重点任务及机关部门责任分工》的通知	市办字〔2019〕105号	2019.04.28
中共西安市委办公厅印发《关于2019年全市“追赶超越”一季度汇报点评会议方案》的通知	市办字〔2019〕106号	2019.04.25
中共西安市委办公厅、西安市人民政府办公厅关于印发《西安市民政局职能配置内设机构和人员编制规定》的通知	市办字〔2019〕113号	2019.04.26
中共西安市委办公厅、西安市人民政府办公厅关于印发《西安市财政局职能配置内设机构和人员编制规定》的通知	市办字〔2019〕114号	2019.04.26
中共西安市委办公厅、西安市人民政府办公厅关于印发《西安市自然资源和规划局职能配置内设机构和人员编制规定》的通知	市办字〔2019〕115号	2019.04.28
中共西安市委办公厅、西安市人民政府办公厅关于印发《西安市生态环境局职能配置内设机构和人员编制规定》的通知	市办字〔2019〕116号	2019.04.26
中共西安市委办公厅、西安市人民政府办公厅关于印发《西安市水务局职能配置内设机构和人员编制规定》的通知	市办字〔2019〕117号	2019.04.26
中共西安市委办公厅、西安市人民政府办公厅关于印发《西安市商务局职能配置内设机构和人员编制规定》的通知	市办字〔2019〕118号	2019.04.26
中共西安市委办公厅、西安市人民政府办公厅关于印发《西安市文化和旅游局职能配置内设机构和人员编制规定》的通知	市办字〔2019〕119号	2019.04.26
中共西安市委办公厅、西安市人民政府办公厅关于印发《西安市市场监管局职能配置内设机构和人员编制规定》的通知	市办字〔2019〕120号	2019.04.26
中共西安市委办公厅、西安市人民政府办公厅关于印发《西安市人民防空办公室职能配置内设机构和人员编制规定》的通知	市办字〔2019〕121号	2019.04.26
中共西安市委办公厅、西安市人民政府办公厅关于印发《西安市扶贫办职能配置内设机构和人员编制规定》的通知	市办字〔2019〕122号	2019.04.26
中共西安市委办公厅、西安市人民政府办公厅关于印发《西安市机关事务服务中心职能配置内设机构和人员编制规定》的通知	市办字〔2019〕122号	2019.05.05
中共西安市委办公厅、西安市人民政府办公厅关于印发《西安市地震局职能配置内设机构和人员编制规定》的通知	市办字〔2019〕124号	2019.04.26
中共西安市委办公厅、西安市人民政府办公厅关于印发《西安市博览事务中心职能配置内设机构和人员编制规定》的通知	市办字〔2019〕126号	2019.04.28
中共西安市委办公厅、西安市人民政府办公厅印发《关于贯彻落实“追赶超越”定位回快国家中心城市建设行动方案（2019年）》的通知	市办字〔2019〕127号	2019.04.29
中共西安市委办公厅、西安市人民政府办公厅关于印发《西安市“脱离实际造景造湖”专项治理工作方案》的通知	市办字〔2019〕130号	2019.04.30
中共西安市委办公厅、西安市人民政府办公厅关于印发《加强和完善城乡社区治理重点任务及责任分工》的通知	市办字〔2019〕131号	2019.04.03
中共西安市委办公厅关于印发《市级领导包抓重大风险防范化解工作任务分工意见》的通知	市办字〔2019〕132号	2019.05.06
中共西安市委办公厅、西安市人民政府办公厅关于印发《西安市贯彻落实教育事业发展“六个优先”要求重点任务分工》的通知	市办字〔2019〕133号	2019.04.30
中共西安市委办公厅关于印发《解决形式主义突出问题 为基层减负的整治措施》的通知	市办字〔2019〕134号	2019.04.30
中共西安市委办公厅、西安市人民政府办公厅关于印发《西安市科技局职能配置内设机构和人员编制规定》的通知	市办字〔2019〕136号	2019.05.05
中共西安市委办公厅、西安市人民政府办公厅关于印发《西安市城中村（棚户区）改造事务中心职能配置内设机构和人员编制规定》的通知	市办字〔2019〕137号	2019.05.05
中共西安市委办公厅、西安市人民政府办公厅关于印发《西安市住房和城乡建设局职能配置内设机构和人员编制规定》的通知	市办字〔2019〕138号	2019.05.05
中共西安市委办公厅关于成立西安市党政专用通信工作领导小组的通知	市办字〔2019〕139号	2019.05.08
中共西安市委办公厅、西安市人民政府办公厅关于印发《西安市回忆推进新型智慧城市建设任务分解表》的通知	市办字〔2019〕140号	2019.05.07
中共西安市委办公厅、西安市人民政府办公厅关于成立骊山项目核查领导小组及有关事项的通知	市办字〔2019〕142号	2019.05.09
中共西安市委办公厅西安市人民政府办公厅印发《西安市有关于深度融入“一带一路”建设构建全面开放新格局的若干措施》的通知	市办字〔2019〕143号	2019.05.11
中共西安市委办公厅关于调整市委保密委员会组成人员的通知	市办字〔2019〕145号	2019.05.16
中共西安市委办公厅关于对省委脱贫攻坚巡视考核整改专题民主生活会的建议	市办字〔2019〕146号	2019.05.22
中共西安市委办公厅关于建立市委解决形式主义问题为基层减负专项工作机制的通知	市办字〔2019〕147号	2019.05.23
中共西安市委办公厅西安市人民政府办公厅关于印发《西安市秦岭生态环境保护管理局职能配置内设机构和人员编制规定》的通知	市办字〔2019〕149号	2019.06.01

标　　题	发文号	发文时间
中共西安市委办公厅关于印发《西安市公务员职务与职级并行制度实施方案》的通知	市办字（2019）153号	2019.07.01
中共西安市委办公厅关于印发《西安市2019年度督查检查考核计划》的通知	市办字（2019）157号	2019.07.16
中共西安市委办公厅、西安市人民政府办公厅关于印发《西安市2019年法治政府建设工作要点》的通知	市办字（2019）158号	2019.07.22
中共西安市委办公、厅西安市人民政府办公厅关于印发《2019年市级领导分工联系重点建设项目表》的通知	市办字（2019）163号	2019.08.02
中共西安市委办公厅、西安市人民政府办公厅印发《关于革命文物保护利用工程2019—2022年）实施方案》的通知	市办字（2019）164号	2019.08.09
关于成立西安市2019欧亚经济论坛筹备工作领导小组的通知	市办字（2019）166号	2019.08.14
中共西安市委办公厅、西安市人民政府办公厅关于印发《第二届“9•8”西安企业家节活动方案》的通知	市办字（2019）167号	2019.08.15
中共西安市委办公厅、西安市人民政府办公厅关于印发《西安市行政审批服务局职能配置内设机构和人员编制规定》的通知	市办字（2019）168号	2019.08.19
中共西安市委办公厅关于印发《新中国成立70周年大庆期间市区县党政领导同志接访工作方案》的通知	市办字（2019）170号	2019.08.29
中共西安市委办公厅、西安市人民政府办公厅关于印发《区县西咸新区开发区和市级部门2019年度目标责任考核“五张报表”》的通知	市办字（2019）171号	2019.09.03
中共西安市委办公厅关于印发《中共西安市委审计委员会工作规则》《中共西安市委审计委员会办公室工作细则》的通知	市办字（2019）172号	2019.09.04
中共西安市委办公厅、西安市人民政府办公厅关于印发《西安市加快推进农村人居环境“百村示范、千村整治”工作方案》的通知	市办字（2019）175号	2019.09.20
中共西安市委办公厅、西安市人民政府办公厅关于调整“三中心”建设指挥部成员的通知	市办字（2019）177号	2019.09.26
中共西安市委办公厅、西安市人民政府办公厅关于印发《2019年陕西省暨西安市烈士公祭活动实施方案》的通知	市办字（2019）179号	2019.09.27
中共西安市委办公厅、西安市人民政府办公厅关于印发《西安建设“一带一路”综合试验区实施方案（2019—2021年）》的通知	市办字（2019）180号	2019.09.29
中共西安市委办公厅关于转发《中共陕西省委办公厅关于收听收看庆祝中华人民共和国成立70周年大会实况转播的通知》的通知	市办字（2019）181号	2019.09.29
中共西安市委办公厅、西安市人民政府办公厅关于印发《2019年第三届“全球程序员节”活动总体工作方案》的通知	市办字（2019）184号	2019.10.08
中共西安市委办公厅、西安市人民政府办公厅关于印发《西安市基础教育提升三年行动计划（2019—2021年）》的通知	市办字（2019）185号	2019.10.09
中共西安市委办公厅关于印发《关于开展田党生案、和红星案以案促改工作的实施方案》的通知	市办字（2019）186号	2019.10.11
中共西安市委办公厅、西安市人民政府办公厅关于印发《西安市“十四五”经济社会发展规划编制工作实施方案》的通知	市办字（2019）187号	2019.10.14
中共西安市委办公厅、西安市人民政府办公厅关于印发《西安市“十四五”经济社会发展规划编制工作实施方案》的通知	市办字（2019）188号	2019.10.15
中共西安市委办公厅、西安市人民政府办公厅关于印发《改革社会组织管理制度促进社会组织健康有序发展重点任务分工》的通知	市办字（2019）189号	2019.10.22
中共西安市委办公厅、西安市人民政府办公厅关于印发《市委常委、市政府副市长联系、包抓区县、开发区重点工作安排》的通知	市办字（2019）191号	2019.10.28
中共西安市委办公厅、西安市人民政府办公厅转发《西安市军队转业干部安置工作领导小组关于认真做好2019年军队转业干部安置工作的意见》的通知	市办字（2019）192号	2019.10.30
中共西安市委办公厅、西安市人民政府办公厅关于印发《西安市办好第十四届全运会加强城市规划建设管理加快国家中心城市建设步伐项目工作方案》的通知	市办字（2019）193号	2019.11.04
中共西安市委办公厅、西安市人民政府办公厅关于印发《西安市推进基层整合审批服务执法力量任务分工方案》的通知	市办字（2019）194号	2019.11.08
中共西安市委办公厅、西安市人民政府办公厅关于印发《加快构建政策体系培育新型农业经营主体重点任务分工》《加快推进农业适度规模经营重点任务分工》的通知	市办字（2019）195号	2019.11.20
中共西安市委办公厅、西安市人民政府办公厅关于印发《全面推进枢纽经济门户经济流动经济发展工作方案（2020—2022年）》的通知	市办字（2019）198号	2019.12.04
中共西安市委办公厅、西安市人民政府办公厅关于印发《庚子年2020春节期间“中国年看西安”系列文化旅游活动总体方案》的通知	市办字（2019）199号	2019.12.04
中共西安市委办公厅、西安市人民政府办公厅印发《关于加强文化领域行业组织建设的实施意见》的通知	市办字（2019）203号	2019.12.12
中共西安市委办公厅、西安市人民政府办公厅关于印发《西安市完善国有金融资本管理工作实施方案》的通知	市办字（2019）204号	2019.12.12
中共西安市委办公厅、西安市人民政府办公厅关于印发《西安市扎实推进特色现代农业六大工程助力产业脱贫夯实乡村振兴基础实施方案》的通知	市办字（2019）205号	2019.12.16
中共西安市委办公厅关于印发《西安市委常委会领导班子及其成员履行党风廉政建设主体责任清单》的通知	市办字（2019）206号	2019.12.19
中共西安市委办公厅、西安市人民政府办公厅关于印发《西安市司法所体制机制改革实施方案》的通知	市办字（2019）207号	2019.12.26
西安市人民政府关于聘请姚期智等五位专家为市政府科技顾问的通知	市政发〔2019〕1号	2019.08.19
西安市人民政府关于印发《西安航空航天投资股份有限公司组建方案》的通知	市政发〔2019〕3号	2019.01.15
西安市人民政府关于印发《西安市“十三五”节能减排综合工作方案》的通知	市政发〔2019〕4号	2019.01.21

标　　题	发文号	发文时间
西安市人民政府关于印发《西安市全面推进"一网通办"加快数字化转型行动方案》的通知	市政发〔2019〕5号	2019.01.24
西安市人民政府关于印发李明远市长在市十六届人大四次会议上所作《政府工作报告》的通知	市政发〔2019〕9号	2019.02.22
西安市人民政府关于做好当前和今后一个时期促进就业工作的通知	市政发〔2019〕12号	2019.03.14
西安市人民政府关于印发《西安市道路交通安全工作行动方案》的通知	市政发〔2019〕13号	2019.03.19
西安市人民政府关于印发《西安市工业企业旧厂区改造利用实施办法》的通知	市政发〔2019〕14号	2019.03.19
西安市人民政府关于加快推进"四好农村路"建设的意见	市政发〔2019〕15号	2019.03.22
西安市人民政府关于积极有效利用外资推动经济高质量发展的实施意见	市政发〔2019〕16号	2019.04.02
西安市人民政府关于促进民办教育健康发展的实施意见	市政发〔2019〕17号	2019.04.30
西安市人民政府关于印发《西安市残疾少年儿童康复救助实施方案》的通知	市政发〔2019〕18号	2019.06.19
西安市人民政府关于印发《西安市进一步深化工程建设项目审批制度改革的实施方案》的通知	市政发〔2019〕19号	2019.07.12
西安市人民政府关于印发《市级财政资金分配暂行规定和市级财政专项资金管理办法》的通知	市政发〔2019〕21号	2019.07.16
西安市人民政府关于印发《西安市城市道路命名导则》的通知	市政发〔2019〕22号	2019.07.25
西安市人民政府关于聘任第三届西安住房公积金管理委员会委员的通知	市政发〔2019〕25号	2019.09.23
西安市人民政府关于深化中国（陕西）自由贸易试验区西安区域改革创新若干措施的通知	市政发〔2019〕26号	2019.09.29
西安市人民政府关于印发《市场监管领域部门联合"双随机、一公开"监管实施方案》的通知	市政发〔2019〕27号	2019.10.30
西安市人民政府关于表彰2019年西安市创业明星的决定	市政发〔2019〕28号	2019.11.23
西安市人民政府办公厅关于印发《秦岭生态修复工作方案（2019—2021年）》的通知	市政办发〔2019〕1号	2019.01.10
西安市人民政府办公厅关于印发《西安市2019年政策性粮食库存数量和质量大清查工作实施方案》的通知	市政办发〔2019〕2号	2019.01.15
西安市人民政府办公厅关于印发《西安市"十三五"易地扶贫搬迁三年行动实施方案》的通知	市政办发〔2019〕3号	2019.01.15
西安市人民政府办公厅关于贯彻落实省政府关于改革国有企业工资决定机制实施意见的通知	市政办发〔2019〕4号	2019.01.28
西安市人民政府办公厅关于印发《加强秦岭北麓西安段饮用水水源保护实施办法（试行）》的通知	市政办发〔2019〕5号	2019.01.31
西安市人民政府办公厅关于印发《全面推开"证照分离"改革实施方案》的通知	市政办发〔2019〕6号	2019.02.01
西安市人民政府办公厅关于印发《西安市电子证照管理暂行办法》《西安市电子印章管理暂行办法》的通知	市政办发〔2019〕8号	2019.02.11
西安市人民政府办公厅关于印发《西安市疫苗使用和预防接种提升工作方案（2019—2020年）》的通知	市政办发〔2019〕9号	2019.02.12
西安市人民政府办公厅关于印发《西安市科技金融产业发展规划（2019—2021年）》的通知	市政办发〔2019〕10号	2019.02.13
西安市人民政府办公厅关于印发《西安市秦岭北麓生态环境保护地域网格化管理实施办法》的通知	市政办发〔2019〕12号	2019.02.19
西安市人民政府办公厅关于印发《落实国家组织药品集中采购和使用试点工作实施方案》的通知	市政办发〔2019〕13号	2019.02.28
西安市人民政府办公厅关于印发《西安市城市道路和停车场机动车停车服务收费标准》的通知	市政办发〔2019〕14号	2019.02.25
西安市人民政府办公厅关于印发《改革完善仿制药供应保障及使用政策工作方案》的通知	市政办发〔2019〕15号	2019.02.26
西安市人民政府办公厅关于印发《促进全域旅游发展实施意见》的通知	市政办发〔2019〕17号	2019.03.15
西安市人民政府办公厅关于印发《西安市推进国资国企高质量发展行动方案》的通知	市政办发〔2019〕19号	2019.03.19
西安市人民政府办公厅关于保障城市轨道交通安全运行的实施意见	市政办发〔2019〕20号	2019.03.19
西安市人民政府办公厅关于废止《西安市企业投资负面清单》的通知	市政办发〔2019〕22号	2019.03.28
西安市人民政府办公厅关于印发《西安市加快县域工业集中区和产业园区建设行动计划》的通知	市政办发〔2019〕23号	2019.04.02
西安市人民政府办公厅关于印发城镇小区配套幼儿园治理工作实施方案的通知	市政办发〔2019〕25号	2019.04.10
西安市人民政府办公厅关于印发2019年重点建设项目计划的通知	市政办发〔2019〕26号	2019.04.12
西安市人民政府办公厅关于印发《〈西安市户外广告设置管理条例〉实施细则》的通知	市政办发〔2019〕26号	2019.04.10
西安市人民政府办公厅关于印发全市蓝天碧水净土青山四大保卫战2019年实施方案及工作任务清单的通知	市政办发〔2019〕28号	2019.04.22
西安市人民政府办公厅印发关于落实陕西省支持创新相关改革举措推广方案实施意见的通知	市政办发〔2019〕29号	2019.04.30
西安市人民政府办公厅印发关于加强西安市居住区配套公办义务教育阶段学校和幼儿园建设管理工作若干意见的通知	市政办发〔2019〕30号	2019.04.30
西安市人民政府办公厅关于印发《西安市村镇规划管理规定》的通知	市政办发〔2019〕31号	2019.05.17
西安市人民政府办公厅关于做好降低社会保险费率工作的通知	市政办发〔2019〕32号	2019.06.06
西安市人民政府办公厅关于印发《〈西安市集中供热条例〉实施细则》的通知	市政办发〔2019〕33号	2019.06.13
西安市人民政府办公厅关于印发《西安市建筑物外立面保持整洁管理规定》的通知	市政办发〔2019〕34号	2019.06.20
西安市人民政府办公厅印发《关于培育和发展住房租赁市场实施意见》的通知	市政办发〔2019〕35号	2019.06.21
西安市人民政府办公厅关于印发《医疗卫生领域财政事权和支出责任划分改革实施方案》的通知	市政办发〔2019〕36号	2019.07.24
西安市人民政府办公厅关于印发《西安市2019年节能双控重点工作实施方案》的通知	市政办发〔2019〕37号	2019.08.22
西安市人民政府办公厅关于印发《加快推进科技创新型企业科创板上市扶持政策》的通知	市政办发〔2019〕38号	2019.08.28
西安市人民政府办公厅关于印发《西安市清洁取暖试点城市建设工作方案》的通知	市政办发〔2019〕39号	2019.10.19
西安市人民政府办公厅关于印发《商贸领域提质升级促消费稳增长若干措施》的通知	市政办发〔2019〕40号	2019.10.29
西安市人民政府办公厅关于印发《西安市消防救援人员职业保障和社会优待暂行意见》的通知	市政办发〔2019〕41号	2019.11.08
西安市人民政府办公厅关于全面推行行政执法公示制度执法全过程记录制度重大执法决定法制审核制度的通知	市政办发〔2019〕42号	2019.11.19
西安市人民政府办公厅关于印发《西安市轨道交通用地综合开发规划和土地供应暂行规定（试行）》的通知	市政办发〔2019〕43号	2019.11.22
西安市人民政府关于划定禁止使用高排放非道路移动机械区域的通告	市告字〔2019〕1号	2019.05.23
西安市人民政府关于在全市进行防空警报鸣放的通告	市告字〔2019〕2号	2019.08.20
西安市人民政府关于给西安市公安局记集体二等功的通报	市政函〔2019〕33号	2019.03.26

标题	发文号	发文时间
西安市人民政府关于成立西安市生活垃圾末端处理系统建设工作领导小组的通知	市政函〔2019〕34号	2019.03.27
西安市人民政府关于表彰2018年度安全生产工作先进单位和先进个人的通报	市政函〔2019〕49号	2019.04.29
西安市人民政府关于成立西安碑林等三大博物馆改造工作领导小组的通知	市政函〔2019〕55号	2019.05.17
西安市人民政府关于成立西安市工程建设项目审批制度改革工作领导小组的通知	市政函〔2019〕58号	2019.05.14
西安市人民政府关于调整西安市电网建设领导小组的通知	市政函〔2019〕60号	2019.06.11
西安市人民政府关于成立西安火车站改扩建工程领导小组的通知	市政函〔2019〕61号	2019.06.19
西安市人民政府关于成立健康西安建设工作委员会和市地方病防治工作领导小组的通知	市政函〔2019〕74号	2019.07.23
西安市人民政府办公厅关于印发《"品质西安"架空线落地清零行动方案》的通知	市政办函〔2019〕24号	2019.01.18
西安市人民政府办公厅关于推进更高水平气象现代化建设的实施意见	市政办函〔2019〕27号	2019.01.21
西安市人民政府办公厅关于印发《品质西安建设桥梁涂装美化维修行动实施方案》的通知	市政办函〔2019〕29号	2019.01.23
西安市人民政府办公厅关于印发《2019年度政府规章制定计划》的通知	市政办函〔2019〕34号	2019.01.25
西安市人民政府办公厅关于印发《西安市农村人居环境整治村庄清洁行动实施方案》的通知	市政办函〔2019〕38号	2019.01.31
西安市人民政府办公厅关于印发《全市城市家具整治提升工作方案》的通知	市政办函〔2019〕39号	2019.02.01
西安市人民政府办公厅关于调整建筑垃圾清运时间的通知	市政办函〔2019〕42号	2019.02.01
西安市人民政府办公厅关于印发《西安市老旧小区综合改造工作升级方案》的通知	市政办函〔2019〕44号	2019.02.03
西安市人民政府办公厅关于印发《西安市大力推进便利店创新发展行动计划》的通知	市政办函〔2019〕62号	2019.02.19
西安市人民政府办公厅关于印发《西安市统筹谋划重大投资项目工作方案》的通知	市政办函〔2019〕67号	2019.02.22
西安市人民政府办公厅关于印发《大骨节病等地方病防治专项行动方案（2019—2020年）》的通知	市政办函〔2019〕70号	2019.02.26
西安市人民政府办公厅关于做好《西安年鉴（2019）》编纂工作的通知	市政办函〔2019〕76号	2019.03.01
西安市人民政府办公厅关于印发《皂河三年专项整治计划实施方案（2018—2020年）》的通知	市政办函〔2019〕78号	2019.03.07
西安市人民政府办公厅关于印发《西安市污泥安全处置工作实施方案》的通知	市政办函〔2019〕79号	2019.03.07
西安市人民政府办公厅关于印发《西安市秦岭生态环境保护区小水电站清理整治工作方案》的通知	市政办函〔2019〕81号	2019.03.13
西安市人民政府办公厅关于印发《西安市秦岭生态环境突出问题整治方案》的通知	市政办函〔2019〕85号	2019.03.15
西安市人民政府办公厅关于做好机构改革期间政务公开工作的通知	市政办函〔2019〕87号	2019.03.15
西安市人民政府办公厅关于成立落实国家组织药品集中采购和使用试点工作领导小组的通知	市政办函〔2019〕90号	2019.03.15
西安市人民政府办公厅关于印发《2019年西安市城市居民用电户表改造工作实施方案》的通知	市政办函〔2019〕92号	2019.03.21
西安市人民政府办公厅关于印发《西安市文化"能工巧匠"培养方案》的通知	市政办函〔2019〕93号	2019.03.25
西安市人民政府办公厅关于印发《西安市乡村文化风貌塑造工程实施方案》的通知	市政办函〔2019〕94号	2019.03.25
西安市人民政府办公厅关于西安"12345"市民服务热线2018年度优秀承办单位的通报	市政办函〔2019〕100号	2019.04.04
西安市人民政府办公厅关于印发贯彻落实省政府聚焦企业关切进一步推动优化营商环境政策任务分解方案的通知	市政办函〔2019〕105号	2019.04.11
西安市人民政府办公厅关于印发《西安市秦岭生态保护区农家乐专项整治行动方案》的通知	市政办函〔2019〕106号	2019.04.11
西安市人民政府办公厅关于印发《声环境功能区划方案》的通知	市政办函〔2019〕107号	2019.04.19
西安市人民政府办公厅关于印发《西安市秦腔戏曲艺术中长期发展规划》的通知	市政办函〔2019〕108号	2019.04.22
西安市人民政府办公厅关于印发《秦岭北麓环山路沿线村庄进村门规范管理办法》的通知	市政办函〔2019〕109号	2019.04.22
西安市人民政府办公厅关于印发《西安市关于促进民宿发展三年行动方案（2019—2021年）》的通知	市政办函〔2019〕112号	2019.04.23
西安市人民政府办公厅关于印发《西安市推进公共交通三个一千目标暨公交都市建设方案》的通知	市政办函〔2019〕114号	2019.04.26
西安市人民政府办公厅关于印发《西安市群众足球联赛实施方案》的通知	市政办函〔2019〕115号	2019.04.25
西安市人民政府办公厅关于印发《西安市巩固提升车让人人守规文明交通城市创建活动实施方案》的通知	市政办函〔2019〕131号	2019.05.20
西安市人民政府办公厅关于印发《西安市深化治理机（电）动两三轮车、四轮低速电动车实施方案》的通知	市政办函〔2019〕132号	2019.05.20
西安市人民政府办公厅关于做好2019年高考中考服务保障工作的通知	市政办函〔2019〕138号	2019.05.31
西安市人民政府办公厅关于印发《西安市城市供水应急预案》的通知	市政办函〔2019〕140号	2019.06.04
西安市人民政府办公厅关于成立西安市推动企业科创板上市工作专班的通知	市政办函〔2019〕142号	2019.06.17
西安市人民政府办公厅关于印发西安市2019—2021年蓝天保卫战强化监督定点帮扶配合保障工作方案的通知	市政办函〔2019〕153号	2019.07.12
西安市人民政府办公厅关于印发《西安市政府领导干部2019年度安全生产重点工作责任清单》的通知	市政办函〔2019〕154号	2019.07.16
西安市人民政府办公厅关于2019年为残疾人办实事的通知	市政办函〔2019〕157号	2019.07.24
西安市人民政府办公厅关于印发《西安市整合城乡居民基本医疗保险制度实施方案》的通知	市政办函〔2019〕159号	2019.07.26
西安市人民政府办公厅关于印发《加快推动高速公路电子不停车收费应用服务实施方案》的通知	市政办函〔2019〕179号	2019.09.17
西安市人民政府办公厅关于做好2019年国庆假日旅游工作的通知	市政办函〔2019〕187号	2019.09.30
西安市人民政府办公厅关于印发西安市2019—2020年采暖期集中供热保障工作方案的通知	市政办函〔2019〕190号	2019.10.16
西安市人民政府办公厅关于印发《稳增长有关工作清单》的通知	市政办函〔2019〕203号	2019.10.31
西安市人民政府办公厅关于印发《西安市重污染天气应急预案（2019年修订稿）》的通知	市政办函〔2019〕204号	2019.11.03
西安市人民政府办公厅关于2019年森林防火责任书执行情况的通报	市政办函〔2019〕212号	2019.11.13
西安市人民政府办公厅关于印发《采暖季天然气保障工作方案和应急预案》的通知	市政办函〔2019〕215号	2019.11.19
西安市人民政府办公厅关于印发《西安市全运惠民工程实施细则》的通知	市政办函〔2019〕228号	2019.11.26
西安市生活垃圾分类管理办法	西安市政府令第138号	2019.04.28
西安市公共安全视频图像信息系统管理办法	西安市政府令第139号	2019.05.09
关于修改《西安市机动车车身广告设置管理办法》的决定	西安市政府令第140号	2019.09.03

文　摘

更加有效推进健康中国建设

社会学意义上的健康是指个体和社会作为有机整体，具有内在协调性，表现为和谐的理想状态。这种和谐于个体表现为身心健康，于社会表现为社会心理健康。二者如健康社会之两翼，不可偏废。社会心理健康影响着个体身心健康，而个体在维护好自身身心健康的同时积极追求进步，使身心、事业、家庭良性循环发展，则能促进社会心理健康。

抓好个体身心健康。一是牢牢把握健康领域发展规律，坚持预防为主、防治结合、中西医并重，努力为人民群众提供全生命周期的卫生与健康服务。二是重视重大疾病防控，重视重点人群健康，优化防治策略，最大限度减少人群患病。三是倡导健康文明的生活方式，树立大卫生、大健康观念，把以治病为中心转变为以人民健康为中心，建立健全健康教育体系，提升全民健康素养。四是坚持体医结合，推动全民体育健身和全民健康深度融合，推动体育健身和休闲产业发展。

抓好社会心理健康。首先，将社会心理健康纳入国家治理中，在制定重大政策过程中充分听取各类社会群体的心理诉求和实际需要，在社会治理中坚持共建共治共享，加强心理学技术干预，营造友好互信的人际关系和健康向上的社会氛围，不断增强人们的获得感、幸福感、安全感，大力培育自尊自信、理性平和、亲善友爱的社会心态。其次，加强社会心理服务体系建设，依托现有资源建立心理服务机构，鼓励创办社会心理服务机构，增强医疗机构心理健康服务能力。再次，加强心理健康知识教育和科普宣传，提升公众心理健康素养，引导公众培育积极心态、预防不良心态。

（摘自《西安日报》2019 年 6 月 3 日《更加有效推进健康中国建设》 作者：杭兰平）

“以人民为中心”的民主政治

坚持以人民为中心的民主政治，要切实解决好人民群众最关心最直接、最现实的利益问题。“靡不有初，鲜克有终。”党的十九大报告指出：“发展社会主义民主政治就是要体现人民意志、保障人民权益、激发人民创造活力，用制度体系保证人民当家做主。”发展“以人民为中心”的民主政治，保证人民当家做主，集中体现了新时代的本质要求与价值取向。为人民执政、靠人民执政，是党的领导的根本目的和根本方式。有人看到中国没有搞西方国家的那种议会制、三权分立和多党竞选执政，就评价说中国的社会主义政治制度不是民主政治、中国政治制度的民主指数很低等。事实上，现代国家的民主政治采取怎样的制度形式，最关键的一点是要看这个国家社会基本制度的性质。社会主义民主政治和资本主义民主政治的根本区别在于两种社会基本制度的性质不同。社会主义基本制度的性质决定了社会主义民主政治是一种“实质性民主”，它不只是在特殊内容上不同于资本主义民主，它是人类民主政治发展的更高的历史形态。它通过一系列行之有效的制度化、规范化、法治化、程序化的制度安排和活动规范来保证人民依法通过各种途径和形式广泛参加国家治理和社会治理，管理经济文化事业，管理社会事务，保证人民依法实行民主选举、民主协商、民主决策、民主管理、民主监督，保证人民有序政治参与，保证人民享有更加广泛、更加充实的权利和自由，保证人民当家做主权利的实施。“以人民为中心”的民主实现了形式民主与实质民主、程序民主与实体民主、选举民主与协商民主的相互统一，是维护人民根本利益的最广泛、最真实、最管用的民主。

（摘自《西安日报》2019 年 11 月 11 日《“以人民为中心”的民主政治》 作者：雷玉翠）

牢记初心使命　勇于自我革命

党的十八大以来，“不忘初心、牢记使命”日益成为我们政治生活中一个重要的主题词。习近平总书记反复强调这个问题，就是要提醒全党不要忘记“中国共产党是什么、要干什么”这个问题，始终以自我革命精神，使中国共产党永远年轻。

勇于自我革命，是我们党最鲜明的品格，也是我们党最大的优势。我们党作为百年大党，如何永葆先进性和纯洁性、永葆青春活力，如何永远得到人民拥护和支持，如何实现长期执政，是我们必须回答好、解决好的一个根本性问题。2018 年 10 月，习近平总书记深刻总结改革开放 40 年来管党、治党宝贵经验，强调在进行社会革命的同时不断进行自我革命，是我们党区别于其他政党最显著的标志，也是我们党不断从胜利走向新的胜利的关键所在。特别是党的十八大以来，我们以刀刃向内的勇气向党内顽瘴痼疾开刀，以雷霆万钧之势推进全面从严治党，以钉钉子精神把管党、治党要求落实、落细，推动党和国家事业取得历史性成就、发生历史性变革。党的历史经验深刻昭示我们：必须不断进行自我革命，同一切影响党的先进性、弱化党的纯洁性的问题做坚决斗争，以伟大自我革命推动伟大社会革命。反观世界上一些大党、老党曾经显赫一时，最终被历史淘汰，一个重要原因就是失去了自我更新的能力。我们党因革命而生，勇于自我革命是熔铸在中国共产党人血脉里的政治基因，是我们党永葆先进性和纯洁性的制胜法宝。

勇于自我革命，就是要自觉拿起批评与自我批评的武器，经常打扫干净自己身上的灰尘。毛泽东同志强调开展批评与自我批评，要求我们党“必须有‘承认错误并且改正错误’的这样一条原则”，2016 年 1 月 12 日，习近平总书记在十八届中纪委六次全会上曾引用司马迁“反听之谓聪，内视之谓明，自胜之谓强”，倡导党员干部要用好批评和自我批评的武器。这一十分有力的思想武器，要大胆使用、经常使用、用够用好，使批评和自我批评成为一种习惯、一种自觉、一种责任。习近平总书记强调指出：“让批评和自我批评成为每个党员、干部的必修课。”在“不忘初心、牢记使命”主题教育中，党员干部要对照新时代中国特色社会主义思想和党中央决策部署，对照党章党规，对照人民群众新期待，对照先进典型、身边榜样，坚持高标准、严要求，有的放矢进行整改。要真正以刀刃向内的自我革命精神，广泛听取意见，认真检视反思，把问题找实、把根源挖深，明确努力方向和改进措施，切实把问题解决好。

勇于自我革命，就是坚持同党内一切消极腐败现象做斗争。我们党全面领导、长期执政，党员干部时刻面临被“围猎”、被腐蚀的风险。全党同志在思想上一定要搞清楚一个问题，就是为什么要坚定不移反对腐败。人民把权力交给我们，我们就必须以身许党许国、报党报国，该做的事就要做，该得罪的人就得得罪。在过去 17 年的“两会调查”中，“反腐”议题 8 次成为最受网民关注的热门话题，今年再度处于热词榜榜首。现实一再表明，反腐败斗争不能退，也无处可退，必须将“严”字长期坚持下去，一体推进不敢腐、不能腐、不想腐，不断推进党的自我革命。习近平总书记强调指出：要“教育引导广大党员干部保持为民务实清廉的政治本色，自觉同特权思想和特权现象做斗争，坚决预防和反对腐败，清清白白为官、干干净净做事、老老实实做人。”

（摘自《西安日报》2019年7月8日《牢记初心使命 勇于自我革命》 作者：王诚安）

习近平“一带一路”倡议的理论特点

“一带一路”倡议是习近平新时代中国特色社会主义思想在国际经济合作领域的体现。其理论特点在于，从丝路精神中汲取营养，以“一带一路”这一历史遗产为契合点，探寻当今国际经济合作的新路径和新思维，引领国际经济合作的新潮流；在承认既有国际经济运行规则的基础上，强调探索国际经济治理新机制，落实新型全球化目标；它既反映新时期对外开放理论和实践遵循客观经济规律，也体现在对外经济活动中追求普惠性、共赢性价值；它将扩大开放与深化改革两者有机统一起来，促进了区域经济、文化、社会、生态环境建设的协调发展。

（摘自《唐都学刊》2018年第1期《习近平“一带一路”倡议的理论特点》 作者：曲 涛）

论新时代中国特色社会主义文化自信的全面提升

习近平总书记提出中国特色社会主义道路自信、制度自信、理论自信和文化自信，其中文化自信是更深厚的自信。结合当前中国特色社会主义文化发展现状，唯有立足中华优秀传统文化，才能夯实文化自信之基；必须要坚持马克思主义的指导地位，尤其要突出作为马克思主义中国化最新成果的习近平新时代中国特色社会主义思想，由此捍卫文化自信之魂；要努力增强文化软实力，才能拓宽文化自信之道。新时代中国特色社会主义文化自信的全面提升是一项系统工程，需要全方位整合社会力量来进行有效推进。

（摘自《唐都学刊》2018年第3期《论新时代中国特色社会主义文化自信的全面提升》 作者：刘晓慧 方雷）

“一带一路”倡议：中华民族和合思想的当代价值

摘要：和合思想是中华民族传统文化的思想精华，其内核和特质具有时代价值，它能促使当代中国更具自身凝聚力、世界关怀力与全球调适力。植根于中华民族优秀传统文化的“一带一路”构想，渗透着一系列国际经济理念创新，和合思想于这一中国方案的践行具有重大启示意义。尊重沿线国家与地区的文化，遵从绿色发展的国际准则；倡导各国以义为质、互利互惠、和谐共生，促进文明新融合；要以和合思想谋求政治认同，在和平共处、联合发展理念导引下，达到共赢目标。从而使和平而非战争、合作而非对抗、共赢而非零和，成为人类社会的永恒主题。

（摘自《唐都学刊》2018年第6期《“一带一路”倡议：中华民族和合思想的当代价值》 作者：张凯兰）

城市化、信息化与国家治理现代化进程中的疫情防控与管理

新冠肺炎的防控管理，需要置于当前中国加快推进的城市化、信息化与国家治理现代化三大进程之下，这是理解新冠肺炎疫情防控复杂度，寻找疫情有效治理路径的重要社会性和历史性背景。城市化是经济发展模式的重大空间变革，在积聚人群增加公共传染病发生概率的同时，也提供了更加先进的现代公共卫生管理手段。以疫情防控为视角，中国的城市化需要在规模空间扩张和内在功能完善之间重新做出平衡。信息化和国家治理现代化为城市公共卫生管理与疫情防控提供了技术和制度上的支撑，但对于前者来说，如果引导、管理和沟通不当，容易引发疫情—舆情交叉感染并相互恶化的次生风险，这是信息大爆炸和自媒体时代给管理者提出的新挑战。进一步地，重大疫情防控对国家治理现代化的考验，不仅体现在集中动员医护资源的国家能力上，更体现在法治水平和各级政府的责任感与专业度。所以经过重大疫情考验后，需要在国家治理体系与治理能力现代化的总体要求下，继续以更大的决心和力度推进以人为本的城市化进程，补足服务功能不足等城市短板问题，并为新一轮信息化浪潮提供更好的制度和法治环境保障，更好地推进中国特色社会主义国家的建设。

（摘自《人文杂志》2020年第5期《城市化、信息化与国家治理现代化进程中的疫情防控与管理》 作者：赵 建）

（张永春）

基于政府规制视角下的西安营商环境提升策略研究

政府规制优化是西安深化行政效能革命，建设服务型政府，营造“亲商、重商、富商”氛围的重要突破口，应从根本上消除政府职能的错位、越位、缺位现象，尤其是规制政策的制定要体现科学性、系统性、前瞻性和法制性，加大体制机制改革力度，努力提高行政效能，在政务服务的信息化建设中大胆创新，突破壁垒，真正实现“环境留人”，不断提升西安营商环境的魅力和吸引力。

（一）注重政策创新，加强政策指导性和可操作性

首先，规制政策的出台要讲究系统性和战略性。西安要紧紧围绕城市发展规划及各项规划政策，在规制政策上引导企业和谐创业，为企业发展和转型升级提供正确导向。西安市各级政府应成立专门的西商常设机构，来规划、组织、协调、推进西商特别是西商中小企业的发展创新工作。如对于一些本地老字号或具有发展潜力的企业，更希望政府当好“引路人”，加速企业在品牌引领、产业升级、研发创新等方面统筹资源，搭建平台，助力企业和谐创业。

其次，规制政策的出台要实现社会参与，并引入执行过程的动态化管理。西安各项规制政策出台之前，要广泛听取企业意见，设计良好并得以实施的公共协商程序，这样不仅不会增加过多的协调费用，反而会避免不必要的成本，提高规制的实施效果，也可以提升政府行为的合法性和可信度。同时，辅之以完备的规制政策效果监测和反馈评估机制，真正实现政策的科学性和可操作性，助推政策落地。要充分利用“企业家圆桌会”“企业家沙龙”等各种政企沟通平台，加深与商业协会、各地企业家的沟通、协调，让企业真正融入西安经济发展，让西安成为企业飞黄腾达的沃土。

（二）重构政府职能，塑造与时俱进的服务型政府

首先，要审时度势，完善政务服务功能。在全球化、信息化时代背景下，西安政务服务要密切围绕时代背景和企业发展需求，拓展服务功能，创新服务方式，进一步下放行政事权，扩大审批和管理权限，拓展优化区县级政府的监管职能，更好地满足企业发展需求，最大限度减少企业交易成本和协调成本。

其次，要合并规制，进一步整合优化部门职能和工作机制。当前，西安已经在合并规制创新方面迈出了可喜的步伐。西高新等 6 家区级政府试点机构相继成立“行政审批服务局”，真正实现“一枚印章管审批”的创新服务和管理职能。西安要以此为契机，尽快理顺新部门内部，以及新部门与其他相关部门的职能分配和协调机制，充分发挥其优质高效的政务服务功能，使之能尽快在全市布局。

再者，要适度放松，营造宽松的规制环境。西安各部门要紧抓行政效能革命和政务数据协同共享的发展机遇，尽快统筹梳理自身职权范围、工作流程、数据采集标准等内容，最大限度处理好政府与市场的关系，放松规制，打好政府职能系统化重构的基础。

（三）突破传统理念，提升政务服务质量和效率

规范、创新、法治的政务服务理念是城市提升营商环境的关键要素，是建设服务型政府，营造“政企一家亲”的重要抓手。一方面，西安基层干部应继续加强服务的主动性、能动性和法制性观念，转变服务意识，提升服务效率，做好企业和群众的“店小二”。

培养主动意识——要彻底扭转官本位、权利本位的传统管制型政府理念，树立以民本位、以企为本的服务型政府理念。

培养能动意识——可借鉴北京经验，首先加强基层干部对政策文件的学习和解读，多部门联合以通俗易懂的语言主动向企业介绍营商环境的改革要点与政策，进一步提升政策措施的知晓度和应用度，切实增强企业的获得感。

培养法治意识——加强政府官员的法治观念，树立依法行政的服务意识，坚决杜绝“合法伤害权”事件在西安政府官员中再次上演，阻断“寻租”滋生的土壤，构建公平、公正、公开的政务环境。

另一方面，要构建政务服务的社会外部监督机制，突破传统思维，搭建政务服务的“电商旗舰店”平台，职能部门做起真正“店小二”，营销、推广自己的“服务产品”，对各类审批项目和流程采取公平、公开、公正的全透明操作，并接受公众对其评价打分，充分发挥新媒体及公众的社会化监督作用。

（四）推进智慧政务，加强数据共享和网络协同

在信息化时代背景下，西安应尽快破解行政效能革命中政务网络普及和应用瓶颈。其一是要加强技术数据的服务标准，要进一步细化完善操作规范，与省级行政部门沟通协作，逐步在全省范围内实现同一服务事项受理条件统一、部门权限统一、办事流程统一、办件材料统一、数据格式统一，有效提高线上运行的效率。进一步规范电子证照的生成及管理标准。其二是要统筹协调各职能部门的资源信息，完善数据共享的顶层设计，避免出现数据的“项目化”“部门化”“利益化”和“本土化”现象。其三是要优化开放平台功能，加快数据的统计分析和共享应用，并对平台功能进行多样化、个性化开发拓展。最后要加强信息安全防范体系建设，建立信息安全责任制，制定专门的个人数据隐私保护法，确保网络信息安全及个人隐私安全。

（五）深入西商研究，打造西商城市品牌

规制优化营商环境是一个复杂的系统性工程，且随着经济社会发展具有长期性和动态性特征，因此有必要开展对西商及其营商环境的持续性、系统性、动态性研究。当前，著名商帮的兴起和传播已经不仅仅代表某个商业群体，更是成为一种城市品牌和精神象征。比如，杭商已定位成为杭州城市品牌中最为鲜活的组成部分，是杭州行业品牌、企业品牌、产品品牌、城市品牌的综合体现。西安可借鉴学习全国著名商帮的品牌发展路径，讲好西商故事、传好西商精神、做好西商品牌。要强化西商研究力量，成立西商发展研究中心，为弘扬西商精神、打造西商品牌构筑文化及研究阵地。该机构可与西安市工商联联合成立，也可挂靠在某个研究机构内部，作为企业家与政府深入沟通、交流的桥梁和纽带。把西商及其相关课题作为常态化、动态化研究，探寻西安塑造西商品牌，壮大民营经济的出路所在，为政府决策提供真实参考，为西商发展营造规范化、法治化、高效化的营商环境奠定理论研究基础。

（六）出台量化指标，紧抓营商环境的目标考核

当前，在研究领域对营商环境的量化指标体系并没有一个统一标准。根据相关资料，2004 年世界银行公开出版的报告中较早提出营商环境量化指标体系，重点研究了有关企业生命周期的环境指标。2005 年增加了登记物权、税制环境、对投资者保护等指标，拓展到 10 组指标。从全国看，各大城市也相继出台有自己的营商环境考核指标体系。陕西省近期也提出了营商环境的八大指标，因此，西安应在省上考核指标的基础上，结合西安地方经济发展水平和营商环境水平，尽快出台细化指标体系的实施细则，根据各区（县）的具体薄弱环节，加大考核力度，落实指标责任制，真正让政策落在实处，让政策发挥最大效能。

（摘自《经济观察》总第 126 期《基于政府规制视角下的西安营商环境提升策略研究》 作者：姚 蕾）

西安人才户籍新政实施形势分析报告

2019 年新春刚过，全国已有 16 个城市发布各种人才引进和落户等政策，新一轮“抢人之战”打响。此战能否实现人才引进、人口增加的目标，优越宽松的政策成为开战的显著比拼手段。为争得先机，持续加强政策的优越性、针对性，提出以下意见建议。

（一）加大新政 3.0 的宣传推广，不断巩固人口迁入成效

总结 2018 年户籍新政实施经验，在利用现代信息媒体的广泛宣传下，市级层面利用举办各类具有国内较大影响力的活动，发挥西安品牌效应，提升西安知名度，扩大新政国内影响；各区（县）、开发区印制宣传册，走上街头进入高校，深入社区带进企业，以实际行动提升新政宣传效果。

（二）加强招才引智，吸引更多人才落户

完善吸引各类人才的配套措施，对人才引进分类分层，主动出击，实现从“开门吸引”到“上门招贤”的转变。一是对于大学生群体，市、区两级严格落实已定的人才招聘计划，并支持组织用人单位组团到外省高校进行人才招聘。二是对于一线城市及东南沿海经济发达城市的学科、学术带头人，企业领军人，行业高技术人才，主动上门对接。三是对名人、名家、名师等特殊人才及我市短缺的、急需的专门人才，主动招纳。不断加强我市对各类人才招纳力度，促进“人口红利”向“人才红利”转变。

（三）加大招商引资，促进就业创业

广栽梧桐树，招纳金凤凰。一是加快推进我市“一网通办”政务服务平台建设，落实“三化五最”营商环境措施，建立良好的招商引资软环境。二是围绕我市优势产业，尤其是“3+1”万亿级大产业，加大招商引资，延伸产业链。加强“龙头”企业产业配套服务企业、零配件企业的引进，各区（县）产业园区做好相关产业链配套建设。三是拓宽招商引资领域，对教育、医疗、养老等公共服务领域，加强优质企业引进，加大吸收社会资本参与。以招商引资，促进就业创业，吸引人口迁入，形成良性循环状态。

（四）聚焦落户集中区域，实施精准保障

针对人口迁入相对集中的雁塔（含曲江）、高新、经开等区域的公共服务供给需求大，学校、社区医疗、交通设施等基

本公共服务供给矛盾突出等重点问题，切实摸清相关区（县）学校、学位，社区医院，交通设施建设等底数，工作推进过程的难点，统筹协调，逐一解决。

（摘自《经济观察》总第127期《西安人才户籍新政实施形势分析报告》 作者：崔玉凤 雷广院 狄东记）

西安经济社会发展主要指标分析报告

总体来看，2018年全市经济运行平稳向好，经济转型发展的支撑因素增多，经济增长的稳定性更趋牢固。从产业结构看，第一产业增加值258.82亿元，增长3.3%；第二产业增加值2925.61亿元，增长8.5%；第三产业增加值5165.43亿元，增长8.3%，三次产业比为3.1 ∶ 35 ∶ 61.9。虽然第二产业增速较快于第三产业，但相比于成都、武汉、杭州、宁波、郑州等GDP已经过万亿元的城市，西安的第二产业所占比重依旧较低，工业发展不充分，经济发展的底盘仍不够坚实，在向过万亿冲刺阶段，做大做强二产，夯实工业发展基础至关重要。

1. 确立“优二增三”的发展战略，夯实发展底盘，提高发展质量。坚持推动高质量发展与做大经济总量相同步，在扩大优化二产规模的基础上，加快构建现代产业体系，走二产、三产双轮驱动的高质量可持续发展之路，促进我市产业迈向全球价值链中高端。一方面，加快补齐工业短板，全面落实我市《关于推动工业优结构促发展的实施意见》，以智能制造为主攻方向推动产业技术变革和优化升级，推动互联网、大数据、人工智能和实体经济深度融合，实现制造业产业模式和企业形态根本性转变，加快打造万亿级先进制造业。另一方面，推动先进制造业与现代服务业深度融合发展，大力发展生产性服务业，加快制造业从“生产”为中心向以“服务”为中心、提供“产品＋服务”的方向转变。

2. 以硬科技和军民融合为突破口，培育壮大经济发展新动能。充分发挥我市科教和军工实力雄厚的优势，加大自主创新力度，通过做优产业生态圈推动产业集群和全产业链发展，做大做强硬科技和军民融合产业，成为西安追赶超越的加速器和新跑道。在硬科技和军民融合领域积极承接国家创新体系和创新链建设项目，前瞻布局一批高水平重点实验室和重大科技专项，构建面向全球的国际科技合作机制，力争前瞻性基础研究、引领性原创成果取得重大突破，同时努力增强科技成果转化能力，建设一批技术创新公共服务平台，加快硬科技成果产业化和军民技术相互转化，加快培育壮大优势骨干企业和产业集群。

3. 加快构建更高层次的开放型经济体系，以高水平开放推动高质量发展。近年来，我市进出口增速较快，连续2年保持了25%以上的增速，2018年全市进出口总值首破3000亿元，达到3303.87亿元，保持29.6%的快速增长，连续11个月位列副省级城市第一，对经济发展的拉动作用越来越明显。抢抓“一带一路”建设和国家全方位扩大对外开放机遇，大力发展枢纽经济、门户经济和流动经济，增强全球资源配置能力和国际高端资源要素吸附力、整合力；进一步提升贸易便利化水平，加快打造国际化、法治化、便利化营商环境；加快提升航空枢纽和空港的国际竞争力，不断完善西安港、综合保税区等国际贸易功能区平台功能，开通更多国际铁路联运线路和“长安号”新线路；全面优化进出口贸易结构，特别是把服务贸易放在突出位置，以更大力度培育跨境电商、市场采购、外贸综合服务平台等贸易新业态新模式，加快培育以技术、标准、品牌、质量、服务为核心的贸易竞争新优势。

4. 持续扩大“有效投资”，确保投资平稳增长。稳投资是经济平稳健康发展的关键。去年，我市固定资产投资增速比上年回落了4个百分点，投资环境依然不够平稳。今后一段时期，保持固投增速在合理区间依然是实现追赶超越的重要保证，今年必须确保固投实现8%以上的增速。从近两年数据看，我市工业投资波动较大，基础设施、房地产和工业投资比例不尽合理。一方面，要加快调整投资结构，不断提高工业投资占比，既抓新项目落地开工建设，又抓存量企业技术改造，加大技改投资力度，并注重依托已投产的重大项目，推进产业链、供应链、技术链等多向多层招商，促进产业加快集聚，以项目集群化运作提高投资产出效率。另一方面，要加大基础设施领域补短板力度，既要加快补齐交通、水利、能源、农业农村、生态环保、公共服务、城乡基础设施等薄弱环节短板，又要加大工业互联网、物联网、5G应用等新型基础设施领域投资力度，提前谋划布局相关产业发展和应用，加快基础设施提质增效，为下一轮城市发展、提升长期综合竞争实力奠定基础。

（摘自《经济观察》总第128期《西安经济社会发展主要指标分析报告》 作者：西安市人民政府研究室课题组）

以五大发展理念引领西安经济高质量发展

五大发展理念是在深刻总结国内外发展经验教训、分析国内外发展趋势的基础上形成的，是当前发展思路、发展方向、发展着力点的集中体现，更是针对我国发展中的突出矛盾和问题提出来的，是解决问题的思路和原则。围绕五大发展理念推动西安经济高质量发展的路径就是以创新的核心理念，跑赢“动能接力赛”；以开放的国际视野，提升全球资源配置能力；以协调的发展思路，优化城市空间布局；以绿色的长远眼光，走可持续发展之路；以共享的根本目标，均衡公共服务。

（一）以创新的核心理念，跑赢“动能接力赛”

我国经济正从新旧动能转换的胶着期，步入新动能加速扩张的关键期，西安经济发展水平要迈向中高端，发展方式要转变成可持续发展，最关键的还是要实现创新，培育新的增长动能。

（二）以开放的国际视野，提升全球资源配置能力

具有全球影响力的城市基本都是资源配置中心，全球资源配置能力反映着对全球经济走势的影响力和利用全球资源优化本地区资源配置的能力，保障着经济的可持续发展。提升西安全球资源配置能力，不是强调某个要素的配置，而是综合实力的提高，是开放型经济在发展中追求的重要目标，也是加快大西安国际化进程的必然要求。面对资源禀赋的有限性，地方间的竞争日趋激烈，一个具有全球影响力的资源配置中心城市，应当具有高端人才的集聚力、产业结构的优化力、物流网络的覆盖力、信息要素的驾驭力以及资源流动的推动力。

（三）以协调的发展思路，优化城市空间布局

城市土地资源宝贵、环境容量有限，“摊大饼”不可持续，拼资源缺乏支撑，高排放承载乏力。所以，大西安必须走节约紧凑、精明增长、协同发展的路子。

（四）以绿色的长远眼光，走可持续发展之路

环境就是民生，绿水就是美丽，蓝天也是幸福。西安南倚秦岭，北跨渭河，巍峨峻峭、群峰竞秀的秦岭山地与坦荡舒展、平畴沃野的渭河平原界线分明，构成了西安独特而优美的生态环境。如何在我市人口持续增长，工业化、城市化进程加快的同时，保护好生态环境，提高生态系统持续供给能力，还自然以宁静、和谐、美丽，是推进我市高质量发展必须面对的课题。

（五）以共享的根本目标，均衡公共服务

公共服务共建共享关乎民生福祉，“衣食住行、生老病死、

安居乐业”包括了人民群众对于政治、经济、社会、自然等领域的直接感受，民生视角下的公共服务体系，最能体现服务型政府。

（摘自《经济观察》总第129期《以五大发展理念引领西安经济高质量发展》 作者：西安市人民政府研究室课题组）

西安市住宅小区物业服务与管理情况的调研报告

住宅小区物业服务和管理，是市民普遍关注的热点民生问题之一，也是基层践行以人民为中心的发展思想的重要体现。

一、我市住宅小区物业服务与管理的基本情况

物业管理模式大部分是委托物业服务企业管理，全市仅有和平花园小区为业主自管模式，目前尚无小区采用聘请物业职业经理人管理模式。物业费结算模式大多为包干制，少部分为酬金制。全市5715个住宅小区中，成立业委会的有464个，占比为8%。

二、存在的主要问题

1. 开发建设质量问题遗留到物业管理阶段，引发物业管理矛盾。

2. 行政监管能力还有待于进一步提升。

一是对物业服务企业情况底数不清。二是行政处罚数量少、力度小。三是监管未能形成合力。四是基层监管缺乏有效手段。五是对小区共有收益和住宅专项维修基金的监管有待加强。

3. 业主大会成立难，业委会选举难。

一是建设单位和物业服务企业阻挠。二是获取相关资料难。三是缺少经费。四是投票表决手段落后。

4. 尚未出台物业服务企业市场退出机制，部分前期物业形成垄断。

5. 代收代缴产生大量矛盾。

三、外地经验

1. 严格物业承接查验。

2. 加强政府监管力度。

3. 建立市场退出机制。

4. 加强对业委会的培训和监管。

5. 推行电子投票系统。

6. 集中供热直管到户。

四、对策建议

1. 严格物业承接查验，防止建设质量问题遗留到物业管理阶段。建议参照湖南等地做法，严格执行竣工综合验收制度和配套设施交付使用制度，按照相关规定程序进行前期物业承接查验工作，明确建设单位和物业企业的责任，避免将建设质量问题带入物业管理阶段。

2. 加大行政监管力度。一是加强监管协调力度。二是摸清物业企业底数。三是提升基层日常监管能力。四是加强对小区共有收益和住宅专项维修基金的监管。

3. 建立物业服务企业退出机制。建议参照杭州、武汉等城市做法，抓紧研究制定我市物业服务企业市场退出办法等政策文件，研究制定物业公司进入退出的指导规则和物业交接技术规范。通过制定和完善相关政策，明确规定物业管理交接的程序和法律责任，从而减少进入退出过程中产生的纠纷。另外，针对物业公司退出纠纷法院判决时间较长的情况，建议组织由市司法局、市住建局、市仲裁委、市物业协会、物业管理专家、物业服务企业、业主代表组成的仲裁机构，形成一种对“进”与“出”纠纷的即时处理、快速审核裁决机制，避免因未及时处理双方纠纷而引起更大的矛盾。

4. 提升业委会组建率，提高业主自治能力。一是加快推进业主大会和业委会成立工作。二是加强能力素质培训。三是重新修订《西安市物业管理条例》。四是尽早推广电子投票系统。建议高新区尽快完成电子投票系统的测试运行工作，尽早将电子投票系统在全市普及推广开来。为此，建议做好以下两个方面工作：一方面，参照深圳、广州等兄弟城市经验做法，适时出台《西安市业主决策电子投票暂行规则》等配套政策，为电子投票系统普及推广做好政策保障。另一方面，做好业主基础信息的大数据采集工作。重点做好小区业主的手机号码、身份证号码、地址（房号）和专有面积等基础数据的采集、核实和年审工作。在确保数据安全的前提下，建立相应数据库，使电子投票系统能够成为西安“智慧社区”和“智慧城市”的重要组成部分。

5. 加快推进公共事业的收费到户、直供到户工作。根据中央、省政策精神，继续做好我市现有住宅小区水电户表改造工作。对于难度较大的供热直供到户工作，建议按照“政府主导、市场运作”的方式，制定供热直供到户的工作方案，分区域、分阶段制定接管计划，力争用3—5年时间，完成全市供热直到户工作。最终实现业主可直接通过手机App网上交纳水电气暖各项费用，免去物业中间环节，享受更加便捷优质服务。

（摘自《经济观察》总第130期《西安市住宅小区物业服务与管理情况的调研报告》 作者：西安市人民政府研究室课题组）

西安与成都发展的比较分析

几点建议：

（一）提高站位绘蓝图

进一步提高政治站位，坚持以习近平新时代中国特色社会主义思想为指导，紧紧围绕党中央决策部署和习近平总书记对陕西及西安工作的系列重要批示指示精神，始终把“追赶超越”作为新时代西安高质量发展的主题主线，以新发展理念统揽工作全局。对标成都，自觉把西安放在全球发展的大格局中谋划定位，以世界眼光和国际视野高起点修编城市总体规划，高标准制定产业规划、生态规划等各专项规划，统筹国土、城乡、产业、生态、人口布局，赋予城市空间复合功能，完善城镇空间体系，详细规划有效衔接，强化规划的刚性执行，全面优化西安空间格局，推动城市发展战略调整和经济地理重塑。

（二）保持定力抓发展

我们对标成都，要学成都、赶成都，但绝不是简单的、全盘的成都化，而是要立足西安自身的优势和短板，分析征程上的机遇和挑战，谋划好追赶超越的目标和路径，一以贯之，保持“路虽远行则将至”的历史耐心和战略定力。

坚决把新发展理念贯彻到推动经济社会发展的全过程和各领域，深入践行“五个扎实”，加快国家中心城市建设步伐，大力发展“三个经济”。锚定目标，埋头苦干，以时不我待、只争朝夕的紧迫感，以锲而不舍、驰而不息的韧劲，一步一个脚印地推进绿色发展、创新发展、高质量发展。

（三）突出工业强产业

坚定不移实施工业强市战略，持续唱响工业转型升级的主旋律，推动工业扩量提质增效，聚焦新一代信息技术、新能源汽车、航空航天、人工智能、军民融合等优势产业，打造“拳头”产业和“旗舰”企业，为全市经济高质量发展提供坚实支撑。同时，要加快制定出台西安现代产业体系规划和新的产业发展导向目录及空间布局指引，精准产业定位，明晰细分产业发展路径，实行重点产业项目全市统筹，不断优化产业布局，促进

产业集聚、形成规模集群，规避同质化发展和无序竞争。要抓紧绘制重点产业全景图、重点产业链全景图、重点产业生态发展路径图、重点企业和配套企业名录表，建立工作专班，抓好推进落实。

（四）优化环境创宜居

坚持与时代对标、向世界学习，围绕“三河一山”，建设超级环线绿廊，构筑起大西安核心区的生态廊道，连接贯通各类生态资源，促进生态要素与城市功能整合汇集，带动城市整体生态环境提升。按照“治水、用水、保水、管水”思路，系统推进“八水绕长安”生态修复保护，加强水质监测和污染防治，推进水系生态治理和景观建设，统筹保护好水生态、水环境、水安全，带给每个西安人实实在在感受得到的生态文明。树立以人为本的城市运营管理理念，高质量推动公共服务供给，钻研城市管理“绣花功夫”，注重营造有温度的“城市细节”，提升城市品位，改善城市形象，让市民群众有更多获得感和幸福感。

（五）创新机制促落实

工作落实的问题根子在机制。借鉴成都经验，我市应重点在三个方面进行机制创新：一是在规划执行和管控方面，要推动区（县）、开发区规划上收，建立强有力的领导机制和组织机制，强化规划刚性约束，尽快实现规划全覆盖。二是在招商引资工作中，要尽快建立市级统筹招商引资机制，强化市级在招商引资、项目落地、监督协调等方面的统筹职能，加强政策统筹设计和要素资源的配置能力，构建市区信息互通、横向配合、纵向联动的招商引资格局，避免项目流失和落地困难。三是在考核机制方面，要结合各区（县）开发区发展定位、主导产业等实施分类考核和差异化考核，避免“一刀切”，引导各区（县）、开发区一门心思抓主业谋发展，多创工作亮点、多争“单项冠军”。

（六）以民为本增福祉

牢固确立以市民为中心的城市价值取向，推动“行政逻辑”向“市民逻辑”转变、工作由“我要怎么做”向“市民需要我怎么做”转变。城市一切工作都要把为了人、关爱人、适应人、发展人作为出发点和落脚点，着力解决教育、就业、看病、养老、交通、环境等重要民生问题，真正让城市成为人民群众追求更加美好生活的有力依托。要注重人文关怀，关爱弱势群体，倡导城市有爱，深入开展车让人、美居行动、爱心互助等活动，让城市更有温度。

（摘自《经济观察》总第131期《西安与成都发展的比较分析》 作者：刘新社　畅新征　刘尧　张熠　张林）

西安市优化提升营商环境的调研报告

解决我市优化提升营商环境过程中的问题，就是不断向企业提供法治、真情、开放、公平、共享的市场环境，就是要尽可能地“搭好台”，让企业“唱好戏”。

（一）以“法治环境”为保障，打造公平高效的营商环境

一是不断健全营商环境法规。全面梳理与营商环境相关的法规，废止并通告不相适应的条款措施，并健全与“一网通办”配套的法规，保障优化营商环境有法可依。二是不断健全监管机制。建立“互联网＋市场监管＋企业诚信”的机制，不断与时俱进，加强完善市场监管机制和企业诚信管理机制，促进以法立市。三是强化法规宣传与解读。利用现代媒体，移动平台，制定宣传册入企到户，对企业开展集中学习等多种方式，进行政策宣传与政策解读，让企业做政策的“明白人”。四是建立法律服务体系。科学设立法律服务中心，并支持在有条件的企业内普遍建立法律顾问值班室（点），支撑线上、线下法律服务，围绕企业关注的产权保护、涉外商事、融资市场等重点问题，加强企业与政府部门联系，不断促进营商法律服务延伸至企业末端。

（二）以“政务环境”为牵引，带动公共服务水平全面提升

一是以深入开展高频事项梳理与流程再造为“龙头”，构建全市公共服务领域的服务虚拟平台。扩展我市“互联网＋政务服务”体系接口，围绕人和企业全生命周期的办理事件，支持引导医疗、银行、法律服务等其他公共服务领域，梳理事件、优化流程，接入“互联网＋政务服务”体系，推动我市公共服务“一张网”建设。二是以15分钟政务服务圈为“样板”，搭建全市公共服务领域的服务实体平台。针对当前打造“15分钟便民服务圈”存在群众感受度比较低，即实体服务平台建设不充分、不合理、不科学的问题，借鉴政务服务、书香之城的建设经验，尽快健全“15分钟便民服务圈”工作推进机构，明确责任主体，协调解决问题，推进交通、住房、教育、养老养生等公共服务领域供给保障工作。三是以持续打造政务服务品牌为“榜样”，提升全市公共服务领域的服务质量。坚持顾客至上和需求导向，不断发挥我市政务服务“数小儿”“楼小儿”“秦务员”等品牌效应，加大宣传，坚强督导检查，在全市公共服务领域推行“五星级店小二”服务理念；组织医疗、银行、交通等群众日常接触面广的领域，参观学习我市政务服务大厅建设、服务标准建设、服务态度等，全面提升公共服务领域服务水平。

（三）以“共享数据”为突破点，持续提升行政审批服务智能化

一是加强省市对接。加强营商环境专班职能，积极对接升级部门，全力打通国建、省建系统的数据链，对接省市事项库，彻底打通市级部门之间网络系统，加快推进“互联网＋政务服务”体系建设。二是整合移动服务终端。市行政审批局建立并规范App管理制度，协同公安、人社、教育、民政等部门，统一应用软件接口，梳理并整合现有养老、医疗、交通等各类App和实体磁卡，实现“一个门户”和“一卡通办”。三是扩展行政项目的“并联审批”。借鉴优化完善工程建设项目和管理系统，通过流程再造，压缩工程建设项目审批时间的经验。并以此进行推广，实现其他涉企重点审批领域系统并联审批。

（四）以“专业化干部队伍建设”为抓手，提升政策措施的落地生效

一是加强教育学习，不断提升干部队伍素质。全市组织开展经常性优化提升营商环境专题教育，抓住领导干部这个“少数”和一线服务窗口人员、执法人员这个“多数”，通过学习培训，提升干部的服务意识、法律意识和责任意识。二是加强专业技能培训，不断提升执法水平。采取岗前培训、集中培训、日常培训等多种培训方式，开展执法人员执法专业技能培训，培育“处罚取下限，服务取上限”的执法理念，杜绝“吃拿卡要”行为，建设懂法、亲企、爱民的专业化服务型执法队伍。三是严肃处理营商环境违法乱纪行为。加强“12345”市民热线服务能力，对企业反映的涉营商环境问题，反馈至市营商办，一经查实，严格处理，并向社会通报，促进社会监督；借“扫黑除恶”专项行动深入开展之际，坚持严厉打击一切破坏市场的人和事，为营造一个公平公正的营商环境扫清障碍。

（摘自《经济观察》总第131期《西安市优化提升营商环境的调研报告》 作者：崔玉凤　左东　狄东记）

（姬娟妮）

统计资料

主要经济社会指标及增速

	单　位	总　量	同比增长率（%）
*地区生产总值	亿元	9321.19	7.0
规模以上工业增加值	亿元		6.9
#装备制造业			9.3
全社会固定资产投资	亿元		1.1
固定资产投资（不含农户）	亿元		1.1
#房地产开发投资			-2.1
#工业投资			2.0
*社会消费品零售总额	亿元		6.0
#限额以上企业（单位）消费品零售额		2494.58	0.2
规模以上服务业营业收入（1—11月）	亿元	2454.36	11.4
进出口总值	亿元	3243.06	-1.8
出口总值		1730.21	-11.6
进口总值		1512.85	12.4
实际使用外资	亿美元	70.57	11.1
接待国内外旅游者人数	万人次	30110.43	21.7
旅游业总收入	亿元	3146.05	23.1
客运量	万人次	26314.61	1.0
货运量	万吨	27426.43	3.8
*全市居民人均可支配收入	元	34064	8.5
* 城镇常住居民人均可支配收入	元	41850	8.1
* 农村常住居民人均可支配收入	元	14588	9.8
居民消费价格总指数（累计比）		102.7	2.7
商品零售价格指数（累计比）		102.1	2.1
工业生产者出厂价格指数（累计比）		101.6	1.6
工业生产者购进价格指数（累计比）		100.0	0.0
新建商品住宅销售价格指数（累计比）		121.1	21.1
全社会用电量	亿千瓦小时	418.50	5.5
#工业用电量		134.55	1.5
地方财政一般公共预算收入	亿元	702.55	2.6
地方财政一般公共预算支出	亿元	1250.44	8.6
期末金融机构本外币存款余额	亿元	23340.84	9.8
期末金融机构本外币贷款余额	亿元	22436.65	12.8

注：带*号的为季度指标。

法人单位数

单位：个

	12月末数量	同比增减个数
法人单位	254318	86685
#企业“一套表”调查单位数	7942	593
规模以上工业企业法人单位数	1521	135
限额以上批零住餐企业法人单位数	2270	288
资质以内建筑业企业法人单位数	1288	76
规模以上服务业法人单位数	1748	165
房地产开发企业法人单位数	1115	-71

生产总值

	单位	总量	同比增长率（%）
生产总值	亿元	9321.19	7.0
第一产业	亿元	279.13	4.3
第二产业	亿元	3167.44	7.6
第三产业	亿元	5874.62	6.8
农林牧渔业	亿元	309.68	4.4
工业	亿元	1868.86	6.6
建筑业	亿元	1358.48	9.1
批发和零售业	亿元	777.86	8.5
交通运输、仓储和邮政业	亿元	330.54	6.7
住宿和餐饮业	亿元	178.49	5.2
金融业	亿元	998.94	7.9
房地产业	亿元	729.52	0.8
其他服务业	亿元	2768.82	7.5
非公有制增加值	亿元	5066.18	54.4

主要农产品产量

	总量	同比增长率（%）
肉类产量（万吨）	5.14	-5.6
#猪肉（万吨）	3.35	-6.7
奶类产量（万吨）	12.37	7.4
#牛奶（万吨）	8.01	-0.5
禽蛋产量（万吨）	5.39	2.4
蔬菜产量（万吨）	378.58	1.3
水果产量（万吨）	97.18	9.0
猪存栏（头）	296612	-5.2
牛存栏（头）	51567	2.0
羊存栏（只）	71900	-3.1
家禽存栏（万只）	643.67	2.9
猪出栏（头）	437295	-4.8
牛出栏（头）	22239	-1.1
羊出栏（只）	53623	-1.4
家禽出栏（万只）	722.17	3.0

规模以上工业增加值

	同比增长率（%）
规模以上工业增加值	6.9
1. 轻工业	-3.8
重工业	9.1
#装备制造业	9.3
2. *汽车制造业	-1.0
*铁路、船舶、航空航天和其他运输设备制造业	9.2
*电气机械和器材制造业	6.7
医药制造业	-5.8
*通用设备制造业	9.9
*专用设备制造业	11.3

续表

	同比增长率（%）
电力、热力生产和供应业	1.6
农副食品加工业	-8.9
*计算机、通信和其他电子设备制造业	15.9
非金属矿物制品业	4.9
酒、饮料和精制茶制造业	-11.9
燃气生产和供应业	18.1
化学原料和化学制品制造业	8.9
有色金属冶炼和压延加工业	3.5
食品制造业	6.2
*仪器仪表制造业	19.7
文教、工美、体育和娱乐用品制造业	-42.0
印刷和记录媒介复制业	4.5
*金属制品业	-7.4
黑色金属冶炼和压延加工业	-2.5

注：带*号的属规模以上装备制造业。

规模以上工业总产值

	总量（亿元）	同比增长率（%）
规模以上工业总产值	6208.65	6.5
#战略新兴产业（季度）	2636.87	9.6
高技术产业（季度）	1633.86	14.9
1．轻工业	1066.98	-7.0
重工业	5141.67	9.8
2．国有企业	94.80	22.2
集体企业	3.30	-34.8
股份制企业	3831.94	6.5
外商及港澳台商投资企业	1367.60	8.0
3．国有及国有控股企业	1810.51	7.2
4．大中型工业企业	4443.07	9.8
小型工业企业	1765.58	-0.8
5．工业产品销售率	94.0	-1.4
6. 工业出口交货值	703.11	16.7

规模以上工业主要产品产量

	总量	同比增长率（%）
发电量（亿千瓦小时）	155.00	-10.5
饮料（万吨）	207.59	22.7
小麦粉（万吨）	44.01	-20.8
光电子器件（万只）	0.04	22.8
饲料（万吨）	74.28	-7.2
乳制品（万吨）	72.64	-3.0
中成药（万吨）	1.25	16.7
汽车用发动机（万千瓦）	389.41	1.6
交流电动机（万千瓦）	261.32	0.5
变压器（万千伏安）	17365.29	31.2

续表

	总量	同比增长率（%）
汽车（万辆）	42.63	-1.7
其中：载货汽车	19.23	5.0
轿车	14.14	-21.8
SUV（运动型多用途乘用车）	9.26	33.5
新能源汽车	9.35	-32.5
单晶硅（万千克）	176.36	225.3
多晶硅（万千克）	1030.20	200.2
电力电缆（万千米）	14.09	-39.6
光纤（万千米）	564.61	-29.6
光缆（万芯千米）	676.75	-22.5
锂离子电池（万只）	[illegible]761.04	17.1
智能手机（万台）	[illegible]141.21	-31.1
电子元件（亿只）	45.84	-10.4
集成电路圆片（万片）	143.30	-4.5

规模以上工业经济效益综合指数

	1—11月数量	同比增减百分点
综合指数（%）	315.6	9.3
总资产贡献率（%）	5.8	-1.7
资本保值增值率（%）	111.7	8.0
资产负债率（%）	52.8	-0.6
流动资产周转次数（次）	1.2	-0.1
成本费用利润率（%）	5.3	-1.7
全员劳动生产率（元/人）及速度（%）	380867.9	8.7

规模以上工业企业经济效益

	1—11月数量	同比增长率（%）
企业单位数（个）	1517	
#企业亏损户（个）	336	4.0
主营业务收入（亿元）	5032.50	8.2
利润总额（亿元）	253.30	-18.1
利税总额（亿元）	386.90	-12.8
应收票据及应收账款（亿元）	1529.60	9.4
产成品（亿元）	416.10	-3.3
亏损企业亏损额（亿元）	34.80	30.3

规模以上工业能源消费量

	总量	占能源合计比重（%）
原煤（吨）	10281371	71.5
天然气（万立方米）	82885	10.2
用电量（万千瓦时）	970862	11.7
汽油（吨）	16238	0.2
柴油（吨）	79701	1.1

规模以上工业综合能源消费量

	总量（吨标准煤）	同比增长率（%）
规模以上工业综合能源消费量	6347671	-8.4
主要行业规模以上工业综合能源消费量		
#造纸及纸制品业	19602	10.0
石油加工、炼焦及核燃料加工业	5202	-62.7
化学原料及化学制品制造业	1139503	-8.1
非金属矿物制品业	291377	-22.1
黑色金属冶炼及压延加工业	17972	96.4
有色金属冶炼及压延加工业	50194	1.7
电力、热力的生产和供应业	3352128	-10.9
通用设备制造业	19505	1.3
专用设备制造业	28256	-3.2
汽车制造业	192307	-4.9
铁路、船舶、航空航天和其他运输设备制造业	24110	22.8
规模以上工业单位增加值能耗（吨标准煤/万元）	0.39	-14.3

固定资产投资

	总量	同比增长率（%）
固定资产投资（不含农户）	—	1.1
#民间投资	—	-3.5
#基础设施投资（不含电网）	—	11.4
#工业投资	—	2.0
#技术改造投资	—	10.2
1. 按登记注册类型分	—	
公有制经济	—	5.6
非公有制经济	—	-3.3
2. 按报表种类分	—	
项目投资	—	3.1
房地产开发	—	-2.1
3. 按产业结构分	—	
第一产业	—	-21.0
第二产业	—	1.5
第三产业	—	1.3
#交通运输、仓储和邮政业	—	1.6
信息传输、软件和信息技术服务业	—	-30.1
批发零售、住宿餐饮业	—	-16.8
水利、环境和公共设施管理业	—	12.0
本年新增固定资产	—	26.2
本年施工项目个数（个）	3460	9.1
#本年新开工项目	1633	9.9
#5000万元及以上项目	1927	-0.5
#工业项目	1013	12.7

房地产开发及销售

	总量（万平方米）	同比增长率（%）
房屋施工面积	17475.02	8.9
#住宅	12450.59	11.1
办公楼	1203.39	9.7
商业营业用房	1839.49	-4.0
其他	1981.54	8.7
房屋竣工面积	1057.69	8.2
#住宅	761.59	22.2
办公楼	79.62	32.7
商业营业用房	143.60	30.8
其他	72.87	-60.4
商品房销售面积	2638.69	-2.8
#住宅	2155.46	-3.0
办公楼	176.15	-16.3
商业营业用房	122.44	-27.5
其他	184.64	63.6

社会消费品零售总额

	总量（亿元）	同比增长率（%）
社会消费品零售总额	—	6.0
按经营单位所在地分	—	
1. 城镇	—	5.9
其中：城区	—	5.2
2. 乡村	—	7.4
按消费形态分	—	
1. 餐饮收入	—	7.7
2. 商品零售	—	5.8

限额以上企业（单位）消费品零售额

	总量（亿元）	同比增长率（%）
限额以上消费品零售额	2494.58	0.2
其中：网上零售额	421.50	21.7
按经营单位所在地分		
1. 城镇	2488.39	0.4
其中：城区	2442.55	0.2
2. 乡村	6.19	-40.1
按消费形态分		
1. 餐饮收入	111.57	5.6
2. 商品零售	2383.01	-0.1
粮油、食品类	197.18	13.8
饮料类	21.84	-8.6
烟酒类	46.96	-0.6
服装、鞋帽、针、纺织品类	273.76	-1.8
化妆品类	76.22	16.0
金银珠宝类	45.67	25.3
日用品类	95.13	3.0
五金、电料类	7.30	-16.5

续表

	总量（亿元）	同比增长率（%）
体育、娱乐用品类	25.90	2.0
书报杂志类	18.16	11.0
电子出版物及音像制品类	2.87	0.0
家用电器和音像器材类	150.29	-2.3
中西药品类	82.12	12.8
文化办公用品类	57.41	-1.3
家具类	29.74	22.1
通信器材类	85.88	2.3
煤炭及制品类	5.64	-77.7
石油及制品类	345.76	1.8
建筑及装潢材料类	12.51	5.6
机电产品及设备类	1.66	-4.3
汽车类	746.39	-5.5
其他类	54.62	6.5

规模以上服务业营业收入

	1—11月营业收入（亿元）	同比增长率（%）
规模以上服务业营业收入	2454.36	11.4
按规模分		
1. 大型企业	1424.88	10.1
2. 中型企业	499.89	12.3
3. 小型企业	455.72	8.8
4. 微型企业	73.87	65.1
按登记注册类型分		
1. 内资企业	2284.46	10.8
国有企业	201.59	-5.7
集体企业	4.76	6.5
股份合作企业	0.37	5.0
联营企业	0.00	-92.3
有限责任公司	1491.73	12.4
股份有限公司	207.95	10.5
私营企业	358.41	15.6
其他企业	19.66	10.3
2. 港、澳、台商投资企业	48.76	9.6
3. 外商投资企业	121.15	25.5
按行业分		
交通运输、仓储和邮政业	502.56	10.6
信息传输、软件和信息技术服务业	874.54	10.4
房地产业	83.31	14.1
租赁和商务服务业	266.55	12.5
科学研究和技术服务业	460.26	8.6
水利、环境和公共设施管理业	83.97	14.5
居民服务、修理和其他服务业	19.77	20.2
教育	14.05	25.8
卫生和社会工作	43.54	1.5
文化、体育和娱乐业	105.82	34.7

注：房地产业不含房地产开发中类。

交通及邮电

	总量	同比增长率（%）
客运量（万人次）	26314.61	1.0
公路客运量	15261.00	-1.9
铁路旅客发送量	6331.54	4.9
民用航空旅客吞吐量	4722.07	5.7
货运量（万吨）	27426.43	3.8
公路货运量	26901.00	3.9
铁路货物发送量	487.24	-1.9
民用航空货物吞吐量	38.19	22.1
城市公交客运量（万人次）	140268.00	3.1
城市地铁客运量（万人次）	94383.62	26.5
邮政电信（亿元）		
邮政业务总收入	79.44	28.8
电信业务总收入	146.53	-2.5

注：1.2019年开始按西安口径统计。
2.公路数据来自西安市交通局；铁路数据来自西安铁路局；民航数据来自西北民航管理局；地铁数据来自地铁办；邮政数据来自西安邮政局；电信数据来自中国电信西安分公司。

旅游

	总量	同比增长率（%）
接待国内外旅游者人数（万人次）	30110.43	21.7
旅游业总收入（亿元）	3146.05	23.1

注：旅游数据来自西安市文化旅游局。

全社会用电量

	总量	同比增长率（%）
全社会用电总计（亿千瓦小时）	418.50	5.5
全行业用电合计	303.12	7.4
第一产业	2.61	-10.1
第二产业	147.02	2.8
工业	134.55	1.5
#制造业	95.69	2.2
建筑业	13.18	19.2
第三产业	153.50	12.7
交通运输、仓储和邮政业	17.47	16.9
信息传输、软件和信息技术服务业	10.58	16.9
批发和零售业	37.20	23.2
住宿和餐饮业	9.85	4.5
金融业	1.39	2.3
房地产业	21.41	18.3
租赁和商务服务业	3.02	16.9
公共服务及管理组织	46.88	9.6
城乡居民生活用电	115.38	0.7
城镇	80.65	-2.2
乡村	34.73	8.0

注：用电数据来自国网陕西省电力公司西安供电公司。

财政收支

	总量（亿元）	同比增长率（%）
财政总收入	1533.81	5.0
地方财政一般公共预算收入	702.55	2.6
#税收收入	580.73	4.3
#增值税	237.34	11.3
企业所得税	63.13	17.0
个人所得税	22.79	-27.0
地方财政一般公共预算支出	1250.44	8.6
#一般公共服务	122.55	16.7
公共安全	78.06	12.5
教育	201.83	28.4
科学技术	34.85	-27.7
文化旅游体育与传媒	20.99	-25.2
社会保障和就业	129.37	-1.1
卫生健康	92.05	-1.0
节能环保	80.22	50.0
城乡社区	247.43	0.0
农林水事务	60.50	-3.9
交通运输	24.09	63.2

注：财政数据来自西安市财政局。

金融机构本外币存贷款

	12月末数量（亿元）	同比增长率（%）
期末金融机构存款余额	23340.84	9.8
#住户存款	9653.29	14.0
非金融企业存款	8912.70	7.1
机关团体存款	3636.41	1.7
财政性存款	195.89	29.6
非银行业金融机构存款	914.66	24.8
期末金融机构贷款余额	22436.65	12.8
#住户贷款	6313.55	21.2
非金融企业及机关团体贷款	16103.90	9.8
非银行业金融机构贷款	0.19	0.0

金融机构人民币存贷款

	12月末数量（亿元）	同比增长率（%）
金融机构存款余额	23066.85	10.1
#住户存款	9553.29	14.3
非金融企业存款	8756.48	7.8
机关团体存款	3633.46	1.7
财政性存款	195.89	29.6
非银行业金融机构存款	914.23	25.7
金融机构贷款余额	22264.12	12.8
#住户贷款	6313.25	21.2
非金融企业及机关团体贷款	15950.04	9.9
非银行业金融机构贷款	0.19	0.0

注：金融数据来自人民银行西安分行营业管理部。

环境质量

	12月数量	总量
环境空气中五项主要污染物浓度		
二氧化硫（μg/m³）	15	—
二氧化氮（μg/m³）	65	—
一氧化碳（mg/m³）	2	—
PM10（μg/m³）	143	—
PM2.5（μg/m³）	100	—
臭氧日最大8小时平均第90百分位数的浓度（μg/m³）	54	—
环境空气优良天数（天）	14	225

注：环境监测数据来自市环保局。

物价

	12月月环比数	12月同期比数	1—12月累计比数
居民消费价格总指数	99.9	103.4	102.7
1. 非食品烟酒价格指数	99.8	101.7	102.1
服务价格指数	99.7	101.9	102.8
消费品价格指数	100.1	104.3	102.6
2. 食品烟酒	100.2	107.7	104.1
衣着	99.5	102.4	103.1
居住	100.0	100.7	102.6
生活用品及服务	100.2	100.9	101.5
交通和通信	99.9	100.3	99.3
教育文化和娱乐	99.3	104.4	104.2
医疗保健	100.3	100.6	100.9
其他用品和服务	99.0	105.0	103.9
商品零售价格指数	100.0	103.1	102.1
新建商品住宅	100.7	114.2	121.1
二手住宅	99.4	100.4	108.8
工业生产者出厂价格指数	99.5	101.1	101.6
按轻重工业分：轻工业	99.3	100.9	101.3
重工业	99.6	101.2	101.8
按两大部类分：生产资料	99.5	100.8	101.7
生活资料	99.6	101.8	101.5
工业生产者购进价格指数	100.7	100.2	100.0
#燃料动力类	106.2	104.7	101.7
黑色金属材料类	100.1	98.8	99.4
农副产品类	98.1	98.0	101.2

注：物价数据来自国家统计局西安调查队。

各区（县）、开发区生产总值

	总量（亿元）	同比增长率（%）	占全市比重（%）
全　市	9321.19	7.0	—
新城区	605.93	6.5	6.5
碑林区	1013.97	6.3	10.9

续表

	总量（亿元）	同比增长率（%）	占全市比重（%）
莲湖区	789.05	5.1	8.5
灞桥区	489.19	8.3	5.2
未央区	1255.07	7.2	13.5
雁塔区	2271.01	8.0	24.4
阎良区	255.06	5.9	2.7
临潼区	242.69	7.5	2.6
长安区	1001.21	8.2	10.7
高陵区	374.44	4.2	4.0
鄠邑区	180.23	2.0	1.9
蓝田县	149.23	3.6	1.6
周至县	137.15	0.2	1.5
西咸新区	520.72	10.6	5.6
#高新区	2102.73	12.0	22.6
经开区	864.19	5.5	9.3
曲江新区	280.22	7.4	3.0
航空基地	34.29	11.5	0.4
航天基地	279.63	12.1	3.0
浐灞生态区	278.69	6.6	3.0
国际港务区	146.02	17.7	1.6

全市各区（县）第一产业增加值

	总量（亿元）	同比增长率（%）	占全市比重（%）
全　市	279.13	4.3	—
新城区	—	—	—
碑林区	—	—	—
莲湖区	—	—	—
灞桥区	19.23	1.3	6.9
未央区	0.28	-29.5	0.1
雁塔区	—	—	—
阎良区	28.86	5.0	10.3
临潼区	36.20	5.7	13.0
长安区	28.73	3.7	10.3
高陵区	27.19	4.7	9.7
鄠邑区	27.71	4.9	9.9
蓝田县	28.35	3.0	10.2
周至县	35.88	6.8	12.9
西咸新区	46.72	2.9	16.7
#高新区	18.85	5.0	6.8
经开区	—	—	—
曲江新区	—	—	—
航空基地	—	—	—
航天基地	—	—	—
浐灞生态区	—	—	—
国际港务区	4.59	-8.5	1.6

全市各区（县）第二产业增加值

	总量（亿元）	同比增长率（%）	占全市比重（%）
全　市	3167.44	7.6	—
新城区	212.93	7.6	6.7
碑林区	232.79	12.7	7.3
莲湖区	257.36	4.4	8.1
灞桥区	137.73	10.2	4.3
未央区	562.46	6.7	17.8
雁塔区	522.76	9.7	16.5
阎良区	106.37	6.5	3.4
临潼区	70.97	11.8	2.2
长安区	547.03	13.1	17.3
高陵区	210.41	1.5	6.6
鄠邑区	51.68	-9.7	1.6
蓝田县	35.43	-4.7	1.1
周至县	16.12	-31.8	0.5
西咸新区	185.21	9.1	5.8
#高新区	710.09	12.4	22.4
经开区	456.25	4.4	14.4
曲江新区	19.08	15.8	0.6
航空基地	21.07	13.0	0.7
航天基地	140.83	12.4	4.4
浐灞生态区	100.06	11.3	3.2
国际港务区	21.94	19.3	0.7

各区（县）、开发区第三产业增加值

	总量（亿元）	同比增长率（%）	占全市比重（%）
全　市	5874.62	6.8	—
新城区	393.00	5.8	6.7
碑林区	781.18	4.7	13.3
莲湖区	531.69	5.4	9.1
灞桥区	332.23	7.8	5.7
未央区	692.33	7.7	11.8
雁塔区	1748.25	7.4	29.8
阎良区	119.83	5.6	2.0
临潼区	135.52	5.6	2.3
长安区	425.45	3.1	7.2
高陵区	136.84	9.3	2.3
鄠邑区	100.84	7.6	1.7
蓝田县	85.45	8.3	1.5
周至县	85.15	6.5	1.4
西咸新区	288.79	13.3	4.9
#高新区	1373.79	12.0	23.4
经开区	407.94	6.9	6.9
曲江新区	261.14	7.0	4.4
航空基地	13.22	8.6	0.2
航天基地	138.80	11.7	2.4
浐灞生态区	178.63	4.3	3.0
国际港务区	119.49	18.8	2.0

各区（县）、开发区规模以上服务业营业收入

	1—11月（亿元）	同比增长率（%）	占全市比重（%）
全　市	2454.36	11.4	-
新城区	82.70	-18.4	3.4
碑林区	184.59	18.2	7.5
莲湖区	85.03	4.2	3.5
灞桥区	71.53	-2.1	2.9
未央区	338.74	25.5	13.8
雁塔区	1422.03	9.0	57.9
阎良区	6.60	-17.1	0.3
临潼区	11.97	-2.8	0.5
长安区	86.73	16.8	3.5
高陵区	40.54	87.1	1.7
鄠邑区	2.33	-4.4	0.1
蓝田县	4.26	30.8	0.2
周至县	1.24	-6.3	0.1
西咸新区	116.06	23.9	4.7
#高新区	1075.50	7.8	43.8
经开区	277.55	31.4	11.3
曲江新区	146.66	24.7	6.0
航空基地	2.15	11.0	0.1
航天基地	25.56	12.0	1.0
浐灞生态区	32.67	-23.4	1.3
国际港务区	39.96	30.6	1.6

各区（县）及西咸新区城乡居民收入

	全体常住居民人均可支配收入		城镇常住居民人均可支配收入		农村常住居民人均可支配收入	
	总量（元）	同比增长率（%）	总量（元）	同比增长率（%）	总量（元）	同比增长率（%）
新城区	48208	8.0	48208	8.0	—	—
碑林区	47977	8.1	47977	8.1	—	—
莲湖区	47995	8.0	47995	8.0	—	—
灞桥区	38883	8.2	40328	8.1	17969	9.6
未央区	44628	8.7	44628	8.7	—	—
雁塔区	48685	8.2	48685	8.2	—	—
阎良区	29682	8.8	40631	8.5	15808	9.6
临潼区	19962	9.1	30810	8.3	14659	9.7
长安区	31609	8.5	42051	8.1	15928	9.7
高陵区	30346	8.8	38794	8.4	16370	9.6
鄠邑区	18128	9.0	24788	8.2	13632	9.8
蓝田县	17332	9.4	23893	8.2	14731	9.9
周至县	15919	9.5	22407	8.6	13137	9.9
西咸新区	20128	9.2	25270	8.3	14027	9.8

注：统计资料数据均来自西安统计局。

索引

爱护市政设施
共建文明城市
遵守市政条例
维护你我权益
西安年鉴
2020
XI'AN YEARBOOK
责任编辑
姬娟妮

说　明

一、本索引采用主题分析法，按照主题词首字汉语拼音（同音字按声调）顺序排列；首字相同，按照第二字音序排列，依次类推。

二、部类名称、分目名称、二级分目等款目名称用黑体字标明。主题词后的阿拉伯数字表示内容所在的页码，数字后的英文字母（a、b、c）表示该页码从左至右的栏别。

三、款目后有“综述”“概况”的于次行缩后壹格排列，其后页码表示内容所在位置。

四、“特载”“大事记”“附录”内容不做索引。

数字首

A

B

C

D

E

F

G

H

K

L

P

Q

R

S

X

Y

图书在版编目（CIP）数据

西安年鉴. 2020 / 西安市地方志办公室编. — 西安：世界图书出版西安有限公司，2020.11
ISBN 978-7-5192-7948-6

Ⅰ. ①西… Ⅱ. ①西… Ⅲ. ①西安—2020—年鉴 Ⅳ. ①Z524.11

中国版本图书馆CIP数据核字（2020）第203327号

书　　名	西安年鉴·2020 XI'AN NIANJIAN·2020
编　　者	西安市地方志办公室
责任编辑	冀彩霞　孙蓉
出版发行	世界图书出版西安有限公司
地　　址	西安市锦业路1号都市之门C座
邮政编码	710065
电　　话	029-87214941 029-87233647（市场营销部） 029-87234767（总编室）
网　　址	http://www.wpcxa.com
邮　　编	xast@wpcxa.com
经　　销	新华书店
印　　刷	陕西中财印务有限公司
开　　本	889mm×1240mm　1/16
印　　张	29
插　　页	32页
字　　数	1500千字
审 图 号	西S（2020）005号
版　　次	2020年11月第1版　2020年11月第1次印刷
国际书号	ISBN 978-7-5192-7948-6
定　　价	280.00元